Internationaler Exegetischer Kommentar zum Alten Testament (IEKAT)

Herausgegeben von:

Walter Dietrich, David M. Carr, Adele Berlin, Erhard Blum, Irmtraud Fischer, Shimon Gesundheit, Walter Groß, Gary Knoppers (†), Bernard M. Levinson, Ed Noort, Helmut Utzschneider und Beate Ego (apokryphe/deuterokanonische Schriften)

Christl M. Maier

Jeremia 1–25

Verlag W. Kohlhammer

1. Auflage 2022

Alle Rechte vorbehalten
© W. Kohlhammer GmbH, Stuttgart
Gesamtherstellung: W. Kohlhammer GmbH, Stuttgart

Print:
ISBN 978-3-17-020074-6

E-Book-Formate:
pdf: 978-3-17-039361-5
epub: 978-3-17-39362-2

Inhalt

Vorwort der Herausgeberinnen und Herausgeber

Der Internationale Exegetische Kommentar zum Alten Testament (IEKAT) möchte einem breiten internationalen Publikum – Fachleuten, Theologen und interessierten Laien – eine multiperspektivische Interpretation der Bücher des Alten Testaments bieten. Damit will IEKAT einer Tendenz in der gegenwärtigen exegetischen Forschung entgegenwirken: dass verschiedene Diskursgemeinschaften ihre je eigenen Zugänge zur Bibel pflegen, sich aber gegenseitig nur noch partiell wahrnehmen.

IEKAT möchte eine Kommentarreihe von internationalem Rang, in ökumenischer Weite und auf der Höhe der Zeit sein.

Der *internationale* Charakter kommt schon darin zum Ausdruck, dass alle Kommentarbände kurz nacheinander in englischer und deutscher Sprache erscheinen. Zudem wirken im Kreis der Herausgeber und Autorinnen Fachleute unterschiedlicher exegetischer Prägung aus Nordamerika, Europa und Israel zusammen. (Manche Bände werden übrigens nicht von einzelnen Autoren, sondern von Teams erarbeitet, die in sich bereits multiple methodische Zugänge zu dem betreffenden biblischen Buch verkörpern.)

Die *ökumenische* Dimension zeigt sich erstens darin, dass unter den Herausgeberinnen und Autoren Personen christlicher wie jüdischer Herkunft sind, und dies wiederum in vielfältiger religiöser und konfessioneller Ausrichtung. Zweitens werden bewusst nicht nur die Bücher der Hebräischen Bibel, sondern die des griechischen Kanons (also unter Einschluss der sog. „deuterokanonischen" oder „apokryphen" Schriften) ausgelegt.

Auf der *Höhe der Zeit* will die Reihe insbesondere darin sein, dass sie zwei große exegetische Strömungen zusammenführt, die oft als schwer oder gar nicht vereinbar gelten. Sie werden gern als „synchron" und „diachron" bezeichnet. Forschungsgeschichtlich waren diachrone Arbeitsweisen eher in Europa, synchrone eher in Nordamerika und Israel beheimatet. In neuerer Zeit trifft diese Einteilung immer weniger zu, weil intensive synchrone wie diachrone Forschungen hier wie dort und in verschiedensten Zusammenhängen und Kombinationen betrieben werden. Diese Entwicklung weiterführend werden in IEKAT beide Ansätze engstens miteinander verbunden und aufeinander bezogen.

Da die genannte Begrifflichkeit nicht überall gleich verwendet wird, scheint es angebracht, ihren Gebrauch in IEKAT zu klären. Wir verstehen als „synchron" solche exegetischen Schritte, die sich mit dem Text *auf einer bestimmten Stufe* seiner Entstehung befassen, insbesondere auf seiner Endstufe. Dazu gehören nicht-historische, narratologische, leserorientierte oder andere literarische Zugänge ebenso wie die durchaus historisch interessierte Untersuchung bestimmter Textstufen. Im Unterschied dazu wird als „diachron" die Bemühung um Einsicht in das Werden eines Textes *über die Zeiten* bezeichnet. Dazu gehört das Studium unterschiedlicher Textzeugen, sofern sie über Vorstufen des Textes Auskunft geben, vor allem aber das Achten auf Hinweise im Text auf seine schrittweise Ausformung wie auch die Frage, ob und wie er im Gespräch steht mit älteren biblischen wie außerbiblischen Texten, Motiven, Traditionen, Themen usw. Die diachrone Fragestellung gilt somit dem, was man die geschichtliche „Tiefendimension" eines Textes nennen könnte: Wie war sein Weg durch die Zeiten bis hin zu seiner jetzigen Form, inwiefern ist er Teil einer breiteren Traditions-, Motiv- oder Kompositionsgeschichte? Synchrone Analyse konzentriert sich auf eine bestimmte Station (oder Stationen) dieses Weges, besonders auf die letzte(n), kanonisch gewordene(n) Textgestalt(en). Nach unserer Überzeugung sind beide Fragehinsichten unentbehrlich für eine Textinterpretation „auf der Höhe der Zeit".

Natürlich verlangt jedes biblische Buch nach gesonderter Betrachtung und hat jede Autorin, jeder Autor und jedes Autorenteam eigene Vorstellungen davon, wie die beiden Herangehensweisen im konkreten Fall zu verbinden sind. Darüber wird in den Einführungen zu den einzelnen Bänden Auskunft gegeben. Überdies wird von Buch zu Buch, von Text zu Text zu entscheiden sein, wie weitere, im Konzept von IEKAT vorgesehene hermeneutische Perspektiven zur Anwendung kommen: namentlich die genderkritische, die sozialgeschichtliche, die befreiungstheologische und die wirkungsgeschichtliche.

Das Ergebnis, so hoffen und erwarten wir, wird eine Kommentarreihe sein, in der sich verschiedene exegetische Diskurse und Methoden zu einer innovativen und intensiven Interpretation der Schriften des Alten Testaments verbinden.

Die Herausgeberinnen und Herausgeber
Im Herbst 2012

Vorwort der Verfasserin

Dieser Band ist das Produkt eines Gemeinschaftsprojekts mit meiner geschätzten Kollegin Carolyn J. Sharp, die an der Yale Divinity School lehrt. Es begann vor fast 15 Jahren und wurde durch transatlantische Reisen, Begegnungen auf Konferenzen in den USA und in Europa sowie unzählige E-Mails gefördert. Am Ende stehen zwei Bände zum Jeremiabuch, die mit unterschiedlichen Schwerpunkten neuere hermeneutische Perspektiven in die Jeremiaforschung einbringen. Auf der Grundlage einer feministischen Hermeneutik greife ich in meiner Auslegung von Jer 1–25 auf Einsichten der postkolonialen Theorie und der Trauma-Studien zurück. In der Auseinandersetzung mit diesen Perspektiven waren mir Carolyn Sharp und L. Juliana Claassens (Universität Stellenbosch) konstruktive Gesprächspartnerinnen, die mich als Kolleginnen und Freundinnen im Forschen und Schreiben begleiteten.

Unser Projekt wurde zu Beginn maßgeblich gefördert durch die Alexander von Humboldt-Stiftung und den Dekan der Yale Divinity School, Harold Attridge. Ihm danke ich ebenso wie den Kolleg*innen aus den USA und Europa, die mit uns in New Haven und Marburg Ideen austauschten und diskutierten. Die Mitglieder der Programmsektion „Writing/Reading Jeremiah" luden mich ein, meine Ergebnisse auf den Kongressen der Society of Biblical Literature zur Diskussion zu stellen, und motivierten mich, über das Gewohnte hinauszudenken. Die Deutsche Forschungsgemeinschaft ermöglichte mir ein intensives Forschungsjahr. Helmut Utzschneider erörterte mit mir die Analyse dramatischer Texte. Meine Marburger Kolleg*innen und Studierenden wurden nicht müde, mit mir in Oberseminaren und Seminaren über Jeremia zu diskutieren. Beim Korrekturlesen des Manuskripts unterstützten mich Josephine Haas und Sarah Döbler tatkräftig. Der Hauptherausgeber der IEKAT-Reihe, Walter Dietrich, kommentierte meine Texte ermunternd in verschiedenen Fassungen. Alexander Müller überprüfte das Manuskript mit großer Sorgfalt. Florian Specker vom Kohlhammer-Verlag sorgte für eine korrekte Formatierung und Indexerstellung. Ihnen allen – und manch anderen darüber hinaus – danke ich von Herzen.

Marburg, im Oktober 2020
Christl M. Maier

Einleitung

Das Jeremiabuch erzählt von Jeremias Worten und seinem Ergehen vor dem Hintergrund der Zerstörung Jerusalems und des Tempels, die zugleich das Ende des Staates Juda und des davidischen Königtums bedeuteten. Zu lesen ist auch von den verschiedenen Perspektiven der Überlebenden, die nach Babylonien deportiert wurden oder nach Ägypten flüchteten, während die Stimmen der im Land verbliebenen Judäer*innen in klagenden Schilderungen von Krieg und Entbehrung zu Gehör gebracht werden. Das Buch rechtfertigt die Zerstörung Jerusalems im Jahr 587 v. d. Z. durch das Heer des babylonischen Herrschers Nebukadrezzar aus der Perspektive der Nationalgottheit Jhwh, als deren Sprecher der Prophet Jeremia auftritt: Ein Hauptargument ist, dass Judas und Jerusalems Untergang die Strafe für soziale Vergehen, politische Bündnisse und die Verehrung fremder Gottheiten darstellt. Diese sehr resignative Sicht wird aufgebrochen durch einige wenige Heil verheißende Ankündigungen (in Jer 3; 23; 30–33) und durch eine Perspektive, die die babylonische Gola als von Gott bewahrte Gruppe versteht, der die Heimkehr und die Wiederansiedlung in Juda verheißen wird. In den Fremdvölkerworten (Jer^MT 46–51), die Judas Nachbarn und Babylon Unheil ankündigen, präsentiert sich Jhwh als mächtiger Lenker der Weltgeschichte, der letztlich auch die Hybris der Siegermacht bestraft. In der Berufungserzählung wird Jeremia als Völkerprophet mit königlicher Handlungsmacht eingesetzt, um im Namen Jhwhs „zu entwurzeln und einzureißen und zu vernichten und niederzureißen, aufzubauen und zu pflanzen" (1,10). Dieses Übergewicht von Zerstörung und Leiden gegenüber Wiederaufbau und Leben prägt das gesamte Buch.

Zur Textgrundlage dieses Kommentars

Die Unterschiede zwischen Jer^LXX und Jer^MT

Bekanntlich ist der griechisch überlieferte Text des Jeremiabuches (Jer^LXX) um ein Siebtel (ca. 14 %) kürzer[1] als der Masoretische Text (Jer^MT).[2] Jer^LXX ist eine strikt am Ausgangstext orientierte Übersetzung einer hebräischen Vorlage.[3] Die Übersetzer versuchten, jedes Morphem, d. h. jede bedeutungstragende Einheit im Sprachsystem, im Ausgangstext mit einem griechischen Morphem abzubilden (Isomorphismus).[4] Daher enthält der griechische Text viele Hebraismen und grammatisch

---

1   So Min, Yehezkel J., The Minuses and Pluses of the LXX Translation of Jeremiah as Compared with the Massoretic Text. Their Classification and Possible Origins, Diss. masch. Hebrew University of Jerusalem 1977. Nach der Schätzung von Tov (Text, 265) ist es ein Sechstel, ca. 3000 Wörter.
2   Jer^MT meint die Textfassung gemäß der Biblia Hebraica Stuttgartensia (BHS).
3   Vgl. Stipp, Sondergut, 20.57f.; Popko, Marriage Metaphor, 259f.
4   Vgl. Pietersma/Saunders, Ieremias, 876.

ungewöhnliche Formen; er hatte für zeitgenössische griechische Leser*innen wohl einen fremdartigen und schwerfälligen Klang, der sein Wesen als Übersetzung dokumentierte.[5]

Seit den 1970er Jahren widmete sich die Jeremiaforschung, angeregt durch die Qumran-Funde, intensiv den Unterschieden zwischen Jer[MT] und Jer[LXX] und verglich dabei die beiden großen Texteditionen, sechs in Qumran gefundene Fragmente, vier Fragmente aus privaten Sammlungen sowie Zitate in jüdisch-hellenistischen Schriften.[6] Der geringe Umfang der Fragmente begrenzt deren Aussagekraft, wie der Überblick über die Qumran-Texte und das Fragment aus der Sammlung Schøyen zeigt:[7]

Siglum	Name	Inhalt	Textcharakter	Paläographische Datierung
2Q13	2QJer	Teile aus Jer 42–48	semi-masoretisch	1. Hälfte 1. Jh.
4Q70	4QJer[a]	Teile aus Jer 7–22	proto-masoretisch	225–175 v. d. Z. (Cross)
4Q71	4QJer[b]	Frgm.: Jer 9,11 – 10,21	ähnlich LXX-Vorlage	200–150 v. d. Z. (Tov); hasmonäisch[8] (Puech)
4Q72	4QJer[c]	Teile aus Jer 4–33	semi-masoretisch	spätes 1. Jh. v. d. Z.
4Q72a	4QJer[d]	Frgm.: Jer 43,2–10	teilweise ähnlich LXX-Vorlage	wie 4Q71
4Q72b	4QJer[e]	Frgm.: Jer 50,4–6	MT ähnlich	hasmonäisch
DSS F.116	DSS F.Jer1	Ms Schøyen 4612/9 Jer 3,14–19	ähnlich LXX-Vorlage	mittel-/spräthasmonäisch

Den derzeitigen Forschungsstand referiert das Gemeinschaftswerk *Textual History of the Bible*.[9] Nach Ausweis der antiken Handschriften existierten einige Jahrhunderte

---

5 Vgl. STIPP, Gottesbildfragen, 201f.

6 Aus der Fülle der Studien seien genannt: JANZEN, Studies; TOV, Septuagint Translation; BOGAERT, De Baruch à Jérémie; GOLDMAN, Prophétie et royauté; STIPP, Sondergut.

7 Die Angaben stammen aus TIGCHELAAR, Eibert, Jeremiah's Scriptures in the Dead Sea Scrolls and the Growth of a Tradition: NAJMAN/SCHMID, Jeremiah's Scriptures, 301f. Das Schøyen-Fragment wurde publiziert in ELGVIN, Torleif/DAVIS, Kipp/LANGLOIS, Michael (Hg.), Gleanings from the Caves. Dead Sea Scrolls and Artefacts from The Schøyen Collection (The Library of Second Temple Studies 71), New York: T&T Clark 2018, 215–223. Drei weitere Fragmente aus privaten Sammlungen mit 3–4 Wörtern bzw. 3 Versen fallen nicht ins Gewicht; Tigchelaar schließt nicht aus, dass sie moderne Fälschungen sein könnten.

8 Das Adjektiv bezieht sich auf die Zeit der Herrschaft der Hasmonäer 163–137 v. d. Z. (so benannt durch JOSEPHUS, A.J. 14.490f.), eines Jerusalemer Priestergeschlechts. Führende Mitglieder dieser Familie, Makkabäer genannt, widersetzten sich im Jahr 167/6 der hellenistischen Religionsreform des seleukidischen Königs Antiochus IV. Epiphanes (um 215–164). Sie übernahmen in Jerusalem die politische Macht und das Hohepriesteramt, bis Judäa im Jahr 37 unter römische Herrschaft geriet.

9 Vgl. WEIS/LANGE/FISCHER, Art. Jeremiah. Die drei Autoren vertreten hinsichtlich der textgeschichtlichen Priorität gegensätzliche Thesen.

lang gleichzeitig verschiedene Fassungen, wobei Jer^MT und die hebräische Vorlage von Jer^LXX als „extreme Repräsentanten einer sich bis zur Standardisierung der Texte im Fluss befindlichen jeremianischen Texttradition"[10] zu verstehen sind. Die griechische Übersetzung wurde nach Einschätzung von Karin Finsterbusch und Armin Lange vor dem Ende des zweiten Jahrhunderts v. d. Z. angefertigt,[11] beruht aber auf einer Vorlage, die wahrscheinlich schon vorher nach Alexandria gelangte.[12]

Die These der textgeschichtlichen Priorität von Jer^MT, sei es aufgrund einer systematischen Kürzung seitens der griechischen Übersetzer, wie sie Georg Fischer, Andreas Vonach u. a. vertreten,[13] oder aufgrund eines erheblichen Textverlusts bereits in deren Vorlage, wie Jack Lundbom argumentiert,[14] ist nach aktuellem Forschungsstand unwahrscheinlich.[15]

Die Textüberlieferung entwickelte sich in zwei Strängen unabhängig voneinander weiter, wobei der Zuwachs in Jer^MT bedeutend größer war als derjenige in Jer^LXX.[16] Das überschießende Siebtel Text in Jer^MT kommt zustande durch einige zusätzliche Passagen (10,6–8.10; 17,1–4[17]; 29,16–20; 30,10f.15.22; 33,14–26; 39,4–13), mehrere Dubletten (6,13–15 = 8,10b–12; 15,13f. = 17,3f.; 46,27f. = 30,10f.; 49,22 = 48,40b.41b) und punktuelle Ergänzungen durch „Lexeme, Wortverbindungen, grammatische Konstruktionen und orthographische Besonderheiten"[18], die einerseits aus der Alltagssprache stammen, andererseits aber bestimmte stilistische Vorlieben erkennen lassen: So werden Namen, Titel[19], Ortsangaben und neue Einleitungen (2,1–2aα; 7,1–2a; 16,1; 27,1; 46,1; 47,1) ergänzt. Hermann-Josef Stipp bezeichnet diese punktuellen Erweiterungen als „prämasoretischen Idiolekt"[20] und interpretiert sie als Ausbau der hebräischen Texttradition durch einige wenige Schreiber.

Aufgrund des Handschriftenbefundes und von Anspielungen auf Jer^MT-Texte im Daniel- und Sirachbuch nehmen Finsterbusch und Lange für die proto-masoretische Fassung einen *terminus ante quem* bereits im frühen dritten Jahrhundert

---

10 Finsterbusch/Lange, Textgeschichte, 1141.

11 Vgl. Finsterbusch/Lange, Textgeschichte, 1146; einen Überblick über unterschiedliche Datierungen bieten Finsterbusch/Jacoby, MT-Jeremia 1–24, 13.

12 So Aejmelaeus, Jeremiah at the Turning Point, 460.

13 Vgl. Fischer, Georg, Zum Text des Jeremiabuches: Bib. 78 (1997), 305–328; ders., HThKAT, 46; Vonach, Jeremias. Erläuterungen, 2713–2723 und 2733.

14 Vgl. Lundbom, Jack R., Haplography in the Hebrew Vorlage of LXX Jeremiah: HebStud 46 (2005), 301–320.

15 Mit Stipp, Sondergut, 7–16; Finsterbusch/Lange, Textgeschichte, 1143. Vgl. die umfassende Kritik an der These von Fischer und Vonach durch Stipp, Jeremia-Septuaginta.

16 Vgl. Stipp, Sondergut, 152–165; Popko, Marriage Metaphor, 263.

17 Jer 17,1–4 war aber wohl Teil der Vorlage und ist später ausgefallen; s. u. zur Stelle.

18 Stipp, Verhältnis der Textformen, 61.

19 Vonach (Jeremias. Erläuterungen, 2702) zählt in Jer^MT 56 Belege des Epithetons Zebaot und 43 weitere Epitheta, die in Jer^LXX fehlen. Weitere Überschüsse in Jer^MT sind Filiationen (37 Fälle) sowie Berufs- und Standesbezeichnungen (38 Fälle).

20 Vgl. Stipp, Der prämasoretische Idiolekt; ders., Linguistic Peculiarities of the Masoretic Edition of the Book of Jeremiah. An Updated Index: JNSL 23/2 (1997), 181–202. Zum Charakter der masoretischen Textüberschüsse und ihrem Verständnis als „edition II" vgl. Tov, Some Aspects; ders., Literary History.

v. d. Z. an.[21] In den längeren Überschüssen von Jer[MT] entdecken sie „ein spezifisches priesterlich-levitisches Profil" (vgl. Jer[MT] 27,18f.21f.; 29,14) und eine „harte Kritik an den Verhältnissen in Jerusalem und Juda"[22] (vgl. Jer[MT] 17,1–4; 39,4–13) bei gleichzeitiger Hoffnung auf die Sammlung der gesamten Gola sowie die Wiedererrichtung einer legitimen königlichen Herrschaft und des Kultes in Jerusalem nach dem Gericht an den Völkern (vgl. Jer[MT] 19,10–14; 30,10f.22; 31,17; 33,14–26). Sie führen die proto-masoretische Buchredaktion auf eine priesterliche Gruppe ägyptischer Juden zurück, die der Hellenisierung des Jerusalemer Tempels kritisch gegenüberstanden.[23]

Zur Frage des Übersetzerwechsels in Jer[LXX]

Aufgrund einiger auffälliger Wechsel von Übersetzungsäquivalenten stellte der britische Septuagintaforscher Henry St. John Thackeray bereits 1903 die These auf, das Jeremiabuch sei von drei verschiedenen Übersetzern ins Griechische übertragen worden: 1. Jer[LXX] 1–28(29), 2. Jer[LXX] (28)29–51 (mit Bar 1,1 – 3,8) und 3. Jer[LXX] 52.[24]

> Besonders deutliche Beispiele sind der Wechsel in der Wiedergabe der Botenformel כה אמר יהוה von τάδε λέγει κύριος in Jer[LXX] 1–28 zu οὕτως εἶπεν κύριος innerhalb von Kap. 29 sowie die Übersetzung der Wendung שׂים + היה/שׂמה/שׁממה „zur Wüste machen, verwüstet sein" mit τάσσειν εἰς ἀφανισμόν im ersten Teil und mit τιθέναι/εἶναι εἰς ἄβατον im zweiten. Hebräisch עת „Zeit" wird in Jer[LXX] 1–28 25-mal mit καιρός, danach aber dreimal mit χρόνος wiedergegeben.

Dieser These widersprach Emanuel Tov in einer 1973 veröffentlichten, umfassenden Studie.[25]

> Tov führt 30 Beispiele von buchübergreifenden, exklusiven semantischen Gemeinsamkeiten in Jer[LXX] an. Außerdem listet er 51 Beispiele von Wörtern, Formeln und Wendungen auf, die in Jer[LXX] 1–28 und Jer[LXX] 29–52 unterschiedlich übersetzt sind. Tov schreibt diese Unterschiede einem Revisor zu, der die ursprüngliche Übersetzung von Kap. 29–52 überarbeitet habe. Bei der Überlieferung des griechischen Textes seien aus ungeklärten Gründen zwei verschiedene Schriftrollen, eine originale Übersetzung von Kap. 1–28 und eine revidierte Fassung von Kap. 29–52, miteinander kombiniert und abgeschrieben worden.

---

21 Vgl. Finsterbusch/Lange, Textgeschichte, 1149. Sie nennen „proto-masoretisch", was Stipp als „prämasoretisch" bezeichnet. Ich folge Stipp, weil ich seine These des Ausbaus der hebräischen Textüberlieferung teile. Zur Definition vgl. Tov, Emanuel, "Proto-Masoretic," "Pre-Masoretic," "Semi-Masoretic," and "Masoretic". A Study in Terminology and Textual Theory: ders., Textual Developments. Collected Essays IV (VT.S 181), Leiden: Brill 2019, 195–213. Aejmelaeus (Jeremiah at the Turning Point, 460) datiert die proto-masoretische Fassung erst in das erste Drittel des 2. Jahrhunderts.

22 Finsterbusch/Lange, Textgeschichte, 1150f.

23 Vgl. Finsterbusch/Lange, Textgeschichte, 1151f.

24 Vgl. Thackeray, Henry St. John, The Greek Translators of Jeremiah: JThS 4 (1903), 245–266; ders., The Septuagint and Jewish Worship. A Study in Origins (SchL 1920), London: Milford 1921, 29–37.

25 Vgl. Tov, Septuagint Translation, 162f.

Stipp stimmt Tov bezüglich der exklusiven Äquivalenzen zwischen den Buchhälften zu, widerspricht aber dessen These der partiellen Revision. Er argumentiert, dass Jer^LXX abseits des Haupteinschnitts in Kap. 29 weitere signifikante Äquivalenzwechsel enthalte, die nicht alle auf Übersetzerwechsel oder Rezensionen zurückgehen könnten, sondern auch in einheitlichen Übersetzungen zu erwarten seien.[26] Auch Albert Pietersma, der zusammen mit Benjamin Wright die Übersetzung des Septuagintatextes ins Englische erarbeitete, wendet sich gegen Tovs These und führt die griechische Fassung auf nur einen Übersetzer zurück, der je nach Kontext andere Äquivalente gewählt haben könnte, da eine isomorphe Übersetzung nicht notwendigerweise Konsistenz in der Übertragung bestimmter Lexeme erfordere.[27]

Karin Finsterbusch und Norbert Jacoby unterstreichen, dass bestimmte Wiedergaben von hebräischen Wörtern, Formeln und Wendungen clusterförmig, d. h. in bestimmten Abschnitten gehäuft, vorkommen.[28] Auch die verbale Auflösung hebräischer Nominalsätze und der Gebrauch von Zeitstufen, Modi und Aspekten der Verben sind in Jer^LXX clusterförmig verteilt. Sie führen dies auf einen kleinen Übersetzerkreis zurück, der so eng kooperierte, dass keine 'Hände' sicher abgrenzbar seien, nehmen aber an, dass die einzelnen Übersetzer dennoch Spielräume in der Wiedergabe hatten. Eine definitive Revision dieser Arbeit durch einen 'Meister', wie sie Tov annimmt, schließen sie aus.[29] Den Studien von Stipp, Pietersma und Finsterbusch/Jacoby folgend gehe ich davon aus, dass ein kleiner Kreis alexandrinischer Gelehrter das gesamte Jeremiabuch übersetzt hat, und nenne sie „die Übersetzer".

Die Kommunikationssituation in Jer^LXX und Jer^MT

Finsterbusch/Jacoby haben jüngst einen detaillierten Vergleich von Jer^MT und Jer^LXX mit einer am jeweiligen Ausgangstext orientierten deutschen Übersetzung vorgelegt[30] und diesen Befund in ersten Studien ausgewertet.[31] Daher kann ich hier auf eine umfassende Diskussion verzichten und führe vorab nur die wichtigsten Unterschiede an. In der Kommentierung der Einzelstellen diskutiere ich ihre Ergebnisse und Stipps Studien zu Jer^MT und Jer^LXX. Die folgende Tabelle zeigt die zu Beginn und am Ende des Buches markierte unterschiedliche Kommunikationssituation der beiden Fassungen.

---

26 Vgl. Stipp, Offene Fragen zur Übersetzungskritik des antiken griechischen Jeremiabuches: ders., Studien zum Jeremiabuch, 141–153, 153.

27 Vgl. Pietersma, Albert, Of Translation and Revision. From Greek Isaiah to Greek Jeremiah: Van der Meer, Michaël N. u. a. (Hg.), Isaiah in Context. Studies in Honour of Arie van der Kooij on the Occasion of his Sixty-Fifth Birthday (VT.S 138), Leiden: Brill 2010, 361–387, 386f.

28 Vgl. Finsterbusch/Jacoby, MT-Jeremia 25–52, 18–22.

29 Vgl. Finsterbusch/Jacoby, MT-Jeremia 25–52, 22, Anm. 63.

30 Finsterbusch/Jacoby, MT-Jeremia 1–24; dies., MT-Jeremia 25–52.

31 Vgl. Finsterbusch, Kommunikationsebenen; dies., Different Beginnings; Finsterbusch/Jacoby, Völkergericht; Jacoby, Isomorphism.

Kommunikationssituation in Jer^LXX und Jer^MT

LXX 1,1–7*	MT 1,1–7*
¹ Die Botschaft Gottes, die an Jeremia erging, den (Sohn) Hilkijas, von den Priestern, der in Anatot, im Land Benjamin, wohnte, ² die als Wort Gottes an ihn erging in den Tagen Joschijas, des Sohnes von Amos, des Königs von Juda, im 13. Jahr seiner Königsherrschaft. ³ Und es erging in den Tagen Jojakims, des Sohnes Joschijas, des Königs von Juda, bis zum 11. Jahr Zidkijas, des Sohnes Joschijas, des Königs von Juda, bis zur Gefangenschaft Jerusalems im fünften Monat.	¹ Die Worte Jeremias, des Sohnes Hilkijas, von den Priestern in Anatot im Land Benjamin, ² an den das Wort Jhwhs erging in den Tagen Joschijas, des Sohnes Amons, des Königs von Juda, im 13. Jahr seiner Regierung. ³ Es erging in den Tagen Jojakims, des Sohnes Joschijas, des Königs von Juda, bis zum Ende des 11. Jahres Zidkijas, des Sohnes Joschijas, des Königs von Juda, bis zur Exilierung Jerusalems im fünften Monat.
⁴ Und es erging das Wort des Herrn an mich …	⁴ Da erging das Wort Jhwhs an mich …
⁶ Und ich sagte …	⁶ Ich sagte …
⁷ Und der Herr sagte zu mir …	⁷ Jhwh sagte zu mir …
51,31 Das Wort, das Jeremia, der Prophet, zu Baruch, dem Sohn Nerijas, redete, als er diese Worte nach dem Diktat Jeremias in ein Buch schrieb …	par. Jer 45,1
---	51,64 … so weit die Worte Jeremias.

Die Erzählstimme in Jer^LXX hebt hervor, dass das Buch Gottes Wort an Jeremia enthält. Im Verlauf von 1,1–7 rekapituliert Jeremia dieses göttliche Wort (V. 4) und beginnt ein Gespräch mit Gott, sodass beider Worte eng miteinander verflochten sind. Am Buchende finden sich das Heilswort für Baruch und der Hinweis, dass Baruch die Worte Jeremias nach Diktat aufschrieb (Jer^LXX 51,31–35). Die Erzählstimme wird also mit Baruchs Stimme identifiziert. In Jer^MT verliert das Heilswort für Baruch seine hervorgehobene Position und kommt in Kap. 45 zu stehen.

Demgegenüber weist Jer^MT den Buchinhalt als Worte Jeremias aus, die Gott mitteilte, was durch zahlreiche Vorkommen der Wortereignis-, der Boten- und der Zitationsformel unterstrichen wird.[32] Die Erzählstimme führt in 1,1–3 Jeremia ein, der in 1,4 mit einem Selbstbericht einsetzt. In Kap. 1–10 bietet Jer^MT gegenüber Jer^LXX zwei weitere Überschriften in 2,1f.* und 7,1f.* mit expliziten Redeaufträgen an den Propheten. Auffällig ist, dass die Botenformel häufig, vor allem in Prosareden und redaktionellen Passagen, entgegen ihrer üblichen Funktion (der Einleitung einer Prophetenrede) als emphatische Einleitung einer Gottesrede gebraucht wird (z. B. in 2,2; 11,21; 12,14; 19,1; 26,2).[33] Sie ruft an Einschnitten im Textfluss den göttlichen Sprecher in Erinnerung und übt so eine gliedernde Funktion aus.[34]

In Jer^MT ist Jeremias Stimme nur bis Kap. 25 dominant,[35] danach folgen die Erzählungen über ihn und die Fremdvölkerworte, in denen die Erzählstimme in

---

32 Die Botenformel יהוה אמר כה „So spricht Jhwh" hat 153 Belege im Buch, die griechischen Äquivalente τάδε λέγει κύριος 64 bzw. οὕτως εἶπεν κύριος 71. Die Zitationsformel נאם־יהוה / λέγει bzw. εἶπεν κύριος „Spruch Jhwhs" ist 167-mal belegt, 84-mal in Jer 1–25.

33 Vgl. Finsterbusch, Messenger Formula; Meier, Speaking of Speaking, 292–295.

34 Vgl. Stipp, HAT, 303.

35 Vgl. dazu Finsterbusch/Jacoby, MT-Jeremia 1-24, 27.

den Vordergrund rückt (vgl. Jer^{MT} 46,1f.). Am Buchende beauftragt Jeremia den nach Babylon deportierten Seraja, eine mit dem Babelwort beschriebene Schriftrolle vorzulesen und danach im Eufrat zu versenken (Jer^{MT} 51,60–64a = Jer^{LXX} 28,60–64). Die Abschlussnotiz „so weit die Worte Jeremias" (Jer^{MT} 51,64b) fehlt in Jer^{LXX} 28,64. Die Erzählstimme in Jer^{MT} wird nicht identifiziert, freilich Finsterbusch zufolge „im Laufe des Buches immer wieder durch kurze Bemerkungen oder längere narrative Passagen ‚eingeschaltet'."[36] Ihre Hauptaufgabe ist es, die Leser*innen durch das komplexe Buch zu leiten.

Die Position der Fremdvölkerworte in Jer^{LXX} und Jer^{MT}

In Jer^{MT} und Jer^{LXX} sind die Fremdvölkerworte unterschiedlich platziert; ihre Anordnung folgt verschiedenen Logiken, die nicht auf den ersten Blick ersichtlich sind.

Buchaufbau in Jer^{LXX} und Jer^{MT}

LXX		MT	
1,1 – 25,14a	Unheilsworte gegen Juda	1,1 – 25,14	Unheilsworte gegen Juda
		25,15–38	Erzählung vom Zornbecher
		26–45	Erzählungen und Heilsworte
25,14b – 32,24	Fremdvölkerworte	46–51	Fremdvölkerworte
25,14b – 26,1	Elam *Heilszusage 25,19*	46,1–28	Ägypten *Heilszusage 46,26b*
26,2–28	Ägypten	47,1–7	Philistäa
27,1 – 28,64	Babel	48,1–47	Moab *Heilszusage 48,47*
29,1–7	Philistäa	49,1–6	Ammon *Heilszusage 49,6*
29,8–23	Edom	49,7–22	Edom
30,1–5	Ammon	49,23–27	Damaskus
30,6–11	Kedar	49,28–33	Kedar/Hazor
30,12–16	Damaskus	49,34–39	Elam *Heilszusage 49,39*
31,1–44	Moab	50,1 – 51,64	Babel
32,1–24	Erzählung vom Zornbecher		
33–51	Erzählungen und Heilsworte		
52	Historischer Anhang	52	Historischer Anhang

---

36 Finsterbusch, Kommunikationsebenen, 249. Vgl. Shead, A Mouth Full of Fire, 52f.

Häufig wird Jer^LXX dem sog. eschatologischen Schema, d. h. der Abfolge von Unheilsworten an das eigene Volk, an andere Völker und Heilsworte für das eigene
Volk, zugeordnet.[37] Dieses Schema trifft jedoch auf das Jeremiabuch nicht zu, weil
es in Jer^LXX 33–51 = Jer^MT 26–45 nur am Rande Heilsworte bietet und auch die
Erzählungen über Jeremia im Wesentlichen Unheilsankündigungen enthalten.[38]

Die Fremdvölkerworte setzen in Jer^LXX unmittelbar nach der Zusammenfassung des Unheils für Juda (25,1–14a) mit einem Wort über Elam ein (Jer^LXX 25,14b
– 26,1). Am Ende der Worte über neun Fremdvölker bietet Jer^LXX 32,1–24 die Erzählung über den Zornbecher. Sie fungiert als Ausführungsbericht der Unheilsworte
gegen Juda und die Fremdvölker. Von Letzteren erhält nur Elam in Jer^LXX 25,19
die Zusage, dass Jhwh sein Geschick in ferner Zukunft wenden werde.

In Jer^MT sind die Fremdvölkerworte am Buchende (46–51) und die Erzählung
vom Zornbecher in 25,15–38 platziert.[39] Mit der neuen Überschrift vor dem ersten
Ägyptenwort „was als Wort Jhwhs an Jeremia, den Propheten, erging gegen die
Völker" (46,1) entsteht ein dritter Buchteil. Die Reihe der Fremdvölker beginnt
mit Ägypten, und neben Elam (49,39) erhalten drei weitere Völker eine Heilszusage: Ägypten (46,26b MT⁺), Moab (48,47 MT⁺) und Ammon (49,6 MT⁺).

Ich teile die mehrheitlich vertretene Ansicht, dass Jer^LXX einschließlich der
Zentralstellung der Fremdvölkerworte auf eine hebräische Vorlage zurückgeht, die
älter als Jer^MT ist und daher textgeschichtliche Priorität hat.[40] Hauptgründe für
die Annahme, dass in Jer^MT die Fremdvölkerworte in ihrer Reihenfolge und innerhalb des Buches bewusst umgestellt wurden,[41] sind folgende:

> 1) Die Abfolge der Fremdvölkerworte in Jer^LXX lässt sich nicht zweifelsfrei erklären,
> was dafür spricht, dass sie durch bloße Sammlung entstanden ist. Offenbar wurden
> zunächst die Großmächte, dann die Nachbarn Judas aufgelistet. Elam, das in den Fremd-
> völkerworten anderer Prophetenbücher fehlt, wird vorangestellt, mit einem Heilswort
> versehen, und der Spruch an den Beginn der Regierung Zidkijas datiert (Jer^LXX 26,1).
> Finsterbusch und Jacoby verstehen Elam als Chiffre für die Perser, die in der Völkerliste
> in Jer^LXX 32,25 neben Elam genannt sind und deren Hervorhebung als Hinweis auf in
> der Perserzeit lebende Tradent*innen, die eine gewisse Diplomatie gegenüber der aktu-
> ellen Großmacht an den Tag legten.[42]
>   Die Reihenfolge der Völker in Jer^MT entspricht im Wesentlichen der Liste in der
> Erzählung vom Zornbecher (Jer^MT 25,19–26). Die Nennung Ägyptens an erster Stelle
> lässt sich mit der in Jer^MT vorangehenden Erzählung über die Flucht nach Ägypten in
> Jer 43f. erklären. Wie das Heilswort an Baruch in 45,1 wird auch das erste Ägyptenwort

---

37 Vgl. z. B. Schmid, Buchgestalten, 315–318; Fischer, HThKAT, 43–46.744.
38 Vgl. den detaillierten Nachweis durch Stipp, Das eschatologische Schema.
39 Wie Finsterbusch/Jacoby (Völkergericht, 48f.) einleuchtend darlegen, blieb sie bei Um-
    stellung der Völkersprüche übrig und wurde sekundär mit Jer 25,1–14 verbunden.
40 Janzen, Studies, 128; Tov, Literary History, 363; Bogaert, De Baruch à Jérémie, 168–173.
    430–432; Stipp, Sondergut, 90f.; Aejmelaeus, Jeremiah at the Turning Point, 460; Finster-
    busch/Lange, Textgeschichte, 1143. S. auch Carolyn Sharps Einleitung zu Jer 26–52,
    „Redactional Theories / Redaktionskritische Theorien".
41 Diese Position vertreten auch Holladay, Hermeneia, 313; Carroll, Jeremiah, 490;
    McKane, ICC, 621f.; Stipp, Sondergut, 111–119; Wanke, ZBK, 224. Dagegen nimmt Schmidt
    (ATD 20, 280f.) an, dass die zunächst eigenständige Sammlung der Völkerworte in LXX
    und MT an verschiedenen Stellen eingefügt wurde.
42 Vgl. Finsterbusch/Jacoby, Völkergericht, 41.44f.

(46,2) in das vierte Jahr Jojakims datiert. Das Wort gegen Babel, mit 110 Versen das längste, wird als Klimax ans Ende gestellt. Auch hier ergibt sich ein inhaltlicher Bezug, insofern die abschließende Erzählung in Jer 52 die Einnahme Jerusalems durch das babylonische Heer schildert.

2) Die durch die Endstellung der Babelworte ersichtliche Fokussierung auf Babylon in Jer^MT zeigt sich auch in den prämasoretischen Zusätzen in Jer 25,1–14, die den babylonischen König und sein Volk explizit nennen. Außerdem wird die in Jer^LXX 25,11 als „Dienst unter den Völkern" beschriebene Strafe für Juda durch die prämasoretische Bearbeitung zum Dienst aller Völker für den König von Babel umgearbeitet. Weiter bringt Jer^MT 25,14 das Motiv der Vergeltung von Babylons Tun ein, das auch in Jer 27,7 genannt ist und in den Worten gegen Babel (Jer 50f.) zum Leitmotiv wird. Nachdem Jer 1–19 den Feind aus dem Norden bewusst nicht identifiziert – was Stipp als „Babelschweigen"[43] bezeichnet –, wird Nebukadrezzar in Jer^MT 25 mehrfach genannt und sogar zum „Knecht Jhwhs" (25,9; 27,6; 43,10, alle MT⁺), d. h. zum Weltherrscher von Jhwhs Gnaden, stilisiert. Freilich ist diese Weltherrschaft zeitlich begrenzt und bleibt Jhwhs Wirken unterworfen, denn am Ende des Buches wird der Niedergang der babylonischen Herrschaft in allen Farben ausgemalt, was Jhwhs Macht sichtbar werden lässt. Die Einführung Jeremias als „Prophet für die Völker" (נביא לגוים, 1,5) und seine königsgleiche Einsetzung durch Jhwh „über die Völker und Königreiche" (על־הגוים ועל־הממלכות, 1,10) wird durch die Endstellung der Fremdvölkerworte gewissermaßen bestätigt.

3) Die Position der Erzählung vom Zornbecher und der Völkerliste in Jer^LXX 32 als Zusammenfassung und Abschluss der Fremdvölkerworte leuchtet unmittelbar ein. Dagegen ist die Funktion ihrer Positionierung in der Buchmitte (Jer^MT 25,15–38) und getrennt von den Völkerworten erst auf den zweiten Blick ersichtlich. Im Aufbau von Jer^MT hat die Perikope vom Zornbecher die Funktion, die Rolle Jeremias als Völkerprophet (1,5) in der Mitte des Buches in Erinnerung zu halten und mit dem gestuften Gerichtshandeln Gottes an Juda (25,18), den Fremdvölkern (25,19–25) und an Babylon (25,26; vgl. 25,14) einen Spannungsbogen zu eröffnen, der über Jer 27,7 und 50,9.41f. bis zur Vernichtung Babylons in 51,48–58 reicht. Das in Jer^MT 25,30–38 poetisch in Szene gesetzte Gottesgericht über die ganze Welt bildet somit eine Einleitung für die zweite Buchhälfte nach Jer^MT.

4) Ein weiterer intertextueller Bezug auf die Völker macht in Jer^LXX mehr Sinn. Im Wortgefecht mit Hananja über die nahe Zukunft erwähnt Jeremia Propheten vor ihm, die vielen Ländern und großen Königreichen Krieg prophezeiten (Jer^MT 28,8 = Jer^LXX 35,8). In der griechischen Fassung verweist dieser Vers nicht nur auf die in Jer 25,3–4 genannte Sendung der Propheten durch Gott, sondern auch auf die vorangehenden Fremdvölkerworte zurück.

5) Die Heilszusage für Elam in Jer^LXX dient als Vorlage für drei weitere Zusagen in Jer^MT: Ägypten wird wieder besiedelt werden (46,26b); Moab (48,47) und Ammon (49,6) werden, wie Elam, eine Wendung des Geschicks erfahren (שוב שבות). Warum gerade diese Völker? Die Wiederbesiedelung Ägyptens und seine Bedeutung für die Nachkommen Israels sind als zeitgenössische Reminiszenzen der späten Bearbeiter zu erklären. Die Restitution dieser drei Völker könnte darauf zurückzuführen sein, dass weder Ägypten noch die ostjordanischen Länder zum Gebiet des davidisch-salomonischen Reichs gehörten, dessen Wiederherstellung in später Zeit erhofft wurde; sie standen also nicht in Konkurrenz zu Israel.

Insgesamt zeigt sich, dass Jer^LXX textgeschichtliche Priorität hat, während Jer^MT eine Ausbaustufe darstellt. Dieses generelle Urteil bedeutet jedoch nicht, dass Jer^LXX einfach ins Hebräische rückübersetzt werden kann, um den ältesten Text zu gewinnen.

---

43 Vgl. Stipp, HAT, 8.

Obwohl es sich um eine sehr genaue, eng am Wortlaut des Ausgangstextes orientierte Übersetzung handelt, sind Lese- und Abschreibfehler sowie Textverderbnis und Änderung der Überlieferung möglich, so dass im Einzelfall zu prüfen ist, welche Variante den Vorzug verdient. Da dieser Kommentar Jer^MT auslegt, können in den Anmerkungen zu Text und Übersetzung nur die gravierendsten Abweichungen in Jer^LXX diskutiert werden. Meine Übersetzung folgt zwar MT, ich versuche aber deutungsrelevante Varianten sichtbar zu machen, indem ich folgende Zeichen verwende:

[ ]	Textüberschuss in MT
< >	Textüberschuss in LXX
.../...	trennt die Lesart in MT (Erststellung) von der in LXX; die bevorzugte Lesart steht in Normalschrift, die textkritisch geringer bewertete in kleinerer Schrift.
{ }	Erläuterungen zu Genus und Numerus im Hebräischen
( )	Hinzufügung C. M. zum besseren Verständnis

Der geschichtliche Hintergrund der Jeremia-Prophetie

Die Buchüberschrift (Jer 1,1–3) terminiert das Wirken Jeremias vom dreizehnten Regierungsjahr des judäischen Königs Joschija (627 v. d. Z.) bis zur Eroberung Jerusalems im elften Jahr Zidkijas im Juli 587. Die Erzählung über die Einsetzung Gedaljas zum babylonischen Statthalter, dessen Ermordung und die anschließende Flucht von Judäer*innen nach Ägypten (40,6 – 41,18) schildert aber Ereignisse nach dem Untergang Jerusalems. Aus dem Inhalt vieler Texte ist ersichtlich, dass sie aus der Zeit babylonischer (587–539) und persischer Oberherrschaft (539–330) stammen. Die für Juda wichtigsten Ereignisse der im Buch avisierten Zeitspanne werden im Folgenden kurz erläutert mit dem Ziel, den Leser*innen des Kommentars einen groben Überblick über die politische, soziale und gesellschaftliche Lage derer zu geben, die das Jeremiabuch geschrieben und überarbeitet haben.[44]

Juda am Ende des neuassyrischen Reiches

Joschija bestieg im Jahr 639 v. d. Z. den judäischen Thron zu einer Zeit, in der der Einfluss des neuassyrischen Reiches zurückging und Ägypten allmählich die Kontrolle über Syrien-Palästina übernahm. Pharao Psammetich I. (664–610), der Begründer der „saitischen" 26. Dynastie, war libyscher Herkunft und von Assurbanipal als Vasallenkönig installiert worden.[45] Die Schwächung des neuassyrischen Reiches nutzte er zum Ausbau seiner Macht über die syrisch-palästinische Landbrücke. Er eroberte 635 Aschdod und kämpfte im Jahr 616 Seite an Seite mit Assur am Eufrat gegen die Babylonier, die mit Hilfe medischer Truppen die Herrschaft über das ehemalige neuassyrische Reich übernommen hatten. Ihre Eroberung der Hauptstadt Ninive im Jahr 612 besiegelte das Ende des neuassyrischen Reiches.

---

44   Für Fragen zur Person des Propheten vgl. die synchrone Analyse von Jer 1,1–19.
45   Vgl. WEIPPERT, Textbuch, 397.

Als ägyptischer Vasall konnte König Joschija in Juda zunächst relativ unbehelligt regieren. Psammetichs Nachfolger Necho II. (610–595) brach kurz nach seinem Herrschaftsantritt nach Syrien auf, um die nach dem Untergang Ninives übrig gebliebenen Assyrer bei der Verteidigung Harrans gegen die Babylonier zu unterstützen. Joschija zog ihm bei Megiddo entgegen (לקראתו...וילך, 2 Kön 23,29) und kam dabei zu Tode (609 v. d. Z.). Es ist umstritten, ob Joschija nur seine Loyalität bekunden wollte[46] oder gegen Necho zu Felde zog (so 2 Chr 35,21–24), um seinen Anspruch auf die ehemalige assyrische Provinz Samerina zu demonstrieren.[47] Drei Monate später deportierte Necho den vom judäischen Landadel eingesetzten Joschijasohn Joahas nach Ägypten, der dort starb (2 Kön 23,33f.). An seiner Stelle setzte Necho Joahas' älteren Halbbruder Eljakim als judäischen König ein, wobei er dessen Namen in Jojakim änderte (vgl. 2 Kön 23,30–34). Dem Land Juda legte Necho einen beträchtlichen Tribut auf, dessen Gegenwert sich Jojakim 2 Kön 23,35 zufolge vom Landadel zurückholte. Jojakim blieb ägyptischer Vasall, bis er sich dem babylonischen König unterwerfen musste. Dann aber wandte er sich zu Ägypten zurück, was die babylonische Strafaktion 598/7 zur Folge hatte. Jojakim starb jedoch kurz vor Ankunft des babylonischen Heeres in Jerusalem.

Der babylonische Sieg bei Karkemisch im Jahr 605

In den Jahren 608–605 v. d. Z. lieferten sich Ägypten und Babylonien heftige Kämpfe am Eufrat. Der Begründer des neubabylonischen Reiches und der chaldäischen Dynastie, Nabopolassar (626–605), hatte sein Heer im Jahr 606 noch zurückziehen müssen.[48] Im Frühsommer 605 aber besiegte Nebukadrezzar[49], damals noch Kronprinz, die ägyptischen Truppen bei Karkemisch am Eufrat endgültig und verfolgte sie bis Hamat in Nordsyrien, wie die Babylonische Chronik berichtet.[50] Für die Kleinstaaten der Levante läutete sein Sieg die politische Dominanz Babylons ein,

---

46 So TALSHIR, Zipora, The Three Deaths of Josiah and the Strata of Biblical Historiography (2 Kings XXIII 29–30; 2 Chronicles XXXV 20–5; 1 Esdras I 23–31): VT 46 (1996), 213–236, bes. 216–218.

47 So VEENHOF, Geschichte, 280; zögerlicher WEIPPERT, Textbuch, 398. FREVEL (Geschichte Israels, 306f.) wendet sich gegen eine signifikante Ausdehnung des judäischen Herrschaftsgebiets unter Joschija.

48 „Chaldäer", hebräisch כַּשְׂדִּים, griechisch οἱ Χαλδαῖοι (Jer 21,4), war der zeitgenössische, von außen verwendete Name der Dynastie. Die Herrscher nannten sich selbst „König(e) von Akkad". Zu deren Herkunft vgl. WISEMAN, Nebuchadrezzar, 5–7.

49 Diese Schreibweise im Ezechiel- und Jeremiabuch (mit Ausnahme von Jer 27–29) entspricht dem in der Babylonischen Chronik gebrauchten Namen *Nabū-kudurri-uṣur* „Nabu, beschütze den Nachkommen". Die in Jer 27–29 und sonst übliche Namensform Nebukadnezzar (LXX Ναβουχοδονοσορ) geht wohl auf die aramäische Schreibweise zurück, die bereits auf einer Tafel aus dem 34. Jahr des Königs belegt ist; vgl. WISEMAN, Nebuchadrezzar, 2f. In MT ist der Name in defektiver (נְבֻכַדְנֶאצַּר, 2 Kön 24,1; Jer 28,11) und *plene*-Schreibung (נְבוּכַדְנֶאצַּר, 2 Kön 24,11; Jer 27,6) belegt.

50 Vgl. BM 21946 obv. 1–8; Erstedition: WISEMAN, Chronicles, 66–69; vgl. auch GRAYSON, Assyrian and Babylonian Chronicles, 99. Eine deutsche Übersetzung des propagandistischen Berichts über den Sieg findet sich in WEIPPERT, Textbuch, 415.

mit jährlichen Tributforderungen, häufigen Feldzügen, der Absetzung unbotmäßiger Herrscher und der Eroberung von Städten.

Der babylonische Sieg bei Karkemisch wird in Jer 46,2 (Jer[LXX] 26,2) mit dem vierten Regierungsjahr Jojakims korreliert. Er ist wahrscheinlich Auslöser für die Untergangsprophetie des Jeremiabuches, denn der namenlose „Feind aus dem Norden" (Jer 4–6) kann nur das hochgerüstete babylonische Heer sein. Kurz nach der Schlacht, am 8. Av (15. August) 605, starb Nabopolassar in seinem 21. Regierungsjahr, und der Kronprinz bestieg am 1. Elul (7. September) als Nebukadrezzar II. den babylonischen Thron.[51] Bereits in seinem Akzessionsjahr (605–Frühjahr 604) und im ersten Regierungsjahr (604/3) erwirkte er nach Ausweis der Babylonischen Chronik beträchtliche Tribute in Syrien und Libanon. Im November/Dezember 604 legte Nebukadrezzar Aschkelon in Schutt und Asche (vgl. Jer 47,5; 2 Kön 24,7).[52] In diesem Jahr wurde Jojakim wahrscheinlich babylonischer Vasall (2 Kön 24,1).

Im Jahr 601 unternahm Nebukadrezzar einen Feldzug nach Ägypten (vgl. Jer 46,13). Im Nildelta kam es zur offenen Feldschlacht, die bei den Truppen beider Mächte erhebliche Verluste verursachte, so dass er im folgenden Jahr sein Heer neu organisieren musste und keinen Feldzug unternahm.[53] Diese Situation könnte Jojakim bewogen haben, sich gegen das babylonische Joch aufzulehnen (vgl. 2 Kön 24,1).[54] Pharao Necho konnte jedenfalls zu Beginn des Jahres 600 die mit Babylon verbündete Stadt Gaza erobern.[55] Die Kontrolle über die syrisch-palästinische Landbrücke und die Handelsrouten nach Arabien blieb jedoch durch Aktionen gegen die aramäischen Stämme (vgl. das Völkerwort über Kedar/Hazor in Jer[MT] 49,28–33) in babylonischer Hand.[56]

---

51   Vgl. BM 21946 obv. 9–11; WEIPPERT, Textbuch, 415.
52   Vgl. BM 21946 obv. 18–20; WEIPPERT, Textbuch, 416. Die Zerstörung Aschkelons ist archäologisch nachgewiesen; vgl. STAGER, Lawrence E., Art. Ashkelon: NEAEHL 5, 1584f. Der ausführliche Grabungsbericht liegt vor in STAGER, Lawrence E./MASTER, Daniel M./SCHLOEN, J. David, Ashkelon 3. The Seventh Century B.C., Winona Lake: Eisenbrauns 2011.
53   Vgl. BM 21946 obv. 5–8; WEIPPERT, Textbuch, 416.
54   So WEIPPERT, Textbuch, 406; vgl. JOSEPHUS, A.J. 10.88.
55   Die Notiz Jer 47,1b „bevor der Pharao Gaza schlug" ist MT-Textplus.
56   So WISEMAN, Nebuchadrezzar, 30f.

Nebukadrezzars Krieg gegen Jerusalem

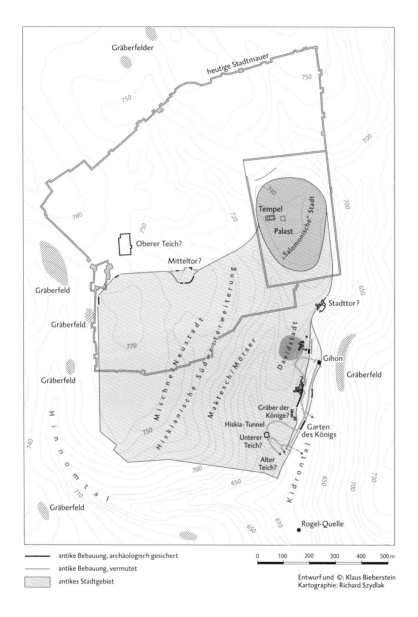

Die Karte berücksichtigt noch nicht die neuesten Ergebnisse der 2015–2021 durchgeführten Ausgrabungen auf dem Südwesthügel, dem heutigen Zion. Demnach ist die von Bargil Pixner u. a. eisenzeitlich datierte Stadtmauer erst aus späthellenistischer Zeit. Vgl. Vieweger, Dieter/Zimni, Jennifer/Soennecken, Katja, The End of a Myth. The Southwestern Hill of Jerusalem in the Archaeological Discourse: Tel Aviv, New Studies in the Archaeology of Jerusalem and its Region 14 (im Druck). Wesentlich ist jedoch, dass die Jerusalemer Stadtmauer, die in der frühen Königszeit nur den Ost- oder Ophel-Hügel einschloss, in der Hiskijazeit eine erhebliche Westerweiterung erfuhr.

In seinem siebten Regierungsjahr, im November/Dezember 598, startete Nebukadrezzar seine Strafaktion gegen „die Stadt Juda"[57], die er jedoch erst nach dem Tod des abtrünnigen Jojakim erreichte und belagerte. Da die Babylonische Chronik das System der Nachdatierung[58] und den Jahresbeginn jeweils am 1. Nisan (März/April) bezeugt, fällt die erste Eroberung Jerusalems durch Nebukadrezzars Heer eindeutig auf den 16. März 597. Nachdem sich König Jojachin ergeben hatte, verschonte Nebukadrezzar Jerusalem, ließ die Stadt aber plündern und Jojachin samt dem Hofstaat deportieren. Danach setzte er Mattanja, mit neuem Namen Zidkija, als König ein (2 Kön 24,17).

Waren Nebukadrezzars Truppen in den folgenden Jahren mit Feldzügen gegen andere Aufständische beschäftigt, so berichtet die Babylonische Chronik vom erneuten Aufbruch des Heeres gen Westen im Monat Kislev seines elften Jahres (Dezember 594), bricht danach aber ab. Die in Jer 51,59 erwähnte Sendung Serajas nach Babylon könnte mit dieser erneuten Machtdemonstration Nebukadrezzars in Zusammenhang stehen.[59] Wann Zidkija den Vasalleneid gegenüber Nebukadrezzar brach (vgl. 2 Kön 24,20 par. 2 Chr 36,13; Jer 52,3; Ez 17,15), ist nicht eindeutig geklärt. Die in der Festungsstadt Lachisch gefundenen Briefe auf Tonscherben, die von einer judäischen Delegation auf dem Weg nach Ägypten berichten, verweisen auf Zidkijas Versuch, mit dem neu inthronisierten Pharao Apries (589–570; biblischer Name Hofra) über Unterstützung gegen Nebukadrezzar zu verhandeln (vgl. Jer 27,3).[60]

Die babylonischen Truppen begannen in Nebukadrezzars 16. Jahr, am zehnten[61] Tag des zehnten Monats im neunten Jahr Zidkijas, nach heutigem Kalender am 15. Januar 588, mit der Belagerung Jerusalems. Historisch wahrscheinlich ist eine kurze Belagerungspause im Sommer 588 (vgl. Jer 37,5; Ez 17,17; Josephus, A.J. 10.110), nachdem Pharao Apries Truppen in die Küstenebene sandte, die jedoch letztlich nichts ausrichten konnten.[62] Als Datum des babylonischen Durchbruchs durch die Stadtmauer Jerusalems nennen Jer 39,2; 52,6f. den neunten Tag des vierten Monats im elften Jahr Zidkijas.[63]

---

57 BM 21946 rev. 11–13, 12; WEIPPERT, Textbuch, 417.

58 Um zu verhindern, dass Jahre mit Thronwechsel doppelt gezählt werden, wird das Todesjahr eines Königs dessen Regierungszeit zugerechnet, während es für seinen Nachfolger als Akzessionsjahr gilt. So beginnt das erste Regierungsjahr des Königs immer am 1. Nisan (März/April) nach seiner Inthronisation, für Nebukadrezzar am 1. Nisan 604.

59 So LIPSCHITS, Fall and Rise, 65. Jer[LXX] 28,59 nennt Seraja, Nerijas Sohn, als Gesandten, während Jer[MT] 51,59 auch Zidkija in die Delegation einschließt, was aber angesichts des mehrmonatigen Reiseweges zwischen Jerusalem und Babylon historisch unwahrscheinlich ist. Vgl. die diachrone Analyse von Carolyn SHARP zu Jer 51,59–64.

60 WEIPPERT (Textbuch, 407) datiert die Lachisch-Ostraka ins Jahr 589, kurz vor der Belagerung Jerusalems (Übersetzung, a. a. O., 420–424); ähnlich LIPSCHITS, Fall and Rise, 64; Jer 27,3 listet Diplomaten anderer Klein- und Stadtstaaten am judäischen Hof auf.

61 2 Kön 25,1 und Jer 52,4 (beide MT[+]) erwähnen zusätzlich den 10. Tag.

62 Vgl. WEIPPERT, Textbuch, 407; ALBERTZ, Exilszeit, 53; VEENHOF, Geschichte, 281. Zidkijas Freilassung der Sklav*innen und ihre erneute Versklavung (Jer 34,8–11) könnte mit der Belagerungspause zu tun gehabt haben.

63 In 2 Kön 25,3 fehlt die Nummerierung des Monats; Sach 8,19 nennt das Fasten im vierten Monat, so dass der vierte Monat hinreichend gut belegt ist.

Da 2 Kön 25,8 und Jer 52,12 (MT⁺) die Zerstörung der Stadt mit dem 19. Jahr Nebukadrezzars korrelieren und dieses Jahr, aus der Babylonischen Chronik errechnet, eindeutig von Frühjahr 586 bis Frühjahr 585 währte, wäre Jerusalem am 9. Tammuz 586, nach heutigem Kalender am 18. Juli 586, nach 31-monatiger Belagerung, gefallen. Folgt man dagegen dem Vers Jer 52,29 (MT⁺), der eine zweite Deportation in Nebukadrezzars 18. Jahr erwähnt, wäre Jerusalem bereits im Juli 587, nach 18-monatiger Belagerung erobert worden. Diese Diskrepanz wird in der Forschung ausführlich diskutiert.[64] Ich folge der Deutung Ernst Kutschs[65]: Wenn Zidkijas Regierungsantritt noch vor dem babylonischen Neujahrsfest am 1. Nisan 597 stattfand, wie die Babylonische Chronik nahelegt, und Juda der Frühjahrszählung folgte, läuft sein elftes Regierungsjahr 587/6 parallel zum 18. Jahr Nebukadrezzars (gemäß Jer 52,29).

Obwohl nach babylonischer Zählung das erste Regierungsjahr Nebukadrezzars erst im Frühjahr 604 begann, wird im Jeremiabuch das vierte Jahr Jojakims (25,1[MT⁺]; 36,1; 45,1; 46,2) mit dem ersten Jahr Nebukadrezzars und dessen Sieg bei Karkemisch (im Juli 605) korreliert. Jer 32,1 identifiziert das zehnte Jahr Zidkijas (588/7) mit dem 18. Jahr Nebukadrezzars (korrekt wäre: 17. Jahr). Diese (historisch falsche) Korrelation ist verständlich, da die Verfasser der biblischen Texte weder die Babylonische Chronik noch die genauen Umstände der Thronbesteigung Nebukadrezzars kannten. Für sie stellte der babylonische Sieg bei Karkemisch einen historischen Wendepunkt dar, der die Bedrohung ihres Staates durch das babylonische Reich verdeutlichte.[66]

Jerusalem wurde also im Juli 587 v. d. Z. erobert. Erst einen Monat später, am siebten (2 Kön 25,8) oder zehnten Av (Jer 52,12), gingen Tempel und Stadt in Flammen auf. Das war eine Strafaktion gegen die judäische Monarchie, die sich zweimal gegen das babylonische Joch aufgelehnt hatte.[67] König Zidkija konnte zunächst fliehen, wurde aber bei Jericho eingeholt und ins babylonische Hauptquartier nach Ribla, 35 km südwestlich des syrischen Homs, gebracht. Dort ließ Nebukadrezzar Zidkijas Söhne vor seinen Augen abschlachten, ihn selbst blenden und gefangen nach Babylon bringen (2 Kön 25,4–7 par. Jer 39,4–7; 52,7–11) – ein grausames, aber übliches Verfahren für aufständische Regenten.

Während die assyrische Kriegführung und Belagerungstechnik durch Inschriften und Reliefs bekannt sind, fehlen zur Belagerung Jerusalems babylonische Quellen. Wahrscheinlich unterschied sich die babylonische Kriegführung nicht wesentlich von der assyrischen.[68] Die Zahl der Deportierten geht aus den biblischen Quellen aber nicht eindeutig hervor.

2 Kön 24,14–16 zufolge ließ Nebukadrezzar bei der ersten Einnahme Jerusalems 597 ca. 10.000 Judäer*innen deportieren, darunter König Jojachin und seinen Hofstaat, 7000

---

64 Vgl. HERRMANN, BKAT XII,1, 27–33; HARDMEIER, Prophetie, 247–251; ALBERTZ, Exilszeit, 71–73; MALAMAT, Abraham, The Last Kings of Judah and the Fall of Jerusalem: IEJ 18 (1968), 137–156. Vgl. den Forschungsbericht GREEN, Alberto R., The Chronology of the Last Days of Judah. Two Apparent Discrepancies: JBL 101 (1982), 57–73.

65 Vgl. KUTSCH, Jahr der Katastrophe.

66 Vgl. KUTSCH, Jahr der Katastrophe, 541f.; ähnlich schon ALBRIGHT, William F., The Nebuchadnezzar and Neriglissar Chronicles: BASOR 143 (1956), 28–33.

67 So auch LIPSCHITS, Fall and Rise, 68.80; ALBERTZ (Exilszeit, 54) deutet die Zerstörung Jerusalems als Maßnahme gegen die antibabylonische Partei und deren Glauben an die Unverletzlichkeit Zions.

68 So auch WISEMAN (Nebuchadnezzar, 36) mit Verweis auf babylonische Belagerungstürme (BM 21946 obv. 22). Zum antiken Belagerungskrieg vgl. POSER, Ezechielbuch, 163–248.

Krieger und 1000 Handwerker. Nach der Zerstörung Jerusalems[69] wurden 2 Kön 25,11f. par. Jer 39,9f. [MT⁺] zufolge Überlebende aus Jerusalem, Überläufer und „der Rest der Menge" deportiert, während einige von den Armen des Landes „als Weinbauern und Ackerleute" zurückblieben. Außerdem notiert 2 Kön 25,18–21, dass eine Gruppe von Würdenträgern im Hauptquartier Ribla exekutiert wurde, darunter die beiden obersten Jerusalemer Priester, drei Schwellenhüter, der judäische Heerführer und sein Sekretär, fünf königliche Beamte und 60 Männer des Landadels. Demgegenüber listet Jer 52,28–30 [MT⁺] drei Deportationen mit geringeren Zahlen auf: Im siebten Jahr Nebukadrezzars (597 v. d. Z.) 3023 Judäer*innen; im 18. Jahr (587) 832 Personen aus Jerusalem und im 23. Jahr (582) 745 Judäer*innen, insgesamt ca. 4600 Personen.

Albertz hält alle Zahlen in den biblischen Texten für zu niedrig[70] und schätzt, dass ca. 25 % aller Judäer*innen deportiert wurden, was bei Annahme einer Bevölkerung von ca. 80.000 am Beginn des sechsten Jahrhunderts zu ca. 20.000 Deportierten führt.[71] Rechnet man die während der Belagerung Verhungerten, die im Krieg Getöteten und die nach Ägypten Geflüchteten ein, so verlor Juda in den Jahren 600–580 über die Hälfte der Bevölkerung, darunter die Mehrheit der Oberschicht.

---

69 Eine detaillierte Rekonstruktion bietet Lipschits, Fall and Rise, 75–84.

70 Vgl. Albertz, Exilszeit, 80. Lipschits (Fall and Rise, 80.83f.) geht davon aus, dass die bis zuletzt verbliebene Einwohnerschaft Jerusalems vollständig deportiert wurde.

71 Vgl. Albertz, Exilszeit, 79f. Die Schätzung der vorexilischen Bevölkerungszahlen basiert auf Studien Israel Finkelsteins.

Juda unter babylonischer Herrschaft

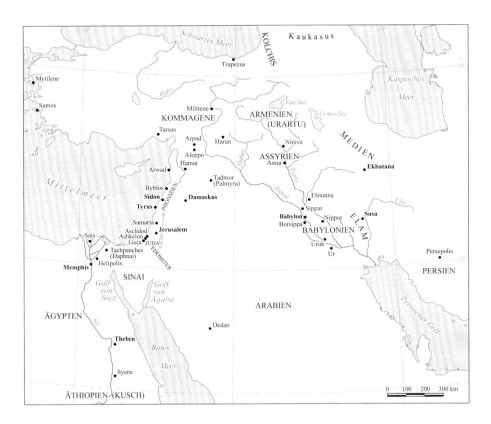

Nebukadrezzar schrieb nicht nur als Zerstörer Geschichte, sondern auch als Wiederer-
bauer Babylons, das 689 vom neuassyrischen König Sanherib zerstört worden war. Aus
den Tributen der unterworfenen Gebiete ließ Nebukadrezzar die Eufratufer und Kanä-
le neu befestigen, den Haupttempel für Marduk (*Esagila*) erneuern, den bereits von
Esarhaddon und Nabopolassar wiederrichteten Tempelturm (*Etemenanki*) ausbauen
und einen eigenen Palast mit bewässertem Königsgarten anlegen.[72] Wahrscheinlich
setzte er dafür auch fremdstämmige Zwangsarbeiter*innen ein.[73] Babylons Pracht im
sechsten Jahrhundert v. d. Z. lässt sich aufgrund der Ausgrabungen der Deutschen
Orientgesellschaft (1899–1917) unter Leitung Robert Koldeweys heute im Vorderasia-
tischen Museum Berlin besichtigen. Glanzstücke der Ausstellung sind das Ischtartor
und die große Prozessionsstraße.

---

72 Detailliert beschrieben in Wiseman, Nebuchadrezzar, 42–80.
73 Vgl. Smith-Christopher, Daniel L., Reassessing the Historical and Sociological Impact of
    the Babylonian Exile (597/587–539 BCE): Scott, James M. (Hg.), Exile. Old Testament,
    Jewish and Christian Conceptions (JSJ.S 56), Leiden: Brill 1997, 7–36, 24f.

Nach der Zerstörung Jerusalems übernahm die chaldäische Dynastie die Macht in Juda, ohne für den Wiederaufbau zu sorgen.[74] 2 Kön 25,22–26 zufolge setzte sie Gedalja, den Sohn Achikams und Enkel Schafans, als Statthalter in Mizpa ein. Da Mizpa (*Tell en-Naṣbe*) im Gebiet Benjamins, 12 km nördlich von Jerusalem, nicht zerstört wurde,[75] argumentiert Oded Lipschits, dass die Babylonier diesen Ort schon während der Belagerung Jerusalems als Verwaltungssitz und Gedalja aus der probabylonischen Partei wählten, um ihre Provinz zu kontrollieren.[76] Er geht davon aus, dass bereits während der Belagerungspause im Sommer 588 einige Jerusalemer*innen nach Benjamin flohen (Jer 37,12)[77] und nach der Zerstörung Jerusalems Geflüchtete sich in Mizpa versammelten, wo sie Sommerfrüchte und Wein ernteten (Jer 40,11f.; vgl. 39,10; 2 Kön 25,12). Die Ermordung Gedaljas im siebten Monat (Jer 41,1) datiert er ins Jahr 587, so dass dessen Übergangsregierung nur ca. 7 Wochen dauerte.

> Weniger wahrscheinlich ist Albertz' Rekonstruktion, derzufolge Gedalja die verlassenen Felder den Armen des Landes überlassen habe (Jer 39,10) und erst fünf Jahre später ermordet worden sei.[78] Dieser längere Zeitraum basiert auf der Verbindung der Herrschaft Gedaljas mit der in Jer 52,30 genannten dritten Deportation im Jahr 582.

Jer 40,7 – 41,18 erzählt das Attentat auf Gedalja und die Flucht der Überlebenden nach Ägypten aus probabylonischer Perspektive, die ein Leben im Land Juda unter babylonischer Herrschaft positiv bewertet (vgl. 40,9; 42,11f.): Demnach warnt Jeremia vor der Flucht nach Ägypten (42,13–18), aber die verbliebenen judäischen Heerführer um Jochanan fürchten eine babylonische Strafaktion und führen den Rest der Judäer*innen, darunter auch Jeremia und Baruch (43,6), nach Ägypten.[79] Die Geflüchteten werden beschuldigt, mutwillig das Land Juda leer zurückzulassen. In Ägypten kündigt Jeremia Nebukadrezzars Einmarsch (43,10–13), den Tod fast aller Judäer*innen (44,11–14) und das Ende Pharao Hofras (44,30) an. Danach verliert sich seine Spur.

Tatsächlich setzten meuternde Truppen Pharao Apries/Hofra im Jahr 570 ab und Amasis auf den Thron. Nebukadrezzar nutzte diese Unruhen für einen weiteren Feldzug im Jahr 568, bei dem es ihm gelang, Ägypten vorübergehend zu unterwerfen (vgl. Jer 43,8–13; Ez 29,19). Pharao Amasis behauptete sich auf dem Thron,

---

74 FAUST (Judah, 199) geht aufgrund archäologischer Daten davon aus, dass die chaldäischen Herrscher das assyrische Verwaltungssystem nicht übernahmen, aber die Einnahme von Steuern dennoch eine gewisse Verwaltung voraussetzte.

75 Die Grabungsberichte von fünf Kampagnen 1926–1935 bieten keine klare Stratigraphie. Vgl. die Nachinterpretation der Funde durch ZORN, Jeffrey G., Tell en-Naṣbeh and the Material Culture of the Sixth Century: LIPSCHITS, Oded/BLENKINSOPP, Josef (Hg.), Juda and the Judeans in the Neo-Babylonian Period, Winona Lake: Eisenbrauns 2003, 413–447; LIPSCHITS, Oded, The History of the Benjaminite Region under Babylonian Rule: TA 26 (1999), 155–190, bes. 165–170.

76 Vgl. LIPSCHITS, Fall and Rise, 98–102.

77 Jer 37,12 übersetzt LIPSCHITS (Fall and Rise, 76) im Anschluss an Ephal mit „Jeremia verließ Jerusalem, um ins Land Benjamin zu gehen, um von dort zu fliehen unter dem Volk." Er versteht diese Aktion – ebenso wie der judäische Wachhabende am Benjamintor in Jer 37,13 – als Versuch Jeremias, zu den Babyloniern nach Mizpa überzulaufen.

78 Vgl. ALBERTZ, Exilszeit, 83f.; ähnlich VEENHOF, Geschichte, 282.

79 Vgl. STIPP, Jeremia im Parteienstreit, 263–266; MAIER, Wer schreibt Geschichte?, 75.

ging ein Bündnis mit der griechischen Kolonie von Kyrene ein, ließ zahlreiche Tempel bauen bzw. renovieren und führte Reformen in Verwaltung und Recht durch.[80]

Viele biblische Texte erwecken den Eindruck, ganz Juda sei ein verlassenes, zerstörtes Land gewesen, dessen Bewohner*innen entweder tot, deportiert oder geflohen waren (vgl. 2 Kön 25,26; 2 Chr 36,21; Jer 4,23–26; 43,4; 44,7.13f.), was als „Mythos des leeren Landes" wohl die Ideologie der nach Babylonien Deportierten darstellt.[81]

Die Bevölkerungszahl und -dichte Judas nach der Katastrophe ist umstritten, weil die in Ausgrabungen und Surveys gefundene lokale Keramik nicht auf ein halbes Jahrhundert genau datiert werden kann und es kein keramisches Leitfossil für das sechste Jahrhundert gibt.[82] Archäologisch nachgewiesen ist die völlige Zerstörung Jerusalems durch Feuer und die Schleifung der Stadtmauer.[83] In einem Haus der Davidstadt auf dem Südosthügel verbrannten Papyrusdokumente, deren Verschlüsse aus gesiegelten Tonbullen jedoch im Feuer gehärtet wurden, so dass Namen, Titel und Symbole der Siegel erhalten blieben, darunter auch ein Abdruck mit der Inschrift „Gemarjahu, dem Sohn Schafans (gehörig)"[84], der in Jer 36,12 begegnet. Mit Ausnahme von Betlehem waren die meisten Orte südlich von Jerusalem und in der Schefela zerstört oder verlassen. Im südlichen Juda ließen sich im Verlauf des sechsten Jahrhunderts edomitische Gruppen nieder (vgl. Ez 35,15; 36,5; Am 1,11f.; Ob 1,19), in der Schefela Bevölkerung aus umliegenden Regionen.[85] Auch der Nordoststreifen Benjamins bis zum Jordantal war fast entvölkert. Dagegen weisen die im Bergland Benjamins gelegenen Orte Gibea (*Tell el-Fûl*), Gibeon (*El-Jîb*) und Mizpa (*Tell en-Naṣbe*) keine Zerstörungsschichten auf.[86] Surveys im ländlichen Juda und Benjamin zeigen aber, dass nach dem Zusammenbruch staatlicher Strukturen die Zahl der Siedlungen massiv zurückging.[87] Auch unter persischer Oberherrschaft stieg diese Zahl nur allmählich und nahm erst Ende des fünften/Anfang des vierten Jahrhunderts wieder deutlich zu.[88]

> Obwohl er eine weitreichende Entvölkerung Jerusalems und der südlichen Region annimmt, geht Oded Lipschits davon aus, dass das Leben in der Region Benjamin sowie im nördlichen und zentralen Bergland Judas auch nach der Zerstörung Jerusalems

---

80 Vgl. VEENHOF, Geschichte, 282.

81 Zur Problematisierung der biblischen Sicht auf das Exil und ihrer Historisierung im 19. Jahrhundert vgl. BARSTAD, Hans M., The Myth of the Empty Land: DERS., History and the Hebrew Bible. Studies in Ancient Israelite and Ancient Near Eastern Historiography (FAT 61), Tübingen: Mohr Siebeck 2008, 90–134.

82 Vgl. FAUST, Judah, 11–16.

83 Vgl. LIPSCHITS, Fall and Rise, 210f.; KEEL, Geschichte Jerusalems 1, 757–760.

84 Vgl. KEEL, Corpus der Stempelsiegel-Amulette V, 302; Nr. 53; sowie den bereits 1897 gefundenen Skaraboiden (a. a. O., 280; Nr. 4), der die Inschrift „Jischma'el (Sohn des) Nerijahu" trägt.

85 So ALBERTZ, Exilszeit, 84f.; LIPSCHITS, Fall and Rise, 154f.

86 LIPSCHITS, Fall and Rise, 237–246.

87 Vgl. CARTER, Emergence of Yehud, 235; von 157 Siedlungen gegen Ende der Königszeit sank deren Zahl auf 39 in der persischen Epoche; danach erfolgte wieder eine Zunahme auf 163 in hellenistischer Zeit.

88 Zur Methodik und Liste der Surveys vgl. CARTER, Emergence of Yehud, 172–195. Zur Kritik an CARTERS Einteilung in zwei persische Phasen vgl. LIPSCHITS, Fall and Rise, 265f.

weiterging.[89] Im Unterschied dazu versteht Abraham Faust Juda im sechsten Jahrhundert als „post-collapse society" ohne städtische Zentren und überregionalen Handel, mit weithin verlassenen Landstrichen, magerer materieller Kultur und zerrissenen Familien.[90] Er stützt sich auf eine minimalistische Deutung der auch von Lipschits herangezogenen Grabungs- und Surveydaten und argumentiert vor allem mit dem Fehlen griechischer Importkeramik als Zeichen für Handel und gehobenen Lebensstandard.[91]

Wenn dieser Kommentar von der exilischen Zeit spricht, folgt er der üblichen Bezeichnung des Zeitraums von der Zerstörung Jerusalems 587 v. d. Z. bis zur kampflosen Einnahme Babylons durch Kyros II. im Jahr 539.[92] Entgegen der Darstellung in Esra 1–6 kehrten Nachkommen der exilierten Oberschicht Judas nicht unmittelbar nach dem Herrschaftsantritt Kyros' II. zurück, sondern wahrscheinlich in kleinen Gruppen erst in den 20er Jahren des sechsten Jahrhunderts. Erst der Beginn des Wiederaufbaus des Tempels, der in Hag 1,1 und Sach 1,1 ins Jahr 520 datiert wird, bedeutete einen Neubeginn im Land Juda.[93] Trotz intensiver Ausgrabungen auf dem Südost- und Südwesthügel des antiken Jerusalem fanden sich nur spärliche Befunde aus persischer Zeit. So konnte die angeblich von Nehemia wiederaufgebaute Stadtmauer nur an wenigen Stellen verifiziert werden. Jerusalem blieb für lange Zeit eine kleine, um den Tempel angeordnete Siedlung[94] und stieg erst in hellenistischer Zeit wieder zu einer bedeutenden Stadt auf.

Zur Methodik des Kommentars

Die Bedeutung der Vielstimmigkeit für die Auslegung

Im überlieferten Masoretischen Text präsentiert das Jeremiabuch mittels eingebetteter Zitate oder Reden der in Jer 1–25 auftretenden literarischen Figuren einen Diskurs verschiedener Stimmen, die verschiedene Perspektiven auf den Untergang Jerusalems und Judas aufzeigen.[95] Was ältere Kommentare als Wachstum „wie ein unbeaufsichtigter Wald"[96] oder „hopeless hodgepodge"[97] bezeichnen, gilt in der neueren englischsprachigen Forschung als beabsichtigte Multiperspektivität. So versteht etwa Louis Stulman das Buch als literarisches Kunstwerk: Es toleriere Mehrdeutigkeit und emotionales Sich-Einlassen und lade die interpretierende Gemeinschaft zu einer unbegrenzten Wiederholung der literarischen und liturgi-

---

89 Vgl. Lipschits, Fall and Rise, 237–258.
90 Vgl. Faust, Judah, 167–176.
91 So Faust, Judah, 74–88 mit Hinweis auf die umstrittene Deutung dieser Keramik.
92 Zur Lage der nach Babylonien deportierten traumatisierten Judäer*innen vgl. Carolyn Sharps diachrone Analyse von Jer 52 im Kommentar zu Jer 26–52.
93 Vgl. Albertz, Exilszeit, 11.
94 Vgl. Keel, Geschichte Jerusalems 2, 951–953.
95 So schon Carroll (Jeremiah, 69–82) hinsichtlich Positionen und Trägerkreisen.
96 Duhm, KHC, XX.
97 Bright, AB 21, lvi. Ähnlich O'Connor, Pain and Promise, 29: "a glorious mish-mash, a book judged to be 'unreadable' even by its loving interpreters."

schen Performance ein, um ihre eigenen Erfahrungen von Krieg und Kolonisierung zu reflektieren.[98]

Diese im Buch erkennbare Mehrdeutigkeit und Vielfalt auch der Gottesbilder repräsentiert einen literarischen Diskurs, der nicht nur *eine* Wahrheit favorisiert, sondern mehrere Antworten auf die Frage gibt, warum Jerusalem, der Wohnsitz JHWHS, unterging und das Volk in alle Winde zerstreut wurde. Gerade die Vielstimmigkeit des Textes hat Leser*innen aller Zeiten angeregt, verschiedene, miteinander konkurrierende Interpretationen vorzunehmen, was sich in einer reichen Rezeptionsgeschichte des Buches ausdrückt.

Dieser Multiperspektivität versuche ich dadurch gerecht zu werden, dass ich die mitunter konkurrierenden Aussagen herausarbeite sowie verschiedene Deutungen anführe, die sich nicht immer auf einen Nenner bringen lassen. Autor*innen eines biblischen Kommentars sollten sich m. E. in ihrer Auslegung nicht einer bestimmten Position im Text anschließen, auch nicht der dominanten Stimme des sich auf Gott berufenden Propheten, sondern die verschiedenen Stimmen, auch die fiktiv zitierten, zu Gehör bringen. Bereits die philologischen und textkritischen Analysen des hebräischen Textes und seiner griechischen Übersetzung weisen auf unterschiedliche Deutungen hin, und auch die historische Einordnung eines Abschnitts ist keineswegs neutral und wertfrei. Hinzu kommt, dass die im Jeremiabuch verhandelten Themen und Meinungen heutigen Leser*innen teilweise unverständlich sind oder Fragen zum Gottesbild aufwerfen. Es erscheint mir daher unerlässlich, zu manchen Passagen neuere hermeneutische Perspektiven wie die feministisch-kritische Exegese, die postkoloniale Interpretation und die Trauma Studies aufzugreifen, die den antiken Text im Blick auf postmoderne Fragestellungen kritisch reflektieren und damit für heutige Leser*innen Deutungsangebote liefern.

Feministische Interpretation

Die feministische Bibelauslegung etablierte sich seit Ende der 1960er Jahre in Nordamerika, und mit Verzögerung um etwa eine Dekade auch in Westeuropa, als eine kritische Hermeneutik,[99] die den biblischen Text und dessen sozialgeschichtlichen Hintergrund auf patriarchale, androzentrische und misogyne Haltungen hin untersucht und diese dekonstruiert.[100] Es geht darum, scheinbar festgefügte Vorstellungen über Männer und Frauen sowie über Gott als Person als Konstruktion der antiken Verfasser*innen zu entlarven, die nach allem, was wir wissen, überwiegend gebildete Männer der Oberschicht waren. Die hierarchisch angelegten Geschlechterrollen in den

---

98 Vgl. STULMAN, Art and Atrocity, 100f.; vgl. DERS., Order Amid Chaos.

99 Vgl. SCHÜSSLER FIORENZA, Elisabeth, Zwischen Bewegung und Akademie. Feministische Bibelwissenschaft im 20. Jahrhundert: DIES./JOST, Renate (Hg.), Feministische Bibelwissenschaft im 20. Jahrhundert (Die Bibel und die Frauen 9.1), Stuttgart: Kohlhammer 2015, 13–32. Zur Hermeneutik vgl. SCHÜSSLER FIORENZA, Elisabeth, Weisheitswege. Eine Einführung in feministische Bibelinterpretation, Stuttgart: Katholisches Bibelwerk 2005.

100 Die Vielfalt der Ansätze wird sichtbar in SCHOTTROFF, Luise/WACKER, Marie-Theres (Hg.), Kompendium Feministische Bibelauslegung, Gütersloh: Gütersloher Verlag ³2007; SCHOLZ, Susanne, Feminist Interpretation of the Bible in Retrospect, 3 Bde., Sheffield: Sheffield Phoenix Press 2013–2016.

biblischen Texten spiegeln die antike kyriarchale Gesellschaftsordnung, an deren Spitze ein männlicher Regent stand und deren mächtigste Position auf jeder sozialen Ebene der männliche Haushaltsvorstand, der *pater familias*, innehatte.[101] Dieses kritische Vorverständnis und die Absicht, in den Texten dargestellte Machtstrukturen zu benennen und jeweils nicht genannte, aber mitgemeinte Personen in den Mittelpunkt zu rücken, bildet ein wichtiges Korrektiv zur vermeintlich objektiven, überwiegend auf historische Sachverhalte fokussierten Bibelauslegung. An der zunächst auf die Gleichstellung von Frauen und Männern gerichteten feministischen Herangehensweise wurde vielfach Kritik geübt, sie favorisiere nur die Sicht westlicher, weißer und gebildeter Frauen. Daraufhin entwickelte die feministische Hermeneutik seit den 1990er Jahren eine intersektionale Perspektive, die die Überschneidung von Diskriminierung im Blick auf ethnische Zugehörigkeit, gesellschaftlichen Status und Geschlecht (die klassische Trias von race, class, gender) zu erfassen versucht.[102] Weitere Kriterien sind dabei hinzugekommen, wie Carolyn Sharp hinsichtlich der Deutung des Jeremiabuches pointiert ausführt:

> [F]eminist inquiry into Jeremiah must continue to interrogate ideologies of subjugation in the text and in its reception history, decline the ways in which gender, economic class, sexuality, ethnic identity, and able-bodiedness may be essentialized within the text and in scholarship, and provide readings of the text—critical and constructive— that further the work of justice and shalom.[103]

Als feministische Auslegerin des Jeremiabuches will und kann ich die weitgehend dominante Stimme Jeremias bzw. Gottes nicht einfach übernehmen, sondern versuche, die verschiedenen Stimmen im Text zu Gehör zu bringen und die dominante Stimme zu hinterfragen.[104] Zweifelsohne ist in diesem Kommentar meine Interpretation dominant. Indem ich jedoch verschiedene Auslegungen anderer Exeget*innen einbringe, möchte ich ein Gespräch über den Text eröffnen, das den Leser*innen verschiedene mögliche Deutungen aufzeigt. Im Anschluss an Gerlinde Baumann versuche ich die im Jeremiatext verwendeten Metaphern zu *erklären* und zu *interpretieren*.[105] „Erklären" heißt in diesem Zusammenhang, den kulturellen und sozialgeschichtlichen Sinn einer Metapher zur Zeit ihrer Entstehung aufzuzeigen. „Interpretieren" meint, die Bedeutung der Metapher mit Blick auf heutige

---

101 Die Bezeichnung kyriarchal bzw. Kyriarchat geht auf Griechisch κύριος „Herr" zurück und wurde von Schüssler Fiorenza (Weisheitswege, 171–177) anstelle des Begriffs Patriarchat eingeführt.

102 Vgl. Eisen, Ute E./Gerber, Christine/Standhartinger, Angela (Hg.), Doing Gender – Doing Religion. Zur Frage der Intersektionalität in den Bibelwissenschaften: dies. (Hg.), Doing Gender – Doing Religion. Fallstudien zur Intersektionalität im frühen Judentum, Christentum und Islam (WUNT 302), Tübingen: Mohr Siebeck 2013, 1–36; Claassens, L. Juliana/Sharp, Carolyn J. (Hg.), Feminist Frameworks and the Bible. Power, Ambiguity, and Intersectionality (LHBOTS 630), London et al.: Bloomsbury, T&T Clark 2017.

103 Sharp, Mapping Jeremiah as/in a Feminist Landscape, 45; s. auch Sharps Einleitung zu Jer 26–52, „Feminist Convictions/Feministische Überzeugungen" und „Feminist Hermeneutics/Feministische Hermeneutik".

104 Vgl. die programmatischen Überlegungen in Maier, Christl M., After the "One-Man Show": Multi-authored and Multi-voiced Commentary Writing: Maier/Sharp (Hg.), Prophecy and Power, 84f.

105 Vgl. Baumann, Liebe und Gewalt, 44–46.

Leser*innen und deren wahrscheinliche Assoziationen herauszuarbeiten, um die potentiell schädlichen Effekte der Metapher zu minimieren. Es geht mir darum, auf Frauen verachtende Metaphorik hinzuweisen und zu erläutern, weshalb sie verwendet wurde und was ihre rhetorische Funktion im konkreten Text ist. Um diese theoretischen Überlegungen zu illustrieren, skizziere ich im Folgenden einige Beispiele meiner feministischen Interpretation.

> So deute ich die weibliche Personifikation Judas bzw. Jerusalems, v. a. in der Rolle der untreuen Ehefrau Jhwhs, als sexualisierte Metaphorik, die weibliches Begehren entwertet und ein negatives Frauenbild entwirft.[106] Meiner Meinung nach verbindet der Vergleich des weiblichen Juda mit einer jungen Kamelstute und einer brünstigen Wildeselin (Jer 2,23f.) Frau und Natur symbolisch und charakterisiert weibliches Begehren als instinktgetrieben und animalisch. Außerdem zeige ich die binäre Geschlechterlogik einer sexualisierten Sprache im Kontext altorientalischer Kriegsrhetorik auf, die Krieger als hypermännlich darstellt und die Feinde mit um ihr Leben ringenden, gebärenden Frauen vergleicht, um sie herabzusetzen.[107]
>
> Auch die Geschlechterkonfusion der Adressat*innen in Jer 2,1 – 4,4 befördert auf symbolischer Ebene eine Geschlechterdichotomie, die eine ,natürliche' Zweigeschlechtlichkeit suggeriert, die heutzutage zu Recht als soziale Konstruktion entlarvt ist.[108] Neueren Studien zur „gender performance"[109] zufolge kann die Charakterisierung Jeremias und Gottes auch queer[110] gelesen werden.[111] Wie ich im Kommentar zeigen werde, wird eine dichotomische Zuordnung von „männlich" als „stark, kriegerisch, mutig" und „weiblich" als „schwach, schützenswert, klagend" sowohl in der Charakterisierung Jeremias (in den Klagen der Kap. 11-20) als auch Gottes (in Jer 8,18 – 9,2) mehrfach aufgebrochen.[112]

Postkoloniale Perspektiven

Postkoloniale Theorie untersucht Machtstrukturen imperialistischer Regime sowie deren Unterdrückungsmechanismen und -effekte. Der Definition Edward Saids zufolge umfasst Imperialismus „die Praxis, die Theorie und die Verhaltensstile eines domi-

---

106 Maier, Daughter Zion, 82–93.103–110; dies., Tochter Zion und Hure Babylon, 213f.; Bauer, Gender, 11–44; Baumann, Liebe und Gewalt, 33–37.

107 Maier, Christl M., Jeremiah and Gender: Stulman, Louis/Silver, Edward (Hg.), Oxford Handbook of Jeremiah, Oxford: Oxford University Press 2021, 661–676. Vgl. Claassens, Like a Woman in Labor; Chapman, Gendered Language of Warfare.

108 Vgl. Häusl, Bilder der Not, 300–356; Diamond/O'Connor, Unfaithful Passions.

109 Der Ausdruck bezieht sich auf die Darstellung geschlechtsspezifischer Rollenmuster.

110 Der englische Begriff „queer", deutsch etwa „seltsam, verschroben, eigenartig", bedeutet in diesem Zusammenhang „nicht normativ im Blick auf Sexualität und Geschlecht"; er wird gebraucht, um angeblich natürliche Geschlechterrollen und eine biologistisch konstruierte Zweigeschlechtlichkeit zu hinterfragen. Die Queer Theory wendet sich daher auch kritisch gegen essentialistische Konzepte der feministischen Analyse und der Gender Studies. Vgl. Guest, Deryn, Beyond Feminist Biblical Studies, Sheffield: Phoenix Press 2012, 42–76.

111 Vgl. Carvalho, Sex and the Single Prophet; MacWilliam, The Prophet and His Patsy; Bauer-Levesque, Angela, Jeremiah: Guest, Deryn u. a. (Hg.), The Queer Bible Commentary, London: SCM Press 2006, 386–393; Graybill, The Hysteria of Jeremiah.

112 Vgl. auch Maier, Geschlechterkonstruktionen.

nierenden großstädtischen Zentrums, das ein abgelegenes Territorium beherrscht; ‚Kolonialismus', der nahezu immer eine Folgeerscheinung des Imperialismus ist, bedeutet die Verpflanzung von Siedlungen auf entlegenes Territorium."[113] Zwar gründeten weder das babylonische noch das persische Reich in der Levante Kolonien. Ihre militärische, administrative und ökonomische Dominanz über diese Gebiete allerdings kommt dem nahe, was in postkolonialen Studien „colonizing", Kolonialisierung, genannt wird.

> Obwohl Deutschland zu den europäischen Kolonialmächten zählt, hat diese Kolonialgeschichte mein Leben und Forschen bisher wenig beeinflusst. Ich wurde erst durch Überschneidungen zwischen feministischer und postkolonialer Kritik an biblischen Texten darauf aufmerksam. Mir ist bewusst, dass ich Vertreterin einer hegemonialen Kultur bin und auch in der weltweiten Gemeinschaft der Bibelausleger*innen zu den Privilegierten gehöre. Ich bin jedoch davon überzeugt, dass es jeder Exeget*in, die an ideologiekritischer Auslegung interessiert ist, möglich sein sollte, auch eine von der eigenen Situation mehr oder weniger stark abweichende hermeneutische Perspektive zu wählen, sei sie feministisch, postkolonial, traumatheoretisch oder queer; dabei sollte sie aber kenntlich machen, auf welche grundlegenden theoretischen Studien sie sich dabei bezieht.

Wegweisend für meine in diesem Kommentar eingenommene postkoloniale Perspektive sind die Arbeiten Homi K. Bhabhas.

> Bhabha beschreibt die Beziehung zwischen den Kolonisierten und dem „Kolonisator"[114] als komplexes Gemisch aus Attraktion und Abwehr, Anpassung und Widerstand. Dabei ist sowohl die Autorität des Kolonisators als auch die Selbstwahrnehmung der Kolonialisierten von Ambivalenz geprägt: Der Kolonisator zielt einerseits darauf, den Kolonisierten seine Haltungen, Werte und Sitten aufzuzwingen. Andererseits errichtet er Kontrollstrukturen, die die Kolonialisierten lehren, der kolonialen Gesellschaft zu entsprechen, diese aber niemals vollständig zu reproduzieren, denn eine solche Reproduktion würde die koloniale Autorität untergraben, die gerade auf der Differenz von Herrschenden und Beherrschten beruht. Die Kolonialisierten versuchen ihrerseits, die koloniale Kultur nachzuahmen, was Bhabha als „Mimikry" bezeichnet, aber ihre Nachahmung ist immer nur „fast dasselbe, aber nicht ganz"[115].

Mit Blick auf kolonialisierte und exilierte Menschen, die am Rand von fremden Kulturen leben, beobachtet Bhabha eine Ambivalenz im Versuch, „ihre Nation zu erzählen", d. h. eine kollektive Erzählung ihrer eigenen Identitätsbildung in einer Situation kolonialen Kulturdrucks hervorzubringen.[116] Dabei benutzt er den Be-

---

113 SAID, Edward W., Kultur und Imperialismus. Einbildungskraft und Politik im Zeitalter der Macht. Aus dem Amerikanischen von Hans-Horst Henschen; Frankfurt a. M.: S. Fischer 1994, 44. Ähnlich SEGOVIA, Fernando, Mapping the Postcolonial Optic. Meaning and Scope: MOORE, Steven D./SEGOVIA, Fernando F. (Hg.), Postcolonial Biblical Criticism. Interdisciplinary Intersections, London/New York: T&T Clark 2005, 23–78, 40.
114 Der englische Begriff „colonizer" bezieht sich auf die Position der kolonialisierenden Macht, die als Einzelgestalt gegenüber der Masse der Kolonisierten vorgestellt wird. Dafür wird hier die masc. sing. Form verwendet.
115 BHABHA, Verortung der Kultur, 132.
116 BHABHA spricht von „narrating the nation", vgl. die Einleitung und Kap. 16 in BHABHA (Hg.), Nation and Narration, 1–7, 1; 291–322. Letzteres entspricht Kap. 8 in DERS., Verortung der Kultur.

griff „Nation" nicht im nationalstaatlichen Sinn des 19. Jahrhunderts, sondern im Sinne einer „narrative[n] Strategie" und eines „Apparat[s] der symbolischen Macht"[117] der Kolonialisierten, als einen hybriden Raum, innerhalb dessen das Volk die Schnittstelle bildet „zwischen den totalisierenden Mächten des ‚Sozialen' als homogener, auf Konsens ausgerichteter Gemeinschaft und den Kräften, die die spezifischere Referenz auf die strittigen, ungleichen Interessen und Identitäten in der Bevölkerung bedeuten".[118] Bhabha zufolge benötigen Menschen, die an den Rändern eines Imperiums leben, „eine Art ‚Verdoppelung' im Schreiben"[119]. Ihre durch Schreiben erreichte Verortung der eigenen Identität bzw. Kultur in einem kolonialen oder postkolonialen Kontext führe zu einer dezentralisierten Logik und zu zerstreuten kulturellen Formationen. Deren Ambivalenz sei nicht unbedingt bewusst, aber potentiell widerständig gegenüber dem dominanten Diskurs.

Aus dieser Perspektive gelesen erzählt das Jeremiabuch von Judas Identität, wie und warum es sich dem babylonischen Regime ergeben musste und wie diese Vergangenheit die Gegenwart beeinflusst. Zu dieser Erzählung tragen jedoch verstreute und einander widersprechende Stimmen bei, die Gottes und Jeremias Rolle unterschiedlich darstellen und darüber streiten, welche Gruppe besonders verantwortlich sei und wer auf der „richtigen" Seite gestanden habe. Sollen Juda und sein Königshaus gegen Babylon opponieren und auf dessen baldigen Niedergang warten, wie dies König Jojakim (Jer 36) und der Prophet Hananja vertreten (28,2–4)? Oder sollen sie das babylonische Joch akzeptieren in der Hoffnung, dadurch die Zerstörung Jerusalems zu verhindern, wie Jeremia (27,6–13) und die ihn unterstützenden Beamten der Schafanfamilie (Jer 26) argumentieren?

Im ersten Buchteil dominiert eine auf den Untergang zurückblickende Sicht, die die Zerstörung Jerusalems und Judas als Gottes gerechte Strafe für die Vergehen der Judäer*innen versteht (z. B. 7,1 – 8,3; 11,1–14; 16; 18; 25,1–14). Sie beschuldigt die Opfer der imperialen Kriegspolitik, für den eigenen Untergang selbst verantwortlich zu sein. Diese Sicht wird in der Jeremiaforschung „deuteronomistische" Theologie genannt, allerdings kaum in ihrer Verbindung zur soziopolitischen Situation analysiert. Aus postkolonialer und traumatheoretischer Perspektive betrachtet erweist sie sich als ein Versuch, die eigene Handlungsfähigkeit und Selbstwirksamkeit zu bewahren und den Glauben an die nationale Gottheit den Erfahrungen von politischer Unterwerfung, Krieg und Deportation anzupassen.

Wie Steed Davidson aufweist, spiegelt das Jeremiabuch verschiedene Reaktionen der Überlebenden auf die imperialistische Macht Babylons.[120] Dabei lassen sich sowohl assimilatorische als auch widerständige Reaktionen herausarbeiten, und es wird deutlich, dass die von Jeremia vertretene Position äußerst ambivalent ist. Daraus ergibt sich, dass das Porträt Jeremias als des „wahren" Propheten keineswegs eine bestimmte politische Haltung favorisiert, weil verschiedene Gruppen von Tradent*innen darum ringen, Jeremia als Vertreter ihrer Position darzustellen.[121]

---

117 BHABHA, Verortung der Kultur, 209. Dass dieses Konzept von Nation weit genug ist, um auch auf den vormodernen Kontext des Alten Orients angewendet zu werden, betont auch DAVIDSON (Ambivalence and Temple Destruction, 163, Anm. 6).

118 Vgl. BHABHA, Verortung der Kultur, 218.

119 BHABHA, Verortung der Kultur, 210; vgl. auch 234f.

120 Vgl. DAVIDSON, Empire and Exile, 182–184.

121 Vgl. DAVIDSON, Empire and Exile, 184–188.

Trauma-Studien

In den letzten Jahren hat die Jeremiaforschung eine neue Perspektive aufgegriffen, die unter dem Stichwort „Trauma-Studien" firmiert. Während in medizinisch-psychologischen Untersuchungen von Vietnamveteranen und Opfern sexualisierter Gewalt seit den 1970er Jahren das Krankheitsbild der posttraumatischen Belastungsstörung beschrieben wurde,[122] analysierten soziologische und kulturwissenschaftliche Studien Texte im Blick auf deren Funktion, traumatische Erfahrungen zur Sprache zu bringen.[123] An diesem interdisziplinären und internationalen Forschungsfeld beteiligt sich seit kurzem die Bibelwissenschaft mit dem Ziel, biblische Texte als erfahrungsgesättigte Verarbeitung traumatischer Ereignisse zu deuten.[124] So liest Kathleen O'Connor das Jeremiabuch als „survival literature", als Versuch, das Trauma der nationalen Katastrophe zu überwinden.[125] Als Antwort auf die Zerstörung aller Identitätsmerkmale Judas – des Tempels, des davidischen Königtums, der Hauptstadt Jerusalem – versuche es, die von der Katastrophe gezeichneten Überlebenden als eine geläuterte Gemeinschaft wiederaufzubauen.[126] Louis Stulman liest die Prosareden des Buches als Versuch, den Opfern von Krieg und Vertreibung eine Ordnung vorzustellen, die das soziale Chaos überwindet.[127]

Eine internationale Soziologengruppe um Jeffrey Alexander und Neil Smelser, die die langfristigen sozialen Folgen der Sklaverei in den Vereinigten Staaten, des Holocaust und der post-kommunistischen Staaten Osteuropas empirisch erforschte, hat die Theorie des kulturellen Traumas entwickelt. Sie definieren ein kulturelles Trauma als Reaktion eines Kollektivs auf ein einschneidendes Ereignis, das die Gruppenidentität massiv in Frage stellt.[128] Indem eine betroffene Gesellschaft die Existenz und Quelle ihres Leidens anerkennt und Verantwortung dafür übernimmt, bildet sie ein überindividuelles Erklärungsmuster aus. Für diesen Prozess braucht es Trägergruppen (ein Begriff Max Webers), die die fundamentale Verletzung von Menschen formulieren und aus der Zerstörung resultierende Ansprüche auf emotionale, institutionelle und symbolische Wiedergutmachung erheben. Diese Ansprüche an die Öffentlichkeit werden in einer „Meistererzählung" verdichtet, die den Schmerz der Opfer beschreibt, ihre Be-

---

122 Vgl. HERMAN, Trauma and Recovery; VAN DER KOLK/MCFARLANE/WEISAETH (Hg.), Traumatic Stress, bes. 47–74; FISCHER/RIEDESSER, Psychotraumatologie; VAN DER KOLK, Verkörperter Schrecken.

123 Vgl. ERIKSON, Kai, A New Species of Trouble: Explorations in Disaster, Trauma, and Community, New York: Norton 1994; CARUTH (Hg.), Trauma; ALEXANDER, Jeffrey, Trauma: A Social Theory, Cambridge, UK: Polity Press 2012.

124 Einen ersten Forschungsüberblick gibt GARBER, David G. Jr., Trauma Theory and Biblical Studies: CBR 14 (2015), 24–44. Vgl. O'CONNOR, Kathleen M., How Trauma Studies Can Contribute to Old Testament Studies: BECKER, Eve-Marie/DOCHHORN, Jan/HOLT, Else K. (Hg.), Trauma and Traumatization in Individual and Collective Dimensions. Insights from Biblical Studies and Beyond, Göttingen: Vandenhoeck & Ruprecht 2014, 210–222; BOASE/FRECHETTE, Bible through the Lens of Trauma.

125 Vgl. O'CONNOR, Pain and Promise.

126 Vgl. O'CONNOR, Reconstructing Community.

127 Vgl. STULMAN, Prose Sermons.

128 Vgl. ALEXANDER u. a., Cultural Trauma, 8–10.

ziehung zu einer größeren Öffentlichkeit darlegt sowie mögliche Tätergruppen identifiziert.[129]

> Eine solche Erzählung wird in zeitgenössischen Institutionen (Religion, Kultur, Recht, Massenmedien und Bürokratie) diskutiert und entworfen, was Kämpfe um Deutungshoheit und den Ausgleich widerstreitender Perspektiven einschließt. Sie kann sich in einer Gemeinschaft nur dann als glaubwürdige Erzählung etablieren, wenn sie die Erfahrungen unterschiedlicher Gruppen repräsentiert, auch wenn diese mitunter unausgeglichen nebeneinanderstehen. Es geht dabei um „Vergessen dürfen" und „Erinnern müssen" auf kollektiver Ebene.[130] Gelingt dieser mehrere Generationen umfassende und häufig konflikthafte Prozess, so wird die Identität des Kollektivs so verändert, dass das Trauma integriert und erinnert werden kann durch Monumente, Museen und ritualisierte Routinen (z. B. Feiertage, Gedenkfeiern).[131]

Im Gegensatz zu einem individuellen Trauma kann und soll ein kulturelles Trauma gar nicht überwunden werden.[132] Da das Jeremiabuch die Erinnerung an die Zerstörung Jerusalems wachhält und ins kollektive Gedächtnis Israels einschreibt, kann es m. E. als eine solche Meistererzählung gelesen werden.[133] Mithilfe der Theorie des kulturellen Traumas lassen sich die zahlreichen Klagen über Krieg, Zerstörung und Hunger in Jer 1–15* als Ausdruck einer fragmentierten Erinnerung verstehen, die das Leiden in ungeordneten und wirren, überwältigenden Schilderungen reinszeniert.[134] Demgegenüber versuchen die rhetorisch kunstvollen Prosareden das Chaos argumentativ einzufangen, indem sie einen Ursache-Wirkung-Zusammenhang behaupten.[135] Ihre für heutige Leser*innen schwer erträgliche kollektive Schuldzuweisung an Juda und Jerusalem, die als Deutung der Katastrophe das Jeremiabuch durchzieht, verleiht dem scheinbar sinnlosen und überwältigenden Leiden Bedeutung.[136] Durch die Übernahme der Verantwortung (self-blaming), die nicht zwischen Täter*innen und Opfern unterscheidet, sondern das gesamte Kollektiv belastet, versuchen die Tradent*innen, ihre Handlungsfähigkeit wiederzugewinnen und die beschädigte Gottesbeziehung zu erneuern. Lisa Cataldo zufolge suchen traumatisierte, gläubige Menschen die Lösung häufig bei Gott: "Trauma survivors want reasons, they

---

129 Vgl. ALEXANDER u. a., Cultural Trauma, 11–15, 12: „master narrative".

130 Vgl. SMELSER, Neil, Psychological and Cultural Trauma: ALEXANDER u. a., Cultural Trauma, 31–59, 52–55.

131 Vgl. ALEXANDER u. a., Cultural Trauma, 15–24. S. E. ist diese Definition und der Prozess der Traumaentwicklung auch auf nicht-westliche Gesellschaften anwendbar.

132 Vgl. SMELSER, Psychological and Cultural Trauma, 54: „Cultural traumas can never be solved and never go away."

133 Eine Begründung dieser These würde den Rahmen dieses Kommentars sprengen. Vgl. aber meine Auslegung zu Jer 40–44 in MAIER, Wer schreibt Geschichte?

134 Traumatisierte Menschen können das auslösende Ereignis in der Regel nicht exakt erinnern und damit der Vergangenheit zuweisen, sondern werden von Bruchstücken der Erinnerung heimgesucht, die zu körperlicher Erregung, Freezing, Flashbacks, Halluzinationen usw. führen, vgl. HERMAN, Trauma and Recovery, 35–47; VAN DER KOLK, Verkörperter Schrecken, 211–218; FISCHER/RIEDESSER, Psychotraumatologie, 97–102.

135 Das Argument, kultische Frevel und die Abkehr von JHWH seien für die Zerstörung Jerusalems ursächlich gewesen, greift eine im Alten Orient verbreitete Erklärung auf; vgl. JANZEN, Trauma and the Failure of History, 45f.

136 So mit STULMAN, Prose Sermons, 133.

want justice, they want someone to be responsible. God (or Fate, or the Universe), whether an object of faith or simply a background 'force,' is a likely repository for these desires."[137]

Da sich die menschliche Psyche seit der Antike nicht grundlegend geändert hat, ist es wahrscheinlich, dass auch Judäer*innen nach Krieg, Deportation oder Flucht individuelle Traumata entwickelten.[138] In den Klagegebeten der Kap. 11–20 wird Jeremia als Prophet charakterisiert, der angesichts des Widerstands gegen seine Unheilsbotschaft mit Jhwh ringt. Als literarische Figur repräsentiert er nicht nur die Verzweiflung über soziale Isolation und mangelnde Unterstützung durch Gott, sondern erscheint auch als ein traumatisierter Mensch, der keinen sicheren Ort findet und sich schließlich von Gott lossagt, indem er den Tag seiner eigenen Geburt verflucht (20,14–20).[139]

Zur synchronen Analyse

Das hebräische Jeremiabuch enthält zahlreiche Textsorten und präsentiert sich insgesamt als Diskurs unterschiedlicher Stimmen.[140]

> Die als Selbstbericht Jeremias gestaltete Berufungserzählung in Jer 1 bietet ein Gespräch zwischen Jhwh und Jeremia, der als Prophet beauftragt, zugleich aber gewarnt wird, er werde kein Gehör finden. Jer 2–3 ist als Rede Gottes an Jerusalem gestaltet, die dem Propheten aufgetragen wird, an deren Ende jedoch auch das Volk zu Wort kommt. Jer 4–6 und 8–10 bieten eine Vielzahl an Stimmen, die auf die Ankündigung vom „Feind aus dem Norden" mit Weherufen, Klagen und Bekenntnissen reagieren. Dazwischen findet sich in Jer 7,1 – 8,3 die berühmte Rede Jeremias gegen den Jerusalemer Tempel. Jer 11–20 versammelt Reden Gottes und Jeremias, Klagen des Volkes und Gebete Jeremias, die durch Stichwortbezüge und Themencluster verbunden sind. Darunter finden sich vier prophetische Selbstberichte (13,1–11; 16,2–9.16–18; 18,2–12*; 19,1–12*), die Handlungen Jeremias als zeichenhaft für das Geschick Judas oder Jerusalems deuten. Die Prophetengestalt wird so nicht nur in ihrem Reden, sondern auch in ihrem Tun als gänzlich mit ihrer Botschaft verwachsen charakterisiert. Diese Verknüpfung von Person und Auftrag Jeremias unterstreichen fünf in Jer 11–20 verstreut platzierte „Klagediskurse", in denen der Prophet mit Gott um die Bedeutung der Katastrophe ringt. Die Sammlung von Worten gegen die judäischen Könige und ihre Beamten in Jer 21–24 erläutert das Versagen der politisch Verantwortlichen aus der Perspektive des Landesgottes. Die Zusammenfassung der Unheilsbotschaft in 25,1–14 schließt die erste Buchhälfte ab, die Erzählung vom Zornbecher in 25,15–38 weist auf den zweiten Buchteil voraus, der Judas Schicksal im Horizont der Völker thematisiert.

---

137 Cataldo, I Know That my Redeemer Lives, 797.

138 Vgl. Fischer/Riedesser, Psychotraumatologie, 277–285 (zur Reaktion auf Exil und Folter); Poser, Ezechielbuch, 159–248 (zu Traumatisierung als Folge des antiken Belagerungskriegs, von Deportation und Exil).

139 Vgl. O'Connor, Pain and Promise, 81–91; Claassens, L. Juliana, Jeremiah. The Traumatized Prophet: Stulman, Louis/Silver, Edward (Hg.), Oxford Handbook of Jeremiah, Oxford: Oxford University Press 2021, 358–373.

140 Das hat die Forschung längst gesehen, vgl. Holladay, Hermeneia, 137f.; Lundbom, AB 21A, 138f.; Willis, Dialogue; Biddle, Polyphony.

Die diskursive Darbietung des Stoffes erweist insbesondere Jer 2–15* als einen dramatischen Text, der mit Hilfe der von Helmut Utzschneider und Stefan Ark Nitsche entwickelten Methodik analysiert werden kann.[141] Sie verstehen den Text als Komposition eines Handlungs- und Reflexionsraums, in dem die adressierten Personen, Gott eingeschlossen, als Figuren des Dramas auf der literarischen Bühne agieren oder, falls sie selbst nicht reden, anwesend gedacht sind. Es geht ausdrücklich nicht darum, zu behaupten, die prophetischen Texte seien nach Analogie der griechischen Dramen inszeniert worden. Gleichwohl gehen Utzschneider und Nitsche, aber auch andere Exeget*innen davon aus, dass sie rezitiert bzw. einem Publikum laut vorgelesen wurden.[142]

Im Anschluss an die Dramenanalyse von Bernhard Asmuth und Manfred Pfister[143] bestimmt Utzschneider für prophetische Texte *Plot*, *Lexis* und *Opsis* als drei Grundelemente des Dramas.[144]

Der Plot ist der sonst meist „Fabel" genannte Ereigniszusammenhang, der den Inhalt des Dramas ausmacht. Da dramatische Texte in der Regel keinen allwissenden und kommentierenden Erzähler aufweisen,[145] ist im Kontext des Plots der interne „point of view" von Interesse. Er liegt Utzschneider zufolge in der Figur des Propheten und wird mittels der Überschrift als Lesehinweis auf eine bestimmte historische Situation erkennbar.[146] Gleichzeitig enthalten sowohl das Micha- als auch das Jeremiabuch Texte, die über den in der Buchüberschrift genannten Zeithorizont hinausreichen, sei es, dass sie Vergangenes oder, aus der Perspektive der Prophetenfigur, Zukünftiges darstellen. In diesem Zusammenhang ist die Unterscheidung von expliziten, impliziten und realen Hörer*innen bzw. Leser*innen hilfreich.[147]

Als explizite Hörer-/Leser*innen bestimmt Utzschneider diejenigen, die im Text direkt angesprochen oder mit Namen und Titel benannt werden. Diese Adressat*innen sind wie der Prophet Figuren des Dramas. Reale Leser*innen sind historische Personen oder Gruppen, wozu sowohl spätere Bearbeiter als auch die Autorin und die Leser*innen dieses Kommentars gehören. Implizite Leser*innen sind jene, die im Text „angelegt" sind und aus der Kommunikation realer Leser*innen mit dem Text hervorgehen, nach Utzschneider „für die meisten Prophetenbücher wohl ein abstraktes, theologisches ‚Israel' …, dessen Zukunft im Text projiziert ist."[148] Für die Rezeption der Texte ergibt sich eine komplexe Wechselwirkung zwischen dem „point of view" und dem Zeithorizont prophetischer Texte:

---

141 Vgl. Utzschneider, Michas Reise; ders., Drama; Nitsche, Jesaja 24–27.

142 Vgl. Utzschneider, Drama, 206; Nitsche, Jesaja 24–27, 275f.; Hardmeier, Prophetie, 467f. Susan Niditch (Oral World and Written Word. Ancient Israelite Literature, Louisville: Westminster John Knox 1996, 130) spricht mit Blick auf späte Schriften der Hebräischen Bibel von „written imitation of oral-style literature". Zum mündlichen Vortrag schriftlicher Texte im Alten Israel vgl. Carr, Schrift und Erinnerungskultur, 155–158.

143 Asmuth, Dramenanalyse; Pfister, Drama.

144 Vgl. Utzschneider, Drama, 197f.

145 Vgl. Pfister, Drama, 20–22.

146 Vgl. Utzschneider, Drama, 214f.

147 Vgl. Utzschneider, Drama, 215f. mit Anm. 92.

148 Utzschneider, Drama, 216.

> Was für die expliziten Hörer/Leser als Figuren des Textes Gegenwart und Zukunft
> ist, ist für die realen Leser oft schon Vergangenheit, bisweilen auch Gegenwart,
> manchmal noch Zukunft. ... Im Zeitsystem des Buches können zukünftige Aussagen
> durch manche realen Leser als gerade eintretend oder gerade eingetreten wahrge-
> nommen werden. Für diese Leser hält das Prophetenbuch dann ein ‚Deutungsange-
> bot' der eigenen Gegenwart bereit, das angenommen, kritisch befragt oder verworfen
> werden kann (‚gegenwärtige Zukunft').[149]

Synchron gelesen können Textpassagen aufgrund des „point of view" des Buches
sowie aufgrund von Tempusmarkern und Textdeixis der Vergangenheit, Gegenwart und Zukunft zugewiesen werden. Unter der begründeten Annahme eines
sukzessiven Textwachstums muss dieser Zeithorizont jedoch differenziert werden im Blick auf reale Leser*innen, die in exilischer oder nachexilischer Zeit
lebten. Auch diese sind, so wird in der diachronen Analyse zu zeigen sein, im
Text „angelegt", d. h. ihre Perspektive kann aus manchen Passagen erschlossen
werden.

Bezüglich der *Lexis* unterscheidet Utzschneider zunächst zwischen dem
Haupttext als denjenigen Passagen, die von Figuren auf der Bühne gesprochen
werden, und dem Nebentext, der Erläuterungen zur Szenerie oder zu Sprecher*innen oder Hinweise zum historischen Kontext beisteuert. Dabei betont er,
„dass die Dialoge voller indirekter ‚Regiebemerkungen' stecken, die Elemente
der Szenerie in den Text der Figurenrede ,einbauen', so dass geradezu von einer
,Wortkulisse' die Rede sein kann."[150]

> Im Blick auf die Figurenrede stellt der Dialog oder Trialog zwischen Figuren den
> Normalfall dar. An vielen Stellen wird jedoch das Publikum direkt angesprochen und
> so, auch ohne eigenen Redebeitrag, als auf der Bühne anwesend gedacht. Wird das
> Volk oder eine andere Figur im Rahmen eines Redebeitrags sogar zitiert, spricht
> Utzschneider von „Zitatrede". Ein solches Zitat ist aber nicht authentisch, sondern
> aus der Perspektive der sprechenden Person entworfen und dient zugleich der Cha-
> rakterisierung der zitierten Figur.[151] Zu den spezifischen Formen der Figurenrede
> gehören die eben genannte Einbeziehung des Publikums, aber auch das sog. „Beisei-
> tesprechen", bei dem eine Figur aus ihrer Rolle heraustritt und das dramatische
> Geschehen gegenüber dem Publikum kommentiert.[152] Darüber hinaus gibt es den
> Monolog, auch Soliloquium genannt, bei dem Utzschneider einen „Innenleben-Mo-
> nolog [...], der den Erzähler und sein überlegenes Wissen ersetzt", von einem „Brü-
> cken- oder Übergangsmonolog, der die Verbindung zwischen Szenen herstellt"[153],
> unterscheidet. Weitere spezifische Formen der Figurenrede sind der Botenbericht,
> der zeitlich entfernte Ereignisse der Vergangenheit auf die Bühne bringt, und die
> Teichoskopie (Mauerschau). Nach Asmuth bezieht sich Letztere „auf Vorgänge, die
> sich im Augenblick der jeweiligen Bühnensituation abspielen, ohne dass sie vom
> Publikum wahrgenommen werden. Eine handelnde Person (oder mehrere) redet, ge-
> wöhnlich von erhöhter Warte (Stadtmauer, Turm, Hügel ...), über das, was sie –

---

149 UTZSCHNEIDER, Drama, 216.

150 UTZSCHNEIDER, Drama, 199 mit Aufnahme von Zitaten aus ASMUTH, Dramenanalyse, 51f.;
       PFISTER, Drama, 351.

151 Vgl. UTZSCHNEIDER, Drama, 201.

152 Vgl. UTZSCHNEIDER, Drama, 203 mit Verweis auf ASMUTH, Dramenanalyse, 59.

153 UTZSCHNEIDER, Drama, 203 mit Verweis auf ASMUTH, Dramenanalyse, 82f.

anscheinend – sieht."[154] Mithilfe von Beiseitesprechen, Botenbericht und Mauer-schau werden in prophetischen Texten kommentierende, erzählende und ankündi-gende Textpassagen in das Geschehen auf der Bühne integriert.

Als drittes Grundelement des Dramas definiert Utzschneider die *Opsis* als „szeni-sche Darbietung, durch die das ‚Drama für das Publikum wahrnehmbar (wird), und zwar vor allem optisch ... aber auch akustisch'."[155] Da prophetische Texte, anders als Erzählungen, nur selten den Schauplatz der Handlung nennen, sind dazu die im Bereich der *Lexis* beobachteten „Wortkulissen" der Figurenreden auszuwerten, die sowohl optische als auch akustische Signale enthalten können. Auch die im Jeremiabuch erzählten Symbolhandlungen (13,1–11; 16,1–9; 18,1–18) stellen den Propheten in bestimmten Rollen und Situationen dar und liefern damit indirekt Hinweise auf den Schauplatz. Schließlich schildern die Visionen (1,4–10; 4,23–26; 24,1–10) Szenen, die einen Schauplatz implizieren, der von den Leser*innen imaginiert werden kann.

Die Gliederung eines dramatischen Textes erfolgt auf zweierlei Weise: durch den „Auftritt" und durch den „Schauplatzwechsel": Der Auftritt gehört in den Bereich der *Lexis* und „schlägt sich im Haupttext des Dramas dadurch nieder, dass entweder eine erkennbar andere Person spricht oder dadurch, dass eine erkennbar andere Person angesprochen wird"[156]. Die gelegentlich eingestreute Zitationsformel betont JHWH als Sprecher und wird in der Übersetzung von Jer 3,21 – 15,4, wie auch andere Hinweise zur Szenerie, als Nebentext kursiviert. Der Schauplatzwechsel bzw. die Szenengliederung ist die dem Auftritt übergeordnete Kategorie, die mit Blick auf die *Opsis* zu bestimmen ist. Gegenüber diesen beiden Gliederungskriterien hat nach Utzschneider „die Einteilung dramatischer Texte in Akte ... keine handlungs- oder bühnenspezifische Funktion", was aber nicht ausschließt, dass es in prophetischen Texten „Gliederungselemente gibt, die Auf-tritte und Schauplätze übergreifen"[157].

Innerhalb des dramatischen Textes des Jeremiabuches werden die als Selbst-bericht des Propheten eingeleiteten Schilderungen von Visionen (1,4-10.11-19; 24,1–10), Symbolhandlungen (13,1–11; 16,1–9; 18,5–18) oder Reden (2,1 – 3,20; 17,19–27) als Monologe Jeremias präsentiert, während die mit der Wortereignis-formel eingeführten Prosareden (7,1 – 8,3; 11,1–14; 21,1–14) Monologe Gottes bieten. Diese längeren, in Prosa gehaltenen Reden sind mitunter sehr komplex, da sie mehrfach eingebettete direkte Rede enthalten, die als Zitatrede auf weite-re anwesende Figuren verweist. Sie werden nach dem von Christof Hardmeier beschriebenen Modell der Kommunikationsebenen gegliedert, um ihre rhetori-sche Absicht herauszuarbeiten.

Hardmeier versteht den biblischen Text als Objekt und Produkt einer Kommunikati-onshandlung, dessen Erzeugungssituation von derjenigen der Textrezeption zu un-

---

154 ASMUTH, Dramenanalyse, 110; vgl. UTZSCHNEIDER, Drama, 204; NITSCHE, Jesaja 24–27, 123–130 und zur Realie des Spähers auf der Mauer 2 Sam 18,24–27 sowie zu den Prophe-ten als Spähern Jer 6,17; Ez 33,2–6.
155 UTZSCHNEIDER, Drama, 198 mit Verweis auf ASMUTH, Dramenanalyse, 10.
156 UTZSCHNEIDER, Drama, 202.
157 UTZSCHNEIDER, Drama, 202.

terscheiden ist.[158] Aufgrund der elementaren Tatsache, dass Texte von vorne nach hinten gehört oder gelesen, also in einem linearen Prozess rezipiert werden, entstehen „Erwartungshorizonte [...], die im weiteren Textverlauf verifiziert, falsifiziert oder modifiziert werden".[159] Unterschiedliche Kommunikationsebenen werden mittels Redeeinführungen hergestellt, die den Text in Teiltexte gliedern: „Eingebettete Reden unterbrechen den Erzählfluss radikal und inszenieren Reden der erzählten Zeit so, dass sie in der Erzählgegenwart in Echtzeit aufgeführt werden. Sie sind besondere Mittel der szenischen Vergegenwärtigung."[160]

Im Unterschied zu Erzähltexten, die einen Zeit-Raum-Personen-Zusammenhang mittels einer Einführung von Ereignisträgern, Zeit und Ort sowie Szenengliederung durch Auf- und Abtritte von Personen organisieren, verankern sich Redetexte direkt und unmittelbar in der vorausgesetzten Kommunikationssituation. Bei Redetexten, die nicht in eine Erzählung eingebettet sind, kommt der Redeeinleitung sowie den Deiktika[161] hinsichtlich von Zeit, Ort und Personen erhöhte Bedeutung zu, denn jede direkte Rede konstituiert eine eigenständige „Textwelt", d. h. eine auf der Erzählebene entworfene Darstellung der Wirklichkeit.

Besonders in Jer 1–25 unterscheiden sich die Prosareden stilistisch deutlich von den Figurenreden, die überwiegend poetisch gestaltet sind. Synchron gelesen haben die Prosareden als Monologe einer Figur die Funktion, das Geschehen auf der literarischen Bühne zu kommentieren, indem sie vergangene Ereignisse schildern, Gottes Handeln erklären, die impliziten Leser*innen ermahnen oder Zukünftiges ansagen. Zwar retardieren sie den Fortschritt des Plots, verstärken aber dessen Bewertung und daher den „point of view" des dramatischen Textes.

Ein weiteres Charakteristikum des Jeremiabuches sind Doppelüberlieferungen, die von Halbversen bis zu ganzen Passagen reichen, aber in Jer[LXX] z. T. fehlen.[162] Auch wiederkehrende Stichworte (z. B. שֶׁקֶר „Lüge", 6,13; 14,14; 27,10; 43,2 u. ö.; מגור מסביב „Grauen ringsum", 6,25; 20,3.10; 46,5; 49,29) und Wendungen (z. B. קול ששון וקול שמחה קול חתן וקול כלה „Jubelruf und Freudenträller, jauchzende Rufe von Bräutigam und Braut", 7,34; 16,9; 25,10; 33,11) erzeugen bei den Leser*innen Erinnerungseffekte. Sie liefern implizite Deutungsmuster und verstärken den durch die stereotype Sprache entstehenden Eindruck der steten Wiederholung von Argumenten. In der synchronen Analyse werden diese Leitworte, Doppelüberlieferungen und sonstigen literarischen Bezüge jeweils notiert und ausgewertet.

---

158 Vgl. HARDMEIER, Prophetie, 23–86. Methodisch basiert die Erarbeitung der Makrostruktur (Gesamtaufbau, Szenengliederung) von Erzähltexten auf dem Ansatz von E. Gülich und W. Raible; vgl. HARDMEIER, Prophetie, 60–65.

159 HARDMEIER, Christof, Probleme der Textsyntax, der Redeeinbettung und der Abschnittgliederung in Jer 32 mit ihren kompositionsgeschichtlichen Konsequenzen: IRSIGLER, Hubert (Hg.), Syntax und Text (ATSAT 40), St. Ottilien: EOS 1993, 49–79, 53.

160 HARDMEIER, Probleme der Textsyntax, 61.

161 Deiktika sind „Zeigewörter", z. B. Orts- und Zeitadverbien, der Verweis auf Personen durch Suffixe oder Pronomen und die explizite Wiederholung des Subjekts mittels Namen oder Funktionsbezeichnung; vgl. HARDMEIER, Prophetie, 68.

162 Eine umfassende Liste bietet PARKE-TAYLOR, Formation, 325–327.

Zur diachronen Analyse

Jeder Kommentar entsteht im Diskurs mit anderen Forschenden, bezieht daher Studien von Kolleg*innen ein und verortet sich in einem Geflecht bereits bewährter Thesen. Wenn ich überblicksartig im Folgenden und innerhalb der diachronen Rubrik im Kommentar Texte literarkritisch unterscheide und Verse oder Aussagen diachron ordne, so in dem Wissen, dass es sich dabei nur um einen mehr oder weniger begründeten Vorschlag handelt, der weder der einzig mögliche noch der Weisheit letzter Schluss ist.[163] Das literarische Genre eines Kommentars privilegiert die Stimme der Autorin, die sich zwar intensiv mit den Studien von Kolleg*innen auseinandergesetzt hat, aber dieses Gespräch angesichts von Umfangsbeschränkungen nicht immer in der gewünschten Weise sichtbar machen kann.

Mein Interesse an der diachronen Analyse des Jeremiabuches speist sich aus der Vorstellung, dass dieser Text einen literarischen Diskurs um die Zerstörung Jerusalems und des Tempels überliefert, zu dem diachron betrachtet verschiedene Stimmen beitrugen. Der vorliegende Text ist m. E. das Ergebnis einer ca. 300-jährigen Auseinandersetzung mit diesem historischen Ereignis, und es interessiert mich, wie er im Laufe der Zeit von verschiedenen Tradent*innen gedeutet und mitunter umgedeutet wurde. Diesen Prozess der sukzessiven Auslegung versuche ich sichtbar zu machen und mit Beobachtungen zu Text, Semantik, Rhetorik und Ideologie zu begründen.

Was im Jeremiabuch als authentisches Material verstanden wird, hängt im Wesentlichen von der Vorstellung ab, die sich Ausleger*innen von der Rolle Jeremias in Jerusalem und Juda in spätvorexilischer Zeit machen. Informationen über den Propheten stammen jedoch meist aus Überschriften, Erzählungen und den Klagegebeten in Kap. 11–20, deren Authentizität umstritten ist. Daher ist die Gefahr des Zirkelschlusses hinsichtlich der Frage, was für den Propheten erwartbar oder typisch sei, relativ hoch. Die hier vorgelegten diachronen Analysen orientieren sich zunächst an grammatischen und formalen Inkohärenzen, die klassischerweise literarkritisch ausgewertet wurden. Ein weiteres Kriterium für die diachrone Unterscheidung sind „konzeptionelle Inkompatibilitäten", d. h. der Nachweis unterschiedlicher theologischer Konzepte. Dieses von Konrad Schmid auf Jer 30–33 angewandte Kriterium[164] ist geeignet, kapitel- oder buchübergreifende Überarbeitungen zu erkennen, wie z. B. die sog. „deuteronomistische" Redaktion, die ich als geschichtsätiologische Bearbeitung bezeichne. Das bedeutet, dass Texte nur aufgrund des Sprachgebrauchs *und* der in ihnen vertretenen theologischen Konzepte einer bestimmten Redaktion zugewiesen werden können. Drittens werten die diachronen Analysen die literarischen Bezüge eines Textabschnitts sowie deren Reichweite innerhalb einer bestimmten Kapitelfolge, im ganzen Jeremiabuch sowie in weiteren Schriften aus. Auf diese Weise lassen sich Verse abheben, die eine

---

163 Zum grundlegend anderen Vorgehen vgl. Carolyn SHARPS Einleitung zu Jer 26–52, „The Formation of Jeremiah 26–52/Die Entstehung von Jeremia 26–52".

164 SCHMID (Buchgestalten, 44, Anm. 213) definiert das Konzept als „gedanklich stimmige[n] Zusammenhang [...], der durch verschiedene, sich durch ein gemeinsames Themen- und Sprachfeld als zusammengehörig erweisende Einzelaussagen gebildet wird, die unter Umständen um nicht explizit gemachte, aber gleichwohl mitgemeinte Sachverhalte zu ergänzen sind".

kapitel- oder buchübergreifende Perspektive entfalten. Zur besseren Übersicht präsentiere ich die Ergebnisse der diachronen Analyse jeweils vorab in Tabellenform.

Da die Jeremiaforschung in den Überblicken von Siegfried Herrmann, Georg Fischer, Robert Carroll, Claire Carroll und Rüdiger Liwak ausführlich dokumentiert ist,[165] kann ich mich darauf beschränken, meine Position im Chor der derzeitigen Kommentator*innen zu erläutern. Gegenüber der bis in die 1980er Jahre, zuletzt im Hermeneia-Kommentar von William L. Holladay (1986) vertretenen, biographisch-historischen Deutung, die aus den Texten v. a. die Biographie und das innere Erleben Jeremias zu erheben suchte, gehe ich andere Wege. Angesichts von Spuren mehrfacher Überarbeitung und bis in die prämasoretische Fassung hinein erkennbarer, kleinräumiger Zusätze und angesichts massiver Anfragen an die Literarkritik seitens der englischsprachigen Forschung erscheint es mir kaum mehr möglich, die *ipsissima vox* des Propheten herauszuschälen. Allerdings meine ich, mittels einer relativen Diachronie in Jer 1–25 durchaus Einzelworte finden zu können, die eine vorexilische Perspektive spiegeln und damit potentiell auf den Propheten selbst zurückgehen. Diese werden als mögliche authentische Texte ausgewiesen in dem Wissen, dass es sich dabei um eine zwar begründete, aber letztlich nicht beweisbare Hypothese handelt.

Vorexilische Passagen

Zu den ältesten, wahrscheinlich vorexilisch entstandenen Stücken des Jeremiabuches gehören m. E. Ankündigungen eines namenlosen Feindes aus dem Norden (Jer 4,5–8.11–20*; 5,7–11.15–17; 6,1–7.22–26), Anklagen an das als Frau personifizierte Juda (2,14–37*; 21,13f.; 22,6f.) sowie Klagen einer einzelnen anonymen Person. Letztere können aufgrund des Inhalts oder Kontexts der weiblich personifizierten Stadt Jerusalem (4,19–21; 10,19–21; 22,20–23), Jeremia (8,14 – 9,1*; vgl. 14,2–6) und Gott (12,7–13*; 15,5–9a*) als Sprecher*innen zugewiesen werden. Darüber hinaus lässt sich eine Reihe von Sprüchen über judäische Könige erkennen, die Joahas (22,10), Jojakim (22,13–19*) und Jojachin (22,24–28*; vgl. 13,18–19a) negativ beurteilen, Zidkija jedoch zum Hoffnungsträger der judäischen Monarchie (23,5f.*) erklären. Sie wurde nach der Zerstörung Jerusalems so redigiert, dass alle Könige und führenden Gruppen gleichermaßen verurteilt werden.

Alle diese Stücke sind poetisch formuliert, bisweilen schwer verständlich und in der vorliegenden Fassung deutlich überarbeitet. An wen sie adressiert sind, wird meist erst in Einleitungen oder Kommentierungen nachgetragen. Möglicherweise wurden diese wohl mündlich tradierten Worte zunächst in kleinen Sammlungen verschriftet. Im vorliegenden Text sind sie überwiegend in eine Komposition eingebunden, die die Zerstörung Jerusalems mittels verschiedener Stimmen beklagt und nach Gründen für die Katastrophe sucht.

---

165 Vgl. Herrmann, Jeremia; Fischer, Stand der theologischen Diskussion; Carroll, Robert, Surplus Meaning; Carroll, Claire E., Another Dodekade. A Dialectical Model of the Decentered Universe of Jeremiah Studies (1996–2008): CBR 8.2 (2010), 162–182; Liwak, Forschung zum Jeremiabuch.

Die frühexilische Komposition in Jer 2–15*

Wie die synchrone Analyse aufweist, bilden die Kap. 2–15 unter Aufnahme vorexilischer Stücke einen dramatisch stilisierten Text, dessen verschiedene Stimmen unterschiedliche Aspekte der Belagerung und Zerstörung Jerusalems zu Gehör bringen. Es handelt sich dabei um eine Komposition der Jeremiaüberlieferung, die weitgehend poetisch formuliert ist. In ihren redaktionellen Anteilen kommentiert sie die vorexilischen Feindankündigungen, Anklagen und Klagen mit weiteren poetischen Aussagen, die etwa in 2,1–3*; 3,1–4*.12–13*.19–22 das weiblich personifizierte Juda und in 13,20–27* Jerusalem mit Hilfe der Ehemetapher als untreue Ehefrau porträtieren. In 4–6* betont die Kommentierung, dass der Untergang Judas und Jerusalems von Jhwh bewirkt wurde, und rechtfertigt das göttliche Handeln. Die Frage nach dem Grund der Zerstörung wird mehrfach gestellt und teilweise mit Judas „Hurerei" (3,2.9), d. h. Abkehr von Jhwh oder falschem Vertrauen auf die Großmächte, beantwortet. Dieser Verweis auf Judas eigene Schuld ist jedoch weniger stereotyp und pauschal als in weiteren exilischen Redaktionen. Im vorliegenden Text wird diese Komposition durch die Prosarede in Jer 7,1 – 8,3* und Prosatexte in 11,9–13.17; 13,1–11; 14,10–18* und 15,1–4 neu strukturiert, so dass ihr diskursiver Charakter in Kap. 2–6.8–10 gut erkennbar ist, ab Kap. 11 aber in den Hintergrund tritt.

Die exilische geschichtsätiologische Redaktion in Jer 1–25

Die These, dass das Jeremiabuch in der mittleren Exilszeit (um 550 v. d. Z.) eine grundlegende Bearbeitung erfahren habe, die das Ende Jerusalems und das babylonische Exil als Gottes gerechte Strafe für die Verfehlungen der Regierenden wie der Bevölkerung Judas beurteilt, bildete im Gefolge der Arbeit von Winfried Thiel zumindest in der deutschsprachigen Jeremiaforschung lange Zeit eine Art Grundkonsens.[166] Diese Redaktion erhebt den pauschalen Vorwurf, die Judäer*innen hätten sich von Jhwh ab- und anderen Gottheiten zugewandt, was einer Übertretung des ersten Dekaloggebots gleichkommt. Sie hätten nicht auf die Stimme ihrer Nationalgottheit gehört, den Jerusalemer Tempel fälschlicherweise als sicheren Zufluchtsort verstanden und Jhwh fortwährend gekränkt. Insbesondere wird der Kult an den Ortsheiligtümern und an einer Kultstätte im Ben-Hinnom-Tal als falsch gebrandmarkt. Die im Rückblick erfolgte kollektive Abrechnung mit dem vorexilischen Juda und seinen führenden Gruppen ist im Jeremiabuch durchgängig präsent und an einer stereotypen Sprache erkennbar, die viele im Deuteronomistischen Geschichtswerk (DtrG) gebrauchte Formulierungen verwendet. Daher hat Thiel diese Redaktion „deuteronomistisch" (dtr) genannt und als umfassende exilische Buchredaktion charakterisiert.

Inzwischen wurde Thiels These vielfach kritisiert, sowohl hinsichtlich ihres allein auf die Sprachgestalt fokussierten Vorgehens als auch bezüglich ihrer fehlenden Unterscheidung verschiedener ideologischer Positionen.[167] So konnte Her-

---

166 Vgl. zum Vorgehen Thiel, Redaktion I, 32–45; zur Gesamtbeurteilung dieser Redaktion ders., Redaktion II, 91–115.

167 Vgl. Maier, Jeremia, 23–26.34f.; Schmid, Buchgestalten, 346–349.

mann-Josef Stipp nachweisen, dass die sog. dtr Wendungen im Jeremiabuch eine
gegenüber dem DtrG eigentümliche Gestalt aufweisen und sich noch in MT-Überschüssen finden, also nicht nur einer Schicht zuzuordnen sind.[168] Die charakteris-
tischen Wendungen bezeichne ich in diesem Kommentar, im Gefolge von Stipp und
Carolyn Sharp, als „deuterojeremianisch" (dtjer).[169] Aufgrund ihrer stereotypen
Ausdrucksweise ist diese Sprache leicht zu imitieren, so dass sie auch in späteren
Ergänzungen verwendet wird und daher als Sprache der Jeremiatradent*innen
gelten kann. Solche stereotypen Wendungen finden sich in Prosareden und Prosa-
Erweiterungen poetischer Texte ebenso wie in Erzählungen und Selbstberichten.
Die wichtigsten seien hier aufgeführt.[170]

- שמע בקול יהוה „auf die Stimme (Jhwhs) hören": 3,13.25; 7,23.28; 9,12; 11,4; 11,7[MT⁺];
  18,10; 22,21; 26,13; 32,23; 38,20[MT⁺]; 40,3; 42,6.13.21; 43,4.7; 44,23.
- לא שמע „nicht hören" und לא נטה אזן „das Ohr nicht neigen": 7,24.26; 11,8[MT⁺];
  17,23; 25,4; 34,14; 35,15; 44,5. Die Abfolge „reden – nicht hören – rufen – nicht
  antworten" findet sich nur 7,13.27[MT⁺]; 35,17[MT⁺].
- שררות לב + הלך אחרי/ב „in der Verhärtung des Herzens wandeln": 3,17; 7,24; 9,13;
  16,12.
- קשה Hif. + ערף „den Nacken verhärten": 7,26; 17,23; 19,15.
- יטב Hif. + דרך + מעלל „Weg/Tat verbessern": 7,3.5; 18,11; 26,13; 35,15; vgl. 2,33; in
  18,11; 35,15 parallel zur Forderung der Umkehr (שוב) vom bösen Weg.
- שקר + ב/על + בטח „auf Lüge vertrauen": 7,4.8; 13,25; 28,15; 29,31.
- שבע Nif. + שקר „Lüge schwören": 5,2; 7,9.
- קטר Pi. + בעל „dem Baal räuchern": 7,9; 11,13.17; 32,29.
- קטר Pi. + אלהים אחרים „anderen Gottheiten räuchern": 1,16; 19,4; 44,3.5.8.15.
- תועבה „Gräuel" für kultische Vergehen: 2,7; 6,15; 7,10; 16,18; 32,35; 44,4.22.
- חוה Hišt.+ ל „sich niederwerfen vor": 8,2; 13,10; 16,11.
- הבית אשר נקרא־שמי עליו „das Haus, über dem mein (=Jhwhs) Name ausgerufen wird":
  7,10.11.14.30; 32,34; 34,15; vgl. 1 Kön 8,43; Bar 2,26.
- שלך Hif.+ פנים + מן/מעל; „verstoßen vom Angesicht": 7,15; 52,3.

Thiel hat richtig gesehen, dass der kollektive Vorwurf der Abkehr von Jhwh und der
Verehrung anderer Gottheiten eine gegenüber älteren Texten neue und zugespitzte
Perspektive darstellt. Daher nehme auch ich eine exilische Buchredaktion an, die ich
aufgrund ihrer rückblickenden Bewertung der Zerstörung Jerusalems und Judas „ge-
schichtsätiologisch" nenne. Sie weist ausnahmslos allen Judäer*innen Schuld am Untergang von Staat und Tempel zu, führt aber die führenden Gruppen gesondert auf.
Diese kollektive Schuldzuweisung, die sachlich eine Schuldübernahme seitens der
Tradent*innen ist, basiert auf dem Gottesbild des gerechten Vaters und Richters, der
die fortwährende Abkehr seines Volkes bestrafen muss und Jerusalem den Feinden
ausliefert. Der Prophet Jeremia wird dabei zum unermüdlichen Mahner, der im Auftrag Jhwhs zur Umkehr aufruft, aber am fortgesetzten Nicht-Hören der Adressat*innen scheitert. Aufgrund der Schuldübernahme, der Darstellung der Exilierung als
„Verstoßen" (7,15) sowie des Exils als Ort des Verderbens (13,7–9) und der Gottesferne
ist diese Redaktion in Juda anzusiedeln, aber im Umfang geringer als die von Thiel
postulierte dtr Redaktion. Sie umfasst meiner Analyse zufolge Jer 1–25*, integriert die

---

168 Vgl. Stipp, Konkordanz, 1 3; ders., Der prämasoretische Idiolekt, 83–126.
169 Zur „Deutero-Jeremianic prose" vgl. Sharp, Prophecy and Ideology, 13–19.
170 Eine umfassende Liste bietet Stipp, Konkordanz.

frühexilische Komposition sowie die Königssprüche und steuert die Buchüberschrift
in folgender Fassung bei:

> Die Botschaft JHWHS, die an Jeremia erging, den Sohn Hilkijas, von den Priestern in Anatot
> im Land Benjamin, in den Tagen Jojakims, des Sohnes Joschijas, des Königs von Juda, bis
> zum elften Jahr Zidkijas, des Sohnes Joschijas, des Königs von Juda.

Zum Eigenanteil der geschichtsätiologischen Redaktion gehören m. E. der Visions-
bericht (1,11–14.16), zwei Prosareden (7,2b – 8,3*; 11,9–17*), Erzählungen über
Symbolhandlungen (13,1–11; 16,2–18*; 18,2–12*, 19,1–12*), eine erste Fassung des
Königsspruchzyklus (21,11 – 23,2*) und die Zusammenfassung der Botschaft Jeremias in 25,1–13*. Damit folge ich der jüngst von Stipp vorgelegten These, das
Jeremiabuch im Umfang von Jer 1–25* sei Produkt einer exilischen Redaktion in
Juda.[171] Die folgende Tabelle soll die Unterschiede zu Stipps Kommentar von Jer
25–52 und zu der von Rainer Albertz thetisch vorgetragenen Entstehung des Jere-
miabuches verdeutlichen.[172]

Umfang (Anfangs-/ Endtext)	Stipp, HAT, 14–26	Albertz, Exilszeit, 236–260	Maier	Datierung
2–6*.8–10*; 14–15*; 22f.*	Jeremiaworte + Einzelworte aus 46–49* und 30–31*	Jer 2–3* (an Israel) 4–6* (an Juda)	Anklagen, Kla-gen, Unheils-worte	vorexilisch
2–15*			Frühexilische Komposition	um 570
1–25* (1,1–3*.11–16*/ 25,1–13a*)	JerDtr I Judäisches Jere-miabuch	JerD^1	Geschichtsätio-logische Redakti-on: R^{GÄ}	um 550 in Juda
Zusätze in 1–25* 26–45* 46–49* (ohne Elam + Babylon)	JerDtr II Babylonisches Jeremiabuch	JerD^2 (ohne Völker-worte; in Mizpa!)	Golaorientierte Redaktion: R^{Gola}	vor 539 in Babylonien
1,4–10 30–33* + individuelle Prosaorakel + Ausbau Völkerorakel	JerDtr III	JerD^3 + 46–51*	Völker- Redakti-on: R^{Völker}	um 520 in Juda
2,4–13; 7,5–8; 11,1–10*; 16,10–13; 17,19–27; 22,1–5			Toraorientierte Redaktion: R^{Tora}	2. Hälfte des 5. Jh.
1,17–19 + Klage-diskurse in 10–20*			Nachexilische Er-weiterungen	5./4. Jh.

---

171 Vgl. Stipp, HAT, 17.

172 Albertz (Exilszeit, 236–240) differenziert die dtr Redaktion in drei Schübe: JerD^1 um
550, JerD^2 in die Jahre 545–540 und JerD^3 525–520; ähnlich Stipp (HAT, 17–26) mit den
Kürzeln JerDtr I, II, III und etwas anderem Zuschnitt der Texte.

Die golaorientierte Redaktion

Stipp argumentiert, das judäische Jeremiabuch sei noch vor dem Einzug des Per-
serkönigs Kyros in Babylon (539 v. d. Z.) um die Fremdvölkerworte (in der Anordnung Jer[LXX] 25–32, ohne die Worte gegen Elam und Babylon) sowie Erzählungen
über Jeremia zu einem babylonischen Jeremiabuch erweitert worden.[173] Er lokalisiert diese Redaktion (JerDtr II) bei den Exilierten, da ihre drei „Säulentexte" Jer
26*; 34; 44,1–18 das Exil nicht mehr als Schreckensbild ausmalen und die Vorstellung pflegen, ganz Juda sei während des Exils entvölkert gewesen.[174] Außerdem
wird dem babylonischen Herrscher die Weltherrschaft zugesprochen (27,6–8) und
Jeremia als Parteigänger der probabylonischen Partei dargestellt (Jer[MT] 27–29;
37–43), der den Exilierten rät, sich in Babylonien einzurichten und für den Ort
ihrer Verschleppung zu beten, bis Jнwн sie von dort zurückholen werde (29,4–9).[175]
     Die Redaktion, die das Jeremiabuch um den zweiten Buchteil erweiterte, hat
auch in Jer 1–25 Spuren hinterlassen in Passagen, die Juda als verödet und entvölkert beschreiben (4,23–26; 9,9; 13,19b; 15,9b; 18,13–17) oder die nach Babylonien
Deportierten gegenüber Judäer*innen in der Diaspora bevorzugen (13,23f.). Daher
bezeichne ich diese Redaktion als *golaorientiert*. Diese babylonischen Jeremiatradent*innen fügen im ersten Buchteil einige Passagen als Vorverweise auf spätere
Texte ein: So wird die Verehrung der Himmelskönigin, die Jeremia in 44,1–18 als
Grund für die Verurteilung der nach Ägypten Geflüchteten anführt, in der Rede
gegen den Tempel (7,17–20) als Familienkult im vorexilischen Jerusalem dargestellt. Jer 21,1–10 extrahiert aus der Erzählung in Jer 37,1 – 40,6 und charakterisiert
Jeremia als probabylonischen Parteigänger, der die Bevölkerung der belagerten
Stadt Jerusalem auffordert, zu den Feinden überzulaufen (21,8–10). Aufgrund von
7,16–20 ist dieser Redaktion auch das dreimalige Verbot der Fürbitte zuzurechnen
(7,16; 11,14; 14,11), das Jeremia gegenüber dem Vorwurf in Schutz nimmt, er habe
sich als Vertrauter Jнwнs nicht genügend für sein Volk eingesetzt.
     Allerdings ist Kap. 24, das Karl-Friedrich Pohlmann und Konrad Schmid als
Programmtext ihrer golaorientierten Redaktion verstehen,[176] m. E. ein nachexilischer Text, der im Widerspruch zu den historischen Umständen alle nach Babylonien Deportierten zur Gruppe der mit König Jojachin Verschleppten rechnet.[177]

Die Völker-Redaktion

Eine Reihe von Texten, die eine alle Völker umgreifende Perspektive einnehmen,
setzt den Einbau der Fremdvölkerworte und der Heilsworte ins Buch voraus. Ihren
Ausgangspunkt nimmt sie mit der als Selbstbericht gestalteten Berufungserzäh-

---

173 Vgl. Stipp, Das judäische und das babylonische Jeremiabuch, 345–347.
174 Vgl. Stipp, HAT, 18.23f.
175 Auch Albertz (Exilszeit, 245) attestiert den Autoren seiner JerD²-Redaktion eine proba-
       bylonische Haltung, situiert sie jedoch in Mizpa und identifiziert sie als „Schafaniden
       und die sich um sie scharende Reformfraktion". Ich folge der Einschätzung Stipps.
176 Vgl. Pohlmann, Studien, 30f.191f. Er rechnet dieser Redaktion Jer 21,1–10; 24 und eine
       Überarbeitung von 37–42 zu. Ihm folgt Schmid (Buchgestalten, 253–269), der diese Re-
       daktion aber in die Mitte des fünften Jahrhunderts datiert.
177 S. u. die Auslegung zu 24,1–10 und Stipp, Jeremia 24.

lung in 1,4–10. Sie charakterisiert Jeremia als Propheten, der zu allen Völkern gesandt ist (1,5) und im Auftrag des Weltenlenkers Jʜᴡʜ viele Königreiche entwurzelt und zerstört, aber auch einpflanzt und aufbaut (1,10). Mit Bezugnahmen auf den Schlüsselsatz aus 1,10 ist diese Völkerperspektive im gesamten Buch verankert (12,14–17; 16,19–21; 18,7–10; 31,27f.; 42,9–18). Aufbauend auf Stipps These, dass ein originales Trostbuch (*30,4 – 31,22.26) mit jeremianischen Heilsworten für die Nordstämme zusammen mit der Erzählung vom Ackerkauf in Jer 32* (JerDtr III) erst in nachexilischer Zeit in das babylonische Jeremiabuch integriert wurde,[178] sind die Texte, die Jʜᴡʜs unheil- und heilvolles Wirken an den Völkern behaupten, in die frühnachexilische Zeit zu datieren. Ihre Hauptstichworte „aufbauen" und „einpflanzen" verweisen auf die Heimkehr von Nachkommen der Exilierten ab den 520er Jahren und auf Restaurationsbemühungen in Juda. Ich nenne diesen Ausbau der Tradition Völker-Redaktion (R^{Völker}).

Die toraorientierte Redaktion

Gegen Thiel und Stipp, die die Forderung, die Tora Jʜᴡʜs zu befolgen, ihrer (ersten) dtr Redaktion (D; JerDtr I) in der Exilszeit zuweisen,[179] vertrete ich die These einer nachexilischen, toraorientierten Redaktion, die Jeremia zum Lehrer der Tora stilisiert.[180] Sie erweitert die Rede gegen den Tempel um Schutzgebote für die marginalisierten Gruppen (7,5–8), baut Jer 11 zu einer Rede über die Verpflichtung des Volkes auf die Tora aus (11,1–8*.10b; vgl. auch 17,1–4) und fügt die neu verfasste Sabbatrede (17,19–27) sowie die Rede im Königspalast (22,1–5) hinzu. Für ihre nachexilischen Leser*innen entwickelt sie ein Alternativszenario, demzufolge die Vernachlässigung der Tora zum Untergang (26,4–6), deren Befolgung aber zu einem erfüllten Leben im Land führe (7,7; 17,24–26; 22,4). Sie erweitert den Schuldaufweis der geschichtsätiologischen Redaktion um den Vorwurf des Vergessens der Tora und die Gruppe der Schuldigen um die Generationen der Vorfahren seit dem Exodus (2,4–13; 16,10–13). Einerseits propagiert sie ein weisheitliches Erziehungsideal, das sich an der Tora orientiert (4,22; 6,18f.; 9,11–15.22f.), warnt andererseits aber vor einer verfälschenden Handhabung der Tora durch Schriftgelehrte (8,8f.). Diese Hochschätzung der Tora als des schriftlich überlieferten Gotteswillens und die Betonung einzelner Toragebote setzen eine gestiegene Wertschätzung der Tora neben dem Tempelkult voraus und bewegen sich ideologisch in der Nähe des in Neh 8–10 erzählten Wirken Nehemias und Esras.[181] Da Anhaltspunkte für eine genaue Datierung fehlen und Nehemias Wirken als persischer Statthalter meist für die Jahre 445–433 angenommen wird, datiere ich diese Redaktion vorläufig in die zweite Hälfte des fünften Jahrhunderts v. d. Z.[182]

---

178 Vgl. Sᴛɪᴘᴘ, HAT, 298–306.

179 Vgl. Tʜɪᴇʟ, Redaktion I, 110; Sᴛɪᴘᴘ, HAT, 17.

180 Vgl. Mᴀɪᴇʀ, Jeremia, bes. 353–372. In dieser Studie bezeichnete ich die Zusätze als Fortschreibungen. Da die Erweiterungen aber zwei neu komponierte Prosareden (Jer 17,19–27; 22,1–5) einschließen, ist die Bezeichnung „Redaktion" angemessener.

181 Zur Verbindung der Sabbatrede mit Neh 13,15–22 s. die Auslegung zu 17,19–27.

182 Vgl. Fʀᴇᴠᴇʟ, Geschichte Israels, 351f.; vorsichtiger Gᴇʀsᴛᴇɴʙᴇʀɢᴇʀ, Israel in der Perserzeit, 82. Dagegen ist Esra wohl eine rein literarische Gestalt; vgl. Fʀᴇᴠᴇʟ, a. a. O., 356–358; Gᴇʀsᴛᴇɴʙᴇʀɢᴇʀ, a. a. O., 82–86.

Konfessionen Jeremias als nachexilische Klagediskurse

Mit „Konfessionen" werden traditionell fünf oder sechs Textabschnitte in Jer 11–20 bezeichnet, in denen sich die prophetische Stimme klagend an Gott wendet und zum Teil Antwort erhält.[183] Sie sind in Wortlaut und Redeformen einerseits den Klagen des*der Einzelnen im Psalter vergleichbar,[184] weisen andererseits aber literarische Bezüge zu poetischen Texten, Erzählungen und Reden des Jeremiabuches auf. Erscheinen diese Klagen zunächst wahllos über Jer 11–20 verstreut, so zeigt eine genauere Lektüre, dass sie über Stichworte mit dem Kontext verknüpft und auf die Situation des Propheten bezogen sind.[185]

Die Forschung hat sich diesen Texten meist unter der Frage zugewendet, inwiefern Jeremia hier sein innerstes Erleben ausdrückt. Da dies schon mehrfach detailliert dargestellt wurde,[186] genügt es, meine Position zu erläutern. Gegen die in der Forschung übliche Benennung als „Konfessionen" in Analogie zu den *confessiones* des Kirchenvaters Augustin spricht, dass nur einzelne Verse als Bekenntnis formuliert sind. Daher bezeichne ich die Texte als *Klagegebete* und ihre Einbettung in den jeweiligen Kontext als *Klagediskurs*. Die Klagegebete knüpfen an Klagen Jerusalems, Jeremias und Gottes der vorausgehenden Kapitel an; sie führen diese weiter und spitzen sie zu.[187]

Entgegen der biographisch-existentialistischen Deutung als Gebete des historischen Propheten halte ich die Klagediskurse für Zusätze aus spätnachexilischer Zeit, wobei eine genauere Datierung aus den Texten selbst m. E. nicht möglich ist.[188] Sie unterbrechen vorliegende Passagen (11,18 – 12,6; 15,10.15–18), greifen Typisierungen später Psalmen auf (17,5–18) oder setzen frühnachexilische Passagen voraus (20,7–11). Sie beschreiben Jeremias Beziehung zu seinem Gott in einer von Abkehr und Wiederannäherung geprägten Dynamik. Diese gipfelt im Fluchwort über den Tag der Geburt (20,14–18), das die völlige Verzweiflung des Propheten spiegelt, aber m. E. nicht ursprünglich zu den Klagegebeten gehörte. Im Kontext der Symbolhandlungen (13,1–11; 18,5–18; 19,1–12) und des Verbots, am sozialen Leben teilzunehmen (16,1–8), mit denen die Jeremiafigur den Untergang Jerusalems und Judas theatralisch in Szene setzt, thematisieren die Klagediskurse die Folgen dieser Unheilsbotschaft für den Propheten. Sie verstärken einerseits die auch die Prosareden prägende Anklage, die vorexilische Bevölkerung Judas sei

---

183 Jer 11,18–23; 12,1–6; 15,10–21; 17,12–18; 18,18–23; 20,7–13(14–18). Je nachdem, ob die ersten beiden als zwei gesonderte Gebete oder als eines gezählt werden, ergeben sich fünf (wie in diesem Kommentar) oder sechs Texte.

184 Das hat BAUMGARTNER (Klagegedichte) bereits 1917 im Detail dargelegt.

185 Vgl. auch DIAMOND, Confessions, 149–176; O'CONNOR, Confessions, 157–170; FISCHER, Stand der theologischen Diskussion, 129f.

186 Vgl. die Forschungsüberblicke in HUBMANN, Konfessionen, 17–46 (zu 11,8 – 12,6) und 179–199 (zu 15,10–21); ITTMANN, Konfessionen, 4–18; HERRMANN, Jeremia, 129–139; LIWAK, Forschung zum Jeremiabuch IV, 22–35.

187 Mit BIDDLE, Polyphony, 15–46; FISCHER, Stand der theologischen Diskussion, 129.

188 BEZZEL (Konfessionen, 284f.) datiert die Grundschicht der Konfessionen in Relation zu Jer 17,19–27 und 21,1–7 um das Jahr 400 v. d. Z. POHLMANN (Ferne Gottes, 60.101f.106) verortet die Konfessionstexte in Kreisen, die ein Völkergericht JHWHs (vgl. 25,15–26; Jes 24–27*; 30,18–26; 65,8–16; 66,1–16; Mal 3) erwarten, das fromme und frevlerische Menschen scheidet.

unfähig zur Umkehr gewesen und daher zu Recht bestraft worden.[189] Andererseits zeigen sie, dass Jeremia an der ihm zugedachten Rolle des unerschrockenen Boten und Streiters für Gottes Perspektive (1,4–10.17–19) scheitert. In den Klagediskursen wird der Prophet als frommer Jhwh-Anhänger (17,14–18), als leidender Gerechter und als Repräsentant des geschlagenen Volkes porträtiert (12,1–6; 15,11–14.19–21; 20,13). Aus traumatheoretischer Perspektive nimmt Jeremia verschiedene Rollen ein, anhand derer unterschiedliche Reaktionen auf die Katastrophe so dargestellt werden, dass sich Identifikationsmöglichkeiten für einzelne Leser*innen ergeben. Ihr persönliches Trauma wird gewissermaßen an der Jeremiafigur sichtbar, und das Gespräch des Propheten mit Gott eröffnet die Möglichkeit, im Gebet sowohl die eigenen Ängste zu artikulieren als auch Stärkung zu erfahren. Nachexilische Leser*innen können so in die Klagegebete Jeremias einstimmen und die eigene Gottesbeziehung stärken.

Die prämasoretische Bearbeitung

Wie ich zur Textgrundlage ausgeführt habe,[190] gehe ich mit Stipp und Finsterbusch/Jacoby davon aus, dass der in Jer^MT vorliegende Text von einer Schreibergruppe punktuell und kleinteilig durch Namen, Titel, Ortsangaben, Wendungen aus dem jeweiligen Kontext und einige neue Einleitungen (2,1–2*; 7,1–2*; 16,1; 27,1; 46,1; 47,1) erweitert wurde. Mehrere Dubletten und neue Passagen (10,6–8.10; 29,16–20; 30,10f.15. 22; 33,14–26; 39,4–13) sowie die Umstellung der Fremdvölkerworte gehen auf das Konto dieser Bearbeitung, die Tov sogar als zweite Buchedition bezeichnet.[191] Dieser Ausbau des hebräischen Textes steuert zwar inhaltlich wenig neue Gedanken bei, verstärkt aber vorhandene und ändert teilweise Aussagen in direkte Schriftzitate um (z. B. wird Jer 3,1 an Dtn 24,1–4 angeglichen). Diese Zusätze in Jer^MT sind in der Übersetzung durch eckige Klammern durchgängig kenntlich gemacht. Am Ende der diachronen Analyse werden diejenigen Fälle jeweils kurz erläutert, die über gewöhnliche punktuelle Auffüllungen hinausgehen. Stellen, die im Vergleich zu Jer^LXX zu einer veränderten Kommunikationssituation führen, bespreche ich auch zu Beginn der synchronen Analyse, weil sie die Endgestalt des Textes betreffen.

---

189 Smith (Laments, 64) weist den Klagen die Funktion zu "to announce Yahweh's judgement against Israel, to show the people's fault and the impact of that sin on Yahweh as the spurned partner to the covenant." Ähnlich Diamond, Confessions, 187: "Yahweh's destruction of his people is shown to have been an unavoidable necessity by the exposure of the nation's desperate wickedness through their unjustified persecution of the exemplary Jeremiah."

190 S. o. den Abschnitt „Die Unterschiede zwischen Jer^LXX und Jer^MT".

191 Vgl. Tov, Literary History, 365–384.

Jer 1,1–19: Der Prophet Jeremia und sein Auftrag

Buchüber-
schrift

1 _{Die Worte Jeremias}/ die Botschaft Gottes, die an Jeremia erging^a, den Sohn Hilkijas, von den Priestern in Anatot im Land Benjamin, 2 _{an den das Wort JHWHs}/ die^a als Wort Gottes an ihn^b erging in den Tagen Joschijas, des Sohnes Amons^c, des Königs von Juda, im dreizehnten Jahr seiner Regierung. 3 Es erging in den Tagen Joja-kims, des Sohnes Joschijas, des Königs von Juda, bis zum [Ende des] elften Jahr[es] Zidkijas, des Sohnes Joschijas, des Königs von Juda, bis zur Exilierung^a Jerusalems im fünften Monat.

Jeremias Beru-
fung

4 Da erging das Wort JHWHs an mich /_{an ihn}^a [folgendermaßen]:

> 5 Ehe ich dich im Mutterleib bildete, habe ich dich erkannt, und ehe du aus der Gebärmutter hervorgingst, habe ich dich geheiligt, zum Propheten für die Völker habe ich dich bestimmt.

6 Ich sagte:

> Ach^a, mein Herr, JHWH! Siehe, ich weiß nicht zu reden, denn ich bin noch zu jung^b.

7 JHWH sagte zu mir:

> Sag nicht „ich bin zu jung", sondern zu allen, zu denen ich dich sende, sollst du gehen, und alles, was ich dir gebiete, sollst du reden. 8 Fürchte dich nicht vor ihnen, denn ich bin mit dir, dich zu retten – Spruch JHWHs.

9 JHWH streckte seine Hand <zu mir> aus und ließ sie meinen Mund berühren^a. JHWH sagte zu mir:

> Siehe, hiermit^b lege ich meine Worte in deinen Mund. 10 Sieh^a, ich setze dich heute über die Völker und über die Königreiche ein, um zu entwurzeln^b und einzureißen und zu vernichten und [niederzureißen,] aufzubauen und zu pflanzen.

11 Da erging das Wort JHWHs an mich folgendermaßen:

> Was siehst du [, Jeremia]?

Ich sagte:

> Einen Mandelzweig [sehe ich].

12 JHWH sagte zu mir:

> Du hast richtig gesehen, denn ich wache über meinem Wort, es auszuführen.

13 Da erging das Wort JHWHs zum zweiten Mal an mich folgendermaßen:

> Was siehst du?

Ich sagte:

> Einen (vom Feuer) angefachten^a Topf [sehe ich], und seine Öffnung^b (neigt sich) von Norden her.

14 JHWH sagte zu mir:

> Von Norden^a wird das Unheil _{eröffnet}/ entbrennen^b über alle Bewohner des Landes. 15 Denn siehe, ich rufe alle [Sippen der]^a Königreiche des Nordens <_{der Erde}>^b – Spruch JHWHs –, dass sie kommen und jeder seinen Thron am

Eingang der Tore Jerusalems aufstellt und gegen all ihre[c] Mauern ringsum und gegen alle Städte Judas. 16 Dann werde ich meine Urteile über sie {masc. plur.} sprechen wegen all ihrer Bosheit, weil sie mich verlassen haben, anderen Gottheiten räucherten und sich vor den Werken ihrer Hände niederwarfen. 17 Du aber gürte deine Hüften, steh auf und rede [zu ihnen] alles, was ich dir gebiete. <Fürchte dich nicht vor ihnen.>[a] Erschrick nicht vor ihnen, damit ich dich nicht vor ihnen in Schrecken versetze.[b] <Denn ich bin mit dir, dich zu retten, spricht der Herr.>[c] 18 [Ich aber,] siehe, ich mache dich heute zu einer befestigten Stadt [und zu einer eisernen Säule][a] und zu einer <befestigten>[b] Bronzemauer[c] [gegen das ganze Land], für <all> die Könige Judas, seine Beamten [, seine Priester] und das Volk des Landes. 19 Sie werden gegen dich kämpfen, aber sie werden nichts gegen dich ausrichten, denn ich bin mit dir – Spruch JHWHs[a] –, um dich zu retten.

Anmerkungen zu Text und Übersetzung

* In der Übersetzung sind Zitate innerhalb des Selbstberichts eingerückt. Zum System der Klammern und Kleinschreibung in der Übersetzung s. o. S. 22.

1a Der Buchanfang in der Vorlage von LXX geht auf דבר־יהוה אשר היה אל zurück, die sich in Hos 1,1; Joel 1,1; Mi 1,1; Zef 1,1 findet und wohl die ursprüngliche Lesart darstellt. Die Übersetzer verstehen דבר־יהוה als Summe göttlicher Äußerungen; vgl. Jer[LXX] 5,14; 49,4. FINSTERBUSCH/JACOBY (MT-Jeremia 1–24, 34) deuten V. 1 als sog. cleft sentence („gespaltenen Satz") analog zum hebräischen *casus pendens*, der das wichtigste Satzglied vorweg nennt; vgl. GBH § 156a; JACOBY, Isomorphism, 41. Mit דברי ירמיהו fokussiert MT auf Jeremia, wobei דברי nicht nur seine Worte, sondern alles, was zu Jeremia zu sagen ist, umfasst. Die Einleitung bildet eine *inclusio* mit 51,64b [MT⁺], was sie als spätere Lesart ausweist; vgl. FINSTERBUSCH, Different Beginnings, 59.

2a LXX bezieht die Relativpartikel אשר auf דבר als Teil des *casus pendens*; s. o. zu 1a. In MT bezieht sich אשר auf Jeremia.

2b Die unterschiedliche Fortsetzung ergibt sich aus V. 1, wobei LXX hier ausnahmsweise יהוה nicht mit κύριος, sondern mit θεός wiedergibt. LXX fügt θεός häufiger an Stellen hinzu, an denen es in MT nicht steht; vgl. STIPP, Sondergut, 54. Am Buchanfang wird so die universale Bedeutung des Gottes Israels hervorgehoben; vgl. FINSTERBUSCH/JACOBY, MT-Jeremia 1–24, 34.

2c LXX transkribiert den Namen von Joschijas Vater hier und in 25,3 als Amos.

3a LXX übersetzt גלות mit αἰχμαλωσία „Gefangenschaft" als Nomen; MT: Infinitiv cstr. גְּלוֹת.

4a MT formuliert die Berufungsszene als Selbstbericht Jeremias, in LXX spricht weiterhin der Bucherzähler, wobei der Übergang zu Jeremias Antwort in V. 6 sehr abrupt erfolgt. STIPP (Sondergut, 64) hält LXX in 1,4 für sekundär. Mit FINSTERBUSCH (Different Beginnings, 58–60) verweisen 1,1–3 und 51,59–64 in MT auf ein anderes Buchkonzept als die LXX-Vorlage, aber auch in MT ist der Übergang zwischen 1,1–3 und 1,4 spannungsvoll. S. u. die diachrone Analyse.

6a LXX liest die Interjektion אהה „ach" als אהיה und übersetzt mit Blick auf Ex 3,14 mit ὁ ὤν „(du) Seiender"; vgl. noch 4,10; 14,13; 32,17; STIPP, Interpretierende Übersetzung, 191; FINSTERBUSCH/JACOBY, MT-Jeremia 1–24, 36.

6b MT wörtlich: „ich bin ein Junge".

9a LXX liest ויגע als Qal, MT punktiert als Hif., gleicht damit an den Wortlaut von Jes 6,7 an.

9b Die Kombination von הנה oder היום mit einer *qatal*-Form des Verbs ist performative Rede: „hiermit lege ich ...", auch Koinzidenzfall genannt; vgl. GBH § 112f.

10a LXX bietet ἰδού wie in V. 9, was auf הנה in der Vorlage schließen lässt. MT variiert hier mit ראה, vielleicht angeregt durch die fünfmalige Verwendung der Wurzel ראה in V. 11–13; vgl. Finsterbusch/Jacoby, MT-Jeremia 1–24, 38.

10b LXX gibt die Infinitive jeweils als Infinitiv Präsens wieder, was die grundsätzliche Bedeutung des Handelns Jeremias unterstreicht; vgl. Finsterbusch/Jacoby, MT-Jeremia 1–24, 38.

13a LXX übersetzt mit ὑποκαιόμενον „von unten befeuert", d. h. der Topf steht auf dem Feuer.

13b MT wörtlich: „und dessen Angesicht vom Angesicht des Nordens her".

14a LXX wiederholt die umständliche Formulierung aus V. 13.

14b LXX bietet ein Wortspiel mit καίω: ἐκκαυθήσεται gibt תפח von נפח „(Feuer) anfachen" wieder (MT תפתח von פתח „öffnen"). Da LXX in der ersten Vision exakt der Vorlage folgt, ist das auch für die zweite wahrscheinlich, die so den ursprünglichen Text bewahrt, während MT verschrieben wurde; vgl. Jacoby, Isomorphism, 45f.; Finsterbusch/ Jacoby, MT-Jeremia 1–24, 40.

15a Der MT-Zusatz stellt einen Bezug zu 25,9 her; vgl. Stipp, Sondergut, 74f.

15b Das in LXX überschüssige γῆ entspricht ארץ und ist ein Lieblingswort der Übersetzer; vgl. Stipp, Sondergut, 150.

15c Jerusalem wird im Jeremiabuch als weibliches Kollektiv personifiziert.

17a LXX wiederholt 1,8a wörtlich (MT אל־תירא מפניהם), gibt damit aber wohl אל־תחת מפניהם in der Vorlage wieder; s. zu 17b.

17b Nach LXX fordert Jhwh Jeremia ein zweites Mal auf, nicht zu erschrecken: μηδὲ πτοηθῇς ἐναντίον αὐτῶν geht auf אל־תחת מפניהם zurück, und das ist wohl die ursprüngliche Lesart; vgl. Jacoby, Isomorphism, 46. Die in MT als Finalsatz formulierte Aussage פן־אחתך לפניהם „damit ich dich vor ihnen nicht in Schrecken versetze" passt als Drohung nicht zum Kontext der Beistandszusage. Sie wurde wohl prämasoretisch umformuliert als Vorverweis auf die Parallele 15,19f., die Jeremias Rolle als Sprachrohr Gottes von seinem Verhalten abhängig macht.

17c LXX wiederholt 1,8b wörtlich, so dass die Rettungszusage dreimal erfolgt (1,8.17.19), was auf sekundäre Stilisierung hinweist; vgl. Finsterbusch/Jacoby, MT-Jeremia 1–24, 42.

18a Die eiserne Säule ist in MT hier und in 27,19 hinzugefügt mit Blick auf die Nennung der Tempelsäulen in 52,17.20–22; s. u. die synchrone Analyse zu 1,18f.

18b LXX ergänzt das Adjektiv aus dem Parallelvers 15,20.

18c Viele hebräische Hss. und alle Versionen sowie der Parallelvers 15,20 bieten sing., der daher ursprünglich ist; vgl. BHS. Durch den Plural wird ein Bezug zu Jerusalems Mauern in 1,15 hergestellt, was auf die Hand der prämasoretischen Bearbeiter verweist.

19a Während MT die Zitationsformel ungewöhnlicherweise in der Satzmitte präsentiert, zitiert LXX 1,8b fast wörtlich (nur mit dem intensiveren διότι anstelle von ὅτι) mit Endposition der Formel. Jacoby (Isomorphism, 47) hält die LXX-Variante für ursprünglich und MT für absichtlich geändert zur Betonung von „um dich zu retten". Umgekehrt könnte auch LXX sekundär an 1,8b angeglichen haben.

Synchrone Analyse

Rhetorische Struktur

Bereits in der Buchüberschrift weisen LXX und MT unterschiedliche Kommunikationssituationen auf, die sich im Buch fortsetzen.[1] Obwohl die LXX-Vorlage an vielen Stellen älter ist, sind beide Fassungen Ergebnis bewusster Stilisierung und einer schlüssigen Konzeption. In LXX ist die Erzählstimme leitend, die am Buchen-

---

1   S. die Einleitung, „Die Kommunikationssituation in Jer^LXX und Jer^MT", S. 17.

de mit Baruch identifiziert wird (Jer^LXX 51,31–35). Der Überschrift zufolge enthält das Buch die gesamte Botschaft, die Gott an seinen Mittler Jeremia richtete. In 1,4 leitet der Erzähler zur Berufungsszene über und zitiert Gottes Wort an Jeremia (1,5), der abrupt mit einem Einwand antwortet (1,6).[2]

Demgegenüber stellt die MT-Fassung den Buchinhalt als Worte Jeremias vor, die Gott dem Propheten mitteilte. Da דָּבָר „Wort" oder „Sache" meint, kann die Überschrift mit Blick auf das jetzt vorliegende Buch auch mit „die Angelegenheiten Jeremias" übersetzt werden.[3] Der Bucherzähler führt Jeremia ein, der in 1,4–10 über seine Berufung berichtet, also Gottes Auftrag an ihn selbst zitiert, im Folgenden sein Gespräch mit Gott über seine Visionen wiedergibt und ab Kap. 2 seine Unheilsbotschaft an die Adressat*innen richtet (bis Jer 6,30).

Jer 1,1–19 hat die Funktion einer Ouvertüre zum Buch, die den Protagonisten und seine Zeit vorstellt und die Hauptthemen des Buches anklingen lässt.[4]

Die Buchüberschrift mit Datumsangabe in 1,1–3 bildet einen eigenständigen Abschnitt. Die Wortereignisformeln in V. 4 und V. 11[5] gliedern den nachfolgenden Text zunächst in zwei Teile (V. 4–10.11–19). Inhaltlich ergibt sich jedoch eine Dreiteilung, denn zwei Szenen eines Gesprächs zwischen Jʜwʜ und Jeremia (V. 4–8.11–19; vgl. die Zitationsformel am Ende von V. 8.19) rahmen eine Handlung, die Jʜwʜ an Jeremias Mund vollzieht und anschließend deutet (V. 9f.).[6] Die zweite Dialogszene ist deutlich länger als die erste und hat zwei Redegänge (V. 11f.13–19). Jer 1,4–19 stellt die Berufung zwar als Wortgeschehen dar, verweist aber auf Handlungen Gottes an Jeremia vor der Geburt (V. 5) und aktuell bei seiner Einsetzung (V. 9f.18f.), die fortan Jeremias Leben bestimmen. — **Gliederung**

LXX setzt mit der Wortereignisformel ein, die auch in Hos 1,1; Joel 1,1; Mi 1,1 und Zef 1,1 gebraucht wird und den göttlichen Urheber der in der jeweiligen Schrift gesammelten Prophetenworte betont. Die MT-Fassung „Worte des N.N." begegnet sonst nur in Am 1,1 und hebt jeweils den Propheten hervor. Durch die Wortereignisformel mit Relativsatz in 1,2 werden in MT beide Überschrifttypen kombiniert. — **1,1–3 Überschrift**

Die üblichen Datierungen nach den Regierungen israelitischer oder judäischer Könige nennen die Wirkungszeit des jeweiligen Propheten. Jer 1,2f. bietet eine besonders ausführliche Variante. Das dreizehnte Jahr Joschijas (627 v. d. Z.) bezieht sich buchintern auf den Beginn von Jeremias prophetischem Reden (vgl. 25,3; 36,2). Die Exilierung Jerusalems im fünften Monat von Zidkijas elftem Jahr (587 v. d. Z.) markiert jedoch nicht das Ende seines Wirkens, denn die Erzählung der Ereignisse in Mizpa und auf dem Weg nach Ägypten (Jer 37–44) überliefert Worte des Propheten nach diesem Zeitpunkt. Daher spielt dieses zweite Datum auf die Zerstörung Jerusalems und die teilweise Deportation der Bevölkerung an, die im

---

2   Anders Fɪɴsᴛᴇʀʙᴜsᴄʜ/Jᴀᴄᴏʙʏ (MT-Jeremia 1–24, 36), die gegen den Textbefund bereits V. 5 als Zitat Jeremias verstehen.

3   Vgl. Lɪᴡᴀᴋ, Prophet, 95. Er wendet sich gegen die u. a. von Rᴜᴅᴏʟᴘʜ (HAT, 2) vorgeschlagene Übersetzung „Geschichte".

4   Mit Hᴇʀʀᴍᴀɴɴ, BKAT XII,1, 51.

5   Die Wortereignisformel in V. 13 ist durch שֵׁנִית „zum zweiten Mal" derjenigen in V. 11 gleichgeordnet, hat also keine strukturbildende Funktion.

6   Die Gliederung folgt Kʀɪsᴘᴇɴᴢ (Einsetzung des Jeremia, 205–207).

geschichtlichen Anhang (Jer 52,12–15 par. 2 Kön 25,8–11) berichtet wird.[7] Allerdings ist eine 40-jährige Wirksamkeit Jeremias (627–587) historisch äußerst unwahrscheinlich. Vielmehr sind 40 Jahre eine symbolische Zahl, die die Bedeutung des Propheten hervorhebt, der so neben Mose (Dtn 29,4) und David (1 Kön 2,11) tritt.[8]

Name

Jeremias Name wird im Buch in zwei Formen geschrieben: mit kurzem theophorem Element יִרְמְיָה in Jer 27–29; Dan 9,2; Esr 1,1 sowie in der Langform יִרְמְיָהוּ an allen anderen Stellen.

> Der aus einer *jiqtol*-Form des Verbs רום Hif. „erhöhen, erheben" und dem Gottesnamen gebildete Name kann als Wunsch „Jhwh möge erhöhen" oder präsentisch „Jhwh erhöht" übersetzt werden. Außerhalb des Buches wird der Prophet Jeremia in 2 Chr 35,25; 36,12.21f.; Dan 9,2; Esr 1,1 und Sir 49,7 erwähnt. Dieser Name ist in Juda nicht selten; der Großvater des Königs Zidkija mütterlicherseits (vgl. 2 Kön 24,18; Jer 52,1), der Vater des Rechabiten Jaasanja (Jer 35,3) und ein Priester, der aus dem Exil zurückkehrt (Neh 10,3; 12,1.12.34), tragen ihn. Außerbiblisch ist der Name auf einem Siegel des achten Jahrhunderts aus Karneol, das wohl einem judäischen Beamten gehörte,[9] und auf einem Ostrakon aus Lachisch aus dem sechsten Jahrhundert belegt.[10]

Priester aus Anatot

Auch die für Prophet*innen übliche Herkunftsangabe ist bei Jeremia detailliert. Sein Vater Hilkija ist Priester, aber wohl nicht identisch mit dem Hohepriester, der während Joschijas Regierung in Jerusalem amtierte (vgl. 2 Kön 22,4–14; 23,4.24).[11] Eine genealogische Verbindung zum Priester Abjatar, den Salomo 1 Kön 2,26 zufolge von Jerusalem nach Anatot verbannte, ist nicht nachweisbar.[12] Da das Priesteramt erblich war, wurde Jeremia möglicherweise darin ausgebildet. In Jerusalem kritisiert Jeremia zwar nicht den Tempelkult als solchen, aber den Glauben an die Unverwundbarkeit der Stadt als Wohnsitz Gottes (7,9f.). In seine Kritik an den Regierenden schließt er auch die Priester ein (5,31; 6,13).

Jeremias Heimatort liegt nur 5 km nordöstlich von Jerusalem im Stammesgebiet Benjamin (vgl. 29,27) auf der *rās el-ḥarrūbe* nahe dem heutigen Dorf *'anāta*, das den Namen bewahrt hat. Männer aus Anatot werden vorexilisch (2 Sam 23,27 par. 1 Chr 11,28) und nachexilisch in Listen erwähnt (Esr 2,23 = Neh 7,27). Die Erzählung vom Ackerkauf setzt voraus, dass Jeremias Familie in Anatot Land besaß (32,7–9). Wie Jeremia zu seiner Familie stand, ist unklar. Er selbst hatte wohl weder Frau noch Kinder (vgl. 16,1–8). Im Klagediskurs Jer 11,21.23 wird gesagt, dass die Leute von Anatot ihm nach dem Leben trachteten.

---

7   Vgl. Finsterbusch, Different Beginnings, 54.

8   Mit Carroll, Jeremiah, 90.

9   Vgl. Avigad, Nahman, A Group of Hebrew Seals: Eretz Israel 9 (1969), 1–9, 6 (Nr. 14).

10   Vgl. Torczyner, Harry, The Lachish Letters (Lachish 1), London: Oxford University Press 1938, 19–31.

11   Zwar legt die Einfügung des 13. Jahres Joschijas in 1,2 (s. u. die diachrone Analyse) diese Identifikation nahe. Sie wurde jedoch weder in jüdisch-hellenistischen Schriften noch von den Rabbinen vertreten, sondern begegnet in der jüdischen Tradition erstmals bei David Qimḥi (ca. 1160–1235), bei den Kirchenvätern nur sporadisch, etwa bei Clemens von Alexandria (ca. 150–215; *Strom.* 1.21) und Hippolyt von Rom (170–235; *Comm. Dan.* 1,1f.); vgl. Jassen, Alex P., The Rabbinic Construction of Jeremiah's Lineage: Finsterbusch/Lange (Hg.), Texts and Contexts of Jeremiah, 1–20, 8f.

12   Gegen Holladay, Hermeneia, 16.

Jeremias Selbstbericht enthält im ersten Teil (V. 4–10) gattungstypische Elemente einer Berufungserzählung, die sich auch bei den Berufungen Moses (Ex 3,4b.6.9–15) und Gideons (Ri 6,11–24) finden: die Anrede durch Jhwh, die als Wortereignis gestaltet ist (V. 4; vgl. Ex 3,4b), den Auftrag (V. 5), einen Einwand (V. 6) und dessen Zurückweisung mit der Beistandserklärung (V. 7f.) sowie eine Symbolhandlung (V. 9f.), die das sonst genannte Zeichen ersetzt. Wie Jesaja und Ezechiel berichtet auch Jeremia von Visionen; im Unterschied zu Jes 6 und Ez 1–3 sind diese aber nicht in die Berufungsszene integriert, sondern Gegenstand seines Gesprächs mit Jhwh. Erst am Ende der Gottesrede (V. 17–19) lenkt ein Befehl an Jeremia auf die in V. 4–10 geschilderte Berufungssituation zurück.

1,4–10
Gattung

Die Berufung bereits im Mutterleib ist einzigartig für einen Propheten (vgl. noch 1 Sam 1,11). Sie gehört traditionsgeschichtlich zum Königtum, da dieses Amt vererbt wird. In außerbiblischen Quellen begegnet die Erwählung im Mutterleib gerade bei Regenten, die ihre Herrschaft legitimieren müssen.[13]

1,4–10
Ein königliches Amt

Das in V. 10 gebrauchte Verb פקד Hif. „einsetzen, beauftragen" stammt aus der Verwaltungssprache und bezeichnet in 40,7.11 und 2 Kön 25,22 Gedaljas Einsetzung zum Statthalter im Land Juda. Jeremia erhält somit eine königlich-administrative Rolle: Er wird über die Völker und Königreiche eingesetzt, „um zu entwurzeln und einzureißen und zu vernichten und niederzureißen, aufzubauen und zu pflanzen". In dieser Verbenreihe rahmen korrespondierende landwirtschaftliche Tätigkeiten (נתש, entwurzeln/נטע, pflanzen) solche des Bauens (נתץ, einreißen/בנה, aufbauen), während im Zentrum militärische Aktionen (אבד Hif., vernichten/הרס, niederreißen) stehen.[14] In der Summe ist solch zerstörendes und aufbauendes Handeln nur einem König möglich. Tatsächlich ist Nebukadrezzar einer derjenigen Herrscher, die all dies taten bzw. veranlassten: Er entwurzelte die judäische Oberschicht, ließ die Mauern Jerusalems einreißen (Jer 39,8; 2 Kön 25,10), vernichtete viele Menschen (Jer 39,6; 2 Kön 24,2), riss auf seinen Feldzügen viele Städte der Levante nieder, aber er ließ auch Babylon wieder aufbauen und dort die später als Weltwunder gepriesenen „hängenden Gärten" pflanzen.[15]

Im Jeremiabuch ist es Jhwh, der so handelt, und 1,10 zufolge ist Jeremia sein Stellvertreter. Die Reihung dieser Verben zieht sich wie ein roter Faden durch das Buch und ist an Nahtstellen platziert (12,14–17; 18,7–10; 24,6; 31,28; 42,10; 45,4).[16] Damit eröffnet 1,10 einen ähnlich buchübergreifenden Horizont wie der Jeremia verliehene Titel „Prophet für die Völker" (V. 5). Der Titel verwundert, da im Buch die Unheilsankündigung an Juda und Jerusalem quantitativ überwiegt. Er wird hier im Blick auf die Fremdvölkerworte (Jer[MT] 46–51; Jer[LXX] 25–32) und Stellen wie 12,14–17 und 18,7–10 gebraucht, die Jhwhs Handeln an verschiedenen Völkern reflektieren. Die Tätigkeiten „aufbauen und pflanzen" weisen auf Jhwhs Wohlwollen gegenüber der Gola (24,6) und auf die Heilsworte in Jer 30f. voraus.

---

13 Vgl. Ruprecht, Berufung Jeremias, 84f. Beispiele sind der äthiopische König Pianchi (Pije, zweiter Pharao der 25. = kuschitischen Dynastie, ca. 746–716 v. d. Z.), der den ägyptischen Thron eroberte, und der letzte neubabylonische König Nabonid (556–539), der nicht königlichen Geblüts war.

14 Vgl. Fretheim, Jeremiah, 51. Wie sich menschliches Handeln auf die Umwelt bzw. den Kosmos auswirkt, wird auch in 2,7; 3,2f.; 4,23–26; 9,11–13; 12,4; 16,18 reflektiert.

15 Vgl. Wiseman, Nebuchadrezzar, 56–58.

16 Vgl. die Interpretation der Stellen in Sharp, Call of Jeremiah, 421–438.

Nachfolger
des Mose

In der Berufungsszene wird Jeremia darüber hinaus als Nachfolger Moses porträtiert. Sein Einwand, er könne nicht reden (V. 6), begegnet auch bei Mose (Ex 4,10). Die Zurückweisung des Einwands „alles, was ich dir gebiete, sollst du reden" (V. 7b) findet sich fast wörtlich in der Aufforderung Gottes an Mose in Ex 7,2. In der dritten Person formuliert, „er wird alles reden, was ich ihm gebiete", kündigt Dtn 18,18 einen prophetischen Nachfolger Moses an. Das Berühren von Jeremias Mund (V. 9a) hat die Berufungsszene Jesajas (Jes 6,7) zum Vorbild. Hier dient es nicht der Reinigung, sondern der Übertragung der Gottesworte: „Ich lege meine Worte in deinen Mund" (V. 9b) entspricht Dtn 18,18bα. Jeremia ist also der Prototyp des im Prophetengesetz Dtn 18,15–18 angekündigten, legitimen Nachfolgers Moses.

1,11–16
Gespräch über
Visionen

In Fortführung des Selbstberichts erzählt der Prophet in 1,11–16 von zwei Visionen, die Jhwh im Gespräch mit ihm deutet. Die Darstellungsform ist ungewöhnlich, da das Schauen nicht erwähnt, aber vorausgesetzt wird. Sie entspricht dem zweiten Teil der beiden letzten Amosvisionen: Auf Gottes Frage „Was siehst du?" (V. 11.13; vgl. Am 7,8; 8,2) antwortet der Prophet mit einer knappen Beschreibung des geschauten Gegenstands.[17] Beide Male handelt es sich um Alltagsgegenstände: einen Zweig am Mandelbaum, einen Kochtopf auf der Feuerstelle. Weil ihnen nichts Übernatürliches anhaftet, ist die Deutung umso überraschender.

Wie in Am 8,2 sind Gegenstand und Deutung durch eine Wortassonanz (Klangähnlichkeit) verbunden, die nur im Hebräischen erkennbar ist. Jeremia sieht einen מַקֵּל שָׁקֵד „Mandelzweig", der mit dem Verb שָׁקַד „wachen" gedeutet wird.[18] Der Mandelbaum „erwacht", d. h. blüht als erster Baum im Frühjahr, zeigt also die neue Jahreszeit an. Analog dazu verweist Gottes Wachen über seinem Wort auf dessen Eintreffen.

Die zweite Visionsschilderung weist in der LXX-Fassung eine stärkere Wortassonanz auf als MT. In LXX wird der durch Feuer „angefachte" Topf (נפוח/ὑποκαιόμενον) als „Entbrennen" des Unheils gedeutet (ἐκκαυθήσεται gibt תפח wieder; MT ist zu תפתח „wird eröffnet" verschrieben).[19] Außerdem sind in beiden Fassungen Beschreibung und Deutung über das Stichwort צפון „Norden" verbunden: Der sich von Norden her neigende Topf gießt seinen kochenden Inhalt über das ganze Land und seine Menschen aus. Diese Deutung in V. 14 ist etwas anschaulicher als bei der ersten Vision.

Formal und inhaltlich außergewöhnlich ist jedoch die weitere Erklärung der zweiten Vision (V. 15f.), die eine Gerichtsszene mit einer Belagerung überblendet. Jhwh ruft alle Königreiche des Nordens herbei mit dem Ziel, dass deren Herrscher jeweils ihren Thron am Eingang der Tore Jerusalems aufstellen, offenbar in feindlicher Absicht, nämlich „gegen all ihre Mauern ringsum" (V. 15). Dass ein König seinen Thronsessel in einer fremden Stadt aufstellt, ist eine Geste des Sieges über sie (vgl. 43,10; 49,38).[20] Die Erwähnung des Tores und eines Urteilsspruchs (V. 16a) evoziert das Bild einer Gerichtsverhandlung im Tor (vgl. 26,10). Die Vielzahl der

---

17 Vgl. Schart, Jeremiavisionen, 189–194. Das Frage-Antwort-Schema für eine Vision wird auch in Sach 4,2; 5,2 gebraucht.

18 Rudolph (HAT, 6) übersetzt daher mit „Wacholderzweig".

19 S. o. die Textkritik zu 1,14b.

20 Ein Detail der Reliefs im Thronsaal Sanheribs in Ninive, die die Zerstörung der judäischen Stadt Lachisch darstellen, zeigt den siegreichen König thronend und vor ihm, auf Knien und die Hände bittend erhoben, die unterworfenen Fürsten; vgl. ANEP 371.

Feinde erinnert an die in 39,3 erzählte Versammlung der babylonischen Heerführer im Tor nach der Einnahme Jerusalems. Nicht zu dieser Szene passt, dass nicht Nebukadrezzar (vgl. 39,5; 52,9), sondern Jhwh die Urteile spricht. Wer hier verurteilt wird, ist unklar, denn syntaktisch bezieht sich das Pronomen „sie" in V. 16 auf die zuletzt genannte Gruppe, also die Herrscher der Königreiche, während die folgende Begründung – Jhwh verlassen, anderen Gottheiten räuchern und sich vor ihren Bildern niederwerfen – die im Buch häufig wiederholten Anklagen gegen Jerusalem und Juda auflistet und somit auf die in V. 14 genannten Bewohner*innen des Landes verweist.

Nach der Deutung der zweiten Vision knüpft Jhwh mit einem an Jeremia gerichteten Befehl an die Berufungssituation an. Er fordert den Propheten auf, die Hüften zu gürten wie ein Krieger, der sein Schwert anlegt (vgl. 2 Sam 22,40; Jes 8,9), sich aufzumachen und die ihm in den Mund gelegte Botschaft kundzutun. Er soll nicht vor „ihnen" erschrecken – wer damit gemeint ist, wird erst in V. 18 erläutert: die Könige und ihre Beamten, Priester und Landadel, also die führenden Kreise Judas. Sie werden gegen den Propheten kämpfen (לחם Nif. bedeutet auch „Krieg führen"), aber ihn nicht überwältigen, weil Jhwh ihn retten wird. Neben dieser göttlichen Beistandszusage klingt die Aussage „damit ich dich vor ihnen nicht in Schrecken versetze" (V. 17b MT) wie eine Drohung. Sollte der Prophet die ihm zugedachte männliche Rolle des Kriegers nicht annehmen, wird Gott ihn vor seinen Gegner*innen zittern lassen. Diese Einschränkung der göttlichen Hilfe irritiert im Kontext der Berufung. Sie kann nur als Vorverweis auf das Ringen Jeremias mit Jhwh in 15,19–21 verstanden werden. Dort macht Jhwh seine Zusage, dass Jeremia ihm dienen und als sein Sprecher auftreten dürfe, von der Umkehr des Propheten abhängig. Dabei wiederholt 15,20 fast wörtlich die Zusage von 1,18f.

In 1,18f. bekräftigt Jhwh seinen Beistand für Jeremia, indem er ihn zu einem Bollwerk gegen die feindlichen Angriffe erklärt: Jeremia wird in einem Akt performativer Zuschreibung zu einer befestigten Stadt, einer eisernen Säule und einer Mauer aus Bronze. Diese aus heutiger Perspektive erstaunliche Verwandlung eines Menschen in eine wehrhafte Stadt greift auf Vorstellungen der ägyptischen Königs- und Götterhymnologie zurück, die den Pharao und den Sonnengott Re als „Mauer von Erz" oder „eiserne Säule" preisen.[21] Diese Metaphern betonen die Funktion des Königs als Tempelbauer und Beschützer des Landes. Zwar sind Mauern in der Regel weder aus Eisen noch aus Bronze, aber in der Antike wurden Stadtmauern und Steinsäulen mit Metallklammern verstärkt. Da Bronze – nach Gold und Silber – ein wertvolles Metall ist (vgl. Ex 27,10f.; 2 Sam 8,10; Jes 60,17), konnotiert die „Bronzemauer" zugleich Robustheit und einen hohen Wert.

Vor diesem traditionsgeschichtlichen Hintergrund der Metaphorik von Mauer und Säule fällt auf, dass Jeremia in 1,18 einerseits Bollwerk „für die Könige Judas"

1,17–19
Bollwerk
gegen
Angriffe

---

21 Vgl. Herrmann, BKAT XII,1, 81–83. Die Belege umfassen eine Hymne an Sesostris III. (19. Jh. v. d. Z.), Inschriften der Ramessidenzeit (14.–12. Jh.), einen Brief des Stadtfürsten von Tyros an Pharao Echnaton (EAT 147:52–54) und Götterhymnen aus Edfu aus dem 1. Jt. Beschriftete Säulen in der Eingangshalle des Edfu-Tempels preisen den Pharao als „guter Gott, die Säule unter dem Himmel" oder „Papyrussäule, die den Himmel stützt". Vgl. die deutschen Übersetzungen in Riede, Peter, Ich mache dich zur festen Stadt. Zum Prophetenbild von Jeremia 1,18f und 15,20 (FzB 121), Würzburg: Echter 2009, 35–38.

ist, andererseits selbst als Beschützter den Angriffen seiner Gegner*innen trotzt (V. 19). Damit übernimmt er die Rolle Jerusalems und des Tempels, die untergehen, obwohl sie in der Zionstheologie als unverletzlich und von Gott beschützt gepriesen werden. Da Jerusalem im Buch als weibliche Gestalt personifiziert wird, ist ihr Porträt auf verschiedenen Ebenen mit dem Jeremias vergleichbar, beider Schicksal aber diametral unterschieden.[22]

> Jeremia und Jerusalem werden attackiert und in ihrem Leben bedroht: die Stadt durch den waffenstarrenden Feind aus dem Norden (6,5f.), der Prophet durch die Leute von Anatot (11,19.21) und königliche Beamte (20,1-6; 37,15). Beide ringen mit Gott, der Jerusalem vielfältiger Vergehen bezichtigt und zur Umkehr aufruft (4,1–4.14; 8,4-7), aber auch Jeremia mit Drohungen konfrontiert (15,13f.19). Beider Klagen und Angstschreie werden zitiert: Jerusalem liegt in Wehen wie eine gebärende Frau (4,19–21.31; 10,19f.); Jeremia klagt über den Zusammenbruch des Volkes (8,18–23*) und ringt mit Gott in fünf Klagediskursen (11,18 – 12,6; 15,10-21; 17,14-18; 18,18-23; 19,14 – 20,18). In 39,3 (vgl. 1,15) sitzen die Sieger zu Gericht über die Stadt; in 26,10-16 muss sich Jeremia öffentlich vor einem Gericht verteidigen. Während Jerusalem belagert, erobert und schließlich zerstört wird (39,1–3.8; 52,4–7.12–15), überlebt Jeremia sowohl die Angriffe seiner Gegner*innen (26,24; 38,7-13) als auch den Untergang Jerusalems (39,14; 40,1-6).

Im Blick auf das gesamte Buch verkörpert Jeremia daher die Stärke einer befestigten, uneinnehmbaren Stadt. In der eisernen Säule, die in MT hinzugefügt wurde und an die geraubten Tempelsäulen erinnert (52,17.20–22), ersetzt er auch noch den zerstörten Tempel.[23] Somit stellt die Berufungserzählung Jeremia programmatisch als einen von Gott bereits vor der Geburt erwählten und legitimierten Propheten vor, der eine königliche Stellung innehat und dank Gottes Beistand alle Kämpfe und Widrigkeiten überlebt.

Diachrone Analyse

Vorexilisch	K[frühexilisch]	Exilisch	Nachexilisch
		1,1.3a.11–14.16 R[GÄ]	1,2.4-10 R[Völker]
			1,3b.15.17–19

1,1–3   Abgesehen von der unterschiedlichen Zueignung der Worte in LXX und MT er-
Überschrift   weist sich 1,1-3 als literarisch uneinheitlich. Beide Fassungen bieten eine Dublette
der Wortereignisformel in V. 1a.2a und deren Wiederaufnahme durch ויהי in V. 3 sowie zwei unverbundene Relativsätze in V. 1b.2a. Ohne V. 2 und ויהי zu Beginn von V. 3 ergibt sich eine schlüssige Situierung des Wirkens Jeremias in die Zeit Jojakims (609–597) und Zidkijas (597–587) bis in dessen elftes Jahr.[24] Auch die präzisierende Angabe in V. 3b, die auf die in Jer 52,12 genannte Exilierung im

---

22   Vgl. zum Folgenden Maier, Christl M., Jeremiah as Yhwh's Stronghold (Jer 1:18): VT 64 (2014), 640-653, bes. 645-651.

23   Mit Fischer, HThKAT, 141.

24   Ähnlich Levin (Anfänge, 219), der damit eine alte These neu begründet. Da er von MT ausgeht, rechnet er nur V. 2aβ und ויהי in V. 3 zum Nachtrag.

fünften Monat verweist, ist nachgetragen. Die jeweils nur drei Monate regierenden Könige Joahas (609 v. d. Z.) und Jojachin (597) bleiben wohl aufgrund ihrer kurzen Regierungszeit unberücksichtigt.

> Gegen die Mehrheitsmeinung[25] ist Jeremias Wirken seit dem 13. Jahr Joschijas historisch unwahrscheinlich, da sich im Jeremiabuch kein einziger Text in die Regierungszeit Joschijas datieren lässt. Auch die in 2 Kön 22f. ausführlich beschriebene Kultreform Joschijas (in dessen 18. Jahr; vgl. 2 Kön 22,3) hat im Jeremiabuch keinen Niederschlag gefunden. Umgekehrt verschweigt das DtrG Jeremia und nennt die Prophetin Hulda als Unheilskünderin (2 Kön 22,14).
>
> Die Zeit Joschijas wird noch in Jer 3,6, einem kommentierenden Prosatext aus späterer Zeit, genannt.[26] In Jeremias Worten gegen die judäischen Könige wird Joschija nur als Vater von Schallum (= Joahas; 22,11), Jojakim[27] und Zidkija (37,1) erwähnt und einmal zum Vergleich herangezogen (22,15f.). Wenn sich der Weheruf über den deportierten Joschijasohn in 22,11 auf Joahas bezieht, datiert das älteste authentische Wort Jeremias an den Beginn der Regierung Jojakims (609/8 v. d. Z.),[28] während das Ägyptenwort (46,2) auf die Schlacht bei Karkemisch am Eufrat verweist (605), die die Machtübernahme Nebukadrezzars besiegelte. Zwar werden die in Jer 1–20 gesammelten Worte gar nicht datiert, ihre Dringlichkeit und der in Jer 4–6 angekündigte Feind aus dem Norden passen jedoch eher in die Zeit der Feldzüge Nebukadrezzars in die Levante als in die Jahre vor 605. Die Klagen in Jer 8–10.14–15 setzen Judas Bedrohung und einen ersten Schlag gegen Jerusalem voraus und stammen vermutlich aus der Zeit nach 597.

Da die Nennung von Joschijas 13. Regierungsjahr die Buchüberschrift mit dem Abschluss des ersten Buchteils in 25,1–13 (vgl. 25,3) und mit der Erzählung von der Buchrolle in Jer 36 verbindet, hat sie eine kompositorisch-literarische Funktion. Dieses Jahr markiert den Beginn einer 40-jährigen Wirksamkeit Jeremias, wenn man von der Zerstörung Jerusalems im Jahr 587 zurückrechnet.[29] Die Datierung in Jer 25,1–3* wurde erst frühnachexilisch hinzugefügt, um die in 25,13 erwähnte Schriftrolle mit derjenigen von 36,2 zu verbinden.[30] Von derselben Hand wurde wohl auch 1,2 hinzugefügt, um den vermeintlichen Beginn der Wirksamkeit Jeremias am Buchanfang zu verankern. Die ursprüngliche Überschrift für die Kap. 1–25 lautete:

> Die Botschaft Jhwhs, die an Jeremia erging, den Sohn Hilkijas, von den Priestern in Anatot im Land Benjamin, in den Tagen Jojakims, des Sohnes Joschijas, des Königs von Juda, bis zum elften Jahr Zidkijas, des Sohnes Joschijas, des Königs von Juda.

Diese Überschrift leitete das Buch ein, das die geschichtsätiologische Redaktion in exilischer Zeit erstellte. Der zugefügte V. 2 korrespondiert mit 25,1–3* und setzt den Einbau der Erzählungen über Jeremia und der Fremdvölkerworte voraus. Der Nachtrag in 1,3b erfolgte, als der geschichtliche Anhang in Jer 52 angefügt wurde. Erst die prämasoretischen Bearbeiter formulierten „die Botschaft Gottes" (LXX) in

---

25 Vgl. Rudolph, HAT, 3; McKane, ICC, 1; Lundbom, AB 21A, 225; Herrmann, BKAT XII,1, 19; Schmidt, ATD 20, 2f. Holladay (Hermeneia, 17) hält das 13. Jahr Joschijas für Jeremias Geburtsjahr.

26 S. u. die diachrone Analyse zu 3,6–11.

27 Vgl. 22,18; 25,1; 26,1; 27,1; 35,1; 36,1.9; 45,1; 46,2.

28 So auch Levin, Anfänge, 223; s. u. die diachrone Analyse zu Jer 22,10 – 23,8.

29 Die Berechnung erfolgt auf Grundlage der in 2 Kön genannten Regierungszeiten; vgl. Levin, Anfänge, 222.

30 S. u. die diachrone Analyse zu 25,1–14.

„Worte Jeremias" um und präzisierten die Wirkungszeit als „Ende" von Zidkijas elftem Jahr (1,3), um auch die Ermordung des babylonischen Statthalters in Mizpa, die in den siebten Monat datiert wird (41,1), und Jeremias Wirken in Ägypten (43f.) einzuschließen.

1,4–10.17–19
Berufungs-
bericht

Trotz des synchron erkennbaren, buchübergreifenden Horizonts versuchen viele Exeget*innen, in 1,4–10 einen jeremianischen Selbstbericht als literarischen Kern herauszuschälen.[31] Die Vielzahl an literarischen Bezügen zeigt jedoch, dass die Berufungsszene durchgängig stilisiert und ein Produkt dtjer Traditionsbildung ist.

> Die Wortereignisformel (V. 4) gehört zum dtjer Sprachgebrauch.[32] Die Berufung „vom Mutterleib an" ist ein Motiv der altorientalischen Königsideologie und im Bereich der Prophetie singulär. Jeremia wird wie ein Statthalter eingesetzt (פקד Hif.) über Völker und Königreiche (V. 10), soll vernichtend und aufbauend handeln wie ein König. Die Erwähnung der Völker und der Titel „Prophet für die Völker" (V. 5) setzen den Einbau der Fremdvölkerworte ins Buch voraus. Die in V. 9a beschriebene Berührung von Jeremias Mund hat Jes 6,6f. zum Vorbild.
>
> Formulierungen der Berufungsszene stimmen fast wörtlich mit Texten des DtrG überein: Jeremia begründet seinen Einwand, nicht reden zu können (vgl. Ex 4,10), mit נער אנכי „ich bin zu jung", einem Satz, den König Salomo fast wortgleich äußert: ואנכי נער קטן „aber ich bin ein kleiner Junge" (1 Kön 3,7). Die Aufforderung אל־תירא מפניהם „fürchte dich nicht vor ihnen" (V. 8) ergeht wortgleich auch an Josua (Jos 11,6). Die Beistandserklärung כי־אתך אני „denn ich bin mit dir" (V. 8.19; 15,20) mit Rettungszusage richtet Jнwн auch an Jakob (30,11; 46,28; vgl. Jes 43,5).
>
> Der Gottesbefehl את כל־אשר אצוך תדבר „alles, was ich dir gebiete, sollst du reden" (V. 7bβ) erreicht auch Mose (Ex 7,2) und gilt desgleichen Moses prophetischem Nachfolger (Dtn 18,18bβγ), dem Jнwн wie Jeremia seine Worte in den Mund legt (V. 9b = Dtn 18,18bα). Während Thiel annimmt, der dtr Redaktor habe 1,7 gemäß Dtn 18,18 erweitert und die Szene 1,9f. verfasst,[33] ist wahrscheinlicher, dass die Formulierungen in Dtn 18,18 literarisch von Jer 1 abhängig sind, also Jeremia als Vorbild für die Stilisierung Moses zum Erzpropheten diente. Das zeigt sich daran, dass sowohl 1,7b als auch die Übergabe der Gottesworte in Jeremias Mund in 1,9b als Höhepunkt der Berufung völlig in den Kontext integriert sind, während die Aussage in Dtn 18,18b überraschend kommt. Dieser Halbvers stellt die Wendung aus Jer 1,9b voran und zitiert dann Jer 1,7b, ist also als Kondensat aus Jer 1 zu erklären.[34] Außerdem gehört die Autorisierung menschlicher Worte als Gotteswort genuin zur Prophetie und insbesondere in den Kontext der Abwehr von Falschprophetie, wie sie in Jer 23,9–32; 27f. verhandelt wird.

Damit bietet der Berufungsbericht keinen Einblick in das authentische Erleben des historischen Propheten, sondern erweist sich als ein Text nachexilischer Tradent*innen, die Jeremia in der Rolle des nicht mehr vorhandenen Königs und als Völkerprophet vorstellen.[35] Er setzt in V. 5 die Fremdvölkerworte und in V. 10 die

---

31 Vgl. Holladay, Hermeneia, 25; Lundbom, AB 21A, 228; Thiel, Redaktion I, 71; Wanke, ZBK, 29; Schmidt, ATD 20, 47f.

32 Vgl. Stipp, Konkordanz, 36f.

33 Vgl. Thiel, Redaktion I, 71.

34 Mit Köckert, Matthias, Zum literargeschichtlichen Ort des Prophetengesetzes Dtn 18 zwischen dem Jeremiabuch und Dtn 13: Kratz, Reinhard G./Spieckermann, Hermann (Hg.), Liebe und Gebot. Studien zum Deuteronomium, FS L. Perlitt (FRLANT 190), Göttingen: Vandenhoeck & Ruprecht 2000, 80–100, 86–90.

35 So auch Krispenz, Einsetzung des Jeremia, 217–219; Fischer, HThKAT, 133.

Verbindung von Unheils- und Heilsbotschaft, also weite Teile des vorliegenden Buches, voraus.

Die an die Berufungsszene anknüpfenden Verse 17–19 schreiben diese Stilisierung Jeremias fort, indem sie Erzählungen über die Opposition gegen Jeremia und seine Klagediskurse mit Jhwh voraussetzen und als Kampf des Propheten erklären, aus dem er dank Jhwhs Beistand siegreich hervorgeht. Porträtiert als befestigte Stadt mit starken Mauern kann Jeremia sogar die untergegangene Stadt Jerusalem ersetzen.

Die Verbindung der beiden Visionen liegt der Einordnung in das Kapitel voraus, da V. 13 einen Wortempfang „zum zweiten Mal" konstatiert, obwohl ein solcher im Kontext von Jer 1 bereits zum dritten Mal ergeht (V. 4.11.13).[36] Die an Am 7,8; 8,2 ausgerichtete Formulierung spricht dafür, dass die Amosvisionen dem Verfasser schriftlich vorlagen.[37] In allen Fällen ist das Geschaute völlig unspektakulär und alltäglich, so dass erst die Deutung es zu etwas Besonderem macht. Durch die Anspielung an Amos' Botschaft vom Ende des Nordreichs, die ja bereits eingetroffen ist, wird die Erfüllung von Jeremias Unheilsprophetie als ebenso unausweichlich dargestellt. Diese Beobachtung und die Gliederung des Berichts durch die Wortereignisformel sprechen dafür, dass er nicht von Jeremia selbst stammt. Er umfasste zunächst V. 10–14.16, denn die Begründung des Unheils mit der Abwendung von Jhwh in V. 16 kann sich nur auf die in V. 14 genannten Judäer*innen, nicht auf die fremden Königreiche in V. 15 beziehen. Sie formuliert in dtjer Wendungen eine verdichtete Schuldzuweisung an Juda, die ein typisches Kennzeichen der geschichtsätiologischen Redaktion ist: עזב את־יהוה „Jhwh verlassen" (2,13; 17,13 u. ö.), קטר Pi. + לאלהים אחרים „anderen Gottheiten räuchern" (19,4; 44 *passim*) und חוה Hišt.+ ל „sich niederwerfen vor" (8,2; 13,10; 16,11 u. ö.) zur Bezeichnung illegitimer Kulte sowie מעשי ידיכם „das Werk eurer Hände" (25,6; 44,8) als Hinweis auf Götterbilder.[38]

Der erst nachexilisch hinzugefügte V. 15 setzt die in 39,3 geschilderte Szene der Versammlung der siegreichen Feldherren im Stadttor Jerusalems voraus und erweitert die Erinnerung an Jerusalems Belagerung um einen Verweis auf die judäischen Städte, die ebenfalls dem Ansturm des babylonischen Heeres zum Opfer fielen.

Die prämasoretischen Bearbeiter ergänzen die Verbenreihe in V. 10 um „niederreißen", so dass sich drei Verbpaare ergeben. In V. 11 fügen sie Jeremias Namen ein; in V. 11.13 runden sie die Visionsschilderung durch אני ראה „ich sehe" ab. Die Bezeichnung der Königreiche als „Sippen" in V. 15a basiert auf der in den Plural geänderten Formulierung von 25,9. In V. 17 formulieren sie die doppelte Aufforderung, nicht zu erschrecken, in eine Drohung um, die auf die Parallelstelle 15,19 verweist.[39] Durch einleitendes ואני „ich aber" betonen sie in V. 18 den Gegensatz zu ואתה „du aber" zu Beginn von V. 17. Außerdem ändern sie „die Bronzemauer" in den Plural als Angleichung an die in V. 15 erwähnten Mauern Jerusalems und nehmen mit dem Zusatz „gegen das ganze Land" die erst in V. 19 erwähnte Gegnerschaft erweiternd vorweg. Schließlich ergänzen sie in V. 18 die „eiserne Säule" und „seine Priester", um Jeremia auch zum Ersatz für den

(Marginalien:)
1,11–16
Visionsbericht

Prämasoretische Erweiterungen

---

36 Vgl. Schart, Jeremiavisionen, 187.
37 Mit Schart, Jeremiavisionen, 194.
38 Vgl. Stipp, Konkordanz, 82.102f.107.119.
39 S. o. die Textkritik zu 1,17b.

Tempel zu erklären, dessen Bronzesäulen in Jer 52,17.20–22 fünfmal als Kriegsbeute der Chaldäer erwähnt werden. Da Bronze schon bei den Mauern genannt war, wurde die Säule zur eisernen, zumal Eisen das härtere Metall darstellt.

Synthese

Jer 1,1–19 bildet mit Überschrift, Berufungs- und Visionsbericht den ersten Teil der Ouvertüre zum Jeremiabuch, der den Propheten und seine Wirkungszeit vorstellt und die Hauptthemen des Buches anklingen lässt. Das Kapitel ist eine sorgfältig stilisierte Komposition, dessen Kern das exilische Jeremiabuch der geschichtsätiologischen Redaktion einleitete und in nachexilischer Zeit um Verse fortgeschrieben wurde, die auf weitere, mittlerweile ins Buch übernommene Texte anspielen.

Jeremia wird in der ersten Fassung der Überschrift als Priestersohn aus Anatot in der Region Benjamin vorgestellt, der zur Zeit der Könige Jojakim und Zidkija prophezeite. Zusammen mit dem Selbstbericht über die Visionen vom Mandelzweig und vom siedenden Topf leitet die erste Fassung der Überschrift in exilischer Zeit das Jer 1,1 – 25,13* umfassende Buch ein. Die Erinnerung gerade an die beiden letzten Amosvisionen, in denen Amos das von Jнwн beschlossene Unheil nicht mehr fürbittend abwenden kann, verstärkt implizit die Drohung gegen Juda und erklärt Jeremia zum Unheilspropheten *par excellence*.

Nach der Erweiterung des Buches um die Fremdvölkerworte (Jer[LXX] 26–32) und die Erzählungen über Jeremia (Jer[LXX] 33–51) durch die golaorientierte Redaktion wird die Wirksamkeit Jeremias auf die symbolische Zahl von 40 Jahren erweitert und das 13. Jahr Joschijas in die Überschrift aufgenommen (1,2). In dieser frühnachexilischen Phase erfolgte auch der Einbau des Berufungsberichts (1,4–10), der, ebenfalls als Selbstbericht formuliert, Jeremia als von Jнwн bereits vor der Geburt auserwählten Propheten charakterisiert. Er ist nicht nur zu Juda, sondern auch zu den Völkern gesandt, um Jнwнs Botschaft von Unheil und Heil zu verkünden, die Jнwн ihm in einer Art rituellem Akt in den Mund gelegt hat. Die geballte Macht des Nordens, die Jerusalem und die Städte Judas zerstörte, erscheint in dieser Perspektive als von Jнwн, dem Gott Israels, herbeigerufen (V. 15). Die Verben entwurzeln, einreißen, vernichten und niederreißen sowie aufbauen und pflanzen (1,10) umschreiben zwar Jeremias Aufgabe an den Völkern, verweisen jedoch zugleich darauf, dass Unheil und Heil auf Jнwн zurückgehen. Die Verbenreihe zieht sich wie ein roter Faden durch das Buch und erinnert so immer wieder daran, dass der Gott Israels die Geschicke Judas und der Völker lenkt.

Mit dem Einbau der Klagediskurse Jeremias mit seinem Gott in fortgeschrittener nachexilischer Zeit wird in 1,17–19 die Rolle Jeremias noch einmal erweitert. Jнwн erklärt den Propheten zum Bollwerk gegen seine Gegner*innen, der als befestigte Stadt mit starker Mauer das untergegangene Jerusalem ersetzt. In der hebräischen Textüberlieferung wird der Prophet durch Zufügungen letzter Hand, in Gestalt der eisernen Säule, sogar zum Ersatz für den Tempel. Jнwнs Beistandszusage für den Propheten stellt in dieser Ouvertüre des Buches eine Leseanleitung dar und avisiert, dass der Prophet alle kriegerischen Angriffe überleben und gerettet werden wird – nicht als sterblicher Mensch, sondern als literarische Figur, deren Botschaft und Schicksal im Jeremiabuch bis heute erinnert wird.

Jer 2,1 – 4,2: Was Israels Abkehr für Juda bedeutet

Textabgrenzung und Kommunikationsstruktur

Jer 2,1 setzt in MT mit der Wortereignisformel ein, die eine deutliche Zäsur zu Jer 1 setzt. In LXX fehlen die Formel und der Redeauftrag an Jerusalem, aber auch diese Fassung ist durch Botenformel, Themen- und Adressatenwechsel von Kap. 1 abgegrenzt. Wie in der Einleitung dargelegt, weisen die beiden Fassungen eine unterschiedliche Leserlenkung auf.[1] Die nächste größere Zäsur findet sich in 4,3 mit Botenformel und Wechsel der Adressat*innen. Inhaltlich leitet 4,3f. bereits zu den Ankündigungen des Feindes in 4,5 – 6,30 über.

Innerhalb von 2,1 – 4,2 liegt die stärkste Zäsur zwischen 3,5 und 3,6 durch die Einleitung „Jнwн sagte zu mir" und die Zeitangabe „in den Tagen des Königs Joschija". Um der Übersichtlichkeit willen werden im Folgenden zunächst Jer 2,1 – 3,5 und danach Jer 3,6 – 4,2 analysiert und am Ende folgt eine Synthese zu den beiden Kapiteln.

Jer 2,1 – 4,2 thematisiert einen Beziehungskonflikt zwischen Jнwн und seinem Volk, für den verschiedene Lösungen angeboten werden. Der Text ist von der Wegmetapher mit den Leitworten הלך „gehen" bzw. „führen" und דרך „Weg" geprägt.[2] Wird in Jer 2 das Weggehen betont, so steht mit dem Leitwort שׁוּב „umkehren, zurückkehren"[3] in 3,1 – 4,2 die Rückkehr zu Jнwн im Vordergrund. Gegenüber der negativen Grundstimmung von Jer 2, die vor allem durch Anklagen hervorgerufen wird, schlägt Jer 3 mit Umkehrrufen und Heilszusagen einen hoffnungsvollen Ton an. Während 2,1 – 3,5 als Monolog gestaltet ist, der einzelne der angesprochenen Personen oder Gruppen zitiert, bietet 3,6–20 einen Dialog zwischen Jeremia und Gott. Ab 3,21 wird ein Gespräch beider mit Israel inszeniert. Damit ist der überwiegende Teil von Jer 2,1 – 4,2 rhetorisch den Prosareden des Buches vergleichbar und wird in der Übersetzung als Rede mit mehrfach eingebetteten Zitaten dargestellt.[4]

Jer 2,1 – 3,5: Wie es zum Bruch mit Gott kam

K1 K2 K3 K4 K5
[1 Da erging das Wort Jнwнs an mich, folgendermaßen:
    2 Geh und lies Jerusalem vor] Folgendes/ und er sagte[a]:
        So spricht Jнwн:
            Ich habe mich erinnert [dir zugute][b] an die Treue deiner Jugend,

---

1   S. die Einleitung, „Die Kommunikationssituation in Jer^LXX und Jer^MT", S. 17.
2   Vgl. הלך Qal: 2,2.5.8.23.25; 3,1.6.12.17; Hif.: 2,6.17; דרך: 2,17.18.23.33.36; 3,2.13.21.
3   Vgl. Jer 3,1.7.10.12.14.19.22; 4,1.
4   S. die Einleitung, „Zur synchronen Analyse", S. 40.

K1 K2 K3 K4 K5

> an die Liebe deiner Brautzeit /~Vollendung~[c],
>
> als du hinter ~mir~/ dem Heiligen Israels[d] herliefst <~sagt der Herr~> [in der Wüste, im unbesäten Land][e].
>
> 3 Heilig ist Israel für JHWH, Erstling seines Ertrags.
>
> Alle, die ihn fressen, werden sich verschulden;
>
> Unheil wird über sie kommen – Spruch JHWHs.

4 Hört das Wort JHWHs, Haus Jakob und alle Sippen des Hauses Israel.

5 So spricht JHWH:

> Was haben eure Vorfahren an mir Unrechtes gefunden,
>
> dass sie sich von mir entfernt haben und hinter dem Nichtigen herliefen und zunichte wurden?

6 Aber sie haben nicht gefragt:

> „Wo ist JHWH, der uns aus dem Land Ägypten heraufführte,
>
> der uns leitete in der Wüste,
>
> in einem Land von Steppe und Grube,
>
> in einem Land von Dürre und Dunkel,
>
> in einem Land, das kein Mensch durchquerte
>
> und worin kein Mensch sich niederließ?"

7 Ich brachte euch ins [Land des][a] Baumgartens, damit ihr seine Frucht und sein Gutes essen könntet. Ihr kamt herein und verunreinigtet mein Land und meinen Erbbesitz habt ihr zu einem Gräuel gemacht.

8 Die Priester haben nicht gefragt:

> „Wo ist JHWH?"

Und die die Tora handhaben[a], erkannten mich nicht, und die Hirten frevelten gegen mich, und die Propheten prophezeiten beim Baal[b] und liefen hinter denen her, die nichts nützen.

9 Deshalb führe ich weiter einen Rechtsstreit mit euch – Spruch JHWHs – und (noch) mit den Kindern eurer Kinder werde ich einen Rechtsstreit führen.

10 Ja, geht hinüber zu den Inseln der Kittäer und seht und (nach) Kedar sendet aus und gebt gut acht und seht, ob dergleichen (jemals) geschehen ist:

11 ~Hat (je) ein Volk Gottheiten getauscht?~/ Ob Völker ihre Gottheiten tauschen?[a] Und diese sind nicht (einmal) Gottheiten. Aber mein Volk hat seine Ehre getauscht gegen (etwas), ~das nicht nützt~/ von dem sie keinen Nutzen haben[b].

12 Entsetzt euch darüber, ihr Himmel,

> und schaudert über alle Maßen[a] – Spruch JHWHs.

13 Denn zweifach Böses hat mein Volk getan: Mich haben sie verlassen, die Quelle lebendigen Wassers, um sich Zisternen[a] zu graben, rissige Zisternen, die das Wasser nicht halten können[b].

K1 K2 K3 K4 K5

14 Ist Israel Sklave oder im Haus Geborener?

Warum ist er zum Raub geworden?

15 Über ihm brüllten (immer wieder)[a] junge Löwen,

erhoben ihre Stimme und machten sein Land zur Ödnis.

Seine Städte wurden verbrannt[b], niemand wohnt darin.

16 Auch die Kinder von Nof[a] und Tachpanhes[b] werden dir[c] {fem. sing.}

den Scheitel abweiden[d]. 17 Ist nicht dies, was du dir antust, indem du

JHWH, deinen Gott, verlässt [zu der Zeit, als er dich führte auf dem

Weg][a]?

18 Jetzt aber: Was hast du vom Weg nach Ägypten,

um das Wasser des Nils[a] zu trinken?

Und was hast du vom Weg nach Assur,

um das Wasser des Eufrat[b] zu trinken?

19 Züchtigen wird dich deine Bosheit, deine verkehrten Taten werden

dich zurechtweisen. So erkenne und sieh, dass es [böse und][a] bitter ist

<für dich>, JHWH, deinen Gott/ mich zu verlassen – Spruch JHWHs, deines Got-

tes[b]. Aber nicht ist der Schrecken vor mir auf dir – Spruch des Herrn, JHWH [Zebaot]/ aber ich

habe kein Gefallen an dir[c] – Spruch JHWHs, deines Gottes.

20 Ja, von jeher habe ich/ hast du[a] dein Joch zerbrochen

und deine Fesseln zerrissen und gesagt:

„Ich werde nicht übertreten/ dienen[b]!"

Ja, auf jedem hohen Hügel <werde ich gehen>[c] und unter jedem grünen

Baum beugst du dich[d], Hure /dort werde ich mich berauschen an meiner Hurerei.

21 Ich aber habe dich gepflanzt als Edelrebe,

ganz und gar wahrhaftiges Gewächs.

Aber wie hast du dich [mir][a] verwandelt zu wilden Trieben[b] des

Weinstocks, eine Fremde[c]!

22 Auch wenn du dich mit Natron wüschest und dir viel Laugensalz

verschafftest, als Schmutzfleck bleibt deine Schuld vor mir – Spruch

[des Herrn] JHWH.

23 Wie kannst du sagen:

„Ich habe mich nicht verunreinigt,

hinter den Baalen bin ich nicht hergelaufen"?

Sieh deinen Weg im Tal[a], erkenne, was du getan hast:

eine flinke junge Kamelstute[b], die hin und her läuft auf ihren Wegen,

24 eine Wildeselin, an die Wüste gewöhnt[a], im Begehren ihrer Kehle[b]

schnappt sie nach Luft, ihre Brunst[c] – wer bringt sie zurück?

Alle, die sie suchen, brauchen nicht müde zu werden,

in ihrem (Brunst)monat[d] werden sie sie finden.

25 Erspare deinem Fuß die Blöße

und deiner Kehle[a] den Durst. Du sagtest:

„Umsonst![b] Nein! Denn ich habe Fremde geliebt

und hinter ihnen will ich herlaufen."

K1 K2 K3 K4 K5

26 Wie die Schande des Diebs, wenn er ertappt wird,
so wurde zuschanden das Haus Israel: sie, ihre Könige, ihre Beamten
und ihre Priester und ihre Propheten,
27 die zum Holz sagen:
    „Mein Vater bist du!"
Und zum Stein:
    „Du hast mich geboren!"
Denn sie haben mir den Nacken zugewandt
und nicht das Gesicht.
Wenn es ihnen aber übel ergeht, werden sie sagen:
    „Steh auf und hilf uns!"
28 Wo aber (sind) deine {masc. sing.} Gottheiten, die du dir gemacht
hast? Sie sollen aufstehen, ob sie dir helfen können, wenn es dir übel
ergeht. Denn so zahlreich wie deine Städte sind deine Gottheiten gewesen, Juda!ᵃ
29 Wozu wollt ihr mit mir einen Rechtsstreit führen?
Ihr alle habt gefrevelt <und ihr alle habt gesetzlos gehandelt>ᵃ gegen mich – Spruch Jʜᴡʜs.
30 Umsonst habe ich eure Kinder geschlagen,
Zucht haben sie nicht angenommen.
ₑᵤₑᵣ/ Einᵃ Schwert hat eure Propheten gefressen
wie ein verderbender Löwe.
31 ₐᵢₑ ₉ₑₙₑᵣₐₜᵢₒₙ, ᵢₕᵣᵃ/ Und ihr habt euch nicht gefürchtet.
ₛₑₕₜ/ hört das Wort Jʜᴡʜs <so spricht der Herr>ᵇ:
    „Bin ich eine Wüste gewesen für Israel
    oder ein Land des Dunkels?"
Warum hat mein Volk gesagt:
    „Wir streiften umherᶜ,
    wir wollen nicht mehr zu dir kommen"?
32 Vergisst eine Jungfrau ihren Schmuck, eine Braut ihre Bänder?
Mein Volk aber hat mich vergessen (seit) Tagen ohne Zahl.
33 Wie gut richtest du {fem. sing.} deinen Weg ein, um Liebe zu
suchen? Deshalb hast du auch die Bosheiten deine Wege gelehrtᵃ.
34 Auch an deinen Säumen /ₕäₙₑₙᵃ hat sich Blut von [armen]ᵇ unschuldigen Wesen gefunden. Nicht beim Einbruch hast du/ ₕₐᵦₑ ᵢᶜₕᶜ
sie ertappt, sondern ᵥₑ₉ₑₙ ₐₗₗ ₑᵢₑₛₑₙ/ bei jedem Baumᵈ.
35 Du sagtest:
    „[Ja,] ich bin unschuldig,
    gewiss hat sein Zorn sich von mir abgewendet!"
Siehe, ich will dir Recht sprechen, weil du sagst:
    „Ich habe mich nicht vergangen."
36 Wie gar leicht nimmstᵃ du es, deinen Weg zu ändern?
Auch wegen Ägypten wirst du dich schämen müssen,

K1 K2 K3 K4 K5

wie du dich wegen Assur geschämt hast.

37 Auch von dort[a] wirst du wegziehen mit deinen Händen auf deinem Kopf. Denn JHWH hat deine Sicherheiten verworfen und es wird dir mit ihnen nicht gelingen.

3,1 [Es heißt:][a]

Wenn ein Mann seine Frau entlässt und sie von ihm weggeht und eines anderen Mannes (Frau) wird, kann [er]/ sie[b] wieder zu [ihr]/ ihm zurückkehren[c]? Wäre [jenes Land]/ jene Frau[d] nicht ganz und gar entweiht? Du {fem. sing.} aber, du hast mit vielen Freunden /[Hirten][e] gehurt und willst zu mir zurückkehren? – Spruch JHWHs.

2 Richte deine Augen auf die kahlen Höhen[a] und sieh: Wo bist du nicht vergewaltigt[b] worden? An den Wegen hast du für sie gesessen wie ein Steppenbewohner[c] in der Wüste. Du entweihtest das Land durch deine Hurerei und durch deine Bosheit. 3 Da wurden die Regenschauer vorenthalten[a] und es gab keinen Spätregen[b]. Du aber hattest die Stirn einer hurenden Frau, hast dich geweigert, dich zu schämen[c].

4 Hast du mir bis jetzt[a] nicht zugerufen:

„Mein Vater, der Vertraute meiner Jugend[b] (bist) du!

5 Wird er ewig zürnen[a]

oder für immer (den Zorn) bewahren?"

Siehe, so hast du geredet, aber Bosheiten vollbracht, und du[b] hast es vermocht.

Anmerkungen zu Text und Übersetzung

* Die Kommunikationsebenen sind in der Übersetzung durch Einrücken dargestellt; Zitate der Adressat*innen der Ebene 5 sind durch doppelte Anführungszeichen markiert. Zum System der Klammern und Kleinschreibung s. o. S. 22.

2a LXX beginnt mit καὶ εἶπεν, das ויאמר entspricht. Der Bucherzähler lässt Jeremia zu Wort kommen, der mit Hilfe der Botenformel τάδε λέγει κύριος Gottes Worte zitiert. Durch Zufügung von V. 1–2aα in MT wurde ויאמר zu לאמר geändert; s. u. die synchrone Analyse.

2b Hebräisch לך verstanden als *dativus commodi*; vgl. GBH § 133d. Der Zusatz verstärkt den positiven Ton; vgl. die Parallele Ez 16,60; POPKO, Marriage Metaphor, 81.

2c MT כְּלוּלֹתָיִךְ „deine Brautzeit" ist ein *Hapaxlegomenon*; vgl. Ges[18], 548. LXX τελειώσεώς σου „deine Vollendung" geht auf כלילתיך zurück, ein aus der Wurzel כלל „vollenden" gebildetes Nomen; vgl. POPKO, Marriage Metaphor, 82f.

2d MT אַחֲרֵי „hinter mir her". LXX liest אחרי als cstr.-Form zu קדש ישראל, „hinter dem Heiligen Israels her", und danach die Zitationsformel, V. 3 aber entsprechend MT. STIPP (Sondergut, 152) hält LXX für eine Sonderlesart. Mit POPKO (Marriage Metaphor, 88f.) ist jedoch leichter erklärbar, dass LXX ursprünglich ist und das erste קדש ישראל in der hebräischen Tradition versehentlich ausfiel.

2e Die Wendung fehlt in LXX. Während MCKANE (ICC, 27) und STIPP (Kennzeichen, 165) einen Textausfall in der LXX-Vorlage annehmen, ist mit POPKO (Marriage Metaphor, 89) wahrscheinlicher, dass der Satz mit Blick auf Hos 2,16 ergänzt wurde.

7a LXX übersetzt הכרמל mit „der Karmel" als Ortsnamen für den Gebirgszug im Norden Israels (Jos 19,26) oder die Gegend südlich von Hebron (1 Sam 25,5.7). Der Zusatz von ארץ im hebräischen Text sichert die Bedeutung „Baumgarten"; vgl. POPKO, Marriage Metaphor, 95.

8a LXX οἱ ἀντεχόμενοι τοῦ νόμου meint diejenigen, die das Gesetz annehmen, es pflegen; V tenentes legem diejenigen, die es halten; T paraphrasiert „die das Gesetz lehren". Die Versionen schöpfen die Bedeutungsbreite des Verbs תפש aus, so dass der Wortlaut von MT als ursprünglich gelten kann. Zur Bedeutung des Partizips s. u. die synchrone Analyse.

8b Baal ist in Jer^LXX durchgängig mit dem femininen Artikel gebraucht, obwohl der Gottesname im Hebräischen masc. ist. STIPP (Interpretierende Übersetzung, 186) zufolge erklärte bereits A. Dillmann im Jahr 1881 das als Hinweis an die Lesenden, Baal nach Art eines Qere perpetuum durch αἰσχύνη „Schande" zu ersetzen (vgl. 1 Kön 18,19.25 LXX), da man im Judentum בעל als בשת „Schande" las (vgl. 2 Sam 16,4; 21,7; Jer^MT 11,13). Mit BOGAERT (Baal au féminin dans la Septante, 429) ist jedoch wahrscheinlicher, dass LXX auf eine verächtliche Feminisierung zielt.

11a LXX εἰ ἀλλάξονται ἔθνη θεοὺς αὐτῶν geht auf הימירו גוים אלהיהם zurück (Fragepartikel + jiqtol), MT ההמיר גוי אלהים (Fragepartikel + qatal); auch T und S reden von Völkern im plur. Da die Aussage der in 3,17 avisierten Hinwendung der Völker zu JHWH widerspricht, wurde der hebräische Text wohl korrigiert; mit POPKO, Marriage Metaphor, 98f.

11b Während MT בלוא יועיל auf ein nutzloses Ding verweist (vgl. 2,8), geht LXX ἐξ ἧς οὐκ ὠφελήθησονται auf בלוא יועילו zurück. MT hat die einfachere Syntax und gleicht an den Gedanken von 2,8 an, ist also sekundär; vgl. POPKO, Marriage Metaphor, 100.

12a So mit LXX ἐπὶ πλεῖον σφόδρα, das auf הרבה מאד zurückgeht (vgl. 40,12). MT חרבו „sie sind vertrocknet" passt semantisch nicht zum Subjekt „Himmel" und das Verb drückt sonst nie eine Befindlichkeit aus. BHS korrigiert mit S חרדו „zittert". MT enthält somit einen Schreibfehler; vgl. POPKO, Marriage Metaphor, 103f.

13a Der Konsonantenbestand entspricht בְּאֵרוֹת „Brunnen", die Vokalisation בּוֹרוֹת „Zisternen". Da die doppelte Nennung metrisch sinnvoll ist, ist die nur einmalige Wiedergabe in LXX als Haplographie zu werten; vgl. POPKO, Marriage Metaphor, 105.

13b So mit LXX οὐ δυνήσονται ὕδωρ συνέχειν, was auf לא־יכלו המים להכיל in der Vorlage schließen lässt und einen stimmigen Satz ergibt. Auch V und S bieten zwei Verben. Wahrscheinlich ist להכיל im hebräischen Text ausgefallen, so dass das erste Verb als יָכְלוּ (von כול Hif. „fassen, zurückhalten") vokalisiert wurde; vgl. POPKO, Marriage Metaphor, 105f.

15a Zur jiqtol-Form als Iterativ vgl. FINSTERBUSCH/JACOBY, MT-Jeremia 1–24, 49, Anm. 82.

15b Das Ketiv נצתה ist 3. fem. sing., das Qere 3. plur. qatal Nif. von יצת „verbrannt werden" oder von נצה II „zerstört werden"; vgl. die ähnliche Aussage in 4,7. LXX liest aufgrund von Buchstabenverwechslung נתצו „sie wurden niedergerissen".

16a MT נף bezeichnet Memfis (so LXX), die Hauptstadt Unterägyptens, südlich des heutigen Kairo.

16b Das Ketiv תחפנס enthält einen Schreibfehler, Qere תחפנחס (LXX Ταφνας; vgl. Jer^MT 43,7 = Jer^LXX 50,7). Tachpanhes ist eine ägyptische Grenzfestung im östlichen Nildelta.

16c Die Anrede an ein weibliches Du (nur das erste Verb in V. 17 ist masc.) reicht bis V. 25.

16d LXX ἔγνωσάν σε καὶ κατέπαιζόν σου „sie erkannten dich und verspotteten dich" setzt ידעוך קרקרוך in der Vorlage voraus (MT ירעוך קדקד), wobei קרקר als „lärmen" (vgl. Jes 22,5, Ges^18, 1196) und im späteren Hebräisch für Tiergeräusche gebraucht wurde, woraus sich vermutlich die Bedeutung „verspotten" ergab; vgl. POPKO, Marriage Metaphor, 106–110. MT ergibt Sinn und wird hier beibehalten, die Varianten in den Konsonanten gehn auf Schreibfehler zurück.

17a Der Satz fehlt in LXX, ist wohl prämasoretischer Zusatz, der noch einmal auf Gottes Führung verweist und die Wegmetapher verstärkt (vgl. 2,6).

18a LXX bietet Γηων = Gihon, der nach Gen 2,13 das Land Kusch (= Äthiopien) umfließt und
   in hellenistisch-jüdischen Schriften für den Nil steht (Sir 24,27; Jub 8,15.22f.; 1QapGen
   21,15–18; Josephus, *A.J.* I,1.3). MT שִׁחוֹר meint „(Teich des) Horus", ein Gewässer im
   östlichen Nildelta (Jos 13,3; 1 Chr 13,5), kann aber auch den Nil bezeichnen (Jes 23,3).
   Nach Popko (Marriage Metaphor, 117) bietet LXX die ursprüngliche Lesart, die im hebräischen Text geändert wurde, um eine Verwechslung mit der Jerusalemer Gihonquel-
   le auszuschließen.

18b נהר „Fluss" steht hier wohl für den Eufrat (so auch Jes 7,20; Mi 7,12; vgl. הנהר Jos 24,3;
   1 Kön 5,1 und נהר־פרת Jos 1,4; 2 Kön 23,29). LXX bietet ὕδωρ ποταμῶν „Wasser der
   Flüsse", was auf נהרות in der Vorlage schließen lässt. Auch hier ist denkbar, dass in der
   hebräischen Tradition ein ursprünglicher Plural in den Singular verändert wurde; vgl.
   Popko, Marriage Metaphor, 118.

19a MT fügt „böse" ein und stellt die Reihenfolge der beiden Substantive im ersten Satz
   um, verstärkt so den moralischen Unterton der Anklage; vgl. Popko, Marriage Metaphor, 119f.

19b LXX führt die direkte Anrede fort und bietet die Zitationsformel, während MT in die
   3. Pers. wechselt und damit eine Distanzierung anzeigt. LXX hat den älteren Text bewahrt. S. zu 19c.

19c MT ist kaum verständlich, die Punktation von פַּחְדְּתִי als Nomen singulär. S und T lesen
   die Konsonanten als 2. fem. sing. *qatal* Qal; vgl. McKane, ICC, 39. Das Stichwort פחד
   „sich fürchten" spielt, wie schon das Vorlesen in Jer^MT 2,2, auf Jer 36,24 an (ולא פחדו).
   Dagegen hatte LXX wohl לא רציתי אליך in der Vorlage (vgl. 14,10–12). Wie Popko (Marriage Metaphor, 119–124) einleuchtend begründet, hat LXX den älteren Text bewahrt und
   MT kann inklusive der abweichenden Zitationsformel נאם־אדני יהוה als bewusste Änderung erklärt werden, die die moralische Bosheit und fehlende Gottesfurcht der weiblichen Figur in den Vordergrund stellt.

20a MT שברתי und נתקתי sind als 1. sing. punktiert (*Qere*); das *Ketiv* bietet die alte Form der
   2. fem. sing. (so auch LXX und V); vgl. GK § 44h; GBH § 42f und McKane, ICC, 40f.

20b Das *Ketiv* לא אֶעֱבֹד „ich werde nicht dienen" wird von LXX und V gestützt. Das *Qere*
   אֶעֱבוֹר לא „ich werde nicht übertreten" spielt auf die Verpflichtung des Volkes am Sinai
   an. Gegen Popko (Marriage Metaphor, 124–127) ist MT die spätere, weil Schrift ausle-
   gende Fassung, s. u. die synchrone Analyse.

20c LXX πορεύσομαι gibt אעבור wieder, was dem *Qere* des vorherigen Verbs entspricht; hier
   ist wohl eine Randglosse in den Text geraten; vgl. Popko, Marriage Metaphor, 128.

20d LXX ἐκεῖ διαχυθήσομαι ἐν τῇ πορνείᾳ μου setzt das Zitat der Frau fort. Die Übersetzer
   lesen את צעה „du (Frau) beugst dich" wohl als Hitp. אתצעה*; diese Form ist jedoch
   morphologisch inkorrekt (richtig wäre אצטעה). Tov (Septuagint Translators, 212) zufolge
   verstanden sie den hebräischen Text nicht und übersetzten mit Blick auf den Kontext.

21a Der MT-Überschuss לי „mir gegenüber" verstärkt die Distanz mit einem *dativus incommodi*.

21b MT סוֹרֵי הַגֶּפֶן ist *Hapaxlegomenon*, kann aber von der Wurzel סור „abweichen" als „wilde
   Triebe" bestimmt werden. LXX „in Bitterkeit" geht wohl auf למורית zurück; vgl. Finster-
   busch/Jacoby, MT-Jeremia 1–24, 50.

21c LXX ἡ ἄμπελος ἡ ἀλλοτρία setzt הגפן הנכריה „als fremder Weinstock" voraus. MT bietet
   נכריה ohne Artikel, nennt daher die Frau abwertend eine Fremde (vgl. „Hure" in V. 20)
   und verlässt damit die Metapher. Popko (Marriage Metaphor, 133) übersetzt als Vokativ.

23a LXX deutet גיא „Tal" als Hinweis auf das Hinnomtal (vgl. 19,2.6) und übersetzt „Begräbnisplatz".

23b V. 23f. bietet mehrere grammatische Besonderheiten und bereitete den antiken Übersetzern Verständnisschwierigkeiten. Die Wiedergabe von בכרה mit ὀψέ „spät (am Tag)"
   in LXX könnte auf בכר oder בקר im Aramäischen „früh sein" zurückgehen, denn der
   Tag beginnt im antiken Israel mit dem Abend (vgl. auch Mt 28,1); ferner lesen die

Übersetzer קלה als Nomen קול mit fem. sing.-Suffix und leiten das singuläre Partizip משרכת von שׁיר Polel „besingen" her: „spät (am Tag) besang ihre Stimme". Damit verstehen sie V. 23b–24 als Klage der Frau und nicht als Verweis auf eine flinke Kamelstute; vgl. Popko, Marriage Metaphor, 138–142. Stipp (Jeremia-Septuaginta, 163f.) vermutet eine abweichende hebräische Vorlage als Ursache der Varianten.

24a LXX zieht דרכיה zum folgenden Satz, erkennt in פרה ein Verb und liest למי für למד: „ihre Wege weitete sie über die Wasser der Wüste aus"; vgl. Stipp, Jeremia-Septuaginta, 164. Rudolph (HAT, 20) und Wanke (ZBK, 41) konjizieren פרה למד מדבר zu פרצה למדבר „sie bricht aus in die Steppe hinaus". פֶּרֶה kann als fem. Form von פֶּרֶא „Wildesel" (so viele Hss.) gelesen werden, ist aber inkongruent zum masc. Adjektiv לֻמֵּד. Popko (Marriage Metaphor, 142–144) hält den aus LXX rekonstruierten Satz דרכיה פרצה למי מדבר für ursprünglich und den Wildesel in MT für sekundär als weiteren Tiervergleich eingetragen (vgl. 14,6).

24b Mit LXX und dem *Qere* נפשה.

24c Das *Hapaxlegomenon* תַּאֲנָתָה wird mit Blick auf den Kontext als Zeit der Gier bzw. Brunst gedeutet; vgl. McKane, ICC, 44f.

24d LXX bietet „in ihrer Erniedrigung", hat wohl בחדשה als בחלשה von חלש „schwach sein" gelesen (so Finsterbusch/Jacoby, MT-Jeremia 1–24, 52) und an Klgl 1,3.7.9 gedacht.

25a Mit dem *Qere* גרונך „deine Kehle"; *Ketiv* גורנך „deine Tenne" ist wohl ein Schreibfehler.

25b LXX liest נואש mit Bezug auf איש: „ich werde handeln wie ein Mann", ähnlich in Jer 18,12; vgl. Finsterbusch/Jacoby, MT-Jeremia 1–24, 52; Popko, Marriage Metaphor, 154.

28a Der Überschuss in LXX „und nach der Zahl der Straßen Jerusalems opferten sie der Baal" ist eine verkürzte Form des Parallelverses 11,13 und daher sekundär; vgl. Stipp, Sondergut, 147.

29a Der Überschuss in LXX καὶ πάντες ὑμεῖς ἠνομήσατε geht auf כלכם רשעתם zurück und passt zum parallelen Satz כלכם פשעתם. Gegen BHS ist LXX keine doppelte Übersetzung von פשעתם, sondern die zweite Aussage in MT ist durch Haplographie ausgefallen; vgl. Popko, Marriage Metaphor, 159.

30a LXX und S lesen „ein Schwert", was auf Gottes Wirken schließen lässt (vgl. 4,10; 9,15; 11,22; 12,12; 14,12 u. ö.). Der im MT ausgedrückte Gedanke, dass die Judäer*innen ihre eigenen Prophet*innen töten, begegnet sonst nur in späten Texten (Neh 9,26; Lk 6,23) und legt nahe, dass der hebräische Text prämasoretisch geändert wurde; vgl. Popko, Marriage Metaphor, 160f.

31a LXX „und ihr habt euch nicht gefürchtet" geht wohl auf eine rhetorische Frage היראתם „habt ihr (euch) etwa gefürchtet?" (vgl. V. 31aβ) zurück, die dem Konsonantentext הדור אתם sehr ähnlich ist und einen auch in 3,8; 5,22 belegten Vorwurf enthält. Sie schließt V. 30 ab. Dagegen ist MT mit „die Generation, ihr" kaum verständlich und wird daher mit dem Imperativ in V. 31 verbunden. Wie schon im vorherigen Vers (s. 30a) wurde MT wohl bewusst geändert, um den Vorwurf an die Adressat*innen zu verstärken; vgl. Popko, Marriage Metaphor, 161–163.

31b LXX und S bieten „hört das Wort des Herrn", LXX zusätzlich die Botenformel; V folgt MT in „seht das Wort Jhwhs". Wie Popko (Marriage Metaphor, 164f.) zeigen kann, gehen die Varianten auf eine unterschiedliche Strukturierung des Textes zurück, wobei MT sekundär ist.

31c MT רַדְנוּ ist als 1. plur. *qatal* von dem seltenen Verb רוד „umherlaufen" punktiert (vgl. Hos 12,1; Ps 55,3). LXX leitet von רדה „beherrschen" ab und fügt aufgrund des Parallelglieds eine Negation hinzu: „wir wollen nicht beherrscht werden". Von רדה in der späten Bedeutung „sich zurückziehen" gehen Aquila, Symmachus und V aus, während S das Verb von ירד „hinabsteigen" herleitet; vgl. Popko, Marriage Metaphor, 166f.

33a Die Übersetzung gibt MT wörtlich wieder; der Sinn des Satzes erschließt sich nur im Blick auf 10,2 „lernt nicht den Weg der Völker" und ist im Kontext ironisch zu verstehen. LXX schlüsselt den Konsonantentext anders auf, liest את als Personalpronomen der 2. fem. sing. und הרעות als Verbform von רעע Hif.: „du hast böse gehandelt, deine

Wege zu verunreinigen." Die Übersetzer lesen wohl למדת nicht als 2. fem. sing.-Form (so *Qere*), sondern als ל + Infinitiv cstr.; vgl. POPKO, Marriage Metaphor, 170f. Warum sie aber das Verb למד „lernen" bzw. Pi. „lehren", das sie ausweislich 9,4.13 kannten, anders übersetzten, bleibt unklar. Popko zufolge interpretieren sie den Satz im Sinne der Ehemetapher von 2,23; 3,1.

34a LXX und S übersetzen mit „an deinen Händen", was gewöhnlich als Verlesung von בכנפיך zu בכפיך gedeutet wird (so BHS). Da כנף im mischnischen Hebräisch aber im Kontext von unreinen Händen begegnet, haben die syrischen und griechischen Übersetzer diese Bedeutung gekannt und bevorzugt; vgl. JASTROW, Dictionary, s. v. כנף; POPKO, Marriage Metaphor, 173.

34b Der Zusatz in MT אביונים „Arme" ist von 5,28; 20,13 inspiriert.

34c Die Form מצאתים kann als 1. sing. oder 2. fem. sing. Qal jeweils mit Suffix der 3. masc. plur. gelesen werden. LXX übersetzt als 1. sing. und bezieht das plur. Suffix auf αἵματα, was auf דמי als cstr. plur. in der Vorlage zurückgeht. MT ist als 2. fem. sing. punktiert und bezieht das Suffix auf die „unschuldigen Wesen", führt also die Rede an die Frau fort; vgl. POPKO, Marriage Metaphor, 176.

34d Der Sinn der Aussage in MT ist unklar, ebenso, ob sie zum vorherigen oder nachfolgenden Satz gehört; vgl. BHS; MCKANE, ICC, 49.54. LXX und S verstehen אלה als Nomen „Terebinthe" im Blick auf die Kulthöhen (vgl. 2,20.27). Die plausibelste Erklärung ist, dass die prämasoretischen Bearbeiter wie schon im Fall der getöteten Prophet*innen (s. o. zu 30a) das Blut hier nicht auf Opfer an den Ortsheiligtümern, sondern auf Mordtaten bezogen; vgl. POPKO, Marriage Metaphor, 176–178 (mit einer Liste älterer Deutungen).

36a MT תֵּזְלִי ist als Form von אזל „schwinden, ausgehen" punktiert. LXX bietet eine finite Verbform der 2. sing. von זלל II Hif. „geringschätzen"; vgl. FINSTERBUSCH/JACOBY, MT-Jeremia 1–24, 58.

37a MT גם מאת זה bezieht sich auf Ägypten; vgl. das Ortsadverb ἐντεῦθεν in LXX und die parallele Formulierung גם ממצרים in V. 36b.

3,1a MT לאמר hat in LXX und S kein Äquivalent. Es ist als Einleitung eines Schriftzitats zu deuten, denn 3,1a zitiert Dtn 24,1–4; vgl. FISHBANE, Michael, Biblical Interpretation in Ancient Israel, Oxford: Clarendon 1985, 307 (mit Verweis auf Hag 2,11f.). Dagegen versteht FINSTERBUSCH (Kommunikationsebenen, 255) לאמר als Kurzform der Redeeinleitung von 2,1–2aα und damit als eine Art Wiederaufnahme der dort vorausgesetzten Kommunikationssituation.

1b MT bietet die Formulierung von Dtn 24,4a, während LXX die ältere Fassung bewahrt hat. Da die Übersetzer ihrer Vorlage sonst genau folgen, ist kaum vorstellbar, dass sie ein Zitat des Rechtsfalls absichtlich geändert hätten. s. die diachrone Analyse.

1c LXX setzt mit ἀνακάμπτουσα ἀνακάμψει die *figura etymologica* השוב תשוב in der Vorlage voraus. Da MT literarisch an den Rechtsfall angepasst wurde, ist wahrscheinlich, dass hier gemäß Dtn 24,4 zur einfachen Frage הישוב geändert wurde; vgl. POPKO, Marriage Metaphor, 184f.

1d MT zitiert Dtn 24,4b und bietet gegenüber LXX eine Schriftauslegung, s. die diachrone Analyse.

1e LXX ἐξεπόρνευσας ἐν ποιμέσιν liest רֹעִים „Hirten" und setzt mit ἐν die Konstruktion זנה + ב voraus, die auch in Ez 16,17 im Kontext der Hurenmetapher begegnet. Da Hirten in 2,8; 3,15; 10,21 die politischen Führungspersonen bezeichnet, ist diese Übersetzung nicht abwegig. MT bietet dagegen רֵעִים „Nächste, Freunde" als direktes Objekt von זנה (vgl. 3,20).

2a LXX εἰς εὐθεῖαν „geradeaus" führt aus Unkenntnis des Wortes שׁפים „kahle Höhen" (3,21; 4,11 u. ö.) die Wegmetapher fort; vgl. STIPP, Sondergut, 28; POPKO, Marriage Metaphor, 190f.

2b Sowohl *Ketiv* שְׁגָלְתְּ als auch *Qere* שְׁכָבַתְּ bieten Qal passiv-Formen, betonen also die Passi-
    vität der Frau beim Geschlechtsverkehr; das Verb שׁגל hat einen gewaltvollen (vgl. Dtn
    28,30; Jes 13,16; Sach 14,2) bis obszönen Unterton (vgl. LXX ἐξεφύρθης „besudelt"), so
    dass es im *Qere* durch das neutralere שׁכב „liegen" ersetzt wurde, so Ges[18], 1323.

2c MT כַּעֲרָבִי „wie ein Araber"; LXX und S lesen כְּעֹרֵב „wie ein Rabe".

3a In V. 3 bietet LXX einen anderen Text, dessen Vorlage nur wenig vom Konsonantentext
    in MT abweicht, aber einen anderen Sinn ergibt. Das seltene Wort רְבִבִים „Regenschau-
    er" in MT wird durch T, S und V gestützt; LXX καὶ ἔσχες ποιμένας πολλούς geht auf
    וימנו רעים רבים „viele Hirten wurden dir zugewiesen" zurück, kennt רְבִבִים wohl nicht
    (vgl. 14,22) und schließt daher an die in V. 1b genannten Hirten an; vgl. Popko, Marriage
    Metaphor, 194f.

3b LXX εἰς πρόσκομμα σεαυτῇ „zu deinem eigenen Anstoß" geht auf למוקש לך in der
    Vorlage zurück und setzt die Anklage an die untreue Frau fort, während MT mit ומלקוש
    היה לוא den Gedanken des fehlenden Regens weiterführt; vgl. 5,24f. und Popko, Marriage
    Metaphor, 195f.

3c MT drückt mit מֵאַנְתְּ הִכָּלֵם die Uneinsichtigkeit der Frau aus (vgl. 2,30; 5,3). LXX geht
    mit ἀπηναισχύντησας πρὸς πάντας „du hast dich gegenüber allen schamlos verhalten"
    auf הכלמת לכלם zurück. Popko zufolge (Marriage Metaphor, 198f.) könnte לכלם durch
    Haplographie ausgefallen sein, was die Präzisierung von הכלמת durch מאנת in MT erfor-
    derte.

4a LXX ὡς οἶκον setzt מעונה in der Vorlage voraus (MT מעתה). Die Zeitangabe „von nun
    an" findet sich auch in T, V und S, so dass ein Lesefehler der LXX-Übersetzer wahr-
    scheinlich ist; vgl. Finsterbusch/Jacoby, MT-Jeremia 1–24, 60.

4b LXX ἀρχηγὸν τῆς παρθενίας σου „als Herrscher über deine Jungfräulichkeit" deutet נערי
    „deine Jugend" im engen Sinn und führt so Gottes Rolle als Vater weiter aus.

5a Während V. 4b.5a in MT die Frauengestalt zitiert, richtet in LXX Gott rhetorische Fra-
    gen an sie. Die Übersetzung μὴ διαμενεῖ εἰς τὸν αἰῶνα ἢ διαφυλαχθήσεται εἰς νῖκος
    versteht נטר als aramäische Wurzel in der Bedeutung von נצר „bewachen, behüten"
    (Ges[18], 813): „wird sie (= die Jungfräulichkeit) bleiben auf ewig oder wird sie bewahrt
    werden auf Dauer?" Vgl. Finsterbusch/Jacoby, MT-Jeremia 1–24, 60.

5b Nach zwei Verbformen der 2. fem. sing. verweist die 3. fem. sing.-Form ותוכל ebenfalls
    auf die weibliche Adressatin; vgl. GK § 69r; 145t; auch LXX, T, V und S übersetzen mit
    „du".

Synchrone Analyse

Rhetorische
Struktur
   Wie Karin Finsterbusch detailliert aufweist, übergibt in LXX der Bucherzähler das
Wort an Jeremia (vgl. καὶ εἶπεν in 2,2). Der Prophet richtet sich ohne Unterbrechung
bis 10,25 an implizite judäische Adressat*innen und zitiert dabei immer wieder Gottes
Worte, worauf Botenformeln in der Funktion der Einleitung einer Gottesrede (2,2.5)
und zahlreiche Zitationsformeln verweisen.[5] In LXX bleibt die ab 2,16 mehrfach adressierte weibliche Figur namenlos und kann mit Jerusalem oder Juda als Volk oder Land
identifiziert werden.[6] Dazu passt der folgende Abschnitt, der den Beginn der Beziehung Gottes zu seinem Volk in der Wüste lokalisiert (2,2αβ–3). Jer^LXX 2,4 wendet sich
an das „Haus Jakob und jede Sippe des Hauses Israel". Damit ist ganz Israel einschließlich Juda als Adressatenkreis im Blick.

---

5 Vgl. Finsterbusch, Kommunikationsebenen, 258.
6 S. u. den Exkurs „Die Adressatin im Jeremiabuch", S. 79.

Im MT setzt das Kapitel sofort mit Jeremias Stimme ein, der von Gottes Redeauftrag an Jerusalem berichtet, also seine Worte von Beginn an als Gottesworte ausweist, so dass seine Stimme mit der Gottesstimme verschmilzt. Dennoch ist auch hier ab 2,4 ganz Israel im Blick, denn Jakob ist nach Gen 32,29 der Vater aller Stämme Israels.

Die in MT erweiterte Einleitung 2,1–2aα ordnet an, der Prophet solle „in die Ohren (Jerusalems) rufen" (2,2aα). Die Wendung קרא באזן bedeutet „(ein Schriftstück) vorlesen" (Ex 24,7; Dtn 31,11; 2 Kön 23,2; Neh 13,1) und wird im Jeremiabuch neben 29,29 v. a. für die von Baruch geschriebene und von König Jojakim verbrannte Schriftrolle verwendet (36,6.10.13.14.21).[7] Damit identifiziert MT Jer 2–6 als Teiltext dieser Schriftrolle.[8] Die Einleitung gleicht die Kommunikationssituation von 2,1 – 4,2 an Kap. 4–6 an, in denen die Stadt als weibliche Figur (4,5.7.14.18.30; 5,7; 6,8.23) und ihre Bevölkerung (5,14f.18.21; 6,16.20) angesprochen werden. Die an Jerusalem gerichtete Rede Jeremias setzt seine Anwesenheit in der Stadt voraus und folgt unmittelbar auf die Berufung im 13. Jahr Joschijas (1,2), wird also räumlich und zeitlich situiert.[9] Wenn Christof Hardmeier Jer 2–6* aufgrund der Einleitung in 2,1–2aα als „öffentliche Vorlesekommunikation" mit dem Ziel der „ultimativen Verwarnung"[10] Jerusalems bezeichnet, trifft er das intendierte Genre. Hardmeiers Datierung an den Beginn der Belagerung Jerusalems im Jahr 588 v. d. Z. ist allerdings nicht plausibel, weil 2,1–2aα erst prämasoretisch hinzugefügt wurde.[11]

Die Rede Jeremias in Jer 2,2aβ – 3,5 kann anhand von Einleitungen, Formeln und rhetorischen Fragen unterschiedlich gegliedert werden. Die hier vorgenommene Gliederung unterscheidet zwischen direkter Adressierung und der Rede über bestimmte Figuren.[12] Die folgende Tabelle soll das verdeutlichen:

Gliederung

	Direkte*r Adressat*in	Besprochene Figur/Person
2,1–2aα [MT⁺]	Jerusalem	
2,2aβ–3	V. 2aβ.b 2. fem. sing.	V. 3 Israel (als Erstling)
2,4–13	V. 4 Haus Jakob + Sippen des Hauses Israel V. 9f. 2. masc. plur. V. 12 Himmel	V. 5 eure Vorfahren V. 8 Priester + Torakundige V. 11f. mein Volk

---

7 Mit Hardmeier, Redekomposition, 19. Ohne Objekt, wie in Jer 2,2, findet sich die Wendung in Ri 7,3; Ez 8,18; 9,1.

8 So auch Popko, Marriage Metaphor, 77.

9 Mit Finsterbusch, Kommunikationsebenen, 251.

10 Hardmeier, Redekomposition, 42. Er rechnet Jer 2 (ohne 2,5b.20bα.23a.26b–31aα) und 3,1–5 (ohne 3,6 – 4,2) zur ursprünglichen Komposition, freilich ohne seine Literarkritik zu erläutern.

11 Vgl. Hardmeier, Redekomposition, 41. Ausschlaggebend für diese Datierung sind das Motiv vom Zerreißen der Fesseln (2,20; vgl. 5,5), das er mit der ins Jahr 594 datierten Auseinandersetzung Jeremias mit Hananja (28,1) verknüpft, die partielle Zerstörung (5,6), die er mit Nebukadrezzars Feldzug 588 verbindet, und die in 2,37 genannte Schaukelpolitik Judas zwischen den Großmächten. Vgl. Hardmeier, Geschichte, 25–28.

12 Diese grundsätzliche Unterscheidung betont auch Hildebrandt (Interpreting Quoted Speech, 63), dessen Gliederung sich in Vielem mit der hier vorgenommenen trifft.

	Direkte*r Adressat*in	Besprochene Figur/Person
2,14–25	V. 16–25 2. fem. sing.	V. 14f. Israel (als Sklave + Beute)
2,26–32	V. 28 2. masc. sing. = Juda V. 29f. 2. masc. plur.	V. 26f. Haus Israel V. 31 Israel + mein Volk
2,33–37	V. 33–37 2. fem. sing.	
3,1–5	V. 1b–5 2. fem. sing.	V. 1a geschiedene Eheleute

Jer 2,2aβ–3 bildet, durch Boten- und Zitationsformel gerahmt, den ersten Abschnitt. Nach hinten ist er durch den Numeruswechsel in der Anrede in V. 4 abgegrenzt.

Ein Höraufruf an das „Haus Jakob und alle Sippen des Hauses Israel" leitet den zweiten Abschnitt V. 4–13 ein. Nach der direkten Adressierung dieser Gruppe in V. 4–10 spricht Gott in V. 11–13 über das Volk in der 3. Person und ruft in V. 12 die Himmel an. Da V. 11b mit dem Ausdruck בלוא יועיל an לא־יועלו in V. 8 anknüpft, stellt diese Beurteilung des Volkes keine Zäsur dar, sondern schließt den Gedankengang ab. Auf den Appell an den Streitgegner in V. 4–9, der sich gegen den Vorwurf verwahrt, Jнwн habe sein Volk vernachlässigt, folgt in V. 10–13 eine Anklage, die das Volk des Göttertauschs bezichtigt.

Der dritte Abschnitt V. 14–25 setzt mit einer auffälligen Dreifachfrage (ה...אם...מדוע) ein und adressiert ab V. 16 durchgängig eine namenlose weibliche Figur (2. fem. sing.). Die Zitationsformel in V. 19 bildet keine Zäsur, denn V. 20 knüpft mit כי und inhaltlich an V. 19a an. Die Vorwürfe an die Gestalt, die nacheinander als Prostituierte, Weinrebe und weibliches Tier porträtiert wird, werden durch drei Zitate unterstrichen, die ihr fehlendes Schuldbewusstsein dokumentieren.

Dagegen fehlt in V. 26–32 die weibliche Adressierung. Wie schon in V. 14f. setzt auch V. 26f. mit einer Beschreibung der Situation Israels ein; V. 28 stellt eine Frage an eine männliche Einzelgestalt (2. masc. sing.), die am Versende überraschend mit „Juda" identifiziert wird. Danach wird eine Gruppe (2. masc. plur.) angesprochen, über die in V. 31 als „Israel" und „mein (= Gottes) Volk" berichtet wird.

Der fünfte Abschnitt V. 33–37 adressiert wieder durchgängig das weibliche Kollektiv. Er fragt zweimal nach dem Grund ihres Handelns und schließt, strukturell auffällig, mit doppeltem גם zwei Anklagen (V. 33f.) bzw. Ankündigungen (V. 36f.) an.[13] Ein dreiteiliges Zitat der Figur (V. 35) ist narrativ in den Kontext eingebettet und dokumentiert ihre Uneinsichtigkeit hinsichtlich der Anklagen.

Obwohl 3,1–5 sich weiterhin an die weibliche Adressatin wendet, zeigt das mit לאמר eingeleitete Zitat des Rechtsfalles von Dtn 24,1–4 eine Zäsur an, so dass 3,1–5 als eigener Abschnitt angesehen werden kann.

Forensische Situation Im gesamten Monolog wird durch Begriffe des Rechtsstreits (ריב V. 9.29, שׁפט V. 35), den Verweis auf Unschuld (נקי V. 34; נקה V. 35), den Vergleich mit dem Dieb (V. 26), die Nennung des Einbruchs (V. 34) und das Zitat eines Rechtsfalles (3,1) rhetorisch eine forensische Situation erzeugt. Im Verlauf der Rede weist Jeremia als Gottes Sprecher implizite Vorwürfe zurück, erhebt Anklage und begründet diese mit dem Verhalten des Volkes. Zwar lässt sich eine Gattung der prophetischen Gerichtsrede nicht nachweisen, weil die dafür meist herangezogenen Texte zu unterschiedlich sind.[14] Den-

---

13   Vgl. LUNDBOM, AB 21A, 294; HILDEBRANDT, Interpreting Quoted Speech, 85.166–175.

14   Vgl. DEROCHE, Michael, Yahweh's *rîb* Against Israel. A Reassessment of the So-called 'Prophetic Lawsuit' in the Pre-exilic Prophets: JBL 102 (1983), 563–574; DANIELS, Dwight R., Is there a 'Prophetic Law Suit' Genre?: ZAW 99 (1987), 339–360.

noch bietet die Rede eine Art Plädoyer darüber, was in der Beziehung zwischen Gott und Volk angemessen sei und wer diese Beziehung gefährde.

Synchron betrachtet ist der häufige Wechsel im Geschlecht der Adressat*innen verwirrend. Dabei kann die Personifikation des weiblichen Kollektivs vor dem Hintergrund der altorientalischen Tradition erklärt werden.

Verschiedene Adressat*innen

Exkurs: Die Adressatin im Jeremiabuch

In Jer 2–3; 30–31 und weiteren, über das Buch verstreuten Passagen (11,15f.; 13,20–27; 22,20–23; 30,12–14.16f.) begegnet eine meist namenlose weibliche Figur, die Adressatin massiver Anklagen und Heilsorakel ist. Die Personifikation einer Stadt oder eines Landes als Frau ist im Alten Orient und in der Hebräischen Bibel vielfach belegt (Jes 40–66; Ez 16; 23; Hos 1–3; Klgl 1–2). Die Personifikation ist ein literarisches Stilmittel, um eine an einem Ort bzw. in einer Region ansässige Menschengruppe als einheitliche Größe zu beschreiben, die aktiv handelt, spricht, menschliche Eigenschaften und Emotionen aufweist, somit für ihre Handlungen verantwortlich gemacht werden kann und eine personale Beziehung zu ihrer Gottheit hat.[15]

Die Personifikation ist eine Untergattung der Metapher. Gemäß der neueren Metapherntheorien von Ivor A. Richards, Max Black und Paul Ricoeur schafft eine Metapher eine neue Bedeutung, indem sie zwei verschiedene Subjekte oder Ideen verbindet, wobei allgemeine oder alltägliche Assoziationen der beiden Subjekte miteinander verschränkt werden. Welche gedanklichen Bilder beim Lesen einer metaphorischen Aussage hervorgerufen werden, ist kultur- und zeitspezifisch; allerdings bleiben manche Assoziationen über lange Zeiträume hinweg konstant.

Der metaphorischen Aussage „die Stadt ist eine Frau" liegt die Vorstellung zugrunde, dass eine Stadt „weibliche" Eigenschaften hat; sie kann begehrt, erobert, beschützt und regiert werden. Sie stellt lebenswichtige Ressourcen wie Nahrung, Schutz und Wohnung für Menschen zur Verfügung und ist daher einer Mutter vergleichbar, die ihre Kinder versorgt. Für die weibliche Personifikation eines Landes gilt Analoges. Dabei wird deutlich, dass die Verbindung von „weiblich" mit „nährend, schützend" und von „männlich" mit „erobernd, stark, regierend" auf einer hierarchischen Vorstellung von Geschlecht und Geschlechterrollen beruht. Freilich ist diese Geschlechterhierarchie bis in heutige Zeit wirksam und wird in der westlichen Welt erst in den letzten Jahrzehnten hinterfragt und aufgebrochen.

In der Antike begegnet die Personifikation der Stadt als Frau bereits im dritten Jahrtausend v. d. Z. in sumerischen Klagen über die Zerstörung einer Stadt, danach in Klageliturgien, die anlässlich des Umbaus von Tempeln rezitiert wurden, sowie in westsemitischen Texten des ersten Jahrtausends. Sie ist außerdem in Gestalt der mit einer Krone in Form einer Stadtmauer geschmückten Göttin in Phönizien sowie in Stadtpersonifikationen aus hellenistischer Zeit belegt.[16] Diese kulturübergreifende Vorstellung prägt auch spätere Darstellungen Athens und Roms bis hin zu Stadtgedichten über Berlin aus den 1920er Jahren. Die Personifikation eines Landes als Frau mit Mauerkrone ganz analog zu Münzen der antiken Städte Antiochia und Sidon findet sich auch in Gestalt der Marianne als Verkörperung Frankreichs, in der mythologischen Frauengestalt Europa und auf italienischen Briefmarken aus den 1950er bis 1970er Jahren. In den Vereinigten Staaten wurde „Lady Liberty", die Freiheitsstatue im Hafen von New York, ein 1886 gestiftetes Geschenk Frankreichs, zur Repräsentationsfigur für das Land.

---

15 Dazu ausführlich Maier, Daughter Zion, 60–74.

16 Maier, Christl M., Daughter Zion as Queen and the Iconography of the Female City: Nissinen, Martti/Carter, Charles (Hg.), Images and Prophecy in the Ancient Eastern Mediterranean (FRLANT 233), Göttingen: Vandenhoeck & Ruprecht 2009, 147–162.

In der Hebräischen Bibel wird jedoch die Stadt bzw. das Land nicht als Frau an sich, sondern in den Rollen einer Tochter, Ehefrau, Mutter, Prostituierten, Witwe oder weisen Frau charakterisiert. Die Implikationen dieser verschiedenen Frauenrollen sind zeitbedingt und vom jeweiligen sozialgeschichtlichen Kontext abhängig. Dabei wird die Beziehung zwischen Stadt bzw. Land und Gottheit entweder als Vater-Tochter-Beziehung oder als Ehe aufgefasst. Erstere wird durch die Titel בת־ציון „Tochter Zion" (4,31; 6,2.23), „Tochter Jerusalem", „Tochter Juda" oder בתולה „Jungfrau", d. h. ein Mädchen, das noch keinen Geschlechtsverkehr hatte, ausgedrückt.[17] Die dazu analoge Wendung בת־עמי „Tochter, mein Volk" bildet, syntaktisch gesehen, eine Apposition, die als metaphorische Aussage „das Volk ist meine Tochter" verstanden werden kann.[18] Im Hintergrund steht die Vorstellung, dass ein Vater seine Tochter erzieht, sie bis zur Heirat versorgt und vor sexuellen Übergriffen schützt, aber auch jeglichen vorehelichen Geschlechtsverkehr ihrerseits unterbindet, weil dieser „Schande", d. h. Ehrverlust, über die ganze Großfamilie bringen würde. Der Tochtertitel impliziert auch, dass die weibliche Gestalt schützenswert und schutzbedürftig ist. Die personifizierten Gestalten „Tochter Ägypten" (46,11.19.24) und „Tochter Babylon" (50,42; 51,33), die im Jeremiabuch als Feindinnen Jerusalems begegnen, verweisen auf den altorientalischen Hintergrund der Metaphorik und implizieren, dass auch sie von einer Gottheit geschützt werden, über die freilich JHWH triumphiert. Alle diese Titel, besonders aber der der „Jungfrau", sind androzentrisch, d. h. sie fokussieren auf die weibliche Gestalt aus männlichem Blickwinkel und in Abhängigkeit von einer männlichen Figur.

Die Rede von der Jugend als Brautzeit (2,2; vgl. 2,32), das Beispiel der geschiedenen Ehe (3,1) und die narrative Charakterisierung Israels als Ehefrau (3,6–12) verweisen auf die Vorstellung einer Ehe zwischen Gott und dem Land. Der Ehemetapher liegt die in den Kulturen des Alten Orients verbreitete Auffassung zugrunde, dass der Ehemann das exklusive Recht auf die Sexualität seiner Frau besitzt, aber verpflichtet ist, sie und ihre Kinder zu ernähren und zu beschützen. Geht eine verheiratete Frau eine sexuelle Beziehung zu einem anderen Mann ein, ist das ein Vergehen gegen den Besitz des Ehemannes, der seine Frau bestrafen und sich von ihr scheiden kann. Während Spr 6,29 nur generell von Bestrafung spricht und Spr 5,8–14 den sozialen Abstieg androht, sehen Lev 20,10 und Dtn 22,22 für Ehebruch die Todesstrafe beider beteiligter Personen vor. Freilich wird ein solcher Fall nirgends erzählt; in 2 Sam 12,14–18 stirbt das von David und Batseba im Ehebruch gezeugte Kind. Dagegen gelten sexuelle Beziehungen eines Mannes mit unverheirateten Frauen oder Prostituierten nicht als Ehebruch, weil diese Frauen nicht „im Besitz" eines anderen Mannes sind. Einige prophetische Texte (Jer 3,1–5; 13,20–27; Ez 16; 23; Hos 1–3) bezichtigen Israel und Juda bzw. Jerusalem und Samaria des „Ehebruchs" mit anderen Gottheiten oder politischen Mächten. Diese Texte bezeichnen die weibliche Figur polemisch als „Hure" (זונה) oder ihr Verhalten als „Hurerei" und kündigen ihre Bestrafung und öffentliche Beschämung durch Gott in drastischen Bildern sexualisierter Gewalt an.

Sowohl die Vater-Tochter- als auch die Ehemetapher setzen eine patriarchale Gesellschaftsordnung und hierarchische Beziehungen zwischen den Geschlechtern voraus.

---

17 Alle Vorkommen von בת ירושלם „Tochter Jerusalem" finden sich parallel zu בת־ציון „Tochter Zion", vgl. 2 Kön 19,21; Jes 37,22; Klgl 2,13.15; Mi 4,8; Zef 3,14; Sach 9,9; בת־ציון wird darüber hinaus häufig in DtJes, Micha und Klageliedern gebraucht, בת־יהודה in Klgl 1,15; 2,2.5 und בתולה in Jer 2,32; 31,13.

18 Vgl. בת־עמי in Jer 4,11; 6,26; 8,11.19.21.22.23; 9,6; 14,17, darüber hinaus nur noch Jes 22,4; Klgl 2,11; 3,48; 4,3.6.10. Für die Interpretation als appositioneller Genitiv vgl. MAIER, Daughter Zion, 61f.; HERMISSON, Die Frau Zion, 25. Zu Recht kritisiert Hermisson Fitzgeralds Deutung der Wendung als Synonym zu „Tochter Jerusalem"; vgl. FITZGERALD, Aloysius, BTWLT and BT as Titles for Capital Cities: CBQ 37 (1975), 167–183, 172–177.

Sie erregen Anstoß bei heutigen Leser*innen und erweisen sich daher als ungeeignet, das Verhältnis zwischen Gott und Menschen zu beschreiben. Cheryl Exum empfiehlt, Texte, die sexualisierte Gewalt gegen eine weibliche Gestalt thematisieren oder weibliche Sexualität negativ darstellen, mit einer dreifachen Strategie auszulegen:[19] Zunächst solle ihre negative Wirkung auf weibliche und männliche Leser herausgestellt werden; dann solle ihre Metaphorik deutlich als Frauen verachtend bezeichnet werden.[20] Schließlich sollen die unterdrückten Diskurse bzw. mögliche Sichtweisen von Frauen aufgedeckt werden. Weil gewalttätiges Verhalten von Männern gegenüber Frauen bis heute weltweit noch in vielen, auch christlichen, Kreisen toleriert und häufig als „Recht" des Ehemannes bzw. Vaters auf körperliche Züchtigung verstanden wird, zielt meine Auslegung darauf, hegemoniale und gewalttätige Machtbeziehungen sowie binäre Konstrukte von Weiblichkeit und Männlichkeit, die sich in den Texten spiegeln, zu dekonstruieren. Das bedeutet, dass ich die potentiell Gewalt verherrlichende Wirkung dieser Metaphorik thematisiere und erläutere, weshalb sie verwendet wurde und was ihre rhetorische Funktion im konkreten Text ist.[21]

Die folgende synchrone Kommentierung der in Jer 2,1 – 3,5 dargestellten Beziehung zwischen Gott und Volk erläutert die Geschlechterwechsel entlang der o. g. Gliederung und identifiziert die verschiedenen Adressat*innen sowie deren mutmaßliche Vergehen.

Der Rückblick Jhwhs in die Frühzeit (V. 2b–3) beschreibt diese als Jugend- und Brautzeit, als Phase inniger Vertrautheit in der Wüste. Zwar identifiziert die Einleitung in 2,1–2aα (MT[+]) die Adressatin mit Jerusalem. Inhaltlich aber kommt mit dem Stichwort „Wüste" das Volk Israel als Ganzes in den Blick. Diese Spannung lässt sich nur diachron auflösen.[22] Der Abschnitt hat eine thematische Parallele in 31,2–6, in der Jhwh seine Liebe (אהבה) und Treue (חסד) zu seinem Volk in der Wüste (במדבר) beschreibt und der „Jungfrau Israel" (בתולת ישראל) ankündigt, er werde sie wieder aufbauen. Dieser Titel wird für Israel nur in 18,13; 31,4.21 gebraucht, während 3,6–12 das Volk als abtrünnige Ehefrau Jhwhs charakterisiert. In 2,3 wird Israel als männliche Gestalt „Erstling des Ertrags" genannt, was die Vorstellung von der Jhwh gehörenden Erstlingsfrucht aufruft (vgl. Ex 23,19; 34,26; Dtn 26,2). Die Drohung, dass sich alle verschulden und Unheil auf sich ziehen, die diese Frucht essen, findet sich noch im Heilswort an die namenlose weibliche Gestalt 30,16. Darüber hinaus wird Israel als männlicher Sklave (2,14) sowie als Kollektiv in der Wendung „Kinder Israels" (3,21)[23] oder „Haus Israel" (2,26; 3,18.20) charakterisiert.

Die Ehemetapher ist in der Wendung אהבת כלולתיך „Liebe deiner Brautzeit" impliziert, obwohl die weibliche Figur nicht als Gattin Jhwhs bezeichnet wird. Die Wendung lässt offen, ob ihre Treue und Liebe gemeint ist – sofern man den Infinitiv לכתך den anderen Wortverbindungen gleichordnet – oder ob es um Jhwhs Treue und Liebe geht – sofern man den Infinitiv als temporale Angabe versteht.[24] Jeden-

2,2b–3
Zeit der Liebe

---

19 Exum, Ethics of Biblical Violence, 265–269.
20 Von „Pornographie" sprechen in diesem Zusammenhang z. B. Brenner/Dijk-Hemmes, On Gendering Texts, 167–193. Zur „Pornographie-Debatte" vgl. Maier, Christl M., Feminist Interpretation of the Prophets: Sharp, Carolyn J. (Hg.), The Oxford Handbook of Prophets, Oxford: Oxford University Press 2016, 467–482, 470–474.
21 Zur Deutung der Metaphorik s. die Einleitung, „Feministische Interpretation", S. 33.
22 S. u. die diachrone Analyse.
23 Vgl. noch Jer 16,14f.; 23,7; 32,30.32; 50,4.33.
24 Häusl (Bilder der Not, 313–315) erläutert die Syntax ausführlich.

falls wird die Beziehung zwischen Gott und dem weiblichen Kollektiv nur in 2,2; 3,19 und 31,2–6 positiv, ansonsten negativ gezeichnet. Das Motiv der Beziehungsaufnahme in der Wüste findet sich sonst nur in der Hoseaschrift, in Verbindung mit Israel bzw. Efraim als männlicher Einzelgestalt (Hos 9,10; 13,5) und in Hos 2,16f., einem nachexilischen Heilswort, das „Frau Israel" die Rückführung in die Wüste verheißt, um das Verhältnis mit Gott zu erneuern.[25]

2,4–13
Geschichtsrückblick

Auch der Rückblick auf Exodus, Wüstenwanderung und Landgabe (V. 4–13) hat das Gesamtvolk im Blick. Die Einleitung in V. 4 trägt mit der Wendung „Haus Jakob und alle Sippen des Hauses Israel" der politischen Zweiteilung des Volkes Rechnung. Das „Haus Jakob" (2,4; vgl. 5,20) bezeichnet – entgegen einem Verständnis Jakobs als Stammvater des Nordreichs (Hos 12,3.13) – im Jesaja-[26] und Jeremiabuch[27] den exilischen Rest Judas und wird häufiger neben Israel genannt.[28] Dagegen bedeutet „Haus Israel" in der Jeremiatradition je nach Kontext Unterschiedliches. Im Zusammenhang mit Bet-El (48,13) und in Parallele zum Haus Juda bezeichnet es eindeutig das Nordreich,[29] an weiteren Stellen aber das (nachexilische) Gesamtvolk.[30] Nur 2,4 und 31,1 reden von „allen Sippen des Hauses Israel" und meinen wahrscheinlich die nach dem politischen Ende des Nordreichs übriggebliebene Bevölkerung. Damit wendet sich 2,4–13 an die Restbevölkerung des Nord- und des Südreichs und legt dar, dass das Volk seine Beziehung zu Gott in Vergangenheit, Gegenwart und Zukunft aufs Spiel setzt.

Für die Vergangenheit steht die Abwendung der Generation des Exodus (V. 5b) von Jhwh und deren Zuwendung zu anderen Gottheiten, die sich als „nichtig", d. h. wirkungslos erwiesen. Das in V. 6 folgende Zitat ist ein in Frageform gekleidetes Bekenntnis zu Jhwh als Retter, der sein Volk aus Ägypten heraufführte und in der lebensfeindlichen Wüste bewahrte. Dass Israels Vorfahren dieses Bekenntnis gerade nicht ablegten (לֹא אָמְרוּ), also die rettende Gottheit nicht suchten, unterstreicht ihr mangelndes Vertrauen zu Jhwh. Während Jhwh als zugewandte Gottheit erscheint, wird die Generation der Väter und Mütter doppelt negativ gezeichnet: Sie erkennen weder Jhwhs positives Wesen noch sein ihnen zugutekommendes Handeln. Auch die Gabe eines fruchtbaren Landes, das mit seinen Früchten an das Paradies erinnert und als Jhwhs Erbbesitz bezeichnet wird, wird als Heilstat negiert. Dabei weist der Sprachgebrauch mit טמא Pi. „verunreinigen" und שִׂים לְתוֹעֵבָה „zum Gräuel machen" (V. 7; vgl. Jes 44,19) auf kultische Vergehen und die Verehrung fremder Gottheiten (vgl. Jer 2,23; 7,30; 16,18; 19,13; 32,34f.; 44,4.22).

Nicht nur die Vorfahren in der Zeit von Exodus und Landnahme, sondern auch die gegenwärtig führenden Gruppen versagen in ihrer Kommunikation mit Gott (V. 8): Die Priester fragen nicht nach Jhwh, d. h. gerade die für den Kontakt zu Gott Zuständigen bekennen sich nicht zu ihm. Durch die Wiederholung der ersten Zitatzeile werden die Priester den Vorfahren gleichgestellt und die Kontinuität der Abkehr des Volkes von Gott betont. Auch diejenigen, die sich mit der Tora

---

25   Hos 2,16f. und seine Fortschreibung in 2,18f. sind wohl von Jer 2,2 her motiviert. Vgl.
      Wacker, Figurationen des Weiblichen im Hosea-Buch, 212f.
26   Vgl. Jes 2,5f.; 10,20f.; 46,3; 48,1.
27   Vgl. Jer 10,16.25; 30,7.10.18; 31,7.11; 33,26; 46,27f.; 51,19.
28   Vgl. darüber hinaus Ps 114,1; Mi 2,7; 3,9; Ob 1,17f.
29   Vgl. Jer 3,18; 5,11; 11,10.17; 13,11; 31,27.31.33; 33,14 sowie (alleinstehend) 9,25.
30   Vgl. Jer 10,1; 18,6; 23,8.

befassen, d. h. die Schriftgelehrten, erkennen Gott nicht. Mit den Hirten sind die
Könige gemeint (vgl. 23,1–8), denen sogar aktives Handeln gegen Jhwh zur Last
gelegt wird. Die Prophet*innen schließlich prophezeien im Namen des kanaanäischen Wettergottes Baal.

Diese Geschichte fortgesetzter Abkehr von Jhwh führt nach 2,9 dazu, dass Gott
die gegenwärtigen Adressat*innen und selbst noch deren Enkel*innen vor Gericht
stellt, mithin die Vergehen der Vergangenheit in der Gegenwart geahndet werden
und selbst noch die Zukunft des Volkes beeinträchtigen. Die Nennung von drei
Generationen stimmt mit dem Bekenntnis in Ex 34,6f. überein, demzufolge Gott
Vergehen bis in die dritte und vierte Generation ahndet. **Generalab-rechnung**

Als Vergleich für die Einzigartigkeit dieses aus Sicht Jhwhs unverständlichen
Göttertauschs wird die bekannte Welt in Ost-West-Ausdehnung (V. 10) bemüht:
Von den Inseln der Kittäer (Griechenland) bis nach Kedar (Arabien) gibt es nichts
dergleichen. Sogar die Sphäre der Gottheiten ist involviert, wenn die Himmel zur
emotionalen Reaktion des Entsetzens über dieses Verhalten des Volkes aufgerufen
werden (V. 12). Beide Aussagen unterstreichen, dass das Volk sich vor der Welt
und vor den himmlischen Mächten selbst ins Unrecht setzt. Abschließend wird
dieser Göttertausch in V. 13 noch einmal metaphorisch akzentuiert: Das Volk hat
Jhwh, die Quelle lebendigen Wassers, verlassen und sich rissige Zisternen gegraben, die das Wasser nicht halten.

Damit bietet 2,4–13 eine Generalabrechnung Jhwhs mit seinem Volk in Vergangenheit, Gegenwart und Zukunft. Es wird vor ein imaginäres Gerichtsforum irdi-
scher und himmlischer Mächte gestellt und nicht nur als vollkommen undankbar
bezüglich der Rettungs- und Heilstaten Gottes beschrieben, sondern auch der bewussten Abkehr von Jhwh und der Hinwendung zu anderen Gottheiten bezichtigt.
Dieser redundante Vorwurf überdeckt freilich nur unzureichend eine Leerstelle im
Text, nämlich Jhwhs Unfähigkeit, sein Volk von seinen Kompetenzen zu überzeu-
gen. Dabei impliziert die Frage „Wo ist Jhwh?" (V. 6), dass diese Gottheit abwesend
sein könnte und die Rückfrage, wo Jhwh denn tatsächlich war, als Jerusalem und
Juda untergingen.

Sowohl in ihrer zeitlichen Dimension als auch inhaltlich weist diese Anklagerede weit über den durch 2,1–2aα eröffneten, vorexilischen Horizont hinaus. Sie
führt zugleich das Thema der Fremdgottverehrung ein, das sich wie ein roter
Faden durch das Jeremiabuch zieht.[31]

Während der Geschichtsrückblick in V. 4–13 Israel und Juda gleichermaßen
verurteilt, bietet V. 14–25 ein Disputationswort, das das Schicksal des Nordreichs
als warnendes Beispiel für das weibliche Kollektiv anführt. Die Dreifachfrage in
V. 14 setzt mit einer rhetorischen Doppelfrage ein, die auf den Konsens mit den
Adressat*innen zielt und die Antwort „nein" erwartet: Israel ist kein Sklave, weder
zeitlich befristet noch als im Haus geborener auf Lebenszeit. Die folgende Warum-
Frage zielt auf die derzeitige Situation:[32] Inhaltlich setzt sie einen Kontrapunkt
zur Aussage in 2,3, Israel sei Jhwh heilig und Erstling seines Ertrags. Das Nordreich
wurde zur Beute brüllender Löwen, die das Land zerstörten, so dass die Städte **2,14–25 Disputations-wort**

---

31   Vgl. Jer 7,1 – 8,3; 9,12f.; 11,12f.17; 19,4f.; 23,26f.; 31,32; 32,29.35.

32   Diese nur in Jeremia belegte Verbindung dreier Satzfragen versteht Brueggemann, Walter (Jeremiah's Use of Rhetorical Questions: JBL 92 [1973], 358–374, 374) als konfronta-
tive Rhetorik, die den Propheten zum „man of dispute par excellence" mache.

nun verödet und menschenleer sind. Die Charakterisierung der Kriegsgegner als Raubtiere findet sich mehrfach in Jer 4–6. Sie greift ein Motiv auf, das in den Flüchen altorientalischer Verträge häufig begegnet: Wer den Vertrag bricht, dem oder der wird angedroht, von Raubtieren verschlungen zu werden.[33] Damit bezieht sich V. 14f. auf die Eroberung des Nordreichs durch die neuassyrische Großmacht. Die in V. 16 adressierte weibliche Figur, der ein analoges Schicksal angedroht wird, ist somit Juda. Die Ankündigung, die Kinder von Memfis und Tachpanhes würden ihr „den Scheitel abweiden" (V. 16), stellt die Bevölkerung der Hauptstadt Unterägyptens und einer Grenzfestung im Nildelta als feindliche Kollektive dar. Beide Städte werden in 44,1 als Wohnorte geflüchteter Judäer*innen erwähnt.[34] Die Metapher beschreibt die gewaltsame Inbesitznahme einer Weide (vgl. 6,3; 12,10) und kommt der heute gebräuchlichen Metapher „sie fressen dir die Haare vom Kopf" nahe. Der weiblichen Adressatin wird vorgeworfen, weg von Jhwh (V. 17.19) und zwischen Ägypten und Assyrien hin- und herzulaufen (V. 18). Dabei zielt die Metapher „das Wasser des Flusses trinken" (vgl. V. 13) auf politische Bündnisse mit den beiden Großreichen. Die rhetorische Frage, was es der Adressatin nütze, Wasser des Nils oder des Eufrat zu trinken, impliziert die negative Antwort „nichts". Sie bewertet Judas Bündnispolitik mit den Großmächten als „Abwendung" von Jhwh und damit als mangelndes Vertrauen in die eigene Gottheit.

2,20–25   V. 20–25 hebt die unbeugsame und selbst durch Züchtigung nicht korrigierbare
Juda als   Haltung der Frauengestalt durch metaphorische Anklagen und Zitate hervor. Es
unbeugsame handelt sich durchweg um fiktive Zitate, die bewusst eingesetzt werden, um der
Frau   Angeklagten fehlendes Schuldbewusstsein nachzuweisen.[35] Deren Häufung dient der Steigerung und soll bei den Adressat*innen Emotionen wecken. Die Zitate in V. 20–25 führen zu einer Art fiktivem Streitgespräch zwischen Jhwh und Juda. Ursprünglich geht es um den Vorwurf (mit LXX), sie habe ihr Joch zerbrochen, den sie mit „Ich werde nicht dienen!" beantwortet und so ihre Handlungsfreiheit betont. Die spätere Fassung (MT) erinnert daran, dass Jhwh Israels Joch in Ägypten zerbrach und Israel ihm am Sinai Treue schwor, was das folgende Zitat als Gotteswort erscheinen lässt. Der Vorwurf, sie beuge sich wie eine Hure unter jedem grünen Baum, der in beiden Textfassungen überliefert ist, wirkt in MT umso stärker als Bruch der einmal eingegangenen Verpflichtung. Die mit dem abschätzigen Verb זנה „huren" gebildete Metapher „Verehrung anderer Gottheiten ist Hurerei" zielt auf die Existenz lokaler Heiligtümer (vgl. „auf jedem hohen Hügel", V. 20b), an denen Wettergottheiten („Baale", V. 23a) verehrt wurden. Sie wird bereits in der Grundschicht der Hoseaschrift gebraucht (Hos 4,12f.) und unterstreicht die gescheiterte Beziehung zwischen Gott und Volk.

Auf die Hurenmetapher folgt diejenige von der edlen Rebe, die Gott pflanzte und die sich zu wilden Ranken entwickelte (V. 21). Da ein Weinstock jahrelang gepflegt werden muss, bevor er Früchte trägt, unterstreicht die Metapher Gottes

---

33   Vgl. Hillers, Treaty-Curses, 54–56.

34   Vgl. noch Jer 43,7.8.9; beide Städte begegnen auch in den Worten gegen Ägypten (Jer 46,14.19.18; Ez 30,13.16.18). Nof ist außerdem in Jes 19,13 belegt.

35   Bisher wurden diese v. a. unter der Frage behandelt, inwiefern sie authentische Rede der Adressat*innen bieten, vgl. Overholt, Thomas W., Jeremiah 2 and the Problem of ‚Audience Reaction': CBQ 41 (1979), 262-273. Eine detaillierte synchrone Analyse der zitierten Rede bietet Hildebrandt, Interpreting Quoted Speech, 75-86.

fürsorgliches Handeln. Demgegenüber symbolisiert das unkontrollierte Wachsen des Weinstocks, dass das Volk diese Fürsorge verweigert, sich selbstbestimmt anders orientiert und so Gott gegenüber fremd, zur נכריה „fremden Frau" wird (vgl. Spr 5,20).

V. 22 gebraucht das Bild eines verschmutzten Gewandes oder Tuchs, das selbst mithilfe aggressiver Putzmittel wie Natron, mineralischem Alkali, oder „Pottasche", einem Reinigungsmittel auf pflanzlicher Basis, nicht gereinigt werden kann. Damit steht der Schmutzfleck der Schuld Gott dauerhaft vor Augen. Das Zitat der Frauengestalt, sie habe sich nicht verunreinigt, widerspricht dieser Zuschreibung von Schuld und deutet das Vergehen zugleich als Fremdgottverehrung: „Ich bin den Baalen nicht nachgelaufen". Der Plural „Baale" verstärkt den Vorwurf des promiskuitiven Verhaltens.

Die Tiermetaphorik in V. 23f. bereitete nicht nur den antiken Übersetzern Verständnisschwierigkeiten. Basierend auf Erfahrungen aus der Kamelzucht ist das Verhalten der in verschiedene Richtungen ausbrechenden Kamelstute nicht ein Zeichen ihrer Empfängnisbereitschaft, sondern ihrer Jugend.[36] Demgegenüber gebärdet sich eine brünstige Wildeselin ungestüm: Hat sie einmal den Uringeruch eines männlichen Tieres entdeckt, verfolgt sie dessen Spur, um sich mit ihm zu paaren, und nichts kann sie am Weglaufen hindern. Die Metapher wirkt polemisch, insofern sie instinktiv-tierisches Verhalten mit weiblicher Sexualität verbindet und deren Identifikation durch ein Zitat der Frauengestalt unterstreicht, die ihr Herumlaufen als frei gewählte Liebe zu Fremden darstellt. Diese animalische Überzeichnung zielt darauf, die ersten Adressat*innen, überwiegend Männer, aber auch Frauen, zu beschämen.[37] Zugleich karikiert sie die Bündnispolitik Judas als unverständliches, für Menschen sogar absurdes Verhalten.

Während sich heutige männliche Leser leicht mit der Position Gottes identifizieren und viele Kommentare die Beschreibung auf reale kultische und sexuelle Vergehen zurückführen,[38] führt diese sexualisierte Darstellung bei Leserinnen zu Erstaunen und Abscheu. Die Charakterisierung der Adressatin als Kamelstute und Wildeselin verzeichnet bewusst weibliches Begehren und Sexualität. Sie produziert ein negatives Frauenbild, das kritisch zu hinterfragen ist.[39]

Dass analoge Vorwürfe gegen die Adressat*innen auch ohne weibliche Metaphern erhoben werden können, zeigt der Abschnitt V. 26–32. Zunächst wird über das Haus Israel gesprochen (V. 26f.), dann dieses direkt adressiert, in V. 28 als männliche Einzelgestalt, in V. 29f. als Gruppe. V. 31aα leitet ein Wort an Letztere ein, das aber wiederum das Volk in der dritten Person erwähnt. Der Vergleich mit dem *in flagranti* ertappten Dieb betont, dass die Vergehen des Hauses Israel nun in aller Öffentlichkeit bekannt sind und zu dessen Beschämung beitragen.

2,23f.
Kamelstute
und Wildeselin

2,26–32
Kultisches
Fehlverhalten

---

36   Vgl. BAILEY, Kenneth E./HOLLADAY, William L., The „Young Camel" and the „Wild Ass" in Jer. II 23–25: VT 18 (1968), 256–260, 258f.

37   So auch EXUM, Ethics of Biblical Violence, 250; DIAMOND/O'CONNOR, Unfaithful Passions, 143. SHIELDS (Circumscribing the Prostitute, 123) argumentiert mit Blick auf 3,20b, dass die Erstadressaten Männer seien.

38   McKANE, ICC, 47; WANKE, ZBK, 41; SCHMIDT, ATD 20, 88f.

39   Vgl. BAUMANN, Liebe und Gewalt, 123f.; BRENNER/DIJK-HEMMES, On Gendering Texts, 181–187; SHIELDS, Circumscribing the Prostitute, 158–160; MAIER, Ist Versöhnung möglich?, 303f. FISCHER (HThKAT, 169) verweist immerhin auf diese Diskussion.

Welche Vergehen dies sind, bleibt aber im Dunkeln. V. 26b listet die verantwortlichen Personen auf: das Volk (vgl. הֵמָּה), vor allem aber dessen führende Gruppen, Könige und Beamte, Priester und Prophet*innen (vgl. 32,32). Mit dem Hinweis auf Holz und Stein wird der Kult an den Ortsheiligtümern als bereits
erfolgte Abkehr von Jhwh angeprangert.[40] Ob der Artikelgebrauch auf bestimmte
Objekte zielt, eine allgemeine Aussage formuliert oder umfassend „jedes Holz"
meint, bleibt offen.[41] Die Zitate (V. 27) sollen belegen, dass das Haus Israel fremde Gottheiten als „Vater" und „Mutter" anruft und von ihnen Rettung erwartet.
Damit werden Titel und Kompetenzen, die gewöhnlich Jhwh zukommen (vgl. Dtn
32,6.13.18), vom Volk auf andere Gottheiten übertragen. Jhwh beantwortet solches Verhalten mit der Ankündigung einer „Zeit, in der es dir übel ergeht"
(V. 28a), aus der selbst die große Zahl der Gottheiten nicht wird retten können.
Ob das Zitat des Volkes in V. 27b „Steh auf und hilf uns" an „Holz und Stein"
oder an Jhwh adressiert ist, bleibt ebenfalls offen. Ähnliche Bitten werden im
Psalter überwiegend an Jhwh gerichtet.[42] Die in Prosa gehaltene Frage in V. 28
jedenfalls bezieht den Hilferuf auf die fremden Gottheiten und betont, es gebe
derer so viele, wie Juda Städte aufweise. Indem Jhwh das Volk auffordert, es
solle doch die selbstgemachten Gottheiten um Rettung bitten, erhält die Frage
einen ironischen Unterton.

Die Identifikation des männlichen Adressaten mit Juda am Ende von V. 28 ist
abrupt und widerspricht der im Kontext weiblichen Personifikation. Ohne V. 28
können das „Haus Israel" (V. 26a) und „Israel" (V. 31a) mit dem Gesamtvolk identifiziert werden; mit V. 28 erscheint eine Aufteilung auf Nordisrael und Juda plausibler und wird das Verhalten Israels zum negativen Vorbild für Juda, dessen Abwendung von Jhwh umso schwerer wiegt und als völlig unbegreiflich dargestellt
wird.[43] Die Verwendung von qatal-Formen für die Hinwendung zu fremden Gottheiten und jiqtol-Formen für das Handeln in der angekündigten Zeit lässt sich
entsprechend für beide Möglichkeiten auswerten.

Die Frage in V. 29 nimmt mit dem Stichwort ריב erneut den Gedanken des Rechtsstreits auf (vgl. 2,9), der hier von den Adressat*innen angestrengt wird. Jhwh kann
aber nicht angeklagt werden, weil das Verhalten des Volkes alleiniger Grund für die
bereits erfolgten Schläge gegen die Kinder (V. 30a) ist. Jhwhs Erziehungsmaßnahmen
waren erfolglos (לַשָּׁוְא, vgl. 4,30; 6,29), das Volk nahm die Züchtigung nicht an (מוּסָר לֹא
לָקָחוּ, vgl. 5,3; 7,28; 17,23 u. ö.). Dieser Anklage hält Jhwh entgegen: „Euer Schwert hat
eure Propheten gefressen wie ein verderbender Löwe" (V. 30b). Wird die Tiermeta-
pher sonst im Jeremiabuch für die Feinde Judas gebraucht (vgl. 4,7; 5,6), so klagt dieser
Vers das Volk des Mordes an (vgl. die Ermordung des Propheten Urija durch Jojakim
in 26,23). Ob die Prophet*innen in V. 30 als Unheil Kündende oder als Mahnende zu
verstehen sind, bleibt offen. Die Betonung „eure Prophet*innen" rekurriert gerade
nicht auf deren Standardporträt als Jhwh-Knechte im Jeremiabuch (vgl. 7,25; 25,4;
26,5; 29,19 u. ö.), sondern ordnet sie dem Volk zu.

---

40 Zum religionsgeschichtlichen Hintergrund s. u. die diachrone Analyse.
41 Holladay (Hermeneia, 104) listet diese Möglichkeiten auf und plädiert für letztere.
42 Vgl. Ps 3,8; 7,7; 17,13; 44,27; 74,22 und die positiven, auf Jhwh bezogenen Rettungsaussa-
     gen und -bitten in Jer 15,20; 17,14; 23,6; 30,10f.; 31,7; 33,11.
43 Auch Hildebrandt (Interpreting Quoted Speech, 147f.) versteht 2,28 als Anker für die
     Identifikation der Adressat*innen bzw. des Volkes mit Juda.

Wie in 2,14 findet sich auch in V. 31 eine Dreifachfrage (ה...אם...מדוע), hier mit ungewöhnlicher Metaphorik. Sie wird in MT durch die Identifikation der Adressat*innen mit „dieser Generation" und den Appell, sie als Wort Jhwhs zur Kenntnis zu nehmen, eingeleitet. Lässt eine solche Einleitung eine direkte Frage an die Adressat*innen erwarten, so wird diese Erwartung enttäuscht. Die Doppelfrage, ob Gott für Israel eine Wüste oder ein Land des Dunkels gewesen sei, überführt die im Kontext personale Gottesvorstellung in eine Raummetapher: Wenn Gottes Nähe nicht als lebensfeindlicher Raum zu beschreiben ist, warum hat sich das Volk dann abgewendet? Dessen Antwort in V. 31b „Wir streiften umher, wir wollen nicht mehr zu dir kommen" unterstreicht die Unbegreiflichkeit solchen Verhaltens. Wie in 2,4–9 wird damit auch in 2,26–32 die Kontinuität der Verfehlungen im Laufe der Geschichte betont und das Volk als unbelehrbar dargestellt. Auch die folgende Doppelfrage ist rhetorisch, da ihre Antwort bereits feststeht: Weder vergisst eine Jungfrau ihren Schmuck noch eine Braut ihre Bänder (V. 32). Die Frage erinnert an die Brautzeit in 2,2. Obwohl die Ehemetapher in 2,32 nicht explizit gebraucht wird,[44] ist das Verhalten der Braut positiv bestimmt und die folgende Gottesklage[45] erscheint umso negativer: „Mein Volk hat mich vergessen (seit) Tagen ohne Zahl!" Solches Vergessen geschieht nicht einfach aus Nachlässigkeit, sondern ist eine absichtsvolle Abwendung von der Gottheit, die in 2,13 als Quelle lebendigen Wassers bezeichnet wird.

Warum hat das Volk sich abgewandt?

In 2,33–37 wendet sich die Gottesstimme wieder an die namenlose weibliche Figur. Zwei mit מה eingeleitete und mit finalem Infinitiv konstruierte Fragen (V. 33.36) sind rhetorisch und mit weiteren Anklagen verbunden. Beide hinterfragen den Weg, den die Frauengestalt einschlägt, „um Liebe zu suchen" (V. 33). In V. 33b–34 werden ihre Vergehen zunächst metaphorisch „Bosheiten" genannt und dann konkret beschrieben. Das Blut Unschuldiger findet sich an ihren Gewandsäumen (V. 34a). Der Nachtrag im MT in 2,34 erklärt die Unschuldigen zu Armen und trägt so den Gedanken der Ausbeutung sozial Schwacher ein. Die Aussage „nicht beim Einbruch ... ertappt" verweist mit dem Stichwort במחתרת auf den Rechtsfall Ex 22,1, demzufolge ein auf frischer Tat ertappter Dieb erschlagen werden darf, ohne dass den Täter bzw. die Täterin Blutschuld trifft. Während nach LXX Gott die Taten „beim Baum", d. h. beim Opfer an den Ortsheiligtümern, als verwerfliche Tat aufdeckt, ist nach MT das Blut am Gewand der Frauengestalt ein Zeichen dafür, dass sie selbst des Mordes schuldig ist. Mit zwei fiktiven Zitaten (V. 35) wird sie zudem als Person charakterisiert, die ihre Schuld nicht eingesteht. Ihre Unschuldserklärung und die Abstreitung jeglicher Vergehen rahmen die Aussage, Gottes Zorn habe sich von ihr abgewendet. Wäre sie tatsächlich unschuldig, läge jedoch kein Grund für göttlichen Zorn vor.

2,33–37
Falsche Bündnispolitik

Die rhetorische Frage in V. 36 kritisiert die Änderung des Weges und verweist auf den Realhintergrund der Suche nach politischen Sicherheiten (V. 37), nimmt also wie 2,18 die Bündnispolitik mit den Großreichen in den Blick: Wie sie in der Vergangenheit (vgl. die qatal-Form) „wegen Assur" beschämt wurde, so wird sie auch in Zukunft (jiqtol) Ägypten mit den Händen über dem Kopf verlassen. Diese Geste drückt Trauer aus: Tamar vollzieht sie, nachdem sie von ihrem Bruder Am-

---

44 So zu Recht Moughtin-Mumby, Sexual and Marital Metaphors, 91.

45 Mit Fretheim (Jeremiah, 71) ist der Sprecher in 2,31f. Gott.

non vergewaltigt wurde (2 Sam 13,19).[46] Mit dem doppelt verwendeten Verb בוש „beschämt sein" (V. 36b) assoziiert der Text erneut die politische Unterwerfung mit sexualisierter Gewalt. V. 37b kehrt zur Realpolitik zurück und kündigt an, dass auch ein Bündnis mit Ägypten in eine Katastrophe führe. Aufgrund der politischen Situation, auf die hier angespielt wird, kann die Gestalt sowohl Juda als auch – entsprechend der Einleitung in 2,2aα – Jerusalem repräsentieren.

3,1–5
Ist eine Rück-
kehr möglich?

Jer 3,1–5 führt die Vorwürfe gegen die weibliche Gestalt fort, zitiert aber zunächst in V. 1a den Rechtsfall zum Verbot der Wiederheirat nach Scheidung in Dtn 24,1–4.[47] Der Bezug auf Dtn 24 ist Anknüpfungspunkt für eine Argumentation, die die Vergehen der Adressatin für den Bruch der Beziehung zu Gott verantwortlich macht. Unabhängig davon, ob die Figur mit Juda oder Jerusalem zu identifizieren ist, wird durch den Verweis auf Dtn 24 nun eindeutig die Ehemetapher aufgerufen. Gleichzeitig wird die Figur jedoch mehrfach und absichtlich abschätzig als „hurerisch" charakterisiert (vgl. זנה V. 1b, זנותיך V. 2b, אשה זונה V. 3a). In V. 2 fragt die Gottesstimme polemisch, wie oft sie auf den kahlen Höhen schon „vergewaltigt" wurde, bringt damit sexualisierte Gewalt seitens der „Liebhaber" ins Spiel und bezichtigt die Frauengestalt, sie habe diesen in der Steppe geradezu aufgelauert. Mittels eines Schlusses vom Kleineren zum Größeren, nämlich durch den Hinweis auf die zahlreichen Partner und die Eigeninitiative der Frau, führt Jer 3,1b–5 über den Rechtsfall hinaus. Während Dtn 24,4a mit טמא den *terminus technicus* für rituelle Unreinheit verwendet, bezeichnet das in 3,1.2 gebrauchte Verb חנף überwiegend eine moralische Verunreinigung aufgrund von kollektiven Vergehen, meist Blutschuld.[48]

Auf der Bedeutungsebene der Metapher heißt das: Juda hat sich so sehr von Gott abgewandt und mit anderen „Männern", d. h. Mächten, eingelassen, dass eine Rückkehr zu Jʜᴡʜ wie im Rechtsfall unmöglich geworden ist. Nach V. 3 wirkte sich diese Untreue bereits auf die Fruchtbarkeit des Landes aus, insofern der dafür notwendige Regen ausblieb. Die Formulierung in V. 3a kann als *passivum divinum* verstanden werden, als göttliche Reaktion auf die Verunreinigung. Spricht V. 3b noch von der Hartnäckigkeit der Figur, so deutet das fiktive Zitat in V. 4–5a einen plötzlichen Sinneswandel an: Sie appelliert nun an Gottes Rolle als Vater und „Freund meiner Jugend" (אלוף נערי) – erneut ein Rückverweis auf die Liebe der Jugendzeit (2,2) – und fragt, ob sein Zorn ein Ende haben könne.

Im Kontext von Jer 2,1 – 3,5 unterstreicht auch das letzte Zitat der Frauengestalt in 3,4–5a, das ihre Überredungskünste in Szene setzt, die grundsätzlich verkehrte Haltung und Unverbesserlichkeit des Volkes.[49] V. 5b fasst ihr von Gott beanstandetes Reden und Verhalten unter dem Stichwort הרעות „die Übeltaten, Bosheiten" zusammen und attestiert ihr, dass sie darin erfolgreich war. Angesichts des zitierten Rechtsfalls und der über

---

46   Vgl. Fɪsᴄʜᴇʀ, HThKAT, 176. Ikonographische Belege für diesen Trauerritus sind die klagenden Frauen auf dem Ahiram-Sarkophag (AOB 665; vgl. auch AOB 195.198).

47   Zu den intertextuellen Bezügen zwischen Jer 3,1–5 und Dtn 24,1–4 vgl. auch Sʜɪᴇʟᴅs, Circumscribing the Prostitute, 35–50.

48   Zur Unterscheidung zwischen ritueller und moralischer Unreinheit vgl. Kʟᴀᴡᴀɴs, Jonathan, Idolatry, Incest, and Impurity. Moral Defilement in Ancient Judaism: JSJ 29 (1998), 391–415. Nach Lev 18,24–30 ist die Exilierung der Bevölkerung des Landes Folge moralischer Verunreinigung. Klawans versteht moralische Unreinheit nicht nur im übertragenen Sinn, sondern als auf konkreten Vergehen basierend, mit rechtlichen und sozialen Konsequenzen.

49   Vgl. Hɪʟᴅᴇʙʀᴀɴᴅᴛ, Interpreting Quoted Speech, 195.

diesen hinausgehenden Anklagen erscheint es am Ende des Abschnitts Jer 2,2 – 3,5 unmöglich, dass die zerbrochene Beziehung zu Gott wieder geheilt werden kann.

Für heutige Leser*innen ist die Verbindung der Rollen Gottes als Vater und Liebender anstößig, weil sie das Thema sexueller Missbrauch assoziiert. Ez 16,3–14 entfaltet narrativ ein ähnliches Verhältnis zwischen Jerusalem und Gott als Adoptivvater und Ehemann. Nach Lev 18 sind solche sexuellen Beziehungen zwischen Menschen innerhalb der Großfamilie untersagt, aber das Verbot zeigt auch, dass sie vorkamen. Aus heutiger Sicht sind diese Metaphern für die Gott-Mensch-Beziehung unverständlich, unerträglich und ergeben keinen tieferen Sinn.

Diachrone Analyse

Aufgrund der oben aufgezeigten zahlreichen Wechsel in Geschlecht und Anzahl der Adressat*innen werden zu Jer 2,1 – 4,2 verschiedene, zum Teil konträre Thesen zur Diachronie vertreten.

Bisherige Thesen

> Die detaillierteste redaktionsgeschichtliche Studie legt Mark Biddle vor, der auf Grundlage der Genuswechsel vier Schichten unterscheidet: Eine Grundschicht in Jer 2,20aα.21f. 23b.24.25a.33b.34 werde durch die „Schuldübernahme redaction" erweitert, die die weibliche Gestalt als schuldig, JHWH als unschuldig am Untergang Judas erkläre (2,14–25.33–37).[50] Jer 3 behandle durchgängig die in 3,1–5 gestellte Frage, ob Israel zu JHWH zurückkehren könne und biete mithilfe des Stichworts שׁוב „umkehren" eine „Fortschreibungskette"[51] zum Thema „Buße" und somit mögliche Lösungen des Beziehungskonflikts. Die Abschnitte 2,4–13.26–32, die eine Gruppe nennen, weist Biddle einer „generations redaction" zu, die Rahmung in 2,2b–3 und 4,1f. einer weiteren, letzten Hand.

> Marvin Sweeney kritisiert Biddles diachrone Trennung entlang der Genuswechsel und dessen nachexilische Datierung der meisten Schichten. Er hält die Wechsel für rhetorisch bedingt, insofern Israel auf der soziopolitischen Ebene als Volk, metaphorisch aber als JHWHs Braut charakterisiert werde.[52] Sweeney zufolge strukturieren die rahmenden Verse 2,1; 3,6–10 und 3,11 die Kapitel grundlegend und lassen erkennen, dass ein zunächst an das Nordreich Israel adressierter Aufruf zur Buße so überarbeitet wurde, dass das Südreich Juda angeredet wird.[53] Deshalb datiert er den Hauptanteil von Jer 2–3 in die Zeit König Joschijas, der s. E. das ehemalige Nordreich in sein Herrschaftsgebiet zu integrieren versuchte.[54]

> Ähnlich wie Sweeney verortet Dieter Böhler Jer 2–3 fast gänzlich in die Zeit Joschijas und versteht die Texte als Frühzeitverkündigung Jeremias an das Nordreich Israel.[55] Maskuline Anreden im Singular oder Plural zielten auf die Abkehr des Nordreichs von JHWH, während die Adressierung der weiblichen Gestalt dessen Bündnispolitik kritisiere. Die Frau repräsentiere die landlose Tochter, d. h. Israel zur Zeit des Exodus (2,2; 3,19) und nach dem Ende des Nordreichs (2,16.17–19.20–25.33–37; 3,1–5).[56]

---

50 BIDDLE, Redaction History, 207–209, vgl. auch die Tabelle S. 207.
51 BIDDLE, Redaction History, 117, außerdem 115–121.209–211.
52 SWEENEY, Structure, 206.
53 SWEENEY, Structure, 212.
54 SWEENEY, Structure, 214f. Ausgenommen sind nur 2,1–2aα.28; 3,6–10.11; 4,3f.
55 BÖHLER, Geschlechterdifferenz, 121.125.
56 BÖHLER (Geschlechterdifferenz, 103.108f.115f.124) nennt mehrfach die Landlosigkeit der Gestalt als Kriterium für seine Identifikation.

Dagegen hält Marc Wischnowsky die Nennung Jerusalems in 2,2aα trotz ihres Fehlens in LXX für ursprünglich und sachlich notwendig, weil sie die weibliche Adressatin identifiziere.[57] Ihm zufolge bilden Jer 2,2aα.14–15.17–25.33–37 den Kern des Kapitels und einen Prolog zur Sammlung von Unheilsansagen in Jer 4–10*, in dem die Stadt angeklagt wird, JHWH verlassen (2,17.19) und sich Assur und Ägypten (2,18f.36) zugewandt zu haben. Diese Anklagen könnten während oder kurz nach der Zerstörung Jerusalems formuliert worden sein und wurden mithilfe der Ehemetaphorik in exilischer Zeit gerahmt (Jer 2,2aβ–3; 3,1–5).[58]

Auch Maria Häusl deutet die Genuswechsel in Jer 2–3 nicht literarkritisch, sondern als rhetorische Mittel, Israel aus verschiedenen Blickwinkeln zu porträtieren.[59] Die männliche Einzelgestalt repräsentiere das von JHWH erwählte ganze Volk (2,3.14), während die Adressierung im Plural die führenden Gruppen des Volkes anklage.[60] Die weibliche Einzelgestalt sei absichtlich namenlos und repräsentiere das von JHWH abtrünnige Kollektiv. Anders als Sweeney und Böhler identifiziert Häusl „Israel" jedoch mit dem exilischen Rest Judas und datiert daher, wie Biddle, die Mehrzahl der Verse in die exilische Zeit.[61]

Pete Diamond und Kathleen O'Connor zufolge schildert Jer 2–3 eine zerbrochene Ehebeziehung, um der nachexilischen Bevölkerung Jerusalems zu erklären, warum ihre Stadt zerstört werden musste. Als Nachkommen der treulosen „Ehefrauen" JHWHs würden diese „Kinder" aufgefordert, die „Mutter" abzulehnen, die Position des göttlichen „Vaters" zu verstehen und sich mit ihm zu versöhnen.[62] Aus heutiger feministischer Perspektive sei diese rhetorische Strategie jedoch als eine männliche Projektion von Verrat und Bosheit auf Frauen zu bewerten.[63]

Eine Teilthese zu Jer 2,2aγ–4; 3,12aβ–13bα.21–25; 6,16a.17a und 10,19f. bietet Taro Odashima. Er weist die genannten Stellen sowie Jer 30,5–7.10f.16f.18–21; 31,7–9.10–14.21f. einem vor-dtr Autor zu, der in frühexilischer Zeit an das Nordreich gerichtete Heilsworte Jeremias aus 30f., die in diesem Stadium der Überlieferung direkt auf Jer 2–10* folgten, teilweise aufgriff und mit Eigenformulierungen so erweiterte, dass Jer 2f. eine heilvolle Perspektive erhielt.[64]

Angesichts dieser kontroversen Thesen und Datierungen legt die diachrone Analyse die oben synchron erarbeitete Struktur zugrunde, ohne die Genuswechsel *a priori* zu deuten. Die folgende Tabelle enthält die im Folgenden begründeten Entscheidungen:

Vorexilisch	K[frühexilisch]	Exilisch	Nachexilisch
2,14–25*	2,2aβ–3	2,20b.23aβ R[GÄ]	2,1–2aα [MT+]
2,26–32*		2,26b.27aα.28 R[GÄ]	2,4–13 R[Tora]
2,33–37*	3,1[LXX]–5*		3,2b.3a.5b

---

57 WISCHNOWSKY, Tochter Zion, 115.

58 WISCHNOWSKY, Tochter Zion, 128.

59 HÄUSL, Bilder der Not, 300–356.

60 HÄUSL, Bilder der Not, 309f.

61 HÄUSL, Bilder der Not, 336f.

62 DIAMOND/O'CONNOR, Unfaithful Passions, 142f. Sie verstehen MT und LXX als zwei unterschiedlich akzentuierte Darstellungen der weiblichen Gestalt (vgl. a. a. O., 134–141).

63 DIAMOND/O'CONNOR, Unfaithful Passions, 143.

64 ODASHIMA, Taro, Heilsworte im Jeremiabuch (BWANT 125), Stuttgart: Kohlhammer 1989, 288–300. Er zeigt viele Wort- und Motivparallelen zwischen Jer 2f. und 30f. auf.

Zwei der ältesten Abschnitte in Jer 2,1 – 3,5 sind an eine ungenannte weibliche Gestalt adressiert (2,14–25*.33–37*), der dritte stellt den Untergang des Nordreichs als verdientes Strafurteil Gottes dar (2,26–32*). Die ungenannte Frauengestalt kann problemlos mit dem Südreich Juda identifiziert werden, dessen Bündnispolitik angesichts des Ergehens des Nordreichs als Irrweg gedeutet wird.

Das Schicksal des Nordreichs Israel als Kriegsbeute und seine zerstörten, menschenleeren Städte (2,14f.) bilden in 2,14–25 den Hintergrund für rhetorische Fragen an das weiblich personifizierte Juda, was sie mit der Hinwendung zu den Großmächten bezwecke (V. 18). Assur und Ägypten sind als Bündnispartner genannt, die nach dem Untergang des Nordreichs für Juda eine Rolle spielten.[65] Auf welche politische Konstellation V. 18f. genau zielt, ist unklar, zumal die ältere Textfassung an Juda jegliches politische Bündnis als mutwillige Abkehr von Jhwh (V. 19 LXX) interpretiert und durch das fingierte Zitat der Gestalt „ich werde nicht dienen" generalisiert (V. 20a LXX). Der Vers verweist nicht notwendigerweise auf die sog. Frühzeit des Propheten, denn bereits seit dem Tod Assurbanipals 627 schwand Assyriens Macht dramatisch, so dass es lange vor 609 die Kontrolle über die Levante verlor. Nach MT hat Jhwh das Joch Judas zerbrochen, sein Volk also befreit. Die folgende Anklage der „Hurerei" unter jedem Baum (V. 20b) betont jedoch die Abkehr vom Rettergott umso deutlicher. Jer 2,18 hat daher wohl keine konkreten politischen Aktionen Judas im Blick, sondern hinterfragt grundsätzlich Bündnisse mit der jeweiligen Großmacht im Norden und im Süden.[66]

> **2,14–25***
> **Judas Unbelehrbarkeit**

Mithilfe der Metapher der wildwachsenden Weinrebe (V. 21) wird Judas Eigensinn geschildert. Der zitierten Gegenrede der Adressatin, sie habe sich nicht verunreinigt, widerspricht der Vergleich mit der jungen Kamelstute und der brünstigen Wildeselin, die unkontrollierbar herumrennen (V. 23b–24). Dabei symbolisiert die instinktive Suche der Wildeselin nach männlichen Tieren das unvernünftige Hinterherlaufen Judas hinter politischen Partnern, die als „Fremde" negativ bewertet werden. Im Gegenzug wird der Gestalt angekündigt, dass sie von der Bevölkerung der ägyptischen Städte Memfis und Tachpanhes ausgebeutet und ihrer Güter beraubt werde. Dass beide Orte im Jeremiabuch sonst nur im Zusammenhang mit den nach Jerusalems Untergang nach Ägypten Geflüchteten genannt sind (43,7–9; 44,1; 46,14.19), spricht nicht gegen eine vorexilische Datierung von 2,16, da beide Städte bereits im 7. Jahrhundert v. d. Z. bekannt waren.[67]

Siegfried Herrmann hat drei mit *wajjiqtol*-Form (V. 20aβ.25b) oder Frage (V. 23a) eingeleitete Zitate der Frauengestalt als Fortschreibungen gedeutet, die den Vorwurf der Fremdgottverehrung einbringen.[68] Das trifft allerdings nur auf Teile der beiden ersten Zitate zu (V. 20b und V. 23aαα₂), so dass nicht alle vier

---

65 Vgl. zum Folgenden Liwak, Prophet, 169f. Zu den wechselnden Vasallitätsverhältnissen der judäischen Könige s. die Einleitung, „Juda am Ende des neuassyrischen Reiches", S. 22.

66 Zur metaphorischen, mitunter mythischen Überformung der Großmächte in prophetischen Texten vgl. Liwak, Prophet, 217–223.

67 Vgl. Redford, Donald B., Memphis: ABD 4 (1992), 689–691; Jones, Richard N./Fiema, Zbigniew, Tahpanhes: ABD 6 (1992), 308f.; Görg, Manfred, Tachpanhes: NBL 3 (2001), 767.

68 Herrmann, BKAT XII,1, 140–146.

Zitate, die Juda als unbelehrbar porträtieren, nachgetragen sind (vgl. noch V. 35a). Allerdings entstammt der Vorwurf der „Hurerei" auf jedem Hügel und unter jedem grünen Baum (V. 20b) dem polemischen Sprachgebrauch dtr und dtjer Texte,[69] ebenso die Wendung „hinter den Baalen herlaufen" (V. 23).[70] Dass „Baal" hier nicht mehr als Eigenname des kanaanäischen Wettergottes, sondern im Plural für alle möglichen Fremdgottheiten gebraucht wird, verstärkt den polemischen Unterton. Beide Anklagen erweitern formal und inhaltlich das jeweils kurze Zitat der Gestalt und sind daher der exilischen Buchredaktion zuzuweisen, die rückblickend die Verehrung fremder Gottheiten als Hauptgrund für den Zorn Jhwhs nennt, der zum Untergang Jerusalems führte.

2,26–32*
Israels Strafe
als Warnung

Als warnendes Beispiel für Juda führt Jer 2,26–32* das Schicksal des Nordreichs vor Augen, dessen Abwendung von Jhwh zur öffentlichen Beschämung führte. Dessen Untergang wird als Erziehungsmaßnahme Gottes gedeutet, die freilich vergeblich war. In der dreifachen rhetorischen Frage, wie es zur Abwendung von Jhwh kommen konnte, wird zugleich Gottes Klage über die Unbelehrbarkeit seines Volkes laut: Er fühlt sich verlassen und vergessen (V. 32). Die in V. 26b nachklappende Liste der Verantwortlichen ist ein späterer Nachtrag.

Die geschichtsätiologische Redaktion fügte, ihrer Ideologie gemäß, den Vorwurf der Verehrung fremder Gottheiten hinzu (V. 27aα.28).

> „Holz" und „Stein" verweisen auf die kultischen Installationen der Ortsheiligtümer im Freien mit Altar, einen Baum oder Baumpfahl und Mazzebe, einen aufrecht stehenden Stein.[71] Diese sonst במות „Höhen" genannten Heiligtümer sind im Nord- und Südreich als Jhwh-Heiligtümer der Königszeit belegt (1 Sam 9,12–14; 1 Kön 3,3f.), werden im DtrG jedoch als Kultstätten für Fremdgottheiten abgelehnt.[72] Baum(pfahl) und Mazzebe symbolisieren ein Götterpaar, wahrscheinlich die Göttin Aschera und den Wettergott, also Jhwh oder Baal, die als Garanten der Fruchtbarkeit von Feld, Herden und Familien verehrt wurden. Dass in Jer 2,27aα das Holz als „Vater", der Stein als „Mutter" erscheint, also gewissermaßen ein Geschlechtertausch der Gottessymbole erfolgt, verstärkt die Polemik.

2,33–37*
Kritik an Judas
Bündnispolitik

Inhaltlich analog zu V. 24f. kritisieren auch V. 33–37 „Frau" Judas ehemaliges Bündnis mit Assur und kündigen ihre Beschämung auch durch den möglichen neuen Bündnispartner Ägypten an. Hinzu kommt der Vorwurf, sie habe das Blut Unschuldiger vergossen. Dass die Anklagen dieser ältesten Textabschnitte historisch betrachtet so wenig konkret sind, spricht für ihre Zuweisung zum Propheten, da dessen unmittelbare Adressat*innen die zeitgenössische politische Situation kannten und daher die Anspielungen verstanden. Gleichzeitig ist die Unkonkretheit Anknüpfungspunkt für spätere Deutungen.

2,2aβ–3;
3,1–5*
Exilische
Deutung

Nach dem Untergang Judas bringen Jer 2,2aβ–3; 3,1–5* mithilfe der Ehemetapher eine neue Perspektive ein, vielleicht angeregt durch den Vergleich mit der Braut (2,32) und im Blick auf das Motiv der positiven Wüstenzeit (Hos 9,10; 13,5). Auf diese Weise steht die ungetrübte Beziehung zwischen Jhwh und seinem Volk

---

69 Vgl. Dtn 12,2; 1 Kön 14,23; 2 Kön 17,10; Jer 3,6.13; 17,2 und Stipp, Konkordanz, 107.

70 Vgl. Dtn 4,3; 1 Kön 18,18.21; Jer 9,13 und Stipp, Konkordanz, 41.

71 Vgl. Gleis, Die Bamah, 246. Nach 1 Sam 9,22–24 sind auch Nebengebäude vorhanden, die zur Feier des Gemeinschaftsmahles, zur Aufbewahrung der Kultgeräte, als Priesterwohnung oder zur Übernachtung von Gästen dienen.

72 Vgl. 1 Kön 12,31; 14,23; 2 Kön 17,9.11.32; 23,8 und das Verbot Dtn 16,21f.

am Anfang und wird deren Scheitern mit ihrer Hinwendung zu mehreren „Nachbarn" begründet, die Juda sogar Gewalt angetan haben (3,2a).

Jer 3,1a verweist auf das Verbot der Wiederheirat nach Scheidung in Dtn 24,1–4. Die Unterschiede zwischen der hebräischen und der griechischen Fassung dieses Verses lassen erkennen, dass LXX einen älteren Text bewahrt hat, während MT mittels dreier Änderungen stärker an den Rechtsfall angepasst ist.[73]

> Das zugefügte לאמר leitet das Schriftzitat ein, das Dtn 24,1–4 mithilfe der wesentlichen Stichworte – Mann (איש), Frau (אשה), entlassen (שלח Pi.), sie wird die Frau eines anderen (היתה לאיש־אחר) und zurückkehren (שוב) – zusammenfasst.[74] Wie Dtn 24,1–4 ist Jer 3,1a MT aus der Perspektive des Ehemannes formuliert mit der Frage „kann er wieder zu ihr zurückkehren?", während die ältere LXX-Fassung fragt, ob die Frau zu ihrem ersten Mann zurückkehren könne. Schließlich bezieht sich die rhetorische Frage in 3,1aβ MT auf das Land, das in Dtn 24,4a ebenfalls genannt wird, während LXX die Frau im Blick hat. Diese Änderungen gehen erst auf die prämasoretische Bearbeitung zurück.

Schon vorher wurde 3,1–5 um Sätze erweitert, die in Prosa formuliert sind (*wajjiqtol*-Formen, *nota accusativi*) und mittels Anspielung auf weitere Texte den Vorwurf an die Gestalt verstärken: V. 2b.3a bringen den Gedanken der Verunreinigung des Landes (bereits in Anlehnung an Dtn 24,4b) und das daraus folgende Ausbleiben des Regens ein, der in 5,24 מלקוש „Spätregen"; vgl. 14,22 רבבים „Regenschauer") als Gabe JHWHS verstanden wird. V. 5b betont, dass V. 4–5a ein Zitat der Frauengestalt sei, und erinnert mit dem Stichwort הרעות „die Bosheiten" noch einmal an 2,33. Aufgrund ihrer Kürze und Diversität lassen sich diese Ergänzungen kaum einer systematischen Redaktion zuweisen; sie sind eher punktuelle Erläuterungen.

Der Grundtext Jer 3,1[LXX].2a.3b.4.5a charakterisiert die Frauengestalt explizit negativ als „hurerisch" (זנה, V. 1b; אשה זונה, V. 3b), mit einer Begrifflichkeit, die wohl aus hoseanischer Tradition stammt (Hos 2,4–15; 4,11f.; 6,10) und dort seit exilischer Zeit sukzessiv zur Narration einer gescheiterten Ehebeziehung ausformuliert wurde (Hos 1–3).[75] Die Frage, ob die Frau zu ihrem ersten Ehemann (Jer[LXX] 3,1a) zurückkehren kann, bleibt ebenso unbeantwortet wie die Frage, ob er ewig zürnen wird (V. 5a). Das heißt, der Abschnitt ist auf eine Fortsetzung hin angelegt, die freilich im vorliegenden Text von Jer 3,6 – 4,2 nicht unmittelbar ersichtlich ist. Sachlich analog zu Jer 31,2–6 ist das Scheitern der Beziehung aber nicht endgültig, sondern es wird im Folgenden durch einen Umkehrruf (3,12f.*) und das Angebot einer erneuten Landgabe (3,19f.*) eine Überwindung der Krise eröffnet.[76]

Der Geschichtsrückblick, der die Vergangenheit seit dem Exodus mit der Gegenwart und sogar der Zukunft verbindet (2,4–13), bietet eine nachexilische Aufarbeitung der Schuldfrage. Er adressiert die Überlebenden des Nord- und des Südreichs gemeinsam und erklärt in Form einer Verteidigungsrede das Gerichtshandeln JHWHS als einzig mögliche Reaktion auf den fortgesetzten Ungehorsam des Gesamtvolkes. Das Blickfeld von Griechenland bis Arabien (V. 10), der Gedanke des Göttertausches und der Aufruf

2,4–13 Nachexilische Reflexion der Schuldfrage

---

73 Vgl. die detaillierte Analyse in MAIER, Ist Versöhnung möglich?, 295–305.

74 So mit GRUBER, Mayer I., Jeremiah 3:1–4:2 between Deuteronomy 24 and Matthew 5. Jeremiah's Exercise in Ethical Criticism: COHEN, Chaim (Hg.), Birkat Shalom. FS Shalom M. Paul, Winona Lake: Eisenbrauns 2008, 233–249, 234.

75 Zur Entstehung von Hos 1–3 mit weitgehend exilisch-nachexilischer Datierung vgl. WACKER, Figurationen des Weiblichen im Hosea-Buch, 221–233.

76 S. u. die diachrone Analyse zu Jer 3,6 – 4,2.

an die Himmel, sich zu empören, führen über den vorexilischen Horizont Judas zwischen Assur und Ägypten (V. 18.36) weit hinaus. Der Abschnitt greift zwar Begriffe und Vorstellungen des Kontextes auf, gebraucht jedoch auch Wendungen, die im Jeremiabuch singulär sind, sonst aber in exilischen Texten begegnen: So hat die Aussage „Sie liefen hinter dem Nichtigen her und wurden zunichte" (V. 5b) eine einzige und gleichlautende Parallele in der dtr Abrechnung mit dem Nordreich 2 Kön 17,15. Sie ist polemisch, insofern sie die fremden Gottheiten als הֶבֶל „nutz- und wirkungslos" bezeichnet. Alle weiteren Belege für dieses Lexem finden sich in redaktionellen Kontexten und charakterisieren Fremdgottheiten oder Bräuche der Fremdvölker als „nichtig".[77]

Im Geschichtsrückblick werden die Vorfahren (V. 6) wie die Priester (V. 8) bezichtigt, nicht nach Jhwh gefragt zu haben. Die Frage nach der Gottheit hat grundsätzliche Bedeutung, insofern sie die Suche nach deren Präsenz, rettendem Eingreifen oder Schutz impliziert. Auch die Schriftgelehrten, die sich mit der Tora befassen, haben Gott nicht erkannt (V. 8). Diese Anklagen steigern den Vorwurf des Verlassens Jhwhs (V. 17) und unterstreichen das Vergessen (V. 32).

Im Kontrast dazu zählt 2,6f. die Heilstaten Jhwhs bekenntnishaft mit Wendungen auf, die sonst nur in exilischen und nachexilischen Texten begegnen.

> Die partizipiale Formel „der uns heraufführte aus dem Land Ägypten" (V. 6a) findet sich noch Jos 24,17 und 2 Kön 17,7, die Führung in der Wüste mit dem Verb הלך Hif. ist in Dtn 8,15 und Ps 136,16 belegt. Die Charakterisierung der Steppe in V. 6b durch sechs, jeweils paarweise aufgeführte Nomina bzw. kurze Verbalsätze hat eine enge Parallele in der Beschreibung der Zerstörung Babels in 51,44. Der Ausdruck ארץ הכרמל „Baumgartenland" ist singulär und verweist in V. 7 wie in 4,26 auf die Vorstellung vom Paradies als bewässertem Garten.
>
> Der Gedanke der Verunreinigung des Landes durch Vergehen findet sich zwar schon in Dtn 24,1–4, allerdings wird das Nomen תועבה „Gräuel" gehäuft im dtn-dtr Schrifttum sowie in Spr und Ez als Tabubegriff und für kultische Vergehen gebraucht.[78] Spricht 2,7 vom Verunreinigen des Landes (טמא Pi.), so 16,18 von dessen Entweihen (חלל Pi.). Während 2,13 die zweifache Bosheit (שתים רעות) des Volkes erwähnt, betont 16,18 Jhwhs doppelte Vergeltung (שלמתי משנה). Da die Terminologie nicht übereinstimmt, liegt keine literarische Abhängigkeit in die eine oder andere Richtung vor, aber es ist möglich, dass den Verfassern von 2,4–13 die Motive von 16,18 vorlagen. Die Verwendung von כבוד „Ehre" als Parallelbegriff zu אלהים „Gott" (V. 11) ist im Jeremiabuch singulär und nimmt die Vorstellung von der Majestät Gottes in Ez und der Priesterschrift auf.[79] Der Schlussvers 13 greift mit der Metaphorik von Quellen, Wasser und Zisternen die Rede vom Wasser in V. 18 auf und identifiziert, wie das Klagegedicht 17,13, Jhwh mit der Quelle. Er bindet damit den Geschichtsrückblick in den Kontext ein.

Aufgrund des Stichworts „Tora" (V. 8) und der grundsätzlichen Kritik an Schriftgelehrten, Prophet*innen und Priestern kann diese nachexilische Reflexion der Schuldfrage der toraorientierten Redaktion zugewiesen werden, die sowohl in poetischen Kontexten als auch in Prosareden die mangelnde Ausrichtung an der Tora als Grund für den Untergang betont und Jeremia als einen Lehrer der Tora stilisiert.[80]

---

77 Vgl. Jer 8,19; 10,3.8.15; 14,22; 16,19; 51,18 und STIPP, Konkordanz, 41.
78 Vgl. GERSTENBERGER, Erhard, Art. תעב verabscheuen: THAT I (1976), 1051–1055.
79 Vgl. WESTERMANN, Claus, Art. כבד schwer sein: THAT I (1971) 794–812, 811.
80 S. o. die Einleitung, „Die toraorientierte Redaktion", S. 51.

Neben der Angleichung von 3,1 an den Wortlaut von Dtn 24,1–4 spielten die Bearbeiter punktuell auf die Wüstenzeit in 2,17b an, ergänzten „Ihr (seid) die Generation, seht das Wort Jʜwʜs" in 2,31aα und glossierten die Opfer der Machenschaften Judas als „Arme" in 2,34b. Durch Zusatz der Einleitung 2,1–2aα wird die vorher namenlose Adressatin mit Jerusalem identifiziert und Jer 2–3 zu einer vorlesbaren Anklageschrift gegen Jerusalem umgewandelt. So wird der Bevölkerung Jerusalems in spätnachexilischer Zeit das Beziehungsdrama zwischen Gott und Volk vor Augen gestellt mit dem Ziel, dass sich die Abkehr des Volkes von Jʜwʜ nicht wiederhole.

Prämasoretische Erweiterungen

Jer 3,6 – 4,2: Wie der Bruch zu heilen wäre

K1 K2 K3 K4 K5

6 Jʜwʜ sagte zu mir in den Tagen des Königs Joschija:

> Du hast gesehen, was Frau Abkehr[a], Israel, <mir>[b] getan hat![c] Ständig ging sie[d] auf jeden hohen Berg und unter jeden grünen Baum und hurte dort. 7 Ich sagte, nachdem sie dies alles getan hatte:
>
>> „Zu mir sollst[a] du zurückkehren!"
>
> Aber sie ist nicht zurückgekehrt. Frau Treulos[b], [ihre Schwester][c] Juda, sah <ihre Treulosigkeit>[d]. 8 Ich[a] sah, dass – obwohl ich gerade deshalb, weil sie Ehebruch trieb, Frau Abkehr, Israel, entlassen und ihr ihren Scheidebrief gegeben hatte – Frau Treulos, Juda [ihre Schwester], sich nicht fürchtete. Auch sie ging hin und hurte. 9 Und es geschah[a] durch ihre leichtfertige[b] Hurerei, [da entweihte sie das Land,][c] da trieb sie Ehebruch mit dem Stein und dem Baum[d]. 10 Und auch bei alldem ist Frau Treulos, [ihre Schwester] Juda, nicht umgekehrt zu mir mit ihrem ganzen Herzen, sondern mit Lüge [– Spruch Jʜwʜs].

11 Jʜwʜ sagte zu mir:

> Gerechter hat sich Frau Abkehr, Israel, erwiesen als Frau Treulos, Juda. 12 Geh und rufe[a] diese Worte nach Norden aus und sage:
>
>> Kehre[b] doch zurück, Frau Abkehr, Israel <zu mir>[c] – Spruch Jʜwʜs. Ich werde nicht finster auf euch blicken[d], denn ich bin treu – Spruch Jʜwʜs, ich werde <euch>[c] nicht ewig zürnen. 13 Nur erkenne deine Schuld, denn gegen Jʜwʜ, deinen Gott, hast du gefrevelt. Du dehntest deine Wege[a] aus zu den Fremden unter jedem grünen Baum. Aber auf meine Stimme hast du[b] nicht gehört, Spruch Jʜwʜs.
>>
>> 14 Kehrt zurück, abtrünnige Kinder – Spruch Jʜwʜs –, denn ich bin Herr[a] über euch und ich werde euch, einen aus einer Stadt und zwei aus einer Sippe, nehmen und euch (zum) Zion bringen. 15 Ich werde euch Hirten nach meinem Herzen geben; sie werden euch weiden, mit Erkenntnis/ weiden[a] [und] mit Klugheit. 16 Wenn ihr euch aber vermehrt und fruchtbar seid im Land, in jenen Tagen – Spruch Jʜwʜs –, dann wird man nicht mehr sagen:
>>
>>> „Lade des Bundes Jʜwʜs /des Heiligen Israels[a]".

Selbstbericht des Propheten

K1 K2 K3 K4 K5

Sie wird nicht in den Sinn kommen, und man wird sich nicht an sie erinnern und sie nicht mehr suchen, und sie wird nicht noch einmal gefertigt werden.

17 In jener Zeit wird man Jerusalem nennen
    „Thron J[HWH]S",
und alle Völker werden sich zu ihr {fem. sing.} hin sammeln [zum Namen J[HWH]S, zu Jerusalem][a] und sie werden nicht mehr der Verstocktheit ihres bösen Herzens folgen.

18 In jenen Tagen wird das Haus Juda zum Haus Israel gehen und sie werden zusammen aus dem Land des Nordens <und aus allen Gegenden>[a] kommen in das Land, das ich euren/ ihren[b] Vorfahren zum Erbbesitz gab.

19 Ich aber, ich habe gesagt:
    Wie sehr[a] will ich dich[b] {fem. sing.} einsetzen unter die Söhne und
    dir ein liebliches Land geben, einen Erbbesitz der Zier aller Zierden /
    Gottes, des Allherrschers[c] der Völker.
Ich sagte:
    „Mein Vater" solltest du/ solltet ihr[d] mich nennen
    und dich/ euch[d] nicht von mir abkehren.

20 Gewiss! Wie eine Frau treulos handelt wegen[a] ihres Freundes, so habt ihr[b] an mir treulos gehandelt, Haus Israel, Spruch J[HWH]S.

Jeremia berichtet 21 Eine Stimme auf kahlen Höhen[a] ist zu hören,
    ein Weinen, ein Flehen der Kinder Israels.
Denn sie haben ihren Weg verkehrt,
    sie haben J[HWH], ihren Gott[b], vergessen.

J[HWH]S Reaktion 22 Kehrt zurück, abtrünnige Kinder,
    ich werde eure Abtrünnigkeiten[a] heilen[b]!

Israels Bußgebet Da sind wir, wir kommen zu dir,
    denn du bist J[HWH], unser Gott.

23 Gewiss! Als Lügen (erwiesen sich) die Höhen,
    (als) Lärm die Berge.[a]
Gewiss! Bei J[HWH], unserem Gott, (ist) Israels Rettung!

24 Aber die Schande[a] hat den Ertrag unserer Vorfahren gefressen von unserer Jugend an, ihre Schafe und ihre Rinder, ihre Söhne und ihre Töchter.

25 Wir müssen uns in unsere Schande betten[a]
    und unsere Schmach muss uns bedecken,
denn gegen J[HWH], unseren Gott, haben wir gesündigt – wir und unsere Vorfahren von unserer Jugend an und bis zu diesem Tag –
    und nicht auf die Stimme J[HWH]S, unseres Gottes, gehört.

J[HWH]S Reaktion 4,1 Wenn du {masc. sing.} umkehrst[a], Israel – *Spruch J[HWH]S* –,
    kannst du zu mir umkehren,
und wenn du deine Scheusale entfernst vor meinem Gesicht[b],
    dann wirst du nicht (mehr) umherirren[c]

K1 K2 K3 K4 K5
2 und wirst schwören: ‚JHWH lebt' in Wahrheit,
 in Recht und in Gerechtigkeit,
und Völker werden sich in ihm[a] segnen
 und in ihm sich /_{den Gott <in Jerusalem>}[b] rühmen.

Anmerkungen zu Text und Übersetzung

* Die Kommunikationsebenen sind in der Übersetzung durch Einrücken dargestellt. Ab Jer 3,21 sind poetische Verse durch Einrücken paralleler Stichen markiert; Prosaverse füllen die Zeilen aus. Zum System der Klammern und Kleinschreibung s. o. S. 22.

6a Das Substantiv מְשֻׁבָה „Abtrünnigkeit" (abgeleitet von שׁוּב, das in Jer 3,6 – 4,2 Leitwort ist) wird analog zum Tochtertitel verwendet, personifiziert also Israel als weibliche Gestalt. LXX leitet es von יָשׁב „wohnen" ab und übersetzt ἡ κατοικία „Einwohnerschaft, Gemeinde". Während STIPP (Sondergut, 31f.) das auf die isomorphe Übersetzungstechnik zurückführt, erwägt MCKANE (ICC, 65), ob die Übersetzer die jüdische Diaspora im Sinn hatten.

6b LXX geht mit ἐποίησέν μοι auf die für persönliche Anklagen übliche Wendung עשׂה ל „jdm. etwas antun" zurück (vgl. Gen 39,19; Ri 15,11; 1 Kön 2,5), formuliert also verstärkend.

6c Die Fragepartikel in MT hat hier die Funktion eines Ausrufs; vgl. GBH § 161b. LXX formuliert als Aussage.

6d MT wörtlich „eine Gehende, sie"; das Partizip drückt hier die Dauer aus; vgl. GBH § 121h. LXX bietet 3. plur. Indikativ Aorist im Blick auf die vorher genannte Gemeinde.

7a Aufgrund der Zitateinleitung kann die Langform תָּשׁוּב als Aufforderung an die 2. fem. sing. gelesen werden, so auch LXX und FINSTERBUSCH/JACOBY, MT-Jeremia 1–24, 63.

7b Das substantivierte Adjektiv בָּגוֹדָה „die Treulose" (vgl. GK § 132b) personifiziert Juda. V. 8.11 wechseln ohne erkennbaren Grund zum fem. Partizip בֹּגֵדָה; vgl. RUDOLPH, HAT, 24.

7c Die explizite Charakterisierung Judas als Schwester Israels in 3,7.8.10 fehlt in LXX und stellt einen späten literarischen Bezug zu Ez 23,4.11.18 her.

7d LXX bietet als Objekt des Sehens τὴν ἀσυνθεσίαν αὐτῆς, das in MT fehlt, aber beim transitiven Verb ראה notwendig ist. Die Vorlage lautete demnach וַתֵּרֶא בָּגוֹדָה יְהוּדָה, während MT eine Haplographie aufweist; vgl. POPKO, Marriage Metaphor, 216f.

8a Das Verb der 1. sing. bezieht sich wohl auf den Sprecher, JHWH (so einige LXX-Hss.), was aber den Satz verkompliziert: Gott erkennt, dass Juda sich trotz des Schicksals ihrer Schwester nicht fürchtete und es ihr gleichtat. Einige LXX-Hss., S sowie viele Kommentare lesen וַתֵּרֶא „sie sah", auch V führt Judas Sehen aus V. 7 fort; vgl. RUDOLPH, HAT, 24; MCKANE, ICC, 65; WANKE, ZBK, 47; SCHMIDT, ATD 20, 104. Diese Variante glättet den Text. FINSTERBUSCH/JACOBY (MT-Jeremia 1–24, 63) identifizieren das „Ich" mit Jeremia, der in der Welt des Buches auf die an ihn gestellte Frage (V. 6) mit einer prophetischen Schau antworte (mit Verweis auf Jer 4,23–26, dort aber stilistisch deutlich vom Kontext abgesetzt). Das Folgende ist jedoch nicht vom Propheten geschaut, sondern setzt die Rede JHWHS unmarkiert fort, denn er hat Israel den Scheidebrief ausgehändigt (vgl. auch die Zitationsformel am Ende von V. 10).

9a MT והיה ist mit LXX und S als qatal-Form + waw copulativum zu verstehen; vgl. 37,11; GK § 112ss; FINSTERBUSCH/JACOBY, MT-Jeremia 1–24, 63; POPKO, Marriage Metaphor, 220f.

9b MT קֹל wird von den antiken Versionen überwiegend von קלל „leicht sein" abgeleitet; vgl. RUDOLPH, HAT, 24; MCKANE, ICC, 65f. LXX übersetzt sinngemäß mit εἰς οὐθέν „ins Nichts".

9c   MT וַתֶּחֱנַף אֶת־הָאָרֶץ „da war sie entweiht mit dem Land" fehlt in LXX; sonst ist das Verb meist transitiv übersetzt „sie entweihte das Land", daher wird die Hif.-Form וַתַּחֲנֵף vorgeschlagen; vgl. RUDOLPH, HAT, 24; MCKANE, ICC, 65. Es handelt sich um einen prämasoretischen Zusatz, der auf die Frage in 3,1aβ MT „ist dieses Land nicht vollständig entweiht?" anspielt. Die Punktation des Verbs folgt der in 3,1aβ.

9d   MT gebraucht den Artikel (so auch 2,27) und die Präposition את, die LXX als Akkusativpartikel deutet. Gemeint sind kultische Installationen an den Ortsheiligtümern.

12a LXX übersetzt hier und in 11,6; 19,2; 43,15 mit „lies (vor)", denn für die Übersetzer ist Jeremia in der Welt des Buches ein Schriftsteller; vgl. FINSTERBUSCH/JACOBY, MT-Jeremia 1–24, 64. Nach STIPP (Interpretierende Übersetzung, 194f.) deuteten die Übersetzer „diese Worte" als Verweis auf das vorliegende Jeremiabuch und den Imperativ als Aufruf, es vorzulesen.

12b Der Wechsel zwischen masc. Imperativ und fem. Adressierung ist auf die Assonanz שׁוּבָה מְשֻׁבָה zurückzuführen; vgl. RUDOLPH, HAT, 26; MCKANE, ICC, 70. V. 13 fährt mit fem. Imperativ und fem. Suffixen fort.

12c Die Überschüsse in LXX „zu mir" und „euch" verstärken die Beziehung zwischen Gott und Volk.

12d MT wörtlich „nicht lasse ich mein Angesicht fallen gegen euch" (vgl. Gen 4,5).

13a Die semantische Inkongruenz von פזר Pi. „zerstreuen, reichlich austeilen" (Ges[18], 1046) und דרכיך „deine Wege" in MT wird von LXX und V wörtlich übersetzt, während jüdische Gelehrte und moderne Kommentare eine Konjektur vorschlagen. Raschi hält die Wege für einen Euphemismus für רגליך i. S. v. „du hast die Beine gespreizt"; vgl. MCKANE, ICC, 70f., der ירכיך „deine Schenkel" vorschlägt. DUHM (KHC, 39) liest ותפשׂקי את ברכיך „du spreiztest deine Knie". Andere lesen mit Cornill דודיך „deine Liebschaften"; RUDOLPH, HAT, 26; WANKE, ZBK, 47; SCHMIDT, ATD 20, 108. Auch ohne Konjektur verbindet V. 13 die aus 2,18.23.33.36 bekannte Wegmetapher mit derjenigen der „Hurerei".

13b Mit LXX und V ist der sing. die ursprünglichere Lesart. Der plur. in MT gleicht an V. 14–16 an; mit RUDOLPH, HAT, 26.

14a Die qatal-Form בעלתי bezeichnet eine erfahrungsgemäße Tatsache: „ich bin Herr" (vgl. GK § 106kc) und ist Voraussetzung der Umkehr, während das folgende weqatal ולקחתי an den Imperativ anschließt und in die Zukunft blickt. LXX übersetzt beide Verbformen futurisch, versteht Gottes Herr-Sein als Folge der Umkehr; vgl. FINSTERBUSCH/JACOBY, MT-Jeremia 1–24, 65. V deutet בעלתי im Sinne der Ehemetaphorik ego vir vester „ich bin euer Mann".

15a LXX geht auf רעה als Infinitiv abs. einer figura etymologica zurück, so auch das Qumran-Fragment Jer 3,15–19 MS Schøyen 4612/9; MT דעה ist als Nomen abs. punktiert, der folgende Infinitiv Hif. השכיל mit Kopula angeschlossen, während LXX die Verbform adverbiell wiedergibt. Mit POPKO (Marriage Metaphor, 228f.) ist LXX mit Blick auf die Parallele 23,5 ומלך מלך והשכיל wohl original, MT ein Schreibfehler oder absichtliche Qualifizierung der Hirten als „weise".

16a Das Tetragramm in MT wird durch V, S und T gestützt, während der Titel ἅγιος Ισραηλ sonst nie in Verbindung mit der Lade begegnet. Aufgrund der ursprünglichen Nennung des Heiligen Israels in 2,3 ist 3,16 in LXX wohl adaptiert; vgl. STIPP, Sondergut, 152.

17a Der prämasoretische Zusatz verstärkt die Fokussierung auf die Stadt.

18a Die umfassendere Formulierung in LXX findet sich auch in 16,15 = 23,8 und ist eine sekundär assimilierte Variante in der LXX-Vorlage; vgl. POPKO, Marriage Metaphor, 235f.

18b LXX und S bezeugen ein Suffix der 3. masc. plur., MT und V bieten mit der 2. masc. plur. zwar die lectio difficilior, die sich aber aufgrund des Satzsinns als Angleichung an die direkte Anrede in V. 19 erweist; vgl. POPKO, Marriage Metaphor, 236.

19a LXX liest אמן (MT אֵיךְ) und versteht den Versbeginn als Reaktion Jeremias „so sei es, Herr" (vgl. 11,5), der im Folgenden Gott zitiert. MS Schøyen 4612/9 liest [אמן יהוה כי כֹן, stützt also LXX; vgl. Finsterbusch/Jacoby, MT-Jeremia 1–24, 66; Popko, Marriage Metaphor, 238. Die LXX-Variante fasst die Wendung „ich aber sagte" disjunktiv auf, was im Folgenden zu einer umständlichen Lesart führt (s. u. zu 19c).

19b BHS schlägt die Punktation masc. Suffixe vor, was Rudolph (HAT, 30) damit erklärt, dass Frauen im AT in der Regel nicht erbberechtigt seien. Das ist jedoch kein hinreichender Grund. So führt V. 19 die Anrede an die weibliche Figur von 3,1–5 fort.

19c LXX θεοῦ παντοκράτορος ἐθνῶν geht auf אל צבאות גוים zurück, während MT hier den singulären Ausdruck צְבִי צִבְאוֹת גוים „Zier der Zierden der Völker" gebraucht. Beide Varianten sind ungewöhnlich, da אֱלֹהֵי הַגוֹים sonst fremde Gottheiten bezeichnet (Dtn 29,17; Jes 36,18). Während McKane (ICC, 78) die LXX-Variante für sekundär hält, meint Popko (Marriage Metaphor, 239–241), MT sei eine theologische Korrektur; der Fall bleibt rätselhaft und letztlich unentscheidbar.

19d LXX und das *Ketiv* bieten Verbformen der 2. masc. plur. Das *Qere* punktiert als 2. fem. sing. und gleicht daher an V. 19a an. V. 19 bezeugt die Wende von der Metapher „Frau" zu den „Kindern".

20a Die Frage, ob die Frau an ihrem Gefährten (רע) treulos handelt oder wegen dieses Freundes treulos gegenüber dem Ehemann ist, hängt von der Deutung der Präposition מִן ab, da בגד das Objekt sonst mit ב anschließt; vgl. V. 20b und die Diskussion in McKane (ICC, 79f.), der sich für Letzteres entscheidet. Zu רעים als „Gefährten, Liebhaber" vgl. 3,1.

20b LXX und V bieten eine 3. sing.-Verbform, gleichen so an das Subjekt „Haus Israel" an.

21a MT שְׁפָיִם „kahle Höhen" findet sich auch in 3,2; 4,11; 7,29; 12,12; 14,6 (z. T. in defektiver Schreibweise). LXX liest nur in 14,6 ein semantisch äquivalentes Wort, in 3,21 שְׂפָתִים „Lippen". Das Wort war den Übersetzern wohl unbekannt und sie erschlossen seine Bedeutung aus dem jeweiligen Kontext; vgl. Tov, Septuagint Translators, 207.

21b LXX bietet θεοῦ ἁγίου αὐτῶν „ihren heiligen Gott". Stipp (Sondergut, 152) hält LXX für sekundär, Popko (Marriage Metaphor, 246) dagegen MT.

22a LXX liest wohl שבריכם oder מִשְׁבְּרוֹתֵיכֶם „Zerstörungen" (vgl. 2 Sam 22,5); MT מְשׁוּבֹתֵיכֶם. Da MT eine Alliteration bildet, ist diese Fassung ursprünglich; vgl. Popko, Marriage Metaphor, 247f.

22b MT אֶרְפֶּה, viele hebräische Hss. bieten die reguläre Verbform ארפא; vgl. Rudolph, HAT, 28.

23a MT מִגְּבָעוֹת „von den Höhen" ist unverständlich und הֲמוֹן הרים als Nominalsatz punktiert. LXX und V verstehen Höhen und Berge als zwei Subjekte, deren Ergehen parallelisiert wird. Zu den verschiedenen antiken und modernen Deutungen vgl. McKane, ICC, 81. Wahrscheinlich wurde MT aus שֶׁקֶרם גבעות verschrieben; vgl. Popko, Marriage Metaphor, 249f.

24a MT הַבֹּשֶׁת gilt, wie in 11,13, als Umschreibung für Baal; vgl. BHS; Rudolph, HAT, 28; Wanke, ZBK, 55; Schmidt, ATD 20, 115; Finsterbusch/Jacoby, MT-Jeremia 1–24, 69.

25a Zum Gebrauch des Kohortativs i. S. v. „müssen" vgl. GK § 108g; GBH § 114c (2).

4,1a LXX liest die drei *jiqtol*-Formen in V. 1 als 3. fem. sing. Die auf die 2. Pers. weisende *w^eqatal*-Form ונשבעת zu Beginn von V. 2 und das Suffix der 2. Pers. bei שקוציך ändern die Übersetzer stillschweigend, wohl weil sie das zweimalige בו in V. 2 auf Israel beziehen; vgl. McKane, ICC, 84f. Dass Israel so abwechselnd als weiblich und männlich erscheint, störte sie wegen des Genuswechsels in Jer 2,1 – 4,2 nicht.

1b LXX liest מפיו „von seinem Mund", bietet aber zusätzlich ein Äquivalent zu מפני (so MT). Mit Popko (Marriage Metaphor, 255) bot die Vorlage ומפני מפיך, wobei Ersteres versehentlich ausfiel.

1c   LXX καὶ ἀπὸ τοῦ προσώπου μου εὐλαβηθῇ „(wenn) er sich vor meinem Angesicht
     fürchtet" geht auf ומפני תגור zurück (von גור III; vgl. Dtn 18,22) und führt den Konditio-
     nalsatz fort. MT beginnt dagegen mit ולא תנוד den Hauptsatz; vgl. V, S und RUDOLPH,
     HAT, 28; WANKE, ZBK, 55; SCHMIDT, ATD 20, 116. Mit POPKO (Marriage Metaphor,
     256–258) ist die MT-Fassung leichter als Verschreibung von תגור zu תנוד zu erklären,
     die mit dem Zusatz von ולא geheilt wurde, der nun auf die Strafe Kains (Gen 4,12.14)
     anspielt; vgl. FINSTERBUSCH/JACOBY, MT-Jeremia 1–24, 71. Damit ändert sich das Kondi-
     tionalgefüge, denn LXX weist drei Bedingungen aus, MT nur eine (die Scheusale
     entfernen), dafür aber drei Folgerungen.

2a   Die beiden 3. masc. sing.-Suffixe, die nach LXX auf Israel verweisen (s. o. zu 4,1a), müssen
     sich in MT auf JHWH beziehen, der in der Schwurformel חי־יהוה genannt ist. Eine Änderung
     zur 2. masc. sing. – so BHS; RUDOLPH, HAT, 28; WANKE, ZBK, 55 – ist daher unnötig.

2b   LXX (und T) zufolge rühmen die Völker in/durch Israel den Gott in Jerusalem; das ist
     mit FINSTERBUSCH/JACOBY (MT-Jeremia 1–24, 71) eine Anspielung auf Gen 12,3; 22,18;
     26,4, die auch im Hintergrund von MT stehen dürfte. Da die Nennung des Gottes von
     Jerusalem diese verstärkt, ist die LXX-Lesart wohl eine spätere Angleichung und MT
     ursprünglich; vgl. POPKO, Marriage Metaphor, 254f.; ähnlich STIPP, Sondergut, 54.

Synchrone Analyse

Rhetorische   In Jer 3,6 – 4,2 wechseln Abschnitte in Prosa (3,6–12aα.14–18) mit poetischen Pas-
Struktur   sagen (3,12aβ–13*.19–25; 4,1–2) ab. Neben zwei Einleitungen in Selbstberichte
                „JHWH sagte zu mir" (V. 6.11) finden sich auf die Zukunft verweisende, kleinräumi-
                ge Einleitungen in V. 16.17.18. Lassen die Einleitungen des Selbstberichts ein Ge-
                spräch zwischen Gott und Jeremia erwarten, so wird diese Erwartung nicht erfüllt,
                denn alle folgenden Ich-Aussagen verweisen inhaltlich auf Gott als Sprecher,[81] so
                dass 3,6 – 4,2 mit Ausnahme von 3,21.22b–25 nur JHWH-Rede bietet, die immer
                wieder mittels der Zitationsformel als solche markiert wird (3,10.12.13.14.16.20;
                4,1).[82] Während JHWHs Worte in V. 6–11 nur an Jeremia ergehen, fungiert dieser
                ausweislich des Redeauftrags in V. 12aα als Sprecher aller folgenden Umkehrrufe
                und Ankündigungen. Diese sind überwiegend in direkter Anrede formuliert und
                haben verschiedene Adressat*innen: das als „Frau Abkehr" personifizierte Israel
                (V. 12), eine namenlose weibliche Gestalt (V. 19), eine Gruppe „abtrünniger Kin-
                der" (V. 14.22), das „Haus Israel" (V. 20) und Israel als männliche Einzelgestalt
                (4,1f.).

                Die durch Jeremia übermittelte Gottesrede umfasst 3,12aβ–20. Sie ist rheto-
                risch nicht stringent formuliert, denn die Prosaverse 14–18 enthalten mehrere
                Ankündigungen (vgl. die Einleitungen in V. 16.17.18). Sie endet in V. 20 mit dem
                summarischen Vorwurf, das Volk habe sich JHWH gegenüber wie eine treulose Frau
                verhalten.

                3,21 wechselt abrupt zur Mitteilung, das Weinen der „Kinder Israels" sei zu
                hören, deren Sprecher wohl der Prophet ist, der hier über die Klage des Volkes

---

81   Anders FINSTERBUSCH/JACOBY (MT-Jeremia 1–24, 63), die וארא in 3,8 auf den Propheten
     beziehen und 3,8–10 als prophetische Schau eines Gotteswortes verstehen, dessen Ich-
     Formulierung aber die Perspektive Gottes darlegt. S. o. die Textkritik zu 3,8a.
82   In 3,10 (MT⁺).13.20 schließt die Zitationsformel ein Gotteswort ab.

berichtet.[83] Auf den erneuten Umkehrruf an die „abtrünnigen Kinder" in V. 22a folgt, ohne Einleitung als Zitat, das Schuldbekenntnis einer Gruppe (3,22b–25) als Antwort. Auf dieses Eingeständnis der Schuld reagiert wiederum die bedingte Heilszusage (4,1f.), die an „Israel" gerichtet und mittels Zitationsformel als Gotteswort ausgewiesen ist. Da diese verschiedenen Stimmen einander abwechseln und nicht mittels Zitatreden in die Gottesrede eingebettet sind, wird ab 3,21 eine Darstellungsweise sichtbar, die auch Jer 4–6 prägt und als dramatischer Text verstanden werden kann.[84]

Der Wechsel von Sprecher*innen und Adressat*innen zeigt, dass die rhetorische Stilisierung in Jer 3,6 – 4,2 Leerstellen und Inkohärenzen aufweist, die synchron nicht widerspruchsfrei zu erklären sind. Zwar ist der gesamte Text vom Leitwort שׁוּב „um-/zurückkehren" geprägt, und einzelne Abschnitte sind über Stichworte verknüpft. Im Detail freilich variieren die Aussagen beträchtlich und das Thema „Umkehr" wird etwa in V. 14–18 als „Rückkehr" aus dem Exil verhandelt.

Gliederung

3,6–10	Selbstbericht mit Geschichtsdeutung: Israel & Juda als unbelehrbare Schwestern
3,11–12aα	Selbstbericht: Schlussfolgerung und Redeauftrag
3,12aβ–13	Umkehrruf an „Frau Abkehr, Israel"
3,14f.	Umkehrruf an die „abtrünnigen Kinder"
3,16–18	Heilsverheißungen: Lade, Jerusalem, Heimkehr zum Zion
3,19f.	Gotteswort: Jhwhs Plan für die Tochter und Anklage
3,21	Erzählte Klage der „Kinder Israels"
3,22a	Umkehrruf an die „abtrünnigen Kinder"
3,22b–25	Schuldbekenntnis der „Kinder"
4,1f.	Bedingte Heilsverheißung an Israel als männliche Gestalt

Die Abfolge der Themen und Adressierungen zeigt eine sukzessive Abkehr von der Ehemetaphorik zugunsten der Vater-Kinder-Metapher für das Verhältnis Gott-Volk.[85] Zunächst werden in 3,6–10 Israel und Juda als Schwestern und Ehefrauen Jhwhs charakterisiert, die sich von ihm ab- und anderen Gottheiten zuwenden. Die Titel „Frau Abkehr" und „Frau Treulos" sind aus dem Kontext gebildet (vgl. משׁבה ישׂראל V. 12aβ; בגדה אשׁה V. 20) und verstärken die negative Bewertung beider Frauen. „Frau Abkehr, Israel" (3,12aβ) und die Kinder (V. 14.22) werden im Folgenden zur Umkehr aufgerufen, „Frau Treulos, Juda" aber erhält keine solche Aufforderung. Da die „Kinder" in V. 14f. nicht genauer identifiziert und im Schuldbekenntnis (V. 22b–25) nur erschlossen sind, bleibt in der Schwebe, um welche Kinder welcher Frau es sich dabei handelt. Das zeigt, dass die beiden Frauen und ihre Kinder in Kap. 3 nicht durchgängig differenziert werden. Es ist zudem unklar, wen die namenlose Frauengestalt in 3,19 repräsentiert, denn an dieser Stelle wird sie implizit als Tochter adressiert. Die bedingte Heilsverheißung in 4,1f. schließlich wendet sich an Israel als männliche Einzelgestalt.

---

83   So mit FINSTERBUSCH/JACOBY, MT-Jeremia 1–24, 67. Die Kategorisierung von 3,21 – 4,2 als „Auditionsbericht" (WANKE, ZBK, 55) nimmt zwar V. 21 zum Ausgangspunkt, erscheint aber aufgrund des folgenden Wechsels der Stimmen sachlich nicht angemessen.

84   S. die Einleitung, „Zur synchronen Analyse", S. 40.

85   Mit DIAMOND/O'CONNOR, Unfaithful Passions, 141f.; FISCHER, HThKAT, 184.

3,6–10
Israel und
Juda als
Schwestern

Hat die Analyse von Jer 2,1 – 3,5 ergeben, dass die namenlose Frauengestalt mit Juda oder Jerusalem identifiziert werden kann, so liefert der in Prosa gehaltene Selbstbericht des Propheten in 3,6–10 eine andere Identifikation für 3,1–5, indem er Israel und Juda als Schwestern und Ehefrauen Jhwhs vorstellt und die Scheidung nur auf das Nordreich bezieht. Dazu passt die Datierung in die Regierungszeit König Joschijas (639–609 v. d. Z.), in der das Nordreich längst untergegangen, Judas Schicksal aber noch nicht entschieden war. Dieser Identifikation zufolge ist der dem Propheten ausdrücklich aufgetragene Umkehrruf an diejenigen, die im ehemaligen Nordreich wohnten, gerichtet – jenseits aller historischen Wahrscheinlichkeit.[86] Die Ankündigung des Endes des göttlichen Zorns wird in 3,13a an die Einsicht in die eigene Schuld geknüpft, setzt also implizit die Reue der Adressat*innen voraus.

3,14–18
Welche
Kinder?

Wer aber sind die in V. 14 zur Umkehr aufgerufenen Kinder? Aufgrund ihrer zu „Frau Abkehr" analogen Benennung als שׁובבים „abtrünnig" (vgl. noch V. 22) könnte hier der Rest der Nordreichsbevölkerung im Blick sein. Dieser Identifikation widersprechen jedoch die Ankündigung ihrer Rückführung nach Zion (V. 14), die Verheißung neuer, besserer Hirten (V. 15; vgl. 23,1–4), die in Vergessenheit geratene Bundeslade (V. 16) und der neue Name „Thron Jhwhs" für Jerusalem (V. 17). Sie alle verweisen auf die Identifikation der Kinder mit der (Rest-)Bevölkerung Judas bzw. Jerusalems.[87] Eine dritte Möglichkeit bietet V. 18 mit der Ankündigung, das Haus Juda und das Haus Israel würden zusammen aus dem Land des Nordens zurückkehren und das den Vorfahren versprochene Erbland wieder in Besitz nehmen (נחל Hif.; vgl. Dtn 12,1.10; 19,3.10), also eine neue Landnahme vollziehen.[88] Das wäre gewissermaßen eine Rückabwicklung der Geschichte, die in eine Wiederherstellung der Verhältnisse vor dem Untergang des Nordreichs mündete.[89]

3,19f.
Erbberech-
tigte Tochter

In V. 19f. wendet sich die göttliche Stimme, wie schon in 3,1–5, an eine namenlose weibliche Gestalt, die nun als Erbtochter neben den Söhnen erscheint (vgl. נחלה „Erbbesitz, Erbland", V. 19a). Diese Vorstellung findet sich nur hier und in Hiob 42,15. Die Hoffnung, sie werde Gott „Vater" nennen und sich nicht mehr von ihm abwenden, wird abgewiesen durch die Anklage, das Haus Israel habe sich so treulos erwiesen wie eine Frau, die sich einem Liebhaber zuwendet. Die Metapher der treulosen Frau und die Stichworte שׁוב „umkehren", אבי „mein Vater", רֵעַ „Freund, Liebhaber" verbinden V. 19f. mit 3,1–5. Das positive Bild der erbberechtigten Tochter wird durch den Rückverweis auf die untreue Frau unterminiert und somit für unrealistisch erklärt.[90]

3,21 – 4,2
Liturgie zu
Klage und
Umkehr

Der gegenüber der monologischen Gottesrede durch Stimmenwechsel geprägte Abschnitt 3,21 – 4,2 bildet mit der Abfolge Klage – Umkehrruf – Schuldbekenntnis – bedingte Heilsverheißung eine Art Liturgie.[91] Sie setzt abrupt ein mit einer

---

86 S. u. die diachrone Analyse.

87 Vgl. Rudolph, HAT, 26.

88 Mit Wanke, ZBK, 54.

89 Rudolph (HAT, 27) und McKane (ICC, 76) verstehen V. 18 als harmonisierende Notiz, die V. 6–13 und V. 14–17 voraussetzt und miteinander kombiniert.

90 So auch Shields, Circumscribing the Prostitute, 122.

91 Vgl. Rudolph, HAT, 31; Wanke, ZBK, 55; ausführlich Schmidt, ATD 20, 117–123. Dass das Schuldbekenntnis in 3,22b–25 möglicherweise auf eine Bußliturgie am Jerusalemer Tempelkult zurückgeht, nimmt neben Schmidt auch Weiser (ATD 20, 33) an.

als Audition beschriebenen prophetischen Situationsschilderung. Das Weinen der Kinder Israels auf den kahlen Höhen (V. 21a) hat enge, terminologische Parallelen in 9,18 und 31,15.[92] Es wird in V. 21b als Eingeständnis gedeutet, den falschen Weg eingeschlagen und Gott vergessen zu haben. Die Gottesstimme antwortet darauf erneut mit einer Umkehrforderung (vgl. 3,12.14) und der Ankündigung, die Abtrünnigkeit der Adressat*innen zu heilen.[93] Das folgende, im Plural formulierte Schuldbekenntnis enthält Stichworte und Wendungen aus den Anklagen in Jer 2–3 und bestätigt diese als zutreffend. Die darauf antwortende Heilsverheißung in 4,1f. fordert Israel nicht nur zur Umkehr zu Jʜwʜ auf, sondern auch explizit zur Abkehr von den anderen Gottheiten, die abwertend als שִׁקּוּצִים „Scheusale" (vgl. 7,30; 13,27) bezeichnet werden. Die Liturgie bietet eine Lösung des in Jer 2–3 beschriebenen Beziehungskonflikts. Wird Gott auch als grundsätzlich vergebungsbereit charakterisiert, so ist doch Israels Eingeständnis der eigenen Schuld die Voraussetzung für die Wiederaufnahme der gescheiterten Beziehung. „Israel" repräsentiert in diesem Zusammenhang nicht nur die Nordreichsbevölkerung, sondern das Volk als Ganzes.

Diachrone Analyse

Vorexilisch	K^frühexilisch	Exilisch (alle R^GÄ)	Nachexilisch
	3,12aβ.b[ohne ישׂראל].13a	3,6–11*.12aα.13b	3,14–16.18 R^Tora
	3,19.20[ohne בית ישׂראל]	3,20[בית ישׂראל]	3,17
	3,21a.22.25a[bis חטאנו]	3,21b.23–24.25[ab חטאנו]	
	4,1a	4,1b	4,2

Ausgehend von Biddles Beobachtung, dass alle Textabschnitte in 3,6 – 4,2 die in 3,1 gestellte Frage, ob die weibliche Adressatin zu Jʜwʜ zurückkehren könne, zu beantworten suchen,[94] ist es wahrscheinlich, dass diese entweder zeitgleich mit oder später als 3,1–5 entstanden sind. Da 3,1–5 die Frage mit Verweis auf die zahlreichen Freunde der Frau und deren schamloses Verhalten nur implizit verneint, schlagen die folgenden Textabschnitte unterschiedliche Lösungen der „Beziehungskrise" vor. 3,6 – 4,2 als Deutung von 3,1

Als möglicher Anschluss an 3,5 werden der Umkehrruf an „Frau Abkehr, Israel" in 3,12aβ–13 und das poetische Stück 3,19f. diskutiert. Für Ersteres plädiert McKane, der die Frage הַיִנְטֹר לְעוֹלָם „wird er ewig zürnen?" (3,5) mit לֹא אֶטּוֹר לְעוֹלָם „ich werde nicht ewig zürnen" in 3,12b beantwortet sieht.[95] Der Titel מְשֻׁבָה יִשְׂרָאֵל habe ursprünglich Juda gegolten, während der Ergänzer von 3,6–11 beide Reiche differenziere. McKane hält 3,1–5.12–13 und 3,19–25 für jeremianisch, den zuletzt genannten Abschnitt aber für ein eigenständiges Stück.[96] Für die Annahme, 3,19f.

---

92 Zu deren detaillierter Auswertung s. die diachrone Analyse.
93 Zur Motivik von Krankheit und Heilung vgl. Jer 6,14; 8,11.22; 15,18; 30,17; 33,6.
94 Vgl. Bɪᴅᴅʟᴇ, Redaction History, 209.
95 Mᴄ Kᴀɴᴇ, ICC, 71f.
96 Mᴄ Kᴀɴᴇ, ICC, 82f.

setze 3,1–5 fort,[97] spricht, dass die Wendung ואנכי אמרתי in V. 19a sachlich an das Zitat der Frau in 3,4 anknüpft und ein weibliches Kollektiv anspricht, das erst am Ende von V. 20 mit dem „Haus Israel" identifiziert wird. Außerdem nimmt 3,19f. die Metapher des Ehebruchs (בגד + ב) wieder auf und wiederholt mehrere Stichworte aus 3,1–5: Gott als Vater (3,4a.19b), ארץ „Land" (3,1.2.19a), רע(ים) „Liebhaber" (3,1b.20a).

Frühexilische
Grundschicht Da sowohl 3,12aβ–13 als auch 3,19f. und 3,21 – 4,2 wesentliche Stichworte aus 3,1–5* fortführen, alle vier Abschnitte aber Zusätze in Prosa aufweisen, plädiere ich im Anschluss an eine Skizze James Muilenburgs[98] für eine ursprüngliche Abfolge von 3,1[LXX].2a.3b.4.5a,[99] 3,12[ohne den Redeauftrag und ישראל].13a[100], 3,19.20 [ohne בית ישראל][101] und 21a.22.25a[bis חטאנו]; 4,1a.[102] Diese Verse sind poetisch und beschreiben die Krise der Beziehung zu Gott vor dem Hintergrund des Verbots der Wiederheirat in Dtn 24,1–4, ohne dessen Wortlaut vorauszusetzen. Die namenlose Frauengestalt wird der „Hurerei" mit mehreren Liebhabern bezichtigt, so dass die Frage einer Rückkehr zu Jhwh eigentlich verneint werden müsste. Trotzdem ergeht an „Frau Abkehr" ein Umkehrruf in 3,12aβ–13a (שובה משבה), der Jhwhs Treue bezeugt (כי־חסיד אני), von ihr aber die Anerkennung ihrer Schuld einfordert. Sekundär in diesen Versen ist zum einen die Identifikation der מְשֻׁבָה mit Israel, die erst im Zuge der Differenzierung von Israel und Juda in 3,6–11 erfolgte (s. u.), zum anderen die neue Einleitung mit Redeauftrag in V. 12aα und der Prosasatz in V. 13b. Er spielt mit dem Motiv der ausgedehnten Wege auf die Metapher der umherlaufenden Kamelstute und Wildeselin in 2,23–25 an und gebraucht die typischen dtjer Wendungen „unter jedem grünen Baum" (vgl. 2,20b; 3,6b) und „ihr habt nicht auf meine Stimme gehört" (vgl. 3,13).[103]

Ursprünglich folgte auf den Umkehrruf in V. 12aβ–13a die Ankündigung Jhwhs, die Tochter den Söhnen gleichzustellen, d. h. ihr ein Land zu geben, das als נחלה „Erbteil" bezeichnet wird (V. 19a). Kommt schon die Möglichkeit einer erneuten Ehebeziehung einer Aufhebung des Gewohnheitsrechts gleich, so ist auch das Erbrecht der Tochter zusammen mit den Söhnen außergewöhnlich.[104] 3,19a markiert einen entscheidenden Wendepunkt in der Argumentation und betont Gottes Souveränität gegenüber dem von ihm selbst gesetzten Recht. Mit der Verschiebung der Metaphorik zur Tochter-Vater-Metapher werden die Adressat*innen als Gruppe angesprochen (V. 20b; die plur. Verben in V. 19b sind als 2. fem. sing. punktiert).

---

97 Sie wurde bereits von Stade, Bernhard, Miscellen: ZAW 4 (1884), 151–154 vertreten; ihm folgen Rudolph, HAT, 30; Wanke, ZBK, 49f.; Schmidt, ATD 20, 114.

98 Muilenburg, James, Hebrew Rhetoric. Repetition and Style: IOSOT (Hg.), Congress Volume Copenhagen (VT.S 1), Leiden: Brill 1953, 99–111, bes. 104f. Er arbeitet die Stichwortbezüge heraus und hält die Prosaverse für redaktionell.

99 S. o. die diachrone Analyse zu 3,1–5*.

100 Zu V. 13b vgl. die wajjiqtol-Form, die nota accusativi und die Überlänge des Verses.

101 V. 20 ist überlang, „Haus Israel" ist nachgetragen.

102 V. 21b verwendet die nota accusativi. Die beiden Versicherungen in V. 23 weiten das Bekenntnis auf die Wirksamkeit der Gottheiten hin aus. Zu V. 24 als Prosa vgl. die zahlreichen notae accusativi.

103 Zu weiteren Belegen vgl. Stipp, Konkordanz, 107.137f.

104 Die Ausnahmeregelungen in Num 27; 36 sind auf den Fall fehlender Söhne begrenzt und schränken die Wahl der Ehepartner für erbberechtigte Töchter ein. Nur Hiobs neue Töchter erben gemeinsam mit seinen Söhnen (Hiob 42,15).

Das ehebrecherische Handeln der Frau dient nur noch als Vergleichspunkt (כן, V. 20), die aktuellen Adressat*innen sind ihre Nachkommen. Die Jhwh-Rede in 3,19f. eröffnet somit ein Angebot, das die Beziehung auf eine neue Basis stellt und zugleich die Treue Gottes zu seinem Volk betont.

Der in der synchronen Analyse als bewusst komponierte, liturgische Abfolge der Stimmen ausgewiesene Abschnitt 3,21 – 4,2 führt die Lösung der Beziehungskrise insofern konsequent fort, als das Bekenntnis des Volkes die geforderte Anerkennung der eigenen Schuld betont und eine Rückkehrwilligkeit seitens des Volkes zum Ausdruck bringt.

Der Klageruf in V. 21a und einige Aussagen des Bekenntnisses in V. 22b–25 stimmen z. T. wörtlich mit Wendungen der Heilsverheißung an Rahel bzw. Efraim in Jer 31,15–22 überein[105].

> Die Abfolge von קול נשמע נהי/בכי + Ortsangabe in V. 21a findet sich auch in 31,15 (vgl. noch 9,18) und gehört nach Stipp zur spezifischen Ausdrucksweise Jeremias.[106] Dass das Stichwort שוב sowohl die Umkehr als auch die Rückkehr umfasst, zeigt sich im Vergleich beider Texte: Die Aufforderung an die „abtrünnigen Kinder" (3,22a) zielt auf deren Umkehr zu Jhwh, die Heilsverheißung 31,16b.17b auf die Rückkehr der Kinder Rahels aus dem Exil. Der Klageruf Efraims השיבני ואשובה meint wohl „lass mich umkehren, dann kehre ich um" (31,18b), während die Aufforderung an die בתולת ישראל „Jungfrau Israel" in 31,21 (vgl. die Bezeichnung הבת השובבה „die abtrünnige Tochter" in 31,22) die Rückkehr in ihre Städte avisiert. Gottes Antwort in 4,1 „wenn du umkehrst, kannst du umkehren" variiert somit Efraims Klageruf in 31,18b.[107] In beiden Texten finden sich die bekenntnishafte Aussage כי אתה יהוה אלהינו „denn du bist unsere Gottheit" und der Begriff נעורים „Jugend" (3,24; 31,19); außerdem wird die eigene Situation mittels der Stichworte „Scham und Schande" (בוש und כלם in 3,25 und 31,19) beschrieben.

Damit nimmt Jer 3,21–25* wesentliche Stichworte und Aussagen aus dem wohl jeremianischen Heilswort[108] in 31,15–22 auf.[109] Angesichts der Trostbotschaft für die Nachkommen Rahels, die die „junge Frau" und „Tochter" Israel kollektiv zur Rückkehr auffordert (31,21f.), inszeniert 3,21–25* vorauslaufend die Umkehr aller abtrünnigen „Kinder Israels". Die Beschämung und Reue Efraims in 31,19 wird zum Vorbild für das Schuldbekenntnis in 3,22–25*. Die Antwort Jhwhs in 4,1a versichert, dass eine Umkehr zu ihm möglich sei. Da Jer 3,21–25* konzeptionell die Argumentation von 2,2aβ–3; 3,1–5*.12f*.19f. abschließt, die die jeremianischen Anklagen an Juda (2,14–25*.26–32*.33–37*) in den Horizont des Beziehungsdramas zwischen Gott und Volk stellt, sind der Klageruf und das Schuldbekenntnis nicht auf Jeremia selbst, sondern auf eine frühexilische Hand zurückzuführen, die einer

---

105 Vgl. auch Schmidt, ATD 20, 118. Außerdem findet sich die göttliche Zusage „ich werde eure Abtrünnigkeiten heilen" (3,22a) fast wörtlich in Hos 14,5.

106 Vgl. Stipp, Kennzeichen, 171; ders., Verfasserschaft der Trostschrift, 191f.

107 Vgl. Schmidt, ATD 20, 122.

108 Stipp (Verfasserschaft der Trostschrift, 196) hält sowohl 3,21–25 als auch 31,15–22 für jeremianisch. Während Stipp (HAT, 211f.) das Trostbüchlein im Wesentlichen als Sammlung jeremianischer Worte versteht, datiert Schmid (Buchgestalten, 149) dessen Grundschicht (30,5–7.12–21*; 31,4f.15–22) in die Zeit nach 587 v. d. Z. Dagegen hält Sharp die Textentwicklung für nicht mehr rekonstruierbar; s. ihre diachrone Analyse zu Jer 30f. im Kommentar zu Jer 26–52.

109 So auch Schmidt (ATD 20, 118f.), der freilich als „Sitz im Leben" des Bekenntnisses eine exilisch-nachexilische Bußfeier vorschlägt.

ersten Sammlung von Unheilsankündigungen an Juda die Möglichkeit der Umkehr voranstellt.

Exilische Ergänzungen

Über diese Anleihen an Jer 31,15–22 hinaus sind einige Verse in 3,21 – 4,2 als Ergänzungen auszumachen, die den überlieferten Text stärker mit Kontextaussagen verklammern. Es handelt sich dabei wohl um eine Bearbeitung der geschichtsätiologischen Redaktion aus exilischer Zeit. V. 21b spielt, wie schon der Zusatz V. 13b, auf das Motiv der verflochtenen Wege aus 2,23–25 und mit der Wendung „Jhwh vergessen" auf 2,32 an. Die Rede von der „Lüge" auf den Höhen in V. 23a negiert die im Zusatz 2,20b genannten Ortsheiligtümer. Diesem falschen Gottesdienst wird in V. 23b das Bekenntnis zu Jhwh als „Rettung Israels" entgegengestellt.[110] V. 24a bietet ein Wortspiel zum Begriff „Schande" (V. 25), wohl als Euphemismus für den Gott Baal[111] (vgl. Hos 9,10), dessen Verehrung das Volk in 2,8.23 bezichtigt wird. Dass „die Schande" den Ertrag gefressen habe, erinnert an die Drohung, wer Israel „fresse", werde sich verschulden (2,3b; vgl. 2,30; 5,14.17). Der Ertrag wird in V. 24b nachklappend in Anlehnung an 5,17 als Viehbesitz und Kinder erläutert.[112] Die Liste der Personen „wir und unsere Vorfahren" sowie die Zeitangabe „von unserer Jugend an bis jetzt" in V. 25aβ erweitern das Bekenntnis personell und zeitlich[113], und V. 25b fügt die dtjer Wendung „nicht auf die Stimme Jhwhs hören" hinzu.[114] 4,1b ergänzt eine zweite Bedingung, die mit dem Stichwort שִׁקּוּצִים „Scheusale" wieder auf die Verehrung fremder Gottheiten rekurriert.[115]

3,6–12aα Exilische Deutung

Bereits durch seinen Prosastil ist 3,6–12aα als redaktioneller Abschnitt ersichtlich. Er stammt aus einer Hand, denn die durch eine erneute Redeeinleitung formal herausgehobene vergleichende Bewertung beider Frauengestalten in V. 11 formuliert das Fazit aus V. 6–10[116] und der explizite Redeauftrag an Jeremia (3,12aα) leitet zum Umkehrruf in V. 12aβ über. Der Abschnitt setzt 3,1–5* aus zwei Gründen voraus. Zum einen expliziert V. 8 mit der Wendung „einen Scheidebrief aushändigen" die in 3,1 genannte Trennung des Ehemanns von der Frau (שׁלח Pi.) mit dem auch in Dtn 24,3 gebrauchten *terminus technicus*.[117] Zum anderen deutet er die assyrische Eroberung Israels (vgl. 2 Kön 17) als Scheidung von Jhwh und identifiziert die in 3,1–5* namenlose Ehefrau, gegen die ursprüngliche Intention, mit dem Nordreich.

Nach dem Vorbild der Verse 2,14f.26, die Israels Geschick als warnendes Beispiel für das als Frau personifizierte Juda anführen, malen die Verfasser die Porträts von Israel und Juda als Ehefrauen Jhwhs[118] weiter aus. Aus dem Umkehrruf V. 12aβ übernehmen sie מְשֻׁבָה als Titel für Israel; aus der Verbform בגדה in 3,20

110　Auch Wanke (ZBK, 56) sieht V. 23b als Ergänzung an.

111　S. o. die Textanmerkung zu 3,24a.

112　Das „Fressen" der Kinder spielt außerdem auf die in Jer 7,31; 19,5; 32,35 abgelehnten Kinderopfer im Hinnomtal südlich Jerusalems an; vgl. Wanke, ZBK, 56; s. u. den Exkurs „Das Tofet im Ben-Hinnom-Tal", S. 178.

113　Auch Rudolph (HAT, 28) scheidet beide Aufzählungen in V. 24.25 als sekundär aus.

114　Zu den Vorkommen vgl. Stipp, Konkordanz, 137f.

115　Der Begriff wird im DtrG (Dtn 29,16; 1 Kön 11,5.7; 2 Kön 23,13.24), in dtjer Texten (Jer 7,30; 13,27; 16,18; 32,34) und in Ezechiel (5,11; 7,20; 11,18 u. ö.) gebraucht.

116　So mit LXX. Die Zitationsformel in 3,10 ist MT⁺.

117　Die Verfasser von Jer 3,6–12aα kannten wohl die Formulierung des Rechtsfalls in Dtn 24, vgl. Wanke, ZBK, 51.

118　Zur möglichen Heirat zweier Schwestern vgl. Jakobs Ehe mit Lea und Rahel in Gen 29f.

entwerfen sie einen neuen Titel für Juda.[119] Außerdem gebrauchen sie die Bezeichnung „huren" für die Abkehr von Jhwh (aus 3,1.3) und schließen hierin auch die Verehrung fremder Gottheiten ein. Die Hurenmetapher findet sich schon in der Kritik Hoseas an den Ortsheiligtümern, den sog. Höhen (Hos 4,11–15). In Jer 3,6–10.13b werden diese offenen Heiligtümer mit Baum, Mazzebe und Altar mit dtjer Wendungen beschrieben („auf jedem Berg", „unter jedem grünen Baum", „Stein und Holz"). Die Fremdgottverehrung als Grund für Judas Untergang anzuführen, ist charakteristisch für die geschichtsätiologische Redaktion, der deshalb auch 3,6–12aα zugerechnet werden kann.[120]

Warum aber datieren die exilischen Verfasser von Jer 3,6–12aα ihre Kritik in die Regierungszeit Joschijas (V. 6) zurück? Einerseits verweisen sie auf eine Zeit, in der in Juda das Ende des Nordreichs noch präsent war. Andererseits erklären sie so Jeremia zum Unterstützer der Kultreform Joschijas, die in 2 Kön 23,4–24 wortreich beschrieben ist und die Abschaffung der Ortsheiligtümer einschließt (V. 9f.13–16).[121] Wie die Verfasser des DtrG, die Joschija als idealen König porträtieren, so führen auch die exilischen Bearbeiter des Jeremiabuches die Verehrung fremder Gottheiten als Hauptgrund für Judas und Jerusalems Untergang an. Aus ihrer Perspektive erscheint Judas fortgesetzter Kult für diese Gottheiten gerade angesichts der Reform als noch verwerflicher als derjenige des Nordreichs. Darüber hinaus will Wanke zufolge „der Kommentator erklären, warum die ihm vorliegende Jeremiaüberlieferung zwar Heilsankündigungen für Israel, nicht aber für Juda enthielt."[122]

> Die Darstellung der beiden Reiche hat eine Parallele in Ez 23. Das Kapitel schildert die Geschichte der beiden Hauptstädte (der Name Ohola steht für Samaria, Oholiba für Jerusalem) in sexuell explizier Metaphorik als permanente „Hurerei" (זנה) mit politischen Mächten sowie ihre Bestrafung durch den erzürnten Ehemann Jhwh. Während Jer 3,8 aber von Scheidung spricht, kündigt Ez 23,24f. beiden Frauengestalten den Tod durch das Schwert ihrer eigenen Liebhaber an. Auch Ez 16,51f. weist Juda im Vergleich zu Israel eine größere Schuld zu und begründet dies mit demselben Argument, dass Juda sich angesichts des Schicksals ihrer älteren Schwester hätte anders verhalten können.[123]

---

119 Mit McKane, ICC, 67; Wanke, ZBK, 51. Sie ergänzen zudem „Israel" in 3,12aβ.

120 So auch Thiel, Redaktion I, 85–91.

121 Zur Debatte über deren Umfang und Inhalt vgl. Pietsch, Michael, Die Kultreform Josias. Studien zur Religionsgeschichte Israels in der späten Königszeit (FAT 86), Tübingen: Mohr Siebeck 2013, 1–23. Nach Auswertung aller greifbaren Quellen hält er eine Kultreform für historisch plausibel, die nur die offizielle Religion in Jerusalem, Bet-El und an den Ortsheiligtümern betraf und als inner-judäische Grenzziehung gegen die Verehrung der Gestirngottheiten, der Aschera und die Riten im Ben-Hinnomtal vorging, um den Jhwh-Kult auf den Jerusalemer Tempel zu zentrieren (a. a. O., 474f. mit Annahme einer Grundschicht in 2 Kön 23,4a.5*.6–8.10–12.15a*). Dagegen hält Uehlinger nur einige Maßnahmen gegen assyrische Kulte am Jerusalemer Tempel für historisch plausibel; vgl. Uehlinger, Christoph, Gab es eine joschijanische Kultreform? Plädoyer für ein begründetes Minimum: Gross, Walter (Hg.), Jeremia und die „deuteronomistische Bewegung" (BBB 98), Weinheim: Beltz 1995, 57–89.

122 Wanke, ZBK, 51. Gegen Wanke liegt eine solche Heilsankündigung etwa in Jer 31,15–22 vor, nicht aber in 3,12aβ – 4,2, da diese Texte das Gesamtvolk im Blick haben.

123 Ez 16,51f. ist Teil der Nachträge zur Geschichte Jerusalems nach 587; der Vergleich mit der Frau Samaria basiert auf Ez 23; vgl. Zimmerli, Walther, Ezechiel. 1. Teilband: Ezechiel 1–24 (BKAT XIII/I), Neukirchen-Vluyn: Neukirchener ²1979, 365f.

Angesichts dieser Übereinstimmungen stellt sich die Frage, ob Jer 3,6–12aα und Ez 16,51–54; 23 voneinander literarisch abhängig sind. Während McKane davon ausgeht, dass beide Tradentenkreise zeitgenössische Ideen aufgriffen und so die Geschichte Israels und Judas analog bewerteten,[124] hält Zimmerli die Ezechieltexte für eine Rezeption der Tradition in Hosea und Jer 3, denn Ez 23 schildere die „Hurerei" viel ausführlicher und verschärfe durch die Erwähnung der Todesstrafe die göttliche Reaktion.[125] Da der Sprachgebrauch in Jer 3,6–12aα, wie oben gezeigt, sowohl aus dem unmittelbaren Kontext als auch aus dtjer Terminologie schöpft, ist die Passage nicht von Ez 16,51–54 oder Ez 23 literarisch abhängig. Nur die im MT spät nachgetragene Bezeichnung Judas als „Schwester" Israels in Jer 3,7.8.10 greift explizit auf Ez 23 zurück. Die exilischen Jeremiatradent*innen verwendeten die Metapher der hurenden Ehefrauen, weil in ihrer Welt solches Verhalten als beschämend und strafwürdig galt. Im Rückblick erklären sie auf diese Weise den Untergang beider Reiche als Gottes angemessene Reaktion auf den Treuebruch, sprechen ihn von jeglicher Schuld frei, ihre eigenen Vorfahren aber schuldig.

Leser*innen dieses Kommentars mag diese Geschichtsdeutung unverständlich erscheinen, zumal das negative Porträt der Frauengestalten heute als frauenfeindlich und das Gottesbild des strafenden Ehemannes zu Recht als unangemessen wahrgenommen werden.[126] Daher bewegen sich Texte wie Jer 3,6–11 an der Grenze des Sagbaren und setzen einer zustimmenden Auslegung Grenzen. Ihre zeit- und kulturbedingte Metaphorik kann heute nicht mehr zur Deutung der Beziehung zwischen Gott und seinem Volk herangezogen werden.

3,14–18 Nachexilisches Heilswort
Jer 3,14–18 nimmt mit Heilsankündigungen für Juda „eine gewisse Gleichstellung der beiden Reiche in Hinsicht auf das erwartete künftige Heil"[127] vor. Zunächst greift V. 14a den Umkehrruf an die „abtrünnigen Kinder" aus 3,22 wörtlich auf, bezieht ihn aber inhaltlich auf die Rückkehr der judäischen Deportierten. Die Möglichkeit der Heimkehr wird in Anlehnung an 31,32b mit Jhwhs Herr-Sein begründet. Die Beschreibung der Heimkehr in V. 14b ist jedoch in der Jeremiaüberlieferung singulär: Jhwh kündigt an, er werde einzelne Menschen aus ihren Städten oder Sippen holen und zum Zion bringen. Es bleibt offen, ob damit auf die in der Haggaischrift geschilderten, ärmlichen Zustände und die geringe Zahl von Rückkehrer*innen im frühnachexilischen Jerusalem angespielt wird[128] oder ob hier besonders Auserwählte auf dem Zion gesammelt werden.[129] Der Zion kommt erneut als Ort der Gottesgegenwart in den Blick.[130] Über diese Wenigen, so die Verheißung in V. 15, wird Jhwh Hirten setzen, die seinem Willen entsprechen. Die Rolle des Hirten, der seine Herde nährt und vor Gefahr schützt, ist ein wichtiger Aspekt der altorientalischen Königsideologie. Diese neuen Hirten werden, im Gegensatz zu den in 23,1–2 kritisierten vorexilischen Königen Judas, ihr Volk mit Klugheit leiten. V. 15 knüpft an die Verheißung guter Hirten in 23,3–4 an, deren Herden sich mehren und fruchtbar

---

124 Vgl. McKane, ICC, 69.

125 Vgl. Zimmerli, Ezechiel 1–24, 539, vgl. 344; ihm folgt Schmidt, ATD 20, 106.

126 Zu weiteren hermeneutischen Fragen s. o. den Exkurs „Die Adressatin im Jeremiabuch", S. 79.

127 Wanke, ZBK, 52.

128 Neh 7,4f. zufolge war Jerusalem selbst nach der Wiederrichtung der Stadtmauer, die gewöhnlich in die Mitte des 5. Jh.s v. d. Z. datiert wird, kaum besiedelt.

129 Vgl. Wanke, ZBK, 52.

130 Zur Bedeutung der Zionstheologie s. u. die Auslegung zu Jer 7,1–15.

(ופרו ורבו) sind.[131] Wenn diese Situation eingetreten sein wird – so V. 16 mit
dem Hinweis auf die fernere Zukunft –, wird man die „Lade des Bundes Jhwhs"
nicht mehr vermissen.

> Die Erwähnung der Lade ist überraschend und die vierfache Verneinung ihrer Be-
> deutung auffällig. Der biblischen Tradition zufolge stand sie einst im Tempel von
> Schilo und wurde als Zeichen der Gottesgegenwart in die Schlacht mitgeführt (1 Sam
> 3,3; 4,4f.). Sie fand später im Allerheiligsten des Jerusalemer Tempels unter dem
> Kerubenthron als eine Art Thronschemel ihren Platz (1 Kön 8,6). Die letzte Aussage
> „sie wird nicht noch einmal gefertigt werden" (V. 16b) setzt voraus, dass die Lade
> mit dem ersten Tempel verbrannte, obwohl dies nirgends ausdrücklich erzählt wird.
> Ihre Bezeichnung ארון ברית־יהוה „Lade des Bundes Jhwhs"[132] lässt die dtr Vorstellung
> der Lade als Behälter der beiden Tafeln des Dekalogs anklingen (Dtn 10,1–5.8; 31,26;
> 1 Kön 8,9). Die Verbindung von Bund und Lade (vgl. 11,1–6*), zusammen mit den
> Formulierungen „man wird nicht mehr sagen" (V. 16a) und „ich erweise mich als
> Herr über euch" (V. 14a), bilden einen literarischen Bezug zur Verheißung des sog.
> „neuen Bundes" in 31,31–34, derzufolge Jhwh seine Tora den Menschen ins Herz
> schreiben wird, so dass sie sich nicht mehr gegenseitig belehren müssen. Ist die
> Tora aber im Herzen, braucht man keine Tafeln mehr und auch keine Lade als deren
> Behälter.

Stattdessen wird „in jener Zeit" Jerusalem selbst „Thron Jhwhs" genannt und
sichtbares Zeichen der Gottesgegenwart werden (V. 17). Diese Verleihung eines
Ehrennamens für Jerusalem reiht sich in die spätnachexilischen prophetischen
Traditionen ein, die Jerusalem als Zentrum zukünftigen Heils charakterisieren (Jes
62,2.4.12; Jer 33,16; Ez 48,35). Dabei spielt das Motiv der Völkerwallfahrt zum Zion
eine wichtige Rolle (Jes 2,2–4 par. Mi 4,1–3; Jes 60,4–9).[133] Es ist in V. 17b kombiniert mit dem typisch dtjer Motiv der Verstocktheit des eigenen, bösen Herzens
(vgl. 7,24; 11,8 u. ö.), die zukünftig aufhören wird.[134]

Die auf Jerusalem fokussierten Heilsverheißungen in Jer 3,14–17 stammen, wie
die Verheißung in 31,31–34, aus spätnachexilischer Zeit und können der toraorientierten Redaktion zugewiesen werden. Sie bieten einzelne Lichtblicke im Dunkel
der massiven Unheilsdrohung gegen Judas Hauptstadt, deren Verfehlungen und
Untergang im Jeremiabuch ausführlich erzählt werden.[135]

Da Jer 3,18 diese für Jerusalem großartige Verheißung in zweifacher Hinsicht
einschränkt, erweist sich der Vers als Fortschreibung. Zum einen bindet er das
Nordreich in die Rückkehrhoffnung ein und konkretisiert so die Verheißung für
„Frau Abkehr, Israel" aus 3,12. Zum anderen verengt er den in V. 17 eröffneten
weltweiten Horizont, indem er nur die Rückkehr Judas und Israels aus dem Land
des Nordens, d. h. dem babylonischen Exil, in den Blick nimmt. Diese Rückkehr
wird als neue Landnahme, als erneute In-Besitznahme des den Erzeltern von Jhwh

---

131 Die beiden Verben kennzeichnen die Segensverheißung Gen 1,28; 9,1.7; vgl. Ez 36,11.
132 Zur Deutung von ברית s. u. die Auslegung zu Jer 11,1–17.
133 Der prämasoretische Zusatz „zum Namen Jhwhs, zu Jerusalem" präzisiert die Versamm-
     lung als kultisch und spielt auf Jes 60,9 an.
134 Zu den Belegen vgl. Stipp, Konkordanz, 144.
135 Vgl. Maier, Christl M., Prophetic Expectations and Aspirations in Late Babylonian
     and Early Persian Texts in Jeremiah: Hebrew Bible/Ancient Israel 3 (2014), 204–224,
     145–165.

gegebenen Erblandes (vgl. Dtn 12,1.10; 19,3.10) charakterisiert,[136] woraus sich ein weiterer Bezug zum Geschichtsrückblick in 2,7 ergibt.

**4,2
Nachexilische
Ergänzung**

Jer 4,2 schließlich bringt das Motiv des Schwörens beim lebendigen Gott als Gegenmotiv zum mehrfach kritisierten falschen Schwur ein (vgl. שׁבע Nif. + לשׁקר „der Lüge schwören" 5,2; 7,9). Der als Bekenntnis zum lebendigen Gott zu verstehende Schwur[137] erfolgt in „Wahrheit, Recht und Gerechtigkeit", anerkennt also die von Jhwh geschaffene Ordnung. Da sich Israel nach MT so radikal und umfassend zu Jhwh bekennt (in LXX noch als Bedingung formuliert), werden sich in ihm die Völker segnen. Damit würde die Väterverheißung in Gen 22,18; 26,4, die hier fast wörtlich zitiert wird,[138] erfüllt. Aufgrund dieses Zitats einer in der Erzelternüberlieferung späten Tradition erweist sich Jer 4,2 als nachexilische Ergänzung. Durch diese Hereinnahme der Völker in den Segen Gottes wird die einst in der Wüste gestiftete Beziehung Jhwhs zu seinem erwählten Volk (Jer 2,2) gesteigert und vertieft. Diese weitreichende Utopie artikuliert in einer Prophetenschrift, die fast ausschließlich von Krieg, Zerstörung und menschlicher Verfehlung handelt, eine einzelne, widerständige Hoffnung.

Synthese

**Jer 2,1 – 4,2
als Ouvertüre**

Jer 2,1 – 4,2 bildet nach 1,1–19 den zweiten Teil der Ouvertüre zum Jeremiabuch, der auf die wechselvolle Beziehung zwischen Gott und seinem Volk fokussiert. In Form einer Anklagerede Gottes an Jerusalem (2,1 – 3,5) und eines Gesprächs mit Jeremia (3,6 – 4,2) deutet der überlieferte Text, ähnlich wie Hos 1–3, mittels der „Metapher der zerbrochenen Familie"[139] die Geschichte Gottes mit seinem Volk: Auf eine Phase der ersten Liebe zur Zeit des Exodus folgt die Abkehr der „Ehefrau" und ihre Hinwendung zu anderen „Partnern", die der „Ehemann" mit der Scheidung beantwortet. Ob die zerbrochene Beziehung geheilt werden kann, hängt vom Verhalten der „Kinder" ab, die aufgefordert werden, ihre eigenen Vergehen und die ihrer „Mütter" anzuerkennen und zu ihrem Gott zurückzukehren (3,12.14.22). Allein die Vater-Kinder-Beziehung wird somit als zukunftsfähig angesehen, sofern sich die Kinder von fremden Gottheiten und Mächten ab- und Jhwh wieder zuwenden.

Eine genauere Analyse der einzelnen Abschnitte fördert viele Details zutage, die sich zum Teil widersprechen, so dass dieses Familiendrama als Produkt mehrfacher Redaktionen zu verstehen ist. So wird das Ende des Nordreichs zum mahnenden Beispiel für Juda (2,14-16.31) und es klingt eine Differenzierung in Nord- und Südreich an (3,6-12.18). Judas Abkehr von Jhwh und Hinwendung zu anderen Mächten wird in zweierlei Hinsicht charakterisiert. Die primäre Anklage thematisiert Judas Zuwendung zu den politischen Großreichen auf der Suche nach Leben und Sicherheit (2,14-25*.26-32*.33-37*). Eine exilische Bearbeitung fügt den Vorwurf der Verehrung anderer Gottheiten ein, deren Wirksamkeit zugleich in pole-

---

136 So auch Wanke, ZBK, 54.
137 Vgl. Klein, Selbstverpflichtung, 314f. (zur Formel חי־יהוה a. a. O., 301–315).
138 Ähnliche Formulierungen finden sich in Gen 12,3; 18,18; Ps 72,17.
139 O'Connor (Pain and Promise, 35–45) nennt Jer 2,1 – 4,4 „a family comes undone: the metaphor of the broken family" und spricht von „drama of the broken family".

mischer Sprache negiert wird (2,20b.23aβ.27aα.28; 3,6–11.12aα.13b.21b.23–24.25*). Diese Vergehen werden in einer nachexilischen Bearbeitung ausgeweitet auf die Generationen der Erzeltern (2,4–13), so dass die Geschichte des gesamten Volkes als permanente Abkehr von und Missachtung Jhwhs erscheint. Zwar reagiert die Gottheit Israels auf dieses Verhalten mit Zorn und Schlägen. Sie wird aber auch als treu (חסיד, 3,12b) und vergebungsbereit charakterisiert, sollte Israel zu ihr umkehren (3,12*.14–18.19). Rückt Jer 2 das Thema Abkehr Israels/Judas in den Vordergrund, so Jer 3 die Umkehr/Rückkehr, zu der Jhwh das Volk auffordert und die durch das Schuldbekenntnis des Volkes literarisch realisiert wird. Am Ende steht daher die bedingte Heilsverheißung, dass wahrhaftige Reue und Zuwendung zu Jhwh das Volk, wie einst die Erzeltern, sogar zu einem Segen für die Völker werden lassen (4,2). Die sukzessive Ergänzung des Textes beleuchtet eindrücklich, wie die Tradent*innen den überlieferten Text zu verstehen suchten, wie sie zur Formulierung ihrer Gedanken Stichworte und Konzepte aus näheren oder ferneren Kontexten verwendeten mit dem Ziel, die Bedeutung der Überlieferung für ihre eigene Gegenwart herauszustellen.

Im Blick auf das in Jer 2,1 – 4,2 entfaltete Beziehungsdrama zwischen Gott und seinem Volk dient die Ehemetaphorik der Deutung der Vergangenheit (2,2: Wüste, 3,1–5.12: Leben im Land), während die Verheißung einer möglichen Zukunft an die „Kinder" gerichtet ist, aber deren Umkehr voraussetzt. Das ist insofern rhetorisch konsequent, als die Rede von der „Scheidung" (3,1) in Verbindung mit den Unheilsankündigungen von Zerstörung (2,14f.) und öffentlicher Beschämung (2,15.36f.) das Verlassen der Mutter bzw. deren Tod anklingen lassen.

Geschichte als Beziehungsdrama

Bei heutigen Leser*innen erregt die Ehe- und Tiermetaphorik Anstoß und Unverständnis, da sie das Volk als treulose Ehefrau charakterisiert, die, einer brünstigen Wildeselin vergleichbar, nur ihrem sexuellen Verlangen folgt. Eine solch frauenverachtende Charakterisierung der Adressat*innen und deren Bestrafung durch den erzürnten Ehemann erscheint aus heutiger Sicht völlig ungeeignet zur Beschreibung des Gott-Volk-Verhältnisses. In exilischer Zeit hatte sie jedoch eine gewisse Plausibilität. Im Rückblick verstehen die Tradent*innen den Untergang Israels und Judas als durch Gott vollzogene Scheidung von den untreuen Ehefrauen und weisen so dem Volk, d. h. sich selbst samt den Vorfahren, die Schuld zu. Aus traumatheoretischer Sicht ist eine solche Selbstbeschuldigung (self-blaming) eine übliche Reaktion traumatisierter Menschen, die sich so nicht mehr als hilflose Opfer definieren, sondern als verantwortlich Handelnde, die ihr Verhalten reflektieren und ändern können.[140] Diese Deutung des Untergangs entlässt allerdings Gott aus der Verantwortung. Gleichzeitig bewahrt die Transformation der Ehemetaphorik hin zur Vater-Tochter- bzw. Vater-Kinder-Metapher (3,12.19f.) die Vorstellung, dass Gott eigentlich wie ein fürsorglicher Vater alle Übertretungen vergeben will und kann. Traumatisierte Menschen sehnen sich nach einer starken Gottheit, die sie aus ihrem Opferstatus befreit und ihnen neues Selbstvertrauen vermittelt.[141]

Diese Geschichtsdeutung fordert die nachexilischen Leser*innen auf, sich der Perspektive Gottes und seines Propheten anzuschließen, das Verhalten ihrer Vor-

---

140 Vgl. Van der Kolk, Verkörperter Schrecken, 210.336f.; Herman, Trauma and Recovery, 192f. S. die Einleitung, „Trauma-Studien", S. 38.
141 Vgl. Cataldo, I Know That my Redeemer Lives, 797.

fahren als falsch zu erkennen und sich selbst in Zukunft allein an Jʜᴡʜ und seinem Willen zu einem gedeihlichen Miteinander zu orientieren. Diese etwas plakative „Botschaft" zu Beginn soll letztlich den Untergang Jerusalems und Judas, der im Buch ausführlich in Szene gesetzt wird, verstehen helfen und zugleich die Hoffnung auf Gottes unverbrüchlichen Beistand für die Überlebenden der Katastrophe in Juda oder in der Diaspora aufrechterhalten. Gerade das Nebeneinander sich widersprechender, nachexilischer Deutungen spiegelt die Ambivalenz gegenüber der Katastrophe: Israels Geschichte seit dem Exodus ist von Abkehr und Verfehlungen gegenüber Jʜᴡʜ geprägt (2,4–13) und dennoch hofft man, dass Jerusalem als wieder bewohnte Stadt, deren Umland Erbbesitz Israels ist, zum Kultzentrum des Jʜᴡʜ-Glaubens wird, an dem sich sogar die Völker versammeln (3,14–18).

Jer 4,3 – 6,30: Die Ankündigung des Feindes aus dem Norden

Textabgrenzung und Kommunikationsstruktur

Als Teil der Komposition Jer 2–15* thematisieren die überwiegend poetischen Kap. 4–6 den in naher Zukunft erfolgenden Angriff eines nicht näher bezeichneten Feindes „aus dem Norden", der als göttliches Strafhandeln in Reaktion auf den Ungehorsam des Volkes dargestellt wird. Im Jeremiabuch wird der Feind erst ab Kap. 20 deutlich beim Namen genannt: das babylonische Heer und sein König Nebukadrezzar. Die Beobachtung, dass der Feind zunächst namenlos bleibt, spricht dafür, dass die Erstadressat*innen wussten, um wen es sich handelt, und die Ankündigung unmittelbar aus der zeitgenössischen Situation verstanden. Daher erscheinen Versuche, den Feind aus dem Norden mit den Skythen (Duhm) oder anderen Gruppen zu identifizieren, als nicht sinnvoll.

Als dramatischer Text[1] bieten die Kapitel Jer 4–6 drei Akte zum Thema „der Feind aus dem Norden", die eine Klimax bilden, weil der Angreifer näher rückt und immer konkreter beschrieben wird. Sie weisen eine analoge formale Gestaltung auf: Zunächst beginnen sie jeweils mit Imperativen im Plural. In Jer 4,5 ergeht an ungenannte Adressat*innen ein Aufruf zur Flucht in die befestigten Städte. Jer 5,1 setzt mit dem Befehl ein, nach Menschen in Jerusalem zu suchen, die Recht tun. Jer 6,1 schließlich ruft die Menschen aus der Region Benjamin auf, aus Jerusalem heraus nach Süden zu fliehen, was impliziert, dass selbst die Hauptstadt Jerusalem dem herannahenden Heer nicht mehr standhält.

4,3–31		Erster Akt: Der Feind bricht auf
	Proömium: 4,3–4	Maßnahmen, Gottes Zorn abzuwenden
	Szene I: 4,5–8	Feindschilderung I
	Szene II: 4,9–12	Reaktionen des Propheten und JHWHs
	Szene III: 4,13–22	Feindschilderung II und Reaktion Jerusalems
	Szene IV: 4,23–28	Vision vom Ende
	Szene V: 4,29–31	Feindschilderung III
5,1–31		Zweiter Akt: Gründe für die Bedrohung durch den Feind
	Szene I: 5,1–14	Fehlende Rechtskenntnis und fremde Gottheiten
	Szene II: 5,15–19	Feindschilderung IV
	Szene III: 5,20–31	Verstocktheit Judas
6,1–30		Dritter Akt: Der Feind vor Jerusalem
	Szene I: 6,1–8	Beginn der Belagerung
	Szene II: 6,9–15	Jeremia antizipiert den Grimm JHWHs
	Szene III: 6,16–21	Weder Tora noch Opfer helfen
	Szene IV: 6,22–30	Feindschilderung V und abschließendes Urteil

Im Kontrast zu diesem Ereignisfortschritt finden sich in Jer 4–6 und 8–9 wiederkehrende Redeformen und Motive, die eine gewisse Redundanz der Themen sig-

---

1 Zum Verständnis und zur Methodik s. die Einleitung, „Zur synchronen Analyse", S. 40.

nalisieren. So enden die Kap. 4–6 jeweils mit einer Schilderung der aussichtslosen Lage, in der die drei Hauptfiguren des Dramas abwechselnd zu Wort kommen. Jer 4 endet mit dem Angstschrei der Stadt Jerusalem, die als in Wehen liegende Frau charakterisiert ist: „Oh, wehe mir, denn mein Leben erliegt den Mördern!" (4,31). Kap. 5 schließt mit der vorwurfsvollen Frage Gottes an das Volk: „Aber was werdet ihr tun, wenn es zu Ende ist?" (5,31). In Kap. 6 schließlich zieht der zum Prüfer bestellte Prophet die Bilanz: „,Verworfenes Silber' nennt man sie, denn Jhwh hat sie verworfen" (6,30).

Die Ankündigungen des Feindes aus dem Norden prägen die Rahmenakte, während der mittlere die Diskussion um Grund und Ursache des hereinbrechenden Unheils ins Zentrum stellt. Dabei spielt die Teichoskopie (Mauerschau), die von Utzschneider und Nitsche als eine Gattung des dramatischen Genres vorgestellt wurde,[2] eine wichtige Rolle: In der Funktion eines Spähers verkünden Gott oder der Prophet von einer erhobenen Warte aus, wie der Feind auszieht und sich Jerusalem nähert (4,7f.13a.29; 5,15–17; 6,1–8.22–26). In jedem Akt finden sich metaphorische Feindbeschreibungen wie Löwe (4,7), Sturmwind (4,13), Raubtier (5,6) und Hirte mit gefräßigen Herden (6,3) neben sehr konkreten: einem Heer von Reitern und Bogenschützen (4,29), einem starken Volk aus der Ferne (5,15–17) oder einem schwer bewaffneten Krieger (6,22–26).

Der auffälligste Aspekt des sich in Jer 4–6 entfaltenden Dramas ist die Charakterisierung der Stadt Jerusalem, einerseits als Raum voller Bosheit und Gewalt (4,14; 5,1; 6,6f.), andererseits personifiziert als junge „Tochter Zion" (6,2). Das Ende Jerusalems als Lebensraum wird mit den Metaphern des zerstörten Weinbergs (vgl. 5,10; 4,17a) und der von Herden vertilgten Weide (6,3; vgl. 6,9) angezeigt. Als Frau ist sie ungehorsame Tochter (4,14.18; 6,2.23) und untreue Ehefrau Jhwhs (4,30; 6,8), deren Kinder treulos handeln (5,7f.). Ihre Agonie wird im Bild der Gebärenden, die sich in Angst und Schmerzen windet, inszeniert (4,19–21.31; 6,24).

Die Dramaturgie von Hoffen und Bangen, Aufforderungen zur Umkehr und unmissverständlicher Unheilsankündigung wird erzählerisch dadurch ermöglicht, dass in Jer 4–6 unterschieden wird zwischen dem Geschehen auf der Bühne, wonach Jerusalem noch nicht erobert ist, und der Mauerschau von Gott und Prophet, die den bereits erfolgten Aufbruch des Feindes und dessen militärische Stärke schildern. Weitere Ausblicke auf die verödete und menschenleere Stadt sind entweder mit prospektiven Zeitangaben versehen (4,9f.11f.; 5,18f.), als Vision des auf die Erde zurückgekehrten Chaos geschildert (4,23–26) oder als Aufruf gestaltet, Erde und Völker sollten das Geschehen bezeugen (6,18f.).

---

2   Vgl. Utzschneider, Michas Reise, 24f.80–98.182f.; Nitsche, Jesaja 24–27, 128: „Eine Figur des Textes (möglicherweise der Prophet selbst) steht auf der Mauer Jerusalems und sieht die Zerstörung auf Jerusalem zukommen."

Erster Akt: Jer 4,3–31: Der Feind bricht auf

3 *Ja, so spricht J*ʜᴡʜ *zu den Männern Judas und zu* <*den Einwohnern*>ᵃ *Jerusalem*<ₛ>:   Proömium
Brecht euch einen Neubruch und sät nicht unter die Dornen!
4 Lasst euch beschneiden für Jʜᴡʜᵃ und entfernt die Vorhautᵇ eures Herzens,
Männer Judas und Einwohner Jerusalems, damit mein Grimm nicht losbreche
wie Feuer und brenne, und niemand löscht, wegen des Übels eurer Taten.

5 Verkündet es in Juda   Szene I,
    und in Jerusalem lasst es hören,   1. Auftritt:
und sprechtᵃ: Jʜᴡʜ zu den
    „Stoßt ins Schofarhorn im Land, ruft mit voller Stimmeᵇ"   Prophet*innen
und sprecht:
    „Versammelt euch,
        und lasst uns hineingehen in die befestigten Städte!
    6 Richtet die Standarte aufᵃ nach Zion hin!
        Flüchtet, bleibt nicht stehen!"
Denn Unheil bringe ich heran von Norden und schweren Zusammenbruch.
7 Schon ist der Löwe aus seinem Gestrüpp aufgestiegen,   I, 2: Jeremia in
    und der Verderber der Völker ist aufgebrochen,   Teichoskopie
herausgezogen aus seinem Ort,
    um dein {fem. sing.} Land zu einer Ödnis zu machen.
Deine Städte werden zerstört werden, ohne Bewohner.
8 Darüber gürtet die Trauergewänder, klagt und heult:
    „Nicht hat sich der [glühende] Zorn Jʜᴡʜs von uns gewendet."

9 An jenem Tag – *Spruch J*ʜᴡʜs – wird der Mutᵃ des Königs und der Mut der   Szene II,
Beamten vergehen; die Priester werden entsetzt sein und die Propheten staunen.   1. Auftritt:
10 Da sprach ichᵃ: Jʜᴡʜ (beiseite-
Achᵇ, Herr, Jʜᴡʜ, du hast dieses Volk und Jerusalem wirklich getäuscht, indem   sprechend)
du sagtest: II, 2: Jeremia
    „Es wird Frieden [für euch] geben",   widerspricht
aber nun rührt das Schwert an die Kehleᶜ.
11 Zu jener Zeit wird diesem Volk und Jerusalem gesagt werden: II, 3: Jʜᴡʜ
    „Ein Glutwind von kahlen Höhen in der Wüste (ist) unterwegsᵃ zur Tochter,   insistiert
    zu meinem Volkᵇ,
        nicht zum Worfeln und nicht zum Reinigen."
12 Ein heftiger[er] Wind [als diese]ᵃ kommt auf mein Geheißᵇ.
Jetzt spreche auch ich Urteile über sie {masc. plur.}.
13 Siehe, wie Gewölk steigt er herauf   Szene III,
    und wie Sturmwind seine Wagen,   1. Auftritt:
        leichter als Geier sind seine Pferde.   Jeremia
„Wehe uns, denn wir sind vernichtet."   III, 2: Das Volk
14 Wasche dein {fem. sing.} Herz rein vom Bösen, Jerusalem, damit dir geholfen III, 3: Jeremia
wird. Wie lange noch soll dein frevlerisches Planen in deinem Innern wohnen?   zu Jerusalem

III, 4: Jeremia   15 Ja, eine Stimme verkündet von Dan
                        und lässt Unheil hören vom Gebirge Efraim:
                        16 „Ruft es den Völkern in Erinnerung, siehe[a]!
                            Lasst (es) hören gegen Jerusalem:
                        Belagerer[b] sind aus fernem Land gekommen;
                            sie erhoben ihre Stimme über die Städte Judas.
                        17 Wie Feldwachen haben sie sie {fem. sing.} umstellt, ringsum."

III, 5: Jʜᴡʜ   Ja, gegen mich war sie widerspenstig, *Spruch Jʜᴡʜs*:

III, 6: Jeremia   18 Dein {fem. sing.} Weg und deine Taten haben dir dies eingebracht[a].
zu Jerusalem   Dies (ist) deine Bosheit, dass es bitter ist, dich bis ins Herz trifft.

III, 7: Jeru-   19 Mein Leib, mein Leib, ich muss mich winden[a];
salem klagt   die Wände meines Herzens,
                   es tost in mir mein Herz,
                        ich kann nicht still bleiben.
                   Denn ich habe den Schall des Horns gehört […][b], Kriegsgeschrei.
                   20 Zusammenbruch um Zusammenbruch wird ausgerufen,
                        denn verwüstet ist das ganze Land.
                   Plötzlich sind meine Zelte verwüstet,
                        im Nu meine Zeltdecken.
                   21 Wie lange noch muss ich die Standarte sehen,
                        muss ich den Schall des Horns hören?

III, 8: Jʜᴡʜ   22 Ja, närrisch ist mein Volk,
(innerer   mich kennen sie nicht;
Monolog)   törichte Kinder sind sie
                        und unverständig [sind sie]!
                   Klug genug sind sie, Böses zu tun,
                        aber sie verstehen nicht, Gutes zu tun.

Szene IV,
1. Auftritt: 23 Ich schaute die Erde und siehe: Tohuwabohu[a]
Jeremia   und hinauf zum Himmel: aber sein Licht war nicht da.
berichtet   24 Ich schaute die Berge und siehe: sie bebten,
                        und alle Hügel: sie schwankten.
                   25 Ich schaute und siehe: da war kein Mensch
                        und alle Vögel des Himmels: sie waren geflohen.
                   26 Ich schaute und siehe: der Baumgarten war Wüste
                        und alle seine Städte: sie waren zerstört
                   angesichts Jʜᴡʜs, angesichts der Glut seines Zorns.
                   27 Denn so spricht Jʜᴡʜ:
                        „Eine Einöde soll das ganze Land werden,
                            aber völlig vernichten werde ich (es) nicht[a].
                        28 Darüber wird die Erde trauern
                            und der Himmel droben wird sich verfinstern.
                        Weil ich geredet, geplant und es nicht bereut habe;
                            und ich werde nicht davon lassen."

29 Vor dem Lärm der Reiter und Bogenschützen

flieht _{die ganze Stadt}/ das ganze Land[a].

Sie sind gegangen <in die Höhlen,

haben sich versteckt>[b] im Dickicht,

sind auf die Felsen gestiegen,

jede[c] Stadt ist verlassen

und kein Mensch wohnt (mehr) in ihnen.

30 Du {fem. sing.} aber [verwüstet][a], was tust du, dass du dich kleidest in Karmesin, dass du dich schmückst mit Goldschmuck, dass du deine Augen aufreißt mit Schminke? – Umsonst machst du dich schön. Es verachten dich, die Verlangen haben; dein Leben begehren sie.

31 Ja, Schreien habe ich gehört wie von einer, die sich in Schmerzen windet[a],

Angstgeschrei[b] wie von einer Erstgebärenden,

die Stimme der Tochter Zion, sie ächzt,

sie breitet ihre Hände aus:

„Oh, wehe mir, denn mein Leben erliegt den Mördern."

Szene V,
1. Auftritt:
Jeremia in
Teichoskopie

V, 2: Jeremia
zu Jerusalem

V, 3: Jeremia
(beiseite
sprechend)

Anmerkungen zu Text und Übersetzung

* In der Übersetzung sind parallele Stichen durch Einrückung kenntlich gemacht, Prosaverse füllen die Zeilen aus. Nebentexte mit Angaben zu Sprecher*innen oder Szenerie sind kursiviert. Zum System der Klammern und Kleinschreibung s. o. S. 22.

3a Der Überschuss in LXX (vgl. 4,4) ist auch in S und T bezeugt. Stipp (Idiolekt, 101f.) hält die parallele Nennung von Juda und Jerusalem für eine Eigenart des prämasoretischen Ergänzers, die hier sogar zu einer Streichung von ישבי führte.

4a LXX „für euren Gott" ist hier die *lectio facilior*, da Jhwh in 4,3 als Sprecher eingeführt ist.

4b Mit LXX, S und vielen hebräischen Hss. ist sing. wohl ursprünglich. MT bietet plur.

5a ואמרו muss gegen BHS nicht getilgt werden, da es von den Versionen bestätigt wird.

5b Auch LXX und V umschreiben so den Imperativ.

6a LXX hat נס als Imperativ von נוס „fliehen" gelesen.

9a Wörtlich: לב „Herz", das als Personzentrum auch Ort der Entscheidung zum Handeln ist.

10a Der Codex Alexandrinus bietet „sie werden sagen", was ואמרו entspräche; ihm folgen die arabische Übersetzung sowie die meisten Kommentare. Dagegen stützen die übrigen LXX-Hss. und V die 1. sing. des MT, die als *lectio difficilior* und bestbezeugte Lesart beizubehalten ist.

10b Zur Deutung von אהה „ach" als Gottesepitheton ὁ ὤν in LXX s. o. die Anmerkung zu Jer 1,6a.

10c LXX stellt mit „an ihre Kehle" einen Bezug zur vorherigen Nennung des Volkes her.

11a דרך meint hier „in Richtung auf"; vgl. Ges[18], 260; Fischer, HThKAT, 209.

11b Der Ausdruck בת־עמי ist, analog zu בת־ציון, ein epexegetischer Genitiv, der die genannte Größe mittels Titelgebrauch als Tochter personifiziert. Daher ist er nicht mit „Tochter meines Volkes", was „eine Frau aus meinem Volk" bedeutet, zu übersetzen, sondern mit „Tochter, mein Volk".

12a Das Textplus in MT ist entweder aus einer Dittographie entstanden (so Stipp, Sondergut, 38) oder bietet eine Glosse, die auf einen Vergleich mit dem in V. 11 genannten Wind abzielt.

12b Der Dativ gibt den Urheber an; vgl. Mi 5,1.

16a Der Vorschlag in BHS, Benjamin oder Juda seien ursprünglich neben Jerusalem adressiert, ist von den Versionen nicht gedeckt. LXX repräsentiert MT und liest ἥκασιν „sie sind gekommen" nach „siehe", was dem Satz mehr Sinn verleiht.

16b LXX bietet συστροφαί „Scharen" oder „Verschwörungen" und hat wohl צרים „Feinde" oder צררים „Bedränger" gelesen; vgl. BHS. Ihr folgend bietet S „Menschenmenge", T „Völkerheere". Das von נצר „beobachten, (be)hüten, bewachen" gebildete Partizip masc. plur. in MT ist durch den Kontext negativ zu deuten.

18a עָשׂוֹ ist als Infinitiv abs. vokalisiert; wahrscheinlich ist danach die finite Form תעשׂו ausgefallen; vgl. 7,5; 22,4. T liest eine qatal-Form; einige Hss. verwenden die übliche Infinitivform עָשׂה.

19a Das Ketiv bietet den Kohortativ sing. Qal von חיל I/חול II „kreißen", der durch LXX und V gestützt wird. Qere liest den Kohortativ sing. Hif. von יחל „warten, harren auf".

19b נפשׁי „meine Kehle" ist eine Glosse, die die Umvokalisierung von שׁמעתי (vgl. Qere) verursacht. So MCKANE, ICC, 104; WANKE, ZBK, 63. Der Textsinn bleibt gleich, das Ich wird betont.

23a Der Doppelausdruck תהו ובהו begegnet nur noch Gen 1,2. LXX übersetzt hier mit οὐθέν „nichts". Letzteres ist nach HAYES, Katherine (Jeremiah IV 23. TŌHÛ Without BŌHÛ: VT 47 [1997], 247–249) ein Äquivalent für תהו, das in Dtn 32,10; Hiob 26,7; Ps 107,40 und Jes 34,11 eine „Öde" oder „Leere" bezeichnet. Die Übersetzer könnten auch den literarischen Bezug zu Gen 1,2 übersehen und beide Begriffe zusammengefasst haben. MT ist beizubehalten.

27a So MT, LXX und V. Da die Aussage dem unmittelbaren Kontext diametral widerspricht, wird häufig לא zu לה konjiziert. Der Textbefund spricht jedoch dagegen und die inhaltliche Inkohärenz muss literarkritisch erklärt werden (s. u.). Gottes Verzicht auf die völlige Zerstörung begegnet auch in 5,10.18; 30,11; 46,28 in geringfügig abweichender Formulierung. Da die Aussage in 46,28 kohärent in den Kontext eingebettet ist (Gott wird allen Völkern, in die Jakob versprengt wurde, ein Ende bereiten, nicht aber Jakob), ist diese Stelle wohl Ausgangspunkt des Motivs.

29a Die Versionen bieten unterschiedliche Lösungen zur Frage, ob nur die Stadt Jerusalem (so MT) oder auch die anderen Städte, mithin das ganze Land (so LXX) vom Feind bedroht sind. Der längere, aber metrisch ausgewogene Vers in LXX ist wohl ursprünglich, somit auch πᾶσα χώρα; vgl. BHS und MCKANE, ICC, 110f. MT כל־העיר „die ganze Stadt" ist eine sekundäre Angleichung im Zuge der Änderung in 29c. Die von STIPP (Sondergut, 55) angeführten Parallelen, in denen LXX das Gebiet ausweitet (29,7; 31,24; 34,22; 40,5), sind anders gelagert.

29b So LXX. Der Satzteil ist durch Homöoteleuton in MT ausgefallen; vgl. RUDOLPH, HAT, 36; MCKANE, ICC, 110.

29c MT כל־העיר „die ganze Stadt" ist inkongruent zum Suffix der 3. fem. plur. am Versende; mit LXX ist πᾶσα πόλις „jede Stadt" zu lesen; so auch BHS; MCKANE, ICC, 110f.

30a Das masc. Partizip passiv שָׁדוּד fehlt in LXX und ist inkongruent zur 2. fem. sing.-Anrede. Es handelt sich um eine masoretische Sonderlesart (STIPP, Sondergut, 66), die den Leitwortcharakter von שׁדד in Jer 4–6 verstärkt; vgl. Jer 4,13.20; 5,6; 6,26.

31a MT bietet mit כחולה ein Partizip fem. sing. von חלה I, LXX las wohl כחלה, ein Partizip fem. sing. von חיל I/חול II „wie eine Kreißende", was sich gut in den Kontext fügt.

31b MT wörtlich צרה „Not, Bedrängnis", LXX „Stöhnen". Mit RUDOLPH (HAT, 36), der der Konjektur Ehrlichs zu צרח „Schrei, Wehklagen" folgt; vgl. auch BHS.

Synchrone Analyse

Gliederung   Der erste Akt enthält ein Proömium (4,3f.) und fünf Szenen, die abwechselnd das
der Szenen   aktuelle Geschehen in Juda (4,5–8.13–22.29–31) und die Zukunft beschreiben
              (4,9–12.23–28).

Der Neueinsatz in 4,3 wird durch die Botenformel und die Nennung neuer Adressat*innen markiert, die im weiteren Verlauf vor allem im Kontext von Prosareden begegnen (11,2; 18,11; 35,13). Da „die Männer Judas und Einwohner*innen Jerusalems" auch in 4,4 genannt sind, erweist sich 4,3aα als Szeneneinleitung und Nebentext, der Jhwh als Sprecher einführt. Diese Identifikation wird durch den Verweis auf „meinen Grimm" in 4,4b gestützt. Ihr steht die Nennung von Jhwh in 4,4 nur scheinbar entgegen (vgl. die erleichternde Lesart von LXX), da המלו ליהוה in diesem Zusammenhang eine formelhafte Redeweise ist. Der Schauplatz der Jhwh-Rede bleibt ungenannt.

4,3f. bilden ein Proömium, dessen Inhalt weit über Jer 4–6 hinausgreift. Das Motiv der Herzensbeschneidung wird erst in 9,24f. wieder aufgenommen, die Warnung „damit Gottes Grimm nicht ausbreche" (4,4b = 21,12b) erst in der Aufforderung an das Haus Davids, das Recht zu wahren und die Bedrängten zu befreien (21,12). Die hier eröffnete Möglichkeit, den Gotteszorn abzuwenden, steht im Gegensatz zu den folgenden Auftritten, die das drohende Unheil als unausweichlich darstellen oder bereits in Szene setzen. Der Abschnitt hat somit gliedernde Funktion für das Buch.

Da Nebentexte weitgehend fehlen, müssen die Sprecher*innen der folgenden Szenen jeweils aus den Figurenreden und Wortkulissen erschlossen werden, die viele optische und akustische Signale bieten. Das Herannahen des Feindes wird vom Propheten in Teichoskopie geschildert (4,7f.13a.29). Zitatreden der vom Angriff verängstigten Bevölkerung und die Figurenrede in V. 13b dramatisieren das Geschehen und vermitteln die Emotionen der Betroffenen.

In Szene I (4,5–8) wechseln sich Gott und Jeremia als Sprechende ab. Zunächst fordert Jhwh eine Gruppe auf, mittels öffentlicher Bekanntmachungen und Blasen des Schofarhorns lautstark auf die Kriegsgefahr aufmerksam zu machen. Die Adressat*innen der pluralischen Imperative von V. 5 werden zwar nicht explizit genannt. Die einem Heroldsruf vergleichbare Form und die parallele Verwendung der Imperative השמיעו ... הגידו in Jer 5,20 sowie im zweiten Ägypten- und im Babelorakel (Jer 46,14; 50,2) verweisen jedoch auf eine Gruppe von Prophet*innen, die auch in Jer 5,13 erwähnt wird.[3] Dass neben Jeremia weitere Unheilskünder in Jerusalem aufgetreten sind, lässt sich aus der Erzählung über die Ermordung des Propheten Urija durch König Jojakim (26,20–23) schließen.

Die in 4,5f. eingebetteten Zitatreden erzeugen den Eindruck, die Aufrufe würden von einer zur anderen Ortschaft weitergegeben, so dass letztlich die Bevölkerung Judas mittels mündlich übermittelter Nachrichten eindringlich zur Flucht vor einem von Norden heranrückenden Feind aufgerufen wird. Deshalb erscheint es rhetorisch nicht plausibel, wenn Henderson die Imperative in V. 5a an Jhwhs Boten aus dem himmlischen Thronrat gerichtet versteht.[4] Die Szene spielt deutlich in der irdischen Welt, obwohl Gott selbst redet, was durch die Verbform der ersten Person Singular in V. 6b angezeigt wird.

In 4,7f. wendet sich Jeremia an Jerusalem als weibliche Figur (vgl. die Suffixe der 2. fem. sing. in V. 7b) und skizziert in einer Teichoskopie den sich gerade im Norden vollziehenden Aufbruch des Feindes. Trotz des Gebrauchs der Metaphern

---

3   So mit FINSTERBUSCH/JACOBY, MT-Jeremia 1–24, 73, die darauf hinweisen, dass die genannten Fremdvölkersprüche in Jer^LXX 26,14; 27,2 beieinanderstehen.

4   Vgl. HENDERSON, Jeremiah 2–10, 129.

„Löwe" und „Verderber der Völker" für den Feind ist das Ziel des Angriffs ganz
konkret beschrieben: Das Land wird verödet sein, die Städte zerstört und menschenleer. Da Jerusalem auch die Bevölkerung symbolisiert, sind der Aufruf zu
Trauerriten und die eingebettete Klage (V. 8b) im Plural gehalten. Die Zitatrede
drückt die Hoffnungslosigkeit des Volkes aus und verweist zugleich darauf, dass
Jhwh die Ereignisse lenkt.

Szene II (4,9–12) bietet ein Gespräch des Propheten mit Jhwh, das den Tag, an
dem die Verheerung der Städte eingetreten sein wird, avisiert und die Folgen des
angekündigten Geschehens in den Blick nimmt. Auf die Ankündigung Jhwhs, dass
am Tag der militärischen Niederlage die führenden Gruppen entsetzt und mutlos
sein werden, antwortet der Prophet mit dem Vorwurf, Gott habe sein Volk getäuscht, weil er Heil ankündigte, aber der Tod durch das Schwert unmittelbar
drohe (V. 10). Wie die Textkritik zu V. 10ᵃ und die Auslegung zeigen, hat die
Tradition an diesem Vorwurf des Propheten Anstoß genommen und ihn zur Antwort des Volkes umgestaltet. Dass Jhwh Frieden ankündigen ließ, ist im Kontext
von Jer 4–6 unverständlich und kann sich nur auf Heilsworte in Jer 3,12.14–18
und 30f. beziehen, die ebenfalls in einer Zeit nach der Katastrophe situiert sind,
möglicherweise auch noch auf den Umkehrruf in 4,3f. Der Vers setzt also eine
Kenntnis dieser Texte und das Auftreten von Heilsprophet*innen (vgl. Jer 27f.)
voraus. Die Antwort Jhwhs in 4,11f. unterstreicht jedoch die Unabwendbarkeit des
Unheils: Angekündigt wird ein Glutwind, der auf sein Geheiß zur בת־עמי hin unterwegs ist. Er kommt von „kahlen Höhen", von öden, lebensfeindlichen Orten, die
im Jeremiabuch als Gegenbild zu bewohnten, fruchtbaren Niederungen dienen.[5]
Dieser Wind ist kein leichtes Lüftchen, das zum Worfeln, zur Trennung von Spreu
und Weizen geeignet wäre, sondern ein versengender Wind, der alles vernichtet.
Er erstickt das Leben und ist von Jhwh gesandt, damit ein Zeichen des göttlichen
Urteils über die Adressat*innen (4,12b).

Szene III (4,13–22) kehrt zur Gegenwart und zum Schauplatz Jerusalem zurück, an
dem Jeremia, Jhwh und Jerusalem auf der Bühne anwesend sind. Mit einleitendem הנה
vergleicht der Prophet das herannahende Kriegsheer, das er erneut in einer Teichoskopie beschreibt, mit Gewölk und Sturmwind (V. 13a). Syntaktisch können sich die
masc. Verbform יעלה „er steigt herauf" und die masc. Pronomen in V. 13 auf den Sturm,
auf Gott oder den Feind beziehen, so dass an dieser Stelle offen bleibt, wer Urheber
der für Jerusalem lebensbedrohlichen Situation ist. Darauf reagiert eine Wir-Stimme,
die Bevölkerung Jerusalems, mit einem Weheruf, der die Vernichtung antizipiert und
die Angst davor signalisiert (V. 13b). Die folgende Aufforderung des Propheten ist an
die weibliche Figur gerichtet, d. h. Jerusalem soll ihr Herz „vom Bösen" reinwaschen
(V. 14). Durch die rhetorische Frage in V. 14b wird deutlich, dass dieses Böse dem frev-
lerischen Planen Jerusalems entspringt. Die metaphorische Redeweise impliziert rhetorisch, dass Jerusalem noch umkehren könnte. Diese Möglichkeit negiert Jeremia
aber im nächsten Moment durch das Zitat einer Stimme, die in den Gebieten des ehemaligen Nordreichs lokalisiert wird. Sie macht den Völkern bekannt, dass die lauten
Rufe der Feinde, die die Stadt belagern und das Feld bewachen, bereits in Judas Städten

---

5   Die kahlen Höhen (שׁפים/שׁפיים) sind Orte der Öde (Jer 14,6), an denen Juda vergewaltigt
    wurde (3,2), von denen her das Unheil kommt (4,11; 12,12) und an denen die Klage
    laut wird (3,21; 7,29). Die Übersetzer kannten das hebräische Wort nicht und gaben es
    je nach Kontext unterschiedlich wieder; vgl. Tov, Septuagint Translators, 207.

zu hören sind und sich die Feinde anschicken, Jerusalem einzukreisen. Jhwh bestätigt diese Nachricht durch einen Schuldaufweis, der die Widerspenstigkeit der Stadt ihm gegenüber betont (4,17b). Das direkt an Jerusalem gerichtete Fazit, ihr eigenes Verhalten habe sie in diese Lage gebracht (4,18), wird, wie die Mahnung in V. 14, vom Propheten gesprochen. Auf dieses Urteil antwortet in 4,19–21 eine Ich-Stimme, die sich als eine in Wehen windende Gestalt angesichts drohender Kriegsgefahr charakterisiert.

Szene IV (4,23–28) bietet einen durch viermaliges ‏ראיתי...והנה‎ „ich schaute ... und siehe" stilistisch auffälligen Visionsbericht, der unverbunden im Kontext steht und dramaturgisch vom Propheten dargeboten wird. Ist die Verbindung des Verbs ‏ראה‎ mit ‏והנה‎ häufig, so findet sich die *qatal*-Form der 1. sing. nur noch in den Visionen Sacharjas vom Leuchter und den zwei Ölbäumen (Sach 4,2f.) und Ezechiels über die Totengebeine (Ez 37,8). Aufgrund dieser Parallelen ist der Abschnitt als Bericht über eine prophetische Schau verstehbar, die eine zukünftige Situation so beschreibt, als sei sie bereits eingetreten. Beschrieben wird in kosmischer Ausweitung nichts weniger als die Umkehrung der Schöpfung (vgl. Gen 1): Das in der Schöpfung einst gebändigte Chaos ist auf der Erde erneut ausgebrochen, der Himmel in die Finsternis zurückgefallen; die Landschaft ist verödet, ohne Mensch und Tier; die Städte sind zerstört (4,23–26). Die Formulierung „angesichts Jhwhs" am Ende von V. 26 impliziert, dass Jhwh selbst bzw. sein göttlicher Zorn das Chaos bewirkten. Der Prophet versucht, das Geschaute weiter zu deuten, und zitiert dazu ein Gotteswort (4,27f.), das die Situation von Dunkelheit und Chaos als absichtlich herbeigeführtes Urteil Jhwhs bestimmt, aber noch nicht die völlige Vernichtung des Landes bedeutet.

Szene V (4,29–31) setzt wieder eine Situation voraus, in der zwar die Bevölkerung schon teilweise geflohen, die Stadt Jerusalem aber noch unzerstört ist.[6] Der Prophet schildert erneut in Teichoskopie, wie der Feind heranrückt und die Menschen aus den Städten fliehen (V. 29). Dann wendet er sich an die als Frau personifizierte Stadt mit der Warnung, die feindlichen Krieger nicht als Liebhaber zu missdeuten, sondern als Männer, die ihr nach dem Leben trachten (V. 30). Wie schon in Szene I (4,8) endet die prophetische Ankündigung mit einem Zitat der Angegriffenen, die hier als eine in Wehen liegende Frau beschrieben wird, die dem Tod entgegensieht (4,31).

Aufgrund der Metapher der Geburt, eines Ringens zwischen Leben und Tod, und der Wortkulisse des Krieges, die mit den Begriffen ‏שׁוֹפָר‎ „Schofarhorn" und ‏נֵס‎ „Standarte" auf den Aufruf zur Flucht in 4,5f. zurückgreift, ist das sprechende Ich in 4,19–21 nicht, wie oft angenommen, mit Jeremia,[7] sondern mit der Tochter Zion, d. h. Jerusalem zu identifizieren.[8] Das in Jer 4 dreimal gebrauchte Stichwort ‏שֶׁבֶר‎ „Zusammenbruch" (4,6.20 [2mal]) bezeichnet eigentlich das Zerbrechen eines Gefäßes (Jes 30,14) oder Knochens (Lev 21,19). In übertragener Bedeutung bezeichnet ‏שׁבר גדול‎ im Jeremiabuch eine totale Zerstörung, die von Norden (4,6; 4,20) oder jedenfalls von außen (48,3; 50,22; 51,54) durch kriegerische Einwirkung her-

Wer klagt in 4,19–21?

---

6   Das inkongruente masc. Partizip „verwüstet" in V. 30 ist nachgetragen, s. o. zu 4,30a.

7   So z. B. POLK, Timothy, The Prophetic Persona. Jeremiah and the Language of the Self (JSOTSup 32), Sheffield: JSOT Press 1984, 50–52.

8   Vgl. MAIER, Klage der Tochter Zion, 176–189; LEE, Singers of Lamentations, 56–58; KORPEL, Marjo C., Who is Speaking in Jeremiah 4:19–22? The Contribution of Unit Delimitation to an Old Problem: VT 59 (2009), 88–98, 97f.; KÖHLER, Jeremia – Fürbitter oder Kläger?, 17–20.

vorgerufen wird.[9] Auch die Verwüstung des Landes und der Zelte (vgl. die Hirten-
metapher in 6,3) unterstreicht, dass Jerusalem Ziel des feindlichen Angriffs ist. Die
Identifikation der weiblichen Adressatin mit Jerusalem wird schließlich gestützt
durch das Zitat der Tochter Zion in 4,31, die dasselbe Geschehen beklagt. Auf die
Klage Jerusalems reagiert Gott mit einem inneren Monolog über seine Kinder, der
in weisheitlicher Terminologie die Uneinsichtigkeit und Unverbesserlichkeit des
Volkes betont (4,22). Wie in den anderen Szenen in Kap. 4 signalisiert auch dieser
Vers am Ende völlige Hoffnungslosigkeit.

Bilder und Stimmen des Krieges   Die gesamte Szenenfolge in Kap. 4 ist durch wiederkehrende Wort- und Ge-
räuschkulissen von Krieg, Zerstörung, Geburt sowie von Entsetzen und Trauer
seitens der vom Unheil Betroffenen geprägt. In diesem Kontext erscheint die
mehrfache Mahnung an die als Frau personifizierte Stadt Jerusalem, ihr Verhalten
zu ändern, als letzter Ausweg, der sich jedoch im Verlauf des Geschehens als
unmöglich herausstellt. Die Personifikation vertieft die Dramatik, insofern sie
gleichzeitig zwei verschiedene Perspektiven auf die Stadt eröffnet: Sie ist Ort der
kriegerischen Auseinandersetzung und zugleich kollektive Adressatin, die für den
eigenen Untergang verantwortlich gemacht wird.

Die Verbindung von Kriegsgeschehen und Geburtsmetaphorik begegnet häufiger in prophetischen Texten.[10] Die dem Bereich der Opsis zugehörigen Beschreibungen werden durch akustisch laute und im Nebeneinander chaotische Signale
untermalt: Es ertönen Signale zur Sammlung in befestigte Städte (4,5), der Lärm
eines heranstürmenden Heeres (4,29), ein vernichtender Wind (4,11.13) sowie die
Klagen (4,5.8.13) der fliehenden und in Jerusalem ausharrenden Bevölkerung. Der
Angstruf der Tochter Zion (קול, 4,31) übertönt am Ende den Ruf des Boten (קול מגיד,
4,15) und den Signalton des Schofarhorns (קול שופר, 4,19.21). Setzen die Szenen I,
III und V diese von Kriegslärm und Angstgeschrei bestimmte Dramatik eindrücklich ins Bild, so nennen die in die Zukunft vorausblickenden Szenen II und IV
Naturphänomene wie Wind (4,11–12) und Erdbeben (4,24).

Der „point of view" des ersten Aktes konzentriert sich auf das aktuelle Geschehen der Feindbedrohung, die mittels der prophetischen Mauerschau als Herannahen des waffenstarrenden Feindes von Norden präsentiert wird, in Szene II als ein
Gespräch zwischen Jhwh und dem Propheten über den Tag der Niederlage, in
Szene IV durch einen Visionsbericht (4,23–26). Rhetorisch wird so die Gegenwart
mit der nahen und ferneren Zukunft verknüpft. Zwar lassen die Einleitung in
4,3f. und die prophetische Warnung in 4,14 die Möglichkeit einer Umkehr kurz
aufscheinen, insgesamt aber überwiegen Aussagen über die Unausweichlichkeit
des Unheils. Dieses bleibt jedoch nicht abstrakt, sondern wird als militärische
Aktion des Feindes geschildert, die explizit auf die göttliche Lenkung des Geschehens zurückgeführt wird. Letztlich wird so das Geschehen als Konflikt der personifizierten Figur Jerusalem mit Jhwh dargestellt, dessen Rolle als Vater nur implizit
im Titel „Tochter Zion" aufscheint. Jhwh wird als Person charakterisiert, die emotional, mit glühendem Zorn reagiert und so die widerspenstige Tochter bestraft.

---

9   Stipp (Kennzeichen, 170) rechnet die Verbindung von צפון „Norden" und שבר גדול „gro-
    ßer Zusammenbruch" zu den Eigenheiten jeremianischer Diktion; vgl. noch Jes 30,26;
    Klgl 2,11.13; Ez 32,9; Nah 3,19.

10 S. u. den Exkurs „Die Wehen der Geburt als Kriegsmetapher", S. 127.

Diachrone Analyse

Die Anmerkungen zu Übersetzung und Textkritik machen bereits deutlich, dass Jer 4 an manchen Stellen Zusätze und Präzisierungen erfuhr. Grundlegend für das Kapitel ist die Ankündigung eines ungenannten, aber waffenstarrenden Feindes aus dem Norden, dessen Herannahen angstvolle Reaktionen hervorruft, die als Ausrufe der Bevölkerung in die Ankündigung eingebettet sind.

Vorexilisch	K[frühexilisch]	Exilisch	Nachexilisch
4,5–8*.11aβ.b	4,6b	4,3f.9f.11aα.12 R[GÄ]	
4,13.15.16a.17a	4,14.16b.17b.18		4,22 R[Tora]
4,19–21		4,23–26.27a.28 R[Gola]	4,27b
4,29.31		4,30	

Der synchron als Proömium bestimmte Abschnitt 4,3f. greift mit den beiden Aufforderungen zur radikalen Neuorientierung weit über Jer 4–6 hinaus und setzt voraus, dass das als Gottes Strafhandeln bestimmte Unheil eingetreten ist. Die Forderung, Ackerland (wieder) urbar zu machen (נירו לכם ניר 4,3), findet sich wortgleich in Hos 10,12 und wird dort als Forderung, JHWH erneut zu suchen und Heil zu ernten, entfaltet. Da sie nur an diesen beiden Stellen begegnet und im Kontext von Hos 10 gut verankert ist, ist wahrscheinlich, dass die Verfasser von Jer 4,3f. das Motiv von dort übernommen haben. Das Pflügen eines neuen Feldes gilt als erfolgversprechende Alternative zur Aussaat unter Dornen, da Letztere die neue Saat ersticken. Vor dem Hintergrund landwirtschaftlicher Bodennutzung konnotieren Dornen Unfruchtbarkeit (Gen 3,18; Jer 12,13) oder von Menschen verlassene Gebiete (Jes 32,12–14).

Die Forderung der Herzensbeschneidung „für JHWH" (4,4) setzt die Vorstellung der Beschneidung der männlichen Vorhaut als Zeichen für die Zugehörigkeit zum Bund und zum Gottesvolk (Gen 17) bereits voraus, die frühestens exilisch entstanden ist. Die übertragene Bedeutung der Vorhaut als das, was die Gottesbeziehung stört, findet sich im Jeremiabuch in Bezug auf das Herz (9,25) und die Ohren (6,10). Die Unbeschnittenheit der Ohren und des Herzens symbolisiert die Uneinsichtigkeit des Volkes. Jer 4,4 fordert von der Einwohnerschaft Judas und Jerusalems, ihr Herz, d. h. Verstand, Willen und Gewissen, neu auf JHWH auszurichten. Zur Bekräftigung beider Forderungen erfolgt, anders als in 4,1f., keine Heilsverheißung, sondern eine Warnung vor dem Feuer des göttlichen Grimms, das, einmal entfacht, nicht gelöscht werden kann. Dieses spezifische Zornesmotiv entstammt der Einleitung zu den Königssprüchen 21,12. Als Begründung für Jerusalems Ende und Judas Exil zieht sich die Rede von Gottes Zorn durch das Jeremiabuch.[11] Sie begegnet in verschiedenen Schichten, ist aber in Verbindung mit der Umkehrforderung typisch für die geschichtsätiologische Redaktion, die die formelhafte Begründung „wegen der Bosheit eurer/ihrer Taten" (4,4bβ) beisteuert.[12] Im Kontrast zu der in Jer 3,6 – 4,2 entfalteten Heilsperspektive konnotiert die Zornesdro-

4,3f.
Neue Aussaat
und Herzens-
beschneidung

---

11 Vgl. חמה „Grimm" Jer 6,11; 7,20; 10,25; 18,20; 21,5.12; 23,19 = 30,23; 32,31.37; 33,5; 36,7; 42,18; 44,6; אף־יהוה „Zorn JHWHS" Jer 4,8; 12,13; 23,20; 25,37; 30,24; 51,45; 52,3.

12 Vgl. Jer 21,12; 26,3; 44,22; ohne מפני 23,2.22; 25,5; STIPP, Konkordanz, 122.

hung in 4,3f. einen Stimmungswechsel und gibt damit den Ton für die folgenden Kapitel vor.

4,5–8*
Der Feind als
Raubtier

Unter der Prämisse, dass alle Texte, die keine formalen, sprachlichen oder sachlichen Hinweise auf spätere Bearbeitung enthalten, zum ältesten, möglicherweise nahe an den Propheten Jeremia heranreichenden Bestand der Kap. 4–6 gerechnet werden können, ist die erste Ankündigung des Feindes in 4,5–8 solch ein Text. Zwar fehlt die einleitende Gottesspruchformel, sie findet sich aber zu Beginn der jetzigen Einleitung in 4,3. Der als Heroldsruf gestaltete Aufruf zur Flucht in die befestigten Städte soll in Juda und Jerusalem laut werden mithilfe des Schofarhorns als Signalinstrument. Die Flucht orientiert sich auf den Berg Zion hin, der gemäß der vorexilischen Jerusalemer Tempeltheologie als uneinnehmbarer Wohnort Gottes gilt (vgl. Ps 46,5f.; 48,2–10). Das Setzen der Standarte hat die Funktion, das Kriegsaufgebot zu sammeln (vgl. Jes 5,26; 13,2; in Jer 51,12.27 gegen Babylon). Vermittelt die Beschreibung des Feindes als Raubtier (zur Löwenmetapher vgl. 2,15; 49,19) eine unklare Bedrohung, so verweist die Bezeichnung „Verderber der Völker" (V. 7) auf den größeren politischen Kontext des Geschehens. Die konkrete Benennung der Folgen – verwüstetes Land und zerstörte Städte – macht deutlich, dass sich ein Kriegsheer in Marsch gesetzt hat. Diese Situation war nach der Schlacht von Karkemisch 605 v. d. Z. gegeben, denn Nebukadrezzar, der nach dem Sieg den babylonischen Thron bestieg, unternahm bereits im Jahr darauf einen Feldzug nach Syrien-Palästina.[13] Der Aufruf, Trauergewänder anzuziehen und zu klagen (V. 8a), gehört zu den im Alten Orient üblichen Reaktionen auf Kriegsgefahr mit dem Ziel, die eigene Gottheit gnädig zu stimmen und zum rettenden Eingreifen zu bewegen (2 Chr 20,3; Est 4,3). Der Klageruf der Bevölkerung (V. 8b) verweist entsprechend auf Jhwhs anhaltenden Zorn und die Möglichkeit, dass Trauerriten auch unwirksam sein könnten. Der Aufruf zur Totenklage ist wie in Am 5,1f. ein rhetorisches Stilmittel, die Unausweichlichkeit des Unheils zu betonen.

V. 6b führt die Bedrohung durch den Feind mit der dtjer Wendung בוא Hif. + רעה (+ על) „Unheil bringen (über)"[14] direkt auf das Wirken Jhwh zurück. Der Prosasatz ist nachgetragen; er nimmt den Verweis auf Jhwh, der in V. 8b in der Klage laut wird, in einer Begründung vorweg.[15]

4,9f.
Hat Gott
sein Volk
getäuscht?

Bereits formal lenkt die Einleitung von 4,9f. den Blick auf eine spätere Zeit (והיה). Die Fokussierung auf einen bestimmten Tag der Niederlage und der 4,5–8 inhaltlich widersprechende Vorwurf, Gott habe sein Volk getäuscht, erweisen V. 9f. als Abschnitt, der den Untergang Jerusalems bereits voraussetzt. Er thematisiert die entsetzte Reaktion der Oberschicht, deren Mitglieder – König, Beamte, Priester und Prophet*innen – in dtjer Texten häufig aufgezählt werden.[16] Angesichts der massiven Unheilsprophetie des Buches ist die enttäuschte Anklage, Gott habe Heil angekündigt, aber den Krieg gebracht, eigentlich nur im Munde der Heilsprophet*innen plausibel.[17] Dass sie hier dennoch Jeremia zugewiesen wird, erklärt sich im Blick auf dessen Gespräch mit Jhwh in 14,13–16, in dem der Prophet das

---

13   S. die Einleitung, „Der babylonische Sieg bei Karkemisch im Jahr 605", S. 23.

14   Zu weiteren 15 Belegen vgl. Stipp, Konkordanz, 23f.

15   Mit Wanke, ZBK, 59.

16   Vgl. Jer 2,26; 8,1; 32,32 und zahlreiche weitere Reihungen in Stipp, Konkordanz, 160f.

17   Daher die Änderung zu „sie werden sagen" im Codex Alexandrinus und in vielen Kommentaren, s. o. die Textkritik zu 4,10a.

Volk verteidigt und die Heilsprophet*innen zitiert. Wie 14,13–16 ist 4,9f. wahrscheinlich der geschichtsätiologischen Redaktion zuzurechnen, die in exilischer Zeit den Propheten als für sein Volk eintretenden Mittler porträtiert, aber zugleich Gründe für Jhwhs Abweisung dieser Bitten anführt. Zu dieser Erweiterung gehört auch noch V. 11aα, der mit בעת ההיא „zu jener Zeit"[18] auf ביום־ההוא „an jenem Tag" in V. 9 zurückverweist und das Folgende als eine Art Sprichwort über Jerusalem einleitet.[19]

Die erneute Ankündigung des Feindes gebraucht mit dem lautmalerischen Ausdruck רוח צח „Glutwind" ein *Hapaxlegomenon*, passt aber inhaltlich zu dem in 4,13 genannten Sturmwind (סופה). Das Wort שׁפים „kahle Höhen" wird vor allem im Jeremiabuch in Verbindung mit Klage, Dürre und Not gebraucht.[20] Der Titel „Tochter" für das Volk ist ebenfalls charakteristisch.[21] Das Worfeln (זרה), d. h. die Trennung von Spreu und Weizen mithilfe des Windes, ist eine bekannte bäuerliche Arbeitsweise (vgl. Rut 3,2). Das parallel verwendete Verb ברר Hif. meint analog dazu ein Reinigen,[22] in 51,11 das Schärfen eines Pfeils. In V. 11 hat der Sturm jedoch nicht die Funktion der Trennung oder Reinigung, sondern fegt alles hinweg.[23] Die Metapher des Glutwinds aus der Wüste, der das als Tochter personifizierte Volk zerstört, umschreibt, wie auch andere authentische Passagen, den Feind aus dem Norden metaphorisch, was 4,11aβ.b als Fragment alter Tradition wahrscheinlich macht.

4,11f.*
Der Feind als Glutwind

Demgegenüber ist die explizite Nennung Jhwhs als Gebieter des Windes und als Richter (4,12) erneut ein Kommentar der geschichtsätiologischen Redaktion, die im Rückblick auf die Katastrophe die Schuldfrage thematisiert. Die Wendung דבר משׁפטים את Pi. „Urteile sprechen über" findet sich neben 2 Kön 25,6 nur in redaktionellen Versen (Jer 1,16; 12,1; 39,5[MT+]; 52,9); das pluralische Suffix verweist auf das Volk, das jedoch in V. 11 weiblich personifiziert ist.

Mit einleitendem „siehe" führt Jer 4,13–18 die Beschreibung des nahenden Unheils fort. Dabei stehen bildhafte Vergleiche („wie Gewölk", „wie Sturmwind", „leichter als Geier" V. 13) neben konkreten Hinweisen auf „Belagerer" und „Feldwachen" (V. 16f.), ein Heer mit Streitwagen und Pferden (V. 13) und die Belagerung („sie haben sie ringsum umstellt" V. 17). In der zu 4,5–8 parallelen Metaphorik erweist sich das Unheil als ein feindliches Heer, das nach Jerusalem marschiert. Der Weheruf der Angegriffenen (V. 13b) stellt analog zu V. 8b eine stilisierte Reaktion auf die Bedrohung dar, die die Nähe der Gefahr unterstreicht. Stilistisch auffällig ist der Prosasatz in V. 16b, der als Nachtrag die judäischen Städte in das Unheilsszenario einbezieht, während sich die Belagerung allein auf Jerusalem konzentriert (vgl. das fem. sing.-Suffix in V. 17a). Die Begründungen des Unheils sind erneut nachgetragen: der mit der Zitationsformel als Gottesrede ausgewiesene V. 17b ebenso wie die pauschale Schuldzuweisung an Jerusalem in V. 18. Auch die

4,13–18
Das feindliche Heer

---

18 Die Wendung begegnet nur in redaktionellen Versen (Jer 3,17; 8,1; 31,1).

19 Zur Wendung „man wird (nicht mehr) sagen" vgl. 3,16; 7,32; 16,14; 23,7; 31,23.29.

20 Jer 3,2.21; 4,11; 7,29; 12,12; 14,6; wieder fruchtbare שׁפים finden sich in Jes 41,18; 49,9.

21 S. o. den Exkurs „Die Adressatin im Jeremiabuch", S. 79.

22 Im Hif. wird es nur noch Sir 51,20; QHodajoth 16,10; 11QPsa 21,17 verwendet, in anderen Stämmen überwiegend in exilisch-nachexilischen Texten; vgl. Ges[18], 182.

23 Der metaphorische Gebrauch von זרה für die Zerstreuung des Volkes durch Feinde findet sich nur in redaktionellen Versen (15,7; 31,10; 49,32.36; 51,2; vgl. Jes 41,16).

an Jerusalem gerichtete Mahnung, sich vom Bösen zu reinigen, damit sie gerettet werde, und die vorwurfsvolle Frage, wie lange sie noch frevlerische Pläne hege (V. 14), sind sachlich inkohärent zum unausweichlichen Ende. Sie gehören zu einer in Jer 2–3 einsetzenden späteren Bearbeitung, die zwar Jerusalem die Schuld zuweist, aber eine Umkehrmöglichkeit einräumt. Damit gehören 4,13.15.16a.17a zum Grundbestand, der mittels 4,14.16b.17b.18 in die frühexilische Komposition eingebettet wird.

4,19–21
Die Klage der
Tochter Zion
Dass die klagende Person in 4,19–21 mit der Tochter Zion zu identifizieren ist, wurde in der synchronen Analyse begründet. Die Klage schildert die Reaktion der Bevölkerung Jerusalems auf die Ankündigung des Feindes aus dem Norden. Analog zu den kurzen Zitaten in 4,8b.13b beleuchtet sie die Innenperspektive des Kriegsgeschehens und gehört zum Kern der Jeremiatradition.[24] Vergleichbare Klagen finden sich in 8,18–23 und 10,19f.

4,22
Der Kommentar Jʜwʜs in 4,22 geht nicht auf die Klage Zions ein, sondern liefert ein resigniertes Urteil über das Volk als törichte, unbelehrbare Kinder. Der Vers verstärkt den Schuldaufweis unter Rückgriff auf weisheitliche Terminologie und die Vater-Kind-Metaphorik für das Verhältnis zwischen Jʜwʜ und seinem Volk (vgl. die Parallele in 3,14.22). Er gehört wie 5,20–25.26–29 wohl zu der an Tora und Weisheit orientierten Redaktion aus nachexilischer Zeit.

4,23–28
Rückkehr ins
Chaos
Der stilistisch auffällige Visionsbericht in 4,23–26 zeichnet eine verwüstete, von Mensch und Tier verlassene Welt. Wie vielfach bemerkt, setzen Sprachgebrauch und Weltbild der Vision die frühestens im Exil entstandene Erzählung in Gen 1 voraus.[25] Der beschriebene Rückfall in das Chaos vor der Schöpfung bestätigt, dass das folgende Gotteswort eingetroffen ist. Die Ankündigung, das Land werde eine Öde sein (שממה, V. 27a), betont den Gedanken, dass Juda während der Exilszeit menschenleer war, was V. 28 als Trauer von Erde und Himmel über Gottes Zerstörungsbeschluss deutet. Diese auch in 9,9; 13,19b; 15,9b und 18,13–17 propagierte Vorstellung unterstreicht die Interessen der nach Babylonien Exilierten, die sich als rechtmäßige Erben des vorexilischen Juda und seiner Traditionen verstehen. 4,23–28* ist daher ein Text der golaorientierten Redaktion.

Diesem Untergangsszenario widerspricht die Aussage „aber völlig vernichten werde ich nicht" (V. 27b) diametral. Sie trägt dem historisch zutreffenden Überleben eines Teils Judas Rechnung (ähnlich in 5,10.18) und ist somit eine spätere punktuelle Fortschreibung.

4,29.31
Der Feind als
Kriegsheer
Die dritte Feindankündigung in 4,29.31 kann als ein weiteres altes Stück verstanden werden. Konkret ist von Pferden und Bogenschützen die Rede, die bereits so nahe herangerückt sind, dass die Menschen aus „dem ganzen Land" geflohen sind (vgl. die *qatal*-Verbformen), um sich in Höhlen und Felsen zu verstecken. „Jede Stadt ist verlassen" (V. 29b) bezieht sich auf die Städte Judas. Um die Angst der Bevölkerung auszudrücken, zitiert der Prophet die Tochter Zion und vergleicht sie mit einer Frau, die sich in Wehen windet (V. 31).

---

24 Köhler (Jeremia – Fürbitter oder Kläger?, 63f.) rechnet Jer 4,19–21; 8,18.21–23; 10,19a.20.22aβ.b und die Grundschicht von 6,9–15 zu den ältesten Stücken im Buch.

25 Borges de Sousa, Ágabo, Jer 4,23–26 als P-orientierter Abschnitt: ZAW 105 (1993), 419–428; Trimpe, Birgit, „Ich schaue auf die Erde und siehe, sie ist tohu-wabohu" (Jer 4,23). Eine intertextuelle Auslegung von Jer 4,23–28 und Gen 1: BiKi 53 (1998), 135–139.

Exkurs: Die Wehen der Geburt als Kriegsmetapher

In Jer 4–6 ist die Wurzel חיל I/חול II „kreißen, sich winden" Leitwort (4,19; 4,31 LXX; 5,22; 6,24). An diesen Stellen und in weiteren prophetischen Kriegsschilderungen werden die Angst und das Leiden der Angegriffenen im Bild einer gebärenden Frau veranschaulicht.[26] Die gedankliche Verbindung von Geburt und Krieg ist aus heutiger Sicht ungewöhnlich. In Zeiten ohne Krankenhäuser, pränatale Diagnostik und Wehen hemmende Mittel aber war die Geburt eine häufige Todesursache von Frauen. Das Kreißen der Gebärenden war ein Ringen um Leben und Tod, eine Situation voller Schmerzen und Todesangst, zumindest aus Sicht der Männer, die die biblischen Texte überwiegend verfassten und die in der Regel bei der Geburt ihrer Kinder nicht anwesend waren, da diese zur Sphäre der Frauen gehörte und von Hebammen assistiert wurde. Die Metapher der Gebärenden wurde deshalb dazu verwendet, die Todesangst der im Krieg Unterlegenen auszudrücken. Diese Metaphorik findet sich auch in altorientalischen und griechischen Schilderungen des Krieges.[27] Im Alten Testament symbolisiert sie das Zittern und Zagen der männlichen Krieger (Dtn 2,25; Ps 48,6f.; Jes 13,7f.; Jer 30,6), der Feinde Judas (Jer 48,41 Moab; 49,22 Edom; 49,24 Damaskus; 50,43 König von Babel) und der Bevölkerung Judas (Jer 5,22; 6,24; 22,23). In Gestalt der in Wehen liegenden Tochter Zion wird die angstvolle Reaktion der Bevölkerung Jerusalems auf Krieg und Belagerung in Jer 4,19.31 und Mi 4,9f. als Ringen um Leben und Tod dramatisiert. Wie Maria Häusl gezeigt hat, gehört der ebenfalls im Kontext von Kriegsrhetorik verwendete Vergleich von Männern bzw. Helden mit Frauen zum Motiv „Spott über die Feinde".[28] Er findet sich auch in altorientalischen Vertragstexten und negiert die militärische Stärke der Gegner in drastischer Form (Jes 19,16; Jer 50,37; 51,30; Nah 3,13).

Feministische und traumatheoretische Auslegungen hinterfragen diese Metaphorik vor dem Hintergrund heutiger Lesegewohnheiten. Sie gilt als ein Stilmittel prophetischer Horror-Rhetorik, das eine überwiegend männliche Leserschaft schockieren und mittels einer gegengeschlechtlichen Identifikation beschämen soll und zugleich die Ausweglosigkeit der Situation darstellt.[29] Dabei sollen die Adressat*innen die Angst und die Schmerzen der weiblichen Figur mitfühlen, die eigene Verletzlichkeit erkennen und Buße tun.[30] Angesichts einer Heroisierung männlicher Krieger (z. B. Rut 2,1; 2 Sam 17,8; 1 Chr 28,1; Jer 5,16) deuten manche diese Symbolisierung weiblicher Erfahrung als androzentrische Verzerrung.[31] Da die Metapher der Gebärenden die Geburtsschmerzen in den Mittelpunkt rückt, bietet sie nur eine einseitige Sicht auf die Geburt und unterschlägt die weibliche Potenz, Leben hervorzubringen.[32] Im Kontext des Vorwurfs der „Hurerei" (Jer 2,20.25.33; 3,1–5; 4,30) und der als Vergewaltigung beschriebenen Eroberung der Stadt (Jer 13,21f.) verstärkt der Vergleich mit der Gebärenden die sexuell konnotierte Rhetorik, die die Bestrafung der Frau drastisch und verzerrend visualisiert.[33] Andererseits kann die Metapher der Gebärenden auch als mögliches Mittel verstanden werden, traumatische Kriegserfahrung von Frauen und Männern überhaupt

---

26 Vgl. Ps 48,6f.; Jes 13,7f.; 21,3f.; 26,17f.; Jer 4,31; 6,24; 13,21; 22,23; 30,5f.; 48,41; 49,22–24; 50,43; Mi 4,9f.

27 Häusl (Bilder der Not, 108f.) nennt Homer, Ilias, 11 und Euripides, Medea V. 248–251. Zum Motiv der Krieger, die zu Frauen werden, vgl. Hillers, Treaty-Curses, 66–68.

28 Häusl, Bilder der Not, 109f.

29 Vgl. Kalmanofsky, Amy, Israel's Baby. The Horror of Childbirth in the Biblical Prophets: BibInt 16 (2008), 60–82.

30 Vgl. Kalmanofsky, Terror All Around, 26.

31 Vgl. Bauer, Gender, 160f.

32 So mit Häusl, Bilder der Not, 113.

33 So Bauer, Gender, 71f.; vgl. Exum, Ethics of Biblical Violence, 253–255.

zur Sprache zu bringen.[34] Schließlich lässt sich der Gebrauch dieser Metapher in den Völkerorakeln (Jer 48,41; 49,22–24; 50,43) und in Jer 31,7–9 einer „Anti-Sprache" zurechnen, die gegen den Machtdiskurs des babylonischen Reiches gerichtet ist.[35] Ist der Gebrauch der Geburtsmetapher in der Hebräischen Bibel verständlich als Versuch, die Not der Kriegsopfer drastisch zu beschreiben, so ist er aus feministischer und traumatheoretischer Perspektive erklärungsbedürftig und es muss dieser einseitigen Darstellung weiblicher Erfahrung widersprochen werden.

Vor diesem Hintergrund symbolisiert Zions Schrei die Angst vor Krieg und Tod. Diese Charakterisierung erregt Mitleid und erzeugt Empathie mit dem Schicksal der Stadt; sie macht zugleich die Feinde – historisch zutreffend – für Jerusalems Untergang verantwortlich.

4,30
Jerusalem als
„hurerische"
Frau

Dem widerspricht die ironische Warnung an die weibliche Gestalt, es nütze nichts, sich für die Herannahenden, die nach ihr verlangen (עגבים), schön zu machen (V. 30). Sie ist ein Nachtrag[36] der geschichtsätiologischen Redaktion, der erneut die Pointe vorwegnimmt und Jerusalem wie in 3,6–11 beschuldigt, sich fremden Männern an den Hals geworfen zu haben. Das Verb עגב ist in Ez 23 Leitwort für die negative Charakterisierung Oholas (= Samarias) als Ehefrau Jhwhs, die fremde Männer begehrt. Mit der Abfolge von Sich-schön-Machen – Verlangen – tödliche Gewalt suggeriert V. 30, die weibliche Figur Jerusalem habe erst durch ihr Verhalten die Begehrlichkeiten der Feinde geweckt und sei also selbst schuld an ihrem Unglück.[37] Diese Sexualisierung übermalt zugleich das Bild der schützenswerten Tochter mit dem der sexuell aktiven jungen Frau und vertauscht damit Ursache und Wirkung der Feindbedrohung.

Synthese

Jer 4 bietet keine klassischen Prophetenworte mit Schuldaufweis und als Gotteswort präsentierter Unheilsankündigung, sondern Szenen voller Gewalt und Krieg: Aufrufe an die Bevölkerung zur Flucht in die befestigten Städte wechseln sich mit Beschreibungen des herannahenden Feindes ab; Rufe des Boten mischen sich mit Hörnerschall und Kriegslärm, dem Rasseln der Streitwagen, dem Geschrei der Krieger und dem Klirren der Waffen. Durch die Abfolge verschiedener Stimmen wird das Geschehen wie auf einer Bühne dramatisiert und emotional aufgeladen. Es wird von Gott und Jeremia kommentiert und mit Ausblicken in die Zukunft kontrastiert. Diese Inszenierung ist Teil der von Jer 2–15 reichenden Komposition, die im Rückblick auf die Katastrophe Jhwh als Urheber benennt (V. 12), Jerusalem eindringlich warnt (V. 14) und der personifizierten Stadt die Schuld zuweist (V. 17b.18).

Unter der Prämisse, dass es im vorliegenden Buch einen Grundbestand an Versen gibt, die jedenfalls dem Inhalt nach auf Jeremia an der Wende vom siebten zum sechsten Jahrhundert v. d. Z. zurückgehen und als Ausgangspunkt für die

---

34 So CLAASSENS, Like a Woman in Labor, 120 im Anschluss an O'CONNOR, Pain and Promise, 2–4.45. S. die Einleitung, „Trauma-Studien", S. 38.

35 CLAASSENS, Like a Woman in Labor, 128–131.

36 Die Wendung בקשׁ Pi. + נפשׁ „das Leben begehren, nach dem Leben trachten" ist typisch dtjer Sprachgebrauch; vgl. STIPP, Konkordanz, 29f.

37 So mit HÄUSL, Bilder der Not, 185.

vielgestaltige Jeremiatradition dienen – was historisch betrachtet immer noch die plausibelste Annahme darstellt –, lässt sich ein Grundbestand in den Feindankündigungen Jer 4,5–8*.11aβ.b.13.15.16a.17a.29.31 und der Klage der Tochter Zion in 4,19–21 finden.

Die überwiegend metaphorischen Charakterisierungen des Feindes – ein reißender Löwe und ein Sturm, der alles hinwegfegt – identifizieren diesen nicht. Da die Folgen dieses Angriffs aber ganz konkret als Zerstörung der Stadt benannt werden, wird deutlich, dass es sich um ein Kriegsheer handelt, das sich Jerusalem von Norden her nähert. Eine Verbindung zwischen dem heranstürmenden Feind und Jhwh wird in den ältesten Passagen nur punktuell gezogen (V. 6b). Die später hinzugesetzten Verse verstärken sukzessive den Schuldaufweis (V. 12.14.17b.18.22.30).

Jerusalem ist zunächst Schauplatz des Geschehens (V. 5.17a), wird aber auch, wie das Volk (V. 11aβ), mit Hilfe des Tochtertitels personifiziert (V. 31). Die weibliche Personifikation konzentriert die Beziehung Jhwhs zur Stadtbevölkerung in einer Figur und verlebendigt deren Panikreaktionen auf die Kriegsgefahr. Die junge Frau ist schutzbedürftig, aber dem waffenstarrenden Feind schutzlos ausgeliefert. Sie ringt mit Angst und Tod wie eine Gebärende (4,31). Sie erhebt über ihre eigene Zerstörung Klage (4,19–21) und verstärkt so die kurzen Klagerufe der Bevölkerung (4,8b.13b). Sie wird nachträglich als sich schminkende Frau porträtiert, die erst durch ihr Handeln Begehrlichkeiten bei den fremden Eroberern weckt (4,30).

Jeremia tritt als Mittler der Gottesworte auf, aber auch als Klagender, der Gott der Täuschung bezichtigt (4,10), visionär die Zerstörung der Schöpfung schaut und als Erfüllung der göttlichen Unheilsdrohung erkennt (4,23–28). Sein Aufruf an die personifizierte Stadt, sich vom Bösen zu reinigen (4,14), verhallt angesichts der dominanten Untergangsszenarien. Jhwh rechtfertigt sein Strafhandeln mit Hinweis auf die Widerspenstigkeit der Tochter und die Unverständigkeit seiner Kinder (4,12.17b.22).

Das Chaos einer vom Krieg bedrohten Region, deren Bevölkerung in die befestigte Hauptstadt flieht, dort jedoch keine Sicherheit findet und sich schließlich in die Berge flüchtet, wird als unmittelbar bevorstehendes Ereignis in Szene gesetzt. Es symbolisiert zugleich den Zusammenbruch der Gemeinschaft Judas. Im Blick auf den weiteren Kontext in Kap. 4–6 und 8–9 bildet Jer 4 den Auftakt der Feindankündigung und enthält noch vage und pauschale Schuldzuweisungen.

Für heutige Leser*innen sind diese Gewaltszenarien, Schreie und Klagen nicht nur das Echo einer vergangenen Welt. Trennt man den Text von seinem historischen Hintergrund, der Zerstörung Jerusalems durch das babylonische Heer im Jahr 587 v. d. Z., so erscheint er als eine Meditation über die Schrecken des Krieges,[38] als fragmentierte Erinnerung an ein Kriegstrauma[39] oder als Text gewordenes Horrorszenario.[40] Diese dramatisch inszenierten Kriegsbilder können dann je nach Rezeptionssituation mit verschiedenen Erfahrungen verknüpft werden. Allerdings ist für viele heutige Rezipient*innen das Gottesbild des seine Tochter bestrafenden Vaters problematisch, obwohl es auf einer in der Antike rechtlich gesicherten, väterlichen Verfügungsgewalt beruht. Dieses Gottesbild ist nicht zeitlos und kultur übergreifend, sondern deutet eine spezifische historische Erfahrung. Für ein angemessenes Verständnis des Textes muss daher die politische und soziale Situation in Juda um 600 v. d. Z. einbe-

---

38 Vgl. STULMAN, Art and Atrocity, 99.
39 Vgl. O'CONNOR, Pain and Promise, 47–68.
40 Vgl. KALMANOFSKY, Terror All Around, 15–30.

zogen werden. Darüber hinaus ist zu bedenken, dass die Erstadressat*innen die Zerstörung Jerusalems sowie das Ende Judas erlebten und nur teilweise überlebten. Der sukzessiv überarbeitete Text diente der Verarbeitung dieser Erfahrung und versuchte die Frage nach Gottes Rolle und Macht in diesem Geschehen und generell im Gefüge der antiken Welt zu beantworten.

Zweiter Akt: Jer 5,1–31: Gründe für die Bedrohung durch den Feind

Szene I, 1. Auftritt: J<small>HWH</small> zu einer Prophetengruppe	1 Streift durch die Gassen Jerusalems,
	    seht doch und erkennt,
	und sucht auf ihren Plätzen,
	    ob ihr eine Person findet,
	ob es jemanden gibt, der Recht tut,
	    Wahrhaftigkeit sucht,
	        dann will ich ihr[a] verzeihen <spricht der Herr>[b].
	2 Wenn sie auch „J<small>HWH</small> lebt" sagen,
	    fürwahr[a], sie schwören falsch.

I, 2: Die Prophetengruppe antwortet	3 J<small>HWH</small>, sind deine Augen nicht auf Wahrhaftigkeit gerichtet? Du hast sie geschlagen, aber sie empfanden keinen Schmerz[a]. Du hast sie aufgerieben[b]; sie weigerten sich, Zucht anzunehmen. Sie haben ihre Gesichter härter als Fels gemacht; sie weigerten sich, umzukehren.

I, 3: Jeremia (innerer Monolog)	4 Ich aber habe (mir) gesagt:
	Nur die Geringen sind es,
	    sie haben töricht gehandelt,
	denn sie kennen den Weg J<small>HWH</small>s nicht,
	    das Recht ihres Gottes.
	5 Ich will [für mich][a] zu den Großen gehen
	    und mit ihnen reden,
	denn sie kennen den Weg J<small>HWH</small>s,
	    das Recht ihres Gottes.
	Doch sie haben gemeinsam das Joch zerbrochen,
	    die Stricke zerrissen.
	6 Darum hat sie der Löwe aus dem Wald geschlagen,
	    der Steppenwolf wird sie verwüsten.
	Der Leopard wacht über ihren Städten.
	    Wer immer dort herausgeht, wird gerissen werden,
	denn zahlreich waren ihre Freveltaten,
	    vielfältig ihre Abtrünnigkeit.

I, 4: J<small>HWH</small> zu Jerusalem	7 Wie soll ich dir {fem. sing.} dies verzeihen?

Deine Kinder haben mich verlassen;
    sie schworen bei Nicht-Göttern.
Als ich sie sättigte[a], begingen sie Ehebruch
    und (im) Haus der Prostituierten sind sie ständig zu Gast[b].
8 Feiste, geile[a] Hengste sind sie geworden;
    jeder wiehert der Frau seines Nachbarn nach.
9 Sollte ich dies etwa nicht ahnden – *Spruch JHWHS* –
    oder mich an einem Volk wie diesem nicht rächen?
10 Steigt hinauf auf ihre {fem. sing.} Terrassen[a] und verwüstet sie,
    aber vernichtet sie nicht[b] völlig.
Entfernt ihre Ranken,
    denn sie gehören nicht[c] JHWH.
11 Denn wahrhaft treulos handelten sie an mir,
    das Haus Israel und das Haus Juda – *Spruch JHWHS*.
12 Sie {masc. plur.} haben JHWH verleugnet und sagten: „Ein Nichts[a] ist er!"
[Und:][b] „Unheil wird nicht über uns kommen!"
Und: „Schwert und Hunger werden wir nicht sehen!"
13 [Und:] „Die Propheten[a] sollen zu Wind werden."
Und: „Das Wort[b] ist nicht in ihnen."
[c]So soll ihnen (selbst) getan werden.
14 Deshalb, *so spricht JHWH, [der Gott] Zebaot*:
Weil ihr[a] dieses Wort geredet habt, siehe, mache ich mein Wort in deinem {= Jeremias Mund} zu Feuer und dieses Volk zu Holzscheiten, damit es sie verzehrt.
15 Siehe, ich bringe über euch ein Volk aus der Ferne, Haus Israel – *Spruch JHWHS*.
[Ein beständiges Volk ist es, ein Volk von Urzeiten her ist es.][a]
Ein Volk, dessen Sprache du {masc. sing.} nicht kennst
    [und du verstehst nicht, was es redet][a].
16 [Sein Köcher ist wie ein offenes Grab][a],
    sie alle sind Krieger.
17 Es[a] verzehrt deine[a] Ernte und dein Brot;
    sie {masc. plur.} verzehren[b] deine Söhne und Töchter;
es verzehrt dein Kleinvieh und dein Großvieh;
    es verzehrt deinen Weinstock und deinen Feigenbaum.
Es zertrümmert[c] deine befestigten Städte,
    auf die du vertraust[, mit dem Schwert][d].
18 Aber auch in jenen Tagen – *Spruch JHWHS*[a] – werde ich euch nicht völlig vernichten.
19 Aber wenn ihr[a] dann sagt:
    „Warum hat JHWH, unser Gott, uns all dies angetan?",
dann sage du zu ihnen:
    „Wie ihr mich verlassen habt und fremden Gottheiten dientet in eurem eigenen
    Land, so werdet ihr Fremden dienen in einem Land, das euch nicht gehört."
20 Verkündet dies im Haus Jakob
    und lasst es hören in Juda folgendermaßen:

Randnotizen:

I, 5: JHWH zu den Feinden

I, 6: Jeremia unterstreicht den Schuldaufweis

I, 7: JHWH zum Volk und zu Jeremia

Szene II, 1. Auftritt: JHWH zum Haus Israel

II, 2: JHWH zum Volk und zu Jeremia

Szene III, 1. Auftritt: JHWH zu den Prophet*innen

21 „Hört doch dies, törichtes Volk ohne Verstand[a],
    die Augen haben, aber nicht sehen,
        die Ohren haben, aber nicht hören.
22 Mich wollt ihr nicht fürchten – *Spruch JHWHs* –
    oder vor meinem Angesicht wollt ihr euch nicht winden?
Der ich dem Meer Sand als Grenze gesetzt habe,
    ewige Satzung, die es nicht überschreitet.
Es wogten – vermögen aber nichts –
    und tosten seine Wellen, aber sie überschreiten nicht."

III, 2: JHWH
(beiseite-
sprechend)

23 Dieses Volk aber hat ein störrisches und widerspenstiges Herz,
    sie sind abgewichen und gingen fort.
24 Sie haben nicht in ihrem Herzen gesagt:
    „Lasst uns doch JHWH, unseren Gott, fürchten,
    der Regen gibt, Früh- und Spätregen zu seiner Zeit;
    er wird uns die zugesagten Erntefristen[a] bewahren."

III, 3: JHWH
zum Volk

25 Eure Vergehen haben diese gestört
    und eure Sünden haben das Gute von euch ferngehalten.
26 Denn in meinem Volk haben sich Gewalttätige gefunden.
    Man lauert, wie Vogelsteller sich ducken.[a]
Sie stellten Verderben[b] auf,
    Menschen wollen sie fangen.
27 Wie ein Käfig voller Vögel,
    so sind ihre Häuser gefüllt mit Betrug.
Darum sind sie groß geworden und reich.
    28 [Fett sind sie geworden, feist.][a]
Auch sind sie übergeflossen [von Worten an Bosheit][b];
    sie haben die Rechtssache nicht durchgesetzt,
die Rechtssache der Waise,
    [so dass sie (sie) zum Erfolg geführt hätten][c]
und das Recht der ₍Bedürftigen₎/ Witwe[d] haben sie nicht erstritten.
29 Soll ich dies etwa nicht ahnden – *Spruch JHWHs* –
    oder mich[a] an einem Volk wie diesem nicht rächen?
30 Entsetzliches und Grässliches ist im Land geschehen.
31 Die Propheten prophezeien im Namen der Lüge
    und die Priester herrschen mit ihrer Hilfe[a].
Mein Volk aber: sie lieben es so.
    Aber was werdet ihr tun, wenn es[b] zu Ende ist?

Anmerkungen zu Text und Übersetzung

*   In der Übersetzung sind parallele Stichen durch Einrückung kenntlich gemacht, Prosa-
    verse füllen die Zeilen aus. Nebentexte mit Angaben zu Sprecher*innen oder Szenerie
    sind kursiviert. Zum System der Klammern und Kleinschreibung s. o. S. 22.

1a   Das Suffix der 3. fem. sing. in MT ist auf Jerusalem zu beziehen und die *lectio difficilior*,
    während LXX an die 3. plur. angleicht.

1b LXX verdeutlicht mit der Zitationsformel λέγει κύριος am Ende des Satzes, dass Gott spricht.

2a Die Abfolge וְאִם ... לָכֵן ist grammatisch falsch (sonst nur noch Jer 23,38) und unlogisch. LXX hat zu Beginn נאם gelesen und als Zitationsformel ans Ende von V. 1 gestellt. Die Übersetzer verstehen V. 2a als Aussage und fügen deshalb in V. 2b eine Verneinung ein. S und viele hebr. Hss. bieten anstelle von לכן ein Äquivalent für אכן „fürwahr". Vgl. McKane, ICC, 115.

3a MT חֹלוּ ist wohl 3. plur. qatal von חִיל I/חוּל II Qal „kreißen, sich winden", das auch in 4,31 begegnet. Möglich ist auch die Herleitung von חלה I „krank sein, Schmerz empfinden", so LXX mit Blick auf den Kontext.

3b Die von BHS vorgeschlagenen Konjekturen כֻּלְּהֶם „sie alle" oder הִכְלַמְתָּם „du hast sie beschämt" werden nur damit begründet, dass MT „du hast sie aufgerieben" nicht zum Kontext passe. LXX stützt aber MT. In Jer 1–20 ist viermal vom Vertilgen/Vernichten des Volkes die Rede (כלה Pi., 5,3; 9,15; 10,25; 14,12), während drei Stellen ausdrücklich betonen, dass das Volk nicht völlig vernichtet ist (4,27; 5,10.18).

5a MT verstärkt die Aussage durch einen dativus ethicus (GK § 119s) „zu meinem Nutzen, um meiner selbst willen"; vgl. Finsterbusch/Jacoby, MT-Jeremia 1–24, 83.

7a MT, LXX und V lesen eine Form des Verbs שׂבע, einige wenige hebr. Hss., wohl in Anlehnung an die vorherige Aussage, וָאַשְׂבַּע „ich schwor".

7b MT יִתְגֹּדָדוּ „sie machen sich Einschnitte" ist wohl ein Schreibfehler aus יתגוררו „sie waren zu Gast". So LXX, wenige hebräische Hss. und Vetus Latina. Vgl. Ginsberg, Harold L., Lexicographical Notes: Hartmann, Benedikt u. a. (Hg.), Hebräische Wortforschung. FS W. Baumgartner (VT.S 16), Leiden: Brill 1967, 71–82, bes. 75–77. Ginsberg hält יתגוררו für die ursprüngliche Lesart (vgl. Hos 7,14) und verweist darauf, dass גור im Aramäischen ein Euphemismus für illegitimen Geschlechtsverkehr sei (vgl. Jastrow, Dictionary zu גור II).

8a MT bietet zwei Hapaxlegomena, ist aber im Kontext verständlich, wie LXX ἵπποι θηλυμανεῖς „stutenverrückte Pferde" und Vetus Latina „furentes circa feminas" zeigen. Ges[18], 456, nimmt für מְיֻזָּנִים die Sonderbedeutung „geil sein" mit Hinweis auf arab. nazā „springen, sich nach etwas sehnen" an. Das Ketiv der westlichen Tradition bietet mit מוזנים ein Partizip plur. Hof. von זון* „speisen, ernähren". מַשְׁכִּים wird meist mit Verweis auf Lev 21,20 konjiziert zu מֶאֳשָׁכִים* „mit Hoden"; vgl. BHS; McKane, ICC, 119.

10a שָׁרוֹת ist ein Hapaxlegomenon; LXX übersetzt „Bastionen", wohl abgeleitet von שֻׁרָה „Mauer"; vgl. Hiob 24,11; so auch V und S; T liest „Umzäunungen". Ges[18], 1412, übersetzt „Terrassen, Rebstufen (des Weinbergs)" (von שָׂרָה*).

10b Viele Kommentare streichen אל, weil die Verschonung nicht zum Kontext passe (so auch in 4,27); vgl. Rudolph, HAT, 38; McKane, ICC, 120. Das hat aber keinen Anhalt an den Versionen und kann allenfalls literarkritisch begründet werden.

10c LXX übersetzt „lasst ihre Stützmauern zurück, denn sie gehören dem Herrn", übersieht das Bild des Weinbergs (zu נטישות vgl. Jes 18,5; Jer 48,32), gibt הסירו eigenwillig mit „übriglassen" wieder und kommt so zu einer MT gegenläufigen Aussage. Zum Bild der wild wuchernden Ranken vgl. Jer 2,21. Die LXX-Variante ist nicht auf eine andere Vorlage zurückzuführen, sondern auf eine abweichende Interpretation der Übersetzer in Unkenntnis des Bildes.

12a לֹא ist hier nicht Negation, sondern das in Hiob 6,21 (Ketiv); Spr 19,7 (Ketiv) und Jes 53,3 belegte Nomen; vgl. Holladay, Hermeneia, 186; Lange, Vom prophetischen Wort, 189.

12b MT verkettet die Sätze in V. 12f. durch die Kopula; sie fehlt in LXX zweimal.

13a LXX bietet „unsere Propheten" und fasst V. 13 als weiteres Zitat der Bevölkerung auf. Dies ist ein Hinweis darauf, dass V. 12b–13 als eine durch Kopula verbundene Liste von Zitaten zu verstehen ist; so auch Finsterbusch/Jacoby, MT-Jeremia 1–24, 85.

13b Die Punktation הַדְּבֵּר ist singulär und vom mittelhebräischen דִּבֵּר „Gotteswort" beein-flusst (RUDOLPH, HAT, 39), LXX bietet mit λόγος κυρίου wohl eine alexandrinische Son-derlesart, die הדבר als דבר־יהוה versteht; vgl. STIPP, Sondergut, 152.

13c Der Satz fehlt in manchen LXX-Hss., schießt metrisch über, und es ist unklar, ob er das Zitat fortsetzt oder abschließend kommentiert; es handelt sich wohl um eine Glosse. BHS schlägt eine Umstellung hinter die Botenformel von V. 14 vor. LXX las wohl יהיה statt יעשׂה.

14a Der Vorschlag in BHS, ein Suffix der 3. plur. zu lesen, hat keinen Anhalt an den Versio-nen und behebt die Schwierigkeit, dass gleichzeitig das Volk und Jeremia angeredet werden.

15a Da MT z. T. wörtliche Übereinstimmungen mit Dtn 28,49–52 aufweist, ist statt verse-hentlichem Ausfall von Zeilen in LXX (so JANZEN, Studies, 97; 117) eher mit einer sekun-dären Auffüllung des MT zu rechnen; s. u. die diachrone Analyse.

16a Das masoretische Textplus ist an Ps 5,10 angelehnt; vgl. STIPP, Sondergut, 107.

17a LXX nennt in V. 17 Angreifer und Angegriffene durchweg im plur., gleicht wohl an die „Helden" in V. 16 an. MT formuliert Dtn 28,49–52 entsprechend im sing.

17b MT bietet nur hier ein plur. Verb.

17c ירשׁ polel „zertrümmern, zerstampfen" ist selten belegt; vgl. aber die pual-Form in Mal 1,4 und LIWAK, Prophet, 262f. LXX liest ודשׁו „sie werden dreschen" aufgrund einer Buchstabenverwechslung ר/ד.

17d Das am Ende des Satzes nachklappende בחרב „mit dem Schwert" ist wohl eine Glosse, die ירשׁי erklärt und auf „Schwert und Hunger" in V. 12 zurückverweist.

18a LXX fügt nach der Zitationsformel ὁ θεός σου ein, was in Jer 1–27 häufiger auftritt und somit auf die Übersetzungstechnik zurückzuführen ist; vgl. STIPP, Sondergut, 54.

19a Die direkte Anrede wird durch LXX gestützt, so dass eine Änderung zur 3. plur. (so BHS), die den Sinn erleichtert, nicht angezeigt ist.

21a Wörtlich: „Herz", das als Personzentrum auch Ort des Denkens und Gewissens ist (vgl. V. 23).

24a Gegen BHS ist שְׁבֻעוֹת nicht einfach zu streichen, da alle Versionen das Wort übersetzen, es aber meist als plur. zu שְׂבְעָה „Sättigung, Fülle" verstehen. Mit Helga WEIPPERT (Schöp-fer des Himmels und der Erde. Ein Beitrag zur Theologie des Jeremiabuches [SBS 102], Stuttgart: Katholisches Bibelwerk 1981, 18) ist שבעות „Eide, Zusagen" (vgl. Ez 21,28) zu lesen; vgl. auch ihre Diskussion der verschiedenen Vorschläge (a. a. O., 91–94).

26a MT ist kaum verständlich; LXX spricht von Fallen, liest wohl ומקשׁים anstelle von יקושׁים. RUDOLPH (HAT, 40) rekonstruiert aus Aquila, Symmachus, Theodotion und V (ה)יְשֹׁרְכוּ שֹׁבָכָ ים כִּקֹשִׁים „sie knüpfen das Netz wie Vogelsteller"; vgl. BHS und LIWAK, Prophet, 269.

26b מַשְׁחִת bezeichnet sonst das Verderben oder den Vernichter; die Bedeutung „Vogelfalle" (Ges[18], 751) ist im Blick auf die vorherige Konjektur erschlossen.

28a Der Satz fehlt in LXX und S; 5,28 MT ist mehrfach erweitert durch Wendungen aus anderen Texten über Frevler*innen, was den Textsinn verdunkelte.

28b Der Sinn des in MT überschüssigen Satzes ist nicht mehr zu erhellen. Die in BHS vorgeschlagene Konjektur hat keinerlei Anhalt an den Versionen.

28c Der Satz fehlt in LXX. Da eine Form von צלח noch in 22,30; 32,5 in MT-Überschüssen begegnet, handelt es sich hier um eine glossierende, masoretische Sonderlesart; vgl. STIPP, Sondergut, 83.

28d LXX liest „Witwe". Da Waise und Witwe die übliche Reihung darstellt und MT an einigen Stellen gegen LXX von Armen und Bedürftigen spricht (2,34; 39,10; 52,15f.; vgl. STIPP, Sondergut, 109), ist wohl LXX ursprünglich und MT Ergebnis einer prämasoreti-schen Änderung.

29a Hebräisch נַפְשִׁי betont die eigene Person.

31a Gemeint ist: „standen ihnen zur Seite"; wörtlich „herrschten über ihren Händen". Die Lesart von LXX ist umstritten; vgl. Ra ἐπεκρότησαν ταῖς χερσὶν αὐτῶν „klatschten in ihre Hände"; Gö ἐπεκράτησαν „sie herrschten"; LXX-Deutsch „sie setzten sich mit Gewalt durch."

31b Wörtlich: „hinsichtlich ihres Endes"; das Suffix der 3. fem. sing. lässt sich auf das als Frau personifizierte Jerusalem, aber auch auf die beschriebene Situation beziehen.

Synchrone Analyse

Der zweite Akt besteht aus drei unterschiedlich langen Szenen, die verschiedene Räume und Adressat*innen in den Blick nehmen. Szene I (5,1–14) mit sieben Auftritten verschiedener Figuren ist im Raum der Stadt Jerusalem angesiedelt, deren Gassen und Plätze (V. 1) von wilden Tieren aus Wald und Steppe (V. 6) bedroht sind. Wie schon im ersten Akt wird eine konkrete Situation mit metaphorischen Aussagen umschrieben. Jerusalem wird erneut als Frau personifiziert und als Mutter ungehorsamer Kinder (V. 7) gescholten. Den Aufruf an die Angreifer, die als Weinberg gezeichnete Stadt zu verwüsten (V. 10), begründet die Gottesstimme mit der Treulosigkeit der Häuser Israel und Juda (V. 11). Wer im Folgenden redet, ist nicht explizit gesagt. Die Anklage einer namenlosen Gruppe (vgl. V. 12) nennt aber JHWH in der dritten Person und dient zugleich als Einleitung von Zitaten, so dass von den bisher auftretenden Personen nur Jeremia als Sprecher in Frage kommt. Wer in V. 12 aufgrund des Inhalts der ersten drei Zitate die Heilsprophet*innen als hier Zitierte annimmt, muss in V. 14 den Text von der direkten Anrede „ihr" zu „sie" ändern – allerdings ohne Anhalt an den antiken Übersetzungen.[41] Bleibt man bei MT, so spricht in V. 14 aufgrund der Adressierung des Volkes („ihr") und Jeremias („du") JHWH, was auch durch die Botenformel, die hier der Einleitung der Gottesrede dient, markiert wird.

Der Wechsel zu Szene II wird in 5,15 durch „siehe, ich", den neuen Adressaten „Haus Israel", das in V. 15b–17 als männliche Einzelgestalt angesprochen wird, und den Schauplatzwechsel zum Umland der Stadt und dessen landwirtschaftlichen Produkten (V. 17) angezeigt. In einer Teichoskopie beschreibt JHWH ein Volk aus der Ferne, das sich anschickt, Israels Ernte, Nutzvieh und Menschen zu fressen und die Städte zu zerstören. In einem zweiten Auftritt, der durch die Zeitangabe „auch in jenen Tagen" eingeleitet wird, kündigt JHWH mittels einer Zitatrede die Reaktion Israels nach der Niederlage an (V. 18f.). Ähnlich wie V. 14 setzt auch V. 19 voraus, dass die Adressat*innen und Jeremia in der Szene anwesend sind, weil das Volk („wenn ihr sagt" V. 19a) und der Prophet („dann sage du zu ihnen" V. 19b) zugleich angesprochen werden.

Szene III (5,20–31) spielt wieder in der Gegenwart vor der Zerstörung Jerusalems und bietet einen dreifachen Auftritt JHWHs. Zunächst fordert er eine ungenannte Gruppe auf, im Haus Jakob und in Juda zu verkündigen (V. 20–22). Dann räsoniert er über einen Ausspruch des Volkes, was als Beiseitesprechen mit Zitatrede gedeutet werden kann (V. 23f.). Schließlich wendet er sich direkt an das Volk (V. 25.31b), um das hereinbrechende Unheil mit einem Schuldaufweis zu begründen, der v. a. die soziale Ausbeutung der Schwachen anführt (V. 26–28), aber auch Prophet*innen und Priester anklagt (V. 31).

Gliederung der Szenen

---

41 Vgl. McKane, ICC, 121; Carroll, Jeremiah, 182f.; Wanke, ZBK, 71; s. o. zu 14a.

Jeremia tritt in Szene I als aus der Prophetengruppe herausgehobener Gesprächspartner Gottes (V. 4–6) auf und ist in Szene II Adressat eines Gottesbefehls (V. 19b), spielt jedoch in Szene III keine Rolle. Obwohl im ganzen Akt der Schuldaufweis in den Vordergrund rückt, kommt auch dessen Folge, die Vernichtung durch den Feind, deutlich zur Sprache.

5,1–6
Wo ist eine
gerechte
Person?

Der erste Auftritt in Szene I (5,1–2) setzt mit Imperativen im Plural ein, deren Adressat*innen ungenannt bleiben. Der Satz „dann will ich ihr (= Jerusalem) verzeihen" (V. 1b) weist Jhwh als Sprecher aus.[42] Die Annahme, die Imperative seien an Jeremia gerichtet,[43] scheitert an der pluralischen Formulierung.[44] Der Vorschlag, Jhwh schicke Mitglieder seines Thronrats oder himmlische Boten aus, um nach gerechten Menschen in Jerusalem zu suchen, basiert auf den Himmelsszenen des Hiobbuches.[45] Im Unterschied zu Hiob 1,6; 2,1 wird ein himmlischer Schauplatz aber mit keinem Wort angedeutet. Außerdem wendet sich die göttliche Stimme in V. 7 ohne weitere Ortsangabe an die weiblich personifizierte Stadt, so dass Jerusalem Schauplatz der gesamten Szene ist. Daher ist es wahrscheinlicher, wie in 4,5 und 5,20 als Adressat*innen eine Gruppe von Prophet*innen anzunehmen, zu denen Jeremia gehört und die in Jerusalem auftreten.[46] Die Stadtbevölkerung wird in V. 2a mit der Schwurformel חי־יהוה „Jhwh lebt" zitiert, ihr Schwur aber sogleich als Lüge entlarvt. Mittels dieses Vorwurfs wird die in V. 1b eröffnete Hoffnung, Gott könne Jerusalem verzeihen, rhetorisch als verwirkte Möglichkeit dargestellt. In ihrer direkten Replik an Gott (5,3) bestätigen die Prophet*innen dieses Urteil,[47] indem sie Gottes bisherige, drastische Erziehungsmaßnahmen gegenüber der Stadtbevölkerung – von Schlagen und Vernichten ist die Rede – als erfolglos darstellen.

Das in V. 4 aus dem Prophetenkreis herausgehobene „Ich" ist wohl Jeremia, der in einem inneren Monolog (V. 4f.) reflektiert, ob es daran liege, dass die gewöhnlichen Menschen Gottes Recht nicht kennen und er sich deshalb an die „Großen", d. h. die Einflussreichen, wenden müsse. Freilich stellt er sogleich fest, dass beide Gruppen sich gemeinsam verfehlten und deshalb die bereits erfolgten ersten Schläge sowie die noch ausstehende Vernichtung unumgänglich erscheinen. Die Verbformen in V. 6 verdeutlichen, dass das Unheil Vergangenheit (נכה Hif., qatal), Gegenwart (שקד, Partizip) und Zukunft (שדד, jiqtol) umfasst. Wie schon im ersten Akt steht die Aussage, Gott züchtige und strafe sein Volk (V. 3), neben derjenigen, dass die Feinde es überwältigen werden (V. 6), wobei die Abfolge impliziert, dass Letztere als Werkzeuge Gottes agieren. Die Feinde werden metaphorisch als gefährliche Raubtiere beschrieben, die ihrer Beute auflauern und sie in Stücke reißen.

Leitworte dieser ersten drei Auftritte von Szene I sind משפט „Recht, Rechtsordnung" (V. 1a.4b.5a; vgl. V. 28) und אמונה „Wahrhaftigkeit, Treue" (V. 1a.3a). Sie

---

42 WANKE (ZBK, 68) streicht V. 1b als Ergänzung und versteht 5,1–6 als Prophetenrede. LXX bestätigt jedoch die Gottesrede in V. 1b mit der Zitationsformel. Mit SCHMIDT (ATD 20, 139) ist daher V. 1f. als Gottesrede und V. 3–6 als Prophetenrede zu verstehen.

43 Vgl. CRAIGIE u. a., WBC, 87.

44 So auch McKANE, ICC, 114.

45 Vgl. HOLLADAY, Hermeneia, 149; HENDERSON, Jeremiah 2–10, 129f.

46 So auch FINSTERBUSCH/JACOBY, MT-Jeremia 1–24, 81f.

47 RUDOLPH (HAT, 37) versteht 5,1–6 als Zwiegespräch zwischen Gott und Jeremia.

werden Gott zugeordnet, der Bevölkerung Jerusalems aber explizit abgesprochen.
Der Schuldaufweis listet also mangelnde Orientierung am Recht, Untreue (V. 1.4.5),
falsches Schwören (V. 2), die Weigerung umzukehren (V. 3) sowie Freveltaten und
Abtrünnigkeit (V. 6; vgl. מְשׁוּבָה als Leitwort von Jer 3) als Vergehen der Adressat*innen auf.

Jeremia scheint auch bei den folgenden Auftritten anwesend zu sein, denn in
V. 14b spricht Jнwн plötzlich von „deinem", d. h. Jeremias Mund. Zunächst aber
wendet sich Gott direkt an die personifizierte Stadt und beklagt die doppelte Treulosigkeit ihrer „Kinder" (V. 7–9). Sie handeln ehebrecherisch sowohl gegenüber
Jнwн, indem sie anderen Gottheiten Eide schwören, als auch untereinander, indem
jeder die Frau seines Nachbarn begehrt. Der Ausdruck „feiste, geile Hengste" (V. 8)
verurteilt das sexuelle Fehlverhalten der Männer und animalisiert es, vergleichbar
der Metapher der brünstigen Wildeselin in 2,24. Während solches Verhalten bei
Hengsten der Natur entspricht, erscheint es bei Männern als widernatürlich. Diese
polemische Charakterisierung, die männliche Sexualität verzerrend darstellt, verstärkt den Schuldaufweis, der durch rhetorische Fragen gerahmt ist (V. 7aα.9), die
ein göttliches Verzeihen und Verschonen für unmöglich erklären.

Die metaphorische Umschreibung Jerusalems als terrassierter Weinberg mit
wilden Ranken, die herausgerissen werden sollen (V. 10), bildet das Gegenstück
zur Charakterisierung der Feinde als Raubtiere in V. 6. Jнwн begründet seine Auf-
forderung zum Angriff mit der Treulosigkeit der „Häuser" Israel und Juda (V. 11).
Dem fügt der Prophet eine Liste von Zitaten der Bevölkerung hinzu, die deren
Verleugnung Jнwнs und der prophetischen Unheilsbotschaft ausdrücken (V. 12f.).
Der Wunsch der Bevölkerung, die Prophet*innen sollten „zu Wind werden", was
der heute gängigen Metapher „sich in Luft auflösen" nahekommt, weist diese als
Unheilsprophet*innen aus, zu denen auch Jeremia zu rechnen ist. An anderen
Stellen werden diese durch den jeweiligen Kontext als Heilsprophet*innen oder
Gegner*innen Jeremias charakterisiert.[48] Die Unheilsankündigung Gottes in V. 14
adressiert sowohl das Volk als auch Jeremia und stellt Wort gegen Wort: „Dieses
Wort", d. h. die vorhergehenden Zitate der Bevölkerung, steht im Gegensatz zum
prophetisch übermittelten Gotteswort, das zum Feuer wird und das Volk verzehrt
wie der Feind das Land (vgl. 5,17).

Jer 5,1–14 weist somit ein rhetorisches Gefälle auf: Die zunächst eingeräumte
Möglichkeit, Gott könne die Vergehen Jerusalems verzeihen (V. 1), wird durch den
Vorwurf des Falschschwörens (V. 2), der Unbelehrbarkeit (V. 3), der Abkehr von
Jнwн (V. 7) und der Ablehnung der Unheilsprophetie (V. 13) revidiert, so dass die
Antwort Jнwнs auf das Verhalten des Volkes nur unheilvoll ausfallen kann.

In Szene II (5,15–19) beschreibt Jнwн, an das „Haus Israel" gewandt, zunächst
das Herannahen des Feindes (V. 15–17). Wie schon in 4,7f.13a.29 ist diese Schilderung dramaturgisch eine Teichoskopie, d. h. als Geschehen erzählt, welches das
Publikum gegenwärtig nicht sehen kann, das sich aber bald einstellen wird. Der
Feind wird realistisch als fremdes, heldenhaftes Volk mit unbekannter Sprache
beschrieben, das sich der Ernteerträge und des Viehs bemächtigt und die befestigten Städte zerstört. Das Stichwort אכל „essen, fressen" verbindet das Bild des Raub-

5,7–14
Jerusalems
Treulosigkeit

5,15–19
Der Feind als
Kriegsheer

---

48 Vgl. Jer 2,8; 4,9; 5,31; 14,13–15; 23; 26,8.11; 27,14–16. Davon zu unterscheiden ist die für
    die geschichtsätiologische Redaktion typische Charakterisierung der Prophet*innen als
    Gottesknechte (25,4; 26,5 u. ö.).

tiers (V. 6) mit der Vorstellung von Gottes Wort als verzehrendem Feuer (V. 14b). Dass der feindliche Angriff unmittelbar bevorsteht, wird durch die Abfolge von Partizip (V. 15a) sowie *weqatal*- und *jiqtol*-Formen (V. 17a) angezeigt. Der Wechsel vom Plural („euch", V. 15a) zum Singular („du" masc., V. 15b.17) in der Adressierung tritt bei Kollektiven wie „Haus Israel" häufig auf und ist kein Grund, verschiedene Adressat*innen anzunehmen.[49] In V. 18f. bringt Jнwн mittels einer Zitatrede die Reaktion des Volkes auf die militärische Niederlage zu Gehör. Jeremia erscheint als Prophet, der auch nach deren Eintreten das Gotteswort verkündet.

5,20–31
Ein unvernünf-
tiges Volk

Szene III (5,20–31) lenkt den Blick auf die Situation im Haus Jakob und in Juda vor der Zerstörung Jerusalems zurück. Zunächst wird, wie in 5,1, eine Prophetengruppe aufgefordert,[50] das Volk zur Furcht vor seinem Gott aufzurufen, der als Schöpfer selbst dem Meer eine Grenze setzt (V. 20–22). Aus dem Inhalt von V. 22 geht hervor, dass Jнwн spricht, was die Zitationsformel als Nebentext noch einmal unterstreicht. Dass das Volk unfähig ist zu hören, wird schon aus dessen Charakterisierung – blinde Augen und taube Ohren – ersichtlich. So geht der Aufruf ins Leere, und Jнwн folgert in einem inneren Monolog, dass das Volk ein störrisches und widerspenstiges Herz habe (V. 23f.). Durch die Häufung von Körperbegriffen erscheint die ablehnende Haltung des Volkes als dessen Wesenszug. Dieser Gedanke wird mittels einer Zitatrede bestätigt, die das Volk als verständnislos gegenüber dem Schöpfungs- und Segenswirken Gottes charakterisiert (V. 24): Sie fürchten Jнwн nicht und erkennen nicht, dass er den Rhythmus der Zeit bestimmt und den für die Ernte notwendigen Regen spendet.

Schließlich wendet sich Jнwн direkt an das Volk und verweist auf dessen Schuld (V. 25): Im Volk befinden sich gewalttätige Leute, die wie Vogelfänger anderen Menschen Fallen stellen und sich an den Gütern Anderer unrechtmäßig bereichern (V. 26f.). Auf diese metaphorische Charakterisierung der Untaten, die an das Frevlerimage der Psalmen erinnert, folgen konkrete Vorwürfe des Rechtsbruchs bzw. der Missachtung des Rechts der schwächeren Glieder der Gemeinschaft (V. 28). Angesichts dieser Schuld stellt Jнwн die rhetorische Frage, ob er dies etwa nicht ahnden solle (V. 29), was bedeutet, dass er in seiner Rolle als Richter die Freveltaten bestraft. Als „Schreckliches und Grässliches" stellt er schließlich das Hand in Hand gehende Vorgehen der Prophet*innen und Priester heraus (V. 30–31a). Gemeint sind wohl Heilsprophet*innen, auf die das Volk positiv reagiert („sie lieben es so" V. 31bα), die aber aus Jнwнs Sicht nur Lügen verbreiten. Die Gottesrede endet mit der provokanten Frage „Was werdet ihr tun, wenn es zu Ende ist?" und verkettet so den Schuldaufweis gedanklich mit der Unheilsankündigung des ersten und dritten Aktes.

Prophetische
Sozialkritik

Der „point of view" des zweiten Aktes fokussiert auf die soziale Situation in Jerusalem vor der Zerstörung: Die Stadt befindet sich in einer gesellschaftlichen Schieflage, in der Wohlhabende sozial Schwächere ausbeuten, das Recht nicht gewahrt wird und es an Wahrhaftigkeit im Umgang miteinander fehlt. Besonders

---

49   Vgl. Glanz, Participant-Reference Shifts, 255f.

50   Die parallelen plur. Imperative und 5,20 als Einleitung des folgenden Zitats unterstützen diese Deutung. Finsterbusch/Jacoby (MT-Jeremia 1–24, 88) verstehen 5,20 als Jeremias Zitat eines Redeauftrags Gottes an die Prophetengruppe und 5,21 – 6,23 als Gottes Wort an diese, übersehen damit aber den Wechsel der Kommunikationsebenen. Der Text weist an keiner Stelle auf Jeremia als Sprecher hin.

hervorgehoben wird, dass die Unheilsprophet*innen kein Gehör finden (V. 13) und die Priester ihre Herrschaft auf Heilsprophetie gründen (V. 31). Da das Verhältnis des Volkes zu Gott als „Ehebruch" (נאף, V. 7; vgl. 3,8f.; 7,9; 9,1) bezeichnet wird, erscheint Gott in der Rolle des Ehemannes, d. h. als Versorger und Beschützer der weiblich personifizierten Stadt. Der konkrete Vorwurf, die Stadtbevölkerung habe Gott verlassen und fremde Gottheiten verehrt, wird mit der Androhung der Zerstörung verbunden (V. 19).

Die Möglichkeit, das drohende Unheil abzuwenden, scheint im zweiten Akt nur zu Beginn kurz auf (V. 1), wird aber durch die Auflistung zahlreicher Vergehen verneint: Das Volk wird als uneinsichtig (V. 12f.) sowie als blind und taub gegenüber Gottes Wort (V. 21) porträtiert. Angesichts der summierten Vergehen ändert sich Gottes Haltung im Verlauf des Textes: Ist er nach V. 1 noch zur Vergebung bereit, so stellt er diese in V. 7 in Frage und formuliert in V. 9.29 mittels rhetorischer, Zustimmung erheischender Fragen seinen Entschluss, die Abkehr des Volkes zu ahnden (vgl. 9,8; 10,18).[51] Allerdings betont Gott zweimal, dass er keine völlige Vernichtung seines Volkes beabsichtige (V. 10.18; vgl. 4,27). Wie schon in Jer 4 wird der Feind einerseits metaphorisch als Raubtier (V. 6), andererseits als siegreiches Kriegsvolk (V. 15–17) charakterisiert. Dass Jhwh die Geschichte lenkt, wird mehrfach betont (V. 3.15) und durch seine Aufforderung an die Angreifer, Jerusalem zu verwüsten (V. 10), unterstrichen.

Diachrone Analyse

Gegenüber den Feindankündigungen in Jer 4 und 6 hat Kap. 5 stärker reflexiven Charakter; es geht in weiten Teilen auf exilische und nachexilische Bearbeitungen zurück, die das Ende Jerusalems voraussetzen und das Volk dafür verantwortlich machen. Als alte Tradition können nur diejenigen Verse gelten, die weder literarisch erkennbare Parallelen in späten Buchteilen und anderen Schriften noch Hinweise auf einen exilischen theologischen Horizont aufweisen.

Vorexilisch	K[frühexilisch]	Exilisch (R[GÄ])	Nachexilisch
		5,1–6	
5,7aαβ.bβ.8f.		5,7aγ.bα	
5,10aα.bα.11a	5,10aβ.bβ.11b	5,12–14	5,15bαγ.16a [MT⁺]
[+ נאם־יהוה]		5,17b.18f.	5,20–24.25–29* R[Tora]
5,15a.bβ.16b.17a		5,30f.	5,28* [MT⁺]

Das in der synchronen Analyse festgestellte rhetorische Gefälle des Kapitels von der Möglichkeit göttlicher Vergebung bis zum unausweichlichen Unheil ist bereits in V. 1–6 angelegt. Das Stichwort סלח „verzeihen" begegnet neben 5,1.7 in den unbedingten Heilsworten 31,34; 33,8; 50,20 und der bedingten Verheißung 36,3. Die Erzählung vom Verbrennen der Schriftrolle mit Jeremias Worten durch König Jojakim in Jer 36

5,1–6
Exilische
Schuldübernahme

---

51 Dieses rhetorische Gefälle arbeitet auch Häusl (Bilder der Not, 206) heraus.

bietet die inhaltlich engste Parallele zu 5,1, insofern die Vergebungsbereitschaft Gottes im Laufe der Erzählung durch die Unbelehrbarkeit Jojakims verwirkt wird.

Die Diskussion um die mögliche Verschonung einer Stadt aufgrund einer rechtschaffenen Person hat ihren *locus classicus* in Abrahams Gespräch mit Gott über Sodom (Gen 18,23–32), wobei Jer 5,1f. mit der Forderung nach nur einer gerechten Person Gen 18 noch unterbietet. Die Wendung עשׂה משׁפט „Recht tun" findet sich neben Jer 5,1 auch in Gen 18,25 mit Bezug auf Gottes richterliches Handeln. Der Sprachgebrauch beider Texte ist mit Ausnahme dieser Wendung jedoch verschieden. In Jer 5 fehlt das in Gen 18 zentrale Stichwort צדיק „Gerechter", so dass beide Stellen nicht voneinander literarisch abhängig sind. Allerdings entstammt die überwiegende Mehrzahl der Belege für סלח „verzeihen" exilischen und nachexilischen Texten,[52] wobei die Datierung von Amos' Einspruch (Am 7,2) umstritten ist.

Um Jer 5,1–6 als authentische Prophetie zu reklamieren, genügt es nicht, V. 1b aus metrischen Gründen zu streichen,[53] da weitere Parallelen auf eine frühestens exilische Entstehung hinweisen.

> Der Vorwurf des lügnerischen Schwörens (שׁבע Nif. + לשׁקר, V. 2) begegnet noch in der exilischen Prosarede 7,9 und sonst in nachexilischen Texten,[54] die Schwurformel חי־יהוה noch siebenmal im Buch, ausschließlich in redaktionellen Kontexten.[55] Die Wendung לקח מוסר „Zucht annehmen" (V. 3) entstammt weisheitlichem Sprachgebrauch und findet sich außer in 2,30 in redaktionellen Kontexten oder späten Heilstexten (7,28; 17,23; 32,33; 35,13). Der Ausdruck חזק פנים Pi. „das Gesicht verhärten" (V. 3) ist singulär, hat aber eine Motivparallele in der harten Stirn der „hurerischen" Frauenfigur in 3,3. Die Wendung ידע דרך יהוה „den Weg Jhwhs erkennen" (V. 4) findet sich nur noch im weisheitlichen Schluss der Hoseaschrift (Hos 14,10) und als Bitte in Ps 25,4. Die Wendung ידע משׁפט אלהים „das Recht Gottes kennen" (V. 4) begegnet programmatisch in der dtr Erzählung von den Fremden, die die assyrische Großmacht auf dem Gebiet des ehemaligen Nordreichs ansiedelt und die erst mithilfe eines Priesters aus Bethel die Rechtsordnung des Landesgottes verstehen lernen (2 Kön 17,24–28). Solange sie dieses Recht nicht kennen, sendet Jhwh Löwen unter sie (אריות, V. 26). Das Motiv des fressenden Löwen als Strafe ist im Jeremiabuch mehrfach belegt (4,7; 49,19; 50,44) und geht auf die altorientalische Fluchtradition zurück.[56]

Ein weiterer Grund, Jer 5,1–6 nicht vorexilisch zu datieren, ist die Differenzierung der Verantwortlichkeit, die die gesellschaftlich „Geringen" (דלים) für an der Katastrophe unschuldig erklärt. Diese Gruppe begegnet nur hier und in der Notiz 39,10, derzufolge Nebusaradan, der Oberst der babylonischen Leibgarde, den דלים unter den Überlebenden Äcker und Weinberge überlässt. Wahrscheinlich setzt 5,4 diese Notiz voraus.

---

52 Vgl. Koch, Klaus, Sühne und Sündenvergebung um die Wende von der exilischen zur nachexilischen Zeit: ders., Spuren hebräischen Denkens. Gesammelte Aufsätze 1 (hg. v. Bernd Janowski und Martin Krause), Neukirchen-Vluyn: Neukirchener 1991, 184–205, bes. 186. Da der Wortstamm im Akkadischen und Ugaritischen die kultische Begehung bezeichnet, sieht Koch den Sitz im Leben auch des hebräischen Verbs in einer kultischen Sühnehandlung (a. a. O., 191f.).

53 So Wanke, ZBK, 68.

54 Lev 5,22.24; 19,12; Sach 5,4; 8,17; Mal 3,5.

55 Jer 4,2; 12,16; 16,14.15 par. 23,7.8; 38,16.

56 Vgl. Hillers, Treaty-Curses, 54–56.

Jer 5,6a könnte als Fragment alter Tradition verstanden werden, da die Charakterisierung des heranrückenden Feindes als Raubtier auch in der Feindankündigung 2,15; 4,7 begegnet und die nuancierte Verwendung der Verbformen zur Situation Jerusalems und Judas nach 597 v. d. Z. passt[57]: Ein erster Schlag ist schon erfolgt, weitere sind zu erwarten; gegenwärtig ist die Kriegsgefahr noch nicht völlig gebannt. Freilich wäre der Halbvers das einzige Überbleibsel, denn V. 6b ist ein Zusatz, der mit den Stichworten „zahlreiche Freveltaten" und „vielfältig" an Am 5,12 anknüpft und mit משבה/ות „Abtrünnigkeit" Hos 11,7; 14,5 und das Leitwort von Jer 2–3 aufgreift.[58] Insgesamt ist 5,1–6 wohl der geschichtsätiologischen Redaktion zuzuschreiben, die im Rückblick auf die Katastrophe hier besonders die Oberen des Volkes als schuldig charakterisiert und Gottes Handeln als rechtmäßig darstellt.

Jer 5,7–9* ist, mit Ausnahme der aufgrund der Narrative erkennbaren Erweiterung in V. 7aγ.bα, ein altes Stück. Die an eine weibliche Gestalt gerichtete rhetorische Frage „wie soll ich dir verzeihen?" knüpft an den Angstschrei der Tochter Zion in 4,31 an. Die Kinder, d. h. die Bevölkerung Jerusalems, werden bezichtigt, JHWH verlassen zu haben, Gast im Haus der Prostituierten zu sein und der Frau des Nachbarn nachzustellen. Prostitution und Ehebruch sind zwar sozial und rechtlich gesehen verschiedene Dinge, symbolisieren bei Jeremia aber beide die Treulosigkeit in menschlichen Beziehungen. Die polemische Charakterisierung der Männer als „geile, feiste Hengste, die wiehern" (V. 8a) hat, wie schon der Vergleich mit der brünstigen Wildeselin in 2,24, die Funktion, die Angesprochenen als triebgesteuert und ohne Verstand darzustellen. Angesichts dieser Polemik ist die Frage in V. 9, ob JHWH dieses Verhalten ahnden solle, rhetorisch gemeint und zielt auf die Antwort „ja" (vgl. 5,29; 9,8).

Angesichts der Kritik an der Treulosigkeit der Jerusalemer*innen gegen JHWH und die Mitmenschen verstärken die in Prosa formulierten Zusätze die Untreue im Gottesverhältnis: V. 7aγ ergänzt den Vorwurf des Schwörens bei „Nicht-Göttern" (לא אלהים), d. h. anderen Gottheiten, die als macht- und wirkungslos bezeichnet werden (vgl. 2,11; 16,20). Dem Vorwurf „als ich sie sättigte, begingen sie Ehebruch" (V. 7bα) liegt die Metapher von JHWH als Ehemann zugrunde, der sein Volk versorgt, das sich aber mit anderen Gottheiten einlässt. Er setzt die breitere Erörterung der „Ehebeziehung" in Jer 2–3 voraus. Beide Nachträge bringen den Hauptvorwurf der geschichtsätiologischen Redaktion ein.

Die Unheilsdrohung ist in V. 10 als Aufforderung an die Gegner gestaltet, die Terrassen des Weinbergs zu zerstören (V. 10). Sie erinnert an die Metapher von Juda als Edelrebe, die sich zum fremden Weinstock entwickelt (2,21). Die ursprüngliche Begründung für das Herbeirufen des Feindes findet sich in V. 11a „sie handelten wahrlich treulos an mir." Der Plural bezieht sich auf die einzelnen Mitglieder des Kollektivs Jerusalem. V. 10f. bot ursprünglich, metrisch ausgewogen, zwei parallele Aufrufe mit Begründung und war mit der Zitationsformel abgeschlossen. Dieses alte Stück wurde um einige Aussagen erweitert, die sprachlich und inhaltlich auffallen: Der Satz „aber vernichtet sie nicht völlig" (V. 10aβ) trägt der Tatsache Rechnung, dass nicht ganz Juda zerstört wurde (vgl. 4,27; 5,18). Die Wendung „denn sie gehören nicht JHWH" (V. 10bβ) passt nicht zur Gottesrede und verdoppelt

5,7–9
Jerusalems
Schuld

5,10f.
Jerusalems
Zerstörung

---

57 Vgl. WANKE, ZBK, 69; LIWAK, Prophet, 254, HARDMEIER, Redekomposition, 39f.
58 So mit SCHMIDT (ATD 20, 143), der freilich Jer 5,1–11 Jeremia zuschreibt.

die Begründung. Das nachklappende Subjekt „Haus Israel und Haus Juda" (V. 11b) bezieht den Vorwurf der Treulosigkeit auf das Gesamtvolk des Nord- und Südreichs. Inhaltlich gehören die Nachträge zu der frühexilischen Komposition, die auf die Katastrophe zurückblickt.

5,12–14
Uneinsichtiges Volk

Die Zitate der Bevölkerung in V. 12f. unterstreichen den Vorwurf der Treulosigkeit gegen JHWH, den dieser mit der Ankündigung der Vernichtung beantwortet. Der überwiegend poetische Abschnitt weist zwei Prosasätze (V. 12aβ.14aβ) und Parallelen zur Auseinandersetzung um wahre und falsche Prophetie (14,13–18; 23,17) auf. Seine Datierung ist umstritten.[59]

> Die im Jeremiabuch nur 5,12 gebrauchte Wurzel כחשׁ Pi. „verleugnen" tritt mit Verb- und Nominalformen gehäuft in der Hoseaschrift auf (4,2; 7,3; 9,2; 10,13; 12,1); in der Konstruktion כחשׁ Pi. + בـ + Objekt Gott ist sie sonst nur in Jos 24,27 und Jes 59,13 belegt. Die Aussage לא־הוא „nicht er!" verneint nicht die Existenz Gottes, sondern seine Wirkmächtigkeit. Die Aussage „Unheil wird nicht über uns kommen!" findet sich wortgleich in Mi 3,11 als Aussage des Volkes, in Jer 23,17 als Ankündigung der (falschen) Prophet*innen. Die Aussage „Schwert und Hunger werden wir nicht sehen!" entspricht den Worten der Heilsprophet*innen in 14,13.15. Vor diesem Hintergrund ist der Satz „die Propheten sollen zu Wind werden" (V. 13aα) als Verwünschung derjenigen zu verstehen, die wie Jeremia Unheil künden. Der Prosasatz „das Wort ist nicht in ihnen" klappt inhaltlich nach und setzt im Widerspruch dazu voraus, dass die Heilsprophet*innen nicht von JHWH gesandt sind, ein Thema, das in Jer 23,16–31 ausführlich verhandelt wird. Die Aussage „so soll ihnen getan werden" (V. 13b) ist eine Glosse, die den vorliegenden Text mit unklarer Zielsetzung kommentiert.[60] Die Charakterisierung des sich in Sicherheit wiegenden Volkes dient dem Schuldaufweis zur Ankündigung, JHWH werde sein Wort in Jeremias Mund zu Feuer machen, das das Volk verzehre (V. 14b). Das Motiv des Gotteswortes als Feuer entstammt der Rede gegen die Heilsprophet*innen in 23,29. Der Gedanke, dass dieses Feuer das Volk verzehre, nimmt das Verb אכל aus 5,17 auf und spielt auf den glühenden Grimm JHWHs in 4,4 an.

Die literarischen Bezugnahmen und die Darstellung der Heilsprophetie als „falsch" verweisen auf die Position der geschichtsätiologischen Redaktion, der diese Verse wohl zuzuweisen sind.

5,15–17
Der Feind als fremdes Volk

Die mit „siehe, ich" eingeleitete Ankündigung in V. 15–17 setzt den Aufruf an die Angreifenden in V. 10f. mit der Beschreibung des herannahenden Feindes fort und ist darin 4,5–8 und 4,13–18 vergleichbar. Das Motiv des Feindes als Volk aus der Ferne mit unverständlicher Sprache findet sich auch im Fluchspruch Dtn 28,49, das Verzehren der Ernteerträge und Herden durch den Feind in Dtn 28,51. Da Dtn 28 z. T. wörtliche Parallelen zu Flüchen aus dem Vasallenvertrag des assyrischen Königs Asarhaddon (681–669 v. d. Z.) aufweist, ist der Gebrauch dieser Motive in V. 15–17 kein Anzeichen später Redaktion, sondern der Kenntnis dieser altorientalischen Tradition.[61] Die metaphorische Ausdrucksweise, dass der Feind Land und Erträge „verzehre", gehört zur prophetischen Standardterminologie.[62] Die Wirkung des feindlichen Angriffs ist umfassend, denn der Feind zerstört nicht nur die

---

59 Während HOLLADAY (Hermeneia, 186) und SCHMIDT (ATD 20, 147) ihn für jeremianisch halten, rechnen LANGE (Vom prophetischen Wort, 191f.) und WANKE (ZBK, 71f.) ihn der exilischen Buchredaktion zu.

60 S. o. die Textanmerkung zu 13c.

61 Dagegen hält WANKE (ZBK, 73) Dtn 28,49–52 für abhängig von Jer 5.

62 Vgl. Jer 2,3; 8,16; Jes 1,7; 9,11; Hos 7,9.

gegenwärtigen Ernteerträge und Herden, sondern mit den Söhnen und Töchtern auch die zukünftige Generation und mit Weinstock und Feigenbaum sogar die Grundlage guten Lebens im Land (vgl. Mi 4,4).

Diese Ankündigung einer feindlichen Auszehrung des Landes wurde jedoch mehrfach erweitert.[63] So weitet V. 17b die Zerstörung des Ackerlandes auf die befestigten Städte aus. Die nachklappende Wendung בחרב „durch das Schwert" am Versende ist eine Glosse, die die Zerstörung als kriegerisch präzisiert.

Zieht man die Nachträge ab, so wird in 5,7–17* eine Argumentation erkennbar, die nach Art eines Disputationswortes Judas Abkehr von Jhwh und soziale Vergehen gegen Mitmenschen als Gründe dafür anführt, dass die Zerstörung durch ein herannahendes Kriegsheer als erwartbare göttliche Reaktion erscheint. Das Volk wird als weibliches Kollektiv, das seinen Gott verlässt (V. 7a), als Gruppe treuloser Menschen (V. 7f.11a) und als männliche Einzelgestalt (V. 17) adressiert. Das Leitmotiv der Treulosigkeit verweist jedoch darauf, dass die göttliche Ahndung der Vergehen (V. 9) kein emotional konnotierter Zornausbruch ist, sondern eine nach alttestamentlicher Rechtsauffassung angemessene Reaktion des als Vater charakterisierten Gottes.

Mit der Frage nach dem Grund des eingetretenen Unheils setzt Jer 5,18f. die Katastrophe bereits voraus. Die Antwort, das Volk habe Jhwh verlassen und fremden Gottheiten gedient, ist ein typisches Argument der geschichtsätiologischen Redaktion, die außerdem das Exil negativ beurteilt. Die Ankündigung, Jhwh werde Juda nicht vollständig vernichten (V. 18b), greift auf V. 10aβ zurück.

5,18f.
Exilische
Schuldüber-
nahme

Jer 5,20–31 bietet hinsichtlich des Sprachgebrauchs und Stils, der Motivik und literarischer Bezüge zu anderen Texten Unterschiedliches. Der durchgängig anklagende Duktus des Abschnitts mündet in V. 29 in die aus 5,9 wiederholte, rhetorische Frage nach der notwendigen Ahndung der Vergehen. Während V. 20–24 durch das Thema Gottesfurcht zusammengehalten werden, stellen V. 25–28 gewaltsam agierende Menschen und ihre Taten heraus. Literarische Bezüge zu weisheitlichen und dtr Texten legen nahe, diese Verse nicht als authentisches Gut anzusehen.[64] Der Aufweis der Vergehen der Prophet*innen und Priester in V. 30f. klappt nach und erweitert die Reihe der Angeklagten um die Gegner*innen Jeremias.

5,20–31
Differenzie-
rung der
Schuldigen

Jer 5,20 ahmt den Heroldsruf von 4,5 nach und nennt das „Haus Jakob", das sonst nur im nachexilischen Vers 2,4 begegnet, neben Juda. Vermutlich soll das im Folgenden über das ganze Volk Ausgesagte explizit auf Nord- und Südreich bezogen werden.[65] Der Höraufruf in V. 21 bezeichnet das Volk als töricht (סכל, vgl. 4,22; Koh 2,19; 7,17) und ohne „Herz", d. h. Verstand (אין לב, vgl. Hos 7,11), mit Augen und Ohren, aber unfähig zu sehen und zu hören. Diese Charakterisierung spielt auf das Verstockungsmotiv in Jes 6,9f. an.

Das Porträt Jhwhs als Schöpfer, der dem tosenden Meer eine Grenze setzt (V. 22), weist literarische Bezüge zu Schöpfungstexten auf, insbesondere zur mythischen Tradition in Ps 104,6–9 und Spr 8,27–29 (vgl. Jer 4,23–26). Die rhetorische Frage intendiert, dass Gottes Ordnungshandeln bei seinem Volk eigentlich Furcht und Zittern vor seiner Macht hervorrufen sollte. Das Volk, so wird abschätzig und distanzierend betont, hat jedoch ein störrisches und widerspenstiges Herz, so dass es vom rechten Weg abweicht und davonläuft (V. 23). Diese Charakterisierung

---

63 Zu den prämasoretischen Erweiterungen in 5,15f. s. u.
64 Mit Wanke, ZBK, 74.76.
65 So mit Wanke, ZBK, 75.

spielt auf den ungehorsamen Sohn in Dtn 21,18–21 an (סורר ומורה, vgl. noch Ps 78,8). Die Aussage, das Volk bekenne sich nicht zu Gott als demjenigen, der Regen gibt und so für die regelmäßige Ernte sorgt (V. 24), knüpft an die bedingte Verheißung von Segen in Dtn 5,13–17 an. Wie Dtn 5 stellt auch V. 24 einen direkten Zusammenhang zwischen Gehorsam und Ernte sowie zwischen Verschuldung und Unfruchtbarkeit des Landes her. Das unterstreicht die These, dass mangelnde Gottesfurcht dem Volk die Lebensgrundlage entziehe. Die Fülle der Anspielungen auf Texte außerhalb des Jeremiabuches, die Charakterisierung Jhwhs als Schöpfer und die aus der Weisheit bekannte Typisierung des Volkes als dumm und töricht sind Kennzeichen der toraorientierten Redaktion.

Der Schuldaufweis in V. 25–29 greift das in der Weisheitstradition vielfältig variierte Thema der Frevler*innen, d. h. gewalttätig handelnder Menschen, auf: Sie füllen ihre Häuser mit unrechtmäßig erworbenem Besitz und stellen Fallen wie beim Vogelfang (vgl. Ps 91,3; Hos 9,8). Dieses Verhalten lässt sie reich werden (vgl. Ps 73,6). Außerdem verschaffen sie sich selbst Vorteile und verhelfen Waisen und Armen nicht zu ihrem Recht.[66] So übertreten sie Gottes Verbot, marginalisierte Personen auszubeuten (Ex 22,21; Dtn 24,17; 27,19) und das Recht zu beugen (Dtn 16,19). Die Abfolge der Vergehen zeigt, dass die Rechtsbeugung nicht Ursache, sondern Begleiterscheinung und Folge des gesellschaftlichen Verfalls ist.[67] Die Armen und Marginalisierten, so die Vorstellung, haben einen Anspruch auf Recht, d. h. konkret auf sozialen Schutz, der vom König garantiert bzw. von den wirtschaftlich Mächtigen gewährt werden muss. Die Charakterisierung der Vergehen in V. 25–28 lässt sich somit als Erläuterung zu „den Großen" in V. 5 verstehen, denn sie zeigt konkret auf, was es bedeutet, dass die führenden Kreise den Weg Jhwhs zwar kennen, aber nicht auf ihm wandeln: Die Solidarität in der Gemeinschaft leidet, es bereichern sich einige Wenige auf Kosten aller Anderen. Solch Gemeinschaft gefährdendes Verhalten rechtfertigt die Bezeichnung „Gewalttätige", die die Gottesbeziehung mit in den Blick nimmt: Wer die Mitmenschen so hintergeht und unterdrückt, ist in den Augen Jhwhs ein schlechter Mensch und gefährdet auch seine Beziehung zu Gott. Die wörtliche Wiederholung der Strafandrohung von 5,9 in V. 29 weitet die Verurteilung auf das gesamte Volk aus und bindet so den Schuldaufweis in den Kontext ein. Aufgrund des Themas „Verhalten gegenüber marginalisierten Personen" (vgl. 7,6; 22,3) ist V. 25–29 der toraorientierten Redaktion zuzuweisen.

5,30f.
Lügenprophet*innen und Priester
Die nachgetragene Anklage gegen Prophet*innen und Priester ist aus inhaltlichen Gründen ein Zusatz der geschichtsätiologischen Redaktion (V. 30f.). Die Prophet*innen prophezeien „im Namen der Lüge", die hier personifiziert erscheint und vielleicht als Umschreibung für Baal zu deuten ist (s. o. zu 2,8; vgl. 23,14). Die Priester stützen sich auf diese Prophetien und beherrschen so das Volk. Gerahmt wird dieser Schuldaufweis durch eine Art Überschrift und eine abschließende rhetorische Frage. Die Vergehen beider Gruppen werden als „Entsetzliches" (שׁמה) und „Grässliches" (שׁערורה) bezeichnet. Der erste Begriff ist in Jeremia Leitbegriff für die Verwüstung von Stadt und Land (2,15; 4,7; 18,16; 48,9; 49,17). Der zweite entstammt der Charakterisierung der (falschen) Prophet*innen in 23,14. Die Schuld

---

66   Zur wohl ursprünglichen Rede von der Witwe s. o. die Textkritik zu 5,28d.

67   Vgl. Kessler, Rainer, Staat und Gesellschaft im vorexilischen Juda. Vom 8. Jahrhundert bis zum Exil (VT.S 47), Leiden: Brill 1992, 87.

des Volkes besteht darin, dass es dieses Handeln der Prophet*innen und Priester gutheißt. Die abschließende, direkt adressierte Frage „Was werdet ihr tun, wenn es zu Ende ist?" rechnet mit dem Scheitern dieser Machenschaften und unterstreicht so den Jer 4–6 prägenden Grundton des unabwendbaren Unheils.

> Die prämasoretischen Bearbeiter steigern die Charakterisierung der Feinde in 5,15–17 ins Mythische: Der Zusatz „ein beständiges Volk ist es, ein Volk von Urzeiten her ist es" (V. 15bα) erhöht die Zahl der Belege von גוי auf vier, analog zum viermaligen Gebrauch des Verbs אכל in V. 17. Der Satz „und du verstehst nicht, was es redet" (V. 15bγ) verstärkt den Bezug zu Dtn 28,49. Die Aussage „sein Köcher ist wie ein offenes Grab" (V. 16a) schließlich erklärt den Behälter für Pfeile (Hiob 39,23) zur Sphäre des Todes und spielt auf den Psalmvers 5,10 an, der den Rachen der Gegner*innen als offenes Grab bezeichnet. Außerdem verstärken sie die Aussagen über die Frevler*innen (V. 28).

Prämasoretische Erweiterungen

Synthese

Jer 5 kündigt den Feind ganz konkret als Volk aus der Ferne und mit fremder Sprache an, dessen heldenhafte Krieger das Land und seine Bewohner*innen „verzehren" (V. 15–17*), und rekurriert damit auf traditionelle Motive aus den Fluchsprüchen neuassyrischer Vasallenverträge. Die Stadt Jerusalem ist Ort des Geschehens (V. 1), wird metaphorisch als Weinberg beschrieben (V. 10; vgl. 12,10–12) und als weibliche Figur adressiert (V. 1b.7), wobei V. 7 zwischen der Stadt und ihrer Bevölkerung differenziert. Da Jhwh die Feinde auffordert, den Weinberg zu zerstören (V. 10), wird er als Urheber des Geschehens identifiziert. Einige Nachträge aus frühexilischer Zeit (V. 10aβ.bβ.11b) beziehen das Gesamtvolk mit ein und betonen zugleich, dass es nicht gänzlich vernichtet wurde.

Als Schuldaufweis dient in der Grundschicht nur die generelle Anklage der Treulosigkeit gegenüber Jhwh (V. 7–9*). Dieser wurde jedoch sukzessiv erweitert, zunächst durch die geschichtsätiologische Redaktion, die den Standardvorwurf der Fremdgottverehrung einträgt (V. 7aγ.bα.18f.) und Zitate der Bevölkerung hinzufügt, um sie als Anhänger der Heilsprophet*innen zu entlarven (V. 12–14). Außerdem werden Prophet*innen und Priester (V. 30f.) der Verführung des Volkes angeklagt. Diese exilische Redaktion stellt dem Kapitel auch den Hinweis auf Jhwhs Vergebungsbereitschaft voran, konstatiert jedoch zugleich, dass weder die Suche nach gerechten Menschen ein positives Ergebnis zeitigte noch Jhwhs Züchtigung des Volkes zu dessen Umkehr führte (V. 1–6).

Die toraorientierten Bearbeiter in nachexilischer Zeit verweisen einerseits auf die völlige Unverständigkeit des Volkes mit Rekurs auf das Verstockungsmotiv in Jes 6,9f. (V. 20–24). Sie differenzieren andererseits auch innerhalb des Volkes, indem sie, ganz im Duktus prophetischer Sozialkritik, die gesellschaftlich Mächtigen in Anlehnung an Psalmverse als frevlerisch Handelnde charakterisieren (V. 25–29). Prämasoretische Zusätze vertiefen die Charakterisierung des Feindes, indem sie Aussagen aus Dtn 28,49–52 (V. 15bαγ) und Ps 5,10 (V. 16a) nachtragen, und verstärken das Frevlerimage der Mächtigen (V. 28*).

Durch die Erweiterungen ergibt sich im vorliegenden Text ein mehrstimmiger Diskurs über die Frage, wer für das Aufkommen der Feinde bis hin zum Untergang Jerusalems und Judas verantwortlich sei. Die Antwort ergeht auf zwei Ebenen. Einer-

seits wird betont, dass es Jhwh war, der die Feinde herbeirief; aber er handelte gemäß
dem Recht, als Vater und betrogener Ehemann, also nicht willkürlich und emotional,
sondern erwartbar und verständlich. Andererseits wird die Schuld dem Gesamtvolk
zugewiesen, das sich von Jhwh abwandte, töricht und eigensinnig agierte und Jhwhs
Züchtigung und Weisungen ignorierte. Obwohl führende Gruppen – die Einflussreichen, (Heils-)Prophet*innen und Priester – besonders beschuldigt werden, sind die
Geringen und Marginalisierten ebenso Opfer von Krieg und Tod.

Dritter Akt: Jer 6,1–30: Der Feind vor Jerusalem

Szene I, 1. Auftritt: Jhwh zu den Benjaminiter*innen	1 Bringt euch in Sicherheit, Kinder Benjamins, aus der Mitte Jerusalems, und in Tekoa[a] stoßt ins Schofarhorn, und über Bet-Kerem erhebt ein Signal[b], denn Unheil hat herabgeblickt von Norden und großer Zusammenbruch.

1 Bringt euch in Sicherheit, Kinder Benjamins,
    aus der Mitte Jerusalems,
und in Tekoa[a] stoßt ins Schofarhorn,
    und über Bet-Kerem erhebt ein Signal[b],
denn Unheil hat herabgeblickt von Norden
    und großer Zusammenbruch.
2 Die Liebliche und Verzärtelte
    gebe ich hiermit der Vernichtung preis[a], die Tochter Zion.
3 Zu ihr werden Hirten und ihre Herden eingehen[a];
    sie haben schon rings um sie Zelte aufgeschlagen;
        jeder hat seinen Teil abgeweidet.
4 „Heiligt /macht euch bereit[a] gegen sie {fem. sing.} einen /zum Krieg,
    steht auf und lasst uns hinaufsteigen am Mittag!"
„Wehe uns, dass sich der Tag geneigt hat,
    dass sich ausbreiten die Schatten des Abends!"
5 „Steht auf und lasst uns hinaufsteigen in der Nacht
    und lasst uns ihre Paläste zerstören!"

I, 2: Jhwh zu den Feinden

6 *Denn so spricht Jhwh [Zebaot][a]:*
Fällt ihr[b] Gehölz
    und schüttet gegen Jerusalem eine Sturmrampe auf.
Sie ist die Stadt, von der feststeht[c]:
    Alles in ihr ist Bedrückung.
7 Wie eine Zisterne[a] ihre Wasser frisch hält[b],
    so hält sie ihre Bosheit frisch.
„Gewalttat und Unterdrückung" hört man ständig in ihr (rufen).
    Vor meinem[c] Angesicht (sind) stets Leid und Misshandlung.

I, 3: Jhwh zu Jerusalem

8 Lass dich zurechtweisen, Jerusalem,
    dass ich mich nicht von dir losreiße,
dass ich dich nicht zur Einöde mache,
    zum unbewohnten Land.

Szene II, 1. Auftritt: Jhwh zu Jeremia

9 *So spricht Jhwh [Zebaot]:*
Nachlese halten sie/ haltet[a], wie am Weinstock, am Rest Israels.

Lass umkehren /_{kehrt um}^b [deine Hand]^c wie ein Winzer an die Ranken.

10 Zu wem soll ich reden   II, 2: Jeremia
  und bezeugen, dass sie es hören?

Siehe, unbeschnitten ist ihr Ohr,
  so dass sie nicht aufmerken können.

Siehe, das Wort Jʜᴡʜs gereichte ihnen zur Schmach, sie haben kein Gefallen daran.

11 _{Vom Grimm Jʜᴡʜs}/ Von meinem Grimm^a bin ich erfüllt,
  ich bin (zu) müde, (ihn) zurückzuhalten^b.

Gieß/ _{ich gieße}^c (ihn) aus über das Kleinkind auf der Gasse   II, 3: Jʜᴡʜ zu
  und über den Kreis junger Männer zugleich.   Jeremia

Ja, auch der Mann samt der Frau wird gefangen genommen,
  der Greis mit dem Hochbetagten.

12 Ihre Häuser werden anderen zufallen,
  Felder und Frauen^a zusammen.

Denn ich werde meine Hand ausstrecken über die Bewohner des Landes – *Spruch
Jʜᴡʜs.*

13 Denn von ihrem Kleinsten bis zu ihrem Größten:
  Alle machen unrechten Gewinn^a.

Und vom Propheten^b bis zum Priester^c:
  Alle handeln lügnerisch.

14 Sie heilen den Zusammenbruch meines Volkes leichthin, indem sie sagen:
„Friede! Friede!" Aber es ist kein Friede.

15 Zuschanden sind sie geworden, denn sie haben Gräuel verübt.

Doch sind sie keineswegs beschämt
  und sie wissen sich nicht zu schämen^a.

Deshalb werden sie unter die Fallenden fallen.
  Zu der Zeit, da ich sie heimsuche, werden sie straucheln – *spricht Jʜᴡʜ.*

16 *So spricht Jʜᴡʜ:*   Szene III,
Stellt euch an die Wege und seht   1. Auftritt:
  und fragt nach den altbekannten Pfaden,   Jʜᴡʜ zum
welches der gute Weg sei. Und geht auf ihm   Volk
  und findet einen Ruheplatz für euch^a.

Sie aber sagten: „Wir gehen nicht!"

17 Da setzte ich Wächter über euch:
  „Achtet auf den Klang des Schofarhorns!"

Sie aber sagten: „Wir achten nicht darauf!"

18 Deshalb hört, ihr Völker,   III, 2: Jʜᴡʜ zu
  und _{erkenne, Gemeinde}/ die ihre Herden hüten^a[, was in ihnen ist]^b.   Völkern und
                                                           Erde
19 Höre, Erde: Siehe, ich bringe Unheil über dieses Volk,
  die Frucht ihrer Gedanken^a,

denn auf meine Worte achteten sie nicht
  und meine Tora, sie verachteten sie.

20 Wozu soll mir Weihrauch aus Scheba kommen^a   III, 3: Jʜᴡʜ
  und gutes Würzrohr aus fernem Land?   zum Volk

Eure Brandopfer sind nicht wohlgefällig
> und eure Schlachtopfer sind mir nicht angenehm gewesen.

21 Deshalb, *so spricht* Jʜᴡʜ:
Siehe, ich gebe diesem Volk Stolpersteine,
> damit sie darüber stolpern,

Väter und Kinder zusammen,
> ein Bewohner und sein Nachbar werden zugrunde gehen[a].

Szene IV,
1. Auftritt:
Jʜᴡʜ in
Teichoskopie

22 *So spricht* Jʜᴡʜ:
Siehe, ein Volk ist aus dem [Land des][a] Norden[s] gekommen,
> und eine große Nation erhebt sich von den Enden der Erde.

23 Bogen und Sichelschwert[a] ergreifen sie,
> grausam ist es[b], und sie erbarmen sich nicht.

Ihr Kriegsgeschrei braust wie das Meer,
> und auf Pferden reiten sie,

gerüstet wie ein Mann[c] zum Krieg
> gegen dich, Tochter Zion.

IV, 2: Zions
Reaktion

24 Wir haben die Kunde gehört, unsere Hände sind erschlafft,
> Angst hat uns ergriffen, Wehen wie bei der Gebärenden.

IV, 3: Jʜᴡʜ zu
Zion

25 Zieh[a] {fem. sing.} nicht hinaus aufs Feld,
> und auf dem Weg gehe[a] nicht,

denn das Schwert gehört dem Feind, Grauen[b] ringsum.

26 Tochter, mein Volk, gürte das Trauergewand
> und wälze dich in der Asche!

Trauere wie um den einzigen (Sohn)[a], bitterste Klage:
> „Ja, plötzlich kommt der Verwüster[b] über uns."

IV, 4: Jʜᴡʜ zu
Jeremia

27 [a]Zum Prüfer habe ich dich {masc. sing.} bestellt in meinem Volk [als Festung][b],
damit du erkennst und prüfst ihren Weg.

IV, 5: Jeremia
teilt das
Ergebnis der
Prüfung mit

28 Sie alle sind überaus störrisch[a], als Verleumder unterwegs,
> Bronze und Eisen[b], sie alle sind Verderber.

29 Der Blasebalg schnaubte, vom Feuer unversehrt[a] (ist das) Blei,
> vergeblich schmolz, ja schmolz er[b];

aber Übeltäter[c] ließen sich nicht abscheiden.

30 „Verworfenes Silber" hat man sie genannt,
> denn Jʜᴡʜ hat sie verworfen.

Anmerkungen zu Text und Übersetzung

*   In der Übersetzung sind parallele Stichen durch Einrückung kenntlich gemacht, Prosa-
     verse füllen die Zeilen aus. Nebentexte mit Angaben zu Sprecher*innen oder Szenerie
     sind kursiviert. Zum System der Klammern und Kleinschreibung s. o. S. 22.

1a   Tekoa und Bet-Kerem sind südlich von Jerusalem gelegene, befestigte Stationen, die
     hier zur Nachrichtenübermittlung herangezogen werden. Zum Ausbau der Südgrenze
     Judas unter Joschija vgl. Lɪᴡᴀᴋ, Prophet, 110–132.

1b   Wörtlich: „erhebt eine Erhebung". Der Begriff משאת ist in einem Brief aus der Festung
     Lachisch in der Bedeutung „Signal" belegt; vgl. Lak(6):1.4,10.

2a MT ist schwer verständlich, was sich auch in LXX widerspiegelt: „und deine Überheb-
lichkeit wird weggenommen werden". Die verschiedenen Übersetzungsvorschläge und
Konjekturen stellt Liwak (Prophet, 275f.) zusammen. Demnach ist דָּמִיתִי von דמה II „vernichten" herzuleiten, da דמה I „ähnlich sein, gleichen" sonst mit לְ oder אֶל konstruiert
wird.

3a Die Wendung בוא אל mit Objekt אשׁה „zu einer Frau eingehen, beiwohnen" wird für den
forcierten Geschlechtsverkehr gebraucht (vgl. Gen 16,2; 19,31; 30,3; 38,8; Dtn 22,13; 25,5;
2 Sam 16,21) und verstärkt die Gewalt gegen die personifizierte Stadt.

4a LXX übersetzt קדשׁ Pi. gewöhnlich mit ἁγιάζω. An dieser Stelle wählen die Übersetzer
aber den generellen Begriff παρασκευάζω, weil sie sich scheuen, bei der Verwüstung
Jerusalems von „heiligen" zu sprechen; so mit Stipp, Interpretierende Übersetzung,
193f.; Finsterbusch/Jacoby, MT-Jeremia 1–24, 92.

6a צבאות wird häufig im MT nachgetragen; vgl. Stipp, Konkordanz, 155–157.

6b Mit dem *Qere* (der östlichen Tradition), wenigen hebräischen Hss. und den Versionen
ist ein Suffix der 3. fem. sing. zu lesen.

6c Die Inkongruenz zwischen fem. Nomen und masc. Verbform wird unterschiedlich ge-
löst. Mit Rudolph (HAT, 42) und McKane (ICC, 142) ist anzunehmen, dass das Relativpronomen ausgefallen ist. Je nach Nuancierung von פקד wird הפקד mit „es ist untersucht,
d. h. festgestellt worden" übersetzt (Rudolph) oder „on which judgment will fall"
(McKane). LXX las wohl הוי עיר השׁקר „Wehe der lügnerischen Stadt".

7a Ursprünglich ist mit LXX und dem *Ketiv* בור „Zisterne" zu lesen. Die Vokalisation des
Qere ist nicht die von בְּאֵר „Brunnen", sondern von עַיִן „Quelle"; sie setzt die Ableitung
der Verbform von קור Hif. „sprudeln lassen" voraus (s. die folgende Anm.), denn ein
Brunnen sprudelt nicht. Vgl. Finsterbusch/Jacoby, MT-Jeremia 1–24, 93.

7b Infinitiv cstr. Hif. von קרר „kühl, frisch halten" (Ges[18], 1197). Rudolph (HAT, 42; vgl.
Ges[18], 1161) denkt an קור Hif. „sprudeln lassen". Auch der einzige weitere Beleg (Qal)
in 2 Kön 19,24 par. Jes 37,25 kann beiden Wurzeln zugeordnet werden.

7c LXX bietet ein Pronomen der 3. fem. sing., denkt hier also an Jerusalem.

9a MT bietet eine *figura etymologica* mit Infinitiv abs. und 3. plur. *jiqtol*-Form von עלל
„Nachlese halten", die sich im Kontext nur auf die Feinde beziehen kann. LXX bietet
zwei Imperative in plur., wendet sich somit an die Angreifenden.

9b MT bietet einen Imperativ sing., was nicht zur plur.-Formulierung im vorherigen Halbvers passt, weshalb Rudolph (HAT, 42) dort in sing. ändert (vgl. BHS); LXX gleicht mit
Imperativ plur. an den Kontext an; vgl. die Diskussion in McKane, ICC, 145.

9c Das Objekt יד fehlt in LXX. יד ist ein Lieblingswort des prämasoretischen Idiolekts (vgl.
Stipp, Sondergut, 104); es bestätigt, dass der Imperativ als an Jeremia gerichtet verstanden wurde.

11a LXX liest καὶ τὸν θυμόν μου „und von meinem Grimm" und bietet im gesamten V. 11
Formen der 1. sing., so dass in der griechischen Fassung in V. 9–15 durchgängig Gott
spricht. Dagegen setzt MT einen unmarkierten Sprecherwechsel zwischen V. 9 und V. 10
voraus. Mit Stipp (Gottesbildfragen, 207f.) erfolgte die Änderung in der masoretischen
Fassung, die durch Zuweisung an Jeremia den Eindruck vermeidet, Gott könne seine
Emotionen nicht kontrollieren.

11b LXX übersetzt נלאיתי הכיל mit καὶ ἐπέσχον καὶ οὐ συνετέλεσα αὐτούς „ich hielt (den
Zorn) zurück und bereitete ihnen nicht das Ende". Die Übersetzer haben das erste Verb
לאה Nif. „müde sein, sich abmühen" nicht erkannt und das zweite von כלה anstelle von
כול (MT) abgeleitet, wohl mit Blick auf 4,27; 5,10; vgl. McKane, ICC, 146. Finsterbusch/
Jacoby (MT-Jeremia 1–24, 94) vermuten ein ursprüngliches Wortspiel in der LXX-Vorlage: והכלותי ולא כליתים.

11c LXX ἐκχεῶ „ich werde ausgießen" setzt die Gottesrede fort. S. o. zu 11a.

12a Jer 6,12a hat eine enge Parallele in 8,10aα, dessen zweiter Satz lautet: שׂדותיהם ליורשׁים.
Daher übersetzt LXX auch hier „ihre Frauen". MT ist beizubehalten.

13a 6,13–15 wird fast wörtlich in 8,10aβ–12 wiederholt, fehlt jedoch dort in LXX.

13b LXX gibt נביא hier erstmals explizierend mit „Lügenprophet" wieder, wie in 26,7.8.11.16; 27,9; 28,1; 29,1.8 und Sach 13,2; vgl. STIPP, Interpretierende Übersetzung, 192.

13c In LXX ist die Reihenfolge umgekehrt (vgl. noch 14,18; 23,11.33), aber mit STIPP (Sondergut, 151) wohl sekundär.

15a MT הַכְלִים ist als Infinitiv Hif. „jdn. beschämen" punktiert; Objekt sind jedoch die Angeredeten selbst, so dass der Sinn besser durch Nif. wie in der Parallelstelle 8,12 ausgedrückt wird (so auch BHS). LXX liest ein Substantiv mit Suffix der 3. plur. „ihre Schmach".

16a Hebräisch נפשכם betont die eigene Person.

18a LXX bietet „deshalb hörten es die Völker und die ihre Herden hüten", was im ersten Satz eine mögliche Lesung des Konsonantentextes ist (3. plur. qatal statt Imperativ plur. von שמע Qal), im zweiten graphisch nur leicht von diesem abweicht (ורעי עדרם) und auf das Herdenmotiv in 6,3 rekurriert. Mit Rückgriff auf Giesebrechts Konjektur des MT ודעי עדה zu ודעי דעה, die das zweite Subjekt eliminiert, übersetzt McKANE (ICC, 150): „take careful note". Möglicherweise führte eine Verschreibung in der hebräischen Fassung zu einer Änderung, die neben den Völkern die nachexilische Gemeinschaft (עֵדָה) als zwei Gruppen adressiert, die Judas Zusammenbruch erinnern sollen. Der ursprüngliche Text lässt sich nicht mehr ergründen.

18b Der Sinn der Aussage, die in LXX fehlt, bleibt dunkel. RUDOLPH (HAT, 46) schlägt die Einfügung von אעשה vor: „Was ich ihnen antun werde"; McKANE (ICC, 150) folgt ihm mit Verweis auf V. 19. Die Zufügung rührt wohl aus der vorherigen Verschreibung; s. o. zu 18a.

19a LXX bietet ἀποστροφῆς αὐτῶν, was משובתם „ihre Abkehr" in der Vorlage vermuten lässt (ähnlich T). Ob es sich um einen Lesefehler oder eine Variante handelt, ist nicht ersichtlich.

20a LXX las wohl תביאו „ihr bringt".

21a So mit dem Ketiv יֹאבֵדוּ. Qere bietet eine wᵉqatal-Form.

22a Ein Äquivalent für ארץ fehlt in LXX. Da ארץ in MT häufig vor Ländernamen eingefügt wird (vgl. 2,7; 24,8; 25,20 u. ö.; STIPP, Sondergut, 104), ist es wahrscheinlich auch hier nachgetragen.

23a Die Versionen übersetzen כידון unterschiedlich mit „Schwert, Lanze, Speer, Panzer" und zeigen damit, dass ihnen der Begriff nicht geläufig ist. In der Kriegsrolle aus Qumran 1QM V, 7.11–14; VI, 5 bezeichnet das Lexem ein Krummschwert; vgl. KEEL, Wirkmächtige Siegeszeichen, 21–27.

23b Mehrere hebräische Hss. bieten plur. wie auch die Parallele in 50,42. Der sing. wird aber von LXX und V gestützt und ist lectio difficilior.

23c LXX liest „aufgestellt wie Feuer (= כאש) zum Krieg"; vgl. auch Jerᴸˣˣ 27,42. Emerton diskutiert alle Versionen und Konjekturvorschläge; er hält eine versehentliche Doppelschreibung von כ für wahrscheinlich; ערוך איש sei partitiv zu verstehen, „jeder einzelne Mann"; vgl. EMERTON, John A., A Problem in the Hebrew Text of Jeremiah VI. 23 and L. 42: JTS 23 (1972), 106–113. Diese Lösung scheitert daran, dass in der Vorlage von LXX die Vergleichspartikel offenbar vorhanden war. Da כאש in 4,4 und noch mehrfach vorkommt (20,9; 21,12; 23,29) und die Metapher des einen Kriegshelden, der gegen die Tochter Zion zieht, nicht alltäglich ist, haben die griechischen Übersetzer wohl auf die bekanntere Formulierung zurückgegriffen.

25a Das Qere folgt LXX, die plur.-Formen bietet. Das Ketiv, ein Vetitiv der 2. fem. sing., ist ursprünglich, da V. 23 die Tochter Zion nennt.

25b LXX bietet παροικεῖ, leitet מגור fälschlicherweise von גור I „(als Fremder) wohnen" ab (ähnlich in 20,3.4.10), verunklart dabei aber den Sinn des Satzes; vgl. STIPP, Sondergut, 30.

26a MT wörtlich: „Trauer des Einzigen mache dir"; ähnlich Am 8,10. Der Tod des einzigen Sohnes ist besonders bitter, weil damit der Erbe fehlt.

26b LXX „Unglück" las wohl שֹׁד (vgl. 6,7; 15,8; 20,8). Zur Charakterisierung der Feinde als männliche Einzelgestalt vgl. 6,23.

27a Der Konsonantentext von V. 27–29 bereitet den Übersetzern Schwierigkeiten, so dass LXX teilweise einen anderslautenden Text bietet; vgl. STIPP, Sondergut, 37–40.

27b LXX las wohl בעמים בצר anstelle von MT מבצר בעמי. מבצר ist wahrscheinlich eine Glosse, die auf Jer 1,18 „Festung" verweist; vgl. STIPP, Sondergut, 37f.; MCKANE, ICC, 154. WANKE (ZBK, 85, Anm. 86) denkt, „Festung" sei als Randerklärung für das als „Wachturm" (בַּחַן) missverstandene Wort בָּחוֹן in den Text geraten.

28a Da סֹרֵי סוֹרְרִים in LXX nur durch ein Wort wiedergegeben wird, ist wahrscheinlich, dass die Dopplung in MT durch Dittographie entstand; vgl. 2,13.17f.; 4,12 sowie STIPP, Sondergut, 38f.

28b נחשת וברזל fällt aus dem Kontext heraus, ist entweder Glosse zum folgenden Vers oder bewusster Bezug auf Jer 1,18 und 15,12; s. o. zu 27b.

29a Da MT unverständlich ist, ist mit dem *Qere* מֵאֵשׁ תַּם zu lesen, das von LXX gestützt wird. Das masc. תַּם passt allerdings nicht zu dem fem. Nomen עֹפֶרֶת „Blei", so dass die ursprüngliche Aussage nicht mehr zu rekonstruieren ist.

29b LXX übersetzt „vergeblich schmiedet der Silberschmied". MT punktiert als *figura etymologica*, allerdings mit nachgestelltem Infinitiv abs., und bezieht sich wohl auf den Feind (vgl. 6,25).

29c LXX las רעתם „ihre Bosheit" statt MT רעים „Böse, Übeltäter".

Synchrone Analyse

Der dritte Akt besteht aus vier Szenen (6,1–8.9–15.16–21.22–30), die jeweils mit einem Gotteswort beginnen (nur in V. 1 ohne Formel) und mit Ausnahme von V. 22 das Volk direkt adressieren. | **Gliederung der Szenen**

In Szene I (6,1–8) wendet sich Jʜwʜ nacheinander an verschiedene Adressat*innen. Dass er hier spricht, ist aus dem engen Verhältnis zur Tochter Zion bzw. Jerusalem (V. 2.8) und aus der Botenformel in der Funktion als Nebentext (V. 6) ersichtlich. Zunächst ruft er die Benjaminiter*innen zur Flucht aus Jerusalem hinaus nach Süden auf (V. 1). Danach wendet er sich direkt an die Angreifenden und ermuntert sie zur Belagerung Jerusalems mit der Begründung, die Stadt sei voller Gewalttat und Unterdrückung (V. 7). Die eingebetteten Zitate dokumentieren die Rufe der Feinde und der eingeschlossenen Bevölkerung (V. 4f.). Zuletzt spricht Jʜwʜ die Stadt direkt an und fordert sie auf, seine Belehrung anzunehmen (V. 8).

Das Verständnis von Szene II (6,9–15) hängt entscheidend davon ab, ob man der griechischen oder der hebräischen Textfassung folgt.

LXX liest in V. 9 pluralische Imperative, die im vorliegenden Kontext an die Angreifenden appellieren und damit die Aufrufe in V. 6 fortsetzen. So sind V. 9–15 durchgängig Rede Gottes, der die verstopften Ohren seines Volkes beklagt und auf sein eigenes Wort als „Wort Jʜwʜs" verweist (V. 10), seinen Zorn (τὸν θυμόν μου, V. 11α) zunächst zurückhält, dann aber auf die Menschen ausgießen will (ἐκχεῶ, V. 11αβ) und deren Beschämung ankündigt.

Der Imperativ sing. in V. 9b MT ist dagegen so zu verstehen, dass Gott Jeremia zur Nachlese auffordert und dieser in V. 10–11αα antwortet und sich von Gottes Zorn erfüllt erklärt. Dieser Sprecherwechsel ist nicht markiert, aber vom Inhalt her zu erschließen. Nach MT spricht Gott erneut in V. 11αβ–15, worauf der sing. Imperativ „gieß aus"

(V. 11aβ), die Zitationsformeln (V. 12b.15b) und der Ausdruck „mein Volk" (V. 14a) verweisen.

Der Ausdruck יהוה חמת „Grimm Jhwhs" begegnet allerdings nur in 6,11 (MT), während חמתי „mein Grimm", חמתך „dein Grimm" und חמה mit Bezug auf Gott noch weitere 14 Belegstellen im Buch haben.[68] In 10,25 fordert umgekehrt Jeremia Gott auf, seinen Zorn über die Völker auszugießen. Das spricht dafür, dass die hebräische Tradition den Text von 6,11 änderte, um die Vorstellung zu vermeiden, Gott könne seine Emotionen nicht kontrollieren.[69]

Die Änderung in 6,9.11 MT führt dazu, dass Gott und Jeremia im Gespräch die angekündigten Ereignisse kommentieren. Diese Konstellation ist auch in 4,9f.; 5,1–6; 6,27–30 dramatisches Stilmittel.

Szene III (6,16–21) präsentiert, wie schon Szene I, eine Abfolge von Gottesworten an verschiedene Gruppen. Bleiben die Adressat*innen der pluralischen Imperative in V. 16a zunächst ungenannt, so wird aus den Zitatreden in V. 16b „Wir gehen nicht" und V. 17b „Wir achten nicht darauf" ersichtlich, dass alle Judäer*innen gemeint sind. Sie werden aufgefordert, nach den uralten Pfaden und dem Weg des Guten zu suchen, um Ruhe zu finden. Sie weigern sich jedoch und überhören auch die Warnung der Wächter, auf den Klang des Schofarhorns zu achten, das den Krieg ankündigt (vgl. 4,5.19.21; 6,1; 42,14; 51,27). Aufgrund dieser Reaktion ruft Jhwh die Völker und sogar die Erde als Zeugen auf, das von ihm verfügte Unheil als verdiente Strafe für den Ungehorsam des Volkes anzuerkennen (V. 18f.). Dieser Zeugenliste fügt wohl ein später Schreiber – nach einer Verschreibung im hebräischen Text – die nachexilische Gemeinschaft hinzu[70] und entgrenzt das Gotteswort damit auch in zeitlicher Hinsicht.

In Szene IV (6,22–30) kündigt Gott in einer Teichoskopie erneut den heranrückenden Feind an (vgl. 4,7f.13a.29; 5,15–17), diesmal als bewaffnetes Kriegsvolk, das gegen die Tochter Zion kämpft (6,22f.). Die folgende, an das Volk gerichtete Rede Jhwhs dokumentiert das gestörte Gottesverhältnis: Jhwh argumentiert, dass Weihrauch und Opfergaben, mithin der durch den Kult vermittelte Kontakt, das Zerwürfnis in der Beziehung nicht heilen können und der Untergang der gesamten Gemeinschaft nicht aufzuhalten sei (V. 20f.). Danach wendet sich Jhwh an Jeremia und weist ihm die Rolle des Prüfers zu (6,27), und Jeremia gibt das Ergebnis dieser Prüfung bekannt (6,28–30).

Klimax der Feindbedrohung

Der dritte Akt fokussiert somit die unmittelbar bevorstehende Einnahme der Stadt: Die Feinde attackieren diese bereits (V. 4); von einer Belagerungsrampe ist die Rede (V. 6) und vom „Rest Israels" (V. 9). Was den in Jerusalem versammelten Menschen zu tun bleibt, ist fliehen (V. 1) oder trauern und klagen (V. 26). Die Tochter Zion wird als heillos verdorben (V. 6f.), ihre Einwohnerschaft als uneinsichtig (V. 15.16f.) dargestellt. Zwar fordert Gott die personifizierte Stadt ein letztes Mal auf, sich belehren zu lassen (V. 8), erteilt jedoch dem Versuch, die Kommunikation mittels des Kultes zu verbessern, eine Absage (V. 20). Der Schuldaufweis trifft alle, Prophet*innen und Priester, gewöhnliche Menschen, Männer und Frauen, Junge und Alte (V. 11aβ–14). Dem entspricht das Ergebnis der Prüfung seitens des Propheten: „alle verleumden und sind verdorben" (V. 28). Obwohl er die Feindankündigungen nur wenig variiert, steigert der dritte Akt somit die Dramatik der Situation.

---

68   Vgl. Jer 4,4; 7,20; 18,20; 21,5.12; 23,19; 30,23; 32,31.37; 33,5; 36,7; 42,18 (2x); 44,6.
69   So mit Stipp, Gottesbildfragen, 207f.
70   S. o. die Textkritik zu 6,18a.

Wie in 4,5–8* wird Jerusalem in 6,2–8 weiblich personifiziert, ihr Feind sowohl metaphorisch als auch konkret benannt. Die Hirtenmetapher konnotiert kein Idyll, denn die folgenden Aussagen vom Aufschlagen der Zelte (vgl. 4,19–21) und vom Abweiden wirken wie die Ortsangabe „ringsum" (סָבִיב, V. 3b) bedrohlich. Im Hintergrund steht die Inbesitznahme der Stadt durch den Angriff auf Mauerabschnitte und Tore. Hinzu kommt, dass das Verb בוא אל (V. 3) mit Bezug auf eine Frau den Geschlechtsverkehr bezeichnet (2 Sam 12,24; Ez 23,17.44) und das Kommen der Hirten als „Eroberung" somit sexuell konnotiert ist.[71]

6,1–8
Angriff auf
Jerusalem

Die Absicht der Feinde, die Mauern zu ersteigen (V. 4a.5), und das Aufschütten einer Sturmrampe (V. 6) verweisen deutlich auf die Belagerung der Stadt. Die gefällten Bäume (V. 6) dienen der Anfertigung von Belagerungsgerät und dem Verfeuern im Heerlager; das Fällen könnte auch, falls es sich um Fruchtbäume handelt, eine Strafmaßnahme gegen die Bevölkerung bedeuten (vgl. Dtn 20,19f.). Der Kampfeswille der Angreifenden wird unterstrichen durch zwei Zitate in V. 4a.5, die die Erstürmung sogar in der Mittagshitze und bis in die Nacht hinein suggerieren. Die Aufforderung, den Krieg zu „heiligen" (קדשׁ Pi.), bezieht sich vermutlich auf Rituale, die gewöhnlich vor den Kampfhandlungen vollzogen werden, um den Beistand der eigenen Gottheit zu erbitten. Der Weheruf, der angstvoll auf die vorgerückte Abendzeit verweist (V. 4b), umschreibt die Situation der in der Stadt Eingeschlossenen, die die hereinbrechende Nacht fürchten, weil in der Dunkelheit die Mauern schlechter verteidigt werden können.

Das Herbeirufen der Feinde (V. 6) wird mit der Kritik an den sozialen Verhältnissen in Jerusalem begründet, denn das Stichwort עשׁק (V. 6b) ist *terminus technicus* für die wirtschaftliche Ausbeutung sozial schwacher Personen.[72] Das Begriffspaar חמס ושׁד „Gewalttat und Unterdrückung" (V. 7b) umschreibt den Zusammenbruch einer auf das Recht gegründeten Gemeinschaft (vgl. Ez 45,9; Am 3,10). Der Aussage, man höre in der Stadt den Ruf „Gewalttat und Unterdrückung", liegt die Vorstellung zugrunde, dass Menschen aufschreien angesichts des Unrechts, das ihnen angetan wird (vgl. den Klageschrei Tamars in 2 Sam 13,19 und Jeremias in Jer 20,8). Diesem doppelten Ausdruck der unerträglichen Situation korrespondiert die Bezeichnung „Leid und Misshandlung", die nach V. 7b Gott vor Augen steht. Während der Ruf in der Stadt also das Tun der Täter fokussiert, ist Gottes Blick auf dessen Folgen für die Opfer gerichtet. Das Böse als Ausdruck der zerstörten Ordnung ist zur Wesensbeschreibung der Stadt geworden (V. 7b). Die Situation in ihrem Innern wird in V. 7a auf zweifache Weise metaphorisch zugespitzt: Der Konsonantentext und die griechische Übersetzung nehmen die Zisterne zum Vergleichspunkt, die ihr Wasser kühl und frisch hält. Die Masoreten verstärken das Bild, indem sie בור „Zisterne, Brunnen" mit den Vokalen des Wortes „Quelle" vokalisieren und das Verb von einer anderen Wurzel ableiten: Der Quellbrunnen

---

71 Vgl. GORDON, Pamela/WASHINGTON, Harold C., Rape as Military Metaphor: BRENNER, Athalya (Hg.), A Feminist Companion to the Latter Prophets, Sheffield: Sheffield Academic Press 1995, 308–325, 316. Sie weisen solche sexuelle Metaphorik als frauenfeindlich zurück und widersprechen zu Recht der impliziten Identifikation männlicher sexualisierter oder militärischer Gewalt mit „gerechter" Strafe.

72 Vgl. GERSTENBERGER, Erhard, Art. עָשַׁק: ThWAT VI, 1989, 445. Das Verb begegnet mit *personae miserae* als Objekt in Dtn 24,14; Spr 14,31; 22,16; Koh 5,7; Ez 22,7; Am 4,1.

lässt sein Wasser sprudeln. Beide Metaphern bieten einen ähnlichen Gedanken, nämlich, dass Jerusalems Bosheit andauert bzw. sogar ständig neu hervorbricht.

Aus dieser Perspektive erscheint die folgende göttliche Mahnung konsequent, Jerusalem solle sich zurechtweisen lassen, um nicht Gottes Gunst zu verlieren (V. 8). Der Begriff נפשׁ betont hier das innere Erleben und assoziiert im Verbund mit dem Verb יקע eine schmerzliche Abkehr von der geliebten Person. Eine solche Abwendung käme der Zerstörung der Stadt gleich, deren Gebiet dann verwüstet und menschenleer sein würde. Szene I inszeniert somit die Belagerung Jerusalems als von Gott mittels der Feinde herbeigeführte, gerechtfertigte Strafaktion gegen die böse Stadt. Zwar wird ihr eine letzte Möglichkeit, sich eines Besseren belehren zu lassen, eingeräumt. Die Verquickung von sexualisierter und militärischer Gewalt lässt diese Möglichkeit jedoch als unrealistisch erscheinen.

6,9–15
Gotteszorn
Die Aufforderung, Nachlese zu halten (6,9), hat den seit der Königszeit bekannten Brauch zum Hintergrund, die Rebstöcke nach der Haupternte noch einmal auf bisher übersehene oder erst danach gereifte Trauben hin abzusuchen.[73] Das Motiv der Ernte wird in prophetischen Texten häufig negativ im Sinne der Zerstörung durch den Feind gebraucht (Hos 6,11; Am 8,2; vgl. Jer 5,17). Als Aufforderung an die Feinde (so LXX) bedeutet daher V. 9, dass auch die bisher verschonten Judäer*innen vernichtet werden. Ergeht die Aufforderung an Jeremia (so MT), so kann sie auch positiv verstanden werden: Er soll seine Verkündigung auf die Überlebenden konzentrieren. Allerdings konstatiert Jeremia auch in dieser Fassung, diese Suche sei erfolglos und erfülle ihn mit demselben Zorn, den auch Gott fühle, weil die Adressat*innen unfähig zum Hören seien (V. 10–11aα). Darauf antwortet Jнwн mit dem Befehl, diesen Zorn auszugießen, und schildert die katastrophalen Folgen dieses Vorgehens für die gesamte Bevölkerung des Landes, wobei er bekannte Themen des Schuldaufweises aus Jer 5 – soziale Ungerechtigkeit und trügerische Heilsprophetie – wiederholt. Ob nun Jeremia oder Jнwн den Gotteszorn ausgießen – für das Volk Judas bedeutet es in jedem Fall Krieg und Verderben. Auch der Schuldaufweis bleibt derselbe: Das Volk hat eine Vorhaut über den Ohren, ist daher unfähig zu hören und schätzt das Wort Gottes überhaupt nicht (V. 10).

In MT hat 6,13–15 in 8,10aβ–12 eine Dublette, wobei die Verse in Kap. 6 besser in den Kontext integriert sind. Im Blick auf die Heilsprophetie werden in V. 13f. Prophet und Priester der Lüge bezichtigt und die Ankündigung des Friedens wird als leichtfertiger Ablenkungsversuch entlarvt, der die Gefährdungen der Situation verkennt. Das soziale Missverhältnis bringt das Unvermögen der Führungspersonen ans Licht, die sich ihrer lügnerischen Machenschaften nicht schämen (V. 14f.). Der Schuldaufweis mündet daher in die Ankündigung, das gesamte Volk – die pluralischen Verben schließen alle ein – werde „fallen" und „straucheln", wenn Jнwн die Vergehen ahnden wird.

6,22–30
Krieg und Entsetzen
Jer 6,22f. beschreibt den Feind als bewaffnetes Kriegsvolk, das gegen die Tochter Zion kämpft.

> Ist der Bogen die Gebrauchswaffe des babylonischen Heeres, so wurde das Sichelschwert bereits seit Ende des zweiten Jahrtausends in Vorderasien als Waffe nicht mehr verwendet,

---

73 Nach Dtn 24,19.21 haben Fremdlinge, Waisen und Witwen das Recht, in Weinbergen und auf Getreidefeldern Nachlese zu halten (vgl. die Anwendung der Regel in Rut 2,2–7).

sodass manche Ausleger*innen annehmen, כידון sei eine Lanze.[74] Wie Othmar Keel gezeigt hat, blieb das Sichelschwert jedoch bis ins erste Jahrtausend in der Ikonographie als Ideogramm für eine machtvolle Waffe erhalten, insbesondere auch auf Elfenbeinen und Schalen des in Palästina beliebten phönizischen Kunsthandwerks.[75] Es verweist daher in V. 23 auf die numinose Macht des Feindes, dessen Heer aus einem fernen Land im Norden („von den Enden der Erde") aufgebrochen ist. Dieses Heer ist grausam und erbarmungslos und so zahlreich, dass sein Kriegslärm mit dem Tosen des Meeres verglichen wird. Der Vergleich mit chaotischen Wassern steuert ein weiteres numinoses Element bei (vgl. Ps 46,4.7; Jes 17,12; 51,15).

Der Ausdruck „wie ein Mann" (V. 23) stellt die gegen Zion gerichtete Bewegung hyperbolisch als Angriff eines einzelnen Kriegers gegen die als Frau personifizierte Stadt dar. Deren „Eroberung" erhält so einen sexuellen Unterton, der im Alten Orient zum Sachhintergrund der Stadtmetapher gehört. Die Reaktion auf diese Ankündigung des Feindes wird in V. 24 als Figurenrede einer Gruppe präsentiert. Da der Gebrauch von Verben im Plural bei Kollektiven im Hebräischen häufig ist, kann diese Gruppe, aufgrund der Nennung der Tochter Zion am Ende von V. 23 und der Imperative fem. sing. in V. 25, mit der Frauenfigur identifiziert werden.[76] Ihre Charakterisierung als gebärende Frau drückt die lebensbedrohliche Situation und die Angst der in Jerusalem eingeschlossenen Bevölkerung aus.[77] Die aussichtslose Situation der belagerten Stadt wird in V. 25 mit מגור מסביב „Grauen ringsum"[78] pointiert benannt: Die Bevölkerung kann die schützenden Mauern nicht mehr verlassen, ohne Gefahr zu laufen, vom Schwert erschlagen zu werden. Während in Jer 4 der Prophet den Aufbruch des Feindes beschreibt, tut JHWH das in Jer 5,15–17 und 6,22f. selbst[79] und ruft Jerusalem zur Totenklage auf.[80] Zion wird so die Rolle einer klagenden Mutter zugewiesen, die nach dem Tod ihres einzigen Sohnes öffentlich Trauerriten vollzieht, indem sie sich mit dem Trauergewand gekleidet in Asche wälzt. Ihr Klageschrei geht in die Stimme der Eingeschlossenen über, deren Leben durch den Feind akut bedroht ist und die verängstigt ihren eigenen Untergang beklagen (V. 26b).

Jeremia erhält in 6,27–30 die Rolle des Prüfers, wobei der Begriff בחון „Prüfer" nur hier gebraucht wird, das Verb בחן neben צרף „läutern" (vgl. V. 29b) noch in 9,6. Jeremias Rolle als Prüfer ist insofern ungewöhnlich, als das Jeremiabuch sonst

6,27–30
Erneute
Prüfung

---

74 So LIWAK, Prophet, 287–289; aber s. o. die Textkritik zu 6,23a.

75 Vgl. KEEL, Wirkmächtige Siegeszeichen, 28–88.

76 Vgl. GLANZ, Participant-Reference Shifts, 254–258.267–270. Gegen WANKE (ZBK, 84) sind die plur. Formen in V. 24 kein Grund, den Einbau einer Volksklage anzunehmen.

77 S. o. den Exkurs „Die Wehen der Geburt als Kriegsmetapher", S. 127.

78 Der Ausdruck findet sich auch in den Worten gegen Ägypten (46,5) und Moab (49,29) sowie in Auseinandersetzungen Jeremias mit seinen Gegner*innen (20,3.10).

79 Dagegen versteht McKANE (ICC, 151f.) auch 6,22–26 als Prophetenrede, weil er im „wir" der Zitate (V. 24.26b) Jeremia eingeschlossen und im klagenden Ton der Feindschilderung von V. 22f. dessen Verzweiflung repräsentiert sieht. Dieser Deutung widerspricht der Gebrauch der Botenformel in V. 22 (MT und LXX) und die Tatsache, dass die Zitatreden als Ausrufe des Kollektivs ohne weiteres verständlich sind.

80 Die zu 6,22–24 fast wörtliche Parallele in 50,41–43 ist ebenfalls Gottesrede und wohl eine ironische Nachbildung; vgl. PARKE-TAYLOR, Formation, 183. Sie kündigt der Tochter Babel die Zerstörung durch den Feind aus dem Norden an, worauf der babylonische König כיולדה „wie eine Gebärende" reagiert. Die Bedeutung dieser Metapher im Babelorakel beschreibt SHARP in ihrer synchronen Analyse zu Jer 50,41–46 eindrücklich.

nur von Gott als Prüfer des menschlichen Weges und Wesens spricht (9,6; 11,20; 12,3; 17,10; 20,12). Sie ist nicht mit der Rolle des Völkerpropheten (1,10) identisch, da dieser Gottes Worte nur ankündigt.

Diese Prüfung wird im Bild der Silbergewinnung beschrieben:

> Wie aus der griechischen Übersetzung von V. 29 noch ersichtlich, ist die Läuterung bzw. Anreicherung von Silber Hintergrund der Aussagen. Dazu wird das in der Antike weitverbreitete Mineral Bleiglanz (Galenit) geschmolzen. Ein durch die Bleischmelze geführter Luftstrom oxidiert das Blei, das dann abfließt, bis Silber in hoher Konzentration übrigbleibt. Zwar ist V. 29a MT fast unlesbar, aber gemeint ist wohl, dass trotz des Zuführens von Luft durch einen Blasebalg das Blei unversehrt bleibt, also nicht abgeschieden wird, so dass die Anreicherung des Silbers missglückt. Es bleibt bleihaltig und wird nicht reiner.

Übertragen auf die Läuterung des Volkes bedeutet die Metapher, dass sich diejenigen, die Übles tun (das Blei), trotz anhaltenden Feuers (des Feindes) nicht absondern lassen (V. 29b) und daher das ganze Volk von Gott als „verworfenes Silber" gilt, als unrein abgelehnt wird (V. 30).

Diachrone Analyse

Auch der vorliegende Text von Jer 6 ist ein Produkt der sukzessiven Deutung der Zerstörung Jerusalems.

Vorexilisch	K[frühexilisch]	Exilisch	Nachexilisch
6,1–7	6,8		
6,9.11–12a.13.15b	6,10a.12b.14.15a	6,10b R[GÄ]	6,9*.11* [MT⁺]
	6,16f.21	6,20 R[GÄ]	6,18f. R[Tora]
6,22–26	6,27–30		

6,1–7
Feindankündigung

Wie schon in Kap. 4 und 5 lassen sich auch in Jer 6 Verse ausmachen, die die Situation Jerusalems vor der Zerstörung durch das babylonische Heer in den Blick nehmen und möglicherweise auf den Propheten zurückgehen. Dazu gehört die sozialkritisch begründete Feindankündigung in 6,1–7. Der Aufruf an die Benjaminiter*innen, die nur in 6,1 genannt werden und deren Siedlungsgebiet nördlich von Jerusalem liegt,[81] nach Tekoa zu fliehen, setzt die Situation voraus, dass die bereits nach Jerusalem Geflohenen vor dem heranrückenden Feind nun über die südlich der Hauptstadt gelegenen Orte hinaus ins judäische Bergland fliehen (vgl. 4,29).

> Tekoa wird als Heimatort des Propheten Amos (Am 1,1) und der weisen Frau zur Zeit Davids (2 Sam 14,2) genannt und liegt acht Kilometer südlich von Betlehem. Bet-Kerem ist mit der Ortslage im heutigen Kibbuz Ramat Raḥel ca. fünf Kilometer südlich von Jerusalem zu identifizieren. Sie war zunächst ein judäisches Verwaltungszentrum unter assyrischer Oberherrschaft, an dem Naturalabgaben der Bevölkerung eingezogen wurden. Gegen Ende des siebten Jahrhunderts, vor Beginn der babylonischen Hegemonie, wurde dort ein Palast mit künstlich angelegtem Garten errichtet, der unzerstört blieb

---

81   Das „Land Benjamin" ist nach 1,1; 32,8.44; 37,12 die Heimat Jeremias.

und bis in die persische Zeit als Verwaltungszentrum der jeweiligen Oberherrschaft diente.[82]

Im Widerspruch zur Feindankündigung eröffnet die an Jerusalem gerichtete Mahnung, sich zurechtweisen zu lassen (V. 8), die Möglichkeit, das Unheil aufzuhalten. Sie ist, wie 4,14, später nachgetragen und Teil der frühexilischen Komposition.

6,8
Mahnung

Der nach LXX ursprünglich als Gottesrede – die Botenformel dient der Zitateinleitung – gestaltete Abschnitt (V. 9–15) verbindet Schuldaufweise mit Schilderungen des Unheils. Aufgrund seiner sprachlichen Prägnanz wird er häufig als authentisches Prophetenwort verstanden.[83] Neben prägnanten Formulierungen in poetischen Versen (V. 9.11–12a.13.15b) finden sich jedoch einige Aussagen in Prosa (V. 12b.14) und andere, die die Katastrophe bereits als vergangen schildern (V. 10b.15a). Es lässt sich zeigen, dass eine ursprüngliche Unheilsankündigung kommentiert und schließlich zu einem Dialog zwischen Jhwh und Jeremia umgestaltet wurde.

6,9–15
Schuldaufweis

Der älteren Textfassung (LXX) zufolge fordert Jhwh in V. 9 die Angreifer auf, auch den Rest der Judäer*innen zu vernichten, was seinen Befehl zur Belagerung Jerusalems in V. 6 schlüssig fortsetzt.

> Von den 66 Vorkommen des Nomens שארית „Rest" in der Hebräischen Bibel finden sich 24 im Jeremiabuch, wobei sich die meisten Belege auf die dem Krieg Entronnenen beziehen. Der Ausdruck „Rest Israels" wird nur in 6,9 und im Heilswort an die Überlebenden des Nordreichs (31,7) gebraucht. Von 31,7 her betrachtet bezeichnet er in 6,9 die Bevölkerung Judas, die den ersten Ansturm des Feindes überlebte. Ronald Clements zufolge bezeugt das Jeremiabuch eine Entwicklung des negativ konnotierten Restgedankens hin zu einem positiv konnotierten Rest, der in nachexilischen Schichten nur die nach Babylonien Exilierten umfasst und deren Restitutionsansprüche als allein gültige ausweist.[84]

Außerdem kündigt Jhwh an, er werde seinen Zorn über alle Gruppen des Volkes ausgießen (V. 11), was für die männlichen Oberhäupter der Familien zum Verlust ihrer Häuser, Felder und Frauen führe (V. 12a). Er begründet dies damit, dass alle, vom Kleinsten bis zum Größten, sich verfehlten (V. 13). Die auffällige Formulierung בוצע בצע „einen Schnitt schneiden" (V. 13a) für das Erzielen von unrechtmäßigem Gewinn entstammt dem weisheitlichen Spruchgut.[85] Prophet und Priester werden *pars pro toto* als solche genannt, die auf diese Weise „Lüge fabrizieren" (עשׂה שׁקר, V. 13b). Da sie sich nicht einmal für ihre Taten schämten, werde er sie heimsuchen und straucheln lassen (V. 15b).

In einem ersten Schritt wird diese Unheilsankündigung in die dramatische Konzeption eingebaut, die auf die Zerstörung Jerusalems blickt und die Schuldfrage stellt. Das „kehrt um" in V. 9b wird zum Anlass für die Zufügung der rhetori-

---

82 Vgl. Liwak, Prophet, 273; zu den Ausgrabungen Lipschits, Oded u. a., What Are the Stones Whispering? Ramat Raḥel: 3000 Years of Forgotten History, Winona Lake: Eisenbrauns 2017, 52.87.98–105. Unter hasmonäischer Herrschaft diente der Ort erneut der Verwaltung, bevor Palast und Garten systematisch abgebaut wurden (a. a. O., 117f.).

83 Vgl. Rudolph, HAT, 45; Schmidt, ATD 20, 159–164; Wanke (ZBK, 80) sieht in 6,9.10a. 11–12a.13(?) Sprüche Jeremias mit Worten der Redaktion kombiniert, weist deren Anteile jedoch nicht aus und hält V. 10b.12b.15a für noch spätere Erweiterungen.

84 Vgl. Clements, Ronald E., Art. שְׁאָר: ThWAT 7, 1993, 933–950, bes. 943–945.

85 Vgl. Spr 15,27 und 1,19; aufgenommen in Ez 22,27; Hab 2,9.

schen Fragen in V. 10a, die das Volk als unfähig zu hören charakterisieren. Das
Motiv der unbeschnittenen Ohren drückt die Unreife zum Hören aus – denn die
Beschneidung ist ursprünglich ein Ritus, der die sexuelle Reife junger Männer
verdeutlicht.[86] Mittels Aufnahme des Motivs der ausgestreckten Hand, die Jhwhs
Macht zu handeln ausdrückt,[87] unterstreicht V. 12b, dass nicht die Feinde Judas
das Unheil bewirkten, sondern Jhwh selbst. Als Beispiel für das „Lüge Fabrizieren"
fügt der Prosasatz V. 14 den Ruf der Heilsprophet*innen an, der offensichtlich den
„Zusammenbruch" (שֶׁבֶר, vgl. 6,1) des Volkes nicht heilen konnte. Diese Kommentierung verknüpft den fehlenden inneren Zusammenhalt des Volkes mit dem von
Jhwh herbeigeführten äußeren Zusammenbruch. V. 15a bestätigt das Eintreffen
des Unheils noch einmal und führt es auf die Gräuel der genannten Gruppen
zurück.

Eine noch spätere Erweiterung stellt V. 10b dar, demzufolge Gottes Wort, das
die Judäer*innen nach V. 10a gar nicht hören konnten, zur Schmach wurde. Der
Ausdruck דבר־יהוה „Wort Jhwhs" wird im Jeremiabuch überwiegend in den Einleitungsformeln zu Prosareden (1,2; 2,1; 13,3; 16,1 u. ö.) und exilisch-nachexilischen
Texten (7,2; 17,20; 25,3 u. ö.) gebraucht. חרפה meint die Schmähung oder Schmach,
die man erleidet (vgl. 20,8), und setzt voraus, dass Gottes Unheilsankündigung
eingetroffen ist. Der Grund, sie hätten kein Gefallen an ihm gefunden, entspricht
dem typischen Vorwurf der geschichtsätiologischen Redaktion, das Volk habe Gott
den Gehorsam verweigert.

In der hebräischen Texttradition wurde der Abschnitt, der wohl ausgehend
von V. 10a als Einwand Jeremias verstanden wurde, zum Gespräch zwischen Jhwh
und Jeremia umgestaltet. Die Deutung, dass Jeremia Nachlese halten soll, knüpft
gedanklich an seine in 6,27 erwähnte Rolle als Prüfer an. Versteht man V. 10a als
Jeremiarede, so konnte „mein Zorn" in V. 11 zum „Zorn Jhwhs" umformuliert
werden und dessen Ausgießen als Befehl an Jeremia ergehen. Allerdings ist der
Gedanke singulär, der Prophet sei von Gottes Grimm erfüllt und könne diesen
kaum zurückhalten. Er widerspricht einerseits der Charakterisierung Jeremias als
mit seinem Volk leidend (8,20–23; 10,19; 14,17).[88] Andererseits erweitert er dessen
Rollenrepertoire. Wie das Verbot der Fürbitte (s. u. zu 7,16) und die Klagegedichte
in Jer 11–18 belegen, entstanden im Lauf der Überlieferung verschiedene Porträts
des Propheten, die dessen Anteilnahme am Ende Jerusalems und Judas unterschiedlich bestimmen. Angesichts der Unheilsankündigungen in Jer 2–6 und der
mehrfach notierten Unwilligkeit, ja Unfähigkeit des Volkes, die prophetischen
Mahnungen ernst zu nehmen, stellt 6,11 insofern einen ersten Höhepunkt dar, als
hier der Prophet gewissermaßen Jhwhs Reaktion antizipiert und ihren Vollzug
repräsentiert.

Dieser Zorn trifft das Volk Judas, dessen verschiedene Gruppen – Kleinkinder
und junge Erwachsene, Männer und Frauen, Hochbetagte – eigens genannt werden, um zu unterstreichen, wie umfassend Gottes Urteil wirkt. Allerdings wird nur
deren Gefangennahme angekündigt mit einem Verb (לכד Nif., V. 11b; vgl. 5,26; 8,9),

---

86 Zur Übertragung des Motivs auf das Herz vgl. Jer 4,4; 9,25.
87 Das Motiv der ausgestreckten Hand Gottes, Mose und Aarons findet sich mit gleichem
    Wortlaut gehäuft in der Eroduserzählung (Ex 7,5.19; 8,1.12; 9,22; 14,16.26 u. ö.).
88 Auch Henderson (Jeremiah 2–10, 131–133) sieht Jeremia als mit dem Volk sympathisie-
    rende Figur des Dramas.

das gerade nicht typisch für die Exilierung ist, sondern für die Einnahme von Jerusalem (32,3.24; 37,8; 38,3) wie auch von fremden Städten (48,1.41; 50,9.24; 51,31.41). Die in V. 15b gebrauchten Verben נפל „fallen" und כשל Nif. „straucheln, zu Fall kommen" zielen zwar häufig auf die soziale Erniedrigung, schließen aber den Tod nicht aus.

Der Abschnitt 6,16–21 stellt einzelne Aussagen in direkter (V. 16f.20) und indi- **6,16–21** rekter Rede (V. 18–19.21) zusammen, die wohl aufgrund von Stichwortbezügen **Nachträge** zum Vorhergehenden (שופר „Schofarhorn", V. 1.17; קשב Hif. „aufmerken", V. 10.17 und כשל „straucheln", V. 15.21) platziert wurden.[89] Ihr Inhalt und ihre literarischen Bezüge lassen darauf schließen, dass es sich um Nachträge aus exilischer und nachexilischer Zeit handelt, wobei V. 18f. und V. 20 den Zusammenhang zwischen dem Schuldaufweis in V. 16f. und der Unheilsankündigung in V. 21 unterbrechen.

Gottes Aufforderung an ungenannte Adressat*innen, in die Vergangenheit zu blicken und unter den altbekannten Pfaden den guten zu entdecken (V. 16), erinnert an den Rückblick auf die Wüstenzeit in 2,2. Welches der „Weg des Guten" sei, wird nicht gesagt, doch liegt es nahe, an die Führung Gottes durch die Wüste zu denken. Das Wort מרגוע „Ruheplatz" ist ein *Hapaxlegomenon*, die Vorstellung vom Ruheort als Ziel des Weges findet sich noch in Dtn 12,9. Auch V. 17 blickt zurück mit der Aussage, Gott habe Wächter – die Wache halten und vor Gefahr warnen sollen – eingesetzt. Deren warnendes Schofarblasen sei aber bewusst überhört worden (vgl. 4,5).[90] Die zwei als Zitat präsentierten Absagen an Gottes Zuwendung in V. 16b.17b könnten den Antworten der Frauengestalt 2,20.23 nachgebildet sein. Mit der Ankündigung, dass Gott dem Volk Stolpersteine in den Weg lege, an denen es straucheln und letztlich zugrunde gehen werde, greift V. 21 auf die Wegmetapher von V. 15 zurück. Gerade die Unbestimmtheit des Weges und der Hindernisse verweisen jedoch darauf, dass V. 16f.21 das Ende Judas voraussetzt und im Nachhinein die mangelnde Einsicht des Volkes betont.[91] Die Verse gehören wahrscheinlich zur frühexilischen Komposition, die das Ende Judas reflektiert.

Die harsche Opferkritik in V. 20, die an Am 5,21–23 erinnert, ist ein punktueller Nachtrag. Selbst wenn das Volk Aromata aus fernem Land herbeibrächte – Saba in Südarabien ist Handelsplatz von Weihrauch, Gold und Edelsteinen (1 Kön 10,2; Jes 60,6; Ez 27,22f.) –, so wären seine Brand- und Schlachtopfer nicht wohlgefällig,[92] d. h. Gott nimmt sie nicht an, und sie sind daher unwirksam. Hier wird gegen die Tradition der Gedanke entfaltet, dass Opfer die gestörte Beziehung zu Gott gerade nicht heilen können. Er findet sich auch in der Rede Jeremias gegen den Jerusalemer Tempel (7,21–24), einem Programmtext der geschichtsätiologischen Redaktion.

Die in Prosa gehaltene Unheilsankündigung in V. 18f. fügt dem Vorwurf der mangelnden Aufmerksamkeit für Jhwhs Prophet*innen einen weiteren hinzu: „sie verachteten meine Tora". Wie zu Jer 7,4–6 ausführlich gezeigt wird, ist die Missachtung der Tora Leitmotiv einer nachexilischen Bearbeitung des Jeremiabuches,

---

89 So mit Wanke, ZBK, 82.
90 Die Bezeichnung „Wächter" wird in Ez 3,17; 33,1–9 für Ezechiel gebraucht.
91 Gegen Stipp (Kennzeichen, 155.161.166), der in 6,16f.21 authentische Wendungen erkennt, freilich nicht mit Nachbildungen von 2,2.20.23 rechnet.
92 Zu לרצון vgl. Lev 19,5; 22,19f.29; Jes 56,7; 60,7.

die die mangelnde Orientierung an Gottes nunmehr schriftlich vorliegendem Willen einträgt, um zeitgenössischen Leser*innen eine Möglichkeit zu eröffnen, den verhängnisvollen Zirkel von Ungehorsam und Strafe zu durchbrechen. Indem V. 18 sogar die Völker, die Erde und die nachexilische Gemeinde (nur MT) als Zeug*innen aufruft, wird dieses Urteil als universal gültig und beispielhaft präsentiert.

6,22–26
Feindankündi-
gung

Der letzte der Feindtexte in 6,22–26 ergänzt das in 4,13–18*.29–31 und 5,15–17 gezeichnete Bild des heranrückenden Heeres um weitere konkrete sowie numinose Aspekte. Aus Kap. 6 sind somit die Verse 1–7.9.11–15*.22–26 der ältesten Tradition zuzurechnen und damit möglicherweise auf Jeremia zurückzuführen. Der Prophet ruft zur Flucht aus Jerusalem auf (V. 1.3), kündigt die Eroberung der Stadt an (V. 22–24) und fordert das weibliche Kollektiv auf, die Totenklage über ihre Bevölkerung zu erheben (V. 26). Gründe für die Unheilsankündigung sind das Überhandnehmen von Gewalttat und Unterdrückung in der Stadt (V. 7), das Gewinnstreben aller und das fehlgeleitete Wirken der führenden Gruppen (V. 13). Die Feindtexte werden mit Hilfe von V. 8.10a.12b.14.15a.16f.21 in die frühexilische Konzeption eingebunden, innerhalb derer Jeremia nicht nur Jerusalem ermahnt und Gottes Wort ankündigt, sondern auch dessen Eintreffen kommentiert.

6,27–30
Jeremia als
Prüfer

Auch der auf die letzte Beschreibung des heranrückenden Feindes folgende Dialog Jhwhs mit Jeremia in 6,27–30 fällt mit Hilfe des Bildes vom Metallprüfer, der die Reinheit ausgeschmolzenen Silbers untersucht, ein vorläufig abschließendes Urteil über die Bevölkerung Jerusalems: Sie sind verworfenes Silber (V. 30). Aufgrund seiner Funktion als Kommentar zum Untergang ist er am ehesten der frühexilischen Komposition zuzuweisen, die das Geschehen dramatisch in Szene setzt.

Prämasoreti-
sche Erweite-
rungen

Neben der Zufügung des Epithetons Zebaot (V. 6.9) und notizenartigen Präzisierungen (V. 18 „was in ihnen ist"; V. 22 „Land des") wurde V. 9f., wie oben diskutiert, prämasoretisch zum Gespräch zwischen Jeremia und Gott umgestaltet: Jeremia soll Nachlese halten, was positiv als Suche nach Überlebenden aufgefasst werden kann, und er ist zugleich derjenige, der Jhwhs Zorn fühlt und ausgießen soll. So wird vermieden, dass Gott als jemand erscheint, der seinen Zorn nicht zurückhalten kann. Die Nennung der nachexilischen Gemeinde in V. 18 könnte auf einem Schreibfehler in der hebräischen Überlieferung beruhen. Der Zusatz „als Festung" in V. 27 spielt wohl auf 1,18 an oder ist eine in den Text geratene Randglosse.

Synthese

In Jer 6 halten sich Adressierungen des Volkes und der weiblichen Stadt in etwa die Waage. Jerusalem wird in 6,1.3–5 als Ort des feindlichen Angriffs genannt, in 6,6f.8 sind die räumliche und personale Darstellung eng verflochten, Stadtraum und weibliche Gestalt also kaum zu trennen. Die Stadt und ihre Bevölkerung werden als schutz- und wehrlose junge Frau porträtiert, die starr vor Schreck reagiert und dem Feind nichts entgegenzusetzen hat. Die Ankündigung, der Feind komme „wie ein Mann" auf die Tochter Zion zu (V. 23), hat eine sexuelle Konnotation, insofern die Eroberung der Stadt einer Vergewaltigung der „Tochter" entspricht. Der in 6,22–25 beschriebene Angriff mündet in den Aufruf an die als Tochter personifizierte Stadtbevölkerung, die Totenklage über den eigenen Untergang anzustimmen (6,26).

Rhetorisch und mithilfe eingestreuter Zitate stellt 6,22–26 somit die Eroberung Jerusalems vor Augen, wobei sexualisierte und militärische Gewalt unheilvoll miteinander verknüpft werden. Diese Metaphorik der Gewalt trägt zu einem „blaming the victim" bei, das erklärungsbedürftig und abstoßend ist. Die hierarchische Geschlechterbeziehung sollte ursprünglich die implizierten Erstadressat*innen, insbesondere die überwiegend männlichen Führungspersonen Jerusalems (König, Beamte, Priester) beschämen, indem sie deren öffentliche, gewalttätige Unterwerfung durch den Feind und den Horror des Belagerungskrieges beschreibt. Die Wirkung dieser Metaphorik ist aus heutiger Perspektive jedoch fatal, da sie weibliche Sexualität verzerrt darstellt und deren Kontrolle durch Männer propagiert. Auch im Blick auf das Gottesbild ist die Metapher vom zornigen Vater oder Ehemann, der die sexualisierte Gewalt des Feindes zulässt, ungeeignet, die Beziehung Gottes zu seinem Volk angemessen auszudrücken.

In Jer 6 wird das Volk des sozialen Fehlverhaltens und der Abkehr vom rechten Weg angeklagt, wobei unterschiedliche Gruppen die Gesamtheit repräsentieren: Kleine und Große (6,13), Väter und Kinder, Einwohner*innen und Nachbarn (6,21). Gottes Zornreaktion trifft daher Junge und Alte, Männer und Frauen gleichermaßen (6,11f.). Die Vergehen sind sozialer Art: „Gewalttat und Unterdrückung" (6,7), Gewinnstreben zum eigenen Vorteil (6,13) und Verleumdung (6,28). Die Prophet*innen werden explizit der falschen Heilsprophetie bezichtigt (6,14). Das Verhältnis des Volkes zu Jhwh ist gestört durch die fehlende Bereitschaft, auf die bestellten Wächter zu hören (6,10a), bis hin zum bewussten Ungehorsam (6,10b.16f.). Selbst der Versuch, mittels des Kultes und Opfergaben Gott wieder gnädig zu stimmen, wird als unwirksam dargestellt (6,20f.). Somit erscheint das Verhältnis Gottes zu seinem Volk als gänzlich zerrüttet. Zwar kommt das Volk in Ausrufen zu Wort, diese Zitatreden unterstreichen jedoch nur dessen negative Bewertung. Das Urteil Gottes ist in Jer 6 hegemonial und der literarische Jeremia übernimmt sogar den göttlichen Zorn (V. 11). Da die Friedensrufe der Prophet*innen als falsch dargestellt werden, ist die Einschätzung der Situation kurz vor der Eroberung Jerusalems gänzlich negativ, so dass die Mahnung in V. 8, sich belehren zu lassen, nur als eine unrealistische Möglichkeit der Verschonung in den Blick kommt.

Die Frage nach dem rhetorischen Ziel des Kapitels ist angesichts der Vielfalt an Perspektiven und Figuren nicht einfach zu beantworten. Werden die Schrecken der Einnahme einer Stadt einerseits aus der Außenperspektive geschildert, so verkörpern die Weherufe der eingeschlossenen Menschen und die in Wehen liegende Tochter Zion die Ängste und das Leiden der Opfer. Gleichzeitig wird die weibliche Stadt aber als Quelle der Bosheit charakterisiert, und Jeremias Zornausbruch zeigt eine emotionale Reaktion auf so viel Ungerechtigkeit, die zugleich die göttliche Innenperspektive erhellt.

Das rhetorische Ziel

Mit welcher Figur sollen die Leser*innen sympathisieren? Amy Kalmanofsky, die Jer 6 mit dem Skript eines Horrorfilms vergleicht und das Monströse sowohl der Feinde bzw. Gottes als auch Jerusalems aufzeigt, kommt zu dem Schluss, dass diese Prophetie die Leser*innen in Angst versetzen und in ein emotionales Ringen hineinziehen will. Letztlich schwöre sie die Rezipient*innen auf die Perspektive Jhwhs ein und weise das von ihm in Gang gesetzte Kriegsszenario als gerechte Strafe aus.[93] Dieser Versuch, Gottes Perspektive zu erläutern, geschieht jedoch nicht einlinig, sondern mehrdimensional, wobei der Prophet kurzfristig Gottes

---

93   Vgl. Kalmanofsky, Terror All Around, 130–134.

Zorn in sich fühlt (V. 11), sich andererseits aber mit dem Volk identifiziert (V. 25f.). So stellt Jeremias Empathie mit den Adressat*innen zugleich die Gewalt in Frage, mit der Gott auf das Fehlverhalten seines Volkes antwortet. Bei aller von den Leser*innen geforderten Zustimmung zur Schuld Jerusalems bleibt ein Rest an Widerständigkeit. Die hier anklingende Frage, ob Gott zu viel verlangt, von Jeremia und vom Volk, und ob er übermäßig straft, wird in den Klagen in Jer 8–9 und in den Klagegedichten in Jer 11–20 ausdrücklich thematisiert.

Jer 7,1 – 8,3: Kritik am Tempel und an anderen Kulten

Textabgrenzung und Kommunikationsstruktur

Jeremias Rede gegen den Tempel von Jerusalem ist in MT durch eine Wortereignis-formel mit Relativsatz, die Ortsangabe „im Tor des Hauses Jhwhs" und einen Rede-auftrag eingeleitet, die in LXX fehlen. Dies entspricht den Redeeinleitungen in 11,1; 18,1; 21,1 und basiert auf der Nennung des Tempelhofes in 26,2. Am Ende bietet MT über LXX hinaus die Zitationsformel (8,3) und einen weiteren Redeauf-trag (8,4). Neben diesen expliziten Zäsuren heben der Prosastil und mehrfach inei-nander verschachtelte, direkte Zitate Jer 7,2 – 8,3 aus dem Kontext heraus.

Inhaltlich ist 7,1 – 8,3 mit Kap. 26 verbunden, das von Jeremias Auftritt im Jerusalemer Tempel erzählt: Jeremia wiederholt im Tempelvorhof seine ganze bis-herige Botschaft, woraufhin Priester, Prophet*innen und das Volk ihn auf der Stelle töten wollen, weil er gegen Tempel und Stadt prophezeie (26,9 par. 7,12.14). Diese Lynchjustiz wird jedoch durch das Einschreiten der königlichen Beamten unterbunden, die *ad hoc* eine öffentliche Anhörung inszenieren und entscheiden, Jeremia sei von Jhwh gesandt (26,10–16). Erst nach diesem Urteil steuern die Ältes-ten des Landes das Argument bei, König Hiskija habe den Propheten Micha, der Jerusalem die Zerstörung angekündigt habe, auch nicht getötet, sondern Buße getan und damit das Unheil abgewendet (26,17–19). Davon abweichend notiert der letzte Vers, es sei nur dem Schafaniden Ahikam zu verdanken, dass Jeremia nicht dem Volk ausgeliefert wurde (26,24).

Gemäß MT leitet der Bucherzähler in 7,1 die Rede als Wort Jhwhs an Jeremia ein mit dem Befehl, sie im Tempeltor „ganz Juda" vorzutragen. Obwohl die Ausfüh-rung des göttlichen Redeauftrags erst in Jer 26,8 vermerkt wird, signalisiert Jer 7,1 – 8,4 den Übergang von der privaten zur öffentlichen Kommunikation und macht so alle späteren Leser*innen zu Mitadressat*innen des Gotteswortes. Ob-wohl LXX in 7,2 nur den Höraufruf an Juda überliefert, wird durch das Gespräch zwischen Jhwh und Jeremia in 6,27–30 deutlich, dass der Prophet in 7,2 Jhwhs Wort zitiert.[1] Da die von Jeremia zu sprechenden Worte und die Zitate des Volkes in direkter Rede formuliert sind, ergibt sich eine komplexe Kommunikationsstruk-tur mit Einbettungen in bis zu fünf Ebenen (in MT). Wie in der Einleitung beschrie-ben, werden nach dem Modell Hardmeiers die Kommunikationsebenen durch Ein-rückungen in der Übersetzung dargestellt.

K1 K2 K3 K4 K5

1 ª[Das Wort, das an Jeremia erging von Jhwh:

    2 Stelle dich in das Tor des Hauses Jhwhs und rufe dort dieses Wort aus und sage:]

---

1   So mit Finsterbusch/Jacoby, MT-Jeremia 1–24, 102.

K1 K2 K3 K4 K5

Hört das Wort JHWHS, ganz Juda [die ihr durch diese Tore hineingeht, um euch niederzuwerfen vor JHWH]ᵃ:

3 So spricht JHWH [Zebaot], der Gott Israels:

> Bessert eure Wege und eure Taten, dann will ich euch wohnen lassenᵃ an diesem Ort. 4 Vertraut um euretwillenᵃ nicht auf Lügenworte
>
> _{denn sie werden euch überhaupt nichts nützen}ᵇ wie:
>
> > „Der Tempel JHWHS, der Tempel JHWHS [, der Tempel JHWHS]ᶜ ist dies!ᵈ"
>
> 5 Ja, wenn ihr wirklich eure Wege und eure Taten bessert, wenn ihr wirklich Recht schafft zwischen einem Mann und seinem Nächsten – 6 Fremdling, Waise und Witwe unterdrückt nichtᵃ und vergießt nicht unschuldiges Blut an diesem Ort und lauft nicht hinter anderen Gottheiten her, euch zum Übel –, 7 dann will ich euch wohnen lassenᵃ an diesem Ort, in dem Land, das ich euren Vorfahren von jeher und für immer gab. 8 Seht, um euretwillen vertraut ihr /_{wenn ihr vertraut}ᵃ auf Lügenworte, ohne dass es euch nützt. 9 Wie (könnt ihr) stehlen, morden und ehebrechen und falsch schwören und dem Baal räuchern und hinter anderen Gottheiten herlaufen, die ihr nicht kennt?ᵃ 10 _{sodass es euch zum Übel gereiche?}ᵃ Und dann kommt ihr und tretet vor mich in _{diesem}/ demᵇ Haus, über dem mein Name ausgerufen wird, und sprecht:
>
> > „Wir sind gerettet!" /_{„Fern sind wir davon,"}ᶜ
>
> [um] all diese Gräuel zu tun? 11 Ist _{dieses}/ meinᵃ Haus, über dem <dort>ᵇ mein Name ausgerufen wird, in euren Augen eine Räuberhöhle geworden? Auch ich, siehe, habe (es) gesehen – Spruch JHWHS. 12 Ja, geht doch zu meiner Stätte, die in Schilo ist, an der ich meinen Namen zum ersten Mal wohnen ließ, und seht, was ich ihr angetan habe wegen der Bosheit meines Volkes Israel.
>
> 13 Jetzt aber, weil ihr all diese Taten getan habt [Spruch JHWHS] – ich redete zu euch [unentwegt]ᵃ, ihr aber hörtet nicht auf mich; ich rief zu euch, ihr aber antwortetet mir nicht –, 14 werde ich dem Haus tun, über dem mein Name ausgerufen wird, auf das ihr euch verlasst, und dem Ort, den ich euch und euren Vorfahren gab, wie ich Schilo tat. 15 Und ich werde euch verstoßen von meinem Angesicht, wie ich [alle]ᵃ eure Geschwister verstoßen habe, den ganzen Samen Efraims.

16 Du aberᵃ, bete nichtᵇ für dieses Volk und erhebe um seinetwillen weder Klageruf noch Gebet und dringe nicht bittend in mich _{um ihretwillen}ᶜ, denn ich höre [dich]ᵈ keinesfalls. 17 Siehst du nicht, was diese tun in den Städten Judas und auf den Gassen Jerusalems? 18 Die /_{ihre}ᵃ Kinder lesen Hölzer auf und die /_{ihre}ᵃ Väter zünden das Feuer an und die /_{ihre}ᵃ Frauen stellen Teig her, um der Himmelskönigin /_{dem Himmelsheer}ᵇ Opferkuchen zu machen und fremden Gottheiten Trankopfer zu spenden, um mich zu beleidigen. 19 Beleidigen sie aber mich – Spruch JHWHS – und nicht sich selbst zur Schande ihres Angesichts?

K1 K2 K3 K4 K5

20 Deshalb, so spricht [der Herr][a] J̲HWH:

Siehe, mein Zorn, mein Grimm ergießt sich über diesen Ort, über die Menschheit und über das Vieh und über die Bäume[b] des Feldes und über die Früchte des Ackerbodens, und er wird brennen und nicht erlöschen.

21 So spricht J̲HWH [Zebaot, der Gott Israels]:

Eure Brandopfer fügt zu euren Schlachtopfern hinzu und esst Fleisch! 22 Denn ich habe nicht mit euren Vorfahren geredet und ich habe ihnen nicht geboten am Tag, als ich[a] sie aus dem Land Ägypten heraufführte, [über Angelegenheiten][b] von Brand- und Schlachtopfern, 23 sondern dieses Wort habe ich ihnen geboten:

Hört auf meine Stimme, dann werde ich euch Gott sein und ihr werdet mir Volk sein, und wandelt auf dem ganzen Weg, den ich euch gebieten werde, damit es euch wohlergehe.

24 Aber sie hörten nicht und neigten ihr Ohr nicht und wandelten [in Plänen,][a] in der Verstocktheit ihres bösen Herzens; sie waren[b] rückwärtsgewandt und nicht nach vorne. 25 Seit dem Tag, an dem eure /ihre[a] Vorfahren auszogen aus dem Land Ägypten, bis zu diesem Tag sandte ich zu euch alle meine Knechte, die Propheten, täglich, unermüdlich[b] sandte ich sie. 26 Aber sie[a] haben nicht auf mich gehört und ihr Ohr nicht geneigt. Sie machten ihren Nacken härter[, sie handelten schlimmer][b] als ihre Vorfahren.

27 [a][Rede zu ihnen alle diese Worte; sie aber werden nicht auf dich hören. Rufe zu ihnen; sie aber werden dir nicht antworten.] 28 Sage zu ihnen <dieses Wort>[a]:

Dies ist die Nation, die nicht gehört hat auf die Stimme J̲HWHs[, ihres Gottes,] und die nicht Zucht angenommen hat. Verschwunden ist die Wahrhaftigkeit [und ausgerottet] aus ihrem {masc. plur.} Mund.

29 Schere dein {fem. sing.}[2] (Haupt)haar[a] und wirf (es) weg, und erhebe auf den kahlen Höhen[b] eine Totenklage:

Ja, J̲HWH hat verworfen und aufgegeben die Generation seines Zorns. 30 Denn die Kinder Judas haben getan, was in meinen Augen böse ist – Spruch J̲HWHs. Sie haben ihre Scheusale aufgestellt in dem Haus, über dem mein Name ausgerufen wird, um es unrein zu machen. 31 Und sie haben die Höhen /den Altar[a] des Tofet[b] gebaut, die im Tal Ben-Hinnom sind, um ihre Söhne und ihre Töchter im Feuer zu verbrennen, was ich <ihnen> nicht geboten habe und mir nicht in den Sinn[c] gekommen ist.

---

2 Die weibliche Figur ist wohl Juda, deren Kinder in 7,30 erwähnt sind und die in 7,2 adressiert wird; vgl. FINSTERBUSCH/JACOBY, MT-Jeremia 1–24, 111. Dagegen nimmt FISCHER (HThKAT, 316) Jerusalem als Adressatin an.

K1 K2 K3 K4 K5

32 Deshalb, siehe, Tage kommen – *Spruch J*ʜᴡʜꜱ –, da wird man nicht mehr sagen <sub der Altar von> „[das]ᵃ Tofet" und „Tal Ben-Hinnom", sondern „Tal des Mordens /ᴛₐₗ ᵈₑᵣ Ermordeten"ᵇ und sie werden im Tofet begraben aus Mangel an Raum. 33 Und der Leichnam dieses Volkes wird den Vögeln des Himmels und dem Getier der Erde als Fraß dienen, und keiner wird da sein, der verscheucht. 34 Und ich werde beenden in den Städten Judas und den Gassen Jerusalems Jubelrufᵃ und Freudenträller, jauchzende Stimmen von Bräutigam und Braut, denn zu einer Trümmerstätte wird das Land werden.

8,1 Zu jener Zeit – *Spruch J*ʜᴡʜꜱ – wird manᵃ die Gebeine der Könige Judas und die Gebeine seiner Beamten und die Gebeine der Priester und die Gebeine der Propheten und die Gebeine der Einwohner Jerusalems aus ihren Gräbern herausholen. 2 Und man wird sie vor der Sonne und dem Mond <und allen Sternen>ᵃ und dem ganzen Himmelsheer ausstreuen, die sie geliebt haben und denen sie gedient haben und hinter denen sie hergelaufen sind und die sie befragt haben und vor denen sie sich niedergeworfen haben. Sie werden nicht eingesammelt und nicht begraben werden. Als Düngerᵇ auf dem Ackerboden werden sie dienen. 3 Erwählenswerter wird der Tod sein als das Leben für den ganzen Rest der von dieser [bösen] Sippe Übriggebliebenen, an allen [restlichen]ᵃ Orten, an die ich sie verstoßen habeᵇ [– *Spruch J*ʜᴡʜ *Zebaots*].

Anmerkungen zu Text und Übersetzung

*   Die Kommunikationsebenen sind in der Übersetzung durch Einrücken dargestellt. Eingebettete Zitate der Ebene 5 sind durch doppelte Anführungszeichen markiert. Zum System der Klammern und Kleinschreibung s. o. S. 22.

1a LXX setzt erst in 7,2b mit dem Höraufruf an ganz Juda ein. Dass die Einleitung prämasoretisch nachgetragen ist, zeigen zwei Beobachtungen: In V. 10f. verweist LXX mit „dem Haus, über dem mein Name ausgerufen wird" auf den Tempel, der bisher nicht genannt wurde, während MT sich mit „diesem Haus" auf den bereits in V. 2 genannten Tempel bezieht; vgl. Jᴀɴᴢᴇɴ, Studies, 36f.; Sᴛɪᴘᴘ, Sondergut, 109f. Außerdem ändert MT in V. 3 und V. 7 den Text (s. u.).

2a Die Wendung הבאים בשערים האלה findet sich noch in den Prosareden 17,20; 22,2; der Satz wurde prämasoretisch zusammen mit der Einleitung hinzugefügt; vgl. Jᴀɴᴢᴇɴ, Studies, 36f.

3a So mit der Vokalisierung in MT, die auch LXX voraussetzt, gegen V und Aquila, die eine Qal-Form mit Präposition את annehmen: „dann werde ich bei euch wohnen an diesem Ort". שָׁכֵן Qal mit Präposition findet sich nur in Lev 16,16 und Jes 57,15. Die Schwierigkeit, dass המקום in V. 3b wegen der Einleitung V. 2[MT⁺] das Tempelareal meint, in dem die Bevölkerung nicht wohnen kann, gab es ursprünglich nicht. V und Aquila sind nach Zufügung der Einleitung entstanden.

4a Zur Verstärkung des Imperativs ist לכם als *dativus ethicus* i. S. v. „zu eurem eigenen Nutzen" (GK § 119s) zu verstehen. LXX fasst ihn als adverbiale Ergänzung „bei euch"; vgl. Fɪɴsᴛᴇʀʙᴜsᴄʜ/Jᴀᴄᴏʙʏ, MT-Jeremia 1–24, 102.

4b Der Überschuss in LXX kann mit כי לא יועילו לכם rückübersetzt werden und erweist sich als ein an V. 8b orientierter Zusatz des Übersetzers, der τὸ παράπαν auch andernorts gelegentlich zur Verstärkung hinzufügt; vgl. Janzen, Studies, 63; Stipp, Interpretierende Übersetzung, 191.

4c LXX überliefert den Ausdruck nur zweimal; die dreifache Nennung geht, wie in 22,29, auf die prämasoretischen Bearbeiter zurück; vgl. Stipp, Konkordanz, 162f.

4d Während LXX mit ἐστίν auf den Tempel verweist, bietet MT das Personalpronomen המה „sie", was bisher nicht überzeugend erklärt werden konnte. McKane (ICC, 160f.) zufolge gleicht LXX an den Kontext an. In 2,26; 4,22; 6,28; 7,17 u. ö. bezieht sich המה auf diejenigen, die Falsches tun, dient also der Distanzierung. Der Plural könnte mit Sharp (Prophecy and Ideology, 45–47) daher auf die Kultbediensteten oder die Prophet*innen gemünzt sein, die sich zum Tempel halten, aber aus Jeremias Sicht Falsches ankündigen (vgl. Hananja in 28,1–3).

6a Viele hebräische Hss. bieten statt des Prohibitivs mit לא einen Vetitiv mit אל; Letzterer gleicht sekundär an den nächsten Satz an. Alle drei Forderungen in V. 6 bilden eine Parenthese zwischen der Bedingung in V. 5 und der Folge in V. 7.

7a Wenige hebräische Hss. und V übersetzen wie in V. 3 „dann werde ich bei euch wohnen".

8a LXX setzt mit εἰ δέ konditional ein und versteht V. 8–10 als Protasis und V. 11 als Apodosis; vgl. Finsterbusch/Jacoby, MT-Jeremia 1–24, 104. Die Variante liegt aber nahe bei ἰδέ = הנה, so dass keine andere Vorlage angenommen werden muss. Außerdem fehlt in LXX ein Äquivalent für den *dativus ethicus* לכם.

9a LXX gebraucht durchweg finite Verbformen der 2. plur., die V. 8 weiterführen. Die hebräische Satzfrage mit Infinitiv ist nicht ins Griechische (und schwer ins Deutsche) übertragbar. LXX orientiert sich an der Reihenfolge im Dekalog: morden, ehebrechen, stehlen. Dass die Übersetzer hier änderten, ist einfacher zu erklären als eine Umstellung in der hebräischen Tradition, die sich sonst eher an Pentateuch-Stellen ausrichtet, hier aber gegenläufig vorgegangen sein müsste.

10a Der LXX-Überschuss glossiert V. 6b und stellt eine Sonderlesart dar; vgl. Stipp, Sondergut, 147.

10b Die Demonstrativpartikel in MT hat in LXX kein Äquivalent und bezieht sich auf die in MT prämasoretisch zugefügte Einleitung; vgl. Stipp, Sondergut, 109.

10c LXX überliefert einen sinngemäß anderen Satz, der V. 10aβ.b kohärent an V. 8f. anschließt. Die Übersetzer glätten (so McKane, ICC, 163) oder haben אצלנו anstelle von נצלנו gelesen (so Finsterbusch/Jacoby, MT-Jeremia 1–24, 104).

11a LXX bietet die ursprüngliche Fassung, die in MT geändert wurde, s. o. zu 10b.

11b LXX verstärkt hier die Aussage.

13a MT השכם ודבר bedeutet wörtlich „früh aufstehen und reden"; die Wendung fehlt in LXX, findet sich zwölfmal im Buch, darunter dreimal in MT-Zusätzen (11,7; 29,19; 35,15). Diese „Unermüdlichkeitsformel" (Stipp, Konkordanz, 132) betont die Dauer oder Intensität des Vorgangs.

15a כל fehlt in LXX und ist ein Zusatz, der die Aussage abrundet; vgl. Janzen, Studies, 65–67.

16a Der abrupte Wechsel in die direkte Anrede an Jeremia ist ein rhetorischer Bruch. Vier griechische Minuskeln aus dem 10.–14. Jh. glätten mit der Einleitung καὶ εἶπεν κύριος; gefolgt von der bohairischen und äthiopischen Übersetzung; vgl. App. LXX; Meier, Speaking of Speaking, 268.

16b LXX übersetzt die ersten drei Imperative mit Imperativ Präsens, betont also die Grundsätzlichkeit des Verbots; vgl. 11,14 und Finsterbusch/Jacoby, MT-Jeremia 1–24, 106.

16c Der Hinweis auf die Nutznießer der Fürbitte in LXX greift בעדם aus dem Nahkontext glossierend auf; vgl. Stipp, Sondergut, 146.

16d LXX bietet kein Äquivalent für „dich" (vgl. noch 11,14; 14,12), was eher mit dem generellen Verständnis des Verbots zu tun hat als mit einer anderen Vorlage; s. o. zu 16b.

18a Die Possessivpronomen in LXX sind als interpretierende Übersetzung zu verstehen, die den Bezug zu αὐτοί in V. 17 verstärkt.

18b LXX hat mit τῇ στρατιᾷ τοῦ οὐρανοῦ das in 8,2 genannte Himmelsheer im Blick, vielleicht auch den Beinamen der Aphrodite (Στρατεία), die griechische Entsprechung zu Ischtar; vgl. RUDOLPH, HAT, 52, Anm. 1. Aquila, Symmachus und Theodotion stützen aber mit τῇ βασιλίσσῃ den MT (entsprechend auch V); ebenso in Jer^{LXX} 51,17.18.19.25. MT bietet mit מְלֶכֶת eine tendenziöse Punktierung von מְלְכַּת; vgl. RUDOLPH, HAT, 52.

20a Der Nachtrag von אדני in MT ist ungewöhnlich. Die Botenformel dient hier der Bekräftigung und unterstreicht, dass Gott Jeremia vorträgt, was dieser dem Volk weitersagen soll; so auch FINSTERBUSCH/JACOBY, MT-Jeremia 1–24, 107. S. u. die synchrone Analyse.

20b MT verwendet für „Baum" und „Frucht" Singularformen, die jeweils die Gesamtheit meinen. Die Formulierung „jeder Baum" und „die Früchte des Erdbodens" in LXX drückt dasselbe aus.

22a Das *Ketiv* bietet nur den Infinitiv Hif. הוציא, das *Qere* den Infinitiv mit Suffix der 1. sing., wie auch viele hebräische Hss. LXX weist hier und in 11,4 eine finite Verbform auf, obwohl sie in 12,15 einen vergleichbaren Infinitiv auch mit Infinitiv übersetzt.

22b Das in MT zugesetzte דברי meint hier nicht „Worte", sondern, wie in 1,1, „Angelegenheiten".

24a במעצות ist in der sonst häufigen Wendung singulär und hat kein Äquivalent in LXX; es ist wohl aus Ps 81,13 eingedrungen; vgl. JANZEN, Studies, 11 und 193, Anm. 7; RUDOLPH, HAT, 52; HOLLADAY, Hermeneia, 257.

24b Die ungewöhnliche Formulierung „sie wurden zu einem Rücken und nicht zu einem Angesicht" in MT wird von LXX gestützt und stellt gegenüber der Variante וילכו „sie gingen" in wenigen hebräischen Hss. die *lectio difficilior* dar.

25a Die LXX-Überlieferung ist zwischen οἱ πατέρες αὐτῶν (Kodex B, Katenengruppe), οἱ πατέρες ὑμῶν (Minuskeln 130.311) und in V. 25b zwischen πρὸς ὑμᾶς (Kodex B) und πρὸς αὐτούς (Katenengruppe, Minuskeln 239.410) gespalten. Für V. 25a ist „ihre" (3. plur.) die bestbezeugte Lesart (so auch S und V). Diese ist insofern unsinnig, als V. 22 mit „eure Vorfahren" bereits auf die Exodusgeneration verweist und „ihre Vorfahren" in 25 sich dann auf die Vorfahren der Exodusgeneration beziehen würde. Das kann nicht gemeint sein, denn V. 25 spannt den Bogen von der Exodusgeneration zu den Adressat*innen der Rede. STIPP (Sondergut, 47) weist auf 7,25 als ein Beispiel für die pedantische Wiedergabe auch von Textfehlern durch die LXX-Übersetzer hin. Dagegen nimmt THIEL (Redaktion I, 124) in MT einen Schreibfehler an.

25b Die Unermüdlichkeitsformel (wörtlich „ein Frühaufstehen und ein Senden") wird von LXX mit „und frühmorgens und ich habe gesandt" holprig übersetzt.

26a FINSTERBUSCH/JACOBY (MT-Jeremia 1–24, 109) deuten den Wechsel von der direkten Anrede zur Rede über das Volk als Distanzierung JHWHs vom Volk. GLANZ (Participant-Reference Shifts, 271) zufolge reden V. 24.26 in 3. plur. vom Volk als Ganzem, V. 25 adressiert in 2. plur. die Zeitgenossen Jeremias als Teilmenge, wobei אליכם in V. 25 sich auf beide Größen bezieht.

26b Ein Äquivalent für הרעו fehlt in LXX; die asyndetische Form erweist das Verb als MT-Zusatz.

27a Der Vers fehlt in LXX. Gegen FINSTERBUSCH/JACOBY (MT-Jeremia 1–24, 111) führt V. 27 nicht die Erzählung der Gottesstimme in V. 24–26 fort, deren Hauptsätze *wajjiqtol*-Formen bieten. Vielmehr greift der prämasoretisch zugefügte Vers auf den Beginn der Rede zurück; die *wᵉqatal*-Formen ודברת und וקראת sind, wie in V. 2, als Befehle zu deuten.

28a τὸν λόγον τοῦτον ist wohl eine glossierende Übersetzung; vgl. STIPP, Sondergut, 147.

29a MT „schere deine Weihung" ist eine idiomatische Wendung für den Brauch, das Haar zum Zeichen der Trauer abzuschneiden (Hiob 1,20; Mi 1,16); vgl. JANZEN, Studies, 89.

29b MT שׂפים meint wie in 3,21; 14,6 die „kahlen Höhen"; LXX ἐπὶ χειλέων liest aus Unkenntnis des Wortes שׂפתים „Lippen" aufgrund des Kontextes; vgl. Tov, Septuagint Translators, 207.

31a Für MT במות התפת „die Kulthöhen des Tofet" (so auch 4QJer^a; vgl. DJD XV, 155) bietet LXX den Singular τὸν βωμὸν τοῦ Ταφεθ. LXX verwendet im Pentateuch βωμός durchgängig für einen heidnischen Altar, für eine jüdische Opferstätte aber θυσιαστήριον; vgl. Tov, Emanuel, Theologically Motivated Exegesis Embedded in the Septuagint: ders., The Greek and Hebrew Bible. Collected Essays on the Septuagint (VT.S 72), Leiden u. a.: Brill 1999, 257–269, 263f.

31b Nach Duhm (KHC, 85) hat LXX mit Ταφεθ die ursprüngliche Aussprache תֶּפֶת bewahrt, die eine Feuerstätte meint (vgl. Jes 30,33 תָּפְתֶּה; aramäisch t^epājāʾ „Kochherd"). Die Vokalisation תֶּפֶת wird in MT zu תֹּפֶת verzerrt in Analogie zu בֹּשֶׁת „Schande"; vgl. Rudolph, HAT, 56; McKane, ICC, 179; Carroll, Jeremiah, 220. S. u. den Exkurs „Das Tofet im Ben-Hinnom-Tal", S. 178.

31c MT wörtlich: „was nicht in mein Herz aufgestiegen ist".

32a In MT steht Tofet mit Artikel, während LXX wie in V. 31 vom (heidnischen) Altar spricht.

32b MT wird von 4QJer^a (vgl. DJD XV, 155) gestützt; LXX hat die Opfer im Blick.

34a MT bietet einen rhythmischen Spruch: קוֹל שָׂשׂוֹן וְקוֹל שִׂמְחָה קוֹל חָתָן וְקוֹל כַּלָּה. LXX übersetzt die ersten beiden Nomen mit plur. Partizipien.

8,1a Das Ketiv ויציאו verwechselt י/ו, was das Qere יוֹציאו „sie werden herausholen" korrigiert (so auch 4QJer^a). Auch LXX übersetzt die generelle Aussage (daher im Deutschen „man") futurisch.

2a Der LXX-Zusatz entspricht Dtn 4,19; vgl. Janzen, Studies, 31; McKane, ICC, 181f.

2b LXX εἰς παράδειγμα geht entweder auf eine Verschreibung von לדמן (MT) zu לסמן zurück (so Finsterbusch/Jacoby, MT-Jeremia 1–24, 112) oder ist als Form von דמה I „ähnlich sein" erschlossen (so Stipp, Synopse, z. St.). Derselbe Fall tritt an den Parallelstellen 9,21; 16,4 auf, während LXX in 32,19 (vgl. 2 Kön 9,37) semantisch äquivalent übersetzt.

3a Das Attribut הנשׁארים fehlt in einer hebräischen Hs., LXX und S. Der Nachtrag stört die Fortsetzung mit Relativsatz (vgl. 16,15; 23,3.8; 24,9; 29,14; 32,37); vgl. McKane, ICC, 182.

3b Die qatal-Form von נדח Hif. in MT blickt zurück, während LXX mit dem prospektiven Konjunktiv ἐὰν ἐξώσω übersetzt. Der umgekehrte Fall findet sich in 24,9.

Synchrone Analyse

In Jer 7,1 MT übermittelt der Bucherzähler einen Redeauftrag Jhwhs an Jeremia,   Redestruktur
so dass das Folgende als von Jeremia gesprochenes Gotteswort an „ganz Juda"
präsentiert wird. LXX leitet mit „Hört das Wort des Herrn, ganz Juda" (7,2b) dieselbe Kommunikationssituation ein.

Die Rede weist für 7,1–15 MT eine Differenzierung in fünf Ebenen auf, deren Wechsel jeweils mittels Einleitungen markiert sind. In ihrem weiteren Verlauf finden sich allerdings einige unmarkierte Wechsel. So erfolgt das „Du" in V. 16 völlig unvermittelt und stellt einen Bruch der Kommunikation dar. Es kann in MT aufgrund der Redeeinleitung in 7,1–2*[MT^+] als erneute Anrede an den Propheten verstanden werden, in LXX zitiert Jeremia das an ihn selbst gerichtete Fürbittverbot ohne weitere Einleitung.[3] Ist der Übergang von der Anrede Jeremias in V. 16f.

---

3   Vgl. Finsterbusch/Jacoby, MT-Jeremia 1–24, 106.

zur Schilderung des Handelns des Volkes in V. 18f. im Leseverlauf noch verständlich, so steht die Botenformel in V. 20 dazu in Spannung, da sie als Zitateinleitung Gottes Urteil über den Ort präsentiert. Die folgende Botenformel in V. 21 hat dagegen die übliche Funktion und setzt die Jeremia aufgetragenen Worte an das Volk fort. Der Wechsel von der direkten Anrede der Adressat*innen zur Rede über sie in V. 26 ist zwar aus den Verbformen ersichtlich. Da Jhwh sich aber in V. 28 erneut direkt an Jeremia wendet (was der in MT zugefügte V. 27 nur verstärkt), ist auch an dieser Stelle ein Bruch der Redestruktur zu erkennen. In 7,28 – 8,3 sind die Ebenenwechsel wieder markiert. Nach der Charakterisierung des Volkes als ungehorsam (V. 28) adressieren die Imperative in V. 29 das weiblich personifizierte Kollektiv Juda,[4] deren Totenklage V. 29b zitiert. V. 30 führt den Schuldaufweis bezüglich des Tofet fort; V. 32-34 kündigt die Profanierung dieser Kultstätte und das Ende derer an, die an ihr opferten. 8,1-3 weitet die Unheilsankündigung auch auf die bereits bestatteten Toten aus.

Mittels der drei expliziten Adressierungen Jeremias in V. 2.16.27 ist die Rede in LXX und MT dreigeteilt, allerdings erfolgt die Beauftragung Jeremias in LXX zu Beginn nur implizit. Gleichzeitig zeigen die abrupten Redewechsel an, dass der Text nicht aus einem Guss ist. Die gesamte Rede bietet eine stereotype Sprache und eine breite Diktion mit 21 Relativsätzen, Konditional- (V. 5.23) und Finalsätzen (V. 10.28.23). Es finden sich nur zwei dezidiert kurze Sätze (V. 21b.34aβ).

Leitwort: „dieser Ort"   Die drei Teile der Rede sind über den Begriff מקום „Ort, Stätte" miteinander verklammert, der mit sechs Belegen (7,3.6.7.12.14.20) Leitwortcharakter hat. In V. 3.7 bezieht er sich auf die Stadt, in der die Adressat*innen wohnen, in V. 12 auf das Heiligtum in Schilo und in V. 14 auf das Gebiet Jerusalems, das hier als von Gott gewährter Besitz definiert wird; in V. 20 bezeichnet מקום Jerusalem und die Städte Judas, die in V. 17 genannt sind; nur in V. 6 bleibt offen, ob das Stadtgebiet oder das Tempelareal Ort des Blutvergießens ist. Durch die Einleitung in 7,1-2*[MT⁺] wird „dieser Ort" zum Tempelareal, was spätere Übersetzungen veranlasste, den Satz „ich werde euch wohnen lassen" (V. 3.7) in „dann werde ich bei euch wohnen" zu ändern, weil nur Gott im Tempel wohnen kann.[5]

Die Ambivalenz des Begriffs מקום in Jer 7 vermeidet die Aussage, Gott habe die Zerstörung seines Heiligtums selbst verfügt oder diese gar verursacht.[6] Auch die Formulierung „wie ich mit Schilo verfuhr" (V. 14) deutet eine Zerstörung des Heiligtums nur an. Interessanterweise dient der an sich unspektakuläre Ausdruck המקום הזה „dieser Ort" nicht nur in 7,1 – 8,3, sondern im gesamten Jeremiabuch als Leitwort.[7] Er ersetzt in Unheils- (14,13; 16,2.3.9; 22,11; 24,5) wie in Heilsworten die Nennung Jerusalems (27,22; 28,4; 29,10; 32,37) oder des Tempels (28,3.6).[8]

Weitere Elemente, die die drei Redeteile verbinden, sind die Wendung „(das) Haus, über dem mein Name ausgerufen wird" (V. 10.11.30) sowie der Rekurs auf

---

4   Vergleichbar der Stilisierung des Volkes als בת־עמי in Jer 4,11; 6,26; 8,19-23; 9,6; 14,17; s. o. den Exkurs „Die Adressatin im Jeremiabuch", S. 79.

5   S. o. die Textkritik zu 7,3a.

6   Mit Davidson, Ambivalence and Temple Destruction, 168f.

7   Über Jer 7 hinaus ist er noch 26mal belegt; vgl. Stipp, Konkordanz, 84f.

8   Weiter verweist המקום הזה auf das Stadtgebiet (40,2), den Königspalast (22,3), das Tofet im Hinnomtal (19,4.6.7.12) und den Fluchtort in Ägypten (44,29). In 33,10.12 kann die Stadt oder der Tempel gemeint sein.

die Vorfahren bei Exodus (V. 22.25) und Landnahme (V. 7). Darüber hinaus rahmt die Wendung „auf die Stimme J<small>HWH</small>s hören" (V. 23.28) die Aussagen vom Nicht-Hören (V. 24.26.27.28) und erinnert an den Höraufruf in V. 2.

Die Zeitangaben sind sämtlich relativ und geben keine Auskunft über den absoluten Zeitpunkt der Rede. Erst in Jer 26,1 wird Jeremias Auftritt im Tempeltor an den Beginn der Regierungszeit Jojakims (609 v. d. Z.) datiert. Ungewöhnlich ist die genaue Fixierung des Exodus auf einen bestimmten Tag (V. 22.25), der wiederum nicht absolut datiert wird. Mit den Wendungen „von jeher und für immer" (V. 7) und „seit dem Tag (des Exodus) ... bis zu diesem Tag" (V. 25) sind Zeiträume genannt, die die Vergangenheit mit der Zukunft, im zweiten Fall auch mit der Gegenwart verbinden. Die formelhaften Einleitungen „siehe, Tage kommen" (V. 32) und „zu jener Zeit" (8,1) verweisen auf eine unbestimmte Zukunft. Relative Zeit-
angaben

Neben der Kritik am Jerusalemer Tempelkult, die v. a. im ersten Teil (V. 1–15) geäußert wird, brandmarkt die Rede auch Kulte außerhalb des Tempels. In ihrem Verlauf werden die Vergehen zunehmend schwerwiegender und die Unheilsszenarien drastischer: Klimax der
Themen

> 7,1–15 enthält eine bedingte Unheilsankündigung gegen den Tempel, die die Beachtung dtn Gebote höher bewertet als den Tempeldienst, Letzteren aber nicht grundsätzlich ablehnt.
> 7,16–20 verbietet dem Propheten, für das Volk Fürbitte einzulegen, und begründet dies mit der Verehrung der „Himmelskönigin", deren Kult auch in Jer 44,15–19 beschrieben wird.
> 7,21–26 lehnt den Opferkult gänzlich ab, was in Spannung zu 7,1–15 steht, und fordert stattdessen Gehorsam gegenüber J<small>HWH</small>s Stimme, deren Aussagen durch die Prophet*innen übermittelt werden.
> 7,27–34 ruft das weiblich personifizierte Juda zur Totenklage auf und begründet deren Untergang mit der Verehrung fremder Gottheiten im Tempel und am Tofet im Hinnomtal, das als Kultstätte für eine fremde Gottheit charakterisiert wird.
> 8,1–3 kündigt die Schändung der schon bestatteten Toten an und begründet dies mit dem einst praktizierten Kult für Gestirngottheiten (Sonne, Mond, Sterne).

Durch diese steigernde Anordnung werden die in 7,5–7 eröffnete Möglichkeit, das Unheil abzuwenden, und die bedingte Verheißung des Wohlergehens beim Hören auf J<small>HWH</small>s Stimme in 7,23 bereits durch den unmittelbaren Kontext *ad absurdum* geführt. Das Ziel der Rede ist, J<small>HWH</small>-Kult und Fremdkult strikt zu unterscheiden und herauszustellen, dass die Verehrung J<small>HWH</small>s jeglichen Dienst für andere Gottheiten ausschließt. Diese Argumentation entspricht dem Fremdgötterverbot im Dekalog (Ex 20,5 par. Dtn 5,9).

Nach Struktur und Themen lässt sich die Rede folgendermaßen gliedern: Gliederung

> 7,1–15 Mahnung zum Toragehorsam und Unheilsankündigung gegen den Tempel
> 7,16–26 Verbot der prophetischen Fürbitte angesichts falscher Kulte
> > 7,16–20 Die Verehrung der Himmelskönigin verwirkt die Fürbitte
> > 7,21–26 J<small>HWH</small> fordert Gehorsam, nicht Opfer
> 7,27 – 8,3 Unheilsankündigung wegen Fremdgottverehrung
> > 7,27–34 Verwerfung der jetzigen Generation wegen des Kults im Hinnomtal
> > 8,1–3 Schändung der bereits bestatteten Toten als Folge des Gestirndienstes

7,1–15
Kritik am
Tempel

Wie aus der Analyse der Varianten in LXX und MT hervorgeht, verortet erst die prämasoretisch zugefügte Einleitung in 7,1–2* die Rede im Tempeltor. Freilich ist der Tempel auch ohne diese Einleitung als rhetorisches Ziel ersichtlich: Er wird als Palast Jhwhs (היכל יהוה, V. 4) und als Haus, über dem Jhwhs Name ausgerufen wird (הבית הזה אשר נקרא־שמי עליו, V. 10.11.30), bezeichnet. Als Schauplatz der Verkündigung kommt jedoch das gesamte Stadtgebiet Jerusalems in Frage. Das Handeln der Bevölkerung wird darüber hinaus in den Städten Judas und den Gassen Jerusalems (V. 17.34) sowie im Hinnomtal (V. 31f.) lokalisiert.

Im Zentrum des ersten Redeteils steht die Mahnung, sich nicht auf die Existenz des Tempels zu verlassen und sich in ihm nicht zu sicher zu wähnen. Der beschwörende Ausruf über den Tempel Jhwhs (V. 4) und das Zitat des Volkes „wir sind gerettet" (V. 10) belegen die Vorstellung, dass der Tempel als Wohnstätte Jhwhs Jerusalem Schutz biete, ein Grundgedanke der sog. Jerusalemer Kulttradition bzw. Zionstheologie.[9]

> Die Erwählung Zions als Gottes Wohnort und die Unverletzlichkeit der Gottesstadt werden in den Zionspsalmen besungen (Ps 46; 48; 76). Die von Jhwh bewirkte Rettung Jerusalems vor dem assyrischen Heer zur Zeit König Hiskijas wird in drei Varianten erzählt (2 Kön 18–20; Jes 36–40; 2 Chr 32). Jesajas Berufungsvision beschreibt Jhwh als heiligen, königlichen Gott thronend im Jerusalemer Tempel (Jes 6). Die Variante dieser Vorstellung, dass Jhwh seinen Namen im Heiligtum wohnen lässt (Jer 7,12), begegnet auch im Zentralisationsgesetz (Dtn 12,11; vgl. Dtn 14,23; 16.2.6.11; 26,2), das Jerusalem zum einzigen, legitimen Kultort erklärt.[10] Die Wendung „den Namen ausrufen über diesem Haus" (7,10.11.14.30), die nur im Jeremiabuch belegt ist, entwickelt diese Tradition fort.

Jer 7,4.9–11 zieht die Vorstellung Zions als eines sicheren Ortes in Zweifel mit dem Hinweis auf eine Reihe von Vergehen der Jerusalemer Bevölkerung, die soziale Missstände neben kultischen Freveln aufführt. Die sozialen Vergehen „stehlen, morden, ehebrechen" entsprechen den Kurzgeboten des Dekalogs; „Lüge" bzw. „falsch schwören" bezieht sich auf den Schwur, der traditionell die Anrufung einer Gottheit beinhaltet: Entweder wird bei einer fremden Gottheit geschworen oder ein falscher Schwur, ein Meineid, abgelegt. „Dem Baal räuchern" zielt auf das Verbrennen von Opfergaben zu Ehren des kanaanäischen Wettergottes, „anderen Gottheiten nachlaufen" auf die Verehrung anderer Gottheiten neben Jhwh. Das Stichwort תועבה „Gräuel" wird im Jeremiabuch für kultische Vergehen gebraucht (16,18; 32,35; 44,4.22), umfasst aber in 7,10 auch soziales Unrecht (vgl. noch 6,15; 8,12). Die ironische Frage in V. 11, ob der Tempel nicht eine Räuberhöhle geworden sei, basiert auf dem Gedanken, dass der heilige Ort durch die Versammlung derer, die solche Untaten begehen, profaniert wird.

---

9   Vgl. Janowski, Bernd, Keruben und Zion. Thesen zur Entstehung der Zionstradition: Daniels, Dwight R. u. a. (Hg.), Ernten, was man sät, FS Klaus Koch, Neukirchen-Vluyn: Neukirchener 1991, 231–254; Maier, Daughter Zion, 30–49.

10 Zur Entwicklung der Namenstheologie vgl. Mettinger, Tryggve N. D., The Dethronement of Sabaoth. Studies in the Shem and Kabod Theologies (CB.OT 18), Lund: CWK Gleerup 1982, 59–66: Die Vorstellung, dass Jhwh seinen Namen wohnen lässt, wurde s. E. nach dem Verlust des Tempels aus der Zionstheologie entwickelt und erst nach 587 in Dtn 12 eingefügt. Die Belege in Jer sind frühestens exilisch.

Die Frage, ob die Reihe „stehlen, morden, ehebrechen" in 7,9 den Dekalog zitiert, Zitiert 7,9 den
kann nicht zweifelsfrei beantwortet werden. Die sog. Kurzgebote des Dekalogs sind Dekalog?
als Prohibitive formuliert in der Abfolge „morden, ehebrechen, stehlen", an der
sich wohl die griechischen Übersetzer der Tempelrede orientierten.[11] Sie finden
sich außerdem in einer Zusammenfassung der Botschaft Hoseas mit der Reihung
„morden, stehlen, ehebrechen" (Hos 4,1–3).[12] Da die Kurzgebote zur ältesten Tradition des Dekalogs gehören,[13] kann ihre Kenntnis in vorexilischer Zeit vorausgesetzt werden. Gleichzeitig sind diese Gebote so grundlegend für das Leben in Gemeinschaft, dass es keines Zitats bedarf, um an sie zu erinnern. Der Vorwurf des
Ehebruchs wird auch in Jer 5,7f. erhoben, Gewalttat und Unterdrückung in 6,7
angeprangert, der Dieb in 2,26 zum Vergleich des Verhaltens Judas herangezogen.
Dass in 7,9 das Stehlen voransteht, passt zur Bezeichnung des Tempels als „Räuberhöhle" in V. 11. Jedenfalls ist der Vorwurf, die Judäer*innen missachteten
grundlegende soziale Verhaltensregeln, in die Anklage der Verehrung anderer
Gottheiten neben JHWH und der Profanierung des Tempels eingebettet.

Das Schicksal des Heiligtums von Schilo auf dem Gebiet des ehemaligen Nord- Schilo als
reichs wird als warnendes Beispiel für den Entzug des göttlichen Schutzes genannt warnendes
(V. 12.14). Beispiel

> Die Verehrung der Lade in Schilo (Jos 19,51; 1 Sam 1,3; 3,21) gilt als alte nordisraeliti-
> sche Kulttradition, die in den Jerusalemer Kult integriert wurde (2 Sam 6,16f.; 1 Kön
> 8,1–8). Die Erbeutung dieses Kultgegenstands durch die Philister (1 Sam 4,11–18) und
> die Aussage, JHWH habe sein Zelt in Schilo verworfen (Ps 78,60), werden gewöhnlich
> als Belege für die Zerstörung des Heiligtums verstanden. Hinweise auf Menschen aus
> Schilo in 1 Kön 11,29; Jer 41,5 legen nahe, dass der Ort in der Königszeit besiedelt war.
> Grabungen auf der *Chirbet Sêlûn*, 22 km südlich von Sichem und vier km östlich der
> Straße von Jerusalem nach Nablus, konnten jedoch keine Kultstätte nachweisen. Wäh-
> rend die dänischen Ausgräber*innen eine durchgehende Besiedlung der Stadt bis in
> neuassyrische Zeit annehmen,[14] hält Israel Finkelstein nach Durchsicht aller Quellen
> eine Zerstörung in der Eisenzeit I, d. h. zur Zeit der Auseinandersetzungen mit den
> Philistern, für wahrscheinlich.[15] Donald Schley, der die Geschichte des biblischen Schilo
> auf Basis von Funden und Texten zu rekonstruieren versucht, datiert die Zerstörung
> der Siedlung erneut erst in das ausgehende achte Jahrhundert v. d. Z.[16]

---

11 S. o. die Textkritik zu 7,9a.

12 Eine Zuordnung von Hos 4,1–3 zum Kreis der Hoseatradenten vertritt auch JEREMIAS,
    Jörg, Der Prophet Hosea (ATD 24/1), Göttingen: Vandenhoeck & Ruprecht 1983, 62f.

13 SCHMIDT, Werner H./DELKURT, Holger/GRAUPNER, Axel, Die Zehn Gebote im Rahmen alt-
    testamentlicher Ethik (EdF 281), Darmstadt: Wissenschaftliche Buchgesellschaft 1993,
    27.32. Die neuere Forschung argumentiert, die Reihung im Dekalog setze den propheti-
    schen Schuldaufweis voraus; vgl. KÖCKERT, Matthias, Art. Dekalog/Zehn Gebote (AT)
    (2012), 1.6: Wissenschaftliches Bibellexikon im Internet; vgl. http://www.bibelwissen-
    schaft.de/stichwort/10637/ (19.02.2018).

14 BUHL, Marie-Luise/HOLM-NIELSEN, Sven, Shiloh: the Danish Excavations at Tall Sailun,
    Palestine, in 1926, 1929, 1932, and 1963, vol. 1: The Pre-Hellenistic Remains, Copenha-
    gen: The National Museum of Denmark 1969, 34.56–59.

15 FINKELSTEIN, Israel (Hg.), Shiloh. The Archaeology of a Biblical Site (MSIA 10), Tel Aviv:
    Institute of Archaeology of Tel Aviv University 1993, 65–78.389.

16 SCHLEY, Donald G., Shiloh. A Biblical City in Tradition and History (JSOTSup 63), Shef-
    field: JSOT Press 1989, 171–181.

Jer 7,12.14 setzt voraus, dass es ein Jʜwʜ-Heiligtum in Schilo gab, das zur Zeit des Auftretens Jeremias bereits zerstört war und damit als Beleg dafür gelten konnte, dass Jʜwʜ eine Kultstätte aufgeben kann. Hinzu kommt, dass die Wendung „versto-ßen vom Angesicht" in V. 15 (שׁלך Hif. + פנים + מן/מעל; 2 Kön 13,23; 17,20; vgl. 24,20 par. Jer 52,3) die Exilierung der Bevölkerung meint und auf das Ende des Nordrei-ches durch die Assyrer anspielt. Die Tempelrede kritisiert daher ein Verständnis des Jerusalemer Kultes als Garant für die Uneinnehmbarkeit der Stadt. Sie äußert keine grundsätzliche Kritik am Tempel als Ort des Gotteskontakts, sondern fordert ein gemeinschaftsgemäßes Verhalten auch im Alltag und knüpft damit an die Tradition prophetischer Kultkritik an (vgl. Am 5,21–24; Hos 4,1–3; Jes 1,10–17).

7,5–7
Gemein-
schaftsge-
mäßes
Verhalten

Angesichts des generellen Vorwurfs an das Volk, es verhalte sich gemein-schaftsschädigend und diene fremden Gottheiten (7,9), erhebt V. 3 die Forderung „Bessert eure Wege und eure Taten" als Bedingung dafür, dass die Jerusalemer Bevölkerung weiterhin in ihrer Stadt wohnen kann. Die Stichworte דרך „Weg" und מעלל „Tat" stehen allgemein für sittliches Handeln.[17] Als Aufforderung zur Besse-rung (mit dem Imperativ von יטב Hif.) begegnen sie neben 7,3.5 noch in 26,13 sowie in 18,11 und 35,15 parallel zur Forderung, vom bösen Weg umzukehren (mit שׁוב).

Mit derselben Zielformulierung „dann will ich euch wohnen lassen" erläutern V. 5–7 die Mahnung zur Besserung durch konkrete Maßnahmen, die in V. 6 als Verbote gestaltet sind und formal aus dem Konditionalgefüge herausfallen. „Recht tun/schaffen" (עשׂה משׁפט, V. 5) bezeichnet die Tätigkeit des Königs (1 Sam 27,11; 1 Kön 3,28; 7,7), besonders gerechter Personen (Gen 18,19; Spr 21,15), aber auch Gottes (Dtn 10,18; 1 Kön 8,45.49.59). In Jer 5,1 und Mi 6,8 wird diese Forderung auf jede einzelne Person ausgeweitet. Die präpositionale Formulierung „zwischen einem Mann und seinem Nächsten" in Jer 7,5 bezieht sich auf rechtlich gleichge-stellte Personen.

Das Verbot, Fremdling, Waise und Witwe zu unterdrücken (V. 6aα), erinnert an die für das Deuteronomium typische Reihung der sog. *personae miserae*, d. h. rechtlich und sozial marginalisierter Menschen (Dtn 10,18; 24,17; 27,19). Der Schutz von Witwe und Waise entstammt der altorientalischen Rechtstradition.[18] Auch der Schutz des Fremden, der in einem Haus lebt, zu dem er keine verwandt-schaftlichen Beziehungen hat, findet sich im mesopotamischen Recht.[19] Der in Jer 7,6 gebrauchte Begriff גר „Fremder" meint einen solchen Schutzbürger, der zwar Israelit ist, aber nicht bei seiner Großfamilie lebt und sich ohne Landbesitz selbst versorgen muss. Die Zusammenstellung dieser drei Gruppen fehlt in der klassi-schen Sozialkritik eines Amos, Micha oder Jesaja und erfolgt auf der Grundlage der dtn Reihung in prophetischen Texten wie Jer 7,6; 22,3; Sach 7,10 und Mal 3,5.[20]

Das als Vetitiv (אל + Jussiv) formulierte Verbot, unschuldiges Blut zu vergießen (V. 6aβ), hat eine fast wörtliche Parallele in der Rede an das Königshaus in 22,3,

---

17   Von insgesamt 17 Belegen finden sich elf im Jeremiabuch: 4,18; 7,3.5; 17,10; 18,11; 23,22; 25,5; 26,3.13; 32,19; 35,15.

18   Vgl. Kʀᴀᴘꜰ, Thomas, Traditionsgeschichtliches zum deuteronomischen Fremdling-Waise-Witwe-Gebot: VT 34 (1984), 87–91, 87.

19   Vgl. Oᴛᴛo, Eckart, Theologische Ethik des Alten Testaments, Stuttgart: Kohlhammer 1994, 84.

20   Vgl. Kʀᴀᴘꜰ, Fremdling-Waise-Witwe-Gebot, 90.

die vom judäischen König den Schutz der Schwachen einfordert. Im Asylrecht Dtn 19,10 wird es als Prohibitiv (לא + *jiqtol*-Form) formuliert und seine Beachtung ist, wie in Jer 7,7, Bedingung für Landbesitz. Das Vergießen von Blut unschuldiger Menschen stellt ein Verbrechen dar, denn es setzt eine Blutsphäre in Kraft, die am Täter haftet und Unheil bewirkt.[21] In Jer 22,17 wird König Jojakim dieses Verbrechens angeklagt; 26,20–23 erzählt, dass er den Propheten Urija ermorden ließ.

Das Verbot, anderen Gottheiten „hinterherzulaufen", ist als Prohibitiv neben Jer 7,6 nur in Dtn 6,14 belegt, auch dort in Verbindung mit der Landzusage. Der Sachverhalt, die Verehrung anderer Gottheiten neben Jнwн, gehört zur dtjer Standardterminologie in Schuldaufweisen und wird mit Verben wie „hinterherlaufen, niederwerfen, opfern, räuchern, dienen" im Jeremiabuch 25mal erwähnt.[22]

Jer 7,5–7 buchstabieren somit aus, was in V. 3 mit „Verbessern von Weg und Tat" gemeint ist, nämlich Recht zwischen Gleichrangigen schaffen, die Schwachen der Gesellschaft nicht unterdrücken, Unschuldige nicht morden und keine fremden Gottheiten verehren. Wenn diese Gebote und Verbote eingehalten werden, dann gilt die Verheißung, dass Jнwн die Adressat*innen wohnen lassen wird „an diesem Ort", der in V. 7 mit dem Land, das den Vätern und Müttern gegeben wurde, identifiziert wird. Diese positive Aussicht wird allerdings im nächsten Vers bereits konterkariert durch den Vorwurf „ihr vertraut auf Lügenworte" (V. 8). Im rhetorischen Gefälle der Rede lassen diese und die folgenden Anklagen die Abwendung Jнwнs von seinem Tempel in Jerusalem als unumkehrbare Reaktion auf die Vergehen der Adressat*innen erscheinen. Diese Spannung im Text ist synchron nicht aufzulösen und allenfalls so zu erklären, dass Jeremia betont, die vorexilische Bevölkerung Judas und Jerusalems habe konkrete Anweisungen zu gemeinschaftsgemäßem Handeln erhalten und damit eine Möglichkeit der Umkehr gehabt, diese jedoch offensichtlich nicht genutzt.

Das Verbot der Fürbitte (V. 16) begegnet in fast identischem Wortlaut in 11,14 und in einer Kurzform 14,11. Es wird begründet mit dem Unwillen Jнwнs, auf Jeremia (7,16b) bzw. auf das Rufen (11,14b) und Flehen des Volkes (14,12) zu hören. Im Kontext von 7,16 und 11,14 wird als dessen Fehlverhalten die Verehrung fremder Gottheiten genannt, in 14,10 sein Hin- und Herlaufen, das sich sowohl auf Gottheiten als auch auf politische Mächte beziehen kann. Keiner der drei Belege ist eng mit dem Kontext verbunden. Diese Strukturierung und die steigernde Anordnung von Verbot und Begründung sprechen für eine bewusste Positionierung aller drei Vorkommen des Verbots.

7,16–20 Fürbittverbot

In 7,16 werden drei Wendungen gebraucht: פגע ב „jemanden bittend angehen" ist nicht für die prophetische Fürbitte reserviert und findet sich noch in 15,11; 27,18; 36,25. Die Wendung נשא תפלה בעד „ein Gebet erheben für" wird nur für Prophet*innen gebraucht, neben 7,16; 11,14 noch 2 Kön 19,4 par. Jes 37,4. Die dritte Wendung פלל בעד Hitp. „bitten für" ist noch in 29,7; 37,3; 42,2.20 belegt. Sie bezeichnet außerdem die Fürbitte Moses (Num 21,7; Dtn 9,20), Samuels (1 Sam 7,5), Hiobs (Hiob 42,10) und weiterer Gottesmänner.[23] Dass Jeremia als prophetischer Mittler zwischen Gott und dem Volk einer-

21 Vgl. dazu Koch, Klaus, Der Spruch „Sein Blut bleibe auf seinem Haupt" und die israelitische Auffassung vom vergossenen Blut: Ders., Spuren des hebräischen Denkens, Beiträge zur alttestamentlichen Theologie. Gesammelte Aufsätze Bd. 1 (hg. v. Janowski, Bernd/Krause, Martin), Neukirchen-Vluyn: Neukirchener 1991, 128–145, 140.

22 Zur Liste der Belege vgl. Stipp, Konkordanz, 16f.

23 Vgl. Gen 20,7; 1 Kön 13,6; 2 Kön 4,33; 2 Chr 30,18.

seits Orakel einholt und andererseits für das Volk bittet, schildern die Erzählungen Jer 37,3–8 und 42,1–18. Dasselbe ist für Samuel (1 Sam 8,1–18) und Mose (Num 21,4–8) belegt, die in dtr Tradition als Propheten gelten und Jer 15,1 zufolge exemplarische Fürbitter sind.

Das Verbot der Fürbitte setzt eine Stilisierung Jeremias zum einzigen Eingeweihten in Jhwhs Pläne und das exklusive Gespräch Jhwhs mit ihm voraus. Dieselbe Rolle nimmt Jeremia in den Klagediskursen und weiteren Passagen in Kap. 1–20 ein.[24] Im Kontext dieser Klagen finden sich Sätze, die durchaus als Fürbitte verstanden werden können.

Verehrung der Himmelskönigin

Das Verbot der Fürbitte wird in 7,17f. mit der Verehrung einer מלכת השמים „Königin des Himmels" genannten Gottheit begründet.[25] Ihre Verehrung wird nicht im Tempel, sondern „in Judas Städten und in den Gassen Jerusalems" situiert. Auch in seiner Rede an die nach Ägypten geflohenen Judäer*innen in Jer 44 begründet Jeremia den Untergang Jerusalems mit der Verehrung dieser Göttin. Die Kultausübung wird explizit den Frauen zugewiesen, die in 44,15–19 Jeremia antworten. Sie führen ihre unglückliche Lage auf unterlassene Opfer für die Himmelskönigin zurück.

Exkurs: Die Himmelskönigin

Da viele Göttinnen Vorderasiens einen dem Titel „Himmelskönigin" vergleichbaren Beinamen tragen, ist die Identifikation der Göttin bisher nicht eindeutig geklärt.[26] Die in Jer 7,17f. genannten Opfergaben, der Familienkontext und der Ort der Verehrung gelten als Belege dafür, dass es sich um ein Element der Volksreligion, d. h. einen Hauskult, handelt.[27] Offenbar war dieser so verbreitet, dass er in der Tempelrede als Beispiel der Verehrung fremder Gottheiten Erwähnung fand.

Die dieser Göttin zugedachte Opfergabe ist, neben den üblichen Räucher- und Trankspenden, Backwerk, zu dessen Herstellung die ganze Familie beiträgt. Dessen Bezeichnung כַּוָּנִים (7,18; 44,19) ist ein Lehnwort aus dem Akkadischen, wo *kamānu* in Hymnen und Beschwörungstexten für die Göttin Ischtar begegnet.[28] Es handelt sich wohl um Kuchen oder Brotfladen, die ohne Ofen direkt auf der Glut gebacken werden und eine kurze Backzeit haben. Aufgrund dieser *kamānu*-Kuchen liegt die Identifikation mit Ischtar nahe. Sie ist als kriegerische Göttin im Strahlenkranz im siebten Jahrhundert v. d. Z. in Zentren assyrischer Verwaltung in Palästina ikonographisch bezeugt.[29] Mit Blick auf die in 2 Kön 23,5f. und Jer 44,19 erwähnten Räucheropfer kommt auch

---

24   Vgl. Jer 6,9–12.27–30; 11,9f.; 15,19–21; 18,18–23.

25   Zur tendenziösen Punktation in MT s. o. die Textkritik zu 7,18b.

26   Vgl. Maier, Christl M., Art. Himmelskönigin (2010): Wissenschaftliches Bibellexikon im Internet; vgl. https://www.bibelwissenschaft.de/stichwort/21218/ (09.02.2018); Jost, Renate, Frauen, Männer und die Himmelskönigin. Exegetische Studien, Gütersloh: Gütersloher Verlagshaus 1995, 61f.

27   Vgl. Ackerman, Susan E., Under Every Green Tree. Popular Religion in Sixth-Century Judah (HSM 46), Atlanta: Scholars Press 1992, 35; Albertz, Religionsgeschichte 1, 303; Carroll, Jeremiah, 213.

28   Vgl. AHw I, 430a mit den Belegen KAR 42,19.25; KAR 357,10.35.

29   Vgl. Keel/Uehlinger, Götter, § 171, 332–335 mit Abb. 284–288. Zum Stern als möglichem Symbol der Göttin vgl. Schroer, Silvia, In Israel gab es Bilder. Nachrichten von darstellender Kunst im Alten Testament (OBO 74), Fribourg: Universitätsverlag 1987, 275f.; Keel (Geschichte Jerusalems 1, 491f.) verweist auf ein elamitisches Rollsiegel, auf dem eine Familie eine Göttin mit Sternenkranz anbetet (Abb. 362).

Aschera in Betracht.[30] Dass unter assyrischer Vorherrschaft in Syrien-Palästina vor allem die Gestirne verehrt wurden, ist durch Amulette mit Mond- und Sternsymbolen[31] sowie Pferde-Figurinen, die das Himmelsheer darstellen, belegt. Die Kultreform Joschijas wendet sich insbesondere gegen Sonnenwagen (2 Kön 23,11)[32] und spezielle Priester, die den Gestirnen räuchern (כמרים, 2 Kön 23,5). Obwohl Aschera in Juda bis zum Ende des siebten Jahrhunderts als Partnerin Jʜᴡʜs verehrt wurde,[33] grenzt Jer 7 sie als „fremde" Göttin aus. Die Verehrung jeglicher Gottheit neben Jʜᴡʜ, so das Argument, erzürne diesen so sehr, dass er „diesen Ort" vernichten werde und niemand – weder Mensch noch Tier – übrigbliebe (V. 20).

Einen Schritt weiter geht der nächste Abschnitt der Rede mit der Absage an jegliche Opfer für Jʜᴡʜ. Die Aufforderung, das Fleisch von Brand- und Schlachtopfern zu essen, ist ironisch zu verstehen, denn beim Brandopfer wird das ganze Tier Jʜᴡʜ übereignet (vgl. Lev 6,1–6), und nur bei Schlachtopfern verzehrt die Kultgemeinschaft das Fleisch (vgl. Lev 7,11–21). Die Wendung אכל בשׂר „Fleisch essen" ist u. a. im Kontext der profanen Schlachtung belegt (Dtn 12,15.20), die außerhalb des zentralen Heiligtums in Jerusalem erlaubt ist. Mit der Aufforderung „esst Fleisch" weist Jʜᴡʜ somit die ihm zustehenden Opfer zurück und stellt sie der profanen Schlachtung gleich.

7,21–26
Keine Opfer
für Jʜᴡʜ

Eine polemische Zurückweisung von Opfern findet sich in Am 5,21–25 mit ähnlicher Begründung: Jʜᴡʜ habe am Tag des Auszugs aus Ägypten (Jer 7,22) bzw. in den 40 Jahren der Wüstenwanderung (Am 5,25) keinerlei Brand- oder Schlachtopfer verlangt. Stattdessen sollten die Adressat*innen auf Jʜᴡʜs Stimme hören (V. 23), was im Jeremiabuch Leitmotiv ist.[34] Dieses Konzept der unmittelbaren Gottesbeziehung entstammt dem Deuteronomium, das die Befolgung der von Jʜᴡʜ gebotenen Rechtssätze und Gebote einfordert (Dtn 13,19; 15,5; 28,1.15). Demgegenüber ist in V. 23 Inhalt des Gebotenen die jeweilige prophetische Verkündigung. Auch die Zielformulierung „damit es euch wohlergehe" entstammt der dtn Gebotsparänese.[35] Jʜᴡʜs Verhältnis zu seinem Volk wird mit Hilfe der Zugehörigkeitsformel „Ich werde euch Gott sein und ihr sollt mir Volk sein" bestimmt.[36]

Durch den Rekurs auf den Tag des Auszugs beschwört 7,21–24 ein unmittelbares, von Jʜᴡʜ gestiftetes Verhältnis zu seinem Volk, von dem erwartet wird, Gottes Zuwendung durch das Hören auf seine Stimme zu entsprechen. Der Standardvorwurf in Prosapartien des Jeremiabuches lautet jedoch, das Volk habe dieses *eine* göttliche Gebot permanent übertreten: Sie hörten nicht, neigten nicht ihr Ohr, folgten nur ihrem eigenen, verhärteten Herzen (V. 24.26). V. 25 verstärkt diesen Vorwurf durch Hinweis auf die Reihe der Prophet*innen, die Jʜᴡʜ seit dem Auszug sandte und die seinen Willen jeweils kundtaten. Fazit von 7,21–26 ist somit, dass

---

30 Vgl. Koch, Aschera, 107–109; ähnlich Keel/Uehlinger, Götter, § 197, 386–390; Keel (Geschichte Jerusalems 1, 492) hält nach Ende des assyrischen Reiches in Juda einen Rollentausch von Ischtar mit Aschera für wahrscheinlich.

31 Vgl. Keel, Geschichte Jerusalems 1, 483–491 mit Abb. 340–361.

32 Vgl. Keel, Geschichte Jerusalems 1, 536–539 mit Abb. 387–392.

33 Vgl. die Funde von *Kuntillet ʿAǧrud* und *Ḥirbet el-Qom* sowie Koch, Aschera, 99f.; Keel/Uehlinger, Götter, § 129–142, 237–274; Keel, Geschichte Jerusalems 1, 534–536.

34 Mit 20 Belegen in redaktionellen Kontexten, z. B. 3,13.25; 9,12; 18,10; 22,21; 26,13.

35 Vgl. Dtn 12,25.28; 14,29; 15,10.18, 22,7 u. ö.

36 Zur Bezeichnung vgl. Kutsch, Verheißung, 146–149. Er kritisiert ihre bisherige Benennung als „Bundesformel". Zum Thema „Bund" s. u. zu Jer 11,1–14.

das Volk Jhwh grundsätzlich und von Beginn an abgewiesen habe, weil es die Grundbedingung, den Gehorsam gegenüber Jhwh und den von ihm gesandten Prophet*innen, verweigerte. Da die Basis für die Beziehung fehlt, helfen auch Opfer für Jhwh nichts.

7,27–30
Schuldaufweis

Der dritte Redeteil setzt erneut mit einer direkten Anrede an Jeremia ein (V. 28a), die in MT durch V. 27 verstärkt wird. Die dem Propheten aufgetragenen Worte sind ein Schuldaufweis (V. 28b.30), der eine Aufforderung zu Trauerriten und Totenklage (V. 29) rahmt. Das als Frau personifizierte Juda soll sich das Haar scheren und auf kahlen Höhen, die im Jeremiabuch Sinnbild für verwüstete Orte sind (vgl. 3,2.21; 4,11), eine Totenklage anstimmen. Die Adressierung einer weiblichen Figur ist insofern verständlich, als die Totenklage Aufgabe der Frauen ist (s. u. zu Jer 9,16–21). Die zitierte Klage konstatiert Gottes Verwerfung der gegenwärtigen Generation, was rhetorisch bedeutet, dass „Frau Juda" ihren eigenen Tod beklagt. Jhwhs Distanzierung von seinem Volk spiegelt sich auch in der Bezeichnung גוי „Nation" wider (V. 28a), die sonst nur für fremde Völker verwendet wird. Die Anklage lautet, das Volk habe nicht auf Jhwhs Stimme gehört, seine Erziehungsmaßnahmen nicht angenommen und Unwahres geredet. Außerdem habe man fremde Gottesbilder im Tempel aufgestellt, was in Jhwhs Augen ein Affront ist. Die polemische Bezeichnung שקוצים „Scheusale" negiert die Wirkmächtigkeit dieser Gottesbilder.

7,31–34
Tod am Tofet im Hinnomtal

Jer 7,31–34 führt den Schuldaufweis fort mit der Beschreibung eines weiteren Kultfrevels, der im Stadtgebiet Jerusalems lokalisiert wird. Das Hinnomtal erstreckt sich südlich der Stadt in Nordwest-Südost-Richtung und mündet in das Kidrontal. Das Tofet im Hinnomtal wird neben 7,31–34 noch in 19,5–6.11–13 und 32,35 erwähnt, wobei Kap. 19 im Rahmen einer Zeichenhandlung Jeremias die ausführlichste Beschreibung enthält. Alle drei Stellen verwenden dieselbe Terminologie, variieren jedoch in den Angaben zu Opfern und zu der an dieser Stätte verehrten Gottheit.

> **Exkurs: Das Tofet im Ben-Hinnom-Tal**
>
> Der Name des Tals ist גֵּי בֶן־הִנֹּם „Tal des Sohnes Hinnoms" bzw. „Ben-Hinnom-Tal" (Jos 15,8; 18,16; 2 Kön 23,10[37]; 2 Chr 28,3; 33,6; Jer 7,31.32; 19,2.6; 32,35), bei zweiter Nennung in einem Vers גי הנם „Hinnomtal" (Jos 15,8; 18,16), mit anderer Schreibweise גיא־הנם (Neh 11,30). In Geschichte und Literatur hat sich jedoch die Kurzform „Hinnomtal" durchgesetzt. Dort befindet sich nach Jer 7,31f. eine Kultstätte, die in der LXX als heidnischer Altar (in Jer 32,35 Plural), in MT als במות „Kulthöhen, Ortsheiligtümer" bezeichnet wird. Ihr ursprünglicher Name war wohl תֹּפֶת, das im Griechischen mit Ταφεθ transkribiert, in MT jedoch in polemischer Absicht als תֹּפֶת „Tofet", in Analogie zu בֹּשֶׁת „Schande", vokalisiert wird.[38] Der Begriff bezeichnet wahrscheinlich eine Feuerstätte, wie die Variante תְּפֶתֶה in Jes 30,33 und das aramäische t*pājā' „Kochherd" nahelegen.[39] 2 Kön 23,10 zufolge ließ König Joschija bei seiner Kultreform das Tofet verunreinigen (טמא Hif.), was impliziert, dass es vorher als Kultstätte genutzt wurde.
>
> Eigner der Stätte und der Opfer ist nach Jer 19,5 בעל, der kanaanäische Wettergott, sonst aber ein gewisser מֹלֶךְ (in Lev 20,5 mit der Wendung „hinter dem Molech her

---

37   Das *Ketiv* bietet plur. „Tal der Söhne Hinnoms", das *Qere* verbessert zum Singular.

38   S. o. die Textkritik zu 7,31b. Jer[LXX] 19,6.14 gibt תפת mit διάπτωσις „(Ort des) Fallens" entsprechend dem Verb פתת „zerbröckeln" wieder, wohl in Anspielung auf das Zerbrechen des Tonkrugs; vgl. Vonach, Jeremias. Erläuterungen, 2768.

39   Vgl. Koch, Molek astral, 44; Day, Molech, 83.

huren" als Gott aufgefasst). Während die griechischen Übersetzer לְמֹלֶךְ im Pentateuch mit ἄρχων „Herrscher" (Lev 18,21; 20,2–5) wiedergeben, transkribieren sie es in 2 Kön 23,10; Jer 32,35 mit τῷ Μολοχ, woraus die spätere Überlieferung auf einen Gott namens „Moloch" schließt, der sich bis heute als kinderfressender, kanaanäischer Götze in der Populärliteratur und in Filmen findet. Naheliegender ist aber der in assyrisch-aramäischen Vertragstexten im neunten bis siebten Jahrhundert v. d. Z. erwähnte Gott *Adad-milki* (neue Lesung: *Dada/Dadda*).[40] Otto Eißfeldt hat bereits 1935 auf *mlk* als punischen Opferbegriff verwiesen und לְמֹלֶךְ als Opferart gedeutet.[41]

Der am Tofet praktizierte Ritus wird überwiegend mit עבר Hif. בָּאֵשׁ „durchs Feuer gehen lassen"[42], in Jer 7,31; 19,5 aber mit שָׂרַף בָּאֵשׁ „im Feuer verbrennen" (vgl. Dtn 12,31; 2 Kön 17,31) bezeichnet, wobei Söhne und Töchter Objekte des Opferns sind. Für einen bloßen Weiheritus spricht, dass im Hebräischen für blutige Opfer die Verben שׁחט „schlachten" und זבח „opfern" verwendet werden (Ez 16,20f.; 23,39).[43] Auch in Num 31,23 bezeichnet עבר Hif. בָּאֵשׁ einen Reinigungsritus für Kriegsbeute aus Metall, während Beutestücke aus anderen Materialien mit Wasser gereinigt werden. Allerdings gebraucht Jer 19,5 für das „Verbrennen" der Kinder den Ausdruck עֹלוֹת לַבַּעַל „Brandopfer für Baal" (MT⁺; vgl. 2 Kön 3,27) und verurteilt Ps 106,36–38 das Opfern israelitischer Kinder für die „Götzen Kanaans". Alle Gesetzestexte lehnen den Ritus kategorisch ab; alle Jeremiastellen betonen ausdrücklich, dass Jhwh diesen Kult nicht geboten habe (7,31; 19,5; 32,35).

Die Identifikation des Ritus über religionsgeschichtliche Analogien wird variantenreich diskutiert. In phönizisch-punischen Städten Nordafrikas, Sardiniens und Siziliens, darunter Karthago, fanden sich Brandurnenfelder mit Knochenresten von Säuglingen sowie jungen Lämmern und Ziegen in Verbindung mit Votiv-Stelen für die Gottheiten Baal-Hamon und Tanit/Tinnit mit Inschriften.[44] Die ersten Ausgräber*innen nannten sie aufgrund der biblischen Texte „Tofet", aber diese begriffliche Verbindung ist bis heute umstritten.[45] Brandurnenfelder im phönizischen Kernland, in Tyrus und Achzib, weisen ähnliche Urnen und Stelen, aber keine Kinderknochen auf, so dass die „Tofet" genannte Fundlage bisher weder in der Levante noch im westlichen Mittelmeerraum belegt ist.[46] Die Inschriften auf den Stelen erweisen *mlk* (fem. *mlkt*) als Name des Ritus, *ndr* „Gelübde" als dessen Grund und neben *mlk* weitere Begriffe, die wahrscheinlich das Geopferte nennen: *'mr* „Lamm", als Synonyme *'dm* „Mensch" und *b'l* „Bürger", außerdem *'zrm* „Fötus?", wobei Tiere und *'zrm* noch in *'š* „männlich" und *'št* „weiblich" unterschieden werden.[47]

---

40 Vgl. Keel, Geschichte Jerusalems 1, 500 und die ältere These einer syro-palästinischen Gottheit Malik, Milku/I oder Molek bei Heider, George C., The Cult of Molek. A Reassessment (JSOTSup 43), Sheffield: JSOT Press 1985, 401–408; Day, Molech, 65–71.

41 Vgl. Eissfeldt, Otto, Molk als Opferbegriff im Punischen und Hebräischen und das Ende des Gottes Moloch (BRGA 3), Halle: Niemeyer 1935; die Diskussion wird weitergeführt durch Bauks, Kinderopfer, 234–240; Dewrell, Child Sacrifice, 4–36.

42 Vgl. Dtn 18,10; 2 Kön 16,3 par. 2 Chr 28,3; 2 Kön 17,17; 21,6 par. 2 Chr 33,6; 2 Kön 23,10; Jer 32,35; Ez 20,31 (nur MT); 23,37.39; ohne Nennung des Tofet Lev 18,21; 20,2–5.

43 Weinfeld, Worship of Molech, 141.

44 Die neuesten Forschungsbeiträge sind publiziert in Xella, The Tophet; eine Übersicht über archäologische und epigraphische Quellen bietet Dewrell, Child Sacrifice, 37–71.

45 Zur negativen Deutung der phönizischen Riten in griechischen und römischen Quellen vgl. Mosca, Tofet, 122–126; zu deren englischen Übersetzungen s. Day, Molech, 86–91.

46 Vgl. Xella, Tophet, 260.

47 So Xella, Tophet, 269. Die Bedeutung von *'zrm* ist jedoch nicht gesichert, und *b'l* kann auch als *b* + *'ûl* „anstelle eines Säuglings" übersetzt oder als Gottesname Baal gedeutet werden; vgl. Bauks, Kinderopfer, 239.

Die Möglichkeit, dass es sich um Kinderfriedhöfe handelt, kann Paolo Xella zufolge aus mehreren Gründen ausgeschlossen werden:[48] Erstens wurden Brandurnenfelder bei Stadtgründungen am Rand solcher Städte angelegt, die als Zentren dienen. Trotz einer sehr hohen Kindersterblichkeit (> 50 % in den ersten drei Lebensjahren) im Mittelmeerraum sind zweitens Kinderbestattungen sehr selten und die Anzahl der Brandurnen viel zu gering, so dass die Brandurnen eine Auswahl bestimmter Kinder belegen. Drittens gehören Urne und Votiv-Stele ursächlich zusammen, und die Inschriften nennen ein Gelübde (*ndr*) gegenüber den Gottheiten als Grund für das Opfer, d. h. es handelt sich um einen Kult, der für die Opfernden einen erheblichen Aufwand bedeutete. Urnen mit gemischten Knochen (Säuglinge, junge Lämmer und Ziegen) verweisen auf einen jahreszeitlichen Ritus. Es spricht somit viel dafür, die phönizisch-punischen Brandurnenfelder als Belege für einen Kult für Baal-Hamon und dessen Gemahlin Tanit/Tinnit zu deuten, der die Tötung von Kindern einschloss. Paul Mosca interpretiert diese Befunde nicht als Kinderopfer im Sinne einer von der Gottheit geforderten Gabe, sondern als Akt der Vergöttlichung des Kindes, eine das Leben der Familie fördernde Übergabe in die Sphäre der Gottheit.[49] Dass Menschen in extremen Notsituationen gelobten, ihr eigenes Kind der rettenden Gottheit zu opfern, ist aus phönizisch-punischen Inschriften, aber auch aus den Erzählungen von Jiftachs Tochter (Ri 11,29–40)[50] und vom König Moabs (2 Kön 3,27) ersichtlich. Zwar erscheint es aus heutiger Perspektive moralisch verwerflich, aber es ist ein historisch wahrscheinliches Phänomen.

Da die phönizisch-punischen Gottheiten Baal-Hamon und Tanit/Tinnit im Juda der Königszeit keine Rolle spielen und im Hinnomtal bisher keine Brandurne gefunden wurde, ist eine Verbindung des biblischen Tofet mit den phönizisch-punischen Brandurnenfeldern unwahrscheinlich.[51] Näher liegt für Juda die Regelung des Erstgeburtsopfers für Jhwh; sie sieht entweder einen Ersatz für den Sohn vor (vgl. Ex 22,28f.; 34,19f.; Dtn 15,19–23) oder wird abgelehnt (Mi 6,7).[52] Dass Judas Könige Ahas und Manasse ihren Sohn „durchs Feuer gehen" ließen (2 Kön 16,3; 21,6), wird jeweils in einer Auflistung weiterer Kultfrevel genannt. Bemerkenswert ist, dass das „durchs Feuer gehen Lassen" nur bei der Kultreform Joschijas (2 Kön 23,10) und den Jeremiastellen mit dem *mlk*-Opferbegriff bzw. dem Tofet in Verbindung gebracht wird. Die polemische Ablehnung des Kultes am Tofet als „fremd" und die mehrfache Betonung, Jhwh habe dies keinesfalls geboten (Jer 7,31; 19,5; 32,35), bestätigen eher, was sie ablehnen, nämlich dass der Ritus doch Jhwh gegolten hat. So weist Francesca Stavrakopoulou darauf hin, dass Jhwh in manchen Texten das Recht auf den erstgeborenen Sohn eingeräumt wird und Jes 30,27–33 Assurs Zerstörung durch Jhwh als Opferhandlung an einer riesigen Feuerstätte ankündigt.[53] Angesichts der im Jeremiabuch durchgängigen Ablehnung von Räucheropfern für das Himmelsheer, auch im Kontext des Tofet (19,4.13; vgl. 2 Kön 23,4f.), und der Polemik gegen die Himmelskönigin (7,18f.) argumentiert Klaus Koch,

---

48   Vgl. Xella, Tophet, 267f.

49   Vgl. Mosca, Tofet, 134.

50   Bauks (Kinderopfer, 246f.) vergleicht Ri 11,29–40 mit dem punischen *mlk*-Opfer.

51   Vgl. Weinfeld, Worship of Molech, 140f.; ders., Burning Babies in Ancient Israel, UF 10 (1978), 411–413; Keel, Geschichte Jerusalems 1, 503; vgl. den geschichtlichen Überblick zu Vorwürfen des Kindermords, a. a. O., 492–495.

52   Dewrell (Child Sacrifice, 72–90) argumentiert, dass das Erstgeburtsopfer den Sohn einschließt, aber wohl nur wenige Jhwh-Verehrer diesen Ritus anwendeten.

53   Vgl. Stavrakopoulou, Jerusalem Tophet, 148–150 mit Verweis auf Gen 22; Ex 13,1f.13; 22,28f.; 34,20; Ez 20,25f. Zur Deutung menschlicher Erstgeburt als Opfergabe an Jhwh, die erst in nachexilischer Zeit durch ein Ersatzopfer ausgelöst wird; vgl. Finsterbusch, Karin, Vom Opfer zur Auslösung. Analyse ausgewählter Texte zum Thema Erstgeburt im Alten Testament: VT 56 (2006), 21–45.

der Ritus im Hinnomtal beziehe sich auf aramäisch-assyrische Kultpraktiken, die nach dem Ende des assyrischen Reiches zwar in den Hintergrund traten, aber nach dem Untergang Jerusalems als Beispiel für die Verehrung fremder Gottheiten herangezogen werden konnten.[54] Ob der Ritus am Tofet eine unblutige Weihung oder das Töten von Kindern bedeutete, bleibt weiterhin umstritten.[55]

Jer 7,31–34 reiht sich in die polemische Ablehnung des Tofet und dessen Riten ein. Da der Bau dieser Kultstätte neben dem Aufstellen von Götterbildern im Tempel genannt wird, wird sie als fremdes Heiligtum ausgegrenzt. Der Kult am Tofet wird explizit von der Verehrung Jhwhs ausgenommen mit den Urteilen, solches Tun sei in Jhwhs Augen verwerflich (V. 30a) und er habe so etwas niemals angeordnet (V. 31b). Die polemische Absage versucht jedoch vergeblich zu verschleiern, dass Jhwh die am Tofet im Ben-Hinnom-Tal verehrte Gottheit ist.

Die Unheilsankündigung führt ganz Unterschiedliches auf: Die Umbenennung des Hinnomtals in „Tal des Mordens" (V. 32a) impliziert, dass dort Kinder geopfert wurden. Die Ankündigung, man werde im Tofet Menschen begraben, weil die sonstigen Bestattungsorte nicht ausreichten (V. 32b), zielt auf die Profanierung der Kultstätte und ist wohl kein Beleg für das Tofet als Ort von Kremationen.[56] Das Verbrennen von Leichen ist in Israel kein ordentliches Begräbnis (vgl. Am 2,1), da sie den toten Körper zerstört und nicht im Grab bis zum natürlichen Verfall ruhen lässt.[57] Außerdem gilt, dass Leichen einen heiligen Ort verunreinigen, so dass Menschen, die Tote berührten, zeitweilig unrein sind (Num 6,2–12; 9,6f.; mit verschärften Regeln für Priester Lev 21,1–3.11). Eine andere Schändung toter Körper wird in V. 33 erwähnt: Ohne Begräbnis bleiben die Leichen unbestattet und werden von wilden Tieren gefressen. Dieses Motiv gehört zum festen Repertoire altorientalischer Flüche[58] und findet sich auch in Dtn 28,26, woraus V. 33 fast wörtlich zitiert.[59] Die Ankündigung vom Verstummen jeglichen Jubelrufes (V. 34a; vgl. 16,9) entstammt ebenfalls der altorientalischen Fluchtradition und impliziert Zerstörung und Trauer.[60] Dass das ganze Land zur Trümmerstätte werde (V. 34b), weitet das Unheil in räumlicher Hinsicht aus. Insgesamt verknüpft Jeremias Rede daher das Tofet im Hinnomtal mit massenhaftem Tod, Schändung der Toten und dem Verlust jeglicher Lebensfreude. Die Zerstörung dieser fremden Kultstätte wird so zum Symbol für das Leid und den Tod, der über das Land kommen wird.

Als wären der Schreckensbilder nicht genug, bietet Jer 8,1–3 ein weiteres Unheilsszenario, das durch die Angabe „zu jener Zeit" mit dem vorherigen verbunden wird. Die bereits bestatteten Körper der Bevölkerung Jerusalems, der führenden Gruppen ebenso wie des einfachen Volkes, werden aus den Gräbern und Gruben

(Marginalien rechts:)
7,31–34
Mord, Tod, Trauer

8,1–3
Schändung der Bestatteten

---

54 Vgl. KOCH, Molek astral, 36–45; ähnlich WEINFELD, Worship of Molech, 145–153; KEEL, Geschichte Jerusalems 1, 504.

55 Eine Weihung vertreten WEINFELD, Worship of Molech, 154; ALBERTZ, Religionsgeschichte I, 300f.; KEEL, Geschichte Jerusalems 1, 501; Kinderopfer nehmen an KOCH, Molek astral, 35f.; STAVRAKOPOULOU, Jerusalem Tophet, 152; BAUKS, Kinderopfer, 248f.

56 So KEEL, Geschichte Jerusalems 1, 503.

57 Vgl. WENNING, Robert, Art. Bestattung (AT) (2006), 2.1: Wissenschaftliches Bibellexikon im Internet; vgl. http://www.bibelwissenschaft.de/stichwort/10594/ (23.10.2018).

58 Vgl. HILLERS, Treaty-Curses, 68f.

59 Vgl. FINSTERBUSCH/JACOBY, MT-Jeremia 1–24, 113.

60 Vgl. HILLERS, Treaty-Curses, 57f.

hervorgeholt und, so die Ankündigung, der Verwesung auf dem Acker anheimge-
geben, bis sie zu Dünger geworden sind. Diese Störung der Totenruhe stellt nicht
nur ein Sakrileg dar, sondern unterbricht auch den Generationenzusammenhang,
der für israelitische Großfamilien zentral ist, wie die Wendungen „sich zu seinen
Vorfahren legen" (1 Kön 2,10; 14,20) und „zu den Vorfahren versammelt werden"
(Num 20,26) zeigen. Die Wendungen verweisen auf die Bestattung in Felsgräbern,
wie sie für judäische Familien der Oberschicht üblich war. Der Erstbestattung der
Toten auf Grabbänken folgte das Einsammeln der Gebeine in einer Grube, wenn
die Grabbank erneut gebraucht wurde.[61]

Die Reihung der Könige Judas sowie der Beamten, Priester und Prophet*innen
benennt die führenden Gruppen, deren besondere Verantwortung auch andernorts
thematisiert wird (1,18; 2,26; 4,9; 13,13; 32,32). Begründet wird diese Schändung der
schon bestatteten Körper damit, dass die Menschen zu Lebzeiten Himmelsgestirne
verehrten (vgl. 2 Kön 23,6.11f.). Diese sehr generalisierende Anklage bezieht sich erneut auf Räucheropfer für Gottheiten aus dem assyrischen Raum, wie die in Jer 7,18
genannte Himmelskönigin und die Gottheit des Tofet. Jer 8,1f. entwirft also ein Schre-
ckensszenario, dem niemand aus dem vorexilischen Juda entrinnen kann. Der folgende Vers verstärkt diese Sicht und kündigt an, dass diejenigen, die von dieser „Sippe"
übrigblieben und im Exil leben, den Tod für erstrebenswerter halten werden als das
Leben. Die Tempelrede rechnet also mit der gesamten Bevölkerung Jerusalems, mit
den vor der Zerstörung der Stadt Gestorbenen ebenso wie mit denen, die danach exiliert wurden. Interessanterweise sind dabei diejenigen, die überlebten und in Juda
weiterlebten, gar nicht im Blick.

Diachrone Analyse

Wie bereits in der Analyse der Kommunikationsebenen deutlich wird, ist Jer 7,1 –
8,3 literarisch nicht einheitlich, sondern addiert verschiedene Themen unter dem
Stichwort Kultfrevel. Seit Winfried Thiels Studie zur deuteronomistischen Redaktion des Jeremiabuches gilt die Rede gegen den Tempel als Programmtext dieser
exilischen Buchredaktion.[62]

> Thiel zufolge haben die dtr Redaktoren ein ursprüngliches Tempelwort des Propheten, das
> Fragment eines Selbstberichts in Prosa, zu einer „Alternativ-Predigt" umgearbeitet.[63] Thiel
> gewinnt Jeremias Tempelwort (V. 4.9a.10a*.11*.12[?].14*) durch Abzug aller D-Elemente,
> d. h. aller Verse und Versteile, die typisch dtjer Wendungen aufweisen. Obwohl die Einord-
> nung der Rede als dtr Komposition nicht strittig ist, existieren zahlreiche alternative Vor-

---

61 Vgl. WELTEN, Peter, Art. Bestattung II. Altes Testament: TRE 5 (1980), 734–738, 734f.
62 Vgl. die Zusammenfassung in THIEL, Redaktion II, 93–115 und den Überblick in MAIER,
    Jeremia, 19–33. Schon MOWINCKEL (Komposition, 34.39) wies Jer 7 seiner dtr Quelle C
    zu; ihm folgt die Mehrzahl der älteren Kommentare.
63 THIEL, Redaktion I, 117. THIEL ordnet dieser spezifischen Predigtform der Exilszeit auch
    die Sabbatrede (17,19–27) und die Rede im Königspalast (22,1–5) zu (Redaktion I, 292).
    Die These, viele der Reden des Jeremiabuches gingen auf eine Predigttätigkeit der
    exilischen Bearbeiter zurück, vertritt auch NICHOLSON, Preaching to the Exiles, bes.
    126–129. Er situiert diese allerdings nicht in Jerusalem, sondern im babylonischen Exil.

schläge zum Grundbestand von 7,1–15,[64] so dass keine Einigkeit darüber besteht, welche Aussagen auf Jeremia selbst zurückgeführt werden können.

Zwar rechnen alle literarkritischen Vorschläge die Reihe der drei Verben in V. 9a zur alten Tradition, die analog zu Am 5,21–24 und Jes 1,10–17 Sozial- und Kultkritik verbindet. Allerdings lässt sich daraus keine spezifische Position Jeremias zum Jerusalemer Tempel erheben. Außerdem lassen sich nicht alle dtjer Wendungen anhand von Kohärenzstörungen eliminieren, so dass in der Tempelrede kein vorexilischer Kern erarbeitet werden kann.[65] Kohärenzstörungen finden sich aber in V. 4–8, die zu der synchron erkennbaren Spannung zwischen einer bedingten Heilsverheißung bei Beachtung konkreter Verbote (V. 5–7) und der Unheilsankündigung (V. 12–14) beitragen.

Vorexilisch	K^{frühexilisch}	Exilisch	Nachexilisch
		7,2a*–4.9–15 R^{GÄ}	7,1–2a* [MT$^+$]
		7,16–20 R^{Gola}	7,5–8 R^{Tora}
		7,21–26 R^{GÄ}	7,27 [MT$^+$]
		7,28–30.31–34 R^{GÄ}	
		8,1–3 R^{Gola}	

Die Forderung nach Besserung des Lebenswandels mit der Folge des fortgesetzten Wohnens an diesem Ort (V. 3) wird in V. 5–7 in einem Konditionalgefüge wiederholt, innerhalb dessen Grundbedingung und Folge sehr weit auseinandertreten, um vier weitere Forderungen Raum zu geben, wobei die letzten drei Verbote (V. 6) formal aus dem Konditionalgefüge herausfallen. V. 5 knüpft nur locker an V. 4 an. V. 8 lenkt fast wörtlich auf den Gedanken von V. 4a zurück und nimmt zugleich das Urteil von V. 9 vorweg. Daher ist V. 5–8 als Zusatz zu deuten, der erklärt, wie der Lebenswandel verbessert werden kann, und den Ort des Wohnens von der Stadt Jerusalem (V. 3) auf das den Vorfahren gegebene Land (V. 7) ausweitet.[66]

Toraorientierter Lebenswandel

> Die Forderung, Recht zu schaffen „zwischen einem Mann und seinem Nächsten" (V. 5b) überträgt die Aufgabe des Königs und der Führungspersonen auf jeden und jede Einzelne. Das Verbot, Fremdling, Waise und Witwe zu unterdrücken (V. 6aα), greift auf dtn Schutzgebote für die *personae miserae* zurück und macht deren Einhaltung zur Bedingung für das Überleben. Auch das Verbot, unschuldiges Blut zu vergießen (V. 6aβ), weitet die Forderung, die in 22,3 explizit an den judäischen König gestellt wird, auf alle Adressat*innen aus. Das als Prohibitiv, als absolute Forderung formulierte Verbot

---

64 Vgl. z. B. ROSE, Ausschließlichkeitsanspruch, 224f.: Jer 7,3[ohne אתכם].4.8.9a[bis לשקר].
10a*.12[ohne den zweiten Relativsatz].13a.14[nur ועשיתי למקום כאשר עשיתי לשלו]; HAAG,
Ernst, Zion und Schilo. Traditionsgeschichtliche Parallelen in Jeremia 7 und Psalm 78:
ZMIJEWSKI, Josef (Hg.), Die alttestamentliche Botschaft als Wegweisung, FS Heinz Reinelt,
Stuttgart: Katholisches Bibelwerk 1990, 85–115, 87–90: Jer 7,3aα.4.9a*[nur die ersten
drei Verben].10*[nur נצלנו ואמרתם ובאתם].11*[ohne den Relativsatz].12a*[ohne אשר
בשילו].12b.13a.14[nur ועשיתי לבית אשר בטחים בו כאשר עשיתי לשלו].
65 So auch NICHOLSON, Preaching to the Exiles, 69f.; SEIDL, Tempelrede, 158.
66 ROSE (Ausschließlichkeitsanspruch, 219) nennt V. 5–7 eine „Fortführungsstufe" aufgrund stilistischer und inhaltlicher Erweiterungen.

der Verehrung fremder Gottheiten (V. 6b, wohl ein Zitat aus Dtn 6,14) verknüpft die sozialen Gebote mit der Alleinverehrung Jʜᴡʜs.

Diese an der dtn Tora orientierte Ausweitung der Bedingungen für ein fortgesetztes Wohnen im Land ist im Kontext der vorexilisch situierten Rede zwar eine unmögliche Möglichkeit, für nachexilische Adressat*innen aber sinnvoll: Sie sollen Jʜᴡʜ als alleinige Gottheit anerkennen und ihr Verhalten zu den Mitmenschen an den Grundgeboten der Tora ausrichten. Jer 7,5–8 ist deshalb der toraorientierten, nachexilischen Redaktion zuzuweisen, die auch andernorts im Jeremiabuch den Schutz der gesellschaftlich Marginalisierten einfordert und Jeremia als einen Lehrer der Tora charakterisiert, der, wie einst Mose, dem Volk die Grundgebote gemeinschaftsgemäßen Verhaltens vermittelt.

Die exilische Tempelrede

Ohne diesen Zusatz bildet V. 2*–4.9–15 eine Rede, die die Zionstheologie, derzufolge Jerusalem und sein Tempel dem Schutz Jʜᴡʜs unterstellt sind, in Frage stellt. Sie führt die Zerstörung des Ladeheiligtums von Schilo als Beispiel dafür an, dass sich Jʜᴡʜ auch gegen sein Heiligtum wenden kann, und disputiert mit den Adressat*innen über die Gründe der Abwendung Jʜᴡʜs. Sie klagt die Menschen in Jerusalem und Juda sozialer Vergehen (stehlen, morden, ehebrechen) und der Verehrung anderer Gottheiten an und argumentiert, sie wiegten sich in Sicherheit, obwohl der Tempelkult keineswegs die Unantastbarkeit Jerusalems garantiere. Die Rede gebraucht die für Prosatexte im Jeremiabuch typische, dtjer Sprache:

יטב Hif. + דרך + מעלל „Weg/Tat verbessern“: 7,3.5; 18,11; 26,13; 35,15; vgl. 2,33; in 18,11; 35,15 parallel zur Forderung der Umkehr (שׁוב) vom bösen Weg;[67]

שׁקר + ב/על + בטח „auf Lüge vertrauen“: 7,4.8; 13,25; 28,15; 29,31.

שׁבע Nif. + לשׁקר „Lüge/falsch schwören“: 5,2; 7,9; vgl. Sach 5,4; Mal 3,5.

קטר Pi. + בעל „dem Baal räuchern“: 7,9; 11,13.17; 32,29; vgl. 2 Kön 23,5; Hos 2,15. קטר Pi. + אלהים אחרים „anderen Gottheiten räuchern“: 1,16; 19,4; 44,3.5.8.15; vgl. 2 Kön 22,17; 2 Chr 28,25.

תועבה „Gräuel“ für kultische Vergehen: 2,7; 6,15; 7,10; 16,18; 32,35; 44,4.22.

הבית אשר נקרא־שׁמי עליו „das Haus, über dem mein Name ausgerufen wird“: 7,10.11.14.30; 32,34; 34,15; vgl. 1 Kön 8,43; Bar 2,26.

דבר Pi. + לא שׁמע „reden – nicht hören (auf Jʜᴡʜ/Jeremia)“: 7,13.27[MT⁺]; 22,21; 25,3; 35,14.17[MT⁺]; 36,31; 44,16; vgl. Dtn 1,43; Ex 6,9.

שׁלך Hif. + מן/מעל + פנים; „verstoßen vom Angesicht“: 7,15; 52,3; vgl. 2 Kön 13,23; 17,20; 24,20; 2 Chr 7,20.

Entscheidend für die Zuordnung von Jer 7,2*–4.9–15 zur exilischen, geschichtsätiologischen Redaktion ist aber nicht allein der Sprachgebrauch, sondern die Fokussierung auf die Verehrung anderer Gottheiten und das Nicht-Hören auf Jʜᴡʜ. Weil das Volk die prophetische Forderung nach Verbesserung des Lebenswandels nicht ernstnahm, so wird im Nachhinein konstatiert, ließ Jʜᴡʜ Tempel und Stadt zerstören und schickte die Judäer*innen ins Exil wie einst die Bewohnerschaft des Nordreichs. Jeremia wird so zum Umkehrprediger stilisiert, der zur Änderung der Haltung gegenüber Jʜᴡʜ ermahnte, aber beim Volk kein Gehör fand.

7,16–20 Fürbittverbot

Das Verbot der Fürbitte ist bewusst positioniert und gleichzeitig nur lose mit dem Kontext verbunden. Es kann 7,1–15 ebenso nachgeordnet werden wie seine Begründung mit der Verehrung der Himmelskönigin. Die Auseinandersetzung um

---

67 Für weitere Belege mit מעלל + דרך vgl. Sᴛɪᴘᴘ, Konkordanz, 40.

diesen vor und nach dem Untergang Jerusalems praktizierten Kult ist wohl aus Jer 44 entnommen und verstärkt den Vorwurf des Kultfrevels. Die Unheilsankündigung (V. 20) schildert die Verheerung „dieses Ortes" inklusive seiner Flora und Fauna, Mensch und Tier. Dieses Chaosbild hat Parallelen in 4,23–26 und verweist mit der Vorstellung eines im Exil völlig unbewohnbar gewordenen Landes auf die Position der exilischen golaorientierten Redaktion, die die Interessen der nach Babylonien Exilierten vertritt.

Das Verbot knüpft an Jeremias Position als Mittler zwischen Jʜᴡʜ und dem Volk an, nimmt den Propheten aber gegen den möglichen Vorwurf in Schutz, er hätte bei Jʜᴡʜ noch einen Aufschub der Strafe oder eine Verschonung Jerusalems erreichen können. Im Rückblick auf die Katastrophe signalisiert es eine bereits fortgeschrittene Reflexion über entgangene Möglichkeiten, das Unheil abzuwenden.

Mit seiner Ablehnung von Opfern verschärft 7,21–26 die in 7,9–15 geäußerte Kritik am Tempel. Aufgrund der Parallele in Am 5,21 wird die ironische Aufforderung an die Adressat*innen (V. 21b), das Fleisch von Brand- und Schlachtopfern zu essen, häufig als Fragment eines alten Spruches verstanden.[68] Das ist, analog zu 7,9a, möglich, allerdings ist der Halbvers nun eng mit dem Kontext verknüpft. Das folgende Argument, Jʜᴡʜ habe beim Exodus keine Opfer geboten, vermittelt eine exilische Perspektive (vgl. Am 5,25[69]), die nach dem Ende des Tempelkultes in Jerusalem auf die staatenlose Zeit zurückgreift und die Beziehung zwischen Gott und Volk auf das Hören auf Jʜᴡʜs Stimme gründet. Bewegt sich die Kritik am Kult als Garant für die Uneinnehmbarkeit Jerusalems und das Pochen auf eine Ethik des Alltags im Rahmen vorexilischer Kultkritik, so vertritt Jer 7,21–24 eine exilische Sicht, die die Zerstörung des Tempels damit zu kompensieren versucht, dass sie eine kultlose Gottesbeziehung als ursprünglich präsentiert.[70]

Aufgrund des Sprachgebrauchs, der Form des Rückblicks auf die Zeit des Exodus und des negativen Urteils, Juda habe sich willentlich von Jʜᴡʜ abgewendet, erweist sich auch 7,21–24 als Text der geschichtsätiologischen Redaktion, die dem Volk die gesamte Verantwortung am Untergang zuweist. Dessen Ungehorsam wird mit typischen dtjer Wendungen formuliert:

> שׁמע בקול יהוה „auf die Stimme Jʜᴡʜs hören": 3,13.25; 7,23.28; 9,12; 11,4; 18,10; 22,21; 26,13; 32,23; 40,3; 42,6.13.21; 43,4.7; 44,23.
> לא שׁמע „nicht hören" und נטה Hif. + אזן „das Ohr nicht neigen": 7,24.26; 17,23; 25,4; 34,14; 35,15; 44,5.[71] Die Abfolge „reden – nicht hören – rufen – nicht antworten" findet sich nur 7,13; 7,27[MT⁺]; 35,17[MT⁺].
> הלך ב/אחרי שׁררות לב „in der Verhärtung des Herzens wandeln": 3,17; 7,24; 9,13; 16,12; קשׁה Hif. + ערף „den Nacken verhärten": 7,26; 17,23; 19,15.

Die in 7,22–24 propagierte Vorstellung einer beim Exodus begründeten Gottesbeziehung, die Gehorsam höher als Opfer bewertet, widerspricht zwar der heilsge-

7,21–26
Gehorsam
statt Opfer

---

68 Vgl. Rᴜᴅᴏʟᴘʜ, HAT, 56–58; Tʜɪᴇʟ, Redaktion I, 125; Wᴀɴᴋᴇ, ZBK, 9; Sᴄʜᴍɪᴅᴛ, ATD 20, 184.
69 Am 5,25 ist dtr Zusatz; vgl. Sᴄʜᴍɪᴅᴛ, Werner H., Die deuteronomistische Redaktion des Amosbuches: ZAW 77 (1965), 168–193, 189.
70 Vgl. Sᴇɪᴅʟ, Tempelrede, 160f.
71 Sᴛɪᴘᴘ (Konkordanz, 139f.) führt weitere Verbindungen von „nicht-hören" auf.

schichtlichen Erzählung, derzufolge JHWH am Sinai Opfer erhielt (Ex 24,5; 32,5) und solche gebot (Ex 20,24; 23,18f.; 29,25f.). Die genannten Verse sind aber späte Deutungen des Geschehens und wurden, wie die Kult- und Opferregelungen, die den Kult am Zweiten Tempel beschreiben (Lev 1–7), erst in nachexilischer Zeit in die Sinaiperikope eingestellt. Auch im Deuteronomium findet sich die Verbindung von Gehorsam und Gebot vor allem in den späten Rahmenkapiteln (Dtn 8,20; 28; 30,8.10). Der Rückgriff auf die Mütter und Väter der Frühzeit verstärkt im Jeremiabuch die Verurteilung der Menschen im vorexilischen Juda und präsentiert die Geschichte des gesamten Volkes Israel als eine Verfallsgeschichte. Er entspricht den negativen Geschichtsrückblicken im DtrG (Dtn 1,43; 1 Sam 12,8–12; 2 Kön 17,15–17) und findet sich im Jeremiabuch nur in exilischen (3,24f.; 7,22.25; 11,3–10; 23,27) und nachexilischen (2,4–13; 9,12–15; 14,20; 16,11–13; 31,32; 34,13f.) Abschnitten.[72]

7,25f.
Sendung der
Prophet*innen

Das Motiv der kontinuierlichen Sendung von Prophet*innen in 7,25f., die den Ehrentitel „Knechte JHWHS" tragen, führt das Geschichtsbild von 7,22–24 weiter aus. Die im DtrG nur in 2 Kön 17,13f. belegte Vorstellung, JHWH habe Israel zwar ermahnt durch (ביד) seine Prophet*innen, aber Israel habe nicht gehört, hat Odil Hannes Steck als „deuteronomistische Prophetenaussage"[73] bezeichnet. Sie wird in dtjer Prosa weiterentwickelt zu einer unermüdlichen Sendung (השכם ושלח), wobei die Prophetenreihe bis zu Jeremia ausgeweitet wird (25,4–7; 26,5; 29,19[MT⁺]; 35,15; 44,4).[74] In Jer 7,25f. beginnt die Reihe, wohl in Anlehnung an V. 22, bereits beim Exodus. Somit wird Jeremia zum gegenwärtig letzten in der Reihe der Gottesknechte erklärt, aber auch sein Reden führt nicht zur Umkehr des Volkes. Insofern Jeremia das Schicksal seiner Vorgänger*innen teilt, wird er von der Verantwortung für den Untergang Jerusalems entlastet.

7,28–30
Exilischer
Schuldaufweis

Im Rahmen des Schuldaufweises, der bereits auf die Katastrophe zurückblickt (V. 28–30), fallen formal der kurze Spruch in V. 28b und der Aufruf zu Trauerritus und Totenklage (V. 29a) auf. Thiel hält V. 28b.29 für jeremianisches Gut, das in die dtr Komposition eingearbeitet worden sei.[75] Die ersten beiden Worte des Spruchs אבדה האמונה מפיהם „verschwunden ist die Wahrhaftigkeit aus ihrem Mund" (V. 28b) weisen eine Assonanz im Wortauslaut auf, und das Stichwort אמונה „Wahrhaftigkeit" wird in 9,2 als Kontrastbegriff zu שֶׁקֶר „Lüge" gebraucht. Allerdings ist die Aussage so knapp, dass ein Urteil über ihre Herkunft kaum möglich ist. V. 29a ist analog zu den Aufrufen zur Totenklage 6,26; 9,16f.19 formuliert und könnte diese auch nachahmen. V. 29b weist aber mit wajjiqtol-Form und nota accusativi Kennzeichen von Prosa auf, obwohl das Verb מאס „verwerfen" auch in dem wohl authentischen Spruch 2,37 gebraucht wird. Sollte es sich um Fragmente älterer Überlieferung handeln, so sind sie in eine exilische Deutung des Untergangs Judas eingebettet, die das Nicht-Hören auf JHWHS Stimme (vgl. 7,22–24) und die Verehrung fremder Gottheiten im Tempel (vgl. 7,10) in den Vordergrund stellt und

---

72 Vgl. mit etwas anderer Schichtenabgrenzung RÖMER, Israels Väter, 422–491.

73 STECK, Odil H., Israel und das gewaltsame Geschick der Propheten. Untersuchungen zur Überlieferung des deuteronomistischen Geschichtsbildes im Alten Testament, Spätjudentum und Urchristentum (WMANT 23), Neukirchen-Vluyn: Neukirchener 1967, 71.

74 Nachexilische Belege sind Sach 1,4–6; 7,7.12; 2 Chr 36,14–21; Neh 9,26.30. Neh 9 spricht erstmalig von der Tötung der Prophet*innen; vgl. STECK, Israel, 60–64.

75 Vgl. THIEL, Redaktion I, 124–134; ähnlich WANKE, ZBK, 93.

aufgrund dieser Thematik als Teil der exilischen Komposition der Tempelrede
erkennbar ist. Die Begründung für das Gericht in V. 30 formuliert mit der Wendung
עשׂה הרע בעיני יהוה „das Böse in den Augen Jнwнs tun" (18,10; 32,30) ein Urteil, das
ebenso Kennzeichen der geschichtsätiologischen Redaktion des Jeremiabuches ist
wie die abwertende Qualifizierung der Götterbilder als שׁקוצים „Scheusale" (vgl. Jer
4,1; 13,27; 16,18; 32,34).

Die synchrone Analyse hat schon gezeigt, dass die Ablehnung der Opfer am   7,31–34
Tofet im Hinnomtal diesen Kult als nicht von Jнwн geboten darstellt und vom   Opfer im Ben-
Tempelkult abgrenzt. Die Ablehnung dieses Kultes und seine Verbindung mit einer   Hinnom-Tal
massiven Todesdrohung fügt sich gut in die Argumentation der exilischen Rede
ein. Das Motiv, dass die herumliegenden Leichen von wilden Tieren gefressen
werden, die niemand verscheucht, zitiert den Fluchspruch von Dtn 28,26, um zu
zeigen, dass sich angesichts der Vergehen des Volkes der Fluch Jнwнs erfüllt hat.

Das abschließende Horrorszenario, demzufolge selbst die bereits bestatteten   8,1–3
Toten verurteilt werden, indem ihre Totenruhe gestört wird (8,1f.), erweist sich   Schändung
als exilischer Text, der mit der Generation, die vor der Zerstörung Jerusalems in der Gräber
Juda lebte, abrechnet und diese als heillos verdorben darstellt. Das Fehlen jeglicher
Überlebender in Juda verweist auf die Perspektive der golaorientierten Redaktion,
die Juda als im Exil völlig entvölkert darstellt, um einen Neuanfang durch die
nach Babylonien exilierten Oberschichtsgruppen zu legitimieren. V. 3 weitet die
Todesdrohung auf die Überlebenden in der Diaspora, wozu auch die nach Ägypten
Geflüchteten gehören, aus.

Wie oben ausführlich beschrieben, lokalisiert erst die prämasoretisch zugefügte Einleitung   Prämasoreti-
7,1–2a* die Rede im Tempelvorhof und hebt sie, zusammen mit der Zitationsformel in 8,3,   sche Erweite-
aus dem Kontext heraus. Die Wendung הבאים בשׁערים האלה in V. 2 verstärkt diese Lokalisie-   rungen
rung ebenso wie die Verdreifachung des Rufes in 7,4. Außerdem erweitert die Bearbeitung
den Text mit Gottesepitheta (7,3.20.21.28), Zitationsformel (7,13; 8,3), Unermüdlichkeitsformel (7,13) und einzelnen Wörtern (7,22.24.26.28; 8,3). Der zugefügte V. 27 verstärkt den
erneuten Redeauftrag an Jeremia, negiert aber gleichzeitig dessen Wirkung durch Rückgriff auf den Vorwurf des Nicht-Hörens (V. 24).

Synthese

Die Tempelrede, die ihren Namen sowie ihre räumliche und zeitliche Verortung
erst durch die prämasoretisch zugefügte Einleitung in 7,1–2* erhält, ist keine Predigt des Propheten Jeremia, sondern ein literarisches Kunstprodukt der exilischen
und nachexilischen Tradent*innen. Trotz zahlreicher Versuche lässt sich kein
Tempelwort des historischen Jeremia herausarbeiten. Die dtjer Diktion ist so
durchgreifend, dass älteres Spruchgut nur noch an wenigen Stellen fragmentarisch
erkennbar ist. Somit lassen sich die Thesen, Jeremia habe den Tempelkult abgelehnt oder die Kultreform Joschijas unterstützt, aus Jer 7,1 – 8,3 nicht begründen.
Dass seine Botschaft, Jerusalem werde untergehen, auch den Tempel und seinen
Kult betraf, ist jedoch offensichtlich und in Jer 26 der Hauptgrund für die Opposition gegen ihn.

Die Grundschicht der Rede ist ein in exilischer Zeit konzipierter Monolog Gottes im Munde Jeremias, der im Rückblick auf den Untergang Jerusalems das Scheitern der Zionstheologie und ihrer Vorstellung von Jerusalem als sicherem Ort

erklärt. Dass Jhwh seinen Tempel verlassen und damit die Stadt preisgegeben hat wie einst das Ladeheiligtum von Schilo, wird auf die sozialen und kultischen Vergehen der Bevölkerung Jerusalems und Judas zurückgeführt. Anklagepunkte sind gemeinschaftsschädigende Verhaltensweisen, die in den Kurzgeboten im Dekalog verboten werden, und die Verehrung fremder Gottheiten. Die Rede ist rhetorisch so gestaltet, als sei sie vor der Zerstörung Jerusalems gehalten worden. Jeremia wird, wie in der Erzählung Jer 26, als Umkehrprediger charakterisiert, der das Volk zwar auffordert, sich zu bessern (V. 3f.), dann aber massive Anklagen erhebt (V. 9–11), die zur Ankündigung von Zerstörung und Exilierung führen (V. 12–15). Die Rede enthält eine Kritik am Jerusalemer Tempelkult, die im Duktus vorexilischer Kultkritik auf die gleichzeitige Einhaltung sozialer Standards im Alltag pocht, aber den Tempel nicht grundsätzlich ablehnt. Wenn Jeremia in V. 21–24 fordert, das Volk solle „auf Jhwhs Stimme hören", und darauf verweist, dass Jhwh beim Exodus keine Opfer verlangt habe, erscheint das zunächst als grundsätzliche Kritik am Opferkult. Bei genauerer Betrachtung ist es jedoch ein Versuch, nach der Zerstörung des Tempels das Verhältnis zwischen Jhwh und seinem Volk auf eine neue Basis zu stellen. Den vorexilischen Judäer*innen freilich wirft die Rede durchgängig vor, nicht auf Jhwh gehört zu haben (V. 13.24.26.28), und so erscheint die eingangs aufscheinende Hoffnung, das Hören auf Jeremias Worte könne die Zerstörung von Tempel und Stadt verhindern, als verwirkte Möglichkeit. Mit dem Verweis auf Jhwhs Sendung von Prophet*innen, die den Titel „Knechte Gottes" tragen, wird Jeremia zum vorläufig letzten Vertreter dieser Gruppe erklärt. Mit dem Argument, diese Mahner*innen hätten seit dem Exodus beim Volk kein Gehör gefunden, wird auch Jeremia von der Verantwortung für die Katastrophe entlastet.

Als einzig mögliche Reaktion Judas auf die Unheilsankündigung ruft die Rede das als Frau adressierte Juda zu Trauerriten und Totenklage auf (V. 29f.; vgl. 9,16–20). Dem Vorwurf der Verehrung fremder Gottheiten (V. 9.30) wird die Anklage des Baus einer illegitimen Kultstätte im Hinnomtal zur Seite gestellt mit dem Vorwurf, die Einwohner*innen Jerusalems würden an diesem Ort „ihre Söhne und Töchter im Feuer verbrennen" (V. 31). Dieser Kult wird, wie schon die Opfer im Tempel, als nicht von Jhwh geboten dargestellt und damit von legitimer Jhwh-Verehrung abgegrenzt, obwohl er wohl ursprünglich Jhwh zugeeignet war. Die Kultstätte im Tal südlich von Jerusalem wird als Ort des Todes, der Trauer und der Schändung von Leichen bezeichnet.

Diese exilische Rede wird in nachexilischer Zeit im Blick auf die Möglichkeit der Umkehr sowie durch Anklagen und Unheilsszenarien erweitert. Der Zusatz in 7,5–8 weitet die Forderung nach Besserung des Lebenswandels innerhalb der exilischen Rede (V. 3f.) durch konkrete Gebote und Verbote zu einer bedingten Heilsverheißung aus. Sie sind in Anlehnung an die dtn Schutzgebote für marginalisierte Personen formuliert. Auf diese Weise wird die Gottesbeziehung nicht mehr auf den Kult, sondern auf die Befolgung der Tora gegründet (vgl. 26,4). Jeremia wird dabei zum Lehrer der Tora stilisiert, der dem Volk, wie einst Mose, bestimmte Gebote ans Herz legt und diese zur Bedingung für eine ungetrübte Gottesbeziehung erklärt.

Auch das in 7,16–20 zugesetzte Verbot der Fürbitte setzt eine fortgeschrittene Stilisierung Jeremias zum engen Vertrauten Gottes voraus und attestiert ihm einen Mose vergleichbaren Einfluss auf Jhwh. Zugleich nimmt es den Propheten gegen den Vorwurf in Schutz, er habe Jhwh in seinem Entschluss, Jerusalem zu vernichten, nicht umgestimmt. Als Begründung für das Verbot der Fürbitte wird ein weiterer, aus Sicht Jhwhs illegitimer, Kult aus dem Bereich der Familienfrömmigkeit angeführt: Die Verehrung einer Gottheit, die „Himmelskönigin" genannt wird. Es handelt sich dabei wahrscheinlich um die Göttin Aschera, die astrale Kompetenzen Ischtars übernommen hatte und von der Segen für die Familie erwartet wurde. Ihre Verehrung wird ausführlich in Jer 44 geschildert und von Jeremia als fremder Kult ausgegrenzt. Jhwhs Reaktion auf diesen Kult wird in V. 20 als Verheerung „dieses Ortes" und allen Lebens in ihm geschildert und unterstreicht damit die golaorientierte Vorstellung, dass Juda während der Exilszeit leer war.

Dieselbe golaorientierte Sicht spiegelt 8,1–3 mit der Einbeziehung auch der bereits vor dem Untergang Jerusalems bestatteten Judäer*innen in das Gericht wider. Den geschändeten Totengebeinen werden die nach der Eroberung Jerusalems in der Diaspora Lebenden zur Seite gestellt als solche, die letztlich der Tod ereilen werde. Damit bleiben als mögliche Adressat*innen nur die nach Babylonien exilierten Menschen übrig, deren Nachkommen in nachexilischer Zeit teilweise nach Juda zurückkehrten. Letzteren gilt die bedingte Verheißung, sie könnten an „an diesem Ort" wohnen bleiben, sofern sie in der Tora wandelten und die grundlegenden sozialen Schutzgebote bewahrten (7,5–8). Erst für die ab der Mitte des fünften Jahrhunderts v. d. Z. wieder in Jerusalem wohnenden Menschen ist diese Alternative zwischen Wohl und Wehe der Stadt und ihres Tempels realistisch.

Rezeptionsgeschichtlich erwies sich ein in der Tempelrede randständiges Detail als Ausgangspunkt für weitere Interpretationen. Die Bezeichnung des Tempels als „Räuberhöhle" (σπήλαιον λῃστῶν, 7,11aα) wird im Neuen Testament in der Episode der „Tempelreinigung" Jesu zitiert (Mk 11,15–17 par. Lk 19,45f.; Mt 21,12–14). Jesus vertreibt die im Tempel ihren Geschäften nachgehenden Händler*innen mit den Worten: „Steht nicht geschrieben: Mein Haus soll ein Haus des Gebets heißen für alle Völker? Ihr aber habt es zu einer Räuberhöhle (σπήλαιον λῃστῶν) gemacht!" (Mk 11,17). Das Logion zitiert im ersten Teil Jes 56,7b und ändert die Frage in Jer 7,11aα in eine Aussage ab. Auch dies ist keine grundsätzliche Kritik am Tempel, sondern an der Art und Weise, wie Abgaben und Opfer organisiert werden, mit der Stoßrichtung, dass die Kommunikation mit Gott nicht der Opfer, sondern des Gebets bedarf.

Jer 8,4 – 10,25: Gründe für und Klagen über das Ende

Textabgrenzung und Kommunikationsstruktur

Die Kommentierung der folgenden drei Kapitel kehrt zurück zu einer synchronen Analyse, die den Wechsel der Stimmen und das Geschehen auf der Bühne beschreibt. Die Kapitel bieten drei weitere Akte des Dramas, die angesichts der in Jer 4–6 beschriebenen Bedrohung durch den Feind nun die Reaktionen der Protagonist*innen darstellen. Das Motiv der Feindbedrohung wird bis zur Beschreibung der Zerstörung Jerusalems in 9,9–23 fortgeführt.[1] Stilistisch prägend sind in Jer 8,4 – 10,25 mehrere Klagen über das Geschehen (8,14–16; 8,18 – 9,2; 9,9f.; 10,19–22). Daneben finden sich Reflexionen über den inneren Grund der zerbrochenen Beziehung zu Gott (8,4–7; 9,3–8), die, ähnlich den Disputationsworten, rhetorische Fragen stellen und das Volk als uneinsichtig und im Vergleich zu Tieren instinktlos charakterisieren. Sie haben die Funktion, Jʜwʜs Handeln gegen sein Volk als rechtmäßig und nachvollziehbar zu erklären. An mehreren Stellen wird auch die Rolle der torakundigen Weisen reflektiert (8,8f.; 9,11–15.22f.). Formal auffällig ist schließlich eine Gottesrede in 10,1–16, die gegen fremde Gottheiten und deren Bilder polemisiert und mehrfach von einem Lobpreis Jʜwʜs als des allein wirkmächtigen Schöpfergottes unterbrochen wird.

> Die Gliederung der Kapitel ist in LXX und MT unterschiedlich, da nur in MT nach der Tempelrede ein expliziter Redeauftrag an Jeremia ergeht (8,4 [MT⁺]). Setzte 9,21 ursprünglich, wie die in LXX bezeugte ältere Textfassung zeigt, die Klage der Frauen in 9,19f. fort, so trennt der in MT vorangestellte Redeauftrag diesen Vers ab und macht ihn zum Ausgangspunkt weitergehender Reflexionen.[2] Damit untergliedert MT gegenüber LXX, wie schon in Jer 2–6, den Text stärker.

Da dieser Kommentar den in MT vorliegenden Text auslegt, lassen sich ausgehend von den Redeaufträgen drei Akte des Dramas unterscheiden:

8,4 – 9,2	Vierter Akt: Volksklage und Gottesklage
Szene I: 8,4–13	Die Schuld des Volkes
Szene II: 8,14–9,2	Klagen über die Katastrophe
9,3–20	Fünfter Akt: Ein zerstörtes Gottesverhältnis
Szene I: 9,3–10	Soziales Fehlverhalten führt zum Untergang
Szene II: 9,11–15	Begründung der Katastrophe
Szene III: 9,16–20	Aufruf an die Frauen zur Totenklage
9,21 – 10,25	Sechster Akt: Jʜwʜ als allein wirkmächtige Gottheit
Szene I: 9,21 – 10,16	Bilderpolemik und Lob Jʜwʜs
Szene II: 10,17–25	Jerusalems Klage und Gebet

---

1   Zu dieser These der Plot-Struktur von Jer 2–10 vgl. Hᴇɴᴅᴇʀsoɴ, Jeremiah 2–10, 150f.

2   Viele Kommentare rechnen 9,21 ohne Begründung 9,19f. zu, ohne den Neueinsatz mit Redeauftrag in MT zu beachten; vgl. Mᴄᴋᴀɴᴇ, ICC, 208; Cᴀʀʀoʟʟ, Jeremiah, 245f.; Wᴀɴᴋᴇ, ZBK, 107–109; Sᴄʜᴍɪᴅᴛ, ATD 20, 209f. Fɪsᴄʜᴇʀ (HThKAT, 366) versteht den singulären Redeauftrag lediglich als Hinweis auf den außergewöhnlichen Inhalt von 9,21.

Zwischen 9,2 und 9,3 erfolgt eine Zäsur, da 9,2 mit der Zitationsformel endet und 9,3 abrupt in die Anrede an eine Gruppe wechselt. Inhaltlich gehört die Klage in 9,1f. noch zu 8,18–21, während 9,3–20 ein Disputationswort in der Funktion eines Schuldaufweises bietet. Jer 9,21 – 10,25 präsentiert verschiedene, nur lose verbundene Themen. Das Gebet in 10,23–25 bildet mittels Anspielungen eine *inclusio* zu Jer 4,1–4.

Vierter Akt: Jer 8,4 – 9,2: Volksklage und Gottesklage

4 *[Sage zu ihnen:]*[a] So spricht JHWH:
Fällt man[b] etwa und steht nicht wieder auf?
  Oder kehrt jemand sich ab und kehrt sich nicht mehr um?
5 Warum kehrte dieses[a] Volk sich ab[b],
  [Jerusalem][c] in dauernder Abkehr?
(Warum) hielten sie fest am Trug,
  weigerten sich, umzukehren?
6 Ich merkte auf[a] und hörte.
  Unrechtes reden sie.
Niemand bereut seine Bosheit, so dass er spräche:
  „Was habe ich getan?"
Sie alle[b] haben sich abgekehrt in ihrem Laufen[c]
  wie ein Pferd, das in die Schlacht stürmt[d].
7 Auch die Störchin am Himmel hat ihre Zeiten erkannt,
  und Taube und Schwalbe[a] und Drossel haben die Zeit ihres Kommens eingehalten.
Mein Volk aber hat die (Rechts-)Ordnung JHWHs nicht erkannt.
8 Wie könnt ihr sagen:
  „Weise sind wir und die Tora JHWHs ist bei uns"?
[Ja doch, siehe,] zur Lüge hat der Lügengriffel Schreiber[a] gemacht[b].
9 Zuschanden sind Weise geworden, bestürzt und gefangen[a].
Siehe,/ denn[b] das Wort JHWHs verachteten sie
  und welche Weisheit haben sie (noch)?[c]
10 Deshalb werde ich ihre Frauen an andere geben,
  ihre Felder an (andere) Besitzer.
[a][Denn vom Kleinsten bis zum Größten:
  Alle machen unrechten Gewinn.
Vom Propheten bis zum Priester:
  Alle handeln lügnerisch.
11 Sie heilen den Zusammenbruch der Tochter, meines Volkes, leichthin, indem sie sagen: „Friede! Friede!" Aber es ist kein Friede.
12 Zuschanden sind sie geworden, denn sie haben Gräuel verübt.
  Doch sind sie keineswegs beschämt

Szene I, 1. Auftritt: Der Prophet zitiert JHWH	
I, 2: Jeremia zu einer Gruppe	
I, 3: Der Prophet zitiert JHWH weiter	

und sie wissen sich nicht zu schämen.
Deshalb werden sie unter die Fallenden fallen.
Zur Zeit ihrer Heimsuchung werden sie straucheln – sagt Jнwн.]
13 Sammeln, wegraffen werde ich sie[a] – Spruch Jнwнs –,
dann sind keine Trauben mehr am Weinstock
und keine Feigen am Feigenbaum
und das Laub ist verwelkt.
[Ich gab sie (Leuten), die über sie hinwegschreiten.][b]

14 Wozu sitzen wir da? Sammelt euch
und lasst uns hineingehen in die befestigten Städte
und uns [dort] still verhalten[a]!
Denn Jнwн, unser Gott[b], hat uns umkommen lassen. Er tränkte uns mit Giftwasser, weil wir gegen Jнwн gesündigt haben.
15 [a]Wir hofften[b] auf Frieden, doch da ist nichts Gutes,
auf eine Zeit der Heilung, doch siehe: plötzlicher Schrecken.
16 Von Dan her ist das Schnauben seiner Pferde zu hören[a],
vom lauten Wiehern seiner Starken erbebt das ganze Land.
Sie kamen[b] und fraßen das Land und sein Gut, die Stadt und die sie bewohnen.

17 Ja, siehe, ich sende euch Schlangen, Giftschlangen, für die es keine Beschwörung gibt, dass sie euch beißen [– Spruch Jнwнs] – unheilbar[a].

18 Kummer ist aufgestiegen[a] in mir,
mein Herz ist krank.
19 Siehe, ein Laut[, der Hilferuf][a] der Tochter, meines Volkes, vom weiten[b]
Land: „Ist Jнwн nicht in Zion oder ist ihr König nicht in ihr /$_{dort}$[c]?"
Warum haben sie mich erzürnt durch ihre Götterbilder,
durch Nichtigkeiten der Fremde?

20 „Vorüber ist die Ernte, zu Ende ist der Sommer,
doch uns wurde nicht geholfen."

21 Über den Zusammenbruch der Tochter, meines Volkes [bin ich zerbro-
chen][a],
bin ich bedrückt, hat mich Entsetzen ergriffen <Wehen wie eine Gebärende>[b].
22 Ist kein Balsam in Gilead oder ist kein Arzt dort?
[Ja,] warum wuchs kein neues Fleisch
über die Wunde[a] der Tochter, meines Volkes?[b]
23 Wäre doch[a] mein Kopf Wasser
und mein Auge eine Quelle von Tränen,
so würde ich Tag und Nacht beweinen
die Erschlagenen der Tochter meines Volkes.
9,1[a] Gäbe man mir in der Steppe ein Nachtlager für Wanderer,
so würde ich mein Volk verlassen und von ihnen weggehen.
Denn sie alle sind Ehebrecher, eine Versammlung von Treulosen.
2 Sie spannten ihre Zunge als [ihren][a] Bogen,
Lüge und nicht Wahrhaftigkeit[b] sind stark geworden im Land;

denn von Bosheit zu Bosheit sind sie ausgezogen, aber mich haben sie nicht erkannt [– *Spruch Jhwhs*].

Anmerkungen zu Text und Übersetzung

* In der Übersetzung sind parallele Stichen durch Einrückung kenntlich gemacht, Prosaverse füllen die Zeilen aus. Nebentexte mit Angaben zu Sprecher*innen oder Szenerie sind kursiviert. Zum System der Klammern und Kleinschreibung s. o. S. 22.

4a Der explizite Redeauftrag ist prämasoretischer Zusatz, der das Ende der Tempelrede markiert. LXX bietet nur ὅτι = כי.

4b LXX bietet zwei sing.-Partizipien, MT zunächst plur. Verbformen, wohl im Blick auf V. 5. In beiden Fällen geht es um grundsätzliche, einem Sprichwort vergleichbare Aussagen.

5a LXX „mein Volk"; das Demonstrativpronomen in MT betont die Distanzierung von der Gestalt.

5b Die fem. Form שובבה ist inkongruent zu masc. העם. BHS nimmt eine Dittographie des ה an und versteht שובב als Polal-Form „ist verleitet worden"; vgl. Rudolph, HAT, 58. Die fem. Endung in MT wurde wohl im Zuge der Einfügung von Jerusalem eingetragen, s. zu 5c.

5c Der Name Jerusalem fehlt in LXX; er wurde (wie in 2,2; 3,17; 29,1.20.25 u. ö.) prämasoretisch hinzugefügt; vgl. Stipp, Sondergut, 103; V übersetzt „dieses Volk da in Jerusalem".

6a LXX bietet zwei plur. Imperative, ob aufgrund einer anderen Vorlage oder der Verlesung zu הקשיבו והשמיעו (vgl. die doppelten Imperative in 4,6.16), kann nicht geklärt werden.

6b LXX deutet כלה als 3. masc. sing. *qatal* „er hat abgelassen". Die Punktation von כֻּלֹּה als Nomen mit Suffix der 3. masc. sing. verweist auf das in V. 5 genannte Volk; vgl. Finsterbusch/Jacoby, MT-Jeremia 1–24, 114. Die plur. Übersetzung orientiert sich am plur. Suffix von במרוצתם.

6c Das *Ketiv* במרוצתם enthält einen Schreibfehler, daher *Qere* בִּמְרוּצָתָם, dem auch LXX entspricht.

6d LXX übersetzt „wie ein heftig schwitzendes Pferd bei seinem Wiehern" aufgrund einer abweichenden hebräischen Vorlage; vgl. Finsterbusch/Jacoby, MT-Jeremia 1–24, 114.

7a *Ketiv* סוס „Pferd", *Qere* סיס „Schwalbe", so auch LXX. Die Vogelnamen sind unsicher, LXX transkribiert חסידה und עגור; und fügt στρουθία „Sperlinge" hinzu; vgl. Stipp, Sondergut, 34.

8a In MT ist ספרים direktes Objekt und wie das folgende חכמים nicht determiniert, LXX versteht ספרים als Dativobjekt, V als Genitiv.

8b BHS schlägt vor, עשה mit Suffix der 3. fem. sing. zu lesen, so dass sich ein Rückbezug auf die Tora ergibt; so auch Duhm, KHC, 88; Rudolph, HAT, 60; McKane, ICC, 186; Carroll, Jeremiah, 228; Wanke, ZBK, 97. Die Konjektur wird aber von LXX nicht gestützt.

9a Die Bedeutung von לכד Nif. „gefangen sein" wird durch LXX und V gestützt; vgl. 5,26; 51,56.

9b LXX bietet ὅτι = כי. Die prämasoretischen Bearbeiter ersetzten es wahrscheinlich durch הנה, als sie הנה אכן in V. 8 hinzufügten.

9c Der Vorschlag in BHS, וְחָכְמַת־מֶה (MT) als Fehlschreibung von וְחָכְמָתָם zu lesen, wird durch die Versionen nicht gestützt, denn auch LXX versteht den Satz als Frage, V jedoch als Aussage.

10a Jer 8,10aβ–12 fehlt in LXX, hat aber in 6,13–15 eine fast gleichlautende Parallele, die in beiden Textfassungen belegt ist. Die Verse sind hier sekundär nachgetragen aufgrund der zu 6,12a parallelen Aussage in V. 10aα; so auch Stipp, Sondergut, 94; Parke-Taylor, Formation, 97.

13a LXX liest wohl ואספו אסופם „sie werden ihren Ertrag einsammeln" als Fortführung des Satzes aus V. 10aα mit der Folge, dass Weinstock und Feigenbaum leer sind. Das Bild ist formal und inhaltlich stimmig, während MT nach dem Infinitiv abs. von אסף mit אֲסִיפֵם eine Form der 1. sing. *jiqtol* Hif. von סוף mit Suffix der 3. plur. bietet: „wegraffen werde ich sie". Vgl. Finsterbusch/Jacoby, MT-Jeremia 1–24, 116. MT wird oft als Protasis zum folgenden Satz konjiziert zu אָסֹף אֲסִיפֵם „will ich ihre Ernte einbringen ...."; so BHS; Wanke, ZBK, 99; Schmidt, ATD 20, 197.

13b Der Satz fehlt in LXX und erklärt die Metapher. Da weder ein Textausfall in der Vorlage noch ein Versehen bei der Übersetzung erkennbar ist, ist er prämasoretisch zugefügt.

14a LXX liest hier und im folgenden Satz Formen von רמה anstelle von דמה bzw. דמם (MT), eine Buchstabenverwechslung; vgl. 50,30 = Jer^{LXX} 27,30; 51,6 = Jer^{LXX} 28,6 und Finster-busch/Jacoby, MT-Jeremia 1–24, 116. Inhaltlich macht es Sinn, נִדְמָה von דמם I „sich still verhalten" abzuleiten. V. 14b gebraucht das Verb im Hif. i. S. v. דמם II „umkommen lassen". Vgl. Wanke, ZBK, 99f.

14b LXX bietet ὁ θεός anstelle von יהוה אלהינו, was Stipp (Sondergut, 54) auf die Übersetzungstechnik zurückführt.

15a V. 15 hat eine fast wortgleiche Dublette in 14,19b, die 8,15 zitiert.

15b MT bietet einen Infinitiv abs., der hier eine finite Form der Vergangenheit vertritt; vgl. GBH § 133d. LXX leitet das Verb von קוה II „sammeln" ab.

16a MT נִשְׁמַע ist, wie in 3,21; 9,18; 31,15; 42,6, 3. masc. sing. *qatal* Nif., was zwar inkongruent zum fem. Nomen נחרה, aber aufgrund der Formelhaftigkeit verständlich ist. LXX deutet die Form als 1. plur. *jiqtol* „wir werden hören" und übersetzt die folgenden Verben ebenfalls futurisch.

16b LXX bietet futurische Verbformen entsprechend V. 16a, gleicht also an den Kontext an. In MT sind sie als *wajjiqtol* vokalisiert, das Handeln der Feinde damit in der Vergangenheit verortet.

17a MT liest „meine Erheiterung" zu Beginn von V. 18, was jedoch keinen Sinn ergibt. Mit BHS und in Anlehnung an LXX ist מִבְּלִי גְּהֹת „ohne Heilung" zu lesen, was noch zu V. 17 gehört und wohl durch die prämasoretische Zufügung der Zitationsformel an die falsche Stelle geriet; vgl. McKane, ICC, 194; mit Zuordnung zu V. 18 Finsterbusch/Jacoby, MT-Jeremia 1–24, 118.

18a Mit BHS ist עלי als עָלָה zu lesen. Aufgrund des unklaren Satzbeginns und des Kontextes übersetzt LXX „Unheilbares mit dem Schmerz eures ratlosen Herzens" als Fortsetzung von V. 17.

19a In LXX fehlt ein Äquivalent für שׁועת, das wohl prämasoretisch zur Verstärkung zugefügt wurde.

19b Die Wendung מארץ מרחקים begegnet nur hier und in Jes 33,17 i. S. v. „weitem Land". Vom Kontext her ist an die hintersten Winkel des Landes Juda gedacht. Das Lexem מרחק bezeichnet im sing. das ferne Land (4,16; 5,15; 6,20; 31,10). LXX, V und S haben aufgrund ihres späteren Blickwinkels das ferne Land des Exils vor Augen. Vgl. McKane, ICC, 195.

19c Die Ersetzung der pronominalen Ortsangabe בָּהּ durch ἐκεῖ „dort" in LXX ist eine alexandrinische Sonderlesart; vgl. 49,18.33; 50,40 und Stipp, Sondergut, 151.

21a Aufgrund der Ähnlichkeit von שׁבר בת־עמי und השׁברתי könnte die überschüssige Verbform in MT aus einer Dittographie oder LXX aus einer Haplographie entstanden sein.

21b LXX fügt „Wehen wie eine Gebärende" aus 6,24 par. 50,43 hinzu; vgl. Stipp, Sondergut, 147.

22a Das ist der konkrete Sinn des Lexems ארוכה; vgl. Ges^{18}, 96.

22b LXX setzt die Kapitelgrenze nach V. 22, so dass die Zählung in Jer 9 um einen Vers differiert.

23a Die Wendung מִי־יִתֵּן leitet einen Wunschsatz ein; vgl. 9,1; GK § 151b; FINSTERBUSCH/
JACOBY, MT-Jeremia 1–24, 119. LXX übersetzt wörtlich ohne Rücksicht auf den idiomatischen Sinn.

9,1a So die Abgrenzung in MT. In LXX wird V. 23 als erster Vers von Kap. 9 gezählt, was
unterstreicht, dass die klagenden Verse zusammengehören.

2a Die masoretische Akzentuierung verbindet קַשְׁתָּם „ihren Bogen" mit dem folgenden שֶׁקֶר
und bietet so einen äußerst ungewöhnlichen Genitiv mit suffigiertem nomen regens.
GBH § 140b (1) listen nur fünf analoge Fälle gegen die Masse der sonstigen Belege für
Suffigierung des nomen rectum auf. LXX stützt die Trennung der beiden Wörter. Der
Satz וַיִּדְרְכוּ אֶת־לְשׁוֹנָם קַשְׁתָּם in V. 2aα wirkt im Kontrast zum poetisch geformten V. 2aβ
wie eine Erläuterung zu שֶׁקֶר.

2b Die Präposition לְ fehlt in einer hebräischen Hs., LXX und V; sie wurde wohl in Zusammenhang mit der Erweiterung in 2aα eingetragen.

Synchrone Analyse

Nach der Tempelrede setzt 8,4 MT mit einem Redeauftrag neu ein. Da sich die
nächste Zäsur zwischen 9,2 und 9,3 findet, bildet 8,4 – 9,2 den ersten Akt der
Reaktionen auf die Ankündigung von Krieg und Zerstörung. Die Abgrenzung der
Stimmen und die Identifikation der Sprecher*innen sind nicht auf den ersten Blick
ersichtlich, zumal LXX und MT einige Varianten aufweisen. Abgesehen von dem
längeren Zusatz in 8,10aβ–12, der eine Dublette zu 6,13–15 darstellt,[3] bietet MT
Ich-Reden (vgl. V. 13b.21a) und zusätzliche Zitationsformeln (V. 17; 9,2), die JHWH
als Sprecher ausweisen. Das Volk wird in V. 19.21.22 durch den Titel בַּת־עַמִּי als
Tochter JHWHs personifiziert, im prämasoretischen Zusatz in 8,5 jedoch mit Jerusalem identifiziert (vgl. 2,2aα).

Jer 8,4 – 9,2 enthält zwei Szenen. In der ersten (8,4–13) sind der Prophet und   Gliederung
eine Gruppe von Weisen auf der Bühne anwesend. Der explizite Redeauftrag als   der Szenen
Nebentext zeigt an, dass Jeremia im Folgenden die Worte Gottes zitiert (die Botenformel ist Teil der Rede). Außerdem verweist der Inhalt von V. 10aα.13ab eindeutig
auf JHWH als Sprecher. In V. 6 kann diese Identifikation durch den Kontext erschlossen werden. Die Gottesrede beginnt mit einer Dreifachfrage הַ...אִם...מַדּוּעַ
(V. 4f.; vgl. V. 19.22), die einen klagenden Unterton hat und nicht beantwortet
wird.

Da V. 8a unvermittelt in die direkte Anrede an eine Gruppe wechsel und
V. 8b–9 eine rhetorische Frage beantwortet, ist V. 8f. als eigenständiger Auftritt
zu verstehen, mit dem der Prophet das ihm aufgetragene Gotteswort unterbricht,
die Rolle des Künders verlässt und seine Kritik an Weisen und Schriftgelehrten
äußert. Deren fehlende Einsicht in das eigene Versagen wird in der Zitatrede „Weise sind wir und die Tora JHWHs ist bei uns" deutlich markiert. Jeremia widerspricht
dieser Aussage, indem er den Griffel der Schreiber als Lügengriffel bezeichnet und
vom bereits eingetretenen Verderben der Weisen berichtet.

In V. 10–13 setzt der Prophet ebenso unvermittelt die ihm aufgetragene Unheilsankündigung fort. Die Szene hat die gegenwärtige Situation im Volk im Blick,
die als Schuldaufweis für die Ankündigung von Besitzverlust und Tod dient

---

3   Zur Auslegung s. o. zu Jer 6,13–15.

(V. 10aα.13). Die Begründung in V. 10aβ–12 hat in 6,13–15 eine fast gleichlautende Parallele.

In Szene II (8,14 – 9,2) kommentieren das Volk und Gott die Katastrophe. Dabei bietet die in V. 14–16 abrupt einsetzende Figurenrede des Volkes eine Selbstreflexion: Sie schildert das Kriegsgeschehen aus der Innenperspektive mit Aussagen, die einerseits zur Situation des unmittelbar bevorstehenden feindlichen Angriffs passen (V. 14a.15.16a) und andererseits auf die Niederlage zurückblicken (V. 14b.16b). Indem das Volk die Belagerung auf Jhwh zurückführt, bestätigt es das Eintreffen des von Jeremia angekündigten Unheils. Es artikuliert seine vergebliche Hoffnung auf Frieden und eine Zeit der Heilung. V. 15 wird wortgleich in 14,19b zitiert und rundet dort den Gedanken ab.[4]

Der durch כי הנני signalisierte Neueinsatz und Wechsel zur Ich-Rede in V. 17 sind als Auftritt Jhwhs zu deuten, der sich nun seinerseits an das Volk wendet. Da die in V. 18 beginnende Klage keine Einleitung hat, weist nichts auf einen Sprecherwechsel hin; inhaltlich ist V. 19b eindeutig Rede Jhwhs. So bietet V. 18f. einen inneren Monolog Jhwhs, der die klagende Doppelfrage des Volkes zitiert und über das gescheiterte Verhältnis nachdenkt: „Warum haben sie mich erzürnt durch ihre Götterbilder?" V. 20 ist, wie schon V. 14–16, Figurenrede des Volkes, das hier klagend auftritt und Gottes Urteil bestätigt.

Die Schuld und ihre Folgen

Jer 8,4–13 bietet, synchron betrachtet, ein von Jeremia vorgetragenes Disputationswort Gottes, das einen Schuldaufweis (V. 4b–9) mit einer Unheilsankündigung (V. 10aα.13*) verbindet, in die erst durch die prämasoretischen Bearbeiter der aus 6,13–15 wiederholte Schuldaufweis eingefügt wurde. Mit Hilfe von Vergleichen aus der menschlichen Lebenswelt und der Tierwelt wird das Verhalten des Volkes negativ qualifiziert. Die beiden Fragen in 8,4 sind rhetorisch gemeint und erwarten eine verneinende Antwort, wobei die zweite weniger selbstverständlich ist als die erste: Während die allgemeine Erfahrung lehrt, dass jemand, der hinfällt, wieder aufsteht, kehrt nicht jede Person, die sich abgewendet hat, wieder um. Das rhetorische Gefälle impliziert dennoch, dass die dauerhafte Abkehr des Volkes von Jhwh eigentlich unerklärlich ist. Während Jer 2,14–25 die Abkehr als politische Hinwendung zu den Großmächten erläutert, kann das hier verwendete, seltene Stichwort תרמית „Trug" (V. 5) Vieles beinhalten; in 14,14; 23,26 meint es z. B. selbstersonnene, falsche Prophetie. Abkehr und Selbsttäuschung werden in V. 6 am Beispiel einer einzelnen Person, die ihre Bosheit nicht bereut und ihr eigenes Verhalten nicht hinterfragt, expliziert. Diese Verbohrtheit wird mit dem Verhalten eines in die Schlacht stürmenden Pferdes verglichen (vgl. 2,23). Dagegen erscheint das Verhalten mehrerer Vogelarten, die zu bestimmten Zeiten kommen und weiterfliegen, also einer bestimmten Ordnung folgen, als positives Gegenbild zum Handeln des Volkes, das die Rechtsordnung Jhwhs nicht erkannt hat, geschweige denn ihr folgt.

Prophetischer Kommentar

Dieser Vorwurf wird verstärkt durch den prophetischen Kommentar in V. 8f. Jeremia zitiert das Volk, das sich im Besitz der Weisung Gottes wähnt. In seiner Beurteilung nennt er zwei Gruppen: ספרים „Schreiber", deren Tätigkeit er als שקר „Lüge" bewertet, und חכמים „Weise", die er der Missachtung des Gotteswortes bezichtigt. Schreiber und Weise sind in 8,8f. synonym gebraucht und als Gesetzes- und Schriftkundige zu verstehen.

---

4   Zur Priorität von 8,15 gegenüber 14,19b vgl. Parke-Taylor, Formation, 7f.

Der Titel סוֹפֵר „Schreiber" bezeichnet in der Königszeit ein hohes Staatsamt (2 Sam 8,17; 2 Kön 12,11), zu dessen Aufgaben die Leitung der königlichen Kanzlei, die Kontrolle der Tempelkasse und die Abfassung von Annalen gehörten. Der Griffel ist das wichtigste Handwerkszeug des Schreibers. Nach Jer 36,26 [MT⁺] bekleidet Baruch, der Jeremias Worte auf eine Rolle schreibt, dieses Amt. Erst für die nachexilische Zeit wird סוֹפֵר für Schriftgelehrte gebraucht, die in den religiösen Traditionen bewandert sind. Der bekannteste Schriftgelehrte ist Esra (Esra 7,6.11), der die Schriftrolle der Mosetora (סֵפֶר תּוֹרַת מֹשֶׁה) öffentlich vorliest (Neh 8,1–3).

Als „weise" werden im Alten Testament Frauen und Männer bezeichnet, die ihr Handwerk verstehen (Ex 35,25; 36,1; Jer 10,9), guten Rat erteilen (2 Sam 14,2; 20,16; Jes 3,3) und sich im Alltag klug verhalten (1 Kön 3,12; Spr 10,1). Der Plural bezieht sich in Dtn 1,15 und weisheitlichen Texten auf einen Stand von gebildeten Menschen, die sich mit den religiösen Traditionen und Schriften auskennen.

Die Unheilsankündigung in V. 10aα.13 knüpft mit der konkreten Drohung des Verlusts von Familie und Landbesitz inhaltlich an V. 7 an. Das Motiv entstammt der altorientalischen Fluchtradition. Die Vorstellung der Ernte dient als Vergleich für das Ergehen: אסף „sammeln" und סוף Hif. „wegraffen" beziehen sich vordergründig auf die Erträge von Weinstock und Feigenbaum, sinngemäß aber auf die Deportation, wie der in MT am Versende zugefügte Satz „ich gab sie (Leuten), die über sie hinwegschreiten" unterstreicht. Das Unheil als Ernte

Jer 8,21 – 9,2 ist in MT als innerer Monolog Gottes gestaltet, der über den Zusammenbruch seines Volkes klagt, sich als entsetzt und in Tränen aufgelöst beschreibt und sich wünscht, er könne seine „Tochter" verlassen. Aufgrund des Inhalts von 9,2bβ ist Gott eindeutig Sprecher der Klage, was in MT zusätzlich durch die Zitationsformel als Nebentext markiert ist.[5] Gleichzeitig ist das Porträt des weinenden Gottes ungewöhnlich und daher in der Forschung umstritten, wer Sprecher der Klage ist. Wer klagt in 8,21 – 9,2?

So wendet Finsterbusch ein, aufgrund der anthropomorphen Begrifflichkeit der Klage und des Wunsches, das Volk zu verlassen, komme nur Jeremia als Sprecher in Frage.[6] Er unterbreche in 8,18 und 8,21 – 9,2bα die JHWH-Rede, um angesichts des von Gott angekündigten Zusammenbruchs seine Betroffenheit auszudrücken. Dass die Gottesrede auf die Zukunft verweise, schließt Finsterbusch aus den Redeaufträgen in 7,27 (MT⁺) und 8,4 (MT⁺), die Antworten Jeremias vorsehen für den Fall, dass das Volk nicht auf JHWH höre. Sie weist die in 8,19 eingebettete klagende Stimme den exilierten Judäer*innen zu. Ihre Deutung gründet sie implizit auf die Ortsangabe מֵאֶרֶץ מֶרְחַקִּים (V. 19a), die sie mit „aus einem Land von Fernen" übersetzt.[7] Die Wendung

---

5   So auch O'CONNOR, Pain and Promise, 61–63. BIDDLE (Polyphony, 29f.) nimmt einen Dialog zwischen JHWH und dem Volk an. Letzterem weist er die eingebetteten Zitate zu. Eine genauere Unterscheidung zwischen Zitat- und Figurenreden ergibt, dass die mittels Zitatreden dargestellte Perspektive Gottes mit der Figurenrede des Volkes in V. 14–16.20 übereinstimmt und so die hilflose Situation des Volkes unterstreicht. Weitere Vorschläge diskutiert CALDÉRON PILARSKI, A Gendered Lamentation, 25–30.

6   Vgl. FINSTERBUSCH, Unterbrochene JHWH-Rede, 9. Als weitere Beispiele führt sie 6,10f. und 9,9 an. 6,10–15 ist jedoch explizit als Gespräch zwischen JHWH und Jeremia gestaltet; in 9,9 findet sich keinerlei Hinweis auf einen Sprecherwechsel. Für Jeremia als Sprecher der Klage in 8,18–23 votieren auch MCKANE, ICC, 193f.; HOLLADAY, Hermeneia, 288.

7   FINSTERBUSCH, Unterbrochene JHWH-Rede, 8.

kann jedoch auch als Verweis auf das teilweise entvölkerte Juda[8] gedeutet werden, zumal die Frage, ob Zions König nicht mehr in ihr sei, impliziert, dass die Stadt noch existiert. Auf eine noch nicht völlig ausweglose Situation verweist auch die Rede von der Heilung der Wunde in V. 22. Die Klage über den Zusammenbruch des als Tochter betitelten Volkes setzt daher nicht notwendig Jerusalems Zerstörung voraus.

Ähnlich wie Finsterbusch argumentiert Henderson, Jhwh könne nicht der Sprecher von 8,18.21‑23 sein, weil das in diesen Versen bekundete Mitleid mit dem Volk nicht zum Porträt des zornigen Gottes in Jer 2‑10 passe.[9] Jhwh spreche in 9,1 nur von עמי „meinem Volk", während der Prophet den Kosenamen בת־עמי verwende.[10] Da 8,19b und 9,1‑2 inhaltlich eindeutig auf Jhwh verweisen, unterscheidet Henderson drei Stimmen, wobei Jhwh die Anklage vertrete und sein Volk verlassen wolle, das Volk (8,18.20) und Jeremia (8,19a.21‑23) ihn jedoch mit ihrer Klage umstimmen wollten.[11]

Die Begrifflichkeit von Zusammenbruch/Wunde/Erschlagenen und Klage/Weinen teilt 8,18 – 9,2 mit anderen Passagen im Buch, die auch den Titel בת־עמי „Tochter, mein Volk" gebrauchen.[12] Die Personifizierung Judas als Tochter Gottes assoziiert gerade ihre Schutzbedürftigkeit angesichts der Feindbedrohung. Die Parallelstellen weisen jedoch Jhwh (8,11; 6,26; 9,6; 14,17) als Sprecher aus, so dass Hendersons Argument, Jhwh bezeichne sein Volk nicht als בת־עמי, dem Textbefund widerspricht. Auch die Identifikation der in 8,18‑23 klagenden Person mit Jerusalem aufgrund der ähnlichen Klage in 4,19f.[13] ist nicht plausibel, da der Text zwischen eingebetteten Zitatreden, deren „wir" auf das Volk verweist (V. 19a.20), und einer Ich-Stimme (V. 18.21) unterscheidet.

Ein weiterer möglicher Einwand, Jhwh könne nicht als Wanderer, der ein Nachtlager (מלון ארחים, 9,1) in der Steppe sucht, charakterisiert werden, wird in 14,8 widerlegt, denn in diesem Vers beklagt eine wir-Stimme, dass Jhwh sich wie ein Fremder benehme, wie ein Wanderer (כארח), der nur übernachten wolle.

Die Pointe des Abschnitts besteht gerade darin, dass Jhwh selbst über den Zusammenbruch des Kollektivs klagt und dieses Geschehen durch die Zitate des Volkes (V. 19a.20) bestätigt wird. In MT wird die Klage noch bis in die letzten Zusätze hinein Jhwh in den Mund gelegt, was auf eine Umdeutung im Laufe der Überlieferung hinweist.[14]

Kann Gott klagen?

Die Debatte um die Identifikation der in 8,18 – 9,2* klagenden Person tangiert das Propheten- und Gottesbild des Buches. Aufgrund der Klagegebete in Jer 11‑20, in denen der Prophet mit Gott ringt, liegt die Zuordnung der Klage zu Jeremia auf den ersten Blick nahe. Der Gedanke, dass Jhwh über ein Unheil klagt, das er selbst herbeigeführt hat, scheint nicht zur Vorstellung des strafenden[15] oder allmächtigen Gottes zu passen. Dieser Einwand wird aber weder dem antiken Kontext noch dem biblischen Befund gerecht. So ist das Motiv der klagenden Göttin, die über den Verlust ihrer Stadt, ihres Landes oder ihres Partners weint, in altorientali-

---

8   S. o. die Textkritik zu 8,19a.
9   Vgl. Henderson, Who Weeps?, 198.
10 Vgl. Henderson, Who Weeps?, 194–196. Ähnlich Lee, Singers of Lamentations, 63f.
11 Vgl. Henderson, Who Weeps?, 205.
12 Vgl. Jer 4,11; 6,26; 8,11; 9,6; 14,17; Klgl 2,11; 3,48; 4,3.6.10.
13 So Carroll, Jeremiah, 235f.
14 S. u. die diachrone Analyse.
15 So Henderson, Who Weeps?, 198.203.

schen Texten breit belegt.[16] Gottes Emotionalität und Betroffenheit vom Trauma der Zerstörung Jerusalems[17] sind zutiefst biblisch, wie z. B. Texte über Gottes Reue zeigen (Gen 6,6f.; Ex 32,14; 1 Sam 15,35; Am 7,3.6; Jona 3,9f.).[18] Während im Buch der Klagelieder „Frau Zion" die Rolle der weinenden Göttin übernimmt und Jhwh abwesend ist,[19] wird er in Jer 8,18 – 9,2 als mitfühlender Gott charakterisiert, der in die Klage seines geschundenen Volkes einstimmt.

Diachrone Analyse

Vorexilisch	K^frühexilisch	Exilisch	Nachexilisch
8,4aβ–7.10aα.13a.bα			8,8f. R^Tora
8,14a.15–16a.20	14b.16b		8,10aβ–12 [MT⁺]
8,18–19a.21–23; 9,1.2aβ		8,19b R^GÄ	8,13bβ [MT⁺]
		9,2aα.b R^GÄ	8,17

Gemäß dem in MT zugesetzten Redeauftrag begründet das mit der Botenformel eingeleitete Disputationswort in 8,4aβ–7 die Unheilsankündigung in 8,10aα.13a.bα und bietet damit die klassische Form der Prophetenrede. Mit Hilfe rhetorischer Fragen wird das Verhalten einer einzelnen Person, die an trügerischen Gewissheiten festhält und das eigene Tun nicht hinterfragt, als unsinnig dargestellt. Ihre Instinktlosigkeit wird durch Kontrastierung mit einer Störchin und Zugvögeln hervorgehoben. Der Vorwurf lautet, das Volk kenne Jhwhs Rechtsordnung nicht (8,7). Daher wird ihm der Verlust der Frauen und der Felder angekündigt (V. 10aα). Beide Verlustmotive begegnen im Kontext altorientalischer Flüche für den Fall des Vertragsbruchs.[20] Sie signalisieren, dass das Wort v. a. männliche Familienoberhäupter im Blick hat. Passend zur Nennung der Felder expliziert V. 13a.bα das Unheil als Erntevorgang (vgl. 5,17 und Hos 6,11; Am 8,2), wobei sich das Sammeln der Trauben und Feigen auf die Menschen selbst oder den Ertrag ihrer Felder beziehen kann. Der Abschnitt hat im Motiv der eigenwilligen Abkehr von Jhwh und den Tiervergleichen Gemeinsamkeiten mit dem vorexilischen, an „Frau" Juda gerichteten Disputationswort in 2,14–25. Da auch die Beschreibung des Unheils

8,4–7.10aα.13*
Die Abkehr des Volkes

---

16 Vgl. Roberts, Jimmy J. M., The Motif of the Weeping God in Jeremiah and its Background in the Lament Tradition of the Ancient Near East: OTE 5 (1992), 361–374; für die ugaritische Tradition Smith, Mark S., Jeremiah IX 9 – A Divine Lament: VT 37 (1987), 97–99. Zur mesopotamischen Stadtklage Wischnowsky, Tochter Zion, 18–42.

17 So O'Connor, Pain and Promise, 63; vgl. auch Link, Christian/Dietrich, Walter, Die dunklen Seiten Gottes, Bd. 2, Neukirchen-Vluyn: Neukirchener ⁴2015, 279–285.

18 Vgl. Jeremias, Reue Gottes; Wagner, Andreas (Hg.), Göttliche Körper – göttliche Gefühle. Was leisten anthropomorphe und anthropopathische Götterkonzepte im Alten Orient und im Alten Testament? (OBO 270), Fribourg: Academic Press 2014.

19 Vgl. Maier, Daughter Zion, 141–160. Zum Geschlechterwechsel der in Jer 8 klagenden Gottheit vgl. Caldéron Pilarski, A Gendered Lamentation, 30–34.

20 Vgl. Dtn 28,30.33 und Hillers, Treaty-Curses, 63.

traditionelle Motive aufgreift und nicht spezifisch für den Untergang Jerusalems ist, kann der Abschnitt als vorexilisches Stück angesehen werden.[21]

8,8f.
Kritik an den
Schriftge-
lehrten

Das kurze Disputationswort in 8,8f. unterbricht den Zusammenhang und erweist sich als eine nachexilische Ergänzung, die an das Stichwort משפט יהוה „Rechtsordnung Jhwhs" in V. 7 anknüpft. Der synonyme Gebrauch der Bezeichnungen „Schreiber" und „Weise" entspricht der in nachexilischen Texten breit belegten Vorstellung von Gesetzes- und Schriftkundigen, die 2,8 zufolge „Gottes Tora handhaben". Mit dem Stichwort תורת יהוה „Jhwhs Tora" ist die schriftlich vorliegende Weisung gemeint, die in nachexilischer Zeit neben „Jhwhs Wort" (דבר־יהוה), d. h. die prophetische Vermittlung des Gotteswillens, tritt. Wenn die Tätigkeit der Schreiber als „Lüge" beurteilt wird, ist neben der missbräuchlichen Auslegung der Tora auch ihre mögliche Verfälschung beim Abschreiben gemeint. Diese Kritik an den Schriftgelehrten spiegelt wahrscheinlich eine Auseinandersetzung über die Bedeutung der Prophetie angesichts der Hochschätzung der Tora und ihrer Auslegung wider. Jer 8,8f. ist daher der toraorientierten Redaktion zuzuweisen.

Klagen als alte
Überlieferung

Der vorexilische Abschnitt 6,22–26 endet mit der Aufforderung an das als Tochter Jhwhs adressierte Volk, das Trauergewand anzuziehen und zu klagen. In Jer 8,4 – 9,2 finden sich eine kollektive (8,14a.15–16a.20) und eine individuelle Klage (8,18–19a.21–23; 9,1–2), die dieser Aufforderung nachkommen, ohne ihre Sprecher zu identifizieren. Beide Klagen schildern die Situation vor dem Untergang Jerusalems und enthalten Motive, die sich auch in anderen, wohl authentischen, Passagen finden.

> Die Aufforderung in V. 14a, in die befestigten Städte zu fliehen, findet sich auch in 4,5. Die Klage in V. 15, statt des erhofften Friedens und der Zeit der Heilung gebe es nur Schrecken, ist wortgleich in 14,19 im Kontext eines kollektiven Klageliedes überliefert. Auch die Klage über die fehlende Hilfe am Ende des Sommers in V. 20 thematisiert die enttäuschte Hoffnung der Bevölkerung. Das von Dan her ertönende Stampfen der Kriegspferde in V. 16a verknüpft den bereits in 4,15 genannten Ort mit dem Motiv des heranstürmenden Heeres in 6,23.

Diese poetischen, in Parallelismen formulierten Aussagen wurden um Prosasätze ergänzt (V. 14b.16b), die auf die eingetretene Katastrophe zurückblicken und diese begründen. 8,14b wiederholt das in V. 14a gebrauchte Verb דמם I „sich still verhalten", versteht es aber als דמם II „umkommen" und spielt mit dem Motiv des Trinkens von giftigem Wasser auf das Eifersuchtsordal in Num 5,11–31 an. Mit diesem Ritual soll geklärt werden, ob eine von ihrem Ehemann des Ehebruchs verdächtigte Frau schuldig oder unschuldig ist. Auf Juda übertragen bedeutet das: Judas Schuld gegenüber Jhwh wird im verheerenden Wirken des Wassers erkennbar. Neben diese theologische Erklärung der Niederlage tritt in V. 16b eine profane: Das feindliche Kriegsheer kam und fraß das Land und dessen Ertrag auf, die Stadt und ihre Bevölkerung. Diese Metapher beruht auf der gängigen Praxis altorientalischer Heere, sich auf dem Feldzug von den umliegenden Feldern zu versorgen und Ortschaften nach Belieben zu plündern.

8,17 – 9,2

Wie in der synchronen Analyse gezeigt, wird die Identifikation des Klagenden in 8,18 – 9,2 kontrovers diskutiert, obwohl nach MT eindeutig Jhwh selbst klagt. Unstrittig ist, dass die als kollektives Zitat eingeführte Frage, ob Jhwh nicht in

---

21 Zu den prämasoretischen Erweiterungen s. u.

Zion sei (V. 19aβ), und die hier als Figurenrede bestimmte Klage über fehlende Hilfe (V. 20) die Stimme des Volkes repräsentieren. Dass Jhwh als Königsgott auf dem Zion thront, ist ein grundlegender Gedanke der Zionstheologie (vgl. Jes 6; Ps 46; 48). Wie zu 7,10 diskutiert, ist diese eng mit der Vorstellung der göttlichen Erwählung und Uneinnehmbarkeit Jerusalems verknüpft. Vor diesem Hintergrund drückt die Frage nach Jhwhs Anwesenheit auf dem Zion die Sorge der Bevölkerung aus, ob Jerusalem tatsächlich dem feindlichen Angriff standhalte. Die ursprünglich anschließende Klage des Volkes, ihm sei den ganzen Sommer über nicht geholfen worden (V. 20), verstärkt den Eindruck der schutzlos ausgelieferten Stadt. Diese Situation wird durch die Klage des Sprechers über den Zusammenbruch des Volkes (V. 21) bestätigt.

Diachron betrachtet lassen sich die Rahmenverse (8,17; 9,2aα.b) und 8,19b als **Erweiterungen** abheben, die die Schuld des Volkes aufzeigen und auf Jhwh als Sprecher verweisen. Die Ankündigung Jhwhs, er werde giftige Schlangen senden, gegen die keine Beschwörung helfe (8,17), ist nur vor dem Hintergrund der Erzählung Num 21,4–9 verständlich, mit der sie die Lexeme שלח Pi. „senden“, נחשים „Schlangen“ und נשך Pi. „beißen“ gemeinsam hat. In Num 21 verkörpern die giftigen Schlangen Gottes Strafe für das Murren des Volkes. Erst nach dessen Schuldeingeständnis und Moses Fürbitte lässt Jhwh das Heilmittel der ehernen Schlange anfertigen. Im Gegensatz dazu schließt Jer 8,17 die Möglichkeit der Heilung explizit aus. Der Vers ist wohl eine durch das Stichwort „Giftwasser“ (V. 14) angeregte, nachexilische punktuelle Fortschreibung der Tradition.[22]

Die vorwurfsvolle Frage Jhwhs, warum die Adressat*innen ihn mit Bildern anderer Gottheiten erzürnten (V. 19b), unterbricht die Klage des Volkes und bietet die für die geschichtsätiologische Redaktion typische Anklage der Verehrung fremder Gottheiten.[23]

Die poetisch formulierte Aussage „Lüge und nicht Wahrhaftigkeit sind stark geworden im Land" (9,2aβ) schloss ursprünglich wohl die Klage über Ehebrecher und Treulose in 9,1 ab. Sie wird nun gerahmt durch Begründungen in Prosa (vgl. die *wajjiqtol*-Form und *notae accusativi*): Das Volk sei von Bosheit zu Bosheit geeilt und habe Jhwh nicht erkannt (9,2aα.b). Dieser Vorwurf variiert die Anklagen von 8,6f. Die Wendung ידע + Objekt Gott (vgl. 2,8; 4,22; 9,5) und das Stichwort רעה „Unheil, Böses" gehören zum dtjer Sprachgebrauch und weisen dem Volk pauschal die alleinige Schuld zu.[24] Daher ist wahrscheinlich auch 9,2aα.b ein Kommentar der geschichtsätiologischen Redaktion.

Nach Abzug dieser Ergänzungen bleibt ein Grundtext in 8,18–19a.21–23; **Grundtext der** 9,1.2aβ übrig, dessen Sprecher ungenannt bleibt. Zunächst erwähnt er den Kum- **Klage** mer in seinem Herzen und zitiert in V. 19a.20 das als Tochter personifizierte Volk (בת־עמי), das auch in 4,31; 6,26 aufschreit. Angesichts der Klage der weiblichen Figur betont er sein Entsetzen über ihren Zusammenbruch. Klagend fragt er, weshalb ihre Wunde nicht heilen wolle (V. 22), und wünscht sich, so viele Tränen zu haben, dass er ihre Erschlagenen Tag und Nacht beweinen könnte. Schließlich sehnt er sich danach, in der Steppe zu übernachten, so dass er sein Volk verlassen

---

22   So mit McKane, ICC, 192f.; Wanke, ZBK, 101.
23   V. 19b wird häufig als redaktionell angesehen; vgl. Rudolph, HAT, 62; McKane, ICC, 194; Carroll, Jeremiah, 235; Wanke, ZBK, 103; Schmidt, ATD 20, 201.
24   Zur Liste der Belege vgl. Stipp, Konkordanz, 55.122f.

könnte, das voller treuloser Menschen sei. Da der Sprecher eine enge Beziehung zu dem als Tochter personifizierten Volk hat, kann er sowohl mit Jeremia als auch mit Gott identifiziert werden. Da der Prophet auch in 14,17f. klagend auf die Ankündigung des Feindes aus dem Norden reagiert, ist es wahrscheinlich, dass der Grundtext ursprünglich sein Mitleiden am Schicksal des Volkes schilderte.[25] Mit ihrem Versuch, das Unheil zu begründen, identifizierten die exilischen und nachexilischen Bearbeiter den Sprecher jedoch mit Jhwh und charakterisierten ihn explizit als mitleidenden und klagenden Gott.

<table>
<tr><td>Prämasoretische Erweiterungen</td><td>Die prämasoretischen Zusätze beziehen den Schuldaufweis ausdrücklich auf Jerusalem (8,5) und verstärken ihn durch Wiederholung von 6,13-15 in 8,10aβ–12. Im Blick auf die in V. 13 genannte Ernte hat der hinzugefügte Satz „ich gab sie (Leuten), die über sie hinwegschreiten" (V. 13bβ) wohl das Zertreten der Trauben in der Weinpresse vor Augen, das in Klgl 1,15 und Jes 63,3 als Metapher für den Tod auf dem Schlachtfeld gebraucht wird. Einerseits legt der prämasoretisch zugefügte Redeauftrag in V. 4aα die Gottesrede in 8,4-13, wie schon die Tempelrede 7,1 – 8,3, ausdrücklich in Jeremias Mund. Andererseits verstärkt die zugesetzte Zitationsformel in 8,17 und 9,2 die Identifikation des in 8,18 – 9,2 Klagenden mit Jhwh.</td></tr>
</table>

Synthese

Das an die Tempelrede mit ihrer Generalabrechnung anschließende Kapitel führt den Diskurs der Stimmen von Jer 4-6 fort. In der ersten Szene (8,4-13) trägt Jeremia einen Schuldaufweis Jhwhs vor, der ähnlich wie in Jer 2 Beispiele aus Menschen- und Tierwelt wählt, um das Verhalten des Volkes, insbesondere der männlichen Haushaltsvorstände, als töricht und instinktlos zu kennzeichnen. Deren Abkehr von Jhwh wird recht allgemein als תרמית „Trug", רעה „Bosheit" und שׁקר „Lüge" bezeichnet, bezieht sich jedoch nicht auf die in der Tempelrede dargestellten kultischen Vergehen. Konkret wird nur gesagt, dass das Volk die Rechtsordnung Jhwhs (משׁפט יהוה) nicht kenne. Die aus 6,13-15 kopierten Verse 10aβ–12 wiederholen, dass alle Menschen unrechten Gewinn machen sowie Prophet*innen und Priester fälschlicherweise Frieden vorhersagen. Angesichts dieser Vergehen kündigt Jeremia im Namen Jhwhs den Verlust von Land und Familien an. Der Untergang wird mit den Stichworten „straucheln" und „fallen" angedeutet und mit der Metapher der Traubenlese ausgemalt. Vergleichbar den vorexilischen Passagen in Jer 4-6, die einen Feind aus dem Norden ankündigen und nur vage von der Schuld des Volkes sprechen, bietet 8,4-13 ein möglicherweise vorexilisches Disputationswort, das dem Schuldaufweis dient und Unheil ankündigt.

Ausgehend vom Vorwurf der Unkenntnis der Rechtsordnung Jhwhs (V. 7) formuliert 8,8f. eine harsche Kritik an Schriftgelehrten und Weisen und klagt sie der Verfälschung der Tora und der Ablehnung des Gotteswillens an. Diese Verse sind Teil der toraorientierten Redaktion, die auf nachexilische Adressat*innen zielt und die Bedeutung der schriftlich vorliegenden Tora hervorhebt.

---

25 Eine ähnliche Literarkritik (ohne 9,1f.) und dieselbe Identifizierung vertreten McKane, ICC, 193; Wanke, ZBK, 101f.; Schmidt, ATD 20, 201. In den sekundären Versen 4,10; 14,13 nimmt Jeremia explizit das Volk in Schutz.

Als Antwort auf die Unheilsankündigung folgen in 8,14 – 9,2 Klagen des Volkes und Jhwhs über das eingetretene Unheil. Der vorliegende Text ist das Produkt einer sukzessiven Bearbeitung, die die Klage einer kollektiven (8,14–16.20) und einer einzelnen Stimme (8,18 – 9,2*) mit Begründungen anreicherte. Die Grundschicht der kollektiven Klage (8,14a.15–16a.20) schildert die Angst derer, die sich vor dem feindlichen Heer, das sich von Dan her nähert, in die befestigten Städte flüchten. Ihre Hoffnung auf Verschonung und Hilfe schwindet im Verlauf des Sommers. Sie kann noch vor der Eroberung Jerusalems im Jahr 587 datiert werden. Nach der Katastrophe wurde sie erweitert um die Deutung, der Feind habe Juda und Jerusalem gefressen (V. 16b) und Jhwh habe sie mit giftigem Wasser getränkt (V. 14b). Eine punktuelle Fortschreibung greift das Stichwort „Giftwasser" auf (V. 17) und deutet die Zerstörung in Analogie zur Wüstenerzählung Num 21,4–9 als Jhwhs Bestrafung des Volkes durch giftige Schlangen.

Der Grundtext der individuellen Klage über den Zusammenbruch des als Tochter titulierten Volkes (8,18–19a.21–23; 9,1.2aβ) formuliert so offen, dass der Prophet oder Gott als Sprecher angenommen werden können. Durch Zusatz von 9,2aα.b wird diese Stimme mit derjenigen Jhwhs identifiziert. Die Frage, warum das Volk Jhwh mit Bildern anderer Gottheiten erzürnt habe (V. 19b), erweist diese Identifikation als Werk der geschichtsätiologischen Redaktion. Die prämasoretische Bearbeitung unterstreicht sie mittels der Zitationsformel in 9,2.

Bemerkenswert an dieser gestaffelten Deutung ist, dass die exilischen und spätnachexilischen Tradent*innen der Charakterisierung Jhwhs als eines strafenden Gottes bewusst diejenige des klagenden und mit seinem Volk leidenden Gottes zur Seite stellten und so das Gottesbild des Buches um einen wichtigen Aspekt erweitern. Gegenüber der Rolle Jhwhs als zorniger Ehemann (Jer 2–3) und als gewalttätiger, sein Volk zerstörender Krieger (Jer 4–6), leitet das Porträt des weinenden, mit seinem Volk mitleidenden Gottes eine Wende im Verhältnis zu seinem Volk ein.[26] Für einen kurzen Moment zumindest verlässt Gott seine Rolle als dominanter und stolzer Kriegsmann, um am Leid des Volkes Anteil zu nehmen und dessen Verletzlichkeit anzuerkennen. Der Charakterzug des klagenden, mit seinem Volk leidenden Gottes spielt in der jüdischen Rezeption eine wichtige Rolle. So zitiert z. B. der Midrasch zu den Klageliedern Verse aus Jer 8,18 – 9,2, um Gottes Zuwendung und Vergebungsbereitschaft zu betonen.[27] Durch diese Charakterisierung Gottes erhält die pointierte Frage, ob es keinen Balsam in Gilead gebe (8,22), einen hoffnungsvollen Unterton: Jhwh, der Juda und Jerusalem zerschlagen hat, kann und wird sie auch wieder heilen. Dieses mögliche und deshalb erhoffte Verhalten Jhwhs liegt auch der Liste der Verben zugrunde, mit denen sein Handeln an Juda und Jerusalem in dem nachexilischen Vers 1,10 beschrieben wird: ausreißen und niederreißen, zerstören und vernichten, bauen und pflanzen (vgl. 18,7–9).

---

26 Vgl. O'Connor, Kathleen M., The Tears of God and Divine Character in Jeremiah 2–9: Linafelt, Tod/Beal, Timothy K. (Hg.), God in the Fray. A Tribute to Walter Brueggemann, Minneapolis: Fortress 1998, 172–185, 183f.

27 Vgl. Schmied, (An)Klage Gottes, Kap. V (Klage und Mit-Leiden Gottes).

Fünfter Akt: Jer 9,3–20: Ein zerstörtes Gottesverhältnis

<table>
<tr><td>Szene I,
1. Auftritt:
JHWH zum
Volk</td><td>

3 Hütet euch, ein jeder vor seinem Nachbarn,
    und zu keinem Bruder habt Vertrauen,
denn jeder Bruder betrügt gewiss[a],
    und jeder Nachbar wandelt in Verleumdung.
4 Und jeder beschwindelt seinen Nachbarn,
    aber Wahres reden sie nicht.
Sie haben ihre Zunge gelehrt[a], Lüge zu reden.
    Sie taten Unrecht und hörten nicht auf, sich wegzuwenden[b].
5 Bedrückung über Bedrückung[a], Betrug über Betrug!
    Sie weigerten sich, mich zu erkennen [– Spruch JHWHs].
6 Deshalb, so spricht JHWH [Zebaot]:
    Siehe, ich schmelze sie und prüfe sie, denn [wie][a] soll ich (sonst) tun wegen
    <der Boshaftigkeit>[b] der Tochter, meines Volkes?
7 Ein tödlicher[a] Pfeil ist ihre Zunge,
    Betrug sind die Worte ihres Mundes[b].
Frieden wünscht jeder[c] seinem Nachbarn,
    aber in seinem Innern legt er[c] ihm einen Hinterhalt.
8 Soll ich dies etwa nicht [an ihnen][a] ahnden – Spruch JHWHs –
    oder mich an einem Volk wie diesem nicht rächen?
9 Über die Berge will ich[a] Weinen [und Wehklage] erheben
    und über die Weideplätze der Steppe (eine) Totenklage,
denn sie sind verbrannt /zerstört[b], so dass niemand hindurchzieht.
    Man hört keinen Laut von Herden,
von den Vögeln des Himmels bis zum Vieh:
    Sie sind geflohen, weggegangen.
10 Ich werde Jerusalem zum Steinhaufen[a] machen,
    zur Behausung von Schakalen[b],
und die Städte Judas werde ich zur Einöde machen
    – niemand wohnt darin.

</td></tr>
<tr><td>Szene II,
1. Auftritt:
Überlebende
fragen</td><td>

11 Wer ist der weise Mensch, dass er dies verstehe? Und (zu) wem hat der Mund JHWHs geredet, dass er verkünde?[a]
    „Warum ist das Land zugrunde gegangen,
        verbrannt[b] wie die Steppe, sodass niemand hindurchzieht?"

</td></tr>
<tr><td>II, 2: JHWH
antwortet</td><td>

12 Da sprach JHWH <zu mir>[a]:
    Weil sie meine Tora verlassen haben, die ich ihnen vorlegte, und nicht auf meine Stimme hörten [und nicht in ihr wandelten][b]. 13 Sie folgten der Verstocktheit ihres <bösen>[a] Herzens und den Baalen, was ihre Vorfahren sie gelehrt hatten.
14 Deshalb, so spricht JHWH [Zebaot], der Gott Israels:
    Siehe, ich speise sie[, dieses Volk da,][a] (mit) Galle[b] und werde ihnen Giftwasser zu trinken geben.[c] 15 Ich werde sie unter die Völker zerstreuen, die sie

</td></tr>
</table>

nicht kannten – sie und ihre Vorfahren –, und ich werde hinter ihnen her das Schwert senden, bis ich sie vernichtet habe.

16 So^a spricht Jʜᴡʜ *[Zebaot]:*

[Gebt acht und]^b ruft nach den Klagefrauen, dass sie kommen,
> und zu den weisen Frauen sendet, dass sie kommen /$_{schreien}$^{c}:

17 „[Sie sollen eilen] und über uns Wehklage erheben,
>> dass unsere Augen von Tränen fließen
>>> und unsere Wimpern von Wasser triefen."

18 Ja, eine Stimme der Wehklage ist vom Zion zu hören:
> „Wie sind wir vernichtet, sehr beschämt,
>> denn wir müssen^a das Land verlassen,
>>> denn wir müssen unsere Wohnungen preisgeben^b."

19 Ja, hört, ihr Frauen, das Wort Jʜᴡʜs,
> und euer Ohr vernehme das Wort seines Mundes!

Und lehrt eure Töchter die Wehklage
> und eine jede (lehre) ihre Nachbarin die Totenklage:

20 „Ja, der Tod ist durch unsere Fenster heraufgestiegen,
>> hineingekommen in unsere Paläste /$_{unser\,Land}$^{a},
> um das Kind von der Gasse auszurotten,
>> die jungen Männer von den Plätzen."

Nebentexte rechts:
> Szene III,
> 1. Auftritt:
> Jʜᴡʜ ruft zur
> Klage auf

> III, 2: Jeremia
> verstärkt den
> Aufruf

Anmerkungen zu Text und Übersetzung

*   In der Übersetzung sind parallele Stichen durch Einrückung kenntlich gemacht, Prosaverse füllen die Zeilen aus. Nebentexte mit Angaben zu Sprecher*innen oder Szenerie sind kursiviert. Zum System der Klammern und Kleinschreibung s. o. S. 22.

3a   Der hebräische Text bietet mit der *figura etymologica* עקוב יעקב ein Wortspiel mit dem Namen Jakob, der nach Gen 25,26 bei der Geburt die Ferse (עקב) seines Bruders ergreift, nach Gen 27,36 Esau zweimal überlistet (עקב Qal). LXX erkennt die Anspielung und übersetzt wörtlich „er wird mit der Ferse die Ferse schlagen".

4a   Nach vier iterativ zu verstehenden *jiqtol*-Formen in V. 3–4a wechselt MT zu *qatal*.

4b/5a   Am Übergang von V. 4 zu V. 5 variieren MT und LXX in Sinn und Versabgrenzung, weshalb die Konsonantenfolgen genauer zu vergleichen sind:

	LXX/Rekonstruktion der Vorlage	**MT**
4	ἠδίκησαν καὶ οὐ διέλιπον τοῦ ἐπιστρέψαι Sie taten Unrecht und hörten nicht auf, sich wegzuwenden/... העוו ולא כלו שב	... נלאו העוה Im Unrechttun sind sie ermattet.
5	τόκος ἐπὶ τόκῳ δόλος ἐπὶ δόλῳ Zins über Zins, Betrug über Betrug! תך בתוך מרמה במרמה /	... שבתך בתוך מרמה במרמה Dein Sitzen inmitten von Betrug! Im Betrug ...

Zwar bietet MT die schwierigere Lesart. Der plötzliche Wechsel zur 2. masc. sing. zu Beginn von V. 5 hat aber kein Bezugswort im Kontext. Deshalb konjiziere ich nach LXX, weil die Entstehung von MT aus LXX leichter erklärt werden kann als umgekehrt. LXX bezeugt zwei je doppelt gebrauchte Begriffe für Betrug und übersetzt hebr. תך „Bedrückung" (vgl. Ps 10,7; 55,12) mit τόκος „Zins" (sonst als Wiedergabe von hebräisch נשׁך) als monetäre Deutung der Bedrückung (Wucherzins). Durch Buchstabenverwechslung und -ausfall am Ende von V. 4 schlich sich in die hebräische

Überlieferung ein Fehler ein, den die Tradent*innen durch eine andere Versabtren-
nung zu heilen versuchten. Vgl. RUDOLPH, HAT, 66; MCKANE, ICC, 201; STIPP, Sondergut,
3; FINSTERBUSCH/JACOBY, MT-Jeremia 1–24, 120f.

6a   Das Textplus איך in MT verändert die Aussage in eine Frage; vgl. MCKANE, ICC, 202.

6b   LXX übersetzt mit πονηρίας wohl רעת in der Vorlage, was in MT nicht belegt ist. Der
      Vorschlag der BHS, im Anschluss an T בת־עמי durch רעתם zu ersetzen, hat keinen
      Anhalt an LXX (und V), die beide בת־עמי übersetzen.

7a   Das *Ketiv* שוחט ist auch in 4QJer^a (vgl. DJD XV, 157) bezeugt; LXX übersetzt das Partizip
      masc. sing. Qal „tötend" mit τιτρώσκουσα „verletzender (Pfeil)". Das *Qere* שָׁחוּט ist
      schwer zu erklären, meint wohl „geschärft"; vgl. זהב שׁחוט „gehämmertes/legiertes
      Gold" (1 Kön 10,16); Ges[18], 1340.

7b   LXX τὰ ῥήματα τοῦ στόματος αὐτῶν hat wohl דברי פיו in der Vorlage und gleicht das
      Pronomen mit plur. an die vorherige Aussage an, was hinsichtlich Parallelismus und
      Metrum die wahrscheinlichste Lesart ist (vgl. BHS; WANKE, ZBK, 103). Der durch Ab-
      schreibfehler entstandene Konsonantentext דבר בפיו wird in MT als 3. masc. sing.
      qatal punktiert und „mit seinem Mund" durch Akzentsetzung der folgenden Aussage
      zugeschlagen, die dadurch überlang wird. RUDOLPH (HAT, 64) übersetzt mit sing. Pro-
      nomen und ordnet V. 7 hinter V. 3 ein.

7c   Trotz des abrupten Wechsels von plur. zu sing.-Suffixen in MT ist kein bestimmter einzel-
      ner Akteur im Blick, sondern eine generelle Aussage über das Handeln im Volk. Das
      Stichwort רעהו „sein Nachbar" erinnert an die in V. 3f. gebrauchten partitiven Wen-
      dungen.

8a   Das Objekt בם fehlt in LXX, ist aber in 4QJer^a bezeugt (vgl. DJD XV, 157). Ohne בם
      bietet V. 8 eine Dublette zu 5,9 und 5,29. Jer 5,9 ist wohl der ursprüngliche Ort der
      Frage; vgl. VOLZ, Studien, 75.

9a   LXX ruft mit λάβετε eine Gruppe zur Wehklage auf, so auch S (vgl. 9,16f.). RUDOLPH (HAT,
      66f.) hält LXX für ursprünglich und 9,9–10.16–21 für eine einheitliche Gottesrede. MCKA-
      NE (ICC, 203f.) hält MT für ursprünglich und LXX für eine Kontextangleichung an V. 10.
      Er identifiziert das Ich mit dem Propheten. S. u. die synchrone Analyse.

9b   MT נִצְּתוּ wird hier als 3. plur. *qatal* Nif. von יצת „sie sind verbrannt" verstanden. LXX
      leitet die Form von נצה II „zerstört werden" ab; vgl. 2,15 und s. u. zu 11b.

10a   LXX εἰς μετοικίαν „Umsiedlung" geht auf לגלות (MT לגלים) zurück; vgl. FINSTERBUSCH/
      JACOBY, MT-Jeremia 1–24, 122.

10b   LXX übersetzt „Schlangen", hat wohl תנין anstelle von תנים gelesen.

11a   Die Frage leitet die beiden folgenden ein, die daher Zitatrede sind; so auch FINSTER-
      BUSCH/JACOBY, MT-Jeremia 1–24, 124; ähnlich WANKE, ZBK, 106.

11b   MT נִצְּתָה ist von יצת abzuleiten, hier gestützt durch LXX ἀνήφθη „angezündet"; s. o.
      zu 9b.

12a   LXX καὶ εἶπεν κύριος πρός με entspricht der üblichen Prosaeinleitung eines Selbstbe-
      richts mit 14 Vorkommen in Jer 1–24. MT ist die einzige Stelle ohne אלי und daher
      hier *lectio difficilior*.

12b   Der Zusatz in MT bezieht sich auf die Tora, nicht die Stimme (קול ist masc.); er ist
      Vorbildern wie 26,4; 32,23; 44,23 entlehnt; vgl. STIPP, Sondergut, 66.

13a   LXX gleicht durch Zufügung des Adjektivs „böse" die Aussage an den Wortlaut in
      3,17; 7,24; 11,8; 16,12; 18,12 an; vgl. STIPP, Sondergut, 147.

14a   Der Zusatz in MT ist eine beliebte Explikation der prämasoretischen Bearbeiter (vgl.
      15,1; 29,32), die hier versäumten, das enklitische Personalpronomen zu entfernen;
      vgl. STIPP, Sondergut, 66.

14b   Die Bedeutung von לענה ist unsicher; LXX übersetzt hier „Drangsale", sonst „Bitter-
      keit" (Dtn 29,17), „Kummer" (Jer 23,15) oder „Galle" (Klgl 3,15.19). Es handelt sich
      eher um eine Giftpflanze als um das Bitterkraut „Wermut" (*Artemisia absinthium* oder
      Artemisia herba alba, englisch: wormwood), wie häufig übersetzt wird. Die an sechs

von acht Stellen belegte Verbindung von לענה und ראש (vgl. 23,15; Dtn 29,17; Am 6,12) ist idiomatisch, so dass „Gift und Galle" der Bedeutung am nächsten kommt. Vgl. Seybold, Klaus, לַעֲנָה: ThWAT IV (1984), 586–588.

14c V. 14 hat eine fast gleichlautende Parallele in 23,15a, dort an die (Heils-)Prophet*innen adressiert. Zur Frage der Priorität s. u. die diachrone Analyse.

16a Gö versteht τάδε neben ἐν αὐτῇ als versehentliche Doppelschreibung von בה und λέγει κύριος als Zitationsformel, die den letzten Vers abschließt. Finsterbusch/Jacoby (MT-Jeremia 1–24, 126) zufolge ist τάδε in Codex B bezeugt und daher τάδε λέγει κύριος als V. 16 einleitende Botenformel zu verstehen (=MT). Stipp (Synopse, z. St.) nimmt eine Dittographie von כה in der LXX-Vorlage und eine Korrektur des ersten zu בה an.

16b Die masoretischen Bearbeiter fügen hier und in V. 17 je ein Verb hinzu.

16c LXX φθεγξάσθωσαν „sie sollen schreien" hat wohl ותבענה von נבע (MT ותבואנה von בוא) gelesen. Mit Finsterbusch/Jacoby, MT-Jeremia 1–24, 126.

18a Die qatal-Form zeigt hier eine unmittelbar bevorstehende Handlung an (performative Bedeutung); vgl. GBH § 112f und Rudolph, HAT, 68.

18b MT הִשְׁלִיכוּ „sie warfen weg" passt nicht zum Objekt Wohnungen und verweist als Hif.-Form auf das Handeln der Feinde. LXX geht mit ἀπερρίψαμεν „wir verwarfen" wohl auf השלכנו „wir müssen preisgeben" zurück. McKane (ICC, 210) folgt der Konjektur in BHS הָשְׁלַכְנוּ ממשכנותינו „wir wurden aus unseren Wohnungen hinausgeworfen"; vgl. Rudolph, HAT, 68.

20a LXX beruht entweder auf Buchstabenverwechslung: באדמתנו statt MT בארמנותינו (Finsterbusch/Jacoby, MT-Jeremia 1–24, 126) oder auf Unkenntnis des Wortes seitens der Übersetzer, die den Kontext zu Hilfe nahmen (so Tov, Septuagint Translators, 206).

Synchrone Analyse

Der fünfte Akt bietet drei kurze Szenen (9,3–10.11–15.16–20), die sich durch zweifachen Schauplatzwechsel ergeben. Nach Gottes Klage über den Zusammenbruch des Volkes (8,18 – 9,2) lenkt 9,3–10 auf die Situation vor dem Ende Jerusalems zurück und kündigt die Katastrophe erst an (V. 10). In V. 11 fragt eine Stimme nach dem Grund für die Verwüstung des Landes, die bereits zurückliegt, worauf Jhwh antwortet (V. 12–15). Gottes Aufruf zur Totenklage (V. 16–18), der von Jeremia unterstrichen wird (V. 19f.), verweist erneut auf Jerusalem vor der Zerstörung. Dieser Wechsel der Schauplätze verstärkt die Dramatik und zeigt späteren Leser*innen zwei Perspektiven sowie deren jeweils bedrängende Gegenwart in Nahaufnahme.

    Sprecher von 9,3–10 ist in MT eindeutig Jhwh, wie die Inhalte von V. 8.10 und, als Nebentexte, die Boten- (V. 6) und Zitationsformeln (V. 5[MT⁺].8) bezeugen. Seine Warnung vor blindem Vertrauen mündet in einen Schuldaufweis (V. 3–7) und in die Ankündigung der Zerstörung Jerusalems und der Städte Judas (V. 10). Zwar bleiben die in V. 3 adressierten Personen ungenannt, sie sind jedoch aufgrund des Inhalts mit einzelnen Mitgliedern des Volkes zu identifizieren. Auf der Bühne anwesend gedacht sind in Szene I also Jhwh und das Volk. Das Argument, V. 9 müsse Jeremia als Sprecher zugeordnet werden, weil Gott Unheil androhe, es aber nicht beklagen könne,[28] hat keinen Anhalt am vorliegenden Text und betrachtet V. 9 isoliert.

Gliederung der Szenen

---

28 So Finsterbusch/Jacoby, MT-Jeremia 1–24, 123. Wanke (ZBK, 105) erkennt in V. 9 eine „Unheilsklage angesichts eines von Kriegen zerstörten und ausgebluteten Landes". Zur Frage des Gottesbildes s. o. die synchrone Analyse zu Jer 8,4 – 9,2.

Szene II (9,11–15) setzt mit zwei vorwurfsvollen Fragen ein, die das Unverständnis über Gottes Urteil ausdrücken und auf die Verheerung des Landes bereits zurückblicken. Da eine Einleitung fehlt, ist V. 11a als Figurenrede einer einzelnen Person oder Gruppe zu bestimmen. Sie leitet eine weitere Doppelfrage ein (V. 11b), die das Volk zitiert. Hier kommen Überlebende des Krieges zu Wort,[29] die die in V. 9 beklagte Situation bestätigen.

Eine Antwort auf die Frage nach dem Grund für das eingetretene Unheil bietet der in Prosa formulierte Abschnitt V. 12–15. Die Einleitung „da sprach JHWH" (V. 12) und die Botenformel in V. 14 verweisen in ihrer Funktion als Nebentexte auf Gott als Sprecher.[30] Die Suffixe in V. 12 („meine Tora", „meine Stimme") und das in V. 14f. angekündigte Unheil stützen diese Zuordnung.

In Szene III (9,16–20) wendet sich JHWH direkt an eine Gruppe, fordert sie zur Totenklage auf und präsentiert deren Wortlaut als Zitat des Volkes (V. 17f.). In V. 19f. werden explizit Frauen angesprochen und auf das eben ergangene Wort JHWHS verwiesen, so dass diese Verse Jeremia zum Sprecher haben. Auch der Prophet gibt den Inhalt der geforderten Totenklage vor, die erneut als Zitatrede eingebettet ist (V. 20).

Die drei Szenen kontrastieren also die Ankündigung der Zerstörung Jerusalems mit der Reaktion verschiedener Figuren, die deren Eintreffen beklagen und nach dem Grund fragen. Damit bildet Jer 9,3–20 im kleinen Maßstab ab, was in der Kapitelfolge als begründete Ankündigung des Unheils einerseits (Jer 4–6) und als Klage über dessen Eintreffen andererseits (Jer 8–10) verhandelt wird.

9,3–8 Fehlverhalten und Läuterung
Ähnlich wie Jer 5,1–6 und 8,4–7 schildert auch 9,3–5.7 soziales Fehlverhalten zwischen Verwandten und Nachbarn, das eine doppelte Reaktion JHWHS herausfordert (V. 6.8 und V. 9f.). Die Schilderung variiert Stichworte aus anderen Passagen: Die Menschen sind verleumderisch unterwegs (רכיל הלך, V. 3; vgl. 6,28), belügen einander (דבר Pi. + שקר, V. 4; vgl. 6,13; 9,2), üben Betrug (מרמה, V. 5.7; vgl. 5,27); sie wünschen einander Gutes (שלום, V. 7; vgl. 6,14), planen aber heimlich Böses. Die schädliche, ja tödliche Wirkung lügnerischer Rede wird mit Wendungen beschrieben, die zum Frevlerimage weisheitlicher Texte gehören (V. 7; vgl. Spr 12,17–19; 17,4; 18,21; Ps 73,8f.). Der im Jeremiabuch singuläre Vorwurf, jeder Bruder betrüge (עקוב יעקב, V. 3), spielt auf den Namen Jakob an, dessen Betrug an seinem Bruder auch Hos 12,4 als repräsentativ für das Verhalten des ganzen Volkes darstellt. Auch das in V. 5 gezogene Fazit „Sie weigerten sich, mich zu erkennen" (vgl. 9,2) beurteilt das ganze Volk aus göttlichem Blickwinkel negativ.

Die rhetorische Frage „Soll ich dies etwa nicht ahnden?" (V. 8; vgl. 5,9.29) erheischt Verständnis für die Perspektive Gottes. Dessen mit „ahnden" (פקד) und „sich rächen" (נקם Hitp.) ausgedrücktes Handeln meint nicht die emotionale Reaktion eines enttäuschten Vaters, sondern zielt auf die richterliche Beurteilung der Taten und die Wiederherstellung einer Rechtsordnung, die auf Ausgleich bedacht ist und soziale Ausbeutung unterbindet. Die Perspektive einer unterschiedlichen Bestrafung bringt 9,6 mit den Stichworten בחן „prüfen" und צרף „läutern" als Metapher für das Ausscheiden böser Menschen ein (vgl. 6,27–29).

---

29 So auch FINSTERBUSCH/JACOBY, MT-Jeremia 1–24, 125.

30 Ohne weitere Begründung, aber in Anschluss an LXX weisen FINSTERBUSCH/JACOBY (MT-Jeremia 1–24, 125) V. 12f. als von Jeremia erzählte Antwort Gottes aus und sehen V. 14f. als Fortsetzung der Jeremia aufgetragenen Unheilsankündigung. Ein solcher Übergang ist im Text aber nicht markiert.

Demgegenüber schildert V. 9f. die Situation nach der Zerstörung. Die Klage über 9,9f.
Berge und Weideplätze ohne Menschen und Tiere (V. 9) setzt die Zerstörung Jeru- Verheertes
salems und Judas voraus, die V. 10 erst ankündigt: Mit der Wendung נתן לגלים „zum Land
Steinhaufen machen" (mit היה noch in 51,37) und dem Ausdruck „Behausung von
Schakalen" (vgl. noch 10,22; 49,33; 51,37) wird Jerusalems Zerstörung drastisch
ausgemalt. Das Motiv der von wilden Tieren heimgesuchten Stadt gehört zur altorientalischen Fluchtradition[31] und konnotiert den Verlust ihrer Funktion als von
Menschen gestalteter Raum. Dass die Städte Judas zur unbewohnten Ödnis werden,
hat eine Parallele in 4,27.

Mit der Frage, wer so weise sei, das alles zu verstehen, setzt auch V. 11 das 9,11–13
Eintreffen der Katastrophe voraus. Als Antwort liefert V. 12f. einen weiteren Verfehltes
Schuldaufweis, der das Gottesverhältnis ins Zentrum stellt. Die Anklage, Jhwhs Gottesver-
Tora verlassen und nicht auf seine Stimme gehört zu haben, verbindet die Beach- hältnis
tung des schriftlich niedergelegten Gesetzes mit derjenigen einer aktuellen, münd-
lichen Unterweisung, etwa durch Prophet*innen. Diese bewusste Abkehr von Got-
tes Willen ist gleichbedeutend mit dem Verfolgen der eigenen Pläne, was in dtjer
Sprache formelhaft als שררות לב „Verstocktheit des Herzens" ausgedrückt wird.[32]
Ein weiteres Zeichen der Abwendung von Jhwh ist die Hinwendung zu den „Baalen", wie die anderen Gottheiten hier polemisch genannt werden (V. 13). Wie in
Jer 2,8 wird diese Hinwendung bereits als Praxis der Vorfahren dargestellt, die die
nachfolgenden Generationen entsprechend unterrichteten.

Erneut kündigt V. 14f. die Zerstörung Judas an. Jhwh stellt sich metaphorisch 9,14f.
als Ernährer seines Volkes dar, bietet freilich Gift und Galle, die zu Krankheit und Gottes rich-
Tod führen. In V. 15 folgt die ganz konkrete Drohung, er werde sie unter die Völker tendes
zerstreuen und ihnen danach noch das Schwert, d. h. den Krieg, hinterhersenden Handeln
– so dass selbst das Leben in der Diaspora das Überleben nicht garantiert.

Angesichts dieser Unheilsszenarien erscheinen die beiden Aufrufe zur Klage 9,16–20
als adäquate Reaktion seitens des Volkes. Aufruf zur
Totenklage

> Öffentlich bekundete Klage und Gesten der Trauer sind im Alten Orient bekannte
> Riten angesichts von Feindbedrohung, Naturkatastrophen oder Epidemien; sie dienen
> der Besänftigung der Gottheit.[33] Zu diesen Selbstminderungsriten gehören: die Klei-
> dung zerreißen, die Haare raufen, Asche aufs Haupt streuen, den Bart rasieren, eine
> Glatze scheren, die Brust entblößen und blutig kratzen, ein sackartiges Gewand anzie-
> hen und fasten.[34] Solche Handlungen werden in alttestamentlichen Erzählungen als
> öffentliche Trauergesten des Königs[35] oder führender Persönlichkeiten (Ri 11,35; Esra
> 9,3), aber auch als Reaktion Tamars auf ihre Vergewaltigung (2 Sam 13,19) erwähnt.

---

31 Vgl. HILLERS, Treaty-Curses, 44f.53f.
32 Die Wendung הלך ב/אחרי שררות לב ist belegt in Jer 3,17; 7,24; 9,13; 11,8[MT+]; 13,10[MT+];
   16,12; 23,17 und Dtn 29,18; Ps 81,13; vgl. STIPP, Konkordanz, 144f.
33 Vgl. OLYAN, Saul M., Biblical Mourning. Ritual and Social Dimensions, Oxford: Oxford
   University Press 2004, 62–64.76–78.
34 Vgl. KÖHLMOOS, Melanie, In tiefer Trauer. Mimik und Gestik angesichts von Tod und
   Schrecken: WAGNER, Andreas (Hg.), Anthropologische Aufbrüche. Alttestamentliche und
   interdisziplinäre Zugänge zur historischen Anthropologie (FRLANT 232), Göttingen:
   Vandenhoeck & Ruprecht 2009, 381–394.
35 Vgl. 2 Sam 12,16f.; 19,1f.; 2 Kön 22,11. Ein öffentlicher Fasttag des ganzen Volkes wird
   u. a. in Jer 36,9 sowie 2 Chr 20,3; Esra 8,21; Neh 9,1; Est 4,3; Joel 1,14 genannt.

Die in V. 16 genannten Klagefrauen sind eine Berufsgruppe; sie halten bei einem Todesfall stellvertretend für die Familie die Totenklage (*Qinah*) und verleihen der Trauer durch gellende Schreie und klagende Gesänge hörbar Ausdruck.[36] Eine solch öffentliche Klage wird in den Mittelmeerländern bis heute von Frauen und Männern praktiziert.[37]

In Jer 9 sollen die eilig herbeigerufenen Klagefrauen aber nicht einen einzelnen Trauerfall beklagen, sondern die Vernichtung des ganzen Volkes (V. 17). Die Zitatrede in V. 18 listet verschiedene Schicksale auf: Tod, Erniedrigung, Exilierung und Verlust der Wohnung. Die dem Propheten in den Mund gelegte Aufforderung an die Klagefrauen, ihre Töchter und Nachbarinnen die Totenklage zu lehren (V. 19), impliziert, dass viele Klagefrauen gebraucht werden, um die zahlreichen Toten zu betrauern.[38] Der in V. 20 zitierte Inhalt der Klage verweist auf die Zerstörung einer Stadt, bei der Menschen in Häusern, Palästen und Gassen sterben, nicht alt und lebenssatt, sondern als Kinder und Jugendliche. Rhetorisch zielt die Aufforderung zur Totenklage also darauf, den massenhaften Tod anzukündigen. Mit ihrer vielstimmigen Geräuschkulisse dient die Totenklage in Jer 9 der Dramatisierung des Krieges;[39] sie setzt die Zerstörung Jerusalems nicht notwendig voraus.

Diachrone Analyse

Vorexilisch	K[frühexilisch]	Exilisch	Nachexilisch
9,3–5*.7f.10 9,16–20*	9,6	9,4b.5b R[GÄ?] 9,9 R[Gola]	9,11–15 R[Tora]

9,3–10*
Unheil für das
Volk

Jer 9,3–10 ist zwar, synchron betrachtet, eine Gottesrede, die Stichworte aus älterer Überlieferung mit neuen Formulierungen verknüpft. Sie ist aber literarisch nicht aus einem Guss. Im poetischen Kontext auffällig ist zunächst V. 4b mit der dtjer Wendung „Lüge reden" (vgl. 29,23 [MT⁺]; 40,16; 43,2 [MT⁺]) und der aus LXX konjizierten Aussage „Sie taten Unrecht und hörten nicht auf, sich wegzuwenden", die beide rückblickend formuliert sind. Auch V. 5b fällt mit „Sie weigerten sich, mich zu erkennen" ein generelles Urteil, das prämasoretisch noch um die Zitationsformel erweitert wurde. Außerdem unterbrechen V. 5b und die Ankündigung des Läuterungsgerichts in V. 6 die formal und inhaltlich zusammengehörige Schilderung der Freveltaten in V. 5a und 7. Es spricht nichts dagegen, 9,3–4a.5a.7 als

---

36 Vgl. Jer 6,26; 49,3; Am 5,16f. und SCHROER, Silvia, Häusliche und außerhäusliche religiöse Kompetenzen israelitischer Frauen. Am Beispiel von Totenklage und Totenbefragung: KLINGE, Elmar/BÖHM, Stephanie/FRANZ, Thomas (Hg.), Haushalt, Hauskult, Hauskirche. Zur Arbeitsteilung der Geschlechter in Wirtschaft und Religion, Würzburg: Echter 2004, 9–34, 12–20.

37 Vgl. LEE, Singers of Lamentations; ALEXIOU, Margaret, The Ritual Lament in Greek Tradition (2nd ed. revised by YATROMANOLAKIS, Dimitrios/ROILOS, Panagiotis), Lanham u. a.: Rowman & Littlefield 2002, 36–51.102–130.

38 So auch WANKE, ZBK, 109.

39 LEE (Singers of Lamentations, 20–37) zitiert Klagen von Frauen, die die Toten des Krieges in Bosnien und Kroatien betrauern und zugleich das Blutvergießen kritisieren.

vorexilisches Stück zu betrachten, das ursprünglich in die rhetorische Frage, ob JHWH solches Verhalten etwa nicht ahnden solle (V. 8; vgl. 5,7–9*), mündete. Es wurde zunächst, analog zu 6,27–30, durch Zufügung von V. 6 – Botenformel und Läuterungsgericht – in die vorexilische Komposition eingebunden und dient in ihr dem Schuldaufweis.[40] Warum V. 6 nicht hinter V. 8 platziert wurde, ist nicht mehr nachzuvollziehen. Jedenfalls dient V. 3–4a.5a.7 in dieser Konstellation dem Schuldaufweis mit der Pointe, dass diejenigen, die an ihren Nächsten verleumderisch handeln, ihrem betrügerischen Vorfahren Jakob entsprechen (V. 3). Mit den Stichworten „Lüge reden" (V. 4b) und „JHWH erkennen" (V. 5b; vgl. 9,2b.23[MT⁺]; 22,16) gehen die beiden Zusätze wohl auf die geschichtsätiologische Redaktion zurück.

Als weiterer, vielleicht vorexilischer Vers kommt 9,10 in Betracht, der ohne Einleitung jetzt den Höhepunkt der Gottesrede bildet. Er wird zwar häufig Mi 3,12 zur Seite gestellt,[41] formuliert aber, abgesehen von der Nennung Jerusalems, völlig anders. Die charakteristische Wendung „Behausung der Schakale" wird auch in 10,22 und im Wort gegen Hazor (49,33) gebraucht.[42]

Zwar verwendet V. 9 die Form der Klage, die auch in vorexilischen Stücken zu finden ist; der Vers blickt jedoch im Unterschied zu V. 8 und V. 10 bereits auf die Katastrophe zurück. Der Vision Jeremias von der verlassenen, öden Erde in 4,23–26 vergleichbar weitet er den Blick auf Berge und Steppe und stellt diese als „verbrannte Erde" ohne Vögel und Weidevieh dar – ein Motiv, das sich auch in Jeremias Klagegebet 12,4 findet. Wie schon in 4,23–26 hat hier wohl die golaorientierte Redaktion ihre Sicht auf Juda als im Exil völlig entvölkertes, von Mensch und Tier gemiedenes, Land eingetragen.

**9,9
Juda als
entvölkertes
Land**

Der in Prosa gehaltene Abschnitt 9,11–15 reflektiert im Rückblick den Untergang Judas mittels mehrerer Fragen und einer Antwort seitens Gottes. Der Frage der Überlebenden nach dem Grund für Judas Verwüstung werden in V. 11a zwei weitere vorangestellt: Warum hat niemand die Zeichen der Zeit erkannt und vor der Katastrophe gewarnt? Beide Fragen überraschen, da der vorliegende Textbestand zahlreiche Ankündigungen von Krieg und Zerstörung enthält und Jeremia durchaus als Mahner gezeichnet ist. Ihre Funktion ist es daher, eine weitere Antwort auf die Schuldfrage vorzubereiten.

**9,11–15
Schuld und
Verderben**

Die Frage nach einem verständigen, weisen Menschen greift den weisheitlichen Schlusssatz der Hoseaschrift auf (Hos 14,10), spitzt die Suche aber auf einen bestimmten Menschen zu (vgl. den Artikel bei הָאִישׁ הֶחָכָם). Der gesuchte weise Schriftgelehrte und der Prophet erscheinen als diejenigen, zu denen „der Mund JHWHs geredet hat", als Vertreter der beiden nachexilischen Gruppen, die für die Ermittlung des göttlichen Willens zuständig sind. Deren Tätigkeit wird in der Antwort negativ beurteilt. „Weil sie meine Tora verlassen haben" zielt auf das Versagen der Schriftgelehrten, die das Volk im schriftlich festgelegten Gesetz unterrichten sollten. „Weil sie nicht auf meine Stimme gehört haben" bestätigt das Versagen der Prophet*innen, die Gottes Wort verkünden sollten. Ein vergleichbares Frage-Antwort-Schema bietet Dtn 29,23–27[43] als Teil der Bundesrede des Mose,

---

40 Auch RUDOLPH (HAT, 65) verweist auf die Ähnlichkeit von 9,1–8* mit 6,27–30.

41 Weshalb WANKE (ZBK, 106) ihn für redaktionell hält; ähnlich CARROLL, Jeremiah, 242.

42 STIPP (HAT, 740) hält sie für jeremianisch.

43 OTTO (Deuteronomium 23,16 – 34,12, 2050f.) beurteilt Dtn 29,15–28 als nachexilische Fortschreibung der dtr Moab-Redaktion (Dtn 29,1.3.6–9.13f.).

der vor dem Einmarsch in das verheißene Land weit in die Zukunft blickt und die Frage der Völker „Warum hat Jhwh diesem Land das angetan?" mit Verweis auf Israels Abkehr von der (Bundes-)Verpflichtung Jhwhs beantwortet.[44] Mit dem negativen Geschichtsrückblick und der Kritik an Prophet*innen und Schriftgelehrten erweist sich 9,11–15, wie 2,8f. und 8,8f., als Text der toraorientierten Redaktion, die für nachexilische Adressat*innen die Bedeutung der Tora für das Leben hervorhebt und argumentiert, deren Vernachlässigung gefährde die Gottesbeziehung und damit ihr Leben. Entsprechend der nachexilischen Situation wird diese Gefährdung in V. 14 gerade nicht als Zerstörung Jerusalems beschrieben – das wäre die exilische Perspektive –, sondern als Speisung mit einer giftigen Pflanze, eine Metapher, die überwiegend für Not, Elend und Unrecht gebraucht wird (vgl. Am 6,12; Klgl 3,15.19). Die Aussage ist der Ankündigung gegen die (Heils-)Prophet*innen in 23,15a entnommen. Das Trinken von Giftwasser (מֵי־רֹאשׁ) macht, vergleichbar dem Eifersuchtsordal in Num 5,11–31, die aktuellen Vergehen sichtbar. Ist die Zerstreuung unter fremde Völker bereits nachexilische Wirklichkeit, so können die in der Diaspora lebenden Judäer*innen immer noch durch das Schwert sterben (V. 15), wenn sie sich von Jhwh und seiner Tora abwenden. Die Drohung der Auslöschung bei fortgesetzter Abkehr von Jhwh bleibt also auch für implizite Adressat*innen aus nachexilischer Zeit aktuell. Sie werden durch das Frage-Antwort-Schema in 9,11–15 indirekt aufgefordert, es anders zu machen als ihre Vorfahren, nämlich die Tora Jhwhs zu beachten und auf das prophetische Wort zu hören.

Totenklage als Reaktion auf die Unheils-prophetie — Im Anschluss an die in 8,4 – 9,2 herausgearbeiteten ältesten Passagen, die eine Klage angesichts der Feindbedrohung erheben, lassen sich auch die Aufforderungen zur Totenklage in 9,16–20, abzüglich der kurzen prämasoretischen Zusätze in V. 16f., als vorexilische Tradition verstehen. Sie enthalten keine Formulierungen, die erst in späten Texten zu finden sind, oder Motive, die die Zerstörung Jerusalems voraussetzen. Der Klageruf aus Zion „Wie sind wir vernichtet" (V. 18a) findet sich fast gleichlautend in 4,13, das Verb שׁדד ist in Jer 4–6 Leitwort für die angedrohte Verwüstung des Landes und der weiblich personifizierten Stadt (4,20). V. 18b („Wir müssen das Land verlassen, ... unsere Wohnungen preisgeben") verweist wahrscheinlich auf eine Deportation, deren erste bereits 597 v. d. Z. die Königsfamilie und ihre Beamten betraf. Die Klage über das Sterben in Häusern und Palästen sowie auf den Gassen (V. 20) kann sich auch auf eine Seuche oder Hungersnot bei der Belagerung beziehen. Hat diese Aufforderung an die Klagefrauen, die Totenklage zu halten und sie ihre Nachbarinnen zu lehren, die Funktion, das massenhafte Sterben anzukündigen, so dokumentiert sie nach dem Eintreffen der Katastrophe das Leiden der Jerusalemer*innen und hält die Erinnerung an das traumatische Ereignis wach.

Synthese

Auch der fünfte Akt des Dramas um Jerusalems Untergang verbindet Ankündigungen des Unheils mit Fragen nach dessen Gründen. Während Jer 9,3–10* den Unter-

---

44 Aufgrund dieser Parallele weisen Thiel (Redaktion I, 136–138) und Carroll (Jeremiah, 243) Jer 9,11–15 der dtr Redaktion zu.

gang Jerusalems und das Ende Judas ankündigt und mittels eines Schuldaufweises zu begründen sucht, schildert 9,11.16–20 zwei erwartbare Reaktionen auf das Kriegsgeschehen. Die vorwurfsvolle Frage, ob es niemanden gegeben habe, der das wissen und den Grund für die Verheerung mitteilen konnte (V. 11), impliziert im Rückblick, dass es möglich gewesen wäre, das Unheil aufzuhalten. Der Aufruf an die Klagefrauen zur Totenklage (V. 16–20) nimmt rhetorisch das Eintreten der Ankündigung vorweg.

Die direkt adressierten professionellen Klagefrauen stehen für eine kulturelle Praxis, in der jeder und jede Verstorbene öffentlich betrauert wird und die Gemeinschaft von seinem bzw. ihrem Tod erfährt. Die Forderung, die Klagefrauen sollten ihre Töchter und Nachbarinnen die Totenklage lehren, antizipiert ein massenhaftes Sterben. Die vom Zion her laut werdende Wehklage der Gemeinschaft (V. 18) nimmt Situationen der Erniedrigung, Exilierung und Zerstörung der Stadt vorweg. Mithilfe der verschiedenen Stimmen und Klagerufe wird das angekündigte Kriegsgeschehen so in Szene gesetzt und zu Gehör gebracht, dass die prekäre Lage der Betroffenen zum Ausdruck kommt. Aus der Perspektive heutiger Leser*innen kann die Klage über Gewalt und Zerstörung auch als Rettungsbitte und kritische Rückfrage an Gott, warum er solche Gewalt anwende, verstanden werden.

Die beiden Schuldaufweise (9,3–8.11–15) listen im Nachhinein Gründe für den Untergang Judas und Jerusalems auf und greifen dabei auf auch andernorts im Jeremiabuch genannte Motive zurück: Auch sie sind keine distanzierten Reflexionen, sondern schildern die Not der betroffenen Menschen. Der erste (9,3–8) beschreibt die Zustände im Volk als chaotisch: Im sozialen Miteinander herrschen Lug und Trug, so dass man selbst den Nachbar*innen und den Mitgliedern der eigenen Familie nicht mehr trauen kann. Alle reden freundlich miteinander, aber sie betrügen und intrigieren aus dem Hinterhalt, weil sie nur ihren eigenen Vorteil suchen. Alle sind wie Jakob, der seinen Bruder betrog.

Aus nachexilischer Perspektive werden in 9,11–15 gerade diejenigen angeklagt, die eigentlich den Willen Gottes kennen müssten: die Schriftgelehrten, die die Tora Jhwhs studieren, und die Prophet*innen, die den göttlichen Willen mündlich übermitteln. Ihr Versagen führt zur Abkehr des Volkes von Jhwh und zur Hinwendung zu anderen Gottheiten. Ist die Annahme, es habe bereits in vorexilischer Zeit eine schriftliche Tora Jhwhs existiert, auch anachronistisch, so entspricht die Unheilsankündigung durchaus der nachexilischen Situation: Auch die in der Diaspora lebenden Judäer*innen können im Krieg umkommen. Die Botschaft für die nachexilische Leserschaft ist also, dass die Beachtung der Tora und das Hören auf die Prophet*innen weiteres Blutvergießen verhindern können.

Beide Schuldaufweise dienen dazu, Gottes Strafhandeln als rechtmäßig darzustellen: Jhwh, dem um das Wohl seiner Tochter besorgten, aber abgewiesenen Vater, blieb nur noch die Möglichkeit der Züchtigung. Führten die metaphorischen Charakterisierungen Gottes als Richter und Vater im antiken Kontext nachvollziehbare Begründungen an, so vermittelt zumindest die Vatermetapher für heutige Leser*innen ein zutiefst problematisches, weil patriarchales und gewaltverherrlichendes Gottesbild. Der Gedanke, dass Eltern ihren Kindern die Folgen ihres Handelns vor Augen stellen oder sie in manchen Situationen bestrafen, erscheint nachvollziehbar. Dass Eltern dabei aber Gewalt anwenden, ist aus heutiger Sicht völlig ungeeignet, das Gottesverhältnis zu charakterisieren. Ein solches „blaming the victim", das die Opfer von Gewalt für deren Anwendung verantwortlich macht, kann ich als Auslegerin nur kontextuell erklären, aber aus heutiger Perspektive nicht positiv deuten.

Wie in 8,18 – 9,2 gesellt sich Jʜwʜ auch im fünften Akt letztlich zu den Klagenden. Er betrauert, dass das Land ganz entvölkert und verbrannt ist, ohne Menschen und Tiere (9,9). Dieses Bild des totalen Untergangs birgt im Blick auf den im nächsten Kapitel beschworenen Schöpfergott auch eine Hoffnung – jedenfalls für die Tradent*innen der babylonischen Gola, die diesen Vers hinzufügten: Jʜwʜ kann einen neuen Anfang im Land schaffen, er kann das Chaos in Ordnung bringen und die Exilierten nach Juda zurückführen.

Sechster Akt: Jer 9,21 – 10,25: Jʜwʜ *als allein wirkmächtige Gottheit*

Szene I, 1. Auftritt: Jeremia verkündet	21 *[Rede so – Spruch Jʜwʜs:]*ᵃ
	Die Leichen der Menschenᵇ sind gefallenᶜ
	  wie Düngerᵈ auf die Oberfläche des Feldes /des Ackerbodensᵉ
	und wie Ähren hinter dem Schnitter,
	  aber niemand sammelt.

21 *[Rede so – Spruch Jʜwʜs:]*ᵃ
Die Leichen der Menschenᵇ sind gefallenᶜ
  wie Düngerᵈ auf die Oberfläche des Feldes /des Ackerbodensᵉ
und wie Ähren hinter dem Schnitter,
  aber niemand sammelt.
22 So spricht Jʜwʜ:
„Wer weise ist, rühme sich nicht seiner Weisheit,
  und der Starke rühme sich nicht seiner Stärke,
    wer reich ist, rühme sich nicht seines Reichtums,
23 sondern dessen rühme sich, wer sich rühmt:
  einsichtig zu sein und [mich]ᵃ zu erkennen,
dass ich, Jʜwʜ, Gnade übe,
  Recht und Gerechtigkeit auf der Erde,
denn an diesen (Menschen) habe ich Gefallen" – *Spruch Jʜwʜs*.
24 „Siehe, Tage kommen – *Spruch Jʜwʜs* –, da werde ich alle heimsuchen, die beschnitten (und dennoch) mit Vorhautᵃ sind: 25 Ägypten und Juda und Edom und die Ammoniter und Moab und alle mit gestutztem Schläfenhaarᵃ, die in der Wüste wohnen, denn alle Völker sind unbeschnittenᵇ und das ganze Haus Israel ist unbeschnitten am Herzenᶜ."

I, 2: Jeremia an Israel

10,1 Hört das Wortᵃ, das Jʜwʜ über euch geredet hat, Haus Israel! 2 So spricht Jʜwʜ:
„Den Wegᵃ der Völker lernt nicht
  und vor den Zeichen am Himmel erschreckt nicht,
    denn vor ihnenᵇ erschrecken die Völker.
3 Denn die Satzungen der Völker – nichtig sind sie!
  [Denn]ᵃ Holz (ist es), aus dem Wald hat es einer geschlagen,
    ein Werk [der Hände] eines Handwerkers mit dem Schnitzmesserᵇ!
4 Mit Silber und mit Gold verziertᵃ er es,
  mit Nägeln und mit Hämmernᵇ befestigt manᶜ es,

so dass es nicht wackelt.

5 Wie ein starres Gefüge aus Palmholz[a] sind sie,

und sie können nicht reden[b]. _{LXX: Einschub V. 9}[c]

Sie müssen getragen[d] werden, denn sie können nicht schreiten.

Fürchtet euch nicht vor ihnen, denn sie handeln nicht böse;

aber auch Gutes tun ist ihnen nicht möglich."

[a][6 Keiner[b] ist wie du, JHWH.

Groß bist du, und groß ist dein Name durch Macht.

7 Wer sollte dich nicht fürchten, König der Völker?

Ja, das steht dir zu!

Denn unter allen Weisen der Völker

und in all ihrer Königsherrschaft: Keiner ist wie du!]

[8 In einem: sie sind dumm und töricht.

Die Unterweisung der Nichtse: Holz ist sie.][a]

9 [a]Gehämmertes Silber wird aus Tarschisch gebracht[b]

und geläutertes[c] Gold,

Werk des Handwerkers und der Hände des Goldschmieds,

purpurblau[d] und purpurrot ist ihr Gewand

[, ein Werk von Weisen sind sie alle].

[a][10 JHWH aber ist wahrhaftig Gott,

er ist ein lebendiger Gott und ewiger König.

Vor seinem Zorn erbebt die Erde,

und seinen Groll halten die Völker nicht aus.]

11 [a]Dies sollt ihr zu ihnen sagen:

„Die Götter, die weder den Himmel noch die Erde gemacht haben, sollen von der Erde und unter diesem Himmel verschwinden."

12 <Kyrios ist es,>[a] der die Erde macht durch seine Kraft,

der den Erdkreis gründet durch seine Weisheit,

durch seine Einsicht den Himmel ausgespannt hat.

13 [Zum Donner gab er][a] Wassermassen am Himmel,

Nebelschwaden ließ er vom Ende der[b] Erde aufsteigen,

Blitze hat er für den Regen gemacht,

er holte den Wind /_{das Licht}[c] aus seinen Vorratskammern.

14 Dumm steht da jeder Mensch, ohne Erkenntnis,

beschämt jeder Goldschmied wegen des Götterbildes,

denn Lüge ist sein Gussbild[a], und kein Atem ist darin[b].

15 Ein Nichts sind diese, Spottgebilde,

zur Zeit ihrer Heimsuchung[a] werden sie zugrunde gehen.

16 Nicht wie diese ist der Anteil Jakobs,

denn der Schöpfer von allem ist er,

[und Israel der Stamm][a] seines Erbteils,

JHWH [Zebaot] sein[b] Name![c]

17 Raffe[a] {fem. sing.} vom Boden[b] dein Bündel[c] zusammen,

du in der Belagerung[d] Sitzende.

I, 3: Jeremia lobt Gott
I, 4: Jeremia zitiert JHWH weiter
I, 5: Jeremia (beiseitesprechend)
I, 6: Jeremia an die Adressat*innen
I, 7: Jeremia (beiseitesprechend)
I, 8: Jeremia zitiert JHWH
I, 9: Jeremia (beiseitesprechend)
Szene II, 1. Auftritt: Jeremia zu Jerusalem

18 Denn so spricht Jʜwʜ:

Siehe, ich schleudere fort[a] die Bewohner dieses Landes[b] [diesmal][c] und ich werde sie bedrängen[d], damit man (sie) findet[e].

II, 2: Jerusalem klagt   19 Wehe [mir][a] ob meines Zusammenbruchs,

     schmerzvoll ist meine Wunde!

Ich aber sagte mir:

     „Gewiss, das ist eine Krankheit, die ich[b] ertragen muss."

20 Mein Zelt ist verwüstet und alle meine Zeltstricke zerrissen,

     meine Kinder sind von mir weggezogen[a] und sind nicht mehr.

Keiner ist da, der mein Zelt wieder aufschlägt

     und meine Zeltdecken aufrichtet[b].

II, 3: Jeremia antwortet   21 Ja, die Hirten haben sich als dumm erwiesen.

     Sie haben Jʜwʜ nicht gesucht.

Darum hatten sie keinen Erfolg,

     und ihre ganze Herde wurde zerstreut.

22 Die Stimme einer Nachricht – siehe, sie kommt! –

     und ein großes Beben aus dem Land des Nordens,

um die Städte Judas zu einer Einöde zu machen,

     zur Behausung von Schakalen[a].

II, 4: Jerusalem zu Jʜwʜ   23 Ich habe erkannt, Jʜwʜ,

     dass dem Menschen sein Weg nicht gehört,

dass niemand, der geht,

     seinen Schritt bestimmen kann.

24 Züchtige mich /$_{uns}$[a], Jʜwʜ, aber durch einen Rechtsspruch,

     nicht mit [deinem] Zorn, damit du mich /$_{uns}$ nicht verringerst.

25 Gieß deinen Zorn über die Völker aus, die dich nicht kennen, und über die Sippen, die deinen Namen nicht anrufen, denn sie haben Jakob gefressen [und ihn verschlungen][a] und vernichteten ihn, und seinen Weideplatz haben sie verwüstet.

Anmerkungen zu Text und Übersetzung

*   In der Übersetzung sind parallele Stichen durch Einrückung kenntlich gemacht, Prosaverse füllen die Zeilen aus. Nebentexte mit Angaben zu Sprecher*innen oder Szenerie sind kursiviert. Zum System der Klammern und Kleinschreibung s. o. S. 22.

**   Eine textkritische Besonderheit ist für Jer 9,21 – 10,25 vorab zu nennen. Der Abschnitt ist teilweise in verschiedenen Qumran-Fragmenten bezeugt und es ist erkennbar, dass 4QJer[a] den in MT überlieferten Konsonantentext bietet, während 4QJer[b] dem Wortlaut in LXX nahe steht, aber in V. 15 eine Variante zu MT und LXX aufweist; s. auch die Einleitung, „Die Unterschiede zwischen Jer[LXX] und Jer[MT]"; im Folgenden sind die Varianten zu Einzelversen aufgeführt. Zur Diskussion vgl. Bᴏɢᴀᴇʀᴛ, Jér 10,1–16, 222–238; Mᴄᴋᴀɴᴇ, History, 297–304.

21a   Der explizite Redeauftrag fehlt in LXX und ist in der Form singulär, da כה sonst nie mit der Zitationsformel verbunden wird (so aber die masoretische Punktation). Sᴛɪᴘᴘ (Sondergut, 67) hält ihn für das Werk eines im Sprachgebrauch nicht mehr sicheren Ergänzers. Wahrscheinlich war כה als Fortführung des Imperativs gedacht; vgl. Fɪɴsᴛᴇʀ-

BUSCH/JACOBY, MT-Jeremia 1–24, 129. In LXX setzt V. 21 die Klage der Frauen von V. 20 bruchlos fort.

21b   MT bietet den Singular, der aber kollektiv zu verstehen ist.

21c   MT ונפלה ist Folgetempus zu den qatal-Formen in V. 20a; LXX bietet Futur.

21d   LXX liest anstelle von דמן wohl סמן „Zeichen" oder leitet von דמה I „gleich sein" ab; so auch 8,2; 16,4, nicht aber 32,22 = Jer^MT 25,32. Das Wort könnte in MT aus 8,2 ergänzt sein; vgl. WANKE, ZBK, 108.

21e   LXX passt an den üblichen Wortlaut der Wendung (8,2; 16,4; 25,33; STIPP, Sondergut, 147) an.

23a   MT bietet zwei Objekte des Erkennens: „mich" und den folgenden Satz. Da LXX kein Äquivalent für אותי hat, ist es in MT wohl nachgetragen.

24a   „Die Vorhaut beschneiden" wird meist mit מול ערלה את בשׂר ausgedrückt (vgl. Gen 17 passim; Lev 12,3). LXX übersetzt „alle an ihrer Vorhaut Beschnittenen"; T deutet MT als „alle Beschnittenen und die mit Vorhaut". FINSTERBUSCH/JACOBY (MT-Jeremia 1–24, 129) verstehen כל-מול בערלה als Verbindung sich widersprechender Begriffe: „jeden Beschnittenen mit Vorhaut", i. S. v. „alle Menschen, die sich aus seiner Sicht nicht richtig verhalten"; ähnlich CARROLL, Jeremiah, 249: „all those who are circumcised but yet uncircumcised". S. u. die synchrone Analyse.

25a   LXX bietet hier und in 32,9 = Jer^MT 25,23 den Singular „jeden Geschorenen im Bereich seines Gesichts". 4QJer^b stützt MT; vgl. DJD XV, 173. Gemeint sind arabische Stämme, deren Männer sich die Koteletten rasieren; vgl. 25,23; 49,32 und das Verbot in Lev 19,27.

25b   Die Aussage widerspricht V. 24. LXX „alle Völker sind unbeschnitten im Fleisch" (zur Formulierung vgl. Ez 44,7.9) betont den Gegensatz zu Israel und ist wohl sekundär angeglichen; vgl. STIPP, Sondergut, 150. RUDOLPH (HAT, 69f.) und BHS konjizieren ערלים zu האלה, was weder Anhalt in MT noch in den Versionen hat. McKANE (ICC, 214f) hält V. 25b für eine Ergänzung.

25c   LXX „an ihrem Herzen" ist verstärkend und daher wohl sekundär.

10,1a LXX teilt anders auf: „Hört das Wort des Herrn, das er zu euch geredet hat"; vgl. 27,1 = Jer^MT 50,1. STIPP (Sondergut, 152) führt das auf die Vorliebe der Übersetzer für דבר-יהוה zurück.

2a   MT und 4QJer^b bieten אל דרך הגוים „hin zum Weg der Völker", was LXX übersetzt mit „nach Art der Wege der Völker". Vgl. zur Konstruktion der Wendung mit Akkusativpartikel 12,16.

2b   LXX ὅτι φοβοῦνται αὐτὰ τοῖς προσώποις αὐτῶν hat entweder כי יחתו מפניהם gelesen oder ihre Vorlage mit dem kausalen Dativ „aufgrund ihrer Erscheinungen" verstärkt, um die Bedeutung der Himmelszeichen hervorzuheben; so FINSTERBUSCH/JACOBY, MT-Jeremia 1–24, 130.

3a   LXX bietet kein Äquivalent für כי und zieht הוא zum Folgenden: „Holz ist es". Es geht in V. 3f. um die Herstellung eines Götterbildes.

3b   MT מעצד ist ein unbekanntes Holzbearbeitungsgerät (vgl. Ges^18, 714). Das Lexem findet sich sonst nur in Jes 44,12 in ähnlichem Zusammenhang. LXX bietet χώνευμα, das in Dtn 9,12; 2 Kön 17,16; Hos 13,2; Hab 2,18 als Äquivalent für מסכה „Gussbild" gebraucht wird, ob aufgrund einer anderen Vorlage oder als Deutung, ist nicht entscheidbar.

4a   Die jiqtol-Form wird hier als wiederholte Handlung verstanden.

4b   LXX bietet die umgekehrte Reihenfolge „mit Hämmern und Nägeln", die auch 4QJer^b bezeugt.

4c   MT bietet plur., was i. S. v. „man" zu verstehen ist.

5a   Die übliche Übersetzung „wie eine Vogelscheuche im Gurkenfeld" beruht auf einem Verständnis von מקשה als Defektivform von מקשאה „Gurkenfeld" (nur Jes 1,8; vgl. קשאים Gurken" Num 11,5) und von תמר „Palme" (Ri 4,5) als eine Art Pfahl zur polemischen

Bezeichnung des Götterbildes. Die griechische Fassung der Wendung ist im Vergleich von Götterbildern in EpJer 69 belegt: ὥσπερ ἐν σικυηράτῳ προβασκάνιον. Benjamin D. Thomas (Reevaluating the Influence of Jeremiah 10 to the Apocryphal Epistle of Jeremiah. A Case for the Short Edition: ZAW 120 [2008], 547–562) weist nach, dass EpJer 69 von Jer 10,5 abhängig ist, freilich von einer hebräischen Vorlage, die derjenigen von LXX (V. 2–5.9) ähnelt. LXX übersetzt „graviertes Silber ist es; sie werden nicht gehen", was die Konsonantenfolge כתם מקשה voraussetzt und ein bearbeitetes Silberstück meint (vgl. die Keruben in Ex 25,18). Gillis Gerleman (Der Sinnbereich ‚fest – los(e)' im Hebräischen: ZAW 92 [1980], 404–415) deutet מקשה nicht, wie sonst üblich, als getriebene Metallarbeit, sondern als „steifes Gefüge", was sich besser in die Beschreibung der Herstellung von Keruben (Ex 25,18; 37,7) und Menora (Ex 25,31; 37,17) fügt. Meine Übersetzung folgt Gerleman (a. a. O., 414), der sich an Aquila und Theodotion, die תמר mit φοίνιξ „Dattelpalme" übersetzen, anschließt und die in LXX genannte Unfähigkeit, sich zu bewegen, einbezieht.

5b   LXX οὐ πορεύσονται „sie können nicht gehen" versteht ולא ידברו i. S. des reichsaramäischen דבר und syrisch dbar „wegbringen, wegführen"; vgl. Thomas, Reevaluating, 559f.

5c   LXX bietet nach V. 5a den Text von V. 9 und danach V. 5b. Diese Reihenfolge bestätigt das Fragment 4QJer[b], das auch hinsichtlich des Textumfangs mit der mutmaßlichen Vorlage von LXX übereinstimmt, d. h. V. 6–8.10 nicht enthält; vgl. DJD XV, 173–175. EpJer 69 setzt ebenfalls den in LXX belegten Kurztext voraus; vgl. Thomas, Reevaluating, 555.

5d   LXX bildet die figura etymologica נשוא ינשוא in MT ab; BHS liest mit einigen hebräischen Hss. ינשאו.

6a   Die hymnischen Verse 6–8.10 fehlen in LXX und wurden spät nachgetragen; s. u. die diachrone Analyse. So auch Stipp, Sondergut, 92f.; Bogaert, Jér 10,1–16, 233; McKane, History, 299.

6b   So mit der Punktation von MT מֵאַיִן und den meisten Versionen. Der Konsonantentext könnte auch als מֵאַיִן „von woher?" gelesen werden (so Theodotion); vgl. McKane, ICC, 223f.

8a   Der in MT überschießende Vers verstärkt die Polemik gegen die fremden Gottheiten. Die letzte Aussage עֵץ הוּא, wörtlich: „Holz ist er/es" bezieht sich inhaltlich auf das Götterbild, nicht auf die Unterweisung. BHS schlägt vor, מֵעֵצָה „jenseits (guten) Rats" zu lesen; meine Übersetzung folgt Wanke, ZBK, 112.

9a   S. o. zu 5c.

9b   MT יוּבָא bietet Hof.; LXX übersetzt „wird kommen", was auf יבוא in der Vorlage verweist.

9c   LXX versteht מאופז in Analogie zu „aus Tarschisch" als Namen: „χρυσίον Μωφαζ", und auch MT punktiert מֵאוּפָז „aus Ufas" (Dan 10,5 ist davon abhängig). Der Name ist freilich unbekannt, graphisch ähnlich aber S und T (מאופיר „aus Ofir"). In 1 Kön 9,28; 10,11; Ps 45,10; Jes 13,12 wird Ofir als Lagerstätte von Gold genannt; vgl. McKane, ICC, 223. Mit Wanke (ZBK, 112) lautete das Wort ursprünglich מופז „geläutert" (1 Kön 10,18).

9d   Die an der östlichen Mittelmeerküste beheimateten Purpurschnecken liefern je nach Art einen bläulichen oder rötlichen Farbstoff, der in den phönizischen Hafenstädten aus deren Drüsensekret gewonnen wurde. Er war sehr teuer, weil für ein Gramm Farbstoff tausende Schnecken gebraucht wurden; vgl. Zwickel, Wolfgang, Leben und Arbeit in biblischer Zeit. Eine Kulturgeschichte, Stuttgart: Calwer 2013, 134.

10a   V. 10 ist Teil des in MT nachgetragenen Hymnus auf Jhwh; s. die diachrone Analyse.

11a   V. 11 ist in aramäischer Sprache verfasst, aber in allen Versionen belegt. 4QJer[b] bietet aus V. 11 die Konsonanten יאבדו מן ארעא; vgl. DJD XV, 173; McKane, History, 297.

12a   Während V. 12 in LXX die in V. 11 begonnene Rede an Israel fortsetzt, beginnt MT mit einem masc. Partizip, das an den Hymnus von 10,10 anschließt.

13a MT wörtlich: „in Bezug auf die Stimme, sein Geben"; die Wendung לקול תתו fehlt in
4QJer^c (DJD XV, 187) und LXX, ist aber in 4QJer^a bezeugt (DJD XV, 158). BHS folgt der
Konjektur Duhms לקולו נתַּך „auf seinen Befehl ergießen sich ..." (KHC, 102) und führt
auch die alternative Lesart קול לתתו „auf seinen Befehl hin" auf, die McKane (ICC, 225)
favorisiert. Die Übersetzung „Donner" orientiert sich an V. 13b „Blitze"; wegen dieser
Parallele ist wohl לקול vorangestellt.

13b Mit dem *Qere*, das den Artikel notiert.

13c LXX liest אור, MT רוח; da eine Verlesung unwahrscheinlich ist, hat LXX wohl eine
andere Vorlage; vgl. Stipp, Interpretierende Übersetzung, 182.

14a MT נסכו ist als Nomen mit Suffix der 3. masc. sing. punktiert; LXX deutet die Form
als 3. plur. *qatal* „sie haben gegossen".

14b MT bietet ein Suffix der 3. plur., was nicht kongruent zum Vordersatz ist.

15a So MT und LXX; vgl. 8,12; 9,24. 4QJer^b liest פקדתים „ich habe sie heimgesucht"; vgl.
DJD XV, 173 und 6,15.

16a LXX bietet einen kürzeren Text: „nicht ist ein solcher Anteil für Jakob, sondern der
Schöpfer von allem ist sein Erbteil". Durch den Überschuss in MT wird der gegenteilige Gedanke ausgedrückt, dass nämlich Israel der Erbbesitz Jhwhs sei (vgl. Dtn 32,9;
Jes 63,17; Ps 74,2; 78,71). Es ist wahrscheinlich, dass eine prämasoretische Hand hier
an die geläufige Vorstellung angeglichen hat (vgl. auch 51,19). So mit Stipp, Sondergut,
110.

16b LXX liest κύριος ὄνομα αὐτῷ „Kyrios ist für ihn der Name". Finsterbusch/Jacoby (MT-
Jeremia 1–24, 134) meinen, die Übersetzer vermieden eine wesenhafte Verbindung
Gottes mit dem Kyrios-Namen; vgl. Jer^LXX 27,34; 28,19.57; 38,36; 40,2.

16c Die Wendung יהוה צבאות שמו begegnet in 10,16; 31,35; 32,18 [MT^+]; 46,18 [MT^+]; 48,15;
50,34; 51,19.57 und in der Kurzform יהוה שמו in 33,2. Der identifikatorische Satz entspricht der liturgischen Akklamation in Ex 34,6f., was die Übersetzung durch Verzicht
auf ein Hilfsverb auszudrücken versucht. Vgl. die Textanmerkung zu 31,35b in Sharp,
Jer 26–52.

17a V. 17 adressiert eine weibliche Figur, die mit Jerusalem identifiziert werden kann; LXX
weist mehrere Varianten auf, die auf eine andere Vorlage schließen lassen. Während
MT mit אספי einen Imperativ fem. sing. bietet, geht LXX συνήγαγεν auf אסף zurück.

17b MT מארץ, LXX hat wohl מחוץ gelesen.

17c MT כנעתך ist ein *Hapaxlegomenon*. Aus כנע Nif. „sich beugen, gedemütigt werden" erschließt Ges^18, 556 die Bedeutung: „das, worunter man sich bückt – Gepäck, Bündel";
LXX bietet τὴν ὑπόστασίν σου „deine Habe", T „Händlerware", Symmachus „Ware". S
„deinen Schimpf" und V *confusionem tuam* greifen auf die zweite Bedeutung des Verbs
zurück; vgl. McKane, ICC, 229.

17d MT במצור „in der Belagerung"; LXX „an ausgewählten (Plätzen)" geht wohl auf במבחר
zurück.

18a MT קולע; der Neologismus in LXX σκελίζω „ich stelle ein Bein" übersetzt wohl צולע;
vgl. Finsterbusch/Jacoby, MT-Jeremia 1–24, 136.

18b LXX stützt MT את־יושבי הארץ, während 4QJer^b sing. ישב bezeugt; vgl. DJD XV, 173.

18c Das in MT überschüssige בפעם ist an der falschen Stelle eingefügt; das Demonstrativpronomen gehörte ursprünglich zu הארץ (so LXX).

18d LXX übersetzt „in Drangsal", wohl aufgrund der Lesung בצרה anstelle von והצרותי (MT).

18e MT wörtlich: „damit sie finden" ergibt keinen Sinn. LXX trägt das Objekt aus V. 19a
ein: ὅπως εὑρεθῇ ἡ πληγή σου „damit gefunden wird dein Schlag"; vgl. Stipp, Sondergut, 146. Die antiken Versionen zeigen, dass der Text von Beginn an unverständlich
war; vgl. McKane, ICC, 230. Am einfachsten ist יִמְצָאוּ als generelle Aussage „damit man
findet" zu verstehen.

19a LXX deutet V. 19a als Anrede an die Frau; „wehe wegen deines Zusammenbruchs,
schmerzvoll ist dein Schlag".

19b LXX liest וישגני „sie hat mich ergriffen" anstelle von MT ואשאנו. Codex B von LXX bietet auch in V. 19b–20a Formen der 2. sing., lässt also Gott zu der Frauengestalt sprechen; vgl. MCKANE, ICC, 231; FINSTERBUSCH/JACOBY, MT-Jeremia 1–24, 136.

20a LXX liest וצאני „und mein Kleinvieh" anstelle von MT יצאני.

20b LXX liest מקום „ein Ort" anstelle von MT מקים und übernimmt das Wort auch im Vordersatz: „nicht ist mehr ein Ort für mein Zelt, ein Ort für meine (Zelt-)Decken". STIPP (Sondergut, 146) zufolge handelt es sich bei Letzterem um eine in Jer^LXX häufiger vorgenommene Glossierung.

22a LXX „zu einem Nistplatz von Sperlingen", wie 49,33 = Jer^LXX 30,28.

24a LXX liest 1. plur., da die in V. 24b genannte Verringerung nur das Kollektiv betreffen kann. Ob das der Vorlage entspricht oder eine sinngemäße Übersetzung darstellt, ist kaum entscheidbar.

25a Der MT-Überschuss ist versehentliche Dittographie (so STIPP, Sondergut, 38) oder Kommentar.

Synchrone Analyse

Gliederung der Szenen
Der sechste Akt (Jer 9,21 – 10,25) bietet zwei Szenen, die zwei unterschiedliche Situationen schildern. In der ersten (9,21 – 10,16) sind Gott und das „Haus Israel" als Adressat*innen anwesend gedacht, als Sprecher tritt aber Jeremia auf. Es geht um die Frage, auf welche Gottheit sich die Adressat*innen berufen sollen, und die These, dass allein JHWH ein wirkmächtiger Gott sei, die anderen Gottheiten hingegen nichtig. Die zweite Szene (10,17–25) bietet in der Situation der Belagerung Jerusalems ein Gespräch zwischen Jeremia und der personifizierten Stadt, die über ihren eigenen Zusammenbruch klagt und sich mit der Bitte an Gott wendet, sie nicht zu hart zu bestrafen.

9,21–10,16 Polemik und Lob
Der explizite Redeauftrag in 9,21 weist Jeremia als Hauptredner und Gesprächspartner in Szene I aus. Die Einteilung in kurze, schnell aufeinander folgende Auftritte basiert auf dem Wechsel von Sprechrichtung und Inhalt. Wie Karin Finsterbusch überzeugend herausgearbeitet hat, wechselt Jer 10,1–16 zwischen der Polemik gegen andere Gottheiten und ihre Bilder einerseits und dem Lobpreis JHWHs als Schöpfer andererseits; Letzteren ordnet sie einer zweiten Stimme zu, die die erste immer wieder unterbricht.[45]

Aus den in der Übersetzung markierten Passagen wird deutlich, dass vor allem die prämasoretischen Zusätze die Sprechrichtung mehrfach verändern und kurze Auftritte rasch aufeinander folgen lassen. Ihre Platzierung des Lobes in V. 6f.10, die Umstellung von V. 9a.bα gegenüber der in LXX bezeugten, älteren Fassung und die Rahmung durch V. 8.9bβ gestalten das Gotteslob als Kontrasttext und rhetorisch als Antwort auf die Polemik gegen die Götterbilder.

Der Prophet zitiert in 9,21–25 zunächst die Worte Gottes und wendet sich danach (10,1–5) direkt an das Haus Israel. Nach dem Lob für JHWH in 10,6f. setzt er in 10,8f. die Belehrung der Adressat*innen fort (1.–4. Auftritt). Da diese Belehrung in 9,21 als Zitat der Gottesworte eingeführt und in 10,5 das Haus Israel direkt angesprochen wird, könnte der Sprecher des Gotteslobes mit dem Haus Israel identifiziert werden, was zugleich bedeuten würde, dass die Belehrung der Adres-

---

45 FINSTERBUSCH, Gegen die Furcht.

sat*innen ihr Ziel erreicht. Da jedoch eine solch positive Reaktion der Adressat*innen nirgends erwähnt wird und der Kontext von Jhwhs Strafhandeln an seinem Volk spricht, erscheint es plausibler, Jeremia sowohl als Sprecher der Gottesworte als auch des Lobpreises anzunehmen. Dass Jeremia sich gewissermaßen selbst ins Wort fällt, ist rhetorisch möglich, indem der Prophet einerseits zu den Adressat*innen auf der Bühne spricht, andererseits im Sinne eines Beiseitesprechens diese Rede durch den Lobpreis Jhwhs kommentiert.[46] Damit gibt Jeremia im Grunde vor, was die Adressat*innen auf Jhwhs Belehrung hinsichtlich der anderen Gottheiten und deren Bilder antworten sollten (explizit in 10,11f.). Er zitiert Gottes Kritik an denen, die Bilder herstellen (10,14f.), und führt das Lob über Jhwh als Kontrast dazu fort (10,10.12f.16).

In Szene II (10,17) wendet sich der Prophet abrupt an eine weibliche Figur (vgl. die Formen der 2. fem. sing.), die er als „in der Belagerung Sitzende" anspricht und der er Unheil ansagt. Daraus entwickelt sich ein Gespräch, denn die Klage einer einzelnen Stimme in V. 19f. kann als Antwort auf diese Unheilsankündigung verstanden werden. V. 21f. bildet dann die Replik des Propheten, der Gründe für die beklagte Situation anführt. Das Gebet in V. 23–25 schließlich ist ebenfalls als Ich-Rede formuliert, als deren Sprecherin im Blick auf die Bühnensituation nur die eben eingeführte Figur in Betracht kommt, zumal sich die Rede von der Verringerung in V. 24b nur auf ein Kollektiv beziehen kann. Sie wendet sich an Jhwh, dessen Anwesenheit damit implizit vorausgesetzt wird.

10,17–25 Unheil und Klage

Angesichts dieser dramatischen Struktur stellt sich sofort die Frage, wen die Frauengestalt repräsentiert[47] und in welchem Verhältnis sie zu dem in 10,1 genannten „Haus Israel" steht. Die an sie adressierten Verse 17f. sind sehr schlecht überliefert, im letzten Satz sogar unverständlich. Die antiken Übersetzungen bezeugen mit ihren Varianten, dass der Text von Beginn an schwer zu verstehen war. Für V. 17–19 bieten LXX und MT abweichende Lesarten, die eine unterschiedliche Identifikation der Figur nahelegen.

Identifikation der Figuren

Nach dem Redeauftrag an Jeremia in 7,28a bietet LXX bis 10,22 Worte Gottes im Prophetenmund, die nur von kurzen Klagen der Judäer*innen (8,14–16; 9,18f.), einer Klage Jeremias (8,21 – 9,3a), einer Frage der Völker (9,12) und Jeremias Antwort (9,13f.) sowie von der Stimme der Frau (10,19b–20) unterbrochen werden.[48] Jer 10,17 erzählt, dass Jhwh die Habe der Frau sammelte und denen, die im Land wohnen, „ein Bein stelle" (σκελίζω, V. 18), damit der Schlag gegen die Frau offenkundig werde. In V. 19a ist er es, der den Weheruf über sie anstimmt. Sie wohnt „an erwählten (Plätzen)" (ἐν ἐκλεκτοῖς, V. 17b) und ergreift erst in V. 19b das Wort, um über den Verlust ihres Zeltes und eines Ortes, an dem sie es aufschlagen kann, zu klagen. Das an Jhwh gerichtete Gebet in 10,23–25 wechselt vom „Ich" (V. 23) zum „Wir" (V. 24). Diese Textsignale legen nahe, die Frauengestalt mit Juda zu identifizieren, deren Bevölkerung in Not geraten ist, weil Kinder und Herden vernichtet und Wohnstätten zerstört sind.[49] Die textkritischen

---

46 So auch Finsterbusch, Gegen die Furcht, 367f.; dies./Jacoby, MT-Jeremia 1–24, 133.

47 Für Juda plädieren Rudolph, HAT, 75; McKane, ICC, 231; Holladay, Hermeneia, 339; Finsterbusch/Jacoby, MT-Jeremia 1–24, 137; Schmidt, ATD 20, 223; für Jerusalem Biddle, Polyphony, 26. Beide Möglichkeiten, Jerusalem oder Juda, erwägen Carroll, Jeremiah, 260f.; Wanke, ZBK, 117 und Fischer, HThKAT, 393. Duhm (KHC, 105) identifiziert den in 10,19f. Klagenden mit Jeremia, ändert aber teilweise den Text.

48 Gemäß der Analyse von Finsterbusch/Jacoby, MT-Jeremia 1–24, 110–138.

49 So mit Finsterbusch/Jacoby, MT-Jeremia 1–24, 136.

Anmerkungen verdeutlichen, dass die griechischen Übersetzer versuchten, einen schlecht überlieferten Konsonantentext zu verstehen.

Demgegenüber präsentiert MT die oben in Szenen und Auftritte gegliederte rhetorische Situation, mehrere Wechsel der Sprechrichtung und ab 10,17 ein Gespräch zwischen Jeremia und der Frauenfigur. Die Textsignale dieser Fassung verweisen in V. 17–19 auf die personifizierte Stadt Jerusalem. Sie wird in V. 17 als „in der Belagerung Sitzende" charakterisiert. Dass מצור die Belagerung einer Stadt meint, geht eindeutig aus Dtn 20,19; 28,53–57; Ez 4,3 hervor und wird für Jerusalem in 2 Kön 24,10; 25,2; 2 Chr 32,10; Jer 19,9; 52,5 und Sach 12,2 explizit ausgesagt. Die Aussage „ich schleudere die Bewohner*innen des Landes fort" (קלע, V. 18) ist ungewöhnlich und begegnet nur noch einmal in der Rede Abigails an David, die ihm wünscht, dass das Leben seiner Feinde fortgeschleudert werde (1 Sam 25,29), diese also sterben werden. Das Verb קלע verweist, vergleichbar mit שׁלך Hif. „wegschicken" (7,15; 52,3), anschaulich auf die Deportation, auf die auch in der Aufforderung, ihr Bündel zu schnüren (V. 17), angespielt sein dürfte. Darüber hinaus hat die Klage der Frau in V. 19f. enge Parallelen zur Klage der Tochter Zion in 4,19–21. Beide antworten auf eine vorherige Ansprache und verwenden das Motiv des zerstörten Zeltes.[50] Das Ensemble von Zeltpflöcken, -stricken und -decken begegnet in Verbindung mit Jerusalem außer an diesen beiden Stellen noch in Jes 33,20 und 54,2f. Die Rede von den Kindern erinnert an 5,7, wobei die Mutterrolle Zions im Jeremiabuch nur an diesen beiden Stellen aufscheint.[51] Das Lexem שֶׁבֶר „Zusammenbruch" charakterisiert in 4,6 und 6,1 die Zerstörung Jerusalems, חלי „Krankheit" und מכה „Wunde" dienen in 6,7 und 19,8 (nur מכה) als Metaphern für die Situation in der Hauptstadt. Somit ist in 10,17–20 MT Jerusalem als weibliche Adressatin im Blick, was der expliziten Nennung Jerusalems in 2,1–2a MT entspricht.

Die in Jer 10,17–20 MT genannte Frauenfigur kann also aufgrund der Wortkulisse ihrer Klage mit der personifizierten Stadt Jerusalem identifiziert werden. Sie ist auch Sprecherin des Gebets in 10,23–25 und vertritt in beiden Fällen zugleich ihre Bevölkerung.

Im Kontrast dazu spiegelt das an das „Haus Israel" gerichtete Wort in 10,1–16 die Situation des erfolgten Gottesgerichts, die Anlass gibt für eine grundlegende Reflexion über menschliches Rühmen und zu rühmende Gottheiten. Da die Nennung der anderen Völker und ihrer Gottheiten sowie die Frage, welche Gottheit wirkmächtig sei, im Buchkontext auf einen nachexilischen Horizont verweisen, kann das „Haus Israel" nicht das Nordreich meinen. Vielmehr bezeichnet der Begriff hier das in Juda und der Diaspora lebende Volk und betont dessen genealogische Anfänge (vgl. die Nennung Jakobs in V. 25).[52]

Verschiedene Themen   Mit Blick auf die Wortkulissen wird deutlich, dass Jer 9,21 – 10,25 verschiedene Aspekte präsentiert, die mehr oder weniger um das Thema der göttlichen Gerechtigkeit kreisen. Jer 9,21 vergleicht menschliche tote Körper mit einem Feld voller abgeschnittener Ähren, die niemand aufliest, beschreibt somit ein Feld voller Leichen. Der Vers dient in MT als Ausgangspunkt für eine weisheitliche Reflexion über die Möglichkeit menschlichen Rühmens (V. 22f.) und für eine Ankündigung von Gottes Strafhandeln an allen Völkern (V. 24f.). Das Leichenfeld hat seine engste Parallele in der Ankündigung 8,1–3, die Gebeine der bereits bestatteten Jerusale-

---

50   Vgl. Mᴀɪᴇʀ, Klage der Tochter Zion, 182f.; so auch Lᴇᴇ, Singers of Lamentations, 66f.

51   Auch Häusl (Bilder der Not, 215) hält die Mutterrolle Zions nicht für zentral.

52   Wᴀɴᴋᴇ (ZBK, 113) identifiziert das „Haus Israel" etwas vage mit dem Volk Jʜᴡʜs; Cᴀʀ-ʀᴏʟʟ (Jeremiah, 254–259) spricht durchweg von „Israel" als Gesamtvolk.

mer*innen würden wieder ausgegraben, also geschändet, weil sie zu Lebzeiten die Himmelsgestirne verehrten.

Das Verbot menschlichen Selbstruhms und Vertrauens auf eigene Weisheit, Stärke und Reichtum ist im Jeremiabuch singulär. Es ist jedoch mit der Kritik an Priestern, Prophet*innen und Torakundigen in Jer 2,8 und 8,8f. vergleichbar, insofern diese Personen der Missachtung des Gotteswortes und sogar dessen Verfälschung bezichtigt werden. Die in 9,23 entfaltete Alternative, dass nur derjenige, der Jhwh verstehe und kenne, sich rühmen dürfe, verweist mit den Stichworten משפט וצדקה „Recht und Gerechtigkeit" und „sich rühmen" auf Jer 4,1f. zurück. Dort ruft Jhwh zur Umkehr auf und eröffnet die Möglichkeit, dass, sofern Israel beim lebendigen Gott schwöre – in Wahrheit, Recht und Gerechtigkeit –, sich die Völker in ihm segnen und seiner rühmen würden. Spricht 4,1f. von Israel als Volk, so zielt 9,22f. auf den oder die Einzelne. Wer Jhwh kennt und damit die von ihm geschaffene Ordnung anerkennt, an dem hat Jhwh Gefallen.

9,22f.
Verbot des
Selbstruhms

In 9,24f. wird der Gedanke des Richtens mit einer ungewöhnlichen Stoßrichtung entfaltet. Die Ankündigung, Jhwh werde alle Beschnittenen zur Rechenschaft ziehen, nennt Juda inmitten seiner Nachbarn Ägypten, Edom, Ammon, Moab und den in der Wüste lebenden arabischen Stämmen. Alle diese Ethnien üben die Beschneidung. Die ungewöhnliche Formulierung מול בערלה „beschnitten an der Vorhaut" (V. 24) und das Motiv des unbeschnittenen Herzens (V. 25b) signalisieren, dass Beschneidung hier metaphorisch zu verstehen ist. Fasst man sie nämlich als konkret geübten Brauch, so widerspricht Judas Einordnung in die Reihe seiner Nachbarn in V. 25a der Behauptung, die Völker seien unbeschnitten, Israel aber (nur) unbeschnitten am Herzen. Wie die Textkritik zu diesem Vers zeigt, versuchen antike und moderne Ausleger*innen, diesen Widerspruch durch Erklärung oder Textänderung zu minimieren. Das Motiv der Herzensbeschneidung meint die Hinwendung der ganzen Person zu Jhwh und spielt deutlich auf die Forderung „Entfernt die Vorhaut eures Herzens" in Jer 4,4 an. Die Feststellung, das Haus Israel sei unbeschnitten am Herzen (9,25), betont somit, dass es diese Forderung nicht erfüllte und also – wie die anderen Völker – zu Recht von Jhwh zur Rechenschaft gezogen werde.

9,24f.
Beschneidung
des Herzens

Die in 9,22f. aufgeworfene Frage der rechten Gotteserkenntnis wird in 10,1–16 in einer Art Mahnrede fortgeführt, die zum Lob Jhwhs als Schöpfer und zur Polemik gegen andere Gottheiten aufruft. Letztere begegnen meist in dem stereotypen Vorwurf, Juda bzw. Israel habe Jhwh verlassen und fremden Gottheiten gedient (1,16; 2,13; 5,7.19; 9,12f. u. ö.). Allerdings ist die detaillierte Polemik gegen die Bilder dieser Gottheiten im Jeremiabuch singulär.[53] Sie stimmt in Terminologie und Inhalt mit der Bilderkritik der deuterojesajanischen Sammlung (Jes 40,18–20; 41,7; 44,12–20) und Ps 115,4–8 (par. Ps 135,15–18) überein.

10,1–16
Gottheiten
und ihre Bilder

> Die Götterbilder werden entlarvt als von menschlichen Handwerkern gemachte Gebilde (10,3.5.9; Ps 115,4 = 135,15), aus gewöhnlichem Holz geschnitzt (10,3.5; Jes 40,20), mit Silber und Gold verziert (10,4.9; Jes 40,19) und mit Nägeln auf Sockeln befestigt, „damit es nicht wackelt" (10,4; Jes 40,20; 41,7). Daneben ist von gegossenen Statuetten die Rede (נסך 10,14; Jes 40,19; 41,29; 48,5), die bekleidet werden (10,9). Wenn die als „Nichtse" bezeichneten Götterbilder in Jer 10,9 „Werke von Weisen" genannt, aber dem lebendigen Gott Israels entgegengesetzt werden (10,10), so erweisen sich die kunstfertigen

---

53 So auch Ammann, Götter für die Toren, 109.

Handwerker gewissermaßen als Toren, die nicht erkennen, dass ihr Tun vergeblich ist (10,14f.).[54]

Diese Bilderkritik kennt die verschiedenen Herstellungsweisen altorientalischer Götterbilder, unterschlägt aber die Riten, die deren Entstehung begleiten und als von den Gottheiten geforderten und beförderten Vorgang ausweisen.[55] Der Vorwurf, diese Bilder könnten nicht reden (10,5; Ps 115,5 = 135,16), nicht gehen (10,5; Ps 115,7) und nicht atmen (10,14; Ps 135,17), wendet sich gegen die Vorstellung, dass die Statuen in Tier- oder Menschengestalt durch Riten der Beseelung oder Mundöffnung „lebendig" werden und die jeweilige Gottheit auf Erden repräsentieren. Diese Kritik unterschlägt den Gedanken, dass eine Gottheit zwar eine Statue „beseelt", aber nicht in dieser aufgeht, so dass die Zerstörung oder der Raub des Bildes nicht das Ende dieser Gottheit bedeutet (10,15).

Die Polemik gegen die Bilder zielt auf die Wirkungslosigkeit der in ihnen repräsentierten Gottheiten, denen deshalb auch keine Ehrfurcht entgegengebracht werden muss (10,5b).

10,11   Derselbe Gedanke liegt der Aufforderung in V. 11 zugrunde, die Völker von dieser Wirkungslosigkeit zu unterrichten. Dieser Vers ist - singulär im Jeremiabuch - in aramäischer Sprache verfasst und formuliert ein beschwörendes Fazit aus der Bilderkritik[56]: „Diese Gottheiten sollen verschwinden!" Da das Reichsaramäische bereits im neuassyrischen Reich seit ca. 700 v. d. Z. zur *lingua franca* avancierte und sich im persischen Reich als allgemeine Verkehrssprache durchsetzte,[57] verweist der Vers als Ausdruck gesprochener Sprache[58] vielleicht auf aktuelle Adressat*innen. Das Targum paraphrasiert den Vers ausführlich und deutet ihn als Teil eines Briefs Jeremias an die Exilierten, denen Jeremia rät, die Forderung, sie sollten babylonische Gottheiten verehren, mit diesem Bannspruch zu beantworten. Die Rabbinen des Mittelalters folgen dieser Auslegungstradition.[59]

Jhwh als Schöpfergott   Die hymnischen Verse in Jer 10,5–7.10.12.13.16 kontrastieren die Bedeutungslosigkeit der fremden Gottheiten und ihrer Bilder mit der Wirkmächtigkeit Jhwhs. Sie bilden zusammen eine Art Psalm,[60] der viele singuläre Formulierungen aufweist, inhaltlich aber enge Parallelen in anderen Texten hat.

So ist die Formulierung מאין כמוך יהוה „keiner ist wie du, Jhwh" (V. 6a; vgl.7b) singulär; die Unvergleichlichkeit Jhwhs wird aber auch in den Gebeten Davids und Salomos (2 Sam 7,22; 1 Kön 8,23) und Ps 86,8 sowie in DtJes (Jes 44,7; 45,5f.; 46,9 u. ö.) und Mi 7,18 gepriesen. Die Aussage גדול אתה „groß bist du" (V. 6) findet sich gleichlautend in Ps 86,10; die Größe von Gottes Namen formulieren auch Jos 7,9 und 1 Kön 8,42 in direkter Anrede. Der Titel „König der Völker" wird zwar nur in V. 7a gebraucht, Jhwhs Königsein (vgl. V. 10) ist jedoch in den Jhwh-Königs-Psalmen 93 und 95–99 sowie Jes 52,7–10 zentral. Die in V. 7b genannten Weisen und Herrschenden, denen Jhwh unvergleichlich überlegen ist, sind keine Menschen, sondern aufgrund des Kontextes andere Gottheiten, insbesondere Ea, der Gott der Weisheit, und Mar-

---

54   Vgl. Ammann, Götter für die Toren, 133.

55   Vgl. Berlejung, Angelika, Geheimnis und Ereignis. Zur Funktion und Aufgabe der Kultbilder in Mesopotamien: Jahrbuch Biblische Theologie 13 (1998), 109–143.

56   So Carroll, Jeremiah, 256; Wanke, ZBK, 114; Schmidt, ATD 20, 217.

57   Vgl. Renz, Johannes, Assyrien (2016), 3: Wissenschaftliches Bibellexikon im Internet; vgl. http://www.bibelwissenschaft.de/stichwort/14117/ (24.06.2018).

58   So Ammann, Götter für die Toren, 130.

59   Vgl. McKane, ICC, 225. S. auch die Rezeption des Verses im Abschnitt „Synthese".

60   So Finsterbusch, Gegen die Furcht, 379f.

duk, der als Götterkönig und Herr (Bel) gepriesene Stadtgott Babylons, dessen Niederlage Jes 46,1 und Jer 50,2; 51,44 beschreiben.

Die Charakterisierung JHWHS als אלהים חיים „lebendiger Gott" (V. 10) findet sich auch in 23,36; Dtn 5,26 und 1 Sam 17,26.36. Während man sich vor den Statuen der anderen Gottheiten nicht zu fürchten braucht, weil sie weder Böses noch Gutes bewirken können (V. 5b), lässt JHWHS Zorngericht die Erde und die Völker erbeben (V. 10; vgl. 51,29; Ps 18,8; Jes 13,13; 29,6). Die Rolle JHWHS als Schöpfer und weiser Gründer der Erde, der den Wassern Einhalt gebietet (V. 12f.), ist derjenigen in Hiob 38,4–11 und Spr 3,19f. vergleichbar. Als Herr von Wolken, Blitz und Donner erscheint er mächtiger als jeder Wettergott (vgl. Ps 29,3.10). Jer 10,16 fokussiert auf die enge Beziehung dieses allmächtigen Gottes zu Israel, seinem Erbteil. Er ist der einzige Gott, der sich Jakob als sein Volk erwählt hat (vgl. 46,28; 51,19 und Jes 41,8; 43,1; 44,23).

Die Beobachtung, dass Jer 9,21 – 10,25 zahlreiche literarische Bezüge zu Formulierungen und Motiven entfernter Kontexte beinhaltet, unterstreicht den summierenden Charakter dieses Abschnitts. Außerdem bilden die Wiederaufnahme der Motive des Sich-Rühmens in 9,22f. aus 4,1f. und der Herzensbeschneidung in 9,25 aus Jer 4,4 eine doppelte *inclusio*, so dass in MT Jer 4–10 als eine Teilsammlung des Buches erscheint.

9,21 – 10,25 als Abschluss von Jer 4–10

Jer 10,23–25 ist als Gebet einer einzelnen Person formuliert, die schon die griechischen Übersetzer mit dem Kollektiv identifizierten (V. 24 „uns") – wobei der literarische Kontext auf Jerusalem verweist. Der Abschnitt verbindet drei der vorher verhandelten Themen. Mit der weisheitlich geprägten Einsicht, dass Gott den Weg jedes einzelnen Menschen bestimme, reagiert V. 23 auf das Verbot des Selbstruhms in 9,22f. Die Bitte Jerusalems um milde Bestrafung in V. 24 ist Ps 6,2; 38,2 vergleichbar und hat dieselbe rhetorische Funktion wie das Bußgebet Israels in Jer 3,22b.25a. Die Bitte, Gott möge seinen Zorn über die Völker ausgießen (V. 25a), ist dem Gedanken der Strafe Gottes für die Völker in V. 10 vergleichbar. V. 25 zitiert fast wörtlich Ps 79,6f. Während diese Psalmverse eine Rettungsbitte vor dem Wüten der Feinde formulieren, zielt ihr Zitat in Jer 10,25 auf die Ausweitung des Gerichts Gottes an den Völkern, die der in Jer 10,1–16 beschriebenen universalen Herrschaft JHWHS entspricht.[61]

10,23–25 Ein Gebet

Diachrone Analyse

Vorexilisch	K^{frühexilisch}	Exilisch	Nachexilisch
9,21aβ.b		9,24f. R^{GÄ}	9,21aα [MT⁺] 9,22f. R^{Tora}
10,(17f.)19f.22		10,21 R^{GÄ}	10,1–5.9*.12f.14f.16* R^{Tora}
			10,11
			10,6–8.9bβ.10.16aβ [MT⁺]
			10,23–25 R^{Völker}

Wie die in LXX repräsentierte ältere Textfassung zeigt, setzt die klagende Beschreibung des Feldes voller Leichen in 9,21aβ.b ursprünglich die Klage der Frauen in 9,20 fort. Anders als seine Parallele in 8,1–3 enthält sie keine Deutung, sondern beklagt nur die hohe Anzahl der Toten. Erst die prämasoretischen Bearbeiter stell-

9,21 Ein Leichenfeld

---

61 So mit Wanke, ZBK, 118.

ten den Redeauftrag mit Botenformel voran und verknüpften den Vers so mit dem folgenden Text.

9,22f.
Kein Selbst-
ruhm

Das Verbot des menschlichen Selbstruhms greift vielleicht auf ein weisheitliches Sprichwort (V. 22) zurück, gehört jedoch im Jeremiabuch zum Diskurs um wahre Weisheit und Gotteserkenntnis (Jer 2,8f.; 8,8f.). Der Gedanke, sich nur der Erkenntnis Jнwнs zu rühmen, greift die Forderung zur Umkehr und zum Schwur bei dem lebendigen Gott in 4,1f. auf und formuliert, wie diese von einzelnen Menschen umgesetzt werden können. Die Verse teilen die Ideologie der toraorientierten Redaktion, die ihre nachexilischen Adressat*innen zu einem Leben in Gotteserkenntnis und Gebotsgehorsam anleiten will.

9,24f.
Herzensbe-
schneidung

Die Ankündigung in 9,24f., Jнwн werde Juda und seine Nachbarvölker zur Rechenschaft ziehen, weil sie unbeschnitten seien, greift auf die Forderung der Herzensbeschneidung in 4,4 zurück und konstatiert, dass das Haus Israel dieser Forderung nicht nachgekommen sei. Die Formel „Siehe, Tage kommen" leitet im Jeremiabuch durchgängig redaktionelle Texte ein und verweist auf eine noch ferne Zukunft.[62] Die Ankündigung setzt ein Verständnis von Beschneidung als Zeichen der Gemeinschaft mit Gott voraus (vgl. Gen 17), wobei die Bezeichnung „Haus Israel" wohl das Volk als eine Hausgemeinschaft fasst. Sie droht, diejenigen zu bestrafen, die sich Jнwн nicht hinreichend zuwenden und ist, wie 4,3f., der geschichtsätiologischen Redaktion zuzurechnen.

10,1–16
Nachexili-
scher Diskurs

Sowohl die Götterbildpolemik als auch der Hymnus auf Jнwн als einzigen, unvergleichlichen Gott in Jer 10,1–16 greifen weit über den Horizont des Jeremiabuches hinaus. Die Bilderkritik in 10,1–5.9*.14f. spiegelt die Erfahrung mit babylonischen Gottheiten und deren Statuen im Exil. Sie ist der Polemik gegen die Götterbilder in Jes 40–55 vergleichbar, die wohl aus frühnachexilischer Zeit stammt,[63] auch wenn eine literarische Abhängigkeit nicht eindeutig nachgewiesen werden kann.[64] Die Aufforderung, nicht den Weg der Völker zu „lernen" (V. 2), erinnert an das Konzept des Lernens der Wege Jнwнs im Deuteronomium (Dtn 4 und 31 passim; 5,1; 6,1; 11,19), das ebenfalls die Beachtung von Satzungen anderer Völker verbietet (Dtn 18,9; 20,18). Das Stichwort הֶבֶל „nichtig, Nichts" (V. 3.15) ist ein weisheitlicher Begriff für Wirkungslosigkeit, der im Blick auf fremde Völker im Jeremiabuch häufiger gebraucht wird.[65]

Der psalmartige Lobpreis in 10,12f.16 charakterisiert Jнwн als Schöpfer ähnlich den nachexilischen Weisheitstexten Hiob 38,4–11 und Spr 3,19f. Die kontrastierende Darstellung der Wirkungslosigkeit anderer Gottheiten einerseits und der Wirkmächtigkeit Jнwнs andererseits zielt auf nachexilische Adressat*innen. Sie bringt

---

62 Mit Wanke, ZBK, 110.

63 Dass die Götterbildpolemik auf eine Redaktion in Jes 40–55 zurückgeht, begründet ausführlich Kratz, Reinhard G., Kyros im Deuterojesaja-Buch. Redaktionsgeschichtliche Untersuchungen zu Entstehung und Theologie von Jer 40–55 (FAT 1), Tübingen: Mohr 1991, 192–206. Er datiert sie in die Zeit des persischen Königs Darius I. (a. a. O., 206). Vgl. auch Berges, Ulrich, Jesaja 40–48 (HThKAT), Freiburg u.a.: Herder 2008, 140–145 (zur technischen Terminologie der Herstellung) und 346–348 (zur Kritik am Material).

64 Ammann (Götter für die Toren, 135) vermutet einen beiden Traditionen gemeinsamen götterpolemischen Diskurs.

65 Vgl. Jer 2,5; 8,19; 14,22; 16,19; 51,18. Das Lexem ist Leitwort in Kohelet.

ein im Jeremiabuch singuläres Thema ein, das inhaltlich einigen weisheitlich geprägten Abschnitten nahesteht, die von der Gotteserkenntnis handeln (4,22;
5,20–24; 9,22f.). Obwohl das Stichwort „Tora" und konkrete Hinweise auf Gesetze
fehlen, kann auch 10,1–16* der toraorientierten Redaktion zugewiesen werden,
die die Judäer*innen in der zweiten Hälfte des fünften Jahrhunderts zu einem an
Jhwh orientierten Lebenswandel auffordert und dabei auf Gedanken aus Dtn und
DtJes zurückgreift. Die Verknüpfung der grundlegenden Themen Bilderkritik und
Erkenntnis Jhwhs als Schöpfer ist wohl der Grund dafür, dass Jer 10,1–16* prämasoretisch erweitert und häufiger als andere Stellen rezipiert wird.

Da der aramäische Vers die Bilderkritik und das Lob des Schöpfers (V. 16)   **10,11**
voraussetzt, ist er diesen zeitlich nachzuordnen und stammt daher aus spätpersi-
scher Zeit. Wer den Vers hinzufügte, lässt sich nicht mehr feststellen. Offenbar
teilt der Verfasser aber die These, allein Jhwh sei zu verehren, und verwünscht
deshalb alle anderen Gottheiten.

Die Rahmenverse der Klage in 10,17f.21f. steuern Hinweise auf deren Situati-   **10,17–22***
onshintergrund bei. Wie in der synchronen Analyse gezeigt, verweisen die textlich   **Jerusalems**
schwierigen Verse 17f. in MT wohl auf die Situation der Belagerung Jerusalems in   **Klage**
den Jahren 588/7 v. d. Z. Schon die griechischen Übersetzer verstanden sie jedoch
als Verweis auf die bedrängte Situation des ganzen Landes. Daher ist nicht sicher
zu bestimmen, ob V. 17f. zum Grundbestand oder zur frühexilischen Komposition
gehört.

Die Klage Jerusalems über ihren eigenen Zusammenbruch in V. 19f. stimmt
formal und inhaltlich so eng mit 4,19–21 überein, dass auch sie dem Grundbestand
zugerechnet werden kann. Die Ankündigung der von Norden her auf die Stadt
zurollenden Zerstörung (V. 22) ist ähnlich den Sprüchen über den herannahenden
Feind gestaltet (4,15; 8,16.19). Die Platzierung dieser Klage am Ende von Kap. 10
erinnert die Leser*innen noch einmal an das emotional anrührende Schicksal der
Stadt und geht auf die Verfasser der frühexilischen Komposition zurück, die Jerusalems Ende dramatisch in Szene setzen.

Deutlich im Rückblick auf die Katastrophe ist dagegen 10,21 formuliert. In
Aufnahme der Zeltmetapher von V. 20 werden die Regierenden als dumme Hirten
verurteilt und für das Zerstreuen der Herde, d. h. Exil und Flucht in verschiedene
Regionen, verantwortlich gemacht (vgl. 23,1f.). Da die Kritik an den Hirten in
23,1f.4 von der geschichtsätiologischen Redaktion eingebracht wird, ist ihr auch
10,21 zuzuordnen.

Auch das Gebet in 10,23–25 setzt die Katastrophe bereits voraus und kommen-   **10,23–25**
tiert sie. Die Bitte an Jhwh, nach dem Recht zu strafen und nicht aus Zorn (V. 24;   **Abschließen-**
vgl. Ps 6,2; 38,2), zielt auf eine Begrenzung seines als Strafhandeln verstandenen   **des Gebet**
Wirkens. Die Erkenntnis, dass der einzelne Mensch seinen Weg nicht bestimmen
könne (V. 23), ist weisheitlich geprägt (vgl. Spr 20,24; Jer 9,22f.) und den nachexilischen Zusätzen in 9,11.22; 10,14 vergleichbar. Das fast wörtliche Zitat aus dem
frühestens exilischen Psalm 79 in V. 25 weitet schließlich den Blick auf die Völker
aus, charakterisiert sie als nicht Jhwh verehrend und greift mit der Formulierung
„Sie haben Jakob gefressen" auf Jer 2,3 zurück. So beinhaltet das Gebet sowohl
Antworten der Überlebenden der Katastrophe, die dem Strafhandeln Jhwhs an
Juda und Jerusalem zustimmen, als auch die mit 9,24f. vergleichbare Vorstellung,
dass Jhwh auch die Völker richten möge. Daher gehört das Gebet wohl zur frühnachexilischen Völker-Redaktion, die Jhwhs universale Herrschaft und Zuständig-

keit für alle Völker betont. Die Jer 4–10 abschließende Funktion des Gebets ist derjenigen des Sündenbekenntnisses Israels in 3,22b–25 vergleichbar.

Prämasoreti-
sche Erweite-
rungen

In Jer 9,21 – 10,25 greifen die prämasoretischen Bearbeiter durch eine Veränderung der Rhetorik und substantielle Zusätze stark ein. Die Zufügung des Imperativs „rede so" und der Botenformel in 9,21aα verändert das rhetorische Gefüge, wie schon 7,1–2a MT⁺ und 8,4 MT⁺, indem sie explizit Jhwhs Worte Jeremia in den Mund legt. In der von LXX repräsentierten älteren Fassung gehört V. 21 formal und inhaltlich zur Zitatrede der klagenden Judäer*innen und erst V. 22–25 sind als Jhwh-Rede markiert. Zwar liegt auch der älteren Fassung der Gedanke, dass Jeremia die Worte Jhwhs weitergibt, nicht fern; dies wird durch den Höraufruf in 10,1 unterstrichen. Dennoch verstärkt der explizite Redeauftrag an Jeremia die Dringlichkeit der göttlichen Botschaft. Darüber hinaus stellen die prämasoretischen Bearbeiter einen Vers der Bilderpolemik um (10,9) und rahmen ihn mit weiteren Aussagen (V. 8.9bβ). Außerdem ergänzen sie den Hymnus auf den Schöpfer (10,6f.10) und verstärken so den Gegensatz zwischen den im Bild repräsentierten fremden Gottheiten und Jhwh. Mit ihren Ergänzungen unterstreichen sie die Unvergleichlichkeit von Israels Gott: „Keiner ist wie du, Jhwh" (V. 6a.7b).

Synthese

Wie in Jer 8,4 – 9,20 finden sich auch in 9,21 – 10,25 Klagen, die als vorexilische Tradition gelten können. Die erste, ein Vergleich toter Leiber mit abgeschnittenen Ähren eines Feldes (9,21*), gehörte ursprünglich wohl zum Zitat der Klagefrauen in 9,20. Sie wurde durch Bearbeiter abgetrennt und als Ausgangspunkt für zwei grundsätzliche Reflexionen über das eingetretene Gottesgericht genommen. Die Klage in 10,19f. könnte – soweit aus der älteren, in LXX repräsentierten Textfassung von V. 17–20 noch ersichtlich – eine Klage Judas über die Zerstörung ihres Wohnraums und die Exilierung ihrer Bevölkerung gewesen sein. Auf ganz Juda bezieht sich auch die als von Norden kommendes Beben hörbare Nachricht in 10,22, die die Verheerung der Städte antizipiert. In der MT-Fassung allerdings wird die Klage auf die Belagerung Jerusalems bezogen, so dass die personifizierte Stadt den Verlust ihrer zentralen Funktion, als Schutz- und Wohnraum für ihre Bevölkerung, beklagt. Aus exilischer Zeit stammt das Urteil über die Unfähigkeit ihrer Hirten, d. h. ihrer Regierenden (10,21), die zur Zerstreuung der Herde führte.

Der Charakter von Jer 9,21 – 10,25 als Abschluss der Kapitel 4–10 wird an drei Stellen deutlich, an denen die späteren Bearbeitungen auf den Beginn der Sammlung zurückgreifen. Die Ankündigung in 9,24f., Jhwh werde die Unbeschnittenheit Judas und seiner Nachbarvölker ahnden, greift auf die Forderung der Herzensbeschneidung in 4,4 zurück und ist wie diese Teil der exilischen, geschichtsätiologischen Redaktion, die den Schuldaufweis und die Verantwortlichkeit Judas für die Katastrophe in den Mittelpunkt stellt. Das Gebet in 10,23–25 ist in seiner rhetorischen Funktion dem Bußgebet Israels in 3,22–25 vergleichbar, weitet die Bitte um Jhwhs Gericht aber auf alle Völker aus. Das Verbot des Selbstruhms in 9,22f. schließlich greift die Umkehrforderung von 4,1f. auf und teilt mit dieser die nachexilische Vorstellung, dass sich sowohl das Kollektiv als auch jede einzelne Person an Jhwh und seiner Tora orientieren sollten und nur so zum Segen für die anderen Menschen werden könnten. Paulus verweist in 1 Kor 1,31 auf das Verbot des Selbstruhms, indem er Jer 9,22f. (vgl. auch 1 Sam 2,10 [LXX⁺]) als Schriftzitat zusammenfasst: „Wer sich rühmt, der rühme sich des Herrn!" Er wendet sich dabei gegen die von der korinthischen Gemeinde hoch geschätzten Weisen, die sich ihrer eigenen Erkenntnis und Bildung rühmen. Paulus verkündigt Christus als Gekreuzigten, was jüdischen Menschen als Ärgernis und nicht-jüdischen Zeitgenossen als Torheit erscheinen musste. Für den Apostel hingegen manifestiert sich Gottes Weisheit im gekreuzigten Christus (1 Kor 1,30), als Zeichen dafür, dass Gott erwählte, was in der Welt niedrig und verachtet ist (1 Kor 1,28).

Das Besondere an Jer 9,21 – 10,25 ist zweifelsohne die Polemik gegen die Bilder fremder Gottheiten und, als Gegenbild, das Lob Jhwhs als des universalen Schöpfergottes. Führt schon die geschichtsätiologische Redaktion Judas Hinwendung zu anderen Gottheiten als Hauptgrund für die Katastrophe an, so unterstreicht die Kritik an der handwerklichen Herstellung der Götterbilder die Wirkungslosigkeit der in ihnen repräsentierten Gottheiten. Die Bilderpolemik richtet sich an nachexilische Adressat*innen und betont die Wirkmächtigkeit ihres Gottes, Jhwh, der die Geschicke der Welt buchstäblich in Händen hält. In aramäischer Sprache, der *lingua franca* des babylonischen und persischen Reiches, wird ein Bannspruch gegen die anderen Gottheiten (10,11) präsentiert, mit dem sich die Adressat*innen von diesen Gottheiten lossagen sollen. Die spätnachexilische, prämasoretische Bearbeitung verschärft durch weitere polemische und lobende Aussagen den Gegensatz zwischen den fremden Gottheiten und dem eigenen Gott. Aus heutiger Perspektive ist eine solche Verhöhnung fremder Religion sowohl unsachlich als auch in ethischer Hinsicht unangebracht. Unsachlich, weil Menschen in der Antike sehr wohl zwischen einem Bild und der darin repräsentierten Gottheit zu unterscheiden wussten und der Umgang mit Götterbildern durch vielfältige Rituale geschützt und zugleich auf wenige Kultbedienstete beschränkt war. Unangebracht, weil Israel selbst lange Zeit ikonische und anikonische Götterbilder verehrte und sich das strikte Bilderverbot im Christentum nicht durchsetzen konnte. Zumindest ist diese Polemik auch als Abgrenzung gegenüber Formen der eigenen Gottesverehrung zu verstehen und sie verweist auf das Dilemma, dass eine unsichtbare Gottheit unanschaulich und daher schwer zu begreifen ist.

Auf der Ebene des Endtextes verteidigt sich Jhwh gegenüber dem Vorwurf, er habe sein Volk leichtfertig oder gar zu Unrecht zerschlagen bzw. durch das babylonische Heer zerstören lassen. Dazu betont er, die babylonischen Gottheiten und ihre Bilder seien wirkungslos. Die Antwort Jeremias, der Jhwh als wirkmächtigen Schöpfer der Welt lobt, sowie das Gebet Judas bzw. Jerusalems, die Jhwh bußfertig um Gnade und die Bestrafung der Völker bitten, bestätigen diese Deutung der Geschichte. Ihr Reden zu Gott in Lob und Bitte symbolisiert gleichzeitig diejenige Haltung, die die nachexilischen Tradent*innen von den Leser*innen des Buches erwarten: Sie sollen die Zerstörung Jerusalems als Jhwhs rechtmäßiges Strafurteil akzeptieren und die Klage über diese Zerstörung als ersten Schritt zu einer Wiederannäherung begreifen. Sie sollen Gottes Angebot der Beschneidung der Herzen durch Gehorsam gegenüber der schriftlichen Tora und dem prophetischen Wort annehmen und Jhwh als universalen Schöpfer und Lenker der Geschichte preisen.

Obwohl oder gerade, weil Jer 10,1–16 im Jeremiabuch heraussticht, hat der Abschnitt eine interessante Rezeption in jüdischer und christlicher Tradition erfahren. Er wurde in beiden Traditionen als Kritik an der eigenen Gemeinschaft, aber auch als Polemik gegen andersgläubige Menschen gelesen, denen Idolatrie und Abwendung von dem allein wirksamen Gott vorgeworfen wird.

Zur Rezeption von Jer 10,1–16

Die *Epistula Jeremiae*, ein ursprünglich wohl hebräisch verfasster[66], aber nur in einer griechischen und weiterer antiken Übersetzungen erhaltener Kunstbrief aus 72 Versen, wurde teilweise als Appendix zum Jeremiabuch, teilweise eigenständig überliefert. Die Schrift präsentiert sich als weiterer Brief Jeremias (vgl. 29,5–9; 51,15–19), der die Exilierung ankündigt und die Judäer*innen bereits in dieser Situation ermahnt, die Gottheiten Babylons nicht zu verehren, indem er deren Wirkungslosigkeit ausführlich darstellt und dabei die Götterbildpolemik in Jer^MT 10,1–16 auslegt und mit Texten aus DtJes verbindet. Mit diesem Rückgriff auf die Schrift warnt der wohl an der Wende vom dritten zum zweiten Jahrhundert v. d. Z. schreibende Autor die akkulturierte babylonische Gola im Seleukidenreich, deren Könige die babylonischen Kulte förderten, vor den fremden Gottheiten.[67]

Ekha Rabba, der Midrasch zu Klgl 1,1aα (איכה ישבה בדד) bietet am Ende zahlreicher Auslegungen der ersten Aussage dieser Schrift eine Diskussion über deren Datierung, die ausgehend von der Notiz 2 Chr 35,25 auf der Vorstellung beruht, dass Jeremia die Klagelieder verfasste.[68] Im Anschluss daran zitiert R. Jochanan Jeremias Worte aus 10,1–16 in Kurzform, um die zeitgenössischen Adressat*innen spöttisch zu fragen, warum sie auf einen fremden Kult (עבודה זרה) hofften.[69] Zwar werden gerade diejenigen Verse aus Jer 10 gekürzt, die Material und Herstellung der Götterbilder beschreiben, so dass עבודה זרה sich auch auf das Vertrauen in andere Mächte generell beziehen kann. Für die Auslegung der Klagelieder dienen die zitierten Verse jedoch als jeremianische Begründung für den Untergang auch des Zweiten Tempels.[70]

Der Midrasch zu Exodus, Shemot Rabba 16,2 kombiniert einzelne Verse des Abschnitts zu einer dramatischen Gerichtsrede des Propheten Jeremia gegen jüdische Adressat*innen. Jeremia fordert diese auf, nicht den Weg der Völker zu lernen (10,2f.), denn deren Gottheiten würden von der Erde verschwinden (10,11), sondern sich an Jhwh, den Eigner Jakobs und Schöpfer aller Dinge zu halten (10,16).[71] In dieser Auslegung werden die Völker nicht aufgefordert, dem einzigen Gott zu huldigen, was der Titel „König der Völker" für Jhwh impliziert (10,7), sondern gelten als verworfen.

In der Auslegung von Jer 10,1–16 durch die Kirchenväter lässt sich eine Verschiebung der Argumentation vor und nach 390, dem Jahr der Anerkennung des Christentums als offizieller Religion im Römischen Reich, ausmachen.[72] In der apologetischen Literatur vorher wird der Text als Aufforderung an Christ*innen gebraucht, den einzig wahren Gott und Weltschöpfer zu verehren, und als Absage an alle „heidnischen" Gottheiten interpretiert. Nach 390 wird der christliche Triumph über diese Gottheiten als Erfüllung des Wunsches in 10,11, die anderen Gottheiten

---

66 Vgl. Kratz, Brief des Jeremia, 74.
67 Vgl. Kratz, Brief des Jeremia, 82–84.
68 Vgl. Schmied, (An)Klage Gottes, 163.
69 So in der Langform des älteren Textes; vgl. Schmied, (An)Klage Gottes, 161f.
70 Dieser Midrasch findet sich nur noch in Yalq Jer 286. Andere rabbinische Schriften, mit Ausnahme von ShemR 16,2, zitieren fast ausschließlich einzelne Verse aus Jer 10.
71 Vgl. Lavee, Moshe, Biographic Rehabilitation. Later Rabbinic Readings of Jer 10:11–16 and Their Christian Context: Finsterbusch/Lange (Hg.), Texts and Contexts of Jeremiah, 67–87, 76–79.
72 Vgl. Meiser, Martin, Reception of Jer 10:1–16 in Early Christian Literature: Finsterbusch/Lange (Hg.), Texts and Contexts of Jeremiah, 89–106, 90.

sollten von der Erde verschwinden (LXX ἀπολέσθωσαν), verstanden. Außerdem werden anhand des Textes Fragen der Theodizee und der Gottesbilder verhandelt.[73]

Spiegeln diese jüdischen und christlichen Rezeptionen der Götterbildpolemik den Versuch, die eigene Identität auf Kosten anderer Religionen zu stärken, so zeigen sie zugleich, wie fragil ein solches Vorgehen ist und dass es nicht zur Verständigung zwischen Völkern und Religionen taugt.

---

73   MEISER, Reception of Jer 10:1–16, 106.

Jer 11,1 – 13,27: Reflexionen über das Ende Jerusalems

Textabgrenzung und Kommunikationsstruktur

Mit einer Wortereignisformel mit Relativsatz setzt der Bucherzähler in 11,1 neu ein. Die nächste Wortereignisformel findet sich in 14,1, so dass 11,1 – 13,27 im vorliegenden Text trotz verschiedener Redeformen und des Wechsels von Prosa und poetischen Abschnitten als kompositorische Einheit erscheint. Die in Jer 2–10 klare Unterscheidung zwischen Prosarede und dramatisch gestaltetem Text ist in Jer 11–20 nicht mehr so gut erkennbar, da die Präsentationsformen abrupt wechseln und die Übergänge selten markiert sind, was aber die Übersetzung durch gestufte Kommunikationsebenen für Reden und durch Einrückung der jeweils parallelen Zeilen für poetische Abschnitte sichtbar zu machen versucht.

Die Gliederung von 11,1 – 13,27 orientiert sich an formalen Zäsuren, die jeweils mit einem Themenwechsel einhergehen. Aufgrund der diskursiven Struktur können 11,1–17 und 12,7–17 als weitere Akte des Dramas verstanden werden.

11,1–17	Siebter Akt: Gottes Bundesverpflichtung
11,1–5a	JHWHS Bund mit den Vorfahren
11,5b–8	Jeremia bestätigt dessen Inhalt und Fluch
11,9–17	Jeremia erzählt JHWHS Urteil über die, die den Bund brachen
11,18 – 12,6	Jeremias erster Klagediskurs
11,18–20	Jeremia klagt über seine Verfolgung
11,21–23	JHWH verurteilt Jeremias Gegner*innen
12,1–4	Jeremia klagt über das gute Ergehen der Frevler
12,5f.	JHWH antwortet mit Gegenfragen
12,7–17	Achter Akt: Die Verheerung des Landes
12,7–13	JHWH klagt über den Verlust seines Erbbesitzes
12,14–17	JHWH urteilt über die Nachbarvölker
13,1–11	Die Symbolhandlung mit dem verrotteten Lendenschurz
13,12–27	Eine Sammlung weiterer Worte

Jer 11,18 – 12,6 ist das erste einer Reihe von Klagegebeten Jeremias, die von JHWH beantwortet und daher als „Klagediskurs" bezeichnet werden.[1] Sie bieten unterschiedliche Redeformen und enthalten Zitate anderer Figuren, ohne dass immer erkennbar ist, wer zitiert wird. Zum besseren Verständnis sind die Übersetzungen bereits strukturiert und mit erklärenden Randbemerkungen versehen, die Ergebnis der Textanalyse sind und in der synchronen Auslegung erläutert werden. Der hebräische Text ist an einigen Stellen nicht mehr lesbar, so dass LXX und weitere antike Übersetzungen zur Textrekonstruktion herangezogen werden.

---

1 S. die Einleitung, „Konfessionen Jeremias als nachexilische Klagediskurse", S. 52.

Siebter Akt: Jer 11,1–17: Gottes Bundesverpflichtung

K1 K2 K3 K4 K5

1 Das Wort, das an Jeremia erging von J<small>HWH</small>[a]:

Szene I:
1. Auftritt:
Der Bucherzähler

2 Hört die Worte dieses Bundes! Und rede [sie][a] zu den Männern Judas und den Einwohnern Jerusalems 3 und sage zu ihnen:

So spricht J<small>HWH</small>, der Gott Israels:

Verflucht (sei) der Mensch, der die Worte dieses Bundes nicht hört, 4 die ich euren Vorfahren geboten habe am Tag, als ich sie herausführte aus dem Land Ägypten, aus dem Eisenschmelzofen:

„Hört auf meine Stimme, und tut [sie wie][a] alles, was ich euch gebieten werde, dann werdet ihr mir Volk und ich werde euch Gott sein."

5 So werde ich aufrichten den /<small>meinen</small>[a] Schwur, den ich euren Vorfahren geschworen habe, ihnen ein Land zu geben, das von Milch und Honig fließt, wie es heute ist.

Ich antwortete und sagte:

I,2: Jeremia
erzählt

Amen, J<small>HWH</small>.

6 J<small>HWH</small> sagte zu mir:

Rufe /<small>lies</small>[a] [alle] diese Worte in den Städten Judas und in den Gassen[b] Jerusalems:

Hört die Worte dieses Bundes und tut sie. 7 [a][Denn eindringlich ermahnt habe ich eure Vorfahren vom Tag an, als ich sie heraufführte aus dem Land Ägypten bis zum heutigen Tag – unermüdlich mahnend:

Hört auf meine Stimme!

8 Aber sie hörten nicht und neigten nicht ihr Ohr und wandelten, jeder in der Verstocktheit seines[a] bösen Herzens. Da brachte ich über sie alle Worte dieses Bundes, die ich geboten hatte zu tun.] Aber sie taten (sie) nicht.

9 J<small>HWH</small> sagte zu mir:

Aufgedeckt wurde eine Verschwörung[a] unter den Männern Judas und unter den Einwohnern Jerusalems. 10 Sie sind zurückgekehrt zu den Vergehen ihrer Vorfahren, der früheren, die sich weigerten, meine Worte zu hören. Und <<small>siehe,</small>>[a] sie sind hinter anderen Gottheiten hergelaufen, um ihnen zu dienen. Das Haus Israel und das Haus Juda haben meinen Bund gebrochen, den ich mit ihren Vorfahren geschlossen habe.

11 Deshalb, so spricht J<small>HWH</small>:

Siehe, ich bringe Unheil über sie /<small>dieses Volk</small>[a], vor dem sie nicht entkommen können, so dass sie zu mir schreien werden, aber ich werde sie nicht hören. 12 Die Städte Judas und die Einwohner Jerusalems werden laufen und zu den Gottheiten schreien, denen sie räuchern, aber sie werden ihnen [gewiss][a] nicht helfen zur Zeit ihres Unheils[b].

K1 K2 K3 K4 K5

13 Denn so zahlreich wie deine {masc. sing.} Städte sind deine Gottheiten gewesen, Juda, und nach der Zahl der Gassen Jerusalems habt ihr Altäre aufgestellt, [Altäre für die Schande,][a] um dem Baal zu räuchern.

I, 3: JHWH zu Jeremia

14 Du aber bete nicht für dieses Volk, und erhebe für sie nicht Flehen und Gebet, denn ich höre keinesfalls, wenn sie zu mir rufen [wegen]/ zur Zeit[a] ihres Unheils.

I, 4: JHWH zu Juda

15 [a]Was will meine Geliebte[b] in meinem Haus? Ihr Tun, ist es ein (böser) Plan?[c] Sollen etwa Gelübde[d] und heiliges Fleisch dein Unheil[e] von dir {fem. sing.} abwenden[f]? Dann könntest du frohlocken[g].

I, 5: Jeremia zu Juda

16 Einen üppigen Ölbaum, von schöner [Frucht-][a]Gestalt hat JHWH deinen Namen genannt. Zum Lärm eines großen Getöses[b] hat er ein Feuer über ihr[c] entzündet[d], so dass seine Zweige verdarben. 17 Aber JHWH [Zebaot], der dich {fem. sing.} pflanzte, hat über dich Böses geredet, wegen der Bosheit des Hauses Israel und des Hauses Juda, die sie sich[a] angetan haben, um mich zu beleidigen, um dem Baal zu räuchern.

Anmerkungen zu Text und Übersetzung

*   Die Kommunikationsebenen sind in der Übersetzung durch Einrücken dargestellt; Zitate der Adressat*innen der Ebene 5 sind durch doppelte Anführungszeichen markiert. Zum System der Klammern und Kleinschreibung s. o. S. 22.

1a   LXX reiht hier und in 18,1; 21,1; 32,1; 40,1 umgekehrt: „das Wort, das von JHWH an Jeremia erging." STIPP (Sondergut, 153) hält dies für eine Sonderlesart der Übersetzer, die Gott Vorrang vor dem Propheten einräumen. In 30,1; 34,1.8; 35,1 folgen sie jedoch T.

2a   In LXX fehlt ein Objekt, das dem Suffix in MT entspricht; V führt den Imperativ plur. von V. 2a fort, was BHS veranlasst, וְדִבַּרְתֶּם „ihr sollt reden" als ursprünglich anzunehmen. Die Varianten signalisieren eine Inkohärenz, die V und BHS zu eliminieren versuchen.

4a   Äquivalente für אותם und die folgende Vergleichspartikel fehlen in LXX und V. Das Objekt kann sich nur auf דברי הברית הזאת in V. 3b beziehen, vermischt damit Zitateinleitung und Zitat. Es ist wohl später zugesetzt, so dass zwei Objekte genannt sind, was die Vergleichspartikel zu heilen versucht; vgl. JANZEN, Studies, 39; McKANE, ICC, 237; STIPP, Sondergut, 67. In 4QJer[a] ist אותם nicht eindeutig zu lesen; zudem ist die Hs. häufig nach MT korrigiert; vgl. DJD XV, 159.

5a   LXX verdeutlicht durch Zufügung des Possessivpronomens.

6a   Da in der Antike üblicherweise laut gelesen wurde, bedeutet קרא neben „rufen" auch „lesen", z. B. in der Wendung קרא באזן (2,2; 29,29; 36 passim). Die LXX-Übersetzer verstehen wohl „alle diese Worte" in V. 6 als Verweis auf das Jeremiabuch und den Imperativ als Auftrag zur Rezitation; vgl. STIPP, Interpretierende Übersetzung, 194f.

6b   LXX ἔξωθεν ist das Standardäquivalent zu חוץ; vgl. STIPP, Interpretierende Übersetzung, 188.

7a   Die Verse 7f. (mit Ausnahme von ולא עשׂו) fehlen in LXX, wurden in der Hexapla und der lukianischen Rezension, die textkritisch kaum Gewicht haben, nachgetragen (vgl. Gö). JANZEN (Studies, 39) plädiert für eine Haplographie in LXX aufgrund von דברי הברית הזאת in V. 6b und V. 8b. Gegen diese Annahme spricht, dass LXX אותם ועשׂיתם in V. 6b übersetzt und der auf דברי הברית הזאת folgende Relativsatz in V. 8b fehlt. Der abrupte

Übergang von V. 6b (וַעֲשִׂיתֶם אוֹתָם) zum Ende von V. 8 (וְלֹא עָשׂוּ) hat eine Parallele in Jer 7,23f. Außerdem verstößt die Retrospektive auf die Geschichte gegen die Fiktion eines vorexilischen Standorts. Wahrscheinlich ist der Überschuss in MT eine späte, von 7,24–26 inspirierte Ergänzung; vgl. McKane, ICC, 238. Trotz ausführlicher Diskussion hält Stipp (Sondergut, 60–62) den Fall für unentscheidbar.

8a MT bringt mit einem Suffix der 3. masc. plur. zugleich die Vorstellung des Kollektivs ein. Diese Konstruktion kann im Deutschen nicht nachgeahmt werden.

9a LXX übersetzt קֶשֶׁר mit Blick auf das Verb קשׁר „anbinden" und den Vergleich zwischen gegenwärtigen und vorherigen Generationen mit σύνδεσμος „Verbindung". Das hebräische Nomen bezeichnet sonst eine politische Verschwörung (2 Sam 15,12; 2 Kön 11,14; 17,4).

10a Das Textplus in LXX ἰδού = הנה fokussiert auf die jetzige Generation, ist also interpretierend.

11a LXX verdeutlicht durch Bezug auf „dieses Volk".

12a Die *figura etymologica* וְהוֹשֵׁעַ לֹא־יוֹשִׁיעוּ in MT wird in LXX nicht wiedergegeben; daher ist der Infinitiv wohl ein prämasoretischer Zusatz; vgl. 2,28.

12b LXX übersetzt V. 12b als rhetorische, eine Verneinung erwartende Frage.

13a Die Wendung מִזְבְּחוֹת לַבֹּשֶׁת „Altäre für die Schande" hat in LXX kein Äquivalent, verdoppelt das Objekt und deutet Baal als „Schande", während LXX den Namen Baal durchgängig mit fem. Artikel versieht. Es handelt sich um eine theologische Glosse; vgl. Rudolph, HAT, 76; Stipp, Interpretierende Übersetzung, 186.

14a MT liest בְּעַד רָעָתָם „wegen ihres Unheils"; viele hebräische Hss und entsprechend LXX, V, S und T bieten בְּעֵת רָעָתָם „zur Zeit ihres Unheils", was die bestbezeugte Lesart ist; vgl. Duhm, KHC, 111; Holladay, Hermeneia, 347; Carroll, Jeremiah, 267. Dagegen nehmen Finsterbusch/Jacoby (MT-Jeremia 1–24, 144) eine Buchstabenverwechslung der griechischen Übersetzer an. Rudolph (HAT, 76) und McKane (ICC, 240) halten MT für die *lectio difficilior* und meinen, dass die Versionen die häufigere Wendung (vgl. 2,27; 11,12) wählten.

15a 11,15f. sind variantenreich überliefert und aufgrund semantischer Inkongruenzen kaum mehr verständlich. Die Strukturierung der Verse durch die Masoreten weicht von derjenigen in BHS ab, die LXX stärker berücksichtigt. Die Übersetzung orientiert sich am hebräischen Konsonantenbestand und Hyatts Rekonstruktion (Text, 57–60); vgl. auch Hubmann, Konfessionen, 120–128.

15b Das masc. Nomen לִידִידִי „meinem Freund" ist inkongruent zum fem. Suffix beim Infinitiv עֲשׂוֹתָהּ. LXX übersetzt „die Geliebte", hat wohl לִידִידָה gelesen; vgl. Stipp, Synopse, 75. Mit McKane, ICC, 247; Ges[18], 441 ist die Emendation לִידִידָתִי „meine Geliebte" denkbar, da in V. 15 drei Suffixe und eine Verbform feminin punktiert sind. Die fem. Adressatin ist wohl Juda; s. u. die synchrone Analyse. Finsterbusch/Jacoby (MT-Jeremia 1–24, 145) verstehen V. 15 als Fortsetzung zu V. 14 und nehmen Jeremia als Adressaten an. Abwegig erscheint die Konjektur Rudolphs (HAT, 78) zu מַה לִּי דּוּדָיִךְ „was sollen mir deine Körbe" (nach 24,1 und mit Blick auf die genannten Opfer).

15c LXX kommt mit „sie hat Gräuel getan", was עָשְׂתָה הַמְּזִמָּה entspräche, dem ursprünglichen Sinn sehr nahe. Die Masoreten lesen המזמתה als fem. Nomen mit *he interrogativum*: „ist es ein (böser) Plan?" und punktieren das ursprüngliche עשׂתה als Infinitiv mit Suffix der 3. fem. sing., so dass sich die Assonanz עשׂותה המזמתה ergibt; vgl. noch לידידי בביתי und Hubmann, Konfessionen, 125f.

15d Die Masoreten gliedern הָרַבִּים „die Vielen" in den vorherigen Satz ein, als Adjektiv masc. plur. passt es aber nicht zum vorangehenden fem. sing. Nomen. Das ה am Wortanfang wird meist als Fragepartikel verstanden, wobei zwei verschiedene Konjekturen vorgeschlagen werden: הנדרים „werden Gelübde ..." entsprechend LXX εὐχαί, der hier gefolgt wird, und הברים „fette (Tiere)", wobei בריא „fett" gewöhnlich mit א geschrieben wird und nur in Ez 34,20 als בריה belegt ist; vgl. Hyatt, Text, 58; McKane, ICC, 248.

15e MT כי רעתכי „dass es dein Unheil (ist)" passt nicht in den Kontext. LXX und V setzen
רעה mit fem. Suffix voraus; wahrscheinlich ist רעתכי eine alte fem. Form (vgl. HYATT,
Text, 57). כי hat in LXX und V kein Äquivalent und ist wohl Dittographie aus מעליך; mit
HYATT, Text, 58.

15f Gegen die Punktation von יעברו als Qal-Form spricht, dass die Versionen עבר Hif. übersetzen, so auch BHS; HYATT, Text, 57. HUBMANN (Konfessionen, 126f.) liest mit der Umstellung des ו zwei Sätze: הרבימו בשׂר קדשׁ יעברו מעליך „vermehre (fem. sing.) heiliges
Fleisch, es soll wegnehmen deinen (fem.) Treubruch", wobei בשׂר קדשׁ als Kollektivbegriff mit plur. Verb fortgeführt werde.

15g LXX und V verstehen den Satz als Frage mit erwarteter negativer Antwort. LXX übersetzt ἢ τούτοις διαφεύξῃ „oder wirst du durch diese entfliehen?", was hebräisch או זאת
תעוזי entspräche (zu עוז Hif. vgl. Jer 4,6; 6,1). Meist wird אז תעלזי in MT als Glosse
ausgeschieden, da es metrisch überschießt; vgl. HYATT, Text, 59; WANKE, ZBK, 122.

16a Ein Äquivalent für פרי fehlt in LXX. Der doppelte Genitiv יפה פרי-תאר in MT ergänzt die
Fruchtbarkeit (פרי) zum Aussehen (יפה תאר); Letzteres ist mit McKANE (ICC, 249) wohl
die ursprüngliche Lesart. STIPP (Sondergut, 40) hält MT für eine Dittographie.

16b MT המולה „Geräusch, Getöse" ist von ugaritisch *hmlt* „Menge" herzuleiten und ist sonst
nur in Ez 1,24 belegt; vgl. Ges[18], 281. LXX deutet die Konsonantenfolge als Infinitiv
cstr. Nif. mit Suffix der 3. fem. sing. von מול „beschneiden", vielleicht im Blick auf Jer
4,4. STIPP (Sondergut, 40) listet den Vers als Beispiel für die eng am erschlossenen
Wortsinn der Vorlage festhaltende Übersetzungstechnik von LXX. HYATT (Text, 59) beurteilt לקול המולה גדלה als eine unter dem Einfluss von Ez 1,24 (קול המלה כקול מחנה) in
den Text geratene Randglosse.

16c Das fem. Suffix in MT ist inkongruent zum masc. זית, bezieht sich aber auf die in V. 15f.
genannte Frauengestalt. LXX bietet in V. 16b durchgängig fem. Pronomen.

16d LXX μεγάλη ἡ θλῖψις ἐπὶ σέ hat wohl הצרה עליך anstelle von MT עליה אשׁ הצית gelesen
und das vorangehende גדלה einbezogen; vgl. FINSTERBUSCH/JACOBY, MT-Jeremia 1–24, 144.

17a Mit LXX ἐποίησαν ἑαυτοῖς ist להם als *dativus incommodi* zu verstehen; vgl. GBH § 133d;
488, Anm. 2; McKANE, ICC, 253; HOLLADAY, Hermeneia, 348.

Synchrone Analyse

Rhetorische Struktur

Jer 11,1–17 wird häufig als „Bundesrede" oder „Bundespredigt" bezeichnet, weil
Teile des Kapitels als Prosarede gestaltet sind.[2] Die vom Bucherzähler eingeführte
Gottesrede, die sich an ungenannte Adressat*innen (V. 2a) und an Jeremia (V. 2b)
zugleich wendet, reicht jedoch nur bis V. 5a. Der Bucherzähler ist keine Figur im
Drama, sondern spricht gewissermaßen aus dem Off. Dann betritt Jeremia die
Bühne und bestätigt den Inhalt der Verpflichtung und den Fluch mit „Amen"
(V. 5b). Er erzählt weiter, was JHWH ihm bezüglich des Bundes aufgetragen hat
(vgl. den Redebefehl in V. 6a) und wie Gott die Judäer*innen einschätzt (V. 9–12).
Dieser prophetische Selbstbericht mündet im letzten Vers in eine Anklage an Juda
(V. 13), das hier ausnahmsweise als männliche Einzelgestalt adressiert wird. Erst
im Nachhinein wird also ersichtlich, dass die Judäer*innen auf der Bühne anwesend gedacht sind. Da kein Schauplatzwechsel erkennbar ist, bietet der Text nur
eine Szene.

Das direkt an Jeremia gerichtete Verbot der Fürbitte (V. 14) markiert eine
deutliche Zäsur und kommt überraschend, denn im Kontext weist nichts darauf

---

2   Vgl. THIEL, Redaktion I, 161f.; BIDDLE, Polyphony, 72; CARROLL, Jeremiah, 268.

hin, dass Jeremia für das Volk eintreten wollte. Trifft die hier vorgeschlagene Rekonstruktion der schwer verständlichen Verse 15f. das Richtige, so wendet sich JHWH danach mit mehreren Fragen direkt an ein weibliches Kollektiv, das aufgrund der Bezeichnung „Geliebte" wohl Juda ist (V. 15). Die beiden folgenden Verse (V. 16f.) beschreiben JHWHs Handeln an der weiblichen Figur, was auf Jeremia als Sprecher hindeutet.[3] Angesichts der Einführung als Selbstbericht in V. 9 können V. 15–17 aber auch als Zitat der Gottesworte durch Jeremia verstanden werden.[4]

Zwar lässt sich Jer 11,1–17 anhand der Einleitungen in V. 1–5.6–8.9–17 gliedern. Rhetorisch bietet der Abschnitt allerdings weder eine Predigt noch eine stringente Argumentation.[5] Aufgrund seiner diskursiven Struktur kann er als ein weiterer Akt des Dramas um Jerusalems Untergang gedeutet werden. Sein „point of view" ist, den Ungehorsam der vorexilischen Judäer*innen als Bruch des Bundes JHWHs, den er mit der Exodusgeneration schloss, darzustellen. Die Katastrophe erscheint so als Folge des Fluchs, der die Vertragsbrüchigen ereilt. Gleichzeitig richtet der Bucherzähler in V. 2 den Aufruf zum Hören der Worte JHWHs, jenseits aller historischen Bezüge, an alle späteren Leser*innen.[6]

Der Ort des Gesprächs bleibt ungenannt. Da neben den Städten Judas (V. 6)　　**Ort und Zeit** die Gassen Jerusalems (V. 6.13) und der Tempel („mein Haus" V. 15) erwähnt werden, liegt eine implizite Lokalisierung in Jerusalem vor. Bezüglich der Zeit finden sich meist explizit markierte Wechsel von der Sprechergegenwart (V. 2–3.6.11a.14) zum Rückblick auf die Vorfahren (V. 4.5a.7f.) und die Taten der gegenwärtigen Adressat*innen (V. 9.10.13.17b) sowie eine auf die Zukunft bezogene Ankündigung (V. 11b–12). Durch Adressierung der Männer Judas und Einwohner*innen Jerusalems (V. 2b; vgl. V. 6.12) nimmt die Rede einen vorexilischen Sprecherstandpunkt ein, während die *qatal*-Formen in V. 13.16b auf eine Erzählzeit nach der Zerstörung verweisen.

Die Wendung דברי הברית הזאת „die Worte dieses Bundes" (V. 2.3.6.8; vgl. noch　**Leitworte und** ברית in V. 10b) ist dreimal mit dem Verb שמע „hören" (V. 2.3.6) verbunden, so dass　**-motiv** der Gehorsam ein Leitmotiv des Textes bildet. Drei Höraufrufen (V. 2.4.6) stehen zwei Aussagen über das Nicht-Hören der Adressat*innen (V. 8.10), gegenüber, und zweimal wird JHWHs Nicht-Hören erwähnt (V. 11.14). Mit fünf Vorkommen in 17 Versen ist ברית Leitwort.

> Die Etymologie von ברית ist bisher nicht eindeutig geklärt; der Begriff entstammt wohl dem assyrischen Vertragsrecht.[7] Eckart Otto zufolge liegen die Ursprünge der alttestamentlichen Bundestheologie in der subversiven Rezeption des Loyalitätseides Asarhaddons durch die Verfasser des vordtr Deuteronomiums (insbes. Dtn 13*; 28*) im siebten

---

3　Zu weiteren unmarkierten Wechseln der Bezüge vgl. GLANZ, Participant-Reference Shifts, 263 mit Verweis auf Jer 11,17; 12,14.16; 14,15; 23,2; 29,4.21; 42,9.

4　So FINSTERBUSCH/JACOBY, MT-Jeremia 1–24, 143.

5　So auch THIEL, Redaktion I, 138f.; WANKE, ZBK, 120; SCHMIDT, ATD 20, 226f.

6　Ähnlich BIDDLE, Polyphony, 74.

7　Vgl. WEINFELD, Moshe, בְּרִית: ThWAT I (1973), 781–807; 783f. WEINFELD plädiert für die Verbindung mit akkadisch *birītu* „Band, Fessel". Zur Forschungsgeschichte vgl. OTTO, Eckart, Die Ursprünge der Bundestheologie im Alten Testament und Alten Orient: ZAR 4 (1998), 1–83, 1–37.

Jahrhundert v. d. Z.[8] Die von Ernst Kutsch vorgeschlagene Definition und Übersetzung mit „Verpflichtung"[9] hat sich gegenüber der traditionellen Rede vom „Bund" nicht durchgesetzt. Das liegt an dem je nach Kontext variablen Inhalt von ברית, sei es eine Selbstverpflichtung (Gen 9,9–11), die Verpflichtung einer anderen Person oder Gruppe, die in der Regel weniger mächtig ist und diese zu akzeptieren hat (2 Kön 11,4), oder ein Vertrag zwischen gleichberechtigten Partnern (Gen 21,27). Je nach Status der am Vertrag Beteiligten kann die meist mit „einen Bund schließen" übersetzte Wendung כרת ברית auch mit „eine Verpflichtung festsetzen" wiedergegeben werden. Dieser Vorgang wird oft mit einem Eid bestätigt, der als bedingter Fluch den untergebenen Partner bindet (Dtn 29,11; Jos 9,15; Ez 17,13).

Im Blick auf das Verhältnis zwischen Jhwh und Israel bezieht sich ברית überwiegend auf eine dem Volk von Jhwh auferlegte Verpflichtung, die in Jer 11 als „Worte", d. h. Forderungen und Gebote, an die Väter und Mütter der Exodusgeneration charakterisiert wird. Das zweite Leitwort ist רעה „Bosheit, Übel, Unheil", das sich sowohl auf das Volk (V. 15.17) als auch auf das Handeln Jhwhs (V. 11.12.14.17) beziehen kann.

11,1–5 Verpflichtung der Vorfahren

Im Vergleich mit der Tempelrede in Jer 7 fällt auf, dass der Aufruf „Hört die Worte dieses Bundes" (V. 2a) vor dem Redeauftrag an Jeremia die Pointe des Folgenden vorwegnimmt und außerdem in V. 6b wiederholt wird.[10] Eigentlich soll Jeremia seine Zeitgenossen an die Verpflichtung der Vorfahren erinnern, die bereits am Tag des Auszugs aus Ägypten aufgefordert wurden, auf Jhwhs Stimme zu hören. Der Gehorsam gegenüber dieser Forderung führt erst zu jenem engen Verhältnis, das mit der Zugehörigkeitsformel zum Ausdruck gebracht wird: „Ihr werdet mir Volk und ich werde euch Gott sein" (V. 4b).[11] Die Herausführung aus Ägypten wird in V. 5a als Einlösung der Landverheißung dargestellt, mit der sich Jhwh im Schwur an die Väter und Mütter gebunden hat. Da die Landverheißung im Pentateuch erstmals an Abraham ergeht (Gen 12,7) und für Isaak und Jakob wiederholt wird (Gen 24,7; 28,13), ist die Annahme naheliegend, dass mit den Vorfahren in V. 5a die Erzeltern gemeint sind, während V. 4 von der Exodusgeneration spricht.[12] Das wäre aber die einzige Stelle im Jeremiabuch, an der die Erzeltern als Gruppe der „Vorfahren" erwähnt werden.[13] Die Formulierung, dass Jhwh das Land per Schwur versprochen hat (שבע Nif.), ist jedoch charakteristisch für die Rahmenkapitel im Deuteronomium (1,8; 6,18; 31,7 u. ö.) und steht so in Verbindung mit dem von Mose aus Ägypten geführten Volk.[14] Zudem setzt V. 5a nicht das Zitat an die Vorfahren fort, sondern lenkt mit כיום הזה „wie es heute ist" zur Gegenwart zurück. Diese Beobachtungen führen zu dem Schluss, dass sich beide

---

8   Vgl. Отто, Ursprünge, 37.45f.
9   Vgl. Kutsch, Ernst, בְּרִית, Verpflichtung: THAT I (1971), 339–352; 342; ähnlich Weinfeld, בְּרִית, 784. Die Kritik daran fasst Отто (Ursprünge, 26f.) zusammen.
10 In vergleichbaren Fällen folgt auf die Wortereignisformel ein Infinitiv abs. (vgl. 2,2; 28,13; 35,2) oder ein Imperativ masc. sing. (vgl. 7,2; 18,2).
11 Zur Bezeichnung vgl. Kutsch, Verheißung, 149. Zur Gehorsamsforderung als Voraussetzung für den Bund vgl. auch Smend, Rudolf, Die Bundesformel (ThSt 68), Zürich: EVZ-Verlag 1963, 28f.
12 Vgl. McKane, ICC, 238; Finsterbusch/Jacoby, MT-Jeremia 1–24, 141. Schmidt (ATD 20, 229) hält die Frage für unentscheidbar.
13 Mit Römer, Israels Väter, 426.487. Davon zu unterscheiden ist die Nennung Jakobs als Eponym für das Nordreich.
14 Die Landverheißungen der Genesis formulieren mit נתן „geben".

Nennungen der Vorfahren in Jer 11,4.5a, wie auch 7,22, auf die Exodusgeneration beziehen.

Da der Befehl, auf Jʜᴡʜs Stimme zu hören, in V. 3b als „Worte dieses Bundes" eingeführt wird, stellt sich die Frage, ob der Text auf die Verpflichtung am Sinai (Ex 24,1–8), auf das Deuteronomium als deren Dokument (Dtn 29,8) oder auf König Joschijas Erneuerung des Bundes (2 Kön 23,3) anspielt.

Welcher Bund?

> Während die ältere Forschung diese Möglichkeiten als sich ausschließende Alternativen verstand,[15] plädieren neuere Kommentare zu Recht für eine Verbindung der Traditionen durch die Verfasser des Jeremiatextes.[16] Diese haben nicht einzelne Situationen der Heilsgeschichte im Blick, sondern betonen die Kontinuität der geforderten Gottesbeziehung vom Exodus bis in ihre Gegenwart (V. 5a).[17] Dass sie das Deuteronomium als Dokument des von Jʜᴡʜ festgesetzten Bundes verstehen, wird auch darin deutlich, dass Jeremia aufgefordert wird, über diejenigen, die der Verpflichtung nicht Folge leisten, einen Fluch auszusprechen (V. 3b) und er dieses Vorgehen durch „so sei es" (V. 5b) bestätigt. Auf diese Weise greift der Text auf die Fluchzeremonie in Dtn 27,15–26 zurück, und der Prophet übernimmt den in Dtn 27,26 dem Volk zugewiesenen Part des „Amen".[18]

Die „Worte des Bundes" (11,3b) beziehen sich somit, neben der generellen Forderung, auf Jʜᴡʜs Stimme zu hören, auf die im Deuteronomium gesammelten Gebote und Satzungen Jʜᴡʜs.

Trotz des in V. 6 wiederholten Höraufrufs, der neben dem Hören explizit auch das Tun der Worte einfordert, wird mehrfach festgestellt, dass die Adressat*innen nicht hörten (V. 8.10). Der Schuldaufweis in V. 9f. deutet diesen Ungehorsam als קֶשֶׁר „Verschwörung". Der im Jeremiabuch nur hier belegte Begriff bezeichnet sonst eine politische Revolte gegen den amtierenden König (2 Sam 15,12; 1 Kön 16,20; 2 Kön 11,14) oder den Bruch eines Vasallenverhältnisses (2 Kön 15,30; 17,4). Dass sich die Auflehnung gegen Jʜᴡʜ wendet, erläutert V. 10a mit Hinweisen auf die Rückkehr zu den Vergehen der Vorfahren und der Verehrung anderer Gottheiten. V. 10b beurteilt dies als Bundesbruch, identifiziert die Revoltierenden aber abweichend vom Kontext mit dem Haus Israel und dem Haus Juda, die hier für die Nachkommen von Nord- und Südreich stehen.

11,6–13 Vorwurf des Nicht-Hörens

Auf den Schuldaufweis folgt das Gerichtswort (V. 11f.), das ganz generell „Unheil" ankündigt und betont, Jʜᴡʜ werde seinerseits die zu erwartenden Hilfeschreie des Volkes nicht hören. Die Strafe entspricht also dem Vergehen. V. 12 betont, dass auch die von den Menschen verehrten fremden Gottheiten in der Not nicht helfen werden. V. 13 fügt eine weitere Anklage Judas hinzu, deren erste Aussage mit Jer 2,28 übereinstimmt: Juda verehrte zahlreiche Gottheiten, und Jerusalem war voller Altäre für den kanaanäischen Wettergott Baal.

Mit dem Thema „Verpflichtung der Väter und Mütter" haben V. 15–17 nichts zu tun. V. 15f. fällt durch eine poetisch anmutende Gestaltung auf; der ursprüngliche Wortlaut kann jedoch nicht zweifelsfrei erschlossen werden.[19] Die Verse liefern zwei inhaltlich verschiedene Aussagen über eine metaphorische Gestalt, die

11,15–17 Juda als Geliebte und Ölbaum

---

15   Vgl. die Diskussion bei Rᴜᴅᴏʟᴘʜ, HAT, 77–81; er entscheidet sich für den Sinaibund.
16   Vgl. Tʜɪᴇʟ, Redaktion I, 142f.; 147; Cᴀʀʀᴏʟʟ, Jeremiah, 269; Sᴄʜᴍɪᴅᴛ, ATD 20, 228.
17   Vgl. Wᴀɴᴋᴇ, ZBK, 120f.
18   Vgl. Bɪᴅᴅʟᴇ, Polyphony, 74.
19   S. o. die Anmerkungen zur Übersetzung von 11,15f.

als von Jнwн „geliebt" charakterisiert und „grünender Ölbaum" genannt wird. Folgt man der femininen Punktation durch die Masoreten, die teilweise von der griechischen Übersetzung gestützt wird, so wird hier Juda als weibliches Kollektiv adressiert und ihr Verhalten in „meinem Haus", d. h. dem Tempel Jнwнs, beurteilt. Die rhetorischen Fragen erinnern in Form und Inhalt an die Rede gegen den Tempel, insbesondere an die Zweifel daran, dass Opfer im Tempel Vergehen aufwiegen könnten (vgl. 7,9f.). Die Charakterisierung des Kollektivs als geliebte Frau hat Parallelen in Jer 2–3; ihre Benennung als grünender, üppiger Ölbaum ist im Jeremiabuch singulär, erinnert aber an das Bild der edlen Weinrebe, die zu einem fremden Weinstock verwuchs (2,21). Der Öl- bzw. Olivenbaum symbolisiert, ähnlich wie Milch und Honig (V. 5), die Fruchtbarkeit des Landes, da die Produktion von Olivenöl in der Königszeit ein wichtiger Wirtschaftszweig war. V. 16 konstatiert, dass Jнwн den Ölbaum dem Feuer aussetzte, blickt also auf dessen Zerstörung zurück. Der in Prosa formulierte V. 17 knüpft an das Baummotiv in V. 16 an und bindet so V. 15f. in den Kontext ein. Er bestätigt das Eintreffen des Unheils und begründet es mit der Verehrung fremder Gottheiten, konkret Baals.

Diachrone Analyse

Der vorliegende Text stammt nicht aus einer Hand, sondern spiegelt eine sukzessiv erweiterte Auseinandersetzung mit dem Untergang Jerusalems und Judas. In V. 15f. wurde ein Fragment älterer Überlieferung aufgenommen. Zwar ist 11,1–17 fast durchgängig von dtjer Sprachgebrauch geprägt.[20] Dieser ist allerdings nicht ohne weitere Argumente der exilischen Buchredaktion zuzurechnen, zumal die schon synchron erkennbaren Spannungen nur diachron zu erklären sind.

Vorexilisch	K^{frühexilisch}	Exilisch	Nachexilisch
11,15f.*		11,9–10a.11–13.17 R^{GÄ} 11,14 R^{Gola}	11,1–6.8*.10b R^{Tora} 11,7–8*.13* [MT$^+$]

11,1–17*
Exilische
Grundschicht

Stilistische und inhaltliche Unterschiede zwischen der Rede in 11,1–5 mit sorgfältig eingebetteten direkten Zitaten und Jeremias Antwort sowie das als Selbstbericht eingeleitete Gerichtswort V. 9–13 führen zu der Überlegung, dass nur V. 9–13 (ohne V. 10b) zur Grundschicht des Kapitels zu rechnen sind. Die Männer Judas und die Einwohner*innen Jerusalems werden der Verschwörung gegen Jнwн angeklagt. Diese wird doppelt begründet, zunächst mit der Weigerung, auf Jнwнs Worte zu hören, was die Adressat*innen den Vorfahren gleichstellt (V. 10aα), dann mit der Verehrung anderer Gottheiten (V. 10aβ). Der Vorwurf des Bruchs des Bundes seitens der „Häuser" Israel und Juda in V. 10b passt nicht dazu und knüpft außerdem mit dem Stichwort ברית an 11,1–5 an.

Auf den Schuldaufweis folgt die Ankündigung, Jнwн werde Unheil über sie bringen und weder er noch die anderen Gottheiten würden ihren Hilferufen Gehör schenken (V. 11–13). Zur Grundschicht gehört auch V. 15–17, wobei die poetischen

---

20 Detailliert aufgewiesen von Thiel, Redaktion I, 139–157.

Verse 15f. als Fragment alter Überlieferung in Betracht kommen. Philipp Hyatt hat dafür einen Rekonstruktionsversuch im Metrum der Totenklage vorgelegt, der teilweise in der Übersetzung aufgenommen wurde.[21] Inhaltlich entspricht V. 15f. der Kritik am Tempelkult (vgl. 7,9f.) mit der These, dass Opfer nicht vor dem angekündigten Unheil schützen.

Die Einbettung des Spruchs in die Grundschicht erfolgt durch V. 17, der mit der Wendung דבר Pi. + רעה + על „Unheil reden gegen" mit Subjekt Jhwh eine dtjer Standardwendung (vgl. 16,10; 19,15; 26,13.19; 36,31 u. ö.) gebraucht. Da die Wendung „um dem Baal zu räuchern" wortgleich auch in V. 13 begegnet und dessen erste Aussage aus dem exilischen Vers Jer 2,28 übernommen ist, gehört auch V. 13 zur Grundschicht. Diese Verse sind aufgrund der Jer 7,1–15* vergleichbaren Argumentation und der Anklagen „Nicht-Hören" und „fremde Gottheiten verehren" der geschichtsätiologischen Redaktion zuzuweisen, die dem Volk pauschal die Schuld an der Katastrophe gibt.

Demgegenüber wird Jhwhs Bundesschluss mit den Vätern und Müttern und die Bestimmung der prophetischen Botschaft als „Worte des Bundes" (V. 2.3.6) von der toraorientierten Redaktion eingebracht, die Traditionen aus späten Schichten im Deuteronomium voraussetzt. Sie interpretiert die in Jer 7,23 an die Exodusgeneration gerichtete Forderung, auf Jhwhs Stimme zu hören, als Bundesschluss im Sinne einer Verpflichtung zum Gehorsam.[22] Ist in Jer 7,23 die Forderung, auf Jhwhs Stimme zu hören, Voraussetzung für die Zugehörigkeit zu Jhwh, so wird sie in 11,3–5 unter die Androhung des Fluchs (V. 3) gestellt, dessen Gültigkeit Jeremia mit „Amen" bestätigt (V. 5). Gleichzeitig aktualisiert diese Redaktion die Gehorsamsforderung für nachexilische Adressat*innen, indem sie den Höraufruf (V. 2a) als Überschrift voranstellt.

11,1–8.10b Kontinuierliche Verpflichtung

Der Fluch und die bestätigende Antwort Jeremias (V. 5) setzen die Fluchzeremonie in Dtn 27,15–26 voraus, die ihrerseits sekundär zur Zeremonie von Dtn 28 ist.[23] Damit werden die „Worte dieses Bundes" auf das Deuteronomium bezogen sowie der Exodus und die Gabe des Gesetzes in eine Generation verschmolzen.

Der Gedanke, dass Jhwh sich im Schwur an die Vorfahren auch selbst verpflichtet hat (V. 5a), greift exilische oder frühnachexilische Verse im Deuteronomium auf (1,8; 6,18; 11,9; 26,3 u. ö.). Die Bezeichnung Ägyptens als „Eisenschmelzofen" (V. 4) findet sich sonst nur noch in den nachexilischen Stellen Dtn 4,20; 1 Kön 8,51.[24] Sie hat die im siebten/sechsten Jahrhundert v. d. Z. in Palästina zu einer ersten Blüte gelangte Eisenverarbeitung, bei der Sklav*innen und Gefangene eingesetzt wurden, zum Hinter-

---

21 Vgl. Hyatt, Text, 57–60; s. o. die Textkritik zu 11,15f.
22 Dass Jer 11,3b–6 Formulierungen aus 7,22f. aufnimmt, zeigt Thiel, Redaktion I, 149; vgl. auch Levin, Verheißung, 77–79.
23 Die Redaktionsgeschichte von Dtn 27 ist äußerst komplex; vgl. den Forschungsüberblick in Otto, Deuteronomium 23,16 – 34,12, 1925–1930. S. E. unterbrechen die Flüche in Dtn 27,14–26 den Zusammenhang von Dtn 27,11–13 und Dtn 28 und erweisen sich als eine spätnachexilische, judäische Korrektur der samarischen Garizimideologie (a. a. O., 1934).
24 Vgl. Otto, Deuteronomium 1,1 – 4,43, 536. 1 Kön 8,44–51 gilt als frühnachexilische Erweiterung des dtr Tempelweihgebets; vgl. Würthwein, Ernst, Das Buch der Könige. Kapitel 1–16 (ATD 11/1), Göttingen: Vandenhoeck & Ruprecht ²1985, 95.100.

grund und knüpft an die bekannte Metapher von Ägypten als Sklavenhaus an.[25] Die im Jeremiabuch singuläre Formulierung vom „Aufrichten" (קוּם Hif.) des Schwurs in V. 5a kombiniert Wendungen aus Dtn 7,8 und 8,18.[26] Mit der Beschreibung des Landes als זָבַת חָלָב וּדְבָשׁ „überfließend von Milch und Honig" greift der Vers auf eine frühnach-exilische Tradition des Deuteronomiums zurück.[27] „Milch" steht hier metonymisch für Schaf- und Ziegenherden; das meist mit „Honig" übersetzte דְבַשׁ kann nicht nur das Sekret wilder Bienen, sondern auch den süßen Sirup aus Trauben und Datteln be-zeichnen.

Auch die Aussage, dass das Haus Israel und das Haus Juda den mit den Vorfahren geschlossenen Bund gebrochen haben (V. 10b), gehört zur toraorientierten Überar-beitung. Der Halbvers spitzt die Anklage pointiert zu und nimmt die wichtigsten Leitworte aus V. 1–6 auf, die danach nicht mehr begegnen.[28] Die genannten „Häu-ser" verweisen auf die nachexilische Konzeption des Gottesvolkes aus Nord- und Südreich.

Jer 11,6 hält fest, dass Jeremia beauftragt war, die Worte des Bundes in den Städten Judas und in den Gassen Jerusalems zu Gehör zu bringen, damit sie getan würden.[29] Der in LXX bezeugte Text konstatiert danach nur: „Aber sie taten (sie) nicht" (V. 8b*). Im Einklang mit den ihnen vorliegenden Versen 9–15* stellen die Bearbeiter lapidar fest, dass Jeremias Forderung nicht beachtet wurde.

11,14 Fürbittverbot	Das direkt an Jeremia ergehende Verbot der Fürbitte ist in den ersten beiden Imperativen (V. 14a) wortgleich mit Jer 7,16a formuliert. Jʜᴡʜs Unwille zu hören bezieht sich jedoch nicht auf Jeremia (so 7,16b), sondern auf die Adressat*innen, denen er kein Gehör schenkt, wenn sie in der Zeit des hereinbrechenden Unheils zu ihm rufen. Im Hintergrund steht der Gedanke, Jeremias Bitten könnten die Hilferufe des Volkes verstärken. Das im Kontext unverbundene Verbot wurde noch in exilischer Zeit von der go;aorientierten Redaktion eingefügt, wohl aufgrund des Stichworts Hören/Nicht-Hören in Verbindung mit der Frage, welche Gottheit aus der Not retten könne.[30]
Prämasoreti- sche Erweite- rungen	Neben den üblichen Auffüllungen ergänzen die prämasoretischen Bearbeiter mit Blick auf 7,24–26 den Gedanken, dass Jʜᴡʜ die Vorfahren vom Tag des Exodus bis zum heutigen Tag ermahnt habe, sie aber nicht gehorchten und deshalb der Fluch über sie gekommen sei (11,7f.*). Dieser Rückblick auf die Geschichte stört die Fiktion eines vorexilischen Sprecherstandorts, betont aber erneut, dass Judas Untergang auf den Bundesbruch zurückzuführen sei. In 2 Kön 22,16 kündigt auch die Prophetin Hulda an, Jʜᴡʜ werde Unheil „über diesen Ort" bringen, nämlich „alle Worte des Dokuments (סֵפֶר)", das König Joschija im Tempel fand. Ob die Bearbeiter von Jer 11 bewusst auf diesen Vers anspielten, lässt sich nicht mit Sicherheit sagen. Für aufmerksame Le-

---

25 Zur Eisenverhüttung vgl. Vɪᴇᴡᴇɢᴇʀ, Dieter, „.... und führte euch heraus aus dem Eisen-schmelzofen, aus Ägypten, ...". כּוּר הַבַּרְזֶל als Metapher für die Knechtschaft in Ägypten (Dtn 4,20; I Reg 8,51 und Jer 11,4): Mᴏᴍᴍᴇʀ, Peter u. a. (Hg.), Gottes Recht als Lebens-raum, FS H. J. Boecker, Neukirchen-Vluyn: Neukirchener 1993, 267–276.

26 Vgl. Rᴏᴍᴇʀ, Israels Väter, 425.

27 Vgl. Ex 3,8.17; 33,3; Lev 20,24; Num 13,27; Dtn 6,3; 11,9; 26,9 u. ö.

28 Vgl. Rᴏᴍᴇʀ, Israels Väter, 422.

29 Die Verbindung von Hören und Tun der Gebote Jʜᴡʜs findet sich sonst in späten Pentateuchstellen, wobei Dtn 29,8 die engste Parallele zu Jer 11,6 ist; vgl. Lev 19,37; 20,8 u. ö.; Num 15,39; Dtn 7,12; 29,8; außerdem Neh 1,9.

30 Zur Funktion des Fürbittverbots s. o. die synchrone Analyse zu 7,16.

ser*innen beider Traditionen aber verknüpft Jer 11,8 die „Bundesrede" doch noch mit der sog. joschijanischen Reform.

Synthese

Jer 11,1–17 überliefert eine Rede Jhwhs an Jeremia (V. 1–5a) und einen prophetischen Selbstbericht, in dessen Verlauf erneut der Untergang Jerusalems und Judas zur Sprache kommt und Jhwh sich direkt an Jeremia und Juda wendet. Juda, die einst von Jhwh geliebte Gestalt, konnte das Unheil nicht durch Opfer abwehren. Sie war wie ein üppiger Ölbaum, der aber vom Feuer verzehrt wurde (V. 15f.). Die Schuld dafür wird den Zeitgenossen Jeremias, den vorexilischen Judäer*innen, angelastet: Sie haben sich gegen Jhwh verschworen, indem sie sich weigerten, auf seine Worte zu hören, und andere Gottheiten verehrten (V. 9–10a) – so das Urteil der geschichtsätiologischen Redaktion, die in V. 15f. ein Fragment älterer Überlieferung integriert. Daran kann auch Jeremia nichts ändern – so ergänzt die golaorientierte Redaktion; im Gegenteil: Jhwh hat ihm verboten, für das Volk einzutreten (V. 14).

Diese exilische Auseinandersetzung mit der Katastrophe wird durch nachexilische Tradent*innen neu interpretiert. Sie führen den Begriff ברית zur Beschreibung eines engen, aber asymmetrischen Verhältnisses zwischen Jhwh und dem Volk ein und verankern ihn im Exodusereignis, an das bereits in der exilischen Rede gegen den Tempel erinnert wird (7,22f.). Die Worte dieses Bundes sind die Gebote des Deuteronomiums, das als Bundesdokument auch den Fluch über diejenigen enthält, die der Gehorsamsforderung nicht nachkommen. Analog zur Fluchzeremonie in Dtn 27,15–26 lassen sie Jeremia stellvertretend für das Volk den Bund mit „Amen" bestätigen (V. 5). Die pointierte Aussage, dass Israel und Juda Jhwhs Bund brachen (הפרו את־בריתי, V. 10b), deutet den Untergang Jerusalems als Scheitern der von Jhwh gestifteten Beziehung. Diese Perspektive entspricht, ohne dass das Stichwort „Tora" fällt, der toraorientierten Redaktion, die die Gehorsamsforderung gegenüber ihren nachexilischen Adressat*innen aufrechterhält (V. 2a). Diese leben wieder im Land Juda, d. h. für sie hat sich die Landgabe erneut erfüllt (vgl. „wie es heute ist", V. 5a). Sie können die Beziehung zu Jhwh bewahren, sofern sie die Worte des Bundes, die im Deuteronomium zu lesen sind, hören und tun. Indem die Tradent*innen ihre Perspektive als bereits an Jeremia ergangenen Auftrag darstellen, nehmen sie Jeremias Autorität in Anspruch, die durch die Geschichte beglaubigt worden ist. Sie weisen dem Propheten eine Mose vergleichbare Rolle zu, denn wie Mose fordert Jeremia das Volk immer wieder zum Gehorsam gegenüber Jhwhs Weisung auf. Dass die Gehorsamsforderung in der Geschichte des Volkes weitgehend unerfüllt bleibt, ist ein Problem, für das die Ankündigung eines neuen Bundes (31,31–34) eine Lösung formuliert.[31]

---

31 Vgl. die synchrone Analyse zu Jer 31,31–37 in Sharps Kommentar zu Jer 26–52.

Jer 11,18 – 12,6: Jeremias erster Klagediskurs

Jeremia betet 18 [Und] JHWH _{hat mich erkennen lassen}/ lass mich erkennen^a, _{da erkannte ich}/ damit ich erkenne^a. Damals _{hast du mich sehen lassen}/ sah ich^b ihre Taten. 19 Aber ich (war) wie ein zutrauliches^a Lamm, das zum Schlachten geführt wird, [und] ich hatte nicht erkannt, [dass]^b sie Pläne gegen mich erdachten:

> „Lasst uns den Baum in seinem Saft verderben^c und ihn ausrotten aus dem Land der Lebenden, so dass sein Name nicht mehr erinnert wird."

20 [Aber] JHWH [Zebaot] richtet gerecht,
> prüft Nieren und Herz.

Möge ich deine Rache an ihnen sehen, denn dir habe ich meinen Rechtsstreit offengelegt.

JHWH antwortet 21 *Deshalb, so spricht JHWH* über die Leute von Anatot, die nach deinem /_{meinem}^a Leben trachten:

> „Prophezeie keinesfalls im Namen JHWHs, sonst wirst du durch unsere Hand sterben!"

22 [*Deshalb, so spricht JHWH Zebaot:*]^a

> Siehe, ich suche sie heim: Die jungen Männer werden durch das Schwert sterben, ihre Söhne und ihre Töchter werden durch den Hunger sterben, 23 und kein Rest wird von ihnen bleiben, denn ich werde Unheil über die Leute^a von Anatot bringen im Jahr ihrer Heimsuchung.

Jeremia klagt 12,1 Du bist gerecht, JHWH, (auch) wenn^a ich einen Rechtsstreit^b mit dir führe.
> Ja, ich will das Urteil über dich sprechen:^c

Warum ist der Weg der Frevelnden erfolgreich?
> (Warum) haben Ruhe alle, die treulos handeln?

2 Du hast sie gepflanzt, auch haben sie Wurzel geschlagen;
> sie _{wandeln}/ zeugten Kinder^a, auch haben sie Frucht gebracht.

Nahe bist du ihrem Mund, fern aber ihren Nieren.

3 Du aber, JHWH, hast mich erkannt[, du wirst mich sehen]^a,
> und du wirst mein Herz prüfen bei dir.

[Reiße sie weg wie Schafe zur Schlachtung und]^b
> weihe sie für den Tag des /_{ihres} Abschlachtens!

4 ^aWie lange soll trauern das Land
> und das Kraut allen Feldes vertrocknen?

Wegen der Bosheit derer, die darin wohnen, sind Vieh und Vögel zugrunde gegangen; denn sie haben gesagt:
> „Er wird unser Ende^b nicht sehen/ Gott^c wird unsere Wege nicht sehen."

JHWH antwortet 5 Wenn du mit Fußgängern gelaufen bist und sie dich ermüdeten, wie willst du dann mit Pferden mithalten^a? Und (wenn) du dich (nur) in einem friedlichen Land sicher fühlst, wie willst du es dann im Hochwuchs /_{beim Schnauben}^b des Jordan machen? 6 Denn auch deine Geschwister und das Haus deines Vaters, auch sie haben treulos gegen dich gehandelt, auch sie haben gerufen, hinter dir her (aus) voller (Kehle) /_{hinter dir her haben sie sich versammelt}^a. Glaube ihnen nicht, wenn sie Gutes zu dir reden!

Anmerkungen zu Text und Übersetzung

*   In der Übersetzung sind parallele Stichen durch Einrückung kenntlich gemacht, Prosa-verse füllen die Zeilen aus. Nebentexte mit Angaben zu Sprecher*innen oder Szenerie sind kursiviert. Zum System der Klammern und Kleinschreibung s. o. S. 22.

18a   LXX liest הודיעני als Imperativ Hif. + Suffix 1. sing. „lass mich erkennen" und ואדעה als Folgetempus „damit ich erkenne", was im Kontext eines Gebets (vgl. V. 20) erwartbar ist. MT vokalisiert die erste Form als 3. sing. *qatal* Hif. + Suffix 1. sing. „er hat mich erkennen lassen" und die zweite als *wajjiqtol* „da erkannte ich". Stipp (Gottesbildfragen, 211f.) hält die Deutung von MT für naheliegender, folgt aber in der nächsten Zeile der LXX-Lesart; s. zu 18b.

18b   Anstelle der im Kontext auffälligen Hif.-Form הראיתני der 2. sing., die in MT hier die Anrede an Gott beginnen lässt, setzt LXX mit εἶδον nur die Qal-Form ראיתי „ich habe gesehen" voraus. Während LXX die Gebetsanrede bereits in der ersten Zeile beginnt, ändert MT dies wohl, um Gottes Souveränität zu betonen; vgl. die Diskussion bei Stipp, Gottesbildfragen, 211f.

19a   אלוף meint „vertraut, zutraulich" (Jer 3,4; Spr 2,17), LXX übersetzt „unschuldig".

19b   Anstelle des Objektsatzes in MT formuliert LXX einen neuen Satz, der das folgende Zitat einleitet: „Gegen mich dachten sie einen bösen Plan aus."

19c   LXX liest נשליכה „lasst uns hineingeben" anstelle von MT נשחיתה „lasst uns verderben" und versteht das Objekt „Holz in seinem Brot" als eine verdorbene Speise, während T an Gift im Brot denkt. Die meisten Auslegungen folgen Hitzigs Konjektur von בלחמו zu בלחו „in seinem Saft"; vgl. Ges[18], 603; BHS; McKane, ICC, 257.

21a   In LXX wird das Gotteswort von Jeremia zitiert; MT weist es mit „deinem Leben" als direkte Rede Jhwhs an Jeremia aus, wobei die Botenformel als Einleitung des Gottes-spruchs fungiert.

22a   Die Botenformel wurde prämasoretisch nachgetragen, um das als Schuldaufweis ge-dachte Zitat der Gegner*innen stärker von der Ankündigung ihres Endes zu trennen; vgl. McKane, ICC, 258.

23a   LXX geht mit τοὺς κατοικοῦντας „die Wohnenden" auf ישבי zurück, während MT אנשי „Männer" wie in V. 21 bietet. Die inklusive Übersetzung von אנשים als „Leute" wurde gewählt, weil in V. 22 die Töchter genannt sind.

12,1a   Das כי in MT ist schwer verständlich, passt weder als Begründung noch als Einleitung eines Objektsatzes zur vorherigen Aussage. LXX übersetzt ohne Rücksicht auf den Sinn Wort für Wort; die meisten antiken Übersetzungen deuten den Satz als Möglich-keit bzw. als Anzeichen der Verteidigung i. S. v. „obwohl du gerecht bist, streite ich mit dir"; vgl. McKane, ICC, 260.

1b   LXX stuft den Rechtsstreit mit ἀπολογήσομαι zur Verteidigungsrede herab.

1c   דבר משפטים Pi. + את bedeutet „ein Urteil sprechen über" (1,16; 4,12; 39,5; 52,9), was LXX sinngemäß mit κρίματα λαλήσω πρὸς σέ wiedergibt; vgl. Baumgartner, Klagege-dichte, 54. Viele Auslegungen entschärfen Jeremias hartes Wort gegen Jhwh mit der Übersetzung „eine Rechtsangelegenheit vortragen"; z. B. Wanke, ZBK, 124; Schmidt, ATD 20, 236; ähnlich McKane, ICC, 260f.; Carroll, Jeremiah, 282.

2a   LXX ἐτεκνοποίησαν gibt ילדו wieder. MT ילכו passt hinsichtlich Inhalt und *jiqtol*-Form nicht zum Kontext und ist daher als Schreibfehler (כ statt ד) erkennbar; vgl. Finster-busch/Jacoby, MT-Jeremia 1–24, 148. McKane (ICC, 262) deutet MT als „wachsen" mit Verweis auf das Bild der sich ausbreitenden Zweige in Hos 14,7.

3a   MT תראני fehlt in LXX, stört den synonymen Parallelismus und ist daher eine späte Glosse.

3b   Der Zusatz in MT verschärft die Aussage.

4a   BHS versteht V. 4a.bα als Zusatz; RUDOLPH (HAT, 84) lässt V. 4a weg und stellt V. 4b hinter V. 2. Das hat keinen Anhalt am Text, der in LXX belegt ist; vgl. McKANE, ICC, 263.

4b   LXX liest wohl ארחותנו anstelle von MT אחריתנו (Buchstabenvertauschung und -verwechslung י/ו). Da der Weg der Frevelnden auch in V. 1 genannt ist, liegt der Fehler eher in der hebräischen als in der griechischen Überlieferung, die hier als ursprünglich vorgezogen wird; vgl. WANKE, ZBK, 124.

4c   LXX bietet ὁ θεὸς und 4QJerᵃ die ersten beiden Buchstaben des Tetragramms; vgl. DJD XV, 160.

5a   MT תִּתְחָרֶה ist nach GK § 55h und Ges[18], 395 eine *tif'el*-Form von חרה „heiß sein"; vgl. das Partizip in 22,15. LXX übersetzt aus Unkenntnis des Verbs mit dem generellen Ausdruck πῶς παρασκευάσῃ „wie willst du dich bereiten"; vgl. TOV, Septuagint Translators, 215.

5b   גאון bedeutet „Hoheit, Stolz", aber auch „Zierde, Pracht". Die Wendung גאון הירדן findet sich in Jer 49,19; 50,44; Sach 11,3 i. S. v. „Hochwuchs, Buschwald des Jordan"; vgl. Ges[18], 189. LXX versteht den Satz metaphorisch als „Schnauben", d. h. mit Blick auf bedrohliche Wassermassen. FINSTERBUSCH/JACOBY (MT-Jeremia 1–24, 149) verstehen MT „Hochmut" als Gegenbegriff zu „Frieden". Der Vergleich „sichtbares Land" vs. „undurchdringliches Dickicht" liegt m. E. näher.

6a   Der Sinn von MT ist unklar; das als Adjektiv masc. sing. vokalisierte מלא wird mit Hinweis auf קראו מלאו ואמרו in 4,5 oft als Angabe der Lautstärke verstanden. LXX ὀπίσω σου ἐπισυνήχθησαν setzt מלאו in der Vorlage voraus und deutet es als 3. plur. *qatal*-Form von מלא „voll sein, füllen", verwendet dafür aber das sonst in Jer[LXX] nicht belegte Verb ἐπισυνάγομαι „sich versammeln" (vgl. 2 Chr 5,6; 20,26). Ob die Übersetzer den Vorgang als Zusammenrotten gegen Jeremia auffassen, ist unklar; in Jer 26,8 = Jer[LXX] 33,8 verwenden sie dafür συλλαμβάνω „ergreifen".

Synchrone Analyse

Struktur   Nach der Verurteilung der einst geliebten Frau (11,15–17) wendet sich Jeremia bittend an JHWH (nach LXX) bzw. spricht über sein Verhältnis zu ihm (so MT). In beiden Fällen wird das Thema von 11,15–17 erst durch die in 12,7 neu einsetzende Klage mit dem Stichwort „mein Haus" fortgeführt.[32] Jer 11,18 – 12,6 unterbricht also den unmittelbaren Kontext, knüpft jedoch mit dem Baummotiv (11,19; vgl. 11,16) und dem Verb נטע „pflanzen" (12,2 vgl. 11,17) daran an.

In 11,18 – 12,6 wechseln sich Poesie (11,20a; 12,1–4a) und Prosa ab (11,18f.20b.21–23; 12,4b–6). MT und LXX weisen einige Varianten auf:

> Während sich die klagende Person nach LXX bereits in V. 18a an Gott wendet, tut sie dies nach MT erst in V. 18b. Beide Traditionen fassen V. 18–20 als Gebet auf, das in V. 20b mit einem Rachewunsch endet. Dass hier Jeremia betet, ergibt sich aus der Identifikation der Gegner*innen als „Leute von Anatot" in 11,21.
>
> Die Botenformel in 11,21 leitet in LXX, wie üblich, eine Prophetenrede ein, lässt also Jeremia das göttliche Urteil über die Leute von Anatot („die nach *meinem* Leben trachten") vortragen. In MT verweist sie dagegen, wie in 12,14; 14,15, auf eine Gottesrede („die nach *deinem* Leben trachten"). Prämasoretisch wird die Formel in V. 22aα

---

32   So auch FINSTERBUSCH/JACOBY, MT-Jeremia 1–24, 151.

wiederholt, um erneut Gott als Sprecher zu betonen.[33] Nach MT zitiert Jeremia in 11,21–23 also Gottes Urteil über seine eigenen Gegner*innen.

Die Klage in 12,1–4 wird in 12,5f. durch Jhwh beantwortet, wobei auch hier erst die Antwort Jeremia als Sprecher der Klage ausweist.

> Die verschiedenen Sprecherpositionen, Zitate und die mitunter unklaren Bezüge haben zu mehreren Vorschlägen für eine Umstellung einzelner Verse geführt mit dem Ziel, eine kohärentere Argumentation zu erreichen. Die ältere Forschung plädiert überwiegend für eine Umstellung von 12,6 hinter 11,18 (vgl. BHS), um „ihre Taten" auf die Verwandten Jeremias beziehen zu können. Noch weiter geht Rudolph, der mehrfach Verse umstellt, 12,4a.bα ganz weglässt und so eine Selbstreflexion Jeremias mit anschließendem Gebet rekonstruiert.[34] Ein solch eigenmächtiger Umgang mit dem Text unter Vernachlässigung der LXX-Varianten ist methodisch nicht zu rechtfertigen. Hier zeigt sich bereits synchron, dass gebetsartige Abschnitte mit Antworten versehen wurden, die die ungenannte Person identifizieren und deren Situation ausmalen. Dabei greifen die Verfasser auf Sprache und Motivik sowohl der Psalmen als auch des Jeremiabuches zurück.

Das Gebet in 11,18–20 verwendet bekannte Motive und Redeformen der Klagepsalmen: Das zur Schlachtbank geführte Schaf symbolisiert das Ausgeliefertsein an ein unheilvolles Schicksal (Ps 44,23; Jer 51,40). Die bekannteste Motivparallele findet sich, allerdings mit anderer Begrifflichkeit, in der Beschreibung des Gottesknechts in Jes 53,7. Der von den Gegner*innen als lebendiger Baum beschriebene Beter (V. 19b) erinnert an das Ideal der Torafrömmigkeit in Ps 1,3 (vgl. auch den Segensspruch Jer 17,7f.). Das Ziel der Gegner*innen, Jeremia zu vernichten, „damit sein Name nicht mehr erinnert werde", hat eine enge Parallele in der Beschreibung der Feinde Israels im kollektiven Klagepsalm 83,4f. In beiden Fällen zielt die Auslöschung nicht nur auf das Leben, sondern auch auf jegliche Erinnerung an die Person bzw. das Volk. Freilich hat der Beter die Machenschaften seiner Gegner*innen bereits durchschaut und führt diese Erkenntnis auf Gottes Wirken zurück (V. 18b MT). Er erwartet Jhwhs Eingreifen und charakterisiert ihn als gerechten Richter (V. 20a), was der in Klagepsalmen üblichen Vertrauensaussage entspricht. Die Wendung „der Nieren und Herz prüft" findet sich fast wörtlich in Ps 7,10; Jer 17,10; 20,12. Herz und Nieren sind Gesamtausdruck für das menschliche Wollen und Fühlen, so dass das göttliche Prüfen die Kenntnis der ganzen Person zur Folge hat.

11,18–20
Klage

Auch der an Jhwh gerichtete Rachewunsch (V. 20b) ist ein typisches Element der individuellen Klage (vgl. Ps 5,11; 10,15; 28,4). Er zielt darauf, dass Gott Unrecht vergilt (vgl. Ps 94,1; 99,8) und die Folgen des bösen Handelns auf die Täter*innen zurücklenkt, mithin den Tun-Ergehen-Zusammenhang wieder in Kraft setzt. Wie die Rede vom „Rechtsstreit" gehört die Vorstellung des vergeltenden Handelns Gottes zur Rolle des gerechten Richters. Das Motiv der Rache zieht sich wie ein roter Faden durch die Klagegebete in Jer 11–20: 11,20 wird fast wörtlich in 20,12 wiederholt und bildet so eine *inclusio* zwischen dem ersten und dem letzten Klage-

---

33 Vgl. Finsterbusch, Messenger Formula, 373; Finsterbusch/Jacoby, MT-Jeremia 1–24, 147; ähnlich Meier, Speaking of Speaking, 262. LXX verdeutlicht diese Kommunikationssituation durch Änderung des Suffixes in die 1. sing.
34 Vgl. Rudolph, HAT, 86f.

diskurs.[35] Ähnliche Vergeltungsbitten finden sich in 12,3; 15,15; 17,18 und 18,21–23. Jer 11,18–20 ist somit ein typisches Klagegebet einer verfolgten Person, die Gott bittet, rettend einzugreifen.

11,21–23
Das zitierte
Gottesurteil

Das Unheilswort in 11,21–23 nennt die Gegner*innen „Leute von Anatot" (V. 21), dem Heimatort Jeremias, identifiziert somit Jeremia als Beter von 11,18–20. Als Schuldaufweis dient ein weiteres Gegnerzitat, mit dem diese Menschen dem Propheten unter Androhung des Todes verbieten, im Namen JHWHs zu prophezeien. V. 21 beschreibt eine Situation ähnlich der in Jer 26,7–9 erzählten Bedrohung des Lebens Jeremias nach seiner Rede gegen den Tempel.

Der Gedanke, dass JHWH zu einem bestimmten Zeitpunkt eingreift, findet sich in den Klagediskursen in unterschiedlichen Formulierungen: „das Jahr ihrer Heimsuchung" (V. 23b; vgl. 23,12; 48,44), „Zeit des Unheils" und „Zeit der Bedrängnis" (15,11), „Tag der Schlachtung" (12,3), „heilloser Tag" (17,16), „Tag des Unheils" (17,17f.). Gemeint ist nicht ein bestimmtes Datum, sondern, dass Gott plötzlich und unerwartet handelt. Die Fixierung auf einen Tag findet sich auch im Blick auf den Exodus (7,22; 11,4.7; 31,32; 34,13), das Eintreffen des Gottesgerichts über Juda (4,9; 18,17; 25,33; 39,16) und fremde Völker (48,41; 49,22.26; 50,30; 51,2) sowie in Heilsaussagen (30,8; 39,17).

12,1–4
Klage eines
leidenden
Gerechten

Auch das Gebet in 12,1–4 verweist zunächst nur auf eine beliebige Person, die an Gottes Gerechtigkeit appelliert und Gott zum Rechtsstreit herausfordert.

Der in deutschen Bibelübersetzungen überwiegend mit „Frevler" wiedergegebene Begriff רשעים bezeichnet auch in Klagepsalmen die Gegner*innen Gottes und der Betenden; die Wendung „Weg der Frevelnden" (12,1) findet sich noch in Ps 1,6; 146,9; Spr 4,19; 12,26. Solche Menschen werden in 12,1 mit dem Verb בגד als treulos charakterisiert, das im Jeremiabuch auch das Handeln des Volkes negativ qualifiziert (3,20; 5,11). Die Klage über das Glück dieser die Gemeinschaft schädigenden Personen begegnet vor allem in weisheitlichen Psalmen (Ps 73,3–12; 94,3f.). Wie Jer 12,2 zeigt, wird die Metapher vom sprossenden Baum nicht nur für gute Menschen (Ps 1,3), sondern auch für die, die Böses tun, verwendet (vgl. Hiob 5,3; 8,16; 15,30). Deren Sorglosigkeit wird auch in Ps 73,12 erwähnt. Die nur in Jer 12,2 gebrauchte Formulierung „nahe bist du ihrem Mund, fern aber ihren Nieren" meint, dass sie zwar von Gott sprechen, er aber keine innere Beziehung zu ihnen hat.

Angesichts des erfolgreichen Lebens von Menschen, die die Gemeinschaft schädigen, zweifelt die in 12,1–3 betende Person an JHWHs Gerechtigkeit und fordert ihn zum „Rechtsstreit", d. h. zur Gerichtsverhandlung auf, wie Hiob es tut (10,2; 13,18f.; 31,35).

Ein ganz anderes Thema bringt die Frage ein, wie lange die Dürre des Landes noch andauern werde (12,4). Hier und in 14,1–6 wird ein solches Naturereignis als Folge bösen Handelns der Bewohner*innen des Landes dargestellt. Die Vorstellung, dass sich menschliches Fehlverhalten als Störung der Weltordnung auf die Naturabläufe auswirkt (vgl. Hos 4,1–3), entstammt der weisheitlichen Tradition. Das Gegnerzitat in 12,4 bezichtigt in beiden Varianten (LXX und MT) die Judäer*innen, sie wollten nicht wahrhaben, dass Gott diese Weltordnung bestimme und entsprechendes Fehlverhalten wahrnehme.

---

35 McKANE (ICC, 254) hält 11,20 für nachgetragen, weil es poetisch formuliert ist, aber im Prosakontext steht. Allerdings ist 20,12 weniger gut in den Kontext integriert und als bewusste *inclusio* zu 11,20 eingefügt; mit PARKE-TAYLOR, Formation, 14–18.

Erneut identifiziert erst die Antwort in 12,6, die mit der Treulosigkeit der Mitglieder „deines" Vaterhauses auf die Leute von Anatot zurückverweist, Jeremia als Sprecher der Klage und, implizit, JHWH als Antwortenden. Seine Antwort tröstet jedoch nicht, sondern verschärft die Auseinandersetzung, insofern er zwei rhetorische Gegenfragen stellt, die auf Jeremias Ohnmacht zielen: Wie kann Jeremia, der nicht einmal mit Fußgängern Schritt halten kann, mit Pferden mithalten? Wie kann er, der sich im friedlichen Land nicht sicher fühlt, im Gestrüpp des Jordan bestehen?

12,5f.
JHWHs harsche
Antwort

> Die Pferde könnten auf das Streitwagenheer der Babylonier verweisen (vgl. 4,13; 6,23; 8,16; 46,4.9). Das Jordangestrüpp bezieht sich auf den südlichen Abschnitt des Flusses, der im ersten Jahrtausend v. d. Z. an beiden Ufern mit Bäumen und Gestrüpp bewachsen war, in dem auch wilde Tiere lebten. Jer 4,7; 5,6 beschreiben den Feind als einen aus dem Dickicht hervorbrechenden Löwen; Jer 49,19 = 50,44 kündigt das Aufbrechen JHWHs aus dem Jordandickicht an.

Mit dieser Entgegnung weist JHWH Jeremias Bitte um Bestrafung seiner Gegner*innen zurück[36] und kündigt implizit an, dass es für ihn noch bedrängendere Situationen geben werde. Obwohl man von der Großfamilie eigentlich Solidarität und Schutz vor Anfeindung erwartet, behauptet der Text, dass sich Jeremias Angehörige gegen ihn wenden und ihn öffentlich verleumden – der Prophet wird sogar von der eigenen Familie verlassen.

Diachrone Analyse

Da der Klagediskurs 11,18 – 12,6 die Rede über eine weibliche Gestalt in 11,15–17 und 12,7–13 unterbricht, erweist er sich insgesamt als späte Einschreibung in einen bereits vorliegenden Text.[37] Seine jetzige Platzierung erklärt die Verfolgung Jeremias (11,19.21) als Reaktion auf dessen Unheilsbotschaft gegen Juda (11,12–13.17) und die Verfluchung derer, die Gottes Bund nicht beachten (vgl. 11,3).[38]

Das Gebet in 11,18–20 gebraucht typische Motive und Wendungen der Klage des*der Einzelnen. Der Beter präsentiert sich als ein zu Unrecht Verfolgter, der Gott um Vergeltung bittet. Er wird erst durch das Zitat des göttlichen Unheilswortes (V. 21–23) mit Jeremia identifiziert. Dieses Wort spielt auf die in Jer 26,7–9 erzählte Lebensgefahr Jeremias an und greift in seiner Ankündigung auf dtjer Wendungen zurück, die sonst das Schicksal des gesamten Volkes umschreiben:

> JHWH wird die Leute von Anatot „heimsuchen" (פקד + על V. 22a; vgl. 23,2; 29,32; 44,29; 46,25; 50,18)[39]; sie werden „durch Schwert und Hunger sterben" (V. 22b; vgl. 21,9 par.; 38,2; 42,17.22); „kein Rest wird übrigbleiben" (V. 23a; vgl. 8,3; 15,9; 24,8); JHWH wird Unheil über sie bringen (בוא Hif. + רעה V. 23b; vgl. 6,19; 11,11; 19,3.15; 23,12 u. ö.).

---

36 So mit ITTMANN, Konfessionen, 97.

37 Mit BEZZEL, Konfessionen, 53.

38 Vgl. STULMAN, Order Amid Chaos, 147.

39 Weitere Fügungen in STIPP, Konkordanz, 112.

Damit ist die Kombination aus Klagegebet und Gerichtswort frühestens exilisch, wahrscheinlicher erst nachexilisch zu datieren.

Der Beter von 12,1–3 ist ein typischer leidender Gerechter, der am Wohlergehen derer, die Böses tun und treulos handeln, verzweifelt. Ähnlich wie Hiob beginnt er mit Gott über den in seinen Augen gestörten Zusammenhang von Tun und Ergehen zu streiten, hinterfragt also das zunächst geäußerte Vertrauen in Gott (12,1; vgl. 11,20). Die Identifikation des Betenden mit Jeremia leistet einerseits der erneute Verweis auf die Leute von Anatot in 12,6, andererseits das Dürremotiv in 12,4 (vgl. 14,1). Dieser Vers rekurriert auf die weisheitliche Vorstellung, dass menschliches Fehlverhalten die Fruchtbarkeit des Landes beeinträchtige, die sonst nur in redaktionellen Versen (3,2b.3a; 23,10) und in der nachexilischen Vision 4,23–26 begegnet. Die Frage, wie lange das Land noch trauern müsse, verweist möglicherweise auf die auch in nachexilischer Zeit noch nicht erreichte umfassende Restitution Judas.

Die Gebete selbst (11,18–20; 12,1–3) sind inhaltlich auf verschiedene Situationen anwendbar, also gerade keine authentischen Worte Jeremias. Erst durch ihre Kontexteinbettung zeichnen sie – mit Wendungen und Motiven aus späten Psalmen und exilischen Texten des Buches – Jeremia als einen um seiner Botschaft willen Verfolgten, der Gott seine Situation klagt und mit ihm über die Ungerechtigkeit der Welt streitet. Aufgrund der unterschiedlichen Charakterisierung der Jeremiafigur ist es möglich, 12,1–6 als Fortschreibung von 11,18–23 zu verstehen.[40] Im Blick auf die Hiobfigur ist jedoch wahrscheinlicher, dass späte Tradent*innen Jeremia hier in verschiedenen Rollen porträtieren.[41]

Synthese

Der Einbau zweier Klagegebete und ihre Deutung, die Jeremias Gegner*innen mit Menschen seines Heimatortes und seiner Familie identifiziert, ist das Ergebnis einer Auseinandersetzung später Tradent*innen mit Verkündigung und Geschick des Propheten. Mit Hilfe des Porträts der sog. Frevler (רשעים) aus weisheitlichen Psalmen unterstreichen sie die in Jer 26 u. ö. geschilderte Verfolgung Jeremias und porträtieren ihn als einen leidenden Gerechten, der wie der Gottesknecht aus Jes 53 gedemütigt wird. Dass sich selbst Leute seines Heimatortes (11,21) und Angehörige seiner Familie (12,6) von Jeremia abwenden, unterstreicht seine in 16,1–9 geschilderte soziale Isolation.

Obwohl Jeremia Jhwhs Rolle als gerechter Richter beschwört (11,20; 12,1a), stellt er ihm die anklagende Frage, weshalb diejenigen, die die Gemeinschaft schädigen, so erfolgreich seien (12,1b). Sie wird als Urteil Jeremias über Gott eingeführt und drückt den Zweifel darüber aus, dass Gott gerecht handle. Obwohl der genaue Wortlaut der göttlichen Antwort in 12,5 unklar ist, wird deutlich, dass Jhwh seinerseits Jeremias Tun als nicht hinreichend kritisiert. Jedenfalls kommt er dem Propheten nicht zu Hilfe und lindert auch dessen Angst vor Verfolgung und Tod nicht,

---

40   So Bezzel, Konfessionen, 40.
41   Vgl. Pohlmann, Ferne Gottes, 45: „ad hoc erstelltes Kompositgebilde". Auch Hubmann (Konfessionen, 92f.) und O'Connor (Confessions, 36) betrachten 11,18 – 12,6 als literarische Einheit, wenngleich mit unterschiedlicher Datierung des Textes.

sondern warnt ihn vor den Angehörigen seiner eigenen Familie. Hier zeichnet sich bereits eine Entfremdung der Jeremiafigur von Jhwh ab. Ihr Verhältnis zu Gott erscheint als ambivalente Haltung zwischen Anklage und Hoffnung auf Rettung und wird auch in weiteren Klagediskursen thematisiert. Jeremia zieht hier erstmals Jhwhs Gerechtigkeit in Zweifel, fühlt sich selbst unverstanden und sozial isoliert. Sein inneres Erleben erscheint beispielhaft für die Situation einer traumatisierten Person, die sich an Gott wendet, aber in dieser Beziehung keinen sicheren Ort erkennen kann.[42]

Achter Akt: Jer 12,7–17: Die Verheerung des Landes

7 Ich habe mein Haus verlassen,
  meinen Erbbesitz aufgegeben;
ich habe die von mir[a] Geliebte {fem. sing.}
  in die Hand ihrer Feinde gegeben.
8 Mein Erbbesitz ist mir geworden
  wie ein Löwe[a] im Wald;
sie hat ihre[b] {fem. sing.} Stimme gegen mich erhoben,
  darum hasse ich sie.
9 Ist mir mein Erbbesitz ein bunter Raubvogel /eine Höhle der Hyäne?[a]
  Ist ein Raubvogel /eine Höhle ringsum über ihm?
Auf, sammelt[b], alle Tiere des Feldes,
  bringt/ kommt[c] zum Fraß /um ihn zu fressen[d].
10 Viele Hirten haben meinen Weinberg verdorben,
  mein Grundstück[a] zertreten;
sie haben mein kostbares Grundstück
  zur verödeten Wüste gemacht.
11 Es wurde zur Öde /zu einem Verschwinden[a] gemacht[b],
  es trauert meinetwegen /in seinem Zugrundegehen[c] durch mich, verödet.
Verödet ist das ganze Land,
  denn niemand nimmt es sich zu Herzen.
12 Über alle kahlen Höhen[a] in der Wüste
  sind Verwüster /Elend-Gewordene[b] gekommen.
Denn ein Schwert für Jhwh[c] frisst von einem Ende der Erde[d] bis zum anderen.
Keinen Frieden (gibt es) für alles Fleisch!
13 Sie haben Weizen gesät[a] und Dornen geerntet[a],
  sie sind erschöpft, haben keinen Nutzen[b].
Schämt euch wegen eurer Erträge /eures Ruhmes[c],
  wegen des glühenden Zorns Jhwhs /an der Schmähung vor dem Herrn.[d]

Szene I,
1. Auftritt:
Jhwh klagt

---

42 Ähnlich O'Connor, Pain and Promise, 85.

I, 2: Jʜwʜ über
die Völker

14 *So spricht* Jʜwʜ über alle [meine][a] bösen Nachbarn, die den /_{meinen}[b] Erbbesitz antasten, den ich meinem Volk Israel als Erbe gegeben habe:

Siehe, ich entwurzele sie aus ihrem Boden und [das Haus] Juda werde ich aus ihrer Mitte reißen. **15** Aber nachdem ich sie entwurzelt[a] habe, werde ich umkehren und mich ihrer erbarmen und ich werde sie zurückkehren /_{wohnen} lassen[b], einen jeden zu seinem Erbbesitz und einen jeden in sein Land.

16 Wenn sie wirklich die Wege meines Volkes lernen, so dass sie bei meinem Namen schwören: „Jʜwʜ lebt!" – wie sie mein Volk gelehrt haben, beim Baal[a] zu schwören –, sollen sie aufgebaut werden inmitten meines Volkes. **17** Wenn sie aber nicht hören /_{umkehren}[a], werde ich jene Nation entwurzeln, entwurzeln und vernichten[b]! [– *Spruch* Jʜwʜs].

Anmerkungen zu Text und Übersetzung

*   In der Übersetzung sind parallele Stichen durch Einrückung kenntlich gemacht, Prosaverse füllen die Zeilen aus. Nebentexte mit Angaben zu Sprecher*innen oder Szenerie sind kursiviert. Zum System der Klammern und Kleinschreibung s. o. S. 22.

7a   MT נפשי betont hier das Ich.

8a   Gegen die Punktierung אַרְיֵה „Löwe" in MT, gestützt von LXX und V, ist mit Sᴇʏʙᴏʟᴅ (Löwe, 97f.) אֻרְוֵה „Krippe, Stall" als ursprünglich anzunehmen, ein Lehnwort aus dem Akkadischen (*urû* „Stall"). Zur Begründung s. u. die diachrone Analyse. Der Löwe ist sonst im Jeremiabuch Metapher für den Feind (4,7; 5,6) oder für Jʜwʜs zerstörerisches Handeln (49,19; 50,44).

8b   Das in V. 7 erwähnte Kollektiv und das Nomen נחלה sind im Hebräischen feminin.

9a   MT עיט צבוע wird meist mit „bunter Raubvogel" übersetzt, wobei das *Hapaxlegomenon* צבוע von aramäisch und mittelhebräisch צבע „färben" hergeleitet wird; vgl. V *discolor*. LXX übersetzt mit σπήλαιον ὑαίνης „Höhle der Hyäne", wobei עיט in Verbindung mit arabisch *ġawṭun* „Höhlung, Grube" zu deuten wäre und Hyäne die nachbiblische Bedeutung von צָבוּעַ sowie arabisch *ḍabʿ* und syrisch قموح widerspiegelt; vgl. Eᴍᴇʀᴛᴏɴ, John A., Notes on Jeremiah 12:9 and on some Suggestions of J. D. Michaelis about the Hebrew words *nachā, ʿaebrā*, and *jada*': ZAW 81 (1969), 182–188, 184f. Hat LXX also keine andere Vorlage, sondern deutet den hebräischen Text, so ist ersichtlich, dass Übersetzer und Masoreten mit dem Sinn ringen. Die zahlreichen Erklärungen des vorliegenden Textes stellt McKᴀɴᴇ (ICC, 269–273) zusammen.

9b   An wen der Imperativ plur. אֶסְפוּ gerichtet ist, bleibt unklar. V bietet eine Passivform. Vermutlich handelt es sich um eine Glosse.

9c   MT הֵתָיוּ ist ein aus הֶאֱתָיוּ kontrahierter Imperativ plur. Hif.; vgl. Ges¹⁸, 115. LXX ἐλθέτωσαν und V setzen die Qal-Form אֵתָיוּ voraus, die wohl ursprünglich ist und die Feldtiere adressiert.

9d   LXX liest לאכלה als Infinitiv cstr. mit Suffix 3. fem. sing., was eine im Kontext naheliegende Lesart darstellt. MT ist als Nomen mit Präposition ל vokalisiert: „zum Fressen".

10a Hebräisch חלקה (fem.) bezeichnet den Anteil an Grundbesitz.

11a LXX übersetzt שממה in 9,10; 10,22 und hier mit ἀφανισμός „Verschwinden" und gebraucht das zugehörige Verb noch in 12,4; vgl. Fɪɴsᴛᴇʀʙᴜsᴄʜ/Jᴀᴄᴏʙʏ, MT-Jeremia 1–24, 150.

11b MT שָׂמָהּ ist als 3. masc. sing. Qal mit Suffix der 3. fem. sing. „er hat sie (= das Grundstück) gemacht" vokalisiert. LXX versteht שמה als defektives Partizip passiv fem. Qal „es wurde gemacht"; V bietet plur. „sie machten ihn" und denkt an die Hirten als Subjekt, so dass McKᴀɴᴇ (ICC, 275) für die defektive Pluralform שָׂמֶהָ plädiert. Laut Sᴇʏʙᴏʟᴅ (Löwe, 103) war die Zeile ursprünglich lautmalerisch: שמה לשממה אבלה עלי.

11c LXX liest אבדה (MT אבלה) und deutet es als Verbalabstraktum. Zur Äquivalenz von אבד und ἀπόλλυμι vgl. 1,10; 12,17 sowie FINSTERBUSCH/JACOBY, MT-Jeremia 1–24, 150.

12a Die griechischen Übersetzer kennen das Wort שְׁפָיִם nicht und übersetzen es hier mit Blick auf den Kontext mit διεκβολή „Durchgang, Pass"; vgl. TOV, Septuagint Translators, 207.

12b MT ist als Partizip plur. aktiv punktiert und bezieht sich auf die Feinde; LXX liest שְׁדֻדִים im Blick auf 4,13.20; 9,18; 10,20 als Partizip passiv, übersetzt es mit dem intransitiven ταλαιπωρέω, denkt also an die Opfer des Angriffs; vgl. FINSTERBUSCH/JACOBY, MT-Jeremia 1–24, 152.

12c So MT wörtlich; LXX und V bieten den Genitiv „Schwert JHWHs"; vgl. auch Jer^{LXX} 29,6.

12d אֶרֶץ bedeutet „Land" oder „Erde", in der Formulierung „von einem Ende ... zum anderen" wohl Letzteres (so auch 10,13; 25,33; 51,16.41). Die Aussage erweitert JHWHs Herrschaftsbereich.

13a LXX liest זרעו und קצרו als plur. Imperative; MT punktiert als 3. plur. qatal.

13b MT נֶחְלוּ ist als 3. plur. Nif. qatal von חלה „krank, erschöpft sein" vokalisiert. LXX und V denken an נחל „erben", was vom Konsonantenbestand her naheliegt. LXX liest wohl נחלות „Erbteile" und ergänzt zwei Personalpronomina „ihre Erbteile werden ihnen nicht nützen". Das ist eine ad hoc-Deutung eines schwer verständlichen Verses.

13c MT ובשו kann als Imperativ plur. Qal (so LXX) oder 3. plur. qatal von בוש verstanden werden (so RUDOLPH, HAT, 88). Letzteres passt besser zu den vorherigen Aussagen, Ersteres besser zum 2. plur.-Suffix des folgenden Objekts (in LXX, MT, V). LXX übersetzt mit Imperativ, liest aber anstelle von מתבואתיכם „wegen eurer Erträge" מתפארתכם „wegen eures Ruhmes" (so auch Ez 16 passim; 1 Chr 29,13; Spr 16,31). RUDOLPH (HAT, 88; vgl. BHS) konjiziert das Suffix der 2. plur. zur 3. plur. ohne Anhalt an den Versionen: „enttäuscht stehen sie vor ihrer Ernte".

13d LXX ἀπὸ ὀνειδισμοῦ ἔναντι κυρίου gibt מחרפה ליהוה wieder (MT מחרון אף־יהוה). Welche Lesart ursprünglich ist, lässt sich nicht mehr entscheiden.

14a LXX „alle bösen Nachbarn" geht auf den Konsonantentext כל־השכנים הרעים zurück. MT bezeugt die cstr. plur.-Form שְׁכֵנִי, punktiert diese aber mit dem Suffix der 1. sing.

14b Das Possessivpronomen in LXX verstärkt den Bezug zu 12,7.

15a Während MT in V. 14f. dreimal das Verb נתש gebraucht, differenziert LXX zwischen ἀποσπάω „ausreißen" mit dem Objekt Nachbarn und ἐκβάλλω „herauswerfen" mit dem Objekt Juda, so dass an dieser Stelle nur Juda gemeint ist; vgl. FINSTERBUSCH/JACOBY, MT-Jeremia 1–24, 152.

15b MT bietet eine Hif.-Form von שוב „zurückkehren lassen", während LXX den Konsonantentext vom Verb ישב ableitete, was ebenso möglich ist.

16a Baal wird in Jer^{LXX} durchgängig verächtlich feminisiert; s. o. zu 2,8b.

17a LXX liest ישובו anstelle von MT ישמעו.

17b LXX formuliert attributiv „durch Ausreißen und durch Zugrundegehen".

Synchrone Analyse

Jer 12,7–17 ist an einigen Stellen kaum verständlich, was auch aus den zahlreichen Varianten in MT, LXX und Vulgata ersichtlich ist. Auf die Klage einer einzelnen Person über den Verlust ihres Hauses, ihres Erbteils, einer von ihr geliebten Person und ihres Weinbergs (V. 7–13) folgt ein mit Botenformel eingeleitetes Unheilswort JHWHs, das über die Nachbarvölker Israels spricht, aber diese nicht direkt adressiert (V. 14–17). Da zumindest 12,7–13 die Klagen aus Kap. 8–10 fortführt, kann der gesamte Abschnitt als achter Akt im Drama von Untergang und Zerstörung verstanden werden. Wie aus dem Inhalt hervorgeht, ist JHWH auch in 12,14–17

Gliederung der Szene

Sprecher, und die Botenformel leitet, wie schon in 11,21, dessen Worte ein.[43] Aufgrund des Themenwechsels können 12,7–13 und 12,14–17 als zwei Auftritte derselben Szene aufgefasst werden.

**12,7–13
Jнwн als
Klagender**

Die beiden Begriffe ביתי „mein Haus" und ידדות נפשי „die von mir Geliebte" verweisen zurück auf den Vers 11,15, der Judas Opfer im Tempel hinterfragt. Daher bezieht sich „mein Haus" auf den Jerusalemer Tempel.[44] Weil Jнwн sein Haus und Land verlassen hat, sind diese in feindliche Hände gefallen. Wie schon in den ältesten Passagen aus Jer 4–6 werden die Feind*innen metaphorisch beschrieben als Hyänen (V. 9 LXX) bzw. Raubvögel (V. 9 MT; vgl. 4,7; 5,6), wildlebende Tiere und Hirten (V. 9f.; vgl. 6,3). Nur das Partizip שדדים „Verwüstende" (V. 12; vgl. 6,26) lässt an ein Kriegsheer denken und avisiert mit שׁפים „kahle Höhen" den Ort, an dem sich Juda 3,2.21 zufolge versündigte. Das Verb שדד „verwüsten" verweist auf Judas Klage (4,13.20; 9,18; 10,20) und Jeremias Unheilsankündigung (4,30; 5,6). Die Verwüstung wird in 12,10 und weiteren Versen auch mit שחת Pi./Hif. „zerstören" (4,7; 5,10; 6,5; 13,14; 15,3) und שמם „verödet, verlassen, einsam sein" (4,27; 6,8; 9,10; 10,22) ausgedrückt, wobei שמם körperliche und seelische Gewalterfahrung einschließt.[45] Die Klage beschreibt das Land als Erbteil Jнwнs, das von wilden Tieren und vielen Hirten buchstäblich aufgefressen wird und danach verödet daliegt. Der genaue Sinn von V. 9 MT war, wie die Textkritik zeigt, von Beginn an dunkel.

**12,7.8.9
Verlust des
Erbbesitzes**

Der Begriff נחלה „Erbteil, Erbbesitz" bezeichnet den innerhalb der Sippe patrilinear vererbten Landbesitz, der in der auf Landwirtschaft basierenden Wirtschaftsweise Palästinas die Grundlage für das Überleben einer Familie bildete. Im Jeremiabuch bezieht er sich sowohl auf das Land Israel bzw. Juda als Jнwнs Erbteil (2,7; 3,19; 12,14; 16,18; 17,4) als auch auf den Landbesitz einzelner Familien (12,15). Nur einmal wird das Volk Israel als Erbbesitz Jнwнs bezeichnet (10,16 [MT⁺]; vgl. 51,19). Daher ist wahrscheinlich, dass נחלה auch in 12,7.8.9 das Land, nicht das Volk meint. Das räumliche Verständnis unterstreichen die in V. 10 gebrauchten Begriffe חלקתי „mein Anteil" und כרמי „mein Weinberg" (vgl. 2,21). Demgegenüber verweist die Aussage, der Landbesitz sei zu einem Löwen im Wald geworden, der seine Stimme erhebt (V. 8 MT), auf ein Verständnis von נחלה als Volk.[46]

**Klage und
Schuldaufweis**

In Spannung zur Rhetorik der Klage stehen die Nennung von Schwert (V. 12b) und Zorn Jнwнs (V. 13bβ) als Ursache für die Zerstörung sowie die Aussage, er habe sein geliebtes Volk den Feinden preisgegeben (V. 7b). Darüber hinaus verweist V. 8b auf die Schuld des Volkes: Weil es die Stimme gegen Jнwн erhoben hat, hasst er es. Während Größe und Lage des Erbteils Jнwнs nicht genauer erörtert werden, betonen V. 11bα und V. 12aγ, dass das gesamte Land betroffen ist. Daraus zieht V. 11bβ den Schluss, dass niemand sich kümmert, und V. 12b, dass kein Lebewesen verschont bleibt. Der generalisierende Ausdruck „alles Fleisch" ist sonst verbunden mit dem Gericht Jнwнs an den Völkern (25,31)

---

43 Vgl. Finsterbusch, Messenger Formula, 372; Meier, Speaking of Speaking, 261f.
44 So auch Weiser, ATD 20, 105; Rudolph, HAT, 87; Biddle, Polyphony, 33f.; Carroll, Jeremiah, 290; Wanke, ZBK, 129; Schmidt, ATD 20, 243.
45 Vgl. Kalmanofsky, Terror All Around, 30–35.
46 Vgl. McKane, ICC, 269.

und seiner universalen Herrschaft (32,27; 45,5). Der Ruf אֵין שָׁלוֹם „es gibt keinen Frieden" charakterisiert die Botschaft Jeremias in 6,14 = 8,11 und 30,5.

Die Situation des Volkes nach der Verwüstung beschreibt V. 13 als nutzlose Arbeit auf dem Acker, der Dornen statt Weizen hervorbringt und die Menschen beschämt dastehen lässt. Diese Schilderung erinnert an das Motiv der Fremden, die den Ertrag der Felder auffressen (5,17; 8,16). Der plötzliche Wechsel in die direkte Anrede in V. 13aα ist stilistisch auffällig. Dadurch erhält die Klage einen schuldaufweisenden Ton und das Ausmaß der Zerstörung wird genauer beschrieben.

Im vorliegenden Text wird die Verheerung von Land und Volk aus verschiedenen Blickwinkeln beschrieben, die sich zwar teilweise ausschließen, aber unterschiedliche Aspekte desselben Geschehens hervorheben. Die einmal metaphorische, einmal konkrete Beschreibung des Feindes findet sich auch in den Unheilsankündigungen in Jer 4–6, ebenso das Nebeneinander von menschlichen Feinden und JHWH als Verursacher der Zerstörung (4,6f.15–17; 5,9–11.15–17; 6,1–3). Verschiedene Deutungen

Im Anschluss an die Klage über Judas Verheerung thematisiert 12,14–17 das Schicksal der „bösen" Nachbarn. Damit sind jene Völker gemeint, die Juda weidend bzw. verwüstend antasteten (vgl. V. 10.12), mithin von dessen Untergang profitierten. Sie werden verurteilt, weil ihre Verwüstung Judas als Vergehen gegen JHWH bewertet wird. JHWH will sie entwurzeln (V. 14), stellt danach aber sein Erbarmen und die Rückkehr auf ihr je eigenes Erbland in Aussicht. Auf diese unbedingte Heilsverheißung folgt in V. 16f. eine bedingte, die für die Völker den Wiederaufbau vorsieht, sollten sie sich zu JHWH bekennen, bei fortgesetztem Ungehorsam aber Entwurzelung und Vernichtung. Die Verben נתשׁ „entwurzeln" (V. 14.15.17), בנה „bauen" (V. 16) und אבד Pi./Hif. „zugrunde richten" (V. 17) bilden einen roten Faden im Buch, der Jeremia als Propheten für alle Völker ausweist (vgl. 1,5–10; 18,7–9; 31,28). Der Gedanke von JHWHs Umkehr und Erbarmen (V. 15) hat Parallelen in der Heilsverheißung an drei der Fremdvölker: Ägypten (46,26), Moab (48,47) und Ammon (49,6). Die in V. 16 gebrauchte Schwurformel חַי־יְהוָה „JHWH lebt" findet sich auch in kurzen Ausblicken auf das Heil (4,2; 16,14f.; 23,7f.). Der Gedanke, dass die Nachbarvölker zunächst Israel lehrten, bei Baal zu schwören, und nun von Israel lernen, bei JHWH zu schwören, greift die Vorstellung des Göttertauschs positiv auf, die in 2,4–13 Israel zum Vorwurf gemacht wird. Dass die Nachbarvölker die Wege Israels lernen, d. h. sich der JHWH-Verehrung anschließen, bildet das Gegenstück zur Mahnung an Juda, die Wege der Völker nicht zu lernen (10,2; vgl. Dtn 20,18). 12,14–17 Israels Nachbarn

Diachrone Analyse

Jer 12,7–13 ist geprägt von der Spannung zwischen der Klage JHWHS über die Verheerung seines Erbbesitzes, dem Aufweis der Schuld (V. 8b) und der Situation des Volkes (V. 13) einerseits sowie der Rede von JHWHS Schwert und Zorn als Zerstörer (V. 7b.12aβ) andererseits. Einige Aussagen sind in Prosa formuliert und deuten die Klage nachträglich.

Vorexilisch	K^frühexilisch	Exilisch	Nachexilisch
12,7a.8a.9*.10a.11a.13aα	12,7b.8b.10b.11b. 12,12aα.13aβ.b		12,12aβγ.b 12,14a.bα.15–17 R^Völker 12,14bβ

Ursprüngliches Klagegedicht

Nach eingehender Diskussion der Textkritik und der inhaltlichen Ungereimtheiten in Jer 12,7–13 rekonstruiert Klaus Seybold ein ursprüngliches Gedicht, das im Metrum 2 + 2 und mittels mehrerer Alliterationen klangvoll gestaltet ist:[47]

Verlassen habe ich mein Haus, aufgegeben mein Feld.	עָזַבְתִּי בֵּיתִי נָטַשְׁתִּי נַחֲלָתִי ^7a
Geworden ist mir mein Landgut wie ein Viehstall im Walde.	הָיְתָה־לִּי נַחֲלָתִי כְּאַרְיֵה בַיַּעַר ^8a
Ringsum Hyänen, Geier darüber!	צָבוּעַ סָבִיב הָעַיִט עָלֶיהָ ^9*
Auf, all ihr Tiere! Kommt zum Fraß!	לְכוּ כָל־חַיַּת הַתְיוּ לְאָכְלָה
Viele Hirten, sie haben mein Feld zertreten.	רֹעִים רַבִּים שִׁחֲתוּ חֶלְקָתִי ^10a
Sie haben es zur Öde gemacht; es trauert über mich.	שָׂמֻהָ לִשְׁמָמָה אָבְלָה עָלָי ^11a
Man hat Weizen gesät und Dornen geerntet.	זָרְעוּ חִטִּים וְקֹצִים קָצָרוּ ^13aα

Die Klage schließt thematisch und über Stichworte an das Fragment älterer Überlieferung in 11,15f. an. In der Klage erscheint der Erbbesitz als begrenzter Raum, der von Wald, als Symbol für Undurchdringlichkeit und Gefahr, umgeben ist und auf dessen Inbesitznahme bereits aasfressende Tiere (Hyänen und Geier) warten. Diese Schilderung ist der Klage über das fast verheerte Juda in Jes 1,7–9 vergleichbar. Ein anderes Szenario entwirft V. 10a.11a: Hirten bzw. deren Herden werden das Kulturland (Weinberg, Acker) abfressen und zertrampeln, so dass nur noch Dornen übrigbleiben. Am Ende (V. 11a) trauert das Land über die Entscheidung JHWHS, es zu verlassen – was im Kontext der Vorstellung von Gottes Wohnen auf dem Zion als Schutzmacht für Jerusalem und Juda als Preisgabe verstanden wird, wie V. 7b nachträglich expliziert.

Mögliche Datierung

Seybold datiert diese Klage in die Zeit nach Jojakims Aufkündigung des Vasallenverhältnisses gegenüber Nebukadrezzar um 601 v. d. Z., in der 2 Kön 24,2 zufolge Streifscharen der Chaldäer sowie aus Aram, Moab und Ammon marodierend durch Juda zogen (vgl. Jer 35,11).[48] Die Hyänen und Geier wären also vor allem jene Nachbarvölker, die Judas Existenz gefährden und dessen Ernteerträge rauben. Diese Datierung vertreten auch andere Auslegungen mit Verweis auf die in V. 12a genannten „Verwüster" von „kahlen Höhen der Wüste", die ebenfalls mit diesen von Osten her kommenden Streifscharen identifiziert werden.[49] Auch die Unheilsankündigung über die Nachbarvölker in V. 14 stützt diese Interpretation.

Seybolds Datierung ist jedoch insofern spekulativ, als der Text aufgrund der Metaphorik kaum auf ein bestimmtes Geschichtsereignis festgelegt werden kann. Er könnte ebenso die Situation nach der ersten Belagerung Jerusalems im Jahr 597 beklagen. Da jedoch die Katastrophe im Jahr 587 alle vorherigen Übergriffe in den

---

47 Vgl. SEYBOLD, Löwe, 101–103. WANKE (ZBK, 128f.) folgt in seiner Übersetzung und Auslegung vielen von SEYBOLDS Entscheidungen, ohne dessen Aufsatz zu nennen.

48 Vgl. SEYBOLD, Löwe, 103f.

49 Vgl. RUDOLPH, HAT, 87; WEISER, ATD 20, 105; SCHMIDT, ATD 20, 244.

Schatten stellte, haben die Jeremiatradent*innen alle Texte letztlich auf diesen grundsätzlichen Verlust an Land und politischer Eigenständigkeit bezogen.[50]

Die vorexilisch entstandene Klage wurde – das legen die literarischen Unge- *Frühexilische* reimtheiten nahe – nach 587 im Rückblick auf die Zerstörung Jerusalems neu *Deutung* interpretiert. Diese Kommentierung passt in Umfang und Stil zur frühexilischen Komposition in Jer 2–15. Die Bearbeiter deuten die Grundaussage, dass Jhwh seinen Tempel und seinen Erbbesitz verließ (V. 7a) und so erst die Verheerung des Landes durch den Feind zuließ (V. 8a.10a), nachträglich im Sinne einer direkten Beteiligung Jhwhs an der Zerstörung (V. 7b.13bβ). Jhwh selbst gab seine Geliebte – das Volk bzw. die Stadt Jerusalem als weibliches Kollektiv – in die Hand des Feindes (V. 7b), weil sie ihre Stimme gegen ihn erhob (V. 8b). Diese Deutung setzt die Lesung von אריה „Löwe" (nicht, wie ursprünglich, „Stallung") in V. 8a voraus und deutet das Motiv des brüllenden Löwen (vgl. 2,30) als Rebellion Judas (vgl. mit anderer Begrifflichkeit 11,9). Gleichzeitig stellt sie neben die räumliche Bedeutung von „Erbbesitz" eine personale, mit anderen Worten: Juda als Kollektiv wird als Erbbesitz Jhwhs verstanden, den „Hirten" und „Verwüster" (V. 12aα) zu einer verödeten Wüste machten (V. 10b).

Die durch den Prosastil formal auffällige Begründung in V. 12aβγ.b ist eine *12,12** nachexilische Fortschreibung. Sie führt die Verwüstung auf „ein Schwert für Jhwh" *Weltgericht* zurück (V. 12aβ; vgl. 47,6) und weitet sie auf die ganze Erde (V. 12aγ; vgl. 25,33) und „alles Fleisch" aus (V. 12b; vgl. 25,31), verweist damit auf das in 25,30–38 angekündigte Weltgericht voraus.

Die Ankündigung über die Nachbarvölker Israels in 12,14–17 greift sprachlich *12,14–17* und thematisch auf verschiedene Texte im Buch zurück, wie die synchrone Analy- *Juda und die* se zeigt, und beschreibt unter Verwendung der in 1,10 genannten Verben Jhwhs *Nachbarvölker* unheil- und heilvolles Handeln. Sie ist ein nachexilischer Text, der Jhwhs Herrschaft auch über die Völkerwelt behauptet. Dass Jhwhs Volk „Israel", nicht „Juda" genannt wird, entspricht der nachexilischen Sicht. Wie in den Fremdvölkerworten beschrieben wird Jhwh die Völker zur Rechenschaft ziehen und, wie Juda, entwurzeln, dann aber wieder in ihr Land zurückkehren lassen. Die 12,16f. enthaltene Alternative, die Jhwhs Handeln an den Völkern zum Unheil oder Heil von deren Zuwendung oder Abkehr abhängig macht, übermittelt die Ideologie der Völker-Redaktion, die Jhwhs universale Herrschaft betont. Die Hinwendung fremder Menschen zu Jhwh reflektiert den Status der sog. Proselyten, d. h. ethnisch fremder Menschen, die sich der Gemeinschaft des Zweiten Tempels in der persischen Provinz Jehud anschlossen (vgl. Jes 56).

Die Aussage, Jhwh werde „das Haus Juda" aus der Mitte der Völker reißen (V. 14bβ), sticht aus dem Kontext heraus, einmal, weil in V. 14a vom Volk Israel die Rede war, und weil sie voraussetzt, dass Judäer*innen, d. h. Mitglieder des „Hauses Juda", zerstreut unter den Völkern wohnen. Diese Diasporasituation schließt implizit auch Babylonien ein, obwohl es kein Nachbarvolk Israels ist. Der späte Zusatz avisiert die Rückkehr aller Judäer*innen und wendet sich wohl gegen die in Babylonien verbliebene Golagruppe.[51]

---

50 Ähnlich Wanke, ZBK, 129.
51 Mit Sharp, Call of Jeremiah, 425.

Synthese

Jer 12,7–17 reflektiert die Verheerung Judas durch eine Klage JHWHS über die Verwüstung seines Erbbesitzes und sein Urteil über die Feinde Judas. Die Klage setzt implizit voraus, dass diese Verheerung nicht eingetreten wäre, hätte JHWH als Landesgott seinen Besitz nicht verlassen, sondern verteidigt. Der Einfall der Feinde, hier als Hyänen und Raubvögel charakterisiert, wurde gemäß der auf die Katastrophe zurückblickenden Deutung durch JHWH selbst bewirkt, dessen Zorn das Volk auf sich zog, indem es gegen ihn aufbegehrte (V. 8b). In ihrer frühexilischen Kommentierung fokussiert die Klage nicht nur auf das Land als Erbteil, sondern auch auf das einst von JHWH geliebte Volk (V. 7b). Zurück bleibt ein verödetes, trauerndes Land ohne Menschen (V. 11). Diese Gottesklage entspricht inhaltlich und formal den Klagen aus Kap. 8–10 und daher kann JHWHS klagender Monolog in 12,7–13* als Teil der frühexilischen Komposition verstanden werden.

Die nachexilische Kommentierung der Völker-Redaktion in 12,14–17 zieht auch die Nachbarn Judas, die als Strafwerkzeug JHWHS erscheinen, zur Verantwortung. Gerade weil sie den Erbbesitz JHWHS antasteten, kündigt JHWH ihre Entwurzelung an, gleich darauf aber die Rückkehr in ihr angestammtes Gebiet – und Judas Rückkehr aus der Diaspora (V. 14bβ). Diese unbedingte Heilsverheißung wird jedoch eingeschränkt durch eine Alternativ-Prophetie, die den Anschluss an Israels Weg zur Bedingung für den Wiederaufbau erhebt, d. h. die Alleinverehrung JHWHS und die Abwendung von Baal fordert, was einem Göttertausch gleichkommt. Die Erweiterung erfüllt damit die Ankündigung in 1,10, derzufolge die im Jeremiabuch gesammelte Prophetie für Juda und die Völker zunächst Unheil, dann aber Heil bedeutet.

Jer 13,1–11: Die Symbolhandlung mit dem verrotteten Lendenschurz

Jeremia erzählt

13,1 *So sprach JHWH [zu mir]*[a]:

> Geh[b] und kaufe dir einen Lendenschurz aus Leinen und lege [ihn] um deine Hüften[c]! Aber ins Wasser bringe ihn keinesfalls /soll er nicht gelangen[d]!

2 Ich kaufte den Lendenschurz nach dem Wort JHWHS und legte (ihn) um meine Hüften. 3 Da erging das Wort JHWHS [ein zweites Mal] an mich, folgendermaßen:

> 4 Nimm den Schurz, [den du gekauft hast,][a] der um deine Hüften (ist), und mach dich auf, geh zum Eufrat[b] und verbirg ihn dort in einer Felsspalte[c]!

5 Ich [ging hin und] verbarg ihn am Eufrat[a], wie JHWH mir geboten hatte. 6 Am Ende von vielen Tagen[a] sagte JHWH zu mir:

> Mach dich auf, geh zum Eufrat und hole von dort den Schurz, den ich dir geboten habe, [ihn] dort zu verbergen!

7 Ich ging zum Eufrat<fluss>, grub und nahm den Schurz von dem Ort, wo ich ihn verborgen hatte. Und siehe: [_{Der Schurz}]/ Er[a] war verdorben, taugte zu gar nichts (mehr). 8 Da erging das Wort JHWHS an mich, folgendermaßen:

9 So spricht JHWH: So werde ich verderben den Hochmut Judas und den Hochmut Jerusalems, den großen. 10 Dieses [böse] Volk[a] – die[b] sich weigern, meine Worte zu hören, [die in der Verstocktheit ihres Herzens wandeln,][c] die anderen Gottheiten nachliefen, um ihnen zu dienen und sich vor ihnen niederzuwerfen – soll /$_{\text{sie sollen}}$[d] werden wie dieser Schurz, der zu gar nichts taugt. 11 Denn wie sich der Schurz an die menschlichen Hüften schmiegt, so ließ ich das [ganze] Haus Israel und das ganze Haus Juda sich an mich schmiegen [, Spruch JHWHs], damit sie mir zum Volk und zum Namen[a] und zum Ruhm und zum Schmuck würden. Aber sie hörten nicht <auf mich>.

Anmerkungen zu Text und Übersetzung

* Zitate innerhalb des von Jeremia Erzählten sind eingerückt. Zum System der Klammern und Kleinschreibung in der Übersetzung s. o. S. 22.

1a Ein Äquivalent für אלי fehlt in LXX und die Botenformel leitet eine Gottesrede ein. In MT wird der Abschnitt als Selbstbericht Jeremias präsentiert, für den die Verwendung der Botenformel ungewöhnlich ist (vgl. noch 17,19; 25,15; 27,2, auch dort ist אלי MT⁺).

1b Der Infinitiv abs. vor einer Aufforderung hat imperativen Charakter; vgl. GBH § 123u. LXX gibt ihn zutreffend als Imperativ Aorist wieder; vgl. auch V. 4.

1c LXX übersetzt den hebräischen Dual sachgemäß mit sing., da sich ein griechischer plur. auf mehrere Personen beziehen würde; vgl. 1,17 und FINSTERBUSCH/JACOBY, MT-Jeremia 1–24, 42.

1d LXX liest wohl יבוא „er soll (nicht) gelangen", während MT mit dem Prohibitiv לא תבאהו ein absolutes Verbot formuliert.

4a Die Verdopplung des Relativsatzes ist eine typische, prämasoretische Auffüllung, s. u. 10c.

4b Aquila bietet εἰς Φαραν „nach Phara", eine Ortslage ca. fünf km nordöstlich von Anatot (vgl. Jos 18,23) mit einer Quelle; s. u. die synchrone Analyse.

4c Obwohl das *nomen rectum* in בנקיק הסלע den Artikel hat, ist die Ortsangabe indeterminiert; vgl. GBH § 139b; GK § 127e. LXX übersetzt wortwörtlich mit Artikel.

5a 4QJer[a] bietet hier בפרתה, was auf den Ortsnamen פרה mit Präposition ב und *he locale* verweisen könnte; vgl. DJD XV, 161 und s. o. zu 4b.

6a LXX ahmt die umständliche hebräische Formulierung nach, was zu Übersetzungsgriechisch führt; vgl. STIPP, Sondergut, 24.

7a LXX bezieht לא יצלח לכל problemlos auf den vorher genannten Schurz, während MT das Subjekt zur Verdeutlichung wiederholt.

10a LXX zieht das in V. 9 nachklappende Attribut הרב zum folgenden Satz und wiederholt das Subjekt: „diesen großen Hochmut", was sich aber als Bezugswort zur folgenden Beschreibung nicht eignet. Der Ausdruck העם הזה wurde häufiger von den prämasoretischen Bearbeitern mit dem Ziel der Distanzierung JHWHs von seinem Volk nachgetragen; vgl. STIPP, Sondergut, 66.101. Das Volk ist hier aber als Bezugswort sinntragend, so dass vielleicht ein Lesefehler der Übersetzer vorliegt; so STIPP, Jeremias Zeichenhandlung, 304. Da in LXX ein Äquivalent für הרע fehlt und das Adjektiv hier regelwidrig auf das Demonstrativpronomen folgt (vgl. GBH § 143h), ist es prämasoretisch nachgetragen.

10b MT und LXX bieten pluralische Partizipien, die sich in beiden Sprachen auf die Kollektivbegriffe „Hochmut" bzw. „Volk" beziehen können.

10c Der Satz fehlt in LXX und ist in MT mit Blick auf ähnliche Stellen (7,24; 9,12f.; 11,8) ergänzt.

10d V. 10 bietet eine in dtjer Prosa geläufige Pendenskonstruktion, die das Subjekt betont voranstellt. LXX gleicht das den Hauptsatz fortsetzende Verb an den Plural der Partizipien an.

11a LXX übersetzt „zum namhaften Volk". MT entspricht mit den Begriffen ולשם ולתהלה ולתפארת der Erklärung von Dtn 26,19; vgl. Jer 33,9; FINSTERBUSCH/JACOBY, MT-Jeremia 1–24, 157.

Synchrone Analyse

Rhetorische Struktur

Jer 13,1–11 hebt sich mit auffällig vielen Redeeinleitungen und formelhafter Sprache von seinem unmittelbaren Kontext ab. Die Zäsur zum Vorhergehenden wird deutlich markiert mit abschließender Zitationsformel in 12,17 und einleitender Botenformel in 13,1. Der Redebefehl an Jeremia in Jer 13,12 führt ein neues Thema ein.

Beide Texttraditionen präsentieren eine Ich-Erzählung über Jeremias Ausführung von drei Befehlen Gottes und eine dreifache Deutung. Allerdings überliefert LXX in V. 1 nur die Botenformel, die auf JHWH als Sprecher verweist, während MT mit Zufügung von אלי stilistisch an einen Selbstbericht angleicht.[52] In beiden Fassungen erzählt Jeremia die Ausführung des Befehls, einen Lendenschurz aus Leinen zu kaufen und anzuziehen, und zitiert im Folgenden weitere Befehle und Worte Gottes direkt. Trotz gleichlautender Einleitung in V. 3 und V. 8 enthält V. 9–11 keinen Befehl Gottes, sondern die Deutung des erzählten Geschehens.

Der Abschnitt ist durch mehrere Formeln gegliedert. Sie bilden eine konzentrische Struktur um die Aussage „JHWH sagte zu mir" (V. 6bα), mit den beiden Wortereignisformeln in V. 3.8 als innerem und den beiden Botenformeln in V. 1.9a als äußerem Rahmen.[53] Wie in hebräischen Erzählungen üblich, wiederholen die Ausführungsberichte die Gottesbefehle fast wortgetreu (V. 1–7). V. 10 stellt das Satzsubjekt „dieses Volk" voran, das mit zwei Partizipialsätzen und einem koordinierten Verbalsatz charakterisiert wird, bevor die Haúptaussage erfolgt (V. 10b). Den drei Gottesbefehlen in V. 1–7 entsprechen die drei Deutungen in V. 9–11, ebenfalls in konzentrischer Struktur. V. 9f. greift das negative Motiv des verdorbenen Schurzes auf, während sich V. 11 positiv auf den Kontakt von Schurz und Lenden in V. 1–2 bezieht.[54]

Stellung im Kontext

Jer 13,1–11 ist über Stichworte nur lose mit dem Kontext verknüpft. Zum einen bestätigt 13,10 den Vorwurf in 12,16, die fremden Völker hätten Israel gelehrt, sich zu fremden Gottheiten zu bekennen.[55] Zum anderen thematisiert Jer 13 männliche (V. 1–7) und weibliche Körperlichkeit (V. 22.26) und deren unterschiedliche Bewertungen.[56]

Prophetische Symbolhandlung

Formkritisch wird Jer 13,1–11 meist als prophetische Symbolhandlung bestimmt, die in der deutschsprachigen Forschung entsprechend Georg Fohrers Studie (1953) definiert wird.[57]

Anhand von 32 Passagen aus der Hebräischen Bibel definiert Fohrer die Gattung „prophetische Symbolhandlung" aus drei selbstständigen Merkmalen: Befehl zur Ausführung, Bericht über die Ausführung, Deutung. Weitere drei unselbstständige Merkmale

---

52   Vgl. die Wendungen ויאמר יהוה אלי in 11,6.9; 13,6; 14,11 und ויהי דבר־יהוה אלי in 13,8.

53   Vgl. HUBMANN, Jeremia 13,1–11, 113.

54   Vgl. HUBMANN, Jeremia 13,1–11, 115.

55   So RUDOLPH, HAT, 91.

56   Vgl. KALMANOFSKY, Bare Naked, 49.

57   Vgl. FOHRER, Die symbolischen Handlungen. Er rechnet dazu Jer 13,1–11; 16,2–4.5–7.8f.; 19.1.2a.10–11a; 27,1–3.12b; 28,10f.; 32,1.7–25; 43,8–13; 51,59–64.

können dazukommen: Angaben über Augenzeugen, Ausdrücke für die Zusage JHWHS zur Verwirklichung, Ausdrücke für die Beziehung zwischen der Handlung und dem durch sie symbolisierten zukünftigen Geschehen.[58] Bei der Suche nach diesen Elementen zeigt sich jedoch, dass sogar die selbstständigen Merkmale nicht immer vorhanden sind und die von Fohrer gesammelten Texte kein gemeinsames Formschema aufweisen.[59] Außerdem versteht er die prophetischen Symbolhandlungen als Überwindung magischer Handlungen; sie würden das dargestellte Geschehen nicht bewirken, sondern nur dessen Wirkung symbolisieren und damit zukünftige Ereignisse ankündigen.[60]

Fohrers Definition setzt eine überholte Vorstellung von Magie voraus[61] und ist für einige Texte in Jeremia, u. a. auch 13,1–11, zu eng gefasst. Neuere Studien vergleichen prophetische Symbolhandlungen mit dem Drama,[62] dem Straßentheater[63] oder der Performancekunst.[64] Im Zentrum steht eine Handlung einer Person, die nicht zweckorientiert ist, sondern über sich hinaus weist und für Zuschauer*innen eine Botschaft inszeniert. Im Unterschied zu den modernen Formen der Performance ist bei den im Jeremiabuch erzählten aber nicht immer deutlich, ob diese Handlung real ausgeführt wird,[65] also ein aktuelles Publikum hat, oder nur für die Leser*innen imaginiert wird. Außerdem wird die non-verbale Handlung in den biblischen Erzählungen jeweils durch Worte gedeutet, was bei der modernen Performance nicht immer der Fall ist. Wie Mark Brummit zeigt, schafft jede Performance eine Beziehung zwischen Handlung und Deutung: Sie kann den Text bzw. das Drehbuch unterstreichen oder untergraben.[66]

Mit der Abfolge von Gottesbefehl, Ausführung durch den Propheten und Deutung lässt sich Jer 13,1–13 als Erzählung über eine prophetische Symbolhandlung verstehen,[67] die allerdings zwei Besonderheiten aufweist. Nur hier werden mehrfache Befehle und deren Ausführung erzählt. Die nächstliegende Parallele in Jeremia ist die Erzählung von Jeremias Besuch beim Töpfer (18,1–12), mit der sie über das Stichwort נשחת „verdorben, missraten" (13,7; 18,4) literarisch verbunden ist. Außerdem fehlt in Jer 13 das Publikum: Es wird weder erwähnt noch adressiert,[68] und es kann, falls der Ort des Vergrabens beim Eufrat liegt (s. u.), außer Jeremia selbst niemand Zeuge des Geschehens sein. Die Pointe

---

58 FOHRER, Die symbolischen Handlungen, 18.

59 Mit KRISPENZ, Performancekunst, 55.

60 Vgl. FOHRER, Die symbolischen Handlungen, 106f.121–124.

61 Vgl. KRISPENZ, Performancekunst, 55.

62 So STACEY, David, Prophetic Drama in the Old Testament, London: Epworth 1990.

63 So LANG, Bernhard, Games Prophets Play. Street Theater and Symbolic Acts in Biblical Israel: KÖPPING, Klaus-Peter (Hg.), The Games of Gods and Men. Essays in Play and Performance, Hamburg: Lit-Verlag 1997, 257–271; CARROLL, Jeremiah, 297.

64 KRISPENZ, Performancekunst, 57.

65 So etwa FRIEBEL, Kelvin G., Jeremiah's and Ezekiel's Sign-Acts. Rhetorical Nonverbal Communication (JSOTSup 283), Sheffield: Sheffield Academic Press, 1999, 20–34.

66 Vgl. BRUMMIT, Of Broken Pots, 3.2.

67 Vgl. DUHM, KHC, 117; CARROLL, Jeremiah, 295; HOLLADAY, Hermeneia, 394; WANKE, ZBK, 132; zur Auslegungsgeschichte HUBMANN, Jeremia 13,1–11, 104–110.

68 So schon LUNDBOM, AB 21A, 670; SMELIK, Klaas A. D., The Girdle and the Cleft. The Parable of Jeremiah 13,1–11: SJOT 28 (2014), 116–132, 120. Sonst sind Augenzeugen erwähnt (Jer 19,10; 28,5.11; 32,10.12f.; 43,9) oder ihre Beobachtung des prophetischen Verhaltens wird vorausgesetzt (16,1–9; 27,1; 18,3). Eine Ausnahme bietet 51,59–64.

des Textes ist daher, die Leser*innen zum Publikum zu machen.[69] Sie werden zu Zuschauer*innen einer erzählten Performance und, wie im Brecht'schen Theater, hineingezogen in die Deutung einer Vorführung, die angesichts heutiger Befindlichkeiten absurd oder ironisch erscheint. Die in Jer 13,1–7 erzählte Geschichte regt die Phantasie der Leser*innen an, wobei in V. 8–11 nur Einzelzüge gedeutet werden.

Ein Lendenschurz Ungewöhnlich ist zunächst der Gegenstand, der im Zentrum der Handlung steht. Das hebräische Wort אזור „Lendenschurz" ist in Jer 13 achtmal erwähnt und sonst nur noch fünfmal belegt.[70] Es handelt sich dabei um ein von Männern um die Hüften geschlungenes Stück Stoff, das unter dem Gewand getragen wird,[71] mithin heute als Unterwäsche bezeichnet würde. Wer nur einen solchen Schurz ohne Oberkleid trägt, ist arm oder ein Sklave, denn in der Kultur des antiken Palästina signalisiert Nacktheit Status- und Schutzlosigkeit, während Kleidung den Status und Wohlstand einer Person anzeigt.

> Die Bezeichnung „aus Leinen" verweist auf die Herstellung des Stoffes aus der Flachspflanze, die in Palästina heimisch ist und in einem aufwändigen Prozess zu Leinenfäden gesponnen wird, aus denen dann ein Tuch gewebt wird (vgl. Jos 2,6; Spr 31,13; Jes 19,9).[72] Das kühlende und angenehm zu tragende Leinen war wahrscheinlich nur für Oberschichtsangehörige erschwinglich. Priester am Jerusalemer Tempel müssen ein Leinentuch tragen, das um die Hüften und zwischen den Beinen geschlungen ist (Ex 28,42; Lev 6,3), denn ihre Genitalien dürfen unter keinen Umständen sichtbar sein (Ex 20,26). Die Materialangabe könnte auch auf Jeremias Herkunft aus einer Priesterfamilie (vgl. 1,1) anspielen.

Die Wendung „Gürten der Lenden/Hüften" (אזר) begegnet in Zusammenhang mit der Vorbereitung zum Kampf (2 Sam 22,40; Hiob 38,3; Ps 18,40). Wenn Jeremia also seine Hüften gürten soll (1,17), muss er sich auf eine Auseinandersetzung gefasst machen. Gegürtete Lenden symbolisieren die Stärke und Virilität des männlichen Körpers (vgl. Jes 5,27; Ez 23,15). Aufgrund dieser Symbolik wird אזור in Jer 13 häufig mit „Gürtel" übersetzt und das Verbot, das Kleidungsstück ins Wasser zu legen (V. 1b), als Hinweis auf seine pflegliche Behandlung verstanden.[73] Im Blick auf die Pointe der Erzählung, das Verrotten, ist jedoch die Übersetzung „Lendenschurz" angemessener, denn ein Stück Leinen, das lange getragen, nicht gewaschen und dann in eine Felsspalte gesteckt wird, verrottet tatsächlich. Auf genau dieses Stadium zielt die Ausführung der drei Befehle (V. 7). Dass es sich um Jeremias Unterwäsche handelt, mag für heutige Leser*innen anstößig sein, unterstreicht aber den provokativen Charakter der Symbolhandlung.

Wo vergräbt Jeremia den Schurz? Ein weiteres seltsames Detail ist der Ort, an dem die Unterwäsche verrottet. Der in MT פרת genannte Ort (V. 5; in V. 4.6.7 mit *he-locale*) wird in LXX und V mit dem mesopotamischen Grenzfluss Eufrat identifiziert.

---

69 Mit Brummit, Of Broken Pots, 3.6.

70 Hiob 12,18; Jes 5,27; 11,5; Ez 23,15. Elijas Lendenschurz ist aus Leder (2 Kön 1,8).

71 Vgl. Kersken, Sabine, Art. Kleidung/Textilherstellung (2012), 2.3.1: Wissenschaftliches Bibellexikon im Internet; vgl. http://www.bibelwissenschaft.de/stichwort/23664/ (10.09.2018).

72 Vgl. Kersken, Art. Kleidung/Textilherstellung, 1.1.1 und 1.2.1.

73 So Carroll, Jeremiah, 293; Wanke, ZBK, 131.

Der Eufrat wird überwiegend mit נהר „Strom", gelegentlich mit נהר פרת „Eufratstrom" bezeichnet.[74] Da Jerusalem von Karkemisch am Eufrat ca. 700 km entfernt liegt und der Fluss nur nördlich von Karkemisch einige felsige Ufer aufweist, wäre die Distanz nur durch eine längere Reise zu überwinden.[75]

Aufgrund der in der griechischen Übersetzung Aquilas bezeugten Lesart „nach Phara" (V. 4) wird deshalb seit dem 17. Jahrhundert eine näher gelegene Alternative diskutiert.[76] Aus dem Jahr 1880 stammt der Vorschlag, der Aufbewahrungsort des Schurzes sei Parah,[77] das heutige ḫirbet ʿĒn Fāra nahe der Quelle ʿĒn Fāra, das nur 5 km nordöstlich von Anatot liegt.[78] Neuerdings erwägt Israel Finkelstein die Identifikation des Ortes mit dem *Tell el-Fūl*, der bisher mit Sauls Heimatstadt Gibea verknüpft wird und etwa 2 km nordwestlich von Anatot liegt.[79]

Auf eine judäische Ortslage könnte auch das Wort נקיק הסלע „Felsspalte" (V. 4) hinweisen, das in Jer 16,16 (und Jes 7,19) Verstecke in Juda bezeichnet.[80] Auch wenn der Aufbewahrungsort des Schurzes nur wenige Kilometer von Anatot entfernt liegt, bleiben zwei Realitätsprobleme bestehen: das fehlende Publikum, das eigentlich für eine Symbolhandlung konstitutiv ist, und die für das Verrotten des Leinenschurzes anzunehmende, unkalkulierbare Zeit.[81] Daher ist die erzählte Handlung wohl fiktiv – was die in den antiken Versionen breit bezeugte Lesart „Eufrat" noch unterstreicht. Manche Kommentare deuten deshalb die Erzählung lediglich als Vision Jeremias.[82] Von einem Sehen verlautet aber im Text nichts.[83] Andere interpretieren sie als eine Art Gleichnis, wobei der Eufrat, ähnlich wie in Jer 2,18, die herrschende Großmacht symbolisiert. In beiden Fällen wird Jeremias Gang zum Eufrat als Hinweis auf das Exil verstanden,[84] was aber weitere Verständnisschwierigkeiten aufwirft. Werden die Exilierten mit dem verdorbenen Schurz identifiziert, steht dies im Widerspruch zu der positiven Deutung der ersten Exilsgeneration als „gute Feigen" in Jer 24,4–7. Symbolisierte die zweifache Reise Jeremias zum Eufrat Exil und Heimkehr, dann wären die Rückkehrenden gerade nicht der von Jhwh bewahrte und gerettete Rest (vgl. 23,3; 31,7).

---

74   Vgl. Gen 15,18; Dtn 1,7; 2 Kön 24,7; Jer 46,2.6.10; τὸν Εὐφράτην ποταμόν Jer^LXX 13,7.

75   Esras Karawane ist von Babylon nach Jerusalem vier Monate unterwegs (Esr 7,9).

76   Vgl. den Überblick in HOLLADAY, Hermeneia, 396. Bereits im 11. Jahrhundert folgte der jüdische Lexikograph David Ben Abraham al-Fāsī der Übersetzung Aquilas.

77   Vgl. BIRCH, William F., Hiding Places in Canaan. Jeremiah's Girdle and Farah: PEQ 12 (1880), 235f.; MARTI, Karl, Mittheilungen von Baurath C. Schick in Jerusalem: ZDPV 3 (1880), 1–43; 11. Ihm folgen BRIGHT, AB 21, 96; HOLLADAY, Hermeneia, 396; WANKE, ZBK, 133; SCHMIDT, ATD 20, 251.

78   Zur Lage vgl. KOENEN, Klaus, Para (2017), 2: Wissenschaftliches Bibellexikon im Internet; vgl. http://www.bibelwissenschaft.de/stichwort/32942/ (10.09.2018).

79   Vgl. FINKELSTEIN, Israel, Tell el-Ful Revisited. The Assyrian and Hellenistic Periods (With a New Identification): PEQ 143 (2011), 106–118, 117; STIPP, Jeremias Zeichenhandlung, 315.

80   So HOLLADAY, Hermeneia, 398.

81   Ausführlich erörtert in STIPP, Jeremias Zeichenhandlung, 318–321.

82   So schon der jüdische Gelehrte Maimonides; vgl. McKANE, ICC, 287; aber auch Johannes Calvin; vgl. HOLLADAY, Hermeneia, 396; RUDOLPH, HAT, 93.

83   Auf Visionen verweisen sonst die Frage „was siehst du?" (Jer 1,11.13; 24,3) und das Verb ראה „sehen" bzw. Hif. „sehen lassen" (4,23–26; 11,18; 24,1; 38,21).

84   Vgl. RUDOLPH, HAT, 91; McKANE, ICC, 290; CARROLL, Jeremiah, 297; FISCHER, HThKAT, 453.

Drei
Deutungen

Der Text selbst bietet in V. 9–11 drei verschiedene Deutungen, die Einzelzüge der Erzählung aufgreifen: V. 9 vergleicht den gesamten Vorgang mit dem Verderben des גאון Judas und Jerusalems. Das Wort meint „Hochmut, Stolz" (vgl. 48,29; Jes 13,11; 14,11), gelegentlich „Zierde, Pracht" (Ex 15,7; Hiob 40,10; Ez 7,20; vgl. Jer 49,19; 50,44). V. 11 greift dessen positive Bedeutung auf. Für beide Bedeutungen liegt der Vergleichspunkt darin, dass der Schurz aus Leinen ein relativ teures Kleidungsstück ist, das durch unsachgemäßen Umgang verdirbt und seine Tauglichkeit verliert. Diese Vorstellung impliziert jedoch, dass Jhwh für den Zersetzungsprozess verantwortlich ist.

Das zweite Deutewort in V. 10 kündigt an, das Volk werde wie der Schurz werden, nämlich unnütz. In einer Art Parenthese werden in dtjer Sprache Gründe für das Verderben angeführt: Das Volk hört nicht auf Jhwh, sondern ist verstockt, halsstarrig und verehrt fremde Gottheiten. Das Verrotten des Schurzes liegt somit in seinem Wesen, seiner schlechten Qualität, was eine ironische Brechung des erzählten Geschehens darstellt.

Die dritte Deutung in V. 11 vergleicht das enge Anliegen des Schurzes an den Hüften mit dem intimen Verhältnis Israels zu seinem Gott. Das Verb דבק „anhängen, sich anschmiegen" beschreibt in Gen 2,24 eine sexuelle Beziehung. Die Zielformulierung, „damit sie mir zum Volk und zum Namen und zum Ruhm und zum Schmuck würden" basiert auf der Vorstellung einer vorzeigbaren Sache und passt besser zum Gürtel als Symbol für Maskulinität und Stärke. Auch diese Deutung impliziert, dass Jhwh das Kleidungsstück abgelegt hat und verrotten ließ. Anders als in V. 9 wird aber das Volk beschuldigt, das enge Verhältnis zu Jhwh durch Ungehorsam zerstört zu haben. Der Gedanke, dass das Volk Israel für Jhwh eine Zierde ist, seinen Namen groß macht und ihm Ehre bereitet, findet sich sonst nur in Dtn 26,19.

Brecht'sches
Theater

Mit diesen drei Deutungen ist das Potential der erzählten Handlung aber noch nicht ausgeschöpft. In ihnen spielt der Ort des Versteckens, ob nun ḥirbet fārah, Tell el-Fūl oder Eufrat, ebenso wenig eine Rolle wie das Hin- und Hertragen des Schurzes als möglicher Hinweis auf das Exil. Die vielfältigen Auslegungen der verschiedenen Jahrhunderte zeigen aber, dass die literarische Performance ihr Ziel erreicht hat: Die Lesenden werden in das Geschehen auf der virtuellen Bühne hineingezogen und wirken durch ihre Deutung an der jeweils neuen Theateraufführung mit.[85]

Diachrone Analyse

Jer 13,1–11 ist eine höchst stilisierte Erzählung über eine prophetische Symbolhandlung mit drei Gottesbefehlen und deren Ausführung sowie drei Deutungen von Einzelzügen des Geschehens. Je nach Einschätzung ihrer Gattung wird sie entweder auf Jeremia selbst zurückgeführt oder als redaktioneller Text verstanden.

Exeget*innen, die den Text als Bericht einer Symbolhandlung im nahe bei Anatot liegenden wādī fārah bzw. der ḥirbet fārah verstehen, weisen ihn dem Propheten selbst

---

85 Brummit (Of Broken Pots, 3.7) spricht mit Blick auf Brechts Theatertheorie von "infinite rehearsal in which every alternative (historical and fictional) can be tried out and debated."

zu.[86] Bei diesem Szenario fehlt aber das Publikum, und es ist fraglich, ob Jeremias Handlungen öffentlich bekannt sind. Diejenigen, die den Eufrat und damit einen Hinweis auf das Exil annehmen, weisen den Text der Redaktion zu.[87]

Thiel hält V. 1–9.10a*.b für einen literarisch einheitlichen Selbstbericht des Propheten, der in V. 10a*.11 durch die dtr Buchredaktion, die er am Sprachgebrauch festmacht, weiter interpretiert wird.[88] Die Pendenskonstruktion in V. 10, bei der das zur Betonung vorangestellte Subjekt durch eine Liste von Vergehen des Volkes weit vom Hauptsatz getrennt wird, ist in der Tat stilistisch auffällig. Allerdings tritt diese Satzformation im Kontext dtjer Prosa häufiger auf.[89] Außerdem gehören die Wortereignisformel (V. 2.6.8)[90] und die Auftragsformel mit dem Infinitiv absolutus und wᵉqatalta-Form (V. 1)[91], die ihre engste Parallele in 19,1 hat, ebenfalls zum dtjer Sprachgebrauch. Auch die Botenformel in der unüblichen Funktion der Einleitung einer Gottesrede wird vor allem in redaktionellen Passagen des Jeremiabuches verwendet.[92] Die listenartige Nennung von שֵׁם „Name", תְּהִלָּה „Ruhm" und תִּפְאֶרֶת „Schmuck" findet sich außer in V. 11 nur noch in Jer 33,9 und Dtn 26,19. Dtn 26,17–19 bindet das enge Verhältnis zwischen Jhwh und seinem Volk an das Halten der Gebote. Die Übereinstimmungen von Dtn 26,19 und 13,11 sind exklusiv, so dass eine literarische Abhängigkeit in die eine oder andere Richtung wahrscheinlich ist.[93]

Wie in der synchronen Analyse beschrieben, ist 13,1–11 literarisch einheitlich. Aufgrund der Vorwürfe des Nicht-Hörens und der Verehrung anderer Gottheiten (V. 10) sowie der Anspielung an Dtn 26,19 spiegelt die Erzählung die Ideologie der geschichtsätiologischen Redaktion.[94] In diesem Horizont spielt das viermal genannte Versteck des leinenen Schurzes auf den Eufrat als Ort des Exils an, auch wenn der Text dies nicht deutend explizit, wahrscheinlich um die Fiktion eines vorexilischen Sprecherstandorts aufrecht zu erhalten. Damit ist der Ort des Exils negativ bestimmt, er ist gerade kein Ort des Schutzes, sondern führt zum „Verrotten" derer, die sich dort bergen wollen.

Synthese

Jer 13,1–11 ist eine fiktive Erzählung, die ähnlich wie Jer 18,1–12* eine sonderbare Symbolhandlung Jeremias schildert und drei Einzelzüge deutet. Jeremia soll

---

86 So HOLLADAY, Hermeneia, 396; RUDOLPH, HAT, 94 (mit Deutung als Vision).

87 So McKANE, ICC, 292; CARROLL, Jeremiah, 296.

88 Vgl. THIEL, Redaktion I, 171f.; ihm folgen WANKE, ZBK, 133; SCHMIDT, ATD 20, 250.

89 Vgl. Jer 9,11; 10,8.12; 12,6; 14,16; 22,12.27; 23,34; 27,11 u. ö. sowie GROSS, Walter, Die Pendenskonstruktion im Biblischen Hebräisch. Studien zum althebräischen Satz (ATSAT 27), St. Ottilien: EOS Verlag, 105–109.

90 Vgl. STIPP, Konkordanz, 36.

91 Vgl. Jer 2,2[MT⁺]; 3,12; 17,19; 19,1; 22,1 LXX*; 28,13; 34,2; 35,2.13; 39,16; STIPP, Jeremias Zeichenhandlung, 307.

92 Vgl. noch Jer 16,5; 17,19; 22,1; 24,5.8; 25,15; 26,2; 27,2; 30,2; 32,28.36.42; 33,2.4.10.12; 34,2a; 35,13 und STIPP, Jeremias Zeichenhandlung, 307.

93 FISCHER (HThKAT, 455) und FINSTERBUSCH/JACOBY (MT-Jeremia 1–24, 157) halten Jer 13,11 für ein Zitat aus Dtn 26,19.

94 Mit STIPP, Jeremias Zeichenhandlung, 314.322; für eine exilische Datierung plädiert auch McKANE (ICC, 292).

einen Lendenschurz aus Leinen kaufen und tragen, aber nicht waschen, ihn dann aber in einer Felsspalte am Eufrat verstecken und nach geraumer Zeit wieder ausgraben, um festzustellen: Der Schurz ist verrottet, zu nichts mehr nütze. Analog zu den drei Gottesbefehlen, denen Jeremia genau Folge leistet, ergehen drei Deutungen: Zunächst wird der gesamte Vorgang mit dem Verderben von Judas und Jerusalems Hochmut oder deren Pracht verglichen, wobei die Begrifflichkeit wohl absichtlich ambivalent ist (V. 9). Die zweite Deutung, das Volk werde wie dieser Schurz sein, impliziert durch eine Liste von Vergehen Judas, dass die mangelnde Qualität des Materials zu dessen Verrottung führt (V. 10) – eine ironische Interpretation des Erzählten. Schließlich wird das enge Anliegen des Schurzes an den Hüften mit dem intimen Verhältnis Israels zu seinem Gott verglichen, das ebenfalls durch Judas Ungehorsam zerstört worden ist (V. 11).

Die Erzählung erwähnt weder ein Publikum noch, dass Jeremia die Deutung vorträgt. Das erzählte Geschehen setzt den Untergang Jerusalems voraus und gibt ausdrücklich dem Volk selbst die Schuld. In der Verurteilung der vorexilischen Bevölkerung Judas und Jerusalems erweist sie sich als Produkt der geschichtsätiologischen Redaktion. Der Aufbewahrungsort des Schurzes enthält ein Wortspiel, das auf den Eufrat verweist und das Exil negativ konnotiert als Ort, an dem die Deportierten buchstäblich „verrotten".

Ähnlich dem Brecht'schen Theater fordert das erzählte Geschehen die Leser*innen heraus, ihre eigene Deutung beizusteuern. Dabei wird Jeremia als eine Art Marionette porträtiert, die Jhwhs Befehlen genau Folge leistet. Die Vorstellung, er trage längere Zeit nur seine Unterwäsche, ohne sie zu waschen, und verstecke sie schließlich in einer Felsspalte, mag für heutige Leser*innen anstößig klingen. Auch im antiken Kontext impliziert sie Jeremias Nacktheit und Schutzlosigkeit. Anders als bei der weiblichen Figur (Jer 13,25–27) erscheint die Entblößung des männlichen Körpers aber nicht als anstößig und mit Scham behaftet. Wie Amy Kalmanofsky herausarbeitet, müsste das Verrotten des Lendenschurzes, der den Körper der literarischen Prophetenfigur und Jhwhs (V. 11) schützt und deren Potenz markiert, eigentlich auf deren Impotenz verweisen.[95] Diese Möglichkeit schließt der Text jedoch aus: Jeremia und Jhwh trennen sich von dem verrotteten Kleidungsstück, das mit dem Volk identifiziert wird, und die Beschämung des Volkes wird in 13,25–27 mit Hilfe der Metaphorik des gewaltsam entblößten weiblichen Körpers dargestellt. Damit liefert Jer 13,1–11 einen weiteren Beleg für die hierarchische Charakterisierung männlicher und weiblicher Körper in der Hebräischen Bibel.

Jer 13,12–27: Eine Sammlung weiterer Worte

JHWH zu Jeremia

12 *Und sage* zu ihnen dieses Wort/ *zu diesem Volk[a]*: [So spricht Jhwh, der Gott Israels:] Jeder Krug[b] wird mit Wein gefüllt werden.
Sie werden zu dir sagen /und es wird sein, wenn sie zu dir sagen[c]:

---

95 Vgl. Kalmanofsky, Bare Naked, 59.

Sollten wir etwa nicht wissen[d], dass jeder Krug mit Wein gefüllt wird?

13 Dann sage zu ihnen:

So spricht JHWH:

Siehe, ich fülle mit Trunkenheit [all] die, die dieses Land bewohnen, und die Könige, die auf dem Thron Davids sitzen[a], und die Priester und die Propheten <und Juda>[b] und die ganze Einwohnerschaft Jerusalems. 14 Und ich werde sie zerschlagen /zerstreuen[a], einen am anderen, die Eltern zusammen mit den Kindern – Spruch JHWHS. Ich werde kein Mitleid haben, ich werde nicht schonen und ohne mich zu erbarmen werde ich sie verderben.

15 Hört und horcht, überhebt euch nicht!

Denn JHWH hat geredet.

16 Gebt JHWH, eurem Gott, die Ehre, bevor es dunkelt

und bevor eure Füße straucheln[a] auf dämmrigen Bergen.

Da wartet ihr auf Licht, und er wandelt es[b] zum Todesschatten

und macht[c] (es) zum Wolkendunkel.

Jeremia zum
Volk

17 Wenn ihr aber nicht darauf hört, werde ich selbst /werdet ihr selbst[a] im Verborgenen weinen wegen des Hochmuts [und bittere Tränen vergießen][b]. Vor Tränen wird mein Auge /werden eure Augen[c] zerfließen, weil die Herde JHWHs gefangen weggeführt /zerschlagen[d] wurde.

18 Sprich /sprecht[a] zum König und zur Gebieterin /zu den Mächtigen[b]:

Setzt euch tief hinunter![c]

Denn herabgesunken von eurem Haupt[d]

ist die Krone eurer Herrlichkeit.

19 Die Städte des Südens sind eingeschlossen,

und niemand öffnet.

Juda ist ins Exil geführt[a], ganz[b],

sie ist vollständig[c] ins Exil geführt.

JHWH zu
Jeremia

20 Erhebt eure/ erhebe deine[a] Augen <Jerusalem>

und sieh[b]: Sie kommen von Norden.

Wo ist die Herde, die dir {fem. sing.} gegeben wurde,

deine prächtigen Schafe?

21 Was wirst du sagen, wenn er über dich setzt[a]

– und du selbst hast sie gelehrt –

Vertraute[b] als Herrscher[c] über dich?

Werden nicht Wehen dich packen

wie eine gebärende Frau?

JHWH zu Jeru-
salem

22 Und wenn du in deinem Herzen sagst:

„Warum ist mir dies zugestoßen?"

Der Menge deiner Vergehen wegen wurden deine Gewandsäume aufgedeckt,

wurde deinen Fersen[a] Gewalt angetan.

23 Ändert wohl ein Kuschit /Äthiopier[a] seine Hautfarbe

oder ein Leopard[b] die Flecken auf seinem Fell?

Dann könntet selbst ihr Gutes tun,

die ihr gewohnt seid, böse zu handeln.

24 Ich werde sie zerstreuen^a wie Spreu,

    die im Wüstenwind zerstiebt.

25 Dies (ist) dein {fem. sing.} Los, dein Anteil,

    dir zugemessen von mir^a, Spruch JHWHs,

weil du mich vergessen und der Lüge vertraut hast.

26 Auch ich, ich habe deine Gewandsäume hochgehoben, bis über dein Gesicht,

sodass deine Scham^a gesehen wird.

27 Dein Ehebrechen und dein Wiehern,

    die Schandtat deiner Hurerei, auf Hügeln, im Feld^a;

        ich habe deine Scheusale gesehen.

Wehe dir, Jerusalem! Du wirst nicht rein werden /_{dass du nicht rein geworden bist hinter} _{mir her.}^b – <Wie>^c lange noch?

Anmerkungen zu Text und Übersetzung

*   In der Übersetzung sind parallele Stichen und Zitate durch Einrückung kenntlich ge-macht, Prosaverse füllen die Zeilen aus. Nebentexte mit Angaben zu Sprecher*innen oder Szenerie sind kursiviert. Zum System der Klammern und Kleinschreibung s. o. S. 22.

12a   MT bietet אליהם את־הדבר הזה, LXX liest mit אל־העם הזה wohl eine ältere Fassung, die in MT in Anlehnung an 14,17 durch die Botenformel erweitert wurde; vgl. WANKE, ZBK, 134.

12b   LXX übersetzt נבל mit ἀσκός „Weinschlauch, Lederflasche", während V, S und T das Wort als „Krug" verstehen. Zu den weiteren antiken Übersetzungen vgl. MCKANE, ICC, 294.

12c   LXX gibt den typischen Hebraismus והיה כי יאמרו אליך wieder (vgl. 17,27), was in diesem Fall eine Sonderlesart darstellt, nicht auf eine andere Vorlage verweist; vgl. STIPP, Son-dergut, 148.

12d   Die Verbindung eines Infinitivs abs. mit Fragepartikel und folgendem verneinten *jiqtol* ist singulär, wird aber von LXX in Gänze wiedergegeben.

13a   MT wörtlich: „die für David auf seinem Thron sitzen"; LXX deutet die hebräische Wen-dung richtig als „die als Söhne Davids auf ihrem Thron sitzen".

13b   LXX ergänzt „Juda" wie in 19,3; 25,18 u. ö.; vgl. JANZEN, Studies, 63; STIPP, Sondergut, 150.

14a   Das im MT gebrauchte Verb נפץ kann „zerschlagen" oder „sich zerstreuen" bedeuten; vgl. Ges¹⁸, 833. In Jer 1–28 bevorzugt LXX διασκορπίζω „zerstreuen" (vgl. aber 51,20–23 = Jer^{LXX} 28,20–23), in Jer 29–52 συγκόπτω „zerschlagen"; vgl. STIPP, Interpretie-rende Übersetzung, 190.

16a   MT wörtlich: „sich aneinanderstoßen"; vgl. Ps 91,12; Jes 8,14.

16b   MT ושמה wird vokalisiert als 3. masc. sing. *w^eqatal* von שׂים + Suffix der 3. fem. sing. (mit Bezug auf אור). LXX liest es als Adverb „und dort (Todesschatten)"; vgl. FINSTER-BUSCH/JACOBY, MT-Jeremia 1–24, 158.

16c   Die *jiqtol*-Form des *Ketiv* ישׁית wird durch das *Qere* als Infinitiv abs. mit Kopula gelesen, in Fortsetzung des vorherigen Verbs. LXX liest wahrscheinlich ושׁתו „sie werden ge-setzt" (mit Bezug auf die Füße); vgl. FINSTERBUSCH/JACOBY, MT-Jeremia 1–24, 159.

17a   MT נפשׁי betont das Ich des Sprechers; LXX übersetzt ἡ ψυχὴ ὑμῶν mit Blick auf die Adressat*innen. Dieselben Varianten begegnen in 14,17.

17b   Der Überschuss in MT bietet eine *figura etymologica*, die sich sowohl auf נפשׁ als auch auf das Auge beziehen kann; vgl. FINSTERBUSCH/JACOBY, MT-Jeremia 1–24, 159.

17c Erneut denkt LXX an die Angeredeten, MT an den Sprecher als denjenigen, der Tränen vergießt.

17d LXX liest נשבר (MT נשבה, von שבה Nif.), wohl eine Buchstabenverwechslung; vgl. FINSTERBUSCH/JACOBY, MT-Jeremia 1–24, 158.

18a LXX bietet plur., gleicht an die im vorherigen Vers genannten Adressat*innen an.

18b Der Titel הגבירה, wörtlich: „die Mächtige, die Gebieterin", begegnet nur hier und 29,2; dort wird König Jojachin genannt und LXX übersetzt mit βασίλισσα „Königin" (Jer^{LXX} 36,2). Da ihre Erwähnung hier nicht offensichtlich ist, liest LXX fälschlicherweise ולגבורים „zu den Mächtigen" oder hat eine andere Vorlage; vgl. FINSTERBUSCH/JACOBY, MT-Jeremia 1–24, 158.

18c MT wörtlich: „erniedrigt euch, setzt euch"; zur asyndetischen Abfolge vgl. GK § 120g.

18d LXX ἀπὸ κεφαλῆς ὑμῶν, V und S bezeugen hebräisch מראשכם, was wohl die ursprüngliche Lesart darstellt; vgl. MCKANE, ICC, 304. Die Konsonanten מראשותיכם wurden in MT als Nomen „euer Kopfschmuck" vokalisiert; vgl. MCKANE, ICC, 304.

19a MT הֻגְלָת ist die ursprüngliche Kurzform der 3. fem. sing. qatal von גלה Hof.; vgl. GK § 75i.

19b MT wörtlich: „ihre Gesamtheit"; LXX versteht כלה als 3. masc. sing. qatal von כלה Qal „(Juda) hat vollzogen".

19c MT הֻגְלַת שלומים wird von LXX, V, S mit Blick auf Am 1,6 als גלות שלמה „vollständige Exilierung" gelesen. LXX hat wohl keine andere Vorlage, versteht הגלת als Nomen, während MT als 3. fem. sing. qatal vokalisiert (s. o. zu 19a); vgl. MCKANE, ICC, 305. RUDOLPH (HAT, 92) deutet שלומים als Akkusativ, der den Vollzug der Handlung beschreibt; vgl. GK § 118q.

20a So mit LXX, die die ältere Lesart bietet. MT „eure Augen" gleicht an die Herrschenden in V. 18 an, ist aber inkongruent zu den 2. fem. sing.-Suffixen und Verbformen in V. 20–27.

20b So mit dem Ketiv (2. fem. sing.) und LXX, die die weibliche Adressatin schon hier mit Jerusalem identifiziert. Das Qere gleicht mit plur. an die in V. 18 adressierten Herrschenden an; ihm folgen V, T und S. Die Qere-Lesungen sind Folge der Zusammenstellung der ehemals eigenständigen poetischen Stücke V. 18f. und V. 20–27. FINSTERBUSCH/JACOBY (MT-Jeremia 1–24, 159) identifizieren die Adressatin mit Juda, das in V. 19 genannt wird. Das widerspricht der Nennung Jerusalems in V. 27 (MT und LXX).

21a Die 3. masc. sing.-Form in MT bezieht sich auf JHWH; LXX übersetzt mit plur. und denkt an die von Norden Kommenden (V. 20).

21b MT אלפים wird als plur. von אלוף „Vertrauter, Freund" (vgl. 3,4; Spr 2,17) vokalisiert. LXX liest es als Nomen von אלף I Pi. „lehren"; vgl. FINSTERBUSCH/JACOBY, MT-Jeremia 1–24, 160.

21c MT ראש meint „Kopf, Oberhaupt", übertragen „Herrscher"; LXX εἰς ἀρχήν „zur Herrschaft".

22a Die Fersen sind hier Euphemismus für die weibliche Scham; vgl. RUDOLPH, HAT, 92; CARROLL, Jeremiah, 303. LXX denkt an eine paradigmatische Strafe und übersetzt „um deine Fersen an den Pranger zu stellen"; s. u. die synchrone Analyse.

23a Hebräisch כושי bezeichnet eine Person aus dem Land südlich von Ägypten (vgl. 2 Sam 18 passim; Jer 38,7.10.12; 39,16; Am 9,7), das LXX durchgängig mit Äthiopien übersetzt.

23b Hebräisch נמר bezeichnet eine Wildkatze, „Panther, Leopard" (vgl. 5,6; Jes 11,6; Hos 13,7; Hab 1,8; Hld 4,8), deren Fell auffällig gefleckt ist.

24a MT ואפיצם kann als Fortführung der jiqtol-Formen in V. 23 verstanden werden. LXX versteht die Form als Narrativ „ich zerstreute sie" im Anschluss an למדי in V. 23, das als Partizip Perfekt übersetzt wurde; vgl. FINSTERBUSCH/JACOBY, MT-Jeremia 1–24, 160.

25a LXX liest anstelle von מנת-מדיך מאתי aufgrund einer Buchstabenverwechslung und folgender anderer Textabgrenzung מנת מריכם אתי „dafür, dass ihr mir ungehorsam seid"; vgl. FINSTERBUSCH/JACOBY, MT-Jeremia 1–24, 160.

26a MT bietet קָלוֹן „Schande, Schmach", LXX übersetzt mit ἡ ἀτιμία „Unehre". Beide Fassungen bewerten das Aufdecken der weiblichen Schamgegend als entehrend.

27a Ob die Ortsangabe zur vorherigen oder zur folgenden Aussage gehört, bleibt offen.

27b LXX fügt eine Begründung ein, übersetzt die *jiqtol*-Form mit Aorist und liest אחרי mit Suffix als „hinter mir her", rechnet es also zum vorherigen Satz.

27c In MT ist die Frage unvollständig; wie LXX zeigt, ist wohl das erste עד ausgefallen. Danach zogen die Masoreten אחרי zur Frage; vgl. FINSTERBUSCH/JACOBY, MT-Jeremia 1–24, 161.

Synchrone Analyse

Jer 13,12–27 umfasst vier unterschiedlich lange Passagen (V. 12–14.15–17.18f.20–27) mit verschiedenen Adressat*innen und Themen. Mit dem jetzigen Kontext teilen sie zwar Stichworte, sind jedoch untereinander nicht verbunden. Es scheint, als hätten die Buchredaktoren hier Texte zusammengestellt, die sonst keinen Platz fanden.

13,12–14
Zerschmetterte Weinkrüge

Der Prosaabschnitt 13,12–14 setzt mit einem Redeauftrag an Jeremia ein, wie er sich gleichlautend in 14,17 findet und in V. 13 in Kurzform wiederholt wird.[96] Der Prophet soll dem Volk eine Sentenz ausrichten und auf die vorhersehbare abweisende Reaktion hin Unheil ansagen. Ob der Satz „Jeder Krug wird mit Wein gefüllt werden" ein Sprichwort oder ein scherzhafter Spruch ist, ist unklar.[97] Jedenfalls drückt die den Adressat*innen in den Mund gelegte Gegenrede deren Unverständnis über diese Mitteilung aus.

> Dass der Spruch auf ein Trinkgelage und das Aneinander-Schlagen der mit Wein gefüllten Gefäße auf Schlägereien der Betrunkenen untereinander verweise, ist reine Spekulation.[98] Die schon in den antiken Übersetzungen beginnende Diskussion darüber, ob נבל einen aus Tierhaut gefertigten Schlauch oder einen getöpferten Krug bezeichne,[99] lässt sich für MT zugunsten des Letzteren entscheiden: Die Ankündigung der Zerstörung durch Aneinander-Schlagen in V. 14 macht nur bei irdenen Krügen Sinn. Die griechischen Übersetzer deuten das Gefäß als Weinschlauch und übersetzen das Verb daher als „zerstreuen".

Die Ankündigung, JHWH werde alle Landesbewohner*innen mit Trunkenheit füllen, lässt sie als Gefäße erscheinen, mit denen Gott je nach Belieben verfährt. Aus der Gesamtgruppe werden die führenden Kreise explizit herausgehoben: Könige, Priester und Prophet*innen sowie die Einwohner*innen Jerusalems. Erinnert das Motiv der Trunkenheit an die Ankündigung vom Taumelbecher in 25,15f., das in den Fremdvölkerworten wiederkehrt (49,12; 51,7), so verweist das Motiv der zerbrochenen Krüge auf die Symbolhandlung mit dem zerschmetterten Krug im

---

96 Die Kurzform „du sollst zu ihnen sagen" hat 15 Belege in Prosareden und -abschnitten, z. B. 5,19; 7,28; 8,4; 11,3.

97 CARROLL (Jeremiah, 298) hält es für ein Sprichwort, während WANKE (ZBK, 134) und DUBACH (Trunkenheit, 159) eher an einen Trinkspruch denken. RUDOLPH (HAT, 95) greift Giesebrechts Ausdruck „Zecherwort" auf und hält es für einen Scherz.

98 Vgl. RUDOLPH, HAT, 95; ähnlich schon VOLZ, KAT, 152; die Idee des Trinkgelages nehmen auf: WANKE, ZBK, 134; SCHMIDT, ATD 20, 251f.

99 Vgl. McKANE, ICC, 293–296; s. o. die Textkritik zu 13,12b.

Ben-Hinnom-Tal (19,1–13). Warum die Unheilsankündigung nicht bei diesen Parallelen, sondern hinter die Symbolhandlung mit dem verrotteten Schurz platziert wurde, ist kaum zu klären. Möglicherweise ist sie als Reaktion auf den letzten Satz von V. 11 „sie aber hörten nicht" hinzugefügt worden. Sie nimmt außerdem das Stichwort שׁחת „zerstören" auf (V. 7.9; vgl. מהשׁחיתם in V. 14).[100]

Das durchgängig als Anrede an eine ungenannte Gruppe gestaltete poetische Wort 13,15–17 fordert zur Ehrerbietung gegenüber Jhwh auf. Der einleitende Höraufruf in V. 15 stellt gegenüber V. 14 einen abrupten Wechsel dar und bezeichnet Jhwh als Urheber dessen, was zu hören ist. Die Mahnung zu hören wird unterstrichen durch die Warnung, die Angeredeten würden sonst im Dunkeln stolpern und vergeblich auf Licht harren. Für den Fall, dass sie nicht zuhören, kündigt der Sprecher ein Weinen an.

13,15–17
Jeremia
ermahnt das
Volk

Während LXX in V. 17a vom Weinen der Angeredeten spricht, weint nach MT der Sprecher selbst. Beide Lesarten ergeben Sinn, und LXX kann nicht als Fehllesung des Konsonantentextes erwiesen werden. Lässt sich die LXX-Variante als Angleichung an den unmittelbaren Kontext erklären, so MT als Angleichung an das Weinen des Sprechers in 8,23 (vgl. 14,17), was die prämasoretische Bearbeitung durch Zufügung von ודמע תדמע verstärkt (V. 17bα). Anhand fehlender Kriterien ist unentscheidbar, welche Variante ursprünglicher ist. In der Frage, ob V. 17b ein Zerschlagen der Herde (so LXX) oder deren Wegführung, d. h. das Exil (so MT), im Blick hat, ist MT textkritisch wohl zu bevorzugen.[101]

Im MT spricht Jeremia,[102] da Jhwh in der dritten Person (V. 16a.17b) genannt wird. Im jetzigen Kontext kann jedoch aufgrund der vorausgehenden Gottesrede (V. 12–14) und des nachfolgenden Redeauftrags (V. 18) auch Jhwh als Sprecher fungieren, zumal er auch in 8,23, in ähnlichem Wortlaut wie V. 17, Tränen vergießt.[103] Dieser Zusammenhang ist jedoch, da 13,12–14 und 13,18f. redaktionelle Texte sind, nicht ursprünglich und daher eine spätere Deutung, die entsprechend 8,23 – 9,2, aber entgegen der Aussage in 13,14b Jhwh als mit seinem Volk leidenden Gott versteht.

Die Mahnung, Jhwh Ehre zu erweisen, findet sich noch in 1 Sam 6,5, mit dem Verb יהב „geben" in 1 Chr 16,28f.; Ps 29,1f.; 96,7f. Die Metaphorik von Licht bzw. Dunkel für den Lebensweg mit bzw. ohne Jhwh findet sich im Psalter, in Verbindung mit dem Bild der Herde v. a. in Ps 23, der auch das Stichwort „Todesschatten" bietet (23,4; vgl. Jer 2,6). ערפל „Wolkendunkel" begegnet häufig in Verbindung mit einer Theophanie Gottes (Ex 20,21; Dtn 4,11; 5,22; 1 Kön 8,12; Jes 60,2; Zef 1,15); der Ausdruck הרי נשׁף „dämmrige Berge" (V. 16) ist singulär.

13,18f. setzt zwar die Anrede fort, wechselt jedoch Thema und Adressat*innen. Die beiden Verse bieten mit je zwei Zeilen zu 3+2 Hebungen das hinkende Metrum der Klage (Qinah), aber nicht deren charakteristische Wendungen wie den Weheruf oder die Aufforderung zu Trauerriten.

13,18f.
Machtverlust
für König und
Gebieterin

---

100 Vgl. Rudolph, HAT, 95; McKane, ICC, 292.

101 S. o. die Textkritik zu 13,17d.

102 So auch Finsterbusch/Jacoby, MT-Jeremia 1–24, 159; McKane, ICC, 299; Holladay, Hermeneia, 406.

103 S. o. die synchrone Analyse zu 8,21 – 9,2.

Während MT mit einem Imperativ sing. wie in V. 12–14 eine Rede Jhwhs an den Propheten voraussetzt, knüpft LXX mit dem Imperativ plur. an den unmittelbar vorausgehenden Abschnitt an. Der Prophet (MT) oder das Volk als Gruppe (LXX) wird aufgefordert, den König und seine Mutter (s. u.) auf das Ende ihrer Macht hinzuweisen: Der Befehl, sich tief hinunter zu setzen, bildet die Gegenbewegung zum Sitzen auf einem erhabenen Thron (vgl. Jes 47,1). Die Begründung dafür ist, dass die „Krone der Herrlichkeit" von ihren Häuptern herabgesunken sei. Das kann realweltlich oder metaphorisch als Verlust der königlichen Macht verstanden werden. Als weitere Begründung für den königlichen Statusverlust führt V. 19 die Gefährdung der Städte im Negev, d. h. im Süden Judas (vgl. 32,44; 33,13), und die Wegführung ganz Judas an. Das Verb סגר „verschließen, einschließen" kann sich auf Türen (2 Kön 4,4; Neh 6,10), aber auch das Einschließen einer Stadt (1 Sam 23,7) oder das Ausliefern von Menschen in die Gewalt Anderer[104] beziehen. Die qatal-Form im Pu. in V. 19 und die Wendung „niemand öffnet" verweisen auf die Belagerung der Städte durch den Feind. Das Verb גלה Hif./Hof. ist der übliche Ausdruck für „deportieren, ins Exil führen"[105].

Das Amt der Königinmutter Adressat*innen der Aufforderung sind der König und seine Mutter, die den Titel גבירה „Gebieterin" trägt.

> Der deutsche Titel „Königinmutter" meint, dass die Mutter des Königs als Königin amtiert. Bei einem Thronwechsel, oder falls der König noch jung war, schloss dieses Amt wohl die Regierungsgeschäfte ein.[106] Im DtrG werden die Mütter der judäischen Könige fast durchgängig genannt und zwei Frauen, Maacha und Atalja, mit dem Titel הגבירה bezeichnet (1 Kön 15,13; 2 Kön 10,13; vgl. 1 Kön 11,19). Die Verfasser des Geschichtswerks beurteilen diese mächtigen Frauen jedoch sehr kritisch: Maacha wird von ihrem Sohn Asa abgesetzt, weil sie ein Bild der Göttin Aschera anfertigen lässt. Atalja, die Tochter Omris und Mutter des Königs Ahasja (2 Kön 8,26), besteigt selbst den judäischen Thron, nachdem ihr Sohn von Jehu ermordet worden ist (2 Kön 9,27). Dabei lässt sie mögliche Thronnachfolger töten, fällt aber nach sechs Jahren ihrerseits einer Palastrevolte zum Opfer (2 Kön 11).

Im Jeremiabuch wird die Gebieterin an der Seite des achtzehnjährigen Königs Jojachin zweimal erwähnt, in 29,2 mit dem Titel, in 22,26 und 2 Kön 24,12.15 als „seine Mutter". Ihr Name und ihre Familie werden aber nur in 2 Kön 24,8 genannt: Nehuschta, Tochter des Jerusalemers Elnatan, der Jer 26,22; 36,12 zufolge zu den führenden königlichen Beamten zählt. Der Name Nehuschta erinnert an die eherne Schlange (נחש נחשת, Num 21,9), die nach 2 Kön 18,4 erst durch König Hiskija zusammen mit dem Bild der Aschera aus dem Jerusalemer Tempel entfernt wurde. Darin eine Verbindung der Gebieterin zur Göttin Aschera zu erkennen,[107] ist jedoch eine Überinterpretation.

13,20–27 Abrechnung mit Jerusalem Jer 13,20–27 hebt sich von seinem Kontext durch die fast durchgängige Anrede an eine weibliche Figur ab. Sie wird in V. 27 (in LXX bereits V. 20) mit Jerusalem identifiziert. Nur V. 23f. wechselt kurzfristig in die pluralische Anrede und verlässt die weibliche Metaphorik. Mit V. 15–17 hat der Abschnitt die Metapher vom Volk

---

104 Vgl. 1 Sam 23,11f.20; 24,19; Am 1,6; Hiob 16,11.

105 Vgl. 2 Kön 17,26–28; 24,14f.; 25,11; Jer 20,4; 22,12; 24,1; 29,1; 52,15 u. ö.

106 Zur ausführlichen Diskussion der Forschung vgl. Jost, Renate, Art. Königinmutter (2008): Wissenschaftliches Bibellexikon im Internet; vgl. http://www.bibelwissenschaft.de/ stichwort/23748 (23.09.2018).

107 Vgl. Jost, Art. Königinmutter, 2.3.

als Herde (עדר) gemeinsam, die in V. 17 als „Herde Jhwhs", in V. 20 als Jerusalems „prächtige Schafe" bezeichnet wird.

Formal handelt es sich um ein Disputationswort mit rhetorischen Fragen, Schuldaufweisen und einer Beschreibung der Bestrafung der Stadt. Die Zitationsformel (V. 25) und der Inhalt von V. 25–27 verweisen auf Gott als Sprecher, obwohl er in V. 21 die Strafe ausführt.

Das Wort verschärft die in Jer 4–6 mehrfach ausgesprochene Verwarnung der Stadt (4,14–18.30–31; 6,1–8). Wird Jerusalem dort als Ort der Unterdrückung und Gewalttat, ihre Bevölkerung als selbstherrlich und uneinsichtig (5,1–6) beschrieben, so erscheint sie hier als Opfer militärischer und sexualisierter Gewalt. Dass diese Bestrafung einerseits als noch bevorstehend (V. 20a.21.24), andererseits als bereits hereingebrochen beschrieben wird (V. 20b.22.25–27), trägt zur Dramatik des geschilderten Geschehens bei.

Der Schuldaufweis in V. 25 benennt als Vergehen das Vergessen Jhwhs und das Vertrauen auf „die Lüge". Vers 27 spricht von wiederholtem Ehebruch (hebräisch נאף) und bewusst abwertend von „Hurerei" (זנות), sodass die angeredete Figur als untreue Ehefrau charakterisiert wird. Das Stichwort „Hurerei" verweist, wie in Hos 1–3 und Jer 2,20–25, auf den Vorwurf der Idolatrie, d. h. der Verehrung anderer Gottheiten. „Die Lüge" (vgl. 3,23) spielt wohl ebenso auf eine fremde Gottheit an wie der hier mit „Scheusale" übersetzte Begriff שקוצים, der sonst meist Bilder und Statuen anderer Gottheiten bezeichnet.[108] Die Ortsangabe „auf Hügeln, im Feld" (V. 27) verweist auf die במות „Höhen", die lokalen Heiligtümer mit Altar und Baum. Neben der Verehrung fremder Gottheiten kommen in V. 21 Bündnisse mit anderen Völkern in den Blick, die „Vertraute" (אלפים) genannt werden.[109]

Die weibliche Personifikation Jerusalems hat ihre engste Parallele in der Personifizierung Judas in Jer 2–3. Auch dort wird dem weiblichen Kollektiv vorgeworfen, es habe sich mit fremden Männern bzw. Mächten eingelassen, die jetzt über es herrschen und es zerstören (2,16–19.23–25.33.36f.). Die Verwüster kommen in V. 20 wie in 1,13–15; 4,6; 6,1.22; 10,22 von Norden. Die Wehen der Gebärenden (V. 21) symbolisieren wie in 4,31 und 6,24 Schmerzen und Todesangst der im Krieg unterlegenen Gruppe.[110]

In der Ankündigung der Strafe überlagern sich Bilder einer Frau und einer Stadt.[111] Das hereinbrechende Unheil wird einerseits als militärische Bedrohung durch fremde Mächte charakterisiert (V. 21), andererseits als von Gott herbeigeführte Strafe (V. 25f.). Die Niederlage wird als öffentliche Zur-Schau-Stellung des weiblichen, nackten Körpers und als sexualisierte Gewalt gegen die Frau beschrieben.[112] Das Hochheben der Gewandsäume (V. 22.26) entblößt den weiblichen Schambereich; die Fersen, denen Gewalt angetan wird (V. 22), sind ein Euphemismus für die Genitalien. Im Bild gesprochen: Die Frau wird durch ihre früheren Liebhaber vergewaltigt, was ihr zorniger Ehemann ausdrücklich billigt, da er sogar selbst Hand anlegt und ihren Körper entblößt, d. h. sie öffentlich beschämt (V. 26). Auf der Sachebene wird damit ausgedrückt: Die Stadt Jerusalem, die sich von ihrem Gott ab- und anderen Gottheiten

(Marginalie rechts) Bilder sexualisierter Gewalt

---

108 Vgl. z. B. 1 Kön 11,5.7; 2 Kön 23,24; Jer 4,1; 7,30; Ez 5,11; 7,20; Jes 66,3; Dan 11,31.

109 Das Wort bezeichnet einerseits Stammesoberhäupter (so mehrfach in Gen 36 und 1 Chr 1 sowie Sach 12,5f.), andererseits einen Jugendfreund oder Liebhaber (Spr 2,17; Jer 3,4).

110 S. o. den Exkurs „Die Wehen der Geburt als Kriegsmetapher", S. 127.

111 S. o. den Exkurs „Die Adressatin im Jeremiabuch", S. 79.

112 Vgl. die ausführliche Diskussion in Maier, Tochter Zion und Hure Babylon, 217–220.

und den Großmächten zuwandte, wird von diesen erobert und zerstört, weil Jhwh das als gerechte Strafe versteht und zulässt.

Im Jeremiabuch bietet 13,20–27 die extremste Darstellung sexualisierter Gewalt und obszöner Nacktheit eines weiblichen Körpers, der Opfer männlich konnotierter Aggression wird. Aufgrund der Stadtmetapher ist die Opferrolle weiblich besetzt. Auf der Sachebene aber sind die Opfer dieser Kriegsgewalt Frauen, Männer und Kinder, so dass Jer 13,20–27 weder die Schuld nur auf Frauen projiziert noch zur Gewalt gegen konkrete Frauen aufruft oder solche Gewalt rechtfertigt. Vielmehr zielt der Text darauf, den impliziten Adressatenkreis zu schockieren, der mehrheitlich aus Männern besteht, die sich mit der negativ dargestellten weiblichen Figur identifizieren sollen.[113]

Hintergrund der Metaphorik　　Für Vergewaltigung, die heute als ein juristisch einklagbares Vergehen gegen die körperliche Integrität und Selbstbestimmung einer Person bewertet wird, hatte das alte Israel keinen Begriff.[114] Frauen waren sexuell nicht autonom, d. h. ihre Sexualität unterlag der Kontrolle bzw. Verfügungsgewalt entweder ihres Vaters oder ihres Ehemannes. Daher wurde sexualisierte Gewalt gegen eine Frau als Vergehen gegen den Besitz und die Ehre des für sie verantwortlichen Mannes angesehen (Dtn 22,13–29). Sexualisierte Gewalt gegen einen Mann (Ri 19,22–30) galt als beschämend und erniedrigend und beraubte diesen auf symbolischer Ebene seiner Männlichkeit.[115] Das bedeutet jedoch nicht, dass sexualisierte Gewalt für die Opfer keine traumatischen Folgen haben konnte. Im Gegenteil: Neuere Studien zu antiken Belagerungskriegen zeigen, dass die neuassyrische und neubabylonische Kriegsführung eine ideologische Feminisierung der gegnerischen Soldaten sowie physische Gewalt gegen Männer und sexualisierte Gewalt gegen Frauen einschloss.[116] Dabei repräsentiert die Metapher der vergewaltigten Stadtfrau die Zerstörung der Hauptstadt, da die sexualisierte Gewalt gegen die Stadtfrau dem Durchbrechen der Stadtmauer und gewaltsamen Öffnen des Tores entspricht.[117]

Die neuassyrischen Könige ließen ihre militärischen Erfolge auf raumhohen Wandreliefs in ihren Palästen darstellen. Als Zentralbild im Thronraum Sanheribs in Ninive war beispielsweise die Einnahme der judäischen Stadt Lachisch im Jahre 701 v. d. Z. zu sehen.[118] Dabei geht das assyrische Heer wohlgeordnet und mit Rammböcken, Brandpfeilen und Steinkatapulten gegen die Stadt vor. Der assyrische Großkönig empfängt in seinem Heerlager auf einem hohen Thronsessel sitzend Bittsteller, die sich ihm auf den Knien nähern und Geschenke überbringen. Die judäischen Krieger werden

---

113　Nach Exum (Ethics of Biblical Violence, 250) verfolgen solche Texte "a rhetorical strategy of abusing men verbally in the worst possible way."

114　Vgl. Brenner, Athalya, The Intercourse of Knowledge. On Gendering Desire and "Sexuality" in the Hebrew Bible (BINS 26), Leiden: Brill 1997, 136f.

115　Vgl. Brenner, Intercourse of Knowledge, 138.

116　Chapman, Gendered Language of Warfare; Magdalene, F. Rachel, Ancient Near Eastern Treaty-Curses and the Ultimate Texts of Terror. A Study of the Language of Divine Sexual Abuse in the Prophetic Corpus: Brenner, Athalya (Hg.), A Feminist Companion to the Latter Prophets (FCB 8), Sheffield: Sheffield Academic Press 1995, 326–352. Die Forschung ist pointiert zusammengefasst in: Poser, Ezechielbuch, 169–248.

117　So Kelle, Brad E., Wartime Rhetoric. Prophetic Metaphorization of Cities as Female: ders./Ames, Frank R. (Hg.), Writing and Reading War. Rhetoric, Gender, and Ethics in Biblical and Modern Contexts (SBLSymS 42), Atlanta: SBL 2008, 95–112, 104.

118　Vgl. ANEP 371–372.

überwiegend nackt, d. h. schutz- und wehrlos, dargestellt und grausam bestraft durch Enthauptung, Pfählen und Haut abziehen. Deren Frauen dagegen, die auf der Stadtmauer klagen oder gefangen weggeführt werden, sind alle bekleidet, d. h. Gewalt gegen Frauen wird in der Regel nicht dargestellt – wohl weil der assyrische Großkönig das Ideal der Männlichkeit verkörpert: Er ist ein erfolgreicher Kriegsherr und Beschützer von Frauen und Kindern. Bisher ist nur ein neuassyrisches Relief bekannt, das einen Überfall auf Zelte eines arabischen Stammes zeigt, in dem sich Frauen befinden. Dubovský deutet die Szene als Aufschlitzen schwangerer Frauen und als Strafaktion gegen rebellierende arabische Stämme, deren mächtige Königinnen in Inschriften erwähnt werden.[119]

Obwohl von neubabylonischen Herrschern keine Reliefs bekannt sind, bedienten sie sich derselben Kriegstechniken wie die Assyrer. Dass Frauen im Krieg dennoch vergewaltigt wurden, zeigt ihre Erwähnung auf Beutelisten (vgl. Ri 5,30) und die Erfahrung, dass Soldaten in der Regel nicht gemäß dem Herrscherideal handeln.

Jer 13,20–27 beschreibt also einerseits die Erfahrung von judäischen Männern und Frauen im Krieg und stellt andererseits Jhwh als denjenigen dar, der Juda erst den Feinden ausliefert und den Opfern die Schuld gibt. Dieses Bild des göttlichen Gewalttäters ist aus heutiger Sicht unverständlich, unerträglich und kann nur entschieden zurückgewiesen werden.[120] Die Darstellung sexualisierter Gewalt gegen eine weibliche Figur, auch wenn es sich um eine Metapher handelt, und vor allem deren Bewertung als gerechte Strafe für ihre Vergehen ist aus heutiger Sicht ein patriarchaler Diskurs, der Sexismus und Frauenverachtung befördert. Der Frage, was die Verfasser bewog, solche Texte zu schreiben, muss jedoch nachgegangen werden.

Studien aus postkolonialer Perspektive zeigen, dass es in einer Situation der politischen und sozialen Unterdrückung und des Ausgeliefertseins an eine imperiale Macht für die Unterdrückten wichtig ist, ihre eigene Geschichte zu erzählen.[121] Um einen letzten Rest an Handlungsfähigkeit und eine Hoffnung auf Änderung der Verhältnisse zu bewahren, thematisieren Opfer imperialer Gewalt eher die eigene Schuld, als sich selbst als völlig hilflos und die Unterdrücker als übermächtig darzustellen. Das gilt auch für Opfer von sexualisierter Gewalt, die sich so die Zerstörung ihrer Welt erklären; sie verstehen sich zwar als gebrochene Überlebende, aber nicht als passive Opfer.[122] Studien zu individuellem und kollektivem Trauma belegen, dass die Auseinandersetzung mit dem traumatisierenden Ereignis und das Aussprechen der Gewalterfahrung für den Prozess der Traumabewältigung notwendig sind.[123] Was heute als patriarchaler und frauenfeindlicher Diskurs beurteilt wird, war zunächst der Versuch der männlichen Opfer des Krieges, die eigene Beschämung und Erniedrigung überhaupt in Worte zu fassen. In der sexualisierten Darstellung der Zerstörung Jerusalems als Strafe Jhwhs für eigene Verfehlungen ist somit die Hoffnung eingeschlossen, dass die eigene Gottheit mächtiger sei als

Ein unerträgliches Gottesbild

---

119 Vgl. Dubovský, Peter, Ripping Open Pregnant Arab Women. Reliefs in Room L of Ashurbanipals North Palace: Or. 78 (2009), 394–419, 412–417.

120 So mit Häusl, Bilder der Not, 166; Baumann, Liebe und Gewalt, 238f. Wilda Gafney (Wisdom Commentary. Nahum, Habakuk, Zephaniah, Collegeville: Liturgical Press 2017, 61) überschreibt ihre Auslegung zu Nah 3,1–19 mit "Nahum's God Is Not My God."

121 Vgl. Bhabha (Hg.), Nation and Narration, 1–7; ders., Verortung der Kultur, 207–254.

122 Vgl. O'Connor, Reconstructing Community, 86; dies., Pain and Promise, 3f.

123 Vgl. Poser, Ezechielbuch, 75–78; van der Kolk, Verkörperter Schrecken, 279–281.

die menschlichen Gegner und daher das Schicksal der Überlebenden wenden könne. Wie O'Connor ausführt, verkörpert die zerklüftete und fragmentierte Struktur
das Jeremiabuches den Zusammenbruch der Welt Judas und versucht zugleich, die
Überlebenden der Katastrophe wiederaufzurichten.[124] Es beschreibt Jhwh nicht
nur als Krieger und Richter, sondern auch als weinenden und mit seinem Volk
leidenden Gott (vgl. 8,23 – 9,2) und zeichnet Jeremia als exemplarischen Über-
benden, der mit seinem Gott ringt, aber letztlich ihm treu bleibt.[125]

13,23f.
Judas Unver-
besserlichkeit
Gegenüber der Argumentation „die Opfer sind selbst schuld" setzt die rhetorische Frage in V. 23 voraus, dass die Menschen in Juda sich nicht ändern können,
sowenig wie ein Mensch die eigene Hautfarbe oder ein Leopard seine Fellzeich-
nung ändert. Der hebräische Begriff נמר „Leopard, Panther" bezeichnet eine Raub-
katze, die in Palästina heimisch ist und bis in die Neuzeit in der Gegend von En-
Gedi und im gebirgigen Teil des Negev überlebt hat.[126]

Kuschiten werden in der Hebräischen Bibel Menschen aus Äthiopien genannt
(vgl. LXX zu 2 Sam 18,21; 2 Chr 12,3; Am 9,7), die südlich des ersten Nilkatarakts
lebten und mit Ägypten regen Handel trieben. Sie haben auf ägyptischen Reliefs
eine schwarze Hautfarbe und waren in den antiken Heeren als Bogenschützen
geschätzt (vgl. Nah 3,9; Ez 38,5).[127]

> Kusch war ein reiches Land mit wertvollen Bodenschätzen (vgl. Hiob 28,19; Jes 45,14).
> Zur Zeit der neuassyrischen Vorherrschaft in der Levante regierte in Ägypten die 25.
> (kuschitische) Dynastie. Pharao Tirhaka kommt nach 2 Kön 19,9 par. Jes 37,9 dem judäi-
> schen König Hiskija gegen die Assyrer zu Hilfe. Auch Ebed-Melech, ein königlicher
> Beamter und Unterstützer Jeremias, ist Kuschit (Jer 38,7; vgl. auch Zef 1,1).[128]

Die Beispiele aus der Menschen- und Tierwelt verweisen auf unveränderliche
Merkmale des Aussehens. Der Vergleich zielt darauf, das falsche Handeln der angesprochenen Judäer*innen als eine erlernte und praktizierte Gewohnheit darzustellen, die zu einem unveränderlichen Merkmal ihres Charakters wurde.
Der Vergleich hinkt jedoch in zweifacher Hinsicht. Einerseits kann man Ge-
wohnheiten ändern, und einige Verse im Jeremiabuch fordern von den Angeredeten genau dies, nämlich Wege und Taten zu bessern (Jer 7,3.5; 18,11; 26,13). Andererseits weist Madipoane Masenya darauf hin, dass die Aussage über die Person
aus Kusch untergründig das Vorurteil befördere, Menschen mit dunkler Hautfarbe
würden diese gerne ändern.[129] Gegen eine Rhetorik, die Menschen aufgrund ihrer
Hautfarbe zum Sprichwort macht, zu „Anderen" erklärt und damit ausgrenzt, be-

---

124 O'Connor, Pain and Promise, 127f.; Stulman (Order Amid Chaos, 167–184) argumentiert
  ähnlich ohne Rückgriff auf Traumastudien.
125 O'Connor, Reconstructing Community, 86–89.
126 Vgl. Keel u. a., OLB 1, 143: *Panthera pardus jarvisi* Pocock. Ein in bestimmten Gebieten
  auftretendes schwarzes Fell stellt eine monogenetische Sonderform dar.
127 Vgl. die Liste der Notizen zu Kusch in Masenya, Madipoane (Ngwan'a Mphahlele), „Can
  the Cushite Change his Skin …?" (Jer 13:23). Beating the Drums of African Biblical
  Hermeneutics: Jonker, Louis C. u.a. (Hg.), Congress Volume Stellenbosch 2016 (VT.S
  177), Leiden: Brill 2017, 285–301, 298f.
128 In ihrer synchronen Analyse zu Jer 38 charakterisiert Carolyn Sharp Ebed-Melech als
  Helden, Verbündeten Jeremias und Beispiel für nicht-normative Männlichkeit – und
  verbindet damit eine antidiskriminierende Lesestrategie; s. Sharp, Jer 26–52, z. St.
129 Vgl. Masenya, Can the Cushite Change his Skin …?, 293f.

tont sie zu Recht, dass die Hautfarbe der Kuschiten nichts mit dem Ungehorsam und der Bosheit Judas zu tun hat.

Als Strafe für die scheinbare Unverbesserlichkeit des Volkes kündigt Jhwh im Bild einer landwirtschaftlichen Tätigkeit die Zerstreuung an: Beim Worfeln (vgl. Jer 4,11; 51,2) lösen sich die Spelzen, die Spreu, vom Korn und werden vom Wind fortgetragen. „Zerstreuen" (hebräisch פוץ Nif./Hif.; griechisch διασπείρω) bezieht sich hier und in weiteren Versen (9,15; 30,11; 40,15) auf die Existenz in der Diaspora.

Diachrone Analyse

Vorexilisch	K^{frühexilisch}	Exilisch	Nachexilisch
13,15–17?	13,20–22.25–27	13,12–14 R^{GÄ}	13,19b R^{Gola}
13,18–19a			13,23f. R^{Gola}

Der Abschnitt mit dem Sprichwort über die Weinkrüge und seine Deutung wird häufig für jeremianisch gehalten.

13,12–14
Juda ist
zerschmettert

> So malt Rudolph eine Situation beim Bankett mit viel Weingenuss aus, in der der Prophet plötzlich die Lage zur Zeit Zidkijas als „politische Selbstzerfleischung" betrunkener Gegner deutet.[130] Seit Thiel werden die gegenüber der Vorlage von LXX veränderte Einleitung, die Liste der Gruppen in V. 13 und V. 14b aufgrund des Sprachgebrauchs als Zusätze der dtr Redaktion verstanden, die das Fragment eines Selbstberichts umgearbeitet habe.[131]

In der Tat zählen dtjer Prosatexte die führenden Stände der Gesellschaft häufig als Schuldige oder Adressat*innen der Unheilsankündigung auf.[132] Neben der eigentlich schon umfassenden Angabe „die, die dieses Land bewohnen" sind in V. 13 die Könige, Priester und Prophet*innen sowie die Einwohner*innen Jerusalems noch einmal genannt. Die Absage an jegliches Mitleid (V. 14b) begegnet ähnlich auch in 21,7 und in der Unheilsankündigung an die Tochter Babel (50,14.42; 51,3). Die Verbindung von חוס „schonen" und חמל „Mitleid haben" findet sich sonst nur in Dtn 13,9 und bei Ezechiel.[133]

Allerdings bliebe nach Abzug dieser Deutungen nur ein Fragment übrig, und die spekulative Interpretation als Auftritt Jeremias bei einem Trinkgelage steht in Spannung zu dem Verbot, solche Veranstaltungen zu besuchen (16,8). Da der Text den Redeauftrag, das Zitat der Adressat*innen und die Replik auf dieses Zitat bereits mitteilt, erscheint die Redesituation als eigens für die Unheilsankündigung konstruiert. Daher ist es wahrscheinlicher, dass der gesamte Abschnitt von der geschichtsätiologischen Redaktion verfasst wurde. Sie deutet, wie in der Symbolhandlung mit dem verrotteten Lendenschurz (13,1–11), das über Juda hereingebrochene Verderben als Strafhand-

---

130 Vgl. Rudolph, HAT, 95; ihm folgt Wanke, ZBK, 134.
131 Vgl. Thiel, Redaktion I, 177; Wanke, ZBK, 134.
132 Vgl. Stipp, Konkordanz, 160f.
133 Vgl. Ez 5,11; 7,4.9; 8,18; 9,5.10 sowie Stipp, Sondergut, 108.

lung Jhwhs und betont zugleich, dass jegliche Hoffnung auf Verschonung vergeblich war.

13,15–17
Jhwh ehren
Da der Zusammenhang von V. 15–17 zum jetzigen Kontext nicht ursprünglich ist, könnte die Mahnung an das Volk, Jhwh die Ehre zu geben, als Wort des Propheten verstanden werden. Freilich ist sie so allgemein gehalten und terminologisch so nahe an Psalmen und Theophanieschilderungen, dass es sich ebenso um ein spätes Stück handeln kann, das im Rückblick auf die Katastrophe auf die unterlassene Möglichkeit hinweist. Die Klage in V. 17b kann als Rückblick auf das Wegführen der Herde (so LXX und die meisten Kommentare) oder als Ankündigung (נשבה als prophetisches Perfekt)[134] gedeutet werden. Im ersten Fall wäre V. 15f. eine Mahnung Jeremias und die Klage in V. 17 ein Nachtrag *ex eventu*. Im zweiten Fall würde die Klage in V. 17 die Vergeblichkeit der Mahnung verstärken. Als Bearbeitung erweist sich die Einleitung V. 17aα „wenn ihr nicht hört", die sonst nur in den nachexilischen Prosareden 17,27; 22,5 begegnet.[135] Diejenigen, die das Wort Jeremia zuschreiben, nehmen aufgrund der Thematik des drohenden Dunkels eine Situation kurz vor der ersten Belagerung Jerusalems im Jahr 597 v. d. Z. an.[136] Da der Text, anders als die Ankündigungen in Jer 4–6, nicht auf Kriegsereignisse verweist, bleibt diese Verortung aber hypothetisch. Die Kombination einer Mahnung, die ja einen positiven Ausgang als Möglichkeit offen lässt, mit einer Klage über die Wegführung hat eine Parallele in Jer 9,3–8.10.[137] Sie lässt sich als Reaktion auf die erste Deportation verstehen, wenngleich auch diese Annahme letztlich nicht weiter begründet werden kann.[138]

13,18–19a
Jojachins
Machtverlust
Der Befehl an den König und die Königinmutter, den Verlust der Insignien der Macht, Thron und Krone, anzuerkennen, weil die Städte im Süden bereits nicht mehr zugänglich seien, spiegelt die Situation in Juda im Jahr 597 v. d. Z.[139]

> Die erste Belagerung Jerusalems durch Nebukadrezzar war eine Strafmaßnahme gegen den vertragsbrüchigen Jojakim, der aber kurz vor Ankunft des babylonischen Heeres in Jerusalem starb (2 Kön 24,6). König Jojachin, der erst drei Monate regierte, ergab sich und konnte so Jerusalem zwar nicht vor Plünderung, aber vor der Zerstörung bewahren. Er wurde mit seiner Mutter, seiner Familie und den Hofbeamten nach Babylonien deportiert (2 Kön 24,12.15; vgl. Jer 24,1).

Wie die Klage in V. 17b, so wird auch die *qatal*-Form in V. 18b gelegentlich als prophetisches Perfekt, d. h. als Ankündigung gelesen.[140] Das ist angesichts der weiteren perfektiven Formen in V. 19, die auch in LXX und Vulgata vergangenheitlich übersetzt werden, sowie des Metrums der Klage aber wenig wahrscheinlich und für eine vorexilische Datierung nicht notwendig. So kann V. 18–19a durchaus als Wort Jeremias aus der Zeit nach 597 v. d. Z. angesehen und in die Reaktionen auf die Bedrohung der Existenz Judas in Jer 8–10 eingereiht werden.

---

134 So Rudolph, HAT, 92; McKane, ICC, 298.

135 So mit Wanke, ZBK, 135f.

136 Vgl. Rudolph, HAT, 95; Bright, AB 21, 95. Wanke (ZBK, 134) spricht vom „Umfeld der ersten Deportation 598/597".

137 S. o. die diachrone Analyse zu Jer 8–10.

138 Auch McKane (ICC, 300f.) hält die Situierung für unentscheidbar.

139 Vgl. Rudolph, HAT, 96; McKane, ICC, 306; Holladay, Hermeneia, 409; Wanke, ZBK, 136.

140 Vgl. Schmidt, ATD 20, 256.

Nur die Aussage, dass ganz Juda exiliert wurde (V. 19b), passt nicht zur Situation im   13,19b
Land nach 597 v. d. Z. Eine derart umfassende Deportation erfolgte nicht einmal nach   Landesweite
der Zerstörung Jerusalems im Jahr 587. Die auffällige, historisch unzutreffende Notiz   Deportation
erweist sich als Zusatz oder bewusste Textänderung durch die golaorientierte Redak-
tion.

> Weder 2 Kön 24f.; Jer 39,1–10; 52 noch die Erzählung über Gedaljas kurze Statthalterschaft
> (40,5 – 41,18) gehen von einer vollständigen Deportation der judäischen Bevölkerung nach
> Babylonien aus. Der archäologische Befund bestätigt zwar die Zerstörung Jerusalems und
> der Städte im Süden Judas, nicht aber der Orte nördlich Jerusalems.[141] Demgegenüber zielt
> die Erzählung über die Flucht nach Ägypten in Jer 42–44 auf die Totalemigration aus Juda.
> Die Vorstellung des entvölkerten Landes spiegelt die Sicht der ehemals nach Babylonien
> Exilierten wider, deren Nachkommen sich in frühnachexilischer Zeit wieder in Juda und
> Jerusalem ansiedelten (vgl. 4,23–26; 24,1–10).

Die als Vergewaltigung der „hurerischen" Ehefrau inszenierte Eroberung Jerusalems   13,20–22.25–27
setzt zwar mit einer Ankündigung ein (V. 20a.21), wird jedoch als bereits geschehen   Strafe: Zerstö-
geschildert (V. 20b.22.25–27). Da sich diese verstörenden Bilder sexualisierter Gewalt   rung
auf Kriegserfahrungen stützen, ist es wahrscheinlich, dass dieser Text auf die Zerstörung von Judas Hauptstadt 587 v. d. Z. zurückblickt. Er begründet das auf Jhwhs Willen
beruhende Gewalthandeln der Feinde gegen die Stadt mit der doppelten Abkehr von
Gott: Zum einen diente die Stadt sich den Großmächten an, zum anderen vertraute
sie auf „Lüge" (vgl. 5,31). Die Metapher der untreuen Frau Jerusalem erinnert an die
polemische Darstellung Judas als abtrünnige Tochter in 2,16–25*.32–37. Während jene
Verse aber Strafe ankündigen und zur Besserung aufrufen, reflektiert Jer 13 bereits
das Eintreffen des Unglücks. Da 13,20–22.25–27 die Niederlage analog zu 3,1–5 charakterisiert, gehört der Abschnitt zur frühexilischen Komposition, die die Zerstörung Jerusalems als Jhwhs gerechte Strafe für die Vergehen des weiblich personifizierten Kollektivs darstellt, um Gott vom Vorwurf der Schwäche und Handlungsunfähigkeit zu
entlasten.

V. 23f. unterbricht die Beschreibung der Gewalt gegen Jerusalems Körper, wendet   13,23f.
sich an eine Gruppe und droht eine andere Strafe an.[142] Die sprichwortartige Frage   Strafe:
und der Vergleich erinnern an weisheitliche Redeformen. Die Metapher der in alle   Zerstreuung
Winde zerstiebenden Spreu impliziert, dass es Überlebende der Katastrophe gab, die
in verschiedenen Ländern lebten. Deren Existenz in der Diaspora wird als Strafe für
die bösen Taten ihrer Vorfahren dargestellt und somit abgewertet. Diese gegen die
weltweite Diaspora gerichtete Sicht gehört zur Ideologie der Nachfahren der babylonischen Gola, die nach Juda zurückkehrten und sich als die rechtmäßigen Erben Israels
verstehen.

Synthese

Jer 13,12–27 stellt verschiedene Passagen aus verschiedenen Zeiten zusammen, die
von Anklagen gegen Jerusalem und König Jojachin bis zu Reflexionen über die
Katastrophe reichen. Damit zeigt sich einmal mehr, dass der jetzt vorliegende Text,

---

141 S. die Einleitung, „Juda unter babylonischer Herrschaft", S. 29.
142 Mit Wanke, ZBK, 138.

der in V. 12.17.18f.20 echte Auslegungsvarianten in LXX und MT enthält, sukzessive entstanden ist.

Die Aufforderung an den König und die Königinmutter, wohl Jojachin und Nehuschta, vom Thron herabzusteigen, weil ihre Krone herabgesunken sei (13,18–19a), reflektiert deren Verlust der Königswürde bei der ersten Belagerung Jerusalems (vgl. 2 Kön 24,12.15). Sie erwähnt auch die feindliche Umzingelung der Städte im Süden Judas. Die Darstellung des Königs und seiner Mutter lässt noch nichts von deren Hochschätzung als „gute Feigen" (24,1.5) erkennen.

Jer 13,15–17 kombiniert die Mahnung, Jʜwʜ Ehre zu erweisen, mit einer Klage über die Wegführung. Ob der Abschnitt ebenfalls aus der Zeit um 597 v. d. Z. stammt, lässt sich nicht mit Sicherheit sagen. Er weist, bis auf die Einleitung in V. 17aα, keine Kennzeichen der bisher bekannten Redaktionen auf. Die Begrifflichkeit der Mahnung erinnert an Psalmen und Theophanieschilderungen. Das Wort fügt sich inhaltlich in Reaktionen auf die erste Einnahme Jerusalems durch das babylonische Heer ein, wie sie in Jer 8–10 beschrieben werden.

Dagegen sind 13,12–14 und 13,20–22.25–27 als exilische Reflexionen über Judas Ende erkennbar. Zwar ist V. 12–14 als Unheilsankündigung gestaltet. Die Rhetorik eines Redeauftrags Jʜwʜs an Jeremia und das Motiv der Weinkrüge verweisen aber auf ähnliche Stücke der geschichtsätiologischen Redaktion (z. B. 13,1–11). Auch die Hervorhebung der gesellschaftlich relevanten Gruppen als für den Untergang Verantwortliche (V. 13) ist ein Kennzeichen der exilischen Abrechnung mit der Oberschicht des vorexilischen Juda.

Die in 13,20–22.25–27 als Disputationswort gestaltete Beschreibung der Eroberung Jerusalems mithilfe der Metaphorik der vergewaltigten Frau versucht, die Erfahrung von Gewalt und Niederlage im Jahr 587 in Worte zu fassen. Mit heute verstörenden und im Blick auf das Gottesbild unerträglichen Sätzen fassen die exilischen Verfasser ihre eigene Beschämung und Erniedrigung in eine Strafrede Jʜwʜs, die Jerusalem der Anbiederung an die Großmächte und der Verehrung fremder Gottheiten bezichtigt. Die Aufforderung, sich selbst mit der „hurerischen" Frau Jerusalem zu identifizieren, hat wahrscheinlich schon exilische Adressat*innen schockiert. Sie zielt darauf, Jʜwʜ als mächtig und trotz des Verlusts seines Tempels als handlungsfähig darzustellen. Nicht die imperiale Macht Babylons, sondern die eigene Gottheit hat die Niederlage bewirkt. Aus diesem Bild der starken Gottheit kann die Hoffnung erwachsen, dass Jʜwʜ auch weiterhin handelt und sich den Überlebenden wieder zuwendet.

In diese Reflexion über die Gründe für den Untergang Jerusalems hat sich die golaorientierte Redaktion eingeschaltet. In V. 19b fügt sie an, dass ganz Juda exiliert wurde, weil sie die Vorstellung vertrat, dass Juda während der Exilszeit völlig entvölkert war. In V. 23f. fügt sie hinzu, dass der böse Wandel der Bevölkerung Judas zu einem unveränderlichen Merkmal ihres Charakters geworden sei, und verstärkt damit das negative Porträt der vorexilischen Generation. Sie fasst die göttliche Strafe mit dem Bild der in alle Winde verwehten Spreu als Zerstreuung und wertet so alle überlebenden Judäer*innen ab, die nicht nach Babylonien deportiert wurden.

Jer 14,1 – 17,27: Diskurse über das Leiden an der Katastrophe

Textabgrenzung und Kommunikationsstruktur

Jer 14,1 – 17,27 beinhaltet Texte, die laut 14,1 als Wort Jhwhs eingeführt und von Jeremia vorgetragen werden.[1] Jenseits dieser übergreifenden Stilisierung sind verschiedene Sprecher*innen erkennbar, die sich in Klage und Antwort, Kommentar und Erzählung abwechseln. Dabei bildet die Klage des Volkes über Dürre und Zerstörung eine Parallele zu Jeremias Klage über den Widerstand gegen seine Botschaft. Die beiden Klagediskurse in 15,10–21 und 17,5–18 beleuchten das innere Erleben der prophetischen Figur und die Reaktion Jhwhs. Der Selbstbericht in 16,1–9 zeigt, inwiefern Jeremias Leben und Leiden ein Symbol für die Situation in Juda ist. Aus den perspektivenreichen Reflexionen über Umstände und Gründe der Katastrophe, die zum Teil erneut einen dramatischen Text bieten, ragen vier Abschnitte mit völlig anderen Themen heraus: 16,14f. kündigt die Rückkehr der Exilierten an, 16,19–21 die Umkehr der fremden Völker zu Jhwh; 17,5–11 reflektiert menschliches Handeln aus weisheitlicher Perspektive und die Prosarede in 17,19–27 fordert die Beachtung des Sabbat. Die folgende Gliederung orientiert sich an Einleitungsformeln, Zeit- und Ortsangaben sowie am Wechsel von Poesie und Prosa. Sie wird zu Beginn der synchronen Analysen jeweils erläutert.

14,1 – 15,4	Neunter Akt: Abgewiesene Klagen
Szene I: 14,2–9	Klagen und Bitten
Szene II: 14,10 – 15,4	Jeremia weist die Klagen der Judäer*innen ab
15,5–21	Reflexionen über Jerusalems und Jeremias Schicksal
15,5–9	Jhwhs Klage über Jerusalems Ende
15,10–21	Jeremias zweiter Klagediskurs
16,1 – 17,4	Jeremias Leben als Symbol für die Katastrophe
17,5–18	Jeremias dritter Klagediskurs
17,19–27	Die Sabbatrede als bedingte Heilsansage

Neunter Akt: Jer 14,1 – 15,4: Abgewiesene Klagen

14,1 *Was erging als*[a] / Da erging das Wort Jhwhs an Jeremia über die [Angelegenheiten der][b] Dürre[c]:

2 Juda trauert,

    ihre {fem. sing.} Tore sind verwelkt,

zu Boden gedrückt,

    und Jerusalems Klagegeschrei steigt empor.[a]

Szene I,
1. Auftritt:
Jhwh klagt

---

1   So mit Finsterbusch/Jacoby, MT-Jeremia 1–24, 162f.; ähnlich Wanke, ZBK, 139.

3 Ihre[a] {masc. plur.} Mächtigen schicken ihre Diener nach Wasser;
 sie kommen zu den Zisternen.
Sie finden kein Wasser;
 ihre Gefäße kommen leer zurück.
[Sie sind beschämt und erniedrigt und verhüllen ihr Haupt.][b]
4 Wegen[a] des Ackerbodens, der ausgedörrt[b] ist –
 denn es hat keinen Regen [im Land][c] gegeben –,
sind die Bauern beschämt,
 verhüllen ihr Haupt.
5 [Ja,] auch die Hirschkuh auf dem Feld hat geboren und verlässt (das Junge),
 denn es hat kein Gras gegeben.
6 [Und] die Wildesel stehen auf kahlen Höhen[a],
 schnappen nach Luft [wie Schakale][b];
ihre Augen sind erloschen,
 denn es gibt kein Kraut.

I, 2: Das Volk 7 Wenn unsere Vergehen gegen uns aussagen,
 zu JHWH   JHWH, handle um deines Namens willen[a],
denn zahlreich sind unsere Abtrünnigkeiten,
 gegen dich haben wir gesündigt.
8 (Du) Hoffnung Israels, <Herr>[a],
 sein Retter[b] in der Zeit der Bedrängnis[c].
Wozu willst du wie ein Fremdling im Land sein
 und wie ein Reisender[d], der abgebogen ist zu nächtigen?
9 Wozu[a] willst du wie ein bestürzter/ schlafender[b] Mensch sein,
 wie ein Held, der nicht zu helfen vermag?
Doch du (bist) in unserer Mitte, JHWH,
 und dein Name ist über uns ausgerufen.
 Verlass uns nicht!

Szene II, 10 *So spricht JHWH dieses Volk betreffend*:
1. Auftritt: [Ja,] sie liebten es umherzustreifen; ihre Füße schonten sie nicht. Aber JHWH[a]
Jeremia   hat kein Gefallen an ihnen gefunden. Jetzt erinnert er sich ihrer Verfehlung
                 [und sucht ihre Sünden heim][b].
11 JHWH sagte zu mir:
 Bete nicht für dieses Volk zum Guten. 12 Auch wenn sie fasten, höre ich keinesfalls
 auf ihr Flehen, und wenn sie Brand- und Speiseopfer darbringen, habe ich keinesfalls Gefallen an ihnen. Denn mit dem Schwert, dem Hunger und der Pest vernich-
 te ich sie.
13 Da sagte ich:
 Ach[a], [Herr][b] JHWH, siehe: die Propheten sagen [ihnen]:
  Ihr werdet das Schwert nicht sehen und Hunger wird nicht über euch
  kommen, sondern wahrhaftigen Frieden werde ich euch /[im Land und][c] an
  diesem Ort gewähren.
14 Da sagte JHWH zu mir:

Lüge prophezeien die Propheten in meinem Namen. Ich habe sie nicht gesandt und ihnen nichts geboten und nicht zu ihnen geredet. Lügnerische Vision und Wahrsagerei und Nichtigkeit[a] und selbsterdachten Trug, das prophezeien sie euch. 15 Deshalb, so spricht Jʜwʜ über die Propheten, die in meinem Namen _{Lügnerisches}[a] prophezeien, obwohl ich sie nicht gesandt habe, die aber sagen: „Schwert und Hunger wird es in diesem Land nicht geben"[b]:

> [Durch das Schwert] und durch den Hunger werden [jene] Propheten vollständig umkommen. 16 Und das Volk, denen[a] sie prophezeien, wird hingeworfen werden auf die Gassen Jerusalems wegen des Hungers und des Schwerts, und niemand wird sie begraben – sie, ihre Frauen und ihre Söhne und ihre Töchter –, und ich werde ihre Bosheit[b] über sie ausschütten.

17 Und sage zu ihnen dieses Wort:[a]

> Meine Augen fließen[b] über von Tränen, Nacht und Tag, und sie sollen nicht aufhören, denn von einem [schweren] Zusammenbruch ist [die Jungfrau,][c] die Tochter, mein Volk, getroffen, von schmerzhafter Verwundung.
> 18 Gehe[a] ich auf das Feld hinaus,
>   siehe: vom Schwert Durchbohrte!
> Und gehe ich in die Stadt hinein,
>   siehe: Hungerqualen!
> Ja, [auch] Prophet und Priester[b] sind in ein Land gezogen[c], _{und erkannten nicht}/ das sie nicht kannten[d].

19 Hast du Juda ganz und gar verworfen?   II, 2: Das Volk
    Oder hegst du Widerwillen[a] gegen Zion?   zu Jʜwʜ
Warum hast du uns so geschlagen,
    dass es für uns keine Heilung gibt?
Wir hofften[b] auf Frieden, doch (es ist) nichts Gutes,
    auf eine Zeit der Heilung, doch siehe: plötzlicher Schrecken.
20 Wir haben erkannt, Jʜwʜ, unseren Frevel,
    die Verfehlung unserer Vorfahren,
        dass wir gegen dich gesündigt haben.
21 Verschmähe nicht um deines Namens willen,
    missachte nicht den Thron deiner Ehre.
        Gedenke, brich nicht deinen Bund mit uns!
22 Gibt es unter den Nichtsen[a] der Völker welche, die Regen machen?
    Oder kann der Himmel Regenschauer[b] geben?
Bist nicht du es[, Jʜwʜ, unser Gott][c]?
    Auf dich wollen wir hoffen!
        Denn du hast all dieses gemacht!

15,1 Da sagte Jʜwʜ zu mir: II, 3: Jeremia

> Selbst wenn Mose und Samuel vor mich träten[a], würde ich mich _{diesem Volk}/ ihnen[b] nicht zuwenden. Schicke <dieses Volk>[c] weg [von meinem Angesicht][d], damit sie weggehen. 2 Wenn sie aber zu dir sagen: „Wohin sollen wir gehen?", dann sage zu ihnen: So spricht Jʜwʜ:
>   Was für den Tod (bestimmt ist), zum Tod,

und was für das Schwert, zum Schwert,
und was für den Hunger, zum Hunger,
und was für die Gefangenschaft, zur Gefangenschaft.
3 Ich werde gegen sie vier Sippen aufbieten – *Spruch Jhwhs:* das Schwert, um zu töten, und die Hunde, um wegzuschleifen, und die Vögel des Himmels und die Tiere der Erde, um zu fressen und zu verderben. 4 Ich mache sie zum Entsetzen[a] für alle Königreiche der Erde um Manasses willen, des Sohnes Hiskijas[b], des Königs von Juda, für das, was er in Jerusalem getan hat.

Anmerkungen zu Text und Übersetzung

*   In der Übersetzung sind parallele Stichen durch Einrückung kenntlich gemacht, Prosaverse füllen die Zeilen aus. Nebentexte mit Angaben zu Sprecher*innen oder Szenerie sind kursiviert. Zum System der Klammern und Kleinschreibung s. o. S. 22.

1a   Die Sonderform der Wortereignisformel als Relativsatz אשר היה דבר־יהוה אל־ירמיהו in MT ist noch in den MT-Überschüssen 46,1; 47,1; 49,34 sowie in 1,2 belegt; vgl. Stipp, Konkordanz, 36. Sie ist gegenüber LXX, die die Standardform bietet, textkritisch sekundär; vgl. McKane, ICC, 315; Stipp, Sondergut, 80.

1b   Der MT-Überschuss דברי „Worte, Angelegenheiten" lehnt sich an 1,1 an.

1c   Das Wort בצרת „Dürre" (sonst nur 17,8; Sir 32,26) wird in MT im plur. gebraucht (LXX sing.), um die Ausdehnung oder Intensität zu betonen; vgl. GBH § 136c.f.

2a   V. 2–6 beschreiben einen bereits eingetretenen Zustand, der in MT mit perfektiven Verbformen, in LXX im Indikativ Aorist formuliert wird. Im Deutschen kommt die poetische Form durch Präsens oder resultatives Perfekt besser zum Ausdruck.

3a   Die Suffixe der 3. masc. plur. beziehen sich auf die Tore = Ortschaften Judas.

3b   MT verstärkt die Beschreibung der Trauer in Anlehnung an V. 4b.

4a   LXX liest fälschlich ועבדי statt בעבור; vgl. Finsterbusch/Jacoby, MT-Jeremia 1–24, 165.

4b   חַתָּה ist ein verkürzter Relativsatz zu האדמה; vgl. Finsterbusch/Jacoby, MT-Jeremia 1–24, 165. Das Verb חתת bedeutet „erschrecken, sich entsetzen" oder „zerbrechen"; vgl. Ges¹⁸, 413. Der Ackerboden ist „erstarrt", d. h. „ausgedörrt"; der Übergang zwischen dem weiblichen Kollektiv und dem zerstörten Land ist erneut fließend.

4c   Der Zusatz ist durch den gleichlautenden Satz in 1 Kön 17,7 inspiriert; vgl. Stipp, Sondergut, 107.

6a   Die LXX-Übersetzer kennen das Wort שְׁפָיִם „kahle Höhen" nicht und übersetzen hier kontextuell mit νάπη „Waldtal"; vgl. Stipp, Sondergut, 28.

6b   Der MT-Zusatz trägt den Gedanken des öden Landes als Behausung von Schakalen aus 9,10; 10,22 ein. Während T und S „Schakale" übersetzen, lesen V, Aquila und Theodotion fälschlicherweise תנין „Drachen, Schlangen"; vgl. McKane, ICC, 319.

7a   LXX übersetzt „tue an uns um deinetwillen", ob als Deutung oder aufgrund einer anderen Vorlage, ist schwer zu entscheiden.

8a   Die Anrede in LXX unterstreicht den Gebetscharakter des Abschnitts.

8b   MT punktiert מושיעו als Partizip Hif. von ישע mit Suffix, LXX liest das Partizip ohne Suffix, aber mit vorangestelltem ו und übersetzt καὶ σώζεις „und du rettest"; vgl. Finsterbusch/Jacoby, MT-Jeremia 1–24, 164.

8c   LXX κακῶν geht wohl auf רעה zurück; MT צרה „Bedrängnis, Not" (vgl. 16,19; anders 15,11; 30,7); vgl. Finsterbusch/Jacoby, MT-Jeremia 1–24, 164.

8d   MT וכארח ist als Partizip masc. sing. Qal punktiert (vgl. 9,1); LXX ὡς αὐτόχθων liest כאזרח „wie ein Einheimischer"; vgl. Finsterbusch/Jacoby, MT-Jeremia 1–24, 164. Stipp (Sondergut, 47f.) nimmt eine Verschreibung in der Vorlage an, die den Sinn der Metapher „Gott ist ein Fremder" zerstört. Der Widerspruch zwischen beiden Vershälften wird in LXX nicht korrigiert.

9a   LXX gibt eine Satzfrage nach dem Muster אם...ה wieder; vgl. Finsterbusch/Jacoby, MT-Jeremia 1–24, 164 sowie Jer 3,5; 5,29. Wahrscheinlich wurde MT später an V. 8 angeglichen.

9b   Die LXX-Variante ὑπνῶν „schlafend" = נרדם ist wohl ursprünglich; vgl. Finsterbusch/Jacoby, MT-Jeremia 1–24, 164. MT נדהם ist ein *Hapaxlegomenon* und wird meist als Partizip masc. sing. Nif. eines sonst nicht belegten Verbs דהם „bestürzt sein" bestimmt; vgl. Ges[18], 243.

10a LXX bietet hier und in 1,2; 4,4; 9,19; 50/27,15 ὁ θεός anstelle von יהוה. Stipp (Sondergut, 54) führt dies auf die Übersetzungstechnik in Jer 1–27, nicht auf eine abweichende Vorlage zurück.

10b Der Nachtrag vervollständigt das Zitat aus Hos 8,13; mit Stipp, Sondergut, 107.

13a Zur Deutung von אהה „ach" als Gottesepitheton ὁ ὤν in LXX s. o. die Textkritik zu 1,6a.

13b MT ergänzt analog zu 1,6; 4,10.

13c LXX bietet eine Sonderlesart, denn die Übersetzer fügen in parallelen Aussagen mehrfach γῆ hinzu; vgl. 1,15; Jer[LXX] 38,12.24; 47,11; 49,17; 28,28 und Stipp, Sondergut, 150. McKane (ICC, 325) zufolge identifizieren die Übersetzer „diesen Ort" mit dem Tempel und ergänzen γῆ.

14a Das *Qere* ואליל korrigiert den Schreibfehler im *Ketiv* ואלול ohne Bedeutungsunterschied. Das Wort begegnet in Jer nur hier. Es ist ein pejorativer Begriff für andere Gottheiten und wird meist mit „Götzen" übersetzt (Lev 19,4; 26,1; Jes 2,8.18.20; 10,10 u. ö.). LXX übersetzt mit οἰωνίσματα „Omen des Vogelflugs".

15a LXX qualifiziert das Prophezeite als ψευδῆ „lügnerisch", eine aus ähnlichen Kontexten übernommene Glossierung seitens der Übersetzer; vgl. Stipp, Sondergut, 148.

15b LXX bietet zusätzlich ἐν θανάτῳ νοσερῷ ἀποθανοῦνται „einen qualvollen Tod werden sie sterben", was aus 16,4aα übernommen ist; vgl. Stipp, Sondergut, 148.

16a Pluralische Pronomen und Verben werden bei Kollektiven häufig gebraucht; vgl. Glanz, Participant-Reference Shifts, 256.

16b Das Wort רעה bezeichnet sowohl das von Jhwh herbeigeführte Unheil (4,6; 6,1.19; 11,12.14) als auch die Bosheit des Volkes (1,16; 4,14.18; 23,11; 44,3; 51,24). Beide Bedeutungen schwingen hier mit, so dass das böse Tun auf die Täter*innen zurückfällt; vgl. McKane, ICC, 326.

17a Gewöhnlich leitet der Redeauftrag an Jeremia das Folgende ein; vgl. 7,28; 8,4; 11,3; 13,13; 26,4 u. ö. sowie BHS zu 14,17; McKane, ICC, 328; Wanke, ZBK, 145. Finsterbusch/Jacoby (MT-Jeremia 1–24, 169) deuten ואמרת אליהם את־הדבר הזה in V. 17a als Abschluss des Vorhergehenden (so auch die Masoreten im Parallelvers 13,12).

17b Die Form תרדנה kann als 2. oder 3. fem. plur. *jiqtol* Qal bestimmt werden. Aufgrund des Redeauftrags in V. 17a versteht LXX das Folgende als an das Volk gerichteten Imperativ: „Lasst Tränen über eure Augen fließen".

17c Der Zusatz des Jungfrau-Titels zum Tochtertitel ist von Jer 46,11 inspiriert; beide Titel werden auch in 2 Kön 19,21 par. Jes 37,22; Jes 23,12; 47,1; Klgl 1,15; 2,13 gebraucht.

18a Wie schon in V. 2–6 beschreibt MT die Situation mit perfektiven Verbformen, die in LXX mit Konjunktiv Aorist als wiederholbar ausgedrückt werden.

18b LXX bietet die umgekehrte Reihenfolge Priester – Prophet; vgl. noch 6,13; 23,11.33. Stipp (Sondergut, 151) hält dies für eine alexandrinische Sonderlesart. Hier und in 23,11 ist das erste גם in MT nachgetragen.

18c So mit LXX, die durch Aorist und Plusquamperfekt auf die Deportation anspielt. Das seltene Verb סחר „durchziehen, umherziehen" wird für Nicht-Sesshafte (Gen 34,10.21) und Händler (Gen 42,34; vgl. 1 Kön 10,28; Jes 23,2) gebraucht. MT kann auch als ein Herumirren in Juda und immer noch mangelnde Einsicht von Prophet und Priester gelesen werden; so Rudolph, HAT, 100f.; McKane, ICC, 330f. (mit Hinweis auf weitere Deutungen); Wanke, ZBK, 145.

18d LXX, V und T verstehen den letzten Teil als Relativsatz (analog zu 15,14; 16,13; 17,4; 22,28), viele hebräische Hss. bieten ebenfalls לא ידעו. Das ist die besser bezeugte Lesart. Dagegen schließt MT mit ולא ידעו „und sie erkannten nicht" einen weiteren Hauptsatz an, wobei das Objekt des Erkennens ungenannt bleibt.

19a MT wörtlich: „verabscheut deine Kehle"; gemeint ist der Widerwille gegen etwas.

19b Der Infinitiv abs. in MT vertritt eine finite Form der Vergangenheit; vgl. GBH § 133d. V. 19b ist wortgleich aus 8,15 übernommen; vgl. Parke-Taylor, Formation, 7f.

22a Hebräisch הבלים ist pejorativ „Nichtigkeiten, Nichtse" (vgl. 8,19; 10,3.8.15; 51,18); LXX übersetzt sinngemäß mit εἴδωλοι „(Götter)bilder".

22b LXX liest רבבים „Regenschauer" (vgl. 3,3) als רבבם „ihre Vielen" (von רבב „viel sein"); vgl. Finsterbusch/Jacoby, MT-Jeremia 1–24, 170.

22c MT betont den Bezug auf Gott durch Ergänzung der Anrede.

15,1a MT bietet ein sing. Verb, was mit dem nachgestellten Subjekt „Mose und Samuel" möglich ist. MT ist als Irrealis aufzufassen, während LXX durch ἐάν + Konjunktiv Aorist prospektiv formuliert; vgl. Finsterbusch/Jacoby, MT-Jeremia 1–24, 172.

1b Mit LXX ist אליהם ursprünglich, da die Zuwendung sich zunächst auf Mose und Samuel bezieht. Die prämasoretischen Bearbeiter änderten in „dieses Volk", was eine Distanzierung Jhwhs ausdrückt. So mit Finsterbusch/Jacoby, MT-Jeremia 1–24, 173; Stipp, Sondergut, 101.

1c LXX bietet mit τὸν λαὸν τοῦτον die ursprüngliche Fassung, denn „wegschicken" bezieht sich auf das Exil, das das ganze Volk, nicht nur Mose und Samuel betrifft. Stipp (Sondergut, 150) hält es jedoch für eine alexandrinische Sonderlesart. In MT fehlt ein direktes Objekt; meist wird aufgrund von V und S eine Haplographie von ם- (Suffix der 3. masc. plur.) angenommen; vgl. BHS. Der Fehler könnte auch aufgetreten sein, als in MT das Objekt „dieses Volk" nach vorne verschoben wurde; s. o. zu 15,1b.

1d Prämasoretische Ergänzung in Anlehnung an 7,15.

4a So mit dem *Ketiv* לזועה, während das *Qere* hier und in 24,9; 29,18; 34,17 zum bedeutungsgleichen לזעוה ändert; vgl. Ges[18], 298.

4b Die hier verwendete Namensform יחזקיהו findet sich sonst nur in 2 Kön 20,10; Jes 1,1 und in der Chronik, während in Jer 26,18f.; Jes und 2 Kön *passim* die Form חזקיהו gebraucht wird.

Synchrone Analyse

Rhetorische Struktur   In Jer 14,1 setzt der Bucherzähler mit der Wortereignisformel ein. Diese Überschrift legt die Klage über die Dürre Jhwh in den Mund und bringt sie Jeremia zu Gehör. Aufgrund des Stichwortes „Dürre" (V. 1b), der Beschreibung in V. 2–6 und der Frage, welche Gottheiten Regen bringen können (V. 22), wird 14,1 – 15,4 häufig als Dürrekomposition oder Dürreliturgie verstanden.[2] Das Thema „vertrocknetes Land" prägt aber nur 14,2–6.22, während die weiteren Klagen mit den Stichworten „Hunger, Schwert, Pest, Gefangenschaft" (14,12–16; 15,2) den Belagerungskrieg

---

2   Vgl. Boda, Complaint, 189; Reventlow, Liturgie, 149. Holladay, William L. (The Architecture of Jeremiah 1–20, Lewisbury: Bucknell University Press 1976, 145f.), rechnet 15,5–9 aufgrund von Stichwortparallelen in 14,2–6 und 15,5–9 hinzu und bezeichnet 14,1 – 15,9 als "counter-liturgy as an expression of the judgment of Yahweh" (Hermeneia, 422).

umschreiben. Daher lässt sich der Abschnitt besser als neunter Akt des dramatischen Textes über den Untergangs Judas und Jerusalems verstehen.

Jer 14,1 – 15,4 enthält zwei Szenen. In der ersten sind Jhwh und das Volk anwesend gedacht (14,1–9), denn nach Jhwhs Klage über die Dürre wendet das Volk sich mit einer Bitte, einem Vertrauensbekenntnis und klagenden Fragen (V. 7–9) an ihn.[3] Jhwh antwortet jedoch nicht. Stattdessen erfolgt Jeremias Auftritt, dessen Selbstbericht das Geschehen reflektiert und Jhwhs Antwort zitiert (vgl. die Botenformel in V. 10), was die zweite Szene einleitet (14,10 – 15,4). Dabei erwähnt Jeremia auch seinen Einwand (V. 13) und Gottes Klage (V. 17), stellt sich also auf die Seite des Volkes. Jeremias Selbstbericht wird in 14,19–22 von einer weiteren Klage des Volkes unterbrochen, die an Jhwh gerichtet ist, aber von Jeremia nur indirekt beantwortet wird, indem dieser Gottes Worte zitiert. Gliederung
der Szenen

Inhaltlich gehen die durch Jeremia übermittelten Antworten Gottes nicht auf die Bitten und Klagen ein, sondern wiederholen Schuldaufweise und Unheilsworte, die sich ähnlich bereits in Jer 2–10 finden, d. h. Gott weist die Klagen des Volkes ab.[4] Rhetorisch betrachtet kommuniziert Jhwh nicht direkt mit dem Volk, sondern nur mit Jeremia, was einen Bruch der Beziehung zum Volk signalisiert.[5] Das Verbot der prophetischen Fürbitte (14,11) und die Zurückweisung von Mose und Samuel als potentielle Fürbitter (15,1) verstärken diese Distanzierung. Durch den Wechsel der Stimmen und die Tatsache, dass Gott weder auf Klagen und Bitten hört noch Jeremias Einwand und Fürbitte annimmt, entfaltet sich vor den Leser*innen ein letztlich vergebliches Ringen des geschlagenen Volkes, mit Gott in Kontakt zu bleiben.

Das mit Doppelzweiern (Bikola) regelmäßig gestaltete Gedicht in V. 2–6 schildert die Situation im Land Juda. Obwohl das Stichwort „Dürre" nur in der Einleitung (V. 1b) begegnet, ist das Wortfeld vielfältig präsent. Die Auswirkungen der Dürre betreffen nicht nur Menschen, reiche Städter*innen und Bauersleute gleichermaßen, die beschämt ihr Haupt verhüllen (V. 4b; vgl. 3b). Auch wildlebende Tiere wie die Hirschkuh sind davon betroffen. Selbst die eigentlich anspruchslosen Wildesel verhungern und werden mit Schakalen verglichen, weil deren Maul meist offensteht (V. 6a). Schakale symbolisieren außerdem die den Menschen feindliche Tierwelt (vgl. 9,10; 10,22; 49,33; 51,37), weil sie in verlassenen, steppenartigen Gegenden leben und sich von Aas ernähren. 14,2–6
Klage über
das vertrock-
nete Land

Bereits zu Beginn wird diese Situation als Trauern Judas und Klagen Jerusalems charakterisiert. Die in V. 2 genannten Tore verweisen auf Jerusalem und die befestigten Ortschaften Judas (vgl. 15,7). Die Metaphern „die Tore verwelken" (vgl. Klgl 2,8) und „der Ackerboden ist erstarrt, ausgedörrt" illustrieren die Dürre des Landes, was in 12,4.11 mit dem Verb אבל „trauern" ausgedrückt wird. Die Trauer der weiblichen Kollektive Juda und Jerusalem konnotiert, wie das ausgedörrte Land, Entsetzen und Unfruchtbarkeit (vgl. 6,26; 15,9), was auch der Begriff שממה „Entsetzen, Verwüstung" ausdrückt (4,27; 6,8; 9,10; 10,22; 12,10f.; 25,12; 32,43; 34,22

---

3   Die inhaltliche Spannung, dass das Volk eine nur an Jeremia gerichtete Klage erwidert, lässt sich nur diachron auflösen; s. u. die diachrone Analyse.

4   Mit Wanke, ZBK, 140. Zur Bezeichnung „abgewiesene Klage" vgl. schon Fohrer, Abgewiesene Klage, 77–86.

5   Mit Fischer, HThKAT, 472.

u. ö.). Assoziiert diese Metaphorik einerseits Frauen mit Ackerboden und Natur, so verweist sie andererseits auf die weibliche Potenz für Überleben und Wachstum.

14,7–9
Schuldbe-
kenntnis und
Rettungsbitte
Die Klage mündet in ein Gebet, das typische Merkmale der Volksklage aufweist: die Anrufung mit Gottesprädikation (V. 7a.8a), die Klage mittels Wozu-Fragen (V. 8b.9a), ein Vertrauensbekenntnis (V. 9b) und Rettungsbitten (V. 7a.9b).[6] In V. 7 bekennt das Volk seine Schuld, erläutert aber seine „Abtrünnigkeiten" nicht genauer. In Jer 2–3 ist das Stichwort מְשׁוּבוֹת „Abtrünnigkeiten" Leitwort für die Abkehr der „Ehefrauen" Juda und Israel von Jнwн und wird auch im Umkehrruf 3,22 gebraucht (vgl. noch 5,6f.). Liest man dieses Gebet im Blick auf die in V. 1 genannte Dürre, so findet sich die engste inhaltliche Parallele in 5,25: Die Bereicherung Einzelner und die Missachtung des Rechts marginalisierter Personen halten dort den Segen Gottes, der in 5,24 als Spender von Regen und Ernte charakterisiert wird, zurück.

Trotz der eingeräumten eigenen Schuld appellieren die Betenden an Jнwн, der als „Hoffnung Israels" und Retter in der Not bekannt ist. Die Aufforderung „Handle um deines Namens willen" bittet um Jнwнs rettendes Eingreifen zugunsten seines geschundenen Volkes. Die Vertrauensaussagen „Du bist in unserer Mitte" und „Dein Name ist über uns ausgerufen" (V. 9b) haben die Vorstellung der Zionstheologie zum Hintergrund, derzufolge Jнwн im Jerusalemer Tempel wohnt und die Stadt beschützt.[7] Die mit לָמָּה „wozu" eingeleiteten, klagenden Fragen nach dem Ziel des göttlichen Handelns beschreiben allerdings die gegenteilige Erfahrung: Jнwн wohnt nicht inmitten seines Volkes, sondern wird mit einer fremden Person verglichen, die auf der Durchreise ist und nur kurz zum Übernachten verweilt (V. 8). Er ist gerade kein Held, der retten kann, sondern wie ein schockierter (LXX: schlafender) Mensch, der schwach ist (V. 9). Die Klage über die „Schwäche" Gottes verweist auf das antike Ideal, demzufolge nur eine kriegerische, mutige und starke Gottheit, sei sie männlich oder weiblich, als rettend und schützend gilt.

14,10
Jнwнs nega-
tives Urteil
Die Botenformel in V. 10a leitet ein Zitat Jнwнs ein,[8] während V. 10b als Kommentar des Propheten verstanden werden kann, der Hos 8,13aβ.bα zitiert. Diese Kommunikationssituation wird durch den Selbstbericht Jeremias über sein Gespräch mit Jнwн in V. 11–18 gestützt. Dabei wird deutlich, dass Jнwн nicht direkt auf die Bitten der Judäer*innen antwortet, sondern *über sie* spricht.

Die Charakterisierung des Volkes als umherstreifend und die Füße nicht schonend (V. 10a) erinnert an den Vergleich Judas mit der jungen Kamelstute und der brünstigen Wildeselin, die instinktgetrieben umherlaufen und sich nicht bändigen lassen (2,23–25) - was Judas Schwanken zwischen den Großmächten (2,18.36) polemisch als unerklärliches Verhalten darstellt. Obwohl 14,10 eine andere, im Buch singuläre Begrifflichkeit verwendet (נוע „wanken, umherstreifen" und חשׂך „schonen, zurückhalten"), wird ein solches Verhalten auch hier negativ beurteilt, weil es die Beziehung zu Jнwн missachtet. Das Zitat aus Hos 8,13 drückt explizit Jнwнs Missfallen und seinen bereits gefällten Entschluss aus, die Vergehen des Volkes zu ahnden. Der Kontext von Hos 8 handelt von Jнwнs Ablehnung der Opfergaben Efraims, d. h. des Nordreichs, weil es mit anderen Völkern Bündnisse einging, für

---

6   Mit Baumgartner, Klagegedichte, 77f.; Wanke, ZBK, 142.

7   Vgl. Jer 7,10f.14.30; 15,16; 25,29; 34,15; Mi 3,11; Ps 46,6.

8   Mit Carroll (Jeremiah, 312); Fischer (HThKAT, 479); Schmidt (ATD 20, 271), gegen Finsterbusch/Jacoby (MT-Jeremia 1–24, 167), die Jнwн als Sprecher annehmen.

andere Gottheiten Altäre errichtete, aber nicht auf die Weisung Jhwh achtete und seinen Schöpfer vergaß (Hos 8,10–14). Bedeutet רצה „Gefallen haben" die Annahme des Opfers seitens der Gottheit, so meint זכר „sich erinnern" das Anrechnen der עון „Vergehen" bzw. die daraus folgende „Schuld". Der Satz „Er sucht ihre Sünden heim" expliziert die göttliche Reaktion als eine den Vergehen entsprechende Vergeltung.

Jeremia berichtet in V. 11, Jhwh habe ihm jegliche Fürbitte untersagt (vgl. 7,16; 11,14). Zur Begründung des Verbots wird jedoch kein Vergehen genannt, sondern bekräftigt, dass Jhwh nunmehr weder Fasten noch Opfer des Volkes akzeptiere. Weder das Volk noch Jeremia als sein Fürsprecher können also das Unheil aufhalten, das in V. 12b in der sog. Plagentrias von Schwert, Hunger, Seuche die bereits gegenwärtige (vgl. das Partizip) Vernichtung ausdrückt. Das bereits zum dritten Mal erwähnte Verbot der Fürbitte signalisiert, dass Jhwh sich in seinem Unheilshandeln nicht mehr umstimmen lässt.

14,11f. Fürbittverbot

Trotz des Verbots folgt in V. 13 ein Einwand des Propheten, der eine weitere Diskussion mit Jhwh auslöst. Jeremia verweist mit explizitem Klageruf (אהה „ach"; vgl. 1,6; 4,10; 32,17) auf die Rede von Prophet*innen, die das in V. 12 genannte Unheil negiert: „.... nicht Schwert, ... nicht Hunger ..., sondern ... Frieden werde ich euch an diesem Ort gewähren." Auffällig ist, dass Jeremia hier das Volk in Schutz nimmt und nicht gegen die Heilsprophet*innen argumentiert, die in redaktionellen Schuldaufweisen neben Priestern, Beamten und Königen als seine Gegner*innen aufgezählt werden.[9]

14,13 Jeremias Einwand

Jeremia erzählt auch, was Jhwh auf seinen Einwand erwidert hat, und zwar in Form eines direkten Zitats: Jhwh bezeichnet die Botschaft dieser Heilsprophet*innen zunächst als שֶׁקֶר „Lüge"[10] und negiert mit drei Aussagen jegliche Verbindung zu ihnen: Er habe sie weder gesandt, noch ihnen etwas befohlen, noch mit ihnen geredet. Nach Art eines Zahlenspruchs diskreditiert er deren Heilsbotschaft mit vier Begriffen als lügnerische Vision, Wahrsagerei (27,9; 29,9; vgl. das Verbot Dtn 18,10), als Nichtigkeit und Trug ihres eigenen Herzens. Eine stärkere Distanzierung und Verunglimpfung ist kaum möglich. Aufgrund ihrer missbräuchlichen Anrufung seines Namens kündigt Jhwh den Heilsprophet*innen den Tod durch Schwert und Hunger an – also genau das Gegenteil dessen, was sie prophezeiten. Auch das Volk, so lautet das göttliche Urteil, wird durch Schwert und Hunger sterben und nicht einmal begraben werden.

14,14–16 Jhwhs Antwort

Als Antwort auf die Unheilsankündigung folgt in V. 17–18a eine Ich-Klage, die den Zusammenbruch des als jungfräuliche Tochter personifizierten Volkes beweint (שֶׁבֶר, vgl. 4,11; 6,26; 8,11; 9,6). Im jetzigen Kontext wird sie mittels eines Redeauftrags (V. 17aα) dem Propheten als an das Volk auszurichtendes Wort befohlen, so dass Jhwh selbst klagt. Er betrauert den Tod durch רעב „Hunger" und חרב „Schwert". Beide Begriffe fungieren als Leitworte für das gesamte Kapitel und verweisen eindeutig auf die Situation der Belagerung Jerusalems: In der Stadt verhungern die Menschen; wer hinausgeht, wird durch das Schwert der Feinde getötet (V. 18). Die engste Parallele zur Klage über den Zusammenbruch der בת־עמי findet sich in 8,21–23 mit vergleichbaren Formulierungen über das Weinen bei Tag und Nacht (vgl. noch 9,17; 13,17; 31,16). Wie in 8,21–23 MT wird auch in 14,17–19

14,17f. Klage über den Zusammenbruch

---

9   Vgl. Jer 2,8.26; 4,9; 5,13.31; 8,1; 8,10[MT⁺]; 13,13; 26,16; 29,1.

10   Das Stichwort שקר fällt auch in Jer 6,13; 23,25.32; 27,10.14.16; 28,15; 29,21.23.31.

MT die Klage über Leiden und Zerstörung des Volkes JHWH selbst in den Mund gelegt.[11]

Mit Prophet und Priester nennt V. 18b die Repräsentanten derjenigen Gruppen, die eigentlich im Kontakt mit Gott stehen sollten (vgl. 6,13; 23,11.33). Das einleitende כי ist nicht begründend, sondern affirmativ zu verstehen. Die durch LXX, Targum und Vulgata besser bezeugte Variante[12] spricht von deren Exilierung in ein unbekanntes Land, während MT ihr Herumirren im Land und ihre mangelnde Einsicht betont. Beide Varianten haben dasselbe Ergebnis: Die Mittler zwischen Gott und Volk sind nicht mehr verfügbar.

14,19–22
Klage über
Zions Unglück

Die anschließende Volksklage setzt den Zusammenbruch Judas voraus und identifiziert ihn als göttlichen Schlag, der eine unheilbare Wunde hinterließ (V. 19a). Die Eingangsfrage „Hat JHWH Juda ganz und gar verworfen?" klingt an den Schlussvers der biblischen Klagelieder an, die in der Aporie enden: „Hast du uns ganz und gar verworfen?" (Klgl 5,22a). In V. 19b verweisen die Judäer*innen mit einem Zitat von Jer 8,15 auf ihre einstige Hoffnung auf Frieden und Heilung, die sie nun als vergeblich erkennen.[13] Ähnlich wie in 3,25 gestehen sie ihre eigenen Vergehen und die ihrer Vorfahren ein. Sie appellieren wie in 14,7 an JHWH, er möge ihnen um seines Namens willen helfen, und erinnern an den Jerusalemer Tempel, den „Thron deiner Ehre" (vgl. 3,17; 17,12). Die Bitte, JHWH möge sich seines Bundes (ברית) erinnern, d. h. seine Bindung an die Klagenden nicht aufkündigen, rekurriert auf die exklusive Beziehung zwischen Gott und seinem Volk. Mit zwei rhetorischen Fragen nach den Urhebern des Regens verknüpft V. 22a diese Klage mit derjenigen über das trockene Land (14,2–6) und charakterisiert die fremden Gottheiten als הֶבֶל „nichtig", d. h. macht- und wirkungslos (vgl. 2,5; 8,19; 10,3.8.15). Am Ende steht ein Vertrauensbekenntnis zu JHWH als Wettergottheit, denn „du hast all dieses gemacht" (V. 22b) bezieht sich im Kontext nicht auf das Strafhandeln JHWHs (so 5,19), sondern auf die unmittelbar vorher genannte Gabe der Regenschauer (רבבים, vgl. 3,3; 5,24; 10,13).

Aufgrund der vielfältigen Stichworte erweist sich diese Volksklage als eine Blütenlese aus anderen Klage- und Bekenntnistexten des Buches. Im jetzigen Kontext knüpft sie formal an die Klagen in 14,2–9.17f. an, führt mit dem Eingeständnis der Schuld und dem Bekenntnis zu JHWH als mächtigem Regenspender aber inhaltlich weiter und betont das Festhalten des geschundenen Volkes an derjenigen Gottheit, die zwar Vergehen ahndet, aber immer wieder auch rettend eingreift.

15,1–4
Zweite Abwei-
sung der
Klage

Jeremia berichtet die Abweisung auch dieser Klage. Selbst die berühmten Gottesmänner der Vergangenheit, Mose und Samuel, können JHWH durch ihre Fürbitte nicht mehr umstimmen. Diese Aussage unterstreicht das an Jeremia ergangene Fürbittverbot (V. 11) und rechnet den Propheten zu den einflussreichen Gestalten der Geschichte Israels.

Der Befehl, das Volk wegzuschicken (שׁלח Pi.), meint die Deportation (vgl. 28,16) und markiert die endgültige Trennung JHWHs von ihm. Die Antwort auf die Rückfrage, wohin sie gehen sollten, erfolgt in einem poetisch geformten Spruch,

---

11   Mit FISCHER, HThKAT, 484. S. o. die diachrone Analyse zu 8,21 – 9,2.

12   S. o. die Textkritik zu 14,18d.

13   Mit PARKE-TAYLOR (Formation, 7f.) ist 8,15 besser in den Kontext eingebettet, während 14,19–22 auch auf andere Stellen Bezug nimmt. Das Zitat aus 8,15 ist motiviert durch das Stichwort מרפא (V. 19a).

der vier Unheilsszenarien entfaltet, wobei zu der Trias von Tod, Schwert und Hunger die Gefangenschaft tritt.

Den vier Szenarien korrespondieren vier Feinde, die in Anlehnung an 10,25; 25,9 „Sippen" genannt werden und sukzessive, vollständige Vernichtung bewirken: Das Schwert tötet; Hunde schleifen die Getöteten fort; Vögel und Landtiere fressen die Leichname. Das Fortschleifen des Leichnams (סחב) wird im Jeremiabuch nur noch König Jojakim angedroht (22,19), vom Fressen der Getöteten durch Tiere ist nur hier die Rede. Beide Szenarien bedeuten, dass den Toten die Bestattung verwehrt und damit jegliche Erinnerung an sie unterbunden wird. Das Motiv, dass alle Königreiche über Judas Geschick in Entsetzen geraten, begegnet hier zum ersten Mal (vgl. noch 24,9; 29,18; 34,17). Die Begründung, allein die Vergehen des Königs Manasse (696–641 v. d. Z.) hätten zum Untergang Jerusalems und Judas geführt (15,4), ist singulär im Buch und widerspricht den sonstigen Schuldzuweisungen an das gesamte Volk.

Diachrone Analyse

Der zusammengesetzte Charakter von Jer 14,1 – 15,4 wird deutlich durch die Abfolge zweier Volksklagen, die jeweils abgewiesen werden, durch wiederholte Einleitungsformeln (14,1.15.17), fiktive Zitate der Heilsprophet*innen (V. 13.15) und ein Gespräch Jeremias mit Jhwh, das in einem Selbstbericht des Propheten erzählt wird. Die Sammlung nimmt ältere Stücke und Stichworte aus Jer 2–10 auf, zitiert aus Hos 8,13 und gebraucht in ihrer Unheilsansage Formulierungen, die sonst in redaktionellen Kontexten begegnen. Im Buch bildet sie die erste größere Auseinandersetzung mit der Heilsprophetie, die in der Erzählung Jer 27f. ihren Höhepunkt erreicht. Die äußerst negative Darstellung der Friedenshoffnung setzt den Untergang Jerusalems voraus, denn was sich als falsch erwiesen hat, kann schadlos abgelehnt werden.

Vorexilisch	K[frühexilisch]	Exilisch	Nachexilisch
14,2–6*	14,7–9	14,1.10.13–16 R[GÄ]	14,3bβ [MT⁺]
14,17aβ–18a	14,17aα.18b	14,11f. R[Gola]	14,19–22 R[Tora]
15,2b*		15,1–4a R[GÄ]	15,4b

14,1–6 formuliert inhaltlich eine Klage des Volkes, wie aus den Bitten an Jhwh in V. 7–9 hervorgeht. Durch die später hinzugesetzte Einleitung in 14,1 wird sie aber Jhwh in den Mund gelegt, ein Phänomen, das auch in Jer 8,18 – 9,2 begegnet.[14] Weder die klagende Schilderung der Dürre (V. 2–6) noch das anschließende Gebet (V. 7–9) liefern Hinweise auf eine Datierung. Die Verbindung von menschlichen Vergehen mit einer Dürre begegnet zwar in 5,23–26 in einem späten Abschnitt, ist jedoch ein traditionelles Motiv der Hebräischen Bibel. Daher kann 14,2–9 sowohl

Aufnahme älterer Klagen

---

14 S. o. die diachrone Analyse zu Jer 8,4 – 9,2.

vorexilisch[15] als auch exilisch verfasst sein. Letzteres wird meist mit der Abweisung der Klage in V. 10 begründet; anstelle eines Heilsorakels kündigt der Vers Unheil an und zitiert dabei Hos 8,13aβ.bα.[16] Da V. 10 die Klage nachträglich kommentiert, trägt er zur Datierung von V. 2–9 nichts bei.

Jer 14,2–6 war wahrscheinlich eine vorexilische Klage über eine Dürre, die zunächst um das Gebet V. 7–9 ergänzt wurde. Letzteres enthält dtjer Begriffe und Wendungen: מְשׁוּבוֹת „Abtrünnigkeiten" (V. 7b; vgl. Jer 2–3 passim; 5,6f.); קְרָא שֵׁם עַל „den Namen ausrufen über" (V. 9b; vgl. 7,10f.14.30; 15,16; 25,29; 34,15). Das Motiv des Wohnens Jhwhs inmitten des Volkes spielt auf die vorexilische, zionstheologische Vorstellung vom Tempel als Wohnort Gottes an. Das Schuldbekenntnis (V. 7) signalisiert die Einsicht der Adressat*innen in die eigene Verantwortlichkeit, wie sie auch in 3,21a.22.25a ausgedrückt wird.

Dagegen könnte die Klage über Judas Zusammenbruch in V. 17aβ–18a ausweislich ihrer Parallele in 8,21–23 ursprünglich auf den Propheten zurückgehen, während ihre Rahmung sekundär ist: Der Redeauftrag (V. 17aα) weist sie als Gotteswort aus. Der sachlich unklare V. 18b wirkt überladen und führt inhaltlich über das Belagerungsszenario hinaus. Die wahrscheinlichste Annahme ist, dass die vorexilischen Klagen 14,2–6* und 14,17aβ–18a nach dem Untergang Jerusalems in die frühexilische Komposition aufgenommen wurden, die die verschiedenen Stimmen als literarisches Drama einander gegenüberstellt.

14,11f.
Ablehnung der Fürbitte

Die Abfolge von negativem Gottesurteil (V. 10), Fürbittverbot (V. 11), Abweisung der Bitte um Rettung (V. 12), Jeremias Einwand (V. 13) und Jhwhs Antwort (V. 14–17) setzt den Untergang Judas voraus und entstammt einer fortgesetzten Debatte um die Gründe für diese Katastrophe. Dabei erzeugt das an Jeremia adressierte Fürbittverbot (V. 11f.), das auch Fasten und Opfer der Judäer*innen ausschließt, eine inhaltliche Spannung, denn Jeremias Einwand (V. 13) widerspricht dem Verbot direkt. Wie in Jer 7,16; 11,14 wurde das Verbot der Fürbitte von der golaorientierten Redaktion hinzugefügt. Sie nimmt den Propheten gegenüber dem Vorwurf in Schutz, er habe sich nicht genügend für das Volk eingesetzt. Damit verstärkt sie die Absage an jegliche Hoffnung auf Rettung.

14,13–17
Ablehnung der Heilsprophetie

Jeremias Einwand und Gottes Antwort liefern die erste ausführlichere Ablehnung der Heilsprophetie im Buch. Nach dem Untergang Jerusalems wird die nach 597 weit verbreitete Hoffnung auf ein baldiges Ende der babylonischen Herrschaft, die in Jer 28,1–4 vom Propheten Hananja vorgetragen wird, als „Lüge weissagen" (V. 14f.; vgl. 5,31; 23,14.25f. u. ö.) in Abrede gestellt. Die Qualifizierung der Heilsprophetie als menschlicher Trug und nicht von Jhwh autorisierte Prophetie ist ebenso Kennzeichen der exilischen, geschichtsätiologischen Redaktion wie die Ankündigung des Todes durch Hunger und Schwert[17] für die Heilsprophet*innen und das Volk (V. 15f.).

14,19–22
Nachexilische Klage Judas

Für das Klagegebet 14,19–22 hat Mark Boda auf Parallelen in Lev 26 hingewiesen.[18]

---

15   So Rudolph, HAT, 99; Reventlow, Liturgie, 156f.; Fohrer, Abgewiesene Klage, 78–80; Boda, Complaint, 195; Wanke, ZBK, 142; Schmidt, ATD 20, 264.

16   So McKane, ICC, 324; Reventlow (Liturgie, 162) zufolge kann eine Klage liturgisch auch mit einer Unheilsankündigung beantwortet werden.

17   Vgl. Stipp, Konkordanz, 49f.

18   Vgl. Boda, Complaint, 195f.

In beiden Texten begegnen das Erinnern an den Bund (ברית; 14,21b/Lev 26,42) sowie das Bekenntnis zur eigenen Schuld und zur Schuld der Vorfahren (14,20/Lev 26,40). Nur in diesen beiden Texten werden die Verben געל und מאס kombiniert (14,19; Lev 26,15.30.43f.) und געל mit dem Subjekt נפש „Widerwillen hegen" gebraucht (14,19; Lev 26,11.15.30.43f.). Boda hält die in Lev 26 breit ausgeführten Folgen einer Missachtung der Satzungen Jhwhs für vorexilisch und Jer 14,19–22 für eine Adaptation dieser Agenda in Form eines prophetischen Bußgebets.[19] Diese frühe Datierung von Lev 26 ist allerdings unhaltbar, denn das Kapitel rekapituliert die gesamte Heilsgeschichte vom Exodus bis zur Zerstreuung in die Diaspora und propagiert den Gedanken, dass das Land während der Exilszeit seine Sabbate nachhole (Lev 26,34.43), der sonst nur in 2 Chr 36,21 begegnet. Spricht die exklusive Kombination beider Verben für eine literarische Abhängigkeit zwischen beiden Texten, so die Häufigkeit von מאס dagegen. Die Motive sind nicht exklusiv, denn die Vergehen der Vorfahren werden auch im Bekenntnis zum langmütigen Gott genannt (Ex 34,7; Num 14,18; Dtn 5,9; Jer 32,18) und die Wendung פרר Hif. + ברית „den Bund brechen" ist vielfach belegt.[20] Im Jeremiabuch gehört die Rede vom Bruch des Bundes und dessen Neukonstitution zur nachexilischen, toraorientierten Redaktion (Jer 11,10b; 31,32; 33,20f.). So wurden wohl beide Texte, Lev 26 und Jer 14,19–22, literarisch unabhängig voneinander erst in nachexilischer Zeit verfasst.

Der in der synchronen Analyse aufgewiesene anthologische Charakter des Gebets, sein Sprachgebrauch, insbesondere die Bezeichnung fremder Gottheiten als הבלים „Nichtse" (vgl. 8,19; 10,3.8.15) und das Motiv des Bundesbruchs weisen es als nachexilischen Text der toraorientierten Redaktion aus. Das Schuldbekenntnis versteht die Zerstörung Jerusalems und Judas als gerechtfertigte Strafe Jhwhs, verleiht aber der Hoffnung Ausdruck, dass Jhwh Judas Schicksal wenden könne.

Jer 15,1–4 nimmt einen möglicherweise älteren, rhythmisch gestalteten Spruch mit den vier Unheilsszenarien Tod, Schwert, Hunger, Gefangenschaft (V. 2b*) auf[21] und stellt ihm vier Arten von Unheil wirkenden Figuren zur Seite (V. 3). Die Drohung des Wegschickens (15,1b) spielt auf die Deportation ins Exil an (vgl. 28,16); die Wendung „ich mache sie zum Entsetzen für alle Königreiche der Erde" ist Teil der dtjer Katastrophenformel.[22] Die Schändung der Leichen durch Tiere wird im DtrG negativ beurteilten Königen (1 Kön 14,11; 16,4; 21,24) angedroht; das Motiv der Blut leckenden und Leichen fressenden Hunde findet sich bei Ahab und Isebel (1 Kön 21,19.23f.; 22,38; 2 Kön 9,10.36). Mose und Samuel werden im DtrG als herausragende Gesprächspartner Gottes und Fürbitter porträtiert (Dtn 9,18–29; 1 Sam 7,5.8f.; 12,19–23). Dass auch ihre Fürbitte kein Einlenken Jhwhs bewirken kann, verstärkt den Gedanken, dass die Katastrophe Juda und Jerusalem zu Recht getroffen hat. Damit ist 15,1–4a ein weiterer Text der geschichtsätiologischen Redaktion. **15,1–4 Völlige Vernichtung**

Die Fokussierung der Unheilsbegründung allein auf die Vergehen des Königs Manasse (15,4b) passt allerdings ideologisch nicht zu dieser exilischen Redaktion, die die Schuld für den Untergang dem gesamten judäischen Volk zuschreibt.[23] Sie **Nachexilische Präzisierung**

---

19 Vgl. Boda, Complaint, 196.
20 Vgl. 1 Kön 15,19; Jes 24,5; 33,8; Ez 16,59; 17,15–18; 44,7; Sach 11,10.
21 So auch Wanke, ZBK, 148.
22 Vgl. Stipp, Konkordanz, 158f.
23 So auch Schmid, Manasse, 89.

ist außerdem im Jeremiabuch singulär und greift auf Verse aus 2 Kön 21,1–18 sowie 2 Kön 23,26f.; 24,3f. zurück, die ihrerseits redaktionell sind.[24]

Über die im DtrG häufiger genannten Vergehen der Verehrung fremder Gottheiten hinaus wird Manasse angeklagt, die von seinem Vater Hiskija zerstörten Ortsheiligtümer wieder aufgebaut zu haben – in einer Formulierung (אבד Pi., 2 Kön 21,3), die sich nur in Ez 6,3 findet. Der Vorwurf, Manasse habe dem ganzen Himmelsheer gedient (2 Kön 21,3.5), trifft sonst nur das Volk des Nordreichs (2 Kön 17,16). Als einziger König wird Manasse der Zeichendeutung, Wahrsagekunst und Totenbeschwörung beschuldigt (2 Kön 21,6; vgl. Dtn 18,10; 2 Kön 17,17). Wie die Könige des Nordreichs, allen voran Jerobeam I., hat Manasse schließlich sein Volk „zur Sünde verführt" (חטא Hif.; 2 Kön 21,11.16).[25] Außerdem soll er Jerusalem mit unschuldigem Blut angefüllt haben – was mit dem Szenario, das Jer 14,15-18 als Auswirkung des Handelns Jʜᴡʜs beschreibt, vergleichbar ist und in Jer 19,4 allen Jerusalemer*innen einschließlich der Könige vorgeworfen wird.[26] Die Rolle des absoluten Bösewichts und Jʜᴡʜ-Verächters kommt im Jeremiabuch allerdings König Jojakim zu (vgl. 26,23; 36).

Im Gegensatz zu diesen massiven Vorwürfen verweisen Manasses 55-jährige Regierungszeit (2 Kön 21,1) und sein friedlicher Tod (21,18) auf eine stabile Regierung. Auch assyrische Quellen führen ihn als loyalen Vasallen der Großkönige auf.[27] Angesichts der hohen Tribute, die an Assur zu zahlen waren, kann das für Judäer*innen eine erhebliche Steuerlast bedeutet haben. Jedenfalls kritisieren Hab 1,2-10; 1,14f.; 2,12 die Unterdrückung von Judäer*innen durch König und Staat und Nah 3,1-7 den unglaublichen Reichtum Ninives, der Hauptstadt des neuassyrischen Reiches.[28] In Nah 1,14; 3,4 und Zef 1,4f.9 werden die von den Assyrern übernommenen Kulte für die Gestirngottheiten abgelehnt.[29] So hat das polemisch-negative Porträt Manasses in 2 Könige durchaus Anhalt an der Realität, auch wenn es später negativ verstärkt wurde.[30]

Die Pointe der Manasse-Darstellung ist jedoch, dass seine Verfehlungen die Belagerung Jerusalems im Jahr 597 v. d. Z. begründen (2 Kön 23,26f.; 24,3f.), die nach 24,13f. bereits den Verlust der Palast- und Tempelschätze und die Deportation aller Jerusalemer*innen mit Ausnahme „der Ärmsten des Landvolks" (דלת עם־הארץ) zur Folge hatte – was in Spannung zu dem in 2 Kön 25 Berichteten steht.[31] Diese „Vorverlegung" von Jerusalems Ende stimmt mit der Perspektive in Jer 24 überein, die den unter König Jojachin Deportierten als „guten Feigen" das Überleben und allen anderen Judäer*innen den Untergang ankündigt. Konrad Schmid zufolge teilt die Manasse-Überarbeitung in 2 Könige die Ideologie der golaorientierten Redaktion des Jeremia- und des Ezechielbuches, die er in die erste Hälfte des 5. Jahrhunderts datiert.[32] Da Jer 24 m. E. eine Umwertung des Exils aus dem vierten Jahrhundert ist, die sich von der golaorientierten Redaktion des Jeremiabuches unterscheidet,[33] halte ich die Manasse-Fokussierung in Jer 15,4b für einen nachexilischen Zusatz.

---

24 Zu den Spannungen in 2 Könige vgl. Hᴀʟᴘᴇʀɴ, Baruch, Why Manasseh is Blamed for the Babylonian Exile. The Evolution of a Biblical Tradition: VT 48 (1998), 473–514.

25 Vgl. 1 Kön 14,16; 15,26.30.34; 2 Kön 3,3 u. ö. sowie Scʜᴍɪᴅ, Manasse, 91.

26 Mit Cᴀʀʀᴏʟʟ, Jeremiah, 321.

27 Vgl. Scʜᴏᴏʀs, Königreiche, 98 mit Verweis auf ANET 291; 294; AOT 357.

28 Dɪᴇᴛʀɪᴄʜ, Der Eine Gott, bes. 478–485; ᴅᴇʀs., Nahum, Habakuk, Zefania, 88f.138–140.

29 Vgl. Dɪᴇᴛʀɪᴄʜ, Der Eine Gott, 466–472.

30 Letzteres betont Aʟʙᴇʀᴛᴢ, Religionsgeschichte 1, 293f.; Religionsgeschichte 2, 412.

31 Vgl. Scʜᴍɪᴅ, Manasse, 94.

32 Vgl. Scʜᴍɪᴅ, Manasse, 96–98.

33 S. u. die diachrone Analyse zu Jer 24,1–10.

Jer 15,4b weist Manasse die Rolle des alleinigen Bösewichts zu, die sonst König
Jojakim (Jer 26,23; 36) innehat. Der spätnachexilische Zusatz bietet eine für das
Jeremiabuch singuläre Begründung für die Katastrophe und wurde wohl im Blick
auf Jer 24, das wie 2 Kön 24,3f. die Ereignisse im Jahr 597 v. d. Z. hervorhebt,
hinzugefügt.

Neben den üblichen Auffüllungen von Titeln und einzelnen Wörtern formen die prämasoretischen Bearbeiter die einleitende Wortereignisformel in einen absoluten Relativsatz um und ergänzen „Angelegenheiten" im Blick auf die Buchüberschrift. Sie verstärken die Klage über die Dürre durch Anleihen aus dem unmittelbaren Kontext (V. 3bβ) oder aus ähnlichen Versen (V. 4aβ „im Land" aus 1 Kön 17,7; V. 6aββ „wie Schakale" aus Jer 9,10; 10,22). Sie vervollständigen das Zitat aus Hos 8,13 (V. 10b) und den Hinweis auf die Exilierung (15,1b „von meinem Angesicht" aus 7,15).

Prämasoretische Erweiterungen

Synthese

Die sorgsam komponierte, doppelte Abweisung der Klage des Volkes in Jer 14,1 –
15,4 stellt innerhalb von Jer 11–20 ein Scharnierstück dar:[34] Einerseits porträtiert
sie Gott als unerbittlich auf seinem Recht zu strafen beharrend und wiederholt
das in Jer 11–13 gefällte Urteil. Andererseits schließt sie an die Klage JHWHs über
das verheerte Land in 12,7–17 an und präsentiert eine Auseinandersetzung zwischen Gott und Jeremia über die Gründe des Versagens des Volkes, die in den
folgenden Kapiteln in Form von prophetischer Klage und göttlicher Antwort fortgeführt wird.

Jer 14,1 – 15,4 setzt den Untergang Jerusalems und Judas voraus und präsentiert mit verschiedenen Stimmen ein Ringen um Gottes Beistand. Da JHWH nicht
direkt auf die an ihn gerichteten Klagen, Bitten und Schuldbekenntnisse des Volkes antwortet, entsteht für die Leser*innen der Eindruck, die Verbindung zwischen
Gott und Volk sei abgebrochen. Das Fürbittverbot für Jeremia (14,11f.) und die
Zurückweisung von Mose und Samuel als Fürbitter (15,1) verstärken diesen Eindruck und lassen JHWHs Vernichtungshandeln als unumkehrbar erscheinen. Die
Stilisierung Jeremias zum verhinderten Fürbitter knüpft an die prophetischen Klagen über den Zusammenbruch Judas an (8,18–19a; 8,21 – 9,1) und vertieft, wie die
in Jer 11–20 überlieferten Klagediskurse, das Porträt des Unheilspropheten, der
als Gesprächspartner Gottes mit diesem ringt.

Die Volksklage über eine anhaltende Dürre im Land (14,2–6) wird im vorliegenden Text auf Judas Zerstörung im Krieg bezogen. Die Fragen, welche Gottheit
Regen spenden und welche aus der Bedrängnis des Krieges retten könne, werden
miteinander verschränkt. In den Klagen präsentiert sich das als Frau personifizierte Land und Volk Judas als verwelkt, geschlagen und verwundet. Außerdem wird
die Heilsprophetie zum ersten Mal thematisiert (14,13–17.19), und zwar im Rückblick auf die Katastrophe, die die Hoffnung auf baldigen Frieden als falsch erwies.
Daraus wird gefolgert, dass die Heilsprophetie nicht von JHWH autorisiert war und
den Namen JHWHs fälschlich gebrauchte (14,14f.).

---

34   So auch BIDDLE, Polyphony, 127.

In ihrem Fragen nach dem Sinn des Unglücks vergleichen die Judäer*innen Jʜᴡʜ mit einem Fremden, der nur zufällig in Juda eingekehrt war, und mit einem Helden, der zu schwach ist, um zu retten (14,8b.9a). Die Erfahrung von Zerstörung und Exil lässt – das vermittelt die Klage – Zweifel an der Wirkmächtigkeit der Landesgottheit aufkommen. Gegen diese Erfahrung greifen die Klagenden auf die Zionstheologie, die Vorstellung des Wohnens Jʜᴡʜs inmitten des Volkes (14,9.21a) und dessen selbstgewählte Bindung an Israel (ברית, 14,21b) zurück. Sie appellieren an Jʜᴡʜ, er möge „um seines Namens willen", d. h. als Schutzgottheit handeln, also sein Volk aus der Bedrängnis retten und die Beziehung zu ihm erneuern. Das Eingeständnis der eigenen Schuld (14,7.20) und das Bekenntnis zu Jʜᴡʜ als Regenspender (14,22) verstärken diesen Appell, der freilich erneut unbeantwortet bleibt. Das Porträt der zornigen und strafenden Gottheit, die ihr eigenes Volk durch Hunger, Schwert und Pest (die sog. Plagentrias) tötet sowie einen Teil in die Gefangenschaft führt, wird nur an einer Stelle gemildert: Indem die Klage über den Zusammenbruch der Tochter in MT als Gotteswort, das Jeremia ausrichten soll, präsentiert wird (14,17–18), erscheint Jʜᴡʜ selbst als um sein Volk trauernd und von dessen Leiden betroffen. Er wird so als mitleidende Gottheit charakterisiert, der das Geschick des Volkes nicht egal ist und von der daher erwartet werden kann, dass sie sich den Überlebenden der Katastrophe erneut zuwendet.[35]

Heutige Leser*innen finden dieses Gottesbild vielleicht unerträglich und hegen Sympathie für das geschlagene Volk, zumal Jeremia dessen Verhalten durch den Verweis auf die zeitgenössische Heilsprophetie teilweise entschuldigt. Wie die vielen Zusätze zeigen, wurde der jeweils vorliegende Text im Lauf der Überlieferung immer wieder aus anderer Perspektive gelesen, und so lässt er auch in der jetzt vorliegenden Fassung verschiedene Deutungen zu.

Jer 15,5–21: Gottes Klage über Jerusalem und Jeremias zweiter Klagediskurs

Jʜᴡʜ klagt über Jerusalems Ende

5 [Ja,] wer sollte Mitleid mit dir {fem. sing.} haben[a], Jerusalem,
    und wer dir Beileid bezeugen[b]?
Und wer sollte sich einstellen,
    um nach deinem Wohlergehen zu fragen[c]?
6 Du hast mich aufgegeben – Spruch Jʜᴡʜs,
    gehst immer rückwärts gewandt[a].
Da streckte[b] ich meine Hand [gegen dich] aus, vernichtete dich, war des Mitleids müde[c]. 7 Ich worfelte sie {masc. plur.} mit einer Worfschaufel[a] in den Toren des Landes. Ich habe mein Volk kinderlos gemacht[b], zugrunde gerichtet wegen ihres Wandels /wegen ihrer Bosheiten.[c] [Sie kehrten nicht um.]
8 Zahlreicher sind [mir] seine Witwen[a] geworden

---

35   Zu dieser emotionalen Charakterisierung Gottes s. o. die Synthese zu 8,21 – 9,2.

als der Sand von Meeren.
Ich habe [ihnen] über die Mutter des jungen Mannes[b] gebracht
einen Verwüster /_{Verelendung}[c] am Mittag.
Ich habe auf sie {fem. sing.} plötzlich fallen lassen
Zittern und Schrecken.
9 Verwelkt ist, die sieben geboren hat;
sie hat ihr Leben ausgehaucht.
Ihr ging die Sonne unter[a], solange es noch Tag war,
sie wurde zuschanden und beschämt.
[Und] den Rest von ihnen werde ich dem Schwert übergeben vor ihren Feinden
[– Spruch JHWHs].

10 Wehe mir, [meine] Mutter, dass[a] du mich geboren hast, einen Mann des Streits   Jeremia betet
und [einen Mann] des Zanks für das ganze Land. Ich habe nicht geliehen[b] und
mir haben sie nicht geliehen, (aber) sie alle[c] haben mich verflucht.

11 JHWH sagte:/ Amen, Gebieter[a], [wenn] ich dir [nicht] gedient[b] habe zum Guten[c],
wenn ich nicht eingetreten bin[d] bei dir zur Zeit des Unheils und zur Zeit der
Bedrängnis[e] im Hinblick auf[f] den Feind.

12 Kann man Eisen zerbrechen /_{kann Eisen erkannt werden}[a],   JHWH
[Eisen] vom Norden und Bronze /_{und ist ein bronzener Panzer deine Stärke}[b]?   antwortet

13 Dein {masc. sing.} Vermögen und deine Schätze werde ich zum Raub geben,
[nicht] für einen Kaufpreis, [und zwar] wegen all deiner Sünden und in deinem
ganzen Gebiet.[a] 14 Ich lasse deine Feinde ziehen/ ich lasse dich deinen Feinden dienen[a]
<ringsum>, in _{ein}/ dem[b] Land, das du nicht kennst, denn ein Feuer hat sich
entzündet an meinem Zorn; über euch[c] wird es brennen.

15 [Du weißt es.][a]   Jeremia betet
JHWH, erinnere dich meiner und kümmere dich um mich
und räche mich[b] an denen, die mich verfolgen!
[Nimm mich] nicht durch [deine] Langmut[c] [weg][d].
Erkenne, dass ich deinetwegen Schmähung trage.
16 Haben sich Worte von dir[a] gefunden, so verschlang ich sie[b].
So wurde dein Wort[c] mir Jubel und Herzensfreude,
denn über mir war dein Name ausgerufen, JHWH[, Gott] Zebaot.
17 Ich saß nicht in der Versammlung fröhlicher Menschen und frohlockte[a].
Angesichts deiner Hand saß ich einsam,
denn mit Groll hast du mich erfüllt.
18 Wozu [war] mein Schmerz dauerhaft[a]
und meine Wunde unheilbar?
Sie will nicht heilen[b].
Du erweist[c] dich mir als Trugbach[d],
[als Wasser,] das nicht verlässlich ist.

19 Deshalb, so spricht JHWH: JHWH
Wenn du umkehrst, lasse ich dich umkehren,   antwortet
vor mir darfst du (wieder) stehen.
Und wenn du Kostbares statt Wertlosem hervorbringst,

darfst du (wieder) wie mein Mund sein.
Sie sollen zu dir umkehren,
　　aber du sollst nicht zu ihnen umkehren.
20 Dann mache ich dich für dieses Volk
　　zu einer befestigten Bronzemauer.
Sie werden gegen dich kämpfen,
　　aber sie werden nichts gegen dich ausrichten.
Denn ich bin mit dir,
　　dir zu helfen und dich zu retten[a] [– Spruch Jhwhs].
21 [Ich rette dich][a] aus der Hand der Bösen
　　und [befreie dich] aus der Faust der Gewalttätigen.

Anmerkungen zu Text und Übersetzung

*　　In der Übersetzung sind parallele Stichen durch Einrückung kenntlich gemacht, Prosaverse füllen die Zeilen aus. Zum System der Klammern und Kleinschreibung s. o. S. 22.

5a　　Das Verb חמל bedeutet „Mitleid haben" (vgl. den Kontext und 13,14) oder „schonen" (so LXX).

5b　　LXX bietet für נוד δειλιάω „ängstlich sein", was sonst meist für פחד gebraucht wird (Ps 14,5; 27,1; 119,161). Die Übersetzer kennen aber die Bedeutung von נוד als „hin und her bewegen" (18,16) oder „Trauer bekunden" (16,5; 22,10; 31,18; 48,17). Aufgrund ihrer Deutung des ersten Verbs als „schonen" erschließen sie die des zweiten Verbs kontextuell.

5c　　In LXX fehlt ein Äquivalent für לשאל, so dass der Satz im Griechischen schwer verständlich ist, zumal LXX שלם auch nicht mit „Wohlergehen", sondern mit „Frieden" wiedergibt. STIPP (Sondergut, 27) geht von einer Haplographie des Verbs in der Vorlage aus.

6a　　Die jiqtol-Form drückt die Dauer aus; LXX übersetzt sie futurisch.

6b　　LXX übersetzt hier und im Folgenden mit Futur, ob aufgrund einer anderen Vorlage, ist unklar. MT ist als wajjiqtol-Form punktiert, verweist somit in die Vergangenheit.

6c　　LXX bietet καὶ οὐκέτι ἀνήσω αὐτούς „und nicht werde ich sie loslassen". Die Übersetzer haben wohl ולא und ein Verb mit plur. Suffix gelesen (MT נלאיתי הנחם); vgl. 50,7 לא נאשם = Jer^LXX 27,7 μὴ ἀνῶμεν αὐτούς und FINSTERBUSCH/JACOBY, MT-Jeremia 1–24, 174.

7a　　LXX löst die Metapher des Worfelns in die direkte Gerichtsankündigung auf: „ich werde sie zerstreuen in Zerstreuung". In MT sind V. 6b–7 Prosa.

7b　　LXX liest שכלתי als 1. sing. qatal Qal „ich bin kinderlos geworden"; MT ist als 1. sing. qatal Pi. punktiert „ich habe kinderlos gemacht", so dass „mein Volk" Objekt für beide Verben ist.

7c　　LXX liest מרעתם anstelle von מדרכיהם (MT), was der Vorliebe der Übersetzer für die Wurzel רעע entspricht; vgl. STIPP, Sondergut, 150. Der falsche Lebenswandel (דרך) wird prämasoretisch mit Blick auf das Umkehrmotiv (3,7.10; 11,10; 23,14) um ein Verb ergänzt.

8a　　Mit dem Qere ist der Plural אלמנותיו „seine Witwen" zu lesen. Das Suffix der 3. masc. sing. bezieht sich auf das Volk; LXX, S und T gleichen mit „ihre Witwen" an den Kontext an.

8b　　Aufgrund des singulären Ausdrucks על־אם בחור „über die Mutter des jungen Mannes" wird dieser Stichos häufig konjiziert. EHRLICH (Randglossen, 282) hält על־אם für einen Schreibfehler aus עליהם, was zur Lesung „ich brachte über sie Krieger (בחור als Kollektivbegriff), Verderber am Mittag" führt; so MCKANE, ICC, 337.340. RUDOLPH (HAT, 102) schlägt עֲלֵיהֶם לְאֹם מַחֲרִיב „(ich brachte) über sie das verheerende Volk" vor. בחור ist jedoch parallel zu den Witwen und zudem in LXX bezeugt.

8c LXX bietet ταλαιπωρία „Verelendung", liest entweder שֹׁד (FINSTERBUSCH/JACOBY, MT-Jeremia 1–24, 174) oder übersetzt kontextuell. MT ist als Partizip masc. sing. punktiert; vgl. 6,26.

9a Das *Ketiv* באה fasst שֶׁמֶשׁ als fem. Nomen auf, das *Qere* בא als masc.; die Bedeutung bleibt gleich. Die metaphorische Aussage bezieht sich entweder auf das Sterben der Söhne oder darauf, dass die Zerstörung den Tag wie die Nacht erscheinen ließ.

10a LXX ὡς τίνα liest wohl מִי „als wen?" (MT כִּי).

10b LXX übersetzt נשׁא „leihen" mit ὠφελέω „schulden" wie im Gesetz zum Schuldenerlass Dtn 15,2. Da der Vorgang reziprok beschrieben wird, laufen beide Fassungen auf denselben Gedanken hinaus: Der Prophet steht zu niemandem in einem Schuldverhältnis.

10c Der Konsonantentext כלה מקללוני ist schwer verständlich und enthält einen Schreibfehler, denn das Partizip Pi. mit Suffix der 1. sing. müsste מְקַלְלֻנִי lauten (vgl. *Qere*). LXX liest כלה als 3. masc. sing. *qatal* Qal von כלה „fertig, zu Ende sein" (so auch in 8,6) und ergänzt ein Nomen „meine Stärke ist vergangen", so mit MCKANE, ICC, 345; FINSTERBUSCH/JACOBY, MT-Jeremia 1–24, 176. Weiter liest LXX מקללוני als Partizip „(unter denen), die mich verfluchen". Die Masoreten punktieren כֻּלֹּה als Nomen mit Suffix der 3. masc. sing. und die Pluralform als sing. „seine Gesamtheit hat mich verflucht" (*Qere*). BHS und RUDOLPH (HAT, 104) konjizieren כֻּלָּהֶם קִלְלוּנִי „sie alle haben mich verflucht", gestützt auf V *omnes maledicunt mihi* und T כולהון מלטטין לי, was die meisten Kommentare übernehmen.

11a Der Text von V. 11f. ist so schlecht überliefert, dass Rekonstruktion und Deutung unsicher sind. Eine ausführliche textkritische Diskussion bieten HUBMANN, Konfessionen, 205–217; BEZZEL, Konfessionen, 61–97. LXX γένοιτο δέσποτα geht auf אמן אדני zurück und ist textkritisch vorzuziehen (vgl. 1,6; 4,10 und FINSTERBUSCH/JACOBY, MT-Jeremia 1–24, 176). אמן kann einen Schwur oder eine Beteuerung einleiten; vgl. TALMON, Shemaryahu, Amen as an Introductory Oath Formula: Textus 7 (1969), 124–127. Dagegen lässt MT mit יהוה אמר „JHWH sagte" (so auch V) die Antwort JHWHs (eindeutig in V. 13f.) bereits in V. 11 beginnen (אמר יהוה begegnet als Redeeinleitung nur noch in Jer 46,25 [MT⁺]). Der Vorschlag von FINSTERBUSCH/JACOBY (MT-Jeremia 1–24, 177) אמר als 1. sing. *jiqtol* Qal „ich will sprechen" zu lesen, weil das Motiv der Fürbitte nur Jeremia als Sprecher zulasse, wird von keiner der Versionen gestützt.

11b Es ist unklar, von welcher Wurzel שֵׁרוּתִךָ abzuleiten ist. Der hebräische Text setzt JHWH als Sprecher voraus: Das *Ketiv* שֵׁרוּתִךָ „ich habe dich gefestigt" scheint von aramäisch שׁרר „fest, stark sein" abgeleitet, das *Qere* שֵׁרִיתִךָ „ich habe dich freigelassen" von שׁרה I Pi. (hebräisch nur Hiob 37,3 im Qal belegt; aramäisch nur Dan 5,12; vgl. Ges¹⁸, 1412.1543). LXX gibt das Verb als Partizip Präsens plur. κατευθυνόντων αὐτῶν „wenn sie geradeaus gehen" wieder, was auf יִישְׁרוּ הֵם von der Wurzel ישׁר Pi. verweist. Aquila und V setzen שְׁאֵרִיתְךָ „dein Rest" voraus; vgl. MCKANE, ICC, 347. Die Übersetzung folgt der alten Konjektur שֵׁרַתִּיךָ „ich habe dir gedient" von שׁרת Pi.; mit RUDOLPH, HAT, 104; FINSTERBUSCH/JACOBY, MT-Jeremia 1–24, 177; WANKE, ZBK, 151.

11c LXX bezieht die Apposition „zum Guten" auf das folgende Verb.

11d Hebräisch אִם־לֹוא leitet einen Schwursatz ein „wenn nicht … geschehe mir", der auch ohne Apodosis formuliert sein kann und assertorisch, d. h. als Beteuerung, zu verstehen ist; vgl. Jer 22,6; 50,45; GK § 149; BROCKELMANN, Syntax, § 170c; KLEIN, Selbstverpflichtung, 281f.326. Ein zweites אִם־לֹא wurde in MT zu Beginn der ersten Aussage nachgetragen.

11e LXX bietet Possessivpronomen „zur Zeit *ihres* Unheils … zur Zeit *ihrer* Bedrängnis", die sinngemäß übersetzen und keine andere Vorlage voraussetzen.

11f So mit LXX πρὸς τὸν ἐχθρόν; vgl. 18,20. MT bietet einen doppelten Akkusativ mit derselben Bedeutung. HOLLADAY (Hermeneia, 447) scheidet אֶת־הָאֹיֵב als Glosse aus.

12a LXX γνωσθήσεται liest das Verb ידע im Nif. (MT הירע), wohl eine Buchstabenverwechslung; vgl. Finsterbusch/Jacoby, MT-Jeremia 1–24, 176. Aufgrund des zweiten Halbverses gehört V. 12 in LXX zur Gottesrede.

12b LXX καὶ περιβόλαιον χαλκοῦν ἡ ἰσχύς σου deutet den Konsonantentext anders; anstelle von מצפון (so MT) geht περιβόλαιον „Mantel, Decke" vermutlich auf die Wurzel צפה II Pi. „mit etwas überziehen" zurück (vgl. Ex 27,2.6 „mit Bronze überziehen"). ἡ ἰσχύς σου gibt das in MT zu V. 13 gehörige חילך „dein Heer, Vermögen, Stärke" wieder.

13a V. 13f. hat in MT eine fast wörtliche Parallele in 17,3f., aber 17,1–4 fehlt in LXX. Da Doppelüberlieferungen im Buch häufig kontextbedingt leichte Varianten aufweisen, wird hier, bei fehlender LXX-Variante, der Wortlaut nicht angeglichen; mit Hubmann, Konfessionen, 233.

14a LXX setzt mit καταδουλώσω σε והעבדתיך in der Vorlage voraus, so auch wenige hebräische Hss., T und 17,4. Diese besser bezeugte Lesart hat eine enge Parallele im Fluch Dtn 28,47f., während והעברתי in MT auf eine spätere Verschreibung (Bezzel, Konfessionen, 87f.) oder absichtliche Änderung (Parke-Taylor, Formation, 25.27) zurückgeht. MT identifiziert die Feinde mit den Gegner*innen des Propheten und kündigt deren Exilierung an.

14b Die Alternative, das Land als unbestimmt (so MT) oder bestimmt (LXX) zu nennen, ergibt sich aus den unterschiedlichen Varianten der vorangehenden Aussage.

14c MT עליכם passt nicht zum Kontext der Anrede an Jeremia. Hubmann (Konfessionen, 271) bezieht es auf Jeremia und die Feinde. Während die meisten Kommentare eine Verschreibung aus עד־עולם „für immer" (so die Parallele in 17,4) sehen (Rudolph, HAT, 104; McKane, ICC, 344), wird MT von LXX und V gestützt. Die Spannung ist diachron zu erklären; s. u. die diachrone Analyse.

15a Der nur in MT belegte Satz macht an dieser Stelle wenig Sinn. BHS schlägt vor, ihn nach V. 11 zu platzieren, weil er durch den Einschub von V. 12–14 irrtümlich an die jetzige Stelle geriet (so Rudolph, HAT, 104). Inhaltlich und hinsichtlich der Länge der Halbverse passt er am besten ans Ende von V. 10; mit Bezzel, Konfessionen, 89. LXX ließ ihn wohl, da unpassend, weg.

15b LXX übersetzt „lass mich unbehelligt bleiben von denen ...", was auf תנקה als 2. sing. masc. jiqtol Pi. von נקה „ungestraft lassen" (MT הנקם) zurückgeht und auf Buchstabenverwechslung beruht; mit Finsterbusch/Jacoby, MT-Jeremia 1–24, 178.

15c Die Wendung in MT (wörtlich: „langsam zu deinem Zorn") besagt, dass Jhwh seinen Zorn über die Verfolger*innen zurückhält (LXX μακροθυμία setzt die Lesung לְאֶרֶךְ אַפַּיִם voraus). Die Vokalisierung לְאֹרֶךְ אַפְּךָ orientiert sich an der sog. Gnadenformel (vgl. Ex 34,6).

15d Der prämasoretische Zusatz unterstreicht den Gedanken, dass Gottes Langmut im Blick auf die Verfolger*innen zu Jeremias Tod führen könnte. So auch Finsterbusch/Jacoby, MT-Jeremia 1–24, 179; Rudolph, HAT, 104f.; Wanke, ZBK, 151.

16a LXX versteht den Satz völlig anders und schließt ihn an die vorherigen an: „ich habe deinetwegen Schmähung erhalten ... von denen, die deine Worte verachten"; ὑπὸ τῶν ἀθετούντων geht auf מנאצי, gelesen als מְנַאֲצֵי (MT נמצאו), also Buchstabenvertauschung zurück; vgl. Stipp, Diskussion, 80; Finsterbusch/Jacoby, MT-Jeremia 1–24, 178.

16b LXX denkt an die Verächter der Gottesworte und übersetzt „bereite ihnen ein Ende", liest כלם als Imperativ Pi. von כלה „ein Ende machen, vernichten" (MT ואכלם); eine ähnliche Verwechslung der beiden Verben findet sich in 2 Chr 30,22; vgl. Stipp, Verhältnis der Textformen, 80; Bezzel, Konfessionen, 91; Finsterbusch/Jacoby, MT-Jeremia 1–24, 178.

16c So mit LXX und dem *Qere*; *Ketiv* und V bieten plur.

17a LXX fasst ואלז מפני ידך als zusammengehörig auf und übersetzt in Unkenntnis des Verbs עלז „frohlocken, jauchzen" (vgl. 11,15; Jer^LXX 28,39) im Blick auf den Kontext „ich habe (ständig) Respekt erwiesen angesichts deiner Hand"; vgl. STIPP, Sondergut, 29f. MT trennt ואעלז durch den Atnach vom Folgenden.

18a LXX liest כאבי als Partizip masc. plur. „die mir Schmerz zufügen" und נצח als Verb „sie überwältigen mich" von נצח Pi. in mittelhebräischer Bedeutung, während in MT beide Wörter als Nomen punktiert sind; vgl. FINSTERBUSCH/JACOBY, MT-Jeremia 1–24, 178.

18b MT מאנה, punktiert als 3. fem. sing. qatal Pi. von מאן, meint wörtlich: „sie weigert sich, geheilt zu werden". LXX liest מאין „von woher?"; vgl. BHS.

18c Die in MT gebrauchte *figura etymologica* mit *jiqtol*-Form ist ungewöhnlich, wird aber in LXX durch zwei Verbformen bestätigt. Allerdings liest LXX תהיה als 3. fem. sing., bezieht das Verb auf die vorher genannte Wunde und fasst es als resultativ auf. Der Vorschlag in BHS, הוי „wehe" anstelle von היו zu lesen, hat keinen Anhalt an den antiken Versionen.

18d LXX „wie lügnerisches Wasser" verweist auf כמי אכזב in der Vorlage; in MT כמו אכזב „wie Trügerisches" schlich sich ein Schreibfehler ein, der durch den Zusatz von מים behoben wurde.

20a In LXX dient der zweite Infinitiv als Verb für beide Objekte, die in V. 21 genannt sind.

21a Durch den Nachtrag der Zitationsformel in V. 20 erfordert V. 21 zwei weitere Verben.

Synchrone Analyse

Vom Selbstbericht Jeremias (15,1–4) mit Zitat der Gottesrede ist 15,5–9 zu unterscheiden, denn V. 5f. wendet sich direkt an Jerusalem als weibliche Figur, deren Untergang in V. 7–9 beschrieben wird. Aufgrund des Inhalts ist JHWH eindeutig Sprecher[36], und so wirkt V. 5–9 wie ein Nachtrag zur zweimal abgewiesenen Klage Judas, der den Untergang des Volkes bestätigt und ursprünglich die dritte Szene des neunten Aktes bildete. Ohne die prämasoretischen Zusätze weisen V. 5.6a.8.9a das *Qinah*-Metrum auf, das sonst für die Totenklage gebraucht wird, während V. 6b–7 in Prosa formuliert sind (*wajjiqtol*-Formen und *notae accusativi*). Über das Stichwort „Mutter" (V. 8.10) ist der Abschnitt nur locker mit der folgenden Klage Jeremias verbunden.

Rhetorische Struktur

Auch der zweite Klagediskurs in 15,10–21 bietet ein Gespräch zwischen Gott und Jeremia: V. 10 und V. 15–18 können aufgrund des Inhalts nur dem Propheten zugewiesen werden, während V. 12–14.19–21 Gott zum Sprecher haben. V. 11 gehört nach LXX zur Rede Jeremias, nach MT zur Gottesrede. Da der Text von V. 10–14 sehr schlecht überliefert ist und teilweise aus LXX und der Parallele in 17,3f. erschlossen werden muss, ist die poetische Form kaum erkennbar; Textrekonstruktion und Deutung sind entsprechend hypothetisch. Wie die Klage Judas in 14,1 – 15,4 wird die Klage Jeremias in 15,10.15–18 zweimal von JHWH abgewiesen.[37]

15,5–21 Gottes Klage über Jerusalem und Jeremias zweiter Klagediskurs
    15,5–9 JHWHS Klage über Jerusalems Ende
    15,10–21 Jeremias zweiter Klagediskurs
        15,10–11 Jeremias Klage
        15,12–14 JHWHS Abweisung der Klage
        15,15–18 Jeremias Klage
        15,19–21 JHWHS Abweisung der Klage

Gliederung

---

36   So auch MCKANE, ICC, 337; WANKE, ZBK, 150; vgl. auch die Zitationsformel in V. 6a.

37   Zu den formalen Parallelen vgl. GERSTENBERGER, Jeremiah's Complaints, 404f.

15,5–9
Zerstörung
Jerusalems

Die drei rhetorischen Fragen in V. 5 setzen voraus, dass der Stadt Schlimmes widerfahren ist. Da außerdem die perfektiven Verbformen überwiegen (*qatal* in V. 6a.7b.8.9a, *wajjiqtol* in V. 6b.7a) und die *jiqtol*-Form in V. 6a als Anzeige der Dauer erklärbar ist, blickt der Abschnitt auf die Zerstörung Jerusalems zurück. Nur V. 9b kündigt mit אתן zukünftiges Unheil für den beim Worfeln übrig gebliebenen „Rest" an. 15,5–9 bietet somit eine Reflexion Jнwнs über sein Unheilshandeln an Jerusalem, die im Ton einer Klage nahekommt und das Land Juda (V. 7a) sowie das gesamte Volk (V. 8) einbezieht.[38] Rhetorisch betrachtet rechtfertigt Jнwн darin die Zerstörung Jerusalems. Dass Gott über das von ihm selbst herbeigeführte Unheil klagen kann, zeigt auch die Klage in 8,18 – 9,2.

Jerusalem als
kinderlose
Witwe

Die Personifizierung Jerusalems als Frau findet sich schon in 4,16–21; 6,1–8; 11,15f.; 13,20–27. Typisch ist der Wechsel von Aussagen über die Gestalt (V. 5f. 8b.9a) und das durch sie repräsentierte Volk (V. 7.8a.9b). Jerusalem wird hier als der Kinder beraubte Witwe charakterisiert, die nicht mehr durch Mann oder Söhne versorgt wird und somit status- und schutzlos zurückbleibt.

> Das Motiv der kinderlosen Witwe findet sich in Klgl 1,1 (vgl. 5,3). Vom Verwelken der kinderreichen Mutter erzählt das Lied Hannas (1 Sam 2,5), wobei sieben Söhne das Ideal der Fülle symbolisieren (vgl. Rut 4,15). Der Verlust der jungen Männer (בחורים) wird in Klgl 1,15 beklagt. Die Metapher des Worfelns, d. h. der Trennung der Spreu vom Weizen, beschreibt auch in Jer 4,11; 49,32.36; 51,2 eine teilweise Vernichtung. Die Stichworte בוש „zuschanden werden" (vgl. 2,36; 6,15; 9,18, 14,3; 17,13) und חפר „beschämt werden" in V. 9 konnotieren den Verlust von Ehre und Status der Mutter (vgl. 50,12). Sowohl Jerusalems Verhalten – ihre Abkehr von Gott (V. 6a) und ihre Weigerung, umzukehren (V. 7; vgl. 5,3; 8,4f.) – als auch Jнwнs strafende Reaktion sind entsprechend alter Jeremiaüberlieferung formuliert: Der Feind schlägt בצהרים „am Mittag" zu (V. 8a; vgl. 6,4; 20,16); das Unheil kommt פתאם „plötzlich" (V. 8b; vgl. 4,20; 6,26; 18,22).

15,10f.
Jeremias Klage

Jeremia begründet den Weheruf über seine Mutter (V. 10) mit der Feststellung, er sei ein Mann des Streits und Haders mit dem ganzen Land. Der Gedanke erinnert an Jeremias Berufung „von Mutterleib an" (1,5), die bereits auf Gegner*innen hinweist (1,8). Jeremia führt weiter aus, er werde von allen verflucht, obwohl er niemandem etwas geliehen habe und selbst nichts von anderen geliehen habe. Diese Aussage kann auf zweifache Weise gedeutet werden. Einerseits könnten tatsächlich wirtschaftliche Beziehungen zwischen Kreditgeber und Schuldner gemeint sein, andererseits wäre die Aussage metaphorisch zu verstehen im Sinne von „ich habe niemanden übervorteilt und bin niemanden etwas schuldig geblieben".

> In der LXX, die wohl die ursprüngliche Lesart bewahrt hat, reicht die Klage des Propheten bis V. 11. Mit dem „Amen" und einem mit אם־לא eingeleiteten assertorischen Schwur (V. 11a) beteuert Jeremia, dass diejenigen, die ihn verfluchen (V. 10b), Recht hätten, falls er Gott nicht zum Guten gedient hätte und nicht für die vom Feind verfolgten Menschen eingetreten wäre. Die Beteuerung zielt darauf, dass er gut handelte, und so weist er jede mögliche Rechtfertigung für das Verfluchen seitens seiner Widersacher*innen zurück. MT lässt mit der ungewöhnlichen Einleitung „Jнwн sagte" die Gottesrede schon hier beginnen, was aber ein anderes Verständnis der Verben voraussetzt und die Aussage in einen promissorischen Schwur Jнwнs, er werde den Propheten schützen, umdeutet.

---

38   Mit Carroll, Jeremiah, 322; Wanke, ZBK, 150.

Jer 15,12 lautet in LXX und MT unterschiedlich, und der ursprüngliche Wortlaut kann
außer den Stichwörtern „Eisen" und „Bronze" nicht mehr rekonstruiert werden. In
beiden Fassungen wird Jeremias Klage abgewiesen.

> Eisen und Bronze begegnen gemeinsam in der Zusage Jhwhs in 1,18, er werde Jeremia zu
> einer „Säule aus Eisen" [MT⁺] und zu „Mauern aus Bronze" (so noch 15,20) machen, damit
> er gegen „das ganze Land" (vgl. 15,10) bestehen könne. In 6,28 wird das Volk als wider-
> spenstig und verleumderisch charakterisiert und in einer Glosse als „Bronze und Eisen"
> (LXX und MT) bezeichnet. Letzteres und die bronzene Mauer von 1,18 könnten den griechi-
> schen Übersetzern vor Augen gestanden haben: Sie deuten V. 11 als Einspruch Jeremias
> gegen die Flüche seiner Gegner*innen und V. 12 als Anfrage an Jeremias Fähigkeit, Eisen
> zu erkennen und seine bronzene „Panzerung" einzusetzen. Demgegenüber spielt der in MT
> überlieferte Ausdruck „Eisen aus dem Norden" wohl auf den von Norden heranstürmenden
> Feind (4,6; 6,1) an, der in 6,22f. als waffenstarrendes Heer beschrieben wird. Mit der Frage,
> wer diese metallenen Kriegsgeräte zerbrechen könne, stellt die Gottesantwort nach MT
> infrage, dass Jeremia das Unglück noch aufhalten kann.

In V. 13 kündigt Gott dem Propheten den Verlust aller Güter „in deinem ganzen Gebiet"
an und begründet es mit „allen deinen Sünden". Dieses Geschick passt jedoch nicht zu
Jeremia, denn der Verlust der Schätze wird sonst Juda (mit fast wortgleicher Formulierung 17,3f.) und den judäischen Königen (20,5) angedroht. Zum Raub (לבז) wird sonst
Israel (2,14) oder Hazor (49,32). Von Sünden (חטאות) ist überwiegend in Bezug auf das
Volk die Rede.[39] Auch die Versklavung unter die Feinde in einem bisher unbekannten
Land (V. 14 LXX) kann sich nur auf die Exilierung des Volkes beziehen, denn Jeremia
wird gerade nicht deportiert (vgl. 40,4–6; 43,5f.). Der Relativsatz „das/die ihr nicht
kennt" wird im Jeremiabuch im Blick auf Gottheiten (7,9; 19,4; 44,3), andere Völker
(9,15) und das Land des Exils (16,13; 17,4; 22,28) gebraucht; nur hier und in Dtn 32,17
ist er ohne Relativpronomen formuliert.[40] Die Aussage „ein Feuer hat sich entzündet
an meinem Zorn" findet sich noch einmal wörtlich im Moselied Dtn 32,22, wo das Feuer
aber die Unterwelt und die Erde verbrennt. Dass die Ankündigung hier auf das Volk
zielt, zeigt auch der Schlusssatz „gegen euch wird es (= das Feuer meines Zorns) brennen" (V. 14bβ).[41] Jhwhs Antwort kann synchron nur so erklärt werden, dass Jeremia
hier Repräsentant des Volkes ist.[42]

Die inhaltliche Spannung wird in MT dadurch abgemildert, dass die Exilierung
in V. 14a auf Jeremias Gegner*innen bezogen wird, so dass der Plural in V. 14
Jeremia und seine Feinde einschließt. Ob als Folge einer Verschreibung oder ab-
sichtlichen Änderung[43] – diese Lesart schwankt zwischen Zuwendung und Ablehnung: Sagt Jhwh zunächst Jeremia seine Unterstützung in der Auseinandersetzung
mit seinen Gegner*innen zu (V. 11), so kündet er ihm danach den Verlust seiner
Güter (V. 12f.) und dann die Exilierung seiner Feinde an (V. 14).

Jeremia setzt seine Klage in V. 15–18 fort mit einer Bitte um Erhörung und
Bestrafung seiner Gegner*innen: Er fordert Jhwh auf, zu erkennen, dass er um

---

39 Vgl. Jer 5,25; 14,10; 16,10.18; 30,14f.; 36,3; 50,20; nur 18,23 spricht von den Sünden der
    Gegner*innen Jeremias.
40 Vgl. Stipp, Konkordanz, 55.
41 S. o. die Textkritik zu 15,14c.
42 Reventlow (Liturgie, 221) versteht die Prophetengestalt im Sinne einer „corporate per-
    sonality" als repräsentatives Ich, das die Gemeinschaft vertritt.
43 S. o. die Textkritik zu 15,14a.

seinetwillen geschmäht wird (V. 15). Er verteidigt sich damit, dass er Gottes Worte verschlungen habe und diese ihn mit Freude erfüllten (V. 16), er also seinen Auftrag gern ausführte. Das steht jedoch im Widerspruch zu der folgenden Schilderung, derzufolge Jeremia gerade nicht fröhlich mit anderen Menschen zusammensitzt, sondern einsam und mit Groll erfüllt ist. V. 17 beschreibt in Kurzform das in 16,1–9 von Jeremia geforderte Leben ohne soziale Kontakte. Darunter leidet er und beschreibt sich als in Schmerzen gefangen und unheilbar verwundet (V. 18a). Ja, er bezeichnet Jhwh sogar als Trugbach, d. h. als Wasser, auf das kein Verlass ist (V. 18b). Hintergrund dieser Metapher sind die für Palästina typischen Wadis, deren Bäche im Sommer fast versiegen (vgl. Hiob 6,15–18), aber bei winterlichen Regenfällen in Kürze zu einem reißenden, tödlichen Strom anschwellen können.

Da es aus heutiger Perspektive problematisch erscheint, dass der Prophet die massiven Unheilsankündigungen und Warnungen an Juda mit Freude vortrug, versuchen viele Kommentare, diese Aussage zu mildern: Die Gefühlsregung blicke auf vergangene, bessere Zeiten zurück[44]; die hier gemeinten Worte stammten nicht von Jeremia, sondern von anderen Prophet*innen[45] oder seien konventionelle Psalmensprache[46]. Einer vierten Deutung zufolge spielt die Aussage auf Ezechiels Verzehr einer Schriftrolle voller Klagen an, die in seinem Mund süß wie Honig wird (Ez 2,8 – 3,3).[47] Im Sinne der hier vorgenommenen Interpretation der Klagen Jeremias als Stilisierung der Prophetenfigur durch spätere Tradent*innen haben diese Aussagen eine spezifische Funktion. Da die Begründung „über mir war dein Name ausgerufen" (V. 16b) an die Charakterisierung des Jerusalemer Tempels in Jer 7,10f.14.30 und des seine Schuld eingestehenden Volkes in 14,9 anspielt,[48] tritt der Prophet hier an die Stelle dieser beiden Größen. Seine enge Beziehung zu Jhwh wird betont und begründet seine Freude über die Kommunikation mit Gott, wobei eine Anspielung auf Ez 2,8 – 3,3 naheliegt.

> Während der Konsonantentext in V. 16 zweimal den Plural „deine Worte" überliefert, unterscheiden die Masoreten zwischen beiden Aussagen, indem sie den zweiten Beleg als Singular punktieren,[49] d. h., sie stellen das „Wort Jhwhs" als Summe aller Äußerungen Jhwhs dar und erklären damit das gesamte Buch zur Grundlage für die Freude des Propheten, der die Funktion des Mittlers zwischen Gott und seinem Volk, die früher der Tempel hatte, übernimmt.

15,19–21
Jhwhs zweite
Antwort

Obwohl Jhwhs Antwort wie eine Unheilsankündigung mit לכן und Botenformel eingeleitet wird, entspricht sie formal einem Orakel, mit dem der Priester auf die Klage des oder der Einzelnen antwortet (vgl. 1 Sam 1,17).[50] Allerdings macht Jhwh seine Zusage, dass Jeremia ihm dienen und als sein Mund fungieren dürfe, von der Umkehr des Propheten abhängig. Das Verb שוב „um-, zurückkehren" dient als Leitwort für die Neugestaltung der Beziehung zwischen Gott und Jeremia sowie zwischen Jeremia und dem Volk: Die an den Propheten gerichtete Umkehrforde-

---

44   So Rudolph, HAT, 108f.
45   So Hubmann, Konfessionen, 276.
46   So Reventlow, Liturgie, 220; ähnlich Carroll, Jeremiah, 332.
47   Vgl. McKane, ICC, 353; Wanke, ZBK, 154f.; Schmidt, ATD 20, 281.
48   In Jer 25,29 wird Jhwhs Name über Jerusalem ausgerufen. Die Ausrufung über ein Individuum ist in der Hebräischen Bibel einmalig.
49   S. o. die Textkritik zu 15,16c.
50   Vgl. Reventlow, Liturgie, 161f.

rung (V. 19a) entspricht derjenigen an das Volk (3,12.14.22; 4,1; 18,11). Erneut erscheint der Prophet, trotz seiner Beteuerung, er habe Jhwh zum Guten gedient (V. 11), als Repräsentant des Volkes. Im Blick auf das Binnenverhältnis fordert Jhwh, nicht Jeremia solle sich dem Volk zuwenden, sondern dieses solle zu ihm „umkehren" (V. 19b), d. h. seine Unheilsdrohung ernstnehmen. Die zweite Bedingung „wenn du Kostbares, nichts Wertloses hervorbringst" suggeriert, dass Jeremia mit seiner Bezeichnung Jhwhs als Trugbach (V. 18) etwas Falsches gesagt habe.

Jede der Bedingungen wird mit einer positiven Aussicht verknüpft. Im ersten Fall darf der Prophet wieder „vor Jhwh stehen" (V. 19a). Die Wendung עמד לפני יהוה bezeichnet den priesterlichen oder levitischen Dienst (Dtn 10,8; Ri 20,28; Ez 44,15), im DtrG auch den Dienst am königlichen Hof (1 Kön 1,2; vgl. Gen 41,46) und die Tätigkeit von Prophet*innen (1 Kön 17,1; 18,15; 2 Kön 3,14). Der an zweiter Stelle genannte Vergleich „du wirst wie mein Mund sein" spielt auf die Berufungsszene an, derzufolge Jhwh seine Worte in Jeremias Mund legte (1,9). Diese literarische Verknüpfung wird durch die Formulierung „ich mache dich zu einer Bronzemauer" (V. 20aα, wortgleich in 1,18) und die Zusage Jhwhs, Jeremia gegen seine Gegner*innen beizustehen (V. 20b, fast wörtlich wie 1,19), verstärkt. Damit wird Jeremia die Wiedereinsetzung in seine ursprüngliche Position zugesagt, falls er sich zurechtweisen lässt, von seiner Anklage Jhwhs Abstand nimmt und zu ihm „umkehrt". Das Klagegebet Jeremias und Jhwhs Antwort spiegeln somit eine Auseinandersetzung des Propheten mit Gott um die Frage, ob und inwiefern Letzterer sich als verlässliche Quelle und Beistand erweise – für den Propheten ebenso wie für das Volk. Die Argumentation gegen Jeremias individuelle Zweifel hat die Funktion, die Zweifel der Menschen auszuräumen, die ebenfalls die Verlässlichkeit Jhwhs hinterfragen.

Diachrone Analyse

Vorexilisch	K[Frühexilisch]	Exilisch	Nachexilisch
15,5–6a.8–9a	15,6b–7.12–14	15,9b R[Gola]	15,10.15–18.19–21
			15,11

Die als Klage gestalteten, poetischen Verse 5–6a.8–9a beschreiben Jerusalems Schicksal in metaphorischer Sprache, während die Prosaverse 6b–7 auf den Untergang der Stadt zurückblicken. Die Klage teilt Wortschatz und Motivik mit älteren Jeremiatexten und ist ein vorexilisches Stück.[51] Die Prosa verstärkt die Klage, indem sie von Vernichtung spricht (V. 6b), das Geschehen auf die Städte Judas ausweitet (V. 7a) sowie die Kinderlosigkeit betont und Gottes Handeln mit dem Fehlverhalten des Volkes begründet (V. 7b). Diese Aussagen gehören wie 14,7–9 zu der Komposition, die in Jer 2–15 die Katastrophe im Wechsel von Sprecher*innen dramatisch inszeniert.

15,5–9*
Klagender
Rückblick

---

51 Rudolph (HAT, 103), Wanke (ZBK, 150) und Thiel (Redaktion I, 161f.) halten sie für authentisch.

Im Unterschied dazu blickt V. 9b in die Zukunft und knüpft an das Motiv des Worfelns (V. 7a) an, kündigt aber dem beim Worfeln übrigbleibenden, eigentlich guten Rest die völlige Vernichtung an. Der Halbvers vertritt die golaorientierte Sicht, die die Existenz der in der Exilszeit im Land Juda Verbliebenen zu negieren versucht.

15,10–18
Klage und
Antwort

Die synchrone Analyse hat ergeben, dass Jhwh Jeremias Klage über die Verfluchung seitens seiner Gegner*innen schroff abweist und ihm dasselbe Unheil ankündigt, das sonst Juda bzw. Jerusalem trifft (V. 12–14; vgl. 17,1–4). Da die Aussage „du weißt es" am Beginn von V. 15 formal und inhaltlich besser ans Ende von V. 10 passt[52] und Jeremias Bitten um Rettung aus der Bedrängnis in V. 15–18 sowie seine Klage in V. 10 sinnvoll fortsetzen, gehörten diese Verse wohl ursprünglich zusammen, sind im jetzigen Text aber durch V. 11–14 getrennt.[53] Trifft die oben rekonstruierte Fassung von V. 11 das Richtige, so verteidigt Jeremia seine Position durch einen assertorischen Schwur[54]: Er habe Jhwh gedient und in der Situation der feindlichen Bedrohung für das Volk Fürbitte eingelegt. Die schroffe Unheilsankündigung Jhwhs in V. 12–14 schließt dagegen inhaltlich an die Klage über Jerusalems Zerstörung an, denn der Konsonantentext kann wie in V. 5–6a.8–9a die weiblich personifizierte Stadt adressieren.[55] So ist wahrscheinlich, dass die überarbeitete Fassung von V. 5–9a und V. 12–14 ursprünglich mit einem Monolog Jhwhs die frühexilische Komposition abschloss. Später wurde die Klage Jeremias in V. 10.15–18 so eingefügt, dass V. 12–14 als Antwort Gottes auf Jeremia das Geschick von Prophet und Volk parallelisiert. Jeremia erscheint nun als Repräsentant Jerusalems, der die Leiden des weiblichen Kollektivs teilt.[56] Um die (erfolglose) Fürbitte des Propheten zu betonen, wurde V. 11 zu einem späteren Zeitpunkt hinzugefügt, in der hebräischen Überlieferung aber als Teil der Gottesantwort tradiert.

Da Jeremias Klage in V. 10.15–18 viele literarische Bezüge zu anderen Texten aufweist, ist sie als nachexilische Hinzufügung erkennbar:

> Der Weheruf über die eigene Geburt spielt auf die Berufungserzählung an (1,5.9; vgl. Hiob 3,3–14), das Stichwort ריב „(Rechts-)Streit" bezeichnet in weiteren Klagen Jeremias Auseinandersetzungen mit Gott (12,1) und mit seinen Gegner*innen (20,12). Jeremias freudiges Verschlingen des Gotteswortes (V. 16a) spielt auf Ezechiels Essen einer Schriftrolle (Ez 2,8 – 3,3) an, seine Freude am Wort (V. 16aβ) auf Jer 16,9. Die Ausrufung des Gottesnamens über dem Propheten (V. 16b) erinnert an die Bezeichnung des Tempels (7,10.11.14.30). Jeremias Klage über sein einsames Leben (V. 17abα) weist auf 16,1–9 voraus. Das Motiv seines inneren Grolls (V. 17bß) greift 6,11 auf, das Motiv der unheilbaren Wunde (V. 18) 8,22.

---

52 S. o. die Textkritik zu 15,15a.

53 Mit Bezzel, Konfessionen, 89. Die ähnliche These Rudolphs (HAT, 106), dass V. 12–14 mit Worten aus 17,1–4 später hinzugefügt wurde, wird von Wanke (ZBK, 153) und Schmidt (ATD 20, 278) geteilt. Gerstenberger (Jeremiah's Complaints, 394–396) hält V. 13f. für eine sekundäre Erweiterung.

54 Zur Form vgl. Klein, Selbstverpflichtung, 281f.

55 Die Suffixe wurden erst durch die Punktation als masc. vereindeutigt.

56 Bezzel (Konfessionen, 296) weist V. 11–14.16b seiner kollektiv-repräsentativen Fortschreibung der Konfessionengrundschicht (V. 15–16a.17–20) zu. O'Connor (Confessions, 55–58) hält V. 13f. für redaktionell und aus 17,3f. adaptiert.

Die nachexilischen Tradent*innen zeichnen Jeremia als Propheten, der zwar seinen Auftrag willig erfüllt, aber gerade deshalb isoliert ist und leidet. Mit dem
Vorwurf, Jhwh habe sich ihm als Trugbach erwiesen, widerspricht der literarische
Jeremia der Charakterisierung Jhwhs als Quelle lebensspendenden Wassers (2,13;
17,13) und betont, dass sein Vertrauen auf Jhwh zerstört ist.

Analog zu V. 12–14 zeichnet auch Jhwhs zweite Antwort Jeremia als Repräsen **15,19–21**
tanten des Volkes, hier mittels der Aufforderung zur Umkehr, die sonst an das **Wiedereinset-**
ganze Volk ergeht. Die engen literarischen Bezüge zur Berufungserzählung (vgl. **zung zum**
V. 19 „wie mein Mund sein" mit 1,9; wortgleiche Wendungen in V. 20f. und 1,18f.) **Propheten**
erweisen V. 19–21 als ebenfalls nachexilischen Abschnitt. Angesichts der Zweifel
an Jhwhs Verlässlichkeit, die in Jeremias Klage geäußert werden, erscheint seine
erneute Beauftragung zum Propheten davon abhängig, ob er „Kostbares, nichts
Wertloses" rede. Gleichzeitig dokumentiert der in MT folgende Selbstbericht, dass
Jeremia weiterhin als Prophet auftritt, mithin die hier gestellte Bedingung erfüllt.

Synthese

Jeremias zweiter Klagediskurs knüpft an eine vorexilische Gottesklage (15,5–6a.
8–9a) über Jerusalem an, die in frühexilischer Zeit in die dramatische Komposition
(15,6b–7.12–14) eingepasst wurde. Der klagende Rückblick begründet den Untergang der Stadt recht allgemein mit der Abkehr von Gott (V. 6), falschem Wandel
(V. 7) und Sünden (V. 13). Das über Jerusalem hereingebrochene Unheil wird einerseits metaphorisch als Worfeln, Zittern und Verwelken, andererseits realistisch als
Vernichten, Zugrunderichten und Zum-Raub-Geben beschrieben. Das Porträt
Jhwhs, der über das von ihm herbeigeführte Schicksal Jerusalems erschüttert ist,
entspricht dem der Klage in Jer 8,18 – 9,2.

Durch den Einbau einer Klage Jeremias (15,10.15–18) wird der zweite Teil der
Klage über Jerusalem zur Antwort Gottes an Jeremia umgestaltet, was dazu führt,
dass das Unheil für die Stadt nun dem Propheten angekündigt wird. Diese Bearbeitung macht den Propheten zum Repräsentanten des Volkes, der dessen Schicksal
teilt. In seiner Klage stellt sich der literarische Jeremia als treuer Diener Jhwhs
dar, der nun aber verfolgt wird, als Mann des Streits und Zanks gilt. Der Weheruf
über seine Mutter kommt einer Zurückweisung seiner Berufung „von Mutterleib
an" (1,5) gleich. Jeremia bekennt, dass er die Worte Jhwhs bereitwillig aufnahm
(vgl. 1,9), ja Freude an ihnen empfand (V. 16), aber angesichts der Verfolgung
seiner Gegner*innen und seiner sozialen Isolation in Groll und Schmerz versank.
Die Anklage, Gott erweise sich als „Trugbach" (V. 18), signalisiert einen massiven
Vertrauensverlust und Tiefpunkt im Ringen Jeremias mit seinem Gott.

Entsprechend hart fällt auch Jhwhs Antwort aus. Jeremia kann nur dann wieder vor Gott stehen, wenn er umkehrt, d. h. sein Vertrauen erneut auf ihn setzt.
Nur unter dieser Bedingung kann die Zusage, Gott mache ihn zu einem starken
Bollwerk gegen jegliche Angriffe, die bei der Berufung bedingungslos erging
(1,18f.), erneuert werden (V. 20). Die Funktion dieses zweiten Klagediskurses ist
somit, das gestörte Verhältnis des Propheten zu seinem Auftraggeber zu betonen
und die Gottesklage über Jerusalems Untergang mit der Prophetenklage über Gottes Unzuverlässigkeit zu kontrastieren. In diesem Ringen um die Begründung der
Katastrophe repräsentiert Jeremia das Volk, das sich von Jhwh verlassen fühlt,

während Jhwh strafend reagiert und die Umkehr als letzte Möglichkeit zur Rettung aus der Not anbietet.

Gleichzeitig schlägt 15,17 eine Brücke zur folgenden Symbolhandlung, die Jeremias Isolation in den Fokus rückt. Aus der Innenperspektive der Jeremiafigur geht diese Vereinsamung mit Verwundung und Schmerzen (V. 18) einher, ist somit Zeichen von Schwäche und Verletzlichkeit – was seine in V. 20f. in Aussicht gestellte Stärke konterkariert und die Ambivalenz der Jeremiafigur verstärkt. Das Porträt des gescheiterten Propheten, der das geschlagene Volk repräsentiert und Gott massiv anklagt, hat aus traumatheoretischer Sicht eine zweifache Funktion. Zum einen erscheint Jeremia in einer Täter-Opfer-Konstellation als „wounded survivor"[57], der zwar die Katastrophe überlebt hat, aber zwischen Verzweiflung und Zuversicht schwankt, weil seine Erinnerung fragmentiert ist. Zum anderen weist der verbale Schlagabtausch einen Ausweg aus der Verzweiflung, insofern Jhwh dem Propheten, falls er umkehrt, Rettung und Schutz zusagt. Anhand der Jeremiafigur der Klagediskurse können nachexilische Tradent*innen und moderne Leser*innen somit eigene, potentiell traumatisierende Erfahrungen erinnern und wie Jeremia mit Gott im Gebet ringen.[58]

Jer 16,1 – 17,4: Jeremias Leben als Symbol für die Katastrophe

K1 K2 K3 K4 K5

Jeremia berichtet

1 [Da erging das Wort Jhwhs an mich:]a

    2 <Und du,>a du sollst [dir] keinesfallsb eine Frau nehmen <spricht Jhwh, der Gott Israels>a

und weder Söhne noch Töchterc haben an diesem Ort. 3 Denn so spricht Jhwh über die Söhne und über die Töchter, die an diesem Ort geboren werden, und über ihre Mütter, die sie gebären, und über ihre Väter, die sie zeugen, in diesem Land:

4 An tödlichen Krankheiten werden sie sterben; sie werden keine Totenklage erhalten und nicht begraben werden; als Düngera auf dem Ackerboden werden sie dienenb und durch das Schwertc und den Hunger werden sie umkommen und ihre Leichen werden den Vögeln des Himmels und den Tieren der Erde zum Fraß dienen.

---

57 STULMAN, Louis, Jeremiah the Prophet. Astride Two Worlds: KESSLER, Martin (Hg.), Reading the Book of Jeremiah. A Search for Coherence, Winona Lake: Eisenbrauns 2004, 41–56, 46.

58 Vgl. O'CONNOR, Pain and Promise, 90: "Jeremiah's prayers make him a model for other sufferers, an ideal survivor. His words [...] give voice to the mute pain of destroyed faith. They reflect back to victims their own spiritual and theological quagmire."

K1 K2 K3 K4 K5

5 [Ja,] so spricht JHWH:

> Betritt[a] kein Vereinshaus[b] und geh nicht hin, um Totenklage zu halten, und
> bekunde ihnen kein Beileid[c], denn ich habe diesem Volk meinen Frieden
> entzogen [– Spruch JHWHs – die Treue und die Barmherzigkeit][d]. 6 [Sterben
> werden Große und Kleine in diesem Land; sie werden nicht begraben wer-
> den.][a] Sie werden[b] ihnen nicht die Totenklage halten; man[c] wird sich nicht
> die Haut ritzen und [ihretwegen] nicht kahl scheren. 7 Und sie werden kein
> Brot[a] brechen wegen der Trauer, um jemanden über einen Toten zu trösten;
> und sie werden ihm[b] keinen Trostbecher zu trinken geben wegen seines
> Vaters oder seiner Mutter. 8 Und ein Haus des Gelages sollst du keinesfalls
> betreten, um mit ihnen[a] zu sitzen, zu essen und zu trinken.

9 Denn so spricht JHWH [Zebaot], der Gott Israels:

> Siehe, ich mache an diesem Ort, vor euren Augen und in euren Tagen,
> Jubelruf und Freudenträller ein Ende, jauchzenden Stimmen von Bräuti-
> gam und Braut.

10 Wenn du aber diesem Volk alle diese Worte verkündest und sie zu dir
sagen:

> Weshalb hat JHWH uns dieses ganze [große] Unheil angekündigt? Was ist
> unsere Verfehlung und was unsere Sünde, die wir begangen haben ge-
> gen JHWH, unseren Gott?

11 Dann sage zu ihnen:

> Weil eure Vorfahren mich verlassen haben – Spruch JHWHs – und anderen
> Gottheiten nachliefen, ihnen dienten und sich vor ihnen niederwarfen, mich
> aber verließen und meine Tora nicht beachteten, 12 und weil ihr noch schlim-
> mer gehandelt habt als eure Vorfahren – seht, ihr, eine jede und ein jeder,
> folgt dem Starrsinn eures bösen Herzens, ohne auf mich zu hören –, 13 werde
> ich euch aus diesem Land hinausschleudern in ein Land, das weder euch
> noch euren Vorfahren bekannt ist, und dort werdet ihr [Tag und Nacht][a] an-
> deren Gottheiten dienen, _{weil ich}/ die[b] euch kein Erbarmen[c] _{schenke} /schenken.

14 _{Dennoch}/ Deshalb[a], siehe, Tage kommen – Spruch JHWHs –, da wird man
nicht mehr sagen: „JHWH lebt, der die Kinder Israels aus dem Land Ägypten
heraufgeführt hat[b]", 15 sondern: „JHWH lebt, der die Kinder Israels/das Haus
Israel[a] aus dem Land des Nordens heraufgeführt hat und aus allen Ländern,
wohin er sie verstoßen hat!"[b] Ich werde sie zurückkehren lassen[c] auf ihren
Ackerboden, den ich ihren Vorfahren gab.

16 Siehe, ich schicke nach vielen Fischern – Spruch JHWHs –, dass sie sie
herausfischen, und danach werde ich nach vielen Jägern schicken, dass
sie sie jagen, von jedem Berg und jedem Hügel herab und aus den Felsspalten
heraus. 17 Denn meine Augen sind auf alle ihre Wege (gerichtet), [sie können
sich nicht verstecken vor mir] und ihre Verfehlung ist vor meinen Augen
nicht verborgen. 18 Ich werde [zuerst][a] ihre Verfehlung und ihre Sünde doppelt vergelten, weil sie mein Land entweihten durch die Leichen ihrer Scheusale und ihre Gräuel meinen Erbbesitz füllten[b].

K1 K2 K3 K4 K5

Jeremia betet 19 Jʜwʜ, meine Stärke und meine Burg

und meine Zuflucht am Tag der Bedrängnis[a]!

Zu dir werden Völker kommen

von den Enden der Erde und sagen:

„Nur Lüge haben unsere Vorfahren geerbt,

Nichtiges, und niemand unter ihnen nützt."

20 Kann sich ein Mensch Gottheiten machen?

Diese aber sind keine Gottheiten!

Jʜwʜ 21 Deshalb, siehe, ich lasse sie erkennen; dieses Mal werde ich sie meine Hand[a] und
antwortet meine Macht erkennen lassen, damit sie erkennen, dass mein Name Jʜwʜ ist!

[a][17,1 Judas Sünde ist geschrieben

mit eisernem Griffel,

mit einer Diamant-Spitze eingraviert,

auf die Tafel ihres Herzens und die Hörner eurer[b] Altäre,

2 wenn sich ihre Kinder ihrer Altäre erinnern[a] und ihrer Ascheren unter grünen Bäumen[b], auf hohen Hügeln, 3 auf Bergen des Feldes[a]. Dein {masc. sing.} Vermögen, all
deine Schätze, werde ich zum Raub geben, deine Kultstätten[b] wegen deiner Sünde
in deinem ganzen Gebiet. 4 Du musst deinen Erbbesitz loslassen[a], den ich dir gegeben habe. Ich lasse dich deinen Feinden dienen in einem Land, das du nicht kennst,
denn ein Feuer hat sich entzündet[b] an meinem Zorn; es wird unaufhörlich brennen.]

Anmerkungen zu Text und Übersetzung

*   Die Kommunikationsebenen der Rede Jeremias sind in der Übersetzung durch Einrücken dargestellt. In Jer 16,19 – 17,4 sind parallele Stichen durch Einrückung kenntlich
gemacht, Prosaverse füllen die Zeilen aus. Zum System der Klammern und Kleinschreibung s. o. S. 22.

1a   In MT tritt Jeremia erneut als Redner auf (vgl. 1,4.11; 2,1; 13,8) und in V. 21 antwortet
Gott ihm, was seine in 15,20f. avisierte Wiedereinsetzung zum Propheten voraussetzt;
vgl. Fɪɴsᴛᴇʀʙᴜsᴄʜ/Jᴀᴄᴏʙʏ, MT-Jeremia 1–24, 181. Die Annahme, dass die in LXX bewahrte Textfassung in der hebräischen Tradition später geändert wurde, ist wahrscheinlicher als eine Streichung der Redeeinleitung seitens der Übersetzer.

2a   LXX setzt mit καί und betontem „Du" (ואתה in der Vorlage) ein und damit die Gottesrede
von 15,9 fort, auf deren Sprecher die Zitationsformel λέγει κύριος ὁ θεὸς Ισραηλ verweist.

2b   Der Prohibitiv (לא + jiqtol) bezeichnet ein absolutes Verbot.

2c   LXX bietet zweimal sing.: „weder Sohn noch Tochter".

4a   LXX übersetzt wie in 8,2; 9,21 „zum Zeichen"; s. o. die Textkritik zu 8,2b.

4b   LXX nennt die Tiere und die Vögel bereits hier. Sᴛɪᴘᴘ (Konkordanz, 148) hält das für
eine an 7,33 angelehnte Glossierung seitens der Übersetzer. Da MT wortgleich mit
19,7; 34,20 und fast wortgleich mit 7,33 ist, könnte auch MT an die Parallelstellen
angeglichen worden sein.

4c   LXX ordnet dem Schwert ein eigenes Verb zu.

5a   Die drei Verbote in V. 5 sind als Vetitive (אל + Jussiv) formuliert.

5b   LXX εἰς θίασον αὐτῶν „in ihre Kultgemeide"; θίασος ist nur noch in Weish 12,5
belegt. Nach Herodot und Euripides ist θίασος eine Gruppe, die sich dem Gott Bacchus
geweiht hat, mit Musik und Tanz durch die Stadt zieht und Gelage veranstaltet. T

bietet mit מרזחא ein Äquivalent zum Hebräischen מַרְזֵחַ, V übersetzt beide Begriffe in V. 5 und 8 unterschiedslos mit *domus convivii* „Haus des Gastmahls", S bietet „Haus des Schmerzes", Aquila „Haus des Gelages", Symmachus „Haus der Hetären"; vgl. McKane, ICC, 364f. Die in modernen Bibelausgaben übliche Übersetzung „Trauerhaus" ist aus dem Kontext erschlossen. S. u. die synchrone Analyse.

5c Hebräisch נוד Qal „sich hin und her bewegen, (den Kopf) schütteln", bezeichnet u. a. die Geste des Bedauerns (Jes 51,19; Jer 15,5) und der Beileidsbekundung (Jer 22,10). LXX übersetzt sinngemäß mit „trauere nicht um sie".

5d Die prämasoretischen Bearbeiter betonen den Sprecher und erläutern das Stichwort שָׁלוֹם. Janzen (Studies, 98) hält den MT-Überschuss für eine späte Glosse.

6a Dass die Aussagen in LXX fehlen, ist nach Janzen (Studies, 98) und Stipp (Sondergut, 64, Anm. 12) auf Textausfall in der Vorlage zurückzuführen, denn sie sind zum Verständnis der folgenden Trauerriten notwendig.

6b Die LXX-Übersetzer verstehen die Verben in V. 6f. als Prohibitive, was angesichts der Formen möglich, aber im Kontext der Ankündigung ungewöhnlich und daher nicht intendiert ist.

6c MT bietet die beiden letzten Verben im sing., LXX im plur. Der Wechsel zwischen plur. und sing. zum Ausdruck des allgemeinen „man" ist im Hebräischen nicht ungewöhnlich.

7a Mit LXX und V ist לֶחֶם „Brot" die ursprüngliche Lesart (MT לָהֶם); vgl. BHS.

7b Mit LXX und aufgrund der folgenden Suffixe ist der sing. wahrscheinlicher; MT bietet den plur. אותם; vgl. McKane, ICC, 366.

8a Der Akkusativ אוֹתָם in MT ist mit LXX (μετ' αὐτῶν) und V zu אִתָּם „mit ihnen" zu korrigieren, denn das Verb ישׁב Qal ist intransitiv; vgl. BHS.

13a Der MT-Überschuss verstärkt die Aussage und ist auch in 33,20.25 nachgetragen.

13b Mit LXX und V ist der Relativsatz mit plur. Verb (יתנו) auf die fremden Gottheiten zu beziehen. Durch die Hinzufügung von יומם ולילה im hebräischen Text wird das Relativpronomen von seinem Bezugswort getrennt, was ein kausales Verständnis (vgl. Ges[18], 112) und die Änderung in אתן „ich werde geben" begünstigt, die zudem Jhwh zum Handelnden macht. Holladay (Hermeneia, 174) beurteilt MT hier als dogmatische Korrektur; vgl. auch McKane, ICC, 370f.

13c Das *Hapaxlegomenon* חנינה ist von חנן I „sich erbarmen" abzuleiten; LXX bietet ἔλεος.

14a LXX διὰ τοῦτο setzt לכן in der Vorlage voraus. Nach LXX erbarmten sich die anderen Gottheiten nicht (V. 13), so dass sich Jhwh hier als rettender Gott präsentiert. In MT widerspricht V. 14f. der Aussage, Jhwh erbarme sich nicht (V. 13b), so dass לכן konzessiv zu verstehen ist; vgl. Finsterbusch/Jacoby, MT-Jeremia 1–24, 186f.

14b LXX deutet העלה als Partizip masc. sing. Qal mit Artikel „der heraufführt"; MT הֶעֱלָה ist als 3. masc. sing. *qatal* Hif. „er hat heraufgeführt" punktiert.

15a Ob בני oder בית ursprünglicher ist, ist nicht entscheidbar; vgl. McKane, ICC, 374.

15b LXX übersetzt das Verb passivisch: „wohin sie verstoßen worden sind."

15c LXX bietet ἀποκαταστήσω αὐτούς „ich werde sie wiedereinsetzen", dasselbe Verb gebrauchen die Übersetzer auch in Jer[LXX] 23,8; 24,6; 27,19 für שׁוב Hif.

18a ראשׁון ist eines der Lieblingswörter der prämasoretischen Bearbeiter; vgl. 17,12; 34,5; 36,28 und Stipp, Sondergut, 104.

18b LXX ἐν αἷς ἐπλημμέλησαν „mit denen sie sich vergangen haben" versteht die letzte Aussage als Relativsatz und liest מעלו von מעל „treulos sein/werden" (MT מלאו).

19a LXX κακῶν geht wohl auf רעה zurück; MT צרה „Bedrängnis, Not" (vgl. 14,8).

21a LXX teilt den Satz anders, so dass Hand und Macht jeweils Objekt einer Verbform sind; so wird der hebräische Satz sinnvoll gedeutet, dessen Prosa (vgl. die *notae accusativi* und die masoretische Akzentsetzung) wohl in Anlehnung an V. 19f. rhythmisch gestaltet ist (vgl. BHS).

17,1a Jer 17,1–4 und die Botenformel in V. 5aα fehlen in LXX, sind aber in Origenes' Hexapla, bei Aquila, Symmachus und Theodotion übersetzt, worauf auch die lukianische Rezension basiert; vgl. Bogaert, Jér 17,1–4 TM, 65f. Der Text ist stellenweise kaum verständlich, so dass zahlreiche Konjekturen vorgeschlagen werden. Da 15,13f. eine enge Parallele zu 17,3f. bietet und in LXX übersetzt ist, geht die Mehrheit der Exeget*innen davon aus, dass der Abschnitt in LXX durch *aberratio oculi* (vgl. Jhwh in 16,21 und 17,5aα) ausgefallen ist; vgl. Rudolph, HAT, 113; Janzen, Studies, 117; Stipp, Sondergut, 62f.; Parke-Taylor, Formation, 28. In BHS ist der Text poetisch gesetzt, aber nur V. 1 weist Parallelismen auf, während V. 2 Orte, V. 3 Vermögenswerte aufzählt; V. 4 ist ein Prosasatz mit Relativ- und Akkusativpartikel.

1b So MT. Viele hebräische Hss., T, V und S lesen ein Suffix der 3. plur., das sich stimmig in den Kontext fügt und damit die einfachere Lesart darstellt; so auch Bogaert, Jér 17,1–4 TM, 66. Die Nachträge in der Hexapla sind gespalten: Syrohexapla und die lukianische Rezension bieten αυτων, Aquila und Symmachus υμων = MT. Die meisten Kommentare entscheiden sich mit den Versionen gegen MT, der aber hier als *lectio difficilior* beizubehalten ist; vgl. Rudolph, HAT, 114; McKane, ICC, 385.

2a So MT, Theodotion, V, die „ihre Söhne" als Subjekt des Infinitivs auffassen, wobei der Sinn freilich dunkel bleibt. Die Verseinteilung in BHS geht auf Rudolph (HAT, 114) zurück, der mit Volz כזכר בניהם zu לזכרן בהם „als Denkzeichen wider sie" konjiziert und zum vorherigen Satz rechnet. Finsterbusch/Jacoby (MT-Jeremia 1–24, 189) verstehen den Satz als Vergleich: „wie das Gedenken ihrer Kinder (an die Sünde) (ist) (das Gedenken) ihrer Altäre", aber diese Deutung ist voraussetzungsreich und verlangt das Demonstrativ-Adverb כן; vgl. auch McKane, ICC, 385.

2b עץ ist hier Kollektivbegriff; einige hebräische Hss. bieten zusätzlich כל, S, T und die arabische Übersetzung Äquivalente für תחת כל, was der üblichen dtr Wendung „auf jedem Hügel und unter jedem grünen Baum" entspricht (vgl. Dtn 12,2; 1 Kön 14,23; Jer 2,20; 3,6.13; Ez 6,13 und BHS).

3a MT הררי בשדה setzt wohl die Ortsangaben in V. 2 fort; so Theodotion, ähnlich S, T und die arabische Übersetzung, die eine cstr.-Verbindung „(auf) Bergen des Feldes" annehmen; vgl. BHS; Rudolph, HAT, 114. Rudolph und McKane (ICC, 386) halten V. 2 für eine spätere Glosse, weil die Zeile überlang ist. Die Masoreten ziehen den Ausdruck zu V. 3 und punktieren הֲרָרִי בַּשָּׂדֶה „mein Berg im Feld", was auf den Tempelberg verweist, der wie das übrige Vermögen Judas geplündert wurde. Er steht zwar nicht „im Feld", aber das Zitat aus Mi 3,12 in Jer 26,18 spricht vom Umpflügen des Zion zum Feld (שדה) und von dessen Verwandlung in eine überwucherte Kultstätte (לבמות יער); vgl. Bogaert, Jér 17,1–4 TM, 68. Die Masoreten spielen wohl darauf an.

3b So MT. במות sind Heiligtümer an den in V. 2 genannten Orten; in 7,31; 19,5; 32,35 ist die Kultstätte am Tofet so bezeichnet, in 26,18 das zerstörte Zionsheiligtum. Häufig wird jedoch mit Blick auf 15,13 zu במחיר „um den Preis, zum Lohn" konjiziert; vgl. BHS; Rudolph, HAT, 114; McKane, ICC, 386; Wanke, ZBK, 163. MT ist verständlich und beizubehalten.

4a MT wörtlich: „du musst loslassen, und zwar durch dich selbst, von deinem Erbbesitz". Das seltene Verb שמט „loslassen, verzichten" ist in Dtn 15,2f. *terminus technicus* für die Entlassung der hebräischen Schuldsklaven nach sechs Jahren Dienst. Aufgrund von Dtn 15,3 ist יָדְךָ anstelle von ובך zu lesen; mit BHS; Rudolph, HAT 114; McKane, ICC, 386; Wanke, ZBK, 163.

4b So MT; V „du hast entzündet" gleicht an die sing.-Anrede von V. 3 an. Oft wird eine Verschreibung von קדחתם „habt ihr entzündet" aus קדחה „hat sich entzündet" (so 15,14) angenommen; vgl. BHS; Rudolph, HAT, 114; McKane, ICC, 384. Die Adressierung einer Gruppe findet sich auch in V. 1 (MT); beide Fälle könnten bewusst geändert sein, um die Anklage zu verstärken, denn auch 15,14 enthält ein Suffix der 2. masc. plur., das nicht zum Kontext passt.

Synchrone Analyse

Wie in 2,1 setzt MT in 16,1 mit der Wortereignisformel als Einleitung eines Selbstberichts gegenüber dem in LXX überlieferten Text eine Zäsur.[59] Die an Jeremia gerichtete Prosarede hebt sich stilistisch von dem vorangehenden Klagegebet ab. LXX setzt dagegen unvermittelt mit dem an Jeremia gerichteten Verbot ein, das die Reflexion Jhwhs in 15,5–9 fortsetzt, so dass der Klagediskurs (15,10–21) die Gottesrede unterbricht.[60] Erst V. 9 bricht aus dieser Kommunikationssituation aus, da die Wendung „vor euren Augen und in euren Tagen" das Volk direkt adressiert. Sie dient als Scharnier zu den folgenden, an das Volk adressierten Worten (V. 10–13).

    In MT reicht die Prosarede bis V. 18, denn in V. 19a folgt ein Bekenntnis des Vertrauens zu Jhwh, dessen Sprecher aufgrund des Kontextes nur Jeremia sein kann. Er zitiert und kommentiert einen resignativen Ausruf der Völker (V. 19b–20). Darauf antwortet Jhwh mit der Ankündigung, dass diese ihn nunmehr erkennen werden (V. 21), und mit einer Anklage Judas, die in eine Unheilsansage mündet (17,1–4). Da auf dieses überwiegend in Prosa gehaltene Stück poetische Abschnitte folgen, ist nach 17,4 eine erneute Zäsur erkennbar.

    Inhaltlich bietet die von Jeremia zitierte Gottesrede freilich ganz Unterschiedliches: Auf drei Verbote für Jeremia (16,1–9) folgen eine Antwort auf eine mögliche Rückfrage seitens der Judäer*innen (V. 10–13) und eine Heilsverheißung, die die Rückkehr der Exilierten ankündigt (V. 14f.). Die anschließende Unheilsankündigung in V. 16–18 spricht nicht zu, sondern über Juda. V. 21 kann als deren Fortsetzung gelesen werden, fungiert im jetzigen Kontext aber als Jhwhs Antwort auf Jeremias Vertrauensbekenntnis. Erst in 17,1b geht die Anklage endgültig in die direkte Anrede an Juda über, spricht das Volk dann abwechselnd als Kollektiv (Singular) und als Gruppe (Plural) an.

    Jer 16,1 – 17,4 bilden rhetorisch nur dann eine halbwegs kohärente Argumentation, wenn man 16,19f. als Unterbrechung der Jhwh-Rede durch Jeremia versteht.[61] Ohne V. 19f. präsentiert die masoretische Fassung Jeremias Nacherzählung einer Rede Jhwhs an ihn selbst, die außerdem für verschiedene Situationen Worte an das Volk zitiert.

Struktur und Rhetorik

16,1 – 17,4 Jeremias Leben als Symbol für die Katastrophe
    16,1–9   Jhwhs Auftrag zum symbolhaften Leben
    16,10–13   Gründe für die Katastrophe
    16,14–15   Heilswort: Rückkehr aus Exil und Diaspora
    16,16–18   Unheilswort über Juda
    16,19–21   Diskurs über die Umkehr der Völker zu Jhwh
    17,1–4   Judas steinernes Herz

Gliederung

Auffällig sind die Ortsangaben „an diesem Ort" (V. 2.3.9) und „in diesem Land" (V. 3.6), die jedoch keine exakte Lokalisierung zulassen. In 16,1–9 hat die erstgenannte Wendung Leitwortcharakter, wie in Jer 7, wo sie auf den Tempel und Jerusalem verweist (7,3.6.7; vgl. 19,7; 22,3; 33,10.12).

Leitworte und -motiv

---

59   S. o. die Textkritik zu 16,1a.2a.
60   Vgl. Finsterbusch/Jacoby, MT-Jeremia 1–24, 180.
61   So Finsterbusch/Jacoby, MT-Jeremia 1–24, 189. Zum Verständnis des Textes als sukzes
     siv erweitertes Thementableau s. u. die diachrone Analyse.

Das Stichwort עון „Verfehlung, Schuld" dient dreimal (16,10.17.18; vgl. 14,10.20) der summierenden Begründung des angekündigten Unheils. Die wiederholte Erwähnung der Vorfahren Judas (16,3.11.12.13.15) und sogar der Völker (16,19) bindet alle Menschen in eine gemeinsame Schuldgeschichte ein. Das Stichwort נחלה „Erbbesitz, Erbteil" (16,18) bezieht sich auf das Land Juda, das der Tradition zufolge JHWH gehört, der es den Vorfahren überließ (16,15; vgl. 2,7b; 3,19), es nun aber zurückfordert (17,4), weil Juda es verunreinigte.

Leitmotiv von 16,1–9 ist die Trauer um Verstorbene, die durch die Verben מות „sterben" (V. 4.6), ספד „Totenklage halten" (V. 4.5.6), קבר Nif. „begraben werden" (V. 4.6) und verschiedene Trauerriten (V. 6.7) ausgedrückt wird. Als Kontrast dazu wird das Motiv der Festfreude durch Hinweise auf Gelage (V. 8) und Jubelrufe (V. 9) eingespielt. Tod und Fest sind Anlass für gemeinsames Essen und Trinken.

16,1–9
Jeremias
Leben

Im überlieferten Text (MT) berichtet Jeremia in 16,1–9 von drei Verboten JHWHS, die durch die Verbindung mit Judas Geschick symbolische Bedeutung erhalten. Im Unterschied zur Symbolhandlung mit dem verrotteten Lendenschurz in 13,1–11 wird die Ausführung der Verbote nicht berichtet, und daher fehlt auch das entsprechende Publikum.[62] Freilich werden Jeremias Verzicht auf Familie und soziale Kontakte implizit vorausgesetzt, wenn V. 10a die Übermittlung der Deutungen erwähnt. Der Verzicht hat symbolischen Charakter, da Jeremia gegen die sozialen Normen verstößt.

Jer 16,1–9 ist dreiteilig und durch Wiederholung steigernd aufgebaut: Auf ein Verbot (V. 2.5a.8) folgt jeweils eine Begründung, die in V. 3.9 mit כי und Botenformel, in V. 5b nur mit כי eingeleitet wird und formal eine Unheilsankündigung (V. 3f.5b–6.9) darstellt. Zweimal ist JHWH ausdrücklich als Urheber des Unheils genannt (V. 5b.9).

16,2–4
Eheverbot

Alle drei Verbote zielen auf den Verzicht auf übliche soziale Beziehungen. Jeremia wird zunächst verboten zu heiraten und Kinder zu zeugen (V. 2) und damit die soziale Rollenerwartung für einen judäischen Mann zu erfüllen. In einer Gesellschaft, in der die Großfamilie die vorherrschende Sozialform ist, wird eine Person, die willentlich ledig bleibt, entweder als krank oder als verrückt eingestuft. Kinderreichtum galt als Segen Gottes und war mangels staatlicher sozialer Absicherung zugleich Vorsorge für Krankheit und Alter. Selbst für Söhne einer Priesterfamilie wie Jeremia (1,1) war es üblich zu heiraten, denn das Priesteramt wurde, wie die meisten Berufe, innerhalb der Familie erlernt und ausgeübt.

Das Heiratsverbot wird damit begründet, dass Söhne und Töchter, Mütter und Väter durch Krankheiten, Schwert und Hunger (V. 3f.) sterben werden. Dies impliziert, es mache keinen Sinn, angesichts des drohenden Krieges noch Kinder zu zeugen. Die Ankündigung, dass die Toten nicht betrauert und begraben werden, verweist auf massenhaftes Sterben und die Unmöglichkeit, jedem und jeder Toten die üblichen Trauerriten zukommen zu lassen. Dieses Horrorszenario entspricht dem am Ende der Rede gegen den Tempel: Unbestattete Leichname werden von wilden Tieren und Vögeln gefressen (V. 4bβγ = 7,33a; vgl. 19,7; 34,20) und ihre Reste zu Dünger auf dem Acker (V. 4aβ = 8,2bβ; vgl. 9,21; 25,33b). Jeremias Verzicht auf Ehe und Kinder nimmt so die Vernichtung des Volkes symbolisch vorweg.

---

62   CARROLL (Jeremiah, 340) lehnt daher die Deutung von 16,1–9 als Symbolhandlung ab.

Zweitens wird Jeremia verboten, ein *marzeach*-Haus zu betreten und die üblichen
Trauerriten zu vollziehen: Er darf keinen Toten beklagen und den Hinterbliebenen
kein Beileid bekunden (V. 5). Durch die untersagten Trauerriten und das parallele
Verbot in V. 8, ein Haus des Gelages zu betreten, wird das *marzeach*-Haus meist
als Ort gedeutet, in dem ein Trauermahl nach Art eines Leichenschmauses stattfin-
det.[63] Der Begriff bezeichnet aber in antiken Quellen ein Vereinsheim.[64]

Der Begriff מַרְזֵחַ ist biblisch außer Jer 16,5 nur noch Am 6,7 belegt, wobei Amos das
Ende des „*marzeach* der Hingeräkelten" ankündigt, die auf Kosten der Armen Feste
feiern. In ugaritischen Texten bezeichnet *mrzh* einen sozio-religiösen Verein einflussrei-
cher Männer mit beträchtlichem Vermögen und vom König gewährten Privilegien, die
sich zu regelmäßigen Trinkgelagen treffen. Ein aramäischer Brief auf einem Ostrakon
aus der jüdischen Militärkolonie auf Elephantine handelt von der Verwaltung des Gel-
des eines *marzeach*. Nabatäische Inschriften aus Petra und Umgebung aus dem ersten
Jahrhundert erwähnen Vorsteher, Mitglieder und Gottheiten eines *marzeach*. Aus phönizischen Inschriften (KAI 69; 70) geht hervor, dass beim *marzeach* einer Gottheit Trankopfer gespendet wurden. Als regelrechte Institution sind solche Vereine in der syrischen Oasenstadt Palmyra für das erste bis dritte Jahrhundert belegt durch Inschriften,
Räume mit umlaufenden Bänken und Tonplättchen (*tesserae*) mit Bildern von Trinkgelagen, die als Einladungen zu Banketten gedeutet werden.[65] In einer rabbinischen Auslegung zu Am 6,7 (Lev Rabba) und auf der Mosaikkarte einer Kirche aus dem sechsten
Jahrhundert aus Madeba (heute Jordanien) wird *marzeach* mit dem Maiuma-Fest in
Verbindung gebracht, das seit der Zeitenwende im Mittelmeerraum verbreitet war und
als ausgelassenes Gelage, dem Karneval ähnlich, gefeiert wurde.[66] Aus diesen Quellen
ist ersichtlich, dass *marzeach* einen Kultverein oder dessen Zusammenkunft mit Mahl-
feier bezeichnen kann, die nicht Teil der offiziellen Religion sind, aber die Zugehörigkeit zu einer sozialen Gruppe spiegeln.

Anders als Jer 16,5 weisen die außerbiblischen Belege keine Verbindung des *marzeach* speziell zu Trauerfeiern oder Totenpflege auf. Im Wissen um antike Vereine übersetzen die Versionen בית מרזח als „Haus der Kultgemeinde" (LXX), „Haus des Gastmahls"
(Vulgata) und „Haus des Gelages" (Aquila). Nur die syrische Übersetzung bietet im
Blick auf den Kontext „Haus des Schmerzes".

Auch das Verbot, ein *marzeach*-Haus zu betreten, zielt auf den Verzicht an sozialer
Teilhabe. Ob Vereinsheim oder Wirtshaus, Jeremia soll sich absondern und wird
so auf die Rolle des Außenseiters festgelegt.

Als soziale Konventionen gelten auch die Teilnahme an der Totenklage und
die Beileidsbekundung. Begründet wird deren Verbot mit der Aussage, Jhwh habe
dem Volk seinen Frieden entzogen (V. 5b). Das Stichwort שָׁלוֹם „Frieden" erinnert
an die Auseinandersetzungen mit den Heilsprophet*innen (4,10; 6,14; 14,13) und
den von ihnen geschürten Hoffnungen auf den Rückzug des Feindes (8,15; 14,19).
Dass „mein Friede" Gottes Treue und Erbarmen meint, wird in einer Glosse erläutert.

16,5–7
Verbot sozialer
Teilhabe

---

63   So McKane, ICC, 375; Carroll, Jeremiah, 337; Wanke, ZBK, 157; Schmidt, ATD 20, 285.

64   Vgl. Maier, Christl/Dörrfuss, Ernst-Michael, „Um mit ihnen zu sitzen, zu essen und zu
     trinken". Jer 16,5, Am 6,7 und die Bedeutung von *marzeªḥ*: ZAW 111 (1999), 45–57.

65   Vgl. Maier/Dörrfuss, Um mit ihnen zu sitzen, 52f.

66   So Schorch, Stefan, Die Propheten und der Karneval: Marzeach – Maioumas – Maiuma.
     VT 53 (2003), 397–415, 404f. Er sieht darin einen Vorläufer des bis heute in jüdischen
     Familien Marokkos gefeierten Maiuma-Festes (a. a. O., 405–411).

Die Ankündigung des Endes jeglichen heilvollen Miteinanders wird unterstrichen durch eine Liste weiterer Trauerriten, die in Zukunft angesichts massenhaften Sterbens nicht mehr möglich sein werden.

> Einerseits werden Trauergesten der Hinterbliebenen genannt: Sie bestellen üblicherweise Klagefrauen, die ein Klagelied anstimmen (V. 6a; vgl. 9,16f.).[67] Sie ritzen sich die Haut oder scheren sich das Haupthaar, was dem Schmerz über den Verlust sichtbar Ausdruck verleiht. Diese sog. Selbstminderungsriten werden hier als übliche Praxis dargestellt (vgl. 41,4f.; 48,37), in Dtn 14,1 jedoch verboten mit dem Argument, Israel als erwähltes Volk solle sich von den Sitten der Völker abgrenzen. Andererseits führt V. 7 einen Brauch auf, den Nachbarn und Freunde normalerweise üben: Sie versorgen die Hinterbliebenen in der ersten Zeit nach dem Todesfall mit Nahrung (V. 7; vgl. 2 Sam 3,35; Ez 24,17.22; Hos 9,4).

Im zweiten Verbot werden die Jeremia untersagte Handlung und die Ankündigung massenhaften Sterbens noch enger verbunden. Die zahlreichen Aufrufe an die Bevölkerung Judas und Jerusalems, das Trauergewand anzuziehen und über sich selbst die Totenklage anzustimmen (4,8; 6,26; 7,29; 9,9.19), werden durch die Ankündigung, Trauerriten seien bald nicht mehr möglich, dramatisiert.

16,8
Verbot der
Geselligkeit
Drittens wird Jeremia der Besuch von Gastmählern verboten, die Orte gemeinsamer Festfreude bei Essen und Trinken sind (V. 8). Die Nennung von Bräutigam und Braut in der Begründung lässt an eine Hochzeit als Anlass für solche Festfreude denken. Begründet wird dieses Verbot mit der Ankündigung, Jhwh werde jegliche Jubelrufe und Freudengesänge beenden. Zusammen mit den beiden anderen Verboten unterstreicht diese Begründung, dass eine Zeit des Klagens und der Trauer bevorsteht. Durch die direkte Anrede an das Volk in V. 9 wird betont, dass Jeremias soziale Isolation eine Situation symbolisiert, in der das gesellschaftliche Miteinander zerbricht.

16,10–13
Gründe für
das Unheil
Die Frage „Weshalb hat Jhwh uns dieses Unheil angekündigt?" in V. 10 setzt die Kenntnis der Deutungen von Jeremias Leben in V. 4.6f.9 voraus und wird als Reaktion des Volkes auf deren Weitergabe durch Jeremia präsentiert. Dieselbe katechetische Frage-Antwort-Rhetorik findet sich auch in 5,9; 9,11–13. Die Jeremia in den Mund gelegte Antwort Gottes (V. 11–13) enthält einen summarischen Schuldaufweis, der die Unheilsworte nachträglich begründet. Rhetorisch betrachtet ist das Volk gar nicht anwesend, sondern wird von Gott in seiner Rede an Jeremia zitiert. Die zweite Frage „Was ist unsere Verfehlung?" basiert auf dem Gedanken, dass Gott auf das Verhalten des Volkes mit einer Untergangsdrohung reagiert, wobei hier das sonst geläufige Motiv des Gotteszornes (17,4) fehlt. Jhwhs Antwort bestätigt diesen Schuld-Strafe-Zusammenhang, bezichtigt aber nicht nur die Zeitgenossen Jeremias der Verehrung fremder Gottheiten, sondern auch deren Vorfahren (vgl. 2,4–13; 7,25f.). Die Strafe wird doppelt beschrieben. Die Aussage „ich werde euch aus diesem Land hinausschleudern" (V. 13a) zielt, wie im Spruch über König Konja (= Jojachin; vgl. 22,24.28), auf die Deportation aus Juda in ein bisher unbekanntes Land. In der Fremde wird der Kontakt zu Jhwh abgebrochen sein, und man wird anderen Gottheiten dienen müssen (V. 13b). Nach der in LXX bewahrten älteren Textfassung werden diese Gottheiten mit den Judäer*innen kein Erbarmen haben; nach MT ist es Jhwh, der sich ihrer nicht mehr annehmen wird.

---

67 S. o. den Abschnitt zur Totenklage in der synchronen Analyse zu Jer 9,3–20.

Die weit in die Zukunft blickende Heilsverheißung in V. 14f. steht isoliert im Kontext und ist eine Dublette zu 23,7f. Sie bietet eine auch für das Tofet gebrauchte Kontrastformulierung „Tage kommen, da wird man nicht mehr sagen: ..., sondern: ..." (vgl. 7,32; 19,6; ähnlich 31,31–34). Das Bekenntnis zu Jhwh als Gott des Exodus aus Ägypten (vgl. Ex 20,2 par. Dtn 5,6) wird abgelöst durch eines, das ihn als Gott des neuen Exodus aus dem Exil charakterisiert.[68] Erinnert das Motiv des neuen Exodus an DtJes (43,6–8; 48,20f.), so das Kommen aus dem Land des Nordens an Jer 3,18. Zielpunkt des Heraufführens (עלה Hif.)[69] ist das den Vorfahren gegebene Ackerland (V. 15b). Damit sind nicht nur die nach Babylonien Deportierten im Blick, sondern auch die in andere Länder versprengten Judäer*innen.[70] Diese Heilsankündigung passt inhaltlich besser zum Kontext von Kap. 23[71] und kontrastiert in Kap. 16 bewusst die Unheilsankündigungen in V. 10–13.16–18.

16,14f.
Neuer Exodus

Die begründete Unheilsankündigung V. 16–18 ist wie V. 9 mit הנני und Partizip masc. sing. eingeleitet, verweist somit auf Jhwh als Sprecher; sie schließt auch inhaltlich gut an V. 9 an. Die Charakterisierung des Feindes als Fischer und Jäger ist im Jeremiabuch singulär. In Hab 1,14f. wird die babylonische Herrschaft als Fischen der Völker mit Wurf- und Schleppnetzen beschrieben.[72] Das Motiv des Gejagtwerdens durch Feinde begegnet in der Einzelklage in Klgl 3,52 und im Volksklagelied Klgl 4,18. Dieses Fangen und Jagen ist allumfassend und betrifft auch die entlegenen Hügel und die Felsenklüfte, in die sich nach Jer 4,29 manche Judäer*innen flüchten. Die Begründung charakterisiert Jhwh zunächst selbst als einen Jäger, der die Wege des Wildes aufspürt (V. 17) und die Verfehlung seines Volkes kennt. Worin sich das Volk verfehlt hat, wird in V. 18b erläutert: Sie füllten das Land mit Bildern fremder Gottheiten, die hier polemisch שקוצים „Scheusale" (vgl. 4,1; 7,30; 13,27; 32,34) genannt werden. Der drastische Ausdruck „Leichen ihrer Scheusale" erklärt diese Götterbilder für tot und daher unwirksam. Mit dem Stichwort תועבות „Gräuel"[73] und dem Motiv der Verunreinigung des Erbbesitzes bildet V. 18b eine fast wortgleiche Parallele zu 2,7b. Eine doppelte Vergeltung findet sich nur noch im Rachewunsch Jeremias 17,18 und, freilich in anderer Formulierung, in Jes 40,2. Sie könnte sich auf ein Verständnis der Fischer und Jäger als zwei getrennte Strafwerkzeuge sowie, historisch betrachtet, auf die zweimalige Belagerung Jerusalems beziehen.[74]

16,16–18
Doppelte
Vergeltung

Jeremias Gebet in V. 19f. unterbricht die Unheilsankündigung abrupt, so dass Jhwhs Rede in V. 21 als Reaktion darauf oder als Fortsetzung der Unheilsankündigung von V. 16–18 gelesen werden kann.[75] Das Vertrauensbekenntnis zu Jhwh hat enge Parallelen im Psalter (Ps 28,7; 37,39; 59,17) und dient als Ausgangspunkt der im Folgenden geschilderten Umkehr der Völker. Das fiktive Zitat der Völker wäre im Mund Judas genauso sinnvoll und hat eine enge Parallele in 3,23f. Es beklagt mit dem Stichwort שקר „Lüge" die Wirkungslosigkeit der fremden Gottheiten und erinnert mit הבל „Nich-

16,19–21
Jhwh-
Erkenntnis der
Völker

---

68   Zum Gebrauch von חי־יהוה als Bekenntnisformel vgl. Klein, Selbstverpflichtung, 312f.

69   Vgl. Ri 6,8; 1 Sam 2,6; 10,18; 2 Kön 17,3; Am 2,10; 3,1; 9,7; Mi 6,4.

70   Vgl. Römer, Israels Väter, 451–453.

71   Vgl. Duhm, KHC, 140f.; Rudolph, HAT, 112; McKane, ICC, 373; Wanke, ZBK, 160.

72   Vgl. Dietrich, Nahum, Habakuk, Zefanja, 127f.

73   „Gräuel" kann im Jeremiabuch soziale Vergehen (6,15 = 8,12; 7,10) oder die Verehrung fremder Gottheiten (32,35; 44,4.22) bezeichnen.

74   So Rudolph, HAT, 112; Thiel, Redaktion I, 200; Wanke, ZBK, 161.

75   Vgl. McKane, ICC, 383.

tiges" an die Götterbildpolemik in 10,3.15. Die rhetorische Frage, ob sich ein Mensch Gottheiten machen könne (V. 20a; vgl. 10,4–10.14), gehört ebenso zum Repertoire dieser Polemik wie der Ausruf „Diese sind keine Gottheiten!" (V. 20b), der 2,11 wörtlich wiederholt. Jeremia bestätigt somit, was die Völker reumütig einräumen: Die fremden Gottheiten sind nutzlos, von Menschen gemacht und haben keinerlei göttliche Autorität. Nach V. 21 und im Kontext des Jeremiabuches führt diese Einsicht zu der Erkenntnis, dass allein Jhwh Gott ist und sich in jeder Situation als rettend erweist (10,6; vgl. Ex 3,14). V. 21 bezieht sich im vorliegenden Kontext auf die Völker, zielt rhetorisch aber auch auf Juda und auf die Leser*innen, die die Erkenntnis der alleinigen Wirksamkeit Jhwhs mitvollziehen sollen.

17,1–4
Judas eingra-
vierte Sünde

Rhetorisch knüpft 17,1–4 an die Gottesrede in 16,21 an, inhaltlich steht die Anklage Judas jedoch in scharfem Kontrast zur Anerkennung Jhwhs seitens der Völker (16,19). Formal bietet der Abschnitt einen Schuldaufweis, der Judas Verfehlung beschreibt (V. 1f.) und eine an das Volk als männliche Einzelgestalt gerichtete Unheilsankündigung (V. 3f.), die nicht, wie sonst üblich, mit לכן „deshalb" angeschlossen ist. Der Schuldaufweis nennt mit Altären, grünen Bäumen und Hügeln Orte, an denen Gottheiten verehrt werden (vgl. 2,20; 3,6.13.23; 11,13; 13,27). Die im DtrG häufig genannten Ascheren (Dtn 12,3; 1 Kön 14,15.23; 2 Kön 23,4–7 u. ö.), Holzpfähle oder -stelen als Symbole der Göttin Aschera, kommen im Jeremiabuch nur hier vor. Die „Hörner" der Altäre verweisen auf die im ersten Jahrtausend verbreitete Bauweise von Steinaltären mit aufragenden Zapfen an den oberen Ecken.[76] An diese Hörner wird das Blut des Opfertieres gesprengt (vgl. Ex 29,12; Lev 4 *passim*; 16,18).

Ungewöhnlich ist, dass die „Sünde" Judas metaphorisch als auf dem Herzen der Judäer*innen eingravierte Schrift beschrieben wird (V. 1).

> Das Werkstück der „Tafel" (לוח) und das Werkzeug des eisernen Griffels (עט ברזל) mit Diamantspitze erinnern an den Vorgang des Einmeißelns (חרש) von Buchstaben auf Steintafeln. Auf Stelen werden im Alten Orient in der Regel Gesetze (vgl. die Tafeln des Mose in Ex 24,12; 32,19; Dtn 5,22), Verträge, Königsinschriften über Feldzüge oder Hymnen und Gebete geschrieben.[77] Da deren Herstellung sehr aufwändig war, wurden nur solche Texte in Stein gemeißelt, die für einen langen Zeitraum Geltung beanspruchten.

Auf das Herz übertragen stellt eine solche Gravur einen gewaltförmigen, eigentlich irreversiblen Vorgang dar. Da das Herz nach hebräischer Vorstellung Personzentrum und Sitz des Gewissens ist, erklärt die Metapher Judas „Sünde", die Verehrung fremder Gottheiten, zum Wesenskern der Judäer*innen. Sie wird auch in der Ankündigung des neuen Bundes (31,31–34) verwendet, derzufolge Jhwh zukünftig seine Tora auf die Herzen der Menschen Israels schreiben wird, so dass sie seinen Willen intuitiv erkennen (V. 33). Die menschlichen Herzen werden so zum Palimpsest, zum Schriftstück, dessen erster Text entfernt und das erneut beschrieben wird.[78] Auch Spr 3,3; 7,2f. nennen die Tafel des Herzens als Ort der Verinnerlichung von Weisung und Gebot.

---

76 Beispiele sind der in *Tel-es-Seba* gefundene Brandopferaltar (BRL², 8, Abb. 8) und ein Räucheraltar aus Megiddo (ANEP 575; BRL² 8, Abb. 6).

77 Beispiele sind die Gesetzesstele Hammurapis (um 1750 v. d. Z., ANEP 246), die Mescha-Stele (9. Jahrhundert, ANEP 274 – AOB Tf. LIII) und eine Siegesstele Asarhaddons (7. Jahrhundert, ANEP 447–449 = AOB Tf. LXIII).

78 Die erneute Beschriftung ist für Papyri (vgl. DJD II, 93–100, Nr. 17 mit Pl. XXVIII) und ägyptische Stelen belegt, deren Königsnamen teilweise ausgetauscht wurden.

Da aber zunächst Judas Sünde die menschlichen Herzen definiert, kündigt 17,3f.
Juda dasselbe Schicksal an wie Jeremia (15,13f.): den Verlust allen Besitzes und die
Versklavung durch die Feinde in einem bisher unbekannten Land. Damit sind die
Zerstörung Judas, die Deportation nach Babylonien und ein Leben unter fremder
Herrschaft umrissen. Die Begründung ist, dass Judas grundlegende Sünde den Zorn
Jhwhs hervorrief und dieser wie ein Feuer unaufhörlich brennen wird.

Diachrone Analyse

Vorexilisch	Exilisch	Nachexilisch
	16,2–9.16–18 R[GÄ]	16,1 [MT[+]]
		16,10–13 R[Tora]
		16,14f.
		16,19–21 R[Völker]
		17,1–4 R[Tora]

Aufgrund des formelhaften Prosastils und der weitgehend dtjer Sprache ist 16,1–9
ein exilischer Text. Darüber hinaus haben das Leitmotiv המקום הזה „dieser Ort"
und die dtjer Wendungen enge Parallelen in der Rede gegen den Tempel, z. B. „als
Dünger auf dem Ackerboden dienen" (V. 4aβ; vgl. 8,2) und „die Leichen (dienen)
den Tieren zum Fraß" (V. 4b; vgl. 7,33). Die Aussage über das Ende der Jubelrufe
(V. 9b) begegnet wortgleich in 7,34; 25,10.[79] Wie Jer 7,1 – 8,3* ist dieses Unheilsszenario der geschichtsätiologischen Redaktion zuzuweisen.

16,2–9
Exilischer Text

> Dennoch weisen die meisten Kommentare einen Grundbestand aus, der seit Rudolph
> fast einhellig in 16,2–3a.4a.5a.bα.7–8.9 [ohne לעיניכם ובימיכם] gefunden wird.[80] Einer an
> der Biographie des Propheten interessierten Interpretation gilt dieser Text als Beleg
> dafür, dass Jeremia selbst sein zölibatäres Leben als Zeichen verstand,[81] zumal das Buch
> nirgends eine Frau oder Kinder Jeremias erwähnt. Als Analogie gelten die Ehe Hoseas
> (Hos 1–3) und die Namen der Kinder Jesajas (Jes 7,3; 8,1).

Die durchgängige Ankündigung von Tod und Trauer bietet freilich keinen Ansatz-
punkt für literarkritische Scheidungen, sondern dient der absichtsvollen Steigerung des Unheils. Allein die Verbote zu überliefern, macht wenig Sinn, da erst die
Deutungen ihre Symbolkraft erklären. Der Text charakterisiert Jeremia als ehe-
und kinderlos sowie als sozial isoliert und sieht darin ein Symbol für die Katastrophe. Die exilischen Bearbeiter porträtieren den Propheten als gehorsamen Gesandten Jhwhs, der seine Botschaft durch sein Verhalten wirkungsvoll in Szene setzt.
Nur die rhetorisch unpassende, plötzlich das Volk adressierende Wendung „vor

---

79 Gegen Thiel (Redaktion I, 196f.), der die Wendungen vom Dünger (V. 4aβ) und vom
    Ende der Freudenrufe (V. 9) zum (jeremianischen) Ausgangspunkt für dtr Formulierun-
    gen erklärt, weil sonst zwei Verbote der vermeintlichen Grundschicht ohne Deutung
    blieben.
80 Rudolph, HAT, 110f.; Wanke, ZBK, 157; Thiel, Redaktion I, 196f. Vgl. schon Duhm, KHC,
    138–140.
81 So Schmidt, ATD 20, 288f.; ähnlich Holladay, Hermeneia, 472.

euren Augen und in euren Tagen" in V. 9a ist ein Nachtrag, der V. 1–9 mit dem folgenden V. 10–13 verklammert.[82]

16,10–13
Nachexilische
Ergänzung

Aufgrund des Frage-Antwort-Stils und der stereotypen dtjer Vorwürfe wie „Jhwh verlassen" und „hinter anderen Gottheiten herlaufen" weist Thiel V. 10–13 seiner dtr Redaktion zu, die hier die Katastrophe von 587 nachträglich begründe.[83] In der Tat setzt die Frage nach dem Grund für das Unglück dessen Eintreffen voraus (vgl. 5,18f.; 22,8f.). Allerdings ist zu beachten, dass V. 11 diese Vergehen den Vorfahren, nicht den Zeitgenossen Jeremias zurechnet. Die Einbindung der Vorfahren in den Schuldzusammenhang hat ihre engsten Parallelen in den nachexilischen Geschichtsrückblicken der toraorientierten Redaktion (2,4–13; 9,11–15).[84] Das Motiv der fehlenden Anerkennung der Tora wird nur in 16,11 mit dem negierten Verb שׁמר „(nicht) beachten" (vgl. Am 2,4) gebraucht.[85] Die Ankündigung, die Menschen im Exil würden fremden Gottheiten dienen, begegnet nur in V. 13 und 44,3; sie variiert die Rede vom Dienst für fremde Menschen (5,19; 17,4; 25,11.14; 30,8). Zwar folgt V. 10–13 dem dtjer Sprachgebrauch, erweist sich aber als nachexilische Antwort auf die Frage nach dem Grund des Unheils, das Juda und Jerusalem traf.

16,14f.
Dublette aus
23,7f.

Die Heilsankündigung der Rückführung der exilierten und in der Diaspora lebenden Menschen (V. 14f.) steht im jetzigen Kontext völlig unerwartet zwischen zwei Unheilsworten. Ihr Inhalt spielt im Folgenden keine Rolle; ihre Formulierung knüpft an das Unheilswort über das Tofet der geschichtsätiologischen Redaktion an (7,32; 19,6). Es handelt sich um eine nachexilische Fortschreibung, die den Wortlaut von 23,7f. kopiert, um im Anschluss an das Stichwort „Erbarmen" (V. 13) die Unheilsszenarien des Kontextes abzumildern.

16,16–18
Doppelte
Vergeltung

Aufgrund der singulären Motive der Fischer und Jäger wird V. 16f. meist als Fortsetzung des (jeremianischen) Grundbestands von V. 1–9 aufgefasst und V. 18 aufgrund der Götterpolemik der dtr Redaktion zugewiesen.[86] Da V. 2–9 jedoch ein literarisch einheitlicher Text der geschichtsätiologischen Redaktion ist, gehört auch seine Fortsetzung in V. 16–18 zur exilischen Grundschicht des Kapitels: Die Motive vom Fischen und Jagen sind Klgl 3,52; 4,18 und Hab 1,14f. entnommen, das Motiv des von Gräueln erfüllten Erblandes Jhwhs in V. 18b entspricht der Ablehnung fremder Gottheiten und knüpft mit dem Stichwort „Leichen" an V. 4 an. Jhwhs doppelte Vergeltung (שלמתי משנה) bezieht sich auf die Fischer und Jäger.

16,19–21
Jeremia als
Völkerprophet

Da Jeremias Gebet und Jhwhs Antwort (V. 19–21) rhetorisch aus dem Duktus der Rede herausfallen und ein völlig neues Thema einbringen, erweisen sie sich als Zusätze. Mit einem dem Schuldbekenntnis Judas (3,23–25) nachempfundenen Bekenntnis der Völker greifen die Verse auf die in Jer 2–3 thematisierte Polemik gegen fremde Gottheiten und deren Bilder (vgl. auch 10,1–16*) zurück. Während 10,1–16 aber diese Gottheiten und deren Verehrer*innen als vernichtungswürdig ansieht, teilt V. 19–21 mit 3,17 und 12,16 die Hoffnung, dass sich die Völker zukünf-

---

82 So auch THIEL, Redaktion I, 198; MCKANE, ICC, 369; WANKE, ZBK, 158.

83 Vgl. THIEL, Redaktion I, 198f.

84 S. o. die diachronen Analysen zu Jer 2,1 – 3,5 und 9,3–20.

85 Weitere Verben sind מאס „verachten" (6,19), עזב „verlassen" (9,12) und לא הלך ב „nicht wandeln in" (32,23; 44,10.23).

86 So RUDOLPH, HAT, 112; THIEL, Redaktion I, 199f.; WANKE, ZBK, 160f.

tig von ihren Gottheiten abwenden und allein Jhwh verehren (vgl. Ez 29,6).[87] Die Einbindung der Völker in die Verehrung Jhwhs und dessen universale Herrschaft ist Kennzeichen der frühnachexilischen Völker-Redaktion. Sie schärft das Porträt Jeremias als frommer Anhänger Jhwhs und Völkerprophet (vgl. 1,10), der nicht nur Juda, sondern auch die Völker zur Erkenntnis Jhwhs führt.

Wie die Textkritik zeigt, ist 17,1–4, zumindest aber 17,3f., durch die Parallele in 15,13f. Bestandteil der auch in LXX bezeugten Überlieferung. Aufgrund der eindringlichen Metaphorik wird ein Grundbestand des Abschnitts häufig dem Propheten zugeschrieben.[88] Das erscheint jedoch angesichts der literarischen Bezüge und der Motive, die alle auf eine nachexilische Entstehung hinweisen, als ausgeschlossen.

17,1–4 Herz und Schrift

Wie Bernard Gosse gezeigt hat, bildet 17,1–4 den Angelpunkt für die Heilsweissagungen vom neuen „Bund" (31,31–34) und der nicht mehr auffindbaren Sünde Judas nach dem Fall Babylons (50,20).[89] Die Metapher des Eingravierens spielt auf die Mose übergebenen Gesetzestafeln an (Ex 24,12), die Hörner der Altäre sind in späten priesterlichen Texten Ort der Sühnehandlung mit dem Opferblut (Lev 4,7; 8,15; 9,9 u. ö.). Weitere Beispiele für „Geschriebenes" (כתוב, כתובה) sind die Fremdvölkerworte (25,13), die Rolle mit Jeremias Worten (36) und die Flüche gegen Babylon (51,60). Das Verb שמט „entlassen, loslassen", das in V. 4 den Verlust des Erbbesitzes bezeichnet, ist *terminus technicus* für das Entlassen aus der Schuldsklaverei (Dtn 15,13). Die Strafe Judas wird so literarisch mit dem Bundesbruch unter König Zidkija, der die einmal entlassenen Sklav*innen erneut unterjocht, verknüpft.[90] Das unaufhörliche Feuer des göttlichen Zorns (עד־עולם, V. 4) wird in 32,40 von Jhwhs auf Dauer angelegter Heilszusage abgelöst und bewirkt nach 51,60 die dauerhafte Zerstörung Babylons. Der literarische Horizont von 17,1–4 umfasst somit das gesamte Jeremiabuch in der MT-Fassung, und das ist nur möglich, weil dieser Text ein später Teil der Tradition ist. Eine Datierung in die Zeit Antiochus' IV. Epiphanes (167 v. d. Z.), wie sie Bezzel in seiner konkreten Deutung der auf die Altäre eingravierten Sünde (V. 1) vertritt,[91] erscheint jedoch zu spät, denn gegen Bezzel wurde 17,1–4 nicht erst prämasoretisch zugefügt.

Wahrscheinlich wurde der Text in Verbindung mit den toraorientierten Abschnitten über Judas Bruch der Bundesverpflichtung (11,1.2b–6.8*10b) und ihre Erneuerung durch Jhwh (31,31–34) eingefügt. Diese Bearbeitung nähert die Botschaft Jeremias an die geschriebene Tora an und erklärt den Gehorsam gegenüber dieser Weisung Gottes zur Leitlinie für nachexilische Leser*innen des Buches.

Prämasoretische Erweiterungen

Neben den üblichen punktuellen Zusätzen fügen die prämasoretischen Bearbeiter „zuerst" in V. 18 ein, um trotz des aus 23,7f. duplizierten Heilswortes V. 14f. darauf hinzuweisen, dass zuerst das Strafgericht vollstreckt werden wird. Analog zu den Einleitungen in 2,1–2aα und 7,1–2a gestalten sie die Gottesrede zum Selbstbericht Jeremias (V. 1) um, was eine stärkere Zäsur zum Vorhergehenden und eine Fokussierung auf Jeremia als Mittler des Gotteswortes bewirkt.

---

87 Vgl. Carroll, Jeremiah, 347f.
88 So Rudolph (HAT, 114), der die Kultorte in V. 2–3aα für eine Glosse hält; ihm folgen Thiel, Redaktion I, 202; Carroll, Jeremiah, 349. Wanke (ZBK, 164) erwägt, ob V. 2–3aα auf die Erfolglosigkeit der Reform Joschijas anspiele; ähnlich Schmidt, ATD 20, 296.
89 Gosse, Jérémie 17,1–5aα, 165–180.
90 Vgl. Gosse, Jérémie 17,1–5aα, 178f.
91 Vgl. Bezzel, Konfessionen, 78–85 mit Verweis auf Bogaert, Jér 17,1–4 TM, 72f.

Synthese

Jer 16,1 – 17,4 stellt verschiedene Deutungen der Katastrophe mit unterschiedlichen literarischen Horizonten zusammen. Ausgangspunkt des Kapitels ist eine an Jeremia adressierte Gottesrede, die im Rückblick auf das massenhafte Sterben bei Jerusalems Eroberung Jeremias Leben zum Symbol für die Katastrophe erklärt: Der Prophet wird im Rückblick als ehe- und kinderlos sowie als sozialer Außenseiter porträtiert und sein Verhalten als von Jhwh befohlen dargestellt (V. 1–9), um deutlich zu machen, dass der Fortbestand der Generationen und das soziale Leben unterbrochen wurden. Diese Deutung spiegelt zugleich die Erfahrung, dass soziale Konventionen wie Trauerriten in einer Situation von Zerstörung, Krieg und Deportation nicht mehr gelten und alltägliche soziale Kontakte nicht mehr möglich sind. Daran anknüpfend deutet 16,16–18 unter Aufnahme von Hab 1,14 und Klgl 3,52; 4,18 die Niederlage als Werk menschlicher Feinde, denen die Judäer*innen als Jagdbeute dienten. Deren Vorgehen wird freilich als von Jhwh gebilligt dargestellt, als rechtmäßige Vergeltung für die Entweihung des ererbten Landes durch fremde Gottheiten und deren Bilder.

Die sich aus dieser Geschichtsdeutung zwangsläufig ergebende Frage nach dem Grund des Untergangs wird in 16,10–13 erneut aufgeworfen und beantwortet. Der Abschnitt ergänzt die Begründung der fortgesetzten Verehrung fremder Gottheiten um die Missachtung der Tora Jhwhs und schließt, wie Jer 2,4–13, die Zeitgenossen Jeremias und ihre Vorfahren in eine gemeinsame Schuldgeschichte ein. Ersteren wird attestiert, ein starrsinniges, böses Herz zu haben, das sie davon abhält, auf ihre Gottheit zu hören (V. 12).

Um diese massiven Schuldaufweise zu entschärfen, kopiert eine spätere Hand die Heilsweissagung einer Rückkehr aus Exil und Diaspora aus 23,7f. und fügt sie in 16,14f. ein. Auch die als Einwand Jeremias und Jhwhs Antwort formulierte Ankündigung, dass die Völker schließlich die Wirkungslosigkeit ihrer Gottheiten erkennen und sich Jhwh zuwenden werden (V. 19–21), mildert die Unheilsszenarien des Kapitels. Jeremia erscheint hier als frommer Jhwh-Verehrer, der auf die Hilfe seines Gottes am Tag der Bedrängnis vertraut, und zugleich als Prophet für die Völker, der Zeuge ihrer Umkehr zu Jhwh wird.

Der von der toraorientierten Redaktion zugefügte Textabschnitt 17,1–4 verschiebt die Gewichte erneut in Richtung Unheilsansage, indem er noch einmal Judas Schuld betont. Mit dem Motiv der auf die Tafeln des Herzens eingravierten Sünde bildet er ein Scharnier zum Thema gebrochener (11,1.2b–6.8*10b) und neuer Bund (31,31–34) und deutet Judas Exilierung und Versklavung durch das babylonische Weltreich als Wirkung des göttlichen Zorns, der schließlich auch Babylon erfassen und nach dessen Fall zum Verblassen der Sünde Judas führen wird (50,20). Der Umbau der Gottesrede in einen Selbstbericht Jeremias durch die prämasoretische Bearbeitung verstärkt die Position des Propheten, der nun seinen Verzicht auf Ehe, Familie und gesellschaftliches Leben gewissermaßen aus der Innenperspektive erzählt.

Jer 17,5–18: Jeremias dritter Klagediskurs

5 [So spricht Jʜwʜ:][a]   Jʜwʜ redet
Verflucht (ist) der starke Mann[b],
    der auf Menschen vertraut
und Fleisch zu seinem Arm macht
    und dessen Herz sich von Jʜwʜ abwendet.
6 Er wird wie ein kahler Strauch[a] in der Steppe sein:
    Er sieht nicht, dass Gutes kommt,
und bewohnt verbrannte Gefilde in der Wüste,
    unbesiedeltes[b] Salzland.
7 Gesegnet (ist) der starke Mann,
    der auf Jʜwʜ vertraut
        und dessen Vertrauen Jʜwʜ ist!
8 Er wird wie ein Baum sein, der am Wasser gepflanzt ist
    und seine Wurzeln zum Wasserlauf ausstreckt.
Er fürchtet[a] nicht, dass Hitze kommt,
    und sein Blattwerk bleibt grün.
Auch im Jahr der Dürre ist er nicht besorgt
    und hört nicht auf, Frucht zu bringen.
9 Arglistiger als alles ist das Herz
    und heillos[a], wer kann es erkennen?
10 Ich, Jʜwʜ, bin der, der das Herz erforscht,
    der die Nieren prüft,
um[a] jedem Mann gemäß seinem Weg[b] zu geben,
    gemäß der Frucht seiner Handlungen.
11 (Wie) ein Rebhuhn, das ausbrütet[a], was es nicht gelegt hat,
    (so ist) einer, der Reichtum erwirbt, [aber] nicht mit Recht:
In der Mitte seiner Tage[b] verlässt er ihn[c]
    und an seinem Ende wird er ein Narr sein.
12 Ein Thron der Ehre, erhaben [von Anfang an][a]   Judäer*innen
    (ist) [der Ort][b] unseres Heiligtums.   beten
13 Hoffnung Israels, Jʜwʜ,
    alle, die dich verlassen, sollen zuschanden werden.
Die sich von mir[a] abgewandt haben im Land[b] werden aufgeschrieben werden,   Jʜwʜ
denn sie haben die Quelle des lebendigen [Wassers][c] verlassen, Jʜwʜ[d].   antwortet
14 Heile mich, Jʜwʜ, damit ich geheilt werde;   Jeremia klagt
    Hilf mir, damit mir geholfen werde,
        denn du bist mein Ruhm!
15 Siehe, sie sagen zu mir:
    „Wo ist das Wort Jʜwʜs? Es treffe doch ein!"
16 Ich aber habe mich nicht an dich gedrängt wegen des Unheils[a]
    und den heillosen[b] Tag habe ich nicht herbeigesehnt!

Du weißt, was über meine Lippen kommt,
　　es liegt dir vor Augen.
17 Werde mir nicht zum Schrecken;
　　meine Zuflucht bist du am Tag des Unheils.
18 Die mich verfolgen, sollen zuschanden werden, aber nicht ich;
　　sie sollen erschrecken, aber nicht ich.
Bringe über sie einen Tag des Unheils
　　und mit doppeltem Zerbrechen[a] zerbrich sie.

Anmerkungen zu Text und Übersetzung

*　　In der Übersetzung sind parallele Stichen durch Einrückung kenntlich gemacht, Prosaverse füllen die Zeilen aus. Zum System der Klammern und Kleinschreibung s. o. S. 22.

5a　　Die Botenformel fehlt zusammen mit V. 1–4 in LXX. Da diese Verse versehentlich ausgelassen wurden (s. o. die Textkritik zu 17,1a), ist MT beizubehalten.

5b　　הַגֶּבֶר bezeichnet im Jeremiabuch den starken, mutigen, kriegerischen Mann (vgl. גֶּבֶר in 23,9; 30,6; 31,22), die Versionen übersetzen „Mensch"; vgl. LXX ὁ ἄνθρωπος, V homo; vgl. אשרי הגבר (Ps 40,5; 94,12; 127,5) und אשרי־האיש (Ps 1,1).

6a　　Das Nomen עַרְעָר ist selten und wohl von der Wurzel ערר „nackt, entblößt sein" abzuleiten (vgl. Ps 102,18; Ges¹⁸, 1016); vgl. 48,6 כערוער במדבר. Aufgrund von arabisch 'ar'ar „Wacholder" und dem Baumvergleich in V. 8 verstehen es die Versionen als Baumart: LXX ἡ ἀγριομυρίκη „wilde Tamariske", V myrice „Tamariske"; T nennt eine Distelart; Symmachus „unfruchtbares Holz". Aufgrund des Wortspiels mit עֲרָבָה „Steppe" wird hier mit „kahler Strauch" übersetzt.

6b　　MT wörtlich „und es (das Land) wohnt nicht"; die Versionen fassen das zu Recht als Relativsatz auf: LXX ἥτις οὐ κατοικεῖται „das nicht bewohnt werden kann"; V „unbewohnbar".

8a　　So mit dem Ketiv ירא, LXX und S; T folgt dem Qere יִרְאֶה „er sieht", das an V. 6 angleicht.

9a　　LXX liest אנש als אֱנוֹשׁ „Mensch", obwohl das zu einer schwer verständlichen Aussage führt; MT ist als Adjektiv אָנֻשׁ „heillos, unheilbar" punktiert. Dasselbe Problem findet sich auch in 17,16, dort ist אנוש aber plene geschrieben. Vgl. Stipp, Sondergut, 31.

10a　Der Infinitiv cstr. führt die vorherige Aussage fort; vgl. 32,19b; die Kopula in MT ist überflüssig; vgl. BHS.

10b　So mit dem Ketiv, das durch 4QJerᵃ gestützt wird; vgl. DJD XV, 163. Qere, LXX und die Parallelstelle 32,19 lesen plur. „Wege".

11a　LXX ἐφώνησεν πέρδιξ συνήγαγεν „ein Rebhuhn hat gerufen, gesammelt" setzt doppeltes קרא voraus (gegen Gö); vgl. Finsterbusch/Jacoby, MT-Jeremia 1–24, 192. Stipp (Synopse, z. St.) wertet das als Dittographie in der Vorlage. Das Tier ist nur noch in 1 Sam 26,20 belegt; das Verb דגר „ausbrüten" nur hier und Jes 34,15; LXX basiert auf der aramäischen Bedeutung „aufhäufen". Zur Funktion des Vergleichs s. u. die synchrone Analyse.

11b　Mit dem Qere ימיו, das den Schreibfehler im Ketiv ימו korrigiert und von LXX gestützt wird.

11c　Die Verbform kann sowohl bedeuten, dass der Reichtum den Mann verlässt (so LXX; Revised und New Revised Standard Version) oder dass der Mann den Reichtum loslässt, weil er vorzeitig stirbt (so V, T, Elberfelder, Luther, Zürcher); vgl. McKane, ICC, 401f.

12a　Hebräisch ראשון ist eines der Lieblingswörter der prämasoretischen Bearbeitung; vgl. 16,18; 34,5; 36,28 und Stipp, Sondergut, 104.

12b　Der prämasoretische Zusatz מקום greift das Leitwort der Rede gegen den Tempel (7,1 – 8,3) auf.

13a Das *Ketiv* יִסוֹרָי „meine Tadler" ist von יסר abzuleiten, das *Qere* וְסוֹרַי „und die sich von mir abwenden" (von סור) wird von 4QJerᵃ (vgl. DJD XV, 163) gestützt. Auch LXX ἀφεστηκότες stützt die Ableitung von סור, liest die Form aber als cstr. plur. „die Abtrünnigen" und damit als Fortsetzung des kollektiven Gebets, während das Suffix der 1. sing. in MT auf Jʜwʜ als Sprecher verweist; vgl. Fɪɴsᴛᴇʀʙᴜsᴄʜ/Jᴀᴄᴏʙʏ, MT-Jeremia 1–24, 192; s. u. die synchrone Analyse.

13b LXX übersetzt Wort für Wort: ἀφεστηκότες ἐπὶ τῆς γῆς γραφήτωσαν. Fɪɴsᴛᴇʀʙᴜsᴄʜ/ Jᴀᴄᴏʙʏ (MT-Jeremia 1–24, 192) zufolge meinten die Übersetzer, die Namen derer, die sich abwandten, würden auf die Erde geschrieben werden. Die Wiedergabe von בארץ wechselt in JerᴸˣˣX ohne Bedeutungsunterschied zwischen ἐπὶ τῆς γῆς (3,16; 4,5; 9,2; 14,2 u. ö.) und ἐν τῇ γῇ (15,14; 24,8 u. ö.). Der einzige Beleg für „auf die Erde schreiben", Joh 8,6.8, formuliert κατέγραφεν εἰς τὴν γῆν. Allerdings übersetzen auch moderne Bibelausgaben MT mit „in die Erde geschrieben werden" (Elberfelder; Luther; Revised Standard Version) oder vereindeutigen mit „in den Staub geschrieben werden" (Einheitsübersetzung; Zürcher) bzw. „they shall be recorded in the underworld" (New Revised Standard Version im Anschluss an T). S. u. die synchrone Analyse.

13c LXX πηγὴν ζωῆς „die Quelle des Lebens" geht auf מקור חיים in der Vorlage zurück (vgl. Ps 36,10; Spr 10,11). MT wurde prämasoretisch durch Zusatz von מים an 2,13 angeglichen.

13d Das Tetragramm wird meist als Glosse ausgeschieden, weil es nicht zur Jʜwʜ-Rede passt. Vgl. BHS; Iᴛᴛᴍᴀɴɴ, Konfessionen, 50; Sᴄʜᴍɪᴅᴛ, ATD 20, 304. Es ist aber in LXX bezeugt und begegnet auch in weiteren Gottesreden (2,8.17.19).

16a MT מֵרֹעֶה wörtlich: „weg vom Hirten", was V als Titel für Gott auffasst, aber auch auf Am 7,15 anspielen könnte; vgl. Sᴄʜᴍɪᴅᴛ, ATD 20, 303. LXX gibt מרעה mit κατακολουθῶν „nachfolgen" wieder, wohl aufgrund des folgenden אחריך, wobei unklar ist, welches Verb hier im Blick ist. Symmachus und S leiten es von רעע I „böse sein" ab. Letzterem folgen viele Kommentare; vgl. BHS; Rᴜᴅᴏʟᴘʜ, HAT, 116; Bᴇᴢᴢᴇʟ (Konfessionen, 138–141) diskutiert alle Varianten.

16b LXX „den Tag des Menschen" basiert auf der Fehldeutung von אָנוּשׁ „heillos, unheilbar" als אֱנוֹשׁ „Mensch", s. o. zu 9a.

18a Das Nomen שִׁבָּרוֹן von שבר „zerbrechen" ist nur hier und in Ez 21,11 belegt. LXX übersetzt mit σύντριμμα, dem üblichen Äquivalent für שֶׁבֶר „Zusammenbruch" (6,14; 8,21; 10,19; 30,12; 48,3).

Synchrone Analyse

Die Botenformel in der Funktion einer Zitateinleitung (V. 5), die in LXX ausgefallen ist, markiert das Folgende als Gottesrede. Jʜwʜ spricht seit 16,21 und MT zufolge auch in 17,13b, während sich in 17,12–13a eine Wir-Stimme zu Wort meldet, die Jʜwʜ als „Hoffnung Israels" bezeichnet.   Rhetorische Struktur

    Die Aussagen von V. 5–11 sind bis auf wenige Ausnahmen auch in weisheitlichen Texten und Psalmen belegt; ein Bezug zu Jeremia ist nicht zu erkennen. Erst 17,14–18 lässt sich aufgrund des Inhalts als Jeremias Gebet bestimmen. Er rechtfertigt sich gegenüber seinen Gegner*innen und bittet Gott, diese zu verfolgen. Im Unterschied zu den ersten beiden Klagediskursen, die Jeremia und Jʜwʜ im Dialog präsentieren, ist in V. 14–18 nur die Stimme des Propheten vernehmbar. Diskursiven Charakter hat jedoch der unmittelbar vorausgehende Dialog aus kollektivem Gebet (V. 12–13a) und Jhwhs Antwort (V. 13b).[92] Die LXX-Variante von V. 13b (ohne Suffix der 1. sing.) versteht V. 12f. als hymnischen Auftakt zum Gebet Jeremias.[93]

Die verschiedenen Abschnitte sind durch Stichworte locker miteinander verbunden: לֵב „Herz" (V. 5.9.10; vgl. 17,1), פְּרִי „Frucht" (V. 8.10), עזב „verlassen" (V. 11.13) und בוש „zuschanden werden" (V. 13.18).

Gliederung	17,5–18 Jeremias dritter Klagediskurs	
	17,5–8	Segen und Fluch Jhwhs
	17,9–11	Jhwh als Prüfer von Herz und Nieren
	17,12–13a	Gebet der Judäer*innen
	17,13b	Jhwhs Antwort
	17,14–18	Jeremias Klagegebet

17,5–8 Fluch und Segen

Der als Fluch- und Segensspruch gestaltete Abschnitt V. 5–8 enthält weisheitliches Gedankengut, das mit Metaphern aus der Pflanzen- und Tierwelt die Folgen eines bestimmten Verhaltens expliziert. Nach antikem Verständnis bewirkt das Aussprechen von Fluch oder Segen bereits die angezeigte Folge.

Das geschlechtsspezifische Wort הגבר „der starke Mann" (V. 5; vgl. 22,30; 23,9; 30,6; 31,22) begegnet im Jeremiabuch häufiger anstelle des neutralen האדם „der Mensch" und ist wohl mit Blick auf Jeremia gewählt, der in manchen Versen der Klagediskurse stellvertretend für das Volk spricht. Diese Redeweise ist androzentrisch und befördert die Vorstellung, Maskulinität sei mit physischer und psychischer Kraft verbunden. Daher beziehen sich beide Sprüche zunächst auf Männer, obwohl die weitere Rezeption alle Leser*innen einschließt. Verflucht wird der Mann, der sein Handeln auf בשׂר „Fleisch", d. h. menschliche Möglichkeiten, ausrichtet, wobei זרע „Arm" metonymisch für „Macht" steht (vgl. 48,25; Ps 83,9). Er wird mit einem kahlen Strauch verglichen, der in der Steppe auf magerem Boden nur mühsam gedeiht. Gesegnet wird der Mann, der ganz und gar Jhwh vertraut. Er wird, wie in Ps 1,3, mit einem Baum in einem bewässerten Garten verglichen, dessen Wurzeln sogar bei Hitze und Trockenheit noch an den Kanal reichen. Die Pflanzung am Wasser konnotiert Fruchtbarkeit und Gemeinschaft, die Pflanzung in der wasserarmen, unbewohnten Steppe Überlebenskampf und Isolation.

17,9–11 Jhwhs Urteil

Die folgende Reflexion wendet sich gegen den weisheitlichen Tun-Ergehen-Zusammenhang mit der kritischen Frage, wer überhaupt das Herz eines Menschen ergründen könne (V. 9). In der Weisheit gilt das Herz frevlerischer Menschen als tückisch und falsch (Spr 6,14.18; 10,20 u. ö.; Koh 9,3). Nur Jhwh kennt das Herz (Spr 15,11), und daher stellt er sich auch hier als Prüfer (בחן) vor, der auch das sieht, was nicht vor Augen liegt (V. 10). Die Charakterisierung Jhwhs als Prüfer von Herz und Nieren findet sich noch zweimal in Gebeten Jeremias (11,20; 20,12) und im Gebet einer verfolgten Person (Ps 7,10; vgl. Spr 17,3; 21,2). Ist das Herz Zentrum einer Person und ihres Denkens, so stehen die Nieren metonymisch für ihre Gefühle. Dass Gott den Menschen entsprechend ihrem Tun vergilt (V. 10b),

---

92   Mit O'Connor, Confessions, 72; Ittmann, Konfessionen, 49f.

93   Vgl. Baumgartner, Klagegedichte, 40f.; Weiser, ATD 20, 148f. Reventlow (Liturgie, 232–234) interpretiert 17,12–18 als Klageliturgie.

also den Tun-Ergehen-Zusammenhang in Kraft setzen kann, hat eine fast wörtliche Parallele im Gebet Jeremias 32,19b (vgl. 21,14; Hiob 34,11).[94]

V. 11 bietet einen typisch weisheitlichen Vergleichsspruch (מָשָׁל) über ein analoges Verhalten von Mensch und Tier (vgl. Spr 11,22; 28,15). Der hebräische Name des Rebhuhns (קֹרֵא „Rufer, Schreier") bezieht sich auf die spitzen Schreie, die es bei Gefahr ausstößt.[95] Da seine Nester in flachen Mulden am Boden relativ ungeschützt sind, werden viele der Eier zur Beute anderer Tiere.[96] Das (männliche) Rebhuhn brütet einen Teil der Eier des Weibchens aus, obwohl es sie nicht selbst gelegt hat.[97] Dieses Verhalten dient dem Vergleich mit einer Person, die reich wird, indem sie sich aneignet, was Anderen gehört.[98] Solch unrechtmäßig erworbener Reichtum wird plötzlich dahin sein, so dass diese Person am Ende als Narr oder Närrin, d. h. ohne Verstand und verachtenswert, gilt (vgl. Hiob 2,10; 30,8). Die Aussage kann bedeuten, dass sie ihren Reichtum plötzlich verliert – wie das Rebhuhn seine Eier – oder dass sie frühzeitig stirbt wie Nabal (1 Sam 25) oder der erst 36-jährige König Jojakim (2 Kön 23,36; 24,6).

In V. 12–13a wendet sich eine Wir-Stimme mit einem Lob des Tempels plötzlich an JHWH. Sie lässt sich entweder mit dem Volk[99] oder mit Jeremia in seiner Funktion als Repräsentant des Volkes[100] identifizieren. Letzteres führt jedoch zu einem inhaltlichen Widerspruch, da der Tempel hier und im kollektiven Klagegebet 14,21 als „Thron der Ehre" bezeichnet wird, während Jeremia das Vertrauen in den Tempel kritisiert (7,1–15).[101] Daher ist V. 12–13a als Gebet des Volkes zu bestimmen, das den im Tempel verehrten JHWH als „Hoffnung Israels" preist (vgl. 14,8) und diejenigen verwünscht, die ihn verlassen. | 17,12–13a Gotteslob

In 17,13b MT bestätigt Gott diese Verwünschung mit der Aussage, diese Menschen würden registriert werden als solche, die die lebendige Quelle verlassen hätten (vgl. 2,13). Nach der LXX-Fassung führt V. 13b das Gebet der Wir-Stimme fort. | 17,13b Gottes Antwort

> Worauf sich die Ortsangabe „im Land" bezieht, ist nicht eindeutig. In MT konkretisiert sie den Aufenthaltsort derer, die sich von JHWH abwenden. Die meisten Auslegungen verbinden sie, wie schon LXX, mit dem Aufschreiben, d. h., sie deuten „auf die Erde schreiben" mit Blick auf Joh 8,6.8 als „in den Staub schreiben" und so als Ausdruck für baldiges Verges-

---

94 PARKE-TAYLOR (Formation, 199) zufolge ist 32,19b literarisch von 17,10b abhängig.

95 Nach KEEL u. a. (OLB 1, 159) handelt es sich genauer um ein Chukarsteinhuhn *Alectoris graeca chukar* Gray.

96 Vgl. SEYBOLD, Klaus, Das „Rebhuhn" von Jeremia 17,11. Erwägungen zu einem prophetischen Gleichnis: Bib. 68 (1987), 57–73, 59. Sein Versuch, aufgrund der Ähnlichkeit des Tiernamens mit dem „Rufen" des Propheten einen jeremianischen Spruch zu rekonstruieren, der als Antwort auf Jeremias Klage in 17,15–16a diente, ist spekulativ und basiert auf Konjekturen schlecht überlieferter Verse (15,11f.; 17,12f.).

97 Dazu ausführlich LUNDBOM, AB 21A, 790f. Vgl. auch SAWYER, John F. A., A Note on the Brooding Partridge in Jeremiah XVII 17: VT 28 (1978), 324–329. Er zeigt, dass Jer 17,11 auf die Bewertung des Tieres in antiken Quellen Einfluss hatte.

98 Zwar werden auch hier durchgängig masc. sing.-Formen gebraucht, aber die Person nicht explizit als „Mann" bezeichnet.

99 Vgl. CARROLL, Jeremiah, 358; FISCHER, HThKAT, 557.

100 Vgl. WANKE, ZBK, 167.

101 So auch RUDOLPH, HAT, 117; MCKANE, ICC, 403f.

sen.[102] Im Hintergrund steht wohl die erst in hellenistischer Zeit greifbare Vorstellung, dass die Namen der Gerechten ins Buch des Lebens eingetragen werden (vgl. Ex 32,32f.; Dan 12,1; Mal 3,16–18), was für die Abweichler bedeutet, dass sie nicht erinnert und beim letzten Gericht verdammt werden. Aufgrund dieser Vorstellung und der Beobachtung, dass ארץ gelegentlich die Unterwelt meint,[103] verstehen das Targum, die *New Revised Standard Version* und Baumgartner[104] die Aussage als „der Unterwelt zuschreiben". Angesichts dieser dramatischen, aber konstruierten Deutungen ist dem MT nur zu entnehmen, dass die Abtrünnigen von Jhwh registriert werden, was ihre spätere Verurteilung impliziert.

17,14–18
Jeremias dritte
Klage

In einem Klagegebet fleht der Prophet in V. 14–18 Jhwh um Hilfe an und zitiert eine ungenannte Gruppe. Deren Frage, wann das von Jeremia angekündigte Unheil eintreffe (V. 15), suggeriert eine Situation vor der Katastrophe, deren Verzögerung Jeremia als Falschpropheten erscheinen lässt. Auffällig ist die dreifache Nennung des Tages (V. 16.17.18), dessen Eintreffen Jeremia herbeisehnt. Er bezeichnet ihn in V. 16 als „heillos, unheilbar". Das Adjektiv qualifiziert in V. 9 das menschliche Herz, sonst den von Jhwh zugefügten Schmerz (15,18; 30,12.15). Die Wendung יום רעה „Tag des Unheils" wird auch im Völkerwort gegen Babylon gebraucht (51,2) und entspricht dem in 16,19 genannten יום צרה „Tag der Bedrängnis".

Jeremia verteidigt sich zwar, er habe den Unheilstag nicht herbeigesehnt, fordert Jhwh aber auf, ihn endlich über seine Verfolger*innen hereinbrechen zu lassen (V. 18). Eine ähnliche Ambivalenz der Jeremiafigur zeigt sich auch in der Beziehung zu Jhwh. Einerseits bezeichnet der Prophet Jhwh als „meinen Ruhm" (V. 14; vgl. Ps 71,6; 109,1) und „meine Zuflucht" (V. 17; vgl. Ps 71,7; 91,2.9; 142,6). Er erwartet von ihm Hilfe und Heilung, was erneut auf das Motiv der unheilbaren Wunde anspielt (15,18). Auch betont er, Gott wisse genau, was er gesagt habe (V. 16b). Andererseits verweist die Bitte „werde mir nicht zum Schrecken" (V. 17a) auf eine mögliche Erschütterung des Verhältnisses, die bereits in der Berufungsszene (1,17) anklingt und im Erschrecken der Völker (10,2; 48,39) eine Parallele hat. Die Verbindung von חתת „erschrecken" und בוש „zuschanden werden" findet sich neben V. 18 auch in der Kritik an den Weisen in 8,9. Jeremias doppelte Bitte, nicht er, sondern seine Gegner*innen sollten Schrecken und Beschämung erfahren (V. 18), spiegelt die bedrängte Lage des Betenden, der keine göttliche Antwort erhält.[105] Anders als in der resignativen Charakterisierung Jhwhs als Trugbach (15,18) überwiegt jedoch in 17,14–18 die Zuversicht, dass Jhwh helfend eingreifen werde.

Diachrone Analyse

Die Abfolge von Fluch- und Segensspruch, kollektivem Lobpreis mit göttlicher Antwort und Klagegebet Jeremias in 17,5–18 erweist sich als bewusste Kombinati-

---

102 Vgl. Rudolph, HAT, 117; McKane, ICC, 407f.; Carroll, Jeremiah, 359; Wanke, ZBK, 168; Fischer, HThKAT, 558. Zur Präposition s. o. die Textkritik zu 17,13b.

103 Vgl. Schmid, Hans H., Art. ארץ, Erde, Land: THAT 1 (1971), 230. Er verweist auf akkadisch *erṣetu* (AHw 245, CAD L 310f.) und Ex 15,12; Jon 2,7; Ps 22,30; 71,20.

104 Vgl. Baumgartner, Klagegedichte, 40; ihm folgt Dahood, Mitchell, The Value of Ugaritic for Biblical Criticism: Bib. 40 (1959), 160–170, 164f.

105 Diamond (Confessions, 87) versteht dies als Bruch des dialogischen Schemas.

on verschiedener Passagen, die über Stichworte miteinander verknüpft sind. Da alle Abschnitte literarische Bezüge entweder zu Psalmen und Weisheit oder zu späten Texten im Jeremiabuch aufweisen, sind sie alle nachexilisch zu datieren. Eine relative Chronologie lässt sich anhand der folgenden Überlegungen aufstellen, während eine absolute Datierung der einzelnen Fortschreibungen nicht möglich ist.[106]

Das Klagegebet in V. 14–18 ist mit der folgenden Sabbatrede weder rhetorisch noch thematisch verknüpft. Anders als 11,18 – 12,6 thematisiert die Klage hier eindeutig Jeremias Existenz als Prophet.[107] Mit dem Stichworten „Tag des Unheils" (V. 17.18; vgl. 16,19; 51,2) und „der heillose Tag" (V. 16), der auf die unheilbare Wunde anspielt (15,18; 30,12.15), den literarischen Bezügen zur Berufungsszene (V. 17; vgl. 1,17) und zur Kritik an den Weisen (V. 18; vgl. 8,8f.) erweist sie sich als nachexilischer Text. Jeremia sieht sich als Prophet in Frage gestellt, bekennt sich aber zu Jhwh und erwartet von ihm Rettung. Damit wird er zum exemplarischen Frommen, der sich allein auf Jhwh verlässt (vgl. 17,7). Dass er Gott um Vergeltung für seine Gegner*innen bittet, spricht nicht gegen dieses Porträt, denn auch fromme Psalmbeter*innen äußern Rachewünsche (Ps 10,15; 40,15f.).

Wie die weisheitlichen Zusätze in Jer 2–10 und im Klagediskurs 15,10–21 die vorliegende Überlieferung im Lichte allgemein menschlicher Erfahrung deuten, so legt auch der Fluch- und Segensspruch (V. 5–8) das Klagegebet des „Mannes" Jeremia in 17,14–18 im Blick auf allgemein menschliches Tun und Ergehen aus.[108] Jeremias Festhalten an Jhwh wird zum Vorbild für jeden „starken Mann": Er soll nicht auf seine eigene, menschliche Stärke vertrauen, sondern allein auf Gott. An diese Vorstellung knüpfen der kollektive Lobpreis (V. 12–13a) und dessen Bestätigung durch Jhwh (V. 13b) an. Das Kollektiv verdammt diejenigen, die Jhwh verlassen (vgl. Jes 65,11), und vertraut auf Gottes Präsenz im (wieder erbauten) Tempel. Die in V. 18 erwähnten Verfolger*innen Jeremias werden so zugleich als Gegner*innen Jhwhs dargestellt. Die Frage, wer das menschliche Herz überhaupt erkennen könne (V. 9), wird mit Verweis auf Jhwh als Prüfer von Herz und Nieren (vgl. 11,20; 20,12) und gerechten Richter beantwortet.

Synthese

In der Abfolge der Klagediskurse bildet der dritte ein retardierendes Element, denn nach Jeremias Verzweiflung und Jhwhs Umkehrangebot in 15,10–21 signalisiert der Prophet, dass er erneut auf Jhwhs rettendes Eingreifen und die Vernichtung der Gegner*innen hofft (V. 14–18).[109] Seine Klage thematisiert die Verzögerung des angekündigten Unheils, die ihn in den Augen seiner Adressat*innen als Falschpropheten erscheinen lässt. Da Jeremia aber keine göttliche Antwort erhält,

Jeremias Klage

---

106 Ähnlich Bezzel, Konfessionen, 157.

107 Mit O'Connor, Confessions, 75; Diamond, Confessions, 85f.

108 Mit Wanke, ZBK, 165; Bezzel, Konfessionen, 174f.

109 O'Connor (Confessions, 79) versteht Jeremias Vertrauensäußerung in 17,14 als Umschwung in seiner Haltung gegenüber Jhwh.

bleibt die Erfüllung seiner Bitten um Bestätigung seiner Mittlerposition und Vergeltung für seine Verfolger*innen weiter in der Schwebe.[110]

Die der Klage Jeremias vorangestellte Gottesrede (V. 5–11), die den „starken Mann" verflucht, der auf Menschen vertraut, und denjenigen segnet, der sich allein auf Jhwh verlässt, bestätigt jedoch Jeremias Haltung. Im Blick auf den in 1,8f. zum unerschrockenen Propheten Berufenen beschwört sie in weisheitlicher Terminologie und Motivik das Ideal eines frommen Jhwh-Anhängers, das auch in späten Psalmen begegnet. Außerdem charakterisiert sie Gott als allwissenden Richter menschlicher Gedanken und Gefühle.

Demgegenüber deuten das kollektive Gebet in V. 12–13a und die kurze Antwort Gottes einen Dialog an, der angesichts des wieder aufgebauten Tempels wie in Jes 65,11f. eine Trennung zwischen Jhwh-Getreuen und Jhwh-Verachtenden vornimmt. Diese nachexilische Fortschreibung versucht die in den Klagediskursen zum Ausdruck kommende Ambivalenz Jeremias, der an Jhwh verzweifelt und dennoch auf ihn hofft, zu vereindeutigen. Jeremia wird nun endgültig zum Vorbild für alle Jhwh-Gläubigen – implizit also für die Leser*innen des Buches – stilisiert: Trotz aller Anfechtung vertraut er auf Jhwh als den gerechten Richter, der Herz und Nieren prüft und menschliche Taten vergilt.

Jer 17,19–27: Die Sabbatrede als bedingte Heilsansage

K1 K2 K3 K4 K5

19 So sprach Jhwh [zu mir][a]:

Geh und stell dich in das Tor der Kinder des Volkes[b], durch das die Könige Judas hineingehen[c] und durch das sie hinausgehen, und in alle Tore Jerusalems, 20 und sage zu ihnen:

Hört das Wort Jhwhs, (ihr) Könige Judas und ganz Juda und alle [Einwohner][a] Jerusalems, die ihr durch diese Tore hineingeht. 21 So spricht Jhwh:

Hütet euch um eures Lebens willen, und tragt am Sabbattag[a] keine Last[b] und bringt[c] sie nicht durch die Tore Jerusalems hinein. 22 Ihr sollt keinesfalls[a] eine Last aus euren Häusern herausbringen am Sabbattag und ihr sollt keinesfalls irgendeine Arbeit tun, sondern ihr sollt den Sabbattag heilighalten, wie ich euren Vorfahren geboten habe. 23 Sie aber hörten nicht und neigten nicht ihr Ohr. Sie machten ihren Nacken hart _{mehr als ihre Vorfahren}[a], um nicht <auf mich> zu hören[b] und nicht Zucht anzunehmen.

24 Wenn ihr wirklich auf mich hört – Spruch Jhwhs –, keine Last durch die Tore dieser Stadt am Sabbattag hineinzubringen und den Sabbattag heilig zu halten, keinerlei Arbeit [an ihm][a] zu tun, 25 dann

---

110 Auch Diamond (Confessions, 177f.) deutet 17,14–18 als Scharnierstück zwischen den von ihm unterschiedenen zwei Zyklen der Klagegedichte.

werden durch die Tore dieser Stadt Könige und Beamte[a] hineingehen, die auf dem Thron Davids sitzen, die mit Wagen und Pferden
fahren, sie und ihre Beamten, die Männer Judas und die Einwohner
Jerusalems, und diese Stadt wird ewig bewohnt sein. 26 Dann werden aus den Städten Judas und aus der Umgebung Jerusalems und
aus dem Land Benjamin und aus der Schefela[a] und aus dem Gebirge
und aus dem Negev (Menschen) hineingehen, die Brandopfer und
Schlachtopfer[b] und Speiseopfer[c] und Weihrauch bringen, und die
Dankopfer in das Haus JHWHS bringen.
27 Wenn ihr aber nicht auf mich hört, den Sabbattag heilig zu halten
und keine Last zu tragen und nicht durch die Tore Jerusalems hinein-
zugehen am Sabbattag, dann werde ich Feuer an ihre {fem. sing.}
Tore legen; es wird die Paläste[a] Jerusalems verzehren und nicht erlöschen.

Anmerkungen zu Text und Übersetzung

* Die Kommunikationsebenen sind in der Übersetzung durch Einrücken dargestellt. Zum
  System der Klammern und Kleinschreibung s. o. S. 22.
19a Ein Äquivalent zu אלי fehlt in LXX. 4QJer[a] bietet nach einer *lacuna* noch den letzten
  Buchstaben (י) und stützt damit MT; vgl. DJD XV, 163. In LXX spricht Gott zu Jeremia,
  antwortet also auf dessen Gebet; vgl. FINSTERBUSCH/JACOBY, MT-Jeremia 1–24, 196.
19b So mit dem *Qere* בני־העם. Das *Ketiv* בני עם wird durch 4QJer[a] gestützt; vgl. DJD XV, 163.
  Einige Ausleger halten es für eine Verschreibung aus בנימן, da das Benjamintor in 20,2
  [MT⁺]; 37,13; 38,7 genannt ist; vgl. VOLZ, KAT, 190; WANKE, ZBK, 169; MCKANE, ICC, 415f.
  LXX hat mit ἐν πύλαις υἱῶν λαοῦ σου alle Tore Jerusalems im Blick, die noch einmal
  in V. 20.21.27 genannt sind (ähnlich 19,2). Dass der Plural in LXX zwei Türflügel des
  Haupttores bezeichne (FINSTERBUSCH/JACOBY, MT-Jeremia 1–24, 196), ist aufgrund der
  weiteren Nennungen unwahrscheinlich.
19c LXX und MT bieten plur., 4QJer[a] sing. (DJD XV, 163). Die *jiqtol*-Formen sind iterativ zu
  deuten.
20a Der MT-Überschuss wird durch 4QJer[a] gestützt (DJD XV, 163).
21a Die plur.-Formulierung ἐν τῇ ἡμέρᾳ τῶν σαββάτων in LXX geht nicht auf eine andere
  Vorlage zurück, denn τὰ σάββατα bezeichnet auch im NT häufiger den Sabbattag (Mt
  28,1; Lk 4,16; Apg 13,14); vgl. FINSTERBUSCH/JACOBY, MT-Jeremia 1–24, 196.
21b LXX versteht משא als Kollektivbegriff und übersetzt mit plur. „Lasten" (so auch Neh
  13,19).
21c LXX bietet mit μὴ ἐκπορεύεσθε ein Äquivalent für בוא Qal (MT Hif.).
22a Der Gebrauch des Prohibitivs (לא + *jiqtol*) weist auf ein absolutes Verbot hin.
23a LXX gleicht mit ὑπὲρ τοὺς πατέρας αὐτῶν an den Wortlaut von 7,26 an; vgl. JANZEN,
  Studies, 64.
23b Das *Ketiv* שומע bietet ein Partizip, wo ein Infinitiv cs. zu erwarten wäre; *Qere* korrigiert
  zu שמוע. Das Pronomen der 1. sing. in LXX und V verstärkt den Vorwurf und gleicht
  an V. 24 an.
24a Das *Ketiv* בה (so auch 4QJer[a]; vgl. DJD XV, 163) wird von *Qere* als בו gelesen, ist aber die
  archaische Form des 3. masc. sing. Suffixes; vgl. GBH § 94h. LXX bietet dafür kein
  Äquivalent.

25a BHS streicht וְשָׂרִים als Dittographie, obwohl es in 4QJerᵃ (DJD XV, 163), LXX und V bezeugt ist. Da der folgende Relativsatz sich auf die Könige bezieht, ist das Wort später ergänzt; s. u. die diachrone Analyse.

26a Während LXX in Jer^MT 32,44 und 33,13 Schefela und Negev als Eigennamen transkribiert, bietet sie hier ἐκ τῆς πεδινῆς „aus der Niederung" und ἐκ τῆς πρὸς νότον „aus dem Süden".

26b LXX übersetzt die ersten beiden Opferarten im plur., was angesichts der in der hebräischen Fassung verwendeten Kollektivbegriffe verständlich ist; vgl. auch 7,22.

26c LXX transkribiert מנחה als μαναα (vgl. noch Jer^LXX 48,5; Bar 1,10 und 8-mal in Ez), was in der jüdischen Gemeinde wohl als Fremdwort bekannt war; vgl. STIPP, Sondergut, 34.

27a LXX verwendet hier und 30,33 das Wort ἄμφοδα „Gebäude, die entlang der Straße liegen" und gibt ארמנות „Paläste" in Jer^MT 6,5; 9,20; 30,18 durch andere Begriffe wieder.

Synchrone Analyse

Rhetorische Struktur
Anders als in 7,1f.; 11,1; 26,1 hat die Botenformel in V. 19, die auch hier eine Gottesrede einleitet, keine buchstrukturierende Funktion. Durch ihre breite Diktion unterscheidet sich diese Prosarede deutlich vom Rest des Kapitels, zu dem auch inhaltlich kein unmittelbarer Zusammenhang besteht. Als Anknüpfungspunkt für ihre Auslegung des Sabbatgebots kommt nur der Vorwurf in 16,11, Juda habe die Tora nicht beachtet, in Betracht.[111] Vom Folgenden ist 17,19–27 durch den Neueinsatz in 18,1 getrennt.

Die Rede ist klar aufgebaut, die Zitate sind deutlich eingebettet. Der Wechsel von der Anrede in die Darstellung des Verhaltens der Vorfahren in V. 23 wird durch den unmittelbar vorausgehenden Relativsatz vorbereitet, die Rückkehr zur Anrede in V. 24 durch והיה markiert.

Jerusalem im Fokus
Die Orts- und Zeitangaben erweisen 17,19–27 als eine in hohem Maße stilisierte Rede: Das in V. 19a genannte „Tor der Kinder des Volkes" ist nur hier belegt, also nicht identifizierbar.[112] Die Deutung, es handele sich um ein Tor zum Tempelbezirk,[113] ist reine Spekulation. In Spannung dazu steht die Aufforderung, die Rede in allen Toren vorzutragen (V. 19b). Sie könnte auf deren beabsichtigte Wiederholung entsprechend der regelmäßigen Wiederkehr des Sabbattages hinweisen. Die Tore Jerusalems sind auch Schauplatz der folgenden Ankündigungen: Für den Fall, dass die Jerusalemer*innen die Sabbatruhe einhalten, werden judäische Könige und ihre Beamten diese Tore ebenso durchschreiten wie Menschen aus dem Umkreis der Stadt, die ihre Opfergaben zum Tempel bringen (V. 25f.). Falls sie den Sabbattag aber nicht heilighalten, wird die Zerstörung Jerusalems durch Feuer an den Toren beginnen.

Zeithorizonte
Die so beschriebenen Szenarien setzen unterschiedliche Zeiträume voraus. In vorexilischer Zeit erscheint die Ankündigung, die Stadt würde zerstört werden, tatsächlich als Drohung; die Aussicht auf Menschen, die Opfergaben zum Tempel bringen, ist dann aber nicht Heilsverheißung, sondern tägliche Realität. Die Adressierung mehrerer Könige Judas (vgl. den Plural in V. 25) ist vorexilisch nur als summierende Angabe zu erklären, da jeweils nur ein König im Amt war. Die Aussa-

---

111 So RUDOLPH, HAT, 119; SCHMIDT, ATD 20, 307.

112 Die Jer 26,23 genannten „Gräber der Kinder des Volkes" (קברי בני העם; vgl. 2 Kön 23,6) lassen keine Verbindung zu 17,19 erkennen.

113 So WEISER, ATD 20, 149f.; RUDOLPH, HAT, 121; kritisch McKANE, ICC, 418.

ge, Jʜᴡʜ selbst werde Jerusalem durch Feuer zerstören, deutet die Katastrophe als Gottes Wirken. Das Verbrennen speziell der Tore Jerusalems ist sonst nur noch zu Beginn der Mauerbauerzählung erwähnt, in der Nehemia den beklagenswerten Zustand der Stadtmauer schildert (Neh 2,1–10). Erst in exilischer Zeit wird die Aussicht auf Könige, die wieder durch die Tore schreiten, zu einer Heilsvision, die mit dem Wiederaufbau der Stadt auch die Wiedererrichtung des Königtums verbindet. Da die Rede Jerusalem mit intakten Mauern und Toren beschreibt, könnte auch die nachexilische Situation nach dem Wiederaufbau der Stadtmauer (Neh 6,15) im Blick sein. Die in V. 26 genannten Regionen entsprechen der politischen Gliederung des vorexilischen Juda mit Jerusalem und den judäischen Städten. Schefela, Gebirge und Negev umschreiben das Gebiet Judas, dessen Ortschaften die Liste Neh 11,25b–36 aufführt. In veränderter Reihenfolge begegnen diese Regionen auch in der Ackerkauf-Erzählung Jer 32,44 und 33,13. Da die persische Provinz Jehud viel kleiner als das vorexilische Königreich Juda war,[114] spiegelt V. 25f. die Hoffnung auf die Wiederrichtung der judäischen Monarchie in alter Größe.

Mehrere Leitworte unterstreichen die Stilisierung der Rede. Der Sabbattag wird siebenmal genannt, die Tore achtmal. Die vorherrschenden Verben בוא Qal/ Hif. „hineingehen bzw. -bringen"[115] sowie יצא Qal/Hif. „hinausgehen bzw. -bringen"[116] beschreiben eine ständige Bewegung von Menschen und Dingen durch die Tore, also die Vorstellung einer pulsierenden Stadt, die am Sabbattag aber still daliegt.

Leitworte

Im Zentrum der Rede steht die „Heiligung" des Sabbattages (קדשׁ Pi.), die eine Grundforderung des Dekalogs ist (Ex 20,8; Dtn 5,12). Sie wird hier als ein Unterlassen bestimmter Tätigkeiten am siebten Tag der Woche erläutert: Wie im Dekalog darf am Sabbat keine Arbeit verrichtet werden (V. 22.24; vgl. Ex 20,10; Dtn 5,14).[117] Mit dem Verb שׁמר „beachten" (V. 21a) und der Wendung „wie ich euren Vorfahren geboten habe" (V. 22b) steht Jer 17 sprachlich der Fassung des Sabbatgebots im Deuteronomium (Dtn 5,12) näher als der in Ex 20. Die Rede greift aber keine der beiden Gebotsbegründungen auf, sondern erläutert das Unterlassen der Arbeit als Verzicht, am Sabbattag Lasten (משׂא) durch die Türen der Häuser und die Tore Jerusalems zu bringen (בוא Hif.). Das Motiv mit dieser Formulierung findet sich sonst nur noch in Neh 13,15–22, einem Text der sog. Nehemia-Denkschrift, in der dieser seine Maßnahmen in Jerusalem beschreibt.

Den Sabbat heilighalten

> In seiner Funktion als persischer Statthalter kritisiert Nehemia, dass Menschen am Sabbat Lebensmittel nach Jerusalem hineinbringen und verkaufen, wobei tyrische Fischhändler als Beispiel genannt werden. Nehemia verbietet der Bevölkerung Jerusalems, diese Waren am Sabbat abzunehmen, weil er das als „Entweihen" (חלל Pi.) des Sabbattages versteht (Neh 13,17). Um das Verbot durchzusetzen, lässt er die Stadttore schließen. Er bestellt sogar Leviten als Wachen für die Tore und erreicht so, dass die Händler am Sabbattag nicht mehr nach Jerusalem kommen.

---

114 Vgl. Fʀᴇᴠᴇʟ, Geschichte Israels, 338; Cᴀʀᴛᴇʀ, Emergence of Yehud, 291.

115 Vgl. בוא Qal V. 19a.20b.25a.26a.27a, בוא Hif. V. 21b.24a.26b.

116 Vgl. יצא Qal V. 19a, יצא Hif. V. 22a.

117 Die auffällige Formulierung כל־מלאכה לא תעשׂו wörtlich: „jegliche Arbeit sollt ihr keinesfalls tun" (V. 22) entspricht dem Sabbatgebot in Lev 23,3.

Das „Lasttragen" in Jer 17,19–27 wird erst vor dem Hintergrund der in Neh 13,15–22 erzählten Situation des Handels am Sabbat verständlich. Das Leitwort „Tore Jerusalems" spielt auf den entscheidenden Punkt der Maßnahme Nehemias an, die Tore am Sabbattag geschlossen zu halten. Außerdem weitet die Sabbatrede das Handelsverbot Nehemias unter Bezug auf das dekalogische Sabbatgebot zu einem generellen Arbeitsverbot aus.[118]

Hoffnungs-voller Ausblick Nach der Reihe abgewiesener Klagen und Reflexionen über die Zerstörung Jerusalems (14,1 – 17,4) und dem dritten Klagediskurs (17,5–18) erscheint die Sabbatrede als bedingtes Heilsangebot JHWHS: Künftige Zerstörungen werden vermieden, wenn die Menschen in Jerusalem und Umgebung ihr Verhalten an JHWHS Gebot der Sabbatheiligung ausrichten. So erhält der deprimierende Ton der Kapitel 14,1 – 17,27 einen hoffnungsvollen Schlussakkord.

Diachrone Analyse

Alternativpre-digt Die Unterbrechung von Arbeit und Handel an jedem siebten Tag wird in 17,19–27 zum Kriterium für Wohl und Wehe Jerusalems erklärt. Thiel hat die Form dieser Rede als „Alternativ-Predigt" bezeichnet und daraus auf eine dtr Predigtform im exilischen Juda geschlossen.[119] Allerdings widerspricht die Redeeinleitung, die das Folgende als Gotteswort ausweist, dem Charakter einer Predigt. Außerdem spielt der Sabbat in dtr Tradition keine Rolle. Die Rede zielt darauf, Heil oder Unheil Jerusalems von der Einhaltung der Sabbatruhe abhängig zu erklären. Das einzige weitere Beispiel für eine solche Zuspitzung auf ein spezielles Gebot ist die Rede über die Freilassung der Sklav*innen in Jer 34,8–22, die mit einer Erzählung einsetzt und auf die Begrenzung der Schuldsklaverei in Dtn 15 verweist. Sie ist jedoch als Gerichtswort formuliert und bietet keine heilvolle Alternative.

Wochensabbat als nachexi-lische Institu-tion Trotz der miteinander konkurrierenden Zeithorizonte, der vorexilischen Situierung einerseits und der die Zerstörung Jerusalems voraussetzenden Heilsverheißung andererseits, ist die Sabbatrede ein kohärenter Text. Spannungsreich sind nur die Nennung der Beamten (V. 25a), die nicht zum Relativsatz über die Könige passt, und die Angabe „die Männer Judas und die Einwohner Jerusalems" (V. 25b), die die Aussage von V. 26 vorwegnimmt.

Die Rede wird verständlich als Mahnung an Menschen, die im wieder aufgebauten, nachexilischen Jerusalem leben und das Dekaloggebot der Sabbatheiligung kennen. Nur für sie ist das Einhalten des Sabbattages tatsächlich realistisch, weil sich der Sabbat als wöchentlicher Tag der Arbeitsruhe erst in frühnachexilischer Zeit durchgesetzt hat.[120]

---

118 Zu den literarischen Bezügen zwischen Jer 17,19–27 und Neh 13,15–22 vgl. ausführlich MAIER, Jeremia, 218–221.

119 THIEL, Redaktion I, 290–295; weitere Beispiele sind Jer 7,1–15; 22,1–5. Aufgrund der Betonung von Tora/Gesetz und Sabbat situiert NICHOLSON (Preaching to the Exiles, 126–129.137) diese Predigttätigkeit in Babylonien.

120 Vgl. GRUND, Alexandra, Die Entstehung des Sabbats. Seine Bedeutung für Israels Zeitkonzept und Erinnerungskultur (FAT 75), Tübingen: Mohr Siebeck 2011, 305–309.

Analog zur akkadischen Bezeichnung *šapattu* für den 15. Tag eines Monats war auch im vorexilischen Juda ein Vollmondtag mit kultischer Feier bekannt (2 Kön 4,23; Jes 1,13; Hos 2,13; Am 8,5). Auch die Gebote der Arbeitsruhe am siebten Tag und der Brache im siebten Jahr (Ex 23,10–12; 34,21) gehen wahrscheinlich auf alte Tradition zurück.[121] Die Verbindung von Vollmondtag und Arbeitsunterbrechung an jedem siebten Tag erfolgte jedoch erst in direkter Auseinandersetzung mit den babylonischen Riten und wird erst im nachexilischen Festkalender verankert (Lev 23,3; vgl. die Erweiterungen Ex 35,1–3; Num 15,32–36).

Die Auslegung der Sabbatruhe als Verbot, Lasten durch Jerusalems Tore zu tragen, ist nur vor dem Hintergrund des nachexilischen Handelsverbotes am Sabbat (Neh 13,15–22) zu verstehen. Durch den Bezug auf die Vorfahren in V. 22b.23 (V. 23 zitiert Sätze aus 7,24–28) wird das so aktualisierte Sabbatgebot dennoch als altes Gebot dargestellt. Angesichts der verschiedenen Begründungen für die Katastrophe im Jeremiabuch lässt sich in der Zuspitzung auf das Sabbatgebot ein sehr partikulares Interesse erkennen, das sonst nur in Jes 56,2–6; 58,13 und Neh 9,14 belegt ist. Die Fokussierung auf bestimmte Gebote des Deuteronomiums ist ein Kennzeichen der toraorientierten Redaktion, die ich analog zur Wirksamkeit Nehemias (Esra 7,6–10.25f.; Neh 8,1–9) in die zweite Hälfte des fünften Jahrhunderts datiere.

Auch die in V. 26 genannten Opfer verweisen auf einen nachexilischen Kontext. Alle vier Arten – Brand-, Schlacht-, Speiseopfer und Weihrauch – begegnen nur ein weiteres Mal in Jes 43,23. Die Reihe der ersten drei ist auch in Jer 33,18 [MT+]; Lev 23,37; Jos 22,29 und Ps 40,7 belegt. Bei den zusätzlich in V. 26b genannten Dankopfern handelt es sich um eine Opferart, die sich erst als Teil des nachexilischen Kultes am Zweiten Tempel herausgebildet hat (vgl. Lev 7,12–15; 2 Chr 29,31; 33,16). Da diese Opfer als Gaben von Menschen aus dem Umkreis Jerusalems beschrieben werden, avisiert der Vers eine rege Tempelwirtschaft, deren Einzugsgebiet das ehemalige Gebiet Judas ist. Diese Vision eines einzigen, aus allen Himmelsrichtungen aufgesuchten Heiligtums entspricht weder der vorexilischen Situation, in der es in allen größeren Orten Heiligtümer gab, noch der in Jer 7,21f.; 11,15 erkennbaren opferkritischen Haltung, die auf die exilische Buchredaktion zurückgeht. Da die Gabenträger*innen (vgl. מבאים, V. 26a) nicht als Judäer*innen bezeichnet werden, entfaltet der Text die nachexilische Vorstellung von der Völkerwallfahrt zum Zion (vgl. Jes 2,1–5 par. Mi 4,1–5; Jes 60,4–9).

Synthese

Jer 17,19–27 ist eine literarisch weitgehend einheitliche, nachexilische Rede, die im Rückgriff auf das Sabbatgebot des Dekalogs (Dtn 5,12) die Einhaltung der Sabbatruhe fordert und sie zum Kriterium für Wohl und Wehe Jerusalems und Judas erklärt. Im jetzigen Kontext formuliert sie eine bedingte Heilsperspektive für Jerusalem.

Das Verbot des Lasttragens am Sabbat setzt den Bericht Nehemias über seine Maßnahmen zur Durchsetzung eines Handelsverbotes am Sabbat voraus (Neh

---

121 GRUND, Entstehung des Sabbats, 130–133.

13,15–22). Die Rede eröffnet nachexilischen Leser*innen, die in der wieder aufgebauten Stadt Jerusalem leben, zwar eine Handlungsalternative, beschreibt jedoch die Einhaltung der Sabbatruhe als einzig sinnvolles Verhalten. Die Heilsverheißung avisiert die Wiedererrichtung des davidischen Königtums und die Ausweitung des Einzugsbereichs des Zweiten Tempels auf das ehemalige Gebiet Judas.

Die Rückprojektion der Rede in die Zeit vor der Zerstörung Jerusalems legitimiert einerseits die Forderung der Sabbatruhe, indem sie Jeremia als einen Lehrer der Tora charakterisiert, der das dekalogische Feiertagsgebot aktualisierend auslegt. Andererseits impliziert sie, die Zerstörung Jerusalems wäre nicht eingetreten, hätten die Zeitgenossen Jeremias auf dessen Mahnung gehört.

Die Fokussierung der Gerichtsbegründung auf ein einzelnes Gebot lässt die Sabbatheiligung als Summe und Zentrum der Tora erscheinen. Diese Vorstellung wird in der rabbinischen Auslegung von Ex 16,27 in bShab 118b noch verschärft: Niemand hätte über Israel Gewalt gehabt, wenn die Menschen den ersten Sabbat (als sie das Manna in der Wüste entdeckten) beachtet hätten. Würden alle Israelit*innen zwei Sabbate hintereinander nach der Vorschrift halten, dann würde Israel sofort erlöst werden (was aus der Kombination von Jes 56,4.7 erschlossen wird).[122]

---

122 Vgl. Goldschmidt, Lazarus (Hg.), Der babylonische Talmud. Mit Einschluß der vollständigen Mišnah. Bd 1,2, Haag: Martinus Nijoff 1933, 604.

Jer 18,1 – 20,18: Jeremia verkörpert den Untergang

Textabgrenzung und Kommunikationsstruktur

18,1 dient als Überschrift zu einer Komposition, die zwei Szenen prophetischen Lebens parallelisiert. Sie sind durch das Stichwort „Töpfer" (18,2–6; 19,1) verbunden. An Erzählungen über eine Symbolhandlung (18,2–12.18*; 19,1 – 20,6), die jeweils auf die Verfolgung des Propheten hinweisen, schließt sich in beiden Fällen ein Klagegebet (18,18–23; 20,7–18) an. In die erste Erzählung ist ein Unheilswort (18,13–17) eingeschaltet, das zu namenlosen Adressat*innen über die Zukunft des Volkes spricht. Die zweite Erzählung beginnt mit Jeremias Zitat der Gottesworte bezüglich der Symbolhandlung mit dem Krug und deren Deutung (19,1–13). Es folgen ein Bericht des Bucherzählers über Jeremias Konflikt mit dem Priester Paschhur (19,14 – 20,6), der ein individuelles Unheilswort gegen diesen (20,3b–6) enthält, sowie Jeremias Klage (20,7–13) und Fluchwort (20,14–18). Diese fünfte Klage Jeremias ist stärker mit dem Kontext verknüpft als die vierte (18,18–23).

Die Komposition ist Ergebnis redaktioneller Zusammenstellung, wobei im MT 18,2 – 19,13 rhetorisch als Erzählung Jeremias und 19,14 – 20,6 als Bericht des Bucherzählers gestaltet sind. Die folgende Gliederung bietet einen ersten Überblick und wird in der synchronen Analyse der vier größeren Abschnitte jeweils begründet.

18,1–17	Jeremias Besuch im Haus des Töpfers
18,1	Einleitung des Bucherzählers (jetzt zu 18,1 – 20,18)
18,2–6	Das Handeln des Töpfers und Gottes Deutung
18,7–10	Eine zweite, generelle Deutung
18,11f.	Jhwhs Umkehrruf und dessen Ablehnung
18,13–17	Unheilswort über das Volk
18,18–23	Jeremias vierter Klagediskurs
18,18	Der Anlass: Jeremias Gegner schmieden ein Komplott
18,19–23	Jeremias Klage und Bitte um Vergeltung
19,1–13	Das Zerbrechen des Kruges als Symbol für den Untergang
19,1f.	Jhwhs Auftrag an Jeremia
19,3–9	Jhwhs Gerichtswort gegen Juda
19,10–13	Jhwhs Befehl zum Zerbrechen des Kruges und dessen Deutung
19,14 – 20,18	Jeremias fünfter Klagediskurs
19,14 – 20,3a	Jeremias öffentliche Demütigung durch Paschhur
20,3b–6	Jeremias Unheilswort gegen Paschhur
20,7–13	Jeremias letzte Klage
20,14–18	Verfluchung des Tags der Geburt

Jer 18,1–17: Jeremias Besuch im Haus des Töpfers

K1 K2 K3 K4 K5

1 Das Wort, das an Jeremia von Jʜᴡʜ erging:

2 Mach dich auf und geh zum Haus des Töpfers hinab,

und dort werde ich dich meine Worte hören lassen[a].

3 Da ging ich zum Haus des Töpfers hinab und siehe, er war gerade bei der Arbeit an der Töpferscheibe[a]. 4 Missriet[a] aber das Gefäß, das er [aus Ton][b] machte, in der Hand des Töpfers, so wandte er sich um[c] und machte (daraus) ein anderes Gefäß, wie es in den Augen des Töpfers recht war zu tun.

5 Da erging das Wort Jʜᴡʜs an mich:

6 Kann ich nicht wie dieser Töpfer an euch handeln, Haus Israel? [– Spruch Jʜᴡʜs]. Siehe, wie der Ton [in der Hand] des Töpfers, [so] seid ihr in meiner Hand[, Haus Israel]! 7 Einmal kündige[a] ich einem Volk und einem Königreich an, (es) zu entwurzeln [und einzureißen] und zu vernichten. 8 Kehrt aber jenes Volk von seiner Bosheit um, [die ich ihnen angekündigt habe,][a] dann lasse ich mich des Unheils gereuen, das ich plante, ihm anzutun. 9 Ein anderes Mal aber kündige ich einem Volk und einem Königreich an, (es) aufzubauen und zu pflanzen. 10 Tut es aber, was in meinen Augen böse ist, indem es nicht auf meine Stimme hört, dann lasse ich mich des Guten gereuen, das ich ihm zu tun versprach. 11 Jetzt aber, sprich [doch] zu den Männern Judas und zu den Einwohnern Jerusalems [folgendermaßen[a]: So spricht Jʜᴡʜ]:

Siehe, ich bilde gegen euch Unheil und fasse gegen euch einen Plan. Kehrt [doch] um, jeder[b] von seinem bösen Weg, und bessert [eure Wege und][c] eure Taten.

12 Sie ₍ₘₑᵣₓₑₙ ₛₐₘₑₙ₎/ sagten[a]:

„Umsonst![b] Denn wir wollen unsere (eigenen) Pläne[c] verfolgen, und jede Person handelt (gemäß) der Verstocktheit ihres bösen Herzens."

13 Deshalb, so spricht Jʜᴡʜ:

Fragt doch unter den Völkern:

Wer hat dergleichen gehört?

Ganz Grässliches hat getan

die junge Frau Israel!

14 Schwindet etwa vom höchsten Felsen[a]

der Schnee des Libanon?

Oder werden herausgerissen /ᵥₑᵣₛᵢₑₘₑₙ[b] die Wasser von ferne[c],

die kalten[d], dahinfließenden?

15 Ja, mein Volk hat mich vergessen,

den Nichtsen[a] räuchern sie.

Die ließen sie straucheln[b] auf ihren Wegen,

den altbekannten Bahnen,

so dass sie Pfade gehen,

einen ungebahnten Weg,

K1 K2 K3 K4 K5

> 16 so dass ihr Land zu einer Ödnis wird,
>> zum (Anlass für) ewiges Gezisch[a].
> Jede Person, die es durchzieht, wird sich entsetzen
>> und den Kopf schütteln.
> 17 Wie der Ostwind werde ich sie zerstreuen
>> vor dem Feind.
> [Den Nacken, nicht das Gesicht] werde ich sie sehen
> lassen[a] [am] Tag ihres Verderbens.

Anmerkungen zu Text und Übersetzung

* In der Übersetzung sind Kommunikationsebenen durch Einrücken dargestellt, in 18,13–17 auch parallele Stichen poetischer Verse. Zum System der Klammern und Kleinschreibung s. o. S. 22.

2a LXX „du sollst hören" liest wohl תשמע (MT אשמיעך).

3a MT wörtlich: „auf den beiden Steinen". Eine Töpferscheibe besteht aus zwei über eine vertikale Achse verbundenen Steinscheiben. Die untere wird mit der Hand zum Rotieren gebracht, sodass sich auch die obere dreht, auf der das Gefäß geformt wird; vgl. BRL[2], 345f.

4a MT ונשחת hat hier konditionale Konnotation i. S. v. „jedes Mal, wenn" und meint einen wiederholten Vorgang; vgl. GBH § 167b. LXX gibt das Verb שחת Nif. „verdorben sein, missraten" mit διαπίπτω „zerfallen" wieder, was in Jer[LXX] 19 Leitwortcharakter hat; vgl. Finsterbusch/Jacoby, MT-Jeremia 1–24, 200.

4b Die prämasoretischen Bearbeiter explizieren in V. 1–12 den vorliegenden Text durch Zusätze, deren Wortschatz meist aus dem unmittelbaren Kontext stammt; vgl. Stipp, Sondergut, 94–98.

4c Die Übersetzung folgt der umständlichen Formulierung im hebräischen Text, da das Verb שוב „umkehren, sich wenden" Leitwort des Abschnitts ist.

7a דבר על Pi. „reden gegen" bezieht sich auf eine Ankündigung, die das Volk hört (V. 10). LXX übersetzt die jiqtol-Form hier und in V. 9 mit Futur. Sie ist aber iterativ zu verstehen.

8a Der prämasoretisch hinzugefügte Relativsatz führt zu einer sinnlosen Aussage, weil das Wort רעה hier nicht (wie in 19,15; 35,17; 36,31) das von Jhwh angekündigte Unheil, sondern die Bosheit des Volkes meint; vgl. Stipp, Sondergut, 96. Wahrscheinlich wurde eine Randglosse an der falschen Stelle eingefügt; so auch Wanke, ZBK, 172.

11a לאמר wird hier ausnahmsweise übersetzt, um anzuzeigen, dass es, wie die folgende Botenformel, prämasoretisch hinzugefügt wurde. Ein ähnlicher Fall liegt in 11,21 vor.

11b איש meint hier „jede einzelne Person"; vgl. GBH § 147d; Jer 25,5; 26,3; 35,15; 36.3.7.

11c Der Zusatz in MT gleicht an 7,3.5; 26,13 an.

12a LXX setzt eine wajjiqtol-Form ויאמרו voraus (vgl. 2,25b) oder liest ואמרו als qatal-Form mit waw copulativum; diese Lesart wird von V gestützt; die MT-Punktierung als w[e]qatal-Form reagiert auf die Einschaltung von V. 13–17; vgl. Wanke, ZBK, 172.

12b LXX liest נואש hier wie in 2,25 mit Bezug auf איש: „wir werden handeln wie ein Mann"; vgl. Finsterbusch/Jacoby, MT-Jeremia 1–24, 202.

12c LXX τῶν ἀποστροφῶν ἡμῶν geht auf משבותינו zurück, ein Lesefehler von מחשבותינו (so MT; in V. 11a in Bezug auf Jhwh gebraucht). Vgl. Finsterbusch/Jacoby, MT-Jeremia 1–24, 202.

14a LXX liest שדי als שַׁד „Mutterbrust" (MT שָׂדַי „Feld") und teilt in zwei Fragen auf „werden schwinden vom Felsen Brüste oder Schnee vom Libanon?" Ist der hebräische Konsonantentext bereits schwer zu verstehen, so erscheint die griechische Übersetzung unverständlich; vgl. STIPP, Sondergut, 40f.; McKANE, ICC, 430; FINSTERBUSCH/JACOBY, MT-Jeremia 1–24, 204. Mit BARBIERO ist שַׁדַי als Superlativ „höchster" zu lesen, was sich auf den höchsten Berg des Libanon, den Hermon, beziehen kann; vgl. BARBIERO, Vom Schnee des Libanon, 378f.

14b MT יִנָּתְשׁוּ „sie werden entwurzelt, herausgerissen" passt auf den ersten Blick nicht zu Wasser, daher wird meist mit LXX ἐκκλίνω „versiegen" gelesen, was ינשתו in der Vorlage voraussetzt; vgl. BHS; McKANE, ICC, 429. Mit BARBIERO (Vom Schnee des Libanon, 381) bezieht sich das Herausreißen aber nicht auf die Wasser, sondern auf das Flussbett des Jordan, der u. a. vom Schmelzwasser des Libanon gespeist wird.

14c Die „fremden Wasser" (vgl. 2 Kön 19,24) sind mit BARBIERO (Vom Schnee des Libanon, 380) die vom Libanon her fließenden Wasser des Jordan. McKANE (ICC, 430f.) diskutiert die zahlreichen Konjekturen der Kommentare und bestimmt die Wasser als „von ferne her kommend".

14d LXX liest קדים „Ostwind" anstelle von קרים „kalte".

15a לשוא betont in 2,30; 4,30; 6,29; 46,11 die Vergeblichkeit der jeweiligen Handlung, bezieht sich hier aber auf fremde Gottheiten, denen Räucheropfer zuteilwerden (vgl. Ps 31,7; Jona 2,9).

15b LXX ἀσθενήσουσιν „sie werden schwach sein" setzt ויכשלו als jiqtol-Form von כשל Nif. mit waw copulativum voraus, während MT וַיַּכְשִׁלוּם als wajjiqtol im Hif. punktiert, das vorher genannte „Nichtige" auf fremde Gottheiten bezieht und als plur. Subjekt versteht; vgl. FINSTERBUSCH/JACOBY, MT-Jeremia 1–24, 204; BARBIERO, Vom Schnee des Libanon, 383. MT ist kaum verständlich und wird von den Versionen unterschiedlich gedeutet; vgl. McKANE, ICC, 432f.

16a Das Ketiv שרוקת enthält wohl einen Schreibfehler, Qere שְׁרִיקֹת „Gepfeife" ist ein Ausdruck für Spott und Verachtung; vgl. 19,8 und FINSTERBUSCH/JACOBY, MT-Jeremia 1–24, 205.

17a Gegen die Punktierung als Qal ist אראם mit LXX, Origenes, V und S als Hif. zu lesen; vgl. BHS; McKANE, ICC, 434. LXX bietet mit „ich werde ihnen den Tag ihres Untergangs zeigen" die kürzere und wohl ursprüngliche Lesart. Die Wendung „den Nacken, nicht das Gesicht" in MT charakterisiert JHWHs Handeln entsprechend 2,27; 32,33 (das Volk wendet Gott den Nacken zu). Der prämasoretische Zusatz hat wohl die Masoreten veranlasst, das Verb als Qal-Form zu punktieren: „Den Nacken, nicht das Angesicht werde ich sehen". BARBIERO (Vom Schnee des Libanon, 389) deutet MT so, dass JHWH den fliehenden Judäer*innen hinterher schaue.

Synchrone Analyse

Rhetorische Struktur   Jer 18,1 setzt mit einer Wortereignisformel im Relativsatz ein, die das Buch strukturiert, hier jedoch, anders als 7,1[MT⁺]; 11,1; 21,1, als Einleitung des Bucherzählers bis 19,13 reicht, da er in 19,14 erneut spricht. Sie passt nicht zum folgenden Selbstbericht Jeremias. Dieser bietet typische Elemente der Gattung Symbolhandlung – Befehl zur Handlung (V. 2), Bericht über die Ausführung (V. 3f.) und Deutung (V. 5f.) –, obwohl diese von einem Töpfer, nicht von Jeremia selbst ausgeführt wird. Rhetorisch betrachtet umfasst Jeremias Selbstbericht V. 5–17. Allerdings enthält er einige unklare Übergänge und trägt sehr Unterschiedliches vor:

> Auf eine direkt an das Haus Israel adressierte Frage und Antwort (V. 6) folgt in V. 7 10 eine Geschichtsreflexion, die JHWHs zerstörendes und aufbauendes Handeln ausmalt. Der erneute Redeauftrag in V. 11 knüpft mit der singulären Formulierung אנכי יוצר „ich

töpfere/bilde" an das Stichwort „Töpfer" an und wandelt so die sonst übliche Aussage „ich bringe Unheil über" (4,6; 6,19; 11,11.23; 19,3; 23,12) für den Kontext ab. Der Übergang von V. 11 zu V. 12 ist rhetorisch unklar, da das Zitat des Volkes in V. 12 nach der wohl älteren, in LXX bewahrten Fassung, einen Einwand Jeremias, nach MT jedoch eine weitere Ankündigung JHWHs darstellt. In beiden Fällen dient das Zitat als inhaltlicher Anknüpfungspunkt für die in V. 13 mit Botenformel in der üblichen Funktion eingeleitete Unheilsankündigung. Während der Selbstbericht in Prosa gehalten ist, sind V. 13–17 poetisch formuliert.

Jeremia muss zum Haus des Töpfers *hinabgehen*, weil am Fuße des Kidron- oder Hinnom-Tales Ton und zum Töpfern nötiges Wasser leichter zugänglich sind. Allerdings ist eine genaue Lokalisierung für die Erzählung unwichtig. Jeremia beschreibt in V. 3f. die alltägliche Arbeit des Töpfers: Auf der drehbaren Töpferscheibe bildet er mit den Händen ein Gefäß aus Ton. Missrät es, drückt er es wieder zu einem Tonklumpen zusammen und macht ein anderes daraus. Dieser an sich unspektakuläre Vorgang wird durch die Ankündigung eines Gotteswortes (V. 2b) und dessen Eintreffen (V. 5) bedeutungsvoll aufgeladen. JHWH vergleicht sich mit dem Töpfer und das Volk mit dem Ton. Er beantwortet die rhetorische Frage (V. 6a) selbst: Das Haus Israel, d. h. das ganze Volk, ist „wie Ton" in JHWHs Hand, was impliziert, dass er mit ihm nach Gutdünken verfahren kann. Im Kontext der Erzählung ist dies als Drohung zu verstehen: Hält JHWH sein Volk für „missraten", kann er es ohne weiteres zerstören. Der Vergleich JHWHs mit einem Töpfer findet sich sonst in späten Texten des Jesajabuches (Jes 29,15f.; 45,9f.; 64,7f.), die ebenfalls die Souveränität Gottes betonen.[1]

> 18,2–6
> Das Handeln
> des Töpfers

Auf diese erste Deutung des Töpferns folgt in V. 7–10 eine zweite, die den Blick auf Gottes Handeln an den Völkern weitet. Über den Vergleich von Volk und Tongefäß hinaus bezieht sie das Verhalten des jeweiligen Volkes ein und stellt es als Auslöser für die „Reue" Gottes dar – im negativen wie positiven Sinne. Zunächst bezeichnet JHWH seine Unheilsankündigung an einem beliebigen Volk als „entwurzeln" (נתש), „einreißen" (נתץ, MT⁺) und „vernichten" (אבד Hif.). Führe dies zur Umkehr des Volkes, so werde er Reue über das geplante Unheil zeigen, d. h. dieses nicht eintreffen lassen (V. 8). Der zweite Fall bezieht sich mit den Verben „aufbauen" (בנה) und „pflanzen" (נטע) auf eine Heilsankündigung. Hört dieses Volk aber nicht auf JHWH und tut, was Gott als böse qualifiziert, so bewirkt dies die Abkehr JHWHs von seinem Heilshandeln. Hier ist das Motiv des Töpferns verlassen, und das Handeln JHWHs wird universalisiert, im Guten wie im Bösen als Reaktion auf das Handeln des Volkes dargestellt.

> 18,7–10
> JHWHs
> Handeln an
> den Völkern

Die in V. 7–10 genannten drei negativen und zwei positiven Verben greifen auf die Berufungserzählung zurück, derzufolge Jeremia über die Völker und Königreiche eingesetzt ist, um Unheil und Heil wirkend zu handeln (1,10). Über die Verbenreihe ist 18,7–10 auch mit der Reflexion über das Schicksal der Nachbarvölker Israels in 12,14–17 verbunden, die JHWHs Handeln als Abfolge von Zerstörung und – falls sie sich zu ihm bekehren – Wiederaufbau darstellt.

Das Motiv der Reue Gottes findet sich noch in 26,3.13.19; 42,10 als Abkehr von einem Strafvorhaben sowie als fehlende Reue angesichts von Judas bzw. Jerusalems Fehlverhalten in 4,28; 15,6; 20,16. Es porträtiert JHWH als lebendige Gottheit, die auf das Verhalten ihrer Anhänger*innen reagiert und sich in der Geschichte un-

---

1   Mit WANKE (ZBK, 172), der daraus nichts für die Datierung von Jer 18,2–6 folgert.

heil- oder heilwirkend erweist. Bedeutsam ist, dass in 18,7–10 wie in 26 und 42,10 die Reue nicht als einmalige Durchbrechung des göttlichen Strafwillens in letzter Minute, sondern als ständig gültiges Angebot aufgefasst wird,[2] so dass alle Generationen des Volkes zur Umkehr aufgefordert werden.

**18,11f.
Abgelehnter
Umkehrruf**

Mit einem erneuten Redeauftrag an Jeremia greift V. 11 auf V. 6 zurück und identifiziert die dort „Haus Israel" genannte Gruppe mit den Männern Judas und den Einwohner*innen Jerusalems. Das Verb יצר „töpfern, bilden" führt die Symbolik des Töpferns fort, bricht sie aber zugleich auf, insofern die Adressat*innen nicht mehr als rein passiver Ton verstanden werden. Jнwн kündigt an, er werde Unheil bilden, und ruft erneut zur Umkehr auf. Die auf eine einzelne Person fokussierte Umkehrforderung in V. 11b findet sich noch in 25,5; 26,3; 35,15; auch dort finden sich die Stichworte „Wege" und „Taten" (vgl. noch das Motiv der „Besserung" in 7,3; 26,13; 35,15). Diese Möglichkeit der Umkehr wird jedoch durch das folgende Zitat der Adressat*innen zunichtegemacht, das bekannte Aussagen kombiniert: נואש „umsonst" (2,25), „die eigenen Pläne" (4,14) und „der Verstocktheit des bösen Herzens folgen" (3,17; 7,24; 9,13; 11,8; 16,12). Dieser Inhalt erweist es als fiktives Zitat, das die Zitierten als völlig uneinsichtig, eigensinnig und wesenhaft verhärtet darstellt. Diese negative Charakterisierung der Adressat*innen dient als Schuldaufweis für die folgende Unheilsankündigung.

**18,13–17
Unheilswort**

Das poetische Unheilswort verbindet eine Anklage (V. 13–15a) mit der Beschreibung der Folgen (V. 15b–16) und einer kurzen Ankündigung (V. 17), die über die vom Unheil Betroffenen spricht. Die Aufforderung an nicht näher bezeichnete Adressat*innen, bei den Völkern nachzufragen, ob es etwas Vergleichbares gebe, hat eine enge Parallele in der Frage an die Inseln (2,10). Zielt V. 7–10 auf das Verhalten des einen oder anderen Volkes, so werden in V. 13 die Völker insgesamt als Zeugen für das unvergleichlich grässliche Tun Israels aufgerufen. Wie in 3,6–11 und 31,4.21 wird Jнwнs Volk mithilfe des Titels בתולה „junge Frau" weiblich personifiziert. Was sie „Grässliches" (שעררת) getan hat, wird aber nicht gesagt. „Grässliches" meint in 5,30; 23,14 das Fehlverhalten von Prophet*innen (und Priestern) und klingt im Hebräischen an die „Herzensverhärtung" (שררות לב) in V. 12 an.

Die beiden rhetorischen Fragen in V. 14 verweisen auf äußerst unwahrscheinliche Wetterlagen: Weder schmilzt am höchsten Berg des Libanon der Schnee noch verlassen die vom Libanon fließenden Wasser des Jordan ihr Flussbett. Die Fragen bilden die Folie, vor der das Handeln Israels als gegen jegliche Ordnung gerichtet erscheint. Der Vorwurf, Jнwн zu vergessen und fremden Gottheiten Räucheropfer zu spenden, verbindet zwei Leitmotive der stereotypen Schuldaufweise im Jeremiabuch. Dabei spricht die Bezeichnung שוא „nichtig, vergeblich" diesen Gottheiten jegliche Wirksamkeit ab (vgl. Jona 2,9). Somit charakterisiert V. 13–17 Israels Abkehr von Jнwн als uneinsichtiges, ja gegen die eigene Natur gerichtetes Verhalten, das in die Irre führt.

Als Folge dieser Abkehr wird das Land veröden und Anlass für dauerhaftes Gezisch sein (V. 16). Wie das Kopfschütteln drückt diese Geste das Entsetzen derer aus, die das Geschehen als Außenstehende betrachten. Dieses Motiv begegnet in der Hebräischen Bibel so häufig, dass es wohl als Verwünschung zu verstehen ist,

---

2 Mit Jeremias, Reue Gottes, 77.

obwohl es in altorientalischen Fluchkatalogen fehlt.[3] Die unausweichliche Verödung wird in V. 17 als von Jhwh herbeigeführte Strafe charakterisiert, der in das Kriegsgeschehen eingreift und sein Volk vor dem Feind zerstreut. Ein solcher „Tag des Verderbens" wird im Jeremiabuch sonst nur Ägypten angedroht (46,21; vgl. noch Dtn 32,35; Obd 1,13).

Diachrone Analyse

Vorexilisch	Exilisch	Nachexilisch
	18,2–6.11f. R^{GÄ}	18,1
	18,13–17 R^{Gola}	18,7–10 R^{Völker}

Die erzählte Symbolhandlung (V. 2–6) ist literarisch einheitlich, denn das in V. 2 angekündigte Gotteswort an Jeremia ergeht in V. 5f. Ihre Deutung in V. 11f. identifiziert die Angesprochenen mit den Menschen aus Juda und Jerusalem und fordert sie zur Umkehr auf, betont jedoch zugleich, dass sie den Umkehrruf absichtlich ignorieren. Die Symbolhandlung wurde wohl ähnlich wie 13,1 eingeleitet. Die jetzige Überschrift des Bucherzählers (18,1) hat bei der Zusammenstellung der Kapitel diese ältere Einleitung verdrängt.

18,2–6.11f. Exilische Symbolhandlung

Der Interpretation von 18,2–6 als eigenständige, autobiographische Erzählung Jeremias[4] steht entgegen, dass sie nur von der grundsätzlichen Möglichkeit Jhwhs handelt, Israel nach seinem Willen zu formen. Erst die als Redeauftrag an Jeremia eingeleitete Deutung in V. 11f. verleiht dem Vergleich mit dem Töpfer ein argumentatives Ziel, nämlich Jhwhs Zerstören des Gefäßes als Reaktion auf die Abwendung des Volkes zu betrachten. Damit setzt 18,2–6.11f., wie die Symbolhandlung vom verrotteten Leinenschurz (13,1–11), die Katastrophe bereits voraus. Der literarische Jeremia argumentiert, die Judäer*innen seien nicht zur Umkehr bereit und daher als missratene Gefäße anzusehen, die zerstört werden mussten.

Die Deutung des Handelns des Töpfers in V. 6.11f. wurde aufgesprengt durch eine spätere Interpretation, die Jhwhs zerstörendes *und* aufbauendes Handeln ausmalt. Sie greift das Motiv des Bildens von Unheil in V. 11 auf, weitet es auf Jhwhs heilvolles Handeln und auf seine Herrschaft über alle Völker aus. Aufgrund der universalen Perspektive, der Aufnahme der Verben aus 1,10 sowie des Motivs des göttlichen Unheils- und Heilshandelns sind V. 7–10 der frühnachexilischen Völker-Redaktion zuzurechnen.

18,7–10 Nachexilische Deutung

Dass poetische Texte im Jeremiabuch nicht zwangsläufig vorexilisch sind, zeigt das Unheilswort in V. 13–17. Die rhetorische Eingangsfrage nach der Vergleichbarkeit der Taten Israels entspricht den rückblickenden Fragen in 2,10 und 8,4–7. Der Abschnitt greift die Wegmetaphorik von Jer 2,1 – 4,2 auf und personifiziert das Volk als „junge Frau Israel" wie sonst nur 3,6–11 und 31,4.21. Mit dem Vorwurf

18,13–17 Spätexilisches Unheilswort

---

3 Vgl. Lev 26,32; 1 Kön 9,6–9 par. 2 Chr 7,19–22; 2 Chr 29,8; Jer 19,8; 25,9.18; 29,18; 49,17; 50,13; 51,37; Klgl 2,16; Ez 26,16; 27,35f.; 28,19; Mi 6,16; Zef 2,13–15 und Hillers, Treaty-Curses, 76.

4 Vgl. Thiel, Redaktion I, 212; McKane, ICC, 423 (nur 18,1–4); Schmidt, ATD 20, 312.

des Vergessens und der Räucheropfer folgt das Unheilswort der geschichtsätiologischen Beurteilung Judas, die Jer 1–25 dominiert. So werden die Folgen der Abkehr von Jhwh und Hinwendung zu anderen Gottheiten mit bekannten Wendungen beschrieben: „straucheln auf den Wegen" (6,15 = 8,12; 46,6.12.16), „altbekannte Pfade" (6,16), שִׂים לְשַׁמָּה „zur Ödnis machen" (V. 16; vgl. 2,15; 4,7; 19,8; 25,9), פוץ Hif. „zerstreuen" (V. 17; vgl. 9,15; 10,21). Das Motiv des ungebahnten Weges (דרך לֹא סְלוּלָה) begegnet nur hier im Jeremiabuch, erinnert aber an den Aufruf Deuterojesajas, den Heimkehrenden einen gebahnten Weg zu bereiten (Jes 57,14; 62,10). In einer wohl eigens geschaffenen Formulierung werden die fremden Gottheiten „Nichtiges" genannt, was eine fortgeschrittene Stufe der Götzenpolemik darstellt.[5] Dass Israels geradezu widernatürliches Verhalten zur völligen Zerstreuung führt und das Land zur Ödnis macht, erinnert an die Vision vom leeren, ins Chaos zurückgefallenen Land (4,23–26). V. 13–17 verschärft so die Schuldthematik und behauptet eine dauerhafte Unbewohnbarkeit Judas, was der Sicht der golaorientierten Redaktion und ihrer Vorstellung vom leeren Land entspricht.

Synthese

Jeremias Selbstbericht von seinem Besuch beim Töpfer und die Deutung, Jhwh könne mit seinem Volk nach Belieben verfahren wie ein Töpfer mit dem Ton (V. 6), begründen im Rückblick auf die Katastrophe Gottes Handeln: Der Umkehrruf an jede und jeden Einzelnen verhallte ungehört, denn die Menschen folgten ihren eigenen Plänen, was aus Gottes Perspektive die „Verhärtung ihres bösen Herzens" darstellt (V. 11f.). Wie die Symbolhandlungen mit dem Lendenschurz (13,1–11), der sozialen Isolation Jeremias (16,2–9.16–18) und dem zerbrochenen Krug (19,1–13*) interpretiert auch die vom Besuch beim Töpfer den eigentlich unfassbaren Untergang. Sie stellt Jhwhs Gerichtshandeln an Juda und Jerusalem als zwangsläufige Reaktion auf die Abkehr von Gott dar und entlastet diesen vom Vorwurf, er habe sein Volk nicht gewarnt und unverhältnismäßig gestraft. Diese Begründung der geschichtsätiologischen Redaktion wird durch das von der golaorientierten Redaktion hinzugefügte Unheilswort (V. 13–17) noch verschärft. Es ruft die Völker zu Zeugen für das grässliche Tun der „jungen Frau Israel" auf und zeichnet dieses als gegen jegliche Ordnung gerichtet. Ihre Situation wird als aussichtslos geschildert: Sie ist gestrauchelt, muss auf ungebahnten Wegen gehen, ist in alle Winde zerstreut und ihr Land ist verödet, so dass sich jede vorübergehende Person entsetzt. Dieser Zustand wird auf die Verehrung fremder Gottheiten zurückgeführt, die Israel in die Irre führten.

Im Kontrast dazu zeigt der ebenfalls zugefügte Abschnitt V. 7–10 einen möglichen Ausweg auf, indem er im Rückgriff auf 1,10 Jhwhs Handeln universalisiert, als Unheils- und Heilshandeln an allen Völkern ausmalt. Analog zur Deutung von Judas Untergang als Reaktion Jhwhs korreliert auch Gottes Verhalten mit dem des jeweiligen Volkes. Diese Alternative zeichnet zum einen Jhwh als Lenker der Geschichte aller Völker und zum anderen als eine Gottheit, die die Umkehr als

---

5   Mit Bezzel, Konfessionen, 197; vgl. הַבְלֵי־שָׁוְא „nichtige Götzen" Jona 2,9; Ps 31,7.

ständig gültiges Angebot aufrechterhält. Beide Aspekte spiegeln die nachexilische Hoffnung auf eine Erneuerung der Beziehung Israels zu seinem Gott.

Jer 18,18–23: Jeremias vierter Klagediskurs

18 Sie sagten:

 Auf, lasst uns gegen Jeremia Pläne schmieden, denn weder wird die Weisung dem Priester ausgehen noch der Rat dem Weisen oder das Wort dem Propheten.[a] Auf, lasst uns ihn schlagen mit der Zunge und [nicht][b] auf all seine Worte achten.

19 Achte, JHWH, auf mich   Jeremia klagt

 und höre auf die Stimme meiner Rechtsgegner /_{meines Rechtsstreits}[a].

20 Soll Gutes mit Bösem vergolten werden?

Denn sie haben mir eine Grube gegraben /_{sie redeten Reden gegen mich <und ihre Bestrafung verbargen sie vor mir>}[a].

Erinnere dich, dass ich vor dir stand,

 Gutes über sie zu reden,

  deinen Zorn von ihnen abzuwenden.

21 Darum übergib ihre Kinder dem Hunger

 und gib sie der Gewalt des Schwertes preis,

sodass ihre Frauen der Kinder beraubt und zu Witwen werden.

 Und ihre Männer sollen Opfer des Todes werden,

  ihre jungen Männer vom Schwert Erschlagene im Krieg.

22 Klagegeschrei soll aus ihren Häusern zu hören sein,

 [wenn] du plötzlich eine Streifschar über sie bringst,

denn sie haben eine Grube gegraben /_{ein Wort unternommen}[a], mich zu fangen,

 und meinen Füßen versteckt Fallen gestellt.

23 Du aber, JHWH, du hast erkannt

 alles, was sie gegen mich beratschlagen[a] zum Tod.

Vergib ihre Schuld nicht,

 und ihre Sünde tilge[b] nicht vor dir.

Sie sollen Gestrauchelte sein /_{Ihre Schwäche werde (sichtbar)}[c] vor dir;

 zur Zeit deines Zorns tue (es) ihnen an!

Anmerkungen zu Text und Übersetzung

* In der Übersetzung sind parallele Stichen durch Einrückung kenntlich gemacht, Prosaverse füllen die Zeilen aus. Zum System der Klammern und Kleinschreibung s. o. S. 22.

18a Im Hebräischen und Griechischen sind die Berufsbezeichnungen sowie Weisung, Rat und Wort ohne Artikel gebraucht; im Deutschen wurden die Artikel aus Gründen der Prägnanz gewählt.

18b Nach LXX beachten die Gegner*innen Jeremias Worte genau, um ihn „mit der Zunge (zu) schlagen". Angesichts der von Priester, Weisem und Prophet mündlich erteilten Botschaft meint die Wendung wohl einen mündlichen Schlagabtausch. T versteht das als „verleumden". Die Verneinung in MT drückt dagegen die auch sonst im Buch betonte bewusste Missachtung der Worte Jeremias aus. 4QJer^a stützt die Lesart von MT; vgl. DJD XV, 165. Beide Varianten machen Sinn und wurden wohl parallel zueinander überliefert.

19a LXX liest wohl ריבי „mein Rechtsstreit" wie in 11,20; 20,12, während MT יריבי „die mit mir einen Rechtsstreit führen" bietet (vgl. Ps 35,1; Jes 49,25).

20a LXX liest die Konsonantenfolge כרו שוחה als דברו שיחות „sie redeten Reden", vielleicht beeinflusst durch die Wendung „mit der Zunge schlagen" (V. 18b), während MT als שׁוּחָה „Grube" punktiert ist. Außerdem ergänzen die Übersetzer mit Blick auf V. 22 καὶ τὴν κόλασιν αὐτῶν ἔκρυψάν μοι „und ihre Bestrafung verbargen sie vor mir", was nach STIPP (Sondergut, 146) eine Glossierung aus dem unmittelbaren Kontext darstellt; vgl. BEZZEL, Konfessionen, 184f. Da כי־כרו שוחה לנפשי das Argument von V. 22b vorwegnimmt und das Metrum stört, verstehen RUDOLPH (HAT, 122) und WANKE (ZBK, 176) den Satz als Glosse. Ähnlich MCKANE, ICC, 439f.

22a Das Qere שׁוחה gleicht an die Schreibweise von V. 20 an, ist aber bedeutungsgleich mit dem Ketiv שׁיחה, das auch in 4QJer^a belegt ist; vgl. DJD XV, 165. LXX liest wie in V. 20 שׁיחה „Rede" und übersetzt כרה „graben" mit ἐγχειρέω „unternehmen", was als „einen Plan ausführen" verstanden werden kann; vgl. FINSTERBUSCH/JACOBY, MT-Jeremia 1–24, 206.

23a MT wörtlich: „all ihren Rat"; Stichwortanknüpfung an den „Rat des Weisen" V. 18.

23b MT תֶּמְחִי ist als Hif. punktiert. Mit BHS und RUDOLPH (HAT, 124) ist das י ein Schreibfehler und eine Jussivform Qal zu lesen. Diese Lesart wird von LXX gestützt.

23c MT והיו מכשלים ist schwer verständlich, wobei Ketiv והיו (w^eqatal) und Qere ויהי (we + jiqtol) bedeutungsgleich sind. LXX γενέσθω ἡ ἀσθένεια αὐτῶν ἐναντίον σου „ihre Schwäche sei vor dir" liest יהי, fasst מכשלים als Nomen mit Suffix der 3. masc. plur. auf und übersetzt die Wurzel כשל wie in V. 15 i. S. v. „schwach sein"; vgl. FINSTERBUSCH/JACOBY, MT-Jeremia 1–24, 206. Häufig wird nach LXX zu יהי מִכְשֹׁלָם „ihr Anstoß sei (vor dir)" konjiziert; vgl. BAUMGARTNER, Klagegedichte, 45; RUDOLPH, HAT, 124. Mit einer hebräischen Hs. und S (vgl. BHS) schlägt MCKANE (ICC, 441f.) die Variante משלכים מלפניך „sodass sie vor dir weggeschickt werden" vor. Die obige Übersetzung folgt MT.

Synchrone Analyse

Rhetorische Struktur

Jeremias viertes Klagegebet schließt an das Zitat einer nicht näher bezeichneten Gruppe an, das im Kontext überraschend kommt und in Prosa formuliert ist. Mit einfachem Narrativ „sie sagten" eingeleitet (vgl. 18,12 LXX), ist dieses Zitat mit dem Vorangehenden nur locker durch das negativ konnotierte Stichwort מחשבות „Machenschaften, Pläne" (V. 12.18) verbunden. Mit dem Folgenden ist es über das Verb קשׁב Hif. „beachten" (V. 18.19) verknüpft.

Das Klagegebet besteht aus zwei an JHWH gerichteten Bitten (V. 19), einer rhetorischen Frage mit Begründung (V. 20a), einer Unschuldsbeteuerung (V. 20b) und gehäuften Vergeltungsbitten (V. 21–23), die erneut begründet werden. Inhalt, Form und Sprachgebrauch entsprechen einem Klagepsalm des*der Einzelnen.

Wer sind die Gegner*innen?

Aus dem Inhalt des Zitats in V. 18 geht hervor, dass die Sprecher*innen gegen Jeremia vorgehen wollen. Sie berufen sich auf mündliche Quellen der Gotteserkenntnis: die Tora des Priesters, den Rat des Weisen und das Wort des Propheten. Alle drei Personen stehen für bekannte Institutionen der Gottesbefragung bzw.

Gotteserkenntnis (vgl. 2,8; 8,8f.).[6] Ez 7,26 nennt diese ebenfalls und bestreitet ihre Wirksamkeit.[7]

Die Wendung „mit der Zunge schlagen" (V. 18bα) kann entweder auf einen mündlichen Schlagabtausch der Gegner*innen mit Jeremia zielen, die deshalb genau darauf achten, was er sagt (so LXX), oder auf den Versuch, den Propheten zu verleumden, was eine Missachtung seiner Unheilsbotschaft nach sich zieht (so MT). Die fiktiven Zitate in V. 12 und V. 18 rahmen im jetzigen Kontext das Unheilswort in V. 13–17 und weisen die Zitierten als Gegner*innen von Jeremias Unheilsprophetie (vgl. Jer 27f.) aus. Während 11,21 nur die Leute aus Anatot nennt, weiten V. 18 und die Bitten in V. 21–23 den Kreis der Gegner*innen auf die gesamte Bevölkerung Judas aus.

Die rhetorische Frage, ob Gutes mit Bösem vergolten werde (V. 20a), zielt auf die Antwort „nein". Sie wird überwiegend dem Betenden zugewiesen, könnte aber nach der Aufforderung „höre auf die Stimme derer, die mit mir streiten" (V. 19b) auch ein weiteres Gegnerzitat sein.[8] Als Aussage charakterisiert „Gutes mit Bösem vergelten" nämlich in Gen 44,4; Ps 35,12; 38,21 ebenfalls Gegner*innen[9], und auch die in V. 20aβ folgende Begründung bezieht sich in LXX und MT auf diese.

Jeremia als Klagender

Aus der Selbstdarstellung in V. 20b geht hervor, dass Jeremia betet. Er beteuert, er habe vor Gott gestanden (vgl. 15,1.19), Gutes über sie, d. h. die jetzigen Gegner*innen, geredet und den göttlichen Zorn abgewendet. Ist das Zornmotiv durchgängig im Jeremiabuch belegt (4,4; 6,11; 7,20; 10,25; 21,5 u. ö.), so das Abwenden des Zorns nur an dieser Stelle. Aufgrund der Wendung טובה על + Pi. דבר, „Gutes reden über" (vgl. 12,6; 32,42; 52,32) ist eine Situation der Fürbitte für das Volk im Blick, obwohl diese dem Propheten mehrfach untersagt wird (7,16; 11,14; 14,11). Die doppelte Aussage „sie haben mir eine Grube gegraben" (V. 20aβ.22bα) verweist, synchron betrachtet, auf Jeremias Aufenthalt in der Zisterne voller Schlamm (38,6).

18,19–23
Vergeltung für das Nicht-Hören

Das Gebet fasst die Verfolgungssituation in einem Satz zusammen, der in MT und LXX unterschiedlich überliefert ist.

> Während MT zweimal das bekannte Motiv „eine Grube graben" (V. 20aβ.22bα; vgl. Ps 7,16; 57,7 u. ö.; Spr 26,27) gebraucht, spricht LXX allgemeiner von Worten und Plänen, die gegen Jeremia geschmiedet werden. Diese Lesart beruht auf einer anderen Ableitung des Wortes שׁיחה/שׁוחה und lehnt sich an die Wendung „Anschlag zum Tod" (V. 23a) an. Wie „Grube graben" gehört auch das Motiv „Fallen stellen" (V. 22bβ) zum Feindimage der Psalmen (vgl. Ps 91,3; 119,110; 140,6).

Der Schwerpunkt der Klage liegt jedoch auf den Vergeltungsbitten, mit denen JHWH zum Eingreifen gegen die Gegner*innen aufgefordert wird. In ihnen klingt Jeremias Unheilsbotschaft an, allerdings in eigenwilliger Formulierung: So entspricht der Tod der Kinder durch Hunger und der jungen Männer durch das

---

6   Zur mündlichen Priestertora vgl. Dtn 33,10; Hos 4,6; Mi 3,11; Mal 2,6; דבר ist *terminus technicus* für das prophetische Wort; vgl. die Wortereignisformel; zu עצה als Bezeichnung für die weisheitliche Lehre vgl. Hiob 29,21; Spr 1,25.

7   Vgl. MAIER, Jeremia, 307f.; BEZZEL (Konfessionen, 203–206) deutet Ez 7,26b als von Jer 18,18 literarisch abhängige Nachinterpretation.

8   So HUBMANN, Konfessionen, 21.

9   In umgekehrter Reihenfolge (רעה תחת טובה) vgl. noch 1 Sam 25,21; Ps 109,5 (mit שׂים Hif.) und Spr 17,13 (mit שׁוב Hif.).

Schwert (V. 21) der göttlichen Unheilsansage gegen die Leute von Anatot in 11,22. Die Wurzel שׁכל „der Kinder berauben" findet sich noch in 15,7 und Jes 47,8.9; 49,21. Die Begriffe הרגי מות wörtlich: „Getötete des Todes" (V. 21) und גדוד „Streifschar" (V. 22; vgl. 2 Kön 24,2; Hos 6,9; 7,1) sind im Jeremiabuch singulär. Das Motiv der aus den Häusern erschallenden Klage (V. 22) findet sich mit anderer Begrifflichkeit in der Aufforderung an die Frauen, Totenklage zu halten (9,16.19). Der Wunsch, Jʜwʜ möge diese Verfehlung nicht vergeben (כפר Pi. + על, vgl. Ps 79,9) und die Sünde nicht tilgen (vgl. Ps 51,3.11; 109,14), findet sich nur hier im Jeremiabuch und hat eine enge Parallele in Nehemias Gebet (Neh 3,37). Die letzte Bitte bezeichnet die Vergeltung für Jeremias Gegner*innen als Gottes Zorn und schlägt so einen Bogen zur üblichen Unheilsbegründung im Buch. Die „Zeit deines Zorns" (V. 23bβ) lässt den „Tag ihres Verderbens" (V. 17) anklingen.

Sowohl die Charakterisierung der Gegner*innen als Verächter*innen des von Jeremia verkündigten Wortes als auch die Selbstdarstellung des Beters verweisen somit nicht auf einen persönlichen Konflikt Jeremias, sondern auf seine Rolle als Prophet, der um seiner Unheilsbotschaft willen verfolgt wird. Daher sind die an Jʜwʜ gerichteten Vergeltungsbitten nicht als persönliche Rachewünsche des Propheten zu deuten, sondern als Aufforderung an Jʜwʜ, er möge das von ihm beschlossene Unheil auch herbeiführen, d. h. sein Wort erfüllen. Im Verlauf der Klagediskurse der Kap. 11–20 lässt dieses Gebet die Verzweiflung des literarischen Jeremia über seine Erfolglosigkeit anklingen, die in der Verfluchung der eigenen Geburt (20,14–18) gipfelt.

Diachrone Analyse

Jer 18,18–23 ist über wenige Stichworte mit dem Kontext verbunden und steht innerhalb der Klagediskurse inhaltlich 11,21–23 und 17,18 am nächsten. Gegen die Annahme, V. 18 sei der Klage sekundär vorangestellt worden, um einen Anlass für diese zu bieten,[10] spricht, dass die Gegner*innen in V. 18 und V. 19–23 gleichartig charakterisiert werden und alle Verse dieselbe Reaktion auf die Unheilsprophetie thematisieren.[11] Nur die Frage „Soll Gutes mit Bösem vergolten werden?" (V. 20aα) und die Begründung „Denn sie haben mir eine Grube gegraben" (V. 20aβ) sind nachgetragen. Mit טובה „Gutes" in V. 20aα ist das gesamte prophetische Handeln gemeint, während das Wort in V. 20b die prophetische Fürbitte qualifiziert.[12] Die Begründung in V. 20aβ nimmt den gleichlautenden Satz in V. 22b vorweg.[13] Somit erweitert V. 20a die Klage Jeremias zur Frage nach der Gerechtigkeit Gottes im Blick auf das Ergehen von weisen und frevelhaften Menschen.

Im Vergleich zu den anderen Klagediskursen enthält 18,18–23 auffallend viele Vergeltungsbitten, die den Kreis der Widersacher*innen Jeremias ausweiten.[14] Die Vorstellung einer Gegnerschaft des gesamten Volkes findet sich auch in der An-

---

10   So erstmals Tʜɪᴇʟ, Redaktion I, 217f.; ähnlich Hᴜʙᴍᴀɴɴ, Konfessionen, 26–28; O'Cᴏɴɴᴏʀ, Confessions, 56f.

11   Mit Iᴛᴛᴍᴀɴɴ, Konfessionen, 51f.; ähnlich Fɪsᴄʜᴇʀ, HThKAT, 576.

12   Mit Bᴇᴢᴢᴇʟ, Konfessionen, 199f.212.

13   Vgl. Bᴇᴢᴢᴇʟ, Konfessionen, 211f.

14   Zur Perspektive auf das ganze Volk vgl. Hᴜʙᴍᴀɴɴ, Konfessionen, 19f.24.

kündigung 1,17f., dem Versuch der Lynchjustiz an Jeremia in 26,8 und in der exilischen Darstellung der Unwilligkeit des Volkes, Jeremias Unheilsbotschaft ernst zu nehmen.[15] Aufgrund dieser Parallelen sowie der eigentümlichen Begrifflichkeit ist auch dieser vierte Klagediskurs in die fortgeschrittene nachexilische Zeit zu datieren. Wie in 2,8; 8,8f. polemisiert der literarische Jeremia hier gegen die Handhabung der Tora durch Priester und Weise. Der Klagediskurs knüpft somit an Texte der toraorientierten Redaktion an und porträtiert Jeremia als einen verfolgten Gerechten, der auf Seiten der Tora steht.

Synthese

Der vierte Klagediskurs signalisiert ein gesteigertes Vertrauen der Jeremiafigur in JHWH und sein vergeltendes Handeln. Der Kreis der Gegner*innen ist gegenüber den bisherigen Klagen auf das gesamte Volk ausgeweitet. Die Menschen opponieren gegen Jeremias Unheilsbotschaft, weil sie die Gottesbefragung durch Weise, Priester und (Heils-)Prophet*innen für gewährleistet halten (V. 18). Wie im dritten Klagediskurs Jer 17,5–18 hinterfragen sie Jeremias Legitimation.

In seinem Gebet stellt sich der literarische Jeremia – trotz des Verbots der Fürbitte (vgl. 7,16; 11,14; 14,11) – als Gesprächspartner JHWHs dar, der sich für das Volk einsetzt, um den göttlichen Zorn abzuwenden. Angesichts von Verfolgung, die sein Leben bedroht (V. 23a), bittet er JHWH jedoch darum, seine Gegner*innen und ihre Familien dem Krieg auszuliefern. Da diese Art der Vergeltung mit der im Buch durchweg angedrohten militärischen Niederlage Judas übereinstimmt, erscheint der betende Prophet hier jeglicher Hoffnung auf eine Umkehr des Volkes beraubt. Während er in den ersten beiden Klagediskursen noch mit Gott ringt, pflichtet er jetzt Gottes negativem Urteil über die Judäer*innen bei. Wie in 17,14–18 antwortet JHWH aber nicht auf Jeremias Klage.

Jer 19,1–13: Der zerbrochene Krug als Symbol für den Untergang

K1 K2 K3 K4 K5
1 So sprach JHWH /_{Damals sprach der Herr <zu mir>}[a]:
 Geh und kaufe dir einen _{irdenen Töpferkrug}/ aus Ton geformten Krug[b] <und
 bringe>[c] (einige) von den Ältesten des Volkes und von den [Ältesten der][d]
 Priester 2 und geh hinaus ins Tal Ben-Hinnom[a], das am Ausgang des Scherben[b]-Tors (liegt), und dort rufe die Worte aus, die ich zu dir reden werde,
 3 und sage <_{zu ihnen}>:

---

15 Vgl. die stereotypen dtjer Vorwürfe „sie hörten nicht und neigten nicht das Ohr"
 (7,24.26; 25,4; 44,5 u. ö.) und „sie weigerten sich zu hören" (11,10; 13,10).

K1 K2 K3 K4 K5

Hört das Wort Jhwhs, Könige Judas <sub und Männer Judas>[a] und Einwohner Jerusalems <sub und die, die durch diese Tore hineingehen>[b]. So spricht Jhwh [Zebaot], der Gott Israels:

> Siehe, ich bringe Unheil über diesen Ort, sodass jeder Person, die davon hört, die Ohren gellen werden; 4 darum, weil sie mich verlassen haben und diesen Ort entstellten und an ihm anderen Gottheiten räucherten, die sie und ihre Vorfahren und die Könige Judas nicht kannten, [und] weil sie diesen Ort mit dem Blut Unschuldiger gefüllt haben. 5 Sie haben die Höhen des Baal[a] gebaut, um ihre Kinder im Feuer zu verbrennen [als Brandopfer für den Baal], was ich ihnen nicht geboten hatte [und nicht geredet hatte][b] und mir nicht in den Sinn gekommen war.
>
> 6 Deshalb siehe, Tage kommen – Spruch Jhwhs –, da wird man diesen Ort nicht mehr „das Tofet"[a] und „Ben-Hinnom-Tal" nennen, sondern „Tal des Mordens". 7 Ich werde das Planen Judas und Jerusalems wegschütten[a] an diesem Ort und werde sie fallen lassen durch das Schwert vor ihren Feinden und durch die Hand derer, die ihnen nach dem Leben trachten; ich werde ihren Leichnam den Vögeln des Himmels und den Tieren der Erde zum Fraß geben. 8 Ich werde diese Stadt zu einer Ödnis und zum (Anlass für) Gezisch machen; jede Person, die an ihr vorübergeht, wird sich entsetzen und zischen über all ihre Verwundung. 9 Ich werde sie essen lassen/ Sie werden das Fleisch ihrer Söhne und das Fleisch ihrer Töchter essen[a], und jede Person wird das Fleisch ihres Nächsten essen in der Belagerung und in der Bedrängnis, mit der ihre Feinde sie bedrängen werden [und die, die ihnen nach dem Leben trachten].

10 Zerbrich (dann) den Krug vor den Augen der Männer, die mit dir gehen, 11 und sage [zu ihnen]:

> So spricht Jhwh [Zebaot]:
>
> So werde ich dieses Volk und diese Stadt zerbrechen, wie man das Töpfergefäß[a] zerbricht, das nicht mehr geheilt werden kann. [Und am Tofet wird man begraben aus Mangel an Raum zum Begraben.][b] 12 So werde ich diesem Ort – Spruch Jhwhs – und seinen Einwohnern tun, [nämlich][a] diese Stadt dem Tofet[b] gleichzumachen. 13 Die Häuser Jerusalems und die Häuser der Könige Judas werden unrein sein wie die Stätte des Tofet[a], nämlich alle Häuser, auf deren Dächern sie dem ganzen Himmelsheer geopfert und anderen Gottheiten Trankopfer gespendet haben.

Anmerkungen zu Text und Übersetzung

*   Die Kommunikationsebenen sind in der Übersetzung durch Einrücken dargestellt. Zum System der Klammern und Kleinschreibung s. o. S. 22.

1a Die Botenformel in MT weist die folgenden Worte als Gottes Antwort auf Jeremias Klage aus; vgl. Finsterbusch, Messenger Formula, 376 und Jer 12,14; 13,1; 14,15; 17.19. LXX zufolge berichtet Jeremia selbst; über LXX hinaus ist אלי in einigen hebräischen Hss., S und T bezeugt (vgl. BHS). τότε gibt sonst im Jeremiabuch hebräisch אז „damals" wieder (11,18; 22,22; 38,13). Stipp (Jeremia und der Priester Paschhur, 387) hält LXX für eine Glättung.

1b MT wörtlich: „einen Krug, Töpfer, irden" ist umständlich formuliert. LXX gibt יוצר passivisch wieder: πεπλασμένον „geformt", was Duhm (KHC, 160) zur Lesung בקבק יצור חרש „eine Flasche getöpfert aus Ton" veranlasst. S hat kein Äquivalent für חרש. Die LXX-Variante ist wohl ursprünglich und wurde in MT durch יוצר „Töpfer" mit Blick auf 18,2 ausgetauscht, um beide Kapitel zu verbinden; vgl. Rudolph, HAT, 124; McKane, ICC, 443f.

1c LXX bietet mit ἄξεις „du sollst bringen" ein Verb, ebenso S und T, denn nach V. 10 hat die Symbolhandlung Männer als Zeugen; das ist die besser bezeugte Lesart; vgl. Rudolph, HAT, 124; McKane, ICC, 444; Wanke, ZBK, 178. Nach MT und V soll Jeremia den Krug von den Ältesten kaufen, was wohl auf einen Textfehler zurückzuführen ist.

2a LXX übersetzt גיא „Tal" in 2,23; 19,2.6 mit πολυάνδριον „Begräbnisplatz", gebraucht in 7,32 aber das Standardäquivalent φάραγξ „Kluft, Schlucht"; vgl. Stipp, Interpretierende Übersetzung, 187 und Jer 7,32. בן־הנם wird in 7,31f.; 19,6; 32,35 als υἱοῦ Εννομ transkribiert, hier aber mit υἱῶν τῶν τέκνων übersetzt, was בבי בנם entspricht und auf eine Verschreibung zurückgeht.

2b Das *Ketiv* החרסות enthält einen Schreibfehler, LXX liest entsprechend dem *Qere* החרסית. Vgl. Finsterbusch/Jacoby, MT-Jeremia 1–24, 209. Das hier als Zugang zum Ben-Hinnom-Tal genannte Scherbentor ist bisher nicht identifizierbar.

3a LXX fügt, wohl im Blick auf 17,25; 18,11, „und Männer Judas" hinzu.

3b LXX fügt analog zu 17,19f.; 22,2.4 „und die, die durch diese Tore hineingehen" hinzu.

5a LXX feminisiert den Gott Baal durchgängig, um ihn zu entmachten; s. o. zu 2,8b.

5b Eine prämasoretische Ergänzung aus dem ähnlichen Vers Jer 7,22; vgl. noch 14,14.

6a LXX gibt in 7,32 הַתֹּפֶת mit βωμὸς τοῦ Ταφεθ wieder, hier mit διάπτωσις „Zerfall", was wohl die vermutete Bedeutung von תפת, abgeleitet von פתת „zerbrechen", ist; vgl. Finsterbusch/Jacoby, MT-Jeremia 1–24, 210. Die Etymologie von תֹּפֶת ist umstritten, s. o. zu 7,31b.

7a Das Verb בקק bildet ein Wortspiel mit בקבק „Krug" (V. 1.10), das im Deutschen nicht nachgeahmt werden kann.

9a LXX καὶ ἔδονται geht auf ויאכלו „sie werden essen" in der Vorlage zurück; dies wird durch 4QJer^c gestützt (vgl. DJD XV, 187). Diese Aussage setzte ursprünglich diejenige über die aasfressenden Tiere aus V. 7 fort. Durch den Einbau von V. 8 wurde MT in והאכלתים (1. sing. Hif.) geändert.

11a LXX ἄγγος ὀστράκινον „ein irdenes Gefäß" gibt כלי חרש wieder (MT כלי היוצר). Beide Varianten greifen auf V. 1 zurück; s. o. zu 1b.

11b Das Zitat aus 7,32 ist ein prämasoretischer Zusatz, der inhaltlich zu V. 6 gehört. Er ist entweder eine falsch platzierte Glosse (vgl. McKane, ICC, 446 mit weiterer Literatur) oder gelangte aus ungeklärten Gründen von V. 6 an die jetzige Stelle (so McKane, ICC, 456).

12a Die Kopula vor ל + Infinitiv cstr. in MT ist ungewöhnlich, wohl Dittographie des vorausgehenden Suffixes der 3. masc. sing.; vgl. Stipp, Jeremia und der Priester Paschhur, 389, Anm. 36.

12b LXX ὡς τὴν διαπίπτουσαν „wie die Zerfallende" deutet תפת; s. o. zu 6a.

13a LXX καθὼς ὁ τόπος ὁ διαπίπτων τῶν ἀκαθαρσιῶν „wie der zerfallende Ort der Unreinheiten".

Synchrone Analyse

Jer 19,1–13 wird in LXX und MT rhetorisch unterschiedlich präsentiert. LXX bietet einen Selbstbericht Jeremias (vgl. 1,7; 13,6; 15,1), der das an ihn gerichtete Wort Gottes zitiert. In MT zeigt die Botenformel, gegen ihre gewöhnliche Funktion, das Folgende

Rhetorische Struktur

als direkt von Gott gesprochenes Wort an. Die Aufforderung an Jeremia, er solle einen Tonkrug kaufen und sich zusammen mit einigen Ältesten und Priestern am Scherbentor einfinden (V. 1–2a), und der Befehl, den Krug zu zerschlagen (V. 10), sind weit voneinander platziert. Dazwischen tritt in V. 2b–9 eine begründete Unheilsankündigung für Jerusalem, die das Ben-Hinnom-Tal in „Tal des Mordens" umbenennt. Sie bezieht sich auf die aus der Rede gegen den Tempel bekannte Kultstätte des Tofet und zitiert fast wörtlich aus 7,31f. Das Zerbrechen des Kruges wird doppelt gedeutet: zunächst durch ein kurzes Gotteswort in V. 11a, dann durch erneuten Verweis auf das Tofet (V. 12f.; vgl. 11b[MT⁺]).

Der Abschnitt beinhaltet typische Elemente einer Symbolhandlung: einen Befehl zur Ausführung (V. 1a.2a*.10), Angaben über Augenzeugen (V. 1b) und eine – in diesem Fall – zweifache Deutung (V. 11a.12f.). Die Ausführung der Handlung fehlt (vgl. 16,1–9), ist jedoch in der folgenden Notiz, dass Jeremia von dieser Aktion zurückkehrt (19,14), impliziert.

Ort der Handlung
Ungewöhnlich ist, dass das bekannte Tal südlich des Jerusalemer Stadtgebiets durch ein nur hier genanntes Stadttor näher bestimmt wird. Das Scherbentor wird meist mit dem in Nehemia genannten Misttor (שַׁעַר הָאַשְׁפֹּת, Neh 2,13; 3,13f.; 12,31) identifiziert und als Teil der hiskijanischen Westerweiterung der Stadtmauer unweit der Mündung des Stadttales in das Hinnomtal lokalisiert.[16] Die Bezeichnung „Scherbentor" signalisiert bereits das Geschehen und könnte daher eigens für die geschilderte Handlung gewählt sein. Ein Stadttor macht als Ort einer prophetischen Performance Sinn, da an ihm gewöhnlich viele Menschen verkehren. Im Kontext des Jeremiabuches ist aber auch das Ben-Hinnom-Tal mit seiner Kultstätte ein markanter Ort, an dem ein Prophet öffentliche Aufmerksamkeit erregen kann (7,31; 32,35).

Zerbrochener Krug
Das zerschmetterte Gefäß ist wohl eine aus Ton gefertigte, bauchige Wasserkaraffe, deren hebräischer Name בַּקְבֻּק (baqbuq) das Glucksen des Wassers imitiert, das durch den schmalen Flaschenhals entweicht.[17] Das Zerbrechen eines irdenen Gefäßes vor aller Augen geht vielleicht auf einen Ritus zurück, der im Alten Orient der Feindabwehr dient. Beispiele dafür sind ägyptische Ächtungstexte aus dem Alten und Mittleren Reich (2300–1500 v. d. Z.), d. h. Tongefäße und -figuren, die mit den Namen von Feinden beschriftet und zerbrochen wurden. Aber auch jenseits ritueller Konventionen ist das Zerbrechen eines Kruges als Symbol für die Zerstörung Jerusalems augenfällig. Dessen Näherbestimmung als Gefäß, „das nicht mehr geheilt werden kann" (V. 11a), spielt auf die Rede von der unheilbaren Wunde der Tochter Jerusalem an (8,22; 15,18)[18] und erinnert an das Töpfergleichnis, das von der Zerstörung eines missratenen Tongefäßes erzählt (18,4). Analog zum Gleichnis demonstriert Jeremias Symbolhandlung somit Jhwhs Macht und Willen, das in seinen Augen missratene Jerusalem samt allen Einwohner*innen zu zerschmettern.

19,11a.12f. Doppelte Deutung
Der kurze Vergleich von Krug und Stadt (V. 11a) erinnert mit dem Verb שבר „zerbrechen" an das für die Situation Jerusalems gebrauchte Stichwort שֶׁבֶר „Zusammenbruch" (4,6.20; 6,1.14; 8,11; 14,17). Die zweite, ausführlichere Deutung der Symbolhandlung in V. 12f. greift mit dem Verb עשה ל „antun", dem Stichwort הַמָּקוֹם הַזֶּה „dieser Ort" (V. 3; vgl. 7,3.6.7.12) und dem Vergleich mit dem Tofet (V. 12f.; vgl. 7,31–34) auf die Rede gegen den Tempel zurück. Während 19,3–9 das

---

16 Vgl. Bieberstein/Bloedhorn, Jerusalem I, 75.88.
17 So Keel, Geschichte Jerusalems 1, 639 mit Abb. 441.
18 Vgl. auch die Heilsaussagen mit dem Motiv der Wundheilung in 30,17; 33,6.

Unheil über die Stadt (V. 3.7–9) getrennt vom Tofet (V. 5f.) thematisiert, identifiziert V. 12f. das Geschick beider Orte.

Die zwischen die beiden Befehle zur Handlung platzierte Gottesrede in 19,2b–9 schildert das Unheil und dessen Begründung ausführlich. Sie ist eine buchtypische Prosarede, die in mehrfach gegliederter Zitation bekannte Vorwürfe gegen die Bevölkerung Jerusalems erhebt und die Zerstörung der Stadt ausmalt. Die Adressierung der Könige Judas im Plural (V. 3) passt nicht zur rhetorischen Situation einer Rede Jeremias, der nur dem jeweils amtierenden König gegenübertreten kann. Nach einem Höraufruf wird den Adressat*innen ein fast unerträgliches Unheil angekündigt, dessen Kundgabe allen, die davon hören, die Ohren gellen lässt (V. 3). Mit derselben Wendung wird in 1 Sam 3,11 das Ende des Hauses Eli, in 2 Kön 21,12 das Ende Jerusalems und Judas prophezeit.

Das harte Gottesurteil wird mit dem Verhalten der Jerusalemer*innen begründet: Sie haben Jhwh verlassen, anderen Gottheiten geopfert und die Stadt mit dem Blut Unschuldiger angefüllt (V. 4). Der letzte Vorwurf meint ein gewalttätiges Vorgehen gegen Schwächere, das vom Justizmord bis zum Totschlag vermeintlich Schuldiger reicht (vgl. 2,34; 7,6; 22,3; 26,15; Dtn 19,10). Im DtrG wird König Manasse vorgeworfen, Jerusalem mit unschuldigem Blut gefüllt zu haben (2 Kön 21,16; 24,4), in Jer 22,17 König Jojakim eines solchen Vergehens bezichtigt (vgl. 26,20–23). Eine singuläre Deutung des Vergießens unschuldigen Blutes findet sich in V. 5f.: Es werden Kultstätten für Baal im Ben-Hinnom-Tal genannt, dessen neuer Name „Tal des Mordens" die dort dargebrachten Kinderopfer als Blutvergießen beurteilt.[19] Die Verse zitieren 7,31f. fast wörtlich, bezeichnen aber den Wettergott Baal als Eigner der Kultstätte. Letzteres widerspricht der Aussage, Jhwh habe solches nicht geboten, denn für einen Kult Baals ist die Gottheit Israels ohnehin nicht zuständig.

Die Unheilsankündigung beginnt in V. 7 mit einem Wortspiel: Das Planen Judas und Jerusalems wird „weggeschüttet" (בקק, vgl. בקבק „Krug"), was einer Kritik an der Politik der letzten judäischen Könige gleichkommt. Außerdem entwirft V. 7–9 ein Szenario der Einnahme einer Stadt, allerdings in umgekehrter Reihenfolge des tatsächlichen Ablaufs: Der massenhafte Tod durch das Schwert der Feinde lässt unbestattete Leichen zurück, die von wilden Tieren gefressen werden (V. 7); die Stadt ist so verwüstet, dass sich jede Person, die vorbeikommt, entsetzt und darüber spottet (V. 8); während der Belagerung kommt es zu Szenen von Kannibalismus (V. 9). Das letztgenannte Motiv entstammt der altorientalischen Fluchtradition und betont die extreme Hungersnot in einer belagerten Stadt (vgl. Dtn 28,53; Klgl 2,20).[20]

Diachrone Analyse

Vorexilisch	Exilisch	Nachexilisch
	19,1.2a*b.3f.7.9–12* R[GÄ]	19,5*.9b.11b MT[+]
	19,2a*.5f.8.13 R[Gola]	

---

19 Zum Kult am Tofet s. o. den Exkurs „Das Tofet im Ben-Hinnom-Tal", S. 178.
20 Vgl. HILLERS, Treaty-Curses, 62f.

Die Adressierung der Könige Judas im Plural (V. 3)

19,2b–9
Gottesrede

19,1–13*
Symbolhand-
lung

Ausgangspunkt für die diachrone Analyse von 19,1–13 ist die doppelte Ortsangabe „Ben-Hinnom-Tal" und „Scherbentor" (V. 2a) sowie die ambivalente Identifikation von המקום הזה „dieser Ort", der in V. 3b.4b.7a.12a Jerusalem, in V. 4a den Tempel bezeichnet, in V. 6a (und V. 13) aber mit dem Tofet identifiziert wird.[21]

> Das bisher dominante literarkritische Modell, das auf dem Sprachbeweis basiert, trennt eine ursprüngliche Symbolhandlung 19,1.2a*(nur ויצאת אל שער החרסית).10–11a im Scherbentor von den deutenden Prosaabschnitten 19,2b–9.11b–13.[22] Diese aus der LXX-Fassung von V. 1 rekonstruierte Erzählung wird meist Jeremia zugewiesen, wäre dann aber der einzige Selbstbericht, der eine Symbolhandlung, das Zerbrechen des Gefäßes vor Ältesten und Priestern, ohne Deutung überlieferte.

Es ist unstrittig, dass Jer 19,1–13 von dtjer Terminologie geprägt ist, wie folgende Wendungen und die Rhetorik zeigen:

> „JHWH verlassen" und „anderen Gottheiten räuchern" (V. 4), „durch das Schwert fallen" und „nach dem Leben trachten" (V. 7), „zu einer Ödnis und zum (Anlass für) Gezisch machen" (V. 8). Typisch für Prosareden im Buch sind auch die Botenformel כה אמר יהוה als Einleitung einer Gottes-, nicht Prophetenrede (vgl. 2,1–2a; 11,21; 13,1; 26,2),[23] der Redebefehl mit *Infinitiv absolutus* + *wᵉqatal*-Form (V. 1a) und der Höraufruf (V. 3a) sowie die Differenzierung der Zeugen der Handlung (Älteste und Priester in V. 1.10) und der Adressat*innen der Rede (Könige Judas im Plural und Einwohner*innen Jerusalems in V. 3), die die Fiktion einer vorexilischen Rede oder Handlung Jeremias erzeugt, aber auf exilische Leser*innen zielt.

Damit erweist sich 19,1–13* als dtjer Prosatext, aus dem sich kein vorexilischer Kern herausschälen lässt. Zielpunkt der erzählten Symbolhandlung ist die Ankündigung, Jerusalem dem Tofet, der Opferstätte im Ben-Hinnom-Tal, gleichzumachen (V. 12). Der Text geht, wie auch 19,1–13*, auf die geschichtsätiologische Redaktion zurück, die die Zerstörung von Stadt und Tempel im Wesentlichen mit der Abkehr von JHWH und der Hinwendung zu anderen Gottheiten begründet.

19,2a*.5f.8.13
als Nachtrag

Ausgehend von dem Tofet-Vergleich in V. 12 lässt sich in 19,1–13 allerdings eine Bearbeitung abheben, die Stichworte und Sätze aus der Rede gegen den Tempel aufgreift und den Ort der Symbolhandlung auf das Ben-Hinnom-Tal verschiebt. V. 5f. greift das Motiv der Leichenschändung durch Tiere in V. 7b auf und zitiert 7,31–32a fast vollständig, nennt die Stätte aber nicht במות התפת (7,31) sondern, wohl im Blick auf 7,9, במות הבעל „Höhen des Baal" (V. 5). Damit wird das in V. 4 erwähnte Blut Unschuldiger als Folge der Tötung von Kindern am Tofet gedeutet. V. 13 greift den Vorwurf der Räucheropfer für fremde Gottheiten (V. 4) auf, lokalisiert diese jedoch nicht im Tempel (so 7,9), sondern auf den Dächern der Stadthäuser (so nur noch 32,29) und identifiziert die Gottheiten mit dem in 8,2 genannten Himmelsheer. Der Gedanke der Verunreinigung des Tofet setzt 7,32 voraus, wonach die Kultstätte zum Begräbnisort wird. Die Übertragung der Unreinheit auf

---

21   Der Ausdruck ist, in ähnlicher Ambivalenz, auch Leitwort in Jer 7,1 – 8,3.
22   Vgl. DUHM, KHC, 162; THIEL, Redaktion I, 224–226; MCKANE, ICC, 451–456; WANKE, ZBK, 180. RUDOLPH (HAT, 127) hält 19,1 für den Beginn der Biographie Baruchs und weist ihr V. 14f. mit der Konjektur „vom Tor" anstelle „vom Tofet" zu. Zur Widerlegung dieser von Mowinckel als Quelle B bezeichneten Schrift aus der Hand Baruchs vgl. die Studie von WANKE, Baruchschrift.
23   Mit STIPP, Jeremia und der Priester Paschhur, 387; FINSTERBUSCH, Messenger Formula.

die Häuser ist daran angelehnt, macht aber insofern wenig Sinn, als die Hausdächer, anders als das Tofet, keine offiziellen Kultstätten sind. Da nun das Tofet prominent als Ort sowohl der Verfehlung als auch des Gerichts fungiert, lokalisiert die Bearbeitung auch die Symbolhandlung im Ben-Hinnom-Tal durch Zusatz von גיא בן־הנם אשר פתח in V. 2a*.

Von dieser Hand stammen auch die Überleitung zu 19,14f.[24] und V. 8, der den Zusammenhang zwischen den leichenfressenden Tieren (V. 7) und dem Kannibalismus der in die belagerte Stadt eingeschlossenen Menschen (V. 9) unterbricht. Die Folge der Verunreinigung der Häuser ist, dass die Stadt verödet und das Entsetzen aller Vorübergehenden hervorruft (V. 8). Dasselbe Motiv der verlassenen, unbewohnbaren Stadt findet sich auch in 18,16 in einer Bearbeitung, die Jerusalem als verödet darstellt. Diese Sicht ist ein Kennzeichen der golaorientierten Redaktion, die die Verurteilung der Judäer*innen verstärkt und die Existenz von Überlebenden in Juda zu negieren versucht.

Neben zugefügten Titeln (V. 1) und Gottesepitheta (V. 3.11) verstärken die prämasoretischen Bearbeiter die Aussagen in V. 5 durch die Erläuterung „als Brandopfer für Baal" und die Ergänzung „und nicht geredet hatte" aus 7,22, in V. 9b durch die typisch dtjer Phrase „die ihnen nach dem Leben trachten" (vgl. 21,7; 34,20f. u. ö.). Ihr Zitat aus 7,32 in V. 11b steht an ungeeigneter Stelle und passt besser hinter V. 6.

Prämasoretische Erweiterungen

Synthese

Jer 19,1–13 ist eine buchtypische Prosarede, mit der Jʜᴡʜ Jeremia zu einer Symbolhandlung auffordert und diese deutet. Der Prophet soll im Scherbentor vor den Augen einiger Ältesten und Priester einen Tonkrug zerschmettern, um die Zerstörung Jerusalems zu demonstrieren (V. 2.10). Der auf diese Weise augenfällige Untergang der Stadt wird als Kriegsszenario geschildert: Die Belagerung treibt die hungernden Menschen sogar zum Kannibalismus (V. 9), sie erleiden den Tod durch das Schwert (V. 7a), und ihre Leichen werden von Tieren gefressen (V. 7b). Zur Begründung dieses grausamen Geschicks wiederholt die Rede die üblichen Vorwürfe: Die Judäer*innen haben Jʜᴡʜ verlassen und fremde Gottheiten verehrt; die Könige Judas haben unschuldiges Blut vergossen (V. 4). Sprachgebrauch und Ideologie weisen den Grundtext als Prosarede der exilischen geschichtsätiologischen Redaktion aus, die die Katastrophe als Gottes gerechte Strafe für die Bevölkerung Jerusalems und Judas beurteilt.

Die Zielaussage, die Stadt werde dem Tofet gleich werden (V. 12), ist Ausgangspunkt für eine spätere Bearbeitung, die Wendungen aus der Rede gegen den Tempel (7,1 – 8,3) einträgt: V. 5f. zitiert aus der Unheilsankündigung gegen das Tofet in 7,31f., nennt aber als Eigner der Kultstätte nicht Jʜᴡʜ, sondern Baal. Da das Tofet im Ben-Hinnom-Tal liegt (7,31), wird dieses als Ort der Symbolhandlung neben das Scherbentor gestellt (V. 2a). Aus der Vorstellung, dass das Tofet wegen

---

24 Rᴜᴅᴏʟᴘʜ (HAT, 127) rechnet V. 14f. zum Grundbestand, muss jedoch ohne weitere Textzeugen annehmen, dass מהתפת „vom Tofet" in V. 14 ein ursprüngliches מהפתח „vom Eingang (des Tores)" verdrängt habe. Mit Mᴄᴋᴀɴᴇ (ICC, 449) ist V. 14f. ein später Brückentext. S. u. die diachrone Analyse zu 19,14 – 20,18.

des massenhaften Sterbens zum Begräbnisort wird (7,32), folgern die Bearbeiter dessen kultische Verunreinigung (V. 13) und weiten diese auf die Häuser Jerusalems aus, auf deren Dächern Könige und Bevölkerung dem Himmelsheer (vgl. 8,2) Rauchopfer darbrachten. Insofern die Opfer am Tofet bereits in Jer 7 als grausige Tötung von Kindern und als gegen Jʜwʜs Willen gerichtete Kulthandlung charakterisiert werden, verstärkt diese Bearbeitung den Schuldaufweis und die Folgen für die Stadt: Diese wird zur Ödnis werden, d. h. völlig unbewohnbar, und das Entsetzen aller hervorrufen, die an ihr vorübergehen (V. 8). Die Vorstellung vom unbewohnbaren, menschenleeren Jerusalem spiegelt die Sicht der golaorientierten Redaktion, die die nach Babylonien Deportierten zu den einzigen von Jʜwʜ aus der Katastrophe Geretteten erklärt.

Jer 19,14 – 20,18: Jeremias fünfter Klagediskurs

K1 K2 K3 K4 K5

Der Bucher-
zähler
berichtet

14 Jeremia kam vom Tofet, wohin Jʜwʜ ihn gesandt hatte, um zu prophezeien; er stellte sich in den Hof des Hauses Jʜwʜs und sagte zum ganzen Volk:

15 So spricht Jʜwʜ [Zebaot, der Gott Israels]:

Siehe, ich bringe über diese Stadt und über [alle] ihre Ortschaften all das Unheil, das ich ihr angekündigt habe, denn sie haben ihren Nacken hart gemacht, um nicht auf meine Worte zu hören.

20,1 Der Priester Paschhur, der Sohn Immers – er war Oberaufseher im Haus Jʜwʜs –, hörte, wie Jeremia diese Worte prophezeite. 2 Da schlug [Paschhur] Jeremia [den Propheten][a] und schloss ihn in den Block[b], der sich im oberen Benjamin-Tor im Haus Jʜwʜs[c] befand. 3 [Am nächsten Morgen aber][a] entließ Paschhur Jeremia aus dem Block. Da sagte Jeremia zu ihm:

Nicht „Paschhur" nennt dich Jʜwʜ, sondern „Grauen [ringsum]/ Umsiedler[b]".

4 Denn so spricht Jʜwʜ:

Siehe, ich mache dich zum Grauen /ich gebe dich zu einer Umsiedlung [für dich selbst und] für alle, die dich lieben. Sie werden durch das Schwert ihrer Feinde fallen und deine Augen (werden es) sehen. <Und dich>[a] und ganz Juda werde ich in die Hand des Königs von Babel geben, und er wird sie ins Exil führen [nach Babel] oder sie mit dem Schwert erschlagen. 5 Ich werde alle Vorräte dieser Stadt und den ganzen Ertrag [und ihre ganze Kostbarkeit] und alle Schätze der Könige[a] Judas in die Hand ihrer Feinde geben[b], [und sie werden sie plündern und nehmen][c] und sie werden sie nach Babel bringen. 6 Du aber [Paschhur] und alle, die in deinem Haus wohnen, ihr werdet in die Gefangenschaft gehen: In Babel wirst du [hineingehen und dort] sterben und dort wirst du begraben werden, du und alle, die dich lieben, denen du Lüge prophezeit hast.

K1 K2 K3 K4 K5

7 Du hast mich in die Irre geführt[a], J<small>HWH</small>, und ich habe mich in die Irre führen   Jeremia klagt
lassen,
> du bist [mir] (zu) stark geworden[b] und hast gesiegt.
Ich bin zum Gespött geworden den ganzen Tag,
> alle[c] verhöhnen mich.
8 Denn so oft ich rede, muss ich schreien[a],
> „Gewalttat und Unterdrückung" muss ich rufen.
Denn das Wort J<small>HWH</small>s gereichte mir
> zu Hohn und Spott den ganzen Tag.
9 Sagte[a] ich aber: Ich will nicht mehr an ihn denken
> und nicht mehr in seinem Namen reden,
dann war es [in meinem Herzen] wie brennendes Feuer,
> eingeschlossen in meinem Gebein.
Ich mühte mich ab, es auszuhalten,
> vermag es aber nicht (mehr).
10 Ja, ich habe das Gerede Vieler gehört:
> „Grauen[a] ringsum! Zeigt an! Wir wollen ihn anzeigen!"
Alle, mit denen ich gut stehe[b], lauern auf meinen Fall[c]:
> „Vielleicht kann er in die Irre geführt werden, dann wollen wir ihn besiegen
> und uns an ihm rächen."
11 Aber J<small>HWH</small> ist mit mir wie ein starker Krieger. Deshalb werden die, die mich
verfolgen[a], straucheln und nichts vermögen.
Sie sind tief beschämt, denn sie haben nichts erreicht!
> Ewige Schmach, sie wird nicht vergessen werden!
12 [Und] J<small>HWH</small> [Zebaot] prüft, wer gerecht ist,
> er sieht Nieren und Herz.
Möge ich deine Rache an ihnen sehen,
> denn dir habe ich meinen Rechtsstreit offengelegt.
13 Singt J<small>HWH</small>, lobt J<small>HWH</small>!
> Denn er hat das Leben eines Bedürftigen
> > aus der Hand derer gerettet, die Böses tun.
14 Verflucht sei der Tag, an dem ich geboren wurde![a]   Jeremia flucht
Der Tag, an dem meine Mutter mich gebar, sei nicht gesegnet!
15 Verflucht sei der Mann, der meinem Vater frohe Nachricht brachte: „Geboren
wurde dir [ein Sohn,][a] ein männliches Kind"; <small>er erfreute ihn sehr</small>/sich freuend[b]. 16 Es
ergehe[a] jenem Mann[b] wie den Städten, die J<small>HWH</small> umstürzte <<small>im Zorn</small>>[c], ohne sich
zu erbarmen. Er höre Geschrei am Morgen und Kriegslärm <small>zur Mittags[zeit]</small>/ am Mittag[d]. 17 Denn[a] er tötete mich nicht im[b] Mutterleib, so dass meine Mutter mir zu
meinem Grab geworden und ihr Leib ewig schwanger wäre. 18 Wozu nur kam
ich aus dem Mutterleib, um Mühsal und Kummer zu sehen? Meine Tage wurden
in Schande vollendet.

Anmerkungen zu Text und Übersetzung

*   In der Übersetzung sind Kommunikationsebenen durch Einrücken dargestellt, in 20,7–18 auch parallele Stichen poetischer Verse; Prosaverse füllen die Zeilen aus. Zum System der Klammern und Kleinschreibung s. o. S. 22.

2a   LXX bietet nur „er schlug ihn".

2b   Nach der Etymologie von מהפכת ist der Krummblock ein Instrument, das den Körper verdreht und krümmt. LXX übersetzt sinngemäß mit καταρράκτης „Herunterreißer", S denkt an ein Verlies, V und T an Fesseln; vgl. McKane, ICC, 460.

2c   LXX übersetzt „am Tor des abgesonderten Hauses, des oberen, das im Haus des Herrn war" und liest statt בנימן vielleicht בִּנְיָן „Gebäude"; vgl. Finsterbusch/Jacoby, Jer-MT 1–24, 212.

3a   Die Zeitangabe ist in MT nachgetragen, wohl im Blick auf „den ganzen Tag" in V. 7; sie präzisiert die folgende Handlung wie in Gen 19,34; Ex 18,13; 2 Kön 8,15 u. ö. zeitlich.

3b   LXX leitet das Nomen מגור „Grauen" (vgl. 6,25; 20,10; 46,5; 49,29) hier und im folgenden Vers von גור I „(als Fremde) siedeln" ab, weil der Kontext von der Deportation nach Babylon handelt; vgl. Stipp, Sondergut, 30; Finsterbusch/Jacoby, MT-Jeremia 1–24, 214. מסביב ist MT⁺.

4a   LXX verdeutlicht, dass auch Paschhur exiliert wird.

5a   LXX bietet sing. „des Königs", was besser zu der avisierten Situation der Plünderung passt.

5b   Das in MT überschüssige אתן wiederholt die bereits am Versbeginn genannte Handlung, wohl bedingt durch die Zufügung ואת־כל־יקרה, die den Satz unübersichtlich machte.

5c   Zufügung in MT mit Bezug auf ähnliche Aussagen in 15,13; 17,3; vgl. 27,18–22.

7a   Die Versionen verstehen das Verb פתה Pi. unterschiedlich: LXX übersetzt mit ἀπατάω „betrügen" (so auch 4,10 für hebräisch נשא II Hif.), T mit „verwirren, bestürzen", V mit seducere „beiseite führen"; vgl. McKane, ICC, 469. Zur Übersetzung s. u. die synchrone Analyse.

7b   חזק Qal mit Suffix ist erklärungsbedürftig. Rudolph (HAT, 130) nimmt eine bewusste Verkürzung von חזק לי oder חזק ממני an; ähnlich V fortior me fuisti. In LXX fehlt ein Äquivalent für das Suffix. Die Konjektur zur Hif.-Form החזקתני „du hast mich überwältigt" (Ehrlich, Randglossen, 293) wird durch die Versionen nicht nahegelegt.

7c   LXX liest כלה als Verb, was zu „ich wurde fortwährend verspottet" führt.

8a   LXX ὅτι πικρῷ λόγῳ μου γελάσομαι „denn mit meinem bitteren Wort muss ich lachen" liest כי מדי דברי אצחק anstelle von כי מדי אדבר אזעק. Vgl. Finsterbusch/Jacoby, Jer-MT 1–24, 216.

9a   In MT hat ואמרתי eine konditionale Konnotation i. S. v. „jedes Mal, wenn", d. h. eines wiederholten Vorgangs; vgl. GBH § 167b. LXX übersetzt vergangenheitlich.

10a LXX versteht מגור als Partizip von mittelhebräisch אגר „sammeln": „die sich versammeln ringsum"; vgl. Stipp, Sondergut, 30. Damit grenzt LXX das Gegner*innenzitat anders ab als MT.

10b MT wörtlich: „jeder Mensch meines Friedens"; das folgende Partizip ist plur. LXX fasst es als Aufforderung der Gegner*innen: „all ihr Menschen, seine Freunde, beachtet seine Gedanken!"

10c LXX liest erneut ein Suffix der 3. sing. Wie LXX von צלע „Straucheln, Fall" auf ἐπίνοια „Gedanken, Absicht" kommt, bleibt ein Rätsel; so auch McKane, ICC, 478.

11a LXX liest רדפו als qatal-Form „sie haben verfolgt"; MT רֹדְפַי „meine Verfolger".

14a Entgegen der Darstellung von V. 14–18 als Poesie in BHS weisen mehrfache Relativsätze, notae accusativi, weqatal- und wajjiqtol-Formen auf Prosa hin.

15a Ein Äquivalent für בן fehlt in LXX; es ist wohl in MT zur Betonung nachgetragen.

15b LXX εὐφραινόμενος „ein sich freuender" liest שמח als Verbaladjektiv (vgl. Finsterbusch/ Jacoby, MT-Jeremia 1–24, 218) und Aussage über den Boten. MT שִׂמְּחָהוּ שַׂמַּח bietet einen

Infinitiv abs. und 3. sing. masc. *qatal* Pi. von שמח mit Suff. 3. sing. masc., verstärkt also die Aussage mit Blick auf den Vater.

16a והיה und ושמע werden von LXX, V und vielen Kommentaren jussivisch verstanden, was im Kontext möglich ist, aber den Konsonantentext glättet; vgl. McKane, ICC, 487.

16b Da es befremdlich ist, dem Boten vorzuwerfen, er hätte die Geburt nicht verhindert, wird häufig zu יהי היום ההוא „jener Tag sei" konjiziert; vgl. BHS; Duhm, KHC, 167; Rudolph, HAT, 132; Weiser, ATD 20, 174; alle mit Verweis auf Hiob 3,3–5. Das spricht freilich gegen den Textbefund in MT, 4QJer[a], LXX und V und erleichtert den Sinn. Vgl. McKane, ICC, 488.

16c Das in LXX überschüssige ἐν θυμῷ, das im Hebräischen באף entspricht, gleicht an den Wortlaut von Dtn 29,22 an; vgl. Stipp, Sondergut, 149; Bezzel, Konfessionen, 224.

16d So mit LXX, die בצהרים wiedergibt (vgl. 6,4; 15,8), während MT durch עת verstärkt wurde.

17a אשר wird in LXX und den meisten Bibelübersetzungen kausal verstanden mit Jhwh als Subjekt. Im hebräischen Text ist der Bote Subjekt. Finsterbusch/Jacoby (MT-Jeremia 1–24, 219) beziehen אשר als Relativpartikel auf V. 14: „Der Tag, an dem er (Jhwh) mich nicht ... getötet hat" und deuten V. 15f. als Nachtrag. McKane (ICC, 489) liest מותתני als unpersönliche Konstruktion „because my life was not extinguished ...", die den Fluch insgesamt begründet.

17b Mit LXX, S, V und aufgrund der Vorstellung vom Mutterleib als Grab in V. 17b ist ברחם ursprünglich. MT gleicht mit מרחם an V. 18 und die Berufung vom Mutterleib her (1,5) an.

Synchrone Analyse

In 19,14 – 20,6 ergreift der Bucherzähler nach 14,1 erneut das Wort, knüpft in V. 14a ausdrücklich an die vorherige Symbolhandlung an und lokalisiert diese am Tofet, im Ben-Hinnom-Tal. Der in Jer 4–6 angekündigte Feind aus dem Norden wird in Jeremias Unheilswort an Paschhur erstmals mit dem babylonischen König identifiziert (20,4) und Babylon erstmals als Ort des Exils (20,4.6) genannt.

    Der Konflikt Jeremias mit dem Tempelaufseher Paschhur bildet den Auftakt zu den Erzählungen über Jeremia, dessen Schicksal in Jer[MT] 26–45 (Jer[LXX] 33–51) ausführlich geschildert wird. Paschhur reagiert auf Jeremias Unheilsankündigung gegen Jerusalem (19,15) mit körperlicher Gewalt gegen ihn (20,1–3a). Jeremia antwortet mit einem Unheilswort gegen den Priester und sein Haus (20,3b–6), schließt aber ganz Juda in die Liste derer ein, die nach Babylon deportiert werden (20,4b–5).

    Charakterisiert diese Reaktion den Propheten zunächst als unbeeindruckt und der Gewalt trotzend, so vermittelt das ohne Redeeinleitung einsetzende Klagegebet (20,7–13) die erwartbare Erschütterung eines Gewaltopfers: Der Beter klagt Jhwh an, fühlt sich in die Irre geführt und dem öffentlichen Gespött ausgesetzt. Dass es Jeremia ist, der hier betet, ergibt sich aus dem vorher erzählten Konflikt. Auch ohne diese Einleitung verweist die Klage in 20,8f. auf die Situation einer Person, die nicht anders kann, als im Namen Gottes Unheil zu verkünden, obwohl sie deswegen angefeindet wird. Im Verlauf des Gebets ringt sich Jeremia dennoch zu einem Vertrauensbekenntnis durch und bittet Gott, er möge an seinen Gegner*innen Vergeltung üben (V. 12). Das Gebet endet mit einem Lob Jhwhs, der das Leben eines armen Menschen gerettet habe (V. 13).

Rhetorische Struktur

In größtmöglichem Kontrast zu diesem versöhnlichen Schluss des Klagegebets setzt V. 14–18 abrupt mit einer Verfluchung des Tags der Geburt ein, die in Prosa, aber mit einigen Parallelismen, formuliert ist.[25] Die sprechende Person bringt ihre abgrundtiefe Verzweiflung zum Ausdruck, wendet sich jedoch nicht direkt an Jhwh. Nur die abschließende Frage mit למה „wozu?" ist typisch für eine Klage, die nach dem Sinn und Zweck des göttlichen Handelns fragt.

Das Fluchwort bildet mit der Berufungsszene 1,4–10 einen Rahmen um Kap. 1–20 und schließt die Reflexionen über das Schicksal Jeremias ab. Jer 21,1 setzt neu ein mit einer Situationsangabe, die nach vorne unverbunden ist, aber auf 37,1–10 vorverweist.

Körperliche Gewaltanwendung

Der Priester Paschhur, Sohn Immers, begegnet im Jeremiabuch nur hier.[26] Sein auffälliger Titel פקיד נגיד בבית יהוה, zu Deutsch etwa „Oberaufseher im Haus Jhwhs", weist ihn auch als Chef des Sicherheitsdienstes im Tempel aus. Paschhur schlägt Jeremia und schließt ihn in ein Gerät ein, dessen hebräische Bezeichnung vom Verb הפך „umdrehen, umstülpen" abgeleitet ist und dessen griechisches Äquivalent eine Verkrümmung des Körpers voraussetzt.[27] Zwar bleibt unerwähnt, was dem Priester missfällt. Aus der Rede gegen den Tempel (7,1–15) geht jedoch hervor, dass Jeremia die von der Jerusalemer Priesterschaft vertretene Zionstheologie, derzufolge Jhwhs Wohnen im Tempel die Stadt schütze, infragestellt und so Unruhe stiftet.

Das Foltergerät steht im oberen Benjamin-Tor, wahrscheinlich ein im Norden des Tempelareals liegendes Stadttor (vgl. 37,13; 38,7; Ez 48,32; Sach 14,10).[28] So verbindet 20,2 den Ort von Jeremias Bestrafung mit dem seiner Verkündigung. Die Aktion dient zugleich der öffentlichen Bloßstellung des Propheten, der dem Spott all derer ausgesetzt wird, die das Tor durchschreiten. Zwar wurde die Notiz, der Prophet sei nicht vor dem nächsten Morgen freigelassen worden, erst prämasoretisch zugefügt. Dass jemand, der aus Sicht der Behörden öffentlich Unruhe stiftet, stundenlang festgehalten und körperlich gezüchtigt wird, ist jedoch auch ohne diese Präzisierung ein plausibles Szenario.

20,3–6
Unheil für Paschhur

Jeremia beantwortet die Gewaltanwendung mit einem persönlichen Unheilswort gegen Paschhur und dessen Familie. Er benennt den Priester in מגור „Grauen" um,[29] was als Anspielung auf das für die Situation in Juda gebrauchte Stichwort vom „Grauen ringsum" in 6,25; 46,5 zu verstehen ist.[30] Damit verkörpert der Priester das Grauen, das Jeremia für ganz Juda ankündigt. Jeremia prophezeit Paschhur, er werde mit eigenen Augen ansehen müssen, wie alle, die ihn lieben - Familienmitglieder oder befreundete Menschen –, durch das Schwert des Feindes umkom-

---

25 Vgl. die Textanmerkung zu 14a.
26 Ein weiterer Paschhur, Sohn Malkijas, gehört zu einer Delegation, die König Zidkija zu Jeremia sendet, damit dieser Jhwh befrage (21,1; vgl. 38,1). Dessen Nachfahren werden noch in 1 Chr 9,12; Neh 11,12 erwähnt. Nachkommen Immers sind in Neh 3,29; 11,13f. und Esr 2,37 par. Neh 7,40 genannt. Ob es sich um denselben Immer handelt, ist unklar.
27 S. o. die Textanmerkung zu 20,2b.
28 Vgl. Bieberstein/Bloedhorn, Jerusalem I, 72. Es wird meist mit dem in Neh 8,16; 12,39 genannten Efraimtor gleichgesetzt (a. a. O., 89).
29 Hinter der Umbenennung Paschhurs wird häufig ein Wortspiel vermutet; vgl. die Diskussion der z. T. weit hergeholten Vorschläge bei McKane, ICC, 462–464.
30 Die Anspielung auf 6,25 bestätigt der MT-Zusatz „ringsum", s. die Anm. zu 20,3b.

men (V. 4). Das kommt dem grausamen Schicksal König Zidkijas nahe, der die Hinrichtung seiner Söhne mitansehen musste, bevor er selbst geblendet wurde (39,6f.; 2 Kön 25,7). Außerdem kündigt Jeremia Paschhur und dessen Haushalt die Deportation und den Tod im Exil an (V. 6). Der als Begründung für dieses Unheil nachgeschobene Satz, Paschhur habe Lüge prophezeit (V. 6b), passt nicht zu dessen Strafaktion gegen Jeremia als Priester und Chef des Sicherheitsdienstes, verweist aber buchintern auf Jer 29,24–32.

Die Anklage der Falschprophetie, die Form des individuellen Orakels, das Motiv der Gewaltanwendung gegen Jeremia mittels des Blocks und der Titel „Aufseher im Tempel" verbindet 20,1-6 exklusiv mit Jeremias Auseinandersetzung mit Schemaja in 29,24-32.[31]

> Jer 29,24–32 als Parallele

> Der exilierte Schemaja sendet an den amtierenden Priester und Aufseher des Jerusalemer Tempels, Zefanja, einen Brief mit dem Vorwurf, er habe den verrückten Propheten Jeremia nicht in den Block geschlossen, obwohl dieser die Exilierten brieflich aufforderte, sich im fremden Land einzurichten (29,25-28). Nachdem Zefanja Jeremia diesen Brief vorliest, äußert der Prophet ein Unheilswort gegen Schemaja, das diesen, wie Paschhur, der Falschprophetie bezichtigt und seinen Tod im Exil ankündigt (29,31f.). In beiden Fällen werden Jeremias Gegner namentlich und mit Stammbaum benannt und der Falschprophetie bezichtigt.

Beide Unheilsworte beziehen die Familien der Gegner ein und zielen letztlich auf die nicht gewährte Rückkehr aus dem Exil.

Das in 20,7-13 unvermittelt einsetzende Gebet enthält alle Elemente der Gattung Klage des*der Einzelnen: Anklage Gottes (V. 7a), Klage über die eigene Situation (V. 7b-9), Feindklage mit Zitat der Gegner*innen (V. 10), Vertrauensbekenntnis (V. 11-12a) und Rachewunsch (V. 12b). Es könnte im Psalter stehen, ist aber über drei Stichworte, ein Motiv und ein Zitat mit Jeremia verbunden:

> Jeremias letzte Klage

> Der Ruf חמס ושד „Gewalttat und Unterdrückung" (V. 8) wird auch in 6,7 laut, מגור מסביב „Grauen ringsum" (V. 10) in 6,25 und die Wendung „im Namen (Gottes) reden" (V. 9) verweist auf die prophetische Tätigkeit (vgl. 1,6f.; 26,16; 44,16). Dass der Beter dem Hohn und Spott Anderer ausgesetzt war (V. 7b), passt inhaltlich zu der öffentlichen Beschämung durch das Einschließen in den Block. Die Bitte an den gerechten Richter, den Rechtsstreit zu entscheiden (V. 12), begegnet fast wortgleich in 11,20 und verweist zurück auf den ersten Klagediskurs. Darüber hinaus stellen auch die entlarvenden Gegnerzitate in V. 10 eine Verbindung zu Jeremias Widersacher*innen in vorangehenden Klagediskursen her (11,19; 18,18). Hier sind es „viele" und damit mehr als nur die „Leute aus Anatot" (11,21), aber gerade auch diejenigen, denen Jeremia eigentlich nahesteht (nach 12,6 seine Verwandten).

Was Jeremia JHWH in V. 7 vorwirft, wird breit diskutiert:

> Anklage Gottes

> Die semantische Bedeutung von פתה Pi. in V. 7 reicht von „überreden, verleiten" (Spr 1,10; 25,15), „hintergehen" (2 Sam 3,25; 1 Kön 22,20-22; Ps 78,36) bis zu „verführen" im sexuellen Sinn (Ex 22,15; Ri 16,5; Hos 2,16).[32] Das folgende Verb חזק Qal „stark sein" drückt, insbesondere in Verbindung mit יכל „können, vermögen", ein gewalttätiges

---

31 Einen ausführlichen Vergleich bietet STIPP (Prosaorakel, 310-317), der beide Unheilsworte demselben Verfasser zuweist. Vgl. auch Carolyn SHARPS synchrone Analyse zu Jer 27-29 im Kommentar zu Jer 26-52.

32 Vgl. SAEBØ, Magne, Art. פתה pth verleitbar sein: THAT 2 (1971), 495-498.

„Bedrängen" oder „Überwältigen" aus (als sexualisierter Gewaltakt in 2 Sam 13,14; Dtn 22,25; 2 Sam 13,11 [Hif.]). In der Wahl dieser Verben erkennen viele Ausleger*innen eine sexuelle Konnotation im Verhältnis Gottes zu seinem Propheten,[33] was Jeremias Rolle als starker Mann geradezu unterminiere.[34]

Zwar lässt sich Jeremias Ausruf חמס ושד „Gewalttat und Unterdrückung" (V. 8) als Schrei eines Gewaltopfers verstehen. Er verweist aber intertextuell auf das Unheil, das Jeremia verkündet, aber selbst nicht erleidet (6,7). Zwar beschreibt Jeremia in V. 9 körperlichen Schmerz. Diesen fügt er jedoch selbst zu, weil er aufhört, zu prophezeien, um Anschläge auf seine Person zu vermeiden (V. 10). Jeremia stellt sich hier nicht als Opfer sexualisierter Gewalt dar, sondern als von Gott irregeleitet, als jemand, der den falschen Weg eingeschlagen hat.[35] Die Absicht der menschlichen Widersacher*innen, Jeremia in die Irre zu führen und zu besiegen, wird in V. 10 mit denselben Verben ausgedrückt (פתה Pu. und יכל Qal). Eine V. 7 vergleichbare Situation findet sich schon im dritten Klagediskurs, wenn Jeremia klagt, das von Gott beschlossene Unheil bleibe aus und lasse ihn als Lügner dastehen (17,14-18). Im Blick auf die Berufungserzählung lässt sich 20,7 auch als Klage über unzureichenden Beistand verstehen, der bereits im Vorwurf, Gott erweise sich als Trugbach (15,18), anklang. Gott hat Jeremia dazu gebracht, als Prophet aufzutreten, und Jeremia beklagt nun, dass er sich darauf eingelassen hat. Angesichts der Bedrohung seines Lebens fühlt er sich von Gott getäuscht,[36] erfährt Gott als ambivalent, als denjenigen, der ihm Unterstützung versprochen hat, ihn nun aber Spott und Verfolgung aussetzt.[37]

Der leidende Prophet — Die innere Zerrissenheit Jeremias kommt in V. 8f. deutlich zum Ausdruck: Das Wort JHWHs bringt ihm nur noch Hohn und Spott ein; er will es nicht mehr verkünden, kann es aber nicht verschweigen. Die Metapher vom brennenden Feuer im Körper spielt auf die das Jeremiabuch prägende Vorstellung des Zorns an, der aus einem Gefäß überquillt (vgl. 4,4; 25,15) und wie Feuer Orte und Menschen verschlingt (vgl. 4,26; 7,20; 10,25; 15,14 u. ö.). Jeremia hat den göttlichen Zorn gewissermaßen in seinen Körper aufgenommen und kann ihn nicht mehr zurückhalten (vgl. 1,9; 6,11).

Erstaunlicherweise wendet sich Jeremia aber nicht von Gott ab, sondern ringt sich zu einem Vertrauensbekenntnis durch (V. 11). Einerseits vollzieht er damit die in Klagegebeten übliche Wende von der Klage zu der Bitte, Gott möge sich der Not annehmen und das böse Treiben der Widersacher*innen vergelten. Indem Jeremia JHWH als גבור „(starken) Krieger" beschwört, zeigt er andererseits, dass er seine eigene Rolle als heldenhafter Bote Gottes nicht ausfüllen kann.[38] Der Kom-

---

33   Vgl. HOLLADAY, Hermeneia, 553f.; MCKANE, ICC, 470; LUNDBOM, AB 21A, 854f.; BAUER, Gender, 114–117; CARROLL, Jeremiah, 398.

34   Vgl. MACWILLIAM, The Prophet and His Patsy, 176f.

35   Ähnlich CLINES, David J. A./GUNN, David M., „You tried to Persuade Me" and „Violence! Outrage!" in Jeremiah XX₇₋₈: VT 28 (1978), 20–27, 21; sie übersetzen „du versuchtest, mich zu überreden".

36   So auch CARROLL, Jeremiah, 398; BEZZEL, Konfessionen, 216–219.

37   Vgl. KRAUSE-VILMAR, Beschreibung der Nähe Gottes, 41–43.

38   Aus der Perspektive der *Queer Theory* wird Jeremias Maskulinität durch Gott selbst kompromittiert, so dass er in seiner „gender performativity" versagt; vgl. MACWILLIAM, The Prophet and His Patsy, 176.

mentar zu diesem Versagen des Propheten findet sich in der Begründung des Lobes Gottes in V. 13b: Gott hat das Leben eines אביון, „einer armen, bedürftigen Person", aus der Hand derer, die Böses tun, gerettet, d. h. Jeremia wird hier mit einem mittellosen, marginalisierten Menschen identifiziert, dessen Recht geschützt werden muss und der unter das Armenrecht fällt (vgl. Ex 23,6.11; Dtn 15,9; 24,14).

Da in V. 14 kein neuer Sprecher eingeführt wird und das doppelte Fluchwort auf das Klagegebet Jeremias folgt, gehen die meisten Kommentare davon aus, dass Jeremia hier, ähnlich wie Hiob (3,1–12; 10,18f.), den Tag seiner Geburt verflucht.[39]

Wer verflucht seine Geburt?

Diese Verfluchung steht freilich in größtmöglichem Gegensatz zur Berufung Jeremias von Mutterleib an (1,5). So argumentiert Pohlmann, formal und inhaltlich sei dieser Abschnitt nicht mit dem Ich der übrigen Klagen in Jer 11–20 in Einklang zu bringen.[40] Aus dem Vergleich mit positiven und negativen Aussagen über die eigene Geburt, Mühsal, Kummer und Schande in alttestamentlichen und frühjüdischen Texten schließt er, dass hier ein Gottloser in seinem Scheitern zu Wort komme, der JHWH gerade nicht anrufe wie Jeremia in 20,7–13.[41] Aus den kritischen Worten gegen den Tempel und seinen Kult, die den ersten Klagediskurs rahmen (11,15; 12,7), und der in 20,1 ersichtlichen Opposition der Priesterschaft gegen Jeremia folgert er, nachexilische Jeremiatradent*innen wollten ihre Position stärken, indem sie 20,14–18 als Selbstverurteilung Paschhurs an das Ende der Klagen Jeremias stellen.[42] Wollten die Verfasser den Fluchenden mit Paschhur identifizieren, hätten sie dies m. E. deutlicher anzeigen müssen, denn selbst mit der Tradition vertraute Leser*innen können die zahlreichen, von Pohlmann angeführten Motivparallelen nicht überblicken. Möglicherweise gehörte das Fluchwort ursprünglich nicht zu den übrigen Klagegebeten.[43] Da Jeremia jedoch im dritten Klagediskurs einen Weheruf über seine Mutter äußert (15,10) und das Geburtsmotiv in 1,5 und 20,14 die Kap. 1–20 rahmt, soll das Fluchwort im vorliegenden Text dennoch als verzweifelte Aussage Jeremias gelesen werden, der seine vorgeburtliche Erwählung zum Propheten negiert.

Diachrone Analyse

Im Kontext des Buches erscheint es zunächst nicht abwegig, dass Jeremia wegen seiner Unheilsprophetie vom Tempelaufseher öffentlich misshandelt wird. Die Episode könnte somit auf eine historische Begebenheit zurückgehen. Vor dem Hintergrund der von Duhm und Mowinckel herausgearbeiteten Quellen des Buches wur-

Die Paschhur-Episode

---

39 Vgl. Rudolph, HAT, 133; Lundbom, AB 21A, 869; McKane, ICC, 485; Schmidt, ATD 20, 339; Fischer, HThKAT, 623f.

40 Vgl. Pohlmann, Das Ende der Gottlosen, 302. Ähnlich schon Ittmann, Konfessionen, 25f. und Wanke (ZBK, 187), der Pohlmanns Identifikation des Sprechers jedoch nicht übernimmt, während Finsterbusch/Jacoby (Jer-MT 1–24, 219) Pohlmann folgen.

41 Pohlmann, Das Ende der Gottlosen, 310f.; eine ähnliche These vertrat schon Jacques Capelli im frühen 17. Jh.; vgl. Bezzel, Konfessionen, 251.

42 Pohlmann, Das Ende der Gottlosen, 314.

43 So auch Bezzel, Konfessionen, 241. S. u. die diachrone Analyse.

de 19,14 – 20,6 meist der sog. Baruchbiographie zugewiesen.[44] Wanke hat jedoch die Existenz dieser Baruchschrift widerlegt und interpretiert 20,1–4a als eine mündlich überlieferte Episode aus Jeremias Leben, die durch die dtr Redaktion um eine Einleitung (19,14f.) und ein Drohwort gegen Paschhur (20,4b–6) ergänzt wurde.[45]

Die Zuweisung zur exilischen Buchredaktion ist jedoch aus mehreren Gründen nicht plausibel. Zwar enthalten die Redeanteile der Erzählung (19,15; 20,4–6) dtjer Wendungen; diese begegnen vor allem in individuellen Prosaorakeln oder nachexilischen Abschnitten, so קשׁה Hif. + ערף „den Nacken verhärten" (19,15; vgl. 7,26; 17,23) und die sog. Übereignungsformel נתן את־X ביד/בכף Y „jdn. in die Hand von jdm. geben" (20,4.5; vgl. 12,7; 21,7.10; 22,25; 39,17; 44,30).[46] Außerdem nennt 20,4.6 den babylonischen König und das Exil explizit, während Texte der geschichtsätiologischen Redaktion[47] bis Jer 25 die Identität des Feindes verschweigen.[48] Schließlich setzt 19,14f. die Symbolhandlung in 19,1–13 voraus, identifiziert aber den dort doppelt bezeichneten Ort mit dem Tofet. Hier dürften dieselben Verfasser am Werk sein, die 19,1–12* um Bemerkungen zum Tofet erweiterten. Daher ist 19,14 – 20,6 später als die exilische Buchredaktion anzusetzen.[49] Aufgrund des Inhalts der Ankündigung – Paschhur und die Seinen werden im Exil sterben (20,6); in der Parallelerzählung 29,24–32 wird Schemaja die Heilswende nicht mehr erleben – ist eine Datierung in die frühnachexilische Zeit wahrscheinlich, in der die Rückkehr nach Juda überhaupt erst möglich wurde. Beide Episoden diskreditieren bekannte Protagonisten priesterlicher Familien, indem sie sie als Gegner Jeremias darstellen.[50]

Jeremias fünfter Klagediskurs   Das fünfte Klagegebet Jeremias setzt die frühnachexilische Erzählung voraus. Unter Rückgriff auf Motive der vorherigen Klagen zeichnet es Jeremia als einen innerlich zerrissenen Propheten, der angesichts der öffentlichen Beschämung durch Paschhur seine Beauftragung durch Jhwh hinterfragt und ihm vorwirft, er habe ihn in die Irre geführt, so wie seine Gegner*innen das versuchten (V. 10). Diese Anklage charakterisiert Gott geradezu als Feind, mündet am Ende aber dennoch in ein Vertrauensbekenntnis (V. 11).

Da 20,12 fast wörtlich 11,20 wiederholt und so eine *inclusio* bildet, also literarisch auf die erste Klage zurückgreift, ist der Vers wahrscheinlich nachgetragen.[51] Die Anrufung Jhwhs als des gerechten Richters versteht das individuelle Schicksal des Propheten als exemplarisch für verfolgte Menschen und stilisiert Jeremia zum leidenden Gerechten. Der im Kontext auffällige Lobpreis in V. 13 ist ebenfalls nachgetragen, denn er verallgemeinert Jeremias Schicksal noch stärker, indem er den Propheten der Gruppe der Mittellosen und Elenden zurechnet, die in späten Psalmen den Schutz Jhwhs erflehen.[52]

---

44   Vgl. Rudolph, HAT, 127.

45   Vgl. Wanke, Baruchschrift, 18f.; ders., ZBK, 180.

46   Vgl. Stipp, Prosaorakel, 323.

47   Z. B. Jer 7,2–24*; 11,9–17*; 13,1–26*; 14,10–17*; 16,2–9.16–18; 19,1–12*.

48   Alle Nennungen Babylons und seines Königs in 25,1–10 sind prämasoretische Zusätze. Vgl. Stipp, Jeremia und der Priester Paschhur, 392f.; ders., HAT, 37f.

49   Nach Stipp (Jeremia und der Priester Paschhur, 393) ein „post-dtr Einschub".

50   Stipp (Prosaorakel, 336f.) datiert alle individuellen Prosaorakel um ca. 530 v. d. Z.

51   Mit Parke-Taylor, Formation, 14–18; Stipp, Sondergut, 138f.

52   Zum dreifach gestuften Abschluss der Konfession vgl. Bezzel, Konfessionen, 245.

Das Fluchwort in 20,14–18, das den positiven Aussagen von 20,11–13 diametral widerspricht, ist ein spätnachexilischer Text, der literarische Bezüge zu anderen Texten innerhalb und außerhalb des Jeremiabuches aufweist:

Verfluchung der eigenen Geburt

> Wie schon erwähnt, findet sich in 15,10 Jeremias Weheruf über seine Mutter. Die Wendung הפך + ערים „Städte umstürzen" begegnet neben 20,16 nur bei Sodom und Gomorra (Gen 19,25.29; Dtn 29,22; vgl. Klgl 4,6) und wird explizit auch in Jer 49,18; 50,40 erinnert; von תרועה „Kriegslärm" ist noch in 4,19; 49,2 die Rede, der Klageschrei der Opfer (זעקה) begegnet noch in 18,22; 48,4.34; 50,46; 51,54; der Krieg findet auch in 6,4; 15,8 am Mittag (צהרים) statt. Außerdem wird אשר als Konjunktion (V. 17) nur in spätbiblischem Hebräisch gebraucht.

Der Abschnitt passt zwar nicht zu den übrigen Klagegebeten, da die Jeremiafigur sonst nirgends die Beziehung zu Gott aufkündigt. Dass der Prophet aber an seinem Schicksal verzweifelte, ist mit Blick auf sein ungewisses Lebensende in Ägypten (vgl. 43,6f.) nachvollziehbar. Sein mysteriöses Verschwinden könnte den abschließenden Satz „meine Tage wurden in Schande vollendet" motiviert haben.[53] Pohlmanns Deutung von V. 16 als in den Text geratene Randglosse eines Schreibers ist möglich,[54] würde mit dem Verweis auf umgestürzte Städte dem Abschnitt aber eine wichtige Pointe nehmen. Da Jeremia in 1,18 zur befestigten Stadt erklärt wird, erscheint die Verknüpfung seines Geschicks mit dem der Stadt nicht ungewöhnlich. Das Fluchwort lässt sich daher als ein sehr später Nachtrag verstehen, der entgegen dem positiven Schluss des letzten Klagediskurses Jeremia endgültig zum leidenden und lebensmüden Gerechten erklärt. War schon 20,13 als Abschluss der Klagediskurse gedacht, so bildet das Fluchwort eine noch stärkere *inclusio* zur bereits erweiterten Berufungserzählung (1,5.18f.) und verstärkt daher die Zäsur zwischen Kap. 20 und 21.

Synthese

Jer 19,14 – 20,6 erzählt Jeremias Misshandlung durch den Tempelaufseher Paschhur, die der Prophet mit einem individuellen Unheilswort gegen den Priester und dessen Familie beantwortet. Die Episode, die vom Bucherzähler vorgetragen wird und erstmals Babylon als Feind und Exilsort nennt (20,4.6), knüpft an die bereits überarbeitete Fassung der Symbolhandlung mit dem zerbrochenen Krug (19,1–13) an. Sie bietet eine Brücke zu den ausführlichen Erzählungen von Jeremias Verfolgung durch Priester und Beamte im zweiten Buchteil. Paschhur als Repräsentant der Jerusalemer Priesterschaft schließt Jeremia als Störer der öffentlichen Ordnung im Tempelareal in den Block und demütigt ihn damit vor aller Augen. Trotz körperlicher Misshandlung reagiert Jeremia ungerührt und nennt Paschhur „Grauen". Er kündigt dem Priester an, er werde den Tod seiner Lieben mitansehen müssen (vgl. 39,6f.) und mit ganz Juda deportiert werden (V. 4), Jerusalem werde geplündert (V. 5) und schließlich werde Paschhur mit seiner Familie im Exil sterben (V. 6).

---

53 Gegen FINSTERBUSCH/JACOBY (MT-Jeremia 1–24, 219, Anm. 938), die argumentieren, das Motiv der Schande passe nicht zu Jeremia.

54 POHLMANN, Das Ende der Gottlosen, 307.

Im Gegensatz zu diesem machtvollen Auftritt charakterisiert das später hinzugefügte Klagegebet (V. 7–11) den Propheten als innerlich zerrissen und an seinem
Auftrag verzweifelnd. Er wirft Gott vor, ihn in die Irre geführt zu haben, und
hadert mit seiner eigenen Unfähigkeit, sein Prophetendasein einfach aufzuge-
ben. Er klagt über die Nachstellungen seiner Widersacher*innen, die er zitiert,
vertraut am Ende aber dennoch auf Gott als starken Krieger, der allein seine
Verfolger*innen zu Fall bringen kann. Dieser Klage wurde zunächst aus 11,20
das Bekenntnis zu Jhwh als Prüfer von Herz und Nieren sowie als gerechtem
Richter (V. 12) hinzugefügt, außerdem ein hymnischer Lobpreis, der Jeremia zum
Repräsentanten der von Gott geretteten Armen erklärt (V. 13).

Im jetzt vorliegenden Text wird Gott also sehr ambivalent charakterisiert,
und die verletzte und gedemütigte Jeremiafigur[55] repräsentiert ein traumatisier-
tes Individuum, das versucht, die Folgen des Traumas zu bewältigen.[56] Das
Schwanken zwischen Anklage Gottes und Zuversicht in dessen Wirken, zwischen
Gewalterfahrung und Rachewünschen ist typisch für gläubige Menschen, die
traumatisiert sind.[57] Für nachexilische und heutige Leser*innen kann Jeremias
Ringen als Versuch gelesen werden, trotz traumatisierender Erfahrung an Gott
festzuhalten und im Glauben erste Schritte zur Heilung zu gehen.[58]

Das noch später ergänzte Fluchwort über den Tag der Geburt in 20,14–18
verschärft dieses Porträt und erhält durch seine Position am Ende der Klagegebete Jeremias zusätzliches Gewicht. Der literarische Jeremia erscheint hier als an
seiner Aufgabe gescheiterter Prophet, ja als Mensch, der angesichts von Gewalt,
Demütigung und Schande verzweifelt. Das widerspricht dem in 1,18f. gezeichneten Bild des männlichen Kriegers, der aller Anfeindung trotzt, diametral. Wenn
schon der Bote, der die gute Nachricht von der Geburt eines Sohnes überbringt,
verflucht wird, um wieviel mehr gilt der Fluch dem Boten Jeremia, der dem
ganzen Volk Unheil prophezeite. Während manche Verse der Klagediskurse das
Prophetenschicksal als exemplarisch für die Überlebenden in Juda und im Exil
deuten (12,1–3; 15,19–21; 17,5–8; 18,20a),[59] wird Jeremia hier, wie in weisheitlichen Reflexionen über die Mühsal menschlichen Lebens (Koh 1,3; 2,20–23;
5,15–17), zum Repräsentanten eines durch das Leben gebeugten Menschen.[60]
Seine Verfluchung der eigenen Geburt endet in der offenen Frage, wozu das alles
geschah. Sie kommentiert das nach Jer 43,7 ungeklärte Lebensende Jeremias in
Ägypten und stellt zugleich die grundsätzliche Frage nach dem Sinn des menschlichen Lebens.

---

55 Zur Verbindung von ambivalenter Nähe Gottes und Körperkonzept vgl. Krause-Vilmar,
    Beschreibung der Nähe Gottes, 57–59.

56 Vgl. Claassens, L. Juliana, Not Being Content with God. Contestation and Contradiction
    in Communities under Duress: OTEs 30 (2017), 609–629.

57 Vgl. Cataldo, I Know That my Redeemer Lives, 800–802. Über den Verlust des Vertrau-
    ens in und Glaubens an einen Gott bei Traumatisierten berichtet auch Herman, Trauma
    and Recovery, 51f.54–56.94. S. auch die Einleitung, „Trauma-Studien“, S. 38.

58 Mit Claassens, Not Being Content with God, 613f.; O'Connor, Pain and Promise, 87f.

59 So Carroll (Jeremiah, 402f.) auch in Bezug auf 20,14–18; vgl. O'Connor, Pain and Pro-
    mise, 84f.

60 Mit Bezzel, Konfessionen, 254.

Jer 21,1 – 24,10: Worte gegen Judas Könige und Führungspersonen

Die Sammlung einzelner, kurzer Worte in Jer 21,1 – 24,10, oft als Königsspruchzyklus bezeichnet, ist doppelt gerahmt. Einen inneren Rahmen bilden die Abschnitte 21,11f. und 23,5f., die das Eintreten für Recht und Gerechtigkeit als vornehmliche Aufgabe des Königs nennen. Einen äußeren Rahmen bilden die Prosarede in 21,1–10 und der Visionsbericht in 24,1–10, die beide auf die Regierungszeit König Zidkijas verweisen. Die Einzelsprüche treffen Aussagen über die Könige Schallum (= Joahas, 22,10–12), Jojakim (22,13–19) und Jojachin (22,24–30) sowie über einen kommenden König (23,5f.). Als Kollektive werden das gesamte judäische Königshaus, d. h. die Dynastie Davids (21,11f.; 22,1–5.6–9), und Jerusalem (21,13f.; 22,20–23) direkt adressiert. Außerdem finden sich Sprüche über Hirt*innen (23,1–4) und Prophet*innen (23,9–40). Nach der Einleitung des Bucherzählers in 21,1–3a redet Jeremia ohne Unterbrechung bis 24,10 (in MT und LXX).[1] Die Kapitel lassen sich anhand der Adressatenwechsel gliedern und werden im Folgenden in fünf Teiltexten übersetzt und kommentiert:

21,1–10	Jerusalems Ende als Wirken Jhwhs
21,11 – 22,9	Worte gegen das Königshaus
22,10 – 23,8	Worte über einzelne Könige
23,9–40	Worte über die Prophet*innen
24,1–10	Die Vision von den guten und schlechten Feigen

Jer 21,1–10: Jerusalems Ende als Wirken Jhwhs

K1 K2 K3 K4 K5
1 Das Wort, das an Jeremia von Jhwh erging, als König Zidkija Paschhur, den Sohn Malkijas, und den Priester Zefanja, den Sohn Maasejas, zu ihm sandte, um ihm zu sagen:
2 Befrage [doch] Jhwh für uns, denn [Nebukadrezzar]ᵃ der König von Babel führt Krieg gegen uns. Vielleicht handelt Jhwh [an uns] gemäß all seinen Wundern, so dass er von uns abzieht.
3 Da sagte Jeremia zu ihnen:
So sollt ihr zu Zidkija _{<dem König von Juda>}ᵃ sagen:
4 So spricht Jhwh[, der Gott Israels]:
Siehe, ich lenke die Kriegswaffen um, [die in eurer Hand sind,]ᵃ mit denen ihr [den babylonischen König und] die Chaldäerᵇ bekämpft, die euch belagern, von außerhalb der Mauer [und ich werde sie sam-

---

1   So auch FINSTERBUSCH/JACOBY, MT-Jeremia 1–24, 220f.

K1 K2 K3 K4 K5

> > meln]^c zur Mitte dieser Stadt. 5 Ich selbst werde euch bekämpfen mit ausgestreckter Hand und mit starkem Arm und mit Zorn, Zornesglut und großer [Wut]^a. 6 Ich werde die Bewohner dieser Stadt schlagen, sowohl die Menschen als auch das Vieh; durch eine große Pest^a werden sie sterben. 7 Und danach – Spruch Jhwhs – werde ich Zidkija, den König Judas, und seine Dienerschaft und das Volk [und]^a die übrig geblieben sind in dieser Stadt von der Pest <und> vom Schwert und vom Hunger, [in die Hand Nebukadrezzars, des Königs von Babel und] in die Hand ihrer Feinde geben [und in die Hand derer], die ihnen nach dem Leben trachten. $_{Er wird}$/ Sie werden^b sie schlagen mit der Schärfe des Schwerts. $_{Er wird}$/ Ich werde^c sie nicht schonen [und er wird kein Mitleid haben]; $_{er wird sich}$/ ich werde mich ihrer nicht erbarmen.

8 Zu diesem Volk aber sollst du sagen:

> So spricht Jhwh:

> > Siehe, ich lege euch (hiermit)^a den Weg des Lebens und den Weg des Todes vor. 9 Wer in dieser Stadt bleibt, wird durch das Schwert und^a durch den Hunger [und durch die Pest]^b sterben. Wer aber hinausgeht und zu den Chaldäern überläuft^c, die euch belagern, wird leben^d. Sein^e Leben wird [ihm] als Beute gehören. <$_{Und er wird leben.}$>^{f} 10 Denn ich habe mein Angesicht gegen diese Stadt gerichtet zum Bösen und nicht zum Guten [– Spruch Jhwhs –], in die Hand des Königs von Babel wird sie gegeben werden, und er wird sie den Flammen übergeben.

Anmerkungen zu Text und Übersetzung

*   Einrückungen in der Übersetzung markieren die Kommunikationsebenen in Reden. Zum System der Klammern und Kleinschreibung s. o. S. 22.

2a Die MT-Überschüsse verstärken die Textaussage, ohne neue Informationen zu bieten. In MT wird Nebukadrezzar hier zum ersten Mal namentlich erwähnt, in LXX erst in 24,1. Der „König von Babel" wird erstmals in 20,4 (LXX und MT) genannt; vgl. Stipp, Sondergut, 103f.

3a Die LXX-Übersetzer fügen den Titel Zidkijas hinzu; vgl. Stipp, Sondergut, 146.

4a Die Zusätze in MT betonen, dass Gott die judäischen Kriegswaffen gegen Jerusalem wenden wird. Das verkompliziert den Satz, so dass unklar ist, worauf sich die Ortsangabe „außerhalb der Mauer" bezieht. Viele moderne Übersetzungen nehmen Kämpfe der judäischen Krieger außerhalb der Stadtmauer an (Elberfelder, Einheitsübersetzung, Zürcher Bibel 2009, Bibel in gerechter Sprache, Luther 2017, JPS Tanakh). Es ist jedoch wahrscheinlicher, dass sich die Ortsangabe auf die babylonischen Soldaten bezieht (so auch LXX, V, Revised und New Revised Standard Version, Luther 1545 und Finsterbusch/Jacoby, MT-Jeremia 1–24, 221).

4b „Chaldäer", hebräisch כַּשְׂדִּים, griechisch οἱ Χαλδαῖοι, ist der in der Hebräischen Bibel gebrauchte Name für die Dynastie der neubabylonischen Herrscher, die sich selbst „Könige von Akkad" nannten. Nebukadrezzar trägt biblisch den Titel „König von Babel".

4c Der MT-Zusatz kann sich auf die babylonischen Soldaten oder die Waffen beziehen. In beiden Fällen bedeutet es, dass Jerusalem eingenommen werden wird.

5a LXX bietet „mit Zorn und großer Zornesglut". Die Ergänzung von Begriffen zu einer Trias ist typisch für die prämasoretische Bearbeitung; vgl. 42,18 und Stipp, Sondergut, 101.

6a LXX gibt das Konkretum דבר „Pest" hier und in V. 7 mit dem Abstraktum θάνατος „Tod" wieder (so auch in 14,12; 24,10; 34,17; 44,13).

7a LXX hat wohl ואת־העם הנשארים in der Vorlage und versteht das Partizip als Näherbestimmung zum Volk, während MT mit zwei Akkusativpartikeln zwei Gruppen nennt.

7b In LXX (κατακόψουσιν) sind die Feinde Subjekt. Durch den Zusatz von Nebukadrezzar in MT beziehen die Masoreten das Verb sekundär auf diesen.

7c LXX bietet, wie in 13,14, Formen der 1. sing., während MT weiter an die Nennung des babylonischen Königs angleicht und das dritte Verb aus 13,14 ergänzt. Möglicherweise liegt auch eine Übernahme aus Dtn 13,9 vor; vgl. Stipp, Sondergut, 108.

8a MT bietet הנני נתן. 4QJer^c נתתי wie Dtn 30,15; vgl. DJD XV, 189.

9a In vielen hebräischen Hss. fehlt die Kopula ebenso wie in dem wortgleichen Parallelvers 38,2.

9b Ergänzt zur typischen dtjer Plagentrias Schwert – Pest – Hunger; vgl. Stipp, Konkordanz, 49.

9c Zu dieser Bedeutung von נפל על/אל־הכשׂדים vgl. Ges^18, 831 und 37,13; 38,19; 39,9; 52,15.

9d LXX gibt das *Ketiv* יחיה wieder; das *Qere* וחיה gleicht an die folgende Verbform an.

9e MT formuliert mit masc. sing.-Formen, gemeint ist aber „jeder und jede Einzelne".

9f Wenige hebräische Hss. bieten וחי und LXX ein entsprechendes Äquivalent; es handelt sich um eine sekundäre Übernahme aus dem Parallelvers 38,2; vgl. Stipp, Sondergut, 148.

Synchrone Analyse

Durch eine Wortereignisformel mit Relativsatz in V. 1a wird der Prosaabschnitt 21,1–10 als von Jeremia übermittelte Gottesrede präsentiert, während die Situationsangabe in V. 1b, der Befehl in V. 2 und Jeremias Antwort in V. 3–7 eine Erzählung über Jeremias Gespräch mit einer königlichen Delegation bieten.[2] Der erneute Redeauftrag Gottes leitet in V. 8–10 ein Wort an die Bevölkerung Jerusalems ein und fordert sie zur Entscheidung zwischen Leben und Tod auf. Die beiden an verschiedene Adressat*innen gerichteten Worte sind voneinander unabhängig, setzen aber dieselbe Situation voraus.

Rhetorische Struktur

Jer 21,1b–3a verweist auf die Situation der zweiten Belagerung Jerusalems (Januar 588 – Juli 587).[3] König Zidkija sendet den Beamten Paschhur Ben Malkija, der nach 38,1 zu den Gegner*innen des Propheten gehört,[4] und den Priester Zefanja Ben Maaseja (vgl. 29,25.29; 52,24) zu Jeremia mit dem Auftrag, einen Gottesbescheid über den Ausgang des Kampfes einzuholen. Jer 37,1–10 erzählt von einer ähnlichen Sendung Zefanjas und des Beamten Jehuchal, die Jeremia auffordern, für Zidkija Fürbitte bei Jhwh einzulegen. Diese Begegnung wird in die Belagerungspause (37,5) situiert, die durch den Anmarsch ägyptischer Hilfstruppen im Som-

Historischer Hintergrund

---

2   S. o. die vergleichbare Formation in Jer 18,1–3.

3   Zu den Datierungen s. die Einleitung, „Nebukadrezzars Krieg gegen Jerusalem", S. 25.

4   Paschhur Ben Malkija ist zu unterscheiden von dem Priester Paschhur Ben Immer, der Jer 20,1–6 zufolge den Propheten öffentlich demütigt und misshandelt.

mer 588 eintrat. Auch 21,2b formuliert die Hoffnung auf göttliche Rettung vor dem babylonischen Heer und spielt mit dem Stichwort „Wunder" zugleich auf die Rettung Jerusalems aus der Hand des Assyrerkönigs Sanherib im Jahr 701 v. d. Z. an, die in 2 Kön 19 par. Jes 37 ausführlich beschrieben wird. Jeremias Antwort liegt in beiden Fällen jedoch eine diametral andere Einschätzung der politischen Lage zugrunde (21,4–7; 37,7–10).

Funktion im Kontext   Jer 21,1–10 hebt sich vom Kontext deutlich ab durch den Neueinsatz mit Wortereignisformel und Situationsangabe sowie durch die Prosaform. Der Text dient als Einleitung zur Sammlung der Worte gegen die Könige Judas und nimmt inhaltlich die Einnahme Jerusalems und das Ende des judäischen Königtums vorweg.

Jhwh kämpft selbst gegen Jerusalem   Gottes durch Jeremia übermittelte Antwort auf Zidkijas hoffnungsvolle Frage ist vernichtend: Dem in LXX überlieferten, älteren Text zufolge wird Jhwh die Waffen von außerhalb der Mauer in die Mitte Jerusalems lenken, was bei einer Belagerung die Einnahme der Stadt bedeutet. Der in MT zugefügte Relativsatz, der diese Waffen in den Händen der judäischen Krieger lokalisiert, führt zu der Vorstellung, dass sie den Gegner außerhalb der Stadt bekämpfen, was nicht zur Situation einer Belagerung passt. Mehrere prämasoretische Zusätze betonen diesen Gedanken, erschweren aber das Verständnis des Textes. V. 5 zufolge wird Gott selbst gegen Jerusalem kämpfen, was mit bekannten Wendungen aus der dtr Tradition beschrieben wird:

> Trat Jhwh beim Exodus für Israel ein (Dtn 4,34; 5,15; 26,8), so kämpft er nun „mit ausgestreckter Hand und starkem Arm" gegen sein eigenes Volk (vgl. Jer 32,21). Gottes Bestrafung „mit Zorn, Zornesglut und großer Wut" greift Dtn 29,27 wörtlich auf (ähnlich noch Jer 32,37). Der Tod durch die Pest (V. 6) könnte auf die ägyptischen Plagen anspielen (Ex 9,3), die ebenfalls Mensch und Tier betreffen (Ex 8,13f.; 9,25; 11,7; vgl. Jer 7,20).

Sind Pest, Hunger und Schwert übliche Todesursachen bei der Belagerung und Einnahme einer Stadt, so kündigt V. 7b König Zidkija, seinem Gefolge und denjenigen, die in der belagerten Stadt ausharren, an, was historisch eintraf: Sie fielen in die Hände des Feindes. Dass dieses Sterben auf Jhwh zurückzuführen ist, bezeugt die ältere LXX-Fassung von V. 7b, in der Gott selbst sein schonungsloses Handeln und fehlendes Erbarmen betont (vgl. 13,14), während MT auf Nebukadrezzars schonungsloses Vorgehen verweist (V. 7a; vgl. 6,23).

Im Gegensatz zum Abschnitt V. 4–7, der die Einnahme der Stadt als Jhwhs Wirken darstellt, erläutert V. 10 die Zerstörung Jerusalems in gestufter Verantwortlichkeit: Zwar wendet sich Gott gegen die Stadt zum Bösen (V. 10a); wer sie in die Hand des babylonischen Königs gibt, wird durch die passive Formulierung in V. 10aα aber verschleiert. Nach V. 10bβ lässt Nebukadrezzar Jerusalem in Brand setzen (so auch 2 Kön 25,9; 2 Chr 36,19; Jer 39,8; 52,13). Gottes Rolle bei der Eroberung und Zerstörung Jerusalems ist daher ambivalent.

Leben oder Tod   In 21,8 wird Jeremia erneut beauftragt, sich an „dieses Volk" zu wenden. Das Volk wird im unmittelbaren Kontext jedoch gar nicht erwähnt und die unbestimmte Formulierung in V. 9 „wer ... bleibt" impliziert, dass einzelne Frauen und Männer adressiert werden. Das bedeutet, dass V. 8–10 nicht zu Jeremias Antwort an Zidkijas Delegation gehört. Die Alternative „Leben oder Tod" spielt auf die Verpflichtung des Volkes auf die Tora im Deuteronomium an: Die Wendung הנני נתן לפניכם „siehe, ich lege euch vor" hat eine fast wortgleiche Parallele in Moses Reden über die Tora (Dtn 4,8; 11,26.32). Gemäß Dtn 30,15–20 führt der Gehorsam gegenüber Jhwh und der Tora zu einem langen, gesegneten Leben, die Abwendung von ihnen aber zum Tod. In Jer 21,8f. wird diese

Alternative jedoch umgedreht: Das Ausharren in Jerusalem im Vertrauen auf Rettung durch Jhwh führt zum Tod, die Unterwerfung unter die babylonische Macht bedeutet Leben, allerdings nur das bloße Überleben. Damit erscheint das Überlaufen zum Feind nicht als Verrat, sondern als von Gott ermöglichte Alternative zum Tod.

> Den Aufruf, zum Feind überzulaufen, formuliert Jeremia in 38,2 fast wortgleich mit 21,9. Er ist dort Anlass für den Plan einiger anti-babylonisch eingestellter Beamter, den Propheten als Verräter an der judäischen Sache zu töten (38,4-6). Die Aufforderung, sich zu ergeben, richtet Jeremia in 38,17f. sogar an König Zidkija und stellt ihm in Aussicht, dass er dann überleben und die Stadt nicht verbrannt werde. Der König folgt aber Jeremias Rat nicht, aus Furcht, er könne seinen bereits übergelaufenen Gegner*innen in die Hände fallen.

Die nur im Jeremiabuch belegte Formulierung „das eigene Leben als Beute haben" enthält eine gewisse Ironie, insofern שָׁלָל „Beute" den materiellen Gewinn bezeichnet, den die Soldaten bei der Plünderung einer Stadt erzielen (2 Kön 3,23; Jes 10,6; Ez 38,13).[5] Diese Wendung wird neben 21,9 noch in den Heilsworten für den kuschitischen Eunuchen Ebed-Melech (39,18) und für Baruch (45,5) gebraucht.

> Die in 21,1-10 aufscheinende Alternative zwischen dem Ausharren in der belagerten Stadt und der politischen Unterwerfung wird in den Erzählungen der zweiten Buchhälfte ausführlich behandelt. Sie zeichnen Jeremia als einen Parteigänger der probabylonischen Fraktion, der für eine Übernahme des babylonischen Jochs plädiert (27,7-11.12.17; 28,13f.; 29,5-7) und zum Überlaufen zum Feind auffordert (38,2). Die beiden unversöhnlichen politischen Lager reichen Jer 26 und 36-39 zufolge bis in die königliche Beamtenschaft hinein. Während einige Beamte Jeremia öffentlich misshandeln (20,1-6) und töten wollen (38,1-6), unterstützen ihn Beamte aus der Familie Schafans (26,24; 29,3; 36,10-12; 39,14), und der Kuschit Ebed-Melech rettet ihn vor dem Tod in der Zisterne (38,7-13).[6]

Jeremias politische Haltung

In den poetischen Unheilsankündigungen des ersten Buchteils nimmt Jeremia keine probabylonische Haltung ein, denn der Feind aus dem Norden bleibt bis auf 20,4 unbenannt, die Ankündigung des Untergangs ergeht unbedingt und enthält keine politischen Ratschläge; außerdem fehlen spezifische soziopolitische Hinweise.[7] Nur in der Rede gegen den Tempel in 7,4-7 wird eine Handlungsalternative eröffnet, deren Kriterium allerdings in der Hinwendung zu Jhwh und dem Schutz marginalisierter Personen besteht. So erfolgt Jeremias Aufforderung, zu den Feinden überzulaufen, in Jer 21,9 ebenso unerwartet wie die konkrete Ankündigung, Jerusalem werde niedergebrannt werden.

Diachrone Analyse

Die engen inhaltlichen Parallelen zwischen Jer 21,1-7 und 37,1-10 einerseits sowie 21,8-10 und 37,11-16; 38,1-6 andererseits werfen die Frage nach intertextuellen Bezügen auf. Aus mehreren Gründen erweist sich 21,1-10 als der jüngere und

21,1-10 Extrakt aus 37,1 - 40,6

---

5 Vgl. Carroll, Jeremiah, 411; O'Connor, Pain and Promise, 74.

6 Vgl. Stipp, Jeremia im Parteienstreit, 294-299.

7 So auch Walter Brueggemann, The ‚Baruch Connection'. Reflections on Jeremiah 43.1-7*: Diamond, A. R. Pete u. a. (Hg.), Troubling Jeremiah (JSOTSup 260), Sheffield: Sheffield Academic Press 1999, 367-386, 374. Er argumentiert, dass Baruch Jeremias Prophetie als politische Propaganda für Babylon darstelle.

literarisch von den Parallelen abhängige Text: Er hebt sich von seinem unmittelbaren Kontext deutlich ab, während 37,1 – 40,6 eine kohärente Erzählung bilden; er ist im dtjer Prosastil verfasst, blickt auf die spezifischen Umstände der Zerstörung Jerusalems zurück und erklärt diese mit Gottes Wirken, wobei er Wendungen und Motive nicht nur aus dem Jeremiabuch, sondern auch aus der Exodustradition und Dtn 30,15-20 kombiniert.[8] Während die Anfrage Zidkijas in der Belagerungspause (37,5) schlüssig in die Erzählung eingebunden ist, ist 21,1-10 analog zu den Prosareden als J~HWH~-Rede stilisiert. Dass Paschhur (21,1b) anstelle von Jehuchal (37,3) genannt ist, rekurriert auf 38,1 und ist vielleicht durch die Nähe von Jer 21 zur Episode mit Paschhur Ben Immer (20,1-6) motiviert. Das Motiv des wundersamen Abzugs des feindlichen Heeres (V. 2) nimmt auf die Hiskija-Erzählung 2 Kön 19 par. Jes 37 Bezug. Dass Gott sein Angesicht zum Bösen wendet, ist eine typisch dtjer Wendung und greift insbesondere auf Jer 39,16 und 44,27 zurück.[9]

Ein ursprüngliches Jeremiawort? Angesichts der deutlich überladenen Diktion in 21,4.7.9 fehlt es nicht an Versuchen, ein ursprüngliches Jeremiawort zu finden. So rekonstruiert Wanke aus V. 4aα$_2$.aβ$_2$.b.5aα.6aα eine Unheilsankündigung mit folgendem Wortlaut: „Siehe, ich wende die Waffen von außerhalb der Mauer und bringe sie in das Innere dieser Stadt. Ich selbst kämpfe gegen euch und schlage die Einwohner dieser Stadt.“[10] Eine für V. 4 analoge Rekonstruktion bietet Thiel und verbindet diese mit dem zweigliedrigen Spruch aus V. 9: „Wer in dieser Stadt bleibt, wird sterben; wer zu den Chaldäern herauskommt, wird leben.“[11]

Beide Rekonstruktionen sind möglich, allerdings ohne die Aussage „und ich werde sie sammeln" (V. 4bα), die erst prämasoretisch hinzugefügt wurde.[12] Beide Worte deuten die Belagerung theologisch. Da V. 9 fast wörtlich mit 38,2 übereinstimmt, ist jedoch wahrscheinlicher, dass er aus der Erzählung Jer 37,1 – 40,6 übernommen ist. Außerdem lassen die auf alte Tradition zurückführbaren Worte in Jer 1–20 gerade keine bestimmte politische Position Jeremias erkennen, so dass 21,1-10 plausibler als Deutung des Geschehens nach der Katastrophe zu erklären ist. Angesichts der im Buch erkennbaren diversen Parteiungen ist fraglich, ob die politische Haltung des historischen Jeremia überhaupt noch herausgearbeitet werden kann.

Zum Feind überlaufen In der Annahme, 21,8-10 gehe auf authentische Tradition zurück, verteidigen viele Kommentare Jeremia: Trotz der Aufforderung, zu den Feinden hinauszugehen (יצא) und überzulaufen (נפל על), sei er keineswegs unpatriotisch oder gar ein Verräter.[13] Freilich wird Jeremia hier zum Parteigänger der probabylonischen Fraktion stilisiert, was historisch nicht nachprüfbar ist, aber die Sicht der babylonischen Jeremiatradent*innen darstellt.

Die Möglichkeit des Überlaufens zu den Feinden wird in Jer 37,11-14 in der Belagerungspause verortet und ist in dieser Situation auch historisch plausibel. Jer 37,12 erzählt, dass der Prophet Jerusalem verlassen wollte, um ins Land Benjamin zu gehen und „von dort inmitten des Volkes zu teilen" (לחלק משם בתוך העם). Der in Jer 32,6-15

---

8   So auch R~UDOLPH~, HAT, 135; W~ANKE~, ZBK, 190.

9   Vgl. die Liste der Belege in S~TIPP~, Konkordanz, 122f.

10   W~ANKE~, ZBK, 190.

11   Vgl. T~HIEL~, Redaktion I, 232-236. Er weist die Überarbeitung, d. h. die überlieferte Form von 21,1-10, aufgrund des Sprachgebrauchs seinem D Redaktor zu.

12   S. o. die Textkritik zu 21,4c.

13   Vgl. R~UDOLPH~, HAT, 136; W~EISER~, ATD 20, 180; F~ISCHER~, HThKAT, 645.

geschilderte Ackerkauf legt die Deutung nahe, er habe diesen abschließen wollen.[14] Der am Stadttor wachhabende Offizier Jirija Ben Schelemja, ein Bruder Jehuchals, verhaftet und bezichtigt ihn, er wolle zu den Chaldäern überlaufen (על/אל נפל). Während der Prophet in 37,14 diesen Vorwurf als Lüge bezeichnet, zitiert der Erzähler in 38,2 die Aufforderung, aus der belagerten Stadt zu den Feinden hinauszugehen (יצא), als Wort Jeremias. Es macht einen Unterschied, ob jemand desertiert oder sich in einer aussichtslosen Situation dem Feind ergibt.[15] Interessant ist, dass 21,9 beide Verben verwendet und so beide Fälle nebeneinanderstellt. Auch die Notiz, Jeremia habe nach seiner Befreiung aus dem Gefängnis vom babylonischen Befehlshaber freies Geleit erhalten (39,14; 40,1-6), charakterisiert den Propheten als Unterstützer der babylonischen Sache.

Jer 21,8-10 greift dieses Porträt Jeremias auf, stellt das Überlaufen und Sich-Ergeben als göttlich legitimierte Handlungsanweisung dar und stilisiert sie zu einer Entscheidung zwischen Leben und Tod. Damit setzt Jer 21,1-10 die Verbindung von Jer 1-25* mit den Erzählungen im zweiten Buchteil voraus. Im Porträt Jeremias kommt die Sicht der golaorientierten Redaktion zutage, die für eine Kooperation mit der Siegermacht eintritt und diese als überlebensnotwendig deklariert.

Die prämasoretischen Bearbeiter tragen in 21,1-10 den Namen des babylonischen Königs nach (V. 2.7a) und stellen ihn als mitleidlosen und grausamen Feind Jerusalems dar (V. 7b). Dass sie Jhwhs Wirken damit in den Hintergrund rücken wollten, ist unwahrscheinlich, denn in V. 4 verstärken sie die im Text vorliegenden Aussagen, in V. 5 ergänzen sie Begriffe für Jhwhs Zornhandeln zu einer Trias und V. 10a markieren sie ausdrücklich als Gottesspruch. Auch die Ergänzung zur Plagentrias in V. 9 zeigt, dass sie den vorliegenden Text abrunden, nicht umdeuten wollten.

Prämasoretische Erweiterungen

Synthese

Die Einleitung zu den Königssprüchen in Jer 21,1-10 setzt den Untergang Jerusalems voraus. Als Gottesrede an Jeremia stilisiert, fasst der Text die in Jer 37,1 - 40,6 erzählten Ereignisse knapp zusammen. Die Bitte König Zidkijas anlässlich der Belagerung, Jeremia möge bei Jhwh deren Ausgang erkunden, erhält eine desaströse Antwort. Spiegelt die Anfrage die Hoffnung, dass Jhwh Jerusalem wie bei der Bedrohung durch den Assyrerkönig Sanherib im Jahr 701 noch einmal verschone, so macht Jeremia diese zunichte. Er kündigt an, dass Israels Gottheit nun selbst gegen Jerusalem kämpfen und kein Mitleid haben werde (V. 4-7). Ja, er fordert die Jerusalemer*innen dazu auf, zum Feind überzulaufen, um ihr nacktes Leben zu retten (V. 8-10).

Innerhalb von Jer 1-25 fällt 21,1-10 durch die explizite Charakterisierung Gottes als Feind seines eigenen Volkes und durch eine genaue historische Verortung

Ein grausames Gottesbild

---

14 So V, T und S sowie die späteren Übersetzungen Aquila, Theodotion und Symmachus; vgl. McKane, ICC, 926. MT punktiert לחלק als Infinitiv cstr. Hif. mit Elision des ה (GK § 53q); Ges[18], 360 gibt dafür die Sonderbedeutung „eine Erbteilung vornehmen" an. Jer[LXX] 44,12 übersetzt τοῦ ἀγοράσαι ἐκεῖθεν ἐν μέσῳ τοῦ λαοῦ „um auf der Agora tätig zu sein von dort inmitten des Volkes". Einige griechische Hss. und die lukianische Rezension ergänzen „Brot (zu kaufen)". Vgl. Finsterbusch/Jacobi, MT-Jeremia 25-52, 176.

15 Das betont Sharp (Jer 26-52) in ihrer diachronen Analyse von Jer 37 zu Recht.

auf.[16] Erstaunlicherweise wird dieses Gottesbild bisher kaum hinterfragt – so selbstverständlich erscheint es inmitten der Strafansagen des ersten Buchteils.[17] Aus feministischer Perspektive ist das Gottesbild eines siegreichen Kriegshelden kritikwürdig, nicht nur, weil es die Erfahrung von Kriegsgräueln negativ verstärkt, sondern auch, weil ein grausamer und hypermaskuliner Gott die Opfer des Krieges nicht zu trösten vermag. Außerdem verschleiert der Text, dass sich ein Belagerungskrieg nicht nur gegen Soldaten, sondern vor allem gegen die Zivilbevölkerung richtet, darunter Frauen, Kinder und alte Menschen.

Die Darstellung Jhwhs als Lenker der Geschichte, der über Sieg und Niederlage befindet und selbst zerstörerisch handelt, ist nur verständlich als nachträgliche Erklärung der Katastrophe. Wie postkoloniale Studien zeigen, entwerfen die Opfer imperialistischer Unterdrückung ein Gegenbild zur Geschichtsschreibung der hegemonialen Macht, um ein Stück Selbstachtung und die eigene Handlungsfähigkeit zu bewahren.[18] Obwohl nach Jer 21,2.4 das babylonische Heer Jerusalem belagert, betont V. 1–9 die Stärke und Macht Jhwhs. Auch aus traumatheoretischer Perspektive ist verständlich, dass die Opfer von Krieg und Vertreibung einen starken Gott imaginieren, der sie retten kann. Die nach Babylonien Exilierten, die dort unter babylonischer Fremdherrschaft überlebten, versichern sich mit diesem Text, dass Jhwh stets die Kontrolle innehatte und das babylonische Heer nur Werkzeug des göttlichen Zorns war, die Macht Babylons also begrenzt ist. Obwohl Gott als grausam und Jeremia als Verräter erscheint, folgte das Geschehen einem göttlichen Plan, der ihnen das Überleben ermöglichte und sie selbst in die Tradition des „wahren" Propheten stellt.

Über-läufer*innen als Gerettete?   Mit der Aufforderung Jeremias, sich zu ergeben, um wenigstens das eigene Leben zu retten (V. 9), deuten die Überlebenden ihr Schicksal als gottgewollt. Aber was bedeutet diese Kapitulation tatsächlich? Nach 2 Kön 25,11 und Jer 39,9; 52,15 werden die Überläufer*innen zusammen mit judäischen Kriegsgefangenen nach Babylonien deportiert, beide Gruppen teilen also dasselbe Schicksal.

> Die Situation deportierter Personen wird auf neuassyrischen Reliefs dargestellt: Männer sind gefesselt und nackt, d. h. schutzlos und ihrer Würde beraubt; einige tragen Halseisen.[19] Frauen sind jedoch bekleidet, gelegentlich mit der Trauergeste der auf den Scheitel gelegten Hand dargestellt; andere heben den Gewandsaum auf; weitere tragen kleine Kinder oder führen größere Kinder an der Hand, haben oft ein Bündel geschultert. Ob Frauen besser behandelt wurden, ist unklar, zumal auch sie lange Märsche durchstehen und sich dabei noch um die Kinder kümmern mussten.[20]

Die freiwillige oder zwangsweise Unterwerfung unter die babylonische Macht bedeutete für viele Judäer*innen nicht das Ende von Gewalt und Entbehrung, auch wenn sie den 1600 km langen Fußmarsch von Jerusalem nach Babylonien überlebten. Die Deportierten, überwiegend Oberschichtsangehörige und Handwerker so-

---

16 Mit Stulman, AOTC, 207.
17 Nur Clements (Jeremiah, 127f.) thematisiert mögliche Bedenken heutiger Leser*innen.
18 S. die Einleitung, „Postkoloniale Perspektiven", S. 35.
19 Vgl. ANEP 111, Abb. 332 und 124, Abb. 358f.; Poser (Ezechielbuch, 191–203) mit Hinweisen auf entsprechende neuassyrische Inschriften und Abbildungen.
20 Zur sexuellen Ausbeutung kriegsgefangener Frauen vgl. Dtn 20,14; 21,10–14; Ri 5,30 und Thistlethwaite, Susan B., „You may Enjoy the Spoil of your Enemies." Rape as a Military Metaphor: Semeia 61 (1993), 59–75.

wie deren Familien, verloren ihren Besitz und gesellschaftlichen Status und mussten unter fremder Herrschaft ein neues Leben aufbauen. Das alles wird in 21,1–10
als unvermeidliches, gottgewolltes Schicksal dargestellt.

Jer 21,11 – 22,9: Worte gegen das Königshaus

K1 K2 K3 K4 K5

11 [Und über][a] das Haus des Königs von Juda: Jeremia

Hört das Wort JHWHS, 12 Haus David! So spricht JHWH:

Richtet jeden Morgen recht und rettet[a] den Beraubten aus der Hand dessen,
der <ihn>[b] unterdrückt, damit meine Zornglut nicht losbreche wie Feuer
und brenne und niemand löscht [wegen des Übels eurer Taten][c].
13 Siehe, ich gehe gegen dich vor[a], Bewohnerin[b] des Tals,
Fels[c] der Ebene [– Spruch JHWHS –], die ihr[d] sprecht:

„Wer könnte auf uns herabstoßen /uns erschrecken[e]
und wer könnte in unsere Wohnungen eindringen?"

14 [Ich suche euch heim nach der Frucht eurer Taten – Spruch JHWHS.][a]
Ich lege Feuer an ihren[b] {fem. sing.} Wald, so dass es ihre ganze Umgebung frisst.

22,1 So spricht JHWH: Jeremia redet

Geh hinab zum Palast[a] des Königs von Juda und rede dort dieses Wort 2 und   im Königspa-
sage: last

Höre das Wort JHWHS, König von Juda, der du auf dem Thron Davids sitzt,
du und deine Diener /dein Haus[a] und dein Volk, die ihr durch diese Tore
hineingeht. 3 So spricht JHWH:

Tut Recht und Gerechtigkeit und rettet den Beraubten aus der Hand
dessen, der <ihn> unterdrückt[a]. Fremdling, Waise und Witwe bedrückt nicht. Übt keine Gewalt und vergießt nicht unschuldiges Blut
an diesem Ort. 4 Ja, wenn ihr dieses Wort wirklich tut, dann werden
durch die Tore dieses Hauses Könige einziehen, die auf dem Thron
Davids sitzen[a], auf Streitwagen und Pferden fahren – er[b] und seine
Diener und sein Volk.

5 Aber wenn ihr diese Worte nicht hört /tut[a], so habe ich bei mir
selbst geschworen – Spruch JHWHS –, dass dieses Haus zu einer Trümmerstätte werden soll.

6 Denn so spricht JHWH gegen das Haus des Königs von Juda:

Gilead bist du mir,
der Gipfel des Libanon.
Ich mache dich zur Wüste[a],
zu unbewohnten[b] Städten.

K1 K2 K3 K4 K5

> 7 Ich heilige /_{führe herauf}[a] Verderber gegen dich,
>> jeden mit seinen Waffen /_{mit seiner Axt}[b],
> dass sie deine auserlesenen Zedern[c] fällen
>> und (sie) ins Feuer werfen[d].
> 8 [Viele] Völker werden[a] an dieser Stadt vorüberziehen und sagen,
>> jeder[b] zu seinem Nächsten:
>> „Warum hat Jhwh so an dieser großen Stadt gehandelt?"
> 9 Sie werden sagen:
>> „Weil sie den Bund Jhwhs, ihres Gottes, verlassen haben und sich
>> vor anderen Gottheiten niederwarfen und ihnen dienten."

Anmerkungen zu Text und Übersetzung

* In der Übersetzung sind Kommunikationsebenen und parallele Stichen in poetischen Versen durch Einrücken dargestellt. Zitate der Adressat*innen sind durch doppelte Anführungszeichen markiert. Zum System der Klammern und Kleinschreibung s. o. S. 22.

11a Die Kopula und die Präposition ל fehlen in LXX, die vokativisch einsetzt. Der Vorschlag von Finsterbusch/Jacoby (MT-Jeremia 1–24, 225), in MT einen Redebefehl zu ergänzen (so auch Elberfelder, New Revised Standard Version), ist textkritisch unwahrscheinlich. Ursprünglich diente לבית מלך יהודה wohl als Überschrift zur Sammlung.

12a MT והצילו ist Imperativ masc. plur. Hif. von נצל „retten", LXX κατευθύνατε geht auf והצלחו von צלח Hif. „(zum Recht) verhelfen" zurück.

12b LXX, S und T bieten ein Suffix „der ihn unterdrückt" (עושקו); so auch 22,3.

12c Der typische prämasoretische Zusatz in MT stammt aus 4,4bβ, das *Ketiv* bietet ein Suffix der 3. masc. plur.; viele hebräische Hss. und *Qere* gleichen mit dem Suffix der 2. masc. plur. an den Kontext an; vgl. Stipp, Sondergut, 100.

13a MT wörtlich: „siehe, ich zu dir" meint ein Vorgehen gegen die jeweilige Adressatin; vgl. Ez 21,8; Nah 2,14; 3,5; mit masc. Suffix Jer 50,31; 51,25; Ez 29,10; 35,3; 38,3; 39,1.

13b LXX bietet ein masc. Partizip, während MT ein weibliches Kollektiv adressiert; vgl. 3,2; 10,17; 22,23; 48,18; 51,35. Da Jerusalem nicht in der Talebene liegt, schlägt Rudolph (HAT, 138) die Konjektur העפל vor; Ofel bezeichnet die Nordkuppe der Davidstadt, auf der der Königspalast vermutet wird (Jes 32,14; Mi 4,8); vgl. BHS. Einige moderne Übersetzungen nehmen diesen Gedanken auf: „die du über dem Tal thronst" (Elberfelder); „you who live above this valley on the rocky plateau" (New International Bible). S. u. die synchrone Analyse.

13c LXX versteht den Satz nicht und transkribiert צור mit Σορ = Tyros (צור); vgl. Ez 26f. *passim* und Stipp, Sondergut, 34. MT ist als צור „Fels" vokalisiert.

13d Das Partizip plur. leitet ein Zitat ein. Der Wechsel in der Anrede von 2. fem. sing. zu plur. (V. 14a) und zurück zur 3. fem. sing. (V. 14b) ist im Jeremiabuch häufiger belegt; vgl. 49,5 und Glanz, Participant-Reference Shifts, 328.

13e יחת ist in MT als 3. masc. sing. *jiqtol* Qal von נחת „herabfahren" vokalisiert; LXX πτοήσει deutet es als 3. masc. sing. *jiqtol* Hif. von חתת I „jdn. erschrecken".

14a Der Satz ist eine prämasoretische Sonderlesart; vgl. 17,10; 32,19 (MT⁺); Stipp, Sondergut, 100.

14b MT meint das fem. Kollektiv; LXX bietet masc. sing.-Suffixe zum Partizip; s. o. zu 13b.

22,1a Mit בית ist der Palast, nicht die Königsfamilie gemeint, da V. 4 dessen Tore nennt.

2a   LXX setzt וביתך in der Vorlage voraus; MT ועבדיך.

3a   MT עָשׁוֹק ist wohl ein Schreibfehler; 4QJerᵃ wurde korrigiert zu עושק; vgl. DJD XV, 167f.
      LXX, S und T setzen wie in 21,12 ein Partizip mit Suffix 3. masc. sing. voraus; s. o. zu
      21,12b.

4a   MT wörtlich: „die für David auf seinem Thron sitzen"; LXX deutet die umständliche
      hebräische Wendung richtig als „die auf dem Thron Davids sitzen"; vgl. הישׁב על־כסא
      דוד in V. 2a.

4b   LXX bietet entsprechend den in V. 4a genannten Königen durchgängig plur. Prono-
      men; MT fokussiert im sing. auf den jeweils regierenden König.

5a   LXX ποιήσητε übersetzt תעשׂו; MT bietet תשמעו.

6a   Der mit אם־לא eingeleitete Schwursatz hat keine Apodosis (vgl. 15,11; 50,45), fungiert
      somit als Versicherung; vgl. GK § 149b. LXX imitiert die Form, die aber im Griechi-
      schen nicht üblich ist.

6b   So mit dem *Qere*; das *Ketiv* נושבה ist Partizip Nif. fem. sing. und passt besser zum
      Kontext; der plur. ערים „Städte" wird jedoch durch LXX gestützt.

7a   Die wᵉqatal-Form ist als Ankündigung der unmittelbaren Zukunft (prophetisches Per-
      fekt) zu verstehen, die weiteren Verben in V. 7 als davon abhängige Folgebestimmun-
      gen. LXX übersetzt in V. 7–9 durchgängig mit Futur. Die Übersetzer vermeiden wie
      in 6,4 das Verb „heiligen" im Zusammenhang mit der Zerstörung Jerusalems; vgl.
      Stipp, Interpretierende Übersetzung, 193f. Ein Teil der griechischen Textzeugen (die
      Codices Alexandrinus, Vaticanus und Marchalianus; vgl. Ra) bieten den sing., identi-
      fizieren den Verderber also mit Nebukadrezzar.

7b   MT wörtlich: „mit seinen Geräten". LXX deutet diese im Kontext des Baumfällens als
      Axt und übersetzt entsprechend dem vorherigen Halbvers mit sing.

7c   Aufgrund des Kriegsszenarios interpretiert T die auserlesenen Zedern als Elitesol-
      daten.

7d   MT wörtlich: „auf das Feuer fallen lassen"; die ungewöhnliche Wendung spielt mit
      על־האשׁ auf die Aufschichtung des Holzes über dem Feuer für das Brandopfer an (vgl.
      Lev 1,7.8.12.17; 3,5).

8a   V. 8f. schließt mit wᵉqatal-Formen an die Unheilsankündigung an und ist in Prosa
      formuliert.

8b   Das masc. אישׁ meint „jede einzelne Person"; vgl. GK § 139b; GBH § 147d.

Synchrone Analyse

Jer 21,11 – 22,9 ist als Rede Jeremias formuliert, die die Doppeldeutigkeit von בית **Rhetorische**
„Haus", das den Palast oder die Familie des Königs bezeichnen kann, nutzt, um **Struktur**
verschiedene Adressat*innen anzusprechen. Sie ist durch drei Botenformeln gegliedert (21,12; 22,1.6). In 22,1 leitet die Botenformel eine Gottesrede ein[21], markiert also einen Neueinsatz, der durch einen Redeauftrag an den Propheten verstärkt wird. 22,6f. schließt zwar rhetorisch stimmig an die Prosarede an, ist jedoch
poetisch formuliert und wird in 22,8f. durch ein weiteres Prosastück kommentiert.

In der Rede wechseln Adressat*innen und Rederichtung mehrfach: So ermahnt
21,12 das Haus David, während 21,13f. einem weiblich personifizierten Kollektiv
die Zerstörung durch Feuer prophezeit. Die gleichzeitig an den König, seine Dienerschaft und das Volk gerichtete Rede in 22,1–5 knüpft das Wohl der Stadt an

---

21   Das ist ihre in dtjer Prosa übliche Funktion; vgl. 4,3.27; 5,14; 7,3 u. ö.

die Einhaltung von Schutzgeboten für marginalisierte Menschen. Während 22,6f. die Vernichtung des Königshauses ankündigt, diskutiert 22,8f. im Frage-Antwort-Stil, warum Jerusalem unterging.

Gliederung	21,11f.	Mahnspruch an das Haus Davids
	21,13f.	Unheilswort gegen ein weibliches Kollektiv
	22,1–5	Prosarede im Königspalast an König und Volk mit Alternativszenario
	22,6f.	Unheilswort gegen das Königshaus
	22,8f.	Die Frage nach dem Grund der Zerstörung der Stadt und ihre Antwort

21,11f.
Überschrift

In MT dient 21,11a als Überschrift für den gesamten Königsspruchzyklus, während LXX den Halbvers zum folgenden Höraufruf rechnet. Das Mahnwort an das Haus Davids wendet sich an alle judäischen Könige und ihren jeweiligen Hofstaat. Zusammen mit der Verheißung eines Sprosses aus dem Haus Davids in 23,5–6 rahmt es die Worte gegen die judäischen Könige, denn beide Passagen sind über den Namen des Dynastiegründers und das Thema „Recht und Gerechtigkeit" miteinander verbunden.

> Die Forderung, recht zu richten (21,12), verweist auf die königliche Rolle des gerechten Richters und Beschützers der Schwachen (vgl. Ps 72,1–4.12–14; 101; Jes 11,3–5). Die Aufforderung, am Morgen Recht zu sprechen, geht auf die Vorstellung zurück, dass Jhwhs Hilfe bei Tagesanbruch besonders wirksam ist, da sie wie Licht die Dunkelheit, in der Diebe und Mörder ihr Unwesen treiben, zurückdrängt (vgl. Zef 3,5). Sie entstammt der im Alten Orient breit bezeugten Verbindung des Sonnengottes mit dem Richter- und Retteramt, die über die Jerusalemer Kulttradition Eingang in die Gottesvorstellung Israels fand.[22] Als von Gott legitimierter Herrscher soll der König Recht und Gerechtigkeit durchsetzen.

Zur Mahnung wird diese grundsätzliche Forderung an die Könige durch die folgende Unheilsankündigung, die Gottes Zorn als unauslöschliches Feuer beschreibt (vgl. 4,4bα), wobei in MT auch 4,4bβ nachgetragen wird.[23] Das Motiv des göttlichen Zorns als strafendes Feuer findet sich häufig in der Prophetie (Jes 30,27; Am 5,6; Nah 1,6; vgl. Klgl 2,4). Mit generellen Aussagen leitet 21,11f. somit programmatisch in den Königsspruchzyklus ein und ruft mit dem Stichwort מִשְׁפָּט „Recht" das Ideal königlicher Herrschaft in Erinnerung, angesichts dessen alle judäischen Könige versagen.

21,13f.
Unheilswort
gegen eine
Stadt

Mit der aus Ezechiel und Nahum bekannten Herausforderungsformel הִנְנִי אֵלַיִךְ „ich gehe gegen dich vor"[24] wendet sich die vom Propheten zitierte Gottesstimme in 21,13 drohend an ein weibliches Kollektiv. Dessen Beschreibung passt nur dann zu Jerusalem, wenn man יֹשֶׁבֶת הָעֵמֶק nicht als „Bewohnerin des Tals" (vgl. Ri 1,19), sondern, dem Titel יֹשֵׁב הַכְּרֻבִים „Kerubenthroner" (1 Sam 4,4) entsprechend, als „über dem Tal Thronende" versteht.[25] Da Jerusalem von Hügeln umgeben ist, ist

---

22 Vgl. Janowski, Bernd, Rettungsgewißheit und Epiphanie des Heils. Das Motiv der Hilfe Gottes „am Morgen" im Alten Orient und im Alten Testament, Bd 1: Alter Orient (WMANT 59), Neukirchen-Vluyn: Neukirchener Verlag 1989, 19–178.187.

23 S. o. die Textkritik zu 21,12c.

24 Vgl. Ez 21,8; 29,10; 35,3; 38,3; 39,1; Nah 2,14; 3,5 sowie Jer 23,30–32; 50,31; 51,25.

25 So Weiser, ATD 20, 182; Wanke; ZBK, 193; Fischer, HThKAT, 642; ablehnend Hermisson, „Königsspruch"-Sammlung, 40. S. o. die Textkritik zu 21,13b.

jedoch die zweite Bezeichnung „Fels der Ebene" unpassend und schon die griechischen Übersetzer beziehen den Spruch auf Tyros, das auf einer felsigen Halbinsel an der Küste liegt.[26] Dass das weibliche Kollektiv eine Stadt repräsentiert, ergibt sich aus folgenden Parallelen:

> Das Motiv des Feuerlegens an eine Stadt, ihre Tore oder Paläste ist in der Prophetie (erstmals Am 1,14[27]) traditionell und begegnet im Jeremiabuch in Verbindung mit Juda (11,16), Jerusalem (17,27), den Tempeln Ägyptens (43,12), Damaskus (49,27) und Babylon (50,32). Die ungläubige Frage der Bewohner*innen in 21,13b beschreibt den Feind ähnlich dem auf Beute lauernden Löwen in Am 3,4 und ist der stolzen Selbstbehauptung der ammonitischen Stadt Heschbon (49,4) vergleichbar. Die Wendung אכל סביב „ringsum fressen" und das Motiv der Vernichtung des Waldes (יער, V. 14bα) findet sich noch im Wort gegen Ägypten (46,14.23). Das Stichwort „Wald" passt zum Vergleich des Königshauses mit Gilead und dem Libanon in 22,6 und spielt möglicherweise auf das Unheilswort gegen Jerusalem in Mi 3,12 an, das in Jer 26,18 zitiert wird.

Über diese Stichworte und Motive lässt sich die ungenannte Adressatin mit Jerusalem identifizieren. Die in MT nachgetragene Vergeltungsregel „ich suche euch heim nach der Frucht eurer Taten" (V. 14a; vgl. 17,10) unterstreicht diese Deutung. Außerdem ist 21,13f. im jetzigen Kontext über das Stichwort „Feuer" mit 21,11f. verknüpft und erläutert so die Auswirkungen des lodernden Gotteszorns auf die Residenzstadt der judäischen Könige.

Die Prosarede in 22,1–5 wird zwar im Palast des judäischen Königs lokalisiert, wendet sich aber nicht nur an diesen und seinen Hofstaat, sondern auch an das Volk. Sie weist einige exklusive literarische Bezüge zum ersten Teil der Rede gegen den Tempel (7,1–15) und zur Sabbatrede (17,19–27) auf. So wird der Relativsatz „die ihr durch diese Tore hineingeht" (V. 2bβ) auch in 7,2 (MT[+]) und 17,20 gebraucht, bezieht sich dort aber auf die Tore des Tempels bzw. Jerusalems. Sowohl 7,3.6.7 als auch 22,3 sprechen von המקום הזה „diesem Ort". Dass das Volk im Königspalast ein- und ausgeht wie durch Tempel- und Stadttore, ist sehr ungewöhnlich und unterstreicht, wie auch die zweimalige Auflistung von Hofstaat und Volk (22,2bα.4bβ), die starke Stilisierung der Rede. Alle drei Reden entwerfen ein Alternativszenario: Befolgen die Adressat*innen bestimmte Gebote, so werden durch die Tore Könige (im Plural!) mit Streitwagen und Pferden, d. h. im Triumphzug, einziehen (22,4). Befolgen sie die Gebote Gottes nicht, so wird der Königspalast zu einer „Trümmerstätte" (חרבה, 22,5) und teilt damit das Schicksal Jerusalems und der Städte Judas (25,18; 44,6) sowie des ganzen Landes (7,34; 25,11, 44,22). | 22,1–5 Rede im Königspalast

Alle fünf der in 22,3 äußerst knapp formulierten Gebote zielen auf den Schutz rechtlich und wirtschaftlich marginalisierter Personen, der sog. *personae miserae*, also auf ein die Gemeinschaft stabilisierendes Verhalten. Das generelle Gebot, Recht und Gerechtigkeit zu üben, weist die vornehmlich dem König zukommende Aufgabe (vgl. 21,12; 22,15; 2 Sam 8,15; 1 Kön 10,9) dem gesamten Volk zu. Die positive Aussage, dass jemand Recht und Gerechtigkeit übt, findet sich im Jeremiabuch nur in Bezug auf Gott (9,23), König Joschija (22,15) und den erwarteten Spross aus Davids Geschlecht (23,5; 33,15 MT[+]). Die Forderung „rettet den Beraubten aus der Hand dessen, der ihn unterdrückt" ist wortgleich nur in 22,3aβ und in 21,12 belegt. | Gemeinschaftsgemäßes Verhalten

---

26 S. o. die Textkritik zu 21,13c.
27 Vgl. den ähnlich lautenden Refrain im Völkerzyklus Am 1,4.7.10.12; 2,2.5.

Das Verb גזל meint ein gewaltsames, unrechtmäßiges Rauben von Menschen oder Dingen (Gen 21,25; Ri 9,25; 21,23; Hiob 24,2.9); עשק „unterdrücken" bezeichnet Handlungen, die die Existenz von wirtschaftlich schlechter gestellten Personen bedrohen (1 Sam 12,3f.; Koh 4,1; Am 4,1), etwa einem Tagelöhner den Lohn vorzuenthalten (Lev 19,13; Dtn 24,14) oder einer verschuldeten Familie das Feld wegzunehmen (Mi 2,2). Beide Verben werden häufig zusammen erwähnt und umschreiben ein Verhalten, das die Gemeinschaft schädigt.[28]

Das Verbot, Fremdlinge, Waise, Witwe zu bedrücken (ינה Hif.), wird mit dem synonymen Verb עשק auch in Jer 7,6aα genannt. Es weitet den Kreis der möglichen Opfer solcher Beraubung aus und nennt die für das Deuteronomium typische Reihe der *personae miserae* (Dtn 10,18; 24,17; 27,19).[29] Das Verbot, unschuldiges Blut zu vergießen, findet sich auch in 7,6aβ und ist dort ebenfalls an das ganze Volk gerichtet. König Jojakim wird in 22,17 dieses Verbrechens angeklagt und 26,20–23 erzählt, dass er den Propheten Urija ermorden ließ. Damit weisen vier der fünf in 22,3 aufgezählten Gebote fast wortgleiche Parallelen im Jeremiabuch auf. Allein die an vierter Stelle platzierte Forderung „übt keine Gewalt" findet sich nur in 22,3. Sie kann sich auf viele Situationen beziehen, denn die Bedeutung des Verbs חמס reicht von „schädigen, Unheil anrichten" bis zu „(physische) Gewalt antun, gewaltsam zerstören". Inhaltlich greift auch dieses Gebot einen Kerngedanken des Jeremiabuches auf, denn die Situation in Jerusalem wird in 6,7; 20,8 mit dem Stichwortpaar חמס ושד „Gewalttat und Unterdrückung" umschrieben. Wie in den Reden gegen den Tempel und über den Sabbat werden Wohl und Wehe Jerusalems an den Gehorsam gegenüber bestimmten Toraeboten geknüpft.

22,6f.
Verwüstung
durch Krieg
und Feuer

Das poetisch formulierte Unheilswort richtet sich an einen männlichen Adressaten und arbeitet mit kontrastiven Vergleichen. Die Einleitung identifiziert diesen mit dem Haus des Königs, das auch 21,11; 22,1 genannt ist, die Kommentierung in V. 8f. aber mit der weiblich personifizierten Stadt. Über die Prosarede 22,1–5 hinweg ist V. 6f. über das Stichwort „Feuer" mit dem Unheilswort gegen die Stadt in 21,13f. verknüpft.

Das Königshaus wird mit dem waldreichen Gilead, dem ostjordanischen Bergland zwischen den Flüssen Jarmuk und Jabbok, verglichen.

> Gilead ist erhaben wie der Gipfel des Libanons, der Hermon (2814 m) mit seinen berühmten Zedern, wird aber „Verderbern" ausgeliefert werden, die die Zedern fällen und verbrennen. Der Vergleich basiert auf der Wertschätzung der Wälder Gileads und des Libanongebirges, deren Holz das Baumaterial für größere Gebäude lieferte. Davids Palast und der Jerusalemer Tempel sind mit Zedernbalken bestückt (2 Sam 7,2.7; 1 Kön 6,9–15), ein Teil von Salomos Palast heißt „Libanon-Waldhaus" (1 Kön 7,2) und Jojakims Palast ist mit Zedernholz getäfelt (Jer 22,14).

Über das Palastgebäude hinaus schließt die Metaphorik auch Menschen ein, denn das von Jhwh hochgeschätzte Gut („Gilead bist du mir"; vgl. die Rede vom Erbbesitz in 12,7–12), die Motive der unbewohnten Städte (V. 6b; vgl. 4,7.29; 6,8) und des Verderbers (V. 7a; vgl. 4,7) erinnern an Unheilsworte gegen Jerusalem und Juda. Die beteuernde Formulierung unterstreicht die Unwiderruflichkeit des göttlichen Vorgehens.

---

28 Vgl. Lev 5,21.23; Dtn 28,29; Ps 62,11; Ez 18,18; 22,7.12.29.

29 Eine ausführlichere Diskussion findet sich in der synchronen Analyse zu Jer 7,1–15.

Die hebräische Fassung von V. 7 spielt möglicherweise mit dem Verb קדשׁ Pi. „heiligen" und der im Kriegskontext ungewöhnlichen Aussage עֲלֵי־הָאֵשׁ „auf das Feuer" (legen, werfen), die sonst nur in Verbindung mit Opfern begegnet (vgl. Lev 1,7.8.12.17; 3,5; 16,13; Num 6,18), auf den Ritus eines Brandopfers an. Damit wird der Krieg sakralisiert und Jhwh als gegen sein eigenes Volk kämpfend charakterisiert.[30]

    Jer 22,8f. bezieht mit dem bekannten Frage-Antwort-Schema (vgl. 5,19; 9,11f.; 16,10f.) das Unheilswort auf die Stadt Jerusalem. Die Frage nach dem Grund für den Untergang setzt diesen voraus. Sie wird hier sogar Angehörigen aus den Völkern in den Mund gelegt und mit der üblichen Schuldzuweisung an die Judäer*innen beantwortet: Sie haben den Bund Jhwhs (ברית) gebrochen, indem sie ihren Gott verließen und anderen Gottheiten dienten (vgl. 11,1–5).

22,8f.
Begründung
des Unheils

Diachrone Analyse

Vorexilisch	Exilisch	Nachexilisch
21,13.14b	21,11f.	21,14a [MT⁺]
22,6aβ–7	22,6aα	22,1–5 R^Tora
		22,8f. R^Tora

Jer 21,11 – 22,9 umfasst Texte unterschiedlicher Herkunft. Die an eine namenlose weibliche (21,13.14b) und männliche Gestalt (22,6aβ–7) gerichteten Sprüche sind nicht sicher datierbar, ihre Sprache und Metaphorik entsprechen jedoch anderen älteren Stücken. So hat das Drohwort (21,13.14b) enge sprachliche Parallelen in den Fremdvölkerorakeln (43,12; 46,14.23; 48,8; 49,4.27; 50,31f.), deren Grundschicht Hermann-Josef Stipp dem Propheten selbst zurechnet.[31] Die Titel „Bewohnerin des Tals" und „Fels der Ebene" passen topographisch nicht zu Jerusalem, können aber durch den jetzigen Kontext auf die Residenzstadt der judäischen Könige bezogen werden.

Vorexilische
Sprüche

    Das als Beteuerung formulierte Unheilswort in 22,6f. vergleicht das von Jhwh wertgeschätzte Gut mit den waldreichen Regionen Gilead und Libanon, kündigt aber das Fällen und Verbrennen der wertvollen Bäume an. Der Bezug zu Jerusalem erfolgt durch die hinzugefügte Einleitung in V. 6aα, die das judäische Königshaus adressiert, und wird durch den Kommentar in V. 8f., der den Untergang der Stadt begründet, verstärkt.

    Das Mahnwort an das gesamte judäische Königshaus (21,11f.) bildet die redaktionelle Einleitung in den Königsspruchzyklus, da es traditionelle Motive kombiniert, 4,4b wörtlich wiederholt und inhaltlich mit 23,5–6 korrespondiert.[32]

21,11f.
als Einleitung

    Die mit Auftrag und Ortsangabe eingeleitete Rede Jeremias im Königspalast (22,1–5) ist eine buchtypische Prosarede mit Alternativszenario (vgl. 7,5–7;

22,1–5
Nachexilische
Rede

---

30   Vgl. Franzkowiak, Königszyklus, 141.

31   Vgl. Stipp, HAT, 629–633. Dagegen analysiert Carolyn Sharp im Kommentar zu Jer 26–52 die Fremdvölkerorakel nicht literarkritisch.

32   So auch Hermisson, „Königsspruch"-Sammlung, 39f.

17,19–27), die zwar rhetorisch eine vorexilische Situation suggeriert, aber auf nachexilische Adressat*innen zielt. Weder die Vorstellung, dass das Volk im Königspalast aus- und eingeht, noch der triumphale Einzug mehrerer davidischer Könige in die Stadt (22,4) passen in die vorexilische Zeit. Außerdem sind die Erwartung eines davidischen Königs (23,5f.; 33,15–17 MT⁺) und eines regen Treibens im wiedererbauten Jerusalem (31,12–14; Jes 60) typisch für nachexilische Verheißungen.

Ähnlich wie die Rede gegen den Tempel und die Sabbatrede knüpft die Rede im Königspalast Wohl oder Wehe Jerusalems an die Einhaltung bestimmter Gebote. Die fünf in 22,3 genannten Forderungen greifen auf Worte aus dem unmittelbaren Kontext (21,11f.; 22,15–17) sowie analoge Formulierungen in 7,6 zurück und nennen die aus Dtn 24 bekannten Schutzgebote für marginalisierte Personen. Das generelle Verbot, unschuldiges Blut zu vergießen, kontrastiert das Porträt des Königs Jojakim als grausamen Despoten (22,15; 26,20–23). Das singuläre Verbot jeglicher Gewaltanwendung in 22,3 bildet ein Gegenstück zur Beschreibung Jerusalems als Ort von „Gewalttat und Unterdrückung" (6,7; 20,8). Wie in der Kommentierung zu Jer 17,19–27 diskutiert, sind die Prosareden mit Alternativszenario weder auf eine Predigttätigkeit von Jeremia-Tradent*innen im babylonischen Exil (so Nicholson) noch auf eine dtr Redaktion in Juda (so Thiel) zurückzuführen. Vielmehr ist auch Jer 22,1–5 ein Text der nachexilischen, toraorientierten Redaktion, die Jeremia als Lehrer der Tora präsentiert und zeitgenössische Adressat*innen auffordert, im wiedererbauten Jerusalem nunmehr die Tora einzuhalten, um einen erneuten Untergang der Stadt zu verhindern.

**22,8f.
Nachexilischer Kommentar**
Das Frage-Antwort-Stück in 22,8f. kombiniert das für die geschichtsätiologische Redaktion typische Argument der Verehrung anderer Gottheiten mit einem Rekurs auf die Rede über Gottes Bundesverpflichtung (ברית) in Jer 11,1–13*. Die ungewöhnliche Formulierung עזבו את־ברית יהוה „sie haben den Bund Jhwh verlassen"[33] zitiert Dtn 29,24. Die Frage „Warum hat Jhwh so gehandelt an ..." wird in Dtn 29,23 ebenfalls von den Völkern gestellt, in 1 Kön 9,8 von jeder Person, die am zerstörten Tempel vorübergeht.[34] Der schriftauslegende Charakter weist Jer 22,8f. als Zusatz der toraorientierten Redaktion aus.

Synthese

Jer 21,11 – 22,9 kombiniert verschiedene Texte, die über das Stichwort „Feuer" miteinander verbunden und als Rede Jeremias an verschiedene Adressat*innen stilisiert sind. Der Mahnspruch an das Haus David (21,11f.) leitet den bis 23,8 reichenden Königsspruchzyklus ein. Er unterstreicht die Forderung, die Könige sollten gerecht richten und marginalisierte Personen schützen, mit der Drohung, sonst werde Gott seinen Zorn wie unlöschbares Feuer über sie hereinbrechen lassen. Die Komposition enthält zwei wohl authentische Sprüche gegen eine namenlose weibliche (21,13.14b) und eine männliche Gestalt (22,6aβ–7). Der erste lässt

---

33 Sonst ist von פרר Hif. „brechen" (Jes 24,5; 33,8; Jer 31,32; Ez 16,59; 17,15.18), שכח „vergessen" (Dtn 4,23), עבר „übertreten" (Jos 7,15; 23,16; Jer 34,18; Hos 6,7) und חלל Pi. „entweihen" (Mal 2,10) des Bundes die Rede.

34 Mit Fischer (HThKAT, 655) zitiert 22,8f. teilweise Dtn 29,23–25 und 1 Kön 9,8f.

sich im jetzigen Kontext als Unheilswort gegen die Stadt Jerusalem verstehen. Er kritisiert deren Selbstsicherheit und kündigt die Vernichtung ihrer Umgebung durch Feuer an, was durch einen prämasoretischen Zusatz als ihrem Tun entsprechende Tat Gottes dargestellt wird. Eine hinzugefügte Einleitung (22,6aα) adressiert den zweiten Spruch an das judäische Königshaus: Dem wertvollen Wald Gileads und des Libanon vergleichbar, werden Verderber seine Zedern fällen und ins Feuer werfen.

In der Mitte dieser Komposition (22,1–5) richtet die Rede im Königspalast die in 21,11f. und 22,15–17 genannten Aufgaben des Königs als göttliche Forderungen auch an den Hofstaat und das Volk. In einem Alternativszenario bindet sie das Schicksal des Herrscherhauses an die Befolgung dieser Gebote. In der Fokussierung auf ein soziales Ethos, das Kerngebote der dtn Tora beinhaltet, ist die Rede der Erweiterung in Jer 7,5–7 und der Sabbatrede in 17,19–27 vergleichbar. Sie stammt von der toraorientierten Redaktion, die für die nachexilische Bevölkerung im wiedererbauten Jerusalem Handlungsmaximen formuliert und die Hoffnung auf die Rückkehr zur davidischen Monarchie aufrechterhält. Auf dieselbe Redaktion geht das Frage-Antwort-Stück 22,8f. zurück, das 22,6f. kommentiert. Im Anschluss an Dtn 29,23–25 und 1 Kön 9,8f. begründet es den Untergang Jerusalems mit dem Verlassen des von Gott gestifteten Bundes.

Jer 22,10 – 23,8: Worte über einzelne Könige

10 Weint nicht um den[a], der tot ist,
und trauert nicht um ihn!
    Weint vielmehr um den, der geht,
denn er wird nicht mehr zurückkehren
    und das Land seiner Geburt (nicht mehr) sehen.

           Über Schallum = Joahas

11 Denn so spricht J<small>HWH</small> zu /über[a] Schallum[b], dem Sohn Joschijas, [dem König von Juda,] der anstelle seines Vaters Joschija König ist[c], der hinauszog von diesem Ort:
    Er wird nicht mehr dorthin zurückkehren, 12 denn[a] an dem Ort, an den sie / ich ihn ins Exil führten /führte[b], wird er sterben und dieses Land wird er nicht mehr sehen.

13 Wehe (dem), der sein Haus nicht mit Gerechtigkeit baut
    und seine Obergemächer nicht mit Recht,
der seinen Nachbarn umsonst arbeiten lässt[a]
    und ihm seinen Lohn nicht gibt.

           Über Jojakim

14 [Der sagt:] „Ich will mir ein geräumiges Haus bauen[a]
    [und] weite[b] Obergemächer" –
mit ausgehauenen[c] Fenstern[d] [für es]
    und mit Zedern getäfelt und mit roter Farbe[e] bestrichen[f].

15 Willst du (darin) König sein, dass du mit der Zeder[a] wetteiferst?
    Dein Vater – hat er etwa nicht gegessen und getrunken?

Doch er übte Recht und Gerechtigkeit – damals ging es ihm gut[b].

16 Er führte[a] die Rechtssache des Elenden und Geringen –
　　damals (war es) gut[b].

Heißt das nicht, mich erkennen?[c] – Spruch JHWHs.

17 Ja /[siehe,] deine Augen und dein Herz (sind) auf nichts aus
　　als auf deinen Gewinn

und auf das Blut des Unschuldigen[a], (es) zu vergießen,
　　und auf Unterdrückung und Erpressung /[Mord][b], (sie) zu üben.

18 Deshalb, so spricht JHWH zu /[über][a] Jojakim, den Sohn Joschijas, den König von
Juda:

　　　　<[Wehe über diesen Mann!]>[b] Man[c] wird nicht für ihn Totenklage halten:
　　　　　　„Ach, mein Bruder!" [und „Ach, Schwester!"]

Man wird nicht für ihn Totenklage halten /[ihn nicht beweinen][d]:
　　　　„Ach, Herr!" [und „Ach, Hoheit!"][e]

19 Mit einem Eselsbegräbnis wird er begraben werden,
　　　fortgeschleift und hingeworfen[a]
　　　　außerhalb der Tore Jerusalems.

Zu Jerusalem   20 Steige[a] auf den Libanon und schreie,
　　　und in Baschan erhebe deine {fem. sing.} Stimme

und schreie vom Abarim(gebirge)[b],
　　　dass alle deine Liebhaber zerschmettert[c] sind.

21 Ich habe zu dir geredet in deiner Sorglosigkeit /[in deinem Fehltritt][a].
　　　Du aber hast gesagt: „Ich will nicht hören."

Dies (ist) dein Weg von deiner Jugend an,
　　　[dass] du nicht auf meine Stimme gehört hast.

22 Alle deine Hirten wird der Wind weiden
　　　und deine Liebhaber werden in die Gefangenschaft gehen,

ja, dann wirst du beschämt und zuschanden werden
　　　wegen all deiner Bosheit /[von allen, die dich lieben][a].

23 Die du auf dem Libanon thronst,
　　　eingenistet auf Zedern,

[was] stöhnst[a] du, wenn Geburtsschmerzen dich ereilen,
　　　Wehen wie bei der Gebärenden?

Über Jojachin   24 Ich lebe[a] – Spruch JHWHs –, auch wenn Konja /[Jechonias][b], der Sohn Jojakims,
der König von Juda, ein Siegelring an meiner rechten Hand ist: [Fürwahr,] ich
werde dich[c] von dort wegreißen. 25 Ich gebe[a] dich in die Hand derer, die nach
deinem Leben trachten, [und in die Hand derer,] vor denen dir graut, [und in die
Hand Nebukadrezzars, des Königs von Babel, und] in die Hand der Chaldäer.
26 Ich schleudere dich und deine Mutter, die dich geboren hat, in ein [anderes]
Land[a], in dem ihr nicht geboren wurdet[b], und dort werdet ihr sterben. 27 Aber
in das Land, in das sie sich sehnen[a] [dahin zurückzukehren], [dorthin] werden sie
nicht zurückkehren.

28 Ist Konja /[Jechonias] verachtet [ein zerschlagenes Gebilde[a], dieser Mann oder]
wie ein Gefäß, an dem niemand Gefallen hat?[b] Warum [wurden sie]/ wurde er[c] weg-

geschleudert [er und seine Nachkommen] und in ein Land geworfen, das ~sie nicht kannten~/ er nicht kannte? 29 Land, Land, [Land,]ᵃ höre das Wort J̫ʜᴡʜs!
30 [So spricht J̫ʜᴡʜ:]

> „~Schreibt~/ Schreibᵃ diesen Mann als kinderlosᵇ auf, [als einen starken Mann, dem sein Leben lang nichts gelingen wird,] denn keinem seiner Nachkommen wird es gelingen, auf dem Thron Davids zu sitzen und wieder in Juda zu herrschen.

Über die Hirten

23,1 Wehe (den) Hirten, die das Kleinvieh ~meiner~/ ihrerᵃ Herde vernichten und zerstreuen [– Spruch J̫ʜᴡʜs].
2 Deshalb, so spricht J̫ʜᴡʜ [der Gott Israels] zuᵃ den Hirten /~denen~ᵇ, die mein Volk weiden:

> Ihr habt mein Kleinvieh zerstreut, verstoßen, und ihr habt euch nicht um sie gekümmertᶜ. Siehe, ich suche an euch die Bosheit eurer Taten heim – Spruch J̫ʜᴡʜs. 3 Ich aber werde den Rest meines Kleinviehs /~Volks~ᵃ sammeln aus allen Ländern /~der ganzen Erde~ᵇ, wohin ich sie verstoßen habe. Ich werde sie zu ihrem Weideplatz zurückkehren lassen, und sie werden fruchtbar sein und sich vermehren. 4 Ich werde über sie Hirten bestellen, damit sie sie weiden. Sie aber werden sich nicht mehr fürchten, sie werden nicht mehr erschreckt [und nicht mehr heimgesucht] werden – Spruch J̫ʜᴡʜs.

Über den Spross

> 5 Siehe, Tage kommen – Spruch J̫ʜᴡʜs –,
>> da richte ich für David einen gerechten Sprossᵃ auf:
> Er wird als König herrschen und klug handeln
>> und Recht und Gerechtigkeit üben im Land.
> 6 In seinen Tagen wird Juda gerettet werden
>> und Israel wird sicher wohnen.

Und dies ist ~sein~/ der Name, mit dem ~man~/ J̫ʜᴡʜ ihn nennen wirdᵃ:
„J̫ʜᴡʜ ist [unsere] Gerechtigkeit“/ Ιωσεδεκ“ᵇ.
7 ᵃDeshalb, siehe, Tage kommen – Spruch J̫ʜᴡʜs –, da wird man nicht mehr sagen: „J̫ʜᴡʜ lebt, der die Kinder Israels /~das Haus Israel~ aus Ägypten heraufgeführt hat“, 8 sondern: „J̫ʜᴡʜ lebt, der [heraufgeführt und der] den <~ganzen~> Samen [des Hauses] Israel hineingebracht hat aus dem Land des Nordens und aus allen Ländern, wohin ~ich~/ er sie verstoßen ~habe~/ hatᵃ.“ Sie werden wohnen/ Er hat sie wieder eingesetztᵇ auf ihrem Ackerboden.“

Anmerkungen zu Text und Übersetzung

*   In der Übersetzung sind parallele Stichen und Zitate durch Einrückung kenntlich gemacht, Prosaverse füllen die Zeilen aus. Zum System der Klammern und Kleinschreibung s. o. S. 22.
10a   LXX und S bieten den Artikel, was angesichts des Parallelismus die sinnvollere Lesart ist, während MT ohne Artikel vokalisiert ist.
11a   MT bietet die Präposition אל „zu“, LXX korrigiert zu ἐπί „über“, da das folgende Zitat über Schallum spricht; s. u. zu 18a.
11b   Einige LXX-Hss. bieten Ιωαχαζ; vgl. Mᴄᴋᴀɴᴇ, ICC, 525; s. u. die synchrone Analyse.
11c   Das Partizip Qal verweist auf seinen Status; LXX übersetzt mit Partizip Präsens.

12a   LXX übersetzt ἀλλά „sondern“, was auf כי אם in der Vorlage verweist.

12b   LXX und V bieten die 1. sing., MT die 3. plur., die auch i. S. v. „man führte“ verstanden
      werden kann. Da die Gottesstimme in 29,4.7.14 die Wegführung auch als ihr Wirken
      darstellt, ist es wahrscheinlicher, dass LXX und V daran anglichen, als dass MT nach-
      träglich in ein unbestimmtes Subjekt änderte; vgl. Franzkowiak, Königszyklus, 149.

13a   MT wörtlich „durch seinen Nächsten arbeitet er umsonst“; das Verb ist als Qal vokali-
      siert, im Kontext macht aber nur Hif. Sinn; vgl. Finsterbusch/Jacoby, MT Jer 1–24,
      231.

14a   LXX ᾠκοδόμησας σεαυτῷ „du hast für dich gebaut“ spricht den König direkt an. Der
      Konsonantentext des Verses war von Beginn an schwer zu verstehen, wie die Varian-
      ten in den Versionen und die syntaktisch komplexe Vokalisation belegen. Wahrschein-
      lich geht der Umbau in das Zitat auf die prämasoretischen Bearbeiter zurück.

14b   MT מְרֻוָּחִים ist als Partizip Pu. plur. von רוח I „weit sein“ punktiert, LXX übersetzt
      ῥιπιστά „luftig“, Aquila und Symmachus εὐρύχωρα „geräumig“, ähnlich V; vgl. McKa-
      ne, ICC, 528.

14c   Mit 4QJerᶜ ist קרוע zu lesen, ein Partizip pass. Qal, das auch LXX entsprechend über-
      setzt. MT וְקָרַע wird aber von 4QJerᵃ gestützt; es geht auf eine Buchstabenvertau-
      schung zurück und ist als weqatal-Form punktiert, die das Aushauen zur Aktion des
      Königs macht, so dass nur V. 14a als Zitat des Königs ausgewiesen ist.

14d   חלוני wird von LXX und V als plur. cstr. gelesen und ist in MT als plur. mit Suffix 1.
      sing. in Pausa „meine Fenster“ vokalisiert.

14e   Der mineralische rote Farbstoff kommt nur hier und in Ez 23,14 vor.

14f   MT ist als Infinitiv abs. punktiert, LXX bietet ein Partizip Perfekt neutrum plur., das
      sich auf ὑπερῷα „Obergemächer“ bezieht.

15a   LXX liest wohl אחז „Ahas“ (MT ארז), was dem Vers einen völlig anderen Sinn verleiht:
      „Wirst du etwa König sein, weil du mit Ahas, deinem Vater, wetteiferst? Sie werden
      nicht essen und trinken. Es wäre besser für dich gewesen, Recht und Gerechtigkeit
      zu üben.“ Mit Stipp (Sondergut, 55f.) liegt hier eine griechische Sonderlesart vor.

15b   Die Wendung אז טוב לו ist kein Überschuss in MT (gegen Stipp, Synopse, z. St.), denn
      LXX übersetzt eine MT ähnliche Konsonantenfolge היה טוב לך „es wäre besser für dich
      gewesen ...“, allerdings als Vordersatz; vgl. Finsterbusch/Jacoby, MT Jer 1–24, 230.

16a   LXX übersetzt im plur. „sie erkannten nicht, sie vertraten nicht die Rechtssache für
      den Elenden“; die Variante zu MT ist eine Folge des abweichenden Textverständnisses
      in V. 15; s. o. zu 15a.

16b   LXX bietet einen anderen Text, so dass der Satz nicht eindeutig einen MT-Überschuss
      darstellt. Freilich steht er außerhalb des Metrums und wiederholt V. 15bβ, ist also
      wohl eine Glosse; vgl. Rudolph, HAT, 142; Wanke, ZBK, 197; Finsterbusch/Jacoby, MT
      Jer 1–24, 231.

16c   Die LXX-Variante „Ist nicht das dein Mich-Nicht-Erkennen?“ knüpft an die direkte
      Anrede in V. 15 an (s. o. zu 15a) und fügt sinngemäß eine Verneinung ein, denn
      Jojakim hat keine Gotteserkenntnis; vgl. Finsterbusch/Jacoby, MT Jer 1–24, 230.

17a   Die Voranstellung der Objekte in MT betont diese.

17b   LXX leitet das Wort von רצח „morden“ her; vgl. Finsterbusch/Jacoby, MT Jer 1–24, 230.
      Das Substantiv הַמְּרוּצָה ist in MT nur hier belegt und von רצץ „bedrücken, zerknicken“
      abzuleiten.

18a   MT bietet die Präposition אל „zu“, LXX korrigiert zu ἐπί „über“, da das folgende Zitat
      über Schallum spricht; s. o. zu 11a.

18b   Der Weheruf in LXX ist eine vom Kontext inspirierte Glosse; vgl. Stipp, Sondergut,
      146.

18c   Die Verben der 3. plur. sind hier als generelle Aussagen zu verstehen.

18d   Während MT beide Male dasselbe Verb verwendet, bietet LXX im zweiten Fall „be-
      weinen“.

18e   Die beiden zusätzlichen Ausrufe in MT sind typische Füllsel der prämasoretischen Bearbeitung.

19a   Die beiden Verben sind in MT als Infinitiv abs. punktiert; LXX liest סחוב als Partizip pass. und ישלך anstelle von וְהַשְׁלֵךְ; vgl. Finsterbusch/Jacoby, MT Jer 1–24, 230.

20a   Dass V. 20–23 eine weibliche Figur adressieren, zeigen die Verbformen in MT und das fem. Partizip in LXX (V. 23) sowie die Metaphorik des Abschnitts.

20b   Die Versionen erkennen den Gebirgsnamen nicht. LXX und S übersetzen „bis jenseits des Meeres", lesen anstelle von MT מעברים wohl בעבר ים; vgl. Finsterbusch/Jacoby, MT-Jeremia 1–24, 232. Auch T und V leiten von עבר „vorübergehen" ab; T denkt an einen Kreuzungspunkt im Tempelareal; vgl. McKane, ICC, 535.

20c   Gegen MT und LXX bietet 4QJerᶜ נשפכו „sie wurden ausgeschüttet"; vgl. DJD XV, 191.

21a   MT שַׁלְוֺתַיִךְ ist als plur. vokalisiert; שַׁלְוָה bedeutet „Ruhe, Sorglosigkeit"; der sing. ist durch wenige hebräische Hss., Aquila, Symmachus, V und S besser bezeugt; LXX leitet von aramäisch שְׁלִי/שׁלא „irren, einen Fehler machen" ab; vgl. Esra 4,22; 6,9; Dan 6,5; McKane, ICC, 535.

22a   LXX liest רֹעַיִךְ von רעה II „verkehren mit, sich einlassen auf" anstelle von MT רָעָתֵךְ.

23a   MT נֵחַנְתְּ enthält einen Schreibfehler; aufgrund von LXX, V und S ist נֶאֱנַחַתְּ von אנח Nif. „seufzen, stöhnen" zu lesen; vgl. Ges¹⁸, 80; Rudolph, HAT, 144. LXX übersetzt die qatal-Form futurisch.

24a   Die Schwurformel חַי־אָנִי...אִם (wörtlich: „ich lebe ... wenn") mit jiqtol-Formen im Vorder- und Folgesatz leitet keinen Irrealis ein, sondern eine erfüllbare Bedingung; vgl. 46,18; GK § 159b.r; Finsterbusch/Jacoby, MT Jer 1–24, 235. Klein (Selbstverpflichtung, 306f.) spricht hier von einer Beschwörungsformel, mit der Gott sich in das Geschehen einbringt.

24b   LXX (und V) überliefern den häufigeren Namen Ιεχονιας, während die Namensform in MT variiert. Die Langform יְכָנְיָהוּ (24,1) steht in 27,20 mit mater lectionis (יְכָונְיָה), wohl eine späte Praxis; die Kurzformen schneiden vorne (כָּנְיָהוּ, 22,24.28; 37,1) oder hinten ab (יְכָנְיָה, 28,4; 29,2; 1 Chr 3,17; Est 2,6). Der im Deutschen übliche Name Jojachin geht auf die Form יְהוֹיָכִין (2 Kön 24,6.8.12.15; 25,27 = Jer 52,31) zurück, die dem in babylonischen Rationslisten belegten Namen am ähnlichsten und wohl der Thronname dieses Königs ist; vgl. Job, Jeremiah's Kings, 79–85.

24c   Die 2. sing. im Folgesatz passt nicht zur Formulierung in der 3. sing. im Vordersatz, ist aber durch LXX gestützt; nur V gleicht mit dem Pronomen der 3. sing an den Kontext an.

25a   Die wᵉqatal-Verbform zielt auf die unmittelbare Zukunft, daher im Deutschen Präsens.

26a   Das determinierte Nomen הארץ und das indeterminierte Adjektiv אחרת passen nicht zusammen. LXX übersetzt hier und in 16,13, 22,28 הארץ mit εἰς γῆν, hatte vermutlich keine andere Vorlage. אחרת wurde später mit Blick auf Dtn 29,27 hinzugefügt; vgl. McKane, ICC, 545. Zur Rekonstruktion des ursprünglichen Verses s. u. die diachrone Analyse.

26b   LXX bietet mit „in dem du nicht geboren wurdest" wahrscheinlich eine ältere Fassung.

27a   MT wörtlich „wohin sie ihr Verlangen erheben". Der spätere Zusatz לָשׁוּב שָׁם will verdeutlichen, verkompliziert aber den Satz, so dass eine zweite Lokalisierung שָׁמָּה nötig wird.

28a   Das in MT überschießende הָעֶצֶב ist ein Hapaxlegomenon; es ist auch in 4QJerᶜ belegt, wird von עצב I „bilden" abgeleitet und aufgrund des parallelen כלי als „Tongefäß" verstanden; vgl. Ges¹⁸, 999; V übersetzt beide Wörter mit vas. Dazu passt נָפוּץ als Partizip pass. Qal von נפץ „zerschlagen". T und Aquila leiten das Verb von פוץ Hif. „zerstreuen" ab, spielen so auf das Exil an. McKane (ICC, 546) schlägt mit Blick auf Rashi עָצָב „Götzenbild" vor. Da die antiken Versionen uneins sind, hält Crouch העצב für eine frühe Verschreibung aus העצם „Knochen, Skelett" und versteht כלי mit Verweis auf Jer 48,38; Hos 8,8 als Kriegswaffe: "Coniah is a scorned, broken body; a weapon without joy." Vgl. Crouch, Carly L., Jehoiachin: Not a Broken Vessel but A Humiliated Vassal (Jer 22:28–30): ZAW 129 (2017), 234–246, 244. Damit wäre Jojachin nicht als nutzloses Gefäß, sondern als gedemütigter Vasall beschrieben. Diese Konjektur ist jedoch textkritisch unwahrscheinlich und das MT-Textplus als Verweis auf Jer 18,4; 19,11 erklärbar.

28b   Der in LXX bewahrte, kürzere Text setzt נבזה יכניהו ככלי אין חפץ בו in der Vorlage voraus: „Jechonias ist verachtet worden wie ein Gefäß, das unbrauchbar ist." Vgl. 48,38b; Stipp, Synopse, z. St. Auch T und S fassen den ersten Satz nicht als Frage. LXX liest נבזה als 3. sing. masc. qatal Nif. Die Aussage wurde im ersten Teil durch die prämasoretischen Bearbeiter zu der in Jeremia häufigen Dreifachfrage ה...אם...מדוע umgestaltet (vgl. dazu 2,14.31; 8,19.22; 14,19); durch Zusatz von העצב wird נבזה zu einem attributiven Partizip Nif.; vgl. Finsterbusch/Jacoby, MT Jer 1–24, 234f.; s. u. die diachrone Analyse.

28c   LXX bietet sing.; bei der Zufügung von הוא וזרעו im MT wurden die Verben in plur. geändert.

29a   Ebenso möglich ist die Bedeutung „Erde". Die Dreifachnennung (vgl. 7,4) ahmt vielleicht babylonische Beschwörungsformeln nach; vgl. Carroll, Jeremiah, 439.

30a   LXX und V bieten den Imperativ sing., da sie das adressierte Land als Kollektiv auffassen.

30b   ערירי meint hier wie Gen 15,2; Lev 20,20f. „kinderlos". So verstehen es auch T, V und S, während LXX mit ἐκκήρυκτον ἄνθρωπον „als einen per Proklamation verbannten Menschen" dem Sinn nach mit Blick auf Jojachins Deportation übersetzt; vgl. McKane, ICC, 550.

23,1a   LXX bietet mit dem Pronomen der 3. masc. plur. wohl die ursprüngliche Lesart, da kein Sprecherwechsel von Jeremia zu Gott angezeigt ist. MT wurde durch Änderung des Suffixes und Zusatz der Zitationsformel zur Rede Gottes umgestaltet.

2a   Da V. 2b die Hirten direkt anspricht, ist על hier synonym zu אל „zu"; vgl. McKane, ICC, 554.

2b   LXX bietet nur ein Partizip, MT mit הרעים הרעים zwei. Ob die Variante auf Haplographie in LXX (so Finsterbusch/Jacoby, MT-Jeremia 1–24, 236) oder Erweiterung in MT zurückgeht, ist kaum zu entscheiden; vgl. Stipp, Sondergut, 39.

2c   In MT findet sich zweimal das Verb פקד, das positiv „sich kümmern, sich einer Sache annehmen" oder negativ „heimsuchen" bedeuten kann; vgl. Ges[18], 1070.

3a   Da LXX häufiger ὁ λαός (העם) nachträgt (8,23; 15,1; 11,11) oder damit andere Begriffe ersetzt (15,7), geht die LXX-Variante auf die Übersetzer zurück; vgl. Stipp, Sondergut, 150.

3b   LXX gibt כל הארצות mehrfach durch den sing. πάσης τῆς γῆς wieder; vgl. Jer[LXX] 39,37; 47,11 und Stipp, Sondergut, 55.

5a   LXX gibt צֶמַח mit ἀνατολή „Aufgang (der Sonne)", daher auch „Osten" (Jer[LXX] 38,40; vgl. Gen 2,8), wieder, wohl weil das Verb צמח im Syrischen und palästinschen Aramäisch die Bedeutung „glänzen, scheinen" annahm; vgl. Lust, Messianism, 45.

6a   MT יִקְרְאוֹ ist eine Mischung aus יִקְרְאוּ „sie werden nennen" und יִקְרָאוֹ „man wird ihn nennen"; vgl. GK § 74e. LXX versteht das Verb im zweiten Sinn und das folgende יהוה als Subjekt.

6b   LXX setzt die Konsonantenfolge יקראו יהוה יוצדק voraus, Ιωσεδεκ transkribiert יוֹצָדָק (Esra 3,2) bzw. יְהוֹצָדָק (Hag 1,1). Zur Umarbeitung des Namens s. u. die diachrone Analyse.

7a   V. 7f. steht in LXX nach 23,40 und hat eine gleichlautende Parallele in 16,14f. Da LXX ἐν τοῖς προφήταις, was לַנְּבִאִים in V. 9 MT wiedergibt, syntaktisch noch zu V. 6 rechnet, ist ersichtlich, dass V. 7f. ursprünglich am Ende von Kap. 23 stand und in MT bewusst umgestellt wurde; vgl. MᶜKANE, ICC, 566f.; GOLDMAN, Prophétie et royauté, 48–57 (mit detaillierter Diskussion).

8a Da die Aussage auch in 16,15 noch zum Bekenntnis gehört, ist das Verb der 3. masc. sing. in LXX ursprünglich, während MT im Kontext der Gottesrede das Wirken Jhwhs betont. Anders MᶜKANE (ICC, 375f.), der das Bekenntnis bis zum „Land des Nordens" reichen lässt.

8b LXX gibt mit ἀπεκατέστησεν αὐτούς wie in 16,15 das Verb שוב Hif. wieder (vgl. 24,6). MT ändert hier zu ישב Qal im Blick auf die Aussage in 23,6.

Synchrone Analyse

Jer 22,10–30 bietet drei Unheilsworte über die Könige Joahas (22,10–12), Jojakim (22,13–19) und Jojachin (22,24–30) sowie einen Text, der sich an eine namenlose weibliche Figur richtet (22,20–23). Als eine Art zusammenfassende Beurteilung der schlechten Könige kann der Weheruf über die Hirten (23,1–4) verstanden werden, an den die doppelte Verheißung eines künftigen, gerechten Davididen (23,5f.) und der Rückkehr aus Exil und Diaspora (23,7f.) anschließt. Die Abschnitte sind im Blick auf die Könige chronologisch geordnet; das beherrschende Thema ist die Totenklage, die die ersten beiden Worte und den Weheruf über die Hirten mit 22,20–23 verbindet, denn die weibliche Figur wird aufgefordert, über ihren eigenen Zusammenbruch zu klagen (vgl. 4,8.31; 9,16–18).

    Sprecher der ersten beiden Worte ist Jeremia, der jeweils das von Jhwh beschlossene Unheil zitiert (vgl. die Botenformel in V. 11.18). Auch 22,20–23 lässt sich als Prophetenrede lesen, während das Wort über Jojachin durch die Zitationsformel (V. 24), die Botenformel in abgewandelter Funktion (V. 30) und den Inhalt durchgängig als Gottesrede charakterisiert ist. Jer 23,1–6 ist in LXX als Prophetenrede mit Zitat Gottes, in MT durchgängig als Jhwh-Rede formuliert. Alle drei Orakel in Jer 22 kündigen das Ende der königlichen Herrschaft an, für Joahas und Jojakim einen unrühmlichen Tod, für Jojachin das Ende der Dynastie.

    Jer 22,10–12 verbindet einen Aufruf zur Totenklage mit einer Unheilsankündigung für einen Sohn des Königs Joschija, der exiliert wurde. Die Adressat*innen in V. 10 bleiben namenlos: Sie sollen nicht um den Toten weinen, sondern schon vorab den beklagen, der gerade deportiert wird, weil er im Exil sterben wird. Während die Totenklage für einen verstorbenen König Ehrerbietung und Sympathie ausdrückt, nimmt das Beklagen einer noch lebenden Person rhetorisch deren Tod vorweg.[35] Die so beschriebene Situation passt historisch betrachtet sowohl zum Thronwechsel von Joschija zu Joahas (2 Kön 23,30–34) als auch zum Wechsel von Jojakim zu Jojachin (2 Kön 24,6.12), denn beide Söhne Joschijas wurden nach kurzer Regierungszeit deportiert. Jeremias zeitgenössische Adressat*innen wussten sicher, wer gemeint war.[36] Für spätere Leser*innen identifiziert die Redeeinleitung in V. 11a den ungenannten Königssohn mit Schallum, dem vierten Sohn Joschijas (vgl. 1 Chr 3,15), dessen Thronname 2 Kön 23,30 zufolge Joahas lautete. Nach Joschijas unerwartetem Tod in Megiddo im Jahr 609 hatte der judäische Landadel Joahas zum König erhoben. Drei Monate später deportierte Pharao Necho

Rhetorische Struktur

22,10–12 Totenklage für Joahas

---

35 Gegen JOB (Jeremiah's Kings, 58), der die Totenklage in beiden Fällen positiv bewertet.
36 Mit WANKE, ZBK, 196.

II. ihn jedoch nach Ägypten, wo er starb, und machte den Joschijasohn Eljakim, den er in Jojakim umbenannte, zum König (vgl. 2 Kön 23,33f.).[37]

22,13–17
Jojakims
Palastbau
Das Wort über Jojakim ist poetisch, aber mit unregelmäßigem Metrum. Auf einen Weheruf über den König mit eingebettetem Zitat (V. 13f.) folgen ein Vergleich mit seinem Vater in direkter Rede (V. 15–17) und die Ankündigung seines unehrenhaften Begräbnisses (V. 18f.). Erneut erfolgt die Identifikation des Königs erst in der Einleitung des göttlichen Urteils (V. 18aα). Weheruf und Vergleich dienen dem Schuldaufweis, denn der königliche Hausbau wird in ein negatives Licht gerückt: Er sei mittels Ausbeutung der Bauleute und Vernachlässigung des Rechts erfolgt. Es war damals üblich, für öffentliche Bauten die Bevölkerung zum Frondienst zu verpflichten (vgl. Ex 1,11; 1 Kön 5,27–32; 11,28). Jojakims Palastbau ist aber sonst nirgends erwähnt. Dass es sich um einen Palast handelt, geht aus der Beschreibung hervor.

> Das königliche Haus ist groß, doppelstöckig und mit wertvollen Materialien ausgestattet. Das mit חלון bezeichnete Palastfenster könnte dem aus Ägypten bekannten Erscheinungsfenster entsprechen, an dem der König sich seinem Volk zeigte (vgl. 2 Kön 9,30–33); Zedernholz muss aus dem Libanon importiert werden (vgl. 1 Kön 5,20.24), rote Farbe wird aus mineralischem Erz gewonnen. Die Wendung „mit der Zeder wetteifern" (22,15) meint ein Ringen um Macht und Ansehen, für die die Zeder im antiken Israel steht.

Gegenbild zu
Joschija
Wie die Überschrift zum Königsspruchzyklus (21,11f.) bestimmt 22,13–17 die Durchsetzung von Recht und Gerechtigkeit als Hauptaufgabe des Königs (משפט וצדקה, V. 15), hier noch verstärkt durch den Hinweis, dass sich darin seine Gotteserkenntnis zeige (V. 16b). Der Vergleich mit dem Vater bejaht die königliche Hofhaltung, denn die Frage „Hat er nicht auch gegessen und getrunken?" ist rhetorisch und mit „Ja" zu beantworten. Er entspricht dem positiven Joschijabild des DtrG (vgl. 2 Kön 22,2.19f.; 23,25), kritisiert aber das königliche Pracht- und Machtgebaren des Sohnes: Jojakim vernachlässige nicht nur Recht und Gerechtigkeit, weil er den Marginalisierten nicht zu ihrem Recht verhelfe, sondern handle selbst ungerecht, indem er nur auf unrechtmäßigen Gewinn, auf Unterdrückung und Erpressung aus sei. Der letztgenannte Vorwurf könnte sich auf Jojakims hohen Tribut an Necho II. beziehen, den er als Steuer vom Landadel, der seinen Bruder Joahas unterstützt hatte, einzog (2 Kön 23,35). Während Jojakim im DtrG mit dem Standardurteil „er tat, was böse in den Augen Jhwhs war" (2 Kön 23,37) bedacht, aber ansonsten nicht besonders negativ charakterisiert wird, porträtiert Jer 36 ihn, wie 22,15f., als Antipoden zum glühenden Jhwh-Verehrer Joschija und als Verächter des von Jeremia verkündigten Gotteswortes. Jer 26,20–23 zufolge lässt Jojakim den Propheten Urija bis nach Ägypten verfolgen und ermorden.

22,18f.
Jojakims
Begräbnis
Der Gedanke, dass schlechte Könige ein unrühmliches Ende nehmen, findet sich auch im DtrG (1 Sam 31; 1 Kön 22,37; 2 Kön 11,20). Als Klimax des Orakels verkündet daher V. 18f., man werde nicht um Jojakim trauern, sondern ihn wie einen Esel begraben, was bedeutet, dass der Leichnam auf den Misthaufen der Stadt geworfen wird (vgl. 36,30). Nicht bestattet zu werden, gilt in altorientalischer Tradition als Fluch und gehört im Jeremiabuch zu den Schrecken des Krieges.[38]

---

37 S. die Einleitung, „Juda am Ende des neuassyrischen Reiches", S. 22.
38 Vgl. HILLERS, Treaty-Curses, 68f. und Jer 8,2; 9,21; 16,4; 25,33.

Für einen König bedeutet schon die unterlassene Totenklage seiner Untertanen einen Statusverlust. Die fehlende Bestattung macht ihn zum Objekt der Schande und kommt einer rituellen Entmenschlichung gleich.[39] Im Kontrast dazu notiert 2 Kön 24,6 Jojakims friedlichen Tod mit der traditionellen Formel „Jojakim legte sich zu seinen Vorfahren" (vgl. 1 Kön 2,10; 11,43 u. ö.), freilich ohne die übliche Begräbnisnotiz „und wurde in der Stadt Davids begraben."[40] Jer 22,13–19 stellt also Jojakims unehrenhaften Tod als gerechte Vergeltung für seine Untaten zu Lebzeiten dar.

Der Aufruf an eine ungenannte Frau zur Totenklage (V. 20) wird mit ihrem | **22,20–23** fehlenden Gehorsam begründet (V. 21) und mit einer Unheilsankündigung (V. 22f.) | **Jerusalem** abgeschlossen. Mit dem Kontext ist der Abschnitt über das Thema Klage (vgl. 22,18) sowie die Stichworte Libanon (vgl. 22,6), Zedern (vgl. 22,14f.) und Hirten (vgl. 23,1f.4) verbunden. Die Gestalt kann mit Juda oder Jerusalem identifiziert werden, da sie wie Juda ihren Liebhabern folgt (2,20–25) und wie Jerusalem in Wehen liegt (4,30f.). Ihr Klagen und Zetergeschrei (צעק) ist demjenigen der Töchter Jerusalems (9,18) und der Töchter Rabbas (49,3) vergleichbar. Die Metaphern vom Thronen auf dem Libanon und Nisten in Zedern (V. 23) signalisieren Hochmut und Wohlleben. Ort der Klage ist der Libanon im Norden, die Hochebene Baschans im Nordosten und das Abarimgebirge südlich des Toten Meeres im Südosten, was auf die Gebiete der zeitweise mit Juda verbündeten Nachbarstaaten verweist. Anlass der Klage ist der Untergang dieser Verbündeten, deren Bezeichnung als „Liebhaber" (V. 20.22) eine sexuelle Konnotation einträgt und die Gestalt als untreu gegenüber Jʜᴡʜ charakterisiert.

Die Gottesrede in 22,24–30 nennt den Adressaten gleich zu Beginn: Konjahu, | **22,24–30** dessen Thronname Jojachin lautete[41] und der nach dem Tod seines Vaters Jojakim | **Jojachin** im Winter 597 mit 18 Jahren auf den Thron gelangte, nur drei Monate regierte, sich dem Belagerer Jerusalems, Nebukadrezzar, ergab und mit seiner Mutter und einem Teil der Oberschicht nach Babylon deportiert wurde (2 Kön 24,8.10–16). Jer 22,24–30 enthält drei verschiedene, rhetorisch pointierte Ankündigungen und es wechseln sich Aussagen über den König (V. 24a.27f.30) mit der direkten Anrede ab (V. 24b–26). Der griechische Text bietet zahlreiche Varianten, und die prämasoretische Bearbeitung hat viele Wendungen hinzufügt, so dass MT umständlich formuliert und überladen wirkt.

Die erste Ankündigung in V. 24 ist beschwörend formuliert, was die Gewissheit | **22,24–27** der Aussage unterstreicht. Der König wird als Siegelring an Jʜᴡʜs rechter Hand | **Der abgelegte** charakterisiert. Da im antiken Israel die Oberschicht Briefe und Urkunden mit | **Siegelring** einem Siegel beglaubigte, symbolisiert ein Siegelring die Autorität und Macht seines Besitzers bzw. seiner Besitzerin (vgl. Gen 38,18; 1 Kön 21,8). Die rechte Hand steht metonymisch für machtvolles Handeln. Diese positive Beurteilung Jojachins als legitimer Stellvertreter Jʜᴡʜs wird drastisch in ihr Gegenteil verkehrt, weil Jʜᴡʜ versichert, den Siegelring von seiner Hand abzureißen. Was das bedeutet, erläutert V. 25–27 in direkter Rede und wortreichen Beschreibungen: Jʜᴡʜ übergibt Jojachin in die Verfügungsgewalt derer, die ihm nach dem Leben trachten

---

39   Vgl. Oʟʏᴀɴ, Saul, Jehoiakim's Dehumanizing Interment as a Ritual Act of Reclassification: JBL 133 (2014), 271–279.

40   Diese Diskrepanz ist Ausgangspunkt für die Datierung, s. u. die diachrone Analyse.

41   Zu den verschiedenen Namensformen s. o. die Textanmerkung zu 22,24b.

und vor denen ihm graut. Die Feinde werden als Chaldäer identifiziert; das ist der Dynastiename der neubabylonischen Herrscher (V. 25). MT nennt auch deren König Nebukadrezzar. Die Wendung „in ein (anderes) Land schleudern" stellt die Deportation als Handeln Jhwhs dar. Jojachins Mutter ist genannt, weil sie in ihrer Rolle als גבירה „Gebieterin" (13,18) zusammen mit ihrem noch jungen Sohn regiert haben könnte[42] und in 2 Kön 24,12.15 unter den Deportierten aufgeführt ist. Das Land des Exils wird explizit als dasjenige bezeichnet, „in dem ihr nicht geboren seid." Der erneut in der 3. Person formulierte Kommentar in V. 27 qualifiziert das Heimatland als Land der Sehnsucht, in das die Exilierten zurückkehren wollen, aber nicht können. Analoges gilt für die nach Ägypten geflüchteten Judäer*innen (44,14).

22,28
Dreifachfrage
Die zweite Ankündigung über Jojachin in V. 28 ergeht im MT in Form der aus 2,14.31; 8,4f.19.22; 14,19 bekannten Dreifachfrage, während LXX nur eine kurze Aussage und eine Warum-Frage überliefert. In beiden Fällen wird Jojachin mit einem nutzlosen Gerät oder Gefäß verglichen, das üblicherweise weggeworfen wird. Der hebräische Text bezeichnet ihn als zerschlagenes Gefäß (עצב נפוץ), spielt damit zwar nicht dem Wortlaut, aber der Sache nach an Jeremias Symbolhandlung in 19,10f. an. Neben diese metaphorische Beschreibung tritt jedoch die realitätsnahe, die im Rückblick formuliert ist (vgl. die Verbformen): Er und seine Nachkommen wurden in ein Land geworfen, das sie nicht kannten. Die Frage nach dem Grund für die Deportation ist rhetorisch, hat einen klagenden Unterton und wird, wie bei den Dreifachfragen üblich, nicht direkt beantwortet.

22,29f.
Dynastieende
Als dritte Ankündigung ergeht zunächst in beschwörender, dreifacher Wiederholung ein Höraufruf an das Land oder die gesamte Erde (V. 29; vgl. 6,19), auf den ein Unheilswort über Jojachin folgt, das in MT ausdrücklich als Gottesspruch ausgewiesen ist. Der erste Satz „schreibt diesen Mann als kinderlos auf" hat die Vorstellung von königlicher Registratur und Berichterstattung zum Hintergrund, steht jedoch im Widerspruch zur Liste von 7 Söhnen Jojachins in 1 Chr 3,17f.[43] Die Diskrepanz zwischen Prophetie und Realität erklärt der zweite Satz damit, dass kein Sohn Jojachins auf den davidischen Thron gelangen und wieder in Juda herrschen werde.

Die Worte gegen Jojachin sind im vorliegenden Text steigernd angeordnet: Der Repräsentant Jhwhs verliert, einem weggeworfenen Siegelring gleich, seinen besonderen Status, wird vom chaldäischen Herrscher in ein fremdes Land deportiert, in dem er sterben wird. Er ist wie ein unbrauchbares, weggeworfenes Gefäß und geht in die Geschichte ein als König Judas, dem es nicht gelang, die Dynastie fortzusetzen. Diese pessimistische Sicht auf Jojachins Schicksal widerspricht der Erwartung, Jojachin und sein Hofstaat würden bald wieder nach Juda zurückkehren, die der Vision von den guten Feigen (24,5–7) und der Prophetie Hananjas (28,2–4) zugrunde liegt. Sie negiert auch jegliche Hoffnung auf eine Fortführung der davidischen Herrschaft nach Jojachins Rehabilitation am babylonischen Hof (vgl. 2 Kön 25,27–30; Hag 2,20–23; Sach 4,1–14).

23,1–4
Schlechte und
gute Hirten
Der Weheruf über die Hirten (V. 1) bezieht sich ebenfalls auf die Könige, denn im Alten Orient wurde die Königsherrschaft als Hirtenamt aufgefasst. Sie werden gescholten, ihre Aufgabe nicht zu erfüllen: Anstatt ihrer Herde Nahrung und

---

42 Zu diesem Amt s. o. die synchrone Analyse zu Jer 13,18.
43 2 Kön 24,15 listet unter den Deportierten auch „(Ehe-)Frauen des Königs".

Schutz zu bieten, vernichten und zerstreuen sie sie (vgl. 10,21). Das folgende Un-heilswort (V. 2) nutzt die Bedeutungsbreite des Verbs פקד, das sowohl positiv „sich kümmern" als auch negativ „heimsuchen, strafen" umfasst. Gott wird die Vernach-lässigung der Herde vergelten, indem er sich strafend um die Hirten „kümmert" (vgl. 22,22). Gleichzeitig kündigt er an, Hirten zu bestellen, die die Herde weiden (V. 4a; vgl. 3,15). Ohne ein wertendes Adjektiv zu verwenden, führt V. 4b mit drei negierten Verben aus, was dies für die Untertanen des Königs bedeutet: Sie müs-sen sich nicht mehr fürchten (ירא, vgl. 30,10), nicht mehr erschrecken (חתת Nif.; vgl. 46,27) und werden nicht mehr heimgesucht (פקד Nif. MT⁺; vgl. 21,14). In Span-nung zu dieser Verheißung steht die Ankündigung, Gott selbst werde den Rest der versprengten Schafe zurückbringen (V. 3). Der Vers verweist mit der Wendung „ich werde sie sammeln aus allen Ländern, wohin ich sie verstoßen habe" auf das Exil (נדח Hif.; vgl. 8,3; 16,15; 24,9) und bezieht gleichzeitig die Diaspora in die Verheißung mit ein (vgl. 32,37). Zwar werden die Hirten in 23,1–4 nicht nament-lich genannt und wird auch ihr Fehlverhalten sehr allgemein beschrieben. Durch die Stellung im Kontext ist jedoch deutlich, dass sich der Abschnitt auf alle vorher genannten judäischen Könige bezieht.

Die Ankündigung eines gerechten Königs konkretisiert die in V. 4 genannte Einsetzung anderer Hirten. Die auffällige Wendung צֶמַח צַדִּיק „gerechter Spross" meint einen legitimen Nachkommen der Königsfamilie. Der analoge Titel ist auch in einer Inschrift des assyrischen Königs Asarhaddon (680–669)[44] und in einer phönizischen Votivinschrift aus Zypern aus dem 3. Jahrhundert v. d. Z. belegt (KAI 43,11). In Sach 3,8; 6,12 wird er für den verheißenen Erbauer des zweiten Jerusale-mer Tempels gebraucht. Jer 23,5 bestimmt diesen Spross eindeutig als Nachkom-men Davids (לדוד) und kündigt an, er werde die Königsrolle erfolgreich ausüben, wozu primär gehört, für Recht und Gerechtigkeit im Land zu sorgen (vgl. 22,3.15). Unter seiner Herrschaft wird das Königreich Juda „gerettet" werden und das Volk Israel sicher wohnen. Diese Situation drückt die Hoffnung auf ein Ende der Bedro-hung durch den Feind aus dem Norden aus. Die beiden Verse sind über das Leit-wort צדק „gerecht" miteinander verbunden, das den verheißenen Herrscher, sein Tun und seinen Namen charakterisiert: Nach dem in LXX transkribierten Namen heißt er Jozadak oder Jehozadak, was „Jhwh handelt gerecht" bedeutet. Denselben Namen trägt ein Mitglied der Hohepriesterfamilie in nachexilischer Zeit (Esra 3,2.8; Neh 12,26; Hag 1,1; Sach 6,11). Demgegenüber ist יְהוָה צִדְקֵנוּ „Jhwh ist unsere Gerechtigkeit" (MT) kein gebräuchlicher Personen-, sondern ein Symbolname. Im Kontext der negativen Beurteilungen der judäischen Könige Joahas, Jojakim und Jojachin drückt 23,5f. somit die Hoffnung auf einen gerechten Vertreter der David-dynastie aus.[45]

Die Ankündigung, anstelle des Bekenntnisses zu Jhwh als Gott des Exodus werde in Zukunft eine neue, größere Heilstat Jhwhs erinnert, bildet eine fast wort-gleiche Dublette zu 16,14f.[46] In Kap. 23 passt sie zur Verheißung eines Lebens in Sicherheit unter der Regierung eines neuen Davididen (23,5f.), weswegen sie wohl in MT an dieser Stelle platziert wurde. In LXX steht sie am Ende von Kap. 23 und kontrastiert, wie 16,14f., die Unheilsankündigung der Verstoßung und ewigen

23,5f.
Ein neuer
Davidide

23,7f.
Neuer Exodus

---

44 Vgl. *zêr šarrūti* in Borger, Inschriften Assarhaddons, 31 (Nr. 43 § 20.17).

45 Zu dessen möglicher Identifikation s. u. die diachrone Analyse.

46 S. o. die Auslegung zu Jer 16,14f.

Schmach. Das neue Bekenntnis charakterisiert Jhwh als Gott des Exodus aus Babylonien und der gesamten Diaspora, der die in alle Lande versprengten Nachkommen Israels wieder auf heimischem Boden einsetzen (LXX) bzw. wohnen lassen (MT) wird.

Diachrone Analyse

In Jer 22,10-30*; 23,5f. lassen sich ältere, kurze Worte, die die Könige nicht namentlich bezeichnen, von späteren Identifikationen und Kommentaren unterscheiden.[47]

Vorexilisch	Exilisch (alle R[GÄ])	Nachexilisch
22,10	22,11f.	22,15bβ.16a.17b
22,13f.15a.17a.18aβ–19	22,15bα.16b.18aα	
22,20–23		
22,24.26aα*.28*	22,25.26*.28*–30	22,27
23,5f.*	23,1f.4.(5f.*)	23,3.7f.

22,10
Joahas
Jer 22,10 ist wohl ein ursprünglich eigenständiger Spruch, der zwar nicht poetisch, aber mit zwei Vetitiven und einem Imperativ rhythmisch formuliert ist. Die Form des Weherufs bzw. der Totenklage über eine noch lebende Person oder Gruppe mit kurzer Begründung ist aus der älteren Prophetie bekannt (vgl. Am 5,2.18–20; 6,1; Jes 5,8–25; Mi 2,1–3; Nah 3,1–3) und wird auch in den authentischen Stücken Jer 9,16–18; 48,1 gebraucht. Dass weder die Adressat*innen noch die beklagte Person genannt sind, setzt eine unmittelbare Verkündigungssituation voraus, die mit Blick auf das Partizip הֹלֵךְ „der gerade geht" (V. 10bα) in das Jahr 609 v. d. Z. weist: Viele Judäer*innen beklagen noch immer den Tod Joschijas, während Joahas nach nur drei Monaten Regierung von Necho II. nach Ägypten deportiert wird. Damit wäre 22,10 das älteste datierbare Wort Jeremias.[48] Demgegenüber situiert der in Prosa gehaltene Kommentar in V. 11f. die Deportation des Königs schon in der Vergangenheit und bekräftigt die Ankündigung, er werde nicht zurückkehren, durch den Hinweis, er werde im Exil sterben.

22,13-19
Jojakim
Die Beobachtungen, dass Weheruf und Schuldaufweis in V. 13–17a ohne Königsnamen überliefert sind und das angekündigte Eselsbegräbnis in V. 18aβ–19 dem in 2 Kön 24,6 erwähnten, gewöhnlichen Tod Jojakims widerspricht, begründen die Annahme zweier ursprünglicher Jeremiaworte gegen den amtierenden Monarchen.[49] Die Ankündigung der unterlassenen Totenklage und Bestattung (V. 18aβ–19) macht vor dem Tod des Königs mehr Sinn und erscheint als gerechtfertigte Folge des königlichen Handelns: Da der König zu Lebzeiten die Körper seiner Untertanen nicht geschont hat, wird sein toter Körper nicht beklagt und geschont, sondern wie ein Tierkadaver entsorgt werden. Diese Ankündigung ist

---

47 So auch Hermisson, „Königsspruch"-Sammlung, 46; Thiel, Redaktion I, 241–244; Wanke, ZBK, 196–197.201; Job, Jeremiah's Kings, 43–44.53.

48 So auch Levin, Anfänge, 223; Schmid, Buchgestalten, 190, Anm. 674.

49 Vgl. Wanke, ZBK, 198f.; Hermisson, „Königsspruch"-Sammlung, 43.

erst dann eine fehlerhafte Vorhersage,[50] wenn man aus der Notiz zu Jojakims Tod (2 Kön 24,6) trotz fehlender Begräbnisnotiz folgert, er sei auch ordentlich begraben worden.[51]

Der Weheruf kritisiert, dass der König sein Volk ausbeutet, um sich einen prunkvollen Palast zu bauen. Diese Kritik passt zur Regierung Jojakims, der als zunächst ägyptischer, dann babylonischer Vasall mehrfach Tribute abführen musste (2 Kön 23,35f.; 24,1) und diese wahrscheinlich auf die Bevölkerung umlegte, eine Situation, die sich durch einen Palastbau noch verschärft haben dürfte. Da V. 14a entsprechend dem griechischen Text bereits den König direkt anspricht, gehörten neben dem Weheruf in V. 13f. auch V. 15a und die Anklage des Strebens nach unrechtem Gewinn in V. 17a zum ursprünglichen Wort.

Die Redaktoren, die die Königssprüche nach der Katastrophe zusammenstellen, verbinden beide Worte durch V. 18aα, nennen den König beim Namen und vergleichen ihn mit seinem Vater (V. 15b–16). Dieser Vergleich basiert auf dem Ideal königlicher Herrschaft, Recht und Gerechtigkeit zu üben, das auch die Überschrift zum Zyklus (21,11f.) hervorhebt. Die unterschiedliche Bewertung der beiden Könige entspricht derjenigen im DtrG; dort wird Joschija als äußerst Jhwh-gläubiger König (2 Kön 22f.), Jojakim aber als politischer Hasardeur zwischen Ägypten und Babylonien charakterisiert (2 Kön 23,35; 24,1). Die rhetorische Frage „heißt das nicht, mich erkennen?" (V. 16b), die plötzlich Gott zu Wort kommen lässt, beruht auf diesem positiven Joschijabild und wertet Jojakim zusätzlich ab, indem sie ihm mangelnde Gotteserkenntnis unterstellt. Da die Bewertung der judäischen Könige mit derjenigen des DtrG übereinstimmt, kann die Kombination und Rahmung der Königssprüche der geschichtsätiologischen Redaktion zugewiesen werden.

Die notizartigen Bewertungen in V. 15bβ („damals ging es ihm gut") und V. 16a („damals war es gut") passen nicht ins Metrum und auch V. 17b mit seinen umständlichen Formulierungen ist später hinzugefügt; der Vers erweitert den Vorwurf der Vorteilnahme im Amt (V. 17a) mit Blick auf Untaten des Königs aus anderen Texten: Er habe unschuldiges Blut vergossen (vgl. 26,23) sowie Untertanen unterdrückt und erpresst (vgl. 2 Kön 23,35).

Das poetische Stück 22,20–23 ist in Sprachgebrauch und Metaphorik eng mit 2,22–27 und 4,30f. verwandt, so dass nichts gegen eine Zuweisung zum Propheten spricht. Seine Platzierung zwischen den Sprüchen über Jojakim und Jojachin geht auf die Redaktoren des Zyklus zurück, die es in der Situation der ersten Belagerung 597 v. d. Z. verorten[52]: Die Verbündeten sind bereits zerschmettert (V. 20), die Hirten werden „vom Winde geweidet", d. h. zerstreut, und in die Verbannung gehen, „Frau Jerusalem" wird beschämt werden (V. 22). Noch sitzt sie erhaben in

22,20–23
Unheil für
Jerusalem

---

50   So CARROLL, Jeremiah, 432: „failed prediction".

51   Vgl. zu den Notizen über Jojakims Tod LIPSCHITS, Oded, „Jehoiakim Slept with His Fathers ..." (2 Kings 24:6) – Did He?: JHS 4 (2002), Art. 1: Der Autor des DtrG hat demnach die Begräbnisnotiz absichtlich weggelassen, weil er, wie Jer 22,18f., Jojakim als unwürdig betrachtete. 2 Chr 36,6 gleicht Jojakims Schicksal an das Zidkijas an, der in Fesseln nach Babylon deportiert wurde. Der Zusatz in 2 Chr 36,8 LXX, Jojakim sei in Γανοζα begraben worden, rekurriert auf die Notiz zu den Gräbern der ebenfalls „abtrünnigen" Könige Manasse and Amon im Garten Usas (גן־עזא, 2 Kön 21,18.26). Keine dieser Notizen ist historisch glaubwürdig.

52   Mit WANKE, ZBK, 200.

Zedernbauten, aber wie Wehen werden die Schrecken des Krieges plötzlich über sie kommen (V. 23).

22,24–30
Jojachin

Die Gottesrede in 22,24–30 bindet mit verschiedenen Redeformen (Versicherung, Argumentation, Dreifachfrage, Höraufruf), ausladenden Formulierungen, Anredewechseln und steigernder Anordnung verschiedene Stücke zusammen. Aus dem älteren, in der LXX bezeugten Textbestand lassen sich in V. 24.26a* und V. 28 zwei alte Spruchfragmente isolieren.

Authentisch ist wohl die Versicherung in V. 24, Gott werde Jechonja (= Jojachin) als seinen Siegelring von seiner rechten Hand wegreißen. Da die Aussage „ich schleudere dich"[53] (V. 26aα) die determinierte Form הארץ erklärt und die Geste des Ringabnehmens sinnvoll erläutert, ist es wahrscheinlich, dass das Wort ursprünglich als direkte Rede an den König formuliert war.[54] Die Sammler der Sprüche ergänzten wie in 22,11.18 den Königsnamen, in V. 24 weitere Titel und kommentierten das Bildwort als Übereignung in die Hand der Feinde (V. 25f.*). Dabei gebrauchen sie dtjer Wendungen: „in die Hand von NN geben" (vgl. 12,7; 20,4.5; 21,7.10 u. ö.), „nach dem Leben trachten" (11,21; 19,7–9; 21,7; 34,20f. u. ö.) und fügen im Blick auf 13,18 die Mutter des Königs ein (vgl. 2 Kön 24,12.15). V. 27 ist wahrscheinlich ein noch späterer Kommentar, der das Heimatland Juda positiv als Sehnsuchtsort der Exilierten charakterisiert (vgl. 44,14).

Aus V. 28 lassen sich aufgrund der griechischen Fassung die Aussage „verachtet worden ist Jechonja wie ein Gefäß, das unbrauchbar ist" (נבזה יכניהו כלי אין חפץ בו) und die Frage „Warum wurde er fortgeschleudert auf die Erde?" (מדוע הוטל על־הארץ) als älterer Spruch verstehen.[55] Er wurde von der Redaktion um Hinweise auf die Deportation ergänzt, die das Fortschleudern als Exilierung (שלך Hof.) in ein unbekanntes Land erläutern. Sie fügen in V. 29 auch den Höraufruf an das Land hinzu, um V. 28 mit dem abschließenden V. 30 zu verbinden, der die gestellte Frage zumindest teilweise mit Jojachins Erfolglosigkeit hinsichtlich der Fortführung seiner Dynastie beantwortet.

Einige Exeget*innen vermuten als weiteres altes Spruchfragment die Aufforderung „schreib diesen Mann als kinderlos auf, als einen starken Mann, dem sein Leben lang nichts gelingen wird" (V. 30a), eine vermeintlich falsche Prophezeiung, die um V. 30b erweitert wurde, nachdem Jojachin im Exil Söhne geboren wurden (vgl. 1 Chr 3,17f.).[56] Da V. 30aβ, wie auch die Botenformel zu Beginn von V. 30, im griechischen Text fehlen, können sie aber nicht ursprünglich sein. Wie Hermisson zu Recht beobachtet, wird die Kinderlosigkeit Jojachins in V. 30aα nur postuliert – so soll er in die Annalen eingehen –, so dass V. 30b die notwendige Fortsetzung

---

53   Das Verb טול Hif./Hof. wird nur in 16,13; 22,26.28 gebraucht. Die dtjer Bezeichnung für das Wegschicken ist שלך Hif./Hof. (7,15; 22,28; Dtn 29,27; 2 Kön 13,23); s. o. die Textkritik zu 22,26a.

54   Mit Hermisson, Jeremias Wort über Jojachin, 256f.; einen ähnlichen Wortlaut mit 3. sing. rekonstruieren Rudolph, HAT, 144; Thiel, Redaktion I, 242f.; Wanke, ZBK, 201f.;

55   Ähnlich Thiel (Redaktion I, 244), der noch העצב hinzunimmt und die Dreifachfrage für ursprünglich hält. LXX bietet jedoch weder ein Äquivalent für העצב noch eine Frageform. Hermisson (Jeremias Wort über Jojachin, 258) folgt Thiels Rekonstruktion.

56   Vgl. Thiel, Redaktion I, 244; Wanke (ZBK, 201) rechnet noch den Höraufruf V. 29 hinzu; Rudolph (HAT, 143) sogar V. 30b; allerdings fehlt die Wendung גבר לא־יצלח בימיו in LXX und kann daher nicht ursprünglich sein.

darstellt: Jojachin werde keinen als König amtierenden Nachfolger haben.[57] So gehören V. 30aα und V. 30b zusammen,[58] aber es muss offenbleiben, ob dieser Spruch ehemals selbstständig war oder von den Sammlern als Klimax der Sprüche über die drei Könige verfasst wurde.[59] Der beschwörende Höraufruf an das Land (V. 29) jedenfalls verleiht dieser Ankündigung des Dynastieendes eine gewisse Programmatik und unterstreicht Jojachins Scheitern als Mann und als König.

Die Komposition aus Weheruf, Unheilsankündigung und Heilswort in 23,1f.4, summiert die vorherige Beurteilung der einzelnen judäischen Könige mit der Hirtenmetapher: Gott wird die schlechten Hirten heimsuchen und gute Hirten einsetzen. Der Abschnitt ist durchgängig von dtjer Sprachgebrauch geprägt: | 23,1f.4 Austausch der Hirten

> Das Verb אבד Hif. „vernichten" gehört zu der in 1,10 genannten Reihe der Verben für die Katastrophe, das Verb פוץ Hif. „zerstreuen" bezieht sich auf das Exil (vgl. 9,15; 13,24; 18,17; 30,11). Mit göttlichem Subjekt wird das Partizip masc. sing. von פקד auch in 11,22; 29,32; 44,29; 46,25 verwendet. Die Wendung רע מעלליכם „die Bosheit eurer Taten" begründet das von Gott bewirkte Unheil (vgl. 4,4; 26,3; 44,22).

Der Weheruf greift außerdem die Kritik an den Hirten in 10,21; 22,22 auf. Der Schuldaufweis in V. 2 blickt auf die Zerstreuung der Herde zurück, setzt also das Exil voraus; seine pauschale Schuldzuweisung entspricht dem Geschichtsbild der geschichtsätiologischen Redaktion. Scheint die Ankündigung neuer Hirten zunächst nicht zur Ideologie dieser Redaktion zu passen, so fällt auf, dass sie inhaltlich ganz von der Negation zum schlechten Zustand der Herde geprägt ist. So dient sie lediglich der Überleitung zum älteren Königsspruch 23,5f.*, der bereits zur Heilsankündigung ausgestaltet vorlag.

Die Verheißung, Gott selbst werde den Rest der Schafe sammeln, weist über den Königsspruchzyklus hinaus. Mit der Deutung des Exils als göttliches Verstoßen (נדח Hif.; vgl. 8,3; 16,15; 24,9) knüpft sie an die geschichtsätiologische Strafvorstellung an. Mit dem Gedanken der Sammlung der Diaspora ist sie als nachexilische Heilshoffnung erkennbar (vgl. 32,37). | 23,3 Sammlung der Diaspora

Die Ankündigung eines gerechten Davididen, der sich in seinem Herrschen positiv von den übrigen judäischen Königen abhebt, wird aufgrund der Einleitung „siehe, Tage kommen" oft als Weissagung aus exilisch-nachexilischer Zeit verstanden.[60] Da ein Wort über Zidkija bei den kurzen Königssprüchen fehlt und sein Name dem des „gerechten" Sprosses ähnlich ist, bezog sich dessen Ankündigung ursprünglich wahrscheinlich auf ihn, der als babylonischer Vasall Hoffnungen auf eine friedlichere Zeit weckte.[61] Der im griechischen Text bewahrte Name Ιωσεδεκ entspricht יוֹצָדָק (Esra 3,2) bzw. יְהוֹצָדָק (Hag 1,1) ebenso wie צִדְקִיָהוּ, da das theophore | 23,5f. Zidkija als Hoffnungsträger

---

57 Vgl. HERMISSON, Jeremias Wort über Jojachin, 263.

58 Die Wendung „auf Davids Thron sitzen" (V. 30aβ) ist dtjer Sprachgebrauch (vgl. STIPP, Konkordanz, 68f.) und begegnet in nachexilischen Stücken (17,25; 22,2.4; 29,16).

59 HERMISSON (Jeremias Wort über Jojachin, 265) weist sogar die Komposition der Jojachin-Sprüche in 22,24–30 Jeremia selbst zu. Das halte ich für unwahrscheinlich.

60 Vgl. WEISER, ATD 20, 198; McKANE, ICC, 565; WANKE, ZBK, 205f.; LUNDBOM, AB 21B, 176; SCHMIDT, ATD 21, 29.

61 So mit HECKL, Jhwh ist unsere Gerechtigkeit, 190–193. Ähnlich schon RUDOLPH, HAT, 147 und SWEENEY, Marvin A., Jeremiah's Reflection on the Isaian Royal Promise. Jeremiah 23:1–8 in Context: GOLDINGAY, John (Hg.), Uprooting and Planting. Essays on Jeremiah for Leslie Allen (LHBOTS 459), New York: T&T Clark 2007, 308–321.

Element vorne oder hinten stehen kann.[62] Zidkija ist der vom babylonischen König verliehene Name des Joschijasohnes Mattanja, den er nach der Deportation Jojachins als König von Juda einsetzte (2 Kön 24,17f.). Auch lässt sich zeigen, dass das negative Porträt Zidkijas erst im Verlauf der Überlieferung entstand.

> In Jer 37–39 wird Zidkija als zögerlicher, aber Jhwh-fürchtiger Monarch porträtiert, der beim Propheten mehrfach um göttlichen Rat nachsucht, aber sich nicht gegen manche seiner Beamten durchsetzen kann, die Jeremia wegen seiner probabylonischen Haltung verfolgen. Obwohl Jeremia eine militärische Niederlage ankündigt (37,9f.17; 38,17–23), klagt er nicht den König an, dem er sogar einen friedlichen Tod verheißt (34,5[63]), sondern dessen Beamte (38,22).[64] Die spätere Überlieferung, darunter die Rahmung des Königsspruchzyklus (21,1–7; 24,1–10), die Einleitung in 37,1f. und die Rede gegen Zidkijas Freilassung der Sklav*innen (34,8–22), verdunkelt jedoch sein Porträt zu dem eines unbelehrbaren Monarchen und Repräsentanten einer dem Untergang geweihten Generation.[65] Die Notiz über Zidkijas grausame Bestrafung durch Nebukadrezzar – er muss das Abschlachten seiner Söhne mitansehen, wird dann geblendet und nach Babylon deportiert – stammt aus 2 Kön 25,7 (vgl. Jer 39,6f. [MT⁺]; 52,10f.).[66] Auch die griechische Übersetzung von Jer 37–39 folgt an manchen Stellen dieser abwertenden Sicht und stilisiert Zidkija zum Erzfeind Jeremias, der den Propheten verfolgen lässt.[67]

Damit stellt 23,5f.* ein wohl authentisches Prophetenwort dar, das Zidkijas Regierungsantritt mit der Hoffnung auf ein friedliches Leben unter babylonischer Vorherrschaft verband. Erst Zidkijas Abkehr vom babylonischen König (vgl. 2 Kön 24,20), der daraufhin Jerusalem ein zweites Mal belagerte und schließlich zerstörte, führte zu seinem Scheitern. Nach dem Untergang wurde 23,5f. mit einer in die Zukunft weisenden dtjer Einleitung (vgl. 7,32; 9,24; 30,3 u. ö.) versehen und der Name des Davididen zum Symbolnamen „Jhwh ist unsere Gerechtigkeit" umgestaltet.[68] Die Änderung geht auf die geschichtsätiologische Redaktion zurück, die die Königssprüche in Jer 1–25* aufnahm. Dass die Hoffnung auf eine Wiederkehr der davidischen Monarchie fortlebte, zeigen Sach 3,8; 6,12 und Jer 33,14–26. Der zuletzt genannte Text ist nur im MT überliefert, zitiert 23,5f., verleiht Jerusalem den neuen Namen und betont zu Beginn der hellenistischen Zeit die Hoffnung auf eine Rückkehr der gesamten Diaspora.[69]

23,7f.
Der neue
Exodus

Die Verheißung, man werde zukünftig Jhwh als Gott des neuen Exodus aus dem Exil und der Diaspora preisen, beschreibt eine Situation, die auch in persi-

---

62 So Lust, Messianism, 43.

63 Stipp (Zedekiah, 637; HAT, 34) hält dieses Heilsorakel für im Kern authentisch. Zu den Diskrepanzen in der Ankündigung von Zidkijas Schicksal vgl. Applegate, John, The Fate of Zedekiah. Redactional Debate in the Book of Jeremiah: VT 48 (1998), 137–160. 301–308, bes. 142–158.307f.

64 Vgl. Stipp, Zedekiah, 630–632.

65 Synchron betrachtet erscheint das Porträt Zidkijas als äußerst ambivalent, vgl. Sharps diachrone Analyse zu Jer 37–39 im Kommentar zu Jer 26–52.

66 Vgl. Stipp, HAT, 514 und 818f.

67 Vgl. die Analyse von 37,8–11; 38,9 durch Stipp, Zedekiah, 638–641.

68 Vgl. Lust, Messianism, 45; Heckl, *Jhwh ist unsere Gerechtigkeit*, 186.

69 Vgl. Lust, Messianism, 55–57; Maier, Christl M., From Zedekiah to the Messiah. A Glimpse at the Early Reception of the Sprout: Baden, Joel/Najman, Hindy/Tigchelaar, Eibert (Hg.), Sibyls, Scriptures, and Scrolls. John Collins at Seventy, vol. 2 (JSJ.S 175/2), Leiden: Brill 2016, 857–873, 868–872.

scher Zeit noch nicht eingetreten ist. Die engsten Parallelen der Wendung „man wird nicht mehr sagen" finden sich in 3,16 und 31,29f.; eine ähnliche Alternative zur bisherigen Tradition formuliert das Wort vom neuen Bund (31,31–34). Diese weit ausgreifenden Verheißungen gehören zu den jüngsten Erweiterungen der Jeremia-Tradition, die erst in spätnachexilischer Zeit in das Buch gelangten, bevor es ins Griechische übersetzt wurde. Mit der Hoffnung auf die Wiedereinrichtung der Daviddynastie verbinden sie die Sammlung aller versprengten Judäer*innen (vgl. 33,14–26 MT⁺).[70]

> Im üblichen Rahmen runden die prämasoretischen Bearbeiter in 22,10 – 23,8 Aussagen ab. In 22,26 spielen sie mit dem Zusatz „ein anderes (Land)" möglicherweise auf Dtn 29,27 an. Außerdem bauen sie 22,14 in ein Zitat um, erweitern 22,28a zu einer Dreifachfrage und ergänzen in 22,28b mit Blick auf 22,30 die königlichen Nachkommen. Mit der Charakterisierung Jojachins als „Mann, dem sein Leben lang nichts gelingen wird" (22,30aβ) verstärken sie das negative Urteil über diesen König. Außerdem stellen sie 23,7f. vom Kapitelende an die jetzige Stelle um und passen zwei Formulierungen in 23,8b dem neuen Kontext an.

Prämasoretische Erweiterungen

Synthese

In seinen vorexilischen Stücken enthält der Königsspruchzyklus keine Fundamentalopposition gegen Judas Könige. Vielmehr beklagen die Sprüche Joahas' und Jojachins politische Ohnmacht und Bedeutungslosigkeit (22,10; 22,24.26*.28*) und klagen Jojakim der Prunksucht an, die soziale Missstände hervorruft (22,13f.15a. 17a.18aβ–19). Mit Zidkijas Namen und Regierungsantritt verband der historische Jeremia wohl zunächst die Hoffnung auf eine friedvolle Zeit unter babylonischer Oberherrschaft (23,5f.*). Die Zusammenstellung dieser Königssprüche nach dem Untergang Jerusalems erhebt dagegen das verlorene Ideal des Königtums, für Recht und Gerechtigkeit zu sorgen (21,11f.), zum Programm, angesichts dessen alle judäischen Könige scheiterten und die Hoffnung auf einen gerechten Davididen in die Zukunft verschoben werden muss. Sie nennen die Könige beim Namen, ordnen die Sprüche chronologisch und fügen mit 20,20–23 ein altes Überlieferungsstück zwischen den Sprüchen über Jojakim und Jojachin so ein, dass es als an die belagerte Stadt Jerusalem gerichteter Aufruf zur Totenklage verstanden werden kann. Die Charakterisierung Jerusalems als promiske junge Frau, die auf Liebhaber vertraut, lässt ihren Untergang als notwendige Folge der Abwendung von Jhwh erscheinen und ruft das frauenfeindliche Porträt Jerusalems aus 2,20–27; 4,30f.; 13,13–26 in Erinnerung.

Das in der Komposition gebrauchte Stichwort „Feuer" verknüpft die Vorstellung von Gottes loderndem Zorn mit dem tatsächlichen Untergang der Stadt in einer Feuersbrunst, die vom chaldäischen Herrscher angeordnet wurde. Ursache des Untergangs ist vordergründig der Sieg des babylonischen Heeres, hintergründig aber Jhwhs Strafe für die bösen Taten der Könige und der Bevölkerung Jerusalems. Auch der in 23,1f. ergehende Vorwurf gegenüber allen Königen, sie hätten ihre Herde zugrunde gerichtet und zerstreut, verleiht der von der Klage geprägten

---

70 Vgl. Goldman, Prophétie et royauté, 57.

Rückschau eine schuldzuweisende Dimension, die der Ideologie der geschichtsätiologischen Redaktion entspricht.

Die weiteren, wohl in nachexilischer Zeit hinzugefügten Verse kommentieren
den vorliegenden Text punktuell: König Jojakims Untaten und der Vergleich mit
seinem Vater Joschija werden verstärkt (22,15bβ.16a.17b); die Verheißung neuer
Hirten wird um den Gedanken der Sammlung der Diaspora (22,3) erweitert.
Schließlich wird die Rückkehr der Exilierten und der in der Diaspora Lebenden in
ein Bekenntnis zu Gottes Heilstat eines neuen Exodus umgestaltet – eine Situation,
die gemäß der Rhetorik des Buches in ferner Zukunft liegt, aber inhaltlich in die
spätnachexilische Zeit weist (23,7f.).

Die in Jer 23,3–8 aufscheinende Hoffnungsperspektive verleiht dem Königsspruchzyklus zunächst einen versöhnlichen Schluss. Freilich wird sie durch die
folgende Kritik an den Prophet*innen (23,9–40) kontrastiert und durch die Einschränkung der Heilsverheißung auf die unter Jojachin deportierte Exilsgruppe
(24,1–10) modifiziert.

Im Blick auf die Rezeptionsgeschichte von Jer 21,11 – 23,8 ragen zwei Texte
heraus. Die Metapher vom König als Siegelring JHWHs, der abgestreift und auf die
Erde geschleudert wird (22,24), wird in Hag 2,23 umgedeutet in die Verheißung,
Gott werde Serubbabel, den aus dem Exil zurückgekehrten Enkel Jojachins, zu
seinem Siegelring machen. Die darin sichtbare nachexilische Hoffnung auf Wiedererrichtung der Daviddynastie wird in Aufnahme des Begriffs צֶמַח „Spross“ aus Jer
23,5f. auch in Sach 3,8; 6,12 sowie in dem spät in MT zugefügten Abschnitt Jer
33,14–16 weitergeführt. Die auch in persischer und hellenistischer Zeit nicht erfolgte Einlösung der Verheißungen von Jer 23,5f. und 33,14–16 führt schließlich
zu deren Verständnis als Weissagungen eines messianisch-endzeitlichen Herrschers aus dem Geschlecht Davids.

Jer 23,9–40: Worte über die Prophet*innen

Jeremia klagt 9 Über die Propheten[a]:
Zerbrochen ist mein Herz in meinem Innern,
          es zittern alle meine Glieder.
Ich bin wie ein betrunkener /$_{\text{gebrochener}}$[b] Mann geworden
          und wie ein starker Mann, den der Wein überwältigt hat,
wegen JHWH und der Worte seiner Heiligkeit /$_{\text{der Pracht seiner Herrlichkeit}}$[c].
10 [Ja, die Erde ist voll von Menschen, die die Ehe brechen,][a]
denn wegen eines Fluches /$_{\text{diesen}}$[b] trauert das Land,
          sind die Weideplätze der Steppe vertrocknet.
Ihr Laufen war böse
          und ihre Stärke nicht recht.
JHWH erwidert 11 Ja, auch Prophet und Priester[a] sind entweiht.
Auch in meinem Haus habe ich ihre Bosheit gefunden [– Spruch JHWHs].
12 Darum wird ihr Weg für sie

wie Rutschbahnen in der Dunkelheit[a];
sie werden versprengt und darin zu Fall kommen;
denn ich bringe Unheil über sie,
das Jahr ihrer Heimsuchung – [Spruch Jhwhs].
13 Und bei den Propheten Samarias sah ich Anstößiges:
Sie prophezeiten beim Baal[a] und führten mein Volk, Israel, in die Irre.
14 Aber bei den Propheten Jerusalems sah ich Grässliches:
Ehebrechen und in der Lüge wandeln!
Auch bestärkten sie die Hände derer, die Böses tun,
so dass sie nicht umkehrten,
keiner von seiner Bosheit.
Sie alle sind für mich wie Sodom
und ihre (= Jerusalems) Bewohnerschaft wie Gomorra.
15 Darum, so spricht Jhwh [Zebaot über die Propheten]:
Siehe, ich speise sie mit Galle[a]
und tränke sie mit giftigem Wasser,
denn von den Propheten Jerusalems ist Entweihung ausgegangen für das ganze
Land.
16 So spricht Jhwh Zebaot: Jhwh zum
Hört nicht auf die Worte der Propheten[a], [die euch prophezeien,]   Volk
_{denn} sie halten [euch] zum Narren.
Eine Vision ihres Herzens verkünden sie,
nicht (was) aus dem Mund Jhwhs (kommt).
17 Sie sagen [stets][a] zu denen, die mich[b] verschmähen:
„Jhwh hat geredet: Es wird Frieden für euch geben"
und zu jedem, der in der Verstocktheit seines Herzens wandelt[c], sagen sie:
„Unheil wird nicht über euch /_{dich}[d] kommen."
18 Ja, wer ist im Rat[a] Jhwh gestanden, dass er sein Wort sehe [und höre][b]? Wer   Jeremia
hat [sein[c] Wort] beachtet und gehört?
19 Siehe, der Sturmwind Jhwhs[a], Zornglut, ist ausgefahren, und ein wirbelnder
Sturm; auf [den Kopf der] Übeltäter wirbelt er herab.
20 Jhwhs Zorn wendet sich nicht um, bis er die Pläne seines Herzens[a] getan und
ausgeführt hat. Am Ende der Tage werdet ihr es verstehen [mit Verständnis].
21 Ich habe die Propheten nicht gesandt,   Jhwh klagt
aber sie sind gelaufen[a];
Ich habe nicht zu ihnen geredet,
aber sie haben prophezeit.
22 Wären sie aber in meinem Rat[a] gestanden,
dann hätten sie mein Volk meine Worte hören lassen[b]
und sie abgebracht [von ihrem bösen Weg
und] von der Bosheit ihrer Taten.
23 Bin ich (etwa) ein Gott aus der Nähe – Spruch Jhwhs,
und nicht (auch) ein Gott aus der Ferne?[a]

24 Oder kann sich jemand in Schlupfwinkeln verbergen,
und ich sähe ihn nicht? [– Spruch Jhwhs.]
Erfülle ich nicht den Himmel und die Erde? – Spruch Jhwhs.
25 Ich habe gehört, was die Propheten sagen, die in meinem Namen Lüge prophezeien: „Ich habe geträumt, ich habe geträumt."ª
26 Wie lange noch?ª Ist etwasᵇ im Herzen der Propheten, die Lüge und ihres
Herzens Trug prophezeien, 27 die planen, [mein Volk] meinen Namenª ₍ᵥₑᵣ𝓰ₑₛₛₑₙ
𝓏ᵤ ₗₐₛₛₑₙ₎/ zu vergessenᵇ durch ihre Träume, die sie einander erzählen, so wie ihre
Vorfahren meinen Namen wegen Baalᶜ vergaßen?
28 Der Prophet, bei dem ein Traum ist, erzähle ₍ᵈₑₙ₎/ seinenª Traum, bei dem aber
mein Wort ist, der verkünde wahrhaftig mein Wort.
　　　Was hat das Stroh mit dem Korn gemein? [– Spruch Jhwhs.]
29 Ist mein Wortª nicht [so] wie Feuer? [– Spruch Jhwhs.]
　　　Und wie ein Hammerᵇ zerschmettert es Felsen.
30 Darum siehe, ich gehe gegen die Propheten vor, Spruch Jhwhs <₍𝓰ₒₜₜₑₛ₎>ª, die
einander meine Worte stehlen.
31 Siehe, ich gehe gegen die Propheten vor [– Spruch Jhwhs], die ihre Zunge
nehmen und einen Spruch orakeln /₍ᵢₕᵣₑₙ ₛ𝒸ₕₗᵤₘₘₑᵣ ₛ𝒸ₕₗᵤₘₘₑᵣₙ₎ª·
32 Siehe, ich gehe gegen die vor, die Lügenträume prophezeien [– Spruch
Jhwhs]; sie erzählten sie und führtenª mein Volk in die Irre durch ihre Lügen und
ihren Schwindel. Aber ich habe sie nicht gesandt und ihnen nichts geboten; sie
werden diesem Volk bestimmt nichts nützen [– Spruch Jhwhs].

Jhwh zu
Jeremia

33 Wenn dich aber dieses Volk oder der Prophet oder ein Priester fragen: „Was
ist der Aussprucha Jhwhs?", dann sollst du zu ihnen sagen: „Ihr seidᵇ die Last
Jhwhs! Ich werfe euch ab – Spruch Jhwhs." 34 Den Propheten aber und den
Priester und das Volk, (jeden,) der sagta „Ausspruch Jhwhs"; jenen Mann und sein
Haus werde ich zur Rechenschaft ziehen.

Jhwh zu den
Prophet*innen

35 So sollt ihr zueinander unter Nachbarn und unter Brüdern sagen: „Was hat
Jhwh geantwortet?" und „Was hat Jhwh geredet?" 36 Aber „Ausspruch Jhwhs"
sollt ihr nicht mehr erwähnenª, denn „Ausspruch" ist für den Mann seines Wortes /₍ᵈᵢₑ ₗₐₛₜ ᵥᵢᵣᵈ ᵈₑₘ ₘₑₙₛ𝒸ₕₑₙ ᵈₐₛ ₍ₑᵢ𝓰ₑₙₑ₎ ᵥₒᵣₜ ₛₑᵢₙ₎·ᵇ [Ihr aber habt die Worte des lebendigen Gottes, Jhwh Zebaots, unseres Gottes, verdreht. 37 So sollst du zum Propheten sagen: „Was hat dir Jhwh geantwortet?"]ª Und: „Was hat Jhwh <₍ᵤₙₛₑᵣ 𝓰ₒₜₜ₎>
geredet?" [38 Wenn ihr aber „Ausspruch Jhwhs" sagt,] dann giltª: So spricht Jhwh:
Weil ihr dieses Wort „Ausspruch Jhwhs" gebraucht, obwohl ich zu euch (die Nachricht) sandte: „Ihr sollt nicht ‚Ausspruch Jhwhs' sagen!" 39 Darum, siehe: Ich hebeª
[euch bestimmt] auf und werfe euch ab und diese Stadt, die ich euch und euren
Vorfahren gab [von meinem Angesicht]. 40 Und ich liefere euch ewiger Schmach
und ewiger Schande aus, die nicht vergessen werden wird.

Anmerkungen zu Text und Übersetzung

* In der Übersetzung sind parallele Stichen durch Einrückung kenntlich gemacht, Prosaverse füllen die Zeilen aus; Zitate der Adressat*innen und Aussprüche Jeremias stehen in Anführungszeichen. Zum System der Klammern und Kleinschreibung s. o. S. 22.

9a LXX rechnet ἐν τοῖς προφήταις noch zu V. 6, da V. 7f. hinter V. 40 folgen; T und S versuchen die Wendung in die Aussage von V. 9 zu integrieren. Es handelt sich jedoch um die Überschrift für V. 9–40 (so auch V).

9b LXX συντετριμμένος geht auf שבור zurück, eine Buchstabenverwechslung zu MT שכור.

9c LXX εὐπρεπείας δόξης αὐτοῦ gibt הדר כבדו wieder; vgl. BHS (MT דברי קדשו). Da eine Verschreibung ungewöhnlich wäre, hatten die Übersetzer wohl eine andere Vorlage.

10a STIPP (Sondergut, 39) hält den MT-Überschuss כי מנאפים מלאה הארץ für eine Dittographie aus der folgenden Zeile כי מפני אלה אבלה הארץ. Mit POPKO (Marriage Metaphor, 287–291) könnte er jedoch bewusst hinzugefügt sein, da er wie 3,1–3.9 das Vertrocknen des Landes auf dessen Entweihung (חנף, V. 11.15) durch „Ehebruch" zurückführt.

10b LXX liest das Demonstrativpronomen אֵלֶּה, MT ist als אָלָה „Fluch" punktiert.

11a LXX bietet stets die umgekehrte Reihenfolge Priester – Prophet (vgl. 6,13; 14,18), was eine griechische Sonderlesart ist; vgl. STIPP, Sondergut, 151.

12a So die Verseinteilung in MT und LXX; BHS zieht die Dunkelheit zum folgenden Verb.

13a LXX feminisiert den Gott Baal durchgängig, um ihn zu entmachten; s. o. zu 2,8b.

15a Zu dieser Übersetzung s. o. zu 9,14b; LXX übersetzt mit „Kummer".

16a T und S bezeichnen diese Prophet*innen als lügnerisch; vgl. McKANE, ICC, 578.

17a Der im hebräischen Text hinzugefügte Infinitiv abs. verstärkt das Verb.

17b LXX versteht למנאצי דבר יהוה als cstr.-Verbindung: „die das Wort des Herrn verschmähen" (so auch S). MT vokalisiert לִמְנַאֲצַי mit Suffix der 1. sing. und lässt mit דִּבֶּר als 3. masc. sing. qatal Pi. einen neuen Satz beginnen.

17c LXX überliefert den Satz doppelt, einmal entsprechend MT, einmal leicht variiert „alle, die nach ihrem eigenen Willen wandeln".

17d LXX gleicht an die sing.-Form der Einleitung an.

18a LXX übersetzt סוד mit ὑπόστημα „Heerlager", in V. 22 mit ὑπόστασις „Grund, Fundament". Nach FINSTERBUSCH/JACOBY (MT-Jeremia 1–24, 242) spiegelt sich darin griechisch-philosophische Begriffsbildung.

18b Der Zusatz präzisiert das ungewöhnliche „Sehen" als „Hören"; vgl. McKANE, ICC, 581.

18c דברו wurde in MT angelehnt an den vorherigen Zusatz eingefügt, aber zu דברי verlesen (Ketiv), später durch Qere korrigiert; vgl. BHS; LANGE, Vom prophetischen Wort, 122, Anm. 219.

19a LXX rückt mit σεισμὸς παρὰ κυρίου den Sturm von JHWH als Verursacher weg. Ob dies als Scheu der Übersetzer in Bezug auf das Gottesbild zu deuten ist (so FINSTERBUSCH/JACOBY, MT-Jeremia 1–24, 242), ist fraglich, da LXX in der Parallele 30,23 (Jer^LXX 37,23) ὀργὴ κυρίου bietet.

20a LXX versteht die Suffixe der beiden Infinitive als Akkusativobjekte „bis er es getan hat …", während MT „die Pläne seines Herzens" als direktes Objekt und die Suffixe als Genitiv auffasst; vgl. FINSTERBUSCH/JACOBY, MT-Jeremia 1–24, 242. Im Parallelvers 30,24 gibt LXX den Satz entsprechend MT wieder, so dass keine andere Vorlage anzunehmen ist.

21a LXX übersetzt die hebräischen qatal-Formen als Imperfekta zur Anzeige der Wiederholung.

22a Zur LXX-Übersetzung s. o. zu 18a.

22b MT ist als wᵉ-jiqtol-Form im Hif. vokalisiert, hat aber mit דברי את־עמי zwei direkte Objekte. LXX liest וישמעו als wajjiqtol-Form im Qal und versteht עמי als Objekt des Folgesatzes: „hätten sie in meinem Fundament gestanden und meine Worte gehört, dann würden sie mein Volk umkehren lassen." Die Variante entstand durch unterschiedliche Deutung derselben Vorlage.

23a In MT ist V. 23 eine rhetorische Frage, in LXX (und S) eine Feststellung; daher bestimmt MT Jhwh als „Gott von ferne", LXX dagegen als „Gott aus der Nähe"; vgl. Stipp, Gottesbildfragen, 220. Mit Lange (Vom prophetischen Wort, 124) ist die hebräische Fassung ursprünglich, da zu den weiteren rhetorischen Fragen passend, und LXX eine das Gottesbild erleichternde Änderung.

25a LXX übersetzt „ich habe einen Traum geträumt", was חלמתי חלום in der Vorlage voraussetzt.

26a BHS schlägt eine Konjektur von עד־מתי zu einem dritten חלמתי „ich habe geträumt" vor (ähnlich 7,4; 22,29); so auch McKane (ICC, 589). Da diese Dreifachnennungen aber Ergebnis prämasoretischer Zusätze sind und LXX adäquat mit ἕως πότε übersetzt, ist MT beizubehalten.

26b Nach der Frage „wie lange" beginnt MT den folgenden Satz auch mit ה *interrogativum;* LXX und V bieten nur eine Frage: „Bis wann wird er (= der Traum) im Herzen der Propheten sein?" Möglicherweise fehlte das ה in der Vorlage; vgl. Finsterbusch/Jacoby, MT-Jeremia 1–24, 245.

27a Codex Vaticanus bietet τοῦ νόμου μου, wohl eine spätere Deutung, der Ra folgt.

27b LXX gibt einen Infinitiv Qal לשכח wieder; MT bietet Infinitiv Hif. להשכיח, um den prämasoretischen Zusatz את־עמי syntaktisch einzubinden.

27c LXX feminisiert den Gott Baal durchgängig, um ihn zu entmachten; s. o. zu 2,8b.

28a LXX hat wohl חלומו in der Vorlage.

29a LXX und V bieten plur. „meine Worte."

29b פַּטִּישׁ „Schmiedehammer" kommt nur noch in 50,23 und Jes 41,7 vor, beide Male von LXX mit ἡ σφῦρα „Hammer" wiedergegeben. Warum LXX hier mit πέλυξ „Axt" übersetzt, ist unklar.

30a Die Zufügung von ὁ θεός in LXX ist eine alexandrinische Sonderlesart; vgl. Stipp, Sondergut, 54.

31a LXX liest wohl וינומו נום (MT וינאמו נאם), was auf einen Hörfehler beim Übersetzen zurückgehen kann; vgl. Finsterbusch/Jacoby, MT-Jeremia 1–24, 246.

32a LXX deutet die *wajjiqtol*-Formen zuerst iterativ (Imperfekt), dann als abschließendes Urteil (Aorist); vgl. Finsterbusch/Jacoby, MT-Jeremia 1–24, 246.

33a מַשָּׂא (und sein griechisches Äquivalent τό λῆμμα) kann „Last" (17,21; Jes 46,1) oder „Ausspruch" (Jes 13,1; Nah 1,1) bedeuten (Homonyme); vgl. Ges18, 745; vgl. die verschiedenen Deutungen bei McKane, מַשָּׂא, 35–40.

33b So mit LXX und V, die die Konsonantenfolge אתם המשא bezeugen; MT teilt die Buchstaben anders auf: את־מה־משא „was die Last ist?"; vgl. BHS; Finsterbusch/Jacoby, MT-Jeremia 1–24, 247. MT geht wohl auf einen Abschreibfehler zurück; vgl. Lange, vom prophetischen Wort, 279, Anm. 44.

34a Aufgrund der Liste der Genannten bietet LXX das Verb im plur.

36a So mit LXX; μὴ ὀνομάζετε gibt לא תזכרו (Hif.) wieder, MT ist als Qal punktiert; vgl. BHS.

36b MT (und T) beziehen לאיש דברו auf den von Gott beauftragten Propheten, der allein Gottes Wort weitergeben soll. Dagegen verstehen LXX (und V) דברו als grammatisches Subjekt: „denn die Last wird dem Menschen das (eigene) Wort sein." Vgl. McKane, מַשָּׂא, 46–49. Rudolph (HAT, 154) liest den Satz als Frage: „Sollte sein Wort für irgendjemand ‚eine' Last sein?"

37a Gegenüber MT in V. 36bβ–38aα₁ bietet LXX nur die Frage in V. 37bβ, bindet sie aber nicht in den Kontext ein. Der MT-Überschuss passt syntaktisch nicht zum unmittelbaren Kontext, V. 37 wechselt abrupt in die 2. sing., V. 38 ist erneut plur. Auch die Redundanz zu V. 35 weist das Stück als späteren Zusatz aus; vgl. Stipp, Sondergut, 44f. Janzen (Studies, 223f., Anm. 35) erwägt für die 58 Buchstaben des MT-Überschusses in V. 36f. den Ausfall einer Zeile in der LXX-Vorlage, verweist aber darauf, dass die auffällige Bezeichnung אלהים חיים auch in 10,10 in einem in MT nachgetragenen Vers begegnet; s. u. die diachrone Analyse.

38a Durch die Zufügung des Konditionalsatzes in MT leitet לכן die Folge ein, was grammatisch falsch ist (ebenfalls sekundär in 5,2).

39a LXX, V und S sowie wenige hebräische Hss. leiten das Verb von נשא „aufnehmen, tragen" ab. MT ist als וְנָשִׁיתִי von נשה I „vergessen" punktiert, bietet aber zusätzlich אתכם und den Infinitiv abs. נָשׁא; vgl. MᴄKᴀɴᴇ, מַשָּׂא, 49–51; Hᴏʟʟᴀᴅᴀʏ, Jeremiah 1, 648.

Synchrone Analyse

Die rhetorisch und inhaltlich unterschiedlichen Stücke zum Thema Prophetie in Jer 23,9–40 behandeln die Frage, wer im Namen Jʜᴡʜs verkünden darf. Nach den Worten gegen die Könige wird argumentiert, dass auch Prophet*innen (und Priester) für den Untergang Jerusalems verantwortlich seien, wobei Jeremia implizit von diesem Vorwurf ausgenommen wird.

Rhetorische Struktur

Wie schon die Textanordnung in der BHS zeigt, wechseln sich poetische Abschnitte (V. 9–15a.16f.21–24a.28b–29) und Prosa (V. 15b.18–20.24b–28a.30–40) ab. Der Text ist als Gespräch zwischen Jeremia (V. 9f.18–20) und Jʜᴡʜ (V. 11–15.21–40) gestaltet.[71] In V. 16f. wendet sich Jʜᴡʜ an das Volk, denn die Botenformel leitet hier eine Gottesrede ein, und die Wendung „die mich verschmähen" in V. 17a MT verweist auf Jʜᴡʜ als Sprecher.[72] In V. 18–20 spricht Jeremia, da über Jʜᴡʜ in der 3. Person geredet wird. Die Ankündigung, Jʜᴡʜs Zornglut komme wie ein Sturmwind über die, die Böses tun (V. 19f.), hat in 30,23f. eine wortgleiche Parallele.

Innerhalb der langen Gottesrede zum Thema „falsche Prophetie" in V. 21–40 wechseln Stimmung, Stil und Adressat*innen: V. 21–24 bieten einen inneren Monolog Jʜᴡʜs, der in drei rhetorische Fragen mündet, die aber keine direkten Adressat*innen haben. In V. 25–32 schließt sich ein Prosastück an, das die Beschreibung der Prophet*innen fortsetzt und in eine dreifache Ankündigung mündet, dass Jʜᴡʜ nun gegen sie vorgehen werde. Der abrupte Wechsel zum „Du" in V. 33 ist nur als Anrede an Jeremia zu verstehen, der angewiesen wird, auf die Fragen des Volkes zu antworten.[73] Im Kontrast dazu wendet sich V. 35–40 erneut an die Gruppe der Prophet*innen, was aus dem Zitat ihrer Rede ersichtlich wird. V. 33–40 sind durch das Leitwort מַשָּׂא, das „Ausspruch" und „Last" bedeutet, miteinander verbunden. In V. 36–39 weist MT gegenüber LXX viele Zusätze auf, die schlecht in den Kontext integriert und redundant sind: So ist V. 36bβγ erneut als Rede Jeremias zu verstehen, der die Prophet*innen der Verdrehung der Worte „unseres Gottes" bezichtigt. V. 37 wechselt plötzlich zum „Du", adressiert aber nicht Jeremia, sondern möglicherweise eine einzelne Person aus dem Volk, während V. 38 wieder die Prophet*innen als Gruppe anspricht.

---

71 Dagegen fassen Fɪɴsᴛᴇʀʙᴜsᴄʜ/Jᴀᴄᴏʙʏ (MT-Jeremia 1–24, 227.243) Jer 22,2b – 23,32 als Rede Jeremias auf, der Gottes Worte zitiere. Auch sie deuten 23,9b als Klage Jeremias, 23,18 jedoch als Gottesrede.

72 Die LXX-Übersetzer lesen den Konsonantentext anders, s. o. die Textkritik zu 23,17b.

73 So auch Fɪɴsᴛᴇʀʙᴜsᴄʜ/Jᴀᴄᴏʙʏ, MT-Jeremia 1–24, 247.

Gliederung	23,9f.	Klage Jeremias über den Zustand des Landes
	23,11–15	Antwort Jʜᴡʜs als Anklage des Fehlverhaltens der Prophet*innen
	23,16f.	Jʜᴡʜs Warnung vor Prophet*innen, die Heil verkünden
	23,18–20	Jeremias Ankündigung des göttlichen Sturmwinds
	23,21–24	Monolog Jʜᴡʜs
	23,25–32	Jʜᴡʜs Abwertung der Träume
	23,33f.	Jʜᴡʜs Redeauftrag an Jeremia
	23,35–40	Jʜᴡʜs Reflexion darüber, wer in seinem Namen reden darf

23,9f.
Jeremias Klage

Der Prophet beklagt seine Situation, indem er seine körperliche Reaktion beschreibt: Sein gebrochenes Herz signalisiert den Zusammenbruch der gesamten Person, ihres Denkens und Fühlens, das Zittern der Glieder konnotiert Furcht und Erschütterung. Er vergleicht sich mit einem vom Wein überwältigten Mann. Anlass für Jeremias Trunkenheit und Kontrollverlust sind jedoch weder der Konsum von berauschendem Getränk noch seine Gegner*innen, sondern Jʜᴡʜ und die dem Propheten mitgeteilten „heiligen Worte" (V. 9).[74] Jeremias seelisch-körperliche Erschütterung ist somit Folge seiner Beauftragung zum Propheten. Im Gegensatz zur Berufungsszene in 1,5–10.17–19 erscheint Jeremia hier nicht als starker Mann, der mit Gottes Wort auf den Lippen seinen Gegner*innen trotzt, sondern, ähnlich wie im fünften Klagediskurs, als einer, dem das Wort Jʜᴡʜs Hohn und Spott einbrachte und in den Gliedern brannte (20,8f.). Jeremias Zustand gleicht dem des ganzen Landes, das verdorrt ist wegen der Menschen, die nach Bösem strebten und ihre Stärke in falsche Bahnen lenkten. Die Anklage, sie hätten die Ehe gebrochen, kann sich auf den sittlichen Verfall der Gemeinschaft (vgl. 9,1–8) oder auf die Abkehr von Jʜᴡʜ beziehen (vgl. 2,20–25; 3,1–5.8f.; 5,7f.). Der Gedanke, dass soziale und kultische Vergehen der Bevölkerung die Fruchtbarkeit des Landes beeinträchtigen, findet sich auch in 3,2f. und 5,24f.

23,11–15
Fehlverhalten der Prophet*innen

In der göttlichen Antwort auf Jeremias Klage werden sogar Prophet*innen und Priester als entweiht, d. h. zum Tempeldienst unfähig bezeichnet (V. 11). Gerade diejenigen, die für den Kontakt zu Gott zuständig sind, sind somit diskreditiert, und ihre Bosheit wird wie eine Krankheit beschrieben, die den Tempel verunreinigt. Jʜᴡʜ kündigt an, dass ihr Weg dunkel und abschüssig werde, sie zu Fall kommen und versprengt würden. Er selbst wird Unheil über sie bringen (vgl. 4,6; 6,19), das hier als „Jahr ihrer Heimsuchung" (vgl. 11,23; 48,44) bezeichnet wird.

23,13–15 differenziert zwei Gruppen von Prophet*innen nach ihren Wirkungsorten und beurteilt sie im Rückblick äußerst negativ. Die Prophet*innen Samarias taten „Anstößiges": Sie prophezeiten im Namen des kanaanäischen Wettergottes Baal (vgl. 2,8; 12,16; 1 Kön 18,19) und führten die Bevölkerung des Nordreichs in die Irre. Das Weissagen im Namen einer fremden Gottheit verletzt Jʜᴡʜs Alleinverehrungsanspruch und ist nach Dtn 13,1–6 todeswürdig. Den Prophet*innen Jerusalems wird noch Schlimmeres, nämlich „Grässliches" vorgeworfen: Sie brechen die Ehe und wandeln in der Lüge, was vordergründig auf soziale Vergehen verweist, aber metaphorisch ebenfalls die Verehrung fremder Gottheiten beschreiben kann (vgl. 3,8f.; 18,13; Hos 6,10). Außerdem bestärken sie diejenigen, die Böses tun (vgl. ?,13), anstatt sie zur Umkehr zu bewegen. Diese Vergehen sind allerdings nicht

---

74 Ähnlich Dᴜʙᴀᴄʜ, Trunkenheit, 101.

spezifisch für Prophet*innen, sondern werden an anderen Stellen auch dem Volk zum Vorwurf gemacht.[75] So überrascht es nicht, dass die Gottesstimme Prophet*innen und Bewohner*innen Jerusalems mit Sodom und Gomorra, den sprichwörtlich verderbten Städten (Gen 19; Jes 1,9f.), vergleicht. Ihre Nennung verweist auch auf den Untergang als Strafe Gottes, die hier nicht als Krieg und Exil, sondern als Tod durch Galle und Giftwasser beschrieben wird (vgl. 9,14). Der nachklappende Prosasatz in V. 15b greift das Stichwort „Entweihung" aus 23,11 auf und begründet das Urteil allein mit den Machenschaften der Jerusalemer Prophet*innen.

Die Aufforderung, nicht auf die Prophet*innen zu hören, bestimmt deren Worte als Vision ihrer Herzen und ihr Wirken als täuschend und ins Nichts führend (V. 16).[76] Sie werden zitiert als solche, die im Namen Jhwhs dem Volk Frieden verkünden und verneinen, dass Unheil kommt (V. 17). Damit ist ihre Botschaft diametral von derjenigen Jeremias unterschieden und wird als „nicht aus Jhwhs Mund" (V. 16b) bestimmt. Der gesamte Abschnitt fasst die Prophet*innen als homogene Gruppe auf, während Jeremia ungenannt bleibt, aber in V. 18–20 als Sprecher impliziert und in V. 33 direkt adressiert ist. Die Abwertung der Heilsprophetie ist polemisch und verschleiert, dass vor dem Untergang Jerusalems für die Bevölkerung nicht ersichtlich war, ob Jeremia oder sein Gegenspieler Hananja Recht behalten werde, denn beide beriefen sich auf Gott (vgl. Jer 27f.).

*23,16–32 Warnung vor Heilsprophet*innen*

Die beiden folgenden Abschnitte behandeln dieses Dilemma und bieten verschiedene Kriterien der Unterscheidung zwischen wahrer und falscher Prophetie. Die offene Frage in V. 18 und die Formulierung im Irrealis in V. 22 verweisen darauf, dass die Prophet*innen beanspruchen, im Rat Jhwhs gestanden zu haben, was Gott ihnen aber abspricht (V. 22). Gemeint ist damit die Vorstellung von Gottes himmlischem Thronrat, der über das Schicksal von Personen entscheidet (vgl. 1 Kön 22,19–22; Hiob 1,6–12; 2,1–6).

23,18–24 Wer prophezeit Wahres?

Jhwh verkündet in V. 21f., dass er *die* Prophet*innen weder beauftragt, noch zu ihnen geredet habe. Diese pauschale Ablehnung ist jedoch wenig hilfreich für die Frage, wie die zeitgenössischen Adressat*innen Jeremias und Hananjas erkennen sollen, welcher Prophet Recht hat. V. 22 führt als weiteres Unterscheidungskriterium ein, dass „wahre" Prophet*innen das Volk von seinem bösen Weg abbringen, d. h. die Umkehr des Volkes bewirken. Genau genommen hat weder Hananja noch Jeremia dies erreicht, und so stellen die späteren Tradent*innen Jeremias Umkehrrufe als letztlich vergeblich dar, indem sie das Urteil „sie aber hörten nicht (auf Jeremias bzw. Gottes Worte)" wie einen Refrain wiederholen.[77]

In 23,19f. kündigt Jeremia überraschend an, dass Gott das Unheil wie einen Sturm auf diejenigen, die Böses tun, herabfahren lassen werde. Die beiden Verse sind ebenso wenig mit ihrem Kontext verknüpft wie ihre wortgleiche Parallele in 30,23f., die eine vorangehende Heilsverheißung für das ganze Volk wieder ein-

23,19f. Unheil als Sturmwind

---

75 Vgl. zu „ehebrechen" 7,9; 9,1; 23,10; 29,23; „in der Lüge wandeln" 3,10; „auf Lüge vertrauen" 7,4.8; 13,25; 28,15; 29,31 und, spezifisch prophetisch, „Lüge weissagen" 5,31; 14,14; 20,6; 23,25f.32; 27,10.14–16; 29,9.21(MT[+]).31; 43,2.

76 Zum Stichwort הֶבֶל „Nichtigkeit, Nichts" vgl. 2,5; 8,19; 10,3.8.15; 14,22; 16,19.

77 Vgl. Jer 7,13.24.26; 17,23; 22,21; 25,4; 34,14; 35,14f.; 36,31; 44,5.16 sowie „sie weigerten sich zu hören" in 11,10; 13,10. Nur in 3,22b–25 antwortet das Volk auf die Umkehrforderung (3,22a) mit einem Schuldbekenntnis.

schränkt.[78] Während der Sturmwind als Zorn Gottes qualifiziert wird, fehlt eine Identifikation der Übeltäter*innen. Die Tragik der Ankündigung besteht in beiden Fällen darin, dass die Menschen Gottes Handeln erst „am Ende der Tage", d. h. im Nachhinein, verstehen werden.

23,25–32
Traum versus
Wort

In 23,25–32 diskreditiert die Gottesstimme jegliche Prophetie, die sich auf Träume beruft, und stellt sie der Übermittlung des göttlichen Wortes entgegen. Mit der polemischen Frage „Was hat das Stroh mit dem Korn gemein?" (V. 28b) wird Traumoffenbarung als wertlos und Wortoffenbarung als nährend charakterisiert, also ein formales Kriterium hinsichtlich des Ursprungs der Prophetie eingeführt. Die rhetorische Frage „Ist nicht mein Wort wie Feuer?" (vgl. 5,14; 20,9) und der Vergleich mit dem Felsen zerschmetternden Hammer (V. 29) qualifizieren Gottes Wort als wirkmächtig und zerstörerisch, womit erneut die Unheilsprophetie in den Vordergrund gerückt wird. Mit der dreifachen Herausforderungsformel kündigt die Gottesstimme denjenigen Prophet*innen das Gericht an, die Worte von anderen stehlen (V. 30), aus eigener Vollmacht Orakel sprechen (V. 31) und mit lügnerischen Träumen das Volk in die Irre führen (V. 32). Was hier als klare Unterscheidung zwischen falscher und wahrer Prophetie präsentiert wird, ist jedoch für die Adressat*innen in Jerusalem vor 587 nicht ersichtlich, da sie nicht wissen können, woher ein Jeremia oder ein Hananja seine Botschaft bezieht.

23,33–40
Wer darf
Jhwhs Orakel
verkünden?

Im Stil der im Jeremiabuch üblichen Prosareden führt 23,33–40 die Debatte um wahre Prophetie mit einer auf den ersten Blick merkwürdigen Argumentation fort. Jhwh gibt Jeremia eine Antwort für den Fall vor, dass er vom Volk nach dem „Ausspruch Jhwhs" gefragt werde, was der in 21,1–10 geschilderten Situation entspricht. Frage und Antwort spielen mit den beiden Bedeutungen von מַשָּׂא „Ausspruch, Orakel" oder „Last". Den Menschen, die nach dem „Ausspruch Jhwhs" fragen und vielleicht ahnen, dass dieser Unheil bedeuten könnte,[79] soll Jeremia erwidern: „Ihr seid die Last Jhwhs! Ich werfe euch ab" (V. 33b*). Diese Antwort kommt einer Distanzierung Jhwhs von seinem Volk gleich. Ohne weitere Einleitung kündigt Jhwh danach an, er werde jede Person, ob Priester oder Prophet*in, die ihre eigenen Worte als „Ausspruch Jhwhs" deklariere, mit ihrer ganzen Familie zur Rechenschaft ziehen (פקד, V. 34). Da das Verb פקד positiv oder negativ gebraucht werden kann, bedeutet diese Aussage zunächst nur, dass Jhwh jede Person, die prophetisch auftritt, gemäß ihren Worten beurteilen wird. Die folgende, wohl an die Prophet*innen gerichtete Gottesrede erläutert deshalb die Ankündigung näher: Sie sollen den „Ausspruch Jhwhs" nicht mehr erwähnen, d. h. überhaupt nicht mehr prophetisch reden. Die Begründung כי המשא יהיה לאיש דברו (V. 36bα) kann auf zwei Arten gedeutet werden. LXX und Vulgata verstehen דברו als grammatisches Subjekt „denn die Last wird für den Menschen das (eigene) Wort sein", was entsprechend V. 34 die Verantwortung der Einzelnen, die prophezeien, betont und einen drohenden Unterton hat.[80] Plausibler ist jedoch die von MT und dem Targum favorisierte Lesart, die den Ausspruch als nur dem „Mann seines Wortes"

---

78   Deshalb ist die Frage der Priorität nicht entscheidbar. RUDOLPH (HAT, 153) und PARKE-TAYLOR (Formation, 89) halten 23,19f. für die ursprüngliche Stelle des Spruchs. DUHM (KHC, 187f.) und CARROLL (Jeremiah, 461) zufolge ist 30,23f. ursprünglich. THIEL (Redaktion I, 251) hält die Verse für einen Zusatz in beiden Kontexten.

79   Für diese Nuance plädiert auch MCKANE, מַשָּׂא, 45.

80   So viele ältere Kommentare; vgl. die Liste in MCKANE, מַשָּׂא, 47f.

vorbehalten versteht.[81] Damit wird explizit jegliche Prophetie abgelehnt und implizit Jeremia zum einzig wahren Propheten erklärt. Im Nachgang kündigt Jhwh an, da die Adressat*innen sich offensichtlich nicht an dieses Gebot hielten, werde er sie samt ihrer Stadt wie eine Last abwerfen und ewiger Schmach und Schande ausliefern (V. 38b–40). In 23,33–40 spielt somit die Auseinandersetzung zwischen Heils- und Unheilsprophet*innen keine Rolle mehr, weil allein Jeremia sich als Mann des Wortes Gottes erwiesen hat.

Diachrone Analyse

Vorexilisch	Exilisch (alle RGÄ)	Nachexilisch
23,9 (ohne לנבאים).10aβ	23,9 [לנבאים]	23,10aα [MT⁺]
23,10b.12a	23,11.12b	23,19f.28a
23,13–14aα.b.15a	23,14aß.15b	23,33–40*
23,16f*.21.23–24a.28b.29–31	23,18.22.24b–27.32	

Die durch den Sprecherwechsel synchron zu unterscheidenden Abschnitte 23,9f. und 23,11–15 sind bewusst kombiniert worden, denn 23,9f. hat inhaltlich nichts mit dem Thema Prophetie zu tun. Vielmehr ist V. 9(ohne לנבאים).10aβ eine poetische Klage über die Zerstörung des Landes durch das Wort Jhwhs, das als Fluch bezeichnet wird. Sie ist den Klagen in 4,19–21; 8,18 – 9,2; 10,19f. vergleichbar und wohl ein vorexilisches Stück.

23,9f.*
Klage über
das verödete
Land

Die mit *wajjiqtol*-Form angefügte Erklärung[82] „Ihr Laufen war böse und ihre Stärke nicht recht" (V. 10b) bezieht sich in MT auf die in V. 10aα genannten ehebrechenden Menschen, in LXX aber auf die in 23,1f. genannten Hirten, d. h. Könige,[83] da V. 10aα ursprünglich nicht im Text stand.[84] Über die Wegmetapher ist V. 10b eng mit V. 12 verbunden. V. 11 unterbricht diesen Zusammenhang und ergänzt mit Prophet*in und Priester weitere Personen, ist über das Stichwort חנף „verunreinigt, entweiht sein" aber mit V. 15b verknüpft, der außerhalb des Metrums das Urteil von V. 15a noch einmal mit dem Fehlverhalten der Prophet*innen Jerusalems begründet. So verklammern V. 11.15b die Abschnitte V. 10b.12 und V. 13–15a und gestalten sie zur Anklage gegen Prophet*innen (und Priester) um.[85]

23,10b.12
Der falsche
Weg

Für sich betrachtet bildet V. 10b.12a ein Unheilswort, das ungenannten Personen aufgrund ihres falschen Lebenswandels ein Scheitern ihres Weges und Unheil als Wirken Jhwhs ankündigt. Es basiert auf der aus der älteren Weisheitstradition bekannten Vergeltungsvorstellung und könnte ein alter Text sein.[86] Dagegen ent-

---

81 So auch Wanke, ZBK, 218f.

82 Zum explikativen Gebrauch von *wajjiqtol* vgl. GBH § 118j.

83 So mit Finsterbusch/Jacoby, MT-Jeremia 1–24, 240.

84 S. o. die Textkritik zu 23,10a.

85 Vgl. Wanke, ZBK, 209.

86 Lange (Vom prophetischen Wort, 110) hält 23,9.10aβ–12 für ein jeremianisches Wort im Rückblick auf die Deportation 597, beachtet jedoch nicht, dass V. 11 den Zusammenhang von V. 10b und 12 unterbricht.

hält die Begründung in V. 12b dtjer Wendungen: שְׁנַת פְּקֻדָּתָם „das Jahr ihrer Heimsuchung" (vgl. 11,23; 48,44)[87] und בוא Hif. + רעה + עַל „Unheil bringen über" mit Subjekt JHWH (vgl. 4,6).[88] Der Halbvers ist Teil der Überarbeitung, die auch die Überschrift in V. 9 ergänzt und so V. 9f.* zur Klage Jeremias über seine Beauftragung zum Propheten umgestaltet hat.

23,13–15
Vergehen der
Prophet*innen
Die in V. 13–15 als Augenzeugenbericht formulierte Unheilsankündigung wird mit Vergehen der Prophet*innen Samarias und Jerusalems begründet. Die Hauptstädte von Nord- und Südreich sind wahrscheinlich genannt, weil der Vergleich in V. 14b auf die Städte Sodom und Gomorra verweist. Der Baalsdienst der Prophet*innen Samarias (vgl. 1 Kön 18) dient der Steigerung der Anklage an die Prophet*innen Jerusalems (vgl. 2,14–17; 3,6–11). Ihnen wird vorgeworfen, noch Grässlicheres zu tun, nämlich „ehebrechen und in der Lüge wandeln und die Hände derer bestärken, die Böses tun" (V. 14aα). Diese Vorwürfe begründen die Identifikation mit Sodom und Gomorra, die neben den Prophet*innen auch die Bewohner*innen Jerusalems einbezieht (V. 14b; vgl. Jes 1,9f.) und die Speisung mit Gift und Galle als Strafe anführt. Jer 23,15a ist wohl die primäre Stelle für diese Metapher, die ein Ordal zum Sachhintergrund hat, denn in 9,14 wird dieselbe Strafe im Rahmen eines toraorientierten, nachexilischen Abschnitts angedroht.[89] Da die Verehrung Baals im Nordreich in Juda bekannt war und Juda auch in dem vorexilischen Stück 2,14–17 mit Verweis auf den Untergang Israels angeklagt wird, kann V. 13–14aα.b.15a durchaus noch in die vorexilische Zeit datiert werden.[90]

Im unmittelbaren Kontext sekundär jedoch sind der in Prosa formulierte Vorwurf, die Jerusalemer Prophet*innen hätten die Menschen, die Böses tun, nicht zur Umkehr bewegt (V. 14aβ), und die auf V. 11 rekurrierende Begründung mit der Entweihung des ganzen Landes in V. 15b.[91] V. 14aβ entfaltet die Rolle der Prophet*innen als Umkehrprediger*innen, die ebenso ein Argument der exilisch-geschichtstheologischen Redaktion ist wie die Anklage, Priester und Prophet*innen entweihten mit ihrem alltäglichen Tun den Tempel und das Land (vgl. 7,1–15*). Aufgrund dieser Vorwürfe ist die Verbindung aller älteren Stücke dieser Redaktion zuzuweisen.[92] Indem sie V. 13–15 hinter V. 9–12 stellt und mit V. 11.15b verklammert, qualifiziert sie das frevelhafte Verhalten der Priester und Prophet*innen letztlich als Abkehr von JHWH und als Götzendienst.

23,16–32
Gegen die
Heilspro-
phet*innen
Mit JHWHs Abkehr von den Heilsprophet*innen zielt Jer 23,16–32 auf eine Situation aus der Wirkungszeit Jeremias, wie sie auch die Auseinandersetzung mit Hananja in Kap. 27f. spiegelt: Während Jeremia die Unterwerfung unter das babylonische Joch für unausweichlich hält (27,6.11; 28,14) und denen, die sich ihr widersetzen, den Tod prophezeit (27,8), verkündet Hananja die baldige Rückkehr der mit König Jojachin Deportierten (28,4). Unabhängig davon, wann diese Erzählung ins Buch aufgenommen und redigiert wurde, beschreibt sie die widerstreitenden

---

87 Zu weiteren Ausdrücken mit פקד vgl. STIPP, Konkordanz, 112f.
88 Zu weiteren 15 Belegen vgl. STIPP, Konkordanz, 23f.
89 S. o. die diachrone Analyse zu 9,11–15.
90 Mit WANKE, ZBK, 211; LANGE, Vom prophetischen Wort, 112.
91 So auch WANKE, ZBK, 210f.
92 So auch HOSSFELD/MEYER, Prophet, 76.85.

Positionen beider Propheten wohl im Kern zutreffend.[93] Auch sonst wird mehrfach erwähnt, dass einige Prophet*innen Frieden verkünden (4,10; 6,14 = 8,11; 8,15; 14,13; 28,9), Jeremia dagegen Tod und Unheil (6,1.19; 12,12; 16,5). Da Hananja auch die Rückgabe der geraubten Tempelgeräte in Aussicht stellt (28,3), ist wahrscheinlich, dass selbst nach der ersten Eroberung Jerusalems 597 v. d. Z. gewisse Oberschichtskreise an der zionstheologischen Vorstellung festhielten, dass Jhwh Jerusalem als seinen Wohnsitz bewahren werde.[94] Auch die Charakterisierung Jhwhs als naher und zugleich ferner Gott (V. 23) ist Teil der Zionstheologie, die die Heilsgegenwart des כבוד, der „Gewichtigkeit, Herrlichkeit" Jhwhs, im Jerusalemer Tempel verankert sieht.[95] Indem V. 23 Jhwh als fernen Gott betont, ruft der Text diese Vorstellung auf, verändert sie aber zu einer Aussage über Gottes Präsenz im gesamten Kosmos, die dazu führt, dass ihm niemand und nichts verborgen bleibt (V. 24).

Für eine diachrone Differenzierung von 23,16–32 zeichnet sich bisher kein Konsens ab.[96] Als Ausgangspunkt dient hier der Wechsel von Poesie (V. 16f.21–24a. 28b–29) und Prosa (V. 18–20.24b–28a.30–32). Die poetisch formulierten Verse (ohne 19f.22) bilden ein Disputationswort, das durchaus als vorexilisches Prophetenwort verstanden werden kann, im jetzigen Kontext aber mittels der Botenformel als Gotteswort ausgewiesen wird. Es setzt mit der Warnung vor den Heilsprophet*innen ein (V. 16f.*): „Hört nicht auf die Worte der Propheten: Eine Vision ihres Herzens verkünden sie, nicht (was) aus dem Mund Jhwhs (kommt). Sie sagen: Es wird Frieden für euch geben; Unheil wird nicht über euch kommen."[97] Es deklariert sie als nicht von Jhwh gesandt (V. 21) und charakterisiert mittels rhetorischer Fragen Gott selbst als die Welt überblickend (V. 23–24a), von der Welt geschieden (V. 28b) und sein Wort als wirkmächtig und zerstörerisch (V. 29), bevor er abschließend Gottes Vorgehen gegen die Heilsprophet*innen ankündigt (V. 30f.). Dieses Wort weist die Heilsprophetie in polemischem Ton als falsch zurück, ohne ein für die zeitgenössischen Adressat*innen Jeremias plausibles Kriterium für die Unterscheidung zwischen „wahr" und „falsch" zu nennen.

Ein solches Kriterium für die Beurteilung der Heilsprophet*innen bringt V. 22 ein: Ihr Versagen, das Volk zur Umkehr zu bewegen, beweise, dass sie nicht im Rat Gottes gestanden hätten. Der Ausdruck מרע מעלליהם „von der Bosheit ihrer Taten" gehört zum dtjer Sprachgebrauch[98], und das Thema Umkehr ist Kennzeichen der geschichtsätiologischen Redaktion (vgl. 23,14aβ). Den Vorwurf, diese Prophet*innen führten das Volk in die Irre (V. 32), übernehmen die Redaktoren aus 23,13. Mit V. 18.22 steuern sie die Vorstellung vom Thronrat Gottes als Ort göttlicher Entscheidungen bei, der nur den „wahren" Prophet*innen Einblicke in das

---

93   Vgl. Stipp, HAT, 118f. und Sharps synchrone Analyse zu Jer 28,1–11 im Kommentar zu Jer 26–52.

94   So auch Lange, Vom prophetischen Wort, 130.

95   Vgl. Hartenstein, Friedhelm, Die Unzugänglichkeit Gottes im Heiligtum. Jesaja 6 und der Wohnort Jhwhs in der Jerusalemer Kulttradition (WMANT 75), Neukirchen-Vluyn: Neukirchener, 1997, 105.

96   Lange (Vom prophetischen Wort, 113–122) listet die verschiedenen Thesen auf.

97   V. 16 ohne לכם יהיה שלום אמרים (MT⁺) und מהבלים המה אתכם הנבאים לכם (Glosse), V. 17 nur רעה עליכם תבוא־לא.

98   Vgl. Stipp, Konkordanz, 40.

Schicksal des Volkes eröffnet. Auch V. 17bα ist ein Interpretament dieser Redaktion, denn das Motiv des verhärteten Herzens[99] ist für ihre These, dass Juda selbst am eigenen Untergang schuld sei, zentral. Schließlich argumentieren die exilischen Redaktoren, dass die Prophetie mittels Traumoffenbarung abzulehnen sei, indem sie sie als „Lüge prophezeien" (V. 25f.32[100]) charakterisieren und mit der Baalsverehrung der Vorfahren vergleichen (V. 27).

Über diese Kritik am Traum geht V. 28a noch hinaus mit dem Argument, der Traum könne, da wirkungslos, schadlos erzählt werden, und das Wort Gottes sei allein wirkmächtig (vgl. V. 28b.29).[101] Der wohl erst nachexilisch hinzugefügte Halbvers setzt eine ausgeprägte Theologie des Wortes voraus, die sich auch in Dtn 18,10–20 findet. Dieser Text lehnt jegliche Hilfsmittel für Prophetie ab und erhebt den direkten Wortempfang sowie die inhaltliche Orientierung an der Alleinverehrung Jhwhs zu Kriterien wahrer Prophetie. Er liegt der Diskussion im Jeremiabuch nicht etwa voraus, sondern systematisiert diese im Blick auf das erste Gebot.

Auch die Ankündigung, Gottes Zorn werde wie ein Sturmwind über alle Übeltäter*innen hereinbrechen (23,19f.), wurde, wie ihre Parallele in 30,23f., erst nachexilisch hinzugefügt. Einerseits schränkt sie Gottes Gericht auf die sog. „Frevler*innen" ein. Andererseits eröffnet sie mit dem Verständnis von Gottes Plänen „am Ende der Tage" einen eschatologischen Horizont.[102]

23,33–40 Absage an jegliche Prophetie

Mit den meisten neueren Kommentaren ist 23,33–40 als ein später Text zu interpretieren, der die vorexilische Debatte um Heils- und Unheilsprophetie hinter sich gelassen hat und eine schriftgelehrte Auslegung des Spruchs „Ihr seid die Last! Ich werfe euch ab!" (V. 33b) bietet.[103] Im Rückgriff auf 21,1–10 schildert er eine Situation, in der das Volk[104] Jeremia um einen „Ausspruch Jhwhs" (מַשָּׂא) bittet. Im Gebrauch gerade dieses Begriffs für ein Gotteswort schwingt ein ironischer Unterton mit, denn Jeremias Prophetie ist, wie auch seine negative Antwort, überwiegend „Last", d. h. Unheilsbotschaft. Die Ankündigung in V. 34, dass Jhwh Prophet*in oder Priester mit deren Familie zur Rechenschaft ziehen werde, erinnert an die Verurteilung des Priesters Paschhur (20,6) und des Propheten Schemaja (29,30–32). Wenn V. 35f. vorschlägt, die Menschen sollten sich zwar untereinander über den Willen Gottes verständigen, sich jedoch nicht anmaßen, als Prophet*innen aufzutreten, weil das nur „dem Mann seines Wortes" zukomme, dann erscheint Jeremia als der einzig wahre Prophet Jhwhs.[105] Das steht sowohl im Widerspruch zur Vorstellung einer Prophetensukzession (vgl. 7,25; 35,15) als auch zu

---

99 Zum dtjer Ausdruck שְׁררות לב vgl. 3,17; 7,24; 9,13; 18,12 und Stipp, Konkordanz, 144.

100 Vgl. zu נבא Nif. + בשׁקר 5,31; 20,6; 29,9 und Stipp, Konkordanz, 86.

101 Vgl. Hossfeld/Meyer, Prophet, 83.

102 So mit Lange, Vom prophetischen Wort, 121.

103 So schon Duhm, KHC, 185.196: 23,16–40 sind redaktionell, 23,38–40 die späteste Ergänzung; ähnlich Weiser, ATD 20, 212; Rudolph, HAT, 155–157; alle drei mit abwertenden Urteilen zu jüdischer Schriftgelehrsamkeit; sachlicher: Thiel, Redaktion I, 253, Anm. 78; McKane, מַשָּׂא, 52; Lange, Vom prophetischen Wort, 278–291 (mit Darstellung der verschiedenen Thesen); Wanke, ZBK, 218.

104 Während in V. 33 „oder der Prophet oder ein Priester" nachgetragen ist (vgl. BHS; Wanke, ZBK, 218; Lange, Vom prophetischen Wort, 279, Anm. 43), passt „das Volk" nicht in den Vordersatz von V. 34.

105 Ähnlich Lange, Vom prophetischen Wort, 287.

nachexilischen Texten, die die Aktivität von Prophet*innen bezeugen (Neh 6,7.14; Jes 49,1–6; Hag 1,1; Sach 1,1). Gleichzeitig wird in nachexilischen Schriften der Ausdruck מַשָּׂא für ein Prophetenwort gebraucht.[106] Ähnlich wie Sach 13,2–5 erteilt Jer 23,35–38* daher der perserzeitlichen Prophetie eine generelle Absage unter der Drohung, dass, wer dieses Gebot übertrete, wie Jerusalem verworfen und ewiger Schande ausgeliefert werde. Für die Verfasser dieses Textes muss es somit eine andere Instanz geben, die den Goteswillen dokumentiert. Das ist einerseits das vorliegende Jeremiabuch, das in Kap. 30–32 auch Heilsprophetie für Juda und Jerusalem enthält. Das ist andererseits die Tora, die von dem Schriftgelehrten Esra eingeführt wird (vgl. Neh 8–10) und aus der Jeremia in den Reden 7,5–8; 17,19–27; 22,1–5 zitiert.[107] Daher ist Jer 23,33–40 wohl der toraorientierten Redaktion aus der Mite des fünften Jahrhunderts zuzuweisen.[108] Wie die Sabbatrede die Vernachlässigung eines einzelnen Gebots zum Kriterium für den Untergang Jerusalems macht, so führt 23,39f. in einer Kombination von Wendungen aus 23,33 „ich werfe euch ab" und 20,11 „ewige Schmach, die nicht vergessen wird" die Fortsetzung prophetischer Tätigkeit als Grund dafür an, dass die Stadt Jerusalem unterging und diese Erinnerung ewig schmachvoll erscheint.

Der Zusatz in 23,10aα ist wohl als Ditographie im hebräischen Text entstanden. Inhaltlich qualifiziert er die in V. 10f. genannten Vergehen mit Hilfe der Ehebruch-Metapher.[109] Die achtmal nachgetragene Zitationsformel (V. 11.12.24.28.29.31.32[2mal]) weist den Text als Gotes Wort aus. Im Abschnit über das Verbot des Ausdrucks „Last JHWHS" präzisieren die Bearbeiter die Begründung durch den Vorwurf „Ihr aber habt die Worte des lebendigen Gottes, JHWH Zebaots, unseres Gottes, verdreht" (V. 36bβ). Während V. 35 nahelegt, jede Person solle ihre Nächsten oder Verwandten fragen, betonen sie, man solle sich an den Propheten wenden (V. 37). In V. 38a stellen sie dem Drohwort eine Bedingung voran.[110] In V. 39 deuten sie das Abwerfen der Last als Verwerfung der Adressat*innen von Gottes Angesicht.

Prämasoretische Erweiterungen

Synthese

Jer 23,9–40 verknüpft verschiedene Worte über Prophetie so zu einem Gespräch zwischen Jeremia und JHWH, dass Jeremia als der einzig wahre Prophet erscheint. Zu Beginn der Komposition, die im Wesentlichen von der geschichtsätiologischen Redaktion gestaltet wurde und danach noch Zusätze erfuhr (23,19f.28a.33–40), wird Jeremias Klage über seine körperliche Erschüterung zum Symbol für die beklagenswerte Situation Judas und das auch sonst im Buch angekündigte Unheil speziell auf die Bosheit von Prophet*innen (und Priestern) zurückgeführt. Während den Prophet*innen Samarias vorgeworfen wird, mit ihrer Verkündigung im Namen Baals das Volk in die Irre zu führen, werden die Prophet*innen Jerusalems

---

106 Jes 13,1; 15,1; 17,1; 19,1; 21,1.11.13; 22,1; 23,1; Nah 1,1; Hab 1,1; Sach 9,1; Mal 1,1. Nach SHEPPARD (False Prophecy, 277) verbietet Jer 23,34–40 den Ausdruck, weil er für die kanonisierten Prophetenschriften gebraucht wurde.

107 Ähnlich SHEPPARD, False Prophecy, 278f.

108 Eine Datierung in die Perserzeit erwägt auch LANGE, Vom prophetischen Wort, 286.

109 Vgl. LANGE, Vom prophetischen Wort, 108, Anm. 167.

110 Vgl. STIPP, Sondergut, 45.111; LANGE, Vom prophetischen Wort, 288.

beschuldigt, selbst gemeinschaftsschädigend zu agieren, andere im bösen Handeln zu bestärken und das Volk nicht zur Umkehr bewegt zu haben. Ihr Tun und das der Priester wird im Rückblick sogar als Verunreinigung des ganzen Landes beurteilt (V. 11.15b).

Zwei Gottesreden in 23,16f. und 23,21–31 wenden sich gegen Heilsprophet*innen und nennen Kriterien zur Unterscheidung zwischen „wahrer" und „falscher" Prophetie: „Wahre" Prophet*innen sind von Gott gesandt (V. 21), haben Zugang zu seinem himmlischen Thronrat (V. 18.22a) und bringen das Volk von seinem verkehrten Wandel ab (V. 22b). Dagegen ist Prophetie, die Frieden ankündigt (V. 17) oder durch Träume übermittelt ist (V. 25–28a), abzulehnen und dem Wort Gottes unterzuordnen, das zerstörerisch wirkt (V. 29). Der Nachtrag in V. 28a geht sogar so weit, Prophet oder Prophetin den eigenen Traum erzählen zu lassen, in der Annahme, dass dieser ohnehin wirkungslos sei.

Im Blick auf die in Jer 28 geschilderte vorexilische Situation, in der Hananjas Heilsverkündigung mit Jeremias Unheilsworten konkurriert, helfen die genannten Kriterien jedoch nicht weiter. Dass die von Hananja und weiteren Prophet*innen propagierte Hoffnung auf Frieden (vgl. 4,10; 6,14 = 8,11; 8,15; 14,13; 28,4.9) falsch war, ließ sich erst nach dem Untergang Jerusalems erkennen. So erscheint die Argumentation in 23,9–40 als ein nachträglicher Versuch, aus der Geschichte zu lernen. Auch die Ankündigung, der Zorn Jhwhs werde alle, die Böses tun, hinwegfegen und nicht nachlassen, bis Gottes Pläne ausgeführt sind (23,19f.), kommentiert im Rückblick die vorliegende Tradition. Sie formuliert explizit, dass die Adressat*innen Gottes Handeln erst „am Ende der Tage" verstehen werden.

Schließlich diskutiert Jer 23,33–40, wer den „Ausspruch Jhwhs" im Mund führen, d. h. im Namen Gottes prophezeien dürfe. Dieser Text stellt allein Jeremia als „Mann seines Wortes" heraus und verbietet allen anderen, prophetisch zu reden. Seine nachexilischen Verfasser wenden sich gegen die Prophetie ihrer Zeit und weisen so das Jeremiabuch implizit als hinreichende Quelle zur Ermittlung des Willens Gottes aus.

Jer 24,1–10: Die Vision von den guten und schlechten Feigen

Jeremia berichtet

1 Jhwh ließ mich sehen [und siehe]: Zwei Körbe Feigen stehen^a vor dem Tempel Jhwhs – nachdem Nebukadrezzar^b, der König von Babel, Jechonja, den Sohn Jojakims, den König von Juda, und die Beamten [Judas] und die Handwerker und die Schlosser /$_{Gefangenen}$^{c} <und die Reichen>^{d} aus Jerusalem ins Exil geführt und nach Babel gebracht hatte. 2 Der eine Korb (mit) sehr guten Feigen wie den Erstlingsfeigen, der andere Korb (mit) sehr schlechten Feigen, so schlecht, dass sie nicht essbar sind. 3 Jhwh sagte zu mir:

Was siehst du, Jeremia?

Ich antwortete:

Feigen: Die guten [Feigen] (sind) sehr gut und die schlechten sehr schlecht, so schlecht, dass sie nicht essbar sind.

4 Da erging das Wort Jhwhs an mich folgendermaßen: 5 So spricht Jhwh, der Gott Israels:

Wie diese sehr guten Feigen, so werde ich die Exilierten Judas betrachten, die ich von diesem Ort in das Land der Chaldäer weggeschickt habe zum Guten[a]. 6 Ich richte meine Augen auf sie zum Guten und werde sie zurückkehren lassen in dieses Land <zum Guten>[a] und sie aufbauen und nicht niederreißen und sie pflanzen und nicht entwurzeln. 7 Ich gebe ihnen ein Herz, mich zu erkennen, dass ich Jhwh bin. Sie werden mir Volk sein und ich werde ihnen Gott sein, denn sie werden zu mir mit ganzem Herzen umkehren.

8 Wie die schlechten Feigen aber, so schlecht, dass sie nicht essbar sind – [fürwahr,] so spricht Jhwh –, so übergebe ich Zidkija, den König Judas, und seine Beamten und den Rest Jerusalems, der in diesem Land übrigblieb, und die im [Land] Ägypten wohnen, 9 und mache sie zum Entsetzen /_{zur Zerstreuung}[a], [zum Schlechten][b] für alle Königreiche der Erde, zum Hohn und zum Sprichwort, zum Gespött und zu einer Verfluchung an allen Orten, an die ich sie verstoßen werde /_{habe}[c]. 10 Ich sende gegen sie das Schwert, den Hunger und die Pest, bis sie vollständig entfernt sind vom Ackerboden, den ich ihnen [und ihren Vorfahren] gegeben habe.

Anmerkungen zu Text und Übersetzung

* In der Übersetzung sind Zitate durch Einrückung kenntlich gemacht. Zum System der Klammern und Kleinschreibung s. o. S. 22.

1a MT מוּעָדִים „bestellt" ist Partizip plur. Hof. von יעד; LXX κειμένους setzt ein Partizip עומדים von עמד Qal „stehend" oder מעמדים von עמד Hof. „hingestellt" voraus; vgl. BHS; Ges[18], 474.

1b LXX nennt hier den Namen des babylonischen Königs zum ersten Mal, MT bereits in 21,2.

1c Der determinierte sing. הַמַּסְגֵּר bezeichnet das Kollektiv. MT führt die Metallhandwerker auch in 29,2; 2 Kön 24,14.16 an. LXX leitet das Wort an allen Stellen von סגר „einschließen" ab; vgl. Finsterbusch/Jacoby, MT-Jeremia 1–24, 250.

1d Die Übersetzer ergänzen die Liste um die Reichen, wohl im Blick auf 2 Kön 24,14, demzufolge die Ärmsten des Landes zurückgelassen werden.

5a Mit Stipp (Jeremia 24, 357f.; Deportees, 165f.) verstehe ich לטובה am Versende als Teil des Relativsatzes und Näherbestimmung von שִׁלַּחְתִּי.

6a LXX bietet ein weiteres Mal εἰς ἀγαθά, das nur in einigen Hss. belegt ist; vgl. Gö zur Stelle; nach Stipp (Synopse, 152, Anm. 13) stand es in der Vorlage.

9a LXX εἰς διασκορπισμόν geht auf לזרעה zurück (Buchstabenverwechslung); das *Ketiv* לזועה hat dieselbe Bedeutung wie das *Qere* לְזַעֲוָה; vgl. 15,4 und Finsterbusch/Jacoby, MT-Jeremia 1–24, 252.

9b Ein Äquivalent für לרעה ist auch in V, einigen T-Hss. und S belegt; vgl. BHS. Während Janzen (Studies, 12f.) das Wort als Variante zu לזועה ansieht, die versehentlich in den Text geriet, ist es mit Stipp (Sondergut, 101) wohl als typischer, prämasoretischer Nachtrag zu verstehen.

9c   Die *jiqtol*-Form in MT zielt auf die Zukunft, LXX übersetzt mit Aorist als Rückblick; vgl.
     8,3 und FINSTERBUSCH/JACOBY, MT-Jeremia 1–24, 252.

Synchrone Analyse

Gattung   Jeremias Selbstbericht in Jer 24,1–10 enthält alle typischen Elemente eines prophe-
          tischen Visionsberichts: Auf die Visionsschilderung (V. 1f.) folgen JHWHS Vergewis-
          serungsfrage (V. 3aα), Jeremias Antwort (V. 3aβ.b) und eine mit Wortereignisformel
          und Botenformel in der Funktion der Zitateinleitung doppelt eingeführte, göttli-
          che Deuterede (V. 4–10). Die drei erstgenannten Elemente finden sich auch in Am
          7,7f.; 8,1f. Während diese aber mit Wortassonanz arbeiten, basiert die Deutung
          hier auf der Symbolik des Feigenbildes.

Rhetorische   Ohne Einleitungsformel setzt der Bericht mit „JHWH hat mich sehen lassen"
Struktur   (vgl. Am 7,7; 8,1) ein. Er steht isoliert im Kontext, knüpft nicht an 23,40 an und
          ist von 25,1 durch die Wortereignisformel und eine neue Datierung abgegrenzt.
          Die Prosasätze erinnern in Stil, Sprachgebrauch und Motivik an die Visionen am
          Buchanfang (1,11–16) und die Tempelrede (7,1 – 8,3). Zwar ergeht kein Redeauftrag
          an Jeremia. Durch die Formeln in V. 4–5aα und V. 8b erweist sich der Bericht
          jedoch als „literarisierte Prophetie"[111], mit der sich Jeremia als Mitwisser der Plä-
          ne JHWHS direkt an die Leser*innen wendet.

              Aus der Lokalisierung des Visionsinhalts „vor dem Tempel" (V. 1a), die in der
          Deutung keine Rolle mehr spielt, sowie den Angaben מן־המקום הזה „von diesem
          Ort" (V. 5b) und „zurück in dieses Land" (V. 6a) geht Jerusalem als Sprecherstand-
          ort hervor. Auffällig ist auch die Datierung ins Jahr 597, nach der Exilierung Jojach-
          ins und seines Umfelds durch Nebukadrezzar (V. 1b), die nicht auf den Zeitpunkt
          der Vision, sondern deren Inhalt zielt, die Unterscheidung der Feigen.[112] Sie berei-
          tet die gegensätzliche Bewertung zweier ungleicher Gruppen vor: Die sehr guten
          Feigen werden mit den ersten Früchten der Feigenernte verglichen, die als Erst-
          lingsgaben JHWH übereignet werden sollen (Ex 34,26; Dtn 26,10).[113] Sie repräsentie-
          ren die mit König Jojachin nach Babylon deportierten Judäer*innen (vgl. 2 Kön
          24,14.16). Ihnen wird die Rückkehr in ihr Heimatland, Wiederaufbau und Einpflan-
          zen verheißen (V. 6), wobei vier der sechs Verben aus 1,10 gebraucht werden. Ihr
          zukünftiges Verhältnis zu Gott wird in singulärer Kombination von „JHWH erken-
          nen" und der Erkenntnisformel „erkennen, dass ich JHWH bin" beschrieben (24,7),
          die erneut auf Literarisierung verweist. Die Verbindung von Herzensgabe und Zu-
          gehörigkeitsformel erinnert an die Heilsverheißung in Ez 11,19f. Erst durch die
          Gabe eines ‚erkennenden' Herzens werden die Genannten mit ganzem Herzen zu
          JHWH umkehren, was die Heilsverheißung in 24,6f. zur unbedingten, von Gott gna-
          denhaft gewährten macht.[114]

              Dagegen repräsentieren die dreimal (V. 2b.3b.8a) als völlig ungenießbar be-
          zeichneten schlechten Feigen zwei Teilgruppen, nämlich König Zidkija, seinen Hof-
          staat und die restlichen Bewohner*innen Jerusalems einerseits und die erst nach

---

111 STIPP, Jeremia 24, 355; ähnlich argumentiert WANKE, ZBK, 221.
112 Mit STIPP, Jeremia 24, 352.
113 Vgl. LUNDBOM, AB 21B, 228.
114 Zur kausalen Interpretation des כי-Satzes vgl. ausführlich STIPP, Jeremia 24, 359–363.

der Zerstörung der Stadt nach Ägypten Geflüchteten andererseits (V. 8; vgl. 43,5–7). Ihnen wird zunächst die Beschämung vor aller Augen, die Zerstreuung an verschiedene Orte (V. 9) und schließlich die vollständige Auslöschung durch Schwert, Hunger und Pest angekündigt (V. 10). Der wiederholte Hinweis auf die Verdorbenheit der Feigen unterstreicht, dass dieses Urteil unumkehrbar ist. Die Deutung verbindet die Qualität der Feigen mit Jeremias Reaktion auf diese: Die guten Feigen werden wohlwollend betrachtet, die schlechten mit Abscheu.

Am Ende des Königsspruchzyklus kehrt 24,1–10 unvermittelt zum negativen Porträt König Zidkijas und seiner Generation zurück und bildet das hintere Rahmenstück zu 21,1–10. Wie in 21,1–7 wird ihnen der vollständige Untergang angekündigt.[115] Allerdings bleibt der Vergleich mit den ungenießbaren Feigen in 24,8 äußerst vage, so dass die negative Bewertung der Gruppe nicht aus ihrem Verhalten ersichtlich ist. Formal greift der Visionsbericht auf die Visionen in 1,11–16 zurück und deutet wie diese geschichtliche Vorgänge.

Funktion im Kontext

Diachrone Analyse

Trotz zahlreicher Versuche gelingt eine diachrone Differenzierung[116] von 24,1–10 nicht, da der Text durchgängig von dtjer Sprachgebrauch und der aus den Prosareden bekannten Diktion geprägt ist und wie diese die Botenformel als Einleitung einer Gottesrede (V. 5) gebraucht.[117] Zudem setzt der Abschnitt weitere Texte aus Jer, Ez und Am voraus.

> Die Visionsschilderung in 24,1a hat literarische Parallelen in Am 7,7; 8,1. Die Wendung „ich richte meine Augen/mein Angesicht auf sie zum Guten bzw. Bösen" (V. 6a) findet sich nur noch in 21,10 und Am 9,4.[118] Die Reihung der Verben aus 1,10 ist in V. 6b als Heilsbotschaft von Aufbauen und Einpflanzen akzentuiert. Die Verbindung von Herzensgabe und Zugehörigkeitsformel (V. 7) begegnet sonst nur in Ez 11,19f.; nach Dtn 29,3 hat JHWH aber kein ‚erkennendes' Herz gegeben. Das Motiv der JHWH-Erkenntnis als Ziel der prophetischen Ankündigung (V. 7b) entstammt ebenfalls dem Ezechielbuch (Ez 5,13; 6,7; 7,4; 13,14 u. ö.). Die Kombination von Erkenntnisformel und Selbstvorstellung Gottes (V. 7a) begegnet nur noch in 9,23. Der Ausdruck שארית הנשארים „der übriggebliebene Rest" (V. 8) findet sich noch in 8,3.[119] Der Hinweis auf die in Ägypten Wohnenden (V. 8b) setzt die Erzählung in Jer 42,1 – 43,7 voraus. Die sog. Katastrophenformel „ich mache euch zum Entsetzen, Hohn, Sprichwort, Gespött ..." (V. 9a) und die sog. Plagentrias „Schwert, Hunger, Pest" (V. 10a) sind typische Kennzeichen dtjer Sprache.[120] Dazu gehören auch die Formulierung „weg vom Acker-

---

115 Zur ambivalenten Charakterisierung Zidkijas s. o. die diachrone Analyse zu 23,5f.

116 NICHOLSON (Preaching to the Exiles, 110), SCHMIDT (ATD 21, 57) und KILPP (Nelson, Niederreißen und aufbauen. Das Verhältnis von Heilsverheißung und Unheilsverkündigung bei Jeremia und im Jeremiabuch [BThSt 13], Neukirchen-Vluyn: Neukirchener 1990, 26) denken an die dtr Überarbeitung eines jeremianischen Wortes. RUDOLPH (HAT, 156f. [ohne V. 1b]) und LUNDBOM (AB 21B, 224–226) halten 24,1–10 für jeremianisch.

117 Vgl. THIEL, Redaktion I, 260; MCKANE, ICC, 612; STIPP, Probleme des redaktionsgeschichtlichen Modells, 243f. Literarische Einheitlichkeit vertreten auch SCHMID, Buchgestalten, 256f.; FISCHER, HThKAT, 715.

118 Weitere Wendungen mit לרעה bei STIPP, Konkordanz, 122f.

119 Zu weiteren Wendungen mit שארית vgl. STIPP, Konkordanz, 125.

120 Vgl. STIPP, Konkordanz, 49f.158f.

boden" (V. 10b; vgl. 12,14; 27,10; 28,16) und das Motiv der Landgabe an die Judäer*innen.[121] Schließlich hat die Lokalisierung der Schmähung „an allen Orten, an die ich sie verstoßen werde" (V. 9b) Parallelen in 8,3 und Dtn 28,37.

Die ausführliche Zeitangabe in 24,1b wird oft als Zusatz angesehen,[122] ist aber, wie Stipp aufweist, auf der Grundlage von 29,1bβ–2 und 2 Kön 24,14.16 formuliert und für die folgende Unterscheidung der Gruppen um Jojachin und Zidkija unentbehrlich.[123]

Ideologie   Gegen Thiel stimmt die Ideologie des Textes nicht mit derjenigen der geschichts-ätiologischen Redaktion überein, da das Überleben nicht von der Umkehr zu oder dem Gehorsam gegenüber Jhwh abhängt, sondern von der Deportation in eine bestimmte geographische Region.[124] Außerdem charakterisiert 24,7f. das babylonische Exil nicht als Strafe, sondern, einmalig im Buch, als bewussten und bedingungslosen Akt göttlicher Verschonung vor der Zidkija und seiner Generation angedrohten Vernichtung.[125] Ein drittes Argument ist die in 24,6 heilsbezogene Aufnahme der Verbenreihe von 1,10, die im Jeremiabuch nur in nachexilischen Texten begegnet.

Singuläres Geschichtsbild   Die Charakterisierung der mit König Jojachin nach Babylon Deportierten als „Beamte, Handwerker und Schlosser" (vgl. 29,2) entspricht der geläufigen Vorstellung, dass 597 vor allem Oberschichtsangehörige exiliert wurden, nach 2 Kön 24 zehn- (V. 14) bzw. achttausend Männer (V. 16), wobei deren Familien mitzudenken sind. Demgegenüber umfasst die zweite Deportation im Jahr 587 bis auf einige von den Ärmsten des Landvolks alle überlebenden Judäer*innen, also eine viel größere Gruppe (39,9f.; 52,15f.; 2 Kön 25,11f.21). Diesen Größenunterschied negiert Jer 24, indem bereits die Jojachin-Gruppe גלות יהודה „die judäische Gola" (24,5)[126] genannt und die zweite Deportation unterschlagen wird.[127] Im Widerspruch zum Unheilswort gegen Jojachin in 22,24–28 wird dieser ersten Exilsgruppe sogar die Rückkehr in die Heimat verheißen. Wie Jojachin und sein Umfeld die Gola insgesamt repräsentieren, so stehen Zidkija und der Rest Judas für die Diaspora, der die völlige Ausrottung angekündigt wird (V. 10; vgl. 23,3; 29,14; 32,37). Jer 24 leugnet damit nicht nur eine zweite Deportation nach 587 (gegen 29,7.9f.), sondern auch eine Restbesiedlung Judas in exilischer Zeit (gegen 40,7–13).[128] Der Text kann daher weder aus dem exilischen Juda noch aus der babylonischen Exilsgemeinde stammen, sondern verweist mit seinem eigentümlichen Geschichtsbild auf eine deutlich spätere Zeit. Gegen Robert Carrolls These, Jer 24 sei die Propaganda von Heimkehrer*innen aus dem Exil, die in frühpersischer Zeit gegenüber den in Juda Verbliebenen die Kontrolle zurückgewinnen wollten, spricht, dass der Text zwi-

---

121 Vgl. Jer 16,15; 25,5; 35,15 (Objekt אדמה); weitere bei Stipp, Konkordanz, 10.

122 Vgl. Rudolph, HAT, 156; Wanke, ZBK, 221; Schmidt, ATD 21, 56.

123 Vgl. Stipp, Jeremia 24, 352f.

124 Ähnlich Schmid, Buchgestalten, 33.

125 Mit Stipp, Jeremia 24, 357f.366.

126 Die Bezeichnung begegnet noch in 28,4; 29,22; vgl. גלות ירושלם ויהודה in 40,1.

127 Jer 52,28–30 listet eine dritte Deportation. Eine Variante bietet 2 Chr 36,10.20f., die mit der Deutung, das Land Juda habe seine Sabbatjahre nachgeholt, den sog. „Mythos vom leeren Land" noch religiös-kultisch überhöht.

128 Mit Stipp, Jeremia 24, 364.

schen Gola und Diaspora unterscheidet, nicht zwischen Gola und in Juda Verbliebenen.[129]

Im Gefolge Karl-Friedrich Pohlmanns wird Jer 24 häufig als Programmtext   Golaorientiert?
einer golaorientierten Redaktion angesehen, die auch in Kap. 37–44 die Position
der nach Babylonien Exilierten in den Mittelpunkt rückt.[130] Während Christopher
Seitz seine ideologisch ähnliche „golah redaction" noch in die Exilszeit datiert,[131]
rückte Pohlmann sie zunächst ins vierte, später jedoch ans Ende des fünften Jahrhunderts.[132] Zwar kommt 24,10 mit der Idee der vollständigen Ausrottung der in
Jer 42–44 propagierten Vorstellung vom entvölkerten Juda nahe. Die konzeptionellen Unterschiede zwischen Jer 24 und 40–44 überwiegen jedoch deutlich: Jer
40,1.4.7 weiß um die Deportation nach der Zerstörung Jerusalems, erwähnt aber
Jojachin (nur 37,1[MT⁺]) und die mit ihm Deportierten nirgends. Während 24,9
eine weltweite Diaspora voraussetzt, leben Judäer*innen nach Jer 40–44 entweder
in Babylonien oder Ägypten. Letztere sind erst nach 587 gegen den ausdrücklichen
Befehl Jhwhs dorthin emigriert (43,6–9), während 24,8 ihren Aufenthalt in Ägypten
bereits in die Zeit nach 597 vordatiert.[133]

Da Jer 24 das Exil radikal umwertet, die in verschiedenen Jahren nach Babylonien Deportierten als einheitliche Gruppe auffasst, die Gott in Juda erneut einpflanzen, aufbauen und als sein Volk annehmen wird, der Sprecherstandort zudem
in Juda liegt, sind seine Verfasser wohl in Jerusalemer Kreisen des vierten Jahrhunderts zu suchen.[134] Ihr Selbstverständnis entspricht dem der Tradent*innen
der Schriften Esra und Nehemia, die sich als בני הגולה „Kinder der Gola" (Esra 4,1;
6,19f.; 8,35; 10,7.16) bezeichnen und Jhwh in Jerusalem verehren.[135] Die in Jer 24
als Nachfahren der judäischen, nach Babylonien exilierten Oberschicht charakteri-
sierte Gruppe positioniert sich vor allem gegenüber der Diaspora, insbesondere
der ägyptischen, die mit dem im Verlauf der Jeremiatradition immer negativer
charakterisierten König Zidkija verbunden wird. Im visionären Bild entspricht die
Jojachin-Gruppe den auserlesenen Erstlingsfeigen, die Jhwh gehören und vor dem
Tempel platziert sind. Mit einem stilisierten Visionsbericht Jeremias, der verschiedene andere Texte aufgreift, legitimiert diese Verfassergruppe ihr Leben im wie-

---

129 Vgl. Carroll, Jeremiah, 487f. Stipp (Deportees, 174–178) bezweifelt aufgrund neuerer
     Studien zur frühnachexilischen Zeit, dass es diesen Konflikt überhaupt gab.
130 Vgl. Pohlmann, Studien, 30f.191f. Er rechnet dieser Redaktion Jer 21,1–10; 24 und eine
     Überarbeitung von 37–42 zu. Ihm folgt Schmid (Buchgestalten, 255), der den schriftaus-
     legenden Charakter von Jer 24 so beschreibt: Jer 24 setze Am 7–9 und die golaorien-
     tierte Redaktion in Ezechiel (Ez 1,1–3; 3,10–16; 24,25–27; 33,21–29) voraus, greife Sätze
     aus Dtn 28–30 auf und habe strukturelle Parallelen in Gen 12,2f. (a. a. O., 262–266).
131 Vgl. Seitz, Christopher, Theology in Conflict. Reactions to the Exile in the Book of
     Jeremiah (BZAW 176), Berlin: de Gruyter 1989. 289.214.
132 Vgl. Pohlmann (Studien, 191) mit einer Datierung frühestens ins 4. Jh.; ders. (Das ‚Heil‘
     des Landes – Erwägungen zu Jer 29,5–7: Lange, Armin u.a. (Hg.), Mythos im Alten
     Testament und seiner Umwelt. FS H.-P. Müller (BZAW 278), Berlin: de Gruyter 1999,
     144–164, 146, Anm. 15) mit einer Datierung ins ausgehende 5. Jh.; für die Mitte des 5.
     Jh.s plädiert Schmid (Buchgestalten, 268).
133 Vgl. Stipp, Deportees, 173f.
134 Auch Wanke (ZBK, 223) datiert Jer 24 in die Zeit Esras und Nehemias.
135 Vgl. Esra 6,19–22; 8,35; 9,1–4; 10,1–16; Neh 8,17f.; Stipp, Jeremia 24, 377; ders., Deportees,
     178.

dererbauten Jerusalem als Gottes schon vor dem Untergang Jerusalems gefassten Plan.

Insofern der Schriftgelehrte Esra die Tora in Juda wiedereinführt (Neh 8,1–10) und Nehemia die Sabbatheiligung durchsetzt (Neh 13,15–21), wurde Jer 24 möglicherweise als Reaktion auf die Redaktion verfasst, die im Jeremiabuch einige Prosatexte toraorientiert bearbeitete. Während diese Redaktoren den Gehorsam gegenüber bestimmten Toraboten zur Bedingung für ein Leben in Frieden und Gemeinschaft mit Gott erklären (7,5–8; 17,19–27; 22,1–5), kündigt 24,6f., ähnlich wie 31,31–34, für die Zukunft bedingungsloses Heil und ein ungetrübtes Gottesverhältnis an.

Synthese

Jer 24,1–10 bildet mit 21,1–10 einen Rahmen um den Zyklus der Königssprüche, der König Zidkijas Schicksal in den Vordergrund rückt. Formal und inhaltlich unterscheidet sich der literarisch einheitliche Visionsbericht jedoch von der Erzählung in 21,1–10, obwohl auch er in dtjer Sprache verfasst ist. Während 21,1–10 Zidkija und den Jerusalemer*innen in der Situation der Belagerungspause 588 den Tod durch die Hand der Chaldäer ankündigt und als Überlebensstrategie nur das Überlaufen zu den Feinden nennt, verheißt 24,8–10 derselben Gruppe die weltweite Zerstreuung und völlige Ausrottung vom heimischen Ackerboden. Dies widerruft andere, im Buch präsente Heilsperspektiven, insbesondere die Verheißung, Gott werde die in alle Länder zerstreuten Judäer*innen sammeln und nach Juda zurückführen (23,3f.7f.). Im Kontrast zu der Ankündigung an Jojachin, er und seine Familie würden im Exil sterben und ihr Heimatland nicht wiedersehen (22,26f.), verheißt 24,5–7 der mit Jojachin deportierten Gruppe die Rückkehr und Wiederansiedlung in Juda. Aus diesen konzeptionellen Unterschieden wird deutlich, dass die Rahmentexte des Königsspruchzyklus von verschiedenen Verfassern stammen und 24,1–10 der jüngere Text ist. Obwohl er zwei judäische Könige ausdrücklich nennt, propagiert er, anders als 23,5f., keine Wiederbelebung des Königtums, sondern die Position einer Jerusalemer Gruppe in spätnachexilischer Zeit, deren Mitglieder sich gänzlich als Nachfahren der unter Jojachin Deportierten verstehen.

Der Visionsbericht von den beiden Körben mit guten und schlechten Feigen schlägt einen Bogen zurück zu den Visionen am Buchbeginn (1,11–16), die ebenfalls Geschichte deuten. Er setzt die Erzählung über die Flucht nach Ägypten in Jer 42,1 – 43,7 voraus, greift literarisch auf die Visionsberichte in Am 7,7f.; 8,1f. und Ez 11,19f. zurück und kombiniert Wendungen und Motive aus exilisch-nachexilischen Texten des Jeremiabuches (1,10; 8,3; 9,23). Damit erweist er sich als literarisierte bzw. schriftgelehrte Prophetie, deren Verfasser Jeremia als wahren Propheten anerkennen und ihre eigene Situation als von Jeremia visionär geschaute Perspektive darstellen.

Das in Jer 24 entworfene Geschichtsbild ist im Jeremiabuch singulär und widerspricht der Darstellung des Untergangs Jerusalems und des Exils in anderen Texten: Gegen die im Jeremiabuch dominante Deutung des Exils als göttliche Strafe und Erniedrigung wird die Exilierung als Rettung vor dem Gericht und Heilsereignis akzentuiert, die Zerstreuung in die Diaspora aber als göttliche Strafe. Gegen alle historische Wahrscheinlichkeit behauptet der Text, es habe nur eine Deportation gegeben und die bereits 597 zusammen mit König Jojachin nach Babylon verschleppte Oberschichtsgruppe sei der von Gott bewahrte Rest des Gottesvolkes. Er stimmt mit Jer 40–44 in der These überein, Juda sei während der Exilszeit entvölkert gewesen, charakterisiert die in Ägypten wohnenden Judäer*innen aber nicht als aus freien Stücken Geflüchtete, sondern als von Jhwh Vertriebene.

Mit seiner singulären Ideologie lässt sich die Feigenkorbvision in Jer 24 weder der geschichtsätiologischen noch der golaorientierten Redaktion zuweisen. Sprecherstandort, schriftauslegender Charakter und die Heilsperspektive nur für die Jojachin-Gruppe verweisen darauf, dass der Visionsbericht in Jerusalem in beträchtlichem zeitlichem Abstand zu Exil und Rückkehr als Reaktion auf die toraorientierte Redaktion und ihre Alternativpredigt verfasst wurde. Ein möglicher Zeitraum dafür ist das vierte Jahrhundert, in dessen Verlauf sich Jerusalem wieder zu einer bedeutenden Stadt und der Zweite Tempel zu einem über die Region hinaus bekannten Kultzentrum entwickelten.

Jer 25,1–38: Jeremias Botschaft und Jʜᴡʜs Gericht über die Völker

Textabgrenzung und Kommunikationsstruktur

Jer 25,1–38 greift keines der in Kap. 21–24 verhandelten Themen auf, setzt mit einer neuen Datumsangabe ein und fasst in V. 1–11 die Unheilsbotschaft gegen Juda und Jerusalem aus Kap. 1–20 zusammen. MT und LXX bieten unterschiedliche Fassungen, die für den jeweiligen Buchaufbau relevant sind. Die auf einer älteren hebräischen Vorlage basierende griechische Fassung in 25,1–13 dient zugleich als Einleitung zu den Fremdvölkerworten, die mit dem Wort über Elam beginnen (Jer^LXX 25,14–19). Demgegenüber ist der um zahlreiche Angaben erweiterte Text Jer^MT 25,1–14 mit der Erzählung vom Zornbecher (25,15–29) und der Ankündigung des Weltgerichts Jʜᴡʜs (25,30–38) verbunden, die in der LXX-Fassung erst auf die Fremdvölkerworte folgen (Jer^LXX 32,1–24).[1] Auch in MT bildet Jer 25,1–38 ein Scharnierstück, das den ersten Buchteil summiert und die Leser*innen auf die Erzählungen über Jeremia (Kap. 26–45) sowie mit der Becherperikope auf die Fremdvölkerworte (Kap. 46–51) einstimmt, die in Jer 50f. im Untergang des babylonischen Aggressors gipfeln (vgl. Jer^MT 25,12–14). Der Übersichtlichkeit halber werden Jer 25,1–14 und 25,15–38 getrennt ausgelegt. Die Verszählung folgt MT.

Jer 25,1–14: Ein Fazit zu Jʜᴡʜs und Jeremias Wirken

K1 K2 K3 K4 K5
1 Das Wort, das an^a Jeremia über das ganze Volk Juda erging im vierten Jahr Jojakims, des Sohnes Joschijas, des Königs von Juda, [das ist das erste Jahr Nebukadrezzars, des Königs von Babel,]^b 2 das [der Prophet Jeremia]^a zum ganzen Volk Juda und zu^b [allen] Einwohnern Jerusalems redete:

3 Seit dem^a dreizehnten Jahr Joschijas, des Sohnes Amons^b, des Königs von Juda, und bis zu diesem Tag, [das (sind)] dreiundzwanzig Jahre, [ist das Wort Jʜᴡʜs an mich ergangen,]^c redete ich unermüdlich^d zu euch [– aber ihr habt nicht gehört]. 4 Jʜᴡʜ/ ich sandte^a zu euch [alle] ₛₑᵢₙₑ/ meine^a Knechte, die Propheten, unermüdlich^b, aber ihr habt nicht auf mich gehört und euer Ohr nicht geneigt [zu hören]:

5^a Kehrt [doch] um, jeder von seinem bösen Weg^b und von der Bosheit eurer Taten, damit^c ihr auf dem Ackerboden wohnen bleiben dürft, den Jʜᴡʜ/ ich euch und euren Vorfahren von jeher und für immer gab. 6 Lauft nicht anderen Gottheiten nach, um ihnen zu dienen und euch vor

---

1 S. die Einleitung, „Die Position der Fremdvölkerworte in Jer^LXX und Jer^MT", S. 19.

K1 K2 K3 K4 K5

ihnen niederzuwerfen, und beleidigt mich nicht durch das Werk[a] eurer Hände, _{damit ich euch kein Unheil antue}/ um euch (selbst) zu schaden[b]. 7 Aber ihr habt nicht auf mich gehört [– Spruch Jʜᴡʜs –, um mich zu beleidigen durch das Werk eurer Hände, euch selbst zum Unheil][a].

8 Deshalb, so spricht Jʜᴡʜ [Zebaot]:

Weil ihr meine Worte nicht gehört /_{geglaubt}[a] habt, 9 siehe, so sende ich und hole _{[alle] Sippen des Nordens}/ eine Sippe von Norden[a] [– Spruch Jʜᴡʜs – und zu Nebukadrezzar, dem König von Babel, meinem Knecht][b] und lasse sie über dieses Land und über seine Bewohner und über alle [diese] Völker ringsum kommen und ich werde an ihnen den Bann vollstrecken[c] und sie zu einer Ödnis und zum (Anlass für) Gezisch und _{zu Trümmerstätten}/ zur Schmähung[d] für immer machen. 10 Ich werde unter ihnen beenden Jubelruf[a] und Freudenträller, jauchzende Stimmen von Bräutigam und Braut, _{Mahlgeräusch}/ Myrrhenduft[b] und Lampenlicht. 11 [Dieses] ganze Land wird [zu einer Trümmerstätte,] zu einer Ödnis werden, und _{diese Völker}/ sie werden _{dem König von Babel}/ unter den Völkern[a] dienen, siebzig Jahre (lang). 12 Und [es wird geschehen:] wenn siebzig Jahre um sind, werde ich [den König von Babel und] jenes Volk zur Rechenschaft ziehen[a] [– Spruch Jʜᴡʜs – ihre {masc. plur.} Schuld, und das Land der Chaldäer][b] und werde es[c] für immer zu einer Einöde[d] machen. 13 Ich werde über jenes Land alle meine Worte bringen, die ich gegen es geredet habe, alles, was in dieser Schrift(rolle) geschrieben steht – was Jeremia gegen [alle] Völker prophezeit hat[a]. [14 Denn viele Völker und große Könige werden auch sie knechten und ich werde ihnen gemäß ihrem Tun und gemäß dem Werk ihrer Hände vergelten.][a]

Anmerkungen zu Text und Übersetzung

* Die Kommunikationsebenen sind in der Übersetzung durch Einrücken dargestellt. Zum System der Klammern und Kleinschreibung s. o. S. 22.

1a Dieselbe Einleitungsformel begegnet noch elfmal im Buch, hier ausnahmsweise mit der Präposition על, die an die unmittelbar folgende Referenz auf das Volk Juda angleicht. Wie in 44,1 fehlt hier die Absenderangabe מאת יהוה, dafür sind die Adressat*innen genannt (V. 2).

1b Die Korrelation des vierten Jahres Jojakims (605 v. d. Z.) mit Nebukadrezzars erstem Jahr ist, wie alle weiteren Bezüge auf die כשדים „Chaldäer" = Babylonier, im MT nachgetragen.

2a LXX fährt mit Relativsatz fort: „das er redete". Nach der Erweiterung der Datumsangabe in V. 1b muss in MT der Sprecher wiederholt werden.

2b Der Wechsel der Präpositionen על und אל in der Adressatenangabe ist stilbedingt, um die Gruppen zu unterscheiden; vgl. 11,2; 33,14; 36,21 und Fɪɴsᴛᴇʀʙᴜsᴄʜ/Jᴀᴄᴏʙʏ, MT-Jeremia 25–52, 25.

3a LXX setzt mit „im 13. Jahr" ein, bietet dennoch den Zeitraum „bis zu diesem Tag" und die Angabe „23 Jahre".

3b LXX transkribiert den Namen von Joschijas Vater, wie schon in 1,2, als Amos.

3c In LXX spricht nach der Einleitung Gott selbst, in MT wird Jeremia durch diese Zufügung zum Sprecher; s. u. die synchrone Analyse.

3d MT wörtlich: ודבר אשכים „früh stehe ich auf und ein Reden" erinnert an die Unermüdlichkeitsformel (s. u. zu 4b), ist aber nur hier mit einer finiten Form der 1. sing. *jiqtol* belegt. Nach BHS bieten einige hebräische Hss. den für die Formel üblichen Infinitiv abs. (so auch T). LXX übersetzt ὀρθρίζων καὶ λέγων (zweimal Partizip Präsens masc. sing.), gibt die Unermüdlichkeitsformel sonst mit dem Nomen ὄρθρου und folgender Verbform 1. sing. Indikativ Aorist (7,25; 26,5; 32,33; 35,14; 44,4), in 25,4 mit ὄρθρου ἀποστέλλων wieder. Da die Formel sonst nur in Gottesreden begegnet, ist wahrscheinlich, dass MT nach der Zufügung Jeremias als Sprecher verändert wurde. Auf jeden Fall ist אשכים nicht futurisch zu übersetzen, sondern iterativ; vgl. Fɪɴsᴛᴇʀʙᴜsᴄʜ/Jᴀᴄᴏʙʏ, MT-Jeremia 25–52, 27.

4a Da MT in V. 3 Jeremia sprechen lässt, muss hier Jʜᴡʜ als Subjekt eingefügt werden. In LXX spricht Gott durchgängig und nennt die Propheten „meine" Knechte.

4b Die Unermüdlichkeitsformel (wörtlich: „ein Frühaufstehen und Senden") gehört zum dtjer Sprachgebrauch (7,25; 26,5; 32,33; 35,14 u. ö.); vgl. Sᴛɪᴘᴘ, Konkordanz, 131f.

5a לאמר (LXX λέγων), das hier nicht übersetzt ist, zu Versbeginn weist das Folgende als (früher ergangenes) Zitat aus, weshalb es hier auf die nächste Kommunikationsebene gerückt ist.

5b Das masc. איש meint „jede einzelne Person"; vgl. 18,11f.; 36,3; 35,15; GBH § 147d.

5c Imperativ nach Imperativ drückt den Zweck oder die Folge aus; vgl. GBH § 116f.

6a LXX verwendet plur. „Werke", eine mögliche Übersetzung des Kollektivbegriffs; vgl. 10,3.9.15.

6b MT bietet mit ולא ארע לכם eine singuläre Ankündigung für den Fall des Gehorsams (vgl. 35,15); LXX liest wohl להרע לכם (vgl. 4,22; 25,29; 31,28), könnte damit an die übliche Formulierung angleichen. Während Lᴀʙᴇʀɢᴇ (Jérémie 25,1–14, 53f.) unentschieden ist, ist mit Hᴏʟʟᴀᴅᴀʏ (Hermeneia, 662) und Sᴛɪᴘᴘ (HAT, 52) die LXX-Lesart vorzuziehen, weil die Hervorhebung von Jʜᴡʜs Handeln und Souveränität in MT leichter als spätere Änderung erklärbar ist.

7a Der Zusatz in MT betont, dass Jʜᴡʜ spricht, und wiederholt den Vorwurf von V. 6b.

8a LXX bietet mit οὐκ ἐπιστεύσατε τοῖς λόγοις μου eine qualitative Variante, die das Verb אמן Hif. voraussetzt (vgl. 12,6; 40,14) oder das Nicht-Hören deutet. Zwar ist der Unterschied nicht gravierend (so Lᴀʙᴇʀɢᴇ, Jérémie 25,1–14, 55), aber die Wendung „Worten Glauben schenken" begegnet sonst nur im nachexilischen Ps 106,12.24, so dass die LXX-Lesart wahrscheinlich eine spätere theologische Deutung darstellt; vgl. Sᴛɪᴘᴘ, HAT, 52.

9a LXX τὴν πατριὰν ἀπὸ βορρᾶ geht auf משפחה מצפון zurück, was graphisch nahe bei MT צפון משפחות liegt. Da durch Zusätze in MT eine weltumspannende Perspektive eingetragen wird, ist die Lesart von LXX ursprünglich.

9b Der Zusatz führt den Gedanken des Sendens fort und wurde an der falschen Stelle eingefügt.

9c חרם Hif. „den Bann vollstrecken" bedeutet, dass alles Lebendige getötet und der Rest der Gottheit zugeeignet wird; vgl. Ges[18], 397f. Es beschreibt den Umgang mit Kriegsbeute in Dtn und Jos.

9d LXX liest mit εἰς ὀνειδισμόν „zur Schmähung" anstelle von ולחרבות wohl ולחרפה, das in ähnlichen Aufzählungen (24,9; 29,18; 42,18; 44,8.12; 49,13) begegnet; vgl. Fɪɴsᴛᴇʀʙᴜsᴄʜ/Jᴀᴄᴏʙʏ, MT-Jeremia 25–52, 28. Da die angeredeten Menschen nicht zu Trümmerstätten werden können, ist die LXX-Lesart vorzuziehen; mit Rᴜᴅᴏʟᴘʜ, HAT, 160; Hᴏʟʟᴀᴅᴀʏ, Hermeneia, 663.

10a MT bietet fünfmal קול „Stimme, Ruf, Geräusch" und die Nomina ohne Artikel, was zu einem rhythmischen Spruch führt: קֹול שָׂשֹׂון וְקֹול שִׂמְחָה קֹול חָתָן וְקֹול כַּלָּה קֹול רֵחַיִם וְאֹור נֵר. Die ersten vier Ausdrücke begegnen auch in 7,34; 16,9; 33,11.

10b LXX ὀσμὴν μύρου gibt רֵיחַ מֹר wieder (MT רחים). Finsterbusch/Jacoby (MT-Jeremia 25–52, 28) halten das für einen Lesefehler, Vonach (Jeremias. Erläuterungen, 2777) für eine innergriechische Verschreibung von μύλου „Mühle" zu μύρου „Myrrhe". Während Myrrhenduft und Lampenlicht zu einem fröhlichen Fest passen, verweist das Geräusch der Handmühle auf schweißtreibende Arbeit im Alltag. Daher ist wahrscheinlich die LXX-Variante ursprünglich, während die Verschreibung in der hebräischen Tradition erfolgte und zu deren Heilung ein weiteres קול vorangestellt wurde. So auch Aejmelaeus, Jeremiah at the Turning Point, 473f.; Laberge, Jérémie 25,1–14, 57.

11a LXX καὶ δουλεύσουσιν ἐν τοῖς ἔθνεσιν (ועבדו בגוים) hat den kürzeren und älteren Text bewahrt; vgl. 9,15. Die prämasoretischen Erweiterungen ändern den Sinn, indem sie den König von Babel als Herrn über Juda und seine Nachbarn ausweisen; vgl. Laberge, Jérémie 25,1–14, 58; Stipp, Sondergut, 117; s. u. die synchrone Analyse.

12a Das Verb פקד wird von LXX überwiegend mit ἐπισκέπτομαι „heimsuchen" wiedergegeben (vgl. 5,9.29; 27,8; 29,10), hier aber mit ἐκδικέω „rächen". Da Letzteres in Jer^LXX 25–28 Leitwort ist (vgl. Finsterbusch/Jacoby, MT-Jeremia 25–52, 28), verweist es nicht auf eine andere Vorlage.

12b Die Zufügung in MT passt syntaktisch nicht in den Satz.

12c Ursprünglich bezog sich das Suffix der 3. masc. sing. auf הגוי ההוא „jenes Volk". Durch die Zusätze in MT ist auch ein Bezug auf den König von Babel möglich. BHS schlägt vor, ein Suffix der 3. fem. sing. zu lesen als Bezug auf ארץ כשדים „das Land der Chaldäer", das aber erst prämasoretisch zugefügt wurde. Das ist jedoch nicht die ursprüngliche Lesart.

12d שממות im plur. ist sonst nur für Babel belegt (51,26.62) und daher ein ergänzter Verweis auf das Buchende; im sing. hat das Wort zwölf Belege in allen Schichten des Buches.

13a Der Satz ὅσα ἐπροφήτευσεν Ιερεμιας ἐπὶ τὰ ἔθνη wird in LXX als V. 14 gezählt und dient als Überschrift zu den Fremdvölkerworten, beginnend mit Elam; vgl. Stipp, Sondergut, 85.

14a Der in MT überschießende Satz ist schwer zu verstehen. Die Übersetzung folgt, wie die meisten Kommentare, der in BHS vorgeschlagenen Lesung יעבדו (MT כי עבדו); vgl. Ges^18, 908; Stipp, HAT, 38: Haplographie des י aufgrund des vorausgehenden כי, d. h., auch die Chaldäer werden von anderen Königen und Völkern unterjocht (vgl. die Parallele 27,7 MT⁺); so auch Stipp, Sondergut, 117; McKane, ICC, 623; Aejmelaeus, Jeremiah at the Turning Point, 478. Dagegen halten Finsterbusch/Jacoby (MT-Jeremia 25–52, 31) die qatal-Form עבדו für ursprünglich und erklären sie als Rückblick auf die 70 vergangenen Jahre der babylonischen Herrschaft.

Synchrone Analyse

Jer 25,1–14 ist eine Prosarede mit ausführlicher Einleitung (V. 1f.), Umkehrforderung, deren Nichtbeachtung als Schuldaufweis dient (V. 3–7), und doppelter Unheilsankündigung an Juda inmitten seiner Nachbarn (V. 8–14), die in V. 12 sogar Babylon selbst einschließt. **Gattung**

Die Einleitung mittels Wortereignisformel ist mit zwölf Vorkommen typisch für Prosatexte im Buch;[2] wie in 44,1 fehlt aber die Absenderangabe „von Jhwh", während das Volk Juda als Adressat genannt ist. Jeremia übermittelt ein Wort, das die Umkehrforderung (18,11; vgl. 3,14.22) und die Forderung nach Besserung des Lebenswandels (7,3; 18,11) wiederholt und auf die sukzessive Sendung der Pro- **Rhetorische Struktur**

2   Neben 25,1 noch 7,1; 11,1; 18,1; 21,1; 30,1; 32,1; 34,1.8; 35,1; 40,1; 44,1.

phet*innen durch Jhwh verweist (vgl. 7,25f.). Zugleich stellt Jhwh fest, dass die Judäer*innen nicht auf ihn und seine Prophet*innen hören (V. 4b.7a) und auch das Verbot missachten, fremde Gottheiten zu verehren (V. 6; vgl. 7,9; 11,10; 13,10; 16,11). Auf diese Weise summiert die Rede die Hauptpunkte der Botschaft Jeremias.

Die Unheilsankündigung bezieht sich in V. 9–11 zunächst auf die Bevölkerung Judas, in einer nachklappenden Objektangabe aber auch auf „alle diese Völker ringsum" (V. 9aβ), womit Judas Nachbarn gemeint sind. Inhaltlich werden hier Situationen genannt, die an anderen Stellen nur Juda angedroht werden. Zum ersten Mal im Buch wird die Vollstreckung des Bannes angekündigt (חרם Hif., V. 9b). Diese Kriegspraxis, die in Landnahmetexten häufig erwähnt ist, bedeutet, dass die besiegten Menschen (und Tiere) getötet und symbolisch der Gottheit übereignet werden.[3] In der altorientalischen Kriegsführung gehörte sie zu den extremen Maßnahmen der Bestrafung hartnäckiger Gegner*innen und der Abschreckung potentieller Aufständischer. Da V. 9 zufolge Jhwh selbst diesen Bann vollzieht, wird hier seine Bestrafung Judas beschworen, deren Folgen die Katastrophenformel ausdrückt: Das ganze Land wird zur Ödnis, zum Anlass für Gezisch und immerwährende Schmähung werden.

Allerdings kündigt V. 12f. auch „jenem" Volk bzw. „jenem" Land Unheil an und zielt damit auf den Erzfeind Judas, Babylon. Dieses Volk, das als Jhwhs Strafwerkzeug zunächst die Völker 70 Jahre lang knechtet (V. 11 MT), wird danach selbst unterworfen und sein Land verwüstet (V. 14 MT). Damit blickt V. 12f. bereits auf das Buchende der MT-Fassung voraus, in der die Worte gegen Babylon den Höhepunkt bilden.

Im vorliegenden Text bezieht sich „alles, was in dieser Schrift(rolle) geschrieben steht" (V. 13) sowohl auf die gesammelten Worte Jeremias gegen Juda als auch auf das Folgende, „was Jeremia gegen [alle] Völker prophezeit hat". Diese letzte Aussage von V. 13 leitet zugleich zu den Fremdvölkerworten über, die sich ursprünglich (LXX) unmittelbar anschlossen.[4] Von einer Schriftrolle mit Worten gegen Babylon ist in der Symbolhandlung vom Versenken einer Rolle im Eufrat (Jer^MT 51,60–64 = Jer^LXX 28,60–61) die Rede, und so spielt 25,13 auch auf diese an.[5]

Jer 25,1–14 als Florilegium

Mit Ausnahme der Zeitspanne von 23 Jahren (V. 3) gibt es in 25,1–13 kaum einen Satz, der nicht auch an anderer Stelle des Buches belegt ist, so dass der Text wie eine typische Prosarede dtjer Wendungen aneinanderreiht.

Dazu gehören die Varianten der Katastrophenformel: שים לשמה „zu einer Ödnis machen" (4,7; 18,16; 19,8), לשרקה „zum (Anlass für) Gezisch" (19,8; vgl. 29,18) sowie ולחרפה „zur Schmähung" (LXX)[6] bzw. לחרבות „zu Trümmerstätten" (MT sing. in 7,34; 22,5; 27,17; 44,2.6.22). Das Ende von Jubelruf und Freudenträller, der Rufe von Bräutigam und Braut (V. 10) wird in 7,34; 16,9; 33,11 angekündigt. Nur in 25,10 wird die Liste durch Myrrhenduft (LXX hat wohl die ältere Fassung bewahrt) und Lampenlicht ergänzt, die den Wohlgeruch des Festes und seine Dauer bis in die Nacht konnotieren. Im Kontrast zum Festjubel betont die MT-Variante „Mahlgeräusch" (der Handmühle) den Alltag mit

---

3 Vgl. Dietrich, Walter, Art. Bann/Banngut (2007): Wissenschaftliches Bibellexikon im Internet; vgl. https://www.bibelwissenschaft.de/stichwort/14494/ (19.02.2020).

4 So auch McKane, ICC, 627.

5 So Rudolph, HAT, 162; zur Deutung der Symbolhandlung vgl. Sharps synchrone Analyse von 51,60–64 im Kommentar zu Jer 26–52.

6 Vgl. 24,9; 29,18; 42,18; 44,8.12; 49,13; s. o. die Textkritik zu 25,9d.

der Arbeit am Morgen und bei Lampenlicht am Abend. Das Verb חרם Hif. „den Bann vollstrecken" (V. 9) kommt im Jeremiabuch nur noch in Bezug auf Babylon vor (50,21.26; 51,3).

Die Analyse der literarischen Parallelen zeigt, dass Jer 25,1–13 mit weiteren Prosatexten verbunden ist, die strukturbildende Funktion haben:

Die Datierung ins vierte Regierungsjahr Jojakims (V. 1) verbindet Jer 25 mit der Erzählung vom Verbrennen der Schriftrolle mit Jeremias Worten durch König Jojakim (36,1), mit dem Heilswort für Baruch (45,1) und dem im ersten Wort gegen Ägypten genannten Sieg Nebukadrezzars bei Karkemisch (46,2). Das dreizehnte Jahr Joschijas (V. 3) ist auch in der Buchüberschrift als Beginn der Wirksamkeit Jeremias genannt (1,2).

   Mit der Tempelrede (7,1 – 8,3) und der Erzählung über deren Folgen für Jeremia (Jer 26) teilt der Abschnitt die Forderung nach Besserung des Lebenswandels und der Aussicht, dann wohnen zu bleiben (25,5; 7,3; vgl. noch 18,11; 26,13), die Vorstellung von der unablässigen Sendung der Prophet*innen als Knechte Jhwhs (25,4; 7,25f.; 26,5f.) sowie das Motiv vom Ende der Freudenrufe (25,10; 7,34; vgl. 16,9; 33,11). Mit dem Brief, den Jeremia an die nach Babylonien Deportierten senden ließ (29,1), ist 25,11 über das Motiv der 70-jährigen Dienstzeit Judas verbunden. Schließlich finden sich parallele Motive in den Worten gegen Babylon: das Kommen einer Sippe von Norden (25,9; 50,3.41; vgl. noch 6,22) und die Bannandrohung (25,9; 50,21.26; 51,3).

   Die engste, fast wortgleiche Parallele zu 25,3b–7aα findet sich in einer Scheltrede an das judäische Volk (35,14f.), dem die Familie der Rechabiter als Vorbild des Gehorsams gegenübergestellt wird.[7]

Im Widerspruch zum summierenden Charakter der Rede steht deren Datierung ins vierte Jahr Jojakims, das mitnichten das Ende von Jeremias Wirkungszeit, sondern – historisch betrachtet – dessen Beginn markiert.[8] Die in 25,3 genannte Zeitspanne von 23 Jahren errechnet sich aus dem in V. 3 (und 1,2) genannten 13. Jahr Joschijas als Beginn der Wirksamkeit Jeremias und der 31 Jahre währenden Regierung Joschijas (2 Kön 22,1) „bis zu diesem Tag" im vierten Jahr Jojakims. Die Zahl 23 hat keine symbolische Bedeutung.[9] Da in dieser Zeitspanne die Worte Jeremias zur Zeit König Zidkijas (Jer 21,1–7; 24,1–10; 28f.; 32–34) ebenfalls nicht berücksichtigt sind,[10] wird deutlich, dass die Datierung in 25,1 ein literarisches Interesse verfolgt, nämlich die Verbindung mit der im vierten Jahr Jojakims angefertigten Schriftrolle herzustellen, die ebenfalls alle bisher geäußerten Worte Jeremias enthalten soll (Jer 36,1f.).[11] Beide Texte behaupten gegen die sonstige Über-

Zeit und Ort der Rede

---

7   Während Aejmelaeus (Jeremiah at the Turning Point, 469) Jer 25,3–7* als von Jer 35,14f. literarisch abhängig versteht, nimmt Thiel (Redaktion I, 267) die umgekehrte Richtung der Abhängigkeit an und interpretiert 35,14b–15 als „Auto-adaptation" des D-Redaktors, der seinen Text aus Jer 25 noch einmal zitiere.

8   S. die Einleitung, „Der babylonische Sieg bei Karkemisch im Jahr 605", S. 23.

9   Sie findet sich nur noch in der Notiz zu den drei Deportationen unter Nebukadrezzar (52,30), deren letzte in dessen 23. Regierungsjahr fällt (582 v. d. Z.); auch dies ist wohl eine aus dem literarischen Kontext errechnete Zahl ohne historischen Quellenwert; vgl. Ziemer, Benjamin, Das 23. Jahr Nebukadnezars (Jer 25,30) und die „70 Jahre für Babel": Kotjatko-Reeb, Jens u.a. (Hg.), Nichts Neues unter der Sonne? Zeitvorstellungen im Alten Testament. FS E.-J. Waschke zum 65. Geburtstag (BZAW 450), Berlin/New York: de Gruyter 2014, 188–212, 210.

10 Mit Wanke (ZBK, 224) weist nichts in 25,1–14 auf Kap. 21–24 hin.

11 So schon Duhm, KHC, 200; Carroll, Jeremiah, 490.

lieferung im Buch, Jeremia habe bereits im vierten Jahr der Regierung Jojakims alles Entscheidende gesagt, und Gottes Urteil über das Volk habe damals schon festgestanden.

Judas 70-
jähriger Dienst

Allein das Motiv eines 70-jährigen Dienstes Judas „unter den Völkern" (V. 11 LXX) bzw. für den babylonischen König (MT) begegnet hier zum ersten Mal im Buch. Im Kontext von Kap. 25 verweist es auf eine Zeitdauer des Exils, die zwei bis drei Generationen umfasst, aber die in V. 9 genannte dauerhafte Verwüstung begrenzt.

Exkurs: Verschiedene Deutungen der 70 Jahre

Eine 70-jährige Zeitspanne wird neben Jer 25,11.12 in 29,10; Jes 23,15.17; Sach 1,12; 7,5; 2 Chr 36,21 und Dan 9,2.24 genannt. Sie wird entweder als annähernd exakte, als ungefähre oder als symbolische Zahl gedeutet.[12] Beinahe exakt 70 Jahre vergehen zwischen der Zerstörung des Jerusalemer Tempels im Jahr 587 und der Einweihung des Zweiten Tempels im Jahr 515 (vgl. Sach 1,12; 7,5). Ansonsten sind die 70 Jahre nur eine ungefähre Zeitspanne. Von der Datierung in 25,1 (605 v. d. Z.) gerechnet, reicht die Zeit babylonischer Vorherrschaft bis zum Edikt des Kyros im Jahr 539 ungefähr 70 (genauer 66) Jahre.[13] Von der ersten Deportation 597 an gerechnet gelangt man in die zwanziger Jahre des sechsten Jahrhunderts, in denen Albertz mit einer ersten größeren Rückkehrgruppe aus Babylonien rechnet.[14] Jer 29,10 nennt die 70 Jahre als Dauer des babylonischen Exils und verknüpft sie mit der Ankündigung der Rückkehr ins eigene Land. Als symbolische Zahl sind die 70 Jahre in der Babylon-Inschrift des assyrischen Großkönigs Asarhaddon (680–669) als Zeitraum der Entvölkerung Babylons genannt, die jedoch vom Gott Marduk auf elf Jahre verkürzt worden sei.[15] Asarhaddons Vater Sanherib hatte das aufständische Babylon im Jahr 689 v. d. Z. völlig zerstört, sein Sohn ließ die Stadt elf Jahre später wieder aufbauen und die Inschrift anfertigen. Sie erklärt die Zerstörung mit dem Zorn des babylonischen Hauptgottes Marduk und preist ihn als Lenker der Geschichte. Da die Inschrift in aramäischen Umschriften verbreitet war, war der Gedanke einer 70-jährigen Verwüstung auch in Juda bekannt (vgl. Jes 23,15.17).

Vor diesem Hintergrund sind die 70 Jahre in 25,11 negativ konnotiert als Zeit des Exils. Eine für Juda hoffnungsvolle Perspektive eröffnet V. 12 mit dem Hinweis auf Babylons Bestrafung durch Jhwh nach diesen 70 Jahren, wie auch 29,12 auf Jhwhs Erfüllung der Rückkehrverheißung verweist.[16]

Zur Wirkungsgeschichte von Jer 25,11 und 29,10 gehören 2 Chr 36,21 und Dan 9,2.24–27. Der Chronikvers nennt Jeremias Wort explizit und interpretiert die 70 Jahre mit Blick auf Lev 25,2–7 als Sabbatjahre, in denen das Land Juda völlig entvölkert war und nicht bestellt wurde.[17] Auch Dan 9,2 verweist auf Jer 25,11 und versteht die 70 Jahre als Zeit, in denen Jerusalem in Trümmern lag. In einem langen Gebet bekennt Daniel mit Wendungen, die im Jeremiabuch häufig begegnen, die Schuld des Volkes gegenüber Jhwh, bis ihm der Gottesbote Gabriel deren tiefere Bedeutung eröffnet: Die Zahl 70 steht für siebzig Jahrwochen (70x7 = 490 Jahre), in denen Jerusalem Gräuel

---

12   So Carroll, Jeremiah, 493–495; Applegate, Jeremiah and the Seventy Years, 91–110.

13   Vgl. Duhm, KHC, 230.

14   Vgl. Albertz, Exilszeit, 103–109.

15   Vgl. Borger, Inschriften Asarhaddons, 10–29; Albani, Matthias, Die 70-Jahr-Dauer des babylonischen Exils (Jer 25,11f., 29,10) und die Babylon-Inschrift Asarhaddons: MBFSJ 17 (1999), 4–20.

16   Vgl. Appelgate, Jeremiah and the Seventy Years, 96f.

17   Applegate (Jeremiah and the Seventy Years, 97–100) versteht den Chronikvers als kreative Interpretation mehrerer Verse im Jeremiabuch.

erdulden muss bis zu Gottes Gericht über den Verwüster (9,24–27).[18] Die Deutung der Zahl 70 greift auf Bestimmungen zum Jobeljahr in Lev 25 und frühe apokalyptische Traditionen (äthHen 10,11f.; 93; 91,11–19; 4Q 180, 181) zurück. Im Hintergrund dieser Neuinterpretation stehen die Erfahrungen mit dem seleukidischen Herrscher Antiochus IV. Epiphanes (175–164 v. d. Z.), der Jerusalem in eine hellenistische Polis umwandelte und einen Altar für Zeus errichten ließ, was – aus jüdischer Sicht – eine Entweihung des Tempels darstellte.[19]

Der Zeitraum von 70 Jahren Exil wird auch bei Josephus genannt (*A.J.* 10.184; 11.2; 20.233; *B.J.* 5.389) und in der rabbinischen Literatur diskutiert.[20] In den *Paralipomena Jeremiae* (= *4 Bar.*) ist eine Erzählung überliefert: Abimelech (= der Eunuch Ebed-Melech in Jer 38f.) pflückt eines Morgens einen Korb voller Feigen (vgl. Jer 24,1–10), fällt dann aber in einen tiefen Schlaf, aus dem er erst nach 66 Jahren wieder erwacht. Er findet die Feigen jedoch unverdorben vor (*4 Bar.* 5,1 – 6,7; 7,24). Der Schlaf Abimelechs überbrückt die Zeit des Exils, aber wie die Zahl 66 zustande kommt, kann die Forschung bisher nicht einleuchtend erklären.[21]

Diachrone Analyse

Die in der Übersetzung eingeklammerten, zahlreichen Überschüsse in Jer[MT] 25,1–14 werden in der Forschung ausführlich diskutiert.[22] Dass MT gegenüber der Vorlage von LXX zahlreiche Zusätze enthält[23] und nicht etwa LXX eine Glättung darstellt,[24] lässt sich anhand zahlreicher Einzelbeobachtungen begründen.

Vergleich MT/ LXX

Auf die Wortereignisformel in V. 1 folgt in V. 3–7 LXX ein Gotteswort, das von Jeremia zitiert wird. Durch den Zusatz „ist das Wort JHWHS an mich ergangen" (V. 3aβ) in MT wird jedoch Jeremia als Sprecher eingeführt, der von seiner Wirksamkeit (V. 3) und JHWHS Prophetensendung (V. 4) erzählt.[25] Diese Änderung des Sprechers führt auch zur ungewöhnlichen Form אשכים (V. 3b) als Teil der Unermüdlichkeitsformel, die sonst nur in der Gottesrede begegnet,[26] in MT aber nun Jeremia zum Subjekt hat. Da „ihr beleidigt mich" (V. 6b) und „ihr habt nicht auf mich gehört" (V. 7a) in beiden Fassungen gleich überliefert ist und aufgrund des Inhalts nur Gottesrede sein kann, enthält MT

---

18 Vgl. APPLEGATE, Jeremiah and the Seventy Years, 106–108.

19 Vgl. COLLINS, John J., Daniel, Hermeneia, Minneapolis: Fortress 1993, 352.358.

20 Vgl. bTa'anit 23a; yTa'anit 3,9; Midr. Pss. zu Ps 126,1 und WOLFF, Christian, Jeremia im Frühjudentum und Urchristentum (TU 118), Berlin: Akademie-Verlag 1976, 113–116.

21 Vgl. HERZER, Jens, Die Paralipomena Jeremiae. Studien zu Tradition und Redaktion einer Haggada des frühen Judentums (TSAJ 43), Tübingen: Mohr Siebeck 1994, 91–100; DERS., 4 Baruch (Paraleipomena Jeremiou). Translated with an Introduction and Commentary, Leiden: Brill 2005, 12–19.82f.

22 Vgl. SCHENKER, Nebukadnezzars Metamorphose, 136–165; GOLDMAN, Prophétie et royauté, 189–211; LABERGE, Jérémie 25,1–14, 45–66; STIPP, HAT, 41–48.

23 Vgl. JANZEN, Studies, *passim*; SCHENKER, Nebukadnezzars Metamorphose, 149–157; GOLDMAN, Prophétie et royauté, 202.216; LABERGE, Jérémie 25,1–14, 62; STIPP, Sondergut, 111–119; DERS., HAT, 42; CARROLL, Jeremiah, 490; WANKE, ZBK, 224. Einen Überblick über die ältere Forschung gibt McKANE, ICC, 618–621.

24 So THIEL, Redaktion I, 264–266; FISCHER, Georg, Jer 25 und die Fremdvölkersprüche: Bib. 71 (1991), 474–499, 481–485.

25 So auch FINSTERBUSCH/JACOBY, MT-Jeremia 25–52, 24f.

26 Vgl. JANZEN, Studies, 100 und Jer 7,13.25; 11,7; 26,5; 29,19; 32,33; 35,14f.; 44,4.

in V. 6 erneut einen abrupten Sprecherwechsel und muss diesen durch Zusatz der Zitationsformel und Wiederholung des Vorwurfs „um mich zu erzürnen" in V. 7b unterstreichen. Der Grund für die Zusätze und Änderungen des Sprechers in MT ist wahrscheinlich, dass durch die 23 Jahre des Redens Jhwhs zu Jeremia in V. 3 auch die Prophetensendung (V. 4) auf diese Zeitspanne beschränkt erschien. Die prämasoretischen Bearbeiter versuchten die beiden Sachverhalte voneinander zu trennen, was zu den abrupten Sprecherwechseln führte.[27] Außerdem wiederholten sie den in LXX doppelt bezeugten Vorwurf „ihr habt nicht auf mich gehört" (V. 4a.7a) noch zweimal (V. 3b.8b), um die Schuld Judas zu betonen.

Während in der LXX-Fassung, wie in Jer 1–19, jeglicher Bezug auf die Babylonier fehlt, sind sie und ihr König Nebukadrezzar in MT mehrfach genannt (V. 1b.9.11.12). LXX kündigt nur Juda und seinen Nachbarn Unheil an (V. 9a.11b), während MT in V. 11b von der Unterjochung der Völker durch den babylonischen König spricht. Angesichts des Babelschweigens in Jer 1–19 ist es einfacher anzunehmen, dass die Babylonier nachgetragen wurden, als zu begründen, warum die griechischen Übersetzer sie gerade an dieser Stelle gestrichen haben sollten.

Zwar ist die Korrelation des vierten Jahres Jojakims mit dem ersten Jahr Nebukadrezzars im prämasoretischen Zusatz V. 1b historisch nicht ganz korrekt.[28] Aber sie unterstreicht die Bedeutung der Schlacht bei Karkemisch, die auch im Wort gegen Ägypten explizit genannt wird (46,2). In MT wird Jer 25,1–14 so zur „Botschaft des Propheten zum *Regierungsantritt Nebukadnezzars*".[29]

Der Ehrentitel „Knecht Jhwhs" für Nebukadrezzar begegnet nur im MT an drei Stellen (25,9; 27,6; 43,10). Im Kontext von Jer 25 steht diese Charakterisierung in einer doppelten Spannung, einerseits zum prämasoretischen Einschluss des Königs in das Gericht (V. 12b), andererseits zur Nennung der Prophet*innen als „meine Knechte" (V. 4). Angesichts der Ankündigung des zerstörerischen Wirkens des Feindes würde man eher die Bezeichnung als „Zuchtrute" (vgl. Jes 10,5) oder „Waffe Jhwhs" (Jer 51,20) erwarten.[30] Für die prämasoretischen Bearbeiter, die Jahrhunderte nach der Zerstörung Jerusalems lebten, war diese Gewalt aber fern und die Verwendung des Knechtstitels für den Befreier Kyros (Jes 45,1) konnte ihnen als Vorbild dienen. Aus späterer Perspektive – auch der heutigen – sendet Jhwh, nach MT, den „Knecht" Nebukadrezzar als Zerstörer, weil das Volk nicht auf die prophetischen „Knechte", die Umkehrprediger*innen, gehört hat.[31] Da der babylonische König einerseits explizit in die Unheilsdrohung einbezogen wird (V. 12b.14), andererseits aber den Ehrentitel „Knecht" erhält, ist von mindestens zwei verschiedenen prämasoretischen Händen auszugehen.[32]

Der „Aufstieg" Nebukadrezzars vom Feind Judas zum Knecht Jhwhs wird durch weitere Textänderungen unterstrichen. Die LXX-Fassung kündigt das Kommen einer Sippe von Norden an, die Juda und seine Nachbarn mit Krieg und Zerstörung überzieht (V. 9) und zu einem 70-jährigen Dienst Judas „unter den Völkern" führt (ועבדו בגוים, V. 11), was als Hinweis auf deren Leben in Babylonien und Ägypten verstanden werden kann. Auch ohne explizite Nennung des Feindes ist deutlich, dass es sich bei dieser Sippe um die Babylonier handelt (vgl. 26,24 LXX). Die Erweiterung der Ankündigung auf „alle Sippen des Nordens" (so auch 1,15; 15,3) in MT macht die Babylonier stärker und passt zu ihrer Einschreibung als Nutznießer des Dienstes in V. 11: „diese Völker werden dem König von Babel dienen". 70 Jahre werden auch in Jer 29,10 als Zeitraum

---

27 So mit Stipp, Sondergut, 114; ders., HAT, 50f.

28 S. die Einleitung, „Nebukadrezzars Krieg gegen Jerusalem", S. 25.

29 Schenker, Nebukadnezzars Metamorphose, 153 (Hervorhebung im Original).

30 So Aejmelaeus, Jeremiah at the Turning Point, 471.

31 Mit Goldman, Prophétie et royauté, 208; Carroll, Halfway through a Dark Wood, 81.

32 Vgl. Stipp, HAT, 42.48.

des Exils für die nach Babylonien Verschleppten genannt. Im Kontrast dazu versteht 25,11 MT die 70 Jahre als Zeit der Herrschaft Babels über die Völker. Erneut ist es wahrscheinlicher anzunehmen, dass die Ausweitung von Babylons Herrschaft in MT jünger ist, als zu postulieren, die griechischen Übersetzer, die sonst sehr wortgetreu vorgingen, hätten an dieser Stelle Babylons Herrschaft absichtlich übergangen. Das Motiv des Dienstes für andere Völker wird in dem nur in MT belegten V. 14 auch auf die Babylonier selbst angewendet, denen nach 70 Jahren das gleiche Schicksal bevorsteht.

Worauf aber bezieht sich das zweimal nur in MT belegte Demonstrativpronomen „diese (Völker)" in V. 9b.11a? Es hat im unmittelbaren Kontext keine Bezugsgröße und ist nur sinnvoll als Verweis auf die Völkerliste des folgenden Selbstberichts über den Zornbecher (V. 17–26 MT). Da die Liste in der Vorlage von LXX in Kap. 32 stand, setzt die Zufügung des Demonstrativpronomens die Umstellung der Fremdvölkerworte und der Becherperikope in MT voraus. Auch der MT-Zusatz in V. 14 macht nur Sinn, wenn die Verse 11–13 nicht mehr als Einleitung zu den Fremdvölkerworten dienen.[33]

Damit bildet der in Jer^{LXX} 25,1–13bα überlieferte Text die Grundlage für weitere literarkritische Differenzierungen. Auch dieser Text ist nicht frei von Spannungen: So stehen in V. 1aα und V. 2 zwei Relativsätze zum Bezugswort הדבר unverbunden nebeneinander. Die Adressatenangabe „das ganze Volk" in V. 1 wird in V. 2 noch einmal genannt und um die Bewohner*innen Jerusalems ergänzt. Außerdem begrenzt die Zeitspanne von 23 Jahren nicht nur Jeremias Verkündigung in V. 3, sondern auch den Rückblick auf Jhwhs unermüdliche Prophetensendung in V. 4, so dass Letztere erst mit Jeremia zu beginnen scheint.[34] Während V. 4.5–7 nur die Judäer*innen anklagt, bricht nach V. 9aβ das Unheil auch über deren Nachbarn herein. Zeitlich steht die unbegrenzte Dauer der Verödung für Juda (vgl. עולם, V. 9b) in Spannung zu den in V. 11 genannten 70 Jahren und wird in V. 12f. sogar noch durch die Heimsuchung auch „jenes Volkes", also der Babylonier abgemildert. Hinzu kommt, dass die Jeremiaworte auf der Schriftrolle durch die Apposition על־הארץ ההיא „über jenes Land" in V. 13aα als Worte gegen den Feind identifiziert werden, obwohl sich nur Jer 27,7 und 50f. tatsächlich gegen Babylon wenden.

Vorexilisch	Exilisch	Nachexilisch
	25,1aα.3b*.4.5–7a.8–10.13a*.bα R^{GÄ}	25,1aβ–3*.9aβ.13bβ R^{Völker}
	25,11f.13a [על־הארץ ההיא] R^{Gola}	

Die Spannungen lassen sich erklären, wenn man die Datierung in V. 1aβ–3*, die Ausweitung der Strafansage auf die Nachbarvölker (V. 9aβ) und „jenes Volk" (V. 12), die zeitliche Beschränkung der Knechtschaft in V. 11 und den Verweis auf „jenes Land" in V. 13a als sekundär versteht. Nach dem Vorspann, der Gottes unermüdliche Prophetensendung betonte (V. 1aα.3b*.4), enthielt die Rede zunächst nur den Schuldaufweis gegen Juda, es habe nicht gehört und fremde Gottheiten verehrt (V. 5–7a), weshalb ihm das Ende aller Feste, Verödung und fortwährende Schmähung angedroht werden (V. 8–10.13a*). Die Rede teilt das

Exilische Grundschicht

---

33 So mit Stipp, Sondergut, 118.

34 Vgl. McKane, ICC, 622; Aejmelaeus, Jeremiah at the Turning Point, 467. Die Spannung wird verstärkt durch die w^{e}qatal-Form in V. 4 (imperfektiv), während Jeremias Reden in V. 3 perfektiv ausgedrückt wird; vgl. Stipp, HAT, 44.

Babelschweigen, da sie den Feind als „eine Sippe von Norden" (V. 9a* LXX) bezeichnet. Diese plakative Summierung der Botschaft Jeremias schloss einmal das Buch mit dem Satz „alles, was in dieser Schrift(rolle) geschrieben steht" (V. 13bα) ab. Als Prosarede in dtjer Sprache mit Umkehrforderung und genereller Schuldzuweisung an Juda ist sie ein Paradetext der geschichtsätiologischen Redaktion, die eine erste Ausgabe des Jeremiabuches verantwortete und die Katastrophe als Folge von Judas fortgesetztem Ungehorsam und Abkehr von Jhwh zu erklären suchte.

25,11f.
Judas 70-
jähriger Dienst
Eine erste Fortschreibung erfuhr dieser Text in V. 11f. (LXX). Sie begrenzt Judas immerwährende Ödnis (vgl. V. 9) auf 70 Jahre Dienst unter den Völkern und kündigt „jenem Volk", d. h. den Babylonier*innen, nach dieser Frist Verheerung und Knechtschaft an. Auch diese Prophetie nennt Babylon nicht namentlich, greift jedoch den traditionellen, mit dem Schicksal Babylons verknüpften Gedanken einer 70-jährigen Unheilsperiode auf.[35] Da sie nicht eingetreten ist – Babylon wurde 539 von den Persern nicht zerstört –, muss sie noch vor diesem Datum eingefügt worden sein und drückt zum Zeitpunkt ihrer Einschreibung lediglich die Hoffnung auf Jhwhs Geschichtsmächtigkeit aus. Um die Verse besser in den Text zu integrieren, wurde wohl auch das Demonstrativpronomen in V. 13 geändert, denn „jenes Land" verweist, analog zu „jenes Volk" (V. 12), auf Babylonien.[36] Aufgrund der Hoffnung auf ein Ende des Exils in Babylonien können diese Verse am ehesten der golaorientierten Redaktion zugewiesen werden, auch wenn sie die typischen Aussagen dieser Bearbeitung nicht enthalten.

Umbau zum
Scharniertext
Nach der Erweiterung von Jer 1–25* um den zweiten Buchteil, der entsprechend LXX zunächst die Fremdvölkerworte inklusive der Worte gegen Babel, die Seraja auf eine Rolle schreiben und im Eufrat versenken soll (Jer^LXX 28,60–64), und einige Erzählungen über Jeremia enthielt, wurde der Text zum Scharniertext umgebaut. Der Satz „was Jeremia gegen die Völker prophezeit hat" (V. 13bβ = Jer^LXX 25,14) verweist auf diese Orakel, und durch den Zusatz von „und über alle Völker ringsum" (V. 9aβ) werden die anderen Völker in die Unheilsansage einbezogen. Diese Bearbeitung fügt wohl auch die Datierung in V. 1aβ–3* ein, die mit dem vierten Jahr Jojakims auf Jer 36,1 verweist und den Zeitraum von 23 Jahren aus dem in V. 3 genannten 13. Jahr Joschijas errechnet. Somit wird „was in dieser Schriftrolle geschrieben steht" (25,13bα) mit der in Jer 36,2–4 angefertigten Schriftrolle identifiziert. Da Jer 36 aber nach Stipp aus frühnachexilischer Zeit stammt,[37] kann diese Bearbeitung auch erst in die frühnachexilische Zeit datiert werden. Aufgrund des Interesses am Schicksal der Fremdvölker ist sie wohl Teil der Völker-Redaktion. Sie verleiht Jer 25 seine Janus-Gestalt, die nun Jeremias Unheilsbotschaft an Juda zusammenfasst und zugleich die Fremdvölkerworte einleitet.[38]

Prämasoreti-
sche Erweite-
rungen
Erst die prämasoretischen Bearbeiter brechen das Babelschweigen und fügen mehrfach Titel und Namen der babylonischen Feinde ein (V. 1b.9.12). In 25,1–14 füllen ihre zahlreichen Zusätze nicht bloß mechanisch auf, sondern sind teilweise, wie oben gezeigt, programmatisch: So kündigt V. 14 Jhwhs Vergeltung für Babylon nach dem Maß von dessen Tun an und verweist damit, wie auch die Demonstrativpronomen „diese (Völker)" in V. 9.11, auf die nun in 25,15–38 platzierte Becherperikope. Im Kontrast dazu

---

35   S. o. den Exkurs „Verschiedene Deutungen der 70 Jahre", S. 428.
36   Vgl. Stipp, HAT, 45.49.
37   Vgl. Stipp, HAT, 35f. (als Text der patrizischen Redaktion).
38   Zum Begriff „Janus-like structure" vgl. Carroll, Halfway through a Dark Wood, 74.

wird in V. 9 Nebukadrezzar – wohl von einer anderen Hand – ehrenvoll zum Knecht Jhwhs erklärt. Die prämasoretischen Zusätze setzen die Umstellung der Fremdvölkerworte von der Buchmitte (LXX) an das Buchende voraus, insbesondere die Endstellung der Worte gegen Babylon und die Symbolhandlung mit der im Eufrat versenkten Schriftrolle (51,60–64), die den Untergang der Großmacht drastisch beschreiben.

Synthese

Jer 25,1–13 bringt die Unheilsbotschaft für Juda aus Kap. 1–24* noch einmal auf einen kurzen Nenner. Die in LXX erkennbare Grundschicht der an Jeremia gerichteten Gottesrede (V. 1aα.3b*.4–7a.8–10.13a*.bα) ist zwar rhetorisch als Wort an das vorexilische Juda gestaltet, präsentiert aber sprachlich und ideologisch die Sicht der geschichtsätiologischen Redaktion: Jhwh habe sein Volk durch die Sendung der Prophet*innen, seiner Knechte, unermüdlich ermahnt und zur Umkehr aufgefordert; das Volk aber habe nicht gehört, sich anderen Gottheiten zugewendet und so Jhwh beleidigt. Deshalb sende Jhwh eine Sippe aus dem Norden, die an Juda den Bann vollstrecken und das Land in immerwährende Ödnis verwandeln werde, also jeglichem Jubel und dem alltäglichen Leben ein Ende bereite. Den traumatischen Untergang Judas und Jerusalems können die exilischen Tradent*innen als in Juda Überlebende nur als Folge des eigenen Fehlverhaltens deuten, das den Zorn Jhwhs heraufbeschwor, so dass er den Feind herbeiholte. Nur eine Gottheit, die wirkmächtig ist und die Geschichte lenkt, scheint diesen traumatisierten Menschen geeignet, die Geschicke des Volkes erneut zu wenden und die zerbrochene Beziehung wieder zu heilen. Dass Jhwh Judas Unheilsperiode auf 70 Jahre Dienst unter den Völkern begrenzt und danach auch den Aggressor Babylon zur Rechenschaft zieht (V. 11f.), führt den Gedanken vom mächtigen Geschichtslenker weiter konkret aus.

Diente Jer 25,1–13* zunächst als Abschluss des exilischen Jeremiabuches, worauf der ehemalige Schlusssatz „alles, was in dieser Schrift(rolle) geschrieben steht" in V. 13bα verweist, so wird der Text danach sukzessiv zum Scharnierstück umgestaltet, das nun dieses Buch mit den Fremdvölkerworten und den Erzählungen über Jeremia verbindet. Dabei wird in frühnachexilischer Zeit die Unheilsankündigung auf die Nachbarvölker ausgeweitet und durch die Datierung ins vierte Jahr Jojakims eine Verbindung zur Erzählung über die Herstellung und Verbrennung der Schriftrolle in Jer 36 hergestellt, wobei sich zugleich im Blick auf V. 3 eine 23-jährige Wirksamkeit Jeremias ergibt.

In dieser Phase gibt es keine Hinweise auf die Umstellung der Völkerworte. Diese lässt sich erst anhand der prämasoretischen Bearbeitung erkennen, die das Babelschweigen bricht (V. 9b.11*.12*), das vierte Jahr Jojakims mit dem ersten Jahr Nebukadrezzars korreliert (V. 1b), diesen einerseits zum Nutznießer des Dienstes Judas und seiner Nachbarn erklärt (V. 11*) und andererseits den Babylonier*innen die Vergeltung ihres Tuns androht (V. 14).

Der nun in Jer 25,1–14 MT vorliegende Text hat eine Janusgestalt: Er blickt auf die Botschaft aus Kap. 1–20* zurück, ruft Jeremias Auftrag als Völkerprophet aus 1,5 in der Buchmitte in Erinnerung und präsentiert Nebukadrezzar als auserwählten „Knecht" und Werkzeug Jhwhs, der Gottes Strafgericht exekutiert. Dass die Zerstörung Judas nur der Beginn eines weltumspannenden Gerichts Gottes an den Völkern ist, wird im zweiten Teil des Kapitels dargelegt.

Jer 25,15–38: Der Zornbecher für Juda und die Völker

K1 K2 K3 K4 K5

15[a] [Ja,] so ~~spricht~~/ sprach[b] JHWH, der Gott Israels [zu mir]:

> Nimm diesen Becher voll Wein, voll Zorn[c] aus meiner Hand und gib [ihn] allen
> Völkern zu trinken, zu denen ich dich sende, 16 sodass sie [trinken,] sich erbre-
> chen und sich toll gebärden vor dem Schwert, das ich unter sie sende.

17 Da nahm ich den Becher aus der Hand JHWHS und ließ [alle] Völker trinken,
zu denen JHWH mich gesandt hatte: 18 Jerusalem und die Städte Judas und ihre[a]
{fem. sing.} Könige <und>[b] ihre Beamten – um sie zur Trümmerstätte zu machen,
zur Ödnis, zum (Anlass für) Gezisch [und zum Fluch, wie es heute ist][c] –, 19 den
Pharao, den König Ägyptens, und seine Dienerschaft und seine Beamten und
sein ganzes Volk 20 und das ganze Völkergemisch [und die Könige des Landes
Uz] und alle Könige [des Landes] der Philister, (nämlich) Aschkelon und Gaza und
Ekron und den Rest Aschdods, 21 Edom und Moab und die Kinder Ammons 22
und [alle] Könige von Tyrus und [alle] Könige von Sidon und die Könige [der
Küste][a], die jenseits des Meeres (sind), 23 und Dedan und Tema und Bus[a] und
alle mit gestutztem Schläfenhaar[b] 24 [und alle Könige Arabiens] und alle [Könige
des] Völkergemischs, die in der Wüste wohnen, 25 [und alle Könige von Simri][a]
und alle Könige von Elam und alle Könige ~~Mediens~~/ der Perser[b] 26 und alle Könige
des Nordens /~~vom Osten~~[a], die nahen und die fernen, einen nach dem anderen,
und alle Königreiche [der Erde][b], die auf dem Erdboden sind. [Der König von
Scheschach[c] aber wird nach ihnen trinken.] 27 Und sage zu ihnen:[a]

> So spricht JHWH Zebaot [, der Gott Israels]:
>
> > Trinkt, damit[b] ihr betrunken werdet und euch erbrecht und stürzt und
> > nicht mehr aufsteht vor dem Schwert, das ich unter euch sende!

28 Wenn sie sich aber weigern, den Becher aus deiner Hand zu nehmen und zu
trinken, dann sage [zu ihnen]:

> So spricht JHWH [Zebaot]:
>
> > Ihr müsst trinken! 29 Denn [siehe,] bei der Stadt, über der mein Name
> > ausgerufen wird, beginne ich, Unheil zu wirken, und gerade ihr solltet
> > da ungestraft bleiben? Ihr werdet nicht ungestraft bleiben, denn ich rufe
> > das Schwert gegen [alle] Bewohner der Erde! [– Spruch JHWHS Zebaot.]

30 Du aber sollst ihnen [alle] diese Worte prophezeien und [zu ihnen] sagen:

> JHWH brüllt[a] aus der Höhe
> > [und] aus [der Wohnung][b] seines Heiligtums lässt er seine Stimme er-
> > schallen.
>
> Er brüllt laut über seiner Weide;
> > ein Lied[c] wie Keltertreter stimmt er an[d].
>
> Zu [allen] Bewohnern der Erde
> > 31 dringt Getöse /~~Verheerung~~[a] bis ans Ende der Erde.
>
> Denn JHWH führt einen Rechtsstreit mit den Völkern,
> > geht ins Gericht mit allem Fleisch.
>
> Die Unrecht tun, ~~hat er~~/ wurden dem Schwert ausgeliefert[b] – Spruch JHWHS[c].

K1 K2 K3 K4 K5

32 So spricht Jʜᴡʜ [Zebaot]:

 Siehe, Unheil geht aus von Volk zu Volk

  und ein gewaltiger Sturm bricht los von den Enden der Erde.

33 Die von Jʜᴡʜ Erschlagenen werden daliegen an jenem Tag /[am Tag des Herrn][a], von einem Ende der Erde zum anderen Ende. [Sie werden nicht betrauert und nicht eingesammelt werden.][b] Sie werden nicht begraben, sondern zu Dünger auf dem Ackerboden werden.

34 Heult, ihr Hirten, und schreit,

  und wälzt euch[a] (im Staub), ihr Leithammel[b] der Herde!

Denn eure Zeit ist reif – zur Schlachtung!

[Ich werde euch zerstreuen.][c]

  Ihr werdet fallen wie [ein kostbares Gefäß]/ erlesene Widder[d].

35 Dahin ist die Zuflucht für die Hirten

  und das Entrinnen für die Leithammel der Herde.

36 Horch: der Aufschrei der Hirten

  und das Heulen der Leithammel der Herde!

Denn Jʜᴡʜ verwüstet ihre Weide.

37 Dann verdorren die friedlichen Weideplätze

  vor dem glühenden Zorn Jʜᴡʜs.

38 Wie der Junglöwe hat er sein Versteck verlassen.

 Ja, ihr Land wurde zur Ödnis

vor [der Glut des Unterdrückers]/ dem gewalttätigen Schwert[a]

 [und vor der Glut seines Zorns].

Anmerkungen zu Text und Übersetzung

*   Die Kommunikationsebenen sind in der Übersetzung durch Einrücken dargestellt, außerdem in 25,32–38 die parallelen Stichen. Zum System der Klammern und Kleinschreibung s. o. S. 22.

15a   Die Verszählung folgt MT = Jer^LXX 32,1–24 (nach Gö); Ra zählt den Text als 32,15–38.

15b   V. 15 setzt nur scheinbar das vorherige Gotteswort fort. MT gestaltet durch Zusatz von אלי daraus einen Selbstbericht Jeremias; vgl. 13,1; 17,19; 27,2. Bis Jer 29 übersetzt LXX die Botenformel mit τάδε λέγει κύριος, ab Kap. 30 mit οὕτως εἶπεν κύριος, worunter auch 25,15 = Jer^LXX 32,15 fällt; s. die Einleitung, „Zur Frage des Übersetzerwechsels in Jer^LXX", S. 16. Da die Passage vom Zornweinbecher in LXX am Ende der Fremdvölkerworte platziert ist, hat sie dort rückblickenden Charakter; vgl. die Vergangenheitsform zu Beginn von V. 17 (LXX und MT).

15c   Die doppelte cstr.-Verbindung in כוס היין החמה הזאת MT ist ungewöhnlich; vgl. GK § 131k. LXX bietet „nimm den Becher dieses unvermischten Weins", geht wohl auf כוס היין החמר הזה zurück, ob aufgrund einer Verlesung, oder weil der Konsum reinen, d. h. nicht mit Wasser vermischten, Weins in der antiken griechischen Kultur als barbarisch galt, ist unklar. Vgl. Fɪɴsᴛᴇʀʙᴜsᴄʜ/Jᴀᴄᴏʙʏ, MT-Jeremia 25–52, 70. Sᴛɪᴘᴘ (Sondergut, 150) hält die LXX-Variante für eine Adaptation aus Ps 75,9 und החמה in MT für eine Glosse nach dem Vorbild von Jes 51,17; vgl. ᴅᴇʀs., HAT, 60; ähnlich Wᴀɴᴋᴇ, ZBK, 229.

18a   Die fem. Suffixe beziehen sich auf das im Hebräischen weiblich konnotierte Kollektiv Juda. LXX übersetzt „den Königen Judas"; eine solche überschüssige Nennung Judas findet sich mehrfach (Jer^{LXX} 13,13; 34,1; 40,5) und ist LXX-Sondergut; vgl. Stipp, Sondergut, 150.

18b Die Kopula ist in LXX und V belegt, in MT wohl ausgefallen; vgl. BHS.

18c Die Erweiterung der sog. Katastrophenformel ist ebenso typisch für die prämasoretische Bearbeitung (vgl. Stipp, Sondergut, 101 und die Belege in Stipp, Konkordanz, 158f.) wie die Fixierung auf „heute" (vgl. 35,14; 40,4; 42,19.21; 44,2.10 und Stipp, Sondergut, 104).

22a Gemeint sind die Gebiete der phönizischen Handelsstädte im Mittelmeerraum.

23a LXX bietet den Namen „Ros" = רוז (MT בוז), eine Buchstabenverwechslung.

23b Damit sind arabische Stämme gemeint, deren Männer sich das Schläfenhaar rasieren; vgl. 9,25; 49,32 und das Verbot in Lev 19,27.

25a Wer mit „alle Könige von Simri" gemeint ist, ist unklar, da der Name nicht mehr begegnet. Analog zur Atbasch-Verschlüsselung von Scheschach für Babel in V. 26 (s. u. zu 26c) könnte es sich um ein Kryptogramm für עילם Elam handeln, das זמכי lautete, aber zu זמרי verschrieben wurde; so Janzen, Studies, 14; Stipp, HAT, 71; anders Goldman, Prophétie et royauté, 213.

25b LXX bietet „(Könige) der Perser", unterscheidet also nicht zwischen Medern und Persern.

26a LXX liest „vom Osten", wohl weil die Übersetzer die Angabe als Zusammenfassung der Feinde Judas verstehen, die geographisch präziser vom Osten kommen. Welche Lesart ursprünglich ist, ist kaum zu entscheiden, da auch MT nachträglich im Blick auf 1,15 geändert sein könnte.

26b MT הארץ ist ergänzt, wie aus dem für eine cstr.-Verbindung überflüssigen Artikel in הממלכות und der Dopplung durch den Relativsatz hervorgeht; vgl. Stipp, Sondergut, 68.

26c Hebräisch שֵׁשַׁךְ (vgl. 51,41 [MT⁺]) ist ein sog. Atbasch (אתבש), ein Kryptogramm, das auf der Reihenfolge der 22 Buchstaben des hebräischen Alphabets basiert: שׁ ist der zweitletzte und entspricht ב dem zweiten, כ ist der elfte von vorne und entspricht dem elften von hinten ל = בבל. Solche Atbasch-Verschlüsselungen treten nur im prämasoretischen Sondergut des Jeremiabuches auf; vgl. Stipp, HAT, 71. Zur Funktion des Zusatzes s. u. die diachrone Analyse.

27a Der Redebefehl leitet die Worte ein, die Jeremia beim Aushändigen des Zornbechers zu den Völkern sprechen soll; so auch Finsterbusch/Jacoby, MT-Jeremia 25–52, 73.

27b Imperativ nach Imperativ drückt den Zweck oder die Folge aus; vgl. GBH § 116f.

30a MT bietet das Verb „brüllen" mehrfach in V. 30. Gemeint ist das Brüllen des Löwen, der Jhwhs Macht symbolisiert (vgl. Hos 11,10; Am 1,2; Joel 4,16). LXX übersetzt mit χρηματίζω in der Spezialbedeutung „feierlich kundtun". Damit vermeiden die Übersetzer das theriomorphe Gottesbild; vgl. Stipp, Gottesbildfragen, 121.

30b Der Aufenthaltsort Jhwhs ist so formuliert, dass entweder das himmlische Heiligtum oder der Jerusalemer Tempel in Frage kommen. LXX gibt mit ἀπὸ τοῦ ἁγίου αὐτοῦ wohl קדשו wieder (MT ממעון קדשו); מעון ist in MT zur Verstärkung zugefügt; vgl. Stipp, Sondergut, 108.

30c Hebräisch הֵידָד wird in LXX als αιδαδ transkribiert; vgl. 48,33 = Jer^{LXX} 31,33; 51,14 (in LXX anders abgeleitet). Aus diesen Stellen und Jes 16,9f. ist ersichtlich, dass es sich um ein fröhliches Arbeitslied derer handelt, die in den Weinkeltern arbeiten.

30d LXX leitet die Verbform יענה von ענה I „antworten" ab, aufgrund des Kontexts ist aber ענה IV „anstimmen" passender; vgl. Ges¹⁸, 990. Die Pluralform des Verbs macht die Keltertreter zum Subjekt und vermeidet ein allzu anthropomorphes Gottesbild; vgl. Stipp, Gottesbildfragen, 122.

31a LXX rechnet שאון בא noch zum vorherigen Vers und übersetzt שאון mit ὄλεθρος „Verheerung" (so auch 51,55 – Jer^{LXX} 28,55), was möglich (vgl. Ps 40,3), aber selten ist. Das Wortfeld (ἐξ)ολεθρεύω/ὄλλυμι „verheeren" begegnet in den Völkerworten häufig; vgl. Finsterbusch/Jacoby, MT-Jeremia 25–52, 72.

31b LXX liest נתנו „sie wurden gegeben" anstelle von נתנם. MT stellt das Objekt als *casus pendens* voran, bietet damit die grammatisch schwierigere Lesart. Da die Übersetzer diese Formation gewöhnlich wiedergeben, ist wahrscheinlich, dass ihre Vorlage den älteren Text bewahrt hat und MT überarbeitet wurde, um Jhwhs Wirken gegen frevlerische Menschen zu betonen; vgl. Stipp, Gottesbildfragen, 122.

31c Die Zitationsformel ist in MT und LXX belegt. Sie markiert in der LXX-Fassung das Abschnittsende, weist aber in MT die letzte Aussage über die Frevelnden als Gotteswort aus.

33a LXX gibt mit ἐν ἡμέρᾳ κυρίου den *terminus technicus* יום יהוה für den Gerichtstag wieder; vgl. Joel 1,15; Am 5,18; Zef 1,7 u. ö.

33b MT steuert Aussagen aus ähnlichen Kontexten bei: לא יספדו (16,4; 22,18); לא יאספו (8,2).

34a LXX bietet „schlagt euch" und meint wohl das Schlagen auf die Brust, auch ein Trauerritus. In 6,26 wird פלש Hitp. in LXX richtig übersetzt, wohl weil באפר „im Staub" folgt.

34b Hebräisch אדירים meint die Vornehmen oder Mächtigen. Der Ausdruck אדירי הצאן ist ironisch und kommt in V. 34–36 dreimal vor. LXX bietet an allen drei Stellen „Widder der Schafe", was אילי הצאן entspricht, vmtl. im Blick auf das Satzende (s. u. zu 34d).

34c Der MT-Überschuss ותפוצותיכם ist als Nomen syntaktisch unpassend. Nach GK § 91l ist es eine Mischform aus ותפוצו „ihr werdet zerstreut werden" und והפיצותיכם „ich werde euch zerstreuen". Die Glosse erklärt wohl das folgende Motiv der Gefäße in MT, das nicht in den Kontext passt und bereits eine sekundäre Lesart darstellt (s. zu 34d); vgl. McKane, ICC, 652.

34d LXX οἱ κριοὶ τῶν προβάτων „erlesene Widder" geht auf כאילי חמדה zurück, was gut zur Metapher der Herde und zum Motiv des Schlachtens passt und wohl die ursprüngliche Lesart darstellt. MT ככלי חמדה „wie ein kostbares Gefäß" (vgl. Hos 13,15; Nah 2,10) ist wohl eine Verschreibung, die auf das Zerbrechen irdener Krüge anspielt (vgl. 18,4; 19,11). Die von Ehrlich vorgeschlagene Konjektur zu בבלי חמלה „ohne Schonung" (vgl. BHS; Rudolph, HAT, 166) ist weder notwendig noch von den Versionen gestützt. Spätere Schreiber sahen sich genötigt, mit ותפוצותיכם [MT⁺; s. o. zu 34c] das im Kontext unpassende Gefäß im Sinne verstreuter Scherben zu erklären; vgl. McKane, ICC, 652f.

38a LXX ἀπὸ προσώπου τῆς μαχαίρας τῆς μεγάλης liest wohl מפני חרב היונה (MT מפני חרון היונה); so auch an den Parallelstellen (46,16 = Jer^LXX 26,16; 50,16 = Jer^LXX 27,16). Über die genannten Stellen hinaus ist ינה Qal „gewalttätig sein" nur noch in 22,3 belegt. Da die Übersetzer das Partizip היונה nicht auf diese Wurzel bezogen, ist die Wiedergabe mit τῆς μεγάλης eine Verlegenheitslösung; vgl. Stipp, Sondergut, 33f. Dennoch bewahrt LXX den älteren Text, da im Hebräischen das fem. Partizip היונה nicht zum masc. Nomen חרון passt, also nicht attributiv verstanden werden kann. Daher liest McKane (ICC, 654–656) הַיּוֹנָה „der Unterdrücker".

Synchrone Analyse

Ab Jer 25,13 bieten LXX und MT unterschiedliche Texte. In LXX bildet der Satz „was Jeremia gegen die Völker prophezeit hat" (25,13bβ) zusammen mit der Wendung „die von Elam" (ὅσα ἐπροφήτευσεν Ιερεμιας ἐπὶ τὰ ἔθνη τὰ Αιλαμ) die Überschrift zu den Fremdvölkerworten. Jeremia spricht diese selbst, worauf auch die Formulierung aus dem zweitplatzierten Ägyptenwort bei der Erwähnung des Tages „für den Herrn, *unseren* Gott" (Jer^LXX 26,10) verweist.[39] Jeremias Rede reicht bis zur Becherperikope, die in Jer^LXX 32,1–24 die Völkerworte abschließt. Das Elam-

Rhetorik in LXX/MT

---

39 Vgl. Finsterbusch/Jacoby, Völkergericht, 42.

wort (25,15 – 26,1) bezieht sich auf die Perser, die in der Völkerliste in Jer^{LXX} 32,25 anstelle der Meder (Jer^{MT} 25,25) genannt sind.[40]

Demgegenüber bietet MT die Becherperikope in Jer 25,15–38 getrennt von den Fremdvölkerworten, die an das Buchende gerückt wurden.[41] Da diese mit den Worten gegen Babel als Klimax und der Symbolhandlung des Versenkens einer Schriftrolle im Eufrat (51,59–64a) enden, konnte sie dort nicht mehr untergebracht werden und wurde mit der ursprünglichen Einleitung zu den Fremdvölkerworten verbunden.[42] In MT werden die Völkerworte mit einer neuen Überschrift in 46,1 eröffnet, sodass ein neuer Buchteil entsteht, durch den die Stimme des Bucherzählers leitet.[43]

In rhetorischer Hinsicht unterscheiden sich beide Fassungen der Perikope nur minimal: In LXX setzt sie mit der Botenformel in abgeleiteter Funktion ein, präsentiert also Jhwhs Auftrag an Jeremia (32,1f.). Danach erzählt Jeremia dessen Ausführung (32,3–12) und zitiert die weiteren Worte Gottes (32,13–24). In MT ist sie durchgängig als Selbstbericht Jeremias gestaltet. Beide Fassungen listen die Völker einzeln oder in Gruppen auf (25,19–26 = Jer^{LXX} 32,5–12), wobei die Zerstörung Judas als Beispiel für Jhwhs umfassenderes Zerstörungswerk dient (25,18.29).

Gattung   Der in Prosa formulierte Selbstbericht Jeremias über einen göttlichen Auftrag (V. 15f.), dessen Ausführung (V. 17–26) sowie drei weitere Redeaufträge Jhwhs (V. 27aα.28bα.30a) bietet ab V. 30b (mit Ausnahme von V. 33) ein poetisches Zitat Gottes.

> Einige Kommentare bezeichnen Jer 25,15–38 als *Vision* vom Taumelbecher, aber der Text bietet keinerlei Hinweis auf ein visionäres „Sehen" analog zu 1,4.10.[44] Diese Gattungsbestimmung versucht einerseits das Problem zu umgehen, dass Jeremia in V. 17 die Ausführung des Befehls erzählt, die an die Völker gerichteten Worte (V. 27. 28b–29.30–38) aber das Unheil erst für die nahe Zukunft ankündigen. Sie basiert andererseits auf der Beobachtung, dass die für Jhwhs Kommen zum Gericht gebrauchte Terminologie in V. 30–31a sonst in Theophanieschilderungen begegnet. Diese Aspekte begründen allerdings keine Zuordnung zur Gattung Vision. Vielmehr wird hier, wie bei der Symbolhandlung mit dem Lendenschurz (Jer 13,1–11), eine Handlung erzählt, die deutende Gottesworte in direkter Rede formuliert und damit auf die Leser*innen zielt, die Gottes Intention direkt übermittelt bekommen. Zwar erinnert das Trinken des Zornweins an das Ordal des Fluch wirkenden Wassers, das die Schuld einer des Ehebruchs angeklagten Frau ans Licht bringen soll (vgl. Num 5,12–31).[45] Jer 25 beschreibt jedoch kein Ritual, sondern eine einmalige, für einen bestimmten Kontext erdachte Handlung. Hinzu kommt, dass beim Zornbecher das negative Ergebnis von Beginn an feststeht.[46] Als Zeichenhandlung macht das beschriebene Geschehen ebenfalls keinen Sinn, weil die Völker weder als Trinkende noch als Publikum greifbar sind. So kann der mit Wein gefüllte Becher nur in der Imagination der Leser*innen zum Symbol für

---

40 Vgl. Finsterbusch/Jacoby, Völkergericht, 41.44f.

41 S. die Einleitung, „Die Position der Fremdvölkerworte in Jer^{LXX} und Jer^{MT}", S. 19.

42 So mit Finsterbusch/Jacoby, Völkergericht, 48f.

43 S. die Einleitung, „Die Kommunikationssituation in Jer^{LXX} und Jer^{MT}", S. 17.

44 Gegen Duhm, KHC, 203; Rudolph, HAT, 163. Letzterer hält das Ganze für eine Vision, weil das Geschehen real nicht vollziehbar sei. Auch Lundbom (AB 21B, 256) spricht von „vision report". Vgl. Huwyler, Jeremia und die Völker, 351f.; anders aber 365f.

45 Vgl. McKane, ICC, 635.

46 Mit Dubach, Trunkenheit, 254.

den Gotteszorn werden, der die Völker taumeln und stürzen lässt. Mit der Metapher „der Weinbecher ist gefüllt mit Gottes Zorn" (V. 15) illustriert Jeremias Bericht den Niedergang der Völker als Folge übermäßigen Weingenusses. Gleichzeitig verweist das dreimal genannte Schwert, das JHWH sendet (V. 16.27.29), auf den realen Hintergrund des Krieges.

In einer Kultur wie der des antiken Israel, in der Gastmähler und Tafelrunden wichtige soziale Veranstaltungen sind, die u. a. den gesellschaftlichen Status einer Familie anzeigen, ist der Weinbecher zunächst positiv konnotiert (vgl. Ps 23,5; Jer 16,7). Die positiven wie die negativen Folgen des Weingenusses werden in der Hebräischen Bibel ausführlich beschrieben.[47] Das Motiv des mit berauschendem Trank gefüllten Bechers wird als Gerichtsszene stets mit Blick auf Kollektive gebraucht, mit denselben Folgen, die auch übermäßiger Weingenuss hervorruft: Trunkenheit (Jer 25,27; 51,7; Klgl 4,21; Ez 23,33), taumeln (Jes 51,17.22; Sach 12,2), erbrechen (Jer 25,16.27; 48,26), entblößen (Klgl 4,21; Hab 2,16), sich toll gebärden (Jer 25,16; 51,7; Jes 51,20; Nah 3,11), stürzen (Jer 25,27), bis hin zum Tod (Jer 51,39.57). Die Vorstellung, dass Gott Menschen betrunken macht, hat keine altorientalischen Vorbilder.[48] Sie drückt den von Gott absichtlich herbeigeführten Kontrollverlust aus. In Jer 25 wird die Metapher so verwendet, dass der Wein die Völker wehrlos macht, während das von JHWH gesandte Schwert das Unheil vollstreckt (V. 16b).

Das Becher-motiv

Die Liste der Fremdvölker (גוים), die den Zornbecher trinken, beginnt überraschender Weise mit Jerusalem und Juda (V. 18), deren Zerstörung mit Stichworten der Katastrophenformel[49] wie „Trümmerstätte" (7,34; 22,5; 25,9), „Ödnis" (4,7; 25,9.11; 46,19), „Anlass für Gezisch" (19,8; 25,9) näher beschrieben wird. Außerdem werden die Könige und deren Beamte als Hauptverantwortliche eigens genannt. Im MT nachgetragen ist die Deutung, dass diese Zerstörung Folge eines Fluchs ist, dessen Wirkung bis in die Gegenwart andauert.

Die Völkerliste

Die Reihe der Fremdvölker wird – wie auch in Jer^MT 46,2–28 – von Ägypten angeführt (V. 19), wobei der Pharao, sein Hofstaat und sein Volk eigens genannt werden. Der in V. 20 mit „Völkergemisch" übersetzte Begriff עֵרֶב bezeichnet die Gruppe, die Israel schon beim Exodus begleitete (Ex 12,38 ἐπίμικτος, vgl. Num 11,4; Neh 13,3; Ez 30,5). Es wird hier und in 50,37 (= Jer^LXX 27,37) genannt. Da die hebräische Vorlage nur den Konsonantentext bot, übersetzt LXX sowohl עֵרֶב als auch עֲרָב „Araber, Beduinen" (V. 24) mit τοὺς συμμίκτους „die Gemischten" und denkt wohl an die verschiedenen Ethnien, die in hellenistischer Zeit als Siedler*innen, Söldner und Handel Treibende in Ägypten lebten.[50] Der Überschuss in MT „und den Königen des Landes Uz" deutet עֲרָב als Hinweis auf arabische Stämme und rechnet diesen auch Uz in Aram zu (Gen 10,23; Hiob 1,1).[51]

25,19 Ägypten

An zweiter Stelle stehen die Philister (V. 20) mit ihren Städten Aschkelon, Gaza, Ekron und dem „Rest Aschdods". Letzteres verweist wohl auf die Zerstörung Aschdods im Jahr 635 v. d. Z. durch den ägyptischen Pharao Psammetich I.

25,20 Philister

---

47   Vgl. den Überblick bei DUBACH, Trunkenheit, 128–150.192–201.
48   Vgl. DUBACH, Trunkenheit, 258; STIPP, HAT, 68.
49   Alle Belege bei STIPP, Konkordanz, 158f.
50   Vgl. MCKANE, ICC, 637; LUNDBOM, AB 21B, 261. Das Targum paraphrasiert mit „die Hilfstruppen", denkt an fremde Söldner, die z. B. auf der Nilinsel Elephantine lebten.
51   So schon DUHM, KHC, 204; MCKANE, ICC, 637f.

(664–610).[52] Auch in der MT-Fassung der Fremdvölkerworte stehen die Philister an zweiter Stelle (47,1–7); dort werden aber nur die Städte Gaza und Aschkelon erwähnt.

25,21
Edom, Moab, Ammon
An dritter Stelle firmieren Edom, Moab und Ammon als Gruppe der östlichen Nachbarn Judas (V. 21). In den Fremdvölkerworten (MT) werden sie in anderer Reihenfolge erwähnt: Moab (48,1–47), Ammon (49,1–6) und Edom (49,7–22).

25,22
Phönizier
Den vierten Platz der Liste nehmen die phönizischen Städte ein, für die keine Fremdvölkerworte überliefert sind. Genannt sind die Stadtkönige von Tyrus und Sidon sowie diejenigen „jenseits des Meeres", womit die phönizischen Kolonien rund um das Mittelmeer gemeint sind. Das masoretische Textplus „(Könige) der Küste" erklärt, dass auch die Handelsniederlassungen Küstenorte sind. Außerdem bietet MT zweimal „alle", um Jhwhs Gericht an den phönizischen Handelsstädten als umfassend darzustellen.

25,23f.
Arabische Stämme
Die Oasenstädte Dedan, Tema und Bus (V. 23f.) repräsentieren die Stämme der arabischen Halbinsel, die hier und in 9,25; 49,32 als „die mit gestutztem Schläfenhaar" und „die in der Wüste wohnen" charakterisiert werden.

> Dedan, heute *al-ʿUlā*, liegt im Nordwesten der arabischen Halbinsel im Hejaz und war seit der Mitte des achten Jahrhunderts v. d. Z. ein Zentrum des Karawanenhandels.[53] Die Bewohner*innen Dedans werden als Handelsvolk (Jes 21,13; Ez 27,15.20; 38,13) und in Jer 49,8; Ez 25,13 zusammen mit Edom erwähnt.
>
> Die Oasenstadt Tema, heute *Tajmāʾ*, liegt ca. 120 km nordöstlich von Dedan und ist im neunten bis fünften Jahrhundert v. d. Z. inschriftlich breit bezeugt als Schnittpunkt der Karawanenrouten nach Syrien und zum Mittelmeer, nach Süd- und Ostarabien sowie Mesopotamien.[54] Der letzte babylonische König Nabonid soll zehn Jahre in Tema verbracht und dort den Mondgott Sin verehrt haben, was ihm die Gegnerschaft der Priesterschaft des Marduk-Tempels von Babylon einbrachte, die im Jahr 539 Kyros als Befreier begrüßte.[55] Dedan und Tema waren in persischer Zeit Sitz eines Gouverneurs.
>
> Bus, von LXX zu „Ros" verlesen, liegt im Osten der arabischen Halbinsel und ist wohl das im Feldzugsbericht Asarhaddons aus dem Jahr 667 erwähnte *Bâzu*.[56] Hiobs vierter Freund Elihu ist Busiter (Hiob 32,2.6). Der Brauch der männlichen Bewohner der arabischen Halbinsel, sich das Haar an den Schläfen zu rasieren, wird im Jeremiabuch als Merkmal genannt, das sie von Israels Männern unterscheidet, die es wachsen lassen (vgl. Lev 19,27). Aufgrund dieses Kennzeichens und der Erwähnung von Kamelen ist eindeutig, dass sie mit den Bewohner*innen Kedars im Völkerwort über Kedar/Hazor (Jer 49,28–33) zu identifizieren sind. Die MT-Überschüsse in 25,24 identifizieren die Genannten als Araber und weisen sie ebenfalls als Könige aus.

---

52 Vgl. McKane, ICC, 638; die Zerstörung wird von Herodot (*Hist.* 2.157) berichtet, allerdings mit mancher Übertreibung.

53 Vgl. Knauf, Ernst Axel, Art. Dedan (2015), 1: Wissenschaftliches Bibellexikon im Internet; vgl. http://www.bibelwissenschaft.de/stichwort/16269/ (23.05.2018); Graf, David E., Dedan: ABD 2 (1992), 121–123.

54 Vgl. Hausleiter, Arnulf, Art. Tema (2007): Wissenschaftliches Bibellexikon im Internet; vgl. http://www.bibelwissenschaft.de/de/stichwort/33158/ (23.05.2018); Knauf, Ernst Axel, Tema: ABD 6 (1992), 346f.

55 So die dominante Geschichtsrekonstruktion auf Basis des Schmähgedichts auf Nabonid; vgl. Hausleiter, Art. Tema, 4; Knauf, Tema, 347; Veenhof, Geschichte, 284f.

56 Vgl. Knauf, Ernst Axel, Buz: ABD 1 (1992), 794.

An fünfter Stelle folgen Elam und die Könige von Medien (MT) bzw. Persien (LXX).

25,25
Elam, Meder
und Perser

> Elam liegt östlich des Tigris am Nordrand des Persischen Golfs (heute westliches Iran) mit der Hauptstadt Susa und einer Geschichte, die bis ins dritte Jahrtausend zurückreicht. Elams Eigenständigkeit wurde im zweiten und ersten Jahrtausend immer wieder von Assyrien und Babylonien bedroht, zuletzt von Assurbanipal, der das Königreich im Jahr 646 v. d. Z. einnahm. Elam ging im sechsten Jahrhundert im persischen Weltreich auf, der Name blieb aber als Bezeichnung für eine Satrapie, die elamische Sprache als eine der offiziellen Sprachen des Perserreiches erhalten. In Gen 10,22 wird Elam als Sohn Sems, in Gen 14,1.9 als altes Königreich genannt; in den Fremdvölkerworten begegnet es neben Medien (Jes 21,2) oder Assyrien (Ez 32,22–25), aber auch allein (Jer 49,34–39 = Jer^{LXX} 25,15–19).
>
> Medien mit seiner Hauptstadt Ekbatana erstreckt sich östlich und nördlich von Elam bis zum Kaspischen Meer, Persien südlich davon entlang des Ostrands des Persischen Golfs bis zum Zagrosgebirge. Kyros II. wurde kurz nach 560 v. d. Z. Herrscher über das Gebiet der Persis und Elams und trug, wie schon sein Vater Teispes, den alten elamischen Titel „König von Anschan". Um 550 konnte er die medische Oberherrschaft Persiens abschütteln, eroberte Medien und legte so die Grundlage für das persische Weltreich, das sich um 500 nach Osten bis zum Indus, nach Westen über Kleinasien und nach Südosten über die Levante bis nach Ägypten erstreckte.[57] Nach Gen 10,2 ist Madai ein Sohn Jafets, nach 2 Kön 17,6; 18,11 Medien Teil des assyrischen Reiches. Dan 8,20 nennt die Könige von Medien und Persien nebeneinander, in Dan 9,1; 11,1 wird Darius I. aber fälschlich als Meder bezeichnet. Für Judäer*innen waren Meder und Perser kaum zu unterscheiden. Auch die griechischen Quellen sehen beide Völker als eine Einheit, was sich in der Nennung der Perser anstelle der Meder in V. 25 (nach LXX) ausdrückt. In Jer 51,28 = Jer^{LXX} 28,28 werden die Meder als Feinde und Eroberer Babels genannt.

Schließlich nennt V. 26 „alle Könige des Nordens, die nahen und die fernen" sowie alle Menschen auf dem Erdboden. Der Vers dehnt somit die durch das Schwert J$_{HWHS}$ hervorgerufene Zerstörung auf die ganze Erde aus, was das MT-Textplus „die Erde" explizit konstatiert. Nach der genauen Völkerliste erstaunt diese vage Zusammenfassung, die auf die Vorstellung vom „Feind aus dem Norden" (Jer 4–6) anspielt, aber Babylonien als Volk nicht direkt nennt. Während 1,15; 25,9 צפון מִשְׁפְּחוֹת „Sippen des Nordens" gegen Juda ankündigen, ruft 51,27 die „Königreiche" Ararat (= Urartu), Minni (= Mannai) und Aschkenas (= Ashguzai/Skythen) zum Krieg gegen Babel auf.[58] Die griechischen Übersetzer präzisieren „aus dem Osten", denn Babylonien liegt nordöstlich von Juda. Der MT-Zusatz in V. 26b ergänzt den „König von Scheschach", ein Tarnname für Babylon, um angesichts der vagen Angabe sicherzustellen, dass auch der Erzfeind Judas den Becher trinken muss und bestraft wird.[59]

25,26
Der Feind aus
dem Norden

Das von Gott bewirkte Unheil kommt also in drei Phasen: Es erfasst zuerst Juda (V. 18), dann die Völker (V. 19–25) und schließlich selbst den Vollstrecker der bisherigen Zerstörungen, Babylon (V. 26).

Jer 25,27–29 zitiert Gottesworte, die Jeremia den Völkern verkünden soll, während er ihnen den Zornbecher reicht. Inhaltlich wiederholt V. 27 die bereits in V. 16 beschriebene Funktion des Bechers: Die Völker sollen betrunken werden und durch das von J$_{HWH}$ gesandte Schwert fallen. Danach erwägt V. 28a die durchaus

25,27–29
Gottes Worte
an die Völker

---

57 Vgl. Veenhof, Geschichte, 288–296.
58 Zur Identifikation der Königreiche vgl. Lundbom, AB 21B, 265.
59 S. o. die Textanmerkung zu 25,26c.

realistische Reaktion, dass die Völker sich weigern, zu trinken. Deshalb insistiert V. 28b–29 auf dem Befehl und liefert eine Begründung nach: Wenn Jerusalem als Stadt Jhwhs den Zornbecher trinken muss, wie sollen da die anderen Völker ungestraft bleiben? Hier wird die Zerstörung Jerusalems als Beginn des Weltgerichts verstanden, dessen Durchführung Jhwhs Macht und Souveränität unterstreicht. Eine fast wortgleiche Parallele zu V. 29 findet sich im Edomwort 49,12: „Denn so spricht Jhwh: Siehe, die nicht verurteilt sind, aus dem Becher zu trinken, die müssen trinken! Du jedoch solltest ungestraft bleiben? Du wirst nicht ungestraft bleiben, du wirst trinken!" Beide Verse unterstreichen, dass das Trinken des Zornbechers nicht freiwillig geschieht, sondern Gottes Strafe darstellt. Damit schafft V. 29 einen gedanklichen Übergang zur folgenden Theophanieszene.

25,30–38
Jhwhs Welt-
gericht
Die vom Propheten zitierte Reihe von Gedichten in V. 30–38 beschreibt zunächst eine Theophanie Jhwhs, sein Erscheinen zum Gericht (V. 30f.) und, mit Botenformel davon abgesetzt, deren Wirkung auf der Erde (V. 32–38), wobei nur V. 34 die Adressat*innen direkt anspricht.

V. 30f. erinnert mit der Wortwahl an weitere Theophanietexte: Dass Jhwh aus dem Himmel bzw. seinem Heiligtum brüllend seine Stimme erhebt, hat enge Parallelen in 2 Sam 22,14; Joel 4,16 und Am 1,2. Das mit Jhwhs Erscheinen einhergehende Getöse (שָׁאוֹן) ist in anderen Stellen Kriegslärm (Jer 51,55; Jes 13,4; 17,12f.; 66,6). Auch der Vergleich mit denen, die die Kelter treten, verweist auf Jhwhs Rolle als mächtiger Krieger, denn das Zertreten der roten Trauben erinnert an ein Blutbad (vgl. Klgl 1,15; Jes 63,2f.). Außerdem führt Jhwh ins Gericht und ist dabei Ankläger (vgl. Hos 4,1; Mi 6,2) und zugleich Richter, der diejenigen, die Unrecht tun, dem Schwert ausliefert, d. h. mit dem Tod bestraft. Die Rede von „jenem Tag" (V. 33; LXX verwendet den *terminus technicus* „Tag des Herrn") greift das bekannte Motiv des Gerichtstags Jhwhs auf (Jes 2,12; 13,6.9; Ez 30,3; Joel 1,15; Am 5,18.20; Mal 3,23 u. ö.). Dass es sich um ein Weltgericht handelt, geht aus den Wendungen „bis ans Ende der Erde", „mit den Völkern" und „mit allem Fleisch" (V. 31), „von einem Ende der Erde zum anderen Ende" (V. 33) hervor. In dieser Darstellung Gottes als Weltenlenker und Richter wird deutlich, dass der Text ursprünglich die Fremdvölkerworte abschloss (in LXX). In MT hat er dagegen eine dem Lobpreis Jhwhs als Schöpfer in Jer 10,6–16 vergleichbare Funktion: Er stellt Jhwhs Unvergleichlichkeit heraus und betont, dass auch die fremden Völker seinem Gerichtshandeln unterworfen sind.

Jhwh als
Krieger und
Richter
Jhwh wird hier ganz traditionell, einerseits als starker und grausamer Krieger und andererseits als gerechter Richter, charakterisiert, in Rollen also, die für heutige Leser*innen verstörend, ja abstoßend sein können. Im altorientalischen Kontext drückt dieses Gottesbild allerdings das Vertrauen in die eigene Gottheit und die Hoffnung aus, dass sie irdische Unterdrückung und Machtstrukturen – hier die imperiale Macht Babyloniens – zerstören werde. Wenn diejenigen, die Unrecht getan haben (V. 31), sterben, besteht für diejenigen, die sich als wahre Anhängerschaft Jhwhs verstehen, die Hoffnung auf Rettung und Freispruch im Gericht. So vermittelt die Szenerie des Völkergerichts für die in der Geschichte Unterlegenen, zu denen die überlebenden Judäer*innen gehören, die Hoffnung, dass ihre Gottheit die Welt wieder in Ordnung bringt und ihnen zur Seite steht.[60]

---

60 Vgl. Brueggemann, Jeremiah, 227f.

Einen nicht-personalen Aspekt im Gottesbild steuert die Metapher des Sturms bei, der über die Völker hereinbricht (V. 32; vgl. 4,11f.; 22,22; 23,19). Mit Wendungen aus den Unheilsankündigungen gegen Juda wird hier die Situation nach dem großen Gericht Jhwhs ausgemalt: Die Erde ist voll von Erschlagenen (vgl. 8,23; 14,18) und Leichen, die nicht betrauert, nicht begraben und so zum Dünger auf dem Ackerboden werden (vgl. 8,2; 16,4).

25,32f.
Jhwh als Sturm

Die Metapher vom Hirten, der seine Herde versorgt, entstammt der altorientalischen Königsideologie und so zielt V. 34–38 auf das Ergehen der Regierenden. Die Führungspersonen werden ironisch als „Leithammel der Herde" (V. 34–36) adressiert und aufgefordert, angesichts ihres eigenen Untergangs die Totenklage anzustimmen.[61] Dabei wird ihr Versagen beschrieben: Sie können die Verwüstung ihrer Weideplätze (V. 36f.) nicht verhindern und auch selbst dem Unheil nicht entrinnen, sondern werden hingeschlachtet wie ihre Schafe (V. 34; vgl. 12,3). Alle Einzelaspekte des Hirtenmotivs werden auch andernorts im Buch mit Blick auf Juda gebraucht (5,17; 13,20): Die Regierenden Judas sind für die Zerstreuung der Herde verantwortlich (10,21; 12,10; 23,1f.); dem Volk werden gute Hirten (3,15; 23,4) und das Sammeln der zerstreuten Herde (23,3; 33,12f.) verheißen.

25,34–38
Unheil für Hirten und Weide

Mit der Drohung gegen die Hirten vermittelt Jer 25,34–38 eine zwar zerstörerische, aber im Blick auf menschliche Machtstrukturen antihierarchische Perspektive. Der Zerstörer wird in V. 38 als junger Löwe charakterisiert, der sein Versteck verlassen hat, um Beute zu machen. Dieselbe Metapher wird in 2,15 (vgl. אריה in 4,7; 5,6) für den heranrückenden Feind gebraucht. Da V. 30 aber vom Brüllen Jhwhs spricht, überlagern sich einmal mehr das Handeln des Feindes und Gottes.

Diachrone Analyse

Jer 25,15–38 ist keine literarische Einheit, was sich sowohl an der Abfolge von Prosa (V. 15–29.33) und Poesie (V. 30–32.34–38) als auch an sachlichen Divergenzen bezüglich des angekündigten Unheils zeigt.

Vorexilisch	Exilisch	Nachexilisch
25,15*–17.19–25	25,15aα*.18.26a.27–29	25,30f. 25,32.34–38bβ 25,33

In der Becherperikope fällt neben den zahlreichen Zusätzen im MT zunächst die Diskrepanz zwischen der detaillierten Völkerliste in V. 19–25 und der Ausweitung auf die gesamte Welt (V. 26) auf. Ihr Beginn in V. 15aα enthält mit der als Zitateinleitung gebrauchten Botenformel und dem Epitheton „Gott Israels" typische Kennzeichen dtjer Sprache und verweist damit auf eine Bearbeitung der Einleitung, die möglicherweise ursprünglich anders lautete. Der Befehl, die Völker den Becher trinken zu lassen (V. 15aβ.b), die Deutung (V. 16) und die Ausführung (V. 17) sind jedoch unverzichtbar für den Selbstbericht und daher der Grundschicht zuzuwei-

25,15–17.19–25
Grundschicht

---

61 Zu diesem Gebrauch der Totenklage s. o. die Auslegung zu Jer 9,16–20.

sen. Die nachträgliche Glossierung des Weinbechers mit dem Begriff „Zorn" (V. 15a)[62] interpretiert das von Gott gesandte Schwert (V. 16b) als Strafwerkzeug.

Nach Abzug der prämasoretischen Zusätze zählt die folgende Liste in V. 19–25 sowohl Staaten, Völker und Stämme als auch Könige auf, und sie verknüpft manche der Genannten, ohne dass ein bestimmtes Muster erkennbar wird. Die Anordnung folgt grob einem West-Ost-Kurs. Dazu passt nicht die Ankündigung der Zerstörung Jerusalems und Judas, die zudem die dtjer Katastrophenformel enthält (V. 18), denn Juda wird sonst nicht unter die Völker (גוים) gerechnet. Daher ist V. 18 eine spätere Zufügung, die Judas Schicksal voranstellt.

Ausschlaggebend für die Datierung der Grundschicht ist die Nennung der Philisterstädte Aschkelon, Gaza, Ekron und Rest-Aschdod (V. 20).[63] Aschdod wurde 635 v. d. Z. zerstört. Gazas Situation kann wegen fehlender Ausgrabungen nicht rekonstruiert werden. Gat fehlt in der Liste, weil es bereits um 800 von den Aramäern zerstört worden war.[64] Aschkelon wurde 604 von Nebukadrezzar bei seinem ersten Feldzug in die Levante dem Erdboden gleichgemacht und erst im späten sechsten Jahrhundert durch die Perser wiederaufgebaut.[65] Auch Ekron, das philistäische Zentrum der Ölproduktion, wurde bei diesem Feldzug teilweise zerstört.[66]

Für eine Datierung in die Zeit vor 604 spricht auch, dass den Völkern, wie in den authentischen Fremdvölkerworten,[67] keine Vergehen gegen Israel vorgeworfen und die arabischen Stämme wie in 9,25; 49,32 über ihre Haartracht identifiziert werden. Somit kann V. 15*–17.19–25 als ein auf den historischen Jeremia zurückführbarer Text verstanden werden, der unter dem Eindruck des babylonischen Sieges bei Karkemisch 605 v. d. Z. mit der bekannten Metapher des Weinbechers den Aufstieg eines militärisch überlegenen Gegners beschreibt, dessen Identität aber nicht enthüllt. Jeremia kommt die Rolle des göttlich beauftragten Mittlers zu, der die Völker auf den Krieg vorbereitet, hier im negativen Sinn des Betrunkenmachens. Die taumelnden, vom Schwert bedrohten Völker von Ägypten über die Levante bis Elam entsprechen zeitgenössischen Erwartungen der Ausdehnung des babylonischen Reiches. Juda ist nicht genannt, weil der erzählte Vorgang für judäische Adressat*innen impliziert, dass Juda aus dieser politischen Lage Schlüsse ziehen müsse: Es kann sich dem Feind unterwerfen. Wie die Ankündigungen und Klagen über den Feind aus dem Norden in Jer 4–6.8f., die ebenfalls metaphorische und reale Beschreibungen verschränken, signalisiert auch Jer 25,15*–17.19–25, dass höchste Gefahr droht. Während Juda und Jerusalem in Jer 4–6 ängstlich und schreckensstarr sind, taumeln die Völker ihrem Untergang entgegen. Diese prophetische Zeitansage zur politischen Lage um 605/4 wurde sukzessiv erweitert.

---

62   S. o. die Textkritik zu 25,15c.

63   Vgl. Stipp, HAT, 64.

64   Vgl. Ehrlich, Carl, Art. Gat (2007): Wissenschaftliches Bibellexikon im Internet, 4.2.4.; vgl. https://www.bibelwissenschaft.de/stichwort/30904/ (24.02.2020).

65   Stager, Lawrence E., Art. Ashkelon: NEAEHL 5, 1584f.

66   Vgl. Dothan, Trude/Gitin, Seymour, Art. Miqne, Tel (Ekron): NEAEHL 3, 1953.

67   In seiner forschungsgeschichtlich wegweisenden Studie zu Jer 46–49 reklamiert Huwy-ler (Jeremia und die Völker, passim) die Grundschicht der Worte über Ägypten (46,3–12.13–26), die Philister (47,2–6), Kedar/Hazor (49,28–33), Damaskus (49,23–27) und Ammon (49,3–5) für Jeremia, weist auf größere Überarbeitungen im Moab- und Edomwort hin und hält nur den Elamspruch für einen späteren Text.

Die mit dtjer Formeln überarbeitete Einleitung (V. 15a*), die Ankündigung der | **25,15a*.18.**
Zerstörung Jerusalems und Judas mittels der dtjer Katastrophenformel (V. 18) und | **26a.27–29**
die Ausweitung der Trinkenden auf alle Völker der Erde in V. 26a gehören zu einer | **JHWH straft**
exilischen Fortschreibung, die sich an das Babelschweigen hält, denn Babylon wird | **alle Völker**
unter „alle Könige des Nordens" (V. 26a) subsumiert.[68] V. 27f. wenden sich ohne
Rücksicht auf die Berichtsform abrupt mit Redebefehlen an Jeremia und zitieren
Gottesworte, die dieser an die Völker richten soll. Obwohl in V. 17 bereits der
Vollzug des Trinkens berichtet wird, bedenkt V. 28 den Fall, dass sich die Völker
weigern, den Becher zu nehmen. Dieser Gedanke versucht zu erklären, weshalb
manche doch noch nicht taumeln, sich die Erwartung noch nicht ganz erfüllt
hat. Mit Rückgriff auf V. 18 deutet V. 29 Judas Zerstörung als Auftakt für Gottes
Gerichtshandeln an der ganzen Welt. Diese erste Bearbeitung der Becherperikope
thematisiert mit den Stichworten „Trümmerstätte, Ödnis, Anlass für Gezisch" die
Zerstörung Jerusalems und verleiht der Hoffnung Ausdruck, dass auch die anderen
Völker nicht ungestraft bleiben.

Dem Umstand, dass das Gericht JHWHs über die Völker nicht gänzlich eingetre- | **25,30f.**
ten ist, trägt 25,30f. Rechnung mit einem Gedicht, das eine Theophanie schildert | **Weltgericht**
und dabei verschiedene Metaphern kombiniert, die sich in anderen Prophetenbüchern finden. Es beschreibt JHWH mythologisch als Gott in der Höhe, seiner himmlischen Wohnung, der brüllend wie ein Löwe seine Donnerstimme erschallen lässt
(vgl. Joel 4,16; Am 1,2) und einen Rechtsstreit mit „allem Fleisch" führt (vgl. Hos
4,1; Mi 6,2). Das Motiv des Keltertretens symbolisiert ein Blutbad (Jes 63,2f.; Klgl
1,15). Verurteilt werden nach V. 31b jedoch nicht mehr die Völker als ganze, sondern nur diejenigen, die Unrecht tun. Da diese Unterscheidung der nachexilischen
Tradition einer Trennung von Frevler*innen und Gerechten entspricht (vgl. Ps 37;
73; Jes 57), ist diese Fortschreibung in die nachexilische Zeit zu datieren.

Das durch die Botenformel eingeleitete Zitat Gottes knüpft mit der Metapher | **25,32.34–38**
des Sturms (V. 32) an die Theophanieschilderung an und identifiziert die in V. 31 | **Abrechnung**
genannten Frevler*innen mit den Hirten, die in der Szenerie des Weltgerichts nur | **mit den Hirten**
die Herrscher der genannten Staaten und Völker sein können (V. 34–38). Diese
Fortschreibung greift die Kritik an Israels und Judas Hirten aus Jer 2,8; 10,21;
23,1–4 auf und weitet sie auf alle Weltenlenker aus. Sie werden ironisch als „Leithammel der Herde" adressiert und wie Juda aufgefordert, Trauerriten zu vollziehen (V. 34; vgl. 6,26). Sie klagen (V. 36; vgl. 8,19; 9,18) angesichts der Ankündigung,
dass ihre Weide zerstört und sie selbst zur Schlachtung geführt werden. Nun wird
explizit vom Zorn Gottes gesprochen (V. 37)[69] und sein Handeln mit dem des
Junglöwen verglichen, der sein Versteck verlässt, um Beute zu machen (V. 38; vgl.
4,7 als Beschreibung des „Völkervernichters"). Aufgrund des weiten literarischen
Horizonts ist auch 25,32.34–38 nachexilisch zu datieren, ohne dass eine genauere
zeitliche Eingrenzung möglich ist.

In das Gedicht wurde noch später der Prosasatz V. 33 eingefügt, der mit dem | **25,33**
Stichwort „an jenem Tag" auf die Vorstellung vom Tag JHWHs (vgl. LXX) anspielt | **Totenfeld**
und dabei Wendungen aus anderen Texten aufgreift. Die vom Schwert Erschlagenen bedecken die Erde von einem zum anderen Ende (in 12,12 über das Land Israel
ausgesagt), sie werden nicht begraben, sondern zu Dünger auf dem Acker werden

---

68   Vgl. WANKE, ZBK, 231; STIPP, HAT, 66.
69   Das Stichwort „Zorn" (V. 37) motiviert wohl die Glossierung des Weinbechers in V. 15.

(vgl. 8,2; 16,4).[70] Mit der Vorstellung eines Gerichts Jhwhs am Ende aller Tage trägt der Vers einen apokalyptischen Zug ein.

Prämasoreti-
sche Erweite-
rungen

Neben der üblichen Ergänzung von Formeln (V. 29) und Epitheta (V. 27.28.32) erläutern die prämasoretischen Bearbeiter in 25,15–38 einerseits Einzelheiten der Völkerliste (V. 20.22.24.25) und verstärken andererseits die Ausrichtung von Jhwhs Strafgericht auf alle Völker (V. 17.22) bzw. die ganze Erde (V. 26.29). Angeregt durch dtjer Wendungen im überlieferten Text fügen sie weitere hinzu (V. 18 קללה; V. 33 לא יספדו ולא יאספו; V. 38 ומפני חרון אפו). Warum ein Bearbeiter in V. 26b noch das *Atbasch*-Kryptogramm Scheschach für Babylon eintrug, während andere prämasoretische Hände in 25,1.9.11.12 die Weltmacht als Vollstrecker der Zerstörung Judas offen nannten, ist unklar. Möglicherweise war er durch andere apokalyptische Texte angeregt, die für aktuell Herrschende auch gelegentlich Tarnnamen verwenden.

Synthese

Das erste exilische Jeremiabuch endete zunächst mit Jer 25,1–13, während der Selbstbericht Jeremias über den Weinbecher und dessen weitere Deutung in Kap. 32 zusammen mit den Völkerworten überliefert wurde. Erst durch die Umstellung der Völkerworte an das Buchende gelangten die Becherperikope und ihre weiteren Deutungen ins Kap. 25. Zentral für die Interpretation von Jer 25,15–38 sind die Unterschiede im Wortlaut zwischen MT und LXX sowie die neue Funktion, die dem Text durch seine jetzige Position in der Buchmitte zukommt.

Es fällt auf, dass Babylon in der Völkerliste (V. 19–26) nur unter „alle Könige des Nordens" subsumiert und in einem prämasoretischen Zusatz mit dem Tarnnamen Scheschach bezeichnet wird. Dagegen trugen die prämasoretischen Bearbeiter in Jer 25,1–14 Nebukadrezzar und sein Volk mehrfach explizit nach.

Der Weinbecher, der mit Jhwhs Zorn gefüllt ist und diejenigen, die ihn trinken, taumeln und fallen lässt (25,15–26), bezieht die Völker in die Unheilsankündigung des Buches ein und verweist damit auf die im Buch gesammelten Fremdvölkerworte. Die Grundschicht der Perikope (25,15*–17.19–25) ist wahrscheinlich ein authentischer Text Jeremias: Sie versteht den Aufstieg Nebukadrezzars zur Weltherrschaft nach der Schlacht von Karkemisch 605 v. d. Z. als Kriegsgefahr für die Staaten der Levante bis hin zu Ägypten und Elam. Dieser Text hat als Abschluss der Fremdvölkerorakel (so in LXX) erst in fortgeschrittener exilischer Zeit in das erweiterte Jeremiabuch Eingang gefunden, zusammen mit der Bearbeitung in 25,18.26–29, die Judas Zerstörung als Strafgericht Jhwhs versteht und dasselbe auch für die Völker ankündigt.

In nachexilischen Fortschreibungen wird Jhwhs Erscheinen zum Rechtsstreit mit den Völkern mit traditionellen Metaphern als Theophanie (25,30f.) beschrieben. Sein Handeln nimmt zwar weltumspannende Maßstäbe an, bestraft werden jedoch explizit nur diejenigen, die Unrecht tun (V. 31b). Welche Menschen in diesem Prozess freigesprochen und damit vor dem Tod gerettet werden, wird nicht gesagt bzw. bildet eine Leerstelle im Text. In 25,32.34–38 wird das göttliche Gerichtshandeln erneut generalisiert. Mit Hilfe der Hirtenmetapher wird den Regierenden der Tod und die Verwüstung ihrer Länder angekündigt. Der Fokus auf

---

70   Vgl. RUDOLPH, HAT, 166; MCKANE, ICC, 651; STIPP, HAT, 77.

diejenigen, die Staaten lenken, wird durch Zusätze der prämasoretischen Bearbeitung verstärkt, die in die Völkerliste weitere Könige einträgt.

Die prämasoretischen Bearbeitungen in 25,1–14 setzen die Umstellung der Völkerworte ans Buchende und damit auch die Positionierung der ergänzten Becherperikope in das Kap. 25 voraus. Sie nehmen die Völkerliste in 25,19–26 zum Vorbild für die Reihenfolge der Völkerworte. Damit entspricht die Anordnung der zweiten Hälfte des Jeremiabuches in MT der dreistufigen Abfolge des Unheils bzw. des Gottesgerichts in Kap. 25: Auf die Anklage Judas (25,18; Jer 26–45) folgen die Worte gegen die Völker (25,27–29; Jer 46–49) und schließlich gegen Babylon (25,26b MT⁺; Jer 50f.).[71] Judas Zerstörung wird so zum Auftakt für Gottes Gerichtshandeln an der ganzen Welt, das schließlich auch den Erzfeind Judas, Babylon, einschließt.

Angesichts dieser massiven weltweiten Zerstörung stellt sich die Frage nach der Funktion von Jer 25,15–38 im Buchkontext. Zunächst schlossen die Becherperikope und ihre Deutungen die Sammlung der Völkerworte ab (Jer 32,1–24 LXX). Sie stellen Jhwh als einzige Gottheit dar, die wirkmächtig die Welt und alle auf Erden Herrschenden lenkt und richtet – eine starke Gottheit, von der allein Rettung zu erwarten ist. Ein solches Gottesbild wider allen Augenschein ist für die traumatisierten Judäer*innen und ihre Nachkommen, die nach der Zerstörung Jerusalems im Exil oder in Juda lebten, eine Stütze für ihr Weiterleben und ihr Zutrauen in das eigene Handeln. Studien zu heutigen Traumaopfern zeigen, dass eine solche Selbstvergewisserung für die Bewältigung eines Traumas unerlässlich ist.

Die nachexilischen Jeremia-Tradent*innen, die unter persischer Vorherrschaft leben, verstehen den Niedergang des babylonischen Reiches als Wirken ihres Gottes, der die Taten des ehemaligen Völkervernichters angemessen vergolten hat. Dasselbe ausgleichende Urteil wird, so hoffen sie, am Ende alle menschlichen Weltenlenker und imperialen Mächte treffen, die Unrecht tun und sich frevelhaft verhalten (25,31b). Mag das für heutige Leser*innen nur ein schwacher Trost sein, so zeigt der postkoloniale Denker Homi Bhabha, wie Menschen, die Opfer imperialistischer Unterdrückung und realer Gewaltverhältnisse geworden sind, die Ambivalenz ihrer eigenen Geschichte erzählen.[72] Sie verweisen dabei häufig auf in ihrer Kultur oder Religion gepflegte Traditionen, die als widerständig gegen diese Gewalterfahrungen verstanden werden. Dazu gehören auch wunderhafte Ereignisse, die jenseits menschlicher Maßstäbe angesiedelt sind, wie das Weltgericht über alle Völker, aus dem, so die Hoffnung, nur die wahren Jhwh-Anhänger*innen gerettet werden.

---

71 Vgl. Stipp, Das eschatologische Schema, 500f.
72 Vgl. Bhabha, Nation and Narration, 1–7; s. o. die Auslegung zu Jer 21,1–10.

Verzeichnisse

Abkürzungen[1]

BINS	Biblical Interpretation Series
dtjer	deuterojeremianisch
dtr	deuteronomistisch
DtrG	Deuteronomistisches Geschichtswerk
GBH	Grammar of Biblical Hebrew (s. u. Joüon/Muraoka)
Ges[18]	Wilhelm Gesenius Handwörterbuch, 18. Aufl. (s. u. Donner)
Gö	Göttinger Septuaginta-Ausgabe (s. u. Ziegler)
GK	Gesenius/Kautzsch, Hebräische Grammatik
JSOTSup	Journal for the Study of the Old Testament Supplement Series
LHBOTS	The Library of Hebrew Bible/Old Testament Studies
LXX	Septuaginta
MT	Masoretischer Text
MT[+]	Überschuss in MT gegenüber LXX
Ra	Septuaginta-Ausgabe von A. Rahlfs (s. u. Rahlfs)
S	Peschitta (syrische Übersetzung)
T	Targum
V	Vulgata
v. d. Z.	vor der Zeitrechnung (= v. Chr., BCE)

Literaturverzeichnis

Quellen und Hilfsmittel

Biblia Hebraica Stuttgartensia, hg. v. Elliger, Karl u. a., Stuttgart: Deutsche Bibelgesellschaft ²1983.

Bieberstein, Klaus/Bloedhorn, Hanswulf, Jerusalem. Grundzüge der Baugeschichte vom Chalkolithikum bis zur Frühzeit der osmanischen Herrschaft, 3 Bde. (BTAVO.B/100,1–3), Wiesbaden: Ludwig Reichert 1994.

Borger, Rykle, Die Inschriften Asarhaddons, Königs von Assyrien (AfO.B 9), Neudruck Osnabrück: Biblio-Verlag 1967.

Brockelmann, Carl, Hebräische Syntax, Neukirchen: Verlag der Buchhandlung des Erziehungsvereins 1956.

Donner, Herbert (Hg.), Wilhelm Gesenius Hebräisches und Aramäisches Handwörterbuch über das Alte Testament, Heidelberg: Springer ¹⁸2013.

---

1 Soweit nicht in oder abweichend von Siegfried M. Schwertner (Hg.), Internationales Abkürzungsverzeichnis für Theologie und Grenzgebiete, Berlin: de Gruyter ³2016. Antike Quellen sind nach SBL Handbook of Style, Atlanta: SBL Press ²2014 abgekürzt.

EHRLICH, Arnold B., Randglossen zur hebräischen Bibel. Textkritisches, Sprachliches und Sachliches. 4. Jesaia, Jeremia, Nachdruck Hildesheim: Olms 1968.

ELLIGER, Karl/RUDOLPH, Wilhelm (Hg.), Biblia Hebraica Stuttgartensia, Stuttgart: Deutsche Bibelgesellschaft 1967/77.

GESENIUS, Wilhelm/KAUTZSCH, Ernst, Hebräische Grammatik, [28]1909, Nachdruck Hildesheim: Olms 1983.

GRAYSON, Albert K., Assyrian and Babylonian Chronicles. Texts from Cuneiform Sources 5, Locust Valley, N. Y.: J. J. Augustin Publishers 1975.

JASTROW, Marcus, A Dictionary of the Targumim, the Talmud Bavli and Yerushalmi, and the Midrashic Literature I, Frankfurt a. M.: Universitäts-Bibliothek 2010 (online).

JOÜON, Paul/MURAOKA, Takamitsu, A Grammar of Biblical Hebrew, 2 Bde. (SubBi 14/I–II), Rom: Pontificio Istituto Biblico 1996.

KEEL, Othmar (Hg.), Corpus der Stempelsiegel-Amulette aus Palästina/Israel. Von den Anfängen bis zur Perserzeit. Katalog Band V (OBO.A 35), Fribourg: Academic Press und Göttingen: Vandenhoeck & Ruprecht 2017.

———, /KÜCHLER, Max/UEHLINGER, Christoph, Orte und Landschaften der Bibel. Ein Handbuch und Studien-Reiseführer zum Heiligen Land, Bd. 1: Geographisch-geschichtliche Landeskunde, Göttingen: Vandenhoeck & Ruprecht 1984 (= OLB 1).

PIETERSMA, Albert/SAUNDERS, Marc, Ieremias: PIETERSMA, Albert/WRIGHT, Benjamin G. (Hg.), A New English Translation of the Septuagint and the Other Greek Translations Traditionally Included under That Title, Oxford: Oxford University Press 2007, 876–924.

RAHLFS, Alfred (Hg.), Septuaginta. Vetus Testamentum graece iuxta LXX interpretes, Stuttgart: Deutsche Bibelgesellschaft 1979.

STERN, Efraim (Hg.), The New Encyclopedia of Archaeological Excavations in the Holy Land, 5 Bde., Jerusalem: Carta 1993–2008 (= NEAEHL).

STIPP, Hermann-Josef, Deuterojeremianische Konkordanz (ATSAT 63), St. Ottilien: EOS 1998.

———, Textkritische Synopse zum Jeremiabuch, [14]2018; https://www.kaththeol.uni-muenchen.de/lehrstuehle/at_theol/team/emeritus/stipp/textkritische-synopse/jersyn_18_text.pdf

VONACH, Andreas, Jeremias/Das Buch Jeremia: KRAUS, Wolfgang/KARRER, Martin (Hg.), Septuaginta Deutsch. Das griechische Alte Testament in deutscher Übersetzung, Stuttgart: Deutsche Bibelgesellschaft 2009, 1288–1342.

———, Jeremias/Ieremias/Jeremia: KARRER, Martin/KRAUS, Wolfgang (Hg.), Septuaginta Deutsch. Erläuterungen und Kommentare zum griechischen Alten Testament, Band 2: Psalmen bis Daniel, Stuttgart: Deutsche Bibelgesellschaft 2011, 2696–2814.

WEIPPERT, Manfred, Historisches Textbuch zum Alten Testament. Mit Beiträgen von Joachim F. Quack, Bernd U. Schipper und Stefan J. Wimmer (GAT 10), Göttingen: Vandenhoeck & Ruprecht 2010.

WISEMAN, Donald J., Chronicles of Chaldean Kings (626–556 B. C.) in the British Museum, London: Trustees of the British Museum 1956, Nachdruck 1961.

ZIEGLER, Josef (Hg.), Jeremias – Baruch – Threni – Epistula Jeremiae (Septuaginta. Vetus Testamentum Graecum Auctoritate Academiae Scientiarum Gottingensis editum, Bd. XV), Göttingen: Vandenhoeck & Ruprecht [4]2013.

Kommentare zum Jeremiabuch

BRIGHT, John, Jeremiah (AB 21), Garden City, NY: Doubleday 1965.

BRUEGGEMANN, Walter, A Commentary on Jeremiah. Exile and Homecoming, Grand Rapids/Cambridge: Eerdmans 1998.

CARROLL, Robert P., Jeremiah. A Commentary (OTL), London: SCM 1986, Nachdruck in 2 Bdn., Sheffield: Sheffield Phoenix Press 2006.

CLEMENTS, Ronald E., Jeremiah. Interpretation, Atlanta: John Knox 1988.

CRAIGIE, Peter C./KELLEY, Page H./DRINKARD, Joel F. Jr., Jeremiah 1–25 (Word Biblical Commentary 26), Dallas: Word Books 1991 (= CRAIGIE u. a., WBC).

DUHM, Bernhard, Das Buch Jeremia erklärt (KHC 11), Tübingen/Leipzig: Mohr 1901.

FISCHER, Georg, Jeremia, Bd. 1: Jeremia 1–25, Bd. 2: Jeremia 26–52 (HThKAT), Freiburg u. a.: Herder 2005.

FRETHEIM, Terence E., Jeremiah (Smith & Helwys Bible Commentary), Macon: Smith & Helwys 2002.

HERRMANN, Siegfried, Jeremia, Lfg. 1–2 (BKAT XII), Neukirchen-Vluyn: Neukirchener 1986 und 1990.

HOLLADAY, William L., Jeremiah 1. A Commentary on the Book of the Prophet Jeremiah Chapters 1–25 (Hermeneia), Philadelphia: Fortress 1986.

KEOWN, Gerald L./SCALISE, Pamela J./SMOTHERS, Thomas G., Jeremiah 26–52 (Word Biblical Commentary 26), Dallas: Word Books 1995 (= KEOWN u. a., WBC).

LUNDBOM, Jack R., Jeremiah 1–20 (AB 21A), New York u. a.: Doubleday 1999.

———, Jeremiah 21–36 (AB 21B), New York u. a.: Doubleday 2004.

McKANE, William, A Critical and Exegetical Commentary on Jeremiah, Bd. I: I–XXV, Bd. II: XXVI–LII (ICC 24), Edinburgh: T&T Clark 1986 und 1996.

RUDOLPH, Wilhelm, Jeremia (HAT I/12), Tübingen: Mohr [3]1968.

SCHMIDT, Werner H., Das Buch Jeremia. Kapitel 1–20 (ATD 20), Göttingen: Vandenhoeck & Ruprecht 2008.

———, Das Buch Jeremia. Kapitel 21–52 (ATD 21), Göttingen: Vandenhoeck & Ruprecht 2013.

SCHREINER, Josef, Jeremia 1–25,14 (NEB), Würzburg: Echter 1981, [3]1993 (= NEB).

———, Jeremia II. 25,15–52,34 (NEB), Würzburg: Echter 1984 (= NEB).

SHARP, Carolyn J., Jeremiah 26–52 (IECOT), Stuttgart: Kohlhammer 2021 (= Jer 26–52).

STIPP, Hermann-Josef, Jeremia 25–52 (HAT I/12,2), Tübingen: Mohr Siebeck 2019.

STULMAN, Louis, Jeremiah (AOTC), Nashville: Abingdon 2005.

VOLZ, Paul, Der Prophet Jeremia (KAT 10), Leipzig: Deichert [2]1928, Nachdruck 1983.

WANKE, Gunther, Jeremia 1,1–25,14 (ZBK 20,1), Zürich: Theologischer Verlag 1995.

———, Jeremia 25,15–52,34 (ZBK 20,2), Zürich: Theologischer Verlag 2003.

WEISER, Artur, Das Buch Jeremia. Kapitel 1–25,14 (ATD 20), Göttingen: Vandenhoeck & Ruprecht 1952, [7]1976.

———, Das Buch Jeremia. Kapitel 25,15–52,34 (ATD 21), Göttingen: Vandenhoeck & Ruprecht 1955, [7]1982.

Sekundärliteratur

AEJMELAEUS, Anneli, Jeremiah at the Turning Point of History. The Function of Jer. XXV 1–14 in the Book of Jeremiah: VT 52 (2002), 459–482.

ALBERTZ, Rainer, Die Exilszeit. 6. Jahrhundert v. Chr. (BE[S] 7), Stuttgart: Kohlhammer 2001.

———, Religionsgeschichte Israels in alttestamentlicher Zeit, 2 Bde. (GAT 8,1/2), Göttingen: Vandenhoeck & Ruprecht [2]1996 (= Religionsgeschichte 1/2).

ALEXANDER, Jeffrey C./EYERMAN, Ron/GIESEN, Bernard/SMELSER, Neil J./SZTOMPKA, Piotr, Cultural Trauma and Collective Identity, Berkeley: University of California Press 2004.

AMMANN, Sonja, Götter für die Toren. Die Verbindung von Götterpolemik und Weisheit im Alten Testament (BZAW 466), Berlin/New York: de Gruyter 2015.

APPLEGATE, John, Jeremiah and the Seventy Years in the Hebrew Bible. Inner-Biblical Reflections on the Prophet and His Prophecy: CURTIS, Adrian H. W./RÖMER, Thomas (Hg.), The Book of Jeremiah and Its Reception, Leuven: University Press und Peeters 1997, 91–110.

ASMUTH, Bernhard, Einführung in die Dramenanalyse (Sammlung Metzler 188), Stuttgart: Metzler [4]1994.

BARBIERO, Gianni, Vom Schnee des Libanon und fremden Wassern. Eine strukturorientierte Interpretation von Jer 18,14: ZAW 114 (2002), 376–390.

BAUER, Angela, Gender in the Book of Jeremiah. A Feminist Literary Reading, New York: Peter Lang 1999.

BAUKS, Michaela, Kinderopfer als Weihe oder Gabeopfer: WITTE, Markus/DIEHL, Johannes F. (Hg.), Israeliten und Phönizier. Ihre Beziehungen im Spiegel der Archäologie und der Literatur des Alten Testaments und seiner Umwelt (OBO 235), Fribourg: Academic Press und Göttingen: Vandenhoeck & Ruprecht 2008, 233–251.

BAUMANN, Gerlinde, Liebe und Gewalt. Die Ehe als Metapher für das Verhältnis Jhwh-Israel in den Prophetenbüchern (SBS 185), Stuttgart: Katholisches Bibelwerk 2000.

BAUMGARTNER, Walter, Die Klagegedichte des Jeremia (BZAW 32), Gießen: Töpelmann 1917.

BEZZEL, Hannes, Die Konfessionen Jeremias. Eine redaktionsgeschichtliche Studie (BZAW 378), Berlin: de Gruyter 2017.

BHABHA, Homi K., Die Verortung der Kultur, Tübingen: Stauffenberg 2000.

———, (Hg.), Nation and Narration, London: Routledge 1990.

BIDDLE, Mark E., A Redaction History of Jeremiah 2:1–4:2 (AThANT 77), Zürich: Theologischer Verlag 1990.

———, Polyphony and Symphony in Prophetic Literature. Rereading Jeremiah 7–20, Macon, GA: Mercer University Press 1996.

BOASE, Elizabeth/FRECHETTE, Christopher G. (Hg.), Bible through the Lens of Trauma (SemeiaSt 86), Atlanta: SBL Press 2016.

BODA, Mark J., From Complaint to Contrition. Peering through the Liturgical Window of Jer 14,1–15,4: ZAW 113 (2001), 186–197.

BÖHLER, Dieter, Geschlechterdifferenz und Landbesitz. Strukturuntersuchungen zu Jer 2,2 – 4,2: GROSS, Walter (Hg.), Jeremia und die „deuteronomistische Bewegung" (BBB 98), Weinheim: Beltz Athenäum 1995, 91–127.

BOGAERT, Pierre-Maurice, Baal au féminin dans la Septante: KRAUS, Wolfgang/KARRER, Martin (Hg.), Die Septuaginta – Texte, Theologien, Einflüsse. 2. Internationale Fachtagung veranstaltet von Septuaginta Deutsch (LXX.D), Wuppertal 23.–27.7.2008 (WMANT 252), Tübingen: Mohr Siebeck 2010, 416–434.

———, De Baruch à Jérémie. Les deux rédactions conservées du livre de Jérémie: DERS. (Hg.), Le livre de Jérémie, 168–173.430–432.

———, Les mécanismes rédactionnels en Jér 10,1–16 (LXX et TM) et la signification des suppléments: DERS. (Hg.), Le livre de Jérémie, 222–238.433f.

———, Jérémie 17,1–4 TM, oracle contre ou sur Juda propre au texte long, annoncé en 11,7–8.13 TM et en 15,12–14 TM: GOLDMAN, Yohanan/UEHLINGER, Christoph (Hg.), La double transmission du texte biblique. Etudes d'histoire du texte offertes en hommage à Adrian Schenker (OBO 179), Fribourg: Editions Universitaires 2001, 59–74.

———, (Hg.), Le livre de Jérémie, Le prophète et son milieu. Les oracles et leur transmission (BETL 54), Leuven: Peeters [2]1997.

BRENNER, Athalya/DIJK-HEMMES, Fokkelien van, On Gendering Texts. Female and Male Voices in the Hebrew Bible, Leiden: Brill 1993.

BRUMMIT, Mark, Of Broken Pots and Dirty Laundry. The Jeremiah Lehrstücke: The Bible and Critical Theory 2/1 (2006), 3.1–3.10.

CALDÉRON PILARSKI, Ahida, A Study of the References to בת־עמי in Jeremiah 8:18 – 9:2(3). A Gendered Lamentation: FLESHER, LeAnn S./DEMPSEY, Carol J./BODA, Mark J. (Hg.), Why? ... How Long? Studies on Voice(s) of Lamentation Rooted in Biblical Poetry (LHBOTS 552), New York u. a.: Bloomsbury 2014, 20–35.

CARR, David M., Schrift und Erinnerungskultur. Die Entstehung der Bibel und der antiken Literatur im Rahmen der Schreiberausbildung (AThANT 107), Zürich: Theologischer Verlag 2015.

CARROLL, Robert P., Halfway through a Dark Wood. Reflections on Jeremiah 25: DIAMOND u. a. (Hg.), Troubling Jeremiah, 73–86.

–––, Surplus Meaning and the Conflict of Interpretations. A Dodecade of Jeremiah Studies (1984–95): CBR 4 (1996), 115–159.

CARTER, Charles E., The Emergence of Yehud in the Persian Period. A Social and Demographic Study (JSOTSup 294), Sheffield: Sheffield Academic Press 1999.

CARUTH, Cathy (Hg.), Trauma. Explorations in Memory, Baltimore: Johns Hopkins University Press 1995.

CARVALHO, Corrine L., Sex and the Single Prophet. Marital Status and Gender in Jeremiah and Ezekiel: STÖKL, Jonathan/DIES. (Hg.), Prophets Male and Female. Gender and Prophecy in the Hebrew Bible, the Eastern Mediterranean, and the Ancient Near East (SBL Ancient Israel and Its Literature 15), Atlanta: SBL 2013, 237–267.

CATALDO, Lisa M., I Know That my Redeemer Lives. Relational Perspectives on Trauma, Dissociation, and Faith: PastPsy 62 (2013), 791–804.

CHAPMAN, Cynthia R., The Gendered Language of Warfare in the Israelite-Assyrian Encounter (HSM 62), Winona Lake: Eisenbrauns 2004.

CLAASSENS, L. Juliana, "Like a Woman in Labor." Gender, Postcolonial, Queer and Trauma Perspectives on the Book of Jeremiah: MAIER/SHARP (Hg.), Prophecy and Power, 117–132.

DAVIDSON, Steed V., Ambivalence and Temple Destruction. Reading the Book of Jeremiah with Homi Bhabha: DIAMOND/STULMAN (Hg.), Jeremiah (Dis)placed, 162–171.

–––, Empire and Exile. Postcolonial Readings of the Book of Jeremiah (LHBOTS 542), London: T&T Clark 2011.

DAY, John, Molech. A God of Human Sacrifice in the Old Testament (UCOP 41), Cambridge: Cambridge University Press 1989.

DEWRELL, Heath D., Child Sacrifice in Ancient Israel, Winona Lake: Eisenbrauns 2017.

DIAMOND, A. R. Pete, The Confessions of Jeremiah in Context. Scenes of Prophetic Drama (JSOTSup 45), Sheffield: Sheffield Academic Press 1987.

–––, /O'CONNOR, Kathleen M., Unfaithful Passions. Coding Women Coding Men in Jeremiah 2–3 (4.2): DIAMOND u. a. (Hg.), Troubling Jeremiah, 121–145.

–––, /STULMAN, Louis (Hg.), Jeremiah (Dis)placed. New Directions in Writing/Reading Jeremiah (LHBOTS 529), London/New York: T&T Clark 2011.

–––, /O'CONNOR, Kathleen M./STULMAN, Louis (Hg.), Troubling Jeremiah (JSOTSup 260), Sheffield: Sheffield Academic Press 1999.

DIETRICH, Walter, Der Eine Gott als Symbol politischen Widerstands: DERS./KLOPFENSTEIN, Martin A. (Hg.), Ein Gott allein? JHWH-Verehrung und biblischer Monotheismus im Kontext der israelitischen und altorientalischen Religionsgeschichte (OBO 139), Fribourg: Universitätsverlag und Göttingen: Vandenhoeck & Ruprecht 1994, 463–490.

–––, Nahum, Habakuk, Zefanja (IEKAT), Stuttgart: Kohlhammer 2014.

DUBACH, Manuel, Trunkenheit im Alten Testament. Begrifflichkeit – Zeugnisse – Wertung (BWANT 184), Stuttgart: Kohlhammer 2009.

EXUM, J. Cheryl, The Ethics of Biblical Violence against Women: ROGERSON, John W. u. a. (Hg.), The Bible in Ethics. The Second Sheffield Colloquium (JSOTSup 207), Sheffield: Sheffield Academic Press 1995, 248–271.

FAUST, Abraham, Judah in the Neo-Babylonian Period. The Archaeology of Desolation, Atlanta: SBL 2012.

FINSTERBUSCH, Karin, Different Beginnings, Different Book Profiles. Exegetical Perspectives on the Hebrew Vorlage of LXX-Jer 1 and MT-Jer 1: DIES./LANGE, Texts and Contexts of Jeremiah, 51–64.

–––, Gegen die Furcht vor den Göttern der Welt: GRUND, Alexandra/KRÜGER, Annette/LIPPKE, Florian (Hg.), Ich will dir danken unter den Völkern. FS B. Janowski zum 70. Geburtstag, Gütersloh: Gütersloher Verlagshaus 2013, 356–372.

———, MT-Jer 1,1–3,5 und LXX-Jer 1,1–3,5. Kommunikationsebenen und rhetorische Strukturen: BZ 56 (2012), 247–263.

———, Unterbrochene JHWH-Rede. Anmerkungen zu einem rhetorischen Phänomen in Jeremia: BZ 60 (2016), 1–13.

———, YHWH as the Speaker of the so-called Messenger Formula in the Book of Jeremiah: RB 124 (2017), 369–380.

———, /Jacoby, Norbert, MT-Jeremia und LXX-Jeremia 1–24. Synoptische Übersetzung und Analyse der Kommunikationsstruktur (WMANT 145), Neukirchen-Vluyn: Neukirchener 2016.

———, /Jacoby, Norbert, MT-Jeremia und LXX-Jeremia 25–52. Synoptische Übersetzung und Analyse der Kommunikationsstruktur (WMANT 146), Göttingen: Vandenhoeck & Ruprecht 2017.

———, /Jacoby, Norbert, Völkergericht und Fremdvölkersprüche. Kommunikationsebenen in (der hebr. Vorlage von) LXX-Jer 25–32, MT-Jer 46–51 und MT-Jer 25: JAJ 6 (2015), 36–57.

———, /Lange, Armin, Zur Textgeschichte des Jeremiabuches in der Antike: ThLZ 142 (2017), 1137–1152.

———, /Lange, Armin (Hg.), Texts and Contexts of Jeremiah. The Exegesis of Jeremiah 1 and 10 in Light of Text and Reception History (CBET 82), Leuven u. a.: Peeters 2016.

Fischer, Georg, Jeremia. Der Stand der theologischen Diskussion, Darmstadt: Wissenschaftliche Buchgesellschaft 2007.

Fischer, Gottfried/Riedesser, Peter, Lehrbuch der Psychotraumatologie, München: Ernst Reinhardt Verlag ⁴2009.

Fohrer, Georg, Abgewiesene Klage und untersagte Fürbitte in Jer 14,2 – 15,2: Ruppert, Lothar u. a. (Hg.), Künder des Wortes. Beiträge zur Theologie der Propheten. FS J. Schreiner, Würzburg: Echter 1982, 77–86.

———, Die symbolischen Handlungen der Propheten (AThANT 54), Zürich: Zwingli-Verlag ²1968.

Franzkowiak, Johannes, Der Königszyklus Jer 21,1 – 23,8. Das vordeuteronomistische Traditionsgut und seine redaktionelle Bearbeitung. Diss masch. Würzburg, Stuttgart: Polyfoto/ Dr. Vogt KG 1989.

Frevel, Christian, Geschichte Israels, Stuttgart: Kohlhammer ²2018.

Gerstenberger, Erhard, Israel in der Perserzeit. 5. und 4. Jahrhundert v. Chr. (BE[S] 8), Stuttgart: Kohlhammer 2005.

———, Jeremiah's Complaints. Observations on Jer 15,10–21: JBL 82 (1963), 292–408.

Glanz, Oliver, Understanding Participant-Reference Shifts in the Book of Jeremiah. A Study of Exegetical Method and Its Consequences for the Interpretation of Referential Incoherence (SSN 60), Leiden: Brill 2013.

Gleis, Matthias, Die Bamah (BZAW 251), Berlin: de Gruyter 1997.

Goldman, Yohanan, Prophétie et royauté au retour de l'exil. Les origines littéraires de la forme massorétique du livre de Jérémie (OBO 118), Fribourg: Universitätsverlag/Göttingen: Vandenhoeck & Ruprecht 1992.

Gosse, Bernard, Jérémie 17,1–5aα dans la rédaction massorétique du livre de Jérémie: EstBib 53 (1995), 165–180.

Graybill, Rhiannon, The Hysteria of Jeremiah: dies., Are We Not Men? Unstable Masculinity in the Hebrew Prophets, New York: Oxford University Press 2016, 71–95.

Hardmeier, Christof, Geschichte und Erfahrung in Jer 2–6. Zur theologischen Notwendigkeit einer geschichts- und erfahrungsbezogenen Exegese und ihrer methodischen Neuorientierung: EvTh 56 (1996), 3–29.

———, Prophetie im Streit vor dem Untergang Judas. Erzählkommunikative Studien zur Entstehungssituation der Jesaja- und Jeremiaerzählungen in II Reg 18–20 und Jer 37–40 (BZAW 187), Berlin: de Gruyter 1990.

———, Die Redekomposition Jer 2–6. Eine ultimative Verwarnung Jerusalems im Kontext des Zidkijaaufstandes: WuD 21 (1991), 11–42.

HÄUSL, Maria, Bilder der Not. Weiblichkeits- und Geschlechtermetaphorik im Buch Jeremia (HBS 37), Freiburg u. a.: Herder 2003.

HECKL, Raik, „Jhwh ist unsere Gerechtigkeit" (Jer 23,5f.). Überlieferungsgeschichtliche Erwägungen zu Jer 21–24*: LUX, Rüdiger/WASCHKE, Ernst-Joachim (Hg.), Die unwiderstehliche Wahrheit. Studien zur alttestamentlichen Prophetie. FS A. Meinhold (ABIG 23), Leipzig: Evangelische Verlagsanstalt 2006, 181–198.

HENDERSON, Joseph M., Jeremiah 2–10 as a Unified Literary Composition. Evidence of Dramatic Portrayal and Narrative Progression: GOLDINGAY, John (Hg.), Uprooting and Planting. Essays on Jeremiah for L. Allen (LHBOTS 459), New York/London: T&T Clark 2007, 116–152.

———, Who Weeps in Jer VIII 23 (IX 1)? Identifying Dramatic Speakers in the Poetry of Jeremiah: VT 52 (2002), 191–206.

HERMAN, Judith L., Trauma and Recovery. The Aftermath of Violence—From Domestic Abuse to Political Terror, New York: Basic Books 1993, Nachdruck 2015.

HERMISSON, Hans-Jürgen, Die Frau Zion: RUITEN, Jacques, van/VERVENNE, Marc (Hg.), Studies in the Book of Isaiah. FS W. A. M. Beuken (BETL 132), Leuven: Leuven University Press 1997, 19–39.

———, Jeremias Wort über Jojachin: ALBERTZ, Rainer u. a. (Hg.), Werden und Wirken des Alten Testaments. FS C. Westermann, Göttingen: Vandenhoeck & Ruprecht und Neukirchen-Vluyn: Neukirchener 1980, 252–270.

———, Die „Königsspruch"-Sammlung im Jeremiabuch – von der Anfangs- zur Endgestalt: DERS., Studien zu Prophetie und Weisheit: Gesammelte Aufsätze, hg. v. BARTHEL, Jörg/JAUSS, Hannelore/KOENEN, Klaus (FAT 23), Tübingen: Mohr Siebeck 1998, 37–58.

HERRMANN, Siegfried, Jeremia. Der Prophet und das Buch (EdF 271), Darmstadt: Wissenschaftliche Buchgesellschaft 1990.

HILDEBRANDT, Samuel, Interpreting Quoted Speech in Prophetic Literature. A Study of Jeremiah 2.1–3.5 (VT.S 176), Leiden: Brill 2017.

HILLERS, Delbert L., Treaty-Curses and the Old Testament Prophets (SSAOI 16), Rom: Pontifical Biblical Institute 1964.

HOLT, Else K./SHARP, Carolyn J. (Hg.), Jeremiah Invented. Constructions and Deconstructions of Jeremiah (LHBOTS 595), London/New York: Bloomsbury T&T Clark 2015.

HOSSFELD, Frank-Lothar/MEYER, Ivo, Prophet gegen Prophet. Eine Analyse der alttestamentlichen Texte zum Thema wahre und falsche Propheten (BiBe 9), Fribourg: Schweizerisches Katholisches Bibelwerk 1973.

HUBMANN, Franz D., Jeremia 13,1–11. Zweimal Euphrat retour, oder wie „man" einen Propheten fertigmacht: REITERER, Friedrich V. (Hg.), Ein Gott, eine Offenbarung. FS N. Füglister OSB zum 60. Geburtstag, Würzburg: Echter 1991, 101–125.

———, Untersuchungen zu den Konfessionen Jer 18,18–23 und Jer 15,10–21 (FzB 30), Würzburg: Echter 1978.

HUWYLER, Beat, Jeremia und die Völker. Untersuchungen zu den Völkersprüchen in Jeremia 46–49 (FAT 20), Tübingen: Mohr Siebeck 1997.

HYATT, J. Philip, The Original Text of Jeremiah 11,15–17: JBL 60 (1941), 57–60.

ITTMANN, Norbert, Die Konfessionen Jeremias. Ihre Bedeutung für die Verkündigung des Propheten (WMANT 54), Neukirchen-Vluyn: Neukirchener 1981.

JACOBY, Norbert, Isomorphism and Interpretation. Reflections on the Greek Translation of Jeremiah 1: FINSTERBUSCH/LANGE (Hg.), Texts and Contexts of Jeremiah, 37–50.

JANZEN, David, Trauma and the Failure of History. Kings, Lamentations, and the Destruction of Jerusalem (SemeiaSt 94), Atlanta: SBL Press 2019.

JANZEN, J. Gerald, Studies in the Text of Jeremiah (HSM 6), Cambridge: Harvard University Press 1973.

Jeremias, Jörg, Die Reue Gottes. Aspekte alttestamentlicher Gottesvorstellung (BThSt 31), Neukirchen-Vluyn: Neukirchener ²1997.

Job, John B., Jeremiah's Kings. A Study of the Monarchy in Jeremiah, Aldershot: Ashgate 2006.

Kalmanofsky, Amy, Bare Naked. A Gender Analysis of the Naked Body in Jeremiah 13: Holt/ Sharp (Hg.), Jeremiah Invented, 49–62.

———, Terror All Around. Horror, Monsters, and Theology in the Book of Jeremiah (LHBOTS 390), New York: T&T Clark 2008.

Keel, Othmar, Die Geschichte Jerusalems und die Entstehung des Monotheismus, 2 Bde. (OLB 4,1–2), Göttingen: Vandenhoeck & Ruprecht 2007.

———, Wirkmächtige Siegeszeichen im Alten Testament. Ikonographische Studien zu Jos 8,18–26; Ex 17,8–13; 2 Kön 13,14–19 und 1 Kön 22,11 (OBO 5), Göttingen: Vandenhoeck & Ruprecht 1974.

———, /Uehlinger, Christoph, Götter, Göttinnen und Gottessymbole. Neue Erkenntnisse zur Religionsgeschichte Kanaans und Israels aufgrund bislang unerschlossener ikonographischer Quellen (QD 134), Freiburg u. a.: Herder 1992.

Klein, Johannes, Beschworene Selbstverpflichtung. Eine Studie zum Schwur im Alten Testament und dessen Umwelt. Mit einem Ausblick auf Mt 5,33–37 (AThANT 105), Zürich: Theologischer Verlag 2015.

Koch, Klaus, Aschera als Himmelskönigin in Jerusalem: UF 20 (1988), 97–120.

———, Molek astral: Lange, Armin u. a. (Hg.), Mythos im Alten Testament und seiner Umwelt. FS H.-P. Müller (BZAW 278), Berlin: de Gruyter 1999, 29–50.

Köhler, Sarah, Jeremia – Fürbitter oder Kläger? Eine religionsgeschichtliche Studie zur Fürbitte und Klage im Jeremiabuch (BZAW 506), Berlin/Boston: de Gruyter 2017.

Kratz, Reinhard G., Der Brief des Jeremia: Steck, Odil H./Kratz, Reinhard G./Kottsieper, Ingo, Das Buch Baruch – Der Brief des Jeremia – Zusätze zu Ester und Daniel (ATD.A 5), Göttingen: Vandenhoeck & Ruprecht 1998, 71–113.

Krause-Vilmar, Elisabeth, Nah ist und schwer zu fassen der Gott. Die ambivalente Beschreibung der Nähe Gottes in Jer 20,7–18 und Ps 139 (WMANT 157), Göttingen: Vandenhoeck & Ruprecht 2019.

Krispenz, Jutta, Die Einsetzung des Jeremia – Ambivalenz als Mittel der Sinnkonstitution: Hartenstein, Friedhelm/Krispenz, Jutta/Schart, Aaron (Hg.), Schriftprophetie. FS J. Jeremias zum 65. Geburtstag, Neukirchen-Vluyn: Neukirchener 2004, 203–219.

———, Leben als Zeichen. Performancekunst als Deutungsmodell für prophetische Zeichenhandlungen im Alten Testament: EvTh 64 (2004), 51–64.

Kutsch, Ernst, Das Jahr der Katastrophe: 587 v. Chr. Kritische Erwägungen zu neueren chronologischen Versuchen: Bib. 55 (1974), 520–545.

———, Verheißung und Gesetz. Untersuchungen zum sogenannten „Bund" im Alten Testament (BZAW 131), Berlin: de Gruyter 1973.

Laberge, Léo, Jérémie 25,1–14. Dieu et Juda ou Jérémie et tous les peuples: ScEs 36 (1984), 45–66.

Lange, Armin, Vom prophetischen Wort zur prophetischen Tradition. Studien zur Traditions- und Redaktionsgeschichte innerprophetischer Konflikte in der Hebräischen Bibel (FAT 34), Tübingen: Mohr Siebeck 2002.

Lee, Nancy C., The Singers of Lamentations. Cities Under Siege, from Ur to Jerusalem to Sarajevo (BINS 60), Leiden: Brill 2002.

Levin, Christoph, Noch einmal: Die Anfänge des Propheten Jeremia: ders., Gesammelte Studien zum Alten Testament I: Fortschreibungen (BZAW 316), Berlin: de Gruyter 2003, 217–226.

———, Die Verheißung des neuen Bundes in ihrem theologiegeschichtlichen Zusammenhang ausgelegt (FRLANT 137), Göttingen: Vandenhoeck & Ruprecht 1985.

LIPSCHITS, Oded, The Fall and Rise of Jerusalem. Judah under Babylonian Rule, Winona Lake: Eisenbrauns 2005.

LIWAK, Rüdiger, 40 Jahre Forschung zum Jeremiabuch. I–III: ThR 76 (2011), 131–179. 265–295.415–475; IV: ThR 77 (2012), 1–53.

———, Der Prophet und die Geschichte. Eine literarhistorische Untersuchung zum Jeremiabuch (BWANT 121), Stuttgart: Kohlhammer 1987.

LUST, Johan, Messianism and the Greek Version of Jeremiah. Jer 23,5–6 and 33,14–16: HAUSPIE, Katrin (Hg.): Messianism and the Septuagint. Collected Essays by J. Lust (BETL 178), Leuven: Leuven University Press und Peeters 2004, 31–48.

MACWILLIAM, Stuart, The Prophet and His Patsy. Gender Performativity in Jeremiah: MAIER/ SHARP (Hg.), Prophecy and Power, 173–188.

MAIER, Christl M., Daughter Zion, Mother Zion. Gender, Space, and the Sacred in Ancient Israel, Minneapolis: Fortress 2008.

———, „Das Weibliche umschließt den starken Mann" (Jer 31,22). Geschlechterkonstruktionen im Jeremiabuch im Licht feministischer Hermeneutik: EvTh 80 (2020), 85–99.

———, Jeremia als Lehrer der Tora. Soziale Gebote des Deuteronomiums in Fortschreibungen des Jeremiabuches (FRLANT 196), Göttingen: Vandenhoeck & Ruprecht 2002.

———, Die Klage der Tochter Zion. Ein Beitrag zur Weiblichkeitsmetaphorik im Jeremiabuch: BThZ 15 (1998), 176–189.

———, Tochter Zion und Hure Babylon. Zur weiblichen Personifikation von Städten und Ländern in der Prophetie: FISCHER, Irmtraud/CLAASSENS, L. Juliana (Hg.), Prophetie (Die Bibel und die Frauen 1.2), Stuttgart: Kohlhammer 2019, 209–225.

———, Ist Versöhnung möglich? Jeremia 3,1–5 als Beispiel innerbiblischer Auslegung: RIEDEL-SPANGENBERGER, Ilona/ZENGER, Erich (Hg.), „Gott bin ich, kein Mann". Beiträge zur Hermeneutik der biblischen Gottesrede. FS H. Schüngel-Straumann, Paderborn: Schöningh 2006, 295–305.

———, Wer schreibt Geschichte? Ein kulturelles Trauma und seine Träger im Jeremiabuch: VT 20 (2020), 67–82.

———, /SHARP, Carolyn J. (Hg.), Prophecy and Power. Jeremiah in Feminist and Postcolonial Perspective (LHBOTS 577), New York u. a.: Bloomsbury T&T Clark 2013.

MCKANE, William, The History of the Text of Jeremiah 10,1–16: CAQUOT, André u. a. (Hg.), Mélanges bibliques et orientaux en l'honneur de Mathias Delcor (AOAT 215), Kevelaer: Butzon & Bercker und Neukirchen-Vluyn: Neukirchener 1985, 297–304.

———, מַשָּׂא in Jeremiah 23,33–40: EMERTON, John A. (Hg.), Prophecy. Essays Presented to Georg Fohrer on his 65th Birthday (BZAW 150), Berlin: de Gruyter 1980, 35–54.

MEIER, Samuel A., Speaking of Speaking. Marking Direct Discourse in the Hebrew Bible (VT.S 46), Leiden: Brill 1992.

MOSCA, Paul G., The Tofet. A Place of Infant Sacrifice?: XELLA, The Tophet, 119–136.

MOUGHTIN-MUMBY, Sharon, Sexual and Marital Metaphors in Hosea, Jeremiah, Isaiah, and Ezekiel, Oxford: Oxford University Press 2008.

MOWINCKEL, Sigmund, Zur Komposition des Buches Jeremia, Kristiana: Dybwad 1914.

NAJMAN, Hindy/SCHMID, Konrad (Hg.), Jeremiah's Scriptures. Production, Reception, Interaction, and Transformation (JSJ.S 173), Leiden: Brill 2016.

NICHOLSON, Ernest W., Preaching to the Exiles. A Study of the Prose Tradition in the Book of Jeremiah, Oxford: Blackwell 1979.

NITSCHE, Stefan A., Jesaja 24–27: Ein dramatischer Text. Die Frage nach den Genres prophetischer Literatur des Alten Testaments und die Textgraphik der großen Jesajarolle aus Qumran (BWANT 166), Stuttgart: Kohlhammer 2006.

O'CONNOR, Kathleen M., The Confessions of Jeremiah. Their Interpretation and Their Role in Chapters 1–25. Diss. masch. Princeton University 1984.

———, Jeremiah. Pain and Promise, Minneapolis: Fortress 2012.

———, The Book of Jeremiah. Reconstructing Community after Disaster: CARROLL, R. M. Daniel/LAPSLEY, Jacqueline E. (Hg.), Character Ethics and the Old Testament. Moral Dimensions of Scripture, Louisville: Westminster John Knox 2007, 81–92.

OTTO, Eckart, Deuteronomium 1–11. Erster Teilband: 1,1 – 4,43 (HThKAT), Freiburg u. a.: Herder 2012.

———, Deuteronomium 12–34. Zweiter Teilband: 23,16 – 34,12 (HThKAT), Freiburg u. a.: Herder 2017.

PARKE-TAYLOR, Geoffrey H., The Formation of the Book of Jeremiah. Doublets and Recurring Phrases (SBL.MS 51), Atlanta: SBL 2000.

PFISTER, Manfred, Das Drama. Theorie und Analyse (UTB 580), München: Fink [11]2001.

POHLMANN, Karl-Friedrich, Das Ende der Gottlosen. Jer 20,14–18: ein Anti-Psalm. Neue Wege der Psalmenforschung. FS W. Beyerlin (HBS 1), Freiburg u. a.: Herder 1994, 301–316.

———, Die Ferne Gottes – Studien zum Jeremiabuch. Beiträge zu den „Konfessionen" im Jeremiabuch und ein Versuch zur Frage nach den Anfängen der Jeremiatradition (BZAW 179), Berlin: de Gruyter 1989.

———, Studien zum Jeremiabuch. Ein Beitrag zur Frage nach der Entstehung des Jeremiabuches (FRLANT 118), Göttingen: Vandenhoeck & Ruprecht 1978.

POPKO, Łukasz, OP, Marriage Metaphor and Feminine Imagery in Jer 2:1–4:2. A Diachronic Study Based on the MT and LXX (EtB 70), Leuven u. a.: Peeters 2015.

POSER, Ruth, Das Ezechielbuch als Trauma-Literatur (VT.S 154), Leiden: Brill 2012.

REVENTLOW, Henning Graf, Liturgie und prophetisches Ich bei Jeremia, Gütersloh: Gütersloher Verlagshaus Gerd Mohn 1963.

RÖMER, Thomas, Israels Väter. Untersuchungen zur Väterthematik im Deuteronomium und in der deuteronomistischen Tradition (OBO 99), Fribourg: Universitätsverlag/Göttingen: Vandenhoeck & Ruprecht 1990.

ROSE, Martin, Der Ausschließlichkeitsanspruch Jahwes. Deuteronomische Schultheologie und die Volksfrömmigkeit in der späten Königszeit (BWANT 106), Stuttgart u. a.: Kohlhammer 1975.

RUPRECHT, Ernst, Ist die Berufung Jeremias ‚im Jünglingsalter' und seine ‚Frühverkündigung' eine theologische Konstruktion der deuteronomistischen Redaktion des Jeremiabuches?: ALBERTZ, Rainer (Hg.), Schöpfung und Befreiung. FS C. Westermann zum 80. Geburtstag, Stuttgart: Calwer Verlag 1989, 79–91.

SCHART, Aaron, Die Jeremiavisionen als Fortführung der Amosvisionen: HARTENSTEIN, Friedhelm/KRISPENZ, Jutta/SCHART, Aaron (Hg.), Schriftprophetie. FS J. Jeremias zum 65. Geburtstag, Neukirchen-Vluyn: Neukirchener 2004, 185–202.

SCHENKER, Adrian, Nebukadnezzars Metamorphose vom Unterjocher zum Gottesknecht. Das Bild Nebukadnezzars und einige mit ihm zusammenhängende Unterschiede in den beiden Jeremia-Rezensionen: DERS., Text und Sinn im Alten Testament (OBO 103), Fribourg: Universitätsverlag und Göttingen: Vandenhoeck & Ruprecht 1991, 136–165.

SCHOORS, Anton, Die Königreiche Israel und Juda im 8. und 7. Jahrhundert. Die assyrische Krise (BE[S] 5), Stuttgart: Kohlhammer 1998.

SCHMID, Konrad, Buchgestalten des Jeremiabuches. Untersuchungen zur Redaktions- und Rezeptionsgeschichte von Jer 30–33 im Kontext des Buches (WMANT 72), Neukirchen-Vluyn: Neukirchener 1996.

———, Manasse und der Untergang Judas. „Golaorientierte" Theologie in den Königsbüchern?: Bib. 78 (1997), 87–99.

SCHMIED, Mareike, (An)Klage Gottes. Transformationen der Gottesbilder im Midrasch zu den Klageliedern, Diss. masch. Marburg 2018.

SEIDL, Theodor, Jeremias Tempelrede. Polemik gegen die joschijanische Reform? Die Paralleltraditionen Jer 7 und 26 auf ihre Effizienz für das Deuteronomismusproblem in Jeremia befragt: GROSS, Walter (Hg.), Jeremia und die „deuteronomistische Bewegung" (BBB 98), Weinheim: Beltz Athenäum 1995, 141–180.

SEYBOLD, Klaus, Der ‚Löwe' von Jeremia XII 8. Bemerkungen zu einem prophetischen Gedicht: VT 36 (1986), 93–104.

SHARP, Carolyn J., The Call of Jeremiah: JBL 119 (2000), 421–438.

———, Mapping Jeremiah as/in a Feminist Landscape. Negotiating Ancient and Contemporary Terrains: MAIER/SHARP (Hg.), Prophecy and Power, 38–56.

———, Prophecy and Ideology in Jeremiah. Struggles for Authority in the Deutero-Jeremianic Prose (OTSt), London/New York: T&T Clark 2003.

SHEAD, Andrew G., A Mouth Full of Fire. The Word of God in the Words of Jeremiah, Nottingham: Apollos 2012.

SHEPPARD, Gerald T., True and False Prophecy within Scripture: TUCKER, Gene M./PETERSEN, David L./WILSON, Robert R. (Hg.), Canon, Theology, and Old Testament Interpretation. FS B. S. Childs, Philadelphia: Fortress 1988, 262–282.

SHIELDS, Mary E., Circumscribing the Prostitute. The Rhetorics of Intertextuality, Metaphor and Gender in Jeremiah 3.1–4.4 (JSOTSup 387), London: T&T Clark 2004.

SMITH, Mark S., The Laments of Jeremiah and Their Contexts. A Literary and Redactional Study of Jeremiah 11–20 (SBL.MS 42), Atlanta: Scholars Press 1990.

STAVRAKOPOULOU, Francesca, The Jerusalem Tophet. Ideological Dispute and Religious Transformation: XELLA, Tophet, 137–158.

STIPP, Hermann-Josef, Jeremiah 24. Deportees, Remainees, Returnees and the Diaspora: BEN ZVI, Ehud/LEVIN, Christoph (Hg.), Centres and Peripheries in the Early Second Temple Period (FAT 108), Tübingen: Mohr Siebeck 2016, 163–179.

———, Gottesbildfragen in den Lesartendifferenzen zwischen dem masoretischen und dem alexandrinischen Text des Jeremiabuches: DERS., Studien zum Jeremiabuch, 197–236.

———, Der prämasoretische Idiolekt im Jeremiabuch: DERS., Studien zum Jeremiabuch, 83–126.

———, Jeremia 24. Geschichtsbild und historischer Ort: DERS., Studien zum Jeremiabuch, 348–378.

———, Das judäische und das babylonische Jeremiabuch. Zur Frage der Heimat der deuteronomistischen Redaktionen des Jeremiabuchs: DERS., Studien zum Jeremiabuch, 325–347.

———, Jeremia im Parteienstreit. Studien zur Textentwicklung von Jer 26, 36–43 und 45 als Beitrag zur Geschichte Jeremias, seines Buches und judäischer Parteien im 6. Jahrhundert (BBB 82), Frankfurt a. M.: Anton Hain 1992.

———, Die Jeremia-Septuaginta als theologische Programmschrift. Zur Kommentierung des griechischen Jeremiabuches in der „Septuaginta Deutsch" (LXX.D): DERS., Studien zum Jeremiabuch, 155–174.

———, Jeremia und der Priester Paschhur ben Immer. Eine redaktionsgeschichtliche Studie: ERNST, Stephanie/HÄUSL, Maria (Hg.), Kulte, Priester, Rituale. Beiträge zu Kult und Kultkritik im Alten Testament und Alten Orient. FS T. Seidl zum 65. Geburtstag (ATSAT 89), St. Ottilien: EOS 2010, 374–401.

———, Jeremias Zeichenhandlung mit dem leinenen Schurz (Jer 13,1–11). Zum Verfahren der Identifikation der deuteronomistischen Redaktion im Jeremiabuch: DERS., Studien zum Jeremiabuch, 299–323.

———, Sprachliche Kennzeichen jeremianischer Autorschaft: BARSTAD, Hans M./KRATZ, Reinhard G. (Hg.), Prophecy in the Book of Jeremiah (BZAW 388), Berlin/New York: de Gruyter 2009, 148–186.

———, Probleme des redaktionsgeschichtlichen Modells der Entstehung des Jeremiabuches: DERS., Studien zum Jeremiabuch, 261–298.

———, Die individuellen Prosaorakel des Jeremiabuches: DILLER, Carmen u. a. (Hg.), Studien zu Psalmen und Propheten. FS H. Irsigler, Freiburg u. a.: Herder 2010, 309–345.

———, Legenden der Jeremia-Exegese (I). Das eschatologische Schema im alexandrinischen Jeremiabuch: VT 64 (2014), 484–501.

———, Das masoretische und alexandrinische Sondergut des Jeremiabuches. Textgeschichtlicher Rang, Eigenarten, Triebkräfte (OBO 136), Fribourg: Universitätsverlag/Göttingen: Vandenhoeck & Ruprecht 1994.

———, Studien zum Jeremiabuch. Text und Tradition (FAT 96), Tübingen: Mohr Siebeck 2015.

———, Interpretierende Übersetzung in der Jeremia-Septuaginta: DERS., Studien zum Jeremiabuch, 175–198.

———, Die Verfasserschaft der Trostschrift Jer 30–31*: ZAW 123 (2011), 384–206.

———, Zur aktuellen Diskussion um das Verhältnis der Textformen des Jeremiabuches: DERS., Studien zum Jeremiabuch, 57–82.

———, Zedekiah in the Book of Jeremiah. On the Formation of a Biblical Character: CBQ 58 (1996), 627–648.

STULMAN, Louis, Art and Atrocity, and the Book of Jeremiah: HOLT/SHARP (Hg.), Jeremiah Invented, 92–103.

———, Order Amid Chaos. Jeremiah as Symbolic Tapestry (BiSe 57), Sheffield: Sheffield Academic Press 1998.

———, The Prose Sermons in the Book of Jeremiah. Duhm's and Mowinckel's Contributions to Contemporary Trauma Readings: BOASE/FRECHETTE (Hg.), Bible through the Lens of Trauma, 125–139.

SWEENEY, Marvin A., Structure and Redaction in Jeremiah 2–6: DIAMOND u. a. (Hg.), Troubling Jeremiah, 200–218.

THIEL, Winfried, Die deuteronomistische Redaktion von Jeremia 1–25 (WMANT 41), Neukirchen-Vluyn: Neukirchener 1973 (= Redaktion I).

———, Die deuteronomistische Redaktion von Jeremia 26–45 (WMANT 52), Neukirchen-Vluyn: Neukirchener 1981 (= Redaktion II).

TOV, Emanuel, Some Aspects of the Textual and Literary History of the Book of Jeremiah: BOGAERT (Hg.), Le livre de Jérémie, 145–167.

———, The Greek and Hebrew Bible. Collected Essays on the Septuagint (VT.S 72), Leiden: Brill 1999.

———, The Literary History of the Book of Jeremiah in Light of its Textual History: DERS., The Greek and Hebrew Bible, 363–384.

———, Did the Septuagint Translators Always Understand Their Hebrew Text?: DERS., The Greek and Hebrew Bible, 203–218.

———, The Septuagint Translation of Jeremiah and Baruch. A Discussion of an Early Revision of the LXX of Jeremiah 29–52 and Baruch 1:1–3:8 (HSM 8), Missoula: Scholars 1976.

———, Der Text der Hebräischen Bibel. Handbuch der Textkritik, Stuttgart 1997.

UTZSCHNEIDER, Helmut, Das Drama als literarisches Genre der Schriftprophetie: DERS., Gottes Vorstellung. Untersuchungen zur literarischen Ästhetik und ästhetischen Theologie des Alten Testaments (BWANT 175), Stuttgart: Kohlhammer 2007, 195–232.

———, Michas Reise in die Zeit. Studien zum Drama als Genre der prophetischen Literatur des Alten Testaments (SBS 180), Stuttgart: Kohlhammer 1999.

VAN DER KOLK, Bessel A., Verkörperter Schrecken. Traumaspuren in Gehirn, Geist und Körper und wie man sie heilen kann. Aus dem Amerikanischen von Theo Kierdorf & Hildegard Höhr, Lichtenau: G. P. Probst Verlag [5]2018.

———, /McFARLANE, Alexander/WEISAETH, Lars (Hg.), Traumatic Stress. The Effects of Overwhelming Experience on Mind, Body, and Society, New York: Guilford 1996.

VEENHOF, Klaas R., Geschichte des Alten Orients bis zur Zeit Alexanders des Großen, übersetzt von Helga Weippert (GAT 11), Göttingen: Vandenhoeck & Ruprecht 2001.

VOLZ, Paul, Studien zum Text des Jeremia, Leipzig: Hinrichs 1920.

WACKER, Marie-Theres, Figurationen des Weiblichen im Hosea-Buch (HBS 8), Freiburg u. a.: Herder 1996.

WANKE, Gunther, Untersuchungen zur sogenannten Baruchschrift (BZAW 122), Berlin: de Gruyter 1971.

WEINFELD, Moshe, The Worship of Molech and of the Queen of Heaven and Its Background: UF 4 (1972), 133–154.

WEIS, Richard/LANGE, Armin/FISCHER, Georg, Art. Jeremiah: LANGE, Armin/TOV, Emanuel (Hg.), Textual History of the Bible. Bd. 1B: Pentateuch, Former and Latter Prophets, Leiden: Brill 2017, 495–555.

WILLIS, John T., Dialogue between Prophet and Audience as a Rhetorical Device in Jeremiah: GORDON, Robert P. (Hg.), The Place is Too Small for Us. The Israelite Prophets in Recent Scholarship, Winona Lake: Eisenbrauns 1995, 205–222.

WISCHNOWSKY, Marc, Tochter Zion. Aufnahme und Überwindung der Stadtklage in den Prophetenschriften des Alten Testaments (WMANT 89), Neukirchen-Vluyn: Neukirchener 2001.

WISEMAN, Donald J., Nebuchadrezzar and Babylon (SchL 1983), Oxford: Oxford University Press 1985.

XELLA, Paolo, Tophet. An Overall Interpretation: DERS. (Hg.), The Tophet, 259–281.

———, (Hg.), The Tophet in the Phoenician Mediterranean (SELVOA 29/30), Verona: Essedue 2013.

Register

Verzeichnis hebräischer Wörter

Schlagwortverzeichnis

Bibelstellenverzeichnis (in Auswahl)

Altes Testament

Neues Testament

Sonstige Quellen (in Auswahl)

Editionsplan

Genesis
I (1–11): David Carr
II–III (12–50): Konrad Schmid

Exodus
I–II: Helmut Utzschneider/Wolfgang
Oswald

Levitikus
Baruch Schwartz/Naphtali Meshel

Numeri
I–II: NN

Deuteronomium
I–II: Jeffrey Stackert/Joel S. Baden

Josua
I–II: Michaël van der Meer/Cor de Vos

Richter
Andreas Scherer

Rut
Shimon Gesundheit

1./2. Samuel
I (1. Sam 1–15): Rachelle Gilmour
II (1. Sam 16–2. Sam 5): Johannes Klein
III (2. Sam 6–24): Thomas Naumann

1./2. Könige
I (1 Kön 1–15): Jonathan M. Robker
II (1 Kön 16–2 Kön 16): Steven L.
McKenzie
III (2 Kön 17–25): Shūichi Hasegawa

1./2. Chronik
I–II: Ehud Ben Zvi

Esra/Nehemia
I–II: Richard J. Bautch

Tobit
Beate Ego

Judit
Barbara Schmitz

Ester
Jean-Daniel Macchi

Hiob
Melanie Köhlmoos

Psalmen
I–III: Alexandra Grund-Wittenberg/
Susanne Gillmayr-Bucher

Sprüche
I–II: Jutta Krispenz

Kohelet
Katharine Dell/Tova Forti

Das Hohelied
Martien A. Halvorson-Taylor

Weisheit
Luca Mazzinghi

Sirach
Frank Ueberschaer

Jesaja
I–II (1–39): Kristin Weingart
III (40–66): Michael Pietsch

Jeremia
I (1–25): Christl M. Maier
II (26–52): Carolyn J. Sharp

Baruch
Martina Kepper

Klagelieder
Andreas Michel

Ezechiel
Michael Konkel

Daniel
Devorah Dimant

Hosea
Eberhard Bons

Joel/Obadja
Anselm Hagedorn

Amos
Rainer Kessler

Jona
Irmtraud Fischer

Micha
Burkard M. Zapff

Nahum/Habakuk/Zefanja
Walter Dietrich

Haggai/Sacharja 1–8
Jakob Wöhrle

Sacharja 9–14
Paul L. Redditt

Maleachi
Aaron Schart

1. Makkabäer
Dov Gera/Jan Willem van Henten

2. Makkabäer
Johannes Schnocks

1 Esdras
Dieter Böhler